第五册

册府元龜

中華書局影印

册府元龜第五册目錄

将帥部（一）

册府元龜

巡按福建監察御史臣李嗣京　訂正

新建縣舉人臣一戴國士　參閱

知建陽縣事臣黄國琦　較釋

將帥部一

總序

唐堯之時弃爲后稷兼掌司馬司馬所以掌武事也暨舜之世有苗弗率命禹徂征又夏啓與有扈大戰於甘乃名六卿蓋天下六軍其將皆命卿焉至仲康命胤侯掌王六卿爲大司馬以羲和湎淫廢時亂日

胤往征即其事也周官大司馬卿一人又有小司馬中大夫二人各率其屬以掌軍政凡制軍萬有二千五百人爲軍王六軍大國三軍次國二軍小國一軍軍將皆命卿二千五百人爲師師帥皆中大夫五百人爲旅旅帥皆下大夫百人爲卒卒長皆上士二十五人爲兩兩司馬皆中士伍人爲伍伍皆有長一軍則二府六史胥十人徒百人及晉獻公作二軍公將上軍將軍本名起於此也周末有前後左右將軍秦因之位上卿後有護軍都尉之名漢興大將軍驃騎將軍位次丞相車騎將軍衛將軍左右前後將軍位次上卿掌京師兵衛四夷屯警長武帝初置城門校尉掌京師城門屯兵有司馬十二城門候中壘校尉掌北軍壘門內外掌西城屯騎校尉掌騎士步兵校尉掌上林苑門屯兵越騎校尉掌越騎長水校尉掌長水宣曲胡騎又有胡騎校尉掌池陽胡騎不常置射聲校尉掌待詔射聲士虎賁校尉掌輕車凡八校尉皆武帝初置有丞司丞焉及征閩越東甌又有伏波樓船及伐朝鮮大宛復置横海度遼貳師宣帝又增蒲類破羌其餘雜號非一蓋權時之制因事立名亦不常設也又置騎都尉護西域三十六國有副校

尉丞一人司馬候千人各二人元帝又置戊己校尉丞司馬各一人候五人成帝綏和元年以大司馬驃騎大將軍爲大司馬罷將軍官光武中興諸將軍皆罷大夫及天下已定武官悉省比公者四第一大將軍次驃騎將軍次車騎將軍次衛將軍明帝又有前後左右將軍長史司馬皆一人司馬主兵如太尉從事中郎二人東觀書曰大將軍本注曰職參謀議出征置中護軍一人令史及御屬三十一人又賜官騎三十人及鼓吹其雜號將軍衆多皆主征伐事訖皆罷其領軍皆有部曲大將軍營伍部部校尉一人軍司馬一人部下有曲曲有軍候曲下

有屯屯長一人其不置校尉但部軍司馬一人又有軍假司馬假候皆爲副貳其別營領屬爲別部司馬其兵多少各隨時宜門有門候其餘將軍置以征伐無員職亦有部曲司馬軍候以領兵其職吏部集各一人摠知營事兵曹掾史主兵事其後復有四征四鎮之號魏武爲相漢建安四年丞相府自置中領軍將軍又遣大將軍督軍二十一年征孫權還夏侯惇督二十六軍是也又置都護中尉護軍將軍文帝受漢禪有太尉而大司馬大將軍各自爲官位在三司上又置領軍將軍主五校中壘武衛等三營又置都

督諸州軍事或領刺史又上軍大將軍曹真都督中外諸軍事假黃鉞則摠統內外諸軍矣又有四安四平之號明帝遣晉宣王征蜀加號大都督晉文亦爲之（魯豢曰魏世驃騎爲都督）督儀與四征同若不爲都督雖持節屬四征者與前後左右雜號將軍同其或散還從文官之例位三司蜀有軍師吳有督軍中郎將其餘雜號大底同於漢魏也晉武帝受魏禪以都督諸軍爲上監諸軍次之督諸軍爲下使持節爲上持節次之假節爲下使持節得殺二千石以下持節殺無官位人若軍事得與使持節同假節唯軍事得殺犯軍令者江左以來都督中外尤重唯王導等權重者乃居之又以領護左右衛驍騎游擊爲六軍（文帝初置中衛武帝分爲左右衛並置長史司馬功簿江左罷長史曹主）左右前後將軍爲四軍屯騎步兵射聲越騎長水等校尉號五校二衛始制前驅繇基強弩爲三部司馬各置督史左衛熊渠武賁右衛佽飛武賁二衛各五部督其命中武賁驍騎游擊各領之又置武賁羽林上騎異力四部并命中爲五督其衛鎮四軍如五校各置千人更制殿中將軍中郎校尉司馬比驍騎持椎斧武賁分屬二衛尉中武賁持披冗從羽林馬賞從人數各有差武帝甚重兵

官故軍校多選朝廷清重之士居之又置中軍將軍以統宿衛七軍（五王作難東海王越以須行事皆縣殿省乃奏宿衛有侯爵者皆罷之時殿中武官並封侯由是出者畧盡乃以東海官領左右衛）後有四安四平四中郎將征虜等號初武帝省領軍將軍使中軍將軍羊祜統二衛前後左右驍衛等營即領軍之任也懷帝永嘉中改中軍曰中領軍元帝永昌元年改曰北軍中侯尋復爲領軍成帝世復爲中侯尋復爲領軍護軍將軍江左以來領軍不復別領營摠統二衛驍騎材官諸營護軍猶別有營也資重者爲領軍護軍資輕者爲中領軍中護軍屬官有長史司馬功曹主簿五

官受命出軍則置參軍左右衛將軍宋受命人臣無都督之號江夏王義恭假黃鉞則專戮節將非人臣嘗器矣其四安四平左右前後征虜等將軍及四中郎將唯處諸王素所無爲者自左右前後將軍以下及四十號（謂漢宣威明威之類）唯四中郎各將一人餘皆無定員自車騎以下爲刺史又都督及儀同三司置官如領兵公但都督不儀同三司者不置從事中郎置功曹一人主吏在主簿上功曹參軍一人主佐記室下戶曹上監以下不置諮議記室餘則同矣太宗以來皇子皇弟雖非都督亦置記室參軍小號將軍爲大郡

邊守置佐吏者又置長史餘則同也南齊有驃騎車騎衛鎮軍中軍撫軍四征四鎮將軍加大字位從公開府儀同如公又有四安四平左右前後征虜將軍四中郎將亦因宋制唯處諸王素族無爲者又有冠軍輔國寧朔寧遠龍驤將軍凡諸小號亦有置府者又有領軍將軍中領軍護軍將軍中護軍凡言爲中小者同一官也諸爲將軍官皆敬領護諸王爲將軍道相逢則領護讓道焉自晉世以來領軍護軍及左右二衛驍騎游擊將軍爲六軍又有前後左右將軍號四軍又有屯騎步兵射聲越騎長水號五校又有虎賁中郎將冗從僕射羽林監積射強弩殿中員外殿中將軍殿中司馬督武衛將軍武騎常侍自二衛四軍五校已下並謂之西省而散騎爲東省復荊州置護南蠻校尉巴州置護三巴校尉雍州置寧蠻校尉益州置平蠻校尉寧州置鎮蠻校尉廣州置平越中郎將又有護西戎校尉護羌校尉鎮蠻護軍安遠護軍皆置官屬有差梁武以將軍之名高下舛雜命更加釐定於是有司奏至一百二十五號將軍以鎮衛驃騎爲二十四班（內通外用）四征（東南西北正施外也）四中（軍衛撫權正施內也）爲二十三班八鎮（東南西北左右前後正施在外）爲二十

二班八安（東南西北正施在外左右前後正施在內）爲二十一班四平（東南西北）四翊（左右前後）爲十班凡三十六號爲一品是爲重號將軍忠武軍師爲十九班武臣爪牙龍騎雲麾爲十八班（代舊前後左右四將軍）鎮兵翊師宣惠宣毅爲一十七班（代舊四中郎）十號爲一品智威仁威勇威信威嚴威爲十六班（代舊征虜）智武仁武勇武信武嚴武爲十五班（代舊冠軍）十號爲一品所謂五德將軍者也輕車重車征遠鎮朔武旅貞毅爲十四班（代舊輔國凡將軍加大者唯至貞毅而已通進一階優者方得北加位從公凡督府置長史司馬諮議諸曹有錄事曹記室等十八曹天監七年更置中錄事記室中置兵參軍各一人）寧遠明威振遠電耀爲十三班（代舊寧用）十號

爲一品武威武驍武猛壯武飃武爲十二班電威馳銳追鋒羽騎突騎爲十一班十號爲一品析衝冠武和戎安壘猛烈爲十班掃狄雄信掃虜武鋒摧鋒爲九班十號爲一品畧遠貞威決勝開遠光野爲八班厲鋒輕銳討狄蕩夷爲七班十號爲一品武毅鐵騎樓船宣猛樹功爲六班尅狄平虜討夷平狄威戎爲五班十號爲一品伏波雄戟長劍衝冠鵰騎爲四班佽飛安夷尅戎綏狄威虜爲三班十號爲一品先鋒武毅開邊拓遠全威爲二班綏虜蕩寇殄虜横野馳射爲一班十號爲一品凡十品二十四班亦以班多

爲貴其制品十取其盈數班二十四以法氣序制簿悉以大號居後以爲選法自小遷大也前史所記以位得從公故將軍之名次于台槐之下至是備其班品敘其百司之外其不登二品應須軍號者有牙門（代舊建威）期門（代舊建武）爲八班候騎（代舊振威）雄渠（代舊振武）爲七班中堅（代舊奮威）爲六班戈船（代舊揚威）繡衣（代舊揚武）爲五班執訊（代舊廣武）行陣（代舊廣威）爲四班鷹揚爲三班陵江爲二班偏將軍裨將軍爲一班凡十四號別爲八班以象八風所施甚輕又有武安鎮遠雄義（擬車騎）爲二十四班四撫（東西南北擬四征）爲二十三班四寧（東西南北擬四鎮）爲二十二班四威（東西南北擬四安）爲二十一班四綏（東西南北擬四平）爲二十班凡十九號爲一品安遠安邊（擬忠武軍師）爲一十九班輔義安沙衛海撫河（擬武臣第四號）爲一十八班平遠撫朔寧沙航海（擬鎮丹等四號）爲十七班凡十號爲一品朝海朔野拓遠威河龍幕（擬智威等五號）爲十六班威隴安漢綏邊寧寇梯山（擬智武等五號）爲十五班凡十號爲一品寧境綏河明信明義威漢（擬輕車等五號）爲十四班安隴向義宣節振朔候律（擬寧遠等五號）爲十三班凡十號爲一品平寇定遠陵海寧隴振漢（擬武威等五號）爲十二班馳義横朔明節執信懷德（擬當威等五號）爲十一班凡十號爲一品撫邊定隴

綏關立信奉義（擬析衝等五號）爲十班綏隴寧邊定朔立節懷威（擬掃狄等五號）爲九班凡十號爲一品懷關靜朔掃寇寧河安朔（擬畧遠等五號）爲八班揚化超隴執義來化度嶂（擬礪鋒等五號）爲七班凡十號爲一品平河振隴雄邊横河寧關（擬武毅等五號）爲六班懷信宣義弘節俘遼鑿空（擬尅狄等五號）爲五班凡十號爲一品捍海欵塞歸義凌河明信（擬伏波等五號）爲四班奉忠守義弘信仰化立義（擬佽飛等五號）爲三班凡十號爲一品綏方奉正丞化度海浮河（擬先鋒等五號）爲二班懷義奉信歸仁懷澤伏義（擬綏虜等五號）爲一班凡十號爲一品大凡一百九號將軍亦爲十品二十

四班正施於外國及大通三年有司奏曰天監七年
攺定將軍名有因有革普通六年又置百號將軍加
刋正雜號之中微有移異大通二年奏移寧遠班中
明威將軍進輕寧班中又置安遠將軍代貞武宣遠
代明烈其戎夷之號亦加附擬遝序則依此承用遂
以定制轉則進一班黜則退一班班卽階也同班以
優劣爲前後有鎭衞驃騎車騎同班四中四征同班
八鎭同班八安同班四平四翊忠武軍師同班武臣
爪牙龍騎雲騎冠軍同班鎭嶽翊師宣惠宣毅四將
軍東南西北四中郎將同班智威仁威勇威信威嚴

威同班智武仁武信武勇武嚴武同班爲五德將軍
輕車領朔武旅貞毅明威同班寧遠安遠征遠鎭遠
宣遠同班威雄威猛威烈威振威信威勝威畧威風
威光同班武猛武畧武勝武力武毅武健武烈武威
武銳武勇同班猛烈猛盛猛銳猛震猛進猛智猛威
猛勝猛駭同班壯武壯勇壯烈壯猛壯銳壯盛壯毅
壯志壯意壯力同班驍雄驍桀驍猛驍烈驍武驍勇
驍銳驍名驍勝驍迅同班雄猛雄明雄烈雄信雄武
雄毅雄壯雄健同班忠勇忠烈忠猛忠銳忠壯忠毅
忠捍忠信忠義忠勝同班明智明畧明遠明勇明烈
明盛明勝明進明銳明毅同班光烈光英光遠光勝
光銳光命光勇光戎光野同班飈勇飈猛飈烈飈銳
飈決飈起飈畧飈勝飈奇飈出同班龍驤武視雲旗
風烈電威電首馳銳追銳羽騎突騎同班折衝冠武
和戎安壘起猛英果掃狄武館推鋒同班開遠畧遠
貞威決勝清野堅銳輕銳拔山雲勇振旅同班超武
鐵騎樓船宣猛樹功剋狄平虜稜威眇威威戎同班
伏波雄戟長劒衝冠鵰騎佽飛勇騎破敵剋敵威勇
威虜同班前鋒武毅開邊招遠全威破陣蕩寇殄虜
橫野馳射同班牙門期門同班候騎熊渠同班十堅

典戎同班執訊行陣同班伏武懷奇同班偏裨將軍
同班凡二百四十號爲四十四班又雍州置寧蠻校
尉廣州置平越中郎將北梁南秦置西戎校尉寧州
置鎭蠻校尉西陽南新蔡晉熙廬江等郡置鎭蠻護
軍武陵郡置安遠護軍巴陵郡置度支校尉皆立府
隨府王號輕重而不爲定其將軍施於外國者雄義
鎭遠武安同班擬衞鎭等三號四撫同班擬同四征
四威同班擬四平安遠同班擬忠武等號撫河衞海
安沙輔義同班擬武臣等號船海寧沙撫朔平遠同
班擬鎭嶽等號龔慕威河和戎拓遠朔野翊海同班

擬智威等號梯山寧寇綏邊安漢威壟五號同班擬智武等號爲濮義明昭信綏河寧境同班擬輕車等號候律振朔宣節向義安壟同班擬寧遠等號振漢寧壟陵海安遠平寇同班擬威㦤等號懷德執信羽節橫朔馳義同班擬武猛等號安朔寧河掃寇靜朔懷關同班擬驍雄等號渡嶂奉化康義超壟揚化同班擬猛烈等號寧關橫沙雄邊振壟平河同班擬忠勇等號明信陵河歸義款塞捍海同班擬光烈等號立義仰化弘信守義奉忠同班擬颷勇等號孝誠立誠建誠顯誠義誠同班擬龍驤等號尉遼寧渤綏嶺

威塞通侯同班擬折衝等號掃荒威荒定荒開荒理荒同班擬開遠等號奉節歸節遠節效節仗節同班擬超武等號渡河凌海承化舉正綏方同班擬伏波等號伏義懷澤歸誠奉信懷義同班擬前鋒等號凡一百二十五將軍二十八班並施外國戎國準乎中夏焉大同四年魏彭城王爾朱仲遠來降以爲定維大將軍仍使其北討故名陳承梁制官又有戎號擬官自一品至于九品凡二百三十七鎮驃騎等三號將軍擬官品第一一秩中二千石四中軍撫衛護四征東西南北八鎮東西南北左右前後等十六號將軍擬官品第二秩中二千石八安

劍備身正副都督刀劍備身五職刀劍備身員外又有備身正副都督備身五職員護軍府將軍一人掌四中關津輿駕則護駕中護軍亦同有長史司馬功曹五官主簿錄事釐其府事其屬官東西南北四中府皆統之四府各中郎將一人長史司馬錄事參軍統府錄事各一人又有統府直兵及功曹倉曹中兵外兵騎兵長流城局等參軍各一人法甲鎧等曹行參軍各一人又領諸官府尉津尉左右衛左右武衛左右武侯各大將軍一人將軍二人並有長史司馬錄事功兵曹倉騎曹參軍法曹錄曹行參軍各一人

參軍左右衛左右武侯各六人左右武衛各八人等員左右衛掌宮掖禁禦摠督仗衛又各有直閤將軍六人直寢十二人直齋直後各十五人並掌宿衛侍從奉車都督六人掌馭副車武騎常侍十八人殿內將軍十五人員外將軍三十人殿內司馬督二十人員外司馬督四十人並以參府朝出使勞問左右衛又各統親衛置開府左勳衛開府左翊衛開府二開府三開府四開府及武衛武侯領軍東宮領兵開府準此也府置開府一人有長史司馬錄事及倉兵等曹參軍法曹行參軍各一人又有儀同府武衛武侯領軍東宮領兵儀同皆準此也儀同已下置員同開府但無行參軍諸府皆領軍坊每坊東宮

尅狄平虜稜威戎晧威戎伏波雄戟長劒衝冠彫騎
伏飛勇騎破敵尅敵威虜等將軍鎮蠻護軍西陽南新蔡晉
熙廬江郡小府鎮蠻安遠護軍虔支較尉隨府王號輕重單作則減太守內史相一階若有將軍減一階
安遠軍護虔支較尉日陵郡丞等擬官二十三號品第八
並六百石前鋒武毅開遠拓遠金城稜威破陣蕩寇殄虜
横野馳射等將軍擬官十號品第九並四百石諸將軍起
自第六品已下板則無秩其雖除不領兵領兵不滿
百人拜除此官而爲州郡縣者皆依本條減秩石二千
石減爲千石千石降爲六百石自四百石降而無秩依其州縣郡自各以秩論凡板將軍皆
降除一品諸依此減降品秩其應假給章印各依舊

差不貶奪其封爵亦爲九等之差後魏有大將軍大
司馬都督中外諸軍事都督州府諸軍事品第一都
督之州諸軍事又有驃騎將軍車騎將軍衛將軍驃
騎車騎加大者位在三司上衛將軍加大者次儀同
三司品並第一下又有四征四鎮將軍四征加大者次衛將軍四
鎮加大者次尚書令又有中軍鎮軍撫軍將軍加大者次四征品第一
下又有四安領軍諸軍將軍加大者秩次三以下品第二前後
左右尚書四平次大者秩次護軍左右衛武衛將軍品第二
征虜輔國龍驤將軍品第三中堅中壘驍衛鎮遠安
遠建遠建中建節立意立忠立節忯武勇武耀武晧

左右前後東西南北四翊前後左右四平東西南北等十六號將軍擬官
品第三秩中二千石中武軍師武臣爪牙龍騎雲麾冠軍
鎮兵翊師宣惠宣毅等將軍中郎將智仁勇信嚴等
五威五武將軍令二十五號擬官品第四秩中二千石輕
車鎮湖武旅貞毅明威等將軍將軍加大封者至此凡加大通進一階
寧安征旅振宣等五遠將軍寧蠻較尉雍州少府蠻越較尉中郎
將隨府王軍號輕重若單作則減刺史一階若有將軍減將軍一階也令十八號擬官
品第五威雄猛烈震信畧勝風力威光等十威武猛
畧勝力毅儁烈威銳勇等十武猛毅烈威震銳進智
勇勝駿等十猛壯武勇烈猛銳威力毅志意等十壯

驍雄桀烈武威勇銳名勝迅等十驍雄猛威明烈信
武勇毅壯健等十雄忠勇烈猛銳壯毅捍信義勝等
十忠明智畧遠勇烈威銳毅勝進等十明光威烈英
遠勝銳命勇戎野等十光飈勇烈武猛銳奇決勝畧
出等十飈將軍牙越中郎廣梁南秦南梁寧等州小府也西戎平戎
鎮蠻三較尉等擬官一百四號品第六並千石龍驤武
視雲旗風烈電威雷音馳銳追銳羽騎突騎折衝冠
武和戎安壘超猛英果掃虜掃狄武鋒推鋒開遠畧
遠貞威決勝清野堅銳輕車拔山雲勇振旅等將軍
擬官三十號品第七並六百石超武鐵騎樓船宣猛樹功

將軍以褒賞勳庸領軍府置將軍一人掌禁衛官掖朱華閤外凡禁衛官皆主之輿駕出入督攝仗衛中領軍亦同有長史司馬功曹五官主簿録事叅其府事又領左右衛領左右等府左右衛守將軍各一人掌左右廂所主朱華閤已外各武衛將軍二人二人皆有司馬功曹主簿録事叅其府事其御仗屬官有御仗正副都督御仗武職御仗等員其直盪屬官有直盪正副都督直人正副都督勳武前鋒正副都督勳武前鋒五職等員直衛屬官有直衛正副都督翊衛正副都督前鋒正副都督等員直突屬官有直突

都督勳武前鋒散都督等員直閤屬官有朱衣直閤直閤將軍直寢直齋直後之屬又有武騎雲騎將軍各一人驍騎游擊前後左右等四軍將軍將軍左右中郎將各五人步兵越騎射聲屯騎長水等較尉奉車都尉等各十人武賁中郎將羽林監十五人冗從僕射二十人騎都尉六十人積弩積射強弩等將軍及武騎常侍各二十五人殿中將軍五十人員外將軍一百人殿中司馬都督五十人員外司馬都督一百人領左右府有領左右將軍領千牛備身又有左右備身正副都督左右備身五職左右備身又有刀

武顯武直閤將軍品第三寧朔建威振威奮威揚威廣威建武奮武振武揚武廣武將軍品第四鷹揚折衝寧遠揚烈伏波陵江平漢輕車威遠虎威殿中員外將軍品第五宣威明威襄威厲威烈威寇威虜威戎威武烈武毅武奮將軍品第六綏遠綏邊綏虜討寇討虜討難討夷盪虜盪寇盪難盪逆將軍品第七殄寇殄虜殄難殄夷掃寇掃虜掃難掃逆厲武厲鋒虎牙虎奮將軍品第八廣野横野偏裨將軍品第九又有領軍護軍若侍臣帶者上加中字料領護將軍不兼置品第三南北東西護匈奴羌戎夷蠻越城門較尉羽林中郎將射

聲越騎長騎步兵長水將軍品第三羽林中郎將韍稽虎賁募員虎賁高車虎賁左右積弩積射強弩將軍品第四附義歸義率義順義中郎將虎賁郎將品第五大和二十三年孝文再次職令命數雖有升降而大抵頗同北齊有驃騎車騎衛四征四鎮中軍鎮軍撫軍四翊四安冠軍輔國龍驤鎮遠安遠建中建節中堅中壘振威奮威廣威廣德弘義折衝制勝伏波陵江輕車樓船勁武昭勇明威顯信渡遼横海臨崐越障戎昭武毅雄烈懷猛揚麾曜鋒蕩邊開城靜漢綏戎平越殄夷飛騎準擊武牙武奮清野横野偏裨等

鄉團準此置團士一人佐二人左右武衛府無直閤已下員但領外軍宿衛左右武侯掌車駕出先驅後殿晝夜巡察執捕姦非烽候道路水草所置巡狩師田則掌其營禁又加置司展師四人漏刻生一百六十人左右領左右府大將軍一人將軍二人掌侍衛左右供御兵仗領千牛備身十二人掌執千牛刀備身左右十二人掌供御弓箭備身六十人掌宿衛侍參軍事鎧曹行參軍各一人等員左右監門府各將軍一人掌宮殿門禁及守衛事各置郎將二人校尉直長各三十人長史司馬錄事及倉兵曹參軍鎧曹行參軍

各一人行參軍四人等員領軍府左右各掌十二軍籍帳差科詞訟之事不置將軍唯有長史司馬掾屬及錄事功倉兵騎等曹參軍法鎧等曹行參軍各一人行參軍十六人等員後周有柱國大將軍正九命驃騎車騎等大將軍九命驃騎車騎等將軍正八命四征中軍鎮軍撫軍等將軍八命四平前後左右將軍師都督正七命冠軍輔國等將軍七命鎮遠建忠等將軍六命寧遠揚烈伏波等將軍正五命輕車將軍奉車奉騎等都尉四征中鎮撫軍五命宣威明威等將軍正四命襄威厲威等將軍四命威烈討寇等將軍正三命蕩寇蕩難等將軍三命殄寇殄難等將軍正二命掃寇掃難等將軍二命曠野橫野等將軍正一命武威武牙等將軍唐武德初命秦王既平王世充及竇建德高祖以秦王功姝今古自昔位號不足以爲稱乃置天策上將軍以拜爲位在三公上及升儲宮遂廢天策府二年以天下未定享資武力將舉關中之衆以臨四方乃置十二軍分關中諸府以隸焉以萬年道爲參旗軍長安道爲鼓旗軍富平道爲立戈軍醴泉道爲井鉞軍同州道爲羽林軍華州道爲旗官軍寧州道爲折威軍岐州道爲平道軍豳州道爲招搖軍麟州道爲苑游軍涇州道爲天紀軍

宜州道爲天節軍每將軍軍一人副一人取威名素重者爲之督耕戰之備自是士馬強勁無敵於天下五年省七年以突厥寇掠復置後省之其後定制有左右衛龍朔除府字大將軍各一員將軍各二員親府勳一府勳二府翊一府翊二府等五府每府中郎一人中郎將一人左右郎將各一人左右驍衛龍朔去府字改爲左右武衛神龍復爲驍衛大將軍各一員將軍各二員左右武衛龍朔除府字光宅改爲左右鷹揚神龍復爲武衛大將軍各一員將軍各二員左右威衛舊爲屯衛龍朔改爲威武光宅改爲左右豹韜衛神龍復爲威衛大將軍各一員將軍各二員左右領軍衛龍朔改爲戎衛光宅改爲玉鈐

衞神龍後爲領軍衞大將軍各一員將軍各二員左右金吾衞舊爲武候衞龍朔改爲左右金吾衞大將軍各一員將軍各二員中郎將人數品制至此竝同左右衞左右監門衞龍朔除府字大將軍各一員將軍各二員中郎將四人左右千牛衞龍朔改爲奉宸衞神龍後爲千牛衞大將軍各一員將軍各二員中郎將各二人已上謂之十二衞左右羽林軍龍朔置大將軍各一員將軍各二員中郎將左右中郎將同諸衞左右龍武軍初太宗選飛騎之尤驍健者別置百騎以爲翊衞之備天后加置萬騎爲左右營置使以領之開元以來其左右羽林軍名曰北門四軍開元二十七年改爲左右龍武軍大將軍各一員將軍三員左右神武軍至德二年肅宗在鳳翔置大將軍各一員將軍三

員左右神策軍上元中以北衞軍使衞伯玉爲神策軍節度使勑哥舒翰置大將軍各二員將軍各二員貞元三年左右神策將軍各加二員左右神武將軍各加一員神威軍本號殿前射生左右府貞元二年九月改爲殿前左右射生軍三年改爲左右神威軍非六軍之制也大將軍二員將軍二員六軍統軍興元元年勑武左右神武十六衞上將軍貞元二年十六衞各置上將軍一員諸府隋置驃騎鷹揚等府充天下守戍兵不成軍日府府有上中下折衝都尉各一人唐因隋折衝果毅郎將之名改統軍爲折衞別將爲果毅都尉左右果毅都尉各一人別將各一人其餘輔國鎭軍二大將軍冠軍雲麾忠武壯武宣威明威信遠游騎游擊十將軍爲散號將軍以加武士之無職事者又以秦王齊王下統軍爲護軍副統軍爲副護軍上大都督爲驍騎尉大都督爲飛騎尉帥都督爲雲騎尉都督爲武騎尉都督將軍爲游騎將軍親衞驃騎將軍爲親衞中郎將其勳衞驃騎准此親衞車騎將軍爲親衞中郎將其勳衞車騎車衞竝准此監門府郎將爲監門中郎將領左右郎將准此諸軍驃騎將軍爲統軍其秦王齊王下領之衞及庫眞驃騎眞車騎竝准此諸軍車騎將軍爲別將貞觀十一年更置驃騎大將軍爲從一品武散官輔國鎭軍二大將軍爲從二品武散官冠軍將軍加大字及雲麾已下游擊已上改爲五品已上武散官又

置昭武振威智果翊麾宣節禦武仁勇陪從八較尉副自六品至從九品上階正爲較尉下階爲副將六品已下武散官又武德元年五月改隋鷹揚郎將爲軍頭六月改軍頭爲驃騎將軍副爲車騎將軍至二年五月車騎將軍隸驃騎府七年三月改驃騎將軍爲統軍車騎將軍爲副軍至貞觀十年改統軍爲折衝都尉副爲果毅都尉武德七年又置都督府改大府官以上爲大都督府管十州都督不滿十州只爲府德宗時六軍又置統軍諸衞又置上將軍其出師專征者有揔管都統元帥分土治戎元有團練使防禦使節度使統押戎夷者有都護又貞元之後中人

治兵別有護軍中尉觀軍容使五代以後典掌禁軍則有侍衛親軍都指揮使及殿前都簡較殿前都指揮使而下皆以藩臣領之唐之軍衛名存而寔廢矣夫軍旅者所以防禍機遏亂略將帥者所以捴戎政揚國威入則卅乎羽衛出則鎮其方面士卒之存亡攸屬邦家之休戚是繫苟得其人折衝於萬里儻非其任奔北於三軍故古先哲王質於蓍龜所以難其選也拜於壇場所以重其任也推轂而遣所以專其事也列壤而封所以報其功也若乃保於誠節濟乎功名則福祿隨之寡於方畧陷於敗衄則鈇鉞及焉

今並採其善惡之迹成敗之謀忠逆之心賢愚之效寘之於篇以示鑒戒凡一百六門

佐命第一

夫帝王之興也必有命世之人傑折衝之虎臣周旋翼從夷凶戡難然後大勳以集歸運斯格御天下之圖制億兆之命者也自成周著伐罪之誓漢高有扶義之舉白水興復當塗締構繇是而下或艱難以剏業或累積而啓祚莫不有毅勇之士爲之爪牙奮揚威武式遏亂畧周旋夷險勤宣忠力搴旗以克敵畧地以闢國用能震天聲而消羣慝興師而一衆志成樂推欣戴之美享利建世及之報功成名立爲方來之所稱述其不偉歟

周太公望呂尚初事文王及武王即位欲修王業東伐以觀諸侯集否師行師尚父（師之尚之父之故曰師尚父亦男子美稱）遂至孟津諸侯不期而會者八百皆曰紂可伐也武王曰未可還師太公作泰誓居二年紂殺王子比干囚箕子武王將伐紂卜龜兆不吉風雨暴至羣公盡懼唯太公強之勸武王武王於是遂行十一年正月甲子誓於牧野以伐紂紂師敗績明日武王立于社羣公奉明水衛康叔封布采席師尚父牽牲史佚策

祝以告禮說討紂之罪遷九鼎修周政與天下更始師尚父謀居多封於齊營丘詩曰惟師尚父時惟鷹揚諒彼武王（諒佐也尚父佐武王爲之尚將）

漢韓信淮陰人秦末項梁渡淮信乃仗劍從之梁敗又屬項羽爲郎中數以策干羽羽弗用漢王入蜀信亡楚歸漢爲連敖（楚官名）坐法當斬其疇十三人皆已斬（疇類也）至信信乃仰視適見滕公（夏侯嬰也）曰上不欲就天下乎而斬壯士滕公奇其言壯其貌釋之言於漢王以爲治粟都尉蕭何言於漢王曰王必欲爭天下非信無可與計事漢王乃拜信爲大將（事具宰輔薦賢及帝王選）

將門遂聽信計部署諸將（部分而署置之）漢王元年舉兵東出陳倉定三秦二年出關收魏河南韓殷王皆降令齊趙共擊楚彭城漢兵敗散而還信復發兵與漢王會滎陽擊破楚京索間以故楚不能西漢之敗却彭城趙魏反漢王以信擊魏魏王豹驚引兵迎信信遂虜豹定河東使人請益兵三萬人臣請以北舉燕趙東擊齊南絕楚之糧道西與大王會於滎陽漢王與兵三萬人遣張耳與俱進擊趙代破代禽夏說閼與（夏說代相閼與邑名）信之下魏代漢輒使人收其精兵詣滎陽以兵數萬東下井陘擊趙斬成安君泜水上禽趙王歇於

冊府元龜　將帥部　佐命一　卷之三百四十　二十三

是用趙將廣武君李左車策發使使燕燕從風而靡乃遣使報漢因請立張耳王趙以撫其國漢王許之楚數使騎兵渡河擊趙王耳信來往救趙四年漢王出成皐渡河拜信為相國發趙兵未發者擊齊齊王廣亡去信追北至城陽虜廣楚卒皆降遂平齊使人言漢王曰齊夸詐多變反覆之國南近楚不為假王以鎮之其勢不定漢王遣張良立信為齊王徵其兵使擊楚五年漢王之敗固陵用張良計徵信將兵會垓下項羽死封為楚王

曹參沛人也高祖為沛公也參以中涓從（涓潔也言其在中主知潔清洒掃之事蓋親近左右也）擊固陵方與攻秦監公軍大破之（秦一郡置守尉監三人公者時人尊稱之耳）東下薛擊泗水守軍薛郭西復攻固陵取之從守方與方與反為魏擊之豐反為魏攻之賜爵七大夫北擊司馬欣軍碭東取狐父祁善置（善置置名也狐父祁二縣名也置若今之驛也）又攻下邑以西至虞擊秦將章邯車騎攻轅戚及亢父先登遷為五大夫北救東阿擊章邯軍陷陳追至濮陽攻定陶取臨濟南救雍丘擊李由軍破之殺李由虜秦候一人章邯破殺項梁也沛公與項羽引兵而東楚懷王以沛公為碭郡長將碭郡兵於是乃封參執帛（楚爵孤卿）號曰建成

冊府元龜　將帥部　佐命一　卷之三百四十　二十四

君遷為戚公屬碭郡（為戚縣之令）其後從攻東郡尉軍破之成武南擊王離軍成陽南又攻杠里大破之追北西至開封擊趙賁軍破之圍趙賁開封城中西擊秦將楊熊軍於曲遇破之虜秦司馬及御史各一人遷為執珪（執圭古爵名也）從西攻陽武下轘轅緱氏絕河津擊趙賁軍尸北破之（尸鄉之北）從南攻犨與南陽守齮戰陽城郭東（今堵陽）陷陳取宛虜齮定南陽郡（高紀言南陽守齮降封為殷侯而自傳言虜齮紀傳不同疑傳誤）從西攻武關嶢關取之前攻秦軍藍田南又夜擊其北軍大破之遂至咸陽破秦項羽至以沛公為漢王漢王封參為建成侯從至漢中

遷爲將軍從還定秦攻下辯故道（武都二縣也）雍斄（扶風縣也）擊章平軍於好畤南破之圍好畤取壤鄉（壤地名也）擊三秦軍壤東及高櫟破之復圍章平平出好畤走因擊趙賁内史保軍破之東取咸陽更名曰新城參將兵守景陵二十三日（縣名也）三秦使章平等攻參參出擊大破之賜食邑於寧秦（今華陰）以將軍引兵圍章邯廢丘以中尉從漢王出臨晉關至河内下修武度圍津（在東郡）東擊龍且項它定陶破之東取碭蕭彭城擊項籍軍漢軍大敗走參以中尉圍取雍雍王武反於外黃程處反於燕（皆漢將燕東郡之縣故南燕國）往擊盡破之柱天侯

（史失姓名）反於衍氏進破取衍氏擊羽嬰於昆陽追至葉（葉南陽縣也）還攻武彊（武彊城在陽武）因至滎陽參自漢中爲將軍中尉從擊諸侯及項王敗還至滎陽（敗謂戰彭城而敗）漢二年拜爲假左丞相入屯兵關中月餘魏豹反以假丞相別與韓信東攻魏將孫遬東張（東張屬河南）大破之因攻安邑得魏將王襄擊魏王於曲陽追至東垣生獲魏王豹取平陽得豹母妻子盡定魏地凡五十二縣賜食邑平陽因從韓信擊趙相國夏說軍於鄔東（鄔大原縣也）大破之斬夏說韓信與故常山王張耳引兵下井陘擊成安君陳餘而令參還圍趙別將戚公於鄔城中戚公出走追斬之西引兵詣漢王在所韓信已破趙爲相國東擊齊參以左丞相屬焉攻破齊歷下軍遂取臨淄還定濟北郡攻著漯陰平原鬲盧（五縣名也時未有濟北郡史追書之耳）已而從韓信擊龍且軍於上假密（或以爲高密）大破之斬龍且虜亞將周蘭（亞將次將也）定齊郡凡得七十縣得故齊王田廣相田光其守相許章及故將軍田既（守相爲相居守者）韓信立爲齊王引兵東詣陳與漢王共破項羽而參留平齊未服者漢王即皇帝位韓信徙爲楚王參歸相印焉高祖六年與諸侯剖符賜參爵列侯食邑平陽萬六千三十戶世世勿絕

陳平陽武戶牖人也初歸漢拜爲都尉使參乘遂與東伐項羽至彭城爲楚所敗引師而歸收散兵至滎陽以平爲亞將屬韓王信軍廣武遷護軍中尉盡護諸將其後楚急擊絕漢甬道於滎陽城漢王患之乃出黃金四萬斤予平縱反間於楚軍項王果大疑亞父亞父欲急擊下滎陽城項羽不聽（事具將帥部間諜門）平乃夜出女子二千人滎陽東門楚因擊之平與漢王從城西門出去遂入關收聚兵而復東封平以戶牖鄉用其計策卒滅楚七年更封爲曲逆侯

周勃其先卷人徙沛以織薄曲爲生（葦薄爲曲）高祖爲沛

公前起勃以中涓從後攻固陵下方與方與及與戰却敵攻豐擊秦軍碭東還軍䣊及蕭復攻碭破之下下邑先登賜爵五大夫攻蘭虞取之擊章邯車騎殿殿鎮也謂鎮後以扞蔽勃擊破章邯之殿兵也畧定魏地攻轅戚東緡以往至栗取之攻齧桑先登擊軍阿下破之追至濮陽下斬城攻都關定陶襲取宛朐得單父令夜襲取臨濟攻壽張以前至卷破李由雍丘下攻開封先至城下爲多多謂功多也後章邯破項梁沛公與項羽引兵東如碭自初起沛還至碭一歲二月楚懷王封沛公爲碭郡長拜勃爲襄賁令從沛公定魏地攻東郡尉於城

武破之攻長社先登攻潁陽緱氏絕河津擊趙賁軍尸北尸北鄉也南攻南陽守齮破武關嶢關攻秦軍於藍田至咸陽滅秦項羽至以沛公爲漢王漢王賜勃爵爲威武侯從入漢中拜爲將軍還定三秦賜食邑懷德攻槐里好時最於將帥之中功爲最也北擊趙賁內史保於咸陽最上北救漆漆扶風縣擊章平姚卬軍西定汧汧今隴西縣也還下郿頻陽郿今鳳翔郡縣頻陽在櫟陽東圍章邯廢丘破之西擊盆已軍破之盆已軍郿將也攻上邽東守嶢關擊項羽攻曲遇最還守敖倉追羽羽已死因東定楚地泗水東海郡凡得二十二縣還守雒陽賜爵列侯剖符世世不絕食絳八千二百八十戶

樊噲沛人以屠狗爲事高祖爲沛公噲以舍人從攻固陵方與還守豐擊泗水監豐下破之泗水郡名監謂監郡也破之於豐縣下復東定沛破泗守薛西謂破郡守於薛縣之西與司馬尼戰碭東尼秦將軍邯之司馬却敵斬首十五級賜爵國大夫郎官大夫也嘗從沛公擊章邯軍濮陽攻城先登斬首二十三級賜列大夫郎官大夫也從攻陽城先登下戶牖陽武縣北鄉破李由軍斬首十六級賜上聞爵上聞謂名通於天子後攻圉都尉圉陳留縣東郡守尉於城武却敵斬首十四級捕虜十六人賜爵五大夫從攻秦軍出亳南今河南偃師湯

亭是河間守軍於社里破之擊破趙賁軍開封北以却敵先登斬侯一人首六十八級捕虜二十六人賜爵卿從攻破楊熊於曲遇攻宛陵先登斬首八級捕虜四十四人賜爵號賢成君從攻長社轘轅絕河津東攻秦軍尸鄉南攻秦軍於犨破南陽守齮於陽城東攻宛城先登西至酈酈南陽縣也以却敵斬首十四級捕虜四十人賜重封重封加二號也攻武關至霸上項羽欲攻沛公既饗軍士中酒中酒飲酒之中也亞父謀欲殺沛公時獨張良得入坐噲居營外聞事急廼持盾直撞入帳下以盾撞擊人也言於項羽口沛公先入定咸陽暴師霸上以

待大王大王今日至聽小人之言與沛公有隙臣恐天下解心疑大王也羽嘿然沛公入廁麾噲去既出沛公留車騎獨騎馬噲等四人步從山下走歸霸上軍而使張良謝羽羽亦因遂已（已止也）無誅沛公之心後數日羽屠咸陽立沛公爲漢王漢王賜噲爵爲列侯號臨武侯遷爲郎中從入漢中還定三秦別攻西城白水北（西今西縣白水水名言擊西縣之城於白水之北）又擊雍輕車騎雍南破之從攻雍斄城先登（斄縣名屬武功）擊章平軍好畤攻城先登陷陣遷爲郎中騎將從擊秦車騎壤東（地名）却敵遷爲將軍攻趙賁下郿槐里柳中咸陽（柳中即細柳池）

灌廢丘最（以水灌廢丘也）至櫟陽賜食邑杜之樊鄉（今樊川）從攻項羽屠煑棗（未詳其地）擊破王武程處軍於外黃攻鄒魯瑕丘薛項羽敗漢王於彭城盡復取魯梁地噲還至滎陽益食平陰二千戶以將軍守廣武一歲（廣武在滎陽）項羽引兵東從漢王擊羽下陽夏虜楚周將軍卒四千人（周殷也）圍項羽陳大破之（於陳縣圍之）屠固陵羽死漢王即皇帝位以噲有功益食邑八百戶其秋燕王臧荼反噲從攻荼定燕地楚王韓信反噲從至東取信定楚更賜爵列侯與剖符世世勿絕食舞陽號爲舞陽侯

彭越字仲昌邑人嘗漁鉅野澤中爲盜陳勝起澤間少年相聚百餘人往從越請爲長設壇祭令徒屬乃行畧地收諸侯散卒得千餘人沛公從碭北擊昌邑越助之昌邑未下沛公引兵西越亦將其衆居鉅野澤中收魏敗散卒項籍入關王諸侯還歸越衆萬餘人無所屬齊王田榮叛項王漢乃使人賜越將軍印使下濟陰以擊楚楚令蕭公角將兵擊越越大破楚軍漢與魏豹及諸侯東擊楚越將其兵三萬餘人歸漢外黃（於外黃來歸漢）漢王曰彭將軍收魏地得十餘城欲急立魏後今西魏王豹魏咎從弟眞魏也（豹眞魏後也）迺

拜越爲魏相國擅將軍畧定梁地項王與漢王相距滎陽越攻下睢陽外黃七十城項王聞之乃使曹咎守成皐自東收越所下城邑皆復爲楚越將其兵北走穀城項王南走陽夏越復下昌邑旁二十餘城得粟十餘萬斛以給漢食漢王敗使使召越并力擊楚越曰魏地初定尚畏楚未可去漢王追楚爲羽所敗固陵用張良策發使使越取睢陽以北至穀城皆許以王越又言所以許韓信越乃引兵至垓下羽死立越爲梁王都定陶

黥布六人也初從項羽入咸陽爲前鋒羽封諸將立

布爲九江王都六齊王田榮叛楚項王徵兵九江布
稱病不往遣將將數千人行漢王敗楚彭城布又稱
病不佐楚項王由此怨布布愈恐不復往漢王與楚
大戰彭城不利出梁城至虞吏宋州虞城縣使隋何使布何
說布起兵攻楚事具縱橫游說門楚使項聲龍且攻淮南項
王留而攻下邑今宋州縣也龍且攻淮南破布軍布間行
與隋何歸漢漢王使人之九江得布故人幸臣將衆
數千人歸漢漢益分布兵而與俱北收兵至成皋四
年立布爲淮南王與擊項籍布使之九江得數縣五
年布與劉賈入九江誘大司馬周殷殷反楚遂舉九

江兵與漢擊楚破垓下項籍死布遂剖符爲淮南王
都六九江廬江衡山豫章郡皆屬焉
盧綰豐人高祖初起沛以客從入漢爲將軍常侍中
從東擊項羽封長安侯項籍死使綰别將與劉賈擊
臨江王共尉共敖子也還從擊燕王臧荼皆破平高祖詔
諸將相列侯擇羣臣有功者以爲燕王皆曰大尉綰
嘗從平定天下功最多可王乃立綰爲燕王
酈商高陽人陳勝起商聚少年得數千人沛公略
地商以所將四千人屬沛公於岐從攻長社先登賜
爵封信成君從攻緱氏絕河津破秦軍雒陽東從下

宛穰定七十縣别將攻旬關旬關分水二關也西定漢中以
將軍爲隴西都尉别定北地郡破章邯别將於烏氏
栒邑泥陽烏氏定安也栒邑在幽州泥陽北地縣也賜食邑武城六千戶
從擊項籍軍與鍾離眛戰受梁相國印食邑四千戶
從擊項羽二歲攻胡陵漢王即帝位燕王荼反臧荼也
商以將軍從擊荼戰龍脫地名先登陷陳破荼軍易下
今易縣郤敵遷爲右丞相賜爵列侯與剖符世世勿絕
食邑涿郡五千戶
夏侯嬰沛人爲沛廄司御每送使客還過泗上亭與
高祖相愛高祖爲沛公賜爵七大夫以嬰爲太僕常

奉車從攻胡陵嬰與蕭何降泗水監平平以胡陵降
賜爵嬰五大夫從擊秦軍碭東攻濟陽下戶牖破李
繇軍雍丘以兵車趣攻戰疾破之趣急速也下同賜爵執帛
從擊章邯軍東河濮陽下以兵車趣攻戰疾破之賜
爵執圭從擊趙賁軍開封楊熊軍曲遇嬰從捕虜六
十八人降卒八百五十人得印一匱又擊秦軍雒陽
東以兵車趣攻戰疾轉爲滕令滕令徐州縣因奉車從攻
定南陽戰於藍田芷陽芷陽後爲霸陵縣至霸上沛公爲漢
王賜嬰爵號昭平侯復爲太僕從入蜀漢還定三秦
從擊項籍至彭城漢王不利馳去見孝惠魯元公主

載之漢王急馬罷虜在後嘗蹳兩兒棄之嬰嘗收載行面雍樹馳（雍擁面背也言取兩兒令面背已而抱持之以馳故云面雍樹馳也）漢王既至滎陽收散兵復振賜嬰食邑沂陽擊項籍下邑追至陳卒定楚至魯益食茲氏（縣名屬太原）漢王即帝位燕王臧荼反嬰從擊荼明年從至陳取楚王信更食汝陰剖符世世勿絕

灌嬰睢陽販繒者（繒者帛之摠名）高祖爲沛公畧地至雍丘章邯殺項梁而沛公還軍於碭嬰以中涓從擊破東郡尉於成武及秦軍於杠里疾鬬賜爵七大夫從攻秦軍亳南開封曲遇戰疾力（力彊也）賜封執帛號宣陵

君從攻陽武以西至雒陽破秦軍尸北北絕河津南破南陽守齮陽城東遂定南陽郡西入武關戰於藍田疾力至霸上賜爵執圭號文昌君沛公爲漢王拜嬰爲郎中令從入漢中拜爲中謁者從還定三秦下櫟陽降塞王還圍章邯廢丘未拔從東出臨晉關擊降殷王定其地擊項羽龍且魏相項它軍定陶南疾戰破之賜爵號文昌侯食杜平鄉（杜縣平鄉）復以中謁者從降下碭以北至彭城項羽擊破漢王漢王遁而西嬰從還軍於雍丘王武魏公申徒反（故秦將降爲公）從擊破之攻下外黃西收軍於滎陽楚騎來衆漢王拜嬰爲中大夫令李必駱甲（二人皆故秦騎士重泉縣人）爲左右校尉將郎中騎兵擊楚騎於滎陽東大破之受詔別擊楚軍後絕其饟道起陽武至襄邑擊項羽之將項冠於魯下破之所將卒斬左右司馬騎將各一人擊破柘公王武軍燕西（柘縣名公者柘之令也王武其人姓名燕西南燕國也）所將卒斬樓煩將五人（樓煩縣名其人善騎射故名射士爲樓煩）連尹一人（楚官也）擊王武別將桓嬰白馬下破之所將卒斬都尉一人以騎度河南送漢王到雒陽從北迎相國韓信軍於邯鄲還至敖倉嬰遷爲御史大夫三年以列侯食邑杜平鄉受詔將郎中騎兵東屬韓信擊破齊軍於歷下

所將卒虜車騎將華毋傷及將吏四十六人降下臨淄得相田光追齊相田橫至嬴博（二縣名）擊破其騎所將卒斬騎將一人生得騎將四人攻下嬴博破齊將軍田吸於千乘斬之東從韓信攻龍且留公於假密（留縣名公縣令也攻龍且及留縣令於假密）卒斬龍且（卒嬰所將卒也）生得右司馬連尹各一人樓煩將十人身生得亞將周蘭（亞次也）齊地已定韓信自立爲齊王使嬰別將擊楚將公杲於魯北破之轉南破薛郡長（長亦如郡守也時每郡置長）身虜騎將入攻博陽前下相以東南僮取慮徐（僮取慮徐三縣名）度淮盡降其城邑至廣陵（謂從下相以東南盡降城邑乃至廣陵皆正定）項羽

使項聲薛公郯公復定淮北嬰度淮擊破項聲郯公
下邳斬薛公下下邳壽春擊破楚騎平陽（此平陽在北郡）遂
降彭城虜柱國項佗降留薛沛酇蕭相（此六縣）攻苦譙
（二縣名）復得亞將與漢王會頤鄉從擊項籍軍陳下破
之所將卒斬樓煩將二人虜將八人賜益食邑二千
五百戶項籍敗陔下嬰以御史大夫將軍騎別追籍
至東城破之所將卒五人共斬項籍皆賜列侯降左
右司馬各一人及卒萬二千人盡得其軍將吏下東
城歷陽度江破吳郡長吳下得吳守遂定吳豫章會
稽郡還定淮北凡五十二縣漢王即帝位賜嬰邑三

千戶以車騎將軍從擊燕王荼明年從至陳取楚王
信遂剖符世世勿絕食邑潁陰二千五百戶

韓王信故韓襄王孽孫（孽庶子）項梁立楚懷王燕齊趙
魏皆已前王唯韓無有後故立韓公子橫陽君成爲
韓王欲以定韓地項梁死定陶成奔懷王（成所謂立韓王）沛
公引兵擊陽城使張良以韓司徒徇韓地得信以爲
韓將將其兵從入武關沛公爲漢王信從入漢中乃
說漢王曰項王王諸將王獨居此遷也士卒皆山東
人竦而望歸及其鏠東鄉可以爭天下漢王從之（鏠謂
軍中將士氣鏠也竦謂引領舉望也鏠與鋒同）漢王還定三秦乃許王信先
拜爲韓太尉將兵畧韓地韓王成聞漢遣信畧韓地
乃令故籍游吳時令鄭昌爲韓王（項籍在吳時昌爲吳縣令）距漢
漢二年信畧定韓地十餘城漢王至河南信擊急韓
王昌昌降漢乃令立信爲韓王嘗將韓兵從漢王使
信與周苛等守滎陽楚拔之信降楚已得亡歸漢漢
復以爲韓王竟從擊破項籍五年春與信剖符王潁
川

傅寬初以魏五大夫騎將從沛公爲舍人起橫陽從
攻安陽杠里趙賁軍於開封及擊楊熊曲遇陽武斬
首十二級賜爵卿從至霸上沛公爲漢王賜寬爵號

共德君從入漢中爲右騎將還定三秦賜食邑雕陰
（縣名屬上郡）從擊項籍待懷（待高祖於懷縣也今懷州）賜爵通德侯從
擊項冠周蘭龍且所將卒斬騎將一人敖下（敖地名左傳曰
敖鄗之閒）益食邑屬淮陰擊破齊歷下軍擊田解屬相國
參博（參曹參也博太山縣）因定齊地剖符世世勿絕封陽陵侯
食邑二千六百戶

靳歙以中涓從起宛朐（今曹州縣）攻濟陽破李由軍擊秦
軍開封東斬騎千人將一人（騎將部號爲千人漢儀注邊郡置部都尉千人
司馬侯也）首五十七級捕虜七十三人賜爵封臨平君又
戰藍田北斬車司馬二人（謂上車司馬也）騎長一人（謂騎之長也）

首二十八級捕虜五十七人至霸上沛公爲漢王賜歙爵建武侯遷騎都尉從定三秦別西擊章平軍於隴西破之定隴西六縣所將卒斬車司馬侯各四人騎長十二人從東擊楚至彭城漢軍敗還保雍丘擊反者王武等署梁地別西擊邪說軍菑南破之（菑縣名今孝城縣）身得說都尉二人司馬侯十二人降吏卒四千六百八十人破楚軍滎陽東食邑四千二百戶別之河内擊趙賁軍朝歌破之所將卒得騎將二人車馬二百五十四從攻安陽以東至棘蒲下十縣別攻破趙軍得其將司馬二人侯四人降吏卒二千四百人

冊府元龜　將帥部　佐命一　卷之三百四十　三十七

從降下邯鄲別下平陽身斬守相所將卒斬兵守郡一人（兵守郡當言兵郡守也謂將兵郡守也）降鄴從攻朝歌邯鄲又別擊破趙軍降邯鄲郡六縣還軍敖倉破項籍軍成皐南擊絕楚饟道起滎陽至襄邑破項冠魯下略地東至鄫郯下邳南至蘄竹邑擊項悍濟陽下還擊項籍軍陳下破之別定江陵降柱國大司馬以下八人身得江陵王致雒陽（江陵王謂共敖之子尉也）因定南郡從至陳取楚王信剖符世世勿絕定食四千六百戶爲信武侯

周緤沛人也以舍人從高祖起沛至霸上西入蜀漢還定三秦嘗爲參乘賜食邑池陽從東擊項羽滎陽絕甬道從出度平陰遇韓信軍襄國戰有利不利終無離上心帝以緤爲信武侯食邑三千三百戶

終

冊府元龜　將帥部　佐命一　卷之三百四十　三十八

册府元龜

巡按福建監察御史臣李嗣京　正
分守建南道左布政使臣胡維霖　輯
知建陽縣事臣黄國琦　較

將帥部二

佐命第二

漢王吸以中涓從起豐至霸上爲騎郎將入漢以將軍擊項籍封清河侯（一作清陽）三千二百户

召歐以中涓從起沛至霸上爲連敖入漢以騎將定燕趙得燕將軍封廣嚴侯二千二百户

薛歐以舍人從起豐至霸上爲郎入漢以將軍擊項籍將鍾離眛封廣平侯四千五百户

陳濞以舍人從碭以刺客將入漢以都尉擊項羽滎陽絶甬道殺追士卒封博陽侯

劉纏兵初起與諸侯共擊秦爲楚左令尹漢王與項羽有隙於鴻門纏解難以破羽降漢封射陽侯

周昌以職志（職志官名主旗幟也）擊秦入漢出關以内史堅守敖倉以御史大夫封汾陰侯比清陽矦

武虎（一作武儒）以謁者從擊破秦入漢定三秦出關以將軍擊定諸侯比博陽侯二千八百户封梁鄒侯

董渫（一作纀）以舍人從擊秦爲都尉入漢定三秦出關以將軍定諸侯比厭次侯二千八百户封成侯

孔聚以執盾從起碭以左司馬入漢爲將軍三以都尉擊項籍屬韓信（此即楚漢春秋及史記所謂孔將軍居左者）封蓼侯

陳豨以特將將卒五百人從起宛朐至霸上爲游擊將軍别定代破臧荼封陽夏侯

陳賀以舍人從起碭以左司馬入漢用都尉屬韓信擊項籍爲將軍定會稽浙江胡陵封費侯

周竈以卒從起碭以連敖入漢以長鋋都尉擊項籍（連敖楚官左傳楚有連尹莫敖其後合爲一長鋋官號長刃兵也爲刀而劒形史記作長鈹鈹亦刀耳）

封隆慮侯

丁復以越將從起薛至霸上以樓煩將入漢定三秦屬周吕侯破龍且彭城爲大司馬破項籍葉（謂破楚葉縣也）爲將軍忠臣侯再封陽都侯

郭蒙以户衛從起薛屬周吕侯破秦軍杠里陷楊熊軍曲遇入漢爲城將定三秦以都尉堅守敖倉爲將軍破項籍封東武侯三千户

嚴不職（一作不言）以舍人從起沛至霸上以騎將入漢還擊項籍屬丞相甯功侯用將軍擊黥布封武彊侯

宣虎以河南將軍降晉陽以重將破臧荼（重將者主將領别重）

也封南安侯
陳武以將軍將卒二千五百人起薛別救東阿至霸上二年十月入漢擊齊歷下軍臨菑封棘蒲侯
朱軫以舍人從起沛以隊帥先降翟王虜章邯封都昌侯
合傅胡害以越戶將從破秦入漢定三秦以都尉擊項籍封貰侯六百戶功比臺侯
搖毋餘以越隊將從破秦入漢定三秦以都尉擊項籍封海陽侯一千七百戶
蔡寅以魏太僕漢王三年初從以車騎將軍破龍且

及彭城封肥如侯千戶
蟲達以曲成戶將三十七人從起碭至霸上爲執金吾及爲二隊屬周呂侯入漢定三秦以都尉破項籍陳下封曲成一作曲城侯四千戶
陳涓以卒起碭從以二隊將入漢擊項籍得梁郎將封河陽侯
耏跖以門尉起碭至霸上爲定武君入漢還定三秦爲都尉擊項羽封芒侯
闕澤赤以執盾初起從入漢爲河上守遷爲殷相擊項籍封敬市侯一作故市千戶比平定侯

戎賜以連敖從起薛以三隊將入漢定三秦以都尉破項籍軍爲將軍封柳丘侯八千戶
周止以舍人從起沛以郎中入漢爲周信侯定三秦以爲騎郎將破項籍東城封魏其侯千戶
繒賀漢王三年以執盾從起以連敖擊項籍漢王敗走賀擊楚追騎以故不得進漢王顧謂賀祁王戰彭城斬項籍爭惡絕延壁謂之祁王者蓋嘉其功故寵號之許以爲王也爭惡謂爭惡地延壁壁壘之名也封祁侯
許瘛漢三年用趙右林將初擊定諸侯林將言羽林之將也封宋子侯

齊受以卒從起留以家車吏入漢以驍騎都尉擊項籍得樓煩將家車吏主漢王之家車封平定敬侯
工師喜以舍人從擊破秦以郎中入漢以將軍定諸侯守雒陽封平侯千三百戶
奚涓以舍人從起沛至咸陽爲郎入漢以將軍定諸侯封魯侯四千八百戶
尹恢以謁者從入漢以將軍擊定諸侯以右丞相備守淮陽封城父侯二千戶
襄漢表失其姓一作無姓執盾隊史從起碭破秦以治粟內史入漢以上郡守擊定西魏地封棘丘侯

郭亭以連敖從起單父以塞路入漢（主遮塞要路以備敵寇也）還定三秦屬周呂侯以都尉擊項籍封河陵侯（一作阿陵）

單究（一作單寗）以舍人從以郎入漢定三秦以騎將軍擊諸侯封昌武侯九百戶

丙倩以客從入漢定三秦以中尉破項籍封高宛侯（一作高苑）千六百戶

丁義以卒從起留以騎將入漢定三秦破項籍軍滎陽以郎騎將破鍾離眛軍固陵封宣曲侯六百七十戶

華無害以越將起留入漢定三秦擊臧荼封絳陵侯

（一作絳陽）七百四十戶

劉到（一作劉釗）以舍人從起碭至霸上以二隊入漢定三秦以都尉擊項籍破臧荼封東茅侯千戶

唐厲以舍人從起豐以左司馬入漢以亞將攻項籍郄敵爲東部都尉破項籍封成武侯爲中尉擊踪布封斥丘侯千戶

戴野以舍人從起碭用隊帥入漢以都尉擊項籍封臺侯

丁禮以中涓騎從起碭爲騎將入漢定三秦爲正奉侯以都尉擊項籍屬灌嬰殺龍且更爲樂成侯

鄂秋漢王三年以謁者從定諸侯有功封公平侯二千戶

陳夫乞以卒從起杠里入漢以都尉擊項籍以將軍定燕封高胡侯千戶

爰類以慎將（謹慎爲將也）從起留入漢以都尉守廣武封厭次侯

陳胥以卒從起薛以將軍入漢以右司馬擊項籍封復陽侯千戶

其石以中謁者從入漢以中郎騎從定諸侯封河陽侯五百戶

許盎以駢隣從起昌邑（三馬曰駢駢隣竝兩騎也）以說衛入漢（說衛謂軍行舍少之時爲衛也）以中尉擊項籍封栢至侯千戶

呂馬童以郎騎將從好畤以司馬擊龍且復共斬項籍封中水侯千五百戶

王翳（一作士醫）以中郎騎從起下邳屬淮陰侯從灌嬰共斬項籍封杜衍侯千七百戶

楊喜（一作楊嘉）以中郎騎從起杜屬淮陰侯從灌嬰共斬項籍封赤泉侯千九百戶

華寄以舍人從起薛以連敖入漢以都尉擊項籍封朝陽侯千戶

杜得臣以卒從起湖陵入漢以郎將迎左丞相軍擊
項籍封棘陽侯千戶
呂騰以騎士從出關以郎中共擊項籍封涅陽侯千
三百戶
林摯以客從起亢父斬章邯所置蜀守用燕相封平
棘侯千戶
趙將夕（一作將夜）以趙將屬淮陰侯定趙齊楚封深澤侯
七百戶
程黑以趙衛將軍從起盧奴擊項籍敖倉下爲將軍
攻臧荼封歷侯（一作磨侯）千戶

陳遬以舍人從起豐入漢以都尉擊項籍封猗氏侯
千一百戶
室中（一作空中）同以弩將初起從入漢以都尉擊項籍封
清侯千戶
留肹（一作留勝）以客吏初起從入漢以都尉擊項籍封彊
侯千戶
秦同以卒從起薛以弩將入漢以都尉擊項籍封彭
侯千戶
楊武以中郎騎將從起下邽擊陽夏以騎都尉擊項
籍封吳房侯七百戶

魏遬以舍人從起碭入漢以都尉擊臧荼封寧侯千
戶
張說以卒從起方與以執盾入漢以司馬擊項籍以
將軍定代封安丘侯二千戶
陳署以卒從起霸上以謁者擊項籍斬曹咎封龍陽
侯（一作龍侯）千戶
孫赤以中涓從起沛以郎入漢以將軍擊項籍封惠
侯坐守滎陽降楚免復來以郎擊項籍爲上黨守擊
陳豨封堂陽侯八百戶
高色（一作高邑）以客從起齧桑以十隊將入漢以將軍擊

魏太原井陘屬韓信罷度軍破項籍封祁陽侯（一作祁阿）
千八百戶
呂臣以舍人從起陳留以郎入漢破曹咎成皐爲都
尉擊陳豨封寧陵（一作宰陵）侯千戶
靳彊以中郎騎千人從起櫟陽擊項籍以中尉破鍾
離昧封汾陽侯
祕彭祖以卒從起沛以卒開沛城門爲太公僕以中
廐令擊陳豨封戴侯千一百戶
周聚以卒從起豐以隊率入漢擊項籍成皐封博陽
侯

冷耳以客從起沛入漢用兵擊破齊田解軍以楚丞
相堅守彭城封下相侯二千戶
王虞一作王周以騎司馬從起廢丘以都尉破田橫龍且
追項籍至東城封高陵侯九百戶
李必一作李必以騎都尉從起櫟陽攻破廢丘因擊項籍
屬韓信破齊封戚侯千五百戶
奚意以魏郎初從起陽武擊項籍屬魏王豹封成陽
侯六百戶
陳蒼以中涓從起豐以騎將入漢以將軍擊項籍封
紀信侯七百戶

毛釋之以中涓從起豐以郎騎入漢還從擊諸侯封
張侯七百戶
華朱以越連敖從起薛別以越將入漢擊諸侯以都
尉封貰棗侯九百戶
朱濞以卒從起豐入漢以都尉擊項籍封鄢陵侯二
千七百戶
後漢鄧禹字仲華南陽新野人光武安集河北即杖
策北度追及於鄴號曰鄧將軍嘗宿止於中與定計
議及王郎起兵光武自薊至信都使禹發奔命得數
千人令自將之別攻拔樂陽樂陽縣屬恒山郡從至廣阿東觀記曰
帝率禹等擊王郎橫野將軍劉奉大破之帝過禹營禹進炙魚帝餐啗勞勉吏士威嚴甚厲衆皆竊言劉公眞天人也
光武使別將騎與蓋延等擊銅馬於淸陽延等
先至戰不利還保城爲賊所圍禹遂進與戰破之生
獲其大將從光武追賊至滿陽連大克獲北州略定
及赤眉西入關更始使定國上公王匡襄邑王成丹
抗威將軍劉均及諸將分據河東弘農以拒之赤眉
衆大集王匡等莫能當光武籌赤眉必破長安欲乘
釁并關中而方自事山東未知所寄以禹沈深有大
度故授以西討之略乃拜爲前將軍持節中分麾下
精兵二萬人遣西入關令自選偏裨以下可與俱者

於是以韓歆爲軍師李文李春程慮爲祭酒慮字或爲憲
馮愔爲積弩將軍樊崇爲驍騎將軍宗歆爲車騎將
軍鄧尋爲建威將軍耿訢爲赤眉將軍左于爲軍師
將軍引而西建武元年正月禹自箕關將入河東箕關在今王屋縣東
河東都尉守關不開禹攻十日破之獲輜重
千餘乘進圍安邑數月未能下更始大將軍樊參將
數萬人度大陽欲攻禹大陽縣屬河東郡春秋秦伯伐晉自茅津渡河東大陽縣是也
禹遣諸將逆擊於解南大破之斬參首解縣屬河東郡於
是王匡成丹劉均等合軍十餘萬復共擊禹禹軍不
利樊崇戰死會日暮戰罷軍師韓歆及諸將見兵勢

巳摧皆勸禹夜去禹不聽明日癸亥王匡等以六甲窮日不出禹因得更理兵勒衆明旦匡等悉軍出攻禹禹令軍中無得妄動旣至營下因傳發諸將鼓而並進大破之匡等皆棄軍亡走禹率輕騎急追獲劉均及河東太守楊寶持節中郎將弭彊皆斬之收得節六印綬五百兵器不可勝數遂定河東承制拜李文爲河東太守悉更置屬縣令長以鎭撫之

馮異字公孫潁川人漢兵起異以郡掾監五縣與父城長苗萌共城守爲王莽拒漢光武畧地潁川攻父城不下屯兵巾車鄉異間出行屬縣爲漢兵所執時

異從兄孝及同郡丁綝呂晏並從光武因共薦異得名見異曰異一夫之用不足爲強弱有老母在城中願歸據五城以效功報德光武曰善異歸謂苗萌曰今諸將皆將士偪起多暴橫獨有劉將軍所到不虜掠觀其言語舉止非庸人也可以歸身苗萌曰死生同命敬從子計光武南還宛更始諸將攻父城者前後十餘輩異堅守不下及光武爲司隸較尉道經父城異等卽開門奉牛酒迎光武署異爲主簿苗萌爲從事從至雒陽更始欲遣光武徇河北諸將皆以爲不可是時左丞相曹竟子詡爲尚書父子用事異勸光武厚結納之及度河北詡有力焉異後因閒進說曰天下同苦王氏思漢久矣今更始諸將從橫暴虐所至虜掠百姓失望無所依戴今公專命方面施行恩德夫有桀紂之亂乃見湯武之功人久飢渴易爲充飽宜急分遣官屬徇行郡縣理寃結布惠澤光武納之至邯鄲遣異乘傳撫循屬縣及王郎起光武自薊東南馳至饒陽蕪蔞亭（亭名今在饒陽）遇大風雨光武引車入道傍空舍異抱薪爇火復進麥飯菟肩因復渡滹沱河至信都使異別收河閒兵還拜偏將軍從破王郎封應侯（應國在城父縣西南）別擊破鐵脛於北平又降

匈奴于林闟頓王（匈奴王號）因從平河北時更始遣李軼因立朱鮪陳僑等（僑一作喬）將兵號三十萬與河南太守武勃共守雒陽光武乃拜寇恂爲河內太守異爲孟津將軍統二郡軍河上與恂合勢以拒朱鮪等北攻天井關拔上黨兩城又南下河南成皋巳東十三縣及諸屯聚皆平之降者十餘萬武勃將萬餘人攻諸畔者異引軍渡河與勃戰於士鄉下（士鄉亭名屬河南）大破斬勃獲首五千餘級勸光武卽帝位異與諸將定議上尊號建武二年春定封陽夏侯引擊陽翟賊嚴終趙根破之時赤眉延岑暴亂三輔郡縣大姓各擁兵

衆大司徒鄧禹不能定乃遣異代禹討三輔旣至皆布威信弘農群盗稱將軍者十餘輩皆率衆降異異與赤眉遇於華陰相拒六十餘日戰數十合降其將劉始王宣等五千餘人三年春遣使者卽拜異爲征西大將軍與鄧禹鄧弘等共攻赤眉大破於崤底降男女八萬人餘衆尚十餘萬東走宜陽延岑據藍田王歆據下邽芳丹據新豐蔣震據霸陵張邯據長安公孫守據長陵楊周據谷口呂鮪據陳倉角閎據汧駱蓋延據盩厔任良據鄠汝章據槐里各稱將軍擁兵多者萬餘少者數千人轉相攻擊異且戰且行屯

軍上林苑中延岑旣破赤眉自稱武安王拜置牧守欲據關中張邯任良共攻異異擊破之斬首千餘級諸營保守附岑者皆來歸降異岑走攻析異遣復漢將軍鄧曄輔漢將軍于匡要擊岑大破之降其將蘇臣等八千餘人岑遂自武關走南陽詔拜南陽趙匡爲右扶風將兵助異乃稍誅擊豪傑不從令者褒賞降附有功勞者悉遣其將帥詣京師散其衆歸本業威行關中唯呂鮪張邯蔣震遣使降蜀其餘悉平

吳漢字子顏南陽宛人王莽末亡命至漁陽更始立使使者韓鴻徇河北或謂鴻曰吳子顏奇士也可與計事鴻名見漢甚悦之遂承制拜爲安樂令會王郎起北州擾惑漢素聞光武長者獨欲歸心乃說太守彭寵曰漁陽上谷突騎天下所聞也君何不合二郡精鋭附劉公擊邯鄲此一時之功也寵以爲然而官屬皆欲附王郎寵不能奪漢辭出止外亭念所以譎衆未知所出望見道中有一人似儒生者漢使人召見之爲具食問以所聞生因言劉公所過爲郡縣所歸邯鄲舉尊號者實非劉氏漢大喜卽詐爲光武書移檄漁陽使生齎以詣寵令具以所聞説之漢復隨後入寵甚然之於是遣漢將兵與上谷諸將幷軍而

南所至擊斬王郎將帥及光武於廣阿拜漢爲偏將軍旣拔邯鄲賜號建策侯光武將發幽州兵鄧禹薦之拜大將軍持節北發十郡突騎更始幽州牧苗曾不肯應調漢乃將二十騎先馳至無終（在今幽州漁陽縣）斬曾而奪其軍北州震駭城邑莫不望風弭從（弭服也）遂悉發其兵引而南與光武會又與岑彭攻更始尚書令謝躬于邯鄲襲其城漢手擊殺躬其衆悉降光武北擊群賊（謂銅馬高胡）漢嘗將突騎五千爲軍鋒數先登陷陣及河北平漢與諸將奉圖書上尊號光武卽位拜爲大司馬更封舞陽侯

賈復字君文南陽冠軍人王莽末爲縣掾將下江新市兵起復亦聚衆數百人於羽山自號將軍更始立乃將其衆歸漢中王劉嘉以爲校尉復見更始政亂諸將放縱乃說嘉曰臣聞圖堯舜之事而不能至者湯武是也圖湯武之事而不能至者桓文是也圖桓文之事而不能至者六國是也定六國之規欲安守之而不能至者亡六國是也今漢室中興大王以親戚爲藩輔天下未定而安守所保得無不可保乎嘉曰卿言大非吾任也大司馬劉公在河北必能相施第馳我書往（施用也 第但也）復遂辭嘉受書北渡河及光武

於柏人因鄧禹得召見光武奇之禹亦稱有將帥節於是署復破虜將軍督盜賊光武至信都以復爲偏將軍及拔邯鄲遷都護將軍從擊青犢於射犬大戰復被羽先登所向皆靡賊乃敗走又北與五校戰於真定大破之光武即位拜爲執金吾封冠軍侯先渡河攻朱鮪於雒陽與陳僑戰連破降之建武二年益封穰朝陽二縣更始郾王尹尊及諸大將在南方未降者尚多光武遣復與騎都尉陰識驍騎將軍劉植南度五社津擊郾連破之月餘尹尊降盡定其地引東擊更始淮陽太守暴汜汜降屬縣悉定南擊召陵新息平定之（新息今蔡州縣）明年遷左將軍別擊赤眉於新城澠池間連破之與光武會宜陽遂降赤眉

寇恂字子翼上谷昌平人初爲郡功曹太守耿況甚重之會王郎起遣將徇上谷急況發兵恂與門下掾閔業共說況曰邯鄲拔起難可信向昔王莽時所難獨有劉伯升耳今聞大司馬劉公伯升母弟尊賢下士士多歸之可攀附也況曰邯鄲方盛力不能獨拒如何恂對曰今上谷完實控弦萬騎舉大郡之資可以詳擇去就恂請東約漁陽齊心合衆邯鄲不足圖也況然之乃遣恂到漁陽結謀彭寵恂還至昌平襲

擊邯鄲使者殺之奪其軍遂與況子弇等俱南及光武於廣阿拜恂爲偏將軍號承義侯從破群賊數與鄧禹謀議禹奇之薦恂爲河內太守行大將軍事會更始將朱鮪使討難將軍蘇茂副將賈彊將兵三萬餘人渡鞏河攻溫（鞏溫皆縣名）恂勒軍奔擊大破之追至雒陽遂斬賈彊茂兵自投河死者數千生獲萬餘人光武大喜曰吾知寇子翼可任也諸將軍賀因上尊號於是即位建武二年封雍奴侯邑萬戶

鄧晨字偉卿南陽新野人初娶光武姊元王莽末穰人蔡少公學圖讖言劉秀當爲天子或曰是國師公

劉秀光武戲曰何用知非僕耶坐者皆大笑晨心獨喜及光武與家屬避吏新野舍晨廬甚相親愛及漢兵起更始立以晨爲偏將軍與光武畧地至潁川俱夜出昆陽城擊破王尋王邑又別徇陽翟以東至京密皆下之（京密二縣名京今鄭州滎陽縣東鄭之京邑也密今河南府縣）更始北都雒陽以晨爲恒山太守光武追銅馬高胡羣賊於冀州晨發積射士千人（積與迹同謂尋迹而射也）又遣委輸給軍不絶光武即位封房子侯（房子在今鄭州）

蓋延字巨卿漁陽要陽人彭寵爲太守召延署營尉行護軍及王郎起延與吳漢同謀歸光武延至廣阿

拜偏將軍號建功侯從平河北光武即位以延爲虎牙將軍建武二年更封安平侯

陳俊字子昭南陽西鄂人（江夏有鄂故加西也其城在今鄂州西城縣南）少爲郡吏更始立以宗室劉嘉爲太常將軍俊爲長史光武徇河北嘉遣書薦俊光武以爲安集掾從擊銅馬於清陽進至滿陽拜彊弩將軍與五校戰於安次俊下馬手接短兵所向必破追奔二十餘里斬其渠帥而還五校引退入漁陽俊將輕騎馳出賊前親入保壁堅完者勑令固守放散在野者因掠取之賊至無所得遂散敗光武即位封爲列侯建武三年春攻長垣賊下四縣更封新處侯（新處縣名屬中山）

耿弇字伯昭扶風茂陵人王莽末弇父况爲朔調連帥及更始立諸將略地者前後多擅威權輒改易守令况自以王莽之所置懷不自安時弇年二十一乃辭况奉奏詣更始因齎貢獻以求自固之宜及至宋子會王郎詐稱成帝子子輿起兵邯鄲弇從吏孫倉衞包於道共謀曰劉子輿成帝正統捨此不歸遠行安之弇按劒曰子輿弊賊卒爲降虜耳我至長安與國家陳漁陽上谷兵馬之用還出太原代郡反覆數十日歸發突騎以轔烏合之衆（轔轢也）如摧枯折腐耳

觀公等不識去就族滅不久也倉包不從遂亡降王郎弇道聞光武在盧奴乃馳北上謁光武留署門下吏弇因說護軍朱祐求歸發兵以定邯鄲光武笑曰小兒曹乃有大意哉因數召見加恩慰弇因從光武北至薊聞邯鄲王郎兵方到光武將欲南歸名官屬計議弇曰今兵從南來不可南行漁陽太守彭寵公之邑人上谷太守即弇父也發此兩郡控弦萬騎邯鄲不足慮也光武官屬腹心皆不肯曰死尚南首柰何北行入囊中光武指弇曰是我北道主人也會薊中亂光武遂南馳官屬各分散弇走昌平就况因說

況使寇恂東約彭寵各發突騎二千匹步兵千人弇與景丹寇恂及漁陽兵合軍而南所過擊斬王郎大將九卿校尉以下四百餘級得印綬百二十五節二斬首三萬餘級定涿郡中山鉅鹿清河河間凡二十二縣遂及光武於廣阿是時光武方攻王郎傳言二郡兵爲邯鄲來衆皆恐既而悉詣營上謁光武見弇等說曰當與漁陽上谷士大夫共此大功乃皆以爲偏將軍使還領其兵加況大將軍興義侯得自置偏裨弇等遂從拔邯鄲時五校賊二十餘萬北寇上谷況與子破胡將軍舒連擊破之賊皆退走更始見光

武威聲日盛君臣疑慮乃遣使立光武爲蕭王令罷兵與諸將有功者還長安遣苗曾爲幽州牧韋順爲上谷太守蔡充爲漁陽太守並北之部時光武居邯鄲宮晝臥溫明殿弇入造牀下請閒因說曰今更始失政君臣淫亂諸將擅命於畿內貴戚縱橫於都內天子之命不出城門所在牧守輒自遷易百姓不知所從士人莫敢自安虜掠財物劫掠婦女懷金玉者至不生歸元元叩心更思莽朝又銅馬赤眉之屬數十輩輩數十百萬聖公不能辦也其敗不久公首事南陽破百萬之軍今定河北北據天府之地以義征

伐發號響應天下可傳檄而定天下至重不可令它姓得之聞使者從西方來欲罷兵不可從也今吏士死亡者多弇願歸幽州益發精兵以集其大計光武大說乃拜弇爲大將軍與吳漢北發幽州十郡兵弇到上谷收韋順蔡充斬之漢亦誅苗曾於是悉發幽州兵引而南從光武擊破銅馬高胡赤眉青犢又追尤來大搶五幡於元氏弇嘗將精騎爲軍鋒輒破走之光武乘勝戰愼水上追至容城小廣湯安次連戰破之光武還薊復遣弇與吳漢景丹蓋延朱祐邳彤耿純劉植岑彭祭遵堅鐔王霸陳俊馬武十三將軍

追賊至潞東及平谷再戰斬首三千餘級遂窮追於右北平無終上垠之間至浚靡而還（無終上垠浚靡並縣名屬右北平）賊散入遼西遼東或爲烏桓貊入所鈔擊畧盡光武卽位拜弇爲建威大將軍建武二年更封好畤侯

冊府元龜

冊府元龜

巡按福建監察御史臣李嗣京 訂正

知長樂縣事 臣 夏允彝 參閱

知建陽縣事 臣 黃國琦 較釋

將帥部 三

佐命第三

後漢銚期字次况潁川郟人光武畧地潁川聞期志義召署賊曹掾（賊曹主盜賊之事比三百石）從徇薊時薊中起兵應王郎光武趨駕出百姓聚觀諠譁滿路遮道不得行期奮戟瞋目大呼左右曰趕（止行清道若今警蹕也）衆皆披

靡及至城城門已閉攻之得出行至信都以期爲裨將與傅寬吕晏俱屬鄧禹徇傍縣又發房子兵禹以期爲能獨拜偏將軍授兵二千人寬晏各數百人光武使期別徇真定宋子攻拔樂陽槀肥纍（樂陽槀今槀城縣肥纍胡肥子國並屬真定）從擊王郎將兒宏劉奉於鉅鹿下期先登陷陣手殺五十餘人遂大破之王郎平拜期虎牙大將軍乃因間說光武曰河北之地界接邊塞人習兵戰號爲精勇今更始失政大統危殆海內無所歸往明公據河山之固擁精銳之衆以順萬人思漢之心則天下誰敢不從光武笑曰卿欲遂前趕邪（惟天子得稱警蹕）時銅馬數十萬衆入清陽博平（博平今博州縣）期與諸將迎擊之連戰不利會光武救至遂大破之從擊青犢赤眉於射犬賊襲期輜重期還擊之手殺傷數十人身被三創而戰方力（力苦戰）遂破走之光武即位封安成侯（屬汝南郡故城在今汝陽縣東南）食邑五千戶

王霸字元伯潁川潁陽人漢兵起光武過潁陽霸率賓客上謁曰將軍興義兵竊不自量貪慕威德願克行伍光武曰夢想賢士共成功業豈有二哉遂從擊破王尋王邑於昆陽還休鄉里及光武爲司隷校尉道過潁陽霸請其父願從父曰吾老矣不任軍旅汝

往勉之霸從至雒陽及光武爲大司馬以霸爲功曹令史從渡河北賓客從霸者數十人稍稍引去光武謂霸曰潁川從我者皆逝而子獨留努力疾風知勁草及王郎起光武卽南馳下曲陽以霸爲軍正爵關內侯既至信都發兵攻拔邯鄲霸追斬王郎得其璽綬封王鄉侯從平河北常與臧宮傅俊共營光武卽位以霸曉兵愛士可獨任拜爲偏將軍并將宮俊兵而以宮俊爲騎都尉建武二年夏封富波侯（富波縣名屬汝南）

祭遵字弟孫潁川潁陽人光武破王尋等還過潁陽

遵以縣吏數進見光武愛其容儀署爲門下史從征
河北爲軍市令尋拜爲偏將軍平河北以功封列侯
建武二年拜征虜將軍封潁陽侯
臧宮字君翁潁川郟人少爲縣亭長游徼（漢制十里一亭亭有長每鄉有游徼皆禁姦盜）後率賓客入下江兵中爲校尉因從光
武征戰諸將多稱其勇光武察宮勤力少言甚親納
之及至河北以爲偏將軍從破羣賊數陷陣却敵光
武卽位以爲侍中騎都尉建武二年封成安侯（屬潁川）
明年將突騎與征虜將軍祭遵擊更始將左防韋顏（章一作韓）於沮陽鄲悉降之後封期思侯（屬汝南故城在今光州固始縣西北）

任光字伯卿南陽宛人爲郡縣吏漢兵至宛軍人見
光冠服鮮明令解衣將殺而奪之會光祿勳劉賜適
至視光容貌長者乃救全之光因率黨與從賜爲安
集掾拜偏將軍與光武破王尋王邑更始至雒陽以
光爲信都太守及王郎起郡國皆降之光獨固守會
光武自薊還狼狽不知所向傳聞信都獨爲漢拒邯
鄲郎馳赴之光等孤城獨守恐不能全聞光武至大
喜吏民皆稱萬歲郎時開門迎謁光武拜光爲左大
將軍封武成侯使光將兵從入堂陽界（堂陽今冀州縣）使騎
各持炬火彌滿澤中光炎燭天地舉城莫不震驚惶
怖其夜郎降旬日之間兵衆大盛因攻城邑遂屠邯
鄲迺遣光歸郡光武卽位封光陽陵侯（陽陵縣名屬涿郡）食
邑萬戶
李忠字仲都東萊黃人（黃今登州縣故城在縣東南）王莽末爲新
博屬長（莽改信都國曰新博都尉曰屬長也）更始立使使者行郡國卽
拜忠都尉官忠遂與太守任光同奉光武以爲右大
將軍封武固侯從攻下屬縣至苦陘（苦陘縣名屬中山）進圍
鉅鹿未下王郎遣將攻信都信都大姓馬寵等開城
內之會更始遣將攻信都因使忠還行太守事及任
光歸郡忠乃還復都尉建武二年夏封中水侯（中水屬涿

郡故城在今瀛州樂壽縣西北）食邑三千戶
萬修字君游扶風茂陵人更始時爲信都令與太守
任光都尉李忠共城守迎光武拜爲偏將軍封造義
侯及破邯鄲拜右將軍從平河北建武二年夏封槐
里侯
邳彤字偉君信都人初爲王莽和成卒正（王莽分鉅鹿爲和成郡居下曲陽以彤爲卒正）光武狗河北至下曲陽彤舉城降復
以爲太守留止數日光武北至薊會王郎兵起使其
將狗地所到縣莫不奉迎唯和成信都堅守不下彤
聞光武從薊還失軍欲至信都乃先使五官掾張萬

督郵尹綏選精騎二千餘匹沿路迎光武軍彤尋與光武會信都拜彤爲後大將軍使將兵居前北至堂陽堂陽已反屬王郎彤使張萬尹綏先曉諭吏民光武夜至即開門出迎引兵擊破白奢賊於中山自此常從戰攻及拔邯鄲封武義侯建武元年更封靈壽侯靈壽縣名故城在今鎮州

劉植字伯先鉅鹿昌城人王郎起植與弟喜從兄歆喜一作嘉字共伯歆字細君也率宗族賓客聚兵數千人據昌城聞光武從薊還廼開門迎光武以植爲驍騎將軍喜歆偏將軍皆爲列侯時眞定王劉楊起兵以附王郎衆

十餘萬光武遣植說楊楊廼降因得進兵拔邯鄲從平河北建武二年更封植爲昌城侯

耿純字伯山鉅鹿宋子人初從李軼爲騎都尉安集趙魏會光武渡河至邯鄲純即謁見光武深接之純退見官屬將兵法度不與它將同遂求自結納獻馬及縑帛數百疋光武北至中山留純邯鄲會王郎反光武自薊東南馳純與從昆弟訢宿植共率宗族賓客二千餘人奉迎於育育縣名在冀州拜純爲前將軍封耿鄉侯耿鄉水北有耿鄉俗謂之安城在鎮州槀城縣西南訢宿植皆偏將軍使純居前鋒宋子從攻下曲陽及中山及至鄗光武止傳舍鄗大姓蘇公反城開門內王郎將李惲純先覺之將兵逆與惲戰大破之從平邯鄲又破銅馬時赤眉青犢上江大彤鐵脛五幡十餘萬衆並在射犬光武引兵將擊之純軍在前去衆營數里賊忽夜攻純雨射營中雨射謂矢下如雨也純勒部曲堅守不動選敢死二千人俱持強弩各傅三矢使銜枚間行傅者著也繞出賊後齊聲呼譟強弩並發賊衆驚走追擊破之光武即位封高陽侯擊劉永於濟陰下定陶後封爲東光侯東光今滄州縣也

朱祐字仲先南陽宛人往來舂陵光武與伯升皆親

愛之伯升拜大司徒以祐爲護軍及伯升死光武爲大司馬討河北復以祐爲護軍嘗力戰陷陣以爲偏將軍封安陽侯光武即位拜爲建義大將軍建武二年更封堵陽侯堵陽縣名故城在今唐州方城縣

景丹字孫卿馮翊櫟陽人以言語爲固德侯相遷朔調連帥副貳朔調上谷也更始立遣使者徇上谷丹與連率耿況降復爲上谷長史王郎起丹與況共謀拒之況使丹與子弇及寇恂等將兵南歸光武光武引見丹等笑曰邯鄲將帥數言我發漁陽上谷兵吾聊應言然王郎將帥數云欲發二郡兵以拒光武時光武聊應然之猶今兩軍遥相戲弄也何意

二郡良爲吾來（東觀記曰帝在廣河聞外有大兵自來登城勒兵在西門樓上問何等兵丹等對曰上谷漁陽兵帝曰爲誰來乎對曰爲劉公卽請丹入人人勞勉恩意甚備）方與士大夫共此功名耳拜丹爲偏將軍號奉義侯從擊王郎將倪宏等於南䜌郞共迎戰漢軍退卻丹等縱突騎擊大破之追奔十餘里死傷者縱橫遂從征河北光武卽位拜丹爲驃騎大將軍建武二年定封櫟陽侯與吳漢耿弇朱祐賈復馮異陳俊王常臧宮等從擊破五校於蕭陽（聚名）降其衆五萬人

王梁字君嚴漁陽安陽人爲郡吏太守彭寵以梁守狐奴令與蓋延吳漢俱將兵南及光武於廣阿拜偏

將軍野王令與河內太守寇恂南拒雒陽北守天井關朱鮪等不敢出兵光武以爲梁功及卽位拜爲大司空封武強侯

杜茂字諸公南陽冠軍人初歸光武於河北爲中堅將軍嘗從征伐及卽位拜大將軍封樂鄉侯（樂鄉屬信都）北擊五校於眞定進降廣平建武二年更封苦陘侯與王梁擊五校賊於魏郡清河東郡悉平諸營保降其持節大將三十餘人（謂大將軍杜猛持節光祿大夫董敦等）三郡清靜道路流通拜驃騎大將軍

馬成字君遷南陽棘陽人少爲縣吏光武徇潁川以成爲安集掾調守郟令（郟縣名今汝州縣也）光武討河北成卽棄官步負追及於漁陽以成爲期門從征伐及卽位再遷護軍都尉

劉隆字元伯南陽安衆侯之宗室更始拜爲騎都尉謁歸（謁請也謂請假歸也）迎妻子置雒陽聞光武在河內卽追及於射犬以爲騎都尉與馮異共拒朱鮪李軼等軼遂殺隆妻子建武二年封元父侯（元父屬東城故城在今兗州壬城縣南）

傅俊字子衛潁川襄城人光武徇襄城俊以縣亭長迎軍拜爲校尉襄城收其母弟宗族皆滅之從破王

尋等以爲偏將軍別擊京密破之及光武討河北俊與賓客十餘人北追及於邯鄲光武使潁川兵嘗從征伐及卽位以俊爲侍中建武二年封昆陽侯

堅鐔字子伋（伋一作皮）潁川襄城人爲郡縣吏光武討河北以其吏能署主簿又拜偏將軍從平河北別擊破大槍於盧奴及卽位拜鐔揚化將軍封濦強侯

岑彭字君然南陽棘陽人王莽時守本縣長漢兵起彭降更始封爲歸德侯令屬伯升及伯升遇害彭遷潁川太守會舂陵劉茂起兵略下潁川彭不得之官乃與麾下數百人從河內太守韓歆會光武徇河內

彭勸歆迎降因進說曰今赤眉入關更始危殆權臣放縱矯稱制詔道路阻塞四方蜂起群雄競逐百姓無所歸命竊聞大王平河北開王業此誠皇天祐漢士人之福也彭蒙司徒公所見全濟未有報德謂彭初降諸將欲誅之伯升言不如封之以勸後旋被禍難永恨於心謂伯升爲更始所害今復遭遇願出身自効光武深接納之更始大將軍呂植將兵屯淇園彭說降之於是拜彭爲刺姦大將軍使督察衆營授以常所持節從平河北光武卽位拜爲廷尉行大將軍事與吳漢王梁朱祐萬脩賈復劉植堅鐔侯進馮異祭遵王霸等圍雒陽數月朱鮪

等堅守不下光武令彭說降之建武二年使彭擊荆州下犨葉等十餘城犨縣名在今汝州魯山縣東南葉今汝州縣也後更封爲舞陰侯

馬武字子張南陽湖陽人更始初爲侍郎與光武破王尋等拜爲振威將軍與尚書令謝躬共攻王郎及光武拔邯鄲因從擊尤來五幡等敗於慎水武獨殿還陷陣故賊不得追及殿鎮後也進至安定次小廣陽卽廣下亭也在今幽州范陽縣以有廣陽國故謂此亭爲小廣陽武嘗爲軍鋒力戰無前諸將皆引而隨之故遂破賊窮追至平谷浚靡而還平谷縣名屬漁陽郡浚靡亦縣名屬右北平郡光武卽位以武爲侍中騎都尉封山都侯

朱浮沛國蕭人初從光武爲大司馬主簿遷偏將軍從破邯鄲光武遣吳漢誅更始幽州牧苗曾乃拜浮爲大將軍幽州牧守薊城遂討定北邊建武二年封舞陽侯食三縣

魏夏侯惇字元讓沛國譙人太祖初起惇嘗爲裨將從征伐太祖行奮威將軍以惇爲司馬別屯白馬遷折衝校尉領東郡太守太祖自徐州還惇從征呂布爲流矢所中傷左目復領陳留濟陰太守封高安侯領河南尹太祖平河北爲大將軍後拒鄴破遷伏波

將軍累封至三千五百戶又從征孫權還使都督二十六軍魏國建諸將皆受魏官號惇獨漢官乃上疏自陳不當不臣之禮太祖曰吾聞太上師臣其次友臣夫臣者貴德之人也區區之魏而臣足以屈君乎惇固請乃拜爲前將軍文帝卽王位封惇大將軍

夏侯淵字妙才惇之族弟太祖起兵以別部司馬騎都尉從遷陳留潁川太守及與袁紹戰於官渡行督軍校尉昌豨反遣于禁擊之未拔復遣淵與禁并力擊豨遂降其十餘屯豨詣禁降淵還拜典軍校尉濟爲樂安黃巾徐和司馬俱等攻城殺長吏淵將太山

濟平原郡兵擊大破之斬和平諸縣太祖征孫權還使淵督諸將擊廬江叛者雷緒緒破又行征西護軍督徐晃擊太原賊攻下二十餘屯斬賊帥商曜屠其城從征韓遂等戰於渭南又督朱靈平隃麋汧氐與太祖會安定降楊秋太祖還鄴以淵行護軍將軍督朱靈路招等屯長安擊破南山賊劉雄降其衆還圍韓遂馬超餘黨梁興於鄠拔之斬興封博昌亭侯初抱罕宋建因凉州亂自號河首平漢王太祖使淵帥諸軍討建月餘拔之斬建及所置丞相已下淵別遣張郃等平河關渡河入小湟中河西諸羌盡降隴右

平淵累封至八百戶從征張魯會魯降以淵行都護將軍督張郃徐晃等平巴郡太祖還鄴留淵守漢中拜征西將軍建安二十四年蜀先主軍陽平關淵拒之戰死

李通江夏平春人以俠聞於江汝之間郡人陳恭共起兵於朗陵衆多歸之後舉衆詣太祖於許拜通振威中郎將屯汝南西界太祖討張繡劉表遣兵以助繡太祖軍不利通將兵夜詣太祖太祖得以復戰通爲先登大破繡軍拜裨將軍封建功侯又擊群賊瞿恭江宮沈成等皆破殘其衆送其首遂定淮汝之地改封都亭侯拜汝南太守時賊張赤等五十餘家聚桃山通攻破之

于禁泰山鉅平人黃巾起鮑信招合徒衆禁附從焉及太祖領兗州禁與其黨俱爲郡伯屬將軍王朗朗異之薦禁才任大將軍太祖召見與語拜軍司馬使將兵詣徐州攻廣威拔之拜陷陣都尉討呂布於濮陽別破布二營於城南又別將破高雅於須昌從攻壽張定陶離狐圍張超於雍丘皆拔之從征黃巾劉辟黃邵等屯版梁邵等夜襲曹公營禁帥麾下擊破之斬辟邵等盡降其衆遷平虜校尉

鮑信少有大節寬厚愛人沈毅有謀漢末大將軍何進辟拜騎都尉遣歸募兵得千餘人還到成皋而進已遇害信至京師董卓亦始到信知卓必爲亂勸袁紹襲卓紹畏卓不敢發信引軍還鄉里收徒衆二萬騎七百輜重五千餘乘是歲太祖始起兵於巴吾信與弟韜以兵應太祖太祖與袁紹表信行破虜將軍韜裨將軍時紹衆最盛豪傑多向之信獨謂太祖曰夫畧不世出能摠英雄以撥亂反正者君也苟非其人雖強必斃君殆天之所啓遂深自結納太祖亦親異焉

龐晃字元顯少以良家子刺史杜達召補州都督太祖既有關中署晃大都督領親信兵常置左右晃因徙居關中

曹仁字子孝太祖從弟少好弓馬弋獵從太祖爲別部司馬行厲鋒較尉太祖之破袁術仁所斬獲頗多從征徐州仁甞督騎爲軍前鋒別攻陶謙將呂繇破之還與大軍合彭城大破謙軍從攻費華卽墨開陽謙遣別將救諸縣仁以騎擊破之太祖征呂布仁別攻句陽拔之生獲布將劉何太祖平黄巾迎天子都許仁數有功以議郎督騎太祖征張繡仁別徇旁縣

虜其男女三千餘人太祖與袁紹久相持於官渡紹遣劉備徇隱彊諸縣多舉衆應之太祖使將騎擊備破走之盡復收諸叛縣而還紹遣別將韓荀鈔斷西道仁擊荀於雞維山大破之封都亭侯從平荆州以仁行征南將軍留屯江陵拒吳將周瑜瑜將數萬人來攻前鋒數千人始至仁登城望之乃募得三百人遣部曲將牛金逆與挑戰遂爲所圍仁將其麾下壯士數十騎直前衝入賊圍金等乃得解賊衆乃退轉封安平亭侯太祖討馬超以仁行安西將軍拒潼關道破超渭南蘇伯田欽反以仁行征南將軍假節屯樊鎮荆州侯音以宛叛畧傍縣衆數千人仁率諸軍攻破音斬其首還屯樊卽拜征南將軍關羽攻樊時漢水暴溢城不没者數板會徐晃救至水亦稍減仁得潰圍而出文帝初卽王位拜仁爲車騎將軍都督荆揚益州諸軍事進封陳侯增邑至三千五百戸

曹洪字子廉太祖從弟太祖起義兵討董卓至滎陽爲卓將徐榮所敗太祖失馬賊追甚武都迎曹洪等還屯陳倉文帝卽王位以洪爲前將軍

曹真字子丹魏太祖族弟從操征伐屢建大勳文帝踐祚以真爲鎮西將軍假節都督雍凉州諸軍事進

封東鄉侯

張遼字文遠李傕殺王允遼從呂布東奔徐州領魯相太祖破呂布於下邳遼將其衆降拜中郎將賜爵關內侯數有戰功遷禆將軍袁紹破別定魯國諸縣與夏侯淵圍昌狶於東海降之從討袁譚袁尚於黎陽有功行中堅將軍從攻尚於鄴尚堅守不下太祖還許使遼與樂進拔陰安徙從攻鄴鄴破別徇趙國恒山招降緣水諸賊及黑山孫輕等從攻袁譚譚破別徇海濱破遼東賊柳歆等還爲盪寇將軍復別擊荆州定江夏諸縣還屯臨潁封都亭侯從征袁尚於

柳城擊斬單于蹋頓又陳蘭梅成以氐六縣叛遼督
張郃朱蓋等討蘭成蘭轉入灊山灊山中有天柱山
高峻二十餘里遼攻敗斬之太祖征孫權還使遼與
樂進李典屯合肥權攻合肥十餘日城不可拔乃退
遼率諸軍追擊幾復獲權太祖大壯之拜征東將軍
還屯陳郡文帝即王位轉前將軍孫權復叛遣遼還
屯合肥進爵都鄉侯文帝踐祚封晉陽侯
樂進字文謙以膽烈從太祖爲帳下吏遣募兵得千
餘人還爲軍假司馬陷陳都尉從擊呂布於濮陽張
超於雍丘橋蕤於苦皆先登有功封廣昌亭侯從征

張繡於安衆圍呂布於下邳別將擊眭固於射犬攻
劉備於沛皆破之拜討寇校尉渡河攻獲嘉還從擊
袁紹於官渡力戰斬紹將淳于瓊從擊譚尚於黎陽
斬其大將嚴敬行游擊將軍別擊黃巾破之定樂安
郡從圍鄴鄴定從擊袁譚於南皮先登入譚東門譚
敗別攻雍奴破之太祖表漢帝爲盪寇將軍別征高
幹從平荆州留屯襄陽擊關羽蘇非等皆走之又討
劉備臨沮長杜普旌陽長梁太皆大破之後從征孫
權假節屯合肥遷右將軍
張郃字儁乂初爲袁紹寧國中郎將後歸太祖拜偏
將軍從攻鄴拔之又從擊袁譚於渤海別將軍圍雍
奴大破之從討柳城與張遼俱爲軍鋒以功遷平狄
將軍別征東萊討管承又與張遼討陳蘭梅成等破
之從破馬超韓遂於渭南圍安定降楊秋與夏侯淵
討鄜賊梁興及武都氐又破馬超平宋建太祖征張
魯先遣郃督諸軍討興和氐王竇茂太祖從散關入
漢中又先使郃督步卒通路至陽平魯降太祖還留
郃與夏侯淵等守漢中拒劉備郃別督諸軍降巴東
巴西二郡淵戰殁諸軍推郃爲軍主太祖在長安遣
使假郃節還屯陳倉文帝即王位以郃爲左將軍進

爵都鄉侯及踐祚進封鄚侯
徐晃字公明初從車騎將軍楊奉討賊有功拜騎都
尉後歸太祖太祖授晃兵使擊卷原武賊破之拜裨
將軍從征呂布別降布將趙庶李鄒等與史渙斬眭
固於河內從破劉備又從破顏良拔白馬進至延津
破文醜拜偏將軍與曹洪擊㶏彊賊祝臂破之又與
史渙擊袁紹運車於故市功最多封都亭侯太祖既圍
鄴又別討毛城設伏兵掩擊破三屯從破袁譚於南
皮討平原叛賊克之從征蹋頓拜橫野將軍從征荆
州別屯樊討中廬臨沮宜城賊又與滿寵討關羽於

漢津與曹仁擊周瑜於江陵又討太原反者圍太陵抜之斬賊帥商曜韓遂馬超等反關右遣晃屯汾陰以撫河東太祖破超等又使晃與夏侯淵平鄃糜汧諸氐太祖還鄴使晃與夏侯淵拒劉備於陽平備遣陳式等十餘營絶馬鳴閣道晃別征破之復遣晃助曹仁討關羽屯宛會漢水暴溢于禁等没羽圍仁於樊又圍將軍呂常於襄陽晃擊破之文帝即王位以晃爲右將軍進封逯鄉侯及踐祚進封陽侯

許褚字仲康譙國人漢末聚少年及宗族數千家共堅壁以禦寇太祖徇淮汝褚以衆歸太祖太祖見而

壯之曰此吾樊噲也即日拜都尉引入宿衛諸從褚俠客皆以爲虎士從征張繡先登斬首萬計遷校尉從討袁紹於官渡時常從士徐他等謀爲逆以褚長侍左右憚之不敢發伺褚休下日他等懷刀入褚至下舍心動即還侍他等不知入帳見褚大驚愕他色變褚覺之即擊殺他等太祖益親信之出入同行不離左右從圍鄴力戰有功賜爵關内侯從討韓遂馬超於潼關太祖將北渡臨濟河先渡兵獨與褚及虎士百餘人留南岸斷後超將步騎萬餘人來奔太祖軍矢下如雨褚白太祖賊來多今兵渡以盡宜去乃扶太祖上船賊戰急軍爭濟船重欲没褚斬攀船者左手舉馬鞍蔽太祖船工爲流矢所中死褚右手竝泝船乃僅得渡是日微褚幾危其後太祖與馬超等單馬會語左右皆不得從唯將褚超負其力陰欲前突太祖素聞褚勇疑從騎是褚乃問太祖曰公有虎侯者安在太祖顧指褚褚瞋目眄之超不敢動乃各罷後數日會戰大破超等褚身斬首級遷武衛中郎將武衛之號自此始也軍中以褚力如虎而癡故號曰虎癡是以超問虎侯至今天下稱焉皆謂其姓名後遷中堅將軍文帝踐祚進封萬亭侯

蜀關羽字雲長本字長生河東解人亡命奔涿郡先主於鄉里合徒衆而羽與張飛爲之禦侮先主爲平原相以羽飛爲別部司馬分統部曲先主與二人寢則同牀恩若兄弟而稠人廣坐侍立終日隨先主周旋不避艱險先主之襲殺徐州刺史車胄使羽守下邳城行太守事建安五年曹公東征擒羽以歸拜偏將軍曹公知羽無久留之意使張遼問之羽歎曰吾極知曹公待我厚然吾受劉將軍厚恩誓以同死不可背之及羽殺顔良乃奔先主會曹公定荆州先主自樊將南渡江別遣羽乘船數百艘會江陵曹公追至當

陽長阪先主斜趣漢津適與羽船相值共至夏口孫權遣兵佐先主拒曹公曹公引軍退歸先主收江南諸郡乃封拜元勳以羽爲襄陽太守盪寇將軍駐江北先主西定益州拜羽董督荊州事二十四年先主爲漢中王拜羽爲前將軍假節鉞羽攻曹仁還至江陵爲吳逆擊斬之

張飛字翼德涿郡人少與關羽俱事先主又曹公入荊州先主奔江南曹公追之一日一夜及于當陽之長阪先主使飛將二千騎拒後飛據水斷橋瞋目橫矛曰身是張翼德也可來共決死敵皆無敢近者故

遂得免先主已定江南以飛爲宜都太守征虜將軍封新亭侯後轉在南郡先主入益州還攻劉璋飛與諸葛亮等泝流而上分定郡縣至江州（今渝州）破璋將巴郡太守嚴顏所過戰克與先主會于成都領巴西太守曹公以夏侯淵張郃守漢川郃別督軍下巴西欲徙其民於漢中進軍宕渠蒙頭盪石與飛相拒五十餘日飛率精卒萬餘人從他道邀郃軍交戰郃棄馬緣山從間道退引軍還南鄭巴土獲安先主爲漢中王拜飛爲右將軍假節章武元年遷車騎將軍進封西鄉侯

馬超字孟起扶風茂陵人漢前將軍騰之子累遷徐州刺史諫議大夫及騰入宿衛以超爲偏將軍使領騰營率諸戍以擊隴上郡縣殺凉州刺史韋康據冀城有其衆超自稱征西將軍領幷州牧督凉州諸軍事康故吏楊阜姜敘梁寬趙衢等合謀擊超超出攻之不能下乃奔漢中聞先主圍劉璋於成都密書請降先主遣人迎超超將兵徑到城下城中震怖璋即稽首（先主聞超至喜曰我得益州矣乃使人止超而潛以兵資之超到令引軍屯城北未一旬而成都潰）以超爲平西將軍督臨沮因爲前都亭侯先主爲漢中王拜超爲左將軍假節既即位遷驃騎將軍領

凉州牧封斄鄉侯

黃忠字漢升南陽人荊州牧劉表以爲中郎將與表從子磐共守長沙攸縣及曹公克荊州假行裨將軍仍就故任統屬長沙太守韓玄先主南定諸郡忠遂委質隨從入蜀自葭萌受任還攻劉璋忠常先登陷陣勇毅冠三軍益州既定拜爲討虜將軍建安末於漢中定軍山擊夏侯淵淵軍大敗遷征西將軍先主爲漢中王以忠爲後將軍賜爵關內侯

趙雲字子龍恒山眞定人本屬公孫瓚瓚遣先主爲田楷拒袁紹雲遂隨從爲先主主騎時先主亦依瓚

每接納雲雲得深自結託雲以兄喪辭瓚暫歸先主知其不反捉手而別雲辭曰終不背德也先主就袁紹雲見於鄴先主與雲同牀眠臥密遣雲合募得數百人皆稱劉左將軍部曲紹不能知遂隨先主至荆州及先主爲曹公所追於當陽長阪棄妻子南走雲身抱弱子（即後主也）保護甘夫人（即後主母也）皆得免難遷爲牙門將軍雲領留營司馬時孫夫人權之妹聞先主西征大遣舟船迎妹而夫人内欲將後主還吴雲與張飛勒兵截江乃得後主先主自葭萌還攻劉璋召諸葛亮亮率雲與張飛等泝江西上平定郡縣至江

州分遣雲從外水上江陽與亮會于成都成都既定以雲爲翊軍將軍建興元年爲中護軍封永昌亭侯

巡按福建監察御史臣李嗣京訂正

知閩縣事臣曹㽦臣參閱

知建陽縣事臣黃國琦較釋

將帥部四

佐命第四

吳張昭字子布彭城人漢末大亂徐方士民多避難揚土昭皆南渡江孫策創業命昭爲長史撫軍中郎將升堂拜母如比肩之舊文武之事一以委昭後漢獻帝建安五年策臨亡以弟權託昭昭率羣僚立而

輔之（策謂昭曰若仲謀不任事者君便自取之正復不克捷緩步西歸亦無所慮仲謀權字也）權哭未及息昭謂權曰孝廉此寧哭時耶且周公立法而伯禽不師非欲違父時不得行也夫爲人後者貴能負荷先軌克昌堂構以成勳業也方今天下鼎沸羣盜滿山孝廉何得寢伏哀戚肆匹夫之情哉乃身自扶權上馬陳兵而出然後衆心知有所歸權乃上表漢室下移屬城中外將校各令奉職昭復爲權長史權爲吳王拜昭綏遠將軍封繇拳侯權既稱尊號昭以老病上還官位及所統領更拜輔吳將軍班亞三司改封婁侯食邑萬戶

周瑜字公瑾廬江舒人初孫堅興義兵討董卓徙家於舒堅子策與瑜同年獨相友善瑜推道南大宅以舍策升堂拜母有無通共收合士大夫江淮間人咸向之（江表傳曰堅爲朱儁所表爲佐軍留家于壽春策年十餘歲已交結知名聲譽發聞有周瑜者與策同年亦英達夙成聞策聲問自舒來造焉便推結分好義同斷金勸策徙居舒策從之）瑜從父尚爲丹陽太守瑜往省之會策將東渡到歷陽馳書報瑜瑜將兵迎策策大喜曰吾得卿諧也遂從攻橫江當利皆拔之乃渡擊秣陵破笮融薛禮轉下湖孰江乘勝入曲阿劉繇奔走而策之衆已數萬矣因謂瑜曰吾以此衆取吳會平山越已足卿還鎮丹陽

瑜還頃之袁術遣從弟胤代尚爲太守而瑜與尚皆還壽春術欲以瑜爲將瑜觀術終無所成故求爲居巢長欲假塗東歸術聽之遂自居巢還吳是歲漢獻帝建安三年也策親自迎瑜授建威中郎將即與兵二千人騎五十匹頃之策欲取荆州以瑜爲中護軍領江夏太守從攻皖拔之移進尋陽破劉勳討江夏還定豫章廬陵留鎮巴丘會策薨權統軍瑜將兵赴喪遂留吳以中護軍與長史張昭共掌衆事十一年督孫瑜等討麻保二屯梟其渠帥囚俘萬餘口還備宫亭江夏太守黃祖遣將鄧龍將兵數千人入柴桑

瑜追討擊生虜龍迻吳曹公既破荊州得其水軍船
步兵數十萬議者皆欲迎之瑜請精兵二萬進住夏
口遇之遂敗曹公于赤壁拜偏將軍領南郡太守以
下雋漢昌劉陽州陵爲奉邑屯據江陵卒年三十六
魯肅字子敬臨淮東城人與居巢長周瑜相親結瑜
之東渡因與同行留家曲阿會祖母亡還奔東城劉
子揚與肅友善遺肅書曰方今天下豪傑並起吾子
姿才尤宜今日急還迎老母無事滯於東城近鄭寶
者今在巢湖擁衆萬餘處地肥饒廬江間人多依就
之況吾子從乎觀其形勢又可博集時不可失足下

速之肅答然其計葬畢還曲阿欲北行會瑜已徙肅
母到吳肅具以狀語瑜時孫策已薨權尚任吳瑜謂
肅曰昔馬援答光武云當今之世非但君擇臣臣亦
擇君今主人親賢貴士納奇錄異且吾聞先哲祕論
承運代劉氏者必興於東南推步事勢當其歷數終
搆帝基以協天符是烈士攀龍附鳳馳騖之秋吾方
達此足下不須以子揚之言介意也肅從其言瑜因
薦肅才宜佐時當廣求其比以成功業不可令去也權
即見肅與語甚悅之衆賓罷退肅亦辭出乃獨還合
榻對飲因密議曰今漢室傾危四方雲擾孤承父兄
遺業思有桓文之功君既惠顧何以佐之肅對曰昔
高帝區區欲尊事義帝而不獲者以項羽爲害也今
之曹操猶昔項羽將軍何繇得爲桓文乎肅竊料之
漢室不可復興曹操不可卒除爲將軍計唯有鼎足
江東以觀天下之釁規模如此亦自無嫌何者北方
誠多務也因其多務勦除黃祖進伐劉表竟長江所
極據而有之然後建號帝王以圖天下此高帝之業
也權曰今盡力一方冀以輔漢耳此言非所及也會
曹公破荊州將水軍船步兵數十萬水陸俱下權與
諸將議皆勸迎之肅曰將軍迎曹操欲安所歸願早

定大計莫用衆人之議遂拒曹公任周瑜以行事以
肅爲贊軍校尉助畫方畧曹公破走（赤壁之敗也）瑜病困
上疏乞以肅代即拜肅奮武校尉代瑜領兵瑜士衆
四千餘人奉邑四縣皆屬焉肅初住江陵後下屯陸
口拜漢昌太守偏將軍從權破皖城轉橫江將軍後
漢獻帝建安二十二年卒後權稱尊號臨壇顧謂公
卿曰昔魯子敬嘗道此可謂明於事勢矣
呂蒙字子明汝南富陂人少南渡依姊夫鄧當當爲
孫策將數討山越蒙年十五六竊隨當擊賊策召見
奇之引置左右數歲鄧當死張昭薦蒙代當拜別部

司馬策薨從權討丹陽所向有功拜平北都尉領廣德長從征黃祖以功爲橫野中郎將與周瑜程普等西破曹公於烏林圍曹仁於南郡仁退走遂據南郡撫定荆州還拜偏將軍領尋陽令後從權拒曹公於濡須數進奇計又勸權夾水口立塢所以備禦甚精曹公不能下而退蒙還尋陽未期而廬陵賊起令蒙討之誅其首惡時蜀先主令關羽鎮守荆土專有權命蒙西取長沙零桂三郡蒙移書二郡望風歸服惟零陵太守郝普城守不降會蜀先主請盟吳割湘水以零陵還之以尋陽陽新爲蒙奉邑後曹公又大出

濡須權以蒙爲督拒破之曹公引退拜蒙左護軍虎威將軍又拜漢昌太守食下雋劉陽漢昌州陵與關羽分土接境羽以兵圍曹仁於樊留傅士仁守公安蒙至南郡太守糜芳與士仁皆降遂入據城盡得羽及將士家屬皆撫慰之羽還吏士無闘心會權至衆皆委羽而降荆州遂定以蒙爲南郡太守封孱陵侯以疾卒

賀齊字公苗會稽山陰人後漢獻帝建安元年孫策臨郡察齊孝廉領永寧長代韓晏領南郡都尉八年建安漢興南平亂齊進兵建安立都尉府遷新都太守加偏將軍十八年豫章東部民彭材李玉王海等起爲賊亂衆萬餘人齊討平之遷奮武將軍二十一年鄱陽民尤突受曹公印綬化民爲賊陵陽始安涇縣皆與突相應齊與陸遜討破突斬首數千餘黨震服丹陽三縣皆降料得精兵八千人拜安東將軍封山陰侯出鎮江上督扶州以上至皖黃武初魏以曹休來伐齊以道遠後至因住新市爲拒休等憚之引軍還遷後將軍領徐州牧初晉宗爲戲口將以衆叛如魏還爲蘄春太守圖襲安樂取其保質權以爲恥忿因軍初罷六月盛夏出其不意詔齊督糜芳鮮于

丹等襲蘄春遂生虜宗

全琮字子璜吳郡錢塘人父柔爲會稽東部都尉孫策至吳柔舉兵先附策表柔爲丹陽都尉後爲權車騎長史權又以琮爲奮威校尉授兵數千人使討山越因開募召得精兵萬餘人出屯牛渚稍遷偏將軍蜀將關羽圍樊襄陽琮上疏陳羽可討之計及禽羽權置酒公安顧琮曰君前陳此今日之捷抑亦君之功也封華亭侯黃武元年魏以舟軍大出洞口權使呂範督諸將拒之軍營相望敵數以輕船鈔擊琮常帶甲伏兵伺候不休頃之敵數千人出江中琮擊破

之梟共將軍尹盧遷琮綏南將軍一云魏將曹休使臧霸以輕舟五百敢死萬人襲攻徐陵燒攻城車殺畧數十人將軍全琮徐盛追斬魏將尹盧殺獲數百進封錢塘侯七年權至皖與輔國將軍陸遜擊曹休破之於石亭黃龍元年遷衛將軍左護軍徐州牧尚公主累加右大司馬左軍師

程普字德謀右北平土垠人初爲郡吏從孫堅征伐討黃巾於宛鄧破董卓於陽人攻城野戰身被創夷堅薨復隨孫策在淮南從攻廬江拔之還俱東渡策到橫江當利破張英于糜等轉下秣陵湖熟句容曲阿普皆有功增兵二千騎五十匹進破烏程石木波

門陵傳餘杭普功爲多策入會稽以普爲吳郡都尉治錢塘後徙丹陽都尉居石城復討宣城涇安吳陵陽春穀諸賊皆破之策嘗攻祖郎大爲所圍普與一騎共蔽扞策驅馬疾呼以矛突賊賊披策因隨出後拜盪寇中郎將領零陵太守從討劉勳於尋陽進攻黃祖於沙羡還鎮石城策薨與張昭等共輔孫權遂周旋三郡平討不服又從征江夏還過豫章別討樂安樂安平定代太史慈備海昏與周瑜爲左右督破曹公於烏林又進攻南郡走曹仁拜裨將軍領江夏太守治沙羡食四縣周瑜卒代領南郡太守權分荆州與蜀普還領江夏遷盪寇將軍卒

諸葛瑾字子瑜瑯邪陽都人漢末避亂江東值孫策卒權姊壻曲阿弘咨見而異之薦之於權與魯肅等並見賓待後爲權長史轉中司馬從討關羽封宣城侯以綏南將軍代呂蒙領南郡太守黃武元年遷左將軍督公安假節封宛陵侯魏將曹真夏侯尚等圍朱然等於江陵又分據中州瑾以大兵爲之救援瑾性弘緩推道理任計畫無應卒倚伏之術兵久不解權以此望之及春水生潘璋等作水城於上流瑾進攻浮橋真等退走權稱尊號拜瑾大將軍左都護領

豫州牧

黃蓋字公覆零陵泉陵人初辟公府孫堅舉義兵蓋從之破南山賊北走董卓拜別部司馬堅薨蓋隨策及權擐甲周旋蹈刃屠城諸山越不賓有寇難之縣輒用蓋爲守長後漢獻帝建安中隨周瑜拒曹公於赤壁以功拜武鋒中郎將武陵蠻夷反亂攻城邑乃以蓋領太守寇亂盡平後長沙益陽縣爲山賊所攻蓋又平討加偏將軍病卒

韓當字義公遼西令支人以便弓馬有膂力幸於孫堅從征伐周旋數犯危難陷敵擒虜爲別部司馬及

孫策東渡從討三郡遷先登校尉授兵二千騎五十匹從征劉勳破黃祖還討鄱陽領樂安長山越畏服後以中郎將與周瑜等拒破曹公又與呂蒙襲取南郡遷偏將軍永昌太守宜都之役與陸遜朱然等共攻蜀軍於涿鄉大破之徙威烈將軍封都亭侯曹真攻南郡當保東南在外爲帥厲將士同心固守又敬重督司奉遵法令權善之黃武二年封石城侯遷昭武將軍領冠軍太守後又加都督之號將敢死及解煩兵萬人討丹陽賊破之會病卒

蔣欽字公奕九江壽春人孫策拜別部司馬授兵與

策周旋平定三郡又從定豫章累遷西部都尉會稽冶賊呂合秦狼等爲亂欽將兵討擊遂擒合狼五縣平定從討山越中郎將賀齊討黟賊欽督萬兵與齊并力黟賊平定從征合肥魏將張遼襲權於津北欽力戰有功遷盪寇將軍領濡須督征蜀關羽道病卒

周泰字幼平九江下蔡人初隨孫策爲左右數戰有功策入會稽署別部司馬權愛其爲人請以自給權住宣城山賊數千人卒至權始得上馬而賊鋒刃已交於左右或斫中馬鞍衆莫能自定泰奮身衛權是日無泰權幾危殆策深德之補春穀長後從攻皖討江夏皆有功後與周瑜程普拒曹公於赤壁攻曹仁於南郡荊州平定將兵屯岑曹公出濡須泰復赴擊拜平虜將軍後權破關羽欲進圖蜀拜泰漢中太守奮威將軍封陵陽侯

董襲字元代會稽餘姚人孫策入郡襲迎於高遷亭策見而偉之署門下賊曹時山陰宿賊黃龍羅周勃聚黨數千人策自出討襲身斬羅勃首還拜別部司馬授兵數千遷揚武都尉從策攻皖又討劉勳於尋陽伐黃祖於江夏策薨權統事鄱陽賊彭虎等衆數千人襲與凌統步隲蔣欽等各別分討襲所向

輒破旬日盡平拜威越校尉遷偏將軍後漢獻帝建安十三年權討黃祖襲與凌統俱爲前部破斬之曹公出濡須襲從權赴之船敗死

甘寧字興霸巴郡臨江人初依劉表因居南陽不見進用後轉託黃祖又以凡人畜之於是歸吳周瑜呂蒙並共薦達孫權加異同於舊臣寧陳計破黃祖權遂西果擒祖盡獲其士衆乃授寧兵屯當口後隨周瑜拒破曹公於烏林攻曹仁於南郡又隨魯肅鎮益陽拒關羽以功拜西陵太守從攻皖爲外城督破獲朱光拜折衝將軍曹公出濡須寧爲前部督授勑出

斫敵敵驚動遂退
淩統字公績吳郡餘杭人父操從孫策征伐嘗冠軍履鋒及權統事從討江夏中流矢死統年十五左右多稱述者權亦以操死國事拜統別部司馬行破賊都尉使攝父兵後從破山賊權破保屯先還餘麻屯萬人統與督張異等留攻圍之統身當矢石所攻一面應時披壞諸將乘勝遂大破之後權復征江夏統爲前鋒先搏其城於是大獲拜承烈都尉與周瑜等拒破曹公於烏林遂攻曹仁遷爲較尉又從破皖拜盪寇中郎將領沛相與呂蒙等西取三郡反自益陽

從往合肥爲右部督拜偏將軍卒
徐盛字文嚮瑯邪莒人客於吳爲孫權別部司馬授兵五百人守柴桑拒黃祖以功遷較尉中郎將督較兵曹公出濡須從權禦之魏使邢貞拜權爲吳王權出都亭候貞貞有驕色張昭既怒而盛忿憤顧謂同列曰盛等不能奮身出命爲國家并許洛吞巴蜀而令吾君與貞盟不亦辱乎因涕泣橫流貞聞之謂其旅曰江東將相如此非久下人者也後遷建武將軍封都亭侯領廬江太守賜臨城縣爲奉邑蜀先主次西陵盛攻取諸屯所向有功曹休出洞口盛與呂範全琮渡江拒守以少禦多敵不能克各引軍退遷安東將軍封蕪湖侯
潘璋字文珪東郡發干人孫權爲陽羨長始往隨權因使召募得百餘人遂以爲將討山賊有功署別部司馬累遷武猛較尉偏將軍遂領百較屯半州權征關羽璋與朱然斷羽走道至臨沮住夾口璋部下司馬馬忠禽羽并羽子平都督趙累等權即分宜都至秭歸二縣爲固陵郡拜璋爲太守振威將軍封溧陽侯甘寧卒又并其軍蜀先主出夷陵璋與陸遜并力拒之以功拜平北將軍襄陽太守權稱尊號拜右將

軍
朱治字君理丹陽故鄣人州辟從事隨孫堅征伐拜司馬從討長沙零桂等三郡賊周朝蘇馬等有功堅表治行都尉從破董卓於陽人會堅薨治扶翼策依就袁術後知術德政不立乃勸策還江東時太傅馬日磾在壽春辟治爲掾遷吳郡都尉策爲袁術攻廬江治使人於曲陽迎太妃及權兄弟策薨治與張昭等共尊奉權後漢獻帝建安七年權表治爲九真太守行扶義將軍割婁縣由拳無錫毗陵爲奉邑置長吏征討夷越佐定東南禽截黃巾餘類陳敗萬秉等黃

武元年封毗陵侯二年拜安國將軍金印紫綬徙封故鄣

朱然字義封治之姊子本姓施氏初治未有子然年十三乃啓策乞以爲嗣然嘗與權同學書至權統事累遷山陰令臨川太守授兵二千人討平山賊曹公出濡須然備大塢及三關屯拜偏將軍後漢獻帝建安二十四年從討關羽别與潘璋到臨沮擒羽遷昭武將軍封西安鄉侯代呂蒙鎮江陵黄武元年蜀先主攻宜都然督五千人與陸遜并力拒之然别攻破其前鋒斷其後道遂破走之拜征北將軍封永安侯

魏遣曹眞夏侯尚張郃等攻江陵起土山鑿地道立樓櫓臨城弓矢雨注凡六月不能克乃徹攻退還繇是然名震於敵國改封當陽侯黄龍元年拜車騎將軍領兖州牧

呂範字子衡汝南細陽人避亂富春孫策見而異之範遂自委質將私客百人歸策從策攻廬江還俱東渡到横江當利破張英於糜下小丹陽湖孰領湖孰相策定秣陵曲陽收笮融劉繇餘衆增範兵二千騎五十匹後領宛陵令討破丹陽賊還吴遷都督從攻祖郎於陵陽太史慈於勇里七縣平定拜征虜中郎將權征江夏範與周瑜等俱拒破之拜裨將軍領彭澤太守遷建威將軍封宛陵侯領丹陽太守治建業督扶州以下至海曹休領張遼臧霸等來伐範督徐盛全琮孫韶等以舟師拒休等於洞口遷前將軍封南昌侯黄武七年拜大司馬印綬未下疾卒

朱桓字休穆吴人孫權爲將軍桓給事幕府累遷盪寇校尉授兵二千人使部伍吴會二郡鳩合遺散期年之間得萬餘人後丹陽鄱陽山賊蜂起攻没城郭殺畧長吏處處屯聚桓督領諸將周旋赴討應皆平定稍遷裨將軍代周泰爲濡須督黄武元年魏使大

司馬曹仁步騎數萬向濡須桓拒破之梟其將嘗雕生虜王雙送武昌以功封嘉興侯黄龍元年拜前將軍領青州牧

是儀字子羽北海營陵人本姓氏郡相孔融朝儀言氏字民無上因改焉避亂會稽孫權承攝大業優文徵儀專典機密呂蒙圖襲關羽儀善其計從討羽拜忠義校尉既定荆州拜裨將軍封都亭侯遷侍中黄武中遣儀之皖就將軍劉邵欲誘致曹休休到大破之遷偏將軍進封都鄉侯

胡綜字偉則汝南固始人少孤將母避難江東孫策

領會稽太守綜年十四爲門下循行策甍權爲討虜將軍以綜爲金曹從事從討黄祖拜鄂長蜀先主下白帝權以見兵少使綜料諸縣得六千人立解煩兩部綜領右部督吳將晉宗叛歸魏爲蘄春太守去江數百里數爲寇害權使綜與賀齊輕行掩襲生虜得宗加建武中郎將權爲吳王封綜爲亭侯及都建業以綜爲侍中兼領軍進封鄉侯

呂岱字定公廣陵海陵人爲郡縣吏避亂南渡會孫權統事岱詣幕府累遷餘姚長召募精健得千餘人會稽東冶五縣賊呂合秦狼等爲亂權以岱爲督軍校

尉與將軍蔣欽等將兵討之遂禽合狼五縣平定拜昭信中郎將後漢獻帝建安二十年督孫茂等十將取長沙三郡又安成攸永新茶陵四縣吏共入陰山城合衆拒岱攻圍即降三郡克定權留岱鎮長沙安成長吳碭及中郎將袁龍等首尾關羽復爲反亂碭據攸縣龍在醴陵權遣横江將軍魯肅攻攸縣碭突走岱攻醴陵遂擒斬龍遷廬陵郡太守時鬱林夷賊攻圍郡縣岱討破之是時桂陽賊王金合衆於南海界上首亂爲害權又詔岱討之生縛金傳送詣都斬首獲生凡萬餘人遷安南將軍岱既定交州復進討

九真斬獲以萬數又遣從事南宣國化曁徼外扶南林邑棠明諸王各遣使奉貢權嘉其功進拜鎮南將軍

張紘字子綱廣陵人避難江東孫策創業遂委質焉表爲正議校尉與張昭並與參謀常令一人居守一人從征討紘從討丹陽策身臨行陣紘諫曰夫主將乃籌謀之所自出三軍之所係命不宜輕脱自敵小寇願麾下重天授之姿副四海之望無令國内上下危懼後漢獻帝建安四年策遣紘奉章至許當曹公爲策甍欲因喪伐吳紘諫以爲乘人之喪既非古義

若其不克成讎棄好不如因而厚之曹公從其言即表權爲討虜將軍領會稽太守以紘爲會稽東部都尉後權以紘爲長史從征合肥合肥城不拔紘進計曰古之圍城開其一面以疑衆心今圍之甚密攻之又急誠懼并命戮力死戰之寇固難卒拔及救未至可以寛之以觀其變議者不同會殺騎至數至圍下馳騁挑戰權率輕騎將往突敵紘諫曰夫兵者凶器戰者危事今麾下恃壯盛之氣忽彊暴之虜三軍之衆莫不寒心雖斬將搴旗威震敵場此乃偏將之任非主將之宜也願抑賁育之勇懷霸王之計權納紘

言而止初權於羣臣多呼其字唯張昭曰張公紘曰張東部臣欽若等曰自晉宣帝至武帝四世專政乃受魏禪不以干戈創業故無將帥佐命元帝渡江佐命唯王導已入宰輔門餘皆西晉舊臣固亦無將帥佐命

駱統會稽烏傷人也孫權以將軍領會稽太守統年二十試爲烏程相民戶過萬咸嘆其會理權嘉之召爲功曹行騎都尉統志在補察苟所聞見夕不待旦嘗勸權以尊賢接士勤求益損享賜之日可人人別進問其燥濕加以密意誘諭使言察其志趣令皆感恩戴義懷欲報之心權納用焉出爲建中郎將領武射吏三千人及淩統死復領其兵是時徵役繁數重

以疫癘民戶損耗統上疏權感統言深加意焉以隨陸遜破蜀軍於宜都遷偏將軍黃武初曹仁攻濡須使別將常雕等襲中州統與嚴圭共拒破之封新陽亭侯

冊府元龜

冊府元龜

巡按福建監察御史臣李嗣京　訂正
知甌寧縣事臣孫以敬　叅閱
知建陽縣事臣黃國琦　較釋

將帥部　五

佐命第五

宋朱齡石初爲高祖叅軍盧循至石頭齡石領中軍選敢死之士數千人上南岸高祖遣齡石領鮮甲步稍過淮擊之齡石率厲將士皆殊死戰殺數百人賊乃退齡石既有武幹又練吏職高祖甚親委之盧循

平以爲寧遠將軍寧蠻護軍西陽內史晉安帝義熙八年高祖西伐劉毅齡石從至江陵九年爲伐蜀元帥蜀平進號將軍封豐城縣侯十二年北伐爲左將軍十四年與桂陽公義眞爲佛佛所殺

朱超石初歸高祖爲徐州主簿累遷中兵叅軍寧朔將軍沛郡太守西伐劉毅高祖使超石率步騎出江陵未至而毅平及討司馬休之遣冠軍將軍檀道濟及超石步軍出大薄魯宗之聞超石且至自率軍攻之未戰而江陵平晉安帝義熙十二年北伐超石爲前鋒大軍進克蒲坂以超石爲河東太守及高祖自長安來除中書侍郎封興平縣五等侯

檀韶字令孫世居京口初辟本州從事西曹主簿輔國司馬高祖建義韶及弟檀道濟等從平京城行叅高祖建武將軍事都邑既平爲鎮軍將軍加寧遠將軍東海太守進號建武將軍遷龍驤將軍秦郡太守北陳留內史以平桓玄功封巴丘縣侯食邑五百戶復叅車騎將軍事加龍驤將軍遷騎將中軍諮議叅軍加寧朔將軍從征廣固率向彌胡蕃等五十人攻臨朐城克之及圍廣固慕容超夜燒樓當韶圍分降號橫野將軍城陷之日韶率所領先登領北瑯邪太

守進號寧朔將軍瑯邪內史從討盧循於左里又有戰功并論廣固功更封宜陽縣侯食邑七百戶降先封一等爲伯減戶之半二百五十戶賜次子臻坐六門內乘輿白衣領職晉安帝義熙七年號輔國將軍八年丁母憂起爲冠軍將軍明年復爲瑯邪內史淮安太守將軍如故鎮姑熟尋進號左將軍領本州大中正十二年遷督江州豫州之西陽新蔡二郡諸軍事江州刺史將軍如故有罪免官高祖受命以佐命功增八百戶并前千五百戶

檀道濟韶之弟也高祖創義道濟從入京城叅武帝

建置軍事西討平魯山禽桓振累以義勳封吳興縣五等侯盧循寇逆羣盜互起以道濟爲揚武將軍天門太守討平之又從劉道規討桓謙荀林等率厲文武身先士卒所向摧破及徐道覆來逼道規親出拒戰道濟戰功居多高祖北伐道濟爲前鋒步自淮肥所至諸城戍望風降服進尅許昌凡拔城破壘俘四千餘人皆釋而遣之於是夷戎感悅相率歸之者甚衆進據潼關與諸將軍共破姚紹長安既平以爲征虜將軍瑯邪內史高祖受命轉護軍領石頭戍聽直入殿尋以佐命功改封永修縣公

向靖字奉仁小字彌河內山陽人名與高祖同改稱小字世居京口與高祖少舊從平京城參建武軍事進平京邑板參鎮軍事加寧遠將軍京邑雖平而羣寇互起彌與劉藩孟龍符征破桓歆桓石康石綏於白茅攻壽陽尅之晉安帝義熙三年遷建武將軍秦郡太守北陳留內史戍堂邑以平京城功封山陽縣五等侯從征鮮卑大戰於臨朐累日不決彌與檀韶等分軍自間道攻臨朐城彌擐甲先登即時陷潰斬其牙旗賊遂奔走攻拔廣固彌又先登盧循屯據蔡州以親黨阮賜爲豫州刺史攻逼姑熟彌率譙國內史趙恢討之時輔國將軍毛脩之戍姑熟告急續至彌兼行進討破賜收其輜重除中軍諮議參軍將軍如故盧循退走高祖南征彌爲前鋒於南陵雷池左里三戰並大捷軍還除太尉諮議參軍下邳太守將軍如故八年轉游擊將軍尋督馬頭淮西諸軍事龍驤將軍鎮蠻護軍安豐汝陰二郡太守梁國內史戍壽陽以平廣固盧循功封安南縣男食邑五百戶十年遷冠軍將軍高陽內史臨淮太守領石頭戍事高祖西征司馬休之以彌爲吳興太守將軍如故明年高祖北伐彌以本號侍從留戍碻磝進屯石門栢谷遷

督北青州諸軍事北青州刺史將軍如故高祖受命以佐命功封曲江縣侯食邑千戶

劉懷慎始參高祖鎮軍將軍事振威將軍彭城內史從征鮮卑每戰必身先士卒及克廣固懷慎率所領先登從高祖拒盧循於石頭屢戰克捷加輔國將軍晉安帝義熙八年以本號監北徐州諸軍事鎮彭城尋加徐州刺史爲政嚴猛境內振肅九年亡命王靈秀爲寇討平之十一年進北中郎將以平廣固盧循功封南城縣男食邑五百戶十三年高祖北伐以爲中領軍征虜將軍宿衛輦轂坐府內相殺免官宋臺

建召爲五兵尚書仍督江北淮南諸軍前將軍南晋州刺史復徵爲度支尚書加散騎常侍高祖遷都壽春留懷慎督北徐兖青淮北諸軍事前軍將軍徐州刺史以亡命入廣陵城降號征虜將軍永初元年以佐命功進爵爲侯增邑千戸進號平北將軍

劉懷肅初爲費令聞高祖起義弃縣來奔京邑平定振武將軍劉道規追桓玄以懷肅爲司馬玄留何澹之郭銓等戍桑落州進擊破之玄既死從子振大破義軍於楊林義軍退尋陽懷肅與江夏相張暢之攻澹之於西塞破之僞鎮東將軍馮該戍夏口東岸孟

山圖據魯山城桓仙客守月壘皆連壁相望懷肅與道規攻之躬擐甲冑陷二城馮該走石城生擒仙客晋安帝義熙元年正月振敗走道規遣懷肅平石城斬馮該及其子山靖三月振復襲江陵荆州刺史司馬休之出奔懷肅自雲杜馳赴晝夜兼行七日而至振勒兵三萬旗幟蔽野躍馬橫矛躬自突陣流矢傷懷肅領衆懼欲奔懷肅瞋目奮戈膽氣益壯於是士卒爭先臨陣斬振首江陵既平休之反鎮執懷肅手曰微子之力吾無所歸矣僞輔國將軍符嗣馬孫僞龍驤將軍金符靚樂志等屯結中夏懷肅又討之梟樂志等道規懷肅督江夏九郡權鎮夏口除通直郎仍爲將軍淮南歷陽二郡太守二年又領劉毅撫軍司馬軍郡如故以義功封東興縣侯食邑千戸

劉粹字道沖粹家在京口少有志幹初爲州從事高祖克京城參建武軍事從平京邑轉參鎮軍事尋加建武將軍沛郡太守又領下邳太守復爲車騎將軍參軍從征廣固戰功居多以功封西安縣五等侯軍還轉中軍諮議參軍盧循逼京邑京口任重太祖時年四歲高祖使粹奉太祖鎮京城轉遊擊將軍遷建威將軍江夏相衞將軍毅粹族兄也粹盡心高祖不

與毅同高祖欲謀毅衆並疑粹在夏口高祖愈信之及大軍至粹竭其誠力事平封灄縣男食邑五百戸母憂去職俄而高祖討司馬休之起粹爲寧朔將軍竟陵太守統水軍入河明年進號輔國將軍遷相國左司馬侍中中軍司馬冠軍將軍遷左衞將軍永初元年以佐命功改封建安縣侯食邑千戸

王鎮惡北海劇人也或薦於高祖卽召之既至與語甚異焉以爲青州治中從事行參中軍太尉軍事署前部賊曹拒盧循於查浦屢戰有功封博陸縣五等子後以討劉毅功封漢壽縣子食邑五百戸又討平

鑠帥向博柢坦除游擊將軍高祖北伐鎮惡行龍驤將軍領前鋒鎮惡入賊境戰無不捷邵陵許昌望風奔散破虎牢及栢谷塢斬賊帥趙玄軍次雒陽偽陳留公姚洸歸順進次澠池遣司馬毛德祖攻偽弘農太守尹雅於蠡城生擒之仍行弘農太守方軌長驅徑據潼關偽大將軍姚紹率大衆拒險深溝高壘以自固鎮惡懸軍遠入轉輸不充與賊相持久將士乏食乃親到弘農督上民租百姓競送義粟軍食復振紹又病死偽撫軍將軍姚讚代紹守險衆力猶盛高祖至湖城讚引退大軍次潼關謀進取之計鎮惡率

衆水軍自河入渭偽鎮北將軍姚強屯兵涇上鎮惡遣毛德祖擊破之直至渭橋鎮惡所乘皆蒙衝小艦行船者悉在艦內羌見艦泝渭而進艦外不見有乘行船人北土素無舟楫莫不驚惋咸謂為神鎮惡既至令將士食畢便棄船登岸渭水流急倏忽間諸艦悉逐流去時姚泓屯軍在長安城下猶數萬人鎮惡乃身先士卒衆亦知無復退路莫不騰踊爭先泓衆一時奔潰即陷長安城泓挺身逃走明日率妻子歸降城內夷晉六萬餘戶鎮惡宣揚國恩撫慰初附號令嚴肅百姓安堵高祖將至鎮惡於霸上奉迎高祖勞之曰成吾霸業者卿也進號征虜將軍

趙倫之字幼成高祖起兵以軍功封閬中縣五等侯累遷雍州刺史高祖北伐倫之遣順陽太守傅弘之扶風太守沈田子出嶢柳大破姚泓於藍田及高祖受命以佐命功封霄城縣侯安北將軍鎮襄陽

到彥之字道豫彭城武原人高祖討孫恩以鄉里樂從每有戰功義旗將起彥之家在廣陵臨川武烈王道規尅桓弘彥之時近行聞事捷馳歸而道規已南濟江倉卒晚方獲濟及至京口武帝已向鄴孟昶居守留之及見高祖被責不自陳昶又不為申理故不

加官晉安帝義熙元年補鎮軍行參軍六年盧循逼都彥之與檀道濟掩循輜重與循黨荀林戰敗免官後以軍功封很山縣子為太尉中兵參軍驃騎將軍道鄰鎮江陵以彥之為驃騎諮議參軍尋遷司馬南郡太守又從文帝西鎮除使持節南蠻校尉高祖受命進爵為侯

胡藩豫章人高祖召為員外散騎侍郎參軍事從征鮮卑賊屯聚臨朐藩言於高祖曰賊屯軍城外內守必寡今往取其城而斬其旗幟此韓信所以克趙也高祖乃遣檀韶與藩等潛往既至即克其城賊見城

陷一時奔走還保廣固累月未拔之夜佐史竝集忽有烏大如鵝蒼黑色飛入高祖帳裏衆皆駭愕以爲不祥蕃起賀曰蒼黑者胡虜之色胡虜歸我大吉之祥也明旦攻城陷之從討盧循於左里頻戰有功封吳江縣五等子除正員郎尋轉寧遠將軍鄱陽太守從伐劉毅毅初當之荆州表求東道還京辭墓去都數十里不過拜闕高祖出倪塘會之蕃勸於座殺毅高祖不從至是謂蕃曰吾從倪塘之謀無今舉也又從征司馬休之復爲參軍加建武將軍領遊軍於江津徐逵（一作走）之敗沒高祖怒甚即日於馬頭岸渡江

而江津岸峭壁立數丈休之臨岸置陳無緣可登高祖呼蕃令上蕃有疑色高祖奮怒命左右擒來欲斬之蕃不受命顧曰蕃寧前死耳以刀頭穿岸劣容腳指於是至上隨之者稍多既得登岸殊死戰之賊不能當引退因而乘之一時奔潰高祖伐羌假蕃寧朔將軍參太尉軍事統別軍至河東暴風飄輜重艦渡北岸虜牽得此艦取其器物蕃氣厲心憤率左右十二人乘小船逕往河北賊騎五六百見蕃來竝笑之蕃素善射登岸射賊應弦而倒者十許人賊皆奔退悉收所失而反又遣蕃及朱超石等破索虜於平賊虜騎數重蕃及超石所領皆割配新軍不盈五千率厲力戰大破之又與超石等擊姚業於蒲坂超石失利退還蕃收超石所捨資實徐行而反業不敢追高祖還彭城參相國軍事時盧循餘黨與蘇淫等大相聚結以爲始興相論平司馬休之及廣固功封陽山縣男食邑五百戶

虞丘進東海郯人晉安帝隆安中從高祖征孫恩頻戰有功元興元年從高祖東征臨海於石步固與盧循相守二十餘日二年又從高祖至東陽破徐道覆其年又至臨松穴破賊追至永嘉千江又至安固界

戰皆有功三年從平京城定京邑除燕國內史義熙二年除龍驤將軍封龍川縣五等侯從高祖伐廣固於臨朐破賊盧循逼京邑孟昶諸葛長民等建議奉天子過江進廷議不可面折昶等高祖甚嘉之獻計伐樹樹柵石頭除鄱陽太守將軍如故統馬步十八隊於東道出鄱陽至五畝橋循遣將莫糾爲上饒令千餘人守故城進攻破之循又遣童敏之爲鄱陽太守據郡進從餘千步道趣鄱陽敏之退走追破之斬首數百復隨劉藩至始興討斬徐道覆八年除寧蠻護軍尋陽太守十年從征劉毅事平補太尉行參軍

尋加振威將軍九年以前後功封望蔡縣男食邑五百戶加龍驤將軍討司馬休之又有戰功軍還除輔國將軍山陽太守宋臺令書除泰郡太守督陳留郡事將軍如故元熙二年宋王令書以爲高祖第四子義康右將軍司馬

孟懷玉世居京口高祖東伐孫恩以懷玉爲建武司馬豫義旗從平京城進定京邑以功封鄱陽縣侯食邑千戶高祖鎮京口以懷玉爲鎮軍參軍下邳太守晉安帝義熙三年出爲寧朔將軍西陽太守新蔡內史除中書侍郎轉輔國將軍領丹陽府兵戍石頭盧

循逼京邑懷玉於石頭岸連戰有功爲中軍諮議參軍賊帥徐道覆屢欲以精鋭登岸畏懷玉不敢上及循南走懷玉與衆軍追躡直至嶺表徐道覆屯結始興懷玉攻圍之身當矢石旬月乃陷仍南追循循平又封陽豐縣男食邑二百五十戶復爲太尉諮議參軍征虜將軍

劉鍾彭城人晉安帝隆安中高祖伐孫恩鍾願從每戰有功自義旗將建板爲郡主簿從入京城將向京邑高祖命曰預是彭沛鄉人赴義者並可依劉主簿於是立爲義隊嘗在左右連戰皆捷明日桓謙屯于東陵卞範之屯覆舟山高祖疑賊有伏兵顧視左右正見鍾謂之曰此山下當有伏兵卿可率部下往撲之鍾應聲馳進果有伏兵數百一時奔走桓玄西奔其夕高祖止桓謙故營遣鍾宿據東府轉鎮軍參軍督護桓歆寇歷陽遣鍾助豫州刺史魏詠之討之歆即奔迸除南齊國內史封安丘縣五等侯從征廣固除振武將軍廣川太守盧循逼京邑鍾率麾下距柵身被重瘡賊不得入循南走鍾與輔國將軍王仲德追之循先留別帥范崇民以精兵高艦據南陵夾屯兩岸鍾自行覘賊天霧賊鉤得其舸鍾因率左右

攻艦戶賊遽閉戶拒之鍾乃徐還與仲德攻崇民崇民敗走鍾追討百里燒其船乘又隨劉藩追徐道覆於始興斬之補太尉行參軍寧朔將軍高祖討劉毅鍾率軍繼王鎮惡江陵平定與朱齡石伐蜀平之以廣固功封永新縣男恭帝元熙元年終右衛將軍

褚叔度爲高祖諮議參軍署中兵加建威將軍從伐鮮卑盡其誠力盧循攻查浦叔度力戰有功循南走高祖板行廣州刺史領平越中郎將

孫處字季高會稽永興人少任氣高祖東征孫恩季高隨高祖平定京邑以爲振武將軍封新夷縣五等

侯廣固之役先登有功

傅弘之字仲度高祖義旗建輔國將軍劉道規以爲參軍寧遠將軍魏興太守盧循作亂桓石綏自上雒甲口自號荊州刺史徵陽令王天恩自號梁州刺史襲據西城時弘之父韶爲梁州遣弘之討石綏等並斬之除太尉行參軍從征司馬休之署後部賊曹仍爲建威將軍順陽太守高祖北伐弘之與扶風太守沈田子等七軍自武關入僞上雒太守脫身奔走進據藍田招懷戎晉晉人龐斌之戴養胡人康橫等各率部落歸化爲桂陽王義眞雍州治中從事西戎司

馬寧朔將軍與義眞同没佛佛

齊薛淵汾陰人從父安都爲宋徐州刺史以彭城降魏親族皆入北太祖鎮淮陰淵遁來南委身自結果幹有氣力太祖使領部曲備衛帳內從征伐宋後廢帝元徽末以勳官至輔國將軍右軍將軍驍騎將軍軍主封竟陵侯沈攸之難太祖入朝堂豫章王嶷代守東府使淵領軍屯司徒左府分備京邑袁粲據石頭豫章王嶷夜登西門遥呼淵驚起率軍赴難先至石頭焚門攻戰事平明旦衆軍還集杜姥宅街路皆滿宫門不開太祖登南掖門樓處分衆軍各還本頓至食後城門開淵方得入見太祖且喜且泣太祖即位增邑爲二千五百戶除淮南太守加寧朔將軍

陳顯達仕宋爲羽林監濮陽太守隸太祖討桂陽王休範與兵至新亭壘宋劉勔大衍敗賊進杜姥宅及休範死太祖欲還衛宫城或諫太祖曰桂陽雖死賊黨猶熾人情難固不可輕動太祖乃止遣顯達率司空參軍高敬祖自查浦渡淮緣石頭北道入承明門屯東堂宫中恐動得顯達至乃稍定齊臺建爲散騎常侍左衛將軍領衛尉太祖即位遷中護軍增邑千六百戶轉護軍將軍

戴僧靜少爲太祖撫畜嘗在左右魏軍圍角城遣僧靜戰盪數捷補帳內軍主隨還京師動階至積射將軍羽林監沈攸之事太祖入朝堂僧靜爲軍主後袁粲據石頭太祖遣僧靜將腹心先至石頭時蘇烈據倉城僧靜將書與烈夜縋入城粲登城西南門列燭火乃分臺軍至射之火乃滅廻登東門其黨輔軍將軍孫曇瓘驍勇善戰每盪一合輒大殺傷官軍死者百餘人軍主王天生殊死拒戰故得相持自亥至丑有流星赤色炤地墜城中僧靜率力攻倉門身先士卒率衆潰僧靜殺粲於是外軍燒門入僧靜以功除前

軍將軍寧朔將軍宋順帝昇明二年除游擊將軍攸
之平論封諸將以僧靜爲興平縣侯邑千戶太祖郎
位增邑千二百戶除南齊陰大守
荀伯玉初爲太祖冠軍刑獄參軍太祖爲明帝所疑
及徵爲黃門郎深懷憂伯玉勸太祖遣數十騎入魏
界安置標榜於是魏游數百里行界上太祖以聞猶
懼不得留令玉卜伯玉斷卦不成行而宋明帝詔果
復祖本任繇是親侍後爲太祖驃騎中兵參濟陽太
守霸業既建伯玉忠勤盡心嘗衞左右加前軍將軍
隨太祖太尉府轉中兵將軍太守如故建元元年封

南豐縣子四百戶轉輔國將軍武陵王征虜司馬
曹虎字士威宋明帝時太祖爲領軍補防殿隊主直
西齋蒼梧廢明日虎欲出外避難遇太祖在東華中
門問虎何之虎因曰故欲仰見明公耳仍留直衞太
祖鎭東府以虎與戴僧靜各領日直三百人累至屯
騎較尉帶南城令豫平石頭封羅江縣男除前軍將
軍太祖受禪增邑爲四百戶直閤將軍領伏主尋除
寧朔將軍東莞太守
尹略淮南人少伏事太祖照習騎射以便捷見使爲
將宋順帝昇明中爲虎賁中郎將越騎較尉建元初

封平固男三百戶
桓康北蘭陵承人也勇果驍悍宋孝武大明中隨太
祖爲軍容從世祖在贛縣後爲世祖冠軍府參軍除
殿中將軍武騎常侍出補襄賁令桂陽事起康棄縣
還都就太祖會事巳平除員外郎宋元徽五年七月
六日夜少帝微行至領軍府帝左右人曰一府皆眠
何不緣墻入帝曰我今夕欲一處作適待明日夜康
與太祖所養健兒盧荒向黑於門間聽得其語明夕
王敬則至扣府門康謂是變與荒黑夜上拔白欲出
仍隨入宮太祖鎭東府除康武陵王中兵寧朔將軍

帶蘭陵太守嘗衞左右建元元年封吳平縣伯五百
戶轉輔國將軍左軍將軍游擊將軍太守如故
周山圖爲宋左中郎將時武陵王贊爲郢州太守令
山圖領兵衞送世祖與晉熙王燮自郢下以山圖爲
後防沈攸之事起世祖爲西討都督啓山圖爲軍副
世祖留據彭城衆議以溢城城小難固不如還都山
圖曰今據中流爲四方勢援六衆致力川岳可爲城
隍小事不足難也世祖使城局參軍劉皆陳淵委山
圖以處分事山圖斷取行旅船板以造樓櫓立水柵
旬日皆辦世祖甚嘉之授前軍將軍加寧朔將軍進

撫輔國將軍攸之攻郢城世祖令出圖量其勢山圖曰攸之兒與鄰鄉承同征伐悉其爲人性度險刻無以結國士心如頓兵堅城之下適所以爲離散之漸耳攸之既敗平西將軍黃回乘輕舸從白服萬餘人在軍前下流緣岸溢城中恐懼方知是回凱歸乃安世祖謂山圖曰周公前言可謂明於見事矣還都太祖遣山圖領部曲鎮郢城鎮戍諸軍悉受節度遷游擊將軍輔國將軍如故建元元年封廣晉縣男邑三百戶

梁沈約高祖在西邸與約有舊建康城平引爲驃騎

司馬征虜將軍時高祖王業既就天人允屬約嘗扣其端高祖默而不應佗日又進曰今與古異不可以淳風期萬物士大夫攀龍附鳳者皆望有尺寸之功以保其福厥今童兒牧豎悉知齊祚已終莫不云明公其人也天文人事表革運之徵永元以來尤爲彰著讖云行中水作天子此又歷然在記天心不可違人情不可失苟是歷數所至雖欲謙光亦不可得已高祖曰吾方思之對曰初起兵樊沔此時應思今王業已就何所復思昔武王伐紂始入民便曰吾君武王不違民意亦無所思公自至京邑已移氣序比於周武遲速不同若不早定大業稽天人之望脫有一人立異便損威德且人非金石時事難保豈可以建安之封遺之子孫若天子還都公卿在位則君臣分定無復異心君明於上臣忠於下豈復有人方更同公作賊高祖然之約出高祖召范雲告之雲對畧同約旨高祖曰智者乃爾暗同卿明早將休文更來雲出語約約曰卿必待我雲諾許而約先期入高祖令草其事約乃出懷中詔書并諸選置高祖初無所改俄而雲自外來至殿門不得入徘徊壽光閤外但云咄咄約出問曰何以見處約舉手向左雲笑曰不乖

所望有頃高祖召范雲謂曰生平與沈休文羣居不覺有異人處今日才智縱橫可爲明識雲曰公今知約不異約今知公高祖曰我起兵於今三年矣功臣諸將實有其勞然成帝業者乃卿二人也

王茂爲雍州長史高祖以王佐許之事無大小皆詢焉人或譖茂帝弗之信譖者驟言之遣覘其甲衲則蟲網焉乃誅言者或云茂與帝不睦帝諸腹心並勸除之而茂少有驍名帝又惜其用曰將舉大事便害健將此非上策乃令腹心鄭紹叔往候之遇其臥因問疾茂曰我疾可耳紹叔曰都下殺害日甚使君家

門塗炭今欲起義長史那循臥茂因擲枕起郎袴褶隨紹叔入見帝大喜下牀迎因結兄弟被推赤心遂得盡力發雍部遣茂爲前驅郢魯既平從帝東下爲軍鋒師次秣陵東昏遣大將王珍國盛兵朱雀門衆號二十萬及戰帝軍引却茂下馬單刀直前外生韋欣慶勇力絶人執鐵纏矟翼茂而進故大破之茂勳第一欣慶力也建康城平以茂爲護軍將軍遷侍中領軍將軍

張惠紹字德繼少有武幹初仕齊爲竟陵横桑戍主母喪歸鄉里聞高祖起兵乃自歸累有戰功高祖踐

祚封石陽縣侯位驍騎將軍直閤左細仗主時東昏餘黨數百人竊入南北掖門夜燒神獸門害衞尉張弘策惠紹馳率所領赴戰賊乃敗走遷太子右衞率

曹景宗字子震新野人高祖爲雍州刺史表爲冠軍將軍竟陵太守及義師起高祖至景陵以景宗與冠軍將軍王茂濟江圍郢城自二月至於七月城乃降復帥衆前驅至南州領馬步軍取建康道至江寧東昏將李居士以重兵屯新亭是日選精騎一千至江寧行頓景宗始至安營未立且師行日久器甲穿弊居士望而輕之因鼓噪前薄景宗景宗被甲馳戰短兵裁接居士棄甲奔走景宗皆獲之因鼓而前徑至皁莢橋築壘景宗又與王茂呂僧珍掎角破王珍國於大航茂衝其中堅應時而陷復與衆軍長圍六門城平拜散騎常侍右衞將軍封湘西縣侯食邑一千六百戶

呂僧珍字元瑜高祖臨雍州爲中兵參軍委以心膂僧珍陰養死士歸之者甚衆高祖頗招武猛士庶響從會者萬餘人因命按行城西空地將起數千間屋以爲止舍多伐材竹沈於檀溪積茅蓋若山阜皆未之用僧珍獨悟其旨亦私具櫓數百張義兵起高祖

夜召僧珍及張弘策定議明旦乃會衆發兵悉取檀溪材竹裝爲艛艦葺之以茅並立辦衆軍將發諸將果爭櫓僧珍乃出先所具每船付二張爭者乃息及建康城平高祖命僧珍率所領先入清宮與張弘策封簡府庫即日以本官帶南彭城太守遷給事黃門侍郎領武賁中郎將高祖受禪以爲冠軍將軍前軍司馬封平固縣侯邑一千二百戶

夏侯詳譙郡譙人也在齊爲司州刺史辭不之職高祖義兵起詳與蕭穎胄同創大舉西臺建以詳爲中領軍加散騎常侍南郡太守凡軍國大事穎胄多決

於詳及高祖圍郢城下穎胄遣衛尉席闡文如高祖軍詳獻議曰窮壁易守攻取勢難頓甲堅城兵家所忌誠宜大弘經略詢納羣言軍主以下至於鄙夫皆令獻其所見盡其所懷擇善而從選能而用不以人廢言不以多問寡又須量我衆力度賊樵糧窺彼人情權其形勢若使賊人衆而食少故宜計日而守之食多而力衆故宜悉衆而攻之若使糧力俱足非攻守所屈便宜散金寶縱反間使彼智者不用愚者懷猜此魏武之所以定大業也若三事未可宜思變通觀於人情計我糧穀若德之所感萬里同符仁之所懷

遠邇歸義金帛素積糧道又充乃可以列圍寬守引以歲月此王翦之所以尅楚也若圍之不卒降攻之未可下間道不能行金粟無人積天下非一家人情難可豫此則宜更思變計矣變計之道實賓英斷謀之所深要難以紙宣輒布言於席衛尉特願垂採高祖嘉納焉天監元年後爲侍中車騎將軍論功封寧都縣侯邑二千戶

鄭紹叔字仲明滎陽人高祖臨司州命爲中兵參軍領長流因是厚自結附高祖舉義兵以爲驍騎將軍侍從東下江州留紹叔監州事督江湘二州糧運無闕乏天監初入爲衛尉卿封營道縣侯邑千戶加冠軍將軍以營道縣戶彫弊改封東興縣侯邑如故紹叔自高祖臨司州爲中兵參軍領長流因是厚自結附高祖罷州還京師謝遣賓客紹叔獨固請願留高祖謂曰卿才幸自有用我今未能相益宜更思他塗紹叔曰委質有在義無二心高祖固不許於是乃還壽陽及高祖爲雍州刺史紹叔間道西歸補寧蠻長史扶風太守東昏既害朝宰疑高祖紹叔兄植爲東昏直後東昏遣至雍州託以候紹叔實潛使爲刺客紹叔知之密以告高祖植既至高祖於紹叔處置酒宴之戲植曰朝廷遣卿見圖今日閒宴是見取良會也賓主大笑令植登臨城隍周觀府署士卒器械舟艫戎馬莫不富實植退謂紹叔曰兄還具爲天子言之若取雍州紹叔請以此衆一戰送兄於南峴相持慟哭而别

楊公則字君翼天水人爲荊州西中郎參軍高祖舉

義師於雍州以爲西中郎諮議中兵參軍率衆東下時湘州行事張寶積發兵自守未知所附公則軍及巴陵仍回師南討軍次白沙寶積懼釋甲以候焉公則到州撫納之湘境遂定齊和帝即位授持節都督湘州諸軍事湘州刺史高祖勒衆軍次于沔口增山城主孫樂祖郢州刺史張冲各據城未下公則率湘府之衆會于夏口時荆州諸軍悉受公則節度雖蕭穎達宗室之貴亦隷焉累進征虜將軍左衛將軍持節刺史如故郢城平高祖命衆軍即日俱下公則受命先驅徑掩柴桑江州即定連旌東下直造京邑公

則號令嚴明秋毫不犯所在莫不賴焉天監元年進號平南將軍封寧都縣侯

柳慶遠爲高雍州別駕從事齊方多難慶遠謂所親曰方今天下將亂英雄畢起庇民定霸其吾君乎因盡誠協贊及義兵起慶遠甞居帷幄爲謀主遷冠軍征東長史從軍東下身先士卒高祖行營壘見慶遠頓舍嚴整每嘆曰人人若是吾又何憂建康城平入爲侍中領前軍將軍城內常夜火禁中驚懼高祖時居宮中悉斂諸鑰問柳侍中何在慶遠至悉付之其見任如此霸府建以爲太尉從事中郎高祖受禪遷

散騎常侍右衛將軍加征虜將軍封重安侯食邑千戶

蕭穎達蘭陵人也爲西中郎外兵參軍高祖舉義爲冠軍將軍及楊公則等率師隨高祖曹景宗等圍郢城穎達會軍於漢口與王茂攻郢城陷之隨高祖平江州高祖進溧州使與曹景宗先率馬步進趨江寧破東昏將李居士又下東城建康城平高祖以穎達爲前軍將軍丹陽尹及大論功賞封穎達吳昌縣侯邑千五百戶

鄧元起字仲居南郡當陽人也爲平南中兵參軍高祖義師東下爲冠軍將軍率衆與高祖會于夏口高祖命王茂曹景宗及元起等圍郢城結壘九里刺史張冲屢戰輒大敗乃嬰城固守齊和帝即位授節冠軍將軍平越中郎將廣州刺史遷給事黃門侍郎移鎮南堂摠西渚軍事中興元年七月郢城降以本號爲益州刺史仍爲前軍先定尋陽及大軍進至京邑元起築壘於建陽門與王茂曹景宗等合長圍身當鋒鏑建康城平進號征虜將軍天監初封當陽縣侯食邑一千二百戶

庾域字司大高祖舉義兵以爲寧朔將軍領行選從

高祖東下師次陽口齊和帝遣御史中丞宗史銜命勞軍域乃諷史曰黃鉞未加非所以摠率侯伯史反西臺即授高祖黃鉞蕭穎胄既都督中外諸軍事論者謂高祖應致牋域爭不聽乃止郢城平域及張弘策議與高祖意同即命衆軍便下每獻謀畫多被納用天監初封廣牧縣子

張弘策爲高祖雍州錄事參軍帶襄陽令高祖覩海內方亂有拯濟之心密爲儲備謀猷所及唯弘策而已及義師將起高祖夜召弘策呂僧珍入宅定議旦乃發兵以弘策爲輔國將軍軍主領萬人督後部軍

事西臺建爲步兵校尉遷車騎諮議參軍及郢城平蕭穎達楊公則諸將皆欲頓軍夏口高祖以爲宜乘勢長驅直指京邑以計語弘策與高祖意合又訪寧朔將軍庾域域又同乃命衆軍即日上道沿江至建康凡磯浦村落軍行宿次立頓處所弘策逆爲圖測皆在目中義師至新林王茂曹景宗等於大航方戰高祖遣弘策持節勞勉衆咸奮厲是日仍破朱雀軍高祖入頓石頭城弘策屯門禁衛引接士類多所全免天監初加散騎常侍洮陽縣侯邑一千二百戶弘策文獻皇后從父弟齊明帝建武末從高祖宿酒酣徙席星下語及時事弘策因問高祖曰緯象云何國家

故當無恙高祖曰其可言乎弘策因曰請言其兆高祖曰漢北有失地氣浙東有急兵祥今冬初魏必動若動則亡漢北帝今以疾多異議上下同釁諸部且乘機而作是以無成徒驅除耳明年都邑有大亂死人過於亂麻齊之曆數自茲亡矣梁楚漢當有英雄興弘策曰英雄今何在爲已富貴爲草茅高祖笑曰光武有云安知非僕弘策起曰今夜言是天意也請定君臣之分高祖曰舅欲效鄧晨乎是冬魏軍寇新野高祖將兵爲援且受密旨仍代曹武爲雍州弘策聞之心喜謂高祖曰夜中之言獨當驗矣高祖笑曰且勿多言弘策從高祖西行仍參帷幄身親勞役不憚辛苦及爲高祖雍州錄事參軍時長沙宣武王罷益州還仍爲西中郎長史行郢州事高祖使弘策陳計於宣武王弘策因說王曰昔周室既衰諸侯力爭齊桓蓋中人耳遂能一匡九合于今稱之齊德告微四海方亂蒼生之命會應有主以郢州居中流之要雍部有戎馬之饒卿兄弟英武當今無敵虎據兩州三分天下糾合義兵爲百姓請命廢昏立明易于掌握如此則桓文之業可成不世之功可建無爲豎子所敗取笑身後雍州揣之已熟願圖之天頗不懌而無以拒也

蔡道恭字懷儉齊和帝鎮荊州以爲西中郎中兵參軍輔國將軍高祖舉義師于雍州蕭穎胄以道恭舊將素著威略專相委任遷冠軍將軍西中郎諮議參軍仍轉司馬中興元年遷右衛將軍天監初論功封漢壽縣伯邑七百戶

巡按福建監察御史臣李嗣京 訂正
新建縣舉人臣戴國士 參閱
知建陽縣事臣黄國琦 較釋

將帥部 六

佐命第六

陳杜僧明字弘照廣陵人梁大同中與周文育並爲廣州南江督護盧安興啓與俱行後安興死高祖在高安引爲主帥侯景之亂隨高祖入援京師高祖於始興破蘭裕爲前鋒擒裕斬之又與蔡路養戰於南

野僧明馬被傷高祖馳往救之以所乘馬授僧明僧明乘馬與數十人復進衆皆披靡因而乘之大敗路養高州刺史李遷仕又據大皐入贛石以逼高祖高祖遣周文育爲前軍與僧明擊走之遷仕與寧都人劉孝尚併力將襲南康高祖又令僧明與文育等拒之相持連戰百餘合卒擒遷仕送于高祖軍及高祖下南康留僧明頓西昌督安成廬陵二郡軍事梁元帝承制授假節陵野將軍新州刺史臨江縣子邑三百戶侯景遣于慶等寇南江高祖頓豫章命僧明爲前驅所向尅捷高祖表僧明爲長史仍隨東討軍至蔡州僧明率麾下燒賊水門大艦及景平以功除員外散騎常侍明威將軍南兗州刺史進爵爲侯增邑并前五百戶仍領晉陵太守承聖二年從高祖北圍廣陵加使持節遷通直散騎常侍平北將軍餘加故荆州陷高祖使僧明率吳明徹等隨侯瑱西援于江州病卒

周文育字景德義興陽羨人也廣州監州王勱以爲長流令勱被代文育與勱俱下至大庾嶺文育辭勱勱遣之高祖時高祖在高要聞其還也大喜遣人迎之厚加賞賜分麾下配焉高祖之討侯景文育與杜

僧明爲前軍克蘭裕援歐陽頠皆有功高祖破蔡路養于南野文育爲路養所圍四面數重矢石雨下所乘馬死文育右手搏戰左手解鞍潰圍而出因與杜僧明等相得兵力復進遂大敗之高祖乃表文育爲府司馬李遷仕之據大皐遣其將杜平虜入贛石魚梁作城高祖命文育擊之平虜棄城走文育據其城遷仕聞平虜敗留老弱於大皐悉選精兵自將以攻文育其鋒甚鋭軍人憚之文育與戰遷仕稍却相持未解會高祖遣杜僧明來援別破遷仕水軍遷仕衆潰不敢過大皐直走新淦梁元帝授文育假節雄信

將軍義州刺史遷仕又與劉孝尚謀拒義軍高祖遣文育與侯安都杜僧明徐度杜陵築城於白口拒之文育頻出與戰遂擒遷仕高祖發自南康遣文育將兵五千開通江路侯景將王伯醜據豫章文育擊走之遂據其城累前後功除游騎將軍員外散騎常侍封東遷縣侯邑五百戶高祖軍至白茅灣命文育與杜僧明常爲軍鋒平南陵鵲頭城諸城及至姑熟與景將侯子鑒戰破之景平授通直散騎常侍改封南移縣侯邑一千戶拜信義太守累遷南丹陽蘭陵晉陵太守智武將軍散騎常侍高祖誅王僧辯命文育

督衆軍會世祖於吳興圍杜龕尅之又濟江襲會稽太守張彪得其郡城及世祖爲彪所襲文育時頓城北香巖寺世祖夜往趨之因共立柵頃之彪又來攻之文育悉力苦戰彪不能克既破平彪高祖以侯瑱據江州命文育討之仍除都督南豫州諸軍事嚴威將軍南豫州刺史率兵襲湓城未尅徐嗣徽引齊寇渡江據蕪湖詔徵文育還京嗣徽等列艦於青墩至於七磯以斷文育歸路及夕文育鼓譟而發嗣徽等不能制至旦又攻嗣徽驍將鮑砰獨以小艦殿軍文育乘單舴艋與戰跳入砰艦斬砰仍牽其艦而還賊衆大駭因留船蕪湖自丹陽步上時高祖拒嗣徽於白城適與文育相會將戰風急高祖曰兵不逆風文育曰事急矣當決之何用古法抽槊上馬馳而進衆軍從之風亦尋轉殺傷數百人嗣徽等移營幕府山文育從頓對之頻戰功最加平西將軍進爵壽昌縣公幷給皷吹一部

侯安都字成師始興曲江人梁始興內史蕭子範辟爲主簿侯景之亂招集兵甲至三千人高祖援京邑安都引兵從高祖攻蔡路養破李遷仕尅平侯景並力戰有功梁元帝授猛烈將軍通直散騎常侍富川

縣子邑三百戶隨高祖鎭京口除蘭陵太守高祖謀襲王僧辯諸將莫知者唯與安都定計仍使安都率水軍自京口趨石頭高祖自率馬步從江城羅落會之安都至石頭北棄舟登岸僧辯弗之覺也石頭城北接岡阜雉堞不甚危峻安都被甲帶長刀軍人捧之投于女垣內衆隨而入進逼僧辯臥室高祖大軍亦至與僧辯戰于聽事前安都自內閤出腹背擊之遂擒僧辯敬帝紹泰元年以功授使持節散騎常侍都督南徐州諸軍事仁威將軍南徐州刺史高祖東討杜龕安都留臺居守徐嗣徽任約等引齊寇入據

石頭安都與戰大敗之及高祖至以安都爲水軍于
中流斷賊糧運又襲秦郡破嗣徽柵收其家口并馬
驢輜重得嗣徽所彈琵琶及所養鷹遣信餉之曰昨
至弟任處得此今以相還嗣徽等見之大懼尋而請
和高祖聽其還北及嗣徽等濟江齊之餘軍猶據采
石守備甚嚴又遣安都攻之多所俘獲及爲平南將
軍都督水軍出豫章助豫州刺史周文育討蕭勃安
都未至文育已斬勃并擒其將歐陽頠傅泰等唯余
孝頃與勃子孜猶據豫章之石頭作兩城孝頃與孜
各據其一又多設船艦夾水陣安都至乃銜枚夜燒

其艦文育率水軍安都領步騎登岸結陣孝頃俄斷
後路安都乃令軍士多伐松木豎柵列營漸進頻戰
屢尅孜乃降孝頃奔歸新吳請入子爲質許之師還
以功進號鎮北將軍加開府儀同三司後爲都督南
豫州諸軍事鎮西將軍南豫州刺史令繼周文育攻
余孝勱及王琳將曹慶常衆愛等安都自宮亭湖出
松門躡衆愛後文育爲熊曇朗所害安都廻取大艦
値琳將周炤周協南歸與戰破之生擒炤協孝勱弟
猷率部下四千家欲就王琳遇周炤敗乃詣安都又
進軍於禽奇洲破曹慶等焚其船艦衆愛奔于廬山

爲村人所殺餘衆悉平
吳明徹字通昭秦郡人高祖鎮京口深相要結明徹
乃詣高祖高祖爲之降階執手卽席與論當世之務
明徹亦微涉書史經傳就汝南周弘正學天文孤虛
遁甲略通其妙頗以英雄自許高祖深奇之梁元帝
承聖二年授戎昭將軍安州刺史紹泰初隨周文育
討杜龕張彪等東道平授使持節散騎常侍安東將
軍南兗州刺史封安吳縣侯高祖受禪拜安南將軍
胡穎字方秀吳興東遷人也其先寓居吳興土斷爲
民穎偉姿容性寬厚梁世仕至武陵國侍郎東宮直

前出番禺征討任廣州西江都護高祖在廣州穎仍
自結高祖高祖與其同郡接遇甚隆及南征交阯穎
從行役餘諸將帥皆出其下及平李賁高祖旋師穎
隸在西江出兵多以穎留守侯景之亂高祖尅元景
仲仍度嶺援臺平蔡路養李遷仕穎皆有功歷平固
遂興二縣令高祖進軍頓西昌以穎爲巴丘縣令鎮
大皐督糧運下至豫章以穎監豫章郡高祖率衆與
王僧辯會於白茅灣同討侯景以穎知留府事梁承
聖初元帝授穎假節鐵騎將軍羅州刺史封漢陽縣
侯邑五百戶尋除豫章內史隨高祖鎮京口齊遣郭

元建出關都督侯瑱率師禦之高祖遥府內驍勇三千人配頳令隨瑱於東關大破之建元三年高祖圍廣陵齊人東方老據宿預請降以頳爲五原太守隨杜僧明援老不尅退還除曲阿令尋領馬軍從高祖襲王僧辯又隨周文育於吳興討杜龕梁敬帝紹泰元年除假節都督南豫州諸軍事輕車將軍南豫州刺史太平元年除持節散騎常侍仁威將軍尋兼丹陽尹高祖受禪兼左衛將軍餘如故

徐度字孝光安陸人也世居京師少倜儻不拘小節及長姿貌瓌偉嗜酒好博常使僮僕屠酤爲事梁始

興內史蕭介赴郡度從之將領士卒征諸山洞以驍勇聞高祖征交阯厚禮招之度乃委質侯景之亂高祖尅定廣州定蔡路養破李遷仕計畫多出於度兼統兵甲每戰有功歸至白茅灣梁元帝授寧朔將軍合州刺史侯景平後追錄前後戰功加通直散騎常侍封廣德縣侯邑五百戶遷散騎常侍高祖鎮朱方除信武將軍蘭陵太守高祖遣衛陽獻王平荆州刺史度率所領從焉江陵陷間行東歸高祖平王僧辯度與侯安都爲水軍敬帝紹泰元年高祖東討杜龕奉敬帝幸京口以度領宿衛并知留府事徐嗣徽任約等來寇高祖與敬帝還都時賊已據石頭城市廛居民並在南路去臺遥遠恐爲賊所乘乃使度將兵鎮于冶城寺築壘以斷之賊悉衆來攻不能尅高祖亦救之尋大敗約等明年嗣徽等又引齊寇濟江度隨衆軍破之于郊壇以功除信威將軍郢州刺史兼領吳興太守尋遷右將軍領軍將軍徐州沿江諸軍事鎮北將軍南徐州刺史給鼓吹一部

歐陽頠爲臨賀內史當侯景構逆高祖入援京邑將至始興頠深自結託蘭裕遣兵攻頠高祖援之裕敗高祖以王懷明爲衡州刺史遷頠爲始興內史高祖

之討蔡路養李遷仕也頠率兵度嶺以助高祖及養等平頠有功梁元帝承制以始興郡爲東衡州以頠爲持節通直散騎常侍都督東衡州諸軍事雲麾將軍東衡州刺史新豐縣伯邑四百戶

北齊段榮五原人也高祖建義山東榮贊成大策爲大行臺右丞西北道慰喻大使巡方曉喻所在下之高祖南討鄴留榮鎮信都仍授鎮北將軍定州刺史時攻鄴未克所領軍資榮轉輸無闕高祖入雒論功封姑臧縣侯邑八百戶

斛律金初從後魏爾朱榮爲別將頻有戰功爲鎮南

大將軍及爾朱兆等逆亂高祖密懷興復之計金與婁昭庫狄干等贊成大謀仍從舉義高祖南攻鄴留令守信都領恒雲燕朔顯五州大都督委以從事別討李循破之加右光祿大夫會高祖於鄴仍從平晉陽追滅爾朱兆西魏武帝太昌初爲汾州刺史進爵爲侯

孫騰初爲高祖晉州長史及起義信都騰以誠欵嘗預謀策又以朝廷隔絶號令無所歸不權有所立則衆將沮散苦請於高祖從之遂立中興主除侍中尋加使持節六州流民大都督北道大行臺騰以高祖

腹心入居門下與斛斯椿同掌機密椿既生異端觸塗乖謬騰深見猜忌慮禍及已遂潛將十餘騎馳赴晉陽高祖入討斛斯椿留騰行并州事又使騰爲冀相殷定滄瀛幽安八州行臺僕射行冀州事復行相州事天平初入爲尚書左僕射内外之事騰咸知之兼司空尚書令府西魏遣將寇南兖詔騰爲南道行臺率諸將討之騰性懦怯無威畧卽失利而還又除司徒遷太保騰早依高祖契闊艱危勤力恭儉深見信待及高祖置之魏朝寄以心腹東魏孝靜武定六年薨文宣天保初以騰佐命詔祭告其墓昭帝皇建中配享高祖廟庭

王懷爲第一領民酋長高祖東出懷率其部人三千餘家隨高祖于冀州義旗建高祖以爲大都督從討爾朱兆于廣阿破之除安北將軍蔚州刺史又隨高祖攻鄴克之從破四胡于韓陵進爵爲侯仍從入雒拜車騎將軍又從高祖襲尅西夏州還爲大都督鎮下舘除儀同三司

張保雒初仕後魏爲揚烈將軍奉車都尉後隷高祖爲都督從討步蕃及高祖起義保雒爲帳内從破爾朱兆於廣阿尋遷右將軍中散大夫仍以帳内從高

祖圍鄴城既拔除平南將軍光祿大夫從破爾朱兆等于韓陵因隨高祖入雒加安東將軍從高祖破周文帝於邙山圍玉壁攻龍門還留鎮晉州文襄嗣位以保雒爲左廂大都督

薛孤延爲都督從高祖起義破爾朱兆於廣阿因從平鄴以功轉大都督從破四胡於韓陵加金紫光祿大夫從追爾朱兆於赤洪嶺除第一領民酋長累加車騎將軍從征玉壁轉鎮州刺史從破周文帝於邙山進爵爲縣公又從高祖討破山胡西攻玉壁入爲左衛將軍改封平秦郡公延性好酒率多昏醉而以

勇决善戰每大軍征討嘗爲前鋒故與彭劉韓潘同列（臣欽若等曰彭樂劉貴韓軌潘樂）

尉長命大安狄郡人性和厚有器識扶陽之亂寄居太原及高祖將建大義長命參計策從高祖破四胡於韓陵拜安南將軍獎子鵲據兗州又除東南道大都督與諸軍討平之轉鎮范陽城就拜幽州刺史督安平二州事

莫多婁貸文大安狄郡人也驍果有膽氣從高祖舉義擊爾朱兆於廣阿又從破四胡於韓陵後從平爾朱兆於赤洪嶺兆窮迫自經貸文獲其屍還左廂大

都督

高昂字敖曹後魏末爲冀州刺史大都督率衆從高祖破爾朱兆于廣阿又隨高祖討兆於韓陵昂自領鄉人部曲王桃湯東方老呼延族等三千人高祖曰高都督純將漢兒恐不濟事今當割鮮卑兵千餘人共相參雜於意如何昂對曰敖曹所將部曲練習已久前後戰鬭不減鮮卑今若雜之情不相協勝則爭功退則推罪願自領漢軍不煩更配高祖然之及戰高祖小却兆等方乘之高岳韓匈奴等以五百騎衝其前斛律敦收散卒躡其後昂與蔡儁以千騎自栗園出横擊兆軍兆衆繇是大敗是日微昂等高祖幾殆尋加侍中開府進爵爲侯邑七百户

韓軌字伯年大安狄郡人少有志操性深沉喜怒不形于色高祖鎮晉州引爲鎮城都督及起兵于信都軌贊成大策從破爾朱兆於廣阿又從破韓陵封平昌縣侯仍督中軍從破爾朱兆于赤洪嶺

後周于謹自太祖初臨夏州爲防城大都督夏州長史及賀拔岳破害太祖赴平凉謹乃言于太祖曰魏祚陵遲權臣擅命羣盜蜂起黔首嗷然明公仗超世之資懷濟時之畧四方遠近咸所歸心願早建良圖

以副衆望太祖曰何以言之對曰關中秦漢舊都昔稱天府將士驍勇厥壤膏腴西有巴蜀之饒北有羊馬之利今若據其要害招集英雄養卒勸農足觀時變且天子在雒逼迫羣兇若陳明公之懇誠筭時事之利害請都關右帝必喜而遷然後挾天子而令諸侯奉王命以討暴亂桓公之業千載一時也太祖大悦會有勑追謹爲閤內大都督帝西遷從太祖征潼關破廻雒城授北雍州刺史進封藍田公後拜驃騎大將軍開府又從太祖拔弘農破沙苑又從戰河橋又從攻邙山

侯莫陳崇字尚樂武川人初爲建威將軍隨賀拔岳入關討万俟醜奴及岳被害崇與諸將同謀迎太祖從平侯莫陳悅累進驃騎大將軍開府從擒竇泰復弘農破沙苑從戰河橋崇功居多進位柱國六宮建拜大司空孝閔踐祚進封梁國公邑萬戶

獨孤信武川人與太祖鄉里少相友善後爲驃騎大將軍從太祖復弘農破沙苑以功除隴右十一州大都督

楊薦爲驃騎大將軍初太祖臨夏州補薦帳內都督及平侯莫陳悅使薦入雒請事魏孝武授太祖關西

大行臺仍除薦直閤將軍馮翊長公主娶居孝武授意欲歸諸太祖乃令武衛元毗喻旨薦歸白太祖又遣薦入雒陽請之孝武即許焉孝武欲向關中薦贊成其計孝武曰卿歸語行臺迎我太祖又遣薦與長史宇文測出關候接孝武至長安進爵清水縣子

趙貴武川人初爲太祖司馬車騎大將軍從太祖復弘農戰沙苑拜侍中驃騎大將軍開府又從戰河橋又從拔玉璧又從戰邙山拜柱國大將軍賜姓乙弗氏

蔡祐字承先爲都督時太祖初臨夏州及侯莫陳悅害賀拔岳諸將遣使迎太祖將赴之夏州首望彌姐元進等陰有異計太祖微知之先與祐議執元進祐曰很子野心會當反噬今若執縛不如殺之太祖曰汝大快也於是召元進等入計事太祖口隴賊逆亂與諸人戮力討之觀諸人輩似有不同者太祖微以此言動之因目祐祐即出外衣甲持刀入瞋目叱諸人曰與人朝謀夕異豈是人也蔡祐今日必斬二人之頭因按劒臨之舉坐皆叩頭曰願有簡擇祐乃坐元進而斬之并其黨竝伏誅一坐皆戰慄莫敢仰視於是與諸將結盟同心誅悅太祖以此知重之謂祐

曰吾今以爾爲子爾其父事我後從討悅破之又從迎魏孝武於潼關以前後功封長鄉縣伯邑五百戶

李穆字顯慶風神警俊倜儻有奇節太祖首建義旗便委質釋褐統軍西魏武帝永熙末奉迎魏武帝授都督封永平縣子邑二百戶又領鄉兵累以軍功進爵爲伯從太祖擊齊師於邙山太祖臨陣墮馬穆突圍而進授以從騎潰圍俱出以故得免既而與穆相對泣顧左右曰成我事者其此人乎

隋元冑數從周齊王憲征伐官至大將軍高祖被召入將受顧命先呼冑亥命陶澄竝委以心腹嘗宿臥

內及爲丞相每典軍在禁中又引弟威等俱入侍衛周趙王招知高祖將遷周鼎乃要高祖就第趙王引高祖入寢室左右不得從唯楊弘與胄兄弟坐於戶側趙王謂其二子員貫曰汝當進瓜我因刺殺之及酒酣趙王欲生變以佩刀子刺瓜連啗高祖將爲不利胄進曰相府有事不可久留趙王呵之曰我與丞相言汝何爲者叱之使却胄瞋目憤氣抽刀入衛趙王問其姓名胄以實對趙王曰汝非昔事齊王者乎誠壯士也因賜之酒曰吾豈有不善之意卿何猜警如是趙王僞吐將入後閣胄恐其爲變扶令上

座如此者再三趙王稱喉乾命胄就厨取飲胄不動會滕王逌後至高祖降階迎之胄與高祖耳語曰事勢大異可速去高祖猶不悟謂曰彼無兵馬復何能爲胄曰兵馬悉他家物一先下手大事便去胄不辭死何益耶高祖入座胄聞屋後被甲聲遽請曰相府事殷公何得如此因扶高祖下牀趨而去趙王將追之胄以身蔽戶王不得出高祖及門胄自後而至趙王恨不時發彈指出血及誅趙王賞賜不可勝計高祖受禪進位上柱國封武陵郡公邑三千戶拜左衛將軍尋遷右衛大將軍高祖從容曰保護朕躬成此基業元胄功也

李圓通自高祖爲相時爲帥都督委以心膂圓通多力勁捷長於武用周氏諸王素憚高祖每伺高祖之隙圖爲不利賴圓通獲免者數矣高祖深感之繇是參預政事

唐劉弘基在隋以父麐爲右勳侍大業末亡命至大原會高祖鎮太原因自結託又察太宗有非常之度尤委心焉及太宗將圖義舉弘基遂募得二千人王威高君雅欲爲變高祖伏弘基及長孫順德於廳事之後威雅既及弘基麾左右執之又從義師下西河

進攻霍邑隋將宋老生率衆陣於城外弘基從太宗擊之老生敗走棄馬投塹弘基麾下斬其首師至河東弘基以兵八千人先濟河進下馮翊爲渭北道大使得便宜從事殷開山爲副西畧地扶風有衆六萬南渡渭水屯于長安故城威聲大振耀軍金光門衛文昇遣兵來戰弘基逆擊走之擒甲士千餘人馬數百匹高祖大悅賜馬二十匹及平京城功第一從太宗擊薛舉于扶風破之追奔至隴山而反累拜右領都督封河間郡公又從太宗經畧東都戰于瓔珞門外破之師旋弘基爲殿隋將段達張志陣于三王陵

弘基擊敗之武德元年拜右驍衛大將軍以元謀之勳恕其一死又從太宗平夏縣進封任國公尋從擊劉黑闥于雒州師旋授井鉞將軍又以佐命功賜眞食九百戶

盛彦卿隋末爲澄城長義師至汾陰率賓客千餘人濟河上謁高祖拜銀青光祿大夫行軍摠管從平京城俄與史萬寶鎭宜陽以拒東寇

盧士良瀛州刺史士叡之弟仕隋爲右親衛大業末見天下已亂不求仕進潛結英豪及義師西上與兄士叡同舉兵得百人來謁高祖於汾陰甚蒙接遇以

爲軍頭擊桑顯和于飲馬泉敗屈突通于潼關俱有戰功位柱國

錢九隴善騎射高祖信愛之嘗置左右義兵起以軍功授金紫光祿大夫及尅平城拜左監門郎將

任瓌字瑋廬州合肥人隋仁壽中爲韓城尉俄又罷職及高祖討捕於汾晉瓌謁高祖於轅門承制爲河東縣戶曹高祖將之晉陽留隱太子建成以託於瓌義師起瓌至龍門謁見高祖謂之曰隋氏失馭天下沸騰吾忝以外戚屬當重寄不可坐觀時變晉陽是用武之地士馬精強今率驍雄以輔國難卿將家子深有智謀觀吾此舉將爲濟否瓌曰後主殘酷無道征役不息天下恟恟思聞拯亂天縱神武親舉義師所下城邑秋毫無犯軍令嚴明將士用命關中所在蜂起惟待義兵仗大順從衆欲何憂不濟瓌在馮翊積年人情諳練願爲一介之使銜命入關同州已東必當款伏于梁山船濟直指韓城進逼郃陽分取朝邑且蕭造文吏本無武畧仰懼威靈理當自下孫華諸賊未有適從必當相率而至然後皷行整衆入據永豐雖未得京城關中故已定矣高祖曰是吾心也迺授銀青光祿大夫遣陳演壽史大柰領步騎六千

趨梁山渡河使瓌及薛獻爲招慰大使高祖謂演壽曰閫外之事宜與任瓌籌之孫華白玄度等聞兵且至果競來降并具舟于河師遂利涉瓌說下韓城縣與諸將進擊飲馬泉破之拜左光祿大夫留守永豐倉高祖即位改授穀州刺史王世充數率衆攻新安瓌拒戰破之以功累封管國公

姜謨秦州上邽人隋大業末爲晉陽長會高祖留守太原見謨深器之謨退謂所親曰隋祚將亡必有命世大才以應圖籙唐公有霸王之才必爲撥亂之主繇是深自結納及大將軍府建引爲司功將軍從平

霍邑拔絳郡監督大軍濟河時兵士爭渡謨部勒諸軍自昏至曉大軍畢濟高祖稱嘆之平京城除相國兵曹參軍封長道縣公時薛舉寇秦隴以謨西州之望詔於隴右安撫承制以便宜從事謨將行奏曰天人之望誠有所歸願早膺圖籙以寧兆庶老夫犬馬暮齒恐先朝露得一覩昇紫殿死無所恨高祖大悅謨與竇軌出散關下河池漢陽二郡軍次長道與薛舉相遇執輕敵爲舉所敗徵謨還京拜員外散騎常侍及平薛仁杲拜謨秦州刺史

柴紹矯捷有勇力尚武任俠聞于關中高祖龍潛時

妻之次女即平陽公主也初太宗見隋大亂陰懷濟天下之心以紹親戚有武用告其志事紹遂間行出河東與隱太子建成會既知起義兵建成謀於紹曰追書甚急恐已起事隋郡縣連城相接千有餘里中間偷路勢必不全今欲且投小賊權以自濟紹曰不可追書既急宜其速去雖稍辛苦終當獲全若投小盜知君唐公之子執以爲功徒然死耳建成從之遂相與走太原入雀鼠谷已知起義于是相賀以紹之計爲得太宗拜右軍大都督以紹爲長史加銀青光祿大夫及破霍邑下臨汾平絳郡並先登陷陣既入關平陽公主以司竹之軍來會命紹及馬三寶分統其衆（時隋將桑顯和來擊孫華率精騎渡河以援之紹引軍直掩其背與史大柰合勢擊之顯和大敗因與諸將進下京城）高祖受禪拜左衛大將軍從太宗平薛舉破宋金剛于雀鼠谷攻王世充於雒陽平竇建德于武牢並有戰功

馬三寶本柴紹之家僮性狡猾善調鷹犬及紹尚平陽公主三寶給使于皇家義兵之起也三寶奉平陽公主遁于司竹投賊帥何潘仁潘仁謁公主以百兵爲主衛三寶自稱總管以主之命綏輯羣盜多來歸款略地鄠杜有近兵一萬號爲娘子軍及義兵濟河

授左光祿大夫太宗至竹林宮三寶以衆數萬詣軍門進謁從平京師拜大監門率

何潘仁西城胡人父渾邪通商中國隋初始居盩厔家富於財潘仁厚自奉養引致賓客煬帝時爲幕士鬱鬱不得志後嘗犯法懼罪遂亡入司竹園中鳩集亡命衆至數萬執隋前尚書左丞李剛爲長史長安以西城邑多爲所破及義兵起求得平陽公主而奉之以應義師高祖入關即授上柱國封盩厔縣公潘仁馳來謁見高祖大悅

姜寶誼天水人隋末以軍功致位通議大夫鷹揚郎

將以其府兵從高祖討捕于太原及義兵起授左統軍平西河下霍邑皆有功焉累轉光祿大夫封永安郡公武德初拜武衛大將軍

劉政會初仕隋爲鷹揚府司馬在太原與晉陽令劉文靜款敘宗室亟相往來及高祖行軍于太原政會率兵隸於麾下太宗與文靜謀圖起義募人旣集王威等懐貳于我後數日將大會於晉陽威及高君雅等謀危高祖有人以白太宗旣知迫急欲先事誅之因遣政會爲急變之書執詣留守所告威君雅二人相與謀反是日高祖在衙中須臾二人及裴寂相次

竝集俱坐視事文靜引政會入至庭中云有密狀知人欲反高祖指威等令取狀看之政會不肯與曰所告者是副留守事惟唐公得看之爾高祖佯驚曰豈有是乎攜政會進覽狀訖謂二人曰此人告公事如何君雅起牀前攘袂大吼曰此是反人欲殺我也時太宗已布列兵馬園遶周遍王威知事不免因曰他人誣告只得聽推逐爾文靜遂叱左右引之而下就拘于別室旣囚威等竟得舉兵政會之功也及大將軍府建引爲戶曹參軍從平長安以佐命元勳蒙歷任委

竇琮有武幹初仕隋左親衛大業末犯法亡命之太原依于高祖時太宗方收英傑與琮有舊親敬彌篤出入臥內將義舉琮協贊大謀大將軍府建以爲統軍從平西河破霍邑拜金紫光祿大夫封扶風郡公邑二千戶尋從劉文靜擊屈突通于潼關通遣裨將桑顯和來逼文靜義軍不利琮與段志玄等力戰久之隋軍大潰通遁走琮率輕騎追至稠桑獲通而反進兵東略下陝縣拔太原倉拜右領軍大將軍賜物五百段

武士彠初爲晉陽宮留守府司鎧參軍事義兵將起

高祖陰募勇敢士遣劉弘基長孫順德等分統之副留守王威高君雅謂士彠曰弘基等皆從征三衛所犯不輕吾欲禁身推覈士彠曰此竝唐公客也若爾便太紛紜威等繇是疑而不發高祖先令士彠密伏兵於宮城東門外以防不虞留守司兵田德平知之方欲白王威等士彠遽與德平論利害之機曰當分討捕之兵摠隸唐公城中募人皆劉晉陽之所統也高君雅等寄坐耳須發卽起彼何能爲德平遂止及高祖舉義執王威君雅等士彠以功授正護大夫大將軍府司錄參軍并賜物等武德初敇宴元勳人等於

含章殿賜酒作樂散金銀錢頗羅等任取多少仍有詔與長孫順德等合恕一死以彰元勳累遷工部尚書歷揚州都督賜實封八百戶

楊屯初仕隋爲鷹揚郎將遇高祖討捕于太原屯領部兵于麾下性謹直勇於攻戰高祖甚愛寵之遇起義以爲統軍從太宗擊西河平霍邑竝功居最以佐命元勳約免一死歷諸衛大將軍甚蒙遇任

長孫順德初仕隋爲右勳衛避遼東之役逃匿于太原深爲高祖太宗所親委時群盜竝起郡縣各募兵爲備太宗外以討賊爲名因令順德與劉弘基等名

募旬日之間衆至萬餘人結營於都下遂誅王威高君雅等義兵起拜統軍從平霍邑破臨汾下絳郡俱有戰功尋與劉文靜擊屈突通於潼關每戰摧鋒及通將奔雒陽順德追及桃林執通歸京師仍畧定陝縣高祖卽位拜左驍衛大將軍封薛國公

殷嶠初仕隋爲大谷長義兵起召補大將軍府掾參預謀畧授心腹之寄累以軍功拜光祿大夫從隱太子攻尅西河太宗爲渭北道元帥引爲長史時關中群盜在在聚結衆無適從令嶠招慰之所至皆下又與統軍劉弘基率兵六萬屯長安故城隋將衛孝節自金光門出戰嶠與弘基擊破之京城平賜爵陳郡

段志玄父偃師隋末爲太原郡書佐志玄從父在太原甚爲太宗所接待義兵起志玄募得千餘人授石頭大都督府軍頭從平霍邑下絳郡攻永豐倉皆爲先鋒歷遷光祿大夫後還鎮軍大將軍卒

馬元規安陸人也初以隊正從高祖征討因建義舉乃仗節山南下淅南陽二郡及其屬縣得兵萬餘人

冊府元龜

册府元龜

巡按福建監察御史臣李嗣京 訂正

分守建南道左布政使臣胡維霖 參閱

知建陽縣事臣 黄國琦較釋

將帥部 七

佐命第七

梁龎師古曹州南華人初以中涓從太祖性端愿未嘗離左右及太祖鎮汴樹置戎伍始得馬五百匹即以師古爲偏將軍援陳破蔡累有戰功及朱珍以罪誅遂用師古爲都指揮使乃渡淮餉軍于盧壽攻滁

州破天長下高郵沿淮轉戰所至克捷尋伐朱友裕領軍攻下徐州斬時溥首以獻遂移軍伐兖入中都寨于梁山敗朱瑄之衆襲至壘下又破朱瑾于清河從討汝陽與朱瑄朱瑾及晉將史儼兒戰于故樂亭大捷而回唐昭宗乾寧四年正月復統諸軍伐鄆拔之擒其帥朱瑄以獻始表爲天平節度留後尋以功授徐州節度使後與淮人戰没于陣

霍存昭州曲周縣人性驍勇善騎射在黄巢中已爲將領唐僖宗中和四年太祖大破巢軍于王滿渡時存與葛從周張歸霸皆自巢軍來降太祖宥而納之其後破王夏寨擊殷鐵林並在戰中尋佐朱珍取滑臺攻淄州趣傳昌皆預戰立功蔡賊張郅在汴北存以三千人夕犯其營破之用本部騎兵敗秦賢軍殺五千人連破四寨盡得其輜重從討盧塘張郅殪萬餘人存功居多我軍之圍濮州也有賊升𨻶樓大詬太祖怒甚召存射之矢一發而屍殞其下賞賚甚厚復佐朱珍擒石瑤破魏師敗徐戎又佐龎師古至呂梁敗時溥二千餘衆以是累遷官初王師渡淮乏食不甚利唯存軍戰有功淮賊乃引退太祖之討宿州也葛從周以水壞其垣丁會以師乘其墉存戰壘外

敗其軍宿人乃降明年佐郴王友裕擊時溥于碭山破之獲蕃將石君和等五十人是歲復與晉軍戰于馬牢川始入爲前鋒出則後拒虜不敢逼乃渡河襲淇門殺三十餘人曹州刺史郭紹賓之來歸也存以師援之遂代其任始朱友裕以大軍伐鄆臨其壁既而師陷圍中以急來告存領二百騎馳赴擊退之太祖喜拔爲諸軍都指揮使後與徐兖之衆合戰於石佛山下中流矢而卒

張存敬譙郡人也性剛直有膽勇臨危無所畏憚唐僖宗中和中從太祖赴汴以其壯節頗見親昵首爲

右騎都尉從討巢蔡凡歷百戰多於危蹴之間顯有奇畧厥是頻立殊効光啓中李罕之會晉軍圍張宗奭於盟津太祖遣丁會葛從周及存敬同往馳救存敬引騎軍先犯虜騎諸軍翼之虜騎大敗乃解河南之圍昭宗大順二年爲諸軍都虞候佐霍存董大軍攻宿州以功奏加簡較兵部尚書太祖東征徐兖存敬屢有俘斬之功凡受指顧皆與機會矢石所及必以身先太祖尤加優異以爲行營都指揮使後累以戰功除護國將軍留後移宋州刺史將之任卒

寇彦卿大梁人也祖琯父奢皆宣武軍牙較太祖鎮

汴以彦卿將家子擢在左右弱冠選爲通贊官太祖爲元帥府押牙領雒州刺史羅紹威將殺牙軍遣使告于太祖太祖命彦卿使于魏密與紹威謀之竟成其事彦卿之力也彦卿身長八尺隆準方面語音如鐘善騎射好書史復善伺太祖之旨凡所作爲動皆玄合太祖每言曰敬翔劉捍寇彦卿蓋爲我而生其見重如此太祖有所乘馬號一丈烏嘗以賜彦卿唐天復中太祖迎昭宗于鳳翔累與岐軍對陣時彦卿爲諸道馬步軍都排陣使嘗躬擐甲胄乘其所賜烏馬騁于陣前太祖目之曰眞神王也昭宗還京賜迎鑾毅勇功臣改邢州刺史尋遷亳州團練使太祖受禪授華州節度使

葛從周濮州鄄城人從周少豁達有智畧初入黃巢軍漸至軍較唐僖宗中和四年三月太祖大破黃巢於王滿渡從周與霍存張歸霸昆弟相率來降七月從太祖屯兵於西華破蔡賊王夏寨太祖臨陣馬蹶賊衆來追甚急從周扶太祖上馬與賊軍格鬬傷面矢中于肱身被數鎗奮命以衛太祖賴張延壽回馬轉鬬從周與太祖俱免退軍溵水諸將並削職唯擢從周延壽爲大較其後入長葛靈井大敗蔡賊王斤

溝淝河殺鐵林三千人獲九寨都虞候王涓太祖遣郭言募兵於陝州有黃花子賊據於溫谷從周擊破之又破秦賢之衆於滎陽尋佐朱珍收兵於淄青間時兖州齊克讓軍於任城從周破之擒其將呂全眞淄人不受制復與之戰獲其驍將華約會青州以步騎萬餘人列三寨于金嶺以阨要害從周與朱珍戰大殲其衆虜其將楊昭範五人而還至太原不解甲徑至板橋擊蔡賊破盧塘寨塘自溺而死又于赤岡殺蔡軍二萬餘人從討謝殷于亳州擒之廻襲曹州虜刺史丘弘禮以歸與兖鄆軍遇於臨濮之劉橋間

殺數萬人朱瑄朱瑾僅以身免擒都將鄒務卿以下五千人從太祖至范縣復與朱瑄戰虜尹萬榮等三人遂平濮州未幾與朱珍擊蔡賊於陳亳間獲都將石璠文德元年魏博軍亂樂從訓來告急從太祖渡河拔黎陽李固臨河等鎮至内黄破魏軍萬餘衆獲其將周儒等十人李罕之引并人圍張全義於河陽從周與丁會張存敬牛存節率兵赴援大破并軍殺蕃漢二萬人解河陽之圍以功表授簡較工部尚書從朱珍討徐州拔豐縣敗時溥於吳康得其輜重加簡較刑部尚書佐龐師古討孫儒於淮南略地至盧

壽滁等州下天長高郵破邵伯堰迴軍攻濠州殺刺史魏勳得餉船十艘昭宗大順元年八月并師圍潞州太祖遣從周率敢死之士夜銜枚犯圍而入會王師不利於馬牢川即棄上黨而歸其年十二月與丁會諸將討魏州連收十邑明年正月大破魏軍于永定橋魏軍五敗斬首萬餘級十月佐丁會攻宿州從周壅水灌其城刺史張筠以郡降從討兖州破朱瑾之軍於馬溝景福二年二月與諸將大破徐兖之兵於石佛山八月與龐師古同攻兖州乾寧元年三月軍至新太縣朱瑾令都將張約李胡椒帥三千人來

拒戰師古遣從周張存敬掩襲生擒張約李胡椒等都將數十人二年十月圍兖州兖人不出從周詐揚言并人鄆人來救即引軍趨高吳夜半潛却歸寨朱瑾果出兵攻外壕我軍士突出掩殺千餘人生擒都將孫漢筠從周累立戰功自懷州刺史歷曹宿二州刺史累遷簡較左僕射三年五月并師以大軍侵魏還其子落落率二千騎屯洹水從周以馬步二千人擊之殺戮大盡擒落落于陣并師號泣而去遂自洹水與龐師古渡河擊鄆四年正月下之從周乘勝伐兖州朱瑾出師在徐境其將康懷英以城降以功授

兖州留後簡較司空復領兵萬餘人渡淮討楊行密至濠州聞龐師古清口之敗遽班師光化元年四月率師經略山東時并帥以大軍屯邢洺從周至鉅鹿與并軍相遇大破之并帥遁走我軍追襲至青山口數日之内邢洺磁三州連下斬首二萬級獲將吏一百五十人即以從周兼領邢州留後十月復破并軍五千騎于張公橋晉將李嗣昭急攻邢州陣于城外從周大破之擒蕃將賁金鐵慕容騰等百餘人二年春幽州劉仁恭率軍十萬寇魏州屠其郡從周自邢臺馳入魏州燕軍突上水關攻館陶門從周與賀德

倫率五百騎出戰謂門者曰前有敵不可返顧令閽其門從周等極力死戰大破燕人擒都將薛突厥王郃郎等翊日破其八寨追擊至臨清劉仁恭走滄州從周受宣義軍司馬五月弁人討李罕之於潞州太祖以丁會代罕之令從周馳入上黨七月弁人陷澤州太祖召從周令賀德倫守潞州德倫等尋棄城而歸三年四月領軍討滄州先攻德州下之及進攻浮陽幽州劉仁恭大舉來援時都監蔣玄暉謂諸將曰吳王命我護軍志存攻取今燕師來赴不可外戰當縱其入壁聚食囷廩力屈糧盡可取也從周對曰兵

在機機在上將非督護所言也乃令張存敬氏叔宗守其寨從周逆戰于乾寧軍老鴉堤大破燕軍斬首三萬獲將佐馬愼交已下百餘人奪馬三千匹八月弁人攻邢洺從太祖破之從周追襲至青山口斬首五千級獲其將王郃郎楊師悅等并馬千匹表授檢校太保兼徐州兩使留後尋爲兗州節度使天復元年三月與氏叔琮討太原從周以兗鄆之衆自土門路入與諸軍會於晉陽城下以糧運不給班師頃之從周染疾會青山將劉鄩陷兗州太祖命從周討之遂力疾臨戎三年十一月鄩舉城降以功授檢校太傅後致仕

張歸霸清河人歸霸少倜儻好兵術唐僖宗乾符中寇盜蜂起歸霸率昆弟三人棄家投黃巢頗以勇畧聞巢陷長安遂署爲左番功臣中和中巢領徒走宛丘時太祖在汴奉詔南討巢黨日尅歸霸昆仲與葛從周李讜等相率來降尋補宣武軍劇職光啓二年與蔡將張存戰于盧氏三年夏又與蔡將盧塘戰于雙丘復與秦宗賢戰于萬勝皆敗而殲之翌日秦宗權遣將張郅來寇列寨於赤岡一日出騎將較勝歸霸爲飛弋所中即拔馬却逸控弦一發賊洞頸而墜

遂兼騎而還太祖時于高丘下瞰備見其狀面加賞激厚以金帛及所獲馬錫之又甞被命以控弦之士五百人伏于壕內太祖統數百騎稍逼其寨蔡人果以銳士麾壘來追歸霸發伏兵掩殺千餘人奪馬數十匹尋奏授簡較左散騎常侍其後從太祖伐鄆副李唐賓渡淮咸著奇績文德初大軍臨蔡州賊將蕭顥來斫寨歸霸與徐懷玉各以所領兵自東南二扉分出合勢殺賊蔡人大敗及高祖整衆離營寇塵已息太祖召至賞之曰昔耿弇不俟光武擊張步言不以賊遺君父弇之功爾其二焉昭宗大順中郭紹賓

拔曹州歸霸提兵數千守之俄而朱瑾統大軍自至
歸霸與丁會逆擊之于金鄉瑾大敗擒賊將宋江等
七十餘人曹州以寧明年破濮州生擒刺史邵儒又
佐葛從周與晉軍戰于洹水生擒克用愛子落落復
與燕人戰於內黃殺仁恭兵三萬餘衆戎績超特居
諸將之右累官至簡較左僕射光化二年權知邢州
事明年春李嗣昭以蕃漢五萬來寇歸霸堅壁設備
晉軍不敢顧其城遂移軍攻洺州陷焉時太祖在滑
頗慮邢之失守及葛從周復洺水嗣昭北遁歸霸出
兵襲之殺二萬餘衆捷至賞賜殊等旋以功奏加簡

較司空天祐初遷萊州刺史秩滿授左衛上將軍又
除曹州刺史其秋加簡較司徒副劉知俊禦邠鳳之
寇敗之太祖受禪拜右龍虎統軍
楊師厚潁川斤溝人也初爲李罕之部將以猛決聞
光善騎射及罕之敗退保澤州師厚與李鐸何絪等
來降太祖署爲忠武軍牙將繼歷軍職累遷簡較右
僕射表授曹州刺史唐昭宗天復二年從太祖迎昭
宗於岐下李茂貞以勁兵出戰爲師厚所敗及王師
範以青州叛太祖遣師厚率兵東討時淮賊王景仁
以衆二萬來援師範師厚逆擊破之追至輔唐縣斬
首數百級授齊州刺史將之任太祖急名見於鄆西
境遣師厚率步騎屯于臨朐而聲言欲東援密川留
輜重於臨朐師範果出兵來擊師厚設伏於野追擊
至聖王山殺萬餘衆擒都將八十人未幾萊州刺史
王師誨以兵救師範又大敗之自是師範不復敢戰
師厚移軍寨於城下師範力屈竟降三年二月加簡
較司徒徐州節度使天祐元年加諸軍行營馬步都
指揮使二年八月太祖討趙凝於襄陽命師厚統前
軍以進趙凝嚴兵以備師厚至穀城西童山刊木造
浮橋引軍過漢水一戰趙凝敗散携妻子泝漢遁去

翌日表師厚爲山南東道節度留後仍令南討荊州
留後趙明亦棄軍上峽不浹旬併下兩鎮乃正授襄
州節度使太祖受禪加簡較太保同平章事
牛存節青州博昌人也本名禮太祖改而字之少以
雄勇自負唐僖宗乾符末鄆人諸葛爽爲河陽節度
使存節往從之爽卒存節謂同輩曰天下洶洶當擇
英主事之以圖富貴遂歸于太祖初授宣義軍小將
屬蔡寇王金堤驛犯酸棗靈昌存節日與之鬬凡二
十餘往每往必執俘而還前後斬首二千餘級獲李
畜甚衆太祖擊蔡賊于板橋赤堈酸棗門封禪寺枯

河北存節皆預其行與諸將於濮州南劉橋范縣大破鄆衆自此浮爲太祖奬遇文德元年夏李罕之以兵圍張宗奭於河陽太祖遣存節率軍赴之屬歲歉僕餒不至村民有儲乾椹者存節以器用錢帛易之以給軍食大破賊於湨河罕之引衆北走又預討徐宿有功及討河北存節前鋒下黎陽收臨河至內黃四以兵千餘人當魏人萬二千衆大破其陣僵仆蔽野太祖深所歎激謂有神兵之助昭宗大順元年攻滑州左右廂牢城使諸將討時溥累破賊軍景福元年秋改遏後都指揮使攻濮之役領軍先登遂拔其

壘二年四月下徐州梟時溥存節力戰其功居多乾寧三年夏太祖東討鄆州存節領軍大敗樂亭扼其要路都指揮使龐師古屯馬頰存節密與都將王言謀入鄆壘十二月存節遣王言夜伏勇士於州西北以船踰濠舉梯登陴既而王言不克入存節獨率伏軍負梯薩破其西壅城奪其濠橋諸軍俱進四年正月陷其城尋與葛從周降下兗州其年秋大舉以伐淮南至濠州東聞前軍失利于青口諸軍退至淠河無復隊伍存節遏其後與諸將大騎步鬬諸軍稍得濟收合所部并敗兵共八千餘人至于淮湊時不食已四日矣存節訓勵部分以禦追寇遂得旋師五年除濠州刺史俄遷宣武軍都指揮使改宿州刺史明年淮賊大至彭城存節乃以部下兵夜發直趣彭門淮人訝其神速震恐而退諸將服其智識光化二年龍歸復爲左衞都將兼馬步教練使天復元年授潞州馬步都指揮使法令之整士庶安之及追赴行在士卒泣送者不絶於道加金紫光祿大夫簡較司空改滑州左衞步軍指揮使知邢州軍州事天祐元年授邢州團練使時州兵未及二百人晉人知之以大軍來寇太祖在鄴發長直兵二千人赴援存節率壯

健出門以家財賞激戰士并軍急攻之七日不能克而去太祖召至勞慰久之厚賚金帛鞍馬冬罷郡署爲元帥府左都押牙四年太祖受禪除右千牛衞上將軍

王彥章鄆州壽張縣人也彥章少從軍隸太祖帳下以虓勇聞稍遷軍職累典禁兵從太祖征討所至有功嘗持鐵槍衝堅陷陣敵人畏之目之爲王鐵槍開平二年十月自開封府押牙左親從指揮使授左龍天軍使三年轉左監門衞上將軍依前左龍驤軍使

徐懷玉本名琮亳州焦夷縣人少以雄傑自任隨太

祖起軍唐僖宗中和末從赴大梁光啓初蔡寇屯金堤驛懷玉將輕騎連破之繇是累遷親從副將改左長劍都虞候又從破蔡賊於板橋收秦宗權八寨文德初同諸將解河陽之圍復從破徐宿乾寧中太祖賜名懷玉又破朱瑾於金鄉南擒宋江以獻龐師古失利于清口懷玉獨完軍以退光化初轉滑州右都押牙兼右步軍指揮使俄奏授沂州刺史頃之王師範以青州叛屢出兵侵軼懷玉擊退之天復三年轉齊州防禦使從大軍迎駕于岐下歸署華州觀察留後一年復領所部兵戍雍州尋召赴河中補晉絳同

華五州馬步都指揮使天祐三年授左羽林統軍轉右龍虎統軍領六軍之士赴澤州尋爲晉軍所攻晝夜衝擊穴地而入之王率親兵逆殺於隧中晉人遂退開平元年授曹州刺史

劉捍開封人少爲牙職太祖初鎮夷門以捍聰敏擢副典客唐僖宗中和四年夏太祖以朱珍爲淄州刺史令收兵於淄青間命捍監其兵路逢大敵皆破之入博昌獲精兵三萬以歸四月合大軍敗蔡賊秦宗賢數萬衆於汴西文德元年十一月蔡將申叢折宗權足納欵于太祖使捍奏其事加兼察御史大夫光化三年六月太祖北伐鎮定至恒山而王鎔危懾送欵於太祖命捍入壁門傳諭時兩軍未整守門者戈戟千匝捍馳騎而入竟達其命又移師次中山至懷德驛大破定人五萬衆王處直乞降捍復單馬入州安撫而廻太祖迎昭宗于岐下以捍爲親事指揮使天復三年正旦宋文通令客將郭啓奇使於太祖命捍復命昭宗聞其至即召見詢東兵之事仍以錦服銀鞍勒馬賜之翌日授登州刺史昭宗還京改甞州刺史賜號迎鑾毅勇功臣四月太祖伐王師範於青州改左右長直都指揮使天祐三年正月授宋州刺

史太祖受禪授左龍虎統軍兼元從親軍馬步都虞候

朱珍徐州豐縣雍鳳里人也太祖初起兵珍與龐師古許唐李暉丁會氏叔琮鄧季筠王武等八十餘人以中涓從摧堅陷陣所向盪決及太祖鎮汴領招討使署珍爲宣武右職唐僖宗光啓元年署諸軍都指揮使始爲上將太祖令珍募兵至乾封與淄人戰于白草口敗之青人以步騎三萬列三寨於金嶺驛珍與戰連破之殲其師盡獲軍器戎馬是夕攻博昌大獲兵衆而還其後破盧塘張郅及朱琮朱瑾之衆平

定曹濮未嘗不在戰中梁山之救珍以踏白騎士入陳亳間以邀蔡人遂南至斤溝破淮西石璠之師三萬人虜璠以獻珍旋師自亳北趣靜戎濟舟于滑破黎陽臨河李固三鎮軍于內黃敗樂從訓萬餘人分命聶金范居實略澶州與魏師遇于內黃魏軍有豹子軍二千人殲之無噍類威振河朔復攻淮西至上蔡夾河而寨敗將蕭皓之衆皆擁于河溺死之進軍蔡州營其西既破羊馬垣遇雨班師珍以兵援劉瓚赴㳌州至襄山南遇徐戎扼其路珍乃攻豐下之時溥乃以全師會戰于豐南吳康里珍敗其三萬餘衆

及蔡賊平珍比諸將功居多昭宗龍紀初與諸將屯於蕭縣以禦時溥及太祖往蕭縣珍率將較迎謁

氏叔琮尉氏人唐末應募爲騎軍初隸于龐師古爲伍長叔琮壯勇沉毅膽力過人太祖討巢蔡於陳許間叔琮奮擊首出諸較太祖壯之自行伍間擢爲後院馬軍都將時東伐徐鄆多歷年所叔琮身當矢石奮不顧命觀者許焉累遷爲指揮使尋奏授宿州刺史簡較左僕射

鄧季筠宋州下邑人也少入巢軍隸于太祖麾下及太祖鎮汴首署爲牙將主騎軍伐鄆之役生擒排陣將劉矯以獻

康懷英兖州人太祖素聞其名得之甚喜尋署爲軍較唐昭宗光化元年秋從氏叔琮伐襄漢懷英以一軍攻下鄧州三年從征河朔佐張存敬敗燕軍于易水之上天復元年冬太祖率師迎昭宗于鳳翔時李茂貞遣大將符道昭領兵萬餘屯武功以拒太祖太祖命諸將擊之以懷英爲前鋒領衆先登一鼓而大破之虜甲士六千餘人奪馬二千匹翌日太祖方至顧左右曰邑名武功今首盪逆黨眞武功也乃召懷英大加獎激仍以駿馬珍器賜之二年四月符道昭

復領大軍屯於虢縣之莫谷其建寨之所前臨巨澗後倚峻阜險不可升太祖遣懷英提騎數千急擊之道昭以懷英兵寡有俯視之意乃率甲士萬人絶澗以挑戰懷英始以千騎交鬬戰酣發伏以擊之岐軍大敗秋八月鄜帥李周彝屯軍於三原以援鳳翔太祖命懷英討之周彝拔軍而遁追至黎園因攻下翟州擒其守來獻俄而岐軍屯奉天太祖令懷英寨于岐軍之東北以備敵人一夕岐軍大至急攻其營懷英以夜中不可驚動諸軍獨以三千餘人抗數萬之衆自乙夜至四鼓身被十餘槍岐軍不勝而退昭宗

還京賜迎鑾毅勇功臣是歲淮人聞青兗之叛遣兵數萬以寇宿州太祖命懷英馳騎以救之淮人遁去即以懷英爲權知宿州刺史天祐三年冬佐劉知俊破邠鳳之衆五萬于美原收十五餘寨乘勝引軍攻下鄜州以功授陝州節度使太祖受禪加簡較太保

郭言太原人也家于南陽新野少以力穡養親鄉里稱之唐僖宗廣明中黃巢擁衆西犯秦雍言爲巢黨所執後從太祖赴汴初爲騎軍繼有戰功後擢爲裨較言性剛直有權畧勤于戎事或以家財分給將士之貧者繇是頗得士心屢將兵與蔡寇戰于淩郊每

以少擊衆出必勝歸太祖嘉其勇果謂賓佐曰言乃吾之虎侯也時秦宗權支黨數十萬太祖兵不過數千每恨其寡與之不敵一日命言董數千人越河維趙陝虢招召丁壯以實部伍言夏徃冬旋得銳士萬餘遂遷步軍都將自是隨太祖掩襲蔡寇斬獲掠奪不可勝計宗權以茲敗北太祖盡收其地因命言將兵導達貢奉以安鄜傳自汴鄭迄於潼關去奸恤窮甚得其所光啓中僖宗以太祖兵威日振命兼領揚州節度使太祖遣幕吏李璠領兵赴淮揚以制置爲名時言爲李璠前鋒涉入淮甸破盱眙而還梁祖東伐徐鄆言將偏師畧地千里頻逢寇敵言出奇決戰所向皆捷大挫東人之銳太祖錄其績以排陣斬斫之號委之尋表爲宿州刺史簡較右僕射于時徐宿兵鋒日夕相接控扼偵邏以言爲首

劉康乂壽昌安封縣人也以農桑爲業唐僖宗乾符中關東羣盜並起江淮間偏罹其酷因爲巢黨所掠康乂沈默有膂力善用矛槊然不樂爲暴中和三年從太祖赴鎮委以心腹康乂枕戈擐甲夷險無憚其後累與親軍襲巢破蔡斬獲尤多累以戰功遷元從都將從太祖連年攻討徐兗鄆所向多捷尤善於營

壘充諸軍壕寨使及太祖盡下三鎮議其功奏加簡較右僕射兼領軍衞

范居實絳州翼城人事太祖初爲隊將軍從討巢蔡有功又從朱珍收滑州改左廂都虞侯預破兗鄆功遷感義都頭鄭州馬軍指揮使幽州劉仁恭舉衆南下寇魏郡北關居實與葛從周張存敬率兵救魏大破幽滄之衆於內黃太祖迎昭宗於岐下以居實爲河中馬軍都指揮使及昭宗還京賜迎鑾毅勇功臣遂領錦州刺史又遷左龍驤馬軍都指揮使從征淮南廻改登州刺史轉左神勇軍使開平元年用軍於

潞州命居實統軍以解州之圍授耀州刺史令以郡
兵屯固鎮尋除澤州刺史居實峯勇善戰頗立軍功

巡按福建監察御史臣李嗣京　訂正
分守建南道左布政使臣胡維霖　參閱
知建陽縣事臣黃國琦　較釋

將帥部　八

佐命第八

後唐李嗣昭武皇母弟代州刺史克柔之假子也小字進通不知族姓所出少從征伐精練軍機唐昭宗乾寧四年爲內衙都將援河中敗汴軍於胡壁堡擒汴將滑禮及王珂請婚於武皇武皇以女妻之珂赴

禮會於太原以嗣昭權典河中留事李罕之襲我潞州也嗣昭率師攻潞與汴將丁會戰于含口俘獲三千執其將蔡延恭代李君慶爲蕃漢馬步行營都將進攻潞州遣李存賢李嗣本以兵扼天井關汴將澤州刺史劉玘棄城而遁乃以李存璋爲刺史梁祖聞嗣昭之師大至召葛從周謂曰并人若在高平當圍而取之先須野戰勿以潞州爲敵及聞嗣昭軍韓店梁祖曰進通扼八議路此賊決與我鬭公等臨事制機勿落奸便賀德倫閉壁不出嗣昭日以鐵騎環城汴人不敢芻牧援路斷絕八月德倫張歸厚棄城遁去遂復取潞州三年汴人攻滄州劉仁恭求救遣嗣昭出師邢洺以應之嗣昭遇汴軍於沙河擊敗之獲其將胡禮進攻洺州下之獲其郡將朱紹宗九月梁祖自率軍三萬至臨洺葛從周設伏於青山口嗣昭聞梁祖斂軍而退從周伏兵發爲其所敗偏將王郃郎楊師悅等被擒十月汴人大寇鎮定王郜告急於武皇乃遣嗣昭出師下太行擊懷孟汴將侯言守河陽不意嗣昭之師至既無守備驅市人登城嗣昭攻其北門破其外垣俄而汴將閻寶救軍至乃退天復元年河中王珂爲汴軍所虜河中晉絳諸郡皆陷四

月汾州刺史李瑭謀叛納款於汴嗣昭討之三日而拔斬瑭是月汴人初得蒲絳乃大舉諸道之師來逼太原汴將葛從周陷承天軍氏叔琮營洞渦驛太原四面汴軍雲合武皇憂迫計無從出嗣昭朝夕選精騎分出諸門掩擊汴營左將右斬或燔或擊汴軍疲於奔命又屬霖雨軍多腫瘸糧運不繼五月氏叔琮引退嗣昭以精騎追之汴軍乃棄輜重兵仗萬計六月嗣昭出師陰地攻慈隰降其刺史唐禮張瓌是時天子在鳳翔汴人攻圍有密詔徵兵十一月嗣昭出師晉絳屯吉上堡與汴將王友遇於平陽一戰擒之

明年正月嗣昭進營蒲縣十八日汴將朱友寧氏叔琮將兵十萬來拒二十八日梁祖自率大軍至平陽嗣昭之衆大恐三月十一日有白虹貫周德威之營候者云不利宜班師翌日氏叔琮犯德威之營汴軍十餘萬列陣四合德威嗣昭血戰解之乃保軍而退汴軍因乘之時諸將潰散無復部伍德威引騎軍循西山而遁朱友寧乘勝陷慈隰汾等州武皇聞其敗也遣李存信率牙兵至清源應接復爲汴軍所擊汴軍營於晉祠嗣昭德威收合餘衆登城拒守汴人治攻具於西北隅四面營柵相望時鎮定河中皆爲梁

有孤城無援師旅敗亡武皇晝夜登城憂不遑食召諸將謀欲出保雲州嗣昭曰王勿爲此謀兒等苟存必能城守李存信曰事勢危急不如且入北蕃別圖進取朱溫兵師百萬天下無敵關東河北受他指揮今獨守危城兵亡地蹙儻彼築室反耕環塹深固則亡無日矣武皇將從之嗣昭亟爭不可猶豫未決賴劉太妃極言於內武皇且止數日亡散之衆復集嗣昭晝夜分兵四出斬將搴旗汴軍保守不暇二十一日朱友寧燒營退去嗣昭追擊復收汾慈隰等州五月雲州都將王敬暉據城叛振武石善友亦爲部將契苾讓所逐嗣昭皆討平之天祐三年汴人攻滄景劉仁恭遣使求援十一月嗣昭爲昭義節度使五年五月莊宗敗汴軍破夾城嗣昭知武皇棄世哀慟幾絶時大兵攻圍歷年城中士民飢死太半廛里蕭條嗣昭緩法寬租勸農務穡一二年間軍城完集三面隣於敵境寇鈔縱橫設法枝梧邊鄙不聳胡柳之戰周德威戰没師無行列至晚方集汴人四五萬登無石山莊宗之軍懼形於色或請收軍保營詰旦復戰嗣昭曰賊無營壘去臨濮地遠日巳晡晚皆有歸心但以精騎撓之無令返旆晡後追擊破之必矣我若

收軍投寨賊入臨濮俟彼整齊復來即勝負未決莊宗曰非兒言幾敗吾事軍校王建及又陳方畧嗣昭與建及分兵於土山南北爲掎角汴軍懼下山因縱軍擊之俘斬三萬級繇是莊宗帳餞於戚城莊宗酒酣泣而言曰河朔生靈十年儲饞引領鶴望俟破汴軍今兵賦不充寇孽猶在坐食軍賦有愧蒸民嗣昭曰臣忝急難之地每一念此寢不安席大王且持重謹守惠養士民臣歸本藩簡料兵賦歲末春首即舉衆復來莊宗離席拜送如家人禮是月汴將劉鄩攻同州朱友謙告急嗣昭與李存審援之九月破汴軍

於馮翊乃班師十九年莊宗親征張文禮於鎮州冬契丹三十萬奄至嗣昭從莊宗擊虜於新城阿保機在望都莊宗濟入親與虜鬬虜騎圍之數十重良久不解嗣昭號泣赴之引三百騎橫擊虜圍馳突出没者數十合虜退翼莊宗而還是時閻寶爲鎮人所敗退保趙州莊宗命嗣昭代寶攻眞定七月二十四日王處球之兵出至九門嗣昭設伏於故營賊至發伏擊之殆盡餘三人匿於牆墟間嗣昭環馬而射之爲賊矢中腦嗣昭箙中矢盡拔賊矢於腦射賊一發而殪之嗣昭日暮還營所傷流血不止是夜卒莊宗即

位贈太師隴西郡王長與中詔配饗莊宗廟庭

李嗣本本姓張少事武皇爲帳中紀綱漸立戰功得補軍校唐昭宗乾寧初從征李儔爲前鋒與燕人戰得居庸關以功爲義兒軍使因賜姓名從討王行瑜授簡較刑部尚書改威遠寧塞等軍使五年討羅弘信於魏州嗣本爲前鋒師還改馬軍都將從李嗣昭討王暉於雲州論功加簡較司空汴將李思安之圍潞州也從周德威軍餘吾嗣本率騎軍日與汴人轉鬬前後獻俘千計遷代州刺史六年從攻晉絳爲審漢副都較後爲振武節度使莊宗定魏博劉鄩據莘縣命嗣本入太原巡守都城又從破劉鄩於故元城收洛磁衞等三郡乃還鎮振武

李嗣恩本姓駱年十五能騎射侍武皇於振武及鎮太原補鐵林軍小較從征王行瑜奉表獻捷加簡較散騎常侍漸轉突陣指揮使賜姓名天祐四年逐康懷英於西河解汾州之圍加簡較司空充左廂馬軍都將戰王景仁有功加簡較司徒天祐十二年從莊宗入魏擊劉鄩有功轉天雄軍馬步軍都指揮使劉鄩之北趨樂平也嗣恩襲之倍程先入晉陽時城中無備得嗣恩兵至人百其勇鄩聞其先過乃遁莘之

戰以功轉代州刺史充石嶺關已北都知兵馬使稍遷振武節度使十五年追赴行在卒於太原

李存信本姓張從武皇入關平賊始補軍職爲蕃漢都較從討李儔降赫連鐸白義誠以功加簡較左僕射從入關討王行瑜加簡較司空領柳州刺史

李存孝給事武皇帳中寘將騎爲先鋒從武皇救陳許逐黃寇及過難上源每戰無不克捷後收潞之師圍張濬於平陽營於趙城華州韓建遣壯士三百夜犯其營存孝謀知設伏以擊之盡殪晉壓晉州西門獲賊三千自是閉壁不出存孝引軍攻絳州其刺史

張行恭棄城而去張濬韓建亦踰合口而遁存孝收晉絳以功授汾州刺史

李存進振武人事武皇從入關還鎮太原署牙職從討王行瑜以功授簡較常侍與李嗣昭同破王珙於河中唐昭宗光化三年契丹犯塞寇雲中改永安軍使鴈門巳北都知兵馬使天復初破氏叔琮前軍於洞渦三年授石州刺史莊宗初嗣位入爲步軍右都較簡較司空師出井陘授行營馬步都虞候破汴軍於栢鄉論功授汾州刺史轉簡較司徒俄兼西南面行營招討使出師收慈州授慈沁二州刺史

李存璋雲中人武皇初起雲中存璋與康君立薛志勤等爲奔走之交從入關以功授國子祭酒累管萬勝雄威等軍從討李儔改義兒軍使唐昭宗光化二年授澤州刺史入爲牢城使從李嗣昭討雲州叛將王暉平之改教練使五年武皇疾篤召張承業與存璋授遺詔存璋爰立莊宗夷内難頗有力焉改河東馬步都虞候從破汴軍於夾城轉簡較司徒栢鄉之役爲三鎮排陣使十一年從盟朱友謙于猗氏授汾州刺史汴將尹皓攻慈州逆戰敗之十三年王檀逼太原存璋率汾州之軍入城固守授大同軍防禦使應蔚朔等州都知兵馬使秋契丹寇蔚州陷之阿保機遣使馳木書求賂存璋斬其使虜逼雲州存璋拒守城中有古鐵車乃鎔爲兵仗以給軍事虜退以功授簡較太傅同軍節度雲應等州觀察

康君立蔚州興唐人世爲邊豪唐僖宗乾符中爲雲州牙較事防禦使段文楚時羣盜起河南天下將亂代北仍歲阻饑諸部豪傑咸有嘯聚邀功之志會文楚稍削軍人儲給戍兵咨怨君立與薛鐵山程懷信王行審李存璋等謀曰段公儒人難與共事方今四方雲擾皇威不振丈夫不能於此時立功立事非人

豪也吾等雖權部衆然以雄勁聞於時者莫若沙陁部復又李振武父子勇冠諸軍吾等合勢推之則代北之地旬月可定功名富貴事無不濟也君立等乃夜謁武皇言曰方今天下大亂天子付將臣以邊事歲偶饑荒便削儲給我等邊人焉能守死公家父子素以威惠及五部當共除虐帥以謝邊人孰敢異議者武皇曰明天子在上舉事當有朝典公等勿輕議予家尊遠在振武萬一相迫俟予稟命君立等曰事機巳泄遲則變生焉俟千里咨稟衆因聚譟擁武皇比及雲州衆且萬人師營鬬雞臺城中械文楚以應

武皇之軍既收城推武皇爲大同軍防禦留後衆狀以聞朝廷不悅詔徵兵來討俄而獻祖失振武武皇失雲州朝廷命招討使李鈞幽州李舉加兵於武皇攻武皇於蔚州君立從擊鈞舉之師屢敗及獻祖入韃靼君立保感義軍武皇授鴈門節度以君立爲左都押牙從入關逐黃孽收長安武皇還鎮太原授簡較工部尚書先鋒軍使文德初李罕之既失河陽來歸於武皇且求援焉乃以君立充南面招討使李存孝副之帥師二萬助罕之攻取河陽三月與汴將丁會牛存節戰於沇河臨戰之次騎將安休休叛入汴

軍君立引退八月授汾州刺史昭宗大順元年潞州小較安居受反武皇遣君立討平之授簡較左僕射昭義節度使

薛志勤蔚州奉誠人小字鐵山初爲獻祖帳中親信唐僖宗乾符中與康君立共推武皇定雲中以功授右牙都較從入韃靼武皇授節鴈門志勤領代北軍使從入關收京城以功簡較工部尚書河東右都押牙先鋒右軍使從武皇救陳平黃巢武皇遇難於上源驛汴將楊彥洪連車樹柵遮絕巷陌時騎從皆醉宴席既闌汴軍四面攻傳舍志勤虓勇冠絕復酒膽激壯因獨登驛樓大呼曰朱僕射負恩無行邀我司空圖之吾三百人足以濟事因彎弧發射矢無虛發汴人斃者數十志勤私謂武皇曰事急矣如至五鼓吾屬無類矣可速行因扶武皇而去雷雨暴猛汴人扼橋志勤以其屬血戰擊敗之得侍武皇還營繇是恩顧益厚昭宗大順初張濬以天子之師來侵太原十月天軍入陰地志勤與李承嗣率騎三千抗之敗韓建之軍於蒙坑進收晉絳以功授忻州刺史二年從討鎮州收天長臨城志勤皆先登陷陣勇敢無前王暉據雲州叛討平之以志勤爲大同軍防禦使簡

較司空乾寧初代康君立爲昭義節度使

李承嗣代州鴈門人承嗣少仕郡補右職唐僖宗中和二年從武皇討賊關輔爲前鋒王師之攻華陰黃巢令僞客省使王汀會軍機於黃揆承嗣擒之以獻賊平以功授汾州司馬改榆次鎮將光啓初從討蔡賊于陳許上源之難遣承嗣奉表行在陳訴其事觀軍容田令孜館而慰譬令達情於武皇姑務協和仍授以左散騎常侍朱玫之亂遣承嗣率軍萬人援鄜州至渭橋迎扈車駕王行瑜既殺朱玫承制會鄜夏之師入定京城獲僞相裴澈鄭昌圖函送朱玫褒王

首獻于行在駕還宮賜號迎鑾功臣簡較工部尚書守嵐州刺史賜犒軍錢二萬貫時車駕初還三輔多盜承嗣按兵警邏輦轂乂安及還屯於鄜留別將馬嘉福五百騎宿衛孟方立之襲遼州也武皇遣承嗣設伏於榆社以待之邢人既至承嗣發伏擊其歸兵大敗之獲其將奚忠信以功授洺州刺史及張濬之加兵於太原也時鳳翔軍營霍邑承嗣帥一軍攻之岐人夜遁追擊至趙城合大軍攻平陽旬有三日而拔師旋改教練使簡較司徒昭宗乾寧二年兖鄆爲汴人所攻勢漸危蹙遣使乞師於武皇武皇遣承嗣

帥三千騎假道於魏度河援之時李存信屯于莘縣旣而羅弘信背盟掩擊王師因茲隔絶及朱瑄朱瑾失守承嗣朱瑾史儼同入淮南承嗣史儼皆驍將也淮人得之軍聲大振武皇深惜之如失左右手乃遣趙岳間道使于淮南請歸承嗣等楊行密許之遣使陳令存修好于武皇其年九月汴將龐師古葛從周出師將收淮南朱瑾率淮軍三萬與承嗣設伏於清口大敗汴人生獲龐師古行密嘉其雄才留而不遣仍奏授簡較太尉領鎭江軍節度使

史儼代州鴈門人以便騎射給事於武皇爲帳中親將驍果絶衆善擒生設伏望塵擒敵所向皆捷自武皇入定三輔誅黃巢每出師皆從唐昭宗乾寧中從討王行瑜師次渭北遣儼率五百騎護駕石門時京城大擾士庶奔迸散布南山儼分騎警衞比駕還京盜賊不作以功授簡較右散騎常侍屯三橋者累月

史建瑭鴈門人武皇節制鴈門建瑭爲九府都督從入關定京師及鎭太原爲裨將唐僖宗中和四年從援陳許爲前鋒敗黃巢於汴上追賊至徐兖嘗將騎挺身酣戰勇冠諸軍是時天下之師雲集軍中無不推伏

蓋寓蔚州人祖祚父慶世爲州之牙較武皇起雲中寓與康君立等推轂佐佑之因爲腹心武皇節制鴈門署職爲都押牙領嵐州刺史洎移鎭太原改左都押牙簡較左僕射武皇與之決事言無不從凡出征行靡不衞從唐昭宗乾寧二年從入關討王行瑜特授簡較太保開國侯邑千戸領容管觀察經畧使光化初車駕還京授簡較太傅封成陽郡公寓性通黠多智數善揣人主情武皇性嚴急左右難事無委遇者小有違忤卽寘於法唯寓承顏希旨規其趣向婉辭順意以盡參裨武皇或暴怒將吏事將不測寓欲

救止必佯佐其怒以責之武皇怡然釋之有所諫諍必徵近事以爲喻自武皇鎮撫太原最推親信中外將吏無不景附朝廷藩隣信使結託先及武皇次入寓門既總軍中大柄其名振主梁祖亦使姦人離間暴揚於天下言蓋寓已代李克用聞者寒心武皇略無疑間初武皇既平王行瑜旋師渭北暴雨六十日諸將或請入覲且云天顔咫尺安得不行覲禮武皇意未決寓白曰車駕自石門還京寢未安席比爲行瑜兄弟驚駭乘輿今京師未寧姦宄流議大王移兵渡渭必恐復動宸情君臣始終不在朝覲但歸藩守

姑務勤王是忠之道也武皇笑曰蓋寓尚阻吾入覲況下人哉卽日班師

周德威小字楊五朔州馬邑人也初事武皇爲帳中騎督唐昭宗乾寧中爲鐵林軍使從武皇討王行瑜以功授簡較左僕射移内衙軍副天復中武皇之師不利於蒲縣汴將朱友寧氏叔琮來逼晉陽時諸軍未集城中大恐德威與李嗣昭選募銳兵分出諸門以攻其壘擒生斬馘汴人枝梧不暇乃退天祐三年與李嗣昭合燕軍攻潞州降丁會後爲蕃漢都將李思安之寇潞也德威軍於餘吾時汴人十萬築夾城圍潞州内外斷絶德威以精騎薄之屢敗汴人進營高河令遊騎邀其芻牧汴軍閉壁不出乃自東南山口築埇道樹柵以通夾城德威之騎軍倒牆堙塹日數十戰首後俘馘不可勝紀梁有驍將黄角鷹房骨崙皆生致之五年四月命德威班師時莊宗初立德威外握兵柄頗有浮議内外憂之德威旣至單騎入謁繇是羣情釋然是月二十四日從莊宗再援潞州二十九日德威前軍營横碾距潞四十五里五月朔晨霧晦暝王師伏於三垂岡下翌日直趨夾城斬關破壘梁人大敗解潞州之圍初德威與李嗣昭有私

憾武皇臨終顧謂莊宗曰進通忠孝不負我重圍累年似與德威有隙以吾命諭之若不解重圍殁有遺恨莊宗達遺旨德威感泣繇是勵力堅戰竟破彊敵與嗣昭歡愛如初以功加同平章事振武節度使七年岐人攻靈夏遣使來求助德威渡河以應之師還授蕃漢馬步總管十一月汴人據深冀汴將王景仁軍八萬次柏鄉鎮州節度使王鎔來告難帝遣德威率前軍出井陘屯於趙州十二月帝親征二十五日進薄汴營距柏鄉五里營於野河北汴將韓勍率精兵三萬鎧甲皆被繒綺金銀炫曜望之森然我軍懼

形於色德威謂李存璋曰賊結陣而來覘其形勢志不在戰欲以兵甲耀威耳我軍人乍見其來謂其鋒不可當此時不挫其銳吾軍不振矣乃遣存璋諭諸軍曰爾見此賊軍否是汴州天武健兒皆屠沽傭販虛有其表徒被精甲十不當一擒獲足以爲貨德威自率精騎擊其兩偏左馳右決出沒數四是日獲賊一百餘人賊渡河而退德威謂莊宗曰賊驕氣尤盛宜按兵以待其衰莊宗曰我提孤軍救難解紛三鎮烏合之衆利在速戰卿欲持重吾懼其不可使也德威曰鎮定之士長於守城列陣野戰素非便習我師

破賊惟恃騎軍平田廣野易爲施巧今壓賊營令彼見我虛實則勝負未可必也莊宗不悅退臥帳中德威患之謂監軍張承業曰王欲速戰將烏合之徒欲當劇賊所謂不量力也去賊咫尺限此一渠水彼若早夜以略彴渡之吾族其爲俘矣若退軍高邑引賊離營彼出則歸彼歸則出復以輕騎掠其芻餉不踰月敗賊必矣承業入言莊宗亦釋然德威得降人問之曰景仁下令造浮橋數百果如德威所料二十七日乃退軍保高邑八年正月二日德威率騎軍致師於柏鄉設伏於村塢間令三百騎以壓汴營王景仁

悉其衆結陣而來德威轉戰而退汴軍因而乘之至於高邑南時步軍未成列德威陳騎河上以抗之亭午兩軍皆陣莊宗問戰時德威曰汴軍氣盛可以逸制勞造次較力殆難與敵古者師行不踰一舍蓋慮糧餉不給士有飢色今賊遠來決戰縱挾糗糒亦不遑食晡晚之後飢渴內侵戰陣外迫士心既倦將必求退乘其勞弊以生兵制之縱不大敗偏師必喪以臣所籌利在晡晚諸將皆然之時汴軍以魏博之人爲右廣宋汴之人爲左廣自未至申陣勢稍却德威麾軍呼曰汴軍走矣塵埃漲天魏人收軍漸退莊宗

與史建瑭安金全等因衝其陣夾攻之大敗汴軍殺戮殆盡王景仁李思安僅以身免獲將校二百八十人八月劉守光僭稱大燕皇帝十二月遣德威率步騎三萬出飛狐與鎮州將王德明定州將程嚴等軍進討九年正月收涿州降刺史劉知溫五月七日劉守光令驍將單廷珪督精甲萬人出戰德威遇於龍頭岡初廷珪謂左右曰今日擒周楊五旣臨陣見德威廷珪單騎持槍窮追德威垂及德威側身避之廷珪少退德威奮檛擊墜其馬生獲廷珪賊黨大敗斬獲三千級獲大將李山海等五十二人十二日德威

自涿州進軍良鄉大城守光既失廷珪自是奪氣德威之師屢收諸郡降者相繼十年十一月擒守光父子幽州平十二月授德威簡較侍中幽州盧龍等軍節度使德威性忠孝感武皇獎遇嘗思臨難亡身十二月汴將劉鄩自洹水乘虛將寇太原德威在幽州聞之徑以五百騎馳入土門聞鄩軍至樂平不進德威徑至南宮以候汴軍初劉鄩欲據臨清以扼鎮定轉餉之路行次陳宋口德威遣將擒數十人皆俘刃於背縶而遣之既至謂劉鄩曰周侍中已據宗城矣德威其夜急騎扼臨清劉鄩乃入貝州是時德威若

不至則勝負未可知也十五年我師營麻口渡將大舉以定汴州德威自幽州率本軍至十二月二十三日軍次胡柳詰旦騎報曰汴軍至矣莊宗使問戰備德威奏曰賊倍道而來未成行伍我營柵已固守備有餘既深入賊疆須決萬全之策此去大梁信宿賊之家屬盡在其間人之常情孰不以家國爲念以我深入之衆抗彼激憤之軍不以方略制之恐難必勝王但按軍保柵臣以騎軍疲之使彼不得下營際晚糧饋不給進退無據因而乘之勝之道也莊宗曰河上終日挑戰恨不遇賊今敵門不戰非壯夫也乃率親軍成列而出德威不獲已從之謂其子曰吾不知其死所矣莊宗與汴將王彥章接戰大敗之德威之軍在東偏汴之遊軍入我輜重衆皆奔入德威軍因紛擾無行列德威兵少不能解父子俱戰歿是夜收軍德威不至莊宗慟哭謂諸將曰喪吾良將吾之咎也同光初追贈太師

符存審陳州宛丘人初歸武皇署右職令與義兒軍賜姓李存審性謹厚寵遇日隆自是武皇四征存審嘗從所至立功改左右廂步軍都指揮使天祐三年授蕃漢馬步副指揮使與李嗣昭降丁會於上黨從

周德威破賊於夾城以功授忻州刺史領蕃漢馬步都指揮使七年充漢副總管莊宗擊汴人於柏鄉留存審守太原九年梁祖攻蓨縣存審與史建瑭李嗣昭赴援屯下博橋汴人驚亂燒營而遁以功遙領邢洺磁團練使十二年魏博歸款於莊宗莊宗遣存審率前鋒據臨清以候進取莊宗入魏存審屯魏縣以抗劉鄩十二年六月鄩營莘縣存審與鎮定之師營莘西三十里一日數戰八月率師攻張源德於貝州十三年二月劉鄩自莘悉衆來襲我魏州存審以大軍躡其後戰於故元城大敗汴人從收澶衛磁洺等

州秋邢州閻寶降授存審安國軍節度使邢洺磁等州觀察使十月戴思遠棄滄州毛璋以城降授存審橫海軍節度使兼領貝博馬步軍都指揮使明年就加平章事十四年八月將兵援周德威於幽州敗契丹之衆冬破汴將安彥之於楊劉葺軍進營麻口時梁將謝彥章營行臺村莊宗勇於接戰每以輕騎當之遇窘者數四存審每俟其出必叩馬泣諫曰王將復唐宗社宜爲天下自愛搴旗挑戰一劍之任無益聖德請責效於臣古人不以賊遺君父臣雖不武敢不代君之憂莊宗即時廻駕十二月戰於胡柳陂時

之後存審引所部銀槍效節軍敗梁軍於土山下是日辰巳間周德威歿一軍逗撓梁軍四集存審與其子彥圖冒刃血戰出沒賊陣與莊宗軍合午後師復集擊敗汴人十六年春爲内外蕃漢馬步總管於德勝口築南北城以據之七月汴將王瓚自黎陽渡河寇澶州存審拒戰瓚退營於楊村渡控我上游自是日與交鋒對壘經年大小凡百餘戰十七年汴將劉鄩攻同州朱友謙求援於我遣存審與李嗣昭將兵赴之九月次河中進營朝邑時河中久臣於梁東持兩端及諸軍大集芻粟暴貴嗣昭懼其翻覆將急戰以定勝負居旬日梁軍逼我營會望氣者言西南有黑氣如鬬雞之狀當有戰陣存審曰我方欲決戰而形於氣象得非天贊歟是夜閱其衆詰旦進軍梁軍來逆戰大敗之追斬二千餘級自是梁軍保壘不出存審謂嗣昭曰吾初懼劉鄩據渭河偏師旣敗彼若退歸懼我躡之獸窮持人勿謂無事可開其歸路然後追奔乃令王建及牧馬於沙苑劉鄩尹皓知之保衆退去遂解同州之圍存審略地至奉先謁諸帝陵乃班師十八年王師討張文禮於鎮州李嗣昭李存進相次戰歿十九年遣存審率師進攻師於城下文

禮之將李再豐陰送款於存審我師中夜登城擒文禮之子處球等露布以獻鎮州平以功加簡較太傅兼侍中二十年正月師旋於魏州莊宗出城迎勞就第宴樂居無何契丹犯燕薊郭崇韜奏曰汴寇未平李繼韜背叛北邊遮虜非存審不可帝遣中使諭之存審卧病羸瘠附奏曰臣効忠稟命靡敢爲辭但痾恙纏綿未堪抵役旣而詔存審以本官充幽州盧龍節度自鎮州之任同光初加開府儀同三司簡較太師中書令邑千戶賜號忠烈扶天啓運功臣

郭崇韜代州鴈門人也武皇用爲典謁奉使鳳翔稱

旨署教練使崇韜臨事機警應對可觀莊宗嗣位尤器重之天祐十四年用爲中門副使專典機務艱難戰伐靡所不從十八年從征張文禮於鎮州契丹引衆至新樂王師大恐諸將咸請退還魏州莊宗猶豫未決崇韜曰阿保機爲王郁所誘本利貨財非敦隣好苟前鋒小衂遁走必矣况我新破汴寇威振北蕃乘此驅攘往無不捷且事之濟否亦有天命莊宗從之王師果捷莊宗卽位於魏州崇韜加簡較太保守兵部尚書充樞密使是時衛州陷於梁澶相之間寇鈔日至民流地削軍儲不給羣情忷忷以爲霸業終

不能濟崇韜寢不安席俄而王彥章陷德勝南城敵勢滋蔓汴人急攻楊劉城明宗在鄆音驛斷絕莊宗登城四望計無從出崇韜啓曰段凝阻絕津路苟王師不南鄆州安能保守臣請於博州東岸立柵以固通津但慮汴人偵知徑來薄我請陛下募敢死之士日以挑戰如三四日間賊軍未至則柵壘成矣崇韜率毛璋等萬人夜趨博州視矛戟之端有光崇韜曰吾聞火出兵刃破賊之兆也至博州渡河版築晝夜不息崇韜于葭葦閒據胡牀假寐覺務中冷令左右視之乃蛇也其忘疲勵力也如是居三日梁軍果至

城壘低庳沙土散惡戰具不完汴將王彥章杜晏球率衆攻擊軍不得休息崇韜身先督衆四面拒戰有急卽應城垂陷俄報莊宗領親軍次西岸梁軍聞之退走因解楊劉之圍未幾汴將康延孝來奔崇韜延于臥內訊其軍機延孝曰汴人將四道齊舉以困我軍莊宗憂之召諸將謀進取之策宣徽使李紹宏請棄鄆州與汴人盟以河爲界無相侵寇莊宗不悅獨臥帳中召崇韜謂曰計將安出對曰臣不知書不能徵比前古請以時事言之且陛下十五年起義圖霸爲雪家讐國恥甲冑生蟣虱黎人困輸輓今既纂大

號河朔士庶日望澄平纔得汶陽尺寸之地不能保守况盡有中原乎將來歲賦不充物議咨怨設若劃河爲界誰爲陛下守之臣自延孝言事已來晝夜籌度料我兵力筭賊事機不出今年雌雄必決聞汴人決河自滑至鄆非舟楫不能濟又聞精兵盡在段凝麾下王彥章日寇鄆境彼旣以大軍臨我南鄙又憑恃決河謂我不能南渡志在收復汶陽此汴人之謀也臣謂段凝保據河壖苟欲持我臣但請留兵守鄴保固楊劉陛下親御六軍長驅倍道直指大梁汴城無兵望風自潰旣若僞主授首賊將自然倒戈半月

之間天下必定如不決此計傍採浮譚臣恐不能濟也今歲秋稼不登軍糧纔支數月決則成敗未知不決則坐見不濟臣聞作舍道邊三年不成帝王應運必有天命成敗天也在陛下獨斷莊宗蹶然而興曰正合吾意大丈夫得則爲王失則爲虜行計決矣即日下令軍中家口並還魏州莊宗送劉皇后興聖宮使繼岌至朝城西野亭泣別曰事勢危蹙今須一決事苟不濟無復相見乃留李紹宏及租庸使張憲守魏州大軍自楊劉濟河是歲擒王彥章誅梁氏降段凝皆崇韜贊成其謀也

安金全代北人世爲邊將少驍果便騎射武皇特爲騎將屢從征伐莊宗之救潞州及平河朔皆有戰功累爲刺史

安審通金全之猶子也幼事莊宗累有戰功轉先鋒指揮使同光初爲北京右廂馬軍都指揮使屯奉化軍四年春赴明宗急名軍趨夷門爲前鋒天成初授單州刺史改齊州防禦使兼諸道先鋒馬軍都指揮使

安元信字子言代北人元信以將家子便騎射幼事武皇從平巢蔡唐僖宗光啓中吐渾赫連鐸寇雲州武皇使元信拒之信兵敗於居庸關武皇性嚴急元信不敢還遂奔定州王處存待之甚厚用爲突騎都較昭宗乾寧中處存卒子郜嗣時梁軍攻河朔三鎮奔命不暇梁將張存敬軍奄至城下旣無宿備郜懼挈其族奔太原元信從之武皇待之如初用爲鐵林軍使梁將氏叔琮之攻河東也別將葛從周自馬嶺入元信伏于榆次挫其前鋒梁將李思安之攻上黨也王師將壁高河爲梁軍所逼別將秦武者尤爲難敵元信與鬬斃之繇是梁軍解去城壘得立武皇賜所乘馬及細鎧仗遷突騎都將莊宗嗣晉王位元信

從救上黨破夾寨復澤潞以功授簡較司空遼州刺史賜玉鞍名馬栢鄉之役日晚戰酣元信重傷莊宗自臨傳藥其年改授簡較司徒武州刺史充內衙副都指揮使山北諸州都團練副使從莊宗定魏博移爲州刺史與梁軍對壘得勝渡元信爲右廂排陣使未幾爲大同軍節度使

劉訓字遵範隰州永和人也出身行間初事武皇爲馬軍隊長漸至散將屬河中王氏昆仲有尋戈之役訓從史儼攻陝州武皇討王行瑜以訓爲前鋒後隸河中爲隰州守禦都將居無何殺刺史以郡歸莊宗

歷瀛州刺史
劉彥琮字比德雲中人也事武皇累從征役先是絳州刺史王瓘叛武皇言於彥琮意欲致之無幾從畋於汾晉之郊彥琮奔絳瓘以爲附已待之甚厚因命爲親騎會瓘出獵於驅馳之際彥琮刃瓘之首來獻武皇甚奇之
袁建豐自武皇破黃巢時得於華陰年方九歲愛其精神爽俊俾收養之漸長列於左右復習騎射補鐵林都虞候從破邢州王行瑜以功遷左親騎軍使轉突騎指揮使從莊宗解圍上黨破栢鄉陣累功加右

僕射左廂馬軍指揮使明宗爲內衙指揮使建豐爲副北討劉守光嘗身先士伍轉都教練使權蕃漢副總管莊宗入鄴以心腹幹能選爲魏府都巡簡使破劉鄩下衛磁洛三郡有功加簡較司空授洛州刺史於臨洛西敗梁將王遷數千人生獲將領七十餘人俄拜相州刺史徵赴河上預戰於栁陂建豐領相州軍士行營在外委州事於小人失於撫馭指揮使孟守謙據城以叛建豐引兵討平之改隰州刺史
夏魯奇字邦傑青州人也初事宣武軍爲軍較與主將不協遂歸於莊宗以爲護衙指揮從周德威攻幽州燕將有單廷珪元行欽時稱驍勇魯奇與之鬬兩不能解將士皆釋兵從觀幽州平魯奇功居多梁將劉鄩在洹水莊宗涉入致師鄩設伏於魏縣西南葭蘆中莊宗不滿千騎汴人伏兵萬餘大譟而起圍莊宗數重魯奇遂與王門關烏德兒等奮命決戰自午至中俄而李存審兵至方解魯奇持槍攜劒獨衞莊宗手殺百餘人烏德兒等被擒魯奇傷痍徧體自是莊宗尤憐之歷磁州刺史中都之戰汴人大敗魯奇見王彥章識之單馬追及槍擬其頸彥章顧曰爾非余故人乎即擒之以獻莊宗壯之賞絹千疋梁平授

鄭州防禦使四年授河陽節度
張廷裕代北人也幼事武皇於雲中從平黃巢討王行瑜自行間漸昇爲小將莊宗定魏補天雄軍左廂馬步都虞候歷蔚慈隰三州刺史
康義誠字信臣代北三部落人也少以騎射事武皇從莊宗入魏博補突騎軍使累遷本軍都指揮使
索自通字得之太原清源人也自通少能騎射嘗於山墅射獵莊宗鎮太原時遇之於野訊其姓名即補右番聽直軍使後因從獵射中走鹿轉指揮使佐周德威攻燕軍於涿州擒燕將郭在均從莊宗定魏博

改突騎指揮使明宗卽位自隨駕左右廂馬軍都指揮使授忻州刺史歲餘召還後典禁兵領韶州刺史

漢史弘肇鄭州滎澤人也弘肇少游俠無行拳勇健步日行三百里走及奔馬梁末每七戶出一兵弘肇在籍中後隸本州開道都入禁軍嘗在晉祖麾下遂留爲親從及踐祚用爲控鶴偏將高祖鎭太原奏請從行用爲牙隊大將後起置武節左右指揮以弘肇爲都將代州王暉叛以城歸契丹弘肇征之身先士卒一鼓而拔加簡較太保領雷州刺史漢國建王守恩以上黨來附虜主命大將耿崇美率衆上太行欲

取上黨高祖命弘肇率軍應接守恩軍至潞州契丹退去翟令奇以澤州迎降會河陽武行德遣人迎弘肇遂率衆南下與行德合故高祖繇蒲陜赴雒如歸弘肇前鋒之功也

周何福進漢高祖乾祐中爲曹州防禦使時太祖出鎭於鄴將謀北伐奏以福進自隨及太祖入平內難以輔佐功拜忠武軍節度使

冊府元龜

巡按福建監察御史臣李嗣京　訂正

知閩縣事臣曹𦘦臣叅閱

知建陽縣事臣黃國琦較釋

將帥部　九

立功第一

夫受命於朝受脤於社推轂以遣鑿門而出秖金革而不厭聽鼙鼓而忘身者將帥之事也蓋五材竝設未嘗去兵四征弗庭於是用武自三五之世乃有威讓之訓原野之罰焉春秋戰國革車交騖故其摭戌

著攻城略地之績成斬將搴旗之効者比比有之楚漢競逐動策可舉繇是之後或內平亂畧外攘夷寇奉辭以討有罪厲兵而翦勍敵乃能戡夷兇醜謐清邊圉鹵獲之數無等追北之威靡亢闢疆以益地平國而弔民紀功於竹帛稱伐於鐘鼎斯所謂折衝之虎臣殿邦之良帥者也

孫武爲吳將西破強楚入郢北威齊晉顯名諸侯孫子與有力焉

司馬穰苴爲齊景公將軍將兵扞燕晉之師晉師聞之爲罷去燕師聞之度水而解於是追擊之遂取所亡邦內故境

孫臏武之後也爲齊威王師宣王二年與齊將田忌田嬰俱伐魏敗之馬陵虜太子申而殺魏將龐涓

吳起爲魯將攻齊大破之魯君疑之謝起起於是聞魏文侯賢而事之文侯以爲將擊齊拔五城

趙奢爲趙將秦伐韓軍於閼與趙王令趙奢將救之大破秦軍秦軍解而走遂解閼與之圍而歸

李牧爲趙將居代鴈門大破殺匈奴十餘萬騎滅襜（都甘切）襤（路談切徐廣曰一作臨崔駰又案如淳曰胡明也在代地）破東胡降林胡單于奔走其後十餘歲匈奴不敢近趙邊城趙悼襄

王元年廉頗既亡入魏趙使李牧攻燕拔武遂方城居二年龐煖破燕軍殺劇辛後七年秦破趙殺將扈輒於武遂城斬首十萬趙乃以李牧爲大將軍擊秦軍於宜安大破秦軍走秦將桓齮封李牧爲武安君居三年秦攻番吾李牧擊破秦軍南距韓魏

廉頗者爲趙將惠文王十六年伐齊大破之取晉陽拜爲上卿自邯鄲圍解五年而燕用栗腹之謀舉兵擊趙趙使廉頗將大破燕軍於鄗殺栗腹遂圍燕割五城請和乃聽之二十年廉頗東攻齊破其一軍居二年廉頗復伐齊幾拔之（幾邑名也案趙世家惠文王二十三年廉頗將攻魏）

之幾邑取之而趙世家及年表無伐齊幾拔之事實幾是邑名屬齊或云屬魏耳田丹在齊不得至於拔也後三年廉頗攻魏之防陵安陽拔之

樂毅爲燕亞卿昭王使毅約趙惠文王別使連楚魏令趙嚪秦（嚪進說之意）以伐齊之利諸侯害齊湣王之驕暴皆爭合從與燕伐齊毅還報昭王悉起兵使樂毅爲上將軍趙惠文王以相國印授毅毅於是并護趙楚韓魏燕之兵伐齊破之濟西諸侯兵罷歸而燕軍獨追至于臨淄齊湣王之敗濟西亡走保於莒毅獨留徇齊齊皆城守毅攻入臨淄盡取齊寶財物祭器輸之燕昭王大悅親至濟上勞軍行賞饗士封毅於

昌國（屬齊）號爲昌國君於是昭王收齊鹵獲以歸而使毅復以兵平齊城之不下者毅留徇齊五歲下齊七十餘城皆爲郡縣以屬燕

秦商鞅孝公時爲大良造將兵圍魏安邑降之又襲虜魏公子卬因攻其軍盡破之

樗里子名疾惠王弟也惠王八年使將而伐晉曲沃盡出其人取其城地入秦二十五年伐趙虜趙將軍莊豹拔藺明年助魏章攻楚敗楚將屈丐取漢中地秦封樗里子號爲嚴君

甘茂惠王時爲將佐魏章畧定漢中地惠王卒武王立張儀魏章去東之魏蜀侯煇相壯反秦使甘茂定蜀還而以甘茂爲左丞相

魏冉封穰侯爲秦將攻魏魏獻河東方四百里拔魏之河內取城大小六十餘昭王三十二年爲相國將兵攻魏走芒卯（芒莫卯切卯陌飽切）入北宅三十三年魏背秦與齊從親秦使穰侯伐魏斬首四萬走魏將暴鳶得魏三縣明年穰侯與白起客卿胡陽復攻趙韓魏破芒卯於華陽下斬首十萬取魏之卷（立權也）蔡陽長社趙氏觀津

白起郿人也昭王十三年爲左庶長將西擊韓之新

城明年爲左更攻韓魏於伊闕斬首二十四萬又虜其將公孫喜拔五城起遷爲國尉涉河取韓安以東到乾（音干）河（今河東聞喜縣北有乾河口因名乾河里但有故溝處無復水也）明年起爲大良造攻魏拔之取城大小六十一明年起與客卿錯攻垣城拔之（河東垣縣）後五年攻趙拔光狼城後七年攻楚拔鄢鄧五城（昭王二十八年）其明年攻楚拔郢燒夷陵遂東至竟陵楚王亡去郢東走徙陳秦以郢爲南郡起遷爲武安君因取楚定巫黔中郡昭王三十四年攻魏拔華陽走芒卯而虜三晉將斬首十三萬與趙將賈偃戰沈其卒二萬人於河中昭王四十三年

攻韓陘城拔五城斬首五萬四十四年攻南陽太行道絶之（北南陽河内脩武是也）四十五年伐韓之野王降

秦王齕爲左庶長昭王四十七年秦使齕（音核）攻韓取上黨上黨民走趙趙軍長平（在泫氏）以按據上黨民四月齕因攻趙趙使廉頗將趙軍士卒犯秦斥兵秦斥兵斬趙裨將茄六月陷趙軍取二鄣四尉七月趙軍築壘壁而守之秦又攻其壘取二尉敗其陣奪西壘壁廉頗堅壁以待秦秦數挑戰趙軍不出趙王數以爲讓九月趙卒不得食四十六日皆内陰相殺食求攻秦壘欲出爲四五隊四五復之不能出其將軍趙括出

鋭卒自搏戰秦軍射殺趙括括軍敗前後斬首虜四十五萬人趙人大震四十八年十月秦復定上黨郡秦分軍爲二王齕攻皮牢拔之司馬梗定太原

王翦爲秦將始皇十一年翦將攻趙閼與破之拔九城十八年攻趙歲餘遂拔趙趙王降盡定趙地爲郡明年燕使荆軻爲賊於秦秦王使王翦攻燕燕王喜走遼東翦遂定燕薊而還翦後將六十萬人擊荆大破荆軍至蘄南殺其將軍項燕荆兵遂敗走秦因乘勝畧定荆地城邑歲餘虜荆王負芻竟平荆地爲郡縣因南征百越之君

翦子賁爲秦將擊荆（秦諱楚故云荆）荆兵敗還擊魏魏王降遂定魏地後與李信破定燕齊地始皇二十六年盡并天下王氏蒙氏功爲多名施於後世

蒙驁爲上卿莊襄王元年爲秦將伐韓取成臯滎陽作置三川郡二年攻趙取三十七城始皇三年蒙驁攻韓取十三城攻魏取二十城作置東郡

驁子武始皇二十三年爲秦裨將軍與王翦攻楚大破之殺項燕二十四年攻楚虜楚

武子恬因家世得爲秦將始皇二十六年攻齊大破之拜爲内史秦已并天下乃使蒙恬將二十萬衆北

逐戎狄收河南築長城因地形用險制塞起臨洮（屬西）至遼東延袤萬餘里於是渡河至陽山（五原西安陽縣北有陰山陰山在河内陽山在河北）

李信爲將嘗以兵千人逐燕太子丹於衍水中卒破得丹

漢周勃高帝六年以將軍從擊燕王臧荼破之易下（今易縣臣欽若等曰勃漢五年以前從攻項籍並具將帥佐命門韓彭英盧皆放此）所將卒當馳道爲多（當高祖所行之前）七年以將軍從高帝擊韓王信於代降下霍人以前至武泉（縣屬雲中）擊胡騎破之武泉北轉攻信軍銅鞮破之還降太原六城擊韓信胡騎

晉陽下破之下晉陽復擊信軍於硰石(地名硰音坐)破之追北八十里還攻樓煩三城因擊胡騎平城下所將卒當馳道爲多十年以太尉擊陳豨屠馬邑將卒斬豨將軍乘(去聲)馬絺(姓乘馬名絺也)轉擊韓王信陳豨趙利軍於樓煩破之得豨將宋最鴈門守圂(圂音下頓切鴈門守之名)因轉攻得雲中守遫丞相箕肆將軍博(遫古速字肆音維二切博者亦豨將之名)定鴈門郡十七縣雲中郡十二縣因復擊豨靈丘破之斬豨丞相程縱將軍陳武都尉高肆定代郡九縣十三年燕王盧綰反勃以相國代樊噲將擊下薊(音計幽州縣名)得綰大將丞相偃守陘(音刑盧綰郡守陘其名也)太尉

弱御史大夫施屠渾都(姓施屠名渾都渾音胡昆切)破綰軍上蘭後擊綰軍沮陽(沮音阻縣名屬上谷)追至長城定上谷十二縣右北平十六縣遼東二十九縣漁陽二十二縣最從高帝得相國一人(最者凡也摠言其攻戰克獲之數)丞相二人將軍二千石各三人別破軍二下城三定郡五縣七十九得丞相大將各一人

樊噲高帝六年以將軍從攻臧荼於燕虜荼定燕地七年以將軍從攻韓王信於代自霍人以往至雲中與絳侯(周勃)共定之十年擊陳豨與曼丘臣軍戰襄國破柏人先登降之定清河恒山凡二十七縣殘東垣(殘謂多殺傷也)遷爲左丞相破得綦毋卯尹潘軍於無終廣昌(姓綦毋名卯綦音其)破豨別將胡人王黃軍於代南因擊韓王信軍參合軍所將卒斬信擊豨胡騎橫谷斬將軍趙旣虜代丞相馮梁守孫奮大將軍王黃將軍大將一人太僕解福等十人與諸將共定代鄉邑七十三後燕王盧綰反噲以相國擊綰破其丞相抵薊南(抵丁禮切至也一說抵者其丞相之名也)定燕縣十八鄉邑五十一噲從高帝斬首百七十六級虜二百八十八人別破軍七下城五定郡六縣五十二得丞相一人將軍十三人二千石以下至三百石十二人

酈商高帝六年以將軍從擊臧荼戰龍脫(地名)破荼軍易下卻敵遷爲右丞相別定上谷因攻代受趙相國印與絳侯等定代郡鴈門得代丞相程縱守相郭同(守相謂爲相而居守者)將軍以下至六百石十九人後以右丞相擊豨殘東垣又從擊黥布攻其前垣(謂攻其壁壘之前垣)陷兩陣得以破布軍凡別破軍三降定郡六縣七十二得丞相守相大將軍各一人小將軍二人二千石以下至六百石十九人

夏侯嬰高帝七年以太僕從擊韓王信軍胡騎晉陽大破之又從擊胡騎句注北大破之又擊胡騎平城

南三陷陳功爲多從擊陳豨黥布陷陳卻敵

灌嬰高帝七年以車騎將軍從擊韓王信於代至馬邑別降樓煩以北六縣斬代左將破胡騎將於武泉北復從擊信胡騎晉陽下所將卒斬胡白題將一人（胡名也）又從擊陳豨別攻豨丞相侯敞軍曲逆下破之卒斬敞及特將五人（卒謂所將之卒特猶也各獨爲也）降曲逆盧奴上曲陽安國安平攻下東垣黥布反以車騎將軍先出攻布別將於相破之斬亞將樓煩將三人又進擊破布上柱國及大司馬軍又進破布別將肥銖嬰自生得左司馬一人所將卒斬其小將十人追北至淮

冊府元龜　將帥部　立功一　卷之三百四十八　九

上凡從所得二千石二人別破軍十六降城四十六定國一郡二縣五十二得將軍二人柱國相各一人二千石十人

靳歙（音翕）高帝七年以騎都尉從擊韓王信於平城下還軍東垣有功遷爲車騎將軍并將梁趙齊燕楚車騎別擊陳豨丞相敞破之（敞侯敞）因降曲逆從擊黥布有功凡斬首九十級虜一百四十二人破別軍十四降城五十九定郡國各一縣二十二得上柱國各一人二千石以下至五百石三十九人

郭蒙爲將軍高帝十年代相國陳豨反帝在邯鄲豨將侯敞將萬餘人遊行；王黃將騎千餘軍曲逆張春將卒萬餘人渡河攻聊城蒙與齊將擊大破之

周亞夫景帝三年以中尉爲太尉東擊吳楚會兵滎陽（會集也）吳方攻梁亞夫東北走昌邑（走音奏）使輕騎兵弓高侯等絶吳楚兵後食道吳楚既餓迺引而去亞夫出精兵追擊大破吳王濞（音匹備切）吳王濞棄其軍與壯士數千人亡走保於江南丹徒漢兵因乘勝遂盡虜之降其縣月餘越人斬吳王頭以告凡相守攻三月而吳楚破平是時欒布衞綰程嘉公孫渾邪（渾音胡溫切邪音嗟以切）蘇息直不疑皆以將軍擊吳楚有功封侯

冊府元龜　將帥部　立功一　卷之三百四十八　十

衞青武帝元光六年以車騎將軍擊匈奴出上谷至籠城（籠讀與龍同）斬首虜數百賜爵關內侯元朔元年秋復將三萬騎出鴈門斬首虜數千明年復出雲中西至高闕（高闕山名一曰塞名在朔方之北）遂至于隴西捕首虜數千畜百餘萬走白羊樓煩王遂取河南地爲朔方郡（當北地之北黄河之南也）以三千八百戶封青爲長平侯五年春令青將三萬騎出高闕衞尉蘇建爲游擊將軍左內史李沮爲彊弩將軍（沮音且門）太僕公孫賀爲騎將軍代相李蔡爲輕車將軍皆領屬車騎將軍俱出朔方大行李息岸頭侯張次公爲將軍俱出右北平匈奴右賢

王當青等兵以爲漢兵不能至此飲醉漢兵夜至圍右賢王右賢王驚夜逃獨與其愛妾一人騎數百馳潰圍北去漢輕騎校尉郭成等追數百里弗得得右賢裨王十餘人衆男女萬五千餘人畜數十百萬于是引兵而還至塞天子使使者持大將軍印即軍中拜青爲大將軍諸將皆以兵屬立號而歸明年春青以大將軍出定襄合騎侯公孫敖爲中將軍太僕公孫賀爲左將軍翕侯趙信爲前將軍衛尉蘇建爲右將軍郎中令李廣爲後將軍左内史李沮爲彊弩將軍咸屬大將軍斬首數千級而還月餘悉復出定襄

斬首虜萬餘人是歲趙信奔降單于元狩四年帝與諸將議曰翕侯趙信爲單于畫計常以爲漢兵不能度幕輕留今大發卒其勢必得所欲乃令青與驃騎將軍霍去病（驃音頻妙切）各五萬騎步兵轉者踵軍數十萬（轉者謂運轉車也踵接也）而敢力戰深入之士皆屬去病去病始爲出定襄當單于捕虜虜言單于東迺更令去病出代郡令青出定襄郎中令李廣爲前將軍太僕公孫賀爲左將軍主爵趙食其爲右將軍（食音異其音基）平陽侯曹襄爲後將軍皆屬大將軍趙信爲單于謀曰漢兵即度幕人馬罷（罷讀曰疲）匈奴可坐收虜耳迺悉遠北

其輜重皆以精兵待幕北而適直青軍出塞千餘里（直讀曰值）見單于兵陳而待於是青令武剛車自環爲營而縱五千騎往當匈奴匈奴亦從萬騎會日且入而大風起沙礫擊面兩軍不相見漢益縱左右翼繞單于單于視漢兵多而士馬尚彊戰而匈奴不利薄暮單于遂乘六贏壯騎可數百直冒漢圍西北馳去（冒犯也音莫克切）昏夜匈奴相紛拏殺傷大半漢軍左校捕虜言單于未昏而去漢軍因發輕騎夜追之青因隨其後匈奴兵亦散走會明行二百餘里不得單于頗捕斬首虜萬餘級遂至窴顏山趙信城（趙信降匈奴匈奴爲築城居之）

得匈奴積粟食軍（食音嗣）軍留一日而還悉燒其城餘粟以歸青軍入塞凡斬首虜萬九千級青凡七出擊匈奴斬捕首虜五萬餘級一與單于戰收河南地置朔方郡其裨將及校尉侯者九人護軍都尉公孫敖爲合騎侯都尉韓說龍頟侯騎將軍公孫賀南窌侯（窌亦作卯音普教切）輕車將軍李蔡樂安侯校尉李朔陟軹侯趙不虞隨成侯公孫戎奴從平侯張騫博望侯上谷太守郝賢衆利侯將軍李沮李息及校尉豆如意中郎將綰皆有功賜爵關内侯

霍去病爲票姚校尉（票姚音飄搖一說票音頻妙切姚音羊召切）再從大

將軍與輕勇騎八百直棄大將軍數百里斬首捕虜
二千二十八級得相國當戶斬單于大父行籍若侯
產(籍若胡侯也產名也此人單于祖父之行也行音胡良切)捕季父羅姑比再冠
軍(羅姑名也亦單于之季父也比音頻寐切)廼以二千五百戶封去病爲
冠軍侯元狩三年春以去病爲驃騎將軍將萬騎出
隴西過焉耆山千餘里得胡首虜八千餘級得休屠
王祭天金人(匈奴祭天處本在雲陽甘泉山下秦擊奪其地後徙之休屠王右地故休屠有祭天金人象也作金人以爲天神之主而祭之今佛像是其遺法)具夏驃騎將軍復
與合騎侯數萬騎出隴西北地二千里過居延祁連
山得胡首虜三萬餘級裨小王以下十餘人其後匈

奴渾邪王休屠王欲降漢武帝恐其詐乃令去病將
兵往迎之去病將兵渡河渾邪裨王見漢兵多不欲
降頗遁去去病馳入與渾邪王相見斬其欲亡者八
千人先遣渾邪王詣行在去病盡將其衆渡河衆號
十萬廼分處降者於邊五郡故塞外而皆在河南因
其故俗爲屬國乃以千七百戶益封去病四年大將
軍衛青出定襄去病出代右北平二千餘里直左方
兵(直當也)所斬捕功多於青以五千八百戶封去病去
病凡六出擊匈奴其四出以將軍(再出爲票姚校尉也)斬首虜
十一萬餘級渾邪王以衆降數萬開河西酒泉之地

西方益少胡寇其較吏司馬趙破奴封從票侯較尉
高不識宜冠侯僕多煇渠侯(煇音許韋切)右北平太守路
博德邳離侯北地都尉衛山義陽侯匈奴歸義復陸
支(復音芳日切)杜侯伊即靬(音若言切)衆利侯
趙食其以主爵都尉從大將軍斬首六百六十級元
狩三年賜爵關內侯
楊僕元鼎五年秋以主爵都尉爲樓船將軍與伏波
將軍邳離侯路博德平南粵樓船將軍出豫章下橫
浦將精卒先陷尋陿破石門得粵船粟因推而前挫
粵鋒以粵數萬人待伏波將軍伏波將軍將罪人道

遠後期與樓船會廼有千餘人遂俱進樓船居前至
番禺粵王建德與其相呂嘉皆城守樓船自擇便處
居東南面伏波居西北面會暮樓船攻敗粵人縱火
燒城遲旦城中皆降伏波呂嘉建德以夜與其屬數
百人亡入海伏波又問降者知嘉所之遣人追故騎
較司馬蘇弘得建德粵郞都稽得嘉(越中所置也稽音雞)南粵
平伏波將軍益封樓船將軍以摧鋒陷堅爲將梁侯
又封蘇弘爲海常侯
韓說(音悅)元鼎六年秋以待詔爲橫海將軍與樓船將
軍楊僕中尉王溫舒平東粵說出句章(會稽之縣)浮海從

東方在僕出武林溫舒出梅嶺元封元年冬咸入東粤自兵未在故粤衍侯吴陽前在漢漢使歸諭東粤王餘善不聽及横海軍至陽以其邑七百人反攻粤軍於漢陽及故粤建成侯敖與繇王居股謀俱殺粤王餘善以其衆降横海將軍爲案道侯較尉劉福爲繚嫈侯（繚音遼嫈音嬰）

李廣利太初四年爲貳師將軍擊大宛宛兵迎擊漢兵漢兵射敗之宛兵入保其城攻之四十餘日宛貴人殺其王毋寡（毋寡宛王名殺漢使者故誅之）迺出其馬令漢自擇漢軍取其善馬數十匹中馬以下牝牡三千餘匹而

立宛貴人故時遇漢善者名昧蔡爲宛王（昧音末蔡音于曷切）貳師將軍之東出（謂旋軍東出）所過小國聞宛破皆使其子弟從入貢獻因爲質焉封廣利爲海西侯食邑八千戶初貳師起燉煌爲人多道上國不能食（起發也道上國近道諸國也食讀曰飤）分爲數軍從南北道較尉王申生故鴻臚壺充國等千餘人別至郁成城守不肯給食申生去大軍二百里負而輕之（負恃也恃大軍之威而輕敵人）攻郁成急郁成窺知申生軍少晨用二千人攻殺申生等數人脫亡走貳師（走音奏）貳師令搜粟都尉上官桀往攻破郁成郁成降其王亡走康居桀追至康居康居聞漢已破宛出郁成王與桀桀令四騎士縛守詣大將軍（時多利將故謂二師爲大將軍）上邽騎士趙弟拔劒擊斬郁成王桀等遂追及大將軍封趙弟爲新時侯軍正趙始成功最多爲光祿大夫上官桀敢深入爲少府李哆有計謀爲上黨太守（哆音君野切）軍官吏爲九卿者三人諸侯相郡守二千石百餘人千石以下千餘人

范明友昭帝元鳳三年以中郎將爲度遼將軍將二萬騎出遼東擊烏桓斬首六千餘級獲三王首還封爲平陵侯

趙充國昭帝時以大將軍護軍都尉將兵擊武都反

氐（音丁奚切）定之還爲水衡都尉擊匈奴獲西祁王（匈奴王也）宣帝本始中爲蒲類將軍征匈奴斬虜數百級神爵元年先零諸羌反充國以後將軍引兵至先零所在虜久屯聚解弛（解音解弛放也）望見大軍棄車重欲度湟水（重音直用切）道阨狹充國徐行驅之虜赴水溺死者數百降及斬首五百餘人鹵馬牛羊十萬餘頭車四千餘兩（音諒）又與彊弩將軍許壽擊西羌充國所降復將五千餘人

甞惠本始二年以光祿大夫使烏孫公主及昆彌皆遣使因惠言匈奴連發大兵擊烏孫取車延惡師地

收其人民去使使脅求公主欲隔絶漢昆彌發國半精兵自給人馬五萬騎盡力擊匈奴爲天子出兵以救公主昆彌於是漢大發十五萬騎五將軍分道出（五將軍謂祁連將軍田廣明蒲類將軍趙充國武牙將軍田順度遼將軍范明友前將軍韓增）以惠爲校尉持節護烏孫兵昆彌自將翖侯以下五萬餘騎（翖卽翕字也翖侯烏孫官號也）從西方入至右谷蠡庭（谷音鹿蠡音黎）單于父行及嫂居次（匈奴女號若言公主也行胡浪切）名王騎將以下三萬九千人得馬牛驢驘橐佗五萬餘匹羊六十餘萬頭烏孫皆自取鹵獲

陳湯爲西城副校尉與都護甘延壽破郅支單于斬

閼氏太子名王以下千五百一十八級生虜百四十五人降虜千餘人

段會宗成帝時爲左曹中郎將烏孫小昆彌末振將（其名也）殺大昆彌會病死漢恨誅不加元延中遣會宗發戊巳校尉諸國兵卽誅末振將太子番丘會宗恐大兵入烏孫驚番丘亡逃不可得卽留所發兵墊婁地選精兵三千弩徑至昆彌所在召番丘責以末振將骨肉相殺殺漢公主子孫未伏誅而死使者受詔誅番丘卽手劒擊殺番丘官屬以下驚恐馳歸天子賜會宗爵關內侯

後漢鄧禹光武建武元年以大司徒與積弩將軍馮愔驍騎將軍樊崇車騎將軍宗歆建威將軍鄧尋赤眉將軍耿訢軍師將軍左于西討赤眉旣渡汾陰河入夏陽更始中郎將左輔都尉公乘歙引其衆十萬與左馮翊兵共拒禹於衙禹復破走之

馮異建武二年以孟津將軍引擊陽翟賊嚴終趙根破之時赤眉延岑暴亂三輔郡縣大姓各擁兵衆大司徒鄧禹不能定乃遣異代禹討之所至皆布威信弘農羣盜稱將軍者十餘輩皆棄衆降異異與赤眉遇于華陰相拒六十餘日戰數十合降其將劉始王

宣等凡五千餘人三年春拜異爲征西大將軍破赤眉於崤底降男女百萬人餘衆尚十餘萬東走宜陽時延岑據藍田王歆據下邽芳丹據新豐（芳作茅）蔣震據霸陵張邯據長安公孫守據長陵楊周據谷口呂鮪據陳倉角閎據汧駱蓋延據盩厔任良據槐里各稱將軍擁兵多者萬餘少者數千人轉相攻擊異且戰且行屯軍上林苑中延岑旣破赤眉自稱武安王拜置牧守欲據關中引張邯任良共攻異異擊破之斬首千餘級諸營保守附岑者皆來降歸異岑走攻析異遣復漢將軍鄧曄輔漢將軍于匡要擊岑大破

之降其將蘇臣等八千餘人岑遂自武關走南陽異乃稍誅擊豪傑不從令者褒賞降附有功勞者悉遣其渠帥詣京師散其衆歸本業威行關中唯呂鮪張邯蔣震遣使降蜀其餘悉平明年公孫述遣將程焉將數萬人就呂鮪出屯陳倉異與右扶風趙匡迎擊大破之焉退走漢川異追戰於箕谷復破呂鮪營保降者甚衆其後蜀復數遣將間出異輒挫之六年朝京師是時諸將上隴爲隗囂所敗乃詔異軍栒邑未及至隗囂乘勝使其將王元行巡將二萬餘人下隴因分遣巡取栒邑異即馳兵乘其不意卒擊鼓建旗

而出巡軍驚亂奔走追擊數十里大破之征虜將軍祭遵亦破王元於汧於是使異進軍義渠北地縣名并領北地太守事青山胡率萬餘人降異異又擊盧芳將賈覽匈奴薁鞬日逐王破之上郡安定皆降異復領安定太守事九年春祭遵卒詔異守征虜將軍并將其營及隗囂死其將王元周宗等復立囂子純猶擁兵據冀公孫述遣將趙匡等救之帝復令異行天水太守事攻匡等且一年皆斬之

岑彭建武二年行大將軍事擊荊州下犨葉等十餘城是時南方尤亂南郡人秦豐據黎丘自稱楚黎王畧十有二縣董訢起堵鄉許邯起杏南陽復陽縣有聚杏又更始諸將各擁兵據南陽諸城彭破杏降許邯遷征南大將軍三年夏光武自將南征至葉董訢別將數千人遮道車騎不可得前彭奔擊大破之車駕既還令彭率傅俊臧宮劉宏等三萬餘人南擊秦豐拔黃郵豐與其大將蔡宏拒彭等於鄧數月不得進帝怪以讓彭彭懼於是夜勒兵馬申令軍中使明旦西擊山都乃緩所獲虜令得逃亡歸以告豐豐即悉其軍西邀彭彭乃潛兵渡沔水擊其將張楊於阿頭山大破之從川谷間伐木開道直襲黎丘擊破諸屯兵豐聞

大驚馳歸救之彭與諸將依東山爲營豐與蔡宏夜攻彭彭豫爲之備出兵逆擊之豐敗走追斬蔡宏更封彭爲舞陰侯秦豐相趙京舉宜城降拜爲成漢將軍與彭共圍豐於黎丘時田戎擁衆夷陵東觀記曰田戎西城人與同郡人陳義客夷陵爲羣盜更始元年義戎將兵陷夷陵義自稱黎丘大將軍戎自稱掃地大將軍襄陽耆舊記曰戎號周成王義稱臨江王聞秦豐被圍懼大兵方至欲降而妻兄辛臣諫戎曰今四方豪傑各據郡國雒陽地如掌耳不如按甲以觀其變戎曰以秦王之疆猶爲征南所圍豈況吾邪降計決矣四年春戎乃留辛臣守夷陵自將兵沿江泝沔止黎丘刻期日當降而辛

臣於後盜戎珍寶從間道先降於彭而以書招戎戎疑必賣已遂不敢降而反與秦豐合彭出兵攻戎數月大破之其大將伍公詣彭降戎亡歸夷陵帝幸黎丘勞軍封彭吏士有功者百餘人彭攻秦豐三歲斬首九萬餘級豐餘兵裁千人又城中食且盡帝以豐轉弱令朱祐代彭守之使彭與傅俊南擊田戎大破之遂拔夷陵追至秭歸戎與數十騎亡入蜀盡獲其妻子士衆數萬人十一年春彭與大司馬吳漢及誅虜將軍劉隆輔威將軍臧宮驍騎將軍劉歆發南陽武陵南郡兵又發桂陽零陵長沙委輸棹卒凡六萬

餘人（棹卒持棹行船者 一作櫂音直教切）騎五千匹皆會荊門吳漢以三郡棹卒多費糧穀欲罷之彭以爲蜀兵盛不可遣上書言狀帝報彭曰大司馬習用步騎不曉水戰荊門之事一繇征南公爲重而已彭乃令軍中募攻浮橋先登者上賞於是偏將軍魯奇應募而前時天風狂急彭奇船逆流而上直衝浮橋而攢柱鉤不得去奇等乘勢殊死戰因飛炬焚之風怒火盛橋樓摧燒彭復悉軍順風竝進所向無前蜀兵大亂溺死者數千人斬任滿生獲程汎而田戎亡保江州彭上劉隆爲南郡太守自率臧宮劉歆長驅入江關令軍中無得虜掠所過百姓皆奉牛酒迎勞彭見諸耆老爲言大漢哀愍巴蜀久見虜役故興師遠伐以討有罪爲人除害讓不受其牛酒百姓皆大悅爭開門降詔彭守益州牧所下郡輒行太守事彭到江州以田戎食多難卒拔留馮駿守之自引兵乘利直指墊江攻破平曲收其米數十萬石公孫述使其將延岑呂鮪王元及其弟恢悉兵拒廣漢及資中又遣將侯丹率二萬餘人拒黃石彭乃多張疑兵使護軍楊翕與臧宮拒延岑等自分兵浮江下還江州泝都江而上襲擊侯丹大破之因晨夜倍道兼行二千餘里徑拔武陽

使精騎馳廣都去成都數十里勢若風雨所至皆奔散

賈復建武元年以執金吾先渡河攻更始將朱鮪於雒陽與白虎公陳僑戰連破降之二年與騎都尉陰識驍騎將軍劉植南度王社津擊更始郾王尹尊連破之月餘尊降盡定其地引東擊更始淮陽太守暴汜汜降屬郡悉定其秋南擊召陵新息平定之明年春遷左將軍別擊赤眉於新城澠池間連破之

吳漢爲太司馬以建武二年率太司空王梁建義大將軍朱祐大將軍杜茂執金吾賈復揚化將軍堅鐔

偏將軍王霸騎都尉劉隆馬武陰識共擊檀鄉賊於鄴東漳水上大破之降者十餘萬人復率諸將擊鄴西山賊黎伯卿等及河內脩武悉破諸屯聚復進兵南陽擊宛涅陽酈穰新野諸城皆下之引兵南與秦豐戰黃郵水上破之又與偏將軍馮異擊昌城五樓賊張文等又攻銅馬五幡於新安皆破之明年春率建威大將軍耿弇虎牙大將軍蓋延擊青犢於軹西大破降之明年又率陳俊及前將軍王梁擊五䡾賊於臨平追至東郡箕山大破之北擊清河長直及平原五里賊皆平之（長直一作長檀在河南不得言北擊當是賊號或地名也）時鬲

縣五姓共逐守長據城而反（鬲音革縣名屬平原郡五姓蓋當土彊宗豪右也）漢大破其衆因追討餘黨至無鹽（縣名屬東平）進擊勃海皆平之又從征董憲圍朐城明年春拔朐斬憲東方悉定十一年春率征南大將軍岑彭等伐公孫述及彭破荊門長驅入江關漢留夷陵裝露橈船（橈短楫也音人連切）將南陽兵及馳刑募士三萬人泝江而上會岑彭爲刺客所殺漢并將其軍十二年春與公孫述將魏黨公孫永戰於魚涪津大破之十五年復率揚武將軍馬成捕虜將軍馬武北擊匈奴徙鴈門代郡上谷吏人六萬餘口置居庸常關以東十八年蜀郡守將史歆反於成都自稱大司馬攻太守張穆穆踰城走廣都歆遂移檄郡縣而宕渠楊偉朐䏰徐容等起兵各數千人以應之帝以歆昔爲岑彭護軍曉習兵事故遣漢率劉尚及太中大夫臧宮將萬餘人討之漢入武都乃發廣漢巴蜀三郡兵圍成都百餘日城破誅歆等漢乃乘桴沿江下巴郡楊偉徐容等惶恐解散漢誅其渠帥二百餘人徙其黨與數百家於南郡而還

蓋延建武二年以虎牙將軍南擊敖倉轉攻酸棗封丘皆拔其夏督駙馬都尉馬武騎都尉劉隆護軍都

尉馬成偏將軍王霸等南伐劉永先攻拔襄邑進取麻鄉（縣名故城在今碭山縣東北）遂圍劉永於睢陽數月盡收野麥夜梯其城入永驚懼引兵走出東門延追擊大破之永棄軍走譙延進攻拔薛斬其魯郡太守而彭城扶陽杼秋蕭皆降又破永沛郡太守斬之永將蘇茂佼彊周建等三萬餘人共攻延延與戰於沛西大破之永軍亂遁沒溺死者大半永棄城走湖陵蘇茂奔廣樂延遂定沛楚臨淮三年睢陽復反城迎劉永延復率諸將圍之百日收其野穀永乏食突走延追擊盡得輜重永爲其將所殺永弟防舉城降四年春延

又擊蘇茂周建於蘄進與董憲戰留下皆破之因率平敵將軍龐萌攻西防拔之復追敗周建蘇茂於彭城茂建亡奔後從征董憲於昌慮皆破平之六年春遣屯長安九年隗囂死延西擊衘泉略陽青水諸屯聚皆定

陳俊建武五年以琅邪太守行大將軍事將兵擊董憲於贛榆贛榆縣名屬東海郡贛音貢進破朐賊孫陽平之八年張步畔還琅邪俊追討斬之帝美其功詔俊得專征青徐

臧宮爲騎都尉建武二年將突騎與征虜將軍祭遵

擊更始將左防韋顏於涅陽韋一作韓酈悉降之三年將兵徇江夏擊代鄉鍾武竹里皆下之光武使大中大夫持節拜宮爲輔威將軍七年擊梁郡濟陰皆平之十一年與諸將伐公孫述軍至平陽鄉蜀將王元舉衆降進拔緜竹破涪城斬公孫述弟恢復攻繁郫前後收得節五印綬千八百是時太司馬吳漢亦乘勝進營逼成都宮連屠大城兵馬旌旗甚盛乃乘兵入小雒郭門歷成都城下至吳漢營飲酒高會漢見之甚歡謂宮曰將軍向者經虜城下震揚威靈風行電炤然窮寇難量還營願從他道矣宮不從復路而歸賊亦不敢近之進軍咸門與吳漢並滅公孫述

冊府元龜

巡按福建監察御史臣李嗣京訂正
知甌寧縣事臣孫以敬參閱
知建陽縣事臣黃國琦較釋

將帥部十

立功第二

後漢耿弇建武初以建威大將軍與驃騎大將軍景丹彊弩將軍陳俊攻厭新賊於敖倉皆破降之三年延岑自武關出攻南陽下數城穰人杜弘率其衆以從岑弇與岑等戰於穰大破之斬首三千餘級生獲

其將士五千餘人得印綬三百杜弘降岑與數騎遁走東陽四年與建義大將軍朱祐漢忠將軍王常等擊望都故安西山賊十餘營皆破之五年與太司馬吳漢擊富平獲索賊於平原大破之降者四萬餘人因詔弇進討張步弇悉收集降卒結部曲置將吏率騎都尉劉歆泰山太守陳俊引兵而東從朝陽橋濟河以度（朝陽縣名屬濟南郡）攻祝阿臨淄皆拔之令軍中毋得妄掠劇下須張步至乃取之以激怒步步聞大笑曰以尤來大彤十餘萬衆吾皆卽其營而破之今大耿兵少於彼又皆疲勞何足懼乎乃與三弟藍弘壽及故大槍渠帥董異等兵號二十萬至臨淄大城東將攻弇弇先出淄水上與董異遇突騎欲縱弇恐挫其鋒令步不敢進故示弱以盛其氣乃引歸小城陳兵於內步氣盛直攻弇營與劉歆等合戰弇升王宮壞臺望之（臨淄本齊國所都卽齊王宮中有壞臺也）視歆等鋒交乃自出精兵以橫突步陳城下大破之飛矢中弇股以佩刀截之左右無知者至暮罷弇明旦復勒兵出大戰自旦及昏復大破之殺傷無數城中溝塹皆滿弇知步困將退豫置左右翼爲伏以待之（兩旁伏兵如鳥之翼）人定時步果引去伏兵起縱擊追至鉅昧水上（鉅昧水名一名巨洋水在今青

州壽光縣西）八九十里僵尸相屬收得輜重二千餘兩步還劇兄弟各分兵散去後數日車駕至臨淄自勞軍弇因復追步步奔平壽乃肉袒負斧鑕於軍門弇傳步詣行在所而勒兵入據其城樹十二郡旗鼓令步兵各以郡人詣旗下衆尚十餘萬輜重七千餘兩皆罷遣歸鄉里弇復引兵至城陽降五校餘黨齊地悉平振旅還京師六年西拒隗囂屯兵於漆八年從上隴明年與中郎將來歙分部徇安定北地諸營堡皆下之弇凡所平郡四十六屠城三百未嘗挫折

姚期建武元年以魏郡太守行大將軍事擊更始將

卓京於鄴城破之斬首六百餘級京亡入山追斬其將軟數十人獲京妻子進擊檀鄉五較賊於繁陽內黃復斬數百級

祭遵建武二年以征虜將軍與驃騎將軍景丹建義大將軍朱祐漢忠將軍王常騎都尉王梁臧宮等入箕關南擊弘農厭新伯華蠻中賊（伯華聚名）大破之時新城蠻中山賊張滿（新城縣名今伊闕縣）屯結險隘爲人害詔遵攻拔生獲之遵引兵南擊鄧奉弟終於杜衍破之（杜衍縣名屬南陽郡）涿郡太守張豐執使者舉兵反自稱無上大將軍與彭寵連兵四年遵與朱祐及建威大將軍耿

弇驍騎將軍劉喜俱擊之遵兵先至急攻豐豐功曹孟厷執豐降（厷音古弘切）諸將皆引還遵受詔屯良鄉拒彭寵因遣護軍傅玄襲擊寵將李豪於潞大破之斬首千餘級相拒歲餘數挫其鋒黨與多降者及寵死遵進定其地六年春光武遣諸將伐公孫述以遵爲前行隗囂使其將王元拒隴坻遵進擊破之追至西關及諸將到與囂戰並敗引退下隴乃詔遵軍汧耿弇軍漆征西大將軍馮異軍栒邑大司馬吳漢等還屯長安自是後遵數挫隗囂

耿純建武四年以東郡太守將兵擊更始東平太守范荊荊降進擊泰山濟南及平原賊皆平之

朱祐建武三年以建義大將軍擊新野隨皆平之（隨縣名屬南陽郡故城在今隨州隨縣）延岑自敗於穰遂與秦豐將張成合祐率征虜將軍祭遵與戰於東陽大破之（東陽聚名在南陽）臨陣斬成延岑敗走歸豐祐收得印綬九十七進擊黃郵降之四年率破姦將軍耿植代征南大將軍岑彭圍秦豐於黎丘破其將張康於蔡陽斬之明年夏城中窮困豐乃將其母妻子九人肉袒降祐祐還與騎都尉臧宮會擊延岑餘黨陰酇筑陽三縣賊悉平之

景丹建武二年以驃騎大將軍與建威大將軍耿弇建義大將軍朱祐執金吾賈復偏將軍馮異彊弩將軍陳俊左曹王常騎都尉臧宮等從擊破五較於羛陽（羛陽聚名）降其衆五萬人

王梁建武二年以中郎將行執金吾事北守箕關擊赤眉別較降之三年春轉擊五較追至信都趙國破之悉平諸屯聚四年春擊肥城文陽拔之（肥城縣名屬泰山郡）（文音汶故城在兗州泗水縣西）進與驃騎大將軍杜茂擊佼彊蘇茂於楚沛間拔大梁齧桑（縣名或曰城名）而捕虜將軍馬武偏將軍王霸亦分道並進歲餘悉平之

杜茂建武二年以大將軍與中郎將王梁擊五校賊於魏郡清河東郡悉平諸營堡降其持節大將三十餘人三郡清靜明年以驃騎大將軍擊沛郡拔芒（芒縣名復名臨睢）時西防復反迎佼彊五年春率捕虜將軍馬武進攻西防數月拔之

馬成建武四年以揚武將軍督誅虜將軍劉隆振威將軍宋登射聲校尉王常發會稽丹陽九江六安四郡兵擊李憲圍憲於舒歲餘城中食盡乃攻之遂屠舒斬李憲追擊其黨與盡平江淮地九年代來歙守中郎將率武威將軍劉尚等破河池遂平武都（河池今鳳

州縣一名九池）

劉隆建武四年以誅虜將軍討李憲平之十七年以中郎將副伏波將軍馬援擊交趾蠻夷徵側等隆別於禁谿口破之（交趾郡麊泠縣有金溪究相傳音訛謂之禁溪側等所敗處也其地今峯州新昌縣也麊音鹿泠音零）獲其帥徵貳（徵側之妹）斬首千餘級降者二萬餘人

傅俊建武三年以積弩將軍與征南大將軍岑彭擊破秦豐因將兵徇江東揚州悉定

堅鐔建武元年以揚化將軍與諸將攻雒陽而朱鮪別將守東城者為反間私約鐔晨開上東門（上東門雒陽故城東面北頭第一門）鐔與建義大將軍朱祐乘朝而入與鮪大戰武庫下（雒陽建始殿東有太倉倉東有武庫藏兵之所）殺傷甚衆至旦食乃罷朱鮪繇是遂降又別擊內黃平之

馬武建武四年以騎都尉與虎牙將軍蓋延等討劉永武別擊濟陰下成武楚丘拜捕虜將軍明年龐萌反攻桃城武先與戰破之

李通建武六年以前將軍領破姦將軍侯進捕虜將軍王霸等十營擊漢中賊公孫述遣兵救通等與戰於西城破之

王常建武二年以漢忠將軍北擊河間漁陽平諸屯

聚五年秋攻拔湖陵又別率騎都尉王霸共平沛郡賊（苗虚也）七年為橫野大將軍別擊破隗囂將高峻於朝那（縣名屬安定郡）囂遣將過烏氏常要擊破之轉降保塞羌諸營壁皆平之九年擊內黃賊破之

來歙建武八年以中郎將與征虜將軍祭遵襲隗囂之略陽遵道病還分精兵隨歙合二千餘人伐山開道從番須回中（番音盤番須回中並地名）徑至略陽（徑直也）斬隗囂守將金梁因保其城及隗囂平詔歙率征西大將軍馮異建威大將軍耿弇虎牙大將軍蓋延揚威將軍馬成武威將軍劉尚入天水擊破公孫述將田弇趙

匡明年攻拔落門聚名隗囂之黨周宗趙恢及天水屬縣皆降歙又率蓋延劉尚及大中大夫馬援等進擊羌於金城大破之斬首虜數千人獲牛羊萬餘頭穀數十萬斛

竇融建武六年以河西大將軍率諸郡守將兵入金城初更始時先零羌封何諸種殺金城太守居其郡隗囂使使賂遺封何與共結盟欲發其衆融等因軍出進擊封何大破之斬首千餘級得牛馬羊萬頭穀數萬斛因並河揚威武並音蒲浪切同候車駕時大兵未進融乃引還

王霸建武八年以討虜將軍屯函谷關擊滎陽中牟盜賊皆平之十年與吳漢等四將軍六萬人出高柳擊賈覽詔霸與漁陽太守陳訢將兵爲諸軍鋒匈奴左南將軍將數千騎救覽霸等連戰於平城下破之追出塞斬首數百級

張宗爲大中大夫建武八年潁川桑中盜賊羣起宗將郡兵擊定之後青冀盜賊屯聚山澤宗以謁者督諸郡兵討平之十六年琅邪北海盜賊復起宗督二郡兵討之乃設方略明購賞皆悉破散於是沛楚東海臨淮郡賊懼其威武相捕斬者數千人青徐震慄

劉尚建武九年以武威將軍從征西大將軍馮異入天水擊公孫述將田弇等明年與中郎將來歙擊羌於金城大破之十八年夷渠帥棟蠶與姑復楪榆梇棟連然滇池建伶昆明諸種反叛殺長吏益州太守繁勝與戰而敗退保朱提十九年遣尚發廣漢犍爲蜀郡人及朱提夷合萬三千人擊之尚軍遂度瀘水入益州界群夷聞大兵至皆棄壘奔尚獲其羸弱穀畜二十年進兵與棟蠶等連戰數月皆破之明年正月追至不韋斬棟蠶帥凡首虜七千餘人得生口五千七百人馬三千匹牛羊三萬餘頭諸夷悉平

馬援建武十一年以隴西太守發步騎三千人擊破先零羌於臨洮斬首數百級獲馬牛羊萬餘頭守塞諸羌八千餘人詣援降諸種有數萬屯聚寇鈔拒浩亹隘援與揚武將軍馬成擊之羌因將其妻子輜重移阻於允吾谷援乃潛行間道掩赴其營羌大驚潰復遠徙唐翼谷口援復追討之羌引精兵聚北山上援陳軍向山而分遣數百騎繞襲其後乘夜放火擊鼓叫譟虜遂大潰凡斬首千餘級援以兵少不得窮追收其穀糧畜産而還十三年武都三狼羌與塞外諸種爲寇殺長吏援將四千餘人擊之至氐道縣羌

在山援軍據便地奪其水草不與戰羌遂窮困豪帥
數十萬戶亡出塞諸種萬餘人悉降於是隴右清靜
十七年交趾女子徵側及女弟徵貳反攻沒其郡九
真日南合浦蠻夷皆應之寇略嶺外六十餘城側自
立爲王於是璽書拜援伏波將軍以扶樂侯劉隆爲
副督樓船將軍段志等南擊交趾軍至合浦而志病
卒詔援并將其兵遂緣海而進隨山刊道千餘里（刊除
也）十八年春軍至浪泊上與賊戰破之斬首數千級
降者萬餘人援追徵側等至禁谿數敗之賊遂散走
明年正月斬徵側徵貳傳首洛陽又將樓船大小二

千餘艘戰士二萬餘人進擊九真賊徵側餘黨都羊
等自無功至居風（無功居風二縣並屬九真郡居風今受州）斬獲五千餘
人嶠南悉平（援至交趾立銅柱爲漢之極界也）二十五年春擊武陵
五溪蠻夷至臨鄉（屬武陵）遇賊攻縣援迎擊破之斬獲
二千餘人皆散走入竹林中
竇固明帝永平十五年以奉車都尉與騎都尉耿忠
屯涼州明年固與忠率酒泉敦煌張掖甲卒及盧水
羌胡萬二千騎出酒泉塞至天山（即祁連山也在西州交河縣東）擊
呼衍王斬首千餘級呼衍王走追至蒲類海（今名婆悉海在
定州蒲昌縣東南）明年復出玉門擊西域固遂破白山降車
師
耿秉永平十七年以駙馬都尉與奉車都尉竇固合
兵萬四千騎出白山擊車師後王縱兵抄掠斬首數
千級收馬牛十餘萬頭後王安得震怖從數百騎出
迎秉其前王亦歸命遂定車師而還章和二年以征
西將軍副車騎將軍竇憲擊北匈奴大破之封美陽
侯
馬防爲城門校尉章帝建初二年金城隴西保塞羌
皆反拜防行車騎將軍事以長水校尉耿恭副將北
軍五校兵及諸郡積射士三萬人擊之軍到冀而羌

豪布橋等圍南部都尉於臨洮防欲救之臨洮道險
車騎不得方駕防乃別使兩司馬將數百騎分爲前
後軍去臨洮十餘里爲大營多樹幡幟揚言大兵旦
當進羌候見之馳還言漢兵盛不可當明旦遂鼓譟
而前羌虜驚走因追擊破之斬首虜四千餘人遂解
臨洮圍防開以恩信燒當種皆降唯布橋等三萬餘
人在臨洮西南望曲谷十二月羌又敗耿恭司馬及
隴西長史於和羅谷死者數百人明年春防遣司馬
夏駿將五千人從大道向其前潛遣司馬馬彭將五
千人從間道衝其心腹又令將兵長史李調等將四

千人繞其西三道俱擊復破之斬獲千餘人得牛羊十餘萬頭羌退走夏駿追之反爲所敗防乃引兵與戰於索西又破之（索西縣名在岷州和政縣東亦名臨洮東城）布矯迫急將種人萬餘降還拜車騎將軍

班超建初八年以將兵長史假鼓吹幢麾鎮西域（鼓吹幢麾皆大將所有超非大將故云假）後四年超發于寘諸國兵二萬五千人擊莎車追斬五千餘級大獲其馬畜財物莎車遂降威震西域永元三年以超爲都護六年秋超遂發龜茲鄯善等八國兵合七萬人及吏士賈客千四百人討焉耆焉耆王廣尉黎王汎及北鞬支等三千

人詣超降超收廣汎等於陳睦故城斬之傳首京師因縱兵抄掠斬首五千餘級獲生口萬五千人馬畜牛羊三十餘萬頭更立右侯元孟爲焉耆王超留焉耆半歲慰撫之於是西域五十餘國悉皆納貢內屬焉明年封超爲定遠侯邑千戶

張紆章和元年以隴西太守代傅育爲護羌校尉將萬人屯臨羌是時迷吾既殺傅育狃伏邊利復與諸種步騎七千人入金城塞紆遣從事司馬防將千餘騎及金城兵會戰於大乘谷迷吾兵敗走因譯使欲降紆納之遂將衆人詣臨羌縣紆設兵大會施毒酒中羌飲醉紆因自擊伏兵起誅殺酋豪八百餘人斬迷吾等五人頭以祭育冢復放兵擊在山谷間者斬首四百餘級得生口二千餘人

竇憲和帝永元元年以車騎將軍與執金吾耿秉各將四千騎及南匈奴左谷蠡王師子（師子其名）萬騎出朔方鷄鹿塞南單于屯屠河（屯屠河單于名）將萬餘騎出滿夷谷度遼將軍鄧鴻（禹少子）及緣邊義從羌胡八千騎與左賢王安國萬騎出稒陽塞（稒音固在五原郡）皆會涿邪山憲分遣副校尉閻盤司馬耿譚耿夔將左谷蠡王師子右呼衍王須訾等（今呼延姓是其後須訾名也）精騎萬餘與北

單于戰於稽落山大破之虜衆奔潰單于遁走追擊諸部遂臨私渠北鞮海（匈奴海名也）斬名王已下萬三千級獲生口馬牛羊橐駝百餘萬頭於是溫犢須日逐溫吾夫渠王柳鞮等八十一部率衆降者前後二十餘萬憲與耿秉遂登燕然山刻石勒功而還部拜憲大將軍

耿夔永元三年以大將軍左校尉將精騎八百出居延塞直奔北單于庭于金微山斬閼氏名王已下五千餘級單于與數騎脫亡盡獲其匈奴珍寶財畜去塞五千餘里而還自漢出師所未嘗至也乃封夔粟

邑侯（故城在今同州白水西北）永初三年南單于檀反畔夔以遼
東太守率鮮卑及諸郡兵屯鴈門與車騎將軍何熙
共擊之熙推夔爲先鋒而遣其司馬耿溥劉祉將二
千人與夔俱進到屬國故城單于遣薁鞬日逐王三
千餘人遮漢兵夔自擊其左令鮮卑攻其右虜遂敗
走追斬千餘級殺其名王六人獲穹廬車重千餘兩
馬畜生口甚衆
梁慬殤帝延平元年以西域副校尉行至河西會西
域諸國反叛攻都護任尚於疏勒尚上書求救詔慬
將河西四郡羌胡五千騎馳赴之慬未至而尚已得

解會徵尚還以騎都尉段禧爲都護西域長史趙博
爲騎都尉禧博守它乾城它乾城小慬以爲不可固
乃譎說龜茲王白霸欲入共保其城白霸許之吏人
固諫白霸不聽慬既入遣將急迎禧博合軍八九千
人龜茲吏人並叛其王而與溫宿姑墨數萬兵反共
圍城慬等出戰大破之連兵數月胡衆敗走乘勝追
擊凡斬首萬餘級獲生口數千人駱駝畜産數萬頭
龜茲乃定二年春還至燉煌會衆羌反叛朝廷大發
兵西擊之逆詔慬留爲諸軍援慬至張掖日勒羌諸
種萬餘人攻亭侯殺略吏人慬進兵擊大破之乘勝

追至昭武虜遂散走其能脫者十二三及至姑臧羌
大豪三百餘人詣慬降並慰譬遣還故地河西郡復
安慬受詔當屯金城聞羌轉寇三輔迫近園陵即引
兵赴擊之轉戰武功美陽關（縣名在武功縣北）慬臨陣被創
不顧連破走之盡還得所掠生口獲馬畜財物甚衆
羌遂奔散朝廷嘉之數璽書勞勉委以西方事令爲
諸軍節度三年詔慬行度遼將軍事與中郎將龐雄
共擊匈奴薁鞬日逐王破之
鄧遵爲度遼將軍安帝元初六年秋鮮卑入馬城塞
殺長吏遵發積射士三千人及中郎將馬續率南單

于與遼西右北平兵馬會出塞追擊鮮卑大破之獲
生口及牛羊財物甚衆
馬賢爲護羌校尉永寧元年上郡沈氐種羌五千餘
人復寇張掖賢與戰破之斬首千八百級獲生口千
餘人牛馬羊以萬數餘虜悉降時當煎種大豪飢五
等以賢兵在張掖乃乘虛寇金城賢還軍追之出塞
斬首數千級而還燒當燒何種聞賢軍還率二千餘
人復寇張掖殺長吏初飢五同種大豪盧忽忍良等
千餘戶別留允而首施（首施猶首鼠也）兩端建光元年春賢
率兵召盧忽斬之因放兵擊其種人首虜二千餘人

掠馬牛羊十萬頭忍良等皆亡出塞璽書封賢安亭侯食邑千戶陽嘉三年種羌良封等寇隴西漢陽詔拜賢爲謁者鎭撫諸種校尉馬續遣兵擊良封斬首千八百級獲馬牛羊五萬餘頭良封親屬竝詣賢降賢復進擊羌且昌且昌等率諸種十餘萬詣凉州刺史降

班勇延光二年以西域長史將兵五百人出屯柳中明年正月勇至樓蘭以鄯善歸附特加三綬而龜茲王白英猶自疑未下勇開以恩信白英乃率姑墨溫宿自縛詣勇降勇因發其兵步騎萬餘人到車師王

庭擊走匈奴伊蠡王於伊和谷收得前部五千餘人於是前部始復開通還屯田柳中四年秋勇發敦煌張掖酒泉六千騎及鄯善疏勒車師前部兵擊後部王軍就（軍就名也）大破之首虜八千餘人馬畜五萬餘頭捕得軍就及匈奴持節使者將至索班沒處斬之以報其恥（元初六年敦煌太守曹宗遣長史索班將千餘人屯伊吾數月北單于與車師後部攻沒班）傳首京師永建元年更立後部故王子加特奴爲王勇又使別校誅斬東且彌王亦更立其種人爲王（且音子余反）於是車師六國悉平其冬勇發諸國兵擊匈奴呼衍王呼衍王亡走其衆二萬餘人皆降捕得單于從兄勇使加特奴手斬之以結車師匈奴之隙北單于自將萬餘騎入後部至金且谷勇使假司馬曹俊馳救之單于引去俊追斬其貴人骨都侯於是呼衍王遂徙居梧河上是後車師無復虜跡城郭皆安

耿曅爲烏桓校尉順帝永建二年遼東鮮卑六千餘騎寇遼東玄菟曅發緣邊諸郡兵及烏桓率衆王出塞擊之斬首數百級大獲其生口牛馬什物鮮卑乃率種衆三萬人詣遼東乞降

張奐桓帝永壽元年爲屬國都尉初到職而南匈奴

左薁鞬臺耆且渠伯德等七千餘人寇美稷東羌復舉種應之奐進屯長城收集兵士遣將王衞招誘東羌據龜茲共擊薁鞬等連戰破之伯德惶恐將其衆降郡界以寧延熹元年鮮卑寇邊奐率南單于擊之斬首數百級後爲度遼將軍數載間幽并淸靜九年春徵拜大司農鮮卑聞奐去遂招結南匈奴烏桓數道入塞或五六千騎或三四千騎寇掠緣邊九郡殺略百姓秋鮮卑復率八九千騎入塞誘引東羌與共盟詛於是上郡沈氏安定先零諸種共寇武威張掖緣邊大被其毒朝廷以爲憂復拜奐爲護匈奴中郎

將以九卿秩督幽并凉三州及度遼烏桓二營（明帝置度
遼將軍屯五原曼柏縣漢官人烏桓校尉也名寘之故曰二營）兼察刺史二千石能
否賞賜甚厚匈奴烏桓聞與至因相率還降凡二十
萬口與但誅其首惡餘皆慰納之唯鮮卑出塞去永
康元年春東羌先零五六千騎寇關中圍祋祤掠雲
陽夏復攻沒兩營殺千餘人冬羌岸尾摩蟞等（蟞音必薛
反）脅同種復鈔三輔與遣司馬尹端董卓並擊大破
之斬其首豪首虜萬餘人三州清定
段熲字紀明永壽二年以中郎將擊琅邪賊東郭竇
公孫舉等三萬人大破斬之獲首萬餘級餘黨皆降

散封紀明爲列侯延熹二年遷護羌校尉會燒當燒
何當煎勒姐等八種羌（姐紫且反）寇隴西金城塞紀明將
兵及湟中義從羌萬二千騎出湟谷擊破之追討南
度河使軍吏田晏夏育募先登懸索相引復戰於羅
亭大破之斬其酋豪以下二千級獲生口萬餘人虜
皆奔走明年春餘羌復與燒何大豪寇張掖攻沒鉅
鹿塢殺屬國吏民又招同種千餘落并兵晨奔紀明
軍紀明下馬大戰至日中刀折矢盡虜亦引退紀明
追之且鬬且行晝夜相攻割肉食雪四十餘日遂至
河首積石山出塞二千餘里斬燒何大帥首虜五千
餘人又分兵擊石城羌斬首溺死者千六百人燒當
種九千餘口詣紀明降又雜種羌屯聚白石紀明復
進擊首虜三千餘人冬勒姐零吾種圍允街殺略吏
民紀明排營救之斬獲數百人五年遷并州刺史滇
那等諸種羌五六千人寇武威張掖酒泉燒人廬舍
六年寇勢轉盛凉州幾亡冬復以紀明爲護羌校尉
乘鐸之職七年春羌封僇良多滇那等（僇良遂反又力救反）酋
豪三百五十六人率三千落詣紀明降當煎勒姐種
猶自屯結冬紀明將萬餘人擊破之斬其酋豪首虜
四千餘人八年春復擊勒姐種斬首四百餘級降者

二千餘人夏進軍擊當煎種於湟中紀明兵敗被圍
三日用隱士樊志張策潛師夜出鳴鼓還戰大破之
首虜數千人紀明遂窮追展轉山谷間自春及秋無
日不戰虜遂飢困敗散北畧武威間紀明凡破西羌
斬首二萬三千級獲生口數萬人馬牛羊八百萬頭
降者萬餘落封紀明都鄉侯邑五百戶永康元年當
煎諸種復反合四千餘人欲攻武威紀明復追擊於
鸞鳥大破之殺其渠帥斬首三千餘級西羌於此彌
定建寧元年春紀明將兵萬餘人齎十五日糧從彭
陽直指高平與先零諸種戰於逢義山虜兵盛紀明

衆恐乃令軍中張鐵利刃長矛三種挾以彊弩列輕
騎爲左右翼激怒兵將曰今去家數千里進則事成
走必盡死努力共功名因大呼衆皆應聲騰赴紀明
馳騎於傍突而擊之虜衆大潰斬首八千餘級獲馬
牛羊二十八萬頭夏紀明復追羌出橋門谷門至走馬
水上尋聞虜在奢延澤卽上延縣郡奢界乃將輕兵兼行一
日一夜二百餘里晨及賊擊破之餘虜走向落川復
相屯結紀明乃分遣騎司馬田晏將五千人出其東
假司馬夏育將二千繞其西羌分六七千人攻圍晏
等與戰羌潰走紀明急進與晏等共追之於令鮮水

上水名在其州張掖界縣士卒飢渴乃勒衆推方奪其水推方謂才
頭䫺進也虜復走紀明遂與相連綴且鬬且引及於靈武
谷靈武縣名有谷紀明乃被甲先登士卒無敢後者羌遂大
敗棄兵而走追之三日三夜士皆重繭繭足下傷起形如繭旣
到涇陽餘寇四千落悉散入漢陽山谷間二年詔遣
謁者馮禪說降漢陽散羌紀明以春農百姓布野羌
雖暫降而縣官無廩必當復爲盜賊不如乘虛放兵
勢必殄滅夏紀明自進營去羌所屯凡亭山四十五
里遣田晏夏育將五千人據其山上羌悉衆攻之厲
聲曰田晏夏育在此湟中義從羌悉在河西今日欲

決死生軍中恐晏等勸激兵士殊死大戰遂破之羌
衆潰東奔復聚射虎谷分兵守諸谷上下門紀明規
一舉滅之不欲復令散走乃遣千人於西縣結木爲
柵廣二十步長四十里遮之西縣屬天水郡分遣晏育等將
七千人銜枚夜上西山結營穿塹去虜一里許又遣
司馬張愷等將三千人上東山虜乃覺之遂攻晏等
分遮汲水道紀明自率步騎進擊水上羌却走因與
愷等挾東西山縱兵擊破之羌復敗紀明追至谷上
下門窮山深谷之中處處破之斬其渠帥以下萬九
千級獲牛馬騾驢氊裘廬帳什物不可勝數馮禪等

所招降四千人分置安定漢陽隴西三郡於是東羌
悉平凡百八十戰斬三萬八千六百餘級獲牛馬羊
騾驢駱駝四十二萬七千五百餘頭費用四十四億
軍士死者四百餘人更封新豐縣侯邑萬戶
皇甫規延熹四年以中郎將持節監關西兵討叛羌
零吾等破之斬首八百級先零諸種羌慕規威信相
觀降者十餘萬
皇甫嵩靈帝中平元年以左中郎將持節與右中郎
將朱儁共發五校三河騎士及募精兵四萬人嵩儁
各統一軍共討潁川黃巾大破之斬首數萬級封嵩

都鄉侯嵩儁乘勝進討汝南陳國黃巾追波才於陽翟擊彭脫於西華竝破之餘賊降散三郡悉平又進擊東郡黃巾卜巳於倉亭生禽卜巳斬首七萬餘級是時北中郎將盧植東中郎將董卓討張角竝無功而還乃詔嵩進兵討之嵩與張角弟梁戰於廣宗今貝州宗城縣梁衆精勇嵩不能尅明日乃閉營休士以觀其變知賊意稍懈乃潛夜勒兵雞鳴馳赴其陳戰至晡時大破之斬梁獲首三萬級赴河死者五萬許人焚車重三萬餘兩悉虜其婦子繫獲甚衆角先巳病死乃剖棺戮屍傳首京師嵩復與鉅鹿太守馮翊郭回

攻角弟寶於下曲陽又斬之斬獲十餘萬人築京觀於城南即拜嵩爲左車騎將軍領冀州牧封槐里侯百姓歌曰天下亂兮市爲墟母不保子兮妻失夫賴得皇甫兮復安居

朱儁中平元年以右中郎將持節與左中郎將皇甫嵩討潁川汝南陳國諸賊悉破平之封西鄉侯遷鎮賊中郎擊南陽黃巾趙引于宛斬之賊餘帥韓忠復據宛儁又擊大破之乘勝逐北數十里斬首萬餘級忠等遂降而南陽太守秦頡積忿忠遂殺之餘衆懷不自安復以孫夏爲帥還屯宛中儁急攻之夏走追至西鄂精山又破之西鄂故城在鄧州向城縣南精山在其南復斬萬餘級賊遂解散明年使者持節拜儁右車騎將軍

公孫瓚中平中以遼東屬國長史督烏桓突騎將軍張温討凉州賊會烏桓反畔與賊張純等攻擊薊中瓚率所領追討純等有功累遷騎都尉降虜較尉初平二年青徐黃巾三十萬衆入勃海界欲與黑山合瓚率步騎二萬人擊於東光南大破之斬首三萬餘級賊棄其車重數萬兩奔走渡河瓚因半濟薄之賊復大破死者數萬流血丹水收得生口七萬餘人車甲財物不可勝筭威名大震拜奮武將軍封薊侯

魏龐德漢建安中以較尉從馬騰征伐太祖討袁譚於黎陽譚遣郭援高幹等畧取河東太祖使鍾繇率關中諸將討之德隨騰子超拒援幹於平陽德爲軍鋒進攻援幹大破之親斬援首拜中郎將封都亭侯後張白騎叛于弘農德復隨騰征之破白騎於兩殽間後爲立義將軍封關門亭侯音衞開等以宛叛德將所領與曹仁共攻拔宛斬之

郭淮漢延康元年行征羌護軍左將軍張郃冠軍將軍楊秋討山賊鄭甘盧水叛胡皆破平之關中乃定民得安業黃初五年爲眞安定羌大帥辟蹏反討破

降之
滿寵延康元年以揚武將軍破吳於江陵有功更拜伏波將軍
樂進爲陷陣都尉從擊呂布於濮陽張超於雍丘橋蕤於苦皆先登有功封廣昌亭侯
文聘黃初元年以討逆將軍假節與夏侯尚圍江陵使聘別屯沔口止石梵自當一隊禦賊有功遷後將軍封新野侯孫權以五萬衆自圍聘于石陽甚急聘堅守不動權住二十餘日乃解去聘追擊破之
田豫爲護烏丸校尉山賊高艾衆數千人寇鈔爲幽

冀害豫誘使鮮卑素利部斬艾傳首京都封豫長樂亭侯加殄夷將軍太和六年帥衆討吳將周賀於成山遂殺賀
夏侯尚黃初三年爲征南將軍領荊州刺史時車駕幸宛使尚率諸軍與曹眞共圍江夏吳將諸葛瑾與尚軍對江瑾渡入江中渚而分水軍于江中尚夜多持油船將步騎萬餘人於下渉潛渡攻瑾諸軍夾江燒其舟船水陸並攻破之
王陵黃初中以兗州刺史與張遼等至廣陵討吳臨江夜大風吳將呂範等船漂至北岸陵與諸將逆擊捕斬首虜獲舟船有功正始初爲征東將軍假節鉞都督揚州諸軍事二年吳大將全琮數萬衆寇芍陂陵率諸軍逆討與賊爭牛塘力戰連日賊退走進封南鄉侯
張郃明帝即位初以左將軍南屯荊州與司馬宣王擊吳別將劉阿等追至祁口交戰破之諸葛亮出祁山加郃位特進遣督諸軍拒亮將馬謖於街亭謖依阻南山不下據城郃絶其汲道擊大破之南安天水安定郡反應亮郃皆破平之又破隴西名羌唐蹏於枹罕加建威將軍
徐邈明帝時爲護羌校尉蜀相諸葛亮出祁山隴右

三郡反邈輒遣參軍及金城太守等擊南安賊破之以討叛羌柯吾有功封都亭侯
毋丘儉靑龍中以度遼將軍隨司馬宣王卒數萬討公孫淵定遼東以功進封安邑侯正始中儉以高句驪數侵叛督諸軍事步騎萬人出玄菟從諸道討之句驪王宮將步騎二萬人進軍沸流水上大戰梁口梁音渴宮連破走儉遂束馬懸車以登丸都屠句驪所都斬獲首虜以千數宮將妻子逃竄奔沃沮六年復進師擊之沃沮邑落皆破之斬獲首虜以千餘級宮奔北沃沮

王昶齊王嘉平二年以征南將軍詣江陵兩岸引竹絙爲橋渡水擊吴賊賊奔兩岸鑿七道竝來攻於是昶使積弩同時俱發賊大將施績夜遁入江陵城逬斬數百級遷征南大將軍

王基嘉平二年以揚烈將軍荆州刺史隨征南王昶擊吴基别襲步協於夷陵協閉門自守基示以攻形而實分兵取雄父邸閣收米三十餘萬斛虜安北將軍譚正納降數千口賜爵關內侯

鄧艾高貴鄉公甘露二年以鎮西將軍都督隴右諸軍事拒蜀將姜維於長城維退還遷征西將軍景元

三年又破維於侯和維却保沓中四年秋詔諸軍征蜀大將軍司馬文王皆指授節度使艾與維相綴連雍州刺史諸葛緒要維令不得歸艾遣天水太守王頎等直攻維營隴西太守牽弘等邀其前金城太守楊欣等詣甘松維聞鍾會諸軍已入漢中引退還欣等追躡於強川口大戰維敗走聞雍州已塞道屯橋頭從孔函谷入北道欲出雍州後諸葛緒聞之却還三十里維入北道三十餘里聞緒軍却尋還從橋頭過緒趣截維較一日不及維遂東引還守劍閣冬十月艾自陰平道行無人之地七百餘里鑿山通道造作橋閣山高谷深至爲艱險又糧運將匱頻于危殆艾以氊自裹推轉而下將士皆攀木緣崖魚貫而進先登至江油蜀守將馬邈降蜀衛將軍諸葛瞻自涪還緜竹列陣待艾艾遣子惠唐亭侯忠等出其右司馬師纂等出其左忠纂戰不利竝退還曰賊不可擊艾怒曰存亡之分在此一舉何不可之有乃叱忠纂出將斬之忠纂馳還更戰大破之斬瞻及尚書張遵等首進軍到雒劉禪遣使奉皇帝璽綬爲箋詣艾請降詔以艾爲太尉增邑二萬戶

鍾會陳留王景元四年以鎮西將軍統十萬衆攻蜀

兵至劍閣時鄧艾追姜維到陰平簡選精鋭欲從漢德陽入江油左儋道詣緜竹趣成都與諸葛緒共行緒以奉授節度邀姜維西行非本詔遂進軍前向白水與會合會遣將軍田章等從劍閣西徑出江油未至百里章先破蜀伏兵三校艾使章先登遂長驅而前劉禪詣艾降蜀皆平

蜀諸葛亮後主建興三年春以丞相領益州牧率衆征南中諸郡其秋悉平遂至滇池皆即其渠帥而用之六年冬出散關圍陳倉魏將曹眞拒之亮糧盡而還魏將王雙率騎追亮亮與戰破之斬雙七年亮遣

陳式攻武都陰平魏雍州刺史郭淮率衆欲擊式亮自出至建威淮退還遂平二郡

李恢爲庲降都督建興三年丞相諸葛亮南征恢與亮聲勢相連南土平定恢軍功居多封漢興亭侯加安漢將軍還南夷復叛殺害守將恢身往撲討鉏盡惡類徙其豪帥於成都

張嶷建興五年以都尉將兵討廣漢綿竹山賊張慕等嶷身率左右因斬慕等五十餘級渠賊悉殄尋其餘類旬日清泰其後爲牙門將受兵三百人隨馬忠討叛羌至他邑里或迎軍出降或奔竄山谷放兵攻

擊軍以克捷十一年南夷劉冑反馬忠督庲降討冑嶷復屬馬忠遂斬冑平南事牂牁興古獠種復反忠令嶷領諸營往討嶷內招降得二千人悉詣漢中

魏延建興八年以丞相司馬領涼州刺史時諸葛亮使延西入羌中魏後將軍費瑤雍州刺史郭淮與延戰于陽谿大破淮等遷爲前軍征西大將軍假節進封南鄭侯

馬忠建興十一年代張翼爲庲降都督討南夷豪帥劉冑斬之平南土遷奮威將軍封博陽亭侯先是建寧郡殺太守王昂縛太守張裔於吳故都督常頎平夷縣至忠乃移治味縣處民夷之間又越嶲郡亦久失土地忠率太守張嶷開復舊郡繇此就加安南將軍封彭鄉亭侯

王平建興十二年以討虜將軍領丞相諸葛亮參軍統五部事亮卒於武功軍退還征西大將軍魏延作亂一戰而敗平之功也

姜維延熙十年以衛將軍率衆討汶山平康夷定之十七年加都督中外諸軍事復出隴西守狄道長李簡舉城降進圍襄武與魏將徐質交鋒斬首破敵魏軍敗退維乘勝多所降下拔河關狄道臨洮三縣民

十八年復與車騎將軍夏侯霸等俱出狄道大破魏雍州刺史王經於洮西經衆死者數萬人

霍弋景耀六年爲安南將軍于時蜀并於魏弋遂降拜南中都督委以本任後遣將兵救援呂興平交阯日南九眞三郡功封列侯

吳朱然爲臨川太守授兵二千人會山賊盛起然平討旬月而定漢建安二十四年從大帝討關羽别與潘璋到臨沮禽羽遷昭武將軍黃武元年劉備攻宜都然别攻破備前鋒斷其後道備遂破走赤烏九年以車騎將軍右護軍復征魏祖中（祖音租在上黄界去襄陽一百五十

里魏將李典善聞然深入率步騎六千斷然後道然夜出逆之軍以勝返

呂據黃龍初以安軍中郎將數討山賊諸深惡劇地所擊皆破隨太常潘濬討五谿復有功朱然攻樊據與朱異破城外圍還拜偏將軍右將軍魏出東興據赴討有功孫峻殺諸葛恪遷爲驃騎將軍平西宮事五鳳二年假節與峻等襲壽春還遇魏將曹眞破之於高亭

潘濬爲輔軍中郎將爲荆州治中時武陵部從事樊伷誘導諸夷圖以武陵屬蜀濬將兵五千斬平之黃

龍中以太常假節督諸軍討五谿蠻夷斬首獲生蓋以萬數自是羣蠻衰弱一方寧靜

呂岱嘉禾三年以鎭南將軍屯蒲圻四年廬陵賊李桓路合會稽東冶賊隨春南海賊羅厲等一時並起詔岱督劉纂唐咨等分部討擊春卽時首降桓厲等皆見斬獲傳首詣都後領荆州督蒲圻頃之廖式作亂攻圍城邑零陵蒼梧鬱林諸郡擾擾岱自表輒行星夜兼路遣諸將唐咨等絡繹相繼攻討一年破之斬式及遣諸僞署臨賀太守費揚等并其支黨郡縣悉平

吳粲嘉禾五年以中郎將與將軍唐咨討廬陵賊李桓羅厲等平之粲獲李桓咨獲羅厲等

陸遜嘉禾五年以上大將軍與諸葛瑾攻魏襄陽斬首獲生凡千餘人

陸凱赤烏中爲儋耳太守討朱崖斬獲有功遷建武校尉五鳳二年討山賊陳毖於零陵斬毖克捷拜巴丘督偏將軍

朱異赤烏四年以騎都尉隨朱然攻魏樊城建計破其外圍還拜偏將軍廬江太守文欽營住六安多設屯砦置諸道要以招誘亡叛爲邊寇害異乃身率二

千人掩破欽七屯斬首數百遷揚武將軍建興元年遷鎭南將軍是歲魏遣胡遵諸葛誕等出東興異督水軍攻浮梁壞之魏軍大破

諸葛恪廢帝建興元年以太傅會衆於東興更作大隄左右結山峽築兩城魏以吳軍入其疆土恥于受侮命大將胡遵諸葛誕等率衆七萬欲攻圍兩塢圖壞隄遏恪恪興軍四萬晨夜赴救遣將軍劉贊呂據唐咨丁奉爲前部鼓譟亂斫魏軍驚擾死者萬數獲車乘牛馬驢騾各數千資器山積振旅而歸加荆揚州牧督中外諸軍事

丁奉爲冠軍將軍建興元年魏遣諸葛誕胡遵等攻東興諸葛恪率軍拒之奉與將軍唐咨呂據劉贊等俱從山西上奉縱兵斫之大破敵前屯會據等至魏軍遂潰遷滅寇將軍魏將文欽來降以爲虎威將軍從孫峻至壽春迎之與敵追軍戰於高亭奉跨馬持矛突入其陣中斬首數百獲其軍器進封安豐侯太平二年魏大將軍諸葛誕據壽春來降魏人圍之遣朱異唐咨等往救復使奉與黎斐解圍奉爲先登屯於黎漿力戰有功拜左將軍

陸抗建興二年拜奮威將軍太平二年魏將諸葛誕

舉壽春降拜抗爲柴桑督赴壽春破魏牙門將偏將軍遷征北將軍

虞汜爲散騎中常侍永安初以討扶嚴功拜交州刺史冠軍將軍

鍾離牧永安六年以平魏將軍領武陵太守時蜀并于魏武陵五谿夷與蜀接界魏遣漢髮縣長郭純試守武陵太守率涪陵民入蜀遷陵界屯于赤沙誘致諸夷邑君或起應純又進攻酉陽縣郡中震懼牧卽率所領晨夜進道緣山險行垂二千里從塞上斬惡民懷異心者魁帥百餘人及其支黨凡千餘級純等散五谿平遷公安督揚武將軍封都鄉侯

薛珝後主建衡元年以爲南將軍與監軍虞汜蒼梧太守陶璜等擊交趾三年汜璜破交趾禽殺晉所置守將九真日南皆還屬

冊府元龜

巡按福建監察御史臣李嗣京　訂正

新建縣舉人臣戴國士叅閱

知建陽縣事臣黃國琦較釋

將帥部十一

立功第三

晉胡奮初仕魏爲軗尉匈奴中部帥劉猛叛使驍騎路蕃討之以奮爲監軍假節頓軍陘北爲蕃後繼擊猛破之猛帳下將李恪斬猛而降以功累遷征南將軍假節都督荊州諸軍事

冊府元龜　將帥部　立功三　卷之三百五十　一

石苞初仕魏爲奮武將軍監青州軍事及諸葛誕舉兵淮南苞統青州諸軍督兗州刺史周泰徐州刺史胡質簡銳卒爲游軍以備外寇吳遣大將朱異丁奉等來迎誕等留輜重於都陸輕兵渡黎水苞等逆擊大破之太山太守胡烈以奇兵詭道襲都陸盡焚其委輸異等收餘衆而退壽春平拜苞鎮東將軍封東光侯

馬隆武帝泰始中爲司馬督凉州爲虜所沒乃以隆爲武威太守討之隆西渡溫水虜樹機能等以衆萬計或乘險以遏隆前或設伏以斷隆後隆依八陣圖地狹偏箱車地廣則鹿角車營路狹則爲木屋於車上且戰且前弓矢所及應弦而倒奇謀間發出敵不意或夾道累磁石賊負鐵鎧行不能前隆卒悉被犀甲無所留礙賊咸以爲神轉戰千里殺傷以千數隆到武威虜大人猝跋韓且高能等率萬餘落歸降前後誅殺及降附者以萬計又率善戎沒骨能等與樹機能大戰斬之凉州遂平

王渾泰始中以安東將軍都督揚州諸軍事鎮壽春吳人大佃皖城圖爲邊害渾遣揚州刺史應綽督淮南諸軍攻破之并破諸別屯焚其積穀百八十餘萬

冊府元龜　將帥部　立功三　卷之三百五十　二

斛稻苗四千餘頃船六百餘艘渾遂陳兵東疆視其地形險易歷觀敵城察攻取之勢及大舉伐吳渾率師出橫江遣參軍陳愼都尉張喬攻尋陽賴鄉又擊吳牙門將孔忠皆破之獲吳將周興等五人又遣殄吳護軍李純據高望城討吳將俞恭破之多所斬獲吳厲武將軍陳代平虜將軍朱明懼而來降吳丞相張悌大將軍孫震等率衆數萬指城陽渾遣司馬孫疇揚州刺史周浚擊破之臨陣斬二將及首虜七千八百級吳人大震吳司馬何植建威將軍孫晏送印節詣渾降既而王濬破石頭降孫晧明日渾始濟

江登建鄴宮以功增封八千戶進爵爲公
陳騫泰始末以大將軍攻拔吳枳里城破涂中屯戍獲吳立信校尉莊祐
王濬太康元年正月以龍驤將軍率巴東監軍廣武將軍唐彬攻吳丹陽尅之擒其丹陽監盛紀二月庚申尅吳西陵獲其鎮南將軍劉憲征南將軍成璩宜都太守虞忠壬戌尅荆門夷道二城獲監軍陸晏乙丑尅樂鄉乙亥詔進濬爲平東將軍假節都督益梁諸軍事濬自發巴蜀兵不血刃攻無堅城夏口武昌無相支抗于是順流鼓棹徑造三山孫皓遣游擊將

軍張象率舟軍萬人禦濬象望旗而降皓用光祿勳薛瑩中書令胡冲計送降文于濬壬寅濬入于石頭收其圖籍領州四郡四十三縣三百一十三戶五十二萬三千吏三萬二千兵二十三萬男女口二百三十萬米穀二百八十萬斛舟船五千餘艘
杜預太康元年以鎮南大將軍都督荆州諸軍事陳兵於江陵遣參軍樊顯尹林鄧圭襄陽太守周奇等率衆循江而上授以節度旬日之間累尅城邑又遣牙門管定周音伍巢等率奇兵八百汎舟夜渡以襲樂鄉虜吳都督孫歆而還于是進逼江陵吳督將伍延僞請降而列兵登陴預攻尅之既平上流于是沅湘以南至於交廣吳之州郡皆望風歸命奉送印綬預杖節稱詔而撫之凡所斬及生獲吳都督監軍十四牙門郡守百二十餘人孫皓既平振旅凱入以功封當陽侯
周浚太康元年以折衝將軍射陽侯領揚州刺史隨王渾伐吳攻破江西屯戍與孫皓中軍大戰斬僞丞相張悌等首級數千俘馘萬計進軍屯于橫江孫皓既降于王濬浚乃濟江與王渾共行吳城壘綏撫新附以功進封武成侯食邑六千戶明年移鎮秣陵時

吳初平屢有逃亡者頻討平之
孟觀惠帝時爲積弩將軍氐帥齊萬年反于關中衆數十萬諸將覆敗相繼以觀沈毅有文武材用乃啓觀討之觀所領宿衛皆趫健勇悍并統關中士卒身當矢石大戰十數皆破之生擒萬年威懾氐羌轉東羌校尉
李矩爲征西將軍梁王肜牙門將伐氐帥齊萬年有殊功封東明亭侯及雒陽不守太尉荀藩奔陽城衛將軍華薈奔成皐時大饑賊帥侯都等每略人而食之藩薈部曲多爲所啖矩討都等滅之乃營護藩薈

各爲立屋宇輸穀以給之及藩承制建行臺假矩滎陽太守矩招懷離散遠近多附之石勒親率大衆襲矩矩遣老弱入山令所在散牛馬因設伏以待之賊爭取牛馬伏發齊呼聲動山谷遂大破之斬獲甚衆勒乃退

索綝爲鷹揚將軍南陽王模從事中郎劉聰侵掠關東以綝爲奮威將軍以禦之斬聰將呂逸又破聰黨劉豐遷新平太守愍帝立綝領太尉擊破劉曜將日逐王呼延莫劉曜入關芟麥苗綝又擊破之自長安伐劉聰聰將趙染染仗其累捷有自矜之色帥精騎

數百與綝戰大破之染單馬而走

麴允爲尚書左僕射領軍持節西戎校尉時劉曜殷凱趙染數萬衆逼長安允擊破之擒凱于陣

荀晞以北軍中候行兗州刺史汲桑之破鄴也東海王越出次官渡以討之命晞爲前鋒桑素憚之於城外爲柵以自守晞將至頓軍休士先遣單騎示以禍福桑衆大震弃柵宵遁嬰城固守晞陷其九壘遂定鄴而還西討呂朗等滅之後高密王泰討青州賊劉根破汲桑故將公師藩敗石勒于河北威名甚盛時人擬之韓白進位撫軍將軍假節都督青兗諸軍事封東平郡侯邑萬戶

劉弘太安中以南蠻校尉荊州刺史率前將軍趙驤等討賊帥張昌自方城至新野所向皆平及新野王歆之敗也以弘代爲鎮南將軍都督荊州諸軍事弘遣長史陶侃爲大都護參軍蒯恒爲義軍督護牙門將皮初爲都帥進據襄陽張昌并軍圍宛敗趙驤軍弘退屯梁侃初等累戰破昌前後斬首數萬級及到宛西昌懼而逃其衆悉降荊土平弘遣軍討昌于下雋山斬之悉降其衆進拜侍中鎮南大將軍

周玘太安中右將軍陳敏反于揚州以玘爲安豐太

守加四品將軍玘稱疾不行密遣使告鎮東將軍劉準令發兵臨江玘爲內應準遣督護衡彥率衆而東時敏弟昶爲廣武將軍歷陽內史以吳興錢廣爲司馬玘密諷廣殺昶玘與顧榮甘卓等以兵攻敏敏衆奔潰單馬北走追獲之于江乘界斬之於建康

張光爲順陽太守陵江將軍討陳敏之亂時江夏太守陶侃與敏大將錢端相拒於長岐將戰襄陽太守皮初爲步軍使光設伏以待之武陵太守苗光爲水軍藏舟艦於沔水皮初等與賊交戰光發伏兵應之水陸同奮賊衆大敗

王浚爲安北將軍懷帝永嘉三年九月石勒寇恒山浚使鮮卑騎救之大破勒于飛龍山

應詹愍帝時爲南平太守假督南平天門武陵三郡軍事天門武陵谿蠻並反詹討降之鎮南將軍山簡復假詹督五郡軍事會蜀賊杜疇作亂來攻詹郡力戰摧之尋與陶侃破杜弢于長沙明帝時王敦作逆帝以詹爲護軍將軍假節都督朱雀橋南賊從竹格渡江詹與建威將軍趙胤等擊敗之斬賊帥杜發梟首數千級賊平封觀陽縣侯食邑千六百戸

甘卓元帝初渡江授卓前鋒都督揚威將軍後討周

馥征杜弢屢經苦戰多所擒獲以前後功進爵南鄉侯

周訪爲揚烈將軍領兵一千二百屯尋陽鄂陵與甘卓趙誘討華軼軼所統武昌太守馮逸來攻訪訪率衆擊破之逸遁保柴桑訪乘勝進討軼遣其黨王約傅禮等萬餘人助逸大戰于湓口約等又敗訪與甘卓等會於彭澤與軼水軍將朱矩等戰又敗之軼將周廣燒城以應訪軼衆潰訪執軼斬之遂平江州以爲振武將軍尋陽太守又與諸軍共征杜弢弢歸湘州訪復以舟師造湘城軍達富池而弢遣杜弘出海昬時湓口騷動訪步上柴桑偷渡與大戰斬首數百賊退保廬陵訪追擊敗之賊嬰城自守尋而軍糧爲賊所掠退住巴丘糧廩既至復圍弘於廬陵弘大擲財物于城外軍人競拾之弘因陣亂突圍而出訪率軍追之獲鞍馬鎧仗不可勝數弘入南康太守將率兵逆擊又破之奔于臨賀進龍驤將軍武關賊帥杜曾聚兵數萬大爲人害威震江沔帝命訪擊之曾攻訪左右甄皆敗訪選精鋭八百人以進賊未至三十步親鳴鼓將士皆騰躍奔赴曾遂大潰殺千餘人曾遁走訪部將蘇溫收曾赴軍詣王敦斬之

祖約爲平西將軍豫州刺史及王敦舉兵約歸衛京都率衆次壽陽逐敦所署淮南太守任台以功封五等侯進號鎮西將軍

蘇峻爲奮威將軍臨淮內史及王敦舉兵渡竹格渚拔柵將戰峻率其將韓晃于南塘橫截大破之又隨庾亮追沈充進使持節冠軍將軍歷陽內史加散騎常侍封邵陵公

溫嶠爲中壘將軍王敦逼京師嶠自率衆與賊夾水戰擊王含敗之復督劉遐追錢鳳於江寧事平封建寧縣開國公進號前將軍

朱伺爲綏夷都尉陳敏作亂陶侃鎮江夏以伺能水戰曉作舟艦乃遣作大艦署爲左甄據江口摧破敏前鋒敏兄恢稱荆州刺史在武昌侃率伺及諸軍進討破之敏恢既平伺以功封亭侯領騎督隨陶侃討杜弢有殊功加威遠將軍又以平蜀賊龍高之功加廣威將軍

毛寶爲南中郎將督隨義陽二郡鎮上明隨庾亮討郭默默平與亮司馬王愆期等救桓宣于章山擊賊將石遇破之

鄧嶽爲西陽太守及蘇峻反平南將軍溫嶠遣嶽與

督護王愆期鄱陽太守紀睦等率舟軍赴難峻平還郡郭默之叛大司馬陶侃使嶽率西陽之衆討之默平遷督交廣二州軍事建武將軍領平越中郎將廣州刺史假節錄前後勳封宜城縣伯咸寧三年嶽遣軍伐夜郎破之

劉遐爲龍驤將軍下邳內史初沛人周堅一名撫與同郡周默因天下亂各爲塢主以寇抄爲事及默降祖逖撫怒遂襲殺默以彭城叛石勒遣騎援之詔遐領彭城內史與徐州刺史蔡豹太山太守徐龕共討撫戰于寒山撫敗走

荀羨爲徐州刺史監青州軍事慕容儁攻段龕於青州詔使羨救之儁將王騰趙盤寇瑯邪鄄城北境騷動羨討之擒騰盤迸走軍次瑯邪而龕已沒羨退還下邳留將軍諸葛攸高平太守劉莊等三千人守瑯邪參軍戴逯蕭鎋二千人守泰山是時慕容蘭以數萬衆屯汴城甚爲邊害羨自光水引汶通渠至於東阿以征之臨陣斬蘭

陶侃爲龍驤將軍元帝使侃擊杜弢令振威將軍周訪廣武將軍趙誘受侃節度令二將爲前鋒兄子輿爲左甄擊賊破之侃後爲平南將軍時交州刺史王

諒爲賊梁碩所陷陶侃遣將高寶進擊平之錄前後功封次子夏爲都亭侯

王舒爲假節都督行揚州刺史討蘇峻時吳國內史庾冰棄郡奔舒舒移告屬郡以吳王師虞駿爲軍司御史中丞謝藻行龍驤將軍監前鋒征討軍事率衆一萬與庾冰俱渡浙江前義興太守顧衆護軍將軍顧颺等皆起義軍以應舒舒假衆揚威將軍督護吳中軍事颺監晉陵軍事于御亭築壘峻聞舒等兵起乃赦庾亮諸弟以悅東軍舒率衆次郡之西江爲水藻後繼冰颺等遣前鋒進據無錫遇賊將張健等數

千人交戰大敗奔還御亭復自相驚擾冰颺等竝退
於錢塘藻守嘉興賊遂入吳燒府舍掠諸縣所在塗
地舒以輕進奔敗斬二軍主者免冰颺督護吳晉陵
軍屯兵章埭吳興太守虞潭率所領討健屯烏苞亭
竝不敢進時暴雨大水賊管商乘船旁出襲潭及衆
潭等奔敗潭還保吳興衆退守錢塘舒更遣將軍陳
孺率精銳千人增戍海浦所在築壘或勸舒宜還郡
使謝藻守西陵扶海立柵舒不聽留藻錢塘使衆颺
守紫壁於是賊轉攻吳興潭諸軍復退賊復掠東遷
餘杭武康諸縣舒遣子允之行揚烈將軍與將軍徐

遜陳孺及揚烈司馬朱燾以精銳三千徑邀賊于武
康出其不意遂破之斬首數百級賊委舟步走允之
收其器械進兵助潭時賊韓晃既破宣城轉入故鄣
長城允之遣朱燾何準等擊之戰於乾湖潭以彊弩
射之晃等退走斬首千餘級納降二千人潭繇是得
保郡是時臨海新安諸山縣竝反應賊舒分兵悉討
平之會陶侃等至京都潭等竝以屢戰失利移書盟
府自貶去節侃遣使敦喻不聽及侃立行臺上舒監
浙江東五郡軍事允之都護吳郡義興晉陵三郡征
討軍事既而晃等南走允之追躡於長塘湖復大破
之賊平以功封彭澤縣侯

庾冰爲吳國内史蘇峻作逆遣兵攻冰冰不能禦便
棄郡奔會稽會稽内史王舒以冰行奮武將軍距峻
別率張健於吳中健黨甚衆諸將莫敢先進冰率衆
擊健走之于是乘勝西進赴于京都又遣司馬滕含
攻賊石頭城拔之冰勳爲多

庾懌爲左衛將軍以討蘇峻功封廣饒男

顧衆爲揚威將軍蘇峻反王師敗績衆還吳潛圖義
舉時吳國内史庾冰奔于會稽峻以蔡謨代之前陵
江將軍張哲爲峻收兵於吳衆遣人喻哲哲從之衆

乃遣郎中徐機告謨曰衆已潛合家兵待時而奮又
與張哲尅期効節謨乃檄衆爲本國督護揚威將軍
仍舊衆從弟護軍參軍颺爲威遠將軍前鋒督護吳
中人士同時響應峻遣將弘徽領甲卒五百鼓行而
前衆與颺哲要擊徽戰於高莋大破之收其軍實謨
以冰當還任故使去郡衆遣颺率諸軍屯無錫冰至
鍾御亭恐賊從海虞道入衆自往備之而賊帥張健
馬流攻無錫颺等大敗庾冰亦失守健等遂據吳城
衆自海虞縣婁縣東倉與賊別率交戰破之義軍又
集進屯烏苞會稽内史王舒吳興内史虞潭竝檄衆

爲五郡護統諸義軍討健渾遣將姚休爲衆前鋒與賊戰沒衆還守紫壁時賊黨方銳義軍沮退人咸勸衆過浙江衆曰不然今保固紫壁可得全錢塘以南五縣若越他境便爲寓軍控引無所非長計也臨平人范明亦謂衆曰此地險要可以制寇不可委也衆乃拔明爲參軍明率宗黨五百人合諸軍凡四千人復進討健健退于曲阿留錢弘爲吳令軍次路丘帥斬弘首衆進住吳城遣督護朱祈等九軍與蘭陵太守李閎共守陵亭健遣馬流陶陽等往攻之閎與祈等逆擊大破之斬首二千餘級峻平論功衆以承檄

奮義推功于讓讓以衆唱謀非已之力俱表相讓論者美之封鄱陽縣伯

周撫爲征虜將軍督寧州諸軍事穆帝永和初桓溫征蜀進撫督梁州之漢中巴西梓潼陰平四郡軍事鎮彭模撫擊破蜀餘寇隗文鄧定等斬僞尚書僕射王誓平南將軍王潤以功遷平西將軍隗文鄧定等復反立范賢子賁爲帝初賢爲李雄國師以左道惑百姓人多事之賁遂有衆一萬撫與龍驤將軍朱燾擊破斬之以功進爵封建城縣公

桓溫爲安西將軍永和二年伐蜀蜀李勢衆大潰溫乘勝直進焚其小城勢遂夜遁九十里至晉壽葭萌城其將鄧嵩昝堅勸勢降乃面縛輿櫬請命溫解縛焚櫬送于京師溫停蜀三旬舉賢旌善僞尚書僕射王誓中書監王瑜鎮東將軍鄧定散騎常侍常璩等皆蜀之良也並以爲參軍百姓咸悅軍未旋而王誓鄧定隗文等反溫復討平之振旅還江陵十二年姚襄入于許昌溫以太尉爲大都督討之戰于伊水大敗之襄走平陽徙其餘衆三千餘家於江漢之間執降賊周成而歸太和四年率衆伐慕容暐暐將慕容垂帥衆拒溫溫擊敗之九月戊寅溫裨將鄧遐朱序

遇暐將傅末波於林渚又大破之

溫弟豁爲建威將軍督沔中七郡軍事擊慕容屈塵破之進號右將軍監荊揚雍州軍事領護南蠻校尉時梁州刺史司馬勳以梁益叛豁使其參軍桓熊討之而南陽督護趙弘趙憶等逐太守桓淡據宛城以叛豁與竟陵太守羅崇討破之又攻僞南中郎將趙盤于宛盤退走豁追至魯陽獲之送于京師置戍而還

豁弟沖爲鷹揚將軍鎮蠻護軍西陽太守從其兄溫征伐有功遷都督荊州之南陽襄陽新野義陽順陽

雍州之京兆楊州之義城七郡軍事寧朔將軍鎮襄
陽又從温破姚襄及虜周成進爵豐城公温之破姚
襄也獲襄將張駿楊凝等徙於尋陽冲在江陵未及
之職而駿率其徒五百人殺江州督護趙毗掠武昌
府庫將妻子北叛冲遣將討獲之遂還所鎮豁卒冲
領護南蠻校尉荊州刺史符堅遣其將符融寇樊鄧
石越寇魯陽姚萇寇南鄉韋鍾寇魏興冲率前將軍
劉波及兄子振武將軍石民冠軍將軍石虔等伐之
拔堅筑陽攻武當走堅兗州刺史張宗又使石虔伐
堅襄陽太守閻震擒之及大小帥二十九人送於京

師堅使其將救貴守襄陽冲使揚威將軍朱綽討之
遂焚燒沔北稻田拔六百餘戶而還又遣上庸太守
郭寶伐堅魏興太守褚垣上庸太守段方並降之新
城太守麴常遁走三郡皆平
豁子石虔爲寧遠將軍領南頓太守帥諸將攻袁眞
于壽陽尅其南城又擊符堅將王鑒于石橋獲馬五
百匹後爲冠軍將軍領南平太守會符堅荊州刺史
梁成襄陽太守閻震率衆入寇竟陵石虔與弟石民
距之賊阻濮水屯管城石虔設計夜渡水既濟賊始
覺力戰破之進尅管城擒震斬首七千級俘獲萬人
馬數百匹牛千頭具裝鎧三百領成以輕騎走保
襄陽石虔復領河北太守進據樊城逐堅兗州刺史
張崇納降二千家而還
石虔弟石民爲衛將軍謝安參軍叔父冲上疏拔石
民振武將軍戍夏口與兄石虔攻符堅荊州刺史梁
成等於竟陵明年又與隨郡太守夏侯澄之破符堅
將慕容垂姜成等於漳口復領譙國內史梁郡太守
冲薨詔以石民監荊州軍事西中郎將荊州刺史石
民遣將軍晏謙伐弘農賊東中郎將慕容夔降之始
置湖陝二戍獲關中擔僮伎以充太樂時符堅子丕

僭號於河北謀襲雒陽石民遣將軍馮該討之臨陣
斬丕及其左僕射王孚吏部尚書苟操等傳首京都
時乞活黃淮自稱并州刺史與翟遼共攻長社衆數
千人石民復遣南平太守郭銓松滋太守王遐之擊
淮斬之遼走河北以前後功進左將軍
石民弟石康爲振威將軍荊州刺史以討庾灰功封
武陵王
朱序爲鷹揚將軍江夏相與寧末梁州刺史司馬勳
反桓温表序征討都護往討之以功拜征虜將軍
封襄平子

桓宣爲南平中郎將江夏相石勒荆州刺史郭敬戍
襄陽陶侃使其子平西參軍斌與宣俱攻樊城拔之
竟陵太守李陽又破新野敬懼遁走宣與陽遂平襄
陽侃使宣鎮之後庾亮爲荆州將謀北伐以宣爲都
督沔北前鋒征討軍事平北將軍司州刺史假節鎮
襄陽石季龍使騎七千渡沔攻之亮遣司馬王愆期
輔國將軍毛寶救宣賊三面爲地窟攻城宣募精勇
出其不意殺傷數百人多獲鎧馬賊解圍退走
桓伊爲建威將軍督豫州之十二郡楊州之江西五
郡軍事與謝玄共破符堅別將王鑒張蚝等以功封

宣城縣子又進都督豫州諸軍事西中郎將豫州刺
史及符堅南寇伊與冠軍將軍謝玄輔國將軍謝琰
俱破堅於淝水以功封永修縣侯進號右將軍
謝尚爲建威將軍鎮壽春時符堅將楊平戍許昌尚
遣兵襲破
謝安尚從弟也爲侍中都督楊豫徐兖青州五州幽
州之燕國諸軍事假節時符堅強盛疆場多虞諸將
敗退相繼安遣弟石及兄子玄等應機征討所在克
捷拜衛將軍開府儀同三司封建昌縣公堅後率衆
號百萬次于淮淝京師震恐加安征討大都督指授
將帥各當其任玄等既破堅安以總統功進拜太保
安子琰爲侍中符堅之役安以琰有軍國才用出爲
輔國將軍以精卒八千與從兄玄俱陷陣破堅以勳
封望蔡公王恭舉兵假琰節都督前鋒軍事恭平遷
衛將軍徐州刺史假節孫恩作亂加督吳興義興二
郡軍事討恩至義興斬賊許允之迎太守魏鄢還郡
進討吳興賊丘尫破之
謝玄安兄子也爲南郡相監北征討軍事于時符堅
彊盛邊境數被侵寇玄以建武將軍兖州刺史領廣
陵相監江北諸軍事符堅遣軍圍襄陽車騎將軍桓

冲禦之詔玄發三州人丁遣彭城內史何謙游軍淮
泗以爲形援堅將彭超進軍南侵句難毛當自襄陽
來會超圍幽州刺史田洛于三阿有衆六萬詔征虜
將軍謝石率水軍次徐中右衛將軍毛安之游擊將
軍河間王曇之淮南太守楊廣宣城內史丘準次堂
邑既而盱眙城陷高密內史毛藻沒安之等軍人相
驚遂各散退朝廷震動玄於是自廣陵西討難等何
謙解田洛圍進據白馬與賊大戰破之斬其僞將都
督顏因復進兵又破之斬其僞將邵保超難引退玄
率何謙戴逯田洛追之戰於君川復大破之玄參軍

劉牢之攻破浮航及白船督護諸葛侃單父令李都又破其運艦難等相率北走僅以身免於是罷彭城下邳二戍詔遣殿中將軍慰勞進號冠軍加領徐州刺史還於廣陵以功封東興縣侯及符堅自率兵次于項城衆號百萬而涼州之師始達咸陽蜀漢順流幽并繼至先遣符融慕容暐張蚝符方等至潁口梁成王先等屯雒澗詔以玄爲前鋒都督徐兗青三州楊州之晉陵幽州之燕國諸軍事與叔父征虜將軍石從弟大國將軍琰中郎將桓伊龍驤將軍檀玄建威將軍戴熈揚武將軍陶隱等拒之衆凡八萬玄先

遣廣陵相劉牢之五千人直指雒澗郎斬梁成及成弟雲步騎奔潰爭赴淮水牢之從兵追之生擒堅僞將梁化王顯梁悌慕容屈氏等收其軍實堅進屯壽陽列陣臨淮水玄軍不得渡玄使謂符融曰君遠涉吾境而臨水爲陣是不欲速戰諸軍稍却令將士得周旋僕與諸君緩轡而觀之不亦樂乎堅衆皆曰宜阻肥水莫令得上我衆彼寡勢必萬全堅曰但却軍令得過而我以大騎數十萬向水逼而殺之融亦以爲然遂麾使却陣衆因亂不能止於是玄與琰伊等以精鋭八千涉肥水石軍距張蚝小退玄琰乃進決戰肥水南堅中流矢臨陣斬融堅衆奔潰自相蹈藉投水死者不可勝計肥水爲之不流餘衆棄甲宵遁聞風聲鶴唳皆以爲王師已至草行露宿重以飢凍死者十七八獲堅乘輿雲母車儀服器械軍資珍寶山積牛馬驢騾駱駝十萬餘玄巳破符堅復率衆次于彭城遣參軍劉襲攻堅兗州刺史張崇于鄄城走之使劉牢之守鄄城兗州旣平遣淮陵太守高素以三千人向廣固降堅青州刺史符朗又進伐冀州遣龍驤將軍劉牢之濟北太守丁匡據碻磝濟陽太守郭滿據滑臺奮武將軍顏雄渡河立營堅子丕遣將

桑據屯黎陽玄命劉襲夜襲據走之丕懼遽欲降玄許之丕告飢玄饋丕米二千斛又遣晉陵太守滕恬之渡河守黎陽三魏皆降以兗青司豫平加玄都督徐兗青司冀幽并七州軍事玄上疏以方平河北幽冀宜須總督司州懸遠應統豫州以勳封康樂縣公復遣寧遠將軍吳演伐申凱于魏郡破之

謝石爲尚書僕射征句難以勳封興平縣子淮肥之役詔石解僕射以將軍假節征討大都督與兄子玄琰破符堅堅之敗也雖功始劉牢之而成于玄琰然石時實爲都督焉遷中軍將軍尚書令

劉牢之爲謝玄前鋒符堅將句難南侵玄率何謙等拒之牢之破難輜重于盱眙獲其運船遷鷹揚將軍廣陵相時車騎將軍桓冲擊襄陽宣城內史胡彬率衆向壽陽以爲冲聲援牢之領卒三千爲彬後繼進肥之役符堅遣其弟融及驍將張蚝攻陷壽陽玄使彬與牢之拒之師次硤石不敢進堅將梁成又以二萬人屯雒澗玄遣牢之以精卒五千距之去賊十里成阻澗列陣牢之率參軍劉襲諸葛求等直進渡水臨陣斬成及其弟雲又分兵斷其歸津賊步騎奔潰爭赴淮水殺獲萬人又收其器械堅尋亦敗歸長安

餘黨所在屯結牢之進平譙城使戴寶戍之遷龍驤將軍彭城內史以功賜爵武岡縣男復守淮陰後進戍彭城領太守妖賊劉黎僭尊號于皇丘牢之討滅之符堅將張遇遣兵擊破金鄉圍泰山太守羊邈牢之遣參軍何欽之擊走之會慕容垂叛將翟釗救遇牢之引還釗還牢之進平泰山追釗于鄄城釗走河北用獲張遇以歸牢之鎮京口孫恩攻陷會稽牢之遣將桓寶帥師救三吳復遣子敬宣爲寶後繼北至曲阿吳郡內史桓謙已棄郡走牢之乃率衆東討拜表輒行至吳與衛將軍謝琰擊賊屢勝殺傷甚衆徑臨浙江進拜前將軍都督吳郡諸軍事時謝琰屯烏程遣司馬高素助牢之牢之率衆軍濟浙江恩懼逃于海牢之還鎮恩復入會稽爲害謝琰牢之進號鎮北軍都督會稽五郡率衆東征屯上虞分軍戍諸縣恩復攻破吳國殺內史袁山松牢之使參軍劉裕討之恩復入海頃之恩浮海奄至京口戰士十萬樓船千餘牢之在山陰使劉裕自海鹽赴難牢之率大衆而還裕兵不滿千人與賊戰破之恩聞牢之已還京口乃走郁州又爲敬宣劉裕等所破及恩死牢之威名轉振

楊佺期少仕軍府咸康中領衆屯城固符堅將潘猛距守康回壘佺期擊走之其衆悉降拜廣威將軍河南太守戍雒陽苻堅將竇衝率衆攻平陽太守張元熙于皇天塢佺期擊走之佺期自湖城入潼關累戰皆捷斬獲千計降九百餘家歸於雒陽進號龍驤將軍

虞丘進少時隨謝玄討苻堅有功封關內侯中從劉裕征孫恩戍句章城被圍數十日無日不戰身被數鎗至餘姚呵浦破賊張驃追至海鹽故治及婁縣于滬瀆口與孫恩水戰又被重傷追恩至壽州又毛石

廣頭還海鹽大桎頻戰有功
劉毅爲桓弘中兵參軍屬桓玄簒位毅與劉裕何無忌魏詠之等起義兵討玄裕率毅等至竹里玄使其將皇甫敷吳甫之北距義軍遇之于江乘臨陣斬甫之進至羅落橋又斬敷首玄大懼使桓謙何澹之屯覆舟山毅等軍至蔣山裕使羸弱登山多張旗幟玄不之測益以危懼謙等士卒多北府人素慴伏裕莫敢出鬬裕與毅等分爲數隊進突謙陣皆殊死戰無不一當百時東北風急義軍放火煙塵張天鼓譟之音震駭京邑謙等諸軍一時奔敗玄旣西走裕以毅

爲冠軍將軍青州刺史與何無忌劉道規躡玄毅與道規及下邳太守孟懷玉等追及玄戰于崢嶸州毅乘風縱火盡銳爭先玄衆大潰燒輜重夜走玄將郭銓劉雅等襲陷尋陽毅遣武威將軍劉懷肅討平之毅復與劉道規追桓玄至尋陽桓亮自號江州刺史毅遣劉敬宣擊走之毅軍次夏口桓振黨馮該戍大岸孟山圖據魯城桓山客守偃月壘衆合萬人連艦二岸水陸相援毅督衆軍進討未至夏口遇風飄沒千餘人毅與劉懷肅索邈等攻魯城道規攻偃月壘何無忌與檀祗列艦于中流以防越逸毅躬貫甲冑陵城半日而二壘俱潰生擒山客而馮該遁走毅進平巴陵南陽太守魯宗之起義襲襄陽破桓蔚毅等諸軍次江陵之馬頭桓振擁乘輿出營江津宗之又破僞將温楷振自擊宗之毅因率無忌道規等諸軍破馮該於豫章口推鋒而進遂入江陵振聞城陷與謙北走乘輿反正毅執玄黨卞範之羊僧壽夏侯崇之桓道恭等皆斬之桓振復與苻宏自鄖城襲陷江陵與劉懷肅相持毅遣部將擊振殺之幷斬僞輔國將軍桓珍毅又攻拔遷陵斬玄太守劉叔祖於臨嶂其餘擁衆假號以十數皆討平之二州旣平以毅爲

撫軍將軍時刁豫等作亂屯於湘中毅遣將分討皆滅之詔以毅爲都督豫州揚州諸軍事豫州刺史劉雅反毅遣將討擒之

諸葛長民劉裕建義初爲揚武將軍從討桓玄以功拜輔國將軍宣城內史於時桓歆聚衆向歷陽長民擊走之又與劉敬宣破歆於芍陂封新淦縣公督淮北諸軍事鎮山陽城義熙初慕容超寇下邳長民遣部將徐琰擊走之

何無忌爲輔國將軍瑯邪內史以會稽王道子所部精兵悉配之南追桓玄與振武將軍劉道規俱受冠

軍將軍劉毅節度玄留其龍驤將軍何澹之前將軍郭銓江州刺史郭昶之守湓口無忌等次桑落州道規乘勝徑進無忌又鼓譟赴之澹之遂潰進據尋陽遣使奉送宗廟主及護武康公主瑯邪王妃還京都又與劉毅劉道規破走桓玄于崢嶸州無忌進據巴陵玄從兄謙從子振乘間陷江陵無忌道規進攻謙於馬頭攻桓蔚於龍泉皆破之既而爲桓振所敗退還尋陽無忌與毅道規復進討振尅夏口三城遂平巴陵進次馬頭桓謙請割荆江二州奉送天子無忌不許進軍破江陵謙等敗走無忌侍衛安帝還京師復以興復之功封安城郡開國公

册府元龜

巡按福建監察御史臣李嗣京　訂正

分守建南道左布政使臣胡維霖　參閱

知建陽縣事臣黃國琦較釋

將帥部十三

立功第四

宋檀祗晉末爲振武將軍隸振武大將軍劉道規追討桓玄每戰克捷江陵平定道規遣祗征湞汚亡命桓道兒張靖符嗣等皆悉平之除龍驤將軍又破桓亮於長沙符宏於湘東加寧朔將軍

劉敬宣晉末爲輔國將軍晉陵太守元興中桓歆率氐賊楊秋寇歷陽敬宣與建威將軍諸葛長民大破歆於芍陂歆單騎走渡淮斬楊秋於陳固而還又擊桓亮符宏於湘中所在有功

傅弘之晉末爲桂陽公劉義眞西戎司馬寧朔將軍時略陽太守徐師高反叛弘之討平之赫連勃勃僞太子璝率衆三萬襲長安弘之又領騎五千於池陽大破之殺傷甚衆璝又抄掠渭南弘之又於寡婦渡破璝獲賊三百掠七千餘口

蒯恩晉末以寧遠將軍領幢隨振武將軍劉道規西討虜桓仙客克偃月壘遂平江陵後從高祖伐廣固又有戰功盧循逼京邑恩戰于察浦賊退走與王仲德等追破循別將范崇民於南陵循既走還廣州恩又領千餘人隨劉藩追徐道覆於始興斬之遷龍驤將軍蘭陵太守

孫季高晉末爲振武將軍盧循之難於石頭扞栅戍越城察浦破賊於新亭高祖遣季高率衆三千汎海襲番禺初賊不以海道爲防季高至東衝去城千餘里城内猶未知循守戰士猶有數千城池甚固季高先焚舟艦悉力登岸會天大霧四面陵城即日克拔

循父擬長史孫建之司馬虞尫夫等輕舟奔始興即分遣振武將軍沈田子等討平始興南康臨賀始安嶺表諸郡循於左里奔走而衆力猶盛自嶺道還襲廣州季高拒戰二十餘日循乃破走所殺萬餘人

吉翰督梁南秦二州諸軍事元嘉元年仇池氐楊興平遣使歸順并兒弟爲質翰遣始平太守龐諮據武興仇池太師楊玄遣弟難當率衆拒諮又遣將强鹿皮向白水諮擊破難當等餘並退走

裴方明爲龍驤將軍元嘉十九年氐賊楊難當寇盜不已太祖遣方明率禁兵五千討之方明至武興率

太子積弩將軍劉康祖後軍參軍梁坦陳彌裴肅之
安西參軍段叔文督尚期始典王國當侍劉僧秀綏
遠將軍馬洗振武將軍王奐之等進次潭谷去皐蘭
數里難當遣其建節將軍符弘祖珓元等固守皐蘭
鎮北將軍符德義於外爲遊軍難當子撫軍大將軍
和衆兵繼其後方明進擊大破之於濁水斬弘祖並
三千餘級遣康祖追之過皐蘭二十餘里又遣德義
來戰康祖又大破之和退保脩城難當遣建忠將軍
楊林振威將軍姚憲領二千騎就和方明又率諸將
攻之和敗走追至赤亭難當席卷奔叛方明遣康祖

直趣百頃僞丞相楊萬壽等一時歸降難當第三息
虎先戍陰平難當旣走虎逃竄民間生禽之送京都
斬于建康市

沈慶之爲建威將軍元嘉十九年率衆助征西司馬
朱脩之討雍州蠻脩之以失律下獄慶之專軍進討
大破沿沔諸蠻禽生口七千人進征湖陽又獲萬餘
口後爲廣陵王誕北中郎將中兵參軍雍州蠻又爲
寇慶之隨誕入沔旣至襄陽率中兵參軍柳元景隨郡
太守宗慤振威將軍劉顒司空參軍魯尚期安北參
軍顧彬馬文恭左軍中兵參軍蕭景嗣前青州別駕

崔目連安蠻參軍劉雍之奮威將軍王景式等二萬
餘人伐沔北諸山蠻宗慤自新安道入太洪山元景
從均水據五水嶺文恭出蔡陽口取赤係塢景式繇
延山下向赤圻坂目連尚期諸軍八道俱進慶之取
五渠頓破塢以爲衆軍節度前後伐蠻皆山下安營
以迫之故蠻得據山爲阻於矢石有用以是屢無功
慶之乃會諸軍於茹山下以謂衆曰今若緣山列旆
以攻之則士馬必損去歲蠻田大稔積穀重巖未有
饑弊卒難禽翦今令諸軍各率所領以營于山上出
其不意諸蠻必恐恐而乘之可不戰而獲也於是諸

軍並斬山開道不與蠻戰鼓噪上山衝其腹心先據
險要諸蠻震擾因其懼而圍之莫不奔潰自冬至春
因糧蠻穀頃之南新郡蠻帥田彥生率部曲十封六
千餘人反叛攻圍郡城慶之遣元景率五千人赴之
軍未至郡巳被破焚燒城內倉儲及廨舍蕩盡并驅
略降戶屯據白陽山元景追之至山下衆軍悉集圍
山數重宗慤率其所領先登衆軍齊力急攻之威震
諸山郡蠻皆稽顙慶之引軍自茹丘山出檢城大破
諸山斬首三千級虜生蠻二萬八千餘口降蠻二萬
五千口牛馬七百餘頭米粟九萬餘斛隨王誕築納

降受俘二城於白楚慶之復率衆軍討幸諸山犬羊蠻緣險楚築重城施門櫓甚峻山多木石積以爲擂立部曲建旗樹長帥鐵馬成群慶之連營山中開一門相通又命諸軍各穿池於營內朝夕不外汲兼以防蠻之火頃之風甚蠻夜下山人提一炬以燒營內多幔屋及草菴火至輒以池水灌滅諸軍多出弓弩夾射之蠻散走慶之令諸軍斬山開路攻之而山高路險暑雨方盛乃置東崡蜀山宜民西砦黃徼上夌六戍而還蠻被圍守日久並饑乏自後稍出歸降慶之前後所獲蠻並移京邑以爲營戶慶之又爲孝武

撫軍中兵參軍帝以本號爲雍州隨府西上時蠻寇太甚水陸梗礙帝停大堤不得進分軍遣慶之掩討大破之降者二萬口帝至而驛道蠻反慶之又討之王玄謨鎮荆州王方回領臺軍並會平定諸山獲七萬餘口郧山蠻最强盛魯宗之屢討不能尅慶之翦定之禽三萬餘口慶之還京師會竟陵王誕據廣陵反復以慶之爲使持節都督南兖徐三州諸軍事車騎大將軍開府儀同三司南兖州刺史率衆討之至歐陽誕遣客慶之宗人沈道愍齎說慶之餉以玉環刀慶之遣道愍反數以罪惡慶之至城下誕登樓謂之曰沈君白首之年何爲來慶之曰朝廷以君狂愚不足勞少壯故使僕來耳帝慮誕北奔使慶之斷其走路慶之移營白土去城十八里又進新亭誕果出走不得去還城慶之進營洛橋西焚其東門值雨不克慶之兄子僧榮時爲兖州刺史鎮瑕丘遣子懷明率數百騎詣受慶之節度慶之塞壍造攻道立行樓土山并諸攻具時夏雨不得攻城帝使御史中丞庾徽之奏免慶之官以激之詔無所問誕餉慶之食提挈者百餘人出自北門慶之不問悉焚之誕於城上授函表倩慶之爲送慶之曰我奉詔討賊不得爲汝

送表汝必歸死朝廷自應開門遣使吾爲汝送護之每攻城輒身先士卒帝戒之曰卿爲統任當令處分有方何棠楯城下身受矢石邪脫有傷挫爲損不少自四月至於七月乃屠城斬誕其後西陽五水蠻復爲寇慶之以郡公統諸軍討之攻戰經年皆悉平定獲生口數萬人

宗慤爲振武將軍元嘉二十三年爲蕭景憲軍副隨交州刺史擅和之伐林邑圍區粟城林邑遣將范毗沙達來救區粟和之遣偏軍拒之爲賊所敗又遣慤慤乃分軍爲數道偃旗潛進討破之拔區粟入象浦

遂赴林邑收其異寶雜物不可勝計慭爲隨郡太守雍州蠻屢爲冦建威將軍沈慶之率慭及栁元景等諸將分道攻之羣蠻大潰又南新郡蠻帥田彦生率步曲反叛焚燒郡城屯據白楊山元景攻之未能下慭率其所領先登衆軍隨之羣蠻踩是畏服

臧質爲寧朔將軍元嘉二十七年伐汝南西境刀壁山蠻大破之獲萬餘口

劉胡爲振威將軍元嘉二十八年率步騎三千討上如南山就溪蠻大破之

栁元景元嘉末世祖西鎮襄陽江夏王義恭以元景

爲將帥郎以爲廣威將軍隨郡太守既至而蠻斷驛道欲來攻郡郡内兵火糧仗又乏元景設方畧得六百人分屯五百人屯驛道或曰蠻將逼城不宜分衆元景曰蠻聞郡遣重戍豈悟城内兵少且表裏合計於勢爲長會蠻垂至乃使驛道潛出其后戒曰火舉馳進前後俱發蠻衆驚擾投鄖水死者千餘人斬獲數百郡境肅然無復冦抄朱脩之討蠻元景又與之俱後又副沈慶之征鄖山進赴太陽世祖入討元凶以爲諮議參軍領中兵加冠軍將軍太守如故配萬人爲前鋒宗慤薛安都等十三軍皆隷焉賊步將魯秀王羅漢劉簡之騎將曾伯與等及其士卒皆殊死戰劉簡之先攻西南頗得燒草芀畧病人程天祚砦未立亦爲所摧王羅漢等攻壘北門賊艦亦至元景水陸受敵意氣彌彊麾下勇士悉遣出戰左右唯留數人宣傳分軍助程天祚還得固砦因此破賊元景察賊衰竭乃命開壘鼓譟以奔之賊衆大潰投淮死者甚多劭更率餘衆自來攻壘復大破之其所殺傷過於前戰劭手斬退者不能禁奔還宫僅以身免蕭斌被創簡之收兵而止陣猶未散元景復出薄之乃走競投死馬澗澗爲之滿斬簡之及軍主姚叔藝王

江寶朱明智諸葛逸之等水軍主褚湛之軍副劉道存並來歸順帝至新亭即位以元景爲侍中領左衛將軍

薛安都爲寧朔將軍領馬軍與栁元景俱隨孝武入討元凶安都至朱雀航横矛瞋目叱賊將皇甫安民等曰賊弑君父何必事之世祖踐祚除右軍將軍率所領騎爲前鋒直入殿庭賊尚有數百人一時奔散以功封南鄉縣男累加左將軍會魯爽反王玄謨拒南郡王義宣臧質於梁山安都復領騎爲支軍賊有水步營在蕪湖安都遣將吕興壽率數十騎襲之賊

衆驚亂斬首及赴水死者甚衆義宣遣將劉湛及質攻玄謨玄謨命衆軍擊之使安都引騎出賊陣后其副建武將軍譚金三歷賊陣乘其隙從騎突之諸將繼進是朝賊馬軍發蕪湖欲來會戰望安都騎甚盛隱山不敢出陣東南猶堅安都橫擊陷之賊遂大潰安都隊主劉元儒於艦中斬湛首

沈法系爲寧朔將軍領三千人與柳元景宗慤入討元凶旣至新亭元景居中營宗慤居西營法系居東營據嶺賊攻元景法系臨射之所殺甚衆法系塹外樹悉伐之令倒賊劭來攻緣樹以進彭排多開隟選

善射手的射發無不中死者交橫事平以爲寧朔將軍始興太守討蕭簡於廣州聞臺軍將至簡誑其衆日臺軍是賊劭所遣並信之前征北參軍顧邁被脅從城內善天文云荆江有大兵城內繇此固守初世祖先遣鄧琬圖簡唯治一攻道法系至日宜四面並攻若守一道何時可拔琬慮功不在巳謂法系日更相中五十日盡又不克乃從之八道俱攻一日郎拔斬蕭簡廣州平封庫藏付鄧琬而還

鄧琬爲輔國將軍孝武郎位元凶劭黨南海太守蕭簡據廣州反琬討平之

朱脩之孝建初爲寧蠻校尉都督雍州刺史時南郡王義宣反令魯秀擊襄陽脩之命斷馬鞍山道秀不得前及義宣敗於梁山單舟南走脩之率衆南追遣冠昕竺超民執義宣脩之至乃殺之以功封南昌縣侯

王玄謨爲徐州刺史都督諸軍事孝建中南郡王義宣與江州刺史臧質反玄謨以輔國將軍豫州刺史與柳元景南討軍屯梁山夾岸築偃月壘水陸待之義宣遣劉湛就臧質陳軍城南玄謨留老弱守城悉以精兵接戰賊遂大潰加都督前將軍封曲江侯

張興世爲員外將軍孝建中隨王玄謨出梁山戰有功明帝郎位進興世號龍驤將軍領水軍拒南賊於赭圻築二城於湖目僞龍驤將軍陳慶領舸於前爲遊軍興世率龍驤將軍佼長生董凱之攻克二城因擊慶慶戰大敗時投水死者數千人

宋越爲江夏王義恭大司馬行軍濟陽太守尋加龍驤將軍孝建中臧質魯爽反越率軍據歷陽爽遣將軍鄭德玄前據大峴德玄分遣偏師楊胡興劉蜀馬步二千進攻歷陽越以步騎五百於城西十餘里拒戰大破之斬胡興劉蜀等爽平又率所領進梁山拒

質敗走越戰功居多大明三年轉長水校尉竟陵王
誕據廣陵反越領馬軍隷沈慶之攻誕遂陷其城
殷孝祖大明初爲積射將軍與魏軍戰于青州頻大
破之累加龍驤將軍竟陵王誕據廣陵爲逆孝祖隷
沈慶之攻誕又有戰功
劉勔大明中爲西陽王子尚撫軍入直閤先是遣費
沈伐陳檀不克乃除勔龍驤將軍西江督護鬱林太
守勔既至率軍進討隨以翦定大致名馬并獻珊瑚
連理樹後爲右將軍太始四年魏遣汝陽司馬趙懷
仁步騎五百寇武津縣勔遣龍驤將軍曲元德輕兵

進討魏衆驚散魏子都公閼於拔又率三百人防運
車千兩於汝陽臺東水上結營元德單騎直入斬拔
首因進攻汝陽臺卽陷外壘獲車一千三百乘斬首
一百五十級勔又使司徒叅軍孫臺瓘督弋陽以西
魏軍寇義陽臺瓘大破之魏上其北豫州租有車二
千兩勔招羗人徼擊於許昌魏衆奔散焚燒米穀
沈攸之明帝卽位初除東海太守未拜會四方反叛
南賊已次近道以攸之爲寧朔將軍尋陽太守率軍
據虎檻時南賊前鋒孫冲之薛常寳等屯據赭圻殷
孝祖攻之爲流矢所中死攸之推寧朔將軍江方典
爲統帥大破賊於赭圻城外奔至姥山分遣水軍乘
勢進討又破其水軍拔胡白二城尋假攸之節進號
輔國將軍代孝祖督前鋒諸軍事薛常寳在赭圻食
盡南賊大帥劉胡屯濃湖以囊盛米繫流察及船腹
陽覆船順風流下以餉赭圻攸之疑其有異遣人取
船及流察大得囊米攸之從子懷寳爲賊將帥在赭
圻遣親人楊公讃齎密書招誘攸之攸之斬公讃封
懷寳書呈太宗尋尅赭圻遷使持節督雍梁南北秦
四州郢州之境陵諸軍事冠軍將軍領寧蠻校尉雍
州刺史袁顗復率大衆來入鵲尾相持既久軍主張

興世越鵲尾上據錢溪劉胡自攻之攸之率諸將攻
濃湖胡遣人傳唱錢溪已平衆並懼攸之曰不然若
錢溪實敗萬人中應有逃亡得還者必是彼戰失利
唱空聲以惑衆耳勒軍中不得妄動錢溪信尋至果
大破賊攸之悉以錢溪所送胡軍耳鼻示之顗駭懼
急追胡還攸之諸軍悉力進攻多所斬獲
吳喜孝武朝授河東太守明帝卽位改建武將軍率
員外散騎侍郎竺紀之殿中將軍杜敬真馬步東討
先是孝武世喜旣見驅使嘗充使命性寬厚所至人
並懷之及東討百姓聞吳河東來便望風降散故喜

所至克捷遷步兵較尉將軍如故封竟陵縣侯東土定又率所領南討遷輔國將軍尋陽太守南賊退走喜遂平定荆州遷前軍將軍魏尋侵豫州喜統諸軍出討大破之荆亭魏長杜公遁走戍主帛乞奴歸降事寧復以本位兼左衛將軍

黄回爲寧朔將軍軍主隷劉勔討于死虎破杜叔寳軍除山陽王休祐驃騎行參軍龍驤將軍攻合肥破之累遷至將校以功封葛陽縣男

陸攸之爲殿中將軍明帝太始二年永世縣民史逸宗據縣爲逆攸之討平之

任農夫爲司徒參軍督護會稽太守孔顗等反明帝每遣軍詠多所求須不時上道外監朱幼舉農夫驍果有膽力性又簡率資給甚易乃以千人配之使助東討時庾業兵盛農夫於延陵出長塘雖云千兵至者裁四百未至數十里遣人參候云賊築城猶未合農夫率廣武將軍高志之永典令徐崇之馳往攻之因其城壘未立農夫親持刀楯赴城入陣大破之庾業棄城走義典先是龍驤將軍阮佃夫慕得蜀人數百多壯勇便戰皆着犀皮鎧執短兵本應就佃夫向晉陵未發會農夫須人分以配之及戰每先登東人並畏憚又惟其形飾殊異舊傳狐獠食人每見之輒奔走農夫收其船仗與高志之進義典援兵喜二月一日喜乃渡水攻郡分兵擊諸壘栅農夫雖至衆力尚少兵勢不敵喜乃與數騎登高東西指麾若招引四面俱進者東軍大駭諸營一時奔散唯龍驤將軍孔敞一栅未拔喜以殺傷者多乃開圍緩之其夜庾業孔敞相率奔走義典平劉延熙投水死有人告之乃斬尸傳首京邑

陳伯紹爲龍驤將軍交州人李長仁據州叛妖賊攻廣州殺剌史羊南伯紹討平之

張瓌爲輔國將軍順帝昇明元年吳郡太守劉遐據郡反瓌討斬之

南齊劉懷珍初仕宋爲江夏王義恭太宰直閤將軍大明二年虜圍泗口城青州剌史顔師伯請援孝武遣懷珍將步騎數千赴之於麋溝湖與虜戰破七城拜建武將軍樂陵河間二郡太守賜爵廣晉侯累遷羽林監屯騎校尉建安王休仁濃湖與賊相持久未決明帝召懷珍領軍向青山助擊劉胡事平除游擊將軍累加左將軍沈攸之圍郢城懷珍遣建寧太守張謨游擊將軍裴仲穆統蠻漢軍萬人步出西陽破

賊前鋒公孫方平軍數千人收其器甲進平南將軍
增督南豫北徐二州增邑千戶
李安民初仕宋爲殿中將軍晉安王子勛反明帝除
安民武衛將軍領水軍擊赭圻湖白萩浦獺窟皆捷
除積射將軍軍主張典世據錢溪糧盡爲賊所逼安
民率舟乘數百越五城送米與典世偽軍主沈仲王
張引軍自鵲口欲斷江安民進軍合戰破之又擊鵲
尾江城皆有功封邵武縣子寧朔將軍宂從僕射戍
泗口領舟軍緣淮游防至壽春魏遣長社公連營十
餘里寇汝陰豫州刺史劉勔擊退之魏荊亭戍主昇
冊府元龜 將帥部 立功 卷之三百五十一 十五
乞奴棄城歸降安民率水軍攻破荊亭絕其津逕累
加左將軍給事中建平王景素作難冠軍黃回游擊
將軍高道慶輔國將軍曹欣之等皆啓遣攻城而游
擊將軍高道慶領衆出討太祖慮其有變使安民及
南豫州刺史段佛榮行以防之安民至京口破景素
軍於葛橋景素誅留安民行南徐州事建元初加領
軍將軍鎮壽春先是宋世亡命王元初聚黨六合山
僭號州郡討之不能擒積十餘年安民遣軍偵候生擒
元初斬建康市加散騎常侍三年引水步軍入清泗
於淮陽與魏軍戰破之

王敬則宋泰始初爲龍驤將軍軍主隨寧朔將軍劉
懷珍征壽春殷琰遣將劉從築四壘於死虎懷珍遣
敬則以千人繞后直出橫塘賊衆驚退除奉朝請元
徽二年隨太祖拒桂陽賊於新亭敬則與羽林監陳
顯達寧朔將軍高道慶乘舸艒於江中迎戰大破賊
水軍焚其舟艦事寧帶南泰山太守右俠轂主
周山圖宋太始初爲殿中將軍四方反叛僕射王彧
使山圖領百舸爲前驅山圖與軍主佼長生等攻破
賊湖白赭圻二城加振武將軍領兵濃湖追賊至西
陽明帝賞之賜苑西宅一區五年爲龍驤將軍領兵
冊府元龜 將帥部 立功 卷之三百五十一 十六
守歷陽鎮城初臨海亡命田流自號東海王逃竄會
稽鄞縣邊海山谷中立屯營分布要害官軍不能討
明帝遣直后聞人襲說降之授流龍驤將軍流受命
將黨與出行達海鹽放兵大掠而反是冬殺鄞令耿
猷東境大震六年勑山圖將兵東屯浹口廣設購募
流爲其副暨挐所殺別帥杜連梅雒生各擁衆自守
至明年山圖分兵掩討皆平之
王廣之泰始初除寧朔軍主隸劉懷珍征殷琰於壽
春琰將劉從築壘拒守臺軍相守移日琰遣長史杜
叔寶領五千人運車五百乘援從懷珍遣廣之及軍

王辛慶祖黄回千道連等要擊於横塘賓結營拒戰廣之等内薄攻營自晡至日没大敗之殺傷千餘人遂退燒其運車從間之棄壘奔走時合肥城反官軍前後受敵都督劉勔召諸軍主會議廣之日請得將軍所乘馬往平之勔以馬與廣之廣之去三日攻尅合肥賊仍隨懷珍討淮北時明帝遣青州刺史明僧暠北征至三城爲沈文秀所攻廣之將步騎三千餘人緣海救之俱引退廣之又進軍襲文秀所置長廣太守劉桃根桃根棄城走軍還封安蠻縣子三百戸

呂安國宋泰始二年以建威將軍爲劉勔軍副征殷

琰於壽春衆軍擊破琰長史杜叔寶軍於横塘安國抄斷賊糧道燒其運車多所傷殺琰衆奔走勔遣安國追之先至壽春琰閉門自守安國與輔國將軍垣閎屯據城南於是衆軍繼至安國勳第一封彭澤縣男

全景文宋泰始二年以假節寧朔將軍冗從僕射軍主隨前將軍劉亮討破東賊於晋陵假輔國將軍北討薛索兒於破釜領水軍斷賊運仍隨太祖於葛家石梁再戰皆有功

姚道和宋末爲游擊將軍隨太祖新亭破桂陽賊有功爲撫軍司馬

陳顯達宋末爲羽林監隷太祖討桂陽賊於杜姥宅大破之後爲鎮西將軍都督益寧二州軍事益部山險多不賓服大度村獠前後刺史不能制顯達分部將吏聲將出獵夜往襲之男女無少長皆斬山夷震服累遷侍中護軍將軍永明五年羌人桓天生自稱玄宗族與雍司二州界蠻虜相扇動據南陽故城世祖遣顯達假節率征虜將軍戴僧静等水軍向宛葉雍司衆軍受顯達節度天生率虜萬餘人攻舞陰舞陰戍主輔國將軍殷公愍擊殺其副張麒麟天生被

瘡退走仍以顯達爲使持節散騎常侍都督雍梁南北秦郢州之竟陵司州之隨郡軍事鎮北將軍領寧蠻校尉雍州刺史顯達進據舞陽城遣僧静等先進與天生及虜再戰大敗之官軍還數月天生復出攻舞陰殷公愍破之天生還竄荒中華城平氏白土三城稍稍降散

焦度宋末爲武陵王贊前軍參軍沈攸之事起太祖遣使假度輔國將軍屯騎校尉攸之大衆至夏口將直下郢留偏兵守郢城而已度於城樓上肆言罵辱攸之至自發露故攸之怒改計攻城度親力戰攸之

衆掌楯將登度令投以穢器賊衆不能傷後呼此樓
爲焦度樓事寧度功居多轉後軍將軍封東昌縣子
崔慧景建元初爲都督梁南北秦沙四州軍事初梁
州賊李烏奴屢爲官軍所破走氐中乘間出擾動梁
漢據關城遣使詣荊州請降豫章王不許遣中兵參
軍王圖南率益州軍從劒閣掩討大摧破之烏奴還
保武興慧景發漢中兵衆進頓白馬遣支軍與圖南
腹背攻擊烏奴大敗遂奔於武興
周盤龍爲右將軍建元二年魏軍寇壽春以盤龍爲
軍主假節助豫州刺史垣崇祖決水漂潰盤龍率輔

國將軍張倪馬步軍於西澤中奮擊殺傷數萬人獲
牛馬輜重
垣崇祖建元中爲都督平西將軍戍下蔡魏軍攻之
崇祖自率衆渡淮與戰大破之追奔數十里殺獲千
計
戴僧靜爲太子右率永明五年隸護軍陳顯達討荒
賊桓天生於北陽僧靜與平西司馬韓孟度華山太
守康元隆前進未至北陽四十里頓淬橋天生引虜
步騎十萬奄至僧靜合戰大破之殺獲萬計天生退
還北陽僧靜進圍之天生軍出城外僧靜又擊破之
天生閉門不復出僧靜力疲乃退除征虜將軍南中
郎司馬淮南太守
曹虎爲游擊將軍永明六年四月羌賊桓𠃌生復引
魏軍出據隔城遣虎督數軍討之虎令輔國將軍朱
公恩領騎百迮前行蹹伏值魏道軍因合戰破之遂
進至隔城魏軍拒守虎引兵圍柵絶其走路須臾侯
騎還報魏援巳至尋而天生率馬步萬餘人迎戰虎
奮擊大敗之獲二千餘人明日遂攻隔城拔之斬魏
虎威將軍襄城太守帛烏祝復殺二千餘人賊棄平
氏城退走

王茂爲寧朔將軍江夏内史建武初魏軍圍司州茂
以郢州之師救梁高祖率衆先登賢首山魏將王肅
劉昶來戰茂從高祖拒之大破肅等魏軍退茂還郢
仍遷朝國長史襄陽太守
張冲爲征虜將軍建武二年魏軍攻淮泗假冲節都
督青冀二州北討諸軍事魏軍并兵攻司州徐青右
出軍分其兵勢冲遣軍主桑係祖縣渣口攻拔魏軍
建陵驛馬厚丘三城多所殺獲又與青州刺史王洪
軌遣軍主王子延襲魏紀城據之冲又遣軍主杜僧
護攻拔魏虎坑馮時卽丘三城驅生口輜重還至溘

溝魏救兵至緣道要擊僧護力戰大破之
蕭坦之爲右衛將軍建武二年假節督徐州諸軍事魏軍圍鍾離春斷淮州坦之擊破之
裴叔業爲建武將軍建武二年魏軍圍徐州叔業以軍主隷右衛將軍蕭坦之救援叔業攻虜淮柵外二城䝱之賊衆赴水死甚衆以功封武昌縣伯永泰元年以豫州刺史詔領東海太守孫令終新昌太守劉思效馬頭太守僧諸侯等五萬圍渦陽魏南兗州所鎮去彭城百二十里兗州刺史孟表固守拒戰叔業攻圍之積所斬級高五丈以示城內又遣軍主蕭璝

成寶眞分攻龍亢戍卽魏馬頭郡也魏人閉城自守徐州刺史廣陵王率二萬人騎五千匹至龍亢璝等拒戰不敵叔業率三萬餘人助之數道攻魏魏軍新至未立於是大敗廣陵王與數十騎走官軍追獲其節魏又遣將劉藻高思繼至叔業率軍迎擊破之再戰斬首萬級生口三千人器仗驢馬絹布千萬計

冊府元龜

廵按福建監察御史臣李嗣京　訂正
知長樂縣事臣夏允彝叅閱
知建陽縣事臣黄國琦較釋

將帥部十三

立功第五

梁馬仙琕初仕齊永元中蕭遥光崔惠景亂累有戰功以勳至前將軍累遷振威將軍豫州刺史時朐山民殺瑯邪太守劉晰以城降魏詔假仙琕節討之魏徐州刺史盧昶以衆十餘萬赴馬仙琕與戰累破之

昶遁走仙琕縱兵乘之魏衆免者十一二收其兵粮牛馬器械不可勝數振旅還京師遷太子左衛率進爵爲侯增邑六百戸

曹景宗仕齊爲游擊將軍建武四年太尉陳顯達督衆軍北圍馬圈景宗從之以甲士二千設伏破魏援中山王英四萬人遂尅馬圈高祖即位以爲右衛將軍天監五年魏中山王英攻鍾離圍徐州刺史昌義之高祖遣景宗督衆軍援義之豫州刺史韋叡亦援焉而受景宗節度既進頓邵陽洲立壘與魏城相去百餘歩魏連戰不能却殺傷者十二三自是魏軍不能逼景宗等器甲精新軍儀甚盛魏人望之奪氣先是高祖詔景宗等逆裝高艦使與魏橋等爲火攻計令景宗與叡各攻一橋叡攻其南景宗攻其北六年三月春水生淮水暴漲六七尺叡遣所督將馮道根李文釗裴邃韋等乘艦登岸擊魏洲上軍盡殪景宗因使衆軍皆噪亂登諸城呼聲震天地魏將楊大眼於西岸燒營奔魏中山王英自東岸棄城走諸壘相次土崩悉棄其器甲爭投水死淮水爲之不流景宗令軍主馬廣躡大眼至濊水上四十餘里伏屍相枕義之出逐英至睢口英以匹馬入城緣淮百餘里屍

骸枕籍生擒五萬餘人收其軍粮器械積如山牛馬驢騾不可勝計景宗乃搜軍所得生口萬餘人馬千匹遣獻捷高祖詔還本軍景宗振旅凱入增封四百并前爲二千戸進爵爲公詔拜侍中領軍將軍給鼓吹一部

蔡道恭齊末爲輔國將軍高祖舉義師於雍州道恭以舊將遷右衛將軍會巴西太守魯休烈等自巴蜀連兵冦上明以道恭持節督西討諸軍事次土臺與賊合戰道恭潛以奇兵出其後一戰大破之休烈等降於軍門

昌義之天監元年以北徐州刺史鎮鍾離四年大舉北侵臨川王宏督衆軍向雒口義之爲前軍攻魏梁城戍尅之五年冬武帝以征役久詔班師魏中山王元英乘勢追躡攻沒馬頭等城城内粮貯魏悉移歸北議者咸謂無復南向帝曰此必進兵非其實也乃遣脩鍾離城勑義之爲戰守備是冬英果率衆數十萬圍鍾離衝車毀西墉時城中衆纔三千義之督帥隨方抗禦前後殺傷萬計魏軍死者與城平六年帝遣曹景宗韋叡率衆二十萬救焉大破魏軍義之率輕兵追至洛口而還以功進號軍師將軍

馮道根天監二年以南梁太守領阜陵城戍魏將党法宗傅豎眼率衆二萬奄至城下道根塹壘未固城中衆少莫不失色道根命開城門緩服登城選精鋭二百人出與魏軍戰敗之魏軍因退還輔國將軍六年魏攻鍾離武帝詔豫州刺史韋叡救之道根爲叡前驅至徐州建計據邵陽等壘掘塹逼魏城道根能走馬計地計馬足以賦攻城隍立辦及淮水長道根乘戰艦斷魏連橋魏軍敗績進爵爲伯改封豫寧縣

韋叡天監四年以輔國將軍督衆軍北伐叡遣長史王超宗梁郡太守馮道根攻魏小峴城拔之遂進討合肥乃堰肥水以灌之城遂潰俘獲萬餘級牛馬萬數絹滿十間屋還豫州於合肥五年魏中山王元英寇北徐州圍刺史昌義之於鍾離衆號百萬連城四十餘高祖遣征北將軍曹景宗都督衆軍二十萬以拒之次邵陽洲築壘相守又詔叡率豫州之衆會焉魏人先於邵陽洲兩岸爲兩橋樹柵數百步跨淮通道叡裝大艦使梁郡太守馮道根廬江太守裴邃秦郡太守李釗等爲水軍值淮水暴長叡即遣之鬬艦競發皆臨壘以小船載草灌之以膏從而焚其橋風怒火盛烟塵晦冥敢死之士拔柵斫橋水又漂疾倏

忽之間橋柵俱壞而道根等皆身自搏戰軍人奮勇呼聲動天地無不一當百魏人大潰元英因橋絶脱身遁去魏軍趨水死者十餘萬斬首亦如之其餘者釋甲稽顙乞爲囚奴又數十萬所獲軍實牛馬不可勝紀叡遣報昌義之且悲且喜不暇答語但叫曰更生更生高祖遣中書郎周捨勞於淮上叡積所獲於軍門捨覩之謂叡曰君此獲復與熊耳山等以功增封七百戶進爵爲侯

裴邃天監五年以右將軍廬江太守征邵陽洲魏人爲長橋斷淮以濟邃築壘逼橋每戰輒尅於是密作

没突艦會甚雨淮水暴溢遂乘艦徑造橋側魏衆驚潰遂乘勝追擊大破之進尅羊石城斬城主元康又破霍丘城斬城主寧永仁平小峴攻合肥以功封夷陵縣子累遷大匠卿普通二年義州刺史文僧明以州叛入於魏魏來援以遂爲假節信武將軍督衆軍討焉遂深入魏境從邊城道出其不意魏所署義州刺史封壽據檀公峴遂擊破之遂圍其城壽面縛請降義州平除豫州刺史鎮合肥四年進號宣毅將軍是歲大軍北伐以遂督征討諸軍事率騎二千先襲壽陽九月壬戌夜至壽陽攻其郛斬門而入日戰九

合爲後軍蔡秀成失道不至遂以援絶拔還於是遂復整兵收集士卒令諸將各以服色相别遂自爲黄袍騎先攻狄兵甓城黎漿等城皆拔之屠安城馬頭沙陵等戍明年復破魏新蔡郡畧地至於鄭城汝潁之間所在響應壽陽守將長孫稚河間王元琛率衆五萬出城挑戰遂勒諸將爲四甄以待之令直閤將軍李祖憐僞遁以引稚稚等悉衆追四甄競發魏衆大敗斬首萬餘級

劉思天監五年以輔國將軍破魏青州刺史元繫於膠水

李典國天監五年以武勇將軍攻平靜關尅之

夏侯夔普通二年以征遠將軍副裴邃討義州平之七年拜信武將軍持節督司州諸軍事八年勅夔帥壯武將軍裴之禮直閤將軍任思祖出義陽道攻平靜穆陵陰山三關尅之是時譙州刺史湛僧智圍魏東豫州刺史元慶和於廣陵入其郛魏將元顯伯率軍赴援僧智逆擊破之夔自武陽會僧智斷魏軍歸路慶和於內築柵以自固及夔至遂請降夔讓僧智僧智曰慶和志欲降公不願降僧智往必乖其意且僧智所將烏合募人不可御之以法公持軍素嚴必

無犯令受降納附深得其宜於是夔乃登城拔魏幟建官軍旗鼓衆莫敢妄動慶和令兵以出軍無私焉凡降男女口萬餘人粟六十萬斛餘財物稱是元顯聞之夜遁衆軍追之生擒一萬餘人斬獲不可勝數詔以僧智領東豫州鎮廣陵夔引軍屯安陽夔又遣偏將屠楚城盡俘其衆繇是義陽北道遂絶

夏侯亶爲中護軍普通六年大舉北伐先遣豫州刺史裴邃帥譙州刺史湛僧智歷陽太守胡紹世南譙太守張澄並世之驍將自南道伐壽陽城未尅而邃卒乃加亶使持節馳驛代邃與魏將河間王元琛臨

淮王元彧等相拒頻戰剋捷尋有密勑班師合肥以休士馬須堰城復進七年夏淮堰水盛壽陽城將没高祖復遣北道將軍元樹帥彭寶孫陳慶等稍進亶帥湛僧智魚弘張澄等通清流關將入淮淝魏軍夾淝築城出亶與僧智還襲破之進攻黎漿征威將軍韋放自北道會焉兩軍旣合所向皆降下凡降城五十二獲男女口七萬五千人米二十萬石

陳慶之爲宣猛將軍文德主帥普通七年安西將軍元樹出征壽春除慶之假節總知軍事魏豫州刺史李憲遣其子長鈞西城相拒慶之攻之憲力屈遂降

慶之入據其城以功賜爵關中侯大通元年攻魏梁城拔之進屠考城擒魏濟陰王元暉業又隸領軍曹仲宗進據渦陽城魏人犄角作十三城慶之銜枚夜出陷其四壘渦陽城主王緯乞降所餘九城兵甲猶盛乃陳其俘馘鼓譟而攻遂大奔潰斬獲略盡渦水咽流降城中男女二萬餘口又出爲持節都督緣淮諸軍事奮武將軍妖賊僧强自稱爲帝土豪蔡伯龍起兵應之衆至三萬攻陷北徐州濟陰太守楊起文棄城走鍾離太守單希寶見害慶之受命討之未浹辰斬伯龍僧强傳首京中大通二年除都督司西豫三州諸軍事南北司二州刺史慶之至鎭遂圍懸瓠破魏潁州刺史婁起揚州刺史是云寶于溱水又破行臺孫騰大都督侯進豫州刺史堯雄梁州刺史司馬恭於楚城大同二年魏遣將侯景率衆七萬寇楚州刺史桓和陷沒景仍進軍淮上貽慶之書使降勑遣湘潭侯退右衞夏侯夔等赴援軍至黎漿慶之已擊破景時大寒雪景棄輜重走慶之收之以歸進號仁威將軍

韋放普通八年以明威將軍逐魏軍至渦陽魏又遣常山王元昭大將李獎乞佛寶費穆等衆五萬來援

放率所督將陳慶之趙伯超等夾擊大破之渦陽城主王緯以城降放乃登城簡出降口四千四百人器仗克牣又遣降人三千報李獎費穆等魏人棄諸營壘一時奔潰衆乘之斬獲略盡擒穆弟超并王緯送於京師

郭祖深普通中爲雲騎將軍所領皆精兵令行禁止每討逐越境追擒江中嘗有賊祖深自率討之列陣未敢進仍令所親人先登不時進斬之遂大破賊威振遠近長江肅清

蘭欽大通元年以直閤將軍攻魏蕭城拔之仍破彭

城別將郊仲進攻擬山城破其大都督劉屬衆二十萬進攻籠城獲馬千餘匹又破其大將北集及裏城太守高宣別將落思念鄭承宗等仍攻厥固張籠子城未援魏彭城守將楊目遣子孝邕率輕兵來拒欽逆擊走之又破譙州刺史劉海游還援厥固收其家口楊目又遣都督范思念別將曹龍牙數萬衆來援欽與戰於陣斬破蠻龍牙傳首京師又假欽節都督衡州三郡兵討桂陽山始興叛蠻至破平之封安懷縣男又破天漆蠻帥脫時得會衡州刺史元慶和爲桂陽人嚴容所圍遣使告急欽往應援破容羅溪於

是長樂諸洞一時平蕩

陰子春太清二年以信威將軍梁泰二州刺史討峽中叛蠻平之徵爲左衛將軍又遷侍中屬侯景亂世祖令子春隨領軍將軍王僧辯攻邵陵王於郢州平之又與左衛將軍徐文盛東討侯景至貝磯與景遇子春力戰嘗冠諸軍

杜崱簡文帝大寶初以宣毅將軍領鎮蠻護軍武陵內史隨軍王僧辯東討侯景追至石頭與賊相持橫嶺及戰景親率精銳左右衝突崱從嶺後橫截之景乃大破東奔晉陽崱入據城景平加散騎常侍持節督江州諸軍事江州刺史齊將郭元建攻秦州刺史嚴超遠於秦郡王僧辯令崱赴援陳霸先亦自歐陽來會與元建大戰于王陵霸先令彊弩射元建衆却崱因縱兵擊大破之斬首萬餘級生擒千餘人元建收餘衆以遁時世祖執王琳於江陵其長史陸納等遂於長沙反世祖徵崱與王僧辯討之承聖二年及納等戰於東輪大敗陷其二壘納等走保長沙崱等圍之後納等降崱又與王僧辯西討武陵王於硤石室卽破平之

杜龕大寶初爲持節忠武將軍郢州刺史追侯景至

江夏圍其城景將宋子仙棄城遁龕追至陽浦生擒之三年衆軍至姑熟景將侯子鑒逆戰龕與陳霸先王琳等率精銳擊之大敗子鑒遂至於石頭景親率其黨合戰龕與衆軍奮擊大破景景遂東奔承聖二年又與王僧辯討陸納等於長沙降之又征武陵王於西陵亦平之

胡僧祐大寶中假節武猛將軍討侯景於荊硤僧祐赴援至陽浦景遣其將任約率銳卒五千據白塔遥以待之僧祐繇別路西上約謂畏巳而退急追之及於南安芊口呼僧祐曰吳兒何爲不早降走何處去

僧祐不與之言潛引却至赤砂亭會陸法和至乃與
并軍擊約大破之擒約送與江陵侯景聞之遂遁世
祖以僧祐爲侍中領軍將軍
裴之横大寶中以河南内史隨王僧辯距侯景于巴
陵景退遷持節平北將軍東徐州刺史中護軍封預
寧侯邑二千戶又隨僧辯追景平郢魯江晉等州常
爲前鋒陷陣仍至石頭破景景東奔僧辯令之横與
杜龕入守臺城及陸納據湘州叛又隸王僧辯南討
焉於陣斬納將李賢明遂平之又破武陵王於硤口
還除吳興太守

陳侯瑱仕梁爲武臣將軍南兗州刺史隨都督王僧
辯討侯景常爲前鋒每戰却敵既復臺城景奔吳郡
僧辯使瑱率兵追之與景戰於吳松江大敗景盡獲
其軍進兵錢塘景將謝答仁呂子榮等皆降以功除
南豫州刺史鎮于姑熟承聖二年北齊遣郭元建出
自濡須僧辯遣瑱領甲士三千築壘於東關以扞之
大敗元建除使持節鎮北將軍給鼓吹一部增邑二
千戶累加太尉天嘉元年二月敗王琳于梁山又敗
齊兵于博望生擒齊將劉伯球盡收其資儲舟艦俘
馘以萬計琳及其主蕭莊奔于齊

徐世譜仕梁以散騎常侍領水軍從司徒陸法和討
侯景與景戰於赤亭湖時景軍甚盛世譜乃別造樓
船拍艦火舫水車以益勢將戰又乘大艦居前大敗
景軍生擒景將任約景退走因隨王僧辯攻郢州世
譜復乘大艦臨其倉門賊將宋子仙據城降以功除
使持節信武將軍信州刺史封魚復縣侯邑五百戶
隨王僧辯東下常爲前鋒又破景將侯子鑒於湖熟
景平後以功除通直散騎常侍衡州刺史資鎮河東
太守增邑并前一千戶
孫瑒仕梁爲戎昭將軍宜都太守從王僧辯救徐文

盛於武昌會郢州陷乃留軍鎮巴陵修戰守之備俄
而侯景兵至日夜攻圍瑒督所部兵悉力拒戰賊衆
奔退瑒從大軍沿流而下及剋姑熟瑒力戰有功除
員外散騎常侍封富縣侯邑一千戶遷平南府司馬
破黄洞蠻賊有功除廣州刺史
歐陽頠仕梁爲臨賀内史湘衡之界五十餘洞不賓
勅令衡州刺史韋粲討之粲委頠爲都督悉皆平殄
高祖之討蔡路養李遷仕頠率兵度嶺以助高祖及
路養等平有功爲雲麾將軍東衡州刺史
程靈洗仕梁爲信武將軍蘭陵太守助防京口及平

徐嗣徽靈洗有功除南陽太守封遂安縣侯增邑并前一千五百戶仍鎮采石會王琳前軍東下靈洗於南靈破之虜其兵士并獲青龍十餘乘以功授使持節都督南豫州緣江諸軍事信武將軍南豫州刺史侯瑱等敗王琳于柵口靈洗乘勝逐北據有魯山徵爲衞士將軍餘如故天嘉四年周廸重冦臨川以靈洗爲都督自鄱陽別道擊之廸入走山谷間五年遷中護軍常侍如故

淳于量仕梁爲都督巴州諸軍事侯景西上攻巴州元帝使都督王僧辯入據江陵量與僧辯併力拒景

大敗景軍擒其將任約進攻郢州獲宋子仙仍隨僧辯尅平侯景承聖元年以功授左衞將軍光大中湘州刺史華皎構逆以量爲征南大將軍西討大都督總率大艦自郢州樊浦拒之皎平并降周將長胡公拓拔定等以功授侍中中軍開府儀同三司

周炅仕梁爲持節高州刺史討侯景是時炅據武昌西陽二郡招聚卒徒甲兵甚盛景將任約來據樊山炅與寧州長史徐文盛擊約斬其部將北羅子通趙迦婁等乘勝追之頻尅約衆殆盡大建元年遷龍驤將軍隨都督吳明徹北討所向尅捷一月之中獲十二城

裴忌仕梁爲豫章王法曹參軍侯景之亂忌招集勇力隨高祖征討累功爲寧遠將軍及高祖誅王僧辯弟僧智舉兵據吳郡高祖遣黄佗率衆攻之僧智出兵於西昌門拒戰佗與相持不能尅高祖謂忌曰三吳奧壤舊稱饒沃雖凶荒之餘猶爲殷盛而賊徒扇聚天下揺心非公無以定之宜善思其策忌乃勒部下精兵輕行倍道自錢塘直趣吳郡夜至城下鼓譟薄之僧智疑大軍至輕舟奔杜龕忌入據其郡高祖嘉之表受吳郡太守天嘉初出爲南康内史時義安

太守張紹賓據郡後文帝以忌爲持節都督嶺北諸軍事率衆討平之

周寶安梁平西將軍文育之子文育爲熊曇朗所害寶安以吳興太守起爲猛烈將軍領其舊兵及平王琳頗有功周廸之破熊曇朗寶安南入窮其餘燼天嘉二年重除雄信將軍吳興太守襲封壽昌縣公

荀朗仕梁爲豫州刺史王僧辯東討朗遣其將范寶勝及弟曉領兵二千助之侯景平後又別破齊將郭元建于踟躕山承聖二年率部曲萬餘家濟江入宣城郡界立頓元帝授朗持節通直散騎常侍安南將

軍都督南兗州諸軍事南兗州刺史未行而荆州陷高祖入輔齊遣蕭軌東方光等來寇據石頭城朗自宣城來赴因與侯安都等大破齊軍

樊猛仕梁爲威戎將軍安南侯蕭方矩湘州司馬會武陵王蕭紀舉兵自漢江東下方矩遣猛率湘郢之卒隨都督陸法和進軍以拒之紀已下樓船戰艦據巴江爭峽口尋相持久之不能決法和攜紀師老卒墮因令猛率驍勇三千輕舸百餘乘衝流直上出其不意鼓譟薄之紀衆倉卒驚駭不及整列皆棄艦登岸赴水死以千數時紀心膂數百人猶在左右猛將

部曲三千餘人蒙楯戈直登舟瞋目大呼紀衛皆披靡相枕籍没不敢動猛手擒紀父子三人斬於艑中盡收其船艦器械以功授游騎將軍封安山縣伯邑一千戶仍進軍撫定梁益蜀境悉平大建初遷武毅將軍領長沙內史尋隸章昭達西討江陵潛軍入峽焚周船艦以功封富川縣侯

蕭摩訶梁末隨侯安都東西征伐戰勝攻取摩訶功實居多天嘉中以平劉黑歐陽紇之功累遷巴山太守大建五年衆軍北討摩訶隨都督吳明徹濟江攻秦郡齊大將軍尉破胡等率衆十萬來援其前隊有蒼頭犀角大力之號千餘人出戰摩訶斬之於是齊軍退走以功授明毅將軍封廣平縣伯尋進爵爲侯七年又隨明徹進圍兗豫擊走齊將王康德以功除晉熙太守

周敷梁末爲武侯將軍寧州刺史永定初王琳據有上流余孝頃與琳黨李孝欽等共圍周迪迪擒孝欽等敷以功居多熊曇朗之殺周文育據豫章將兵萬餘人襲敷徑至城敷與戰大破之追奔五十餘里曇朗單馬獲免盡收其軍實曇朗走巴山郡收合餘黨敷因與周迪黃法𣰰等進兵圍曇朗屠之加平西將

軍豫章太守

章昭達梁末從文帝討杜龕龕平又從討張彪于會稽尅之累功除明威將軍天嘉元年隨侯安都等拒王琳於沌口戰於蕪湖昭達乘平虜大艦中流而進先鋒發拋中於賊艦琳平昭達冊勳第一二年除都督郢巴武沅等州諸軍事郢州刺史進號平西將軍會周廸反於臨川詔令昭達便道征之及廸敗走徵爲護軍四年陳寶應納周廸復共寇臨川又以昭達爲都督既至東興嶺而廸又退走昭達乃踰嶺以討寶應寶應據建安晉安二郡之界水陸爲柵以拒官

軍昭達與戰不利因據其上流會世祖遣余孝頃出自海道適至因并力乘之賓應大潰遂尅定閩中以功授鎮前將軍開府儀同三司歐陽紇據有嶺南反詔昭達都督衆軍討之擒紇送于京師廣州平以功進車騎大將軍遷司空

周廸爲振遠將軍江州刺史高祖卽位初王琳東下廸欲自據南川總召所部八郡守宰結盟聲言入赴朝廷恐其爲變因厚慰撫之琳至湓城新吳洞主余孝頃舉兵應琳琳以爲南川諸郡可傳檄而定乃遣其將李孝欽樊猛等南徵糧餉猛等與余孝頃相合

衆且二萬來趨工塘連八城以逼廸廸使周敷率衆頓臨川故郡斷截江口因出與戰大敗之屠其八城生擒李孝欽樊猛余孝頃送于京師收其軍資器械山積虜其人馬

黃法𣰰永定二年以宣毅將軍率兵援周廸王琳功授平南將軍熊曇朗於金口反害周文育法𣰰共周廸討平之進號安南將軍天嘉元年周廸反法𣰰率兵會都督吳明徹討廸於工塘廸平法𣰰功居多徵爲使持節散騎常侍都督南徐州諸軍事鎮北大將軍南徐州刺史儀同三司大建五年大舉北伐以法𣰰爲都督出歷陽齊遣其歷陽王步騎五千來援於小峴築城法𣰰遣左衛將軍樊介分兵於大峴禦之大破齊軍盡獲人馬器械進攻歷陽城降之以功加侍中

侯安都天嘉元年以司空都督南徐州諸軍事督大軍出頓蕪湖以拒王琳琳敗走入齊安都進軍湓城討琳餘黨所向皆下會留異擁據東陽安都奉詔東討異與弟二子忠臣脫身奔晉安安都虜其妻子盡收其人馬甲仗振旅而歸以功加侍中征北大將軍增邑并前五千戶

戴僧朔天嘉元年隨族兄右將軍僧錫平王琳有功僧錫卒僧朔代爲南丹陽太守鎮採石從侯安都征留異又從征周廸有功累遷壯節將軍巴州刺史

韓子高天嘉二年以壯武將軍成州刺史文招縣子隨侯安都征留異頓于桃支嶺下時子高兵甲精鋭別御一營異平除假節貞毅將軍東陽太守五年章昭達等自臨川征晉安子高自安泉嶺會於建安晉安平以功遷通直散騎常侍進爵爲侯

程文季天嘉二年以貞毅將軍新安太守隨侯安都東討留異異黨與向文政據有新安文季率精甲三

百徑往攻之文政遣其兄子瓚來拒文季與戰大破瓚軍文政乃降四年陳寶應與留異連結又遣兵隨周廸更出臨川文帝遣信義太守余孝頃自海道襲晉安文季爲之前軍所向尅捷寶應平文季戰功居多

錢道戢天嘉二年爲臨海太守鎮南巖時侯安都之討留異也道戢帥軍出松陽以斷其後異平以功拜持節通直散騎常侍輕車將軍都督東西二衡州諸軍事衡州刺史領始興内史宣帝即位徵歐陽紇入朝紇疑懼乃舉兵來攻衡州道戢與戰却之及都督

章昭達率兵討紇以道戢爲步軍都督繇間道斷紇之後紇平除左衛將軍大建二年又隨昭達征蕭巋於江陵道戢別督衆軍與陸子隆焚青泥舟艦仍爲昭達前軍攻安蜀城降之以功加散騎常侍仁武將軍增邑并前九百戶其年遷仁威將軍吳興太守未行改授使持節都督郢巴武三州諸軍事郢州刺史王師北討道戢與儀同黄法𣰰圍歷陽歷陽城平因以道戢鎮之以功加雲麾將軍增邑并前一千一百戶

華皎天嘉三年以仁武將軍新州刺史督尋陽等五郡諸軍事周廸謀反遣其兄子伏甲於船中僞稱賈人欲於湓城襲皎未發事覺皎遣人逆擊之盡獲其船仗其年皎隨都督吳明徹征廸廸平以功授散騎常侍平南將軍臨川太守進爵爲侯

魯廣達天嘉三年以信武將軍北新蔡太守隨吳明徹討周廸於臨川每戰功最仍代兄悉達爲吳州刺史封中宿縣侯後爲巴州刺史大建五年衆軍北伐略淮南舊地廣達與齊軍會於大峴大破之斬其敷城王張元範虜獲不可勝數進尅北徐州及授都督北徐州諸軍事徐州刺史

吳明徹光大中爲丹陽尹會湘州刺史華皎陰有異志詔授明徹使持節散騎常侍都督湘桂武三州諸軍事與征南大將軍淳于量等率兵討皎皎平授開府儀同三司大建五年詔加侍中都督征討諸軍事總統衆軍十餘萬發自京師緣江城鎮相續降款軍至秦郡尅其水柵齊遣大將尉破胡將兵爲援明徹破走之斬獲不可勝計秦郡乃降進尅仁州授征北大將軍進爵南平郡公以平峽石岸二城進逼壽陽齊遣王琳將兵拒守琳至與刺史王貴顯保其外郭明徹以琳初入衆心未附乘夜攻之中宵而潰齊兵

退據相國城及金城明徹令軍中益脩攻具又引肥水以灌城城中苦濕多腹疾手足皆瘇死者十六七會齊遣大將軍皮景和率兵數十萬來援去壽春三十里頓軍不進諸將咸曰堅城未拔大援在近不審明公計將安出明徹曰兵貴在速而彼結營不進自挫其鋒吾知其不敢戰明矣於是躬擐甲冑四面疾攻城中震恐一鼓而尅生擒王會王琳王貴顯扶風王可朱渾孝裕尚書盧潛左丞李騊駼送京師景和惶懼遁走盡收其駝馬輜重七年進攻彭城軍至呂梁齊遣援兵前後至者數萬明徹又大破之

任忠大建初以明毅將軍隨章昭達討歐陽紇於廣州累加右軍將軍五年衆軍北伐忠將兵出西道擊走齊歷陽王高景安大峴逐北至東關仍尅其東西二城進軍蘄譙并拔之徑襲合肥入其郛進尅霍州以功授員外散騎常侍封安復縣侯邑五百戶十二年爲平南將軍南州刺史仍率步騎趣歷陽州遣王廷貴率衆爲援忠大破之生擒廷貴

樊毅爲左衛將軍大建五年衆軍北伐毅率衆攻廣陵楚子城拔之擊走齊軍於潁口齊援滄陵又破之七年進尅潼州下邳高柵等六城

徐敬成大建五年以貞威將軍吳興太守隨都督吳明徹北討出秦郡別遣敬成爲都督乘金翅自歐陽引埭上沂江繇廣陵齊人皆城守弗敢出自擊梁湖下淮圍淮陰城仍監北兗州淮泗義兵相率響應一二日閒衆至數萬尅淮陰山陽監城三郡并連口朐山二戍仍進攻鬱州尅之以功加通直散騎常侍雲旗將軍

後魏劉庫仁昭成末爲南部大人道武未立苻堅以庫仁爲陵江將軍與衛辰分國部衆而統之後辰叛攻庫仁庫仁大破之又西征庫狄部大獲畜產其後

慕容垂圍苻丕於鄴又遣將攻堅幽州刺史王永庫仁遣妻兄公孫希助永擊破之

劉眷道武初代其兄庫仁攝國事白部大人絜佛叛眷力不能討乃引苻堅并州刺史張蚝攻佛破之眷又破賀蘭部于善無又擊蠕蠕別帥肱渥於意親山破之獲牛羊數十萬頭

長孫肥登國初與莫題等俱爲大將從征劉顯自濡源擊莫奚討賀蘭部並有戰功帝征蠕蠕大破之肥降其主匹候跋又從征衛辰及薛干部滅之蠕蠕別主縕紇提子曷多汗等率部落棄父西走肥以輕騎

追至上郡斬之後從征中山拜中領軍將軍駕次晉陽慕容寶并州刺史遼西王農棄城宵遁肥追之至蒲泉獲其妻子帝將圍中山慕容寶棄城奔和龍肥與左將軍李栗三千騎追之至范陽不及而還遂破其研城戍俘千餘人中山城內人立慕容普鄰爲主帝圍之普鄰乃出步卒千餘人欲伺間犯圍帝命肥挑戰僞退普鄰衆追肥帝截其後盡擒斬之時以士馬少糧遂罷中山之圍就穀河間慕容賀元殺普鄰而自立車駕次魯口遣肥帥七千騎襲中山入其郛而還賀驎以步騎四千追肥至泒水肥自魏昌擊之

獲鎧騎二百肥中流矢瘡重乃還中山平以功賜爵琅邪公遷衞尉卿改爵盧鄉時中山太守仇儒不樂内徙亡匿趙郡推羣盜趙准爲主妄造妖言云燕東傾趙當續欲其名淮水不足准喜而從之自號使持節征西大將軍青冀二州牧鉅鹿公儒爲長史聚黨二千餘家據關城連引丁零殺害長吏扇動常山鉅鹿廣平諸郡遣肥率三千騎討之破准於九門斬仇儒生擒准詔以儒肉食准傳送京師轘之於市夷其族除肥鎮遠將軍兖州刺史給步騎二萬南徇許昌畧地至彭城司馬德宗將劉該遣使詣肥請降貢其方物姚平之寇平陽帝遣肥與毗陵王順等六萬騎爲前鋒車駕次永安平募遣勇將率精騎二百闞軍肥逆擊擒之匹馬不返平退保柴壁帝進攻屠之遣肥還鎮兖州肥前後征討未嘗敗失南平中原西摧羌寇肥功居多賞賜奴婢數百畜物數千

尉古真登國初從征庫莫奚及叱突鄰並有功又從救賀蘭破衞辰子真力鞮復擊慕容寶於參合陂又從平中原以功賜爵東州侯加建節將軍明元初爲鴻飛將軍率衆五千鎮大雒城明元西巡古真與奚斤等率前軍討越勤部大破之獲馬五萬匹牛羊二

十萬頭驅掠二萬餘家西還

奚斤登國初與長孫肥等俱統禁兵後從征慕容寶於參合拜越騎校尉車駕還京師博陵渤海章武諸郡羣盜並起所在屯聚拒害長吏斤與畧陽公元遵等率山東諸將討平之又從破高車諸部又破庫狄宥連部徙其別部諸落於塞南又進擊侯莫陳部俘虜獲雜畜十餘萬至大峨谷置戍而還遷都水使者明元西巡詔斤先驅討越勤部於鹿那山大破之詔火帝立其大臣不附國内離阻乃遣斤收其所侵河南假斤節都督前鋒諸軍事司空公晉兵大將軍行

楊州刺史率吳兵將軍公孫表等南征宋虎牢守將毛德祖遣其司馬翟廣將軍姚勇錯竇霸等率五千人據土樓以拒斤斤進擊破之廣等單馬走免盡殪其衆斤長驅至虎牢軍於氾東留表守輜重自率輕兵徇下河南頴川陳郡汝南百姓無不歸附陳留太守嚴稜以郡降斤遂平兗豫諸郡還圍虎牢德祖拒守不下及虎牢潰斤置守宰以撫之大武即位進爵宜城王帝征赫連昌遣斤率義兵將軍封禮等督四萬五千人襲蒲坂昌守將赫連乙升聞斤將至遣使告昌使至統萬見大軍已圍其城還告乙升曰昌已

敗矣乙升懼棄蒲坂西走斤追敗之乙升遂奔長安斤入蒲坂收其資器百姓安業昌弟助興先守長安乙升至復與助興棄長安西走安定斤又西據長安於是秦雍氐羌皆東歸附與赫連定相持累戰破定定聞昌敗遂走上邽斤追之至雍不及而還大延初涼州平以戰功賜僮隸七千戶

王建登國中以左大夫從征伐諸國破二十餘部又從征衛辰破之後爲中部大人從破慕容寶於參合陂遷冠軍將軍烏丸庫傉官鳴聚黨爲寇詔建討平之

婁伏連爲酋帥領部落從道武破賀蘭部又平中山及征姚平於柴壁以功賜爵安邑侯

長孫嵩爲南部大人累有軍功後從道武征中山除冀州刺史賜爵鉅鹿公

劉羅辰爲南部大人從道武平中原以功賜爵永安公

奚牧爲輔國將軍從道武征慕容寶畧地晉州獲寶丹陽王買得及離石護軍高秀和於干陶以軍功拜并州刺史賜爵任城公

和跋擢爲外朝大人從道武平中原以功進爲尚書

鎮鄴慕容德使兄子和守滑臺和長史李辯殺和求援於跋跋率輕騎赴之既至辯悔閉門拒守跋使尚書郎鄧暉說之辯乃開門跋入收其府藏德聞之遣將率三千騎擊跋跋逆擊大破之擒其將士千餘人而還於是陳頴之民多乘向化改爲定陵公與嘗山王遵率衆五萬討破賀蘭部別帥木易千破之出爲平原太守

莫題爲中山太守督司州之山東七郡事道武征姚興次於晉陽而上黨羣盜秦頗丁零翟都等聚衆於壺關詔題帥衆三千以討之上黨太守捕頗斬之都

走林慮詔題搜山捕討盡平之
李栗初隨道武幸賀蘭部數有戰功拜右將軍帝征慕容寶栗督萬騎爲前驅軍之所至莫不降下遷左將軍
庾岳爲外朝大人慕容垂圍慕容永於長子永告急求援岳與陳留王虔以一萬騎東渡河救於秀容破山胡部高車門等徙其部落會永滅乃班師從道武平中原拜安遠將軍官軍之驚於栢肆也賀蘭部帥附力眷紇突鄰部帥匿物尼紀奚部帥叱奴根等聞之聚黨反於陰館南安公元順討之不尅死者數千

人太祖聞之詔岳率萬騎還討叱奴根等殄之百姓乃安離石胡帥呼延鐵西河胡帥張崇等不樂内徙聚黨反叛岳率騎三千討破之斬鐵擒崇搜山窮討散其餘黨以功賜爵西昌公進號征虜將軍又討反人張超清河太守傅世并破平之以岳爲鄴行臺
丘堆明元即位以爲散騎常侍與叔孫建等討娍山胡晉人沂西河上詔堆與建自河内次枋頭以備寇盜姚泓旣滅堆留鎮并州赫連屈子遣三千騎寇河内堆自并州與游擊將軍王洛生擊走之以功賜爵爲侯

和突爲材官將軍天興五年破黜弗素古延等諸郡獲馬三千餘匹牛羊三萬餘頭蠕蠕社崘遣騎救素古延等突逆擊破之于山南河曲獲鎧馬二千餘匹
劉託爲離石護軍天賜元年率騎一千襲蒲子擒姚興寧北將軍泰平太守衡譚獲三千餘口
閭大肥明元神瑞中爲都將討越勤部於跋那山大破之泰常初復爲都將領禁兵討蠕蠕獲其大將莫孤渾宜城王奚斤之攻虎牢也大肥與娥清領十二軍出中道畧地高平金鄉東至太山假大肥使持節安陽公鎮撫陳汝太武初復與奚斤出雲中白道討

大檀破之又爲都將擊大檀大破之還至渴侯山遂討東部高車於巳尼陂又征平涼並有功太武將拜大肥爲王遇疾卒追贈中山王
娥清爲黄門侍郎明元南巡幸鄴以清爲中領軍將軍與宋丘將軍周幾等渡河畧地至湖陸高平民屯聚林藪拒射官軍清等因誅數千家虜獲萬餘口賜爵須昌侯清與幾等遂鎮枋頭
尉目斤泰常中以前將軍從平虎牢頗有軍功拜中山太守
于栗磾泰常中爲黑矟將軍奚斤之征虎牢也栗磾

别率所部攻晉河南太守王消之於金墉消之棄城遁走遷豫州刺史

叔孫建爲正直將軍相州刺史飢胡劉武等聚黨叛明元以建督公孫表等討之斬首萬餘級餘衆奔走投汾水死水爲不流晉師伐姚泓其部將王仲德爲前鋒將逼滑臺兖州刺史尉建率所部棄城濟河仲德遂入滑臺明元聞之詔建渡河耀威斬尉建投其屍於河尋都督前鋒諸軍事禁兵將軍與汝陰公長孫道生濟河而南仲德等自河入濟東走青州宋兖州刺史竺靈秀棄須昌南奔湖陸建追擊大破之斬

首五千餘級遂至鄒魯還屯范城大武以建威名南震除平原鎮大將加征南大將軍先是簡幽州以南戍兵集於河上一道討雒陽一道攻滑臺宋將檀道濟王仲德救滑臺建與汝陰公道生拒擊之建分軍夾戰縱輕騎邀其前後焚燒穀草以絶其糧道兵饑叛者相繼繇是安頡等得拔滑臺

公孫表爲功勞將軍元屈叅軍事宋人征姚與兖州刺史尉建聞寇至棄滑臺北走詔表隨壽光侯叔孫建屯枋頭泰常七年議取河南侵地帝以爲掠地至淮滑臺等三城自然面縛表固執宜先攻城帝從之於是以奚斤爲都督以表爲吳兵將軍廣州刺史斤等濟河表討攻滑臺歷時不拔帝乃南巡爲之聲援表旣尅滑臺引師西伐大破宋將翟廣等於土樓遂圍虎牢

册府元龜

冊府元龜

巡按福建監察御史臣李嗣京　訂正

知閩縣事臣曹甹臣叅閱

知建陽縣事臣黃國琦較釋

將帥部十四

立功第六

後魏長孫道生太武即位初以南統將軍汝陰公從征蠕蠕與尉眷等率衆出白黑兩漠閒大捷而還太武征赫連昌道生以廷尉與司徒長孫翰宗正娥清爲前驅遂平其國

長孫翰爲司徒襲赫連昌破之太武復征昌翰與廷尉道生宗正娥清率騎三萬爲前驅昌戰敗奔上邽翰以八千騎追之至高平不及而還從襲蠕蠕車駕渡漠大檀奔走其弟匹黎率衆赴之遇翰交戰匹黎潰走斬其渠帥數百人

王慶爲衞尉卿從太武征赫連昌討蠕蠕並有功賜爵濟陽公加散騎常侍平南將軍詔慶率五千騎與叔孫連合擊宋兗州刺史竺靈秀於湖陸大破之

奚眷爲鎭南將軍鎭長安太武幸美稷眷受詔督諸軍事共討山胡白龍于西河破之屠其城斬首數千級虜其妻子而還太武平姑臧遣眷討沮渠祕孫叔捷弟私署張掖太守宜得宜得奔酒泉酒泉太守無諱與宜得奔高昌獲其二城後沮渠天周復據酒泉眷討平之虜男女四千餘人

尉眷爲安北將軍出鎭北境與平陽王長孫翰擊蠕蠕別帥阿伏干於柞山率師至歌刪山擊蠕蠕別帥便度弟庫仁直引師而北蠕蠕部帥莫孤帥高車騎五千來逆眷擊破之斬首千餘級又從征蠕蠕眷出白黑兩漠之閒擊其東部大獲而還又從征赫連昌眷出道南擊昌於上邽士衆乏粮臨淮公丘堆等租

於郡縣爲昌所敗昌乘勝抄掠諸將患之眷與侍御史安頡陰謀設伏邀擊擒昌以功拜寧北將軍加散騎常侍進爵源陽公後從征和龍眷督萬騎前驅降二千餘戶尋爲假節加侍中都督豫雍二州及河内諸軍事安南諸軍開保鎭虎牢張掖王禿髮保周之反也徵眷與永昌王建等率衆討之破保周於番和周遁走眷率騎追之保周窮迫自殺詔眷留鎭涼州加都督涼沙二州諸軍事安西將軍領護羌戎校尉轉燉煌鎭將又擊破吐谷渾俘三千餘口眷歷鎭西藩威名並著文成時北擊伊吾尅其城大獲而還尋

拜侍中太尉進爵爲王
薛謹爲平西將軍秦州刺史時山胡白龍憑險作逆太武詔鎮南將軍奚眷與謹自太平北入討平之除安西將軍梧陵公
羅斤爲侍御中散從太武討赫連昌帝追奔入城昌邀擊左右多死斤力戰有功帝嘉之錄勳除散騎常侍後爲平西將軍平凉州攻城野戰多有克捷以功賜爵帶方公
司徒楚之爲安南大將軍屯潁川宋將到彥之泝河而西列守南岸至於衞闕及彥之等退走楚之破其

別軍於長社又與冠軍將軍安頡攻滑臺拔之擒宋將朱脩之李元德及東郡太守申謨俘萬餘人從征凉州以功賜隸戶一百
張黎爲鎮北將軍鎮長安太武詔黎鎮兵一萬二千人通莎泉道帝征凉州蠕蠕吳提乘虛入寇黎與司空道生拒擊走之
來大千爲征北大將軍從太武討蠕蠕戰功居多遷征北大將軍賜爵盧陵公鎮雲中兼統北道軍事賊北叛大千前後追擊莫不平殄延和初北伐大千爲前鋒大破虜軍
陸寘爲內三郎數從太武征伐所在有功宋將王玄謨衆數萬人寇滑臺寘從帝討之夜與數人乘小船突玄謨軍入城撫慰登城巡行賊營中乃還渡河至明玄謨敗走從駕至江寘再破賊軍拜建武將軍石城子還攻盱眙寘功多遷給事中
奚烏侯爲治書御史建義將軍從征蠕蠕擊赫連昌以功進爵城陽公加員外散騎常侍陸陵侯爲武牢鎮大將平凉休屠金崖羌狄子玉等叛以侯爲平西將軍追討崖等皆獲之
韓茂爲虎賁中郎將從太武征赫連昌大破之帝謂

諸將曰今若窮兵極武非弔伐之道明矣當共卿等取之徙其民而還以軍功賜茂爵蒲陰子加强弩將軍遷侍輦郎又從征統萬大破之從平凉當茂所衝莫不應弦而殪繇是帝壯之拜內侍長進爵九門侯從征蠕蠕頻戰大捷與樂平王丕等伐和龍徙其居民從征凉州茂爲前鋒都將戰功居多遷司衞監錄前後功拜散騎常侍殿中尚書進爵安定公從破薛永宗蓋吳轉都官尚書從征懸瓠頻破賊軍車駕南征分爲六道茂與高凉王那出青州諸軍渡淮降者相繼拜茂徐州刺史以撫之

長孫陳爲羽林郎征和龍賊自西門出將犯外圍陳擊退之追斬至其城下以功賜爵五等男

屈垣爲中領軍督諸軍東伐進號鎮東大將軍師次和龍馮文通致牛酒以犒軍獻甲三千垣責其不送侍子數之以王命遂掠男女六千口而還

封勅文爲鎮西將軍護西羌校尉詔勅文率步騎七千征吐谷渾莫利延兄子拾歸於抱罕衆少不能制詔遣安遠將軍廣川公乙烏頭等二軍與勅文會隴右軍次武始拾歸夜遁勅文引軍入抱罕虜拾歸妻子及其民戶分徙千家於上邽

皮豹子爲選部尚書淮陽公宋遣將裴方明等侵南秦王楊難當遂陷仇池太武徵豹子拜仇池鎮將督關中諸軍與古弼等分命諸將十道並進豹子進擊樂鄉大破之擒宋將王奂之長卿等六人斬首三千餘級俘獲二千人豹子進軍下辨宋將强玄明平伯奮棄城遁走追斬之悉獲其衆宋使其秦州刺史胡崇之鎮仇池至漢中聞官軍已西懼不敢進玄明益其兵而遣之豹子與司馬楚之至於濁水擊擒崇之盡虜其衆宋將姜道祖降仇池平未幾諸氐復反推楊文德爲主宋復遣楊文德姜道盛率衆二萬人寇濁水別遣將楊顯伯守斧山以距豹子濁水城兵射殺道盛豹子至斧山斬顯伯悉俘其衆豹子又與河間公元齊俱會于濁水賊衆震恐棄其兵甲夜遁初南秦王楊難當歸命詔送楊氏子弟詣京師文德以行賂得留亡奔漢中宋以文德爲武都王給兵二千人守葭蘆招誘氐羌於是武都陰平五部氐民叛應文德詔豹子率諸軍討之文德阻兵固險以距豹子文德將楊高來降引諸軍向其城文德棄城南走收其妻子寮屬軍資及故武都王保宗妻公主送京師宋白水太守郭啓玄率衆救文德豹子分軍逆擊大

破之啓玄文德走還漢中豹子尋爲內都大官宋遣其將殷孝祖修兩當城於清東以逼南境天水公封勅文擊之不尅詔豹子以爲南寇城守攻圍費日遂畧地至高平宋瑕丘鎮遣步卒五千助戍兩當去城八里與豹子前鋒候騎相遇卽便交戰豹子軍繼至大破之縱騎追擊殺之至於城下其免者十餘人而已城內恐懼不敢出救旣而班師

古弼爲安西將軍鎮長安時宋遣將裴方明等擊南秦王楊難當遣使請救兵未至難當奔上邽方明遂仇池立楊玄庶子保熾於是假弼都督隴右諸軍宋

遣其秦州刺史胡崇之屯仇池弼與平西將軍元齊
邀崇之於濁水臨陣擒之其衆走還漢中弼等從祥
郊山南入與東道將皮豹子等討仇池遣永安侯賀
純攻宋塞狹道守將姜道祖退守狹亭諸將以山道
險峻時又雪深用馬不便皆遲留不進弼獨進軍元
齊賀純等擊狹亭道祖南走仇池平
尉撥文成時爲太學生募從羅忸擊賊於陳汝有功
賜爵界休男從討和龍遷虎賁帥轉千人軍將又從
樂平王丕討和龍除爲涼州軍將擊吐谷渾獲其人
一千餘落後吐谷渾小將率三百餘落來降尋復亡

叛撥率騎追之盡獲而還以功進爵爲子獻文即位
爲北征都將南攻懸瓠破宋將朱湛之水軍三千人
拜懸瓠鎮將
陸眞爲選部尚書時丁零數千家竊寇并定眞與并
州刺史乞伏成龍自樂平東入與定州刺史許崇之
併力討滅尋遷安西將軍長安鎮將假建平公胡賊
帥賀略孫聚衆千餘人叛于石樓眞擊破之殺五百
餘人是時初置長蛇鎮眞率衆築城未訖而氐豪仇
傉檀等反叛氐民咸應其衆甚盛眞擊平之殺四千
餘人卒城長蛇而還

薛拔爲都將與陸眞討反仇辱檀强免生平之
房拔爲北鎮將興光元年擊蠕蠕虜其將豆渾與句
等獲馬千餘匹
于雒拔爲外都大官會隴西屠客王景文等恃險竊
命私署王侯文成詔雒拔與南陽王惠壽督西州之
衆討平之徙其惡黨三千餘家於趙魏轉拜侍郎殿
中尚書
源賀爲太尉時蠕蠕寇邊賀從文成追討破之及孝
文即位時河西勅勤叛遣賀率衆討之降二千餘落
倍道兼行追賊黨郁朱千等至抱罕大破之斬首五

千餘級虜男女萬餘口雜畜三萬餘頭復追統萬高
平上邽三鎮叛勅勤至金城斬首三千級
尉元爲鎮南大將軍獻文天安元年宋將薛安都以
徐州內附元與孔伯恭赴援宋遣將張永沈攸之等
率衆討安都屯于下磕永乃分遣羽林監王穆之領
卒五千守輜重於武原龍驤將軍謝善居領卒二千
據呂梁散騎侍郎張弘領卒二千守茱萸督上租粮
供其軍實安都出城見元元依朝旨授其徐州刺史
遣中書侍郎高閭李璨等與安都俱還入城別令孔
伯恭精甲二千撫安內外然後元入彭城元以張永

仍據險要攻守勢倍懼傷士卒乃命安都與璨等圍守身率精鋭揚兵於外分擊呂梁絶其糧運善居遁奔茱萸彷與張弘東走武原馳騎追擊斬首八百餘級武原窮寇八千餘人拒戰不下元親擐甲冑四面攻之破其外營殺傷大半獲其輜重五百餘乘以給彭城諸軍然後收師緩戰開其走路穆之率餘燼奔于永軍永勢挫力屈元乘勝圍之攻其南門永遂捐城夜遁伯恭安都乘勝追擊時大雨雪泗水氷合永棄船而走元豫策永必將東亡身率衆軍邀其走路南北奮擊大破於呂梁之東斬首數萬級追北六十

餘里死者相枕手足凍斷者十八九生擒宋都督梁南北秦三州諸軍事寧朔將軍垣恭祖羽林監沈承伯等永攸之輕騎走免收其船車軍資器械不可勝數

呂雒援爲平原鎮都將宋徐州刺史薛安都歸誠請援詔遣尉元率衆救之雒援隨元入彭城宋將張永遣將王茂之領兵五千入武原援其運車元遣雒援率騎詣武原擊之格戰二日手殺九人奪賊運車二百餘乘牛二百五十頭仍共擊永大敗之賜爵成武侯加建義將軍

孔伯恭爲散騎常侍宋徐州刺史薛安都以彭城内附宋遣張永沈攸之等擊安都獻文遣伯恭副尉元救之永等引師而退時皇興元年正月天大寒雪泗水氷合永與攸之棄船而走伯恭以書諭下邳宿豫城内時攸之呉憘公等率衆數萬來援下邳屯軍焦墟曲去下邳五十餘里伯恭遣子都將侯分等率騎五百在水南奚斗等五百餘騎清北邀之伯恭密造大車攻具欲水陸俱進攸之等旣聞將戰引軍退保樊階城伯恭又令子都將孫天慶等步騎六千向零中峽斫木斷清水路宋寧朔將軍陳顯達領衆二千

遡清而上以迎之屯于睢清合口伯恭率衆渡水大破顯達軍俘斬十九攸之聞顯達軍敗順流退下伯恭從睢陵城東向零巾峽分軍爲二道遣司馬范師子等在清南伯恭從清西與攸之合戰遂大破之斬其將姜産之高遵世及立幼弼丘隆先沈誕沈榮宗陸道景等首攸之憘公等輕騎遁走乘勝追奔八十餘里資粮器械虜獲萬計進攻宿豫宋戍將魯僧遵棄城夜遁又遣將孔太嘗等領募騎一千南討淮陽

二年以伯恭都督徐南北兗州諸軍彭城鎮將

尉多侯孝文時爲假節征西將軍領護羌戎較尉延

典初蠕蠕遣部帥盧眞率三萬騎入塞圍鎭多侯擊走之以功進號征西大將軍後多侯徼于南山蠕蠕遣部帥度拔入圍燉煌斷其還路多侯且前遂衝圍而入率衆出戰大破之追北數十里斬首千餘級

皮喜爲南部尚書太和元年宋葭蘆戍主楊文度遣弟鼠竊據仇池詔喜率衆四萬討鼠軍到建安鼠棄城南走進次濁水遣平西將軍楊靈珍擊文度所置仇池太守楊眞眞衆潰僅而得免喜遂軍於覆津文度將强大黑固守津道懸崖險絶偏閣單行喜部分將士攀崖涉水衝擊大黑大黑潰走追奔西入攻葭

蘆城拔之斬文度傳首京師殺一千餘人

韋珍爲樂陵鎭將齊司州民謝天蓋自署司州刺史規欲以內附事泄爲齊將崔慧景攻圍詔珍率在鎭士馬渡淮援接時齊聞珍將至遣將苟元賓據淮逆拒珍乃分遣鐵騎於上流潛渡親率步士與賊對壘旗鼓始交鐵騎掩至腹背奮擊破之天蓋尋爲左右所殺降於慧景珍乘勝馳進又破慧景擁降民七千餘戶內徙表置城陽三郡以處之

李崇爲河南尹孝文南討漢陽以崇行梁州刺史氐楊靈珍遣弟婆羅與子雙領步騎萬餘襲破武興與齊相結詔崇爲使持節都督隴右諸軍事率衆數萬討之崇槎山分進出其不意表裏攻襲群氐皆棄靈珍散歸靈珍衆減大半崇進據赤土靈珍又遣從弟建率五千人屯龍門躬率精勇一萬據鷲硤龍門之北數十里中伐樹塞路鷲硤之口積大木聚礌石臨崖之下以拒官軍崇乃命統軍慕容拒率衆五千從他路夜襲龍門破之崇乃自攻靈珍靈珍連戰敗走俘其妻子崇多設疑兵襲剋武興齊梁州刺史陰廣宗遣參軍鄭猷王思考率衆援靈珍崇大破之并斬婆羅首殺千餘人俘獲猷等珍走奔漢中以崇爲都

督梁秦二州諸軍事及靈珍偸據白水崇擊破之靈珍遠遁孝明初徵爲右衛將軍轉左衛將軍相州大中正魯陽蠻柳北喜魯北鷰等聚衆反叛諸蠻悉應之圍逼湖陽游擊將軍李暉先鎭此城盡力捍禦賊勢甚盛詔以崇爲使持節都督征蠻諸軍事以討之蠻衆數萬屯據形要以拒官軍崇累戰破之斬北鷰等徙萬餘戶於幽并諸州孝明追賞平氏之功封魏昌縣開國伯邑五百戶東荊蠻樊安聚衆於龍山僭稱大號梁武共爲脣齒遣兵應之諸將討擊不利乃以崇爲使持節散騎常侍都督征蠻將軍事進號鎭

南將軍率步騎以討之崇分遣諸將攻擊賊壘連戰尅捷生擒樊安進討西荆諸蠻悉降延昌初加侍中車騎將軍都督江西諸軍事時梁武遣其游擊將軍趙祖悅襲據西硤石更築外城逼徙沿淮之人於城內又遣二將昌義之王神念率水軍泝淮而上規取壽春田道龍寇邊城路長平寇五門胡興茂寇開霍楊州諸城皆被寇逼崇分遣諸將與之相持密裝船艦二百餘艘教之水戰以待臺軍梁武霍州司馬田休等率衆寇建安崇遣統軍李神擊走之又命邊城戍主邵申賢要其走路破之於濡水俘斬三千餘人

靈太后璽書勞勉許昌縣令兼紵麻戍主陳平王南引梁軍以戍歸之崇自秋請援表至十餘詔遣鎮南將軍崔亮救硤石鎮東將軍蕭寶寅於梁人堰上流決淮東注朝廷以諸將乖角不相赴乃以尚書李平兼右僕射持節節度之崇遣李神乘鬬艦百餘艘沿淮與李平崔亮合攻硤石李神水軍尅其東北外城祖悅力屈乃降朝廷嘉之進號驃騎將軍儀同三司刺史都督如故

王肅爲輔國將軍長史詔討南齊義陽肅至義陽頻破賊軍降者萬餘孝文遣散騎侍郎勞之以功進號平南將軍賜駿馬一匹宣武初爲尚書令時南齊裴叔業以壽春內附拜肅使持節都督江西諸軍事車騎將軍與驃騎大將軍彭城王勰率步騎十萬以赴之齊豫州刺史蕭懿率衆三萬屯於小峴交州刺史李叔獻屯合肥將圍壽春懿遣將胡松李居士等領衆萬餘屯據死虎肅進師討擊大破之擒其將喬岷等斬首數千進討合肥生擒叔獻蕭懿棄小峴南走肅還京師帝以肅淮南累捷賞帛四千七百五十匹進位開府儀同三司封昌國縣開國侯

奚康生爲中堅將軍西臺直後吐京胡反自號辛支

王康生爲軍主從章武王彬討之胡遣精騎一千邀谷斷截康生率五百人拒戰破之追至石羊城斬首三十級彬甲卒七千與胡賊戰分爲五軍四軍俱敗康生軍獨全遷爲統軍時壽春來降詔康生宣撫俄而齊將桓和屯軍梁城陳伯之據硤石民心駭動頻有異謀康生乃防禦內外音信不通固城一月援軍乃至康生出擊桓和伯之等二軍並破走之拔梁城合肥雒口三戍以功遷征虜將軍封安戎縣開國男食邑二百戸及梁將宋黑率衆寇擾彭城時康生遭母憂詔起爲別將持節假平南將軍領南青州諸軍

擊走之後梁復遣都督臨川王蕭密副將張惠紹勒甲十萬規寇徐州又假宋黑徐州刺史領衆二萬水陸俱進徑圍高塚戍詔授康生武衛將軍持節假平南將軍爲別將領羽林三千人騎步甲士隨便割配康生戰破走之

長孫百年爲枹罕領將太和中攻吐谷渾所置洮陽泥和二戍克之獲三千餘人

僧淵爲黄郭戍主太和末齊將王曇紛等萬餘人寇南青州僧淵擊破之悉虜其衆

陸叡爲北征都督擊蠕蠕大破之遷侍中都曹尚書

時蠕蠕又犯塞詔叡率騎五千以討之蠕蠕遁走追至石磧擒其帥赤阿突等數百人而還加散騎常侍遷尚書左僕射領北部尚書又爲使持節鎭北大將軍與楊平王蹟並爲都督領軍將軍斛律桓等北征三道諸軍事步騎十萬以討蠕蠕叡以下各賜衣物布帛孝文親幸城北訓誓群帥除尚書令衛將軍叡大破蠕蠕而還

穆亮爲都督秦梁益三州諸軍事征南大將軍領護西戎校尉仇池鎭將時宕昌王梁彌機死子彌博立爲吐谷渾所逼來奔仇池亮以彌機蕃款素著矜其亡滅彌博凶悖氐羌所棄彌機兄子彌承戎民歸樂表請納之孝文從焉於是率騎三萬次于龍鵠擊走吐谷渾立彌承而還

楊播爲龍驤將軍與楊平王蹟等出漢北擊蠕蠕大獲而還孝文嘉其勲賜奴婢十餘口遷武衛將軍復擊蠕蠕至居延山而還除左衛將軍後爲右衛將軍從駕討崔慧景於鄧城破之進號平東將軍

劉思祖孝文朝屢爲統軍南征累著功捷宣武初爲平遠將軍任城王之圍鍾離也梁遣其冠軍將軍張惠紹及彭甕與張豹子等率衆二萬送糧鍾離思祖

領兵數千邀梁偏軍於邵陽遣其長史元龜步騎一千於鍾離之北遏其前鋒錄事參軍繆琰掩其後思祖身率精鋭横衝其陣三軍合擊大破之擒惠紹及梁驍騎將軍邴陽縣開國男趙景悦之弟寧遠將軍景循寧遠將軍梅世和屯騎校尉任景攸長水校尉邊欣越騎校尉賈慶眞龍驤將軍徐州㪚等俘斬數千人

趙遐宣武景明初爲梁城戍主被梁將攻圍以固守及戰功封牟平子後以左將軍督巴東諸軍事鎭南鄭時梁冠軍將軍王萎循衆二萬屯羊口輔國將

軍姜白龍據南城龍驤將軍泉建率北人屯桑坪姜
循又分軍據典勢司州刺史王僧炳頓南安並翕動
羨僚規翻南鄭遐率甲卒所在衝擊數百里閒莫不
摧靡前後斬首五千餘級還正始三年九月大破梁
衆於黨城桑坪
司馬悅爲鎮遠將軍豫州刺史悅與鎮南將軍元英
攻義陽尅之詔改梁司州爲郢州以悅爲征虜將軍
郢州刺史梁遣其豫州刺史馬仙琕左軍將軍永陽
戍主陳可等率衆一萬於三關南六十里因山起城
名爲竹敦遣其輔國將軍濟陰太守蘇沛精兵二千

以成之後於關南四十里麻陽舊柵起城仙琕輕騎
東西爲之節度關南之民多懷兩望悅令西關統軍
諸靈鳳奄擊敗之盡燔其城樓儲積擒蘇沛及其輔
國將軍軍主劉靈秀以散騎常侍徵還從征凉州以
功賜隸戶一百
傅豎眼爲建武將軍鎮合肥武典民楊集義反叛推
其兄子紹先爲王攻圍關城梁州刺史邢巒遣豎眼
討之集義衆逆戰頻破走之乘勝追北乃尅武典後
爲昭武將軍益州刺史以州初置境逼巴獠給羽林
虎賁三百人進號冠軍將軍及高肇伐蜀假豎眼征
虜將軍持節領步兵三萬先討北巴梁高祖聞大軍
西伐遣其寧州刺史任太洪從陰平偷路入益州北
境欲擾動氐蜀以絕運路乘國諱班師遂扇誘民奄
破東維徐口二戍因此詐言南軍繼至氐蜀信之翕
然從逆太洪率氐蜀數千圍逼關城豎眼遣寧朔將
軍成興孫討之軍次白護太洪遣其輔國將軍任碩
北等率衆一千邀險拒戰在虎徑南山連置三營興
孫分遣諸統隨便掩擊皆破之太洪又遣軍主逸昭
等率氐蜀二千攻逼興孫柵興孫力戰爲流矢所中
死豎眼又遣統軍姜喜季元度從東嶺潛入廻出西

崗邀賊之後表裏合擊大破之斬逸昭及太洪前部
王隆護首於是太洪及關城五柵一時逃散及孝明
時屢請解州乃以元法僧代之至維拜征虜將軍大
中大夫梁遣將趙祖悅入屯硤口以逼壽春鎮南將
軍崔亮討之以豎眼爲持節鎮南軍司法僧既至大
失民和梁遣其信武將軍衛州刺史張齊因民心怨
入寇晉壽頻陷葭萌小劍諸戍進圍州城朝廷以西
南爲憂乃驛徵豎眼於淮南既至以爲右將軍益州
刺史尋加散騎常侍平西將軍假安西將軍西征都
督率騎三千以討張齊給銅印千餘須有假職者聽

六品巳下板之竪眼既出梁州冠軍將軍勾道侍梁州刺史王太洪等十餘將所在拒塞竪眼三月之中轉戰二百餘里甲不去身頻致大捷士民統軍席廣度等處處邀擊斬太洪及梁征虜將軍楊伏錫等首張齊引兵西退遂奔葭萌蜀氏聞竪眼復爲刺史人人喜悅迎於路者日有百數竪眼至州白水以東民皆寧業先是梁信義將軍都統白水諸軍事楊興起征虜將軍李光宗襲據白水舊城竪眼遣虎威將軍强虬與陰平王楊大赤率衆千餘夜渡白水旦而交戰賊軍斬興起首尅復舊城又遣統軍傅曇表等大

破梁寧朔將軍王光昭於陰平張齊仍阻白水屯冠葭萌竪眼分遣諸將水陸討之齊遣其寧朔將軍費忻督步騎二千逆來拒戰軍主陳洪起力戰破之乘勝追奔遂臨夾谷三柵統軍胡小虎四面攻之三柵俱潰張齊親率驍勇二萬餘人與諸軍交戰竪眼命諸統帥同時奮擊軍主許暢斬梁雄信將軍牟典祖軍主孔領周射齊中足於是大破賊軍斬獲甚衆齊乃柵於虎頭山下賊帥任令宗屯據西郡竪眼復遣討之令宗棄衆夜遁乃進討齊破其三柵斬首萬餘齊被重創奔竄而退小劒大劒賊亦捐城西走益州平

田益宗爲征虜將軍宣武景明初梁遣軍主吳子陽率衆冦三關益宗遣光城太守梅興之步騎四千進至陰關南八十餘里據長風城逆擊子陽大破之斬獲千餘級梁建寧太守黃天錫築城赤亭復遣其黃公賞屯於崇城與風相持益宗命安蠻太守梅景秀之掎角擊討破天錫等斬首數百獲其二城後梁寧朔將軍楊僧遠率衆二千冦逼蒙蘢益宗命魯生與成王奇道顯逆擊破之追奔十里俘斬千餘進號平南將軍

楊大眼爲征虜將軍東荆州刺史景明中蠻酋樊秀安等反詔大眼爲別將隸都督李崇討平之後遷平南將軍持節都統軍正始中梁遣其前江州刺史王茂先率衆數萬次于樊雍招誘蠻夏規立宛州又令其所署宛州刺史雷豹狼軍主曹仲宗等領衆二萬偷據河南城宣武以大眼爲武衛將軍假平南將軍持節都督統軍曹敬邴虬樊魯等諸軍討茂先等大破之斬梁輔國將軍王花龍驤將軍申天化俘馘七千有餘梁又遣其勇將張惠紹總率衆軍竊據宿豫又假大眼平東將軍爲別將與都督邢巒討破之

薛眞度景明中爲平南將軍時梁豫州刺史王超宗率衆圍逼小峴眞度遣兼統軍李叔仁等率步騎擊之超宗逆來拒戰叔仁擊破之俘斬三千還朝除金紫光祿大夫加散騎常侍

魏承祖爲右將軍善撫士卒兼有將材自宣武景明以後甞爲統軍南北征伐累有戰功歷太原太守至光祿大夫

陳伯之爲冠軍將軍正始初梁征虜將軍趙祖悅築城於水東與頴川接對置兵數千欲爲攻討之計伯之進軍討祖悅大破之乗勝長驅入城刺祖悅三創

賊衆大敗進討破賊諸郡斬獲數千

刁整爲尚書左中兵郎中正始中梁江州刺史王茂先來冦南境平南將軍楊大眼討之詔整持節爲大眼軍司大破茂先斬梁輔國將軍王花等永平初以軍功除員外散騎常侍

畢祖朽爲寧遠將軍正始中梁將蕭及先率步騎二萬人冦兖州及先令別帥角念屯于蒙山以祖朽爲統軍假寧朔將軍隷邢巒討之祖朽開誘有方降者相繼賊出逆戰祖朽大破之賊走還柵祖朽夜又焚擊賊徒潰散追討百餘里斬獲及赴沂死者四千餘人斬龍驤將軍矯道儀寧朔將軍王秀以功封南城縣開國男食邑二百戶

李世哲爲三關別將延昌三年大破羣蠻斬梁龍驤將軍文思之文天生

李煥爲輔國將軍梁州刺史時武興氐楊集起舉兵作逆令弟集義邀斷白馬戍勑假煥平西將軍督別將石長樂統軍王祐等與軍司荀金養俱討之大破集起軍會秦州民呂苟兒反煥仍令長樂等繇麥積崖赴援州屬都督元麗至遂共平之時氐王楊定進循據方山與苟兒影響煥密募氐趙芸路斬定

邢巒爲尚書時梁朝梁秦二州行事夏侯道遷以漢中內附詔加巒使持節都督征梁漢諸軍事假征西將軍進退徵攝得以便宜從事巒至漢中白馬巴西循未歸順巒遣寧遠將軍楊舉統軍楊衆愛氾洪雅等領卒六千討之軍鋒所臨賊皆欵附唯祖谷戍主何法靜據城拒守舉等進師討之法靜奔潰乗勝追至關城之下梁龍驤將軍關城流雜李侍叔逆以城降梁輔國將軍任僧幼等三十餘將率南安廣長東雒大寒武始除口平溪留谷諸郡之民七千餘戶相繼而至梁平西將軍李天錫晉壽太守王景等擁衆

七千屯據石亭統軍韓多寶等率衆擊之破天錫前將軍趙暗擒斬一千三百遣統軍李義珍討晉壽王景霄遁遂平之拜鑾使持節安西將軍梁秦二州刺史梁巴西太守麗景民恃遠不降鑾遣巴州刺史嚴玄思往攻之斬景民巴西悉平梁遣其冠軍將軍孔陵等率衆二萬屯據深坑冠軍將軍曾方達固安南冠軍任僧褒輔國將軍李畎戍石同鑾統軍王足所在擊破之梟將輔國將軍樂保明寧朔將軍李伯度龍驤將軍李思賢賊遂堡廻軍柵足又進擊梁輔國將軍范陵自餘斬獲殆將萬數孔陵等收集遺衆奔

堡梓潼足又破之斬梁輔國將軍符伯度其殺傷投溺者萬有餘人開地定民東西七百南北千里獲郡十四二部護軍及諸縣戍後爲安東將軍先是梁輔國將軍蕭及先率衆二萬寇陷固城冠軍將軍魯顯文驍騎將軍桓文玉等率衆二萬屯於孤山梁將角念等率衆一萬擾亂龜蒙土民從逆十室而五鑾遣統軍樊魯討文玉別將元嵩攻固城統軍畢祖朽討角念樊魯大破文玉等追奔八十餘里斬首四千餘級元嵩又破固城畢祖朽復破念等兖州悉平鑾破賊將藍懷恭於睢口進圍宿豫而懷恭等復淸南造城規斷水陸之路鑾身率諸軍自水南而進遣平南將軍楊大眼從水北逼之統軍劉思祖等夾水造筏燒其船舫衆軍齊進拔柵塡壍直登其城火起中流四面俱擊乃陷賊城俘斬數萬在陣別斬懷恭擒其列侯列將直閤直後三十餘人俘斬一萬宿豫旣平蕭昞亦於睢陽退走二戍獲米四十餘萬石後豫州城民白早生殺刺史司馬悅以城南入詔鑾持節討之鑾率騎八百倍道兼行五日次於鮑口賊遣大將軍胡孝智率衆七千去城二百逆來拒戰鑾擊破孝智乘勝長驅至於懸瓠賊出城逆戰又大破之因郎

渡汝旣而大兵繼至遂長圍之詔加鑾使持節假鎮南將軍都督南討諸軍事征南將軍中山王英南討三關亦次於懸瓠以後軍未至前寇稍多憚不敢進乃與鑾分兵掎角攻之梁將齊苟仁等二千人開門出降即斬早生等同惡數十人豫州平

裴良以尙書左丞爲西北道行臺討汾州羣胡薛羽等値別將李德龍爲羽所破良入汾州與刺史汝陰王景和及德龍率兵數千人憑城自守賊併力攻逼詔遣行臺裴廷儁大都督章武王融都督宗王彌孫等赴援時有五城郡山胡馮宜都賀悅廻成等以妖

妄武衆假稱帝號服素衣持白傘白幡率諸逆衆於靈臺郊抗拒王師融等與戰敗績賊乘勝圍城良率將士出戰大破之於陣斬廻成

李平爲鎭北將軍討京兆王愉於冀州平至城南十六里賊攻圍濟州軍拔柵塡塹未滿者數尺諸將合戰無利而還憚於更進平親入行間勸以重賞士卒乃前大破逆衆愉時墜馬乃有一人下馬援愉上而鬬死乘勝逐北至於城門斬首數萬級遂圍城燒門愉與百餘騎突門出走遣統軍叔孫頭追之去信都八十里擒愉冀州平後還鎭軍大將軍率步騎二千

以赴壽春平巡視硤石內外知其盈虛之所嚴勒崇亮憚之無敢乖互頻日交戰屢破賊軍安南將軍崔延伯立橋於下蔡以拒賊之援軍賊將王神念昌義之等不得進救越祖悅守死窮城平乃分部攻之令崔亮督陸卒攻其城西李崇勒水軍擊其東面然後鼓噪南北俱上賊衆周章東西赴戰屠賊外城賊之將士相率歸附祖悅率其餘衆固保南城通夜攻守至明乃降斬祖悅送首於雒俘獲甚衆

巡按福建監察御史臣李嗣京　訂正
知甌寧縣事臣孫以敬叅閱
知建陽縣事臣黃國琦較釋

將帥部一十五

立功第七

後魏崔亮孝明初爲撫軍將軍定州刺史梁左游擊將軍趙祖悅率衆偷據硤石詔亮假鎮南將軍齊王蕭寶寅鎮東將軍章武王融安南將軍並使持節都督諸軍事以討之靈太后勞遣亮等賜戎器雜物亮至硤石祖悅出城逆戰大破之賊復於城外置三柵欲拒官軍亮焚擊破之殺三千餘人亮與李崇爲水陸之期日日進攻而崇不至及李平至乃進軍共平硤石

崔孝芬爲龍驤將軍時荊州刺史李神儁爲梁遣將攻圍詔加孝芬通直散騎常侍以將軍爲荊州刺史兼尚書南道行臺領軍司率諸將以援神儁因代焉於時州郡內戍悉已陷沒且路蘇三鵶賊已先據孝芬所統既少不得徑進遂從弘農堰渠山道南入遣弟孝直輕兵在前出賊不意賊便奔散人還安堵孝明嘉勞之并賚馬及綿絹等物孝昌三年梁將成景儁率衆逼彭城除孝芬寧朔將軍率大都督李叔仁柴集等赴戰景儁等力屈退走永安二年莊帝聞元顥有內侵之計勑孝芬南赴徐州顥遂潛師向考城擒大都督濟陽王暉業乘勝徑進遣其後軍都督侯暄守梁國城以爲後援孝芬勒諸將馳往圍暄恐顥遣援乃急攻之晝夜不息五日暄遂突出擒斬之俘其卒三千餘人

源子雍爲夏州刺史會破落汗拔陵首爲反亂北海王顥爲大行臺子雍具陳賊可滅之狀顥給子雍兵馬令其先行時東夏合境反叛所在屯結子雍轉鬬而前九旬之中凡數十戰乃平東夏徵稅租粟於統萬城於是二夏漸寧及蕭寶寅等爲賊所敗賊帥宿勤明達遣息阿非率衆邀路華州白水被圍逼鬭右騷擾咫尺不通時子雍新平黑城遂率士馬并夏州慕義之民攜家席卷鼓行南出賊帥康維摩擁率羌胡守鍚谷斷[illegible]棠橋子雍與交戰大破之生擒維摩又攻賊帥契官斤於楊氏堡破之子雍出自西夏漸至於東轉戰千里至是朝廷始得其委問加散騎常侍使持節假撫軍將軍都督兼行臺尚書復破賊帥

紇單步胡提於曲沃堡孝明璽書勞勉之子雍在白水郡復破阿非軍於白水郡多所斬獲詔遣侍中尚書令城陽王徽於潼關宣旨慰勞

李苗爲西北道行臺與大都督宗正珍孫討汾絳蜀賊平之還除司徒司馬

崔延伯爲征西將軍時莫折念生兄天生下隴東寇征西將軍元志爲天生所擒賊衆甚盛進屯黑水詔延伯爲使持節征西將軍西道都督與行臺蕭寶寅討之與延伯結壘馬嵬南北相去百餘步寶寅日集督將論討賊方畧延伯每云賊新制勝難與爭鋒寶

寅正色責之曰君荷國寵靈總戎出討便是安危所繫每云賊不可討以示怯懦損威挫氣乃君之罪延伯明晨詣寶寅自謝仍云今當仰爲明公參賊勇怯延伯選精兵數千下渡黑水列陣西進以向賊營寶寅率衆於水東尋原西北以示後繼於時賊衆大盛水西一里營連接延伯徑至賊壘揚威脇之徐而還退賊以延伯衆少開營競追衆過十倍臨水逼蹙寶寅親觀之懼有虧損延伯不與戰身自殿後抽衆東渡轉運如神須臾濟盡徐乃自渡賊徒奪氣相率還營寶寅大悅謂官屬曰崔公古之關張也今年何患不制賊延伯馳見寶寅曰此賊非老奴敵公但坐看後日延伯勒衆而出寶寅爲後拒天生悉衆來戰延伯申令將士身先士卒陷其前鋒於是勇銳競進大破之俘斬十萬餘追奔及於小隴秦賊勁强諸將所憚朝廷初議遣將咸云非延伯無以定之果能尅敵授左衛將軍

常景爲左將軍徐州刺史杜雒周反於燕州乃以景兼尚書爲行臺與幽州都督平北將軍元譚以禦之景表求勒幽州諸縣悉入古城山路有通賊之處權發兵夫隨宜置戍以爲防遏又以比來羌兵不盡强

壯今之三長皆是豪門多丁爲之今求權發爲兵帝皆從之進號平北將軍别勅譚西至軍都關北從盧龍塞據此二嶮以杜賊出入之路又詔景遣州山中嶮路之處悉令捍塞景遣府錄事參軍裴智成發范陽三長之兵以守白䃂都督元譚據居庸下口俄而安州石離宂城斛鹽三戍兵反結雒周有衆二萬餘自松岍赴賊譚勒别將崔仲哲等截軍都關以待之仲哲戰沒洛周又自外應之腹背受敵譚遂大敗諸軍夜散詔以景所部等將李琚爲都督代譚征下口降景爲後將軍解州任仍詔景爲幽安玄等州行臺

賊旣南出鈔掠薊城景命統軍梁仲禮率兵士邀擊破之獲賊將禦夷鎭軍主孫念常都督李琚爲賊所攻薊城之北軍敗而死率屬城人禦之賊不敢逼雒周還據上谷授景平北將軍光祿大夫行臺如故雒周遣其都督王曹紇眞馬叱斤等率衆薊南以掠人穀乃遇連雨賊衆疲勞景與都督于榮刺史王延年置兵粟園邀其走路大敗之斬曹紇眞雒周率衆南趣范陽景與延年及榮復破之又遣別將重破之於州西虎眼泉禽斬之及溺死者甚衆一云景破杜洛周斬其武川王賀拔文興別帥侯莫陳升生擒男女四百口牛馬五千餘頭

楊昱爲東南道都督時泰山太守羊侃據郡南叛梁遣將軍王辯率衆侵寇徐州番郡人續靈珍受梁平北將軍番州刺史擁衆一萬攻逼番城昱遣別將劉馘擊破之臨陣斬靈珍首王辯退走

李曄爲中散大夫正光二年南荆州刺史桓叔興驅掠城民叛入于梁梁資以兵糧令築谷陂城以立雒州逼土山戍詔曄持節兼尚書左丞爲行臺督諸軍討叔興大破之乘勝拔谷陂叔興退走軍還除尚書右丞

源子恭爲冠軍將軍正光中秦益氐反詔子恭持節爲都督河間王琛軍司以討之事平仍行南秦州事後加後將軍平絳蜀及丹谷淸廉二路阻澁不通以子恭爲當郡別將俄而建興蜀復反相與連勢進子恭爲持節散騎常侍假平北將軍征建興都督仍兼尚書行臺與王平政都督長孫雅合勢進討大破之正平賊帥范明達與賊帥劉牙奴並面縛請降武泰初郢州刺史元願達以城降梁詔徵都督尉慶賓還京師趣衆隷子恭以討之梁將夏侯夔率衆數萬來寇復以城降梁遠近不安夔乘勢分兵遂逼新蔡自攻毛城子恭隨方應援賊並破走梁豫州刺史夏侯

亶復遣四將率衆三萬圍南頓北攻陳項子恭遣軍禦之賊復奔退梁直閤將軍軍主胡智達等八將與其監軍闞次洪入寇於州城東北四十餘里子恭擊破之斬智達生擒次洪板橋蠻文石活石忌巖受梁印節扇誘黨類據險寇竊子恭躬率將士徑襲其柵數月之中殲殪略盡後叛蠻雷亂淸受梁兗州刺史綬入爲寇掠諸蠻從之置立郡縣子恭討平之

蕭寶寅爲鎭東將軍都督東南楊徐兗三州諸軍事賊將姜慶眞內侵圍逼壽春遂據外郭寶寅躬貫甲冑率衆力戰破走之後爲車騎大將軍都督徐州東

道諸軍事正光末梁遣其將裴邃虞鴻等率衆寇揚州詔寶寅率諸將討之既而揚州刺史長孫稚大破邃軍斬鴻賊遂奔退初秦州城人薛珍劉慶杜遷等反執刺史李彦推莫折大提爲首自稱秦王大提尋死其弟四子念生竊號改年置立官寮遣其弟大生率衆出隴東攻没汧城陷岐州執元志裴芬之等遂寇雍州屯於黑水朝廷甚憂之乃除寶寅開府西道行臺所部西征寶寅與大都督崔延伯擊天生大破之斬獲十餘萬仍進討高平賊帥万俟醜奴於安定更有負捷時有天水人呂伯度兄弟始共念生同逆

後與兄衆保于顯親聚衆討念生戰敗降於胡琛琛以伯度爲大都督秦王資其士馬還征秦州大敗念生將杜粲於成紀又破其金城王莫折普賢於水雒城遂至顯親念生率衆身自拒戰又大奔敗伯度乃背胡琛襲琛將劉拔破追之遣其兄子忻和率騎東引國軍念生事遁乃詐降於寶寅朝廷喜伯度立義之功授撫軍將軍涇州刺史平秦郡開國公食邑三千戶孝昌二年除侍中驃騎大將軍寶寅初自黑水終至平原與賊相對數年攻擊賊亦憚之關中保全寶寅之力矣

裴衍爲征虜將軍孝昌初梁將曹景宗寇荆州山蠻應之大路斷絶都督崔暹率數萬之衆盤桓魯陽不能前討荆州危急朝廷憂之詔衍爲别將假前將軍與弘農太守王羆率軍一萬出武關以救荆州賊遂戰於析楊衍大破之賊遂退走荆州圍解

費穆爲平南將軍孝昌中妖賊李洪於陽城起逆連結蠻左詔穆兼武衛將軍率衆討擊破於闕口之南遷金紫光禄大夫武衛將軍

李神軌爲武衛將軍相州刺史安相王鑒據州反詔神軌與都督源子邕等討平之武泰初蠻帥李洪扇

動諸落伊闕已東于鞏縣多被燒劫詔神軌爲都督與寧朔將軍崔孝暐持節討平之

爾朱榮爲游擊將軍蠕蠕王阿那瓌寇掠北鄙詔假榮節冠軍將軍别將隷都督李崇北征榮率其所部四千人過擊度磧不及而還秀容内附胡民乞扶莫于破郡殺太守南秀容牧子萬子乞真反叛殺太僕卿陸延并州牧子素和婆崘嶮作逆榮並前後討平之遷直閤將軍冠軍將軍仍别將内附叛胡乞步落堅胡劉阿如等作亂瓜肆勅勒北列步若反於沃陽榮並滅之以功封安平縣開國侯食邑一千戶尋加

通直散騎常侍勅勒斛律錐陽作逆桑乾西與費也頭牧子迭相犄角榮率騎破錐陽於深井逐牧子於河西孝莊建義初北海王顥南奔于梁時邢杲寇亂三齊與顥應接顥都督宗正珍孫河内太守元襲固守不降榮攻而尅之斬珍孫元襲以徇帝幸河内城榮與顥相持於河上顥令都督安豐王延明緣河據守榮既未有舟船不得即渡議欲還北更圖後舉黄門郎楊侃高道穆等並謂大軍若還失天下之望固執以爲不可屬會馬渚諸楊云有小船數艘求爲鄉導榮乃令都督爾朱兆等率精騎夜濟登岸奮擊顥

子領軍將軍冠受率馬步五千拒戰兆人破之臨陣擒冠受延明聞冠受見擒遂自逃散顥便率麾下南奔後遷天柱大將軍還晉陽先是葛榮枝黨韓婁仍據幽平二州榮遣都督侯淵討斬之時賊帥万俟醜奴蕭寶寅擁衆幽涇兇勢日盛榮遣其從子天光爲雍州刺史率都督賀拔岳侯莫陳悅等總衆入關討之天光既至雍州以衆少不敢逡巡未進榮大怒遣其騎兵參軍劉貴馳驛諸軍加天光杖罰天光等大懼方進討連破之擒醜奴寶寅並檻車送闕門天光又擒王慶雲万俟道樂關西悉平於是天下大難便以盡矣

賈顯度孝莊時爲統軍將軍從上黨王天穆破邢杲元顥大樂仍與天穆渡河赴行官於河内顥平以本將軍除廣州刺史

樊子鵠爲平北將軍元顥入錐薛修義及絳蜀陳雙熾等受顥處分率衆攻州城子鵠出與戰大破之又破修義於土門以功拜撫軍將軍後兼右僕射爲行臺督賈智等討吕文欣於東徐州平之出帝大昌初兼尚書左僕射東南道大行臺總大都督杜德等追討爾朱仲遠仲遠奔梁收其兵馬甲仗時梁遣元樹

入冠陷據譙城詔子鵠與德討之樹兵梁國欲來逆戰見子鵠軍盛夜退還譙子鵠引兵追躡樹又背城爲陣子鵠勒兵直趣城下縱騎衝突樹衆大敗奔入城門賊閉塹塞多自殺害於是斬千餘級獲馬數百匹大收鎧仗遂圍城

鹿念爲給事黄門郎及東徐城民吕文欣殺刺史元大賓南引賊衆屯柵曲術詔念使持節散騎常侍安東將軍爲六州刺史與行臺樊子鵠討破文欣之黨重以購之文欣同逆人韓端正斬文欣送首嵁帥司死者十二人詔書褒慰

侯淵爲驃騎將軍前廢帝立幽州刺史劉靈助舉義兵屯於安國城淵與叱列延慶等破擒之

崔孝直後廢帝時爲寧遠將軍汝南王開府掾領直寢兄孝芬除荆州詔孝直假征虜將軍別將總羽林二千騎與孝芬俱行孝直潛師徑進賊遂破走孝芬入城後梁將曹義宗仍在馬圈鼓動順陽蠻夷緣邊寇竊孝直率衆禦之賊皆退散

東魏鄭模爲安東將軍万俟醜奴遣將郝虎南侵模攻破其營擒虎以功封槐里縣開國伯邑五百戶

鄭尚爲統軍東西征討以軍功賜爵汝陽男

高元盛爲衛將軍天平四年滎陽人張儉等聚衆反於大魏山通西魏元盛討破之

賀拔仁爲大都督天平四年十二月河間人邢磨納范陽人盧仲禮等各聚衆反元象元年九月拔仁擊破平之

北齊慕容儼初仕魏正光中爲河間王元琛左廂軍主率衆救壽春以戰功賞帛五十匹軍次西硤石因解渦陽之圍平倉陵城荆山戍梁遣將鄭僧等要戰儼擊之斬其將蕭喬梁人奔遁又襲破王神念等軍擒二百餘人神念僅以身免三年梁遣將攻東豫州詔遣大都督元寶掌討之儼爲別將鄭海珍與戰斬其軍主僧珍軍副秦太又擊賊王苛於陽夏平之孝昌中爾朱榮入洛授儼京畿南面都督永安中又破梁將馬元達蔡天起柳自嘉等累有功除強弩將軍與梁將王玄真董當門等戰並破之解穰城圍尅復南陽新鄉轉積射將軍持節豫州防城大都督高祖時爲鎮南將軍鎮河橋五城侯景叛儼擊陳郡賊獲景庵下庫狄何頼及僞署太守鄭道合兗州刺史王彥夏行臺狄暢等擒斬百餘級旋軍項城又擒景僞署刺史辛光并及蔡遵并其部下二千人除譙州刺

史屢有戰功多所降下

高市貴初仕後魏孝昌初鎮州內部勅勒劉胡崘等聚衆反市貴爲都督率衆討崘一戰破之累遷撫軍將軍諫議大夫及爾朱榮立莊帝市貴預翼戴之勳遷衛將軍光祿大夫秀容大都督第一領民酋長賜爵上雒縣伯爾朱榮擊葛榮於滏口以市貴爲前鋒都督葛榮平除使持節汾州刺史後遷驃騎大將軍高祖起義市貴預其謀及樊子鵠據州反隨大都督婁昭討之子鵠平除西兗州刺史高祖以洪峒要險遣市貴鎮之高祖汾苑失利晉州行事封祖業棄城

而濟州民柴覽聚衆作逆高祖命市貴討之覽奔柴壁市貴破斬之是時東雍南汾二州境多羣聚爲盜因市貴平覽皆散歸復業後秀容人五千戶叛應山胡復以市貴爲行臺統諸軍討平之

叱列平代郡西部人世襲第一領軍酋長魏孝昌末援陸反叛茹茹餘衆入寇馬邑平以統軍屬有戰功補別將後牧子作亂劉胡喻斛律可那律俱時構逆以平爲都督討定胡喻等魏孝莊初除武衛將軍隨爾朱榮破葛榮平元顥遷中軍都督右衛將軍封襄陶縣伯邑七百戶榮死平與榮妻及爾朱世隆等北

走長廣王曄立授右衛將軍加京畿大都督

李渾仕後魏爲散騎常侍普泰中崔社客反於海岱攻圍青州詔渾爲征東將軍都官尚書行臺赴援而社客宿將多謀諸城各自保固堅壁清野將議有異同渾曰社客賊之根本圍城復踰晦朔烏合之衆易可分離若簡練驍勇銜枚夜襲徑趣營下出其不意咄嗟之間便可擒殄如社客就擒則諸郡可傳檄而定何意冒熱攻城疲損軍士諸將遲疑渾乃决行未明達城下賊徒驚散生擒社客斬首送洛海隅清定

斛律羌舉仕魏爲大都督潁川人張儉聚衆反叛西逼關右羌舉隨都督侯景高昂等討平之

薛修義任魏爲關右行臺樊子鵠之據兗州修義從大司馬婁昭破平之後爲衛尉卿山胡侵亂晉州遣修義追討破之

王琳初仕梁爲建寧縣侯侯景遣將朱子仙據郢州琳攻尅之擒子仙又隨王僧辯破景後拜湘州刺史平景之勳與杜龕俱爲第一梁王蕭詧既爲陳霸先所殺王僧辯推立敬帝以侍中司空徵琳不從命乃大營樓艦將圖義舉琳將張平宅乘一艦每將戰艦以千數以野豬爲名陳武帝遣將侯安都周文育等

誅琳仍受梁禪安都嘆曰我其敗乎師無名矣逆戰於沌口琳乘平肩輿執鉞而麾之擒安都文育其餘無所漏唯以周鐵虎一人背恩斬之鏁安都文育寘琳所坐艦中令一閹豎監守之

堯雄初仕魏爲宣威將軍從叱列延討劉靈助平之拜鎮東將軍燕州刺史及高祖義旗初建以爲車騎大將軍瀛州刺史武帝入關雄爲大都督隨高昂破賀拔勝於穰城周宣征討三荊仍除二豫揚郢四州都督豫州刺史及梁以元慶和爲魏王侵擾南境雄率衆討之大破慶和於南頓尋與行臺侯景破梁楚

豫州民上書更乞雄爲刺史復行豫州事隨行臺任延敬討賀若徽于潁州延敬等失利雄收集散卒保大梁周文帝因延敬之敗遣右丞韋孝寬等攻豫州雄都督郭丞伯程多寶等舉豫州降敵雄外兵參軍王嵩伽等從大梁邀斬多寶西魏以丞伯爲潁川太守雄仍與行臺侯景討之雄别攻破樂口擒丞伯進討懸瓠逐西魏刺史趙繼宗韋孝寬等復以雄行豫州事

任延敬初仕西魏爲徐州刺史潁川長史賀若徽執刺史田迅據城降魏復令延敬率豫州刺史堯雄等

討之魏遣其將怡峯率衆來援延敬等與戰失利收還北豫仍與行臺侯景司徒高昂等相會共攻潁川拔之

斛律金初仕東魏爲汾州大都督從高祖破紇豆陵於河西元象中與行臺薛脩義共圍喬山之寇俄而高祖至仍共討平之因從高祖攻下南絳邵郡等數城武定初北豫州刺史高仲密據城西叛周文帝入寇雒陽高祖使金統劉豐步大汗薩等步騎數萬守河陽城以拒之高祖到仍從破定軍還除大司馬改封石城郡公邑一千户轉第一領民酋長三年高祖出軍襲山胡分爲二道以金爲南道軍司繇黄櫨嶺出高祖自出北道度赤洪嶺會金於烏突戍合擊破之軍還出爲冀州刺史四年詔金率衆從烏蘇道會高祖於晉州仍從攻玉壁軍還高祖使金總督大衆從歸晉陽後爲肆州刺史高祖詔金率衆會攻潁川事平復使金率軍從崿坂送米宜陽西魏九曲戍將馬紹隆據險要闘金破之以功别封安平縣男後遷太師文宣天保中茹茹爲突厥所破種落分散慮其犯塞驚擾邊民乃詔金率騎三萬屯白道以備之而虜帥豆婆吐久備將三千餘户密欲西過候騎還告

金勒所部追擊盡俘其衆茹茹但鉢將舉國西徙金獲其候騎送之并表陳虜可擊取之勢顯祖於是率衆與金共討之於吐賴獲二萬餘户而還進位右丞相

李愍東魏時爲南荆州大都督時梁遣南司州刺史任思祖隨郡太守桓和等率馬步三萬兼發邉蠻圍逼下溠戍愍躬自討擊之詔加車騎將軍

慕容紹宗魏末從爾朱榮以軍功封索盧縣侯後高祖破羊侃又與元天穆平邢杲累遷并州刺史後爲豫州刺史西魏將獨孤如願據雒州梁潁之間寇盜

肆起高祖命紹宗率兵赴武牢與行臺劉貴等平之進爵爲公還朝遷御史中尉屬梁人劉烏黑入寇徐方令紹宗率兵討擊之大破因除徐州刺史烏黑收其散衆復爲侵竊紹宗密誘其徒黨數月間遂執烏黑殺之侯景反叛命紹宗爲東南道行臺加開府轉封燕郡公與韓軌等討瑕丘以圖進趣梁武帝遣其兄子貞陽侯淵明等率衆十萬頓軍寒山與侯景掎角擁泗州灌彭城仍詔紹宗爲行臺節度三徐二兗軍事與大都督高岳等出討大破之擒蕭明及其將帥等俘獲甚衆乃回軍討侯景於渦陽于時景軍甚

衆前後諸將往者莫不爲其所輕及聞紹宗與岳將至深有懼色謂其屬曰岳所部兵精紹宗舊將宜共慎之於是與景接戰諸將持疑無肯先者紹宗麾兵徑進諸將從之因而大捷景遂奔遁軍還別封永樂縣子

范舍樂初爾朱兆爲都督高祖義舉棄兆歸信都從高祖破兆於廣阿韓陵並有功賜爵平舒男每從征役多有克捷除相府左廂大都督

敬顯携初爲高祖別駕及義舉以携爲行臺倉部郎中從攻鄴令顯携督造土山城拔又從平西胡轉都督官尚書與諸將征討累有功又從高祖平寇難破周文帝敗景平壽春定淮南又略地三江口多築城戍累除兗州刺史

段韶爲高祖親信都督從帝出晉陽追爾朱兆於赤谼嶺平之以軍功封平維縣男後遷武衞將軍周宇文護母閻氏先配中山宮護聞閻尚存乃因邊境移書請還其母并通隣好文襄許之護得其母乃遣將尉遲迥等襲雒陽詔與蘭陵王長恭大將軍斛律光率衆擊之韶且將帳下三百騎與諸軍共登邙阪聊覩周軍形勢至太和谷便值周軍卽遣馳告諸營追

集兵馬仍與諸軍結陣以待左軍蘭陵王爲中軍斛律光爲右軍與周人相對韶遥謂周人曰汝宇文護幸得其母不能懷恩報德今日之來竟何意也周人曰天遣我來有何可問韶曰天道賞善罰惡當遣汝送死來耳周軍乃以步人在前上山逆戰韶以彼徒我騎且却且引待其力敝乃下馬擊之短兵始交周人大潰其中軍所當者亦一時瓦解投墜溪谷而死者甚衆雒城之圍亦卽奔遁盡棄營幕從邙山至谷水三十里中軍資器物彌滿川澤車駕幸雒陽親勞將士於河陰置酒高會策勳命賞除太宰封武陵縣

公天保中梁將東方白額潛至宿豫招誘邊民殺害長吏淮泗擾動詔徵詔討之既至會梁將嚴超達等軍逼涇州又陳武帝率衆將攻廣陵刺史王敬寶遣使告急復有尹思令衆萬餘人謀襲盱眙三軍咸懼詔謂諸將曰自梁氏喪亂國無定主人懷去就强者從之覇先等智小謀大政令未一外託同德而内有離心諸軍不足憂吾揣之熟矣乃留儀同敬顯攜尭難示等圍守宿豫自將步騎數千人倍道赴涇州塗出盱眙思令不虞大軍卒至望旗奔北進與超達合戰大破之盡獲其舟艦器械謂諸軍士曰吳人輕躁

本無大謀今破超達覇先必走即回赴廣陵陳武帝果遁去追至楊子柵望楊州城乃還大獲其軍資器物旋師宿豫六月詔遣辯士諭白額禍福白額於是開門請盟詔與行臺辛術等議且爲受盟盟訖度白額終不爲用因執而斬之并其諸弟等並傳首京師江淮帖然民皆安輯顯祖嘉其功詔賞吳口七十人封平原郡王

蔡儁初仕魏從高祖爲都督隨領軍婁昭攻樊子鵠於兗州又與行臺元子思討元慶和俱平之侯深反後以儁爲大都督率衆討之深敗走

庫狄廻雒爲高祖右廂都督從征山胡先鋒斬級除朔州刺史破周文於河陽轉授夏州刺史邙山之役力戰有功增邑通前七百戶

王則爲征南將軍從行臺侯景周旋征討屢有功績

暴顯東魏時爲征南將軍廣州刺史武定二年侯景反於河南爲景所攻顯率左右百餘騎突出賊營投河南歸國時高岳慕容紹宗等卽配顯士馬隨岳等破景於渦陽三年與清河王高岳襲歷陽取之爲賊貸解鄭州大理禁止處斷未訖爲合肥被圍遣與步汗薩慕容儼等同攻梁北徐州擒刺史强梁秦州刺

史嚴超達戰於涇城破之五年授儀同三司又與高岳臨漢水攻下梁西楚州獲刺史許法光

薛震爲廣州刺史從慕容紹宗討侯景以功別封膚施縣男文宣天保四年從討山胡破茹茹並有功績累遷譙州刺史

杜弼文襄時爲中軍大將軍破蕭明於寒山別與領軍潘樂攻拔梁潼州仍與樂等撫軍恤民合境傾賴

斛律平爲肆州刺史周太祖遣其右將軍李小光據梁州平以偏師討擒之出爲燕州刺史入兼左衛將軍領衆一萬討北徐賊破之

綦連猛文宣天保元年爲都督東秦州刺史隨斛律敦北征茹茹敦令猛輕將百騎深入覘候還至白道與軍相會因此追躡遂大破之賚帛三百段皇建初爲左右大將軍從孝昭討奚賊大捷獲馬二千疋牛羊三萬頭

盧潜天保中爲南討經畧陳秦譙二州刺史王奉國合州刺史周令珍前後入冦潜輒破平之以功加散騎常侍

斛律光天保中爲左衛將軍從征出塞光先驅破敵多斬首虜并獲雜畜還除晉州刺史後遷衛將軍河

清三年周將達奚成興等來冦平陽詔光率步騎三萬禦之興等聞而退走光逐北遂入其境獲三千餘口而還遷司徒左衛將軍其年周遣柱國大司馬尉遲迥齊國公宇文憲柱國庸國公可北雄等衆稱十萬冦雒陽光率騎五萬馳往赴擊戰於邙山迥等大敗光親射雄殺之斬捕首虜三千餘級迥憲僅而獲免盡收其甲兵輜重仍以死者積爲京觀世祖幸雒陽策勳班賞遷太尉又封冠軍縣公後主天統三年十二月周遣將圍雒陽壅絶糧道武平元年正月詔光率步騎三萬討之軍次定隴周將張掖公宇文桀忠州刺史梁士彦開府司水大夫梁景興等又屯鹿盧交道光擐甲執鋭身先士卒鋒刃纔交桀衆大潰斬首三千餘級直到宜陽與周齊國公宇文憲申國公揄跋顯敬相對一旬光置築統開豐化二城以通宜陽之路軍還行次安業憲等衆號五萬乃躡軍後光縱騎擊之憲衆大潰虜其開府宇文英都督越勤世良韓延等又斬首三百餘級憲仍令桀及其大將軍中部公梁雒都與景興士彦等步騎三萬於鹿盧交塞斷要路光與韓貴孫呼延族王顯等合擊大破之斬景興獲馬千疋詔加右丞相并州刺史

巡按福建監察御史臣李嗣京 訂正
新建縣舉人臣 戴國士 叅閱
知建陽縣事臣 黄國琦 較釋

將帥部

立功第八

後周蘇椿魏孝明正光中應募討關右賊授盪冦將軍累功遷奉朝請厲威將軍後領鄉兵破槃頭氐有功除散騎常侍加大都督

甞安成魏正光末茹茹冦邊以統軍從鎮將慕容勝

與戰大破之時破六汗枝陵作亂欲逼安成不從乃率所部討陵以功授伏波將軍給鼓節

梁臺魏孝昌中從爾朱天光平關隴一歲之中大小二十餘戰以功授都督

竇熾魏孝莊永安初從爾朱榮於并州時葛榮别帥韓婁郝長衆數萬人據薊城不下以熾爲都督從驃騎將軍侯深討之熾手斬婁以功拜揚烈將軍三年除武厲將軍西魏孝武即位率兵隨東南道行臺樊子鵠追爾朱仲遠仲遠奔梁時又遣元樹入冦攻陷譙城遂據之子鵠令熾率騎兵擊破之封唐縣子後遷撫軍將軍朱衣直閤遂從帝西遷仍與其兄善重至城下與武衛將軍高金龍戰於千秋門敗之朝入宫城取御馬四十匹并鞍勒進之行在所帝大悅賜熾及善駿馬各二匹駑馬各十匹大統三年遷車騎將軍高仲密以北豫州來附熾率兵從太祖援之至雒陽會東魏人據邙山爲陣太祖命留輜重於瀍曲率輕騎奮擊中軍與右軍大破之悉虜其步卒熾獨進至石濟而還十三年進驃騎大將軍恭帝元年進爵廣武郡公屬茹茹冦廣武熾率兵與柱國趙貴分路討之茹茹聞軍至引退熾渡河至麴伏川追及與

戰大破之斬其酋帥郁久閭是發獲生口數千及雜畜數萬頭

元定爲征虜將軍魏永安初從爾朱天光討關隴羣賊並破之除襄威將軍及賀拔岳被害定從太祖討侯莫陳悦以功拜平遠將軍又從擊潼關拔廻雒城又從擒竇泰復弘農破沙苑戰河橋定皆先鋒當其前者無不披靡以前後功累遷都督征東將軍邙山之役敵人如堵定奮矟衝之殺傷甚衆太祖親觀之論功爲最

王勇魏永安中万俟醜奴等寇亂關隴勇召募隨軍

討之以功授寧朔將軍奉車都尉又數從侯莫陳悅賀拔岳征討功每居多拜别將後遷侍中驃騎大將軍開府儀同三司西魏恭帝元年從柱國趙貴征茹茹破之勇追擊獲雜畜數千頭進爵新陽郡公增邑通前二千戶仍賜姓庫汗氏

泉企爲右將軍淅州刺史魏永安中梁將王玄真入寇荆州加企節都督率衆援之遇玄真於順陽與戰大破之除撫軍將軍假節鎮南將軍東雍州刺史

賀拔岳魏孝莊時爲都督副爾朱天光討万俟醜奴于闗中天光以軍事並委於岳遂大破赤水蜀賊軍

威大振時醜奴自率大衆圍岐州遣行臺尉遲菩薩等自武功南渡渭天光遣岳率騎赴之岳身先士卒擊之退走岳號令所部賊下馬者皆不聽殺賊顧見之便悉投馬俄而虜獲三千餘人人馬無遺遂擒菩薩降卒萬餘收其輜重醜奴尋棄岐州走安定平亭天光自雍至岐與岳合勢軍於汧渭之間宣言遠近曰今氣候漸熱非征討之時待至秋涼更圖進取醜奴聞之遂以爲實分遣諸軍散營農於岐州之北百里納川岳天光諸軍盡發掩之醜奴乃棄平亭而走岳輕騎急追明日及醜奴於平涼之長坑一戰擒之高平城中又執蕭寶寅以降天光又與岳度隴餘衆皆降悉坑之死者萬七千人三秦河渭瓜凉鄯州咸來歸款天光雖爲元帥而岳功多進封清水公侍中給後部鼓吹

侯莫陳崇初爲魏建威將軍隨賀拔岳入闗破万俟醜奴崇與輕騎逐北至涇州長坑及之賊未成列崇單騎入賊中於馬上生擒醜奴於是大呼衆悉披靡莫敢當之後騎集遂大破之岳以醜奴所乘馬及寶劒金帶賞之後從太祖擒竇泰復弘農破沙苑戰河橋又别討平稽胡累戰皆有功進位柱國大將軍

于惠以中堅將軍從賀拔岳西征定隴右每力戰有功累遷征西將軍

王盟爲賀拔岳前鋒擒万俟醜奴平秦隴嘗先登力戰拜征西將軍平秦郡守及太祖東征以留後大都督行雍州刺史事節度闗中諸軍趙青雀之亂盟與魏太子出頓渭北事平進爵長樂郡公增邑并前二千戶

寇雄從賀拔岳西征擒万俟醜奴於長坑雄每力戰有功累遷右都督

韓杲爲賀拔岳帳内擊万俟醜奴及其枝黨轉戰數

十合並破之後爲征虜將軍從太祖復弘農攻拔河南城獲郡守一人論功爲最破沙苑戰河橋並有功授撫軍將軍

劉亮以都督從賀拔岳西征及岳爲侯莫陳悅所害亮與諸軍謀迎太祖仍從平悅後悅黨豳州刺史孫定兒據州不下涇秦諸州悉與相應衆至數萬推定兒爲王以拒義師帝令亮襲之定兒以義兵猶遠未爲之備亮輕將二十騎先豎一纛於近城高嶺即馳入城中定兒方置酒高會卒見亮衆皆駭愕莫知所爲亮乃麾兵斬定兒懸首號令賊黨仍遥指城外纛

命二騎日出追大軍賊黨大懼一時降附於是諸州皆歸欵伏文帝置十二軍簡諸將將之亮領一軍每征討與怡峯俱爲騎將從擒竇泰復弘農與沙苑之役並力戰有功遷車騎大將軍開府長廣公

怡峯以都督從賀拔岳討平隴右破竇泰復弘農敗沙苑又與諸軍征討每皆尅捷累遷車騎大將軍開府夏州刺史

李賢爲殿中將軍賀拔岳爲侯莫陳悅所害太祖西征賢與其弟遠穆等密應侯莫陳崇以功授都督仍守原州及太祖至秦州悅棄城走太祖令兄子導勒兵追之以賢爲前驅轉戰四百餘里至牽屯山及之悅自刎於陣賢亦被重瘡馬中流矢太祖嘉之賞奴婢布帛及雜畜等授持節撫軍大將軍都督

賀拔勝魏孝武時爲驃騎大將軍開府荆州刺史勝攻拔梁下溠戍使人誘勸諸蠻皆率其種落歸欵漢南大駭馮翊安沔陽並平之進位尚書令

李延孫爲直閤將軍賀拔勝爲荆州刺史表延孫爲都督肅清鵶路頗有力焉會東魏遣行臺慕容紹宗等數道來攻延孫奬勵所部出戰遂破之臨陣斬其揚州刺史薛嘉族於是義軍更振乃授延孫京南行

臺節度南諸軍事廣州刺史

獨孤信爲魏武衛將軍從孝武入關時荆州雖陷東魏人心猶戀本朝乃以信兼尚書僕射南道行臺荆州刺史以招懷之信遂大破東魏將入破諸蠻三荆遂定就拜車騎大將軍

王雄爲驃騎大將軍率軍從子午谷圍梁上津魏興明年克之

宇文虬爲征虜將軍從獨孤信在荆州破梁人於下溠遂平歐陽鄭城虬俘獲甚多又攻南陽廣平二城擒郡守一人以功加安西將軍孝武西遷虬爲帳內

都督破田八能擒東魏荆州刺史辛纂乱功居多大統三年論前後功進爵爲公擒竇泰復弘農及沙苑河橋之戰皆有功進車騎將軍從獨孤信討梁企定破之進驃騎大將軍與王雄征上津魏興等並破之又於白馬與武陵王蕭紀將楊乾運戰破之尋而魏興復叛乱又與王雄討平之進位大將軍

叚永爲平東將軍孝武西遷永時不及從大統初乃結宗人潛謀歸欵密與都督趙業等襲斬西中郎將慕容顯和傳首京師以功别封昌平縣子徐州刺史從擒竇泰復弘農沙苑並有戰功進爵爲公河橋之

役永力戰先登授南汾州刺史累遷驃騎大將軍

賀蘭祥爲都督嘗居太祖帳下從平侯莫陳悦又迎西魏孝武以前後功封撫夷縣伯邑五百戸仍從擊潼關獲東魏將薛長儒又攻廻洛城拔之還拜左右直長進爵爲公孝閔踐祚遷大司馬明帝武成初吐谷渾侵凉州祥與宇文貴討之遂與廣定王鍾留王等戰破之因拔其洮陽洪和二城以其地爲洮州撫安西土振旅而還

王子直爲太祖行臺郎中漢熾屠各阻兵於西山與隴東屠各共爲唇齒 太祖令子直率涇州步騎五千討破之西山平除尚書左丞兵部郎中

楊標爲車騎將軍拔東魏邵郡遷爲太祖大軍行臺大丞齊神武敗於沙苑其將韓軌潘雒可朱渾元等爲殿標分兵要截殺傷甚衆東雍州刺史司馬恭懼標威聲棄城遁走標遂移據東雍州文帝以標有謀畧堪委邊任乃表行建州事時建州遠在敵境三百餘里然標威恩夙著所經之處並贏糧附之北至建州衆已數萬東魏刺史車折于雒出兵逆戰標一鼓敗之又破其行臺斛律俱步騎二萬於州西大獲甲仗及軍資以給義士繇是威名大振時東魏以正平

爲東雍州遣薛榮祖鎮之標將謀取之乃先遣奇兵急攻汾橋榮祖果盡出城中戰士於汾橋拒守其夜標率騎兵二千從他道濟遂襲克之進驃騎將軍既而邵郡民以郡東叛郡守郭武安脱身走免標又率兵攻而復之轉正平郡守又擊破東魏南絳郡虜其郡守屈僧珍録前後功别封郃陽縣伯邑五百戸邙山之戰標攻拔栢谷塢因即鎮之及大軍不利標亦拔還而東魏將侯景率騎追標標與儀同韋法保同心抗禦且戰且前經十數里景乃引退太祖嘉之賜帛三百疋復授建州刺史

趙剛爲營州刺史時滑州人鄭五醜構逆與叛羌傍乞鐵忿相應令剛往鎮之會鄭五醜已尅定夷鎮所在立柵剛至並攻破之散其黨與五醜於是西奔鐵忿剛又進破鐵忿

郭賢爲車騎大將軍鎮魯陽又潁川被圍東魏遣蠻酋魯和扇動羣蠻規斷鵶路和乃遣其從弟典和爲廣漢郡守率其部曲侵擾州境賢密簡士馬輕往掩襲大破之遂擒魯和

陳忻爲潁州刺史留鎮靜邊時東魏將侯景築九曲城忻率衆邀之擒其宜陽郡守趙嵩金門郡守樂敬

賓後從李遠平九曲城授帥都督東魏將軍爾朱渾願率精騎三千來向宜陽忻與諸將輕兵邀之願遂退走累加車騎大將軍儀同三司散騎常侍與齊將東方老戰於石泉破之俘獲甚衆時東魏每歲遣兵送米餉宜陽忻輙與諸軍邀擊之每多克獲

王思政爲驃騎將軍荆州刺史東魏將侯景叛擁兵梁鄭爲東魏所攻景乃請援乞師當時未卽應接思政以爲若不因機進取後悔無及卽率荆州步騎萬餘從魯關陽翟入守潁川景引兵豫州外稱略地乃密遣送欵於梁思政分布諸軍據景七州十二鎮太祖乃以所授景使持節太傅大將軍兼中書令河南大行臺河南諸軍事廻授思政

泉仲遵爲征東將軍東魏北豫州刺史高仲密舉城入附太祖率軍應之別遣仲遵隨于謹攻柏谷塢仲遵及戰先登擒其將王顯明柏谷旣拔復會戰於邙山後爲車騎大將軍梁荆州刺史柳仲禮每爲邊寇太祖令仲遵率鄉兵從開府楊忠討之梁隨郡守桓和拒守不降仲遵率先登城遂擒和仍從忠擊仲禮又獲之進驃騎大將軍

楊雄爲積射將軍從于謹攻盤豆柵復從李遠經沙

苑陣並力戰有功加冠軍將軍後入雒陽戰河橋解玉壁圍迎高仲密援侯景並預有功陳將侯方兒潘純陁寇江陵雄從豆盧寧擊走之

田弘爲帥都督太祖復弘農戰沙苑解雒陽圍破河橋陣弘功居多累加驃騎大將軍平蜀之後梁信州刺史蕭韶等各據所部未從朝化詔弘討平之又討西平及羌及鳳州叛兵等並破之信州羣蠻反又詔弘與賀若敦等平之保定三年從隨公楊忠伐齊拜大將軍明年又從忠東伐師還所鎮吐谷渾寇西邉宕昌羌潛相應接詔弘討之獲其二十五王拔其七

十六柵遂破平之天和中爲仁壽城主以逼宜陽齊將段孝先斛律明月出軍定隴以爲宜陽援弘與陳公純破之遂拔宜陽等九城以功增邑五百戶進爵柱國大將軍

嘗善爲平東將軍從太祖擒竇泰復弘農破沙苑累有戰功除使持節衛將軍

豆盧寧以都督從太祖擒竇泰復弘農破沙苑除衛大將軍兼大都督

權景宣爲行臺祠部郎中從太祖拔弘農破沙苑皆先登陷陣後留景宣等守張白塢節度東南義軍東

魏將王元軌入雒景宣與延孫等擊走之以功授大行臺左丞進屯宜陽攻襄城拔之獲郡守王洪顯俘斬五百餘人太祖嘉之徵入朝錄前後功封顯親縣男邑三百戶後爲車騎大將軍鎭荊州委以彊南之事初梁岳陽王蕭詧將以襄陽歸朝仍勒兵攻梁元帝於江陵詧叛將杜岸乘虛襲之景宣乃率騎三千助詧破岸詧因是乃送其妻王氏及子寮入質景宣又與開府楊忠取梁將柳仲禮拔安陸隨郡進攻應城拔之獲夏侯珍洽於是應禮安隨並平朝議以景宣威行南服乃授并安肆郢新應六州諸軍事并州刺史孝閔徵爲江陵防主加大將軍保定四年晉公護東討景宣別討河南齊豫州刺史王士良永州刺史蕭世怡並以城降景宣以開府謝徹守永州開府郭彥守豫州以士良世怡及降卒一千人歸詣京師而雒陽不守乃棄二州拔其將士而還至昌州而羅陽蠻反景宣迴軍破之斬首千級獲生口一千雜畜千頭送闕

王軌爲大將軍太祖總戎東伐六軍圍晉州刺史崔景嵩守城北面夜中密遣送款詔令軌率衆應之未明士登城鼓譟齊人駭懼因即退走遂克晉州擒其

城主特進海昌王尉相貴俘甲士八千人於是遂從平并鄴以功進位上大將軍

趙昶爲大都督行南秦州事氐帥蓋鬧等反昶討擒之又與史寧破宕昌羌獠二十餘萬拜武州刺史

裴果爲平東將軍從開府楊忠平隨安陸以功加大都督又從大將軍尉遲迥伐蜀果率所部爲前軍開劍閣破李慶堡降楊乾運皆有功

梁椿爲驃騎大將軍從李弼赴潁川援侯景別攻閻韓鎭斬其鎭城徐衛城主卜貴雒率軍士千人降

叱羅協爲尉遲迥行軍長史伐蜀既入劍閣迴令行

潼州事時有五郡城氐酋趙雄傑等扇動新潼始三州民反叛聚結二萬餘人在州南三百隔涪水據槐林山置柵拒守梓潼郡民鄧胐王令公等招誘鄉邑萬餘人復在州東十里涪水北置柵以應之同逼州城城中粮少軍人乏食協撫安內外咸無異心遣儀同伊婁訓大都督司馬裔等將步騎千餘人夜渡涪水擊雄傑一戰破之令公以雄傑敗亦棄柵走還本郡復與鄧胐等更率萬餘人於近東南隔水置柵斷絕驛路協遣儀同楊長樂與司馬裔等率師討之復遣大都督裴孟嘗領百騎繼進爲其聲勢孟嘗旣至

梓潼值水長不得即渡而王令公鄧胐見孟嘗騎少乃將三千餘人圍之數重孟嘗以衆寡不敵各棄馬短兵接戰從辰至午於陣斬令公及鄧胐等賊徒旣失渠帥遂即散走其從黨乃據舊柵而孟嘗方得渡水與長樂合兵即攻柵經三日賊乃請降此後數有反叛協輒遣兵討平之

達奚武爲驃騎大將軍率兵三萬經畧漢川梁將楊賢等以武興白馬降梁州刺史蕭循固守南鄭武圍之其將楊乾運等將兵萬餘救之武逆擊乾運大破之循乃降率所部男女二萬口入朝自劍已北悉平

楊寬爲大丞相府司馬朝議欲經畧漢川梁宜豐侯蕭循固守南鄭寬從大將軍達奚武討之梁武陵王蕭紀遣將楊乾運率兵萬餘人救循武陵令寬都督開府王傑賀蘭願德等邀擊之軍至白馬乾運合戰破之俘斬數千人軍還除南幽州刺史

賀若敦爲驃騎大將軍時岷蜀初開民情尚梗巴西人譙淹據南梁與梁西江州刺史至開業共爲表裏扇動羣蠻太祖令敦率軍討之山路艱難人迹罕至敦身先將士攀木緣崖倍道兼行乘其不意又遣儀同扶猛破其别帥向鎮侯於白帝淹乃與開業并其

黨帛王成侯造等率衆七千口累三萬自墊江而下就梁王琳敦邀擊破之淹復依山立柵南引蠻帥向白虎爲援敦設反間離其黨與因其懈怠復破之斬淹盡俘其衆

扶猛爲大將軍羅州刺史率所部千人從開府賀若敦南討信州敦令猛别道直趣白帝所繇之路人迹不通猛乃梯山捫葛備歷艱阻雪深七尺糧運不繼猛勸獎士卒兼夜而行遂至白帝刺史向鎮侯列陳拒猛猛與戰破之乘勝而進入白帝城撫慰民夷莫不悅服武帝保定中又從田弘破漢南諸蠻前後十

餘戰每有功進位大將軍

李遷哲爲驃騎大將軍與田訢同討信州軍次并州刺史杜滿谷望風送欵進圖疊州克之獲刺史冉助國等遷哲每率驍勇爲前鋒所有攻戰無不身先士卒凡下十八州拓地二千餘里時信州爲蠻酋向五子等所圍弘又遣遷哲入據白帝賀若敦等後至遂共追擊五子王等破之及田弘旋軍帝令遷哲留鎮白帝

陸騰爲車騎大將軍安康既黃衆寶等作亂連結中衆數萬人攻圍東梁州城中粮盡詔騰率軍自子午

谷以援之騰乃呈言就道至便與戰大破之軍還遷龍州刺史信州蠻蜑據江硤反叛連結二千餘里自稱王侯殺刺史守令等又詔騰率軍討之騰乃先趍益州進驍勇之士兼具樓船沿外江而下軍至湯口分道奮擊所向摧破乃築京觀以旌武功騰既破信州蠻蜑涪陵郡守藺休祖又據楚向臨容開信等州地方二千餘里阻兵爲亂復詔騰討之初與大戰斬首二千餘級俘獲千餘人當時雖摧其鋒而賊衆既多自夏及秋無日不戰師老粮盡遂停軍集市更思方畧賊見騰不出四面競前騰乃激勵其衆士皆爭奮後攻拔其魚令城大獲粮儲以充軍實又破銅鹽等七柵前後斬獲四千人并船艦等又築臨州集市二城以鎮遏之後遷江陵總管陳遣其將章昭達率衆五萬船艦二千圍江陵衛王直聞有陳寇遣大將軍趙誾李遷哲等率步騎赴之並授騰節度時遷哲等守外城陳將程文季雷道勤夜來掩襲遷哲等驚亂不能抗禦騰夜遣開門出甲士奮擊大破之陳人奔潰道勤中流矢而斃虜獲二百餘人陳人又決龍川寧邦堤引水灌江陵城騰親率將士戰於西堤破之斬首數千級陳人乃遁

尉遲迥爲伐蜀都督開府元珍乙弗亞万俟呂陵始叱奴興綦連雄六昇等六軍甲士一萬二千騎萬匹伐蜀以魏廢帝二年春自散關繇故道出白馬趣晉壽開平林舊道前軍臨劒閣蕭紀安州刺史樂廣以州先降紀梁州刺史楊乾運時鎮潼州又降六月迥自潼州大饗將士引之而西紀益州刺史蕭撝不敢戰遂嬰城自守進軍圍之初紀至巴郡聞迥來侵遣譙淹迴師爲撝外援迥分遣元珍乙弗亞等以輕騎破之遂降前後戰數十合皆爲迥所破撝與紀子宜都王蕭大圜率其文武官屬詣軍門請見迥以禮

接之其吏人合營等各令復業唯收僮隸及儲積以賞將士號令嚴肅軍無私焉詔迥爲大都督益等十八州諸軍事益州刺史

任果爲沙州刺史率鄉兵二千人從尉遲迥征蜀尋進授驃騎大將軍開府儀同三司蕭紀遣趙跋扈等率衆三萬來援成都果從大將軍擊破之及成都平除始州刺史

于謹爲柱國大將軍梁元帝平侯景之後於江陵嗣位密與齊氏通使將謀侵軼其兄子岳陽王詧時爲雍州刺史以梁元帝殺其兄譽遂結讎隙據襄陽來

附仍請王師乃令謹率衆出討文帝餞於青泥谷謹乃令中山公護及大將軍楊忠等率精騎先據江津斷其走路梁人豎木柵於城外廣輪六十里尋而謹至悉衆圍之梁主屢遣兵出戰爲謹所破旬有六日外城遂陷梁主退保子城翌日率其太子已下面縛降尋殺之虜其男女十餘萬人收其府庫珍寶得宋渾天儀梁日晷銅表魏相風烏銅蟠螭趺大玉徑四尺圍七尺及諸轝輦以獻軍無私焉立蕭詧爲梁主振旅而旋

蔡祐爲中領軍江陵初附諸蠻騷動詔祐與大將軍豆盧寧討平之

史寧爲持節都督涼州諸軍事初茹茹與魏和親後更離叛尋爲突厥所破殺其主阿那瓌部落逃逸者仍奉瓌之子二人并其種落酋長自是每戰破之前後獲數萬人進爵安政郡公就拜大將軍時突厥木汗可汗假道涼州將襲吐渾太祖令寧率騎隨之軍至番禾吐渾已覺奔于南山木汗將分兵追之令俱會于青海寧謂木汗曰樹敦賀眞二城是吐渾巢穴今若拔其本根餘種自然離散此上策也木汗從之即分爲兩軍木汗從北道向賀眞寧趣樹敦渾娑周

國主率衆逆戰寧擊斬之踰山履險遂至樹敦敦是渾之舊都多諸珍藏而渾主先已奔賀眞留其征南王及數千人固守寧進兵攻之僞退渾人果開門逐之因廻兵奮擊門未及闔寧兵遂得入生獲其征南王俘虜男女財寶盡歸諸突厥渾賀羅拔王依險爲柵周廻五十餘里欲塞寧路寧攻其柵破之俘斬萬計獲雜畜數萬頭木汗亦破賀眞虜渾主妻子大獲珍物寧軍於青海與木汗會木汗握寧手歎其勇決并遺所乘良馬令寧於帳前乘之木汗親自步送突厥以寧所圍必破皆畏憚之咸曰此中國神智人也

及將班師木汗又遣寧奴婢一百口馬五百匹羊一萬口寧乃還州

魏玄爲大都督雒安民雍方雋據郡外叛率步騎一千自號行臺攻破郡國四執守令玄率弘農九曲孔城伏流四城士馬討平之武帝保定四年轉和州刺史伏流防主五年齊將斛律明月率衆向宜陽兵威甚盛玄率兵禦之每戰輒克

辛威爲大將軍武帝保定初率兵討丹州叛胡破之三年與達奚武攻陽關拔之明年從尉遲迥圍雒陽還拜小司馬天和初進位柱國復爲行軍總管討綏

銀等諸州叛胡并平之六年從齊王憲東伐拔伏龍等五城

劉雄爲驃騎大將軍天和中齊人於姚襄築伏龍等五城以處戍卒雄從齊公憲攻之五城皆拔憲復遣雄從柱國李穆出軹關攻邵州等城拔之以功獲賞五千皇太子西征吐谷渾雄自凉州從滕王逌率軍先入渾境去伏俟城二百餘里逌遣雄先至城東舉火與大軍相應渾洮王率七百餘騎逆戰雄時所部數百人先並分遣斥候在左右者二十許人雄即率與交戰斬首七十餘級雄亦亡其三騎自是從逌連戰之雄功居多賞物甚厚王大軍東討雄從齊王憲拔洪洞下永安軍還仍與憲廻援晉州未至齊後主已率大兵親自攻圍晉州垂陷憲遣雄先往察其軍勢雄乃率步騎千人鳴鼓角遥報城中尋而高祖兵至齊主遁走從平并州拜上大將軍

尉遲運爲左武伯中大夫軍司馬天和末齊將斛律明月寇江北運從齊公憲禦之拔其龍城進爵廣業郡公增邑八百户建德元年爲右宫正時帝幸雲陽宫又令運以本官兼司武與長孫覽皇太子居守俄而衛剌王直作亂率其黨襲肅章門覽懼走行在運

時偶在門中直兵奄至不暇命左右乃手自闔門直黨與運爭門斫傷運指僅而得閉直黨不得進乃取宫中材木及牀第等以益火更以膏油灌之火勢轉熾久之直不得進乃退運率留守兵因其退以擊之直大敗而走是日非運宫中已不守矣帝嘉之授大將軍賜以直田宅妓樂金帛車馬及什物等不可勝數

韋孝寬爲雍州刺史武帝東伐趙王招率岳出稽胡與大將軍掎角乃勑孝寬爲行軍總管圍守華谷以應接之孝寬尅其四城武帝平晉州復令孝寬還舊

鉀時尉遲迥叛詔發關中兵以孝寬爲元帥東伐軍次河陽迥所署儀同薛公禮等圍逼懷州孝寬遣兵擊破之進次懷縣永橋城之東南其城既在要衝雉堞牢固迥已遣兵據之諸將士以此城當路請先攻取孝寬曰城小而固若攻而不拔損我兵威今破其大軍此亦何能爲也於是引軍次於武陟大破迥子惇惇輕騎奔鄴軍次于鄴西門豹祠之南迥窮迫自殺兵士在小城中者盡坑於游豫園諸有未服皆隨機討之關東悉平

李澈武帝時從皇太子西征吐谷渾以功賜爵周昌

縣男從武帝平齊錄前後功再進爵遷左武衛將軍

杜整爲儀同武州刺史從武帝平齊加上儀同進爵平原縣公

册府元龜

巡按福建監察御史臣李嗣京　訂正
分守建南道左布政使臣胡維霖　叅閱
知建陽縣事臣黄國琦較釋

將帥部一十七

立功第九

隋李雄初仕後周太祖時爲輔國將軍從達奚武平漢中定興州又討汾州叛胡錄前後功拜驃騎大將軍儀同三司

竇榮定初仕周爲平東將軍從太祖與齊人戰於北

邙周師不利榮定與汝南公宇文神慶帥精騎二千邀擊之齊師乃郤以功拜封上儀同

元景山仕周閔帝時從大司馬賀蘭祥擊吐谷渾以功拜撫軍將軍其後與齊人戰於北邙斬級居多高祖受禪拜上柱國明年大舉伐陳以景山爲行軍元帥率行軍總管韓延呂哲出漢口遣上開府鄧孝儒將勁卒四千攻陳甑山鎮陳人遣其將陸綸以舟師援孝儒逆擊破之陳將魯達陳紀以兵守溳口景山復遣兵擊走之陳人大駭甑山託陽二鎮守將皆棄城而遁

宇文欣年十八歲從周齊王憲討突厥有功拜儀同三司韋孝寛之鎮玉壁也以欣驍勇請與同行屢有戰功加位開府驃騎將軍從武帝伐齊遂拔晉陽齊平進位大將軍又從韋孝寛討尉遲迥迥遣子惇盛兵武陟欣先鋒擊走之進臨湘州迥遣精甲三千伏於野馬岡欲擊官軍欣以五百騎襲之斬獲畧盡進至草橋迥又拒守欣奇兵擊破之直趍鄴下

李衍仕周武帝時爲義州刺史從韋孝寛鎮玉壁城數與賊戰敵人憚之及平齊以軍功進授大將軍後爲定鄘二州刺史及王謙作亂高祖以衍爲行軍總

管從梁睿擊平之進位上大將軍

于藺仕周武帝時爲少胥附從齊王憲破齊師於雒陽以功賜爵豐寧縣子邑五百户

趙仲卿周大將軍綱之子從齊王憲擊北齊攻臨秦統戎威遠伏龍張壁等五城盡平之又擊齊將叚孝先於姚襄城苦戰連日破之以功授大都督尋典宿衛平齊之役以功遷上儀同兼趙郡太守開皇中拜朔州總管會突厥啓人可汗求婚於國帝許之仲卿因是間其骨肉遂相攻擊十七年啓人窘迫與隋使長孫晟投通漢鎮仲卿率騎千餘馳援之達頭不敢

遁潛遣人誘致啓人所部至者二萬餘家其年從高頻指白道以擊達頭仲卿率兵二千爲前鋒至族蠡山與虜相遇交戰七日大破之追奔至乞伏泊復破之虜千餘口雜畜萬計突厥悉衆而至仲卿爲方陣四面拒戰經五日會高熲大兵至合擊之虜乃敗走追度白道踰泰山七百餘里時突厥降者萬餘家帝命仲卿處之嘗安以功進位上柱國賜物三千段朝廷慮達頭掩襲啓人令仲卿屯兵二萬以備之代州總管韓洪永康公李藥王蔚州刺史劉隆等將步騎一萬援嘗安達頭騎十萬來寇韓洪軍大敗仲卿自

樂寧邀擊斬首虜千餘級

楊素仕周武帝時爲車騎大將軍從齊王憲與齊人戰於河陰以功封清河縣子邑五百戶及高祖爲丞相素深自結納高祖甚嘉之以素爲汴州刺史行至雒陽會尉遲迥作亂滎州刺史宇文冑據武牢以應迥素不得進高祖拜素大將軍發河內兵擊冑破之遷徐州總管及伐陳爲行軍元帥率水兵東下陳王遣其信州刺史顧覺鎮安蜀城荊州刺史陳紀鎮公安皆懼而退走巴陵以東無敢守者湘州刺史岳陽王陳叔愼遣使請降又爲內史令以浙江賊帥高智慧等未殄復乘傳至會稽先是泉州人王國慶南安豪族也殺刺史劉弘據州爲亂諸亡賊皆歸之自以海路艱阻非北人所習不設備素汎海掩之王國慶惶遽棄州而走餘黨散入海島或守溪洞素分遣諸將水陸追捕乃客令人謂國慶曰爾之罪狀計不容誅唯有斬送智慧可以塞責國慶於是執送智慧斬於泉州自餘支黨悉來降附江南大定後遷尚書左僕射時漢王諒反帝以素爲荊州道行軍總管河北道安撫大使率衆數萬討諒時晉絳呂三州並爲諒城守素各以二千人縻之而去諒遣趙子開擁衆十

餘萬策絕徑路屯據高壁布陣五十里素令諸將以兵臨之自引奇兵潛入霍山緣崖谷而進直指其營一戰破之殺傷數萬諒所署介州刺史梁脩羅屯介休聞素至懼棄城而走進至荊州三十里諒率其將王世宗趙子開蕭摩訶等衆且十萬來拒戰又擊破之擒蕭摩訶諒退保荊州素進兵圍之諒窮蹙而降餘黨悉平

韓擒虎仕周武帝時爲儀同三司齊將獨孤永業守金墉城擒虎說下之進平范陽加上儀同陳人逼光州擒虎以行軍總管擊破之又從宇文炘平合州高

祖作相遷利州刺史陳將甄慶任蠻奴蕭摩訶等共爲聲援頻寇江北後入界擒虎屢挫其鋒陳人奪氣伐陳之後晉王遣行軍總管杜彦與擒虎合軍步騎二萬陳叔寶遣領軍蔡徵守朱雀航聞擒虎將至衆懼而潰任蠻奴爲賀若弼所敗棄軍降於擒虎擒虎以精騎五百直入朱雀門陳人欲戰蠻奴撝之曰老夫尚降諸君何事衆皆散走遂平金陵

達奚長儒仕周武帝時爲行軍總管北廵汾塞卒與虜遇接戰大破之

李徹仕周爲車騎大將軍從武帝破齊師於汾北乘

勝下高壁拔晉陽擒高楷於冀州俱有力焉錄前後功加開府別封蔡陽縣公邑千戸

崔仲方仕周爲平東將軍從武帝攻北齊晉州齊亞將崔景嵩請爲内應仲方與段文振等登城應接遂下晉州又令仲方說翼城等四城下之授儀同開皇末爲會州總管時諸羌猶未賓附詔令仲方擊之與賊三十餘戰紫祖四隣望方渉題千碉小鐵圍山白男王弱水等諸部悉平賜奴婢一百三十口黄金三十斤雜物稱是

段文振仕周爲中外府兵曹從武帝攻北齊晉州下之進拔文侯華谷高壁三城皆有力焉及攻并州陷東門而入齊安德王延宗懼而出降開皇末爲太僕卿越嶲蠻叛擊平之賜奴婢二百口大業初爲兵部尚書從征吐谷渾督兵屯雪山連營三百餘里東接楊義臣西連張壽合圍渾主於覆袁川以功進位右光祿大夫

李崇周武帝時爲將兵都督隨宇文護伐齊功最擢授儀同三司

權武仕周爲開府武帝時從王謙破齊服龍等五城增邑八百戸平齊之後攻隰州別下六城以功增

邑三百戸

郭衍仕周爲儀同大將軍從武帝與齊王大戰於晉州追齊師至高壁敗之仍從平并州以功加授開府封武强縣公累遷右中軍熊渠中大夫尉遲迥之起逆韋孝寬戰於武陟進戰於相州迥遣弟子勤爲青州總管率青齊之衆來助迥迥敗勤與迥子惇祐等欲東奔青州衍將精騎一千追破之執祐於陣勤遂遁走而惇亦逃逸衍至濟州入據其城又擊其餘黨於濟北累戰破之執送京師超授上柱國封武山郡公開皇中從晉王出鎮揚州江表構逆命衍爲總管

領精鋭萬人先屯京口於貴洲南與賊戰敗之生擒魁帥大獲舟楫粮儲以充軍實仍討東陽永嘉宣城黟歙諸洞盡平之授蔣州刺史

李禮成仕周武帝時爲車騎大將軍伐齊之役禮成從帝圍晉陽以兵擊南門齊席毗羅率精甲數千拒帝禮成力戰退之加開府封冠軍縣公

李子雄仕周武帝時從平齊以功授帥都督高祖作相從韋孝寛破尉遲迥於相州拜上開府伐陳之役以功進位大將軍漢王諒之亂煬帝以子雄爲上大將軍發幽州兵三萬自井陘以討諒時諒遣大將軍

劉建畧地燕趙正攻井陘相遇於抱犢山下力戰破之遷幽州總管

李景仕周武帝時平齊之役頗有力焉授儀同三司從平尉遲迥進位開府開皇九年以行軍總管從王世積伐陳陷陣有功進位開府及高智慧等作亂江南復以行軍總管從楊素擊之别平倉嶺還授鄭州刺史開皇末從史萬歲擊突厥於太斤山别路邀賊大破之大業初擊叛蠻向思多破之又擊吐谷渾於西海攻高麗武厲城皆破之

薛世雄年十七歲從周武帝平齊以功拜帥都督開皇時數有戰功累遷儀同三司右親衛車騎將軍煬帝嗣位番禺夷獠相聚爲亂詔世雄討平之

賀若誼仕周武帝時爲維州刺史北齊范陽王高紹義之奔突厥也誼以兵追之戰於馬邑遂擒紹義以功進位大將軍高祖爲丞相拜亳州總管馳驛之部西道司馬消難東拒尉遲迥申州刺史李慧反誼討平之進爵范陽郡公授上大將軍

梁士彦仕周爲東南道行臺使持節徐州總管三十二州諸軍事徐州刺史與烏丸軌擒陳將吳明徹裴忌於呂梁别破廣陵畧定淮南地高祖作相轉亳州總管二十四州諸軍事尉遲迥之反也以爲行軍總

管從韋孝寛擊之至河陽與迥軍相對令家僮梁默等數人爲前鋒士彦以其徒繼之所當皆破乘勝至草橋迥衆復合進戰大破之及圍鄴城攻北門而入馳啓西門納宇文炘之兵及迥平除相州刺史

杜彦仕周武帝時爲左侍上士後從柱國陸通擊陳將吳明徹於土州破之又擊叛蠻尅倉提白楊二柵並斬其渠帥進平郢州賊帥樊志以戰功拜大都督高祖爲丞相從韋孝寛擊尉遲迥於相州每戰有功開皇中爲左武衛將軍平陳之役以行軍總管與新

義公韓擒虎相繼而進軍至南陵賊屯據江岸彥遣儀同樊子蓋率精兵擊破其柵獲船六百餘艘渡江擊南陵城拔之擒其守將許異進至新林與擒虎合軍及平陳進位柱國時高智慧等之作亂也復以行軍總管從楊素討之別解江州圍智慧餘黨往往屯聚保投溪洞彥水陸兼進攻錦山陽父若石壁西洞悉平之皆斬其渠帥賊李陀擁衆數千據彭山彥襲擊破之斬陀傳其首又擊徐州宜豐二洞悉平之

和洪仕周武帝時數從征伐烏丸軌之擒陳將吳明徹也洪有功焉加位開府遷折衝中大夫尉遲迥作

亂相州以洪爲行軍總管從韋孝寬擊之軍至河陽迥遣兵圍懷州洪與總管宇文述等擊走又破尉惇於武陟及平相州每戰有功拜柱國封廣武郡公邑二千戶

劉方仕周武帝時爲承御上士以戰功拜上儀同高祖爲丞相方從韋孝寬破尉遲迥於相州以功加開府賜爵河陰縣侯仁壽中交州俚人李佛子亂方爲交州總管至都嶺遇賊二千餘人來犯官軍方遣營主宋纂何貴嚴願等擊破之進兵臨佛子先令人諭以禍福佛子懼而降送於京師其有桀黠者恐於後爲亂皆斬之尋授驩州道行軍總管以尚書右丞李綱爲司馬經畧林邑方遣欽州刺史甯長真驩州刺史李暈上開府秦雄以步騎出越裳方親率大將軍張愻司馬李綱舟師趣北景大業元年正月軍至海口林邑王梵志遣兵守險方擊走之師次闍梨江賊據南岸立柵方盛陳旗幟擊金鼓賊懼而潰既渡江行三十里賊乘巨象四面而至方以弩射象中瘡却蹂其陣王師力戰賊奔於柵因攻破之俘馘萬計於是濟區粟度六里前後逢賊每戰必擒進至大緣江賊據嶮爲柵又擊破之過馬援銅柱南行八日至

其國都林邑王梵志棄城奔海獲其廟主金人汙其宮室刻石紀功而還

楊文思仕周爲儀同三司從武帝攻拔北齊晉州以勳進授上儀同三司壽陽劉叔仁作亂從清河公宇文神舉討之戰於墫井在陣生擒叔仁後從王誼破賊於鯉魚柵其後累以軍功遷果毅右旅下大夫高祖爲丞相文思從韋孝寬拒尉遲迥於武陟迥遣其將李儁圍懷州與行軍總管宇文述擊之破尉遲惇平鄴城皆有功進授上大將軍

崔弘度仕周爲上開府宣帝嗣位從鄖國公韋孝寬

經畧淮南弘度與化政公宇文忻司水賀婁子幹至肥口陳將潘琛率兵數千來拒戰隔水而陣忻遣弘度諭以禍福琛至夕而遁攻壽陽降陳守將吳之立弘度功最以前後勳進位上大將軍

于顗仕周爲郢州刺史宣帝時爲水軍總管從韋孝寬經畧淮南顗率開府元紹貴上儀同毛猛等以舟師自頴口入淮陳防主潘琛棄栅而走進與孝寬攻拔壽陽復引師圍硤石守將許約懼而降顗乃拜東廣州刺史後拜吳州總管陳將錢茂和率數千人襲江陽顗逆擊走之陳復遣將陳紀周羅睺燕合兒等

襲顗顗拒之而退

馮昱仕周宣帝時以行軍總管與王誼李威等討叛蠻平之拜柱國

王誼仕周爲邠州總管司馬消難舉兵反高祖以誼爲行軍元帥率四總管討之軍次近郊消難懼而奔陳于時北至商雒南拒江淮東西二千餘里巴蠻多叛共推渠帥蘭雄州爲王雄州自號河南王以附消難北連尉遲迥誼率行軍總管李威馮暉李遠等分討之旬月皆平

韋藝仕周爲魏郡太守高祖爲丞相尉遲迥陰圖不軌朝廷遣藝季父孝寬馳往代迥藝因投孝寬郎從孝寬擊迥以功進位上大將軍

李穆仕周宣帝時爲大左總管尉遲迥之亂令其所署行臺韓長業攻陷潞州執刺史趙署城民郭子勝爲刺史穆遣兵討之獲子勝高祖嘉之以穆勞效同破鄴城第一勳加三轉聽分授其二子榮才及兄賢子孝軌榮及才並儀同大將軍孝軌進開府儀同大將軍又別封其子雄爲密國公邑三千戶

韓僧壽仕周宣帝時爲侍伯中旅下大夫從韋孝寬平尉遲迥每戰有功授大將軍封昌樂公邑千戶

韋洸仕周宣帝時爲開府高祖爲丞相洸從季父孝寬擊尉遲迥於相州以功拜柱國進封襄陽郡公開皇初突厥寇邊皇太子屯咸陽令洸統兵出原州道與虜相遇擊破之拜江陵總管伐陳之役領行軍總管及陳平拜江州總管率步騎二萬畧定九江遂進圖嶺南高祖與書慰勉之洸至廣州嶺表皆降之帝聞而悅許以便宜從事洸所綏集二十四州拜廣州總管

高熲仕周宣帝時爲開府擊尉遲迥旣至軍爲橋於沁水賊於上流縱大栰熲預爲木狗以禦之旣度焚

橋而戰大破之遂至鄴下與迥交戰仍共宇文忻李詢等設柵因平尉遲迥及突厥犯塞以頻爲元帥擊賊破之又出白道進圖入磧破賊而還

元褒仕周爲趙州刺史褒從韋孝寬擊尉遲迥以功超拜柱國

乞伏慧仕周爲攸飛右旅熊渠中大夫從韋孝寬擊尉遲惇於武陟所當皆破授大將軍

田仁恭仕周爲大將軍從韋孝寬破尉遲迥於相州拜柱國

樊叔畧仕周爲嘗構監尉遲迥之亂高祖令叔畧鎮

大梁迥將宇文威來冦叔畧擊走之以功拜大將軍

宇文述仕周爲英果中大夫尉遲迥作亂相州述以行軍總管率步騎三千從韋孝寬擊之軍至河陽迥遣將李儁攻懷州述别擊儁軍破之又與諸將擊尉遲惇於永橋述先鋒陷陣俘馘甚衆平尉遲迥每戰有功超拜上柱國開皇初拜右衛將軍平陳之役以行軍總管率衆三萬自六合而濟時韓擒虎賀若弼兩軍趣丹陽述進據石頭城爲聲援陳主既擒而蕭瓛蕭巖據東吳之地擁兵拒守述領行軍總管元契張默言等討之水陸兼進雒蕞公燕榮以舟師自海至亦受述節度陳永新侯陳君範自晉陵奔瓛并軍合勢見述軍且至瓛懼立柵於晉陵城東又絶塘道留兵拒述瓛自義興入太湖圖掩述後述進破其柵廻兵擊瓛大敗之斬瓛司馬曹勤又前軍復陷吳州瓛以餘衆保包山燕榮擊破之述進至奉公埭蕭巖陳君範等以會稽請降述許之二人面縛路左吳會悉平以功拜安州總管大業中爲左衛大將軍從煬帝幸榆林時鐵勒契弊歌稜攻敗吐谷渾其部攜散遂遣使請降求救帝令述以兵屯西平之臨羌城撫納降附吐谷渾見述擁强兵懼不敢降遂西遁述領

鷹揚郎將梁元禮張峻崔師等追之曼頭城攻拔之斬三千餘級乘勝至赤水城復拔之其餘黨走屯丘尼川述進擊大破之獲其王公尚書將軍二百人前後虜男女四千口而還渾主南走雪山其故地皆亡明年從帝西巡至金山登燕支述每爲斥候時渾賊復冦張掖進擊走之明年帝有事遼東與將軍楊義臣率兵復臨鴨緑水會楊玄感作亂帝詔述班師令馳驛赴河陽發諸郡兵以討玄感時玄感逼東都聞述軍將至懼而西遁前圖關中述與刑部尚書衛玄左禦衛將軍來護兒武衛將軍屈突通等躡之至閿

鄉五丈原與玄感相及述與來護兒列陣當其衝道
帬突通以奇兵擊其後大破之遂斬玄感傳首行在
所賜物數千段
梁睿仕周爲凉安二州總管及高祖總百揆代王謙
爲益州總管行至漢川而謙反遣兵攻始州睿不得
進高祖命睿爲行軍元帥率行軍總管于義張威達
奚長儒梁昇石孝義步騎二十萬討之時謙遣開府
李三王守通谷睿使張威擊破之擒數千人進至龍
門謙將趙儼秦會擁衆十萬據嶮爲營周亘三十里
睿令將士銜枚自間遠道西南奮擊力戰破之蜀人

大駭睿鼓行而進謙將敬豪守劒閣梁巖拒平林並
懼而來降又令高阿那瓌達奚惎等以盛兵攻利州
聞睿將至惎分兵據開遠睿顧謂將士曰此虜據要
欲遏吾兵勢吾當出其不意破之必矣遣上開府拓
拔宗趨劒閣大將軍宇文㦤指巴西大將軍趙達水
軍入嘉陵睿遣張威王倫賀若震于義韓相貴可郎
惠等分道攻惎自午及申破之惎奔歸于謙睿進逼
成都謙令達奚惎乙弗虔城守親率精兵五萬背城
結陣睿擊之謙不利將入城惎虔以城降拒謙謙將
麾下三十騎遁走新都令王寶執之睿斬謙於市劒

南悉平進位上柱國
于義仕周宣帝時爲開府高祖作相王謙構逆其將
達奚惎擁衆據開遠義以都督將左軍擊破之拜潼
州總管
李輝仕周爲義州刺史王謙作亂以行軍總管從梁
睿擊平之進上大將軍開皇元年以行軍總管討平
叛蠻進位柱國
長孫熾仕周爲大都督王謙作亂熾從信州總管王
長述泝江而上以熾爲前軍破謙一鎮定楚合等五
州擒僞總管荊山公元振以功拜儀同三司大業初

擢拜戶部尚書吐谷渾寇張掖令熾率精騎五千擊
走之追至青海而還以功授銀青光祿大夫
楊文紀開皇初爲車騎大將軍儀同三司安州總管
長史將兵迎陳降將李瑗於齊安與陳將周法尚軍
遇擊走之以功進授開府
張奫開皇初爲大都督領鄉兵賀若弼之鎮壽春也
嘗爲間諜平陳之役頗有功焉進位開府儀同三司
又率水軍破逆賊笮子游於京口薛子建於和州拜
大將軍後從楊素征江表別破高智慧於會稽吳世
華於臨海進位上大將軍

龐晃開皇初爲上開府拜右衛將軍河間王弘之擊突厥也晃以行軍總管從至馬邑別路出賀蘭山擊賊破之斬首千餘級

權武開皇六年爲大將軍簡較潭州總管桂州人李世賢作亂武以行軍總管與武侯大將軍虞慶則擊平之

王㮄開皇中以行軍總管屯兵江北禦陳冦數有戰功爲陳人所憚伐陳之役及高智慧反攻討皆有殊績官至柱國

趙賢通開皇中爲民部中大夫從上柱國于異率衆

數萬自三鵶道以伐陳冦魁陳十九城而還

賀若弼開皇中爲行軍總管伐陳之役進屯蔣山之白土岡陳將魯達周智安任蠻奴田瑞樊毅孔範蕭摩訶等以勁兵拒戰田瑞先犯弼擊走之魯達等相繼遞進弼軍屢却弼揣知其驕士卒且惰於是督厲將士殊死戰遂大破之

劉權開皇中爲車騎將軍從晉王璋平陳以功進授開府儀同三司大業五年從征吐谷渾權率衆出伊吾道與賊相遇擊走之逐北至青海虜獲千餘口

王世積開皇中爲蘄州總管平陳之役晉王已平丹陽世積於是移書告諭遣千金公權始璋畧取蘄蔡陳江州司馬黄偲棄城而遁始璋入據其城世積繼至陳豫章太守徐澄廬陵太守蕭廉潯陽太守陸仲容巴山太守王誦太原太守馬頲齊昌太守黄正始安城太守任瓘等及鄱陽臨川守將並詣世積降以功進位柱國荊州總管桂州人李光仕作亂世積以行軍總管討平之進位上柱國

高勵開皇中以行軍總管從宜陽公王世積下陳江州以功拜上開府

周法尚開皇中爲黄州總管伐陳之役以行軍總管

隷秦孝王率舟師三萬出于樊口陳城州刺史熊門超出師拒戰法尚擊破之擒超於陣累遷永州總管安集嶺南未幾桂州人李光仕舉兵作亂令法尚與上柱國王世積討之法尚馳往桂州發嶺南軍世積出岳州徵嶺北軍俱會于永州光仕來擊走之世積所部多遇瘴不能進頓於衡州法尚獨討之光仕帥勁兵保白石洞法尚捕得其弟光畧光度大獲家口其黨有來降附法尚輒以妻子還之居旬日降者數千人法尚遣兵列陣以當光仕親率奇兵蔽林設伏兩陣始交法尚馳擊其柵柵中人皆走散光仕大潰

追斬之拜武衛將軍時黔安夷向思多反殺將軍鹿愿圍太守蕭造法尚與將軍李景分路討之法尚擊思多于清江破之斬首三千級還從討吐谷渾法尚別出松州道逐捕亡散至于青海遼東之役以舟師指朝鮮道會楊玄感反與將軍宇文述來護兒等破之以功進右光祿大夫時有齊郡人王薄孟讓等舉兵盜衆十餘萬保長白山頻戰每挫其銳

燕榮開皇中爲青州總管伐陳之役以爲行軍總管率水軍自東萊傍海入太湖取吳郡既破丹陽吳人共立蕭瓛爲主阻兵於晉陵爲宇文述所敗退保包

山榮率精甲五千躡之瓛敗走爲榮所執晉陵會稽悉平

李元通開皇中以尚書左丞領左翊衛驃騎將軍伐陳之役元通以行軍總管從楊素出信州道以功進位大將軍

劉仁恩開皇中以行軍總管從楊素伐陳與素破陳將呂仲肅於荆門仁恩之計居多授上大將軍

來護兒開皇中爲大都督平陳之役護兒有功進位上開府從楊素擊高智慧于浙江智慧將逃於海護兒追至閩中餘黨皆平進位大將軍除泉州刺史封襄陽縣公食邑一千戶時智慧餘黨盛道延阻兵爲亂護兒又討平之遷建州總管又與蒲山公李寬討平黟歙逆黨汪文進進位柱國大業中遼東之役護兒率樓船指滄海入自浿水去平壤六十里與高麗相遇進擊大破之乘勝直造城下破其郛郭於是縱軍大掠稍失部伍高元弟建武募敢死士五百人邀擊之護兒因却屯營海浦以待期會後知宇文述等敗遂班師明年又出滄海道師次東萊會楊玄感作逆黎陽進逼鞏雒護兒勒兵與宇文述等擊破之封榮國公又帥師渡海至卑奢城高麗來戰護兒大破

之斬首千餘級

魚俱羅開皇中以大都督從晉王平陳有功拜開府未幾沈玄懀高智慧等作亂江南楊素以俱羅同行每有戰功加上開府又從素出靈州道擊突厥以功進位柱國大業中以交趾內臣除名會越巂飛山蠻作亂詔俱羅白衣領將并率蜀郡都尉段鍾葵討平之

冊府元龜

巡按福建監察御史臣李嗣京　訂正
知長樂縣事臣　夏允彝　叅閱
知建陽縣事臣　黃國琦　較釋

將帥部一十八

立功第十

隋史萬歲開皇中為左領軍將軍先是南寧夷爨翫來降拜昆州刺史既而復叛遂以萬歲為行軍總管率衆擊之入自蜻蛉川經弄凍次小勃弄大勃弄至於南中賊前後屯據要害萬歲皆擊破之行數百里

見諸葛亮紀功碑銘其背曰萬歲之後勝我者過此萬歲令左右倒其碑而進渡西洱河入渠濫川行千餘里破其三十餘部虜獲男女二萬餘口諸夷大懼遣使請降獻明珠徑寸於是勒美隋德

蘇孝慈開皇中簡較利州總管事從史萬歲擊西爨累戰有功進位大將軍尋簡較益州總管長史會越嶲人王奉舉兵作亂沙羅從叚文振討平之

楊武通開皇中以行軍總管討西南夷以功封白水郡公

張須陁開皇中從史萬歲討西爨以功授儀同煬帝嗣位漢王諒作亂并州從楊素平之加開府大業中為河南道黜陟討捕使賊帥盧明月衆十餘萬將寇河北須陁邀擊殺數千人賊呂明星帥仁參霍小漢等衆各萬餘擾濟北須陁進軍擊走之

慕容三藏開皇中為吳州刺史副襄陽公韋洸討嶺南酋長王仲宣既至廣州洸中流矢卒詔三藏簡較廣州道行軍事賊衆四面攻圍三藏固守月餘城中糧少矢盡三藏以為不可持久遂自率驍銳夜出突圍擊之賊衆敗廣州獲全以功授大將軍

陰壽開皇中為幽州總管先是高寶寧者北齊之疎

屬也為人桀黠有籌筭在齊久鎮黃龍及齊滅周武帝拜為營州刺史甚得華夷心高祖為丞相遂連結契丹靺鞨舉兵反高祖以中原多故未遑進討以書諭之而不得開皇初又引突厥攻圍北平至是令壽率步騎數萬出盧龍塞以討之寶寧求救於突厥時衛王爽等諸將數道北征突厥不能援寶寧棄城奔於磧北黃龍諸縣悉平

張衡開皇中以行軍總管率步騎五萬人討熙州賊李英林平之拜開府

房兆開皇中為行軍總管擊胡以功官至柱國徐州

總管

賀婁子幹開皇中爲行軍總管時吐谷渾復寇邊西土多被其害命幹討之馳驛至河西發五州兵入掠其國殺男女萬餘口二旬而還

梁遠開皇中爲汶州總管吐谷渾寇邊遠以鋭卒擊之斬千餘級

元諧開皇中爲大將軍總兵討吐谷渾時賊將定城王鍾利房率騎三千渡河連結党項諧率兵出鄯州趣青海邀其歸路吐谷渾引兵拒諧相遇於豐利山賊鐵騎二萬與諧大戰諧擊走之賊駐兵青海遣其

太子可博汗以勁騎五萬來掩官軍諧逆擊之敗追奔三十餘里俘斬萬計虜大震駭

周羅睺開皇末爲幽州刺史突厥達頭可汗犯塞從楊素擊之虜衆甚盛羅睺白素曰賊陣未整請擊之素許焉與輕勇三十騎直衝虜陣從申至酉短兵屢接大破之進位大將軍

王仁恭開皇末爲車騎將軍從楊素擊突厥於靈武以功拜上開府後爲驃騎將軍典蜀王軍事山獠作亂蜀王命仁恭討破之煬帝嗣位漢王諒舉兵反從楊素擊平之以功進位大將軍遼東之役以仁恭爲將軍明年至新城賊數萬背城結陣仁恭率勁騎一千擊破之賊嬰城拒守仁恭四面攻圍帝聞而大悦遣舍人苗䇿勞問賜以珍物進授光祿大夫

董純開皇末爲左衛將軍漢王諒作亂爲行軍總管從楊素擊平之以功拜柱國後爲楡林太守會彭城賊帥張大彪宗世模等衆至數萬保懸薄山寇掠徐兗煬帝令純討之純初閉營不與戰賊屢挑之不出賊以純爲怯不設備縱兵大掠純選精鋭擊之合戰於昌慮大破之斬首萬餘級築爲京觀賊魏騏驎衆萬餘人據單父純進擊又破之帝征遼復以純爲彭

城留守東海賊彭孝才衆數千掠懷仁縣純擊擒之

何稠開皇末爲員外散騎侍郎桂州李光仕聚衆爲亂詔稠討之賊相繼降分遣建州開府梁毗討叛夷羅壽羅州刺史馮暄討賊帥李大壇並平之傳首軍門承制署首領爲州縣官而還

李渾仁壽初爲象城府驃騎將軍從左僕射楊素爲行軍總管出夏州北三百里破突厥阿勿俟斤於納遠川斬首五百級進位大將軍

郭榮仁壽初爲通州刺史西南夷獠多叛詔榮領八州諸軍事行軍總管率兵討之歲餘悉平煬帝即位

入爲武候驃騎將軍後數歲黔安首領田羅駒阻清江亂夷陵諸郡民夷多應者詔榮擊平之遷左候衛將軍

吐萬緒仁壽末爲太子左虞候率煬帝嗣位漢王諒時鎮并州帝恐其爲亂拜緒晉絳二州刺史馳傳之官緒未出關諒已遣兵據蒲坂斷河橋緒不得進詔緒率兵從楊素擊破之拜左武候將軍劉元進作亂江南以兵攻潤州帝徵緒討之緒率衆至楊子津元進自茅浦將渡江緒勒兵擊走緒因濟江背之爲柵明日元進來攻又大挫之賊解潤州而去緒進屯曲

阿元進復結柵拒緒挑之元進出戰陣未整緒以騎突之賊衆遂潰赴江水而死者數萬元進挺身夜遁歸保其僞署僕射朱爕管崇等屯於毘陵連營百餘里緒乘勢進擊復破之賊退保黃山緒進軍圍之賊窮蹙請降元進朱爕僅以身免於陣斬管崇及其將軍陸顗等五千餘人收其子女三萬餘口送江都宮進解會稽圍

史祥仁壽末爲行軍總管漢王諒之亂祥擊其將余公理大破之專趣黎陽討綦良綦良棄軍走其衆大潰進位上大將軍

王辯仁壽末爲車騎將軍漢王諒之亂辯從楊素討平之累遷鷹揚郎將遼東之役以功加通議大夫山東盜賊起上谷魏刀兒自號歷山飛衆十餘萬劫掠燕趙詔辯發步騎三千擊敗之其後賊帥郝孝德孫宣雅時李康竇建德魏刀兒等往往屯聚大至十萬小至數千冦掠河北辯進兵擊之所往皆捷

趙才煬帝大業中以行軍總管從征吐谷渾才與衛尉劉權兵部侍郎明雅等出合河道與賊相遇擊破之以功進位金紫光祿大夫

裴仁基大業中爲武賁郎將從將軍李景討叛蠻向

思多於黔安以功進銀青光祿大夫又擊吐谷渾於張掖破之

陳稜大業中爲武賁郎將與朝議大夫張鎮州發東陽兵擊琉球國分爲五軍趣其都邑其王歡斯渴刺兜率衆數千逆拒稜遣張鎮州爲先鋒擊走稜乘勝逐北至其柵渴刺兜背柵而陣稜盡銳擊之從辰至未苦鬭不息渴刺兜自以軍疲引入柵稜遂塡塹攻破其柵斬渴刺兜獲其子島槌虜男女數千而歸進位右光祿大夫遼東之役以宿衛遷左光祿大夫明年帝復征遼東稜爲東萊留守楊玄感之作亂也稜

率衆萬餘人擊平黎陽斬玄感所署刺史元務本尋奉詔於江南營戰艦至彭城賊帥孟讓聚衆將十萬據都梁宫阻淮爲固稜潛於下流而濟至江都率衆襲讓破之以功進位光祿大夫賜爵信安侯後帝幸江都宫而李通據海陵左才相掠淮北杜伏威屯六合衆各數萬帝遣稜率宿衛兵擊之往往尅捷超拜右御衛將軍

楊義臣大業中爲左光祿大夫從煬帝征遼東時渤海高士達清河張金稱並相聚爲盜衆已數萬攻陷郡縣帝遣將軍段達討之不能尅詔義臣率遼東還

兵數萬擊之大破士達斬金稱又收合降賊入豆子䴚討格謙擒之以狀聞奏帝惡其名遽追入朝賊繇是復盛義臣以功進位光祿大夫

元成壽大業中爲左親衛郎將楊玄感之亂也從刑部尚書衛玄擊之以功進位正議大夫拜西平通守

斛斯萬善大業中從衛玄討楊玄感頻戰有功及玄感敗走萬善與數騎追及之玄感窘迫自殺繇是知名

王世充大業中爲江都守時厭次人格謙爲盜數年兵十餘萬在豆子䴚中世充帥師破斬之威振羣賊又擊盧明月破之於南陽斬首數萬虜獲極多後還江都帝大悅自執杯酒以賜之

唐張鎮州初仕隋爲武賁郎將大業中汎海擊琉球國破之遷左衛將軍從帝江都於上江督運賊董道冲爲阻進擊破之

屈突通仕隋大業中爲左驍衛大將軍時秦隴盜賊蜂起以通爲關内討捕大使有安定人劉迦論舉兵反據雕陰郡僭號建元署百官有衆十餘萬稽胡首領劉捘眞劉鷂子聚衆與迦論相影響通發關中兵擊之賊衆大潰斬迦論并首級萬餘於上郡南山築

爲京觀虜男女數萬口而還後從太宗圍雒陽竇建德且至太宗中分麾下以屬通令與齊王元吉圍守雒陽世充平通功爲第一

劉德威仕隋大業末以校尉從左光祿大夫裴仁基討賊于淮左手斬魁帥李青蛙傳首行在所武德初爲潞州道行軍總管領兵出太行山經畧河内仍受太宗節度德威進兵拔懷州從擒竇建德平王世充皆有功

蘭謨仕隋大業末以鷹揚將軍留守臨汾義旗建率所部來降從高祖平京城授左光祿大夫爲太子左

衛率又從太宗破宋金剛及王世克竇建德劉黑闥徐圓朗等皆有戰勳數蒙賞賜

李藝仕隋大業末爲幽州總管及聞高祖踐祚奉表歸國於是璽書封王會劉黑闥舉兵高祖遣其弟監門將軍壽將兵與藝合勢攻劉黑闥藝率步騎數萬破劉什善於徐河又進兵與太宗軍會於雒水太宗令爲馬軍總管仍領本兵從大軍擊賊有功武德三年竇建德侵幽州藝爲總管擊走之斬首千餘級

藺興粲爲驍騎將軍武德元年梁師都寇靈州興粲擊破之俘斬二千餘人鄜州刺史梁禮叛擊破之俘

斬千餘人

張綸以左驍騎衛將軍爲絳州道行軍總管武德元年討叛胡平之

鮮于盛爲統軍武德元年王世克將高毗侵壽安盛斬首千餘級

趙欽爲驃騎武德元年賊帥呂寶生衆七千人破盩厔縣欽擊之斬首百餘級

王師仁爲討捕使武德元年胡賊八千人掠涇陽師仁擊走之

王君廓武德初以上柱國從大軍東討別下轘轅羅州二縣王世克遣將魏隱率兵拒之君廓撤營僞遁設伏以待之隱縱兵疾進發伏大破之又與諸軍下武牢執僞荆王行本擊王世克糧運於緱氏沉其米船三十餘艘進爵彭國公邑三千戶

黃君漢武德初爲行軍總管鎮于柏崖拒王世克將高毗敗之封虢國公後從太宗擊東都別下廻雒城及東都平賜黃金百兩雜綵千餘段從平劉黑闥及破輔公祏皆有戰功

丘行恭武德初以光祿大夫從太宗討薛舉劉武周王世克竇建德皆立殊勳授左驍騎貞觀中從侯君

集平高昌封天水郡公

裴行方武德初爲右親衛中郎將從征遼東授右五步軍總管破駐蹕山攻安市城有功授右衛將軍又奉詔討茂州叛羌董郎羌大破之窮賊餘黨西至乞習山臨弱水而歸

馬三寶武德初以別擊叛胡劉拔真於北山破之又從平薛舉遷左驍衛大將軍復從柴紹擊吐谷渾於岷州先鋒陷陣斬其名王前後虜男女數千口以功封新興縣侯

李大亮武德初爲金州總管府司馬時王世克遣其

兄子弘烈據襄陽令大亮安撫樊鄧以圖進取亮進兵擊之所下十餘城高祖下書勞勉後從太宗討吐谷渾爲且末道行軍總管遇賊於蜀渾山破之俘其名王虜雜畜五萬以功進爵爲公

殷嶠武德初以陝東道行臺兵部尚書從討宋金剛與總管衞孝節將軍秦武通別破賊將尉遲敬德於美良川拜吏部尚書以功進爵鄖國公食邑三千戶

盧士良武德初以戰功爲柱國其後党弘仁督運於穀州士良以馬軍總管率兵爲援遇王世充驍將葛彥璋接戰破之進下慈澗城擒其守張曉復從平宋

金剛

劉弘基武德初以秦王府左一總管從太宗屯于柏壁率兵二千自隰州趣西河斷賊歸路時賊鋒甚勁弘基堅壁不敢進及金剛遁弘基率騎趣之至于介休與太宗會追擊大破之貞觀中爲輔國大將軍遼東之役以弘基爲前軍大將軍從擊高延壽於駐蹕山力戰有功累蒙優賞

公孫武達武德初爲秦王府長鎗車騎從太宗討劉武周力戰功最後爲右監門將軍合擊塩州叛突厥可邏拔邑武達引兵趨靈州至波邏廼及之賊方渡河見武達至據河南岸與武達相持武達泊船引兵擊之斬可邏拔邑殺傷幾盡進封東萊郡公

盛彥師武德初以行軍總管與史萬寶鎮宜陽以拒東寇斬李密擒王伯當以功封葛國公拜武衞將軍

秦叔寶武德初以馬軍總管從太宗北征於美良州破尉遲敬德功最居多尋授秦王府右三統軍從破宋金剛於介休從討王世充每爲先鋒又從平劉黑闥累授上柱國左武衞將軍封冀國公

程知節武德初以秦王府左三統軍破宋金剛擒竇建德降王世充並領左一馬軍總管每陣先登以功

封宿國公顯慶初爲葱山道行軍總管與賀魯所部歌邏祿及處月戰於榆暮谷大破之斬首千餘級獲駝馬牛羊萬計副將周智度攻其突騎處木昆等於咽城拔之斬首三萬級虜獲甚衆

張士貴武德初爲光祿大夫累有戰功賜爵新野縣公從太宗平東都授虢州刺史貞觀七年以右武侯將軍破反獠而還

段志玄武德初以光祿大夫從劉文靜拒屈突通於潼關以功授樂遊府驃騎將軍後從討王世充破竇建德功又居多遷秦王府右三護軍

段德操以武衛將軍爲延州道行軍總管武德二年梁師都侵延州德操擊破之斬首三千餘級五年擊師都石堡大破之俘斬千餘人師都僅以身免

李靖武德二年以秦王幕府從討王世克以功授開府時蕭銑據荆州遣靖安輯之輕騎至金州遇蠻賊數萬聚山谷靖與廬江王瑗擊之多所克獲會開府蠻酋冉肇則反率衆寇夔州趙郡王孝恭與戰不利靖率衆八百襲破其營臨陣斬肇則俘獲五千餘人四年以行軍總管攝孝恭行軍長史集兵於夔州討蕭銑破之以功授上柱國封永康縣公六年輔公祏

反於丹陽靖又副孝恭以討平之貞觀三年突厥諸部離叛朝廷將圖進取以靖爲代州道行軍總管率驍騎三千自馬邑出其不意直趣惡陽嶺以逼之四年二月次陰山擊頡利可汗大破之滅其國復定襄常安之地斥土界于大漠露布以聞

李仲文爲行軍總管武德三年劉武周遣將軍張萬歲侵浩州仲文擊走之俘斬數千人

郭行方爲襄州道安撫使武德四年攻蕭銑鄀州尅之九年爲岳州刺史行臺尚書擊眉州叛獠之衆大破之

李勣武德四年以陵州刺史從太宗伐王世克于東都累戰大捷又東畧地至武牢僞鄭州司兵沈悅請翻武牢勣夜潛兵應接尅之擒其僞刺史荆王行本從太宗振旅而還論功行賞太宗爲上將勣爲下將與太宗俱服金甲乘戎輅告捷於太廟又從太宗破劉黑闥徐圓朗累遷左監門大將軍圓朗重據兖州反授勣河南大總管以討之尋獲圓朗斬首以獻七年詔與趙郡王孝恭討輔公祏孝恭領舟師巡江而下勣領步卒一萬渡淮拔其壽陽至硤石公祏之將陳正通率兵十萬屯于梁山又遣其大將馮慧亮率

水軍十萬鏁連大艦以斷江路仍於江西結壘分守水陸以禦王師勣攻其壘尋尅之慧亮單艨而遁乘勝逼之正通大潰以十餘騎奔于丹陽公祏棄城夜遁勣縱騎追斬之於武康江南悉定太宗即位拜并州都督賜實封九百戸貞觀三年爲通漠道行軍總管至雲中與突厥頡利可汗兵會大戰于白道突厥既敗屯營于磧口遣使請和詔鴻臚卿唐儉往救之勣時與定襄道大總管李靖軍會與議曰頡利雖敗人衆尚多若走渡磧保于九姓道徑阻深追則難及今詔使唐儉至彼其必弛備我等隨後襲之此不戰

而平賊矣靖拊髀喜曰公之所言乃韓信滅田横之策也於是定計靖將兵逼夜而發勣勒兵徑進靖軍既至賊營大潰頡利與萬餘人欲走渡磧勣屯軍于磧口頡利至不得渡磧其大酋長率其部落並降于勣虜五萬餘口而還勣爲并州大都督長史十五年徵拜兵部尚書未赴京會薛延陁遣其子大度設帥騎八萬南侵李思摩部落命勣爲朔州行軍總管率驍騎三千追及延陁於青山擊大破之斬其名王一人俘獲首虜五萬餘計以功封一子爲縣公十九年太宗親征高麗授勣遼東道行軍大總管攻破蓋牟

遼東白岸數城以功封一子爲郡公高宗總章元年爲遼東道行軍大總管率兵平高麗加太子太師增食實封通前一千一百戸

李安遠武德中爲左武衛將軍破宋金剛平王世克擒劉黑闥皆有戰功

尉遲敬德武德中以秦王府左一統軍從太宗擊王世克大破之又從討劉黑闥於臨洺敬德率壯士犯圍而入大破賊陣巳又從破徐圓朗累有戰功授秦王府左二副護軍武德末以行軍總管與突厥戰於涇陽大破之獲其俟斤阿史德烏没啜斬首千餘級

許紹武德中以硤州刺史爲行軍總管將蕭銑阿遣兵入硤破紹擊走之進圍安蜀鎮副將朱士陸殺其大將率士衆來降於紹紹又遣子智仁及裨將李弘節攻荆門鎮破之

柴紹武德中以左翊衛大將軍從太宗平薛舉破宋金剛攻平王世克於雒陽擒竇建德於武牢封霍國公賜實封千二百戸九年爲左衛大將軍擊突厥於秦州大破之斬其特勤一擒大將三人斬首千餘級

竇軌武德中以光禄大夫鎮秦州會赤排羌作亂軌與康州刺史楊師道擊破之餘黨悉降後率兵擊東

都高祖引其將校五百人宴賜而遣之及還鎮于益州許以便宜從事時巴隆等數州隆今閬州山獠作亂軌擊破之還至方山羣獠潛相聚結夜襲軌營軌逆擊之戰數合賊始敗前後虜男女二萬口又屬党項寇松州詔軌援之又令扶州刺史蔣善合與軌合勢時党項引吐谷渾之衆其鋒甚鋭軌等分軍於宕昌岷山二道俱進軌師未至善合先期至錯川遇賊力戰走之高祖因令軌耀兵於臨洮酋首王子貢等詐降於軌收而斬之進擊左封破其部衆

錢九隴武德中爲左監門郎將平薛仁杲劉武周以

前後戰功累授右武衛將軍其後從太宗擒獲竇建德平王世充從隱太子討劉黑闥於魏州力戰破賊策勳爲最累封郇公仍以本官爲苑遊將軍

盧祖尚武德六年以兗州刺史從趙郡王孝恭討輔公祏爲前軍總管攻其宣歙二州克之進擊賊帥馮慧亮陳正通並破之賊平以功授蔣州刺史

張公謹太宗貞觀初以代州都督副李靖經略突厥破定襄破頡利璽書慰勞封鄒國公

蘇定方爲正道府折衝貞觀初隨李靖襲突厥頡利於磧口靖使定方率二百騎爲前鋒乘霧而行去賊

一里許忽然霧散望見其牙帳馳掩殺數十百人頡利及隋公主狼狽散走餘衆俯伏靖軍既至遂悉降之軍還授左武衛中郎將永徽中以左衛中郎將從左衛大將軍程知節征賀魯有功擢爲行軍大總管率兵盡平西域生擒賀魯而還顯慶五年授熊津道大總管率兵討平百濟定方前後城三國皆生擒其王賞賜珍寶不可勝紀

薛萬徹貞觀初爲柴紹之副擊梁師都于朔方會突厥四面而至官軍稍却萬徹與兄萬均橫出擊之斬其騎將虜渾既亂因而乘之殺傷被野鼓行而進遂圍師都降其城後從李靖擊突厥頡利可汗於塞北以功授統軍及靖將擊吐谷渾請萬徹同行與諸將各率百餘騎先行卒與虜數千騎相遇萬徹單騎馳擊之虜無敢當還謂諸將曰賊易與耳躍馬復進諸將隨之斬數千級又與兄萬均破吐谷渾天柱王於赤水源獲其雜畜二十萬計萬均官至左屯衛大將軍封潞國公萬徹後爲蒲州刺史會薛延陁率廻紇同羅之衆渡磧南擊李思摩萬徹副李勣援之與虜相遇率數百騎先鋒擊其陣後騎皆散退賊顧見遂大潰追之數十里斬首三千餘級獲馬萬五千匹以

功別封一子縣侯後爲青丘道行軍大總管率甲士二萬自萊州泛海伐高麗入鴨綠水百餘里至泊灼城高麗震懼多棄城而遁泊灼城主所夫孫帥步騎萬餘人拒萬徹遣右衛將軍裴行方領步卒爲支軍繼進萬徹及諸軍乘之賊大潰追奔百餘里於陣斬所夫孫進兵圍泊灼城其城因山設險阻鴨綠水以爲固攻之未拔高麗遣將高文率烏骨安地諸城兵三萬餘人來援分置兩陣萬徹分軍以當之鋒刃纔接而賊大潰

張儉貞觀初以軍功累遷朔州刺史後爲營州

都督府事營州所管契丹奚霫靺鞨諸蕃皆隣接境粟末靺鞨最近高麗引衆數千來寇儉率鎮兵及諸蕃首領邀擊之斬獲畧盡璽書慰勞拜營州都督及行軍總管征遼東時有獲高麗候者稱莫離支將至遼東詔儉率兵新城路邀莫離支竟不敢出儉因進兵渡遼趣建安城賊徒大潰斬首數千級以功累封皖城郡公賞賜甚厚

冊府元龜

巡按福建監察御史臣李嗣京　訂正
知甌寧縣事臣　孫以敬　条閱
知建陽縣事臣　黃國琦　較釋

將帥部　一十九

立功第十一

唐張寶相爲大同道行軍副總管貞觀四年寶相獲頡利可汗於塞表其沙鉢羅設蘇尼失以餘衆舉國來降

牛進達爲鄣江府統軍貞觀七年陵嘉二州獠反令

進達率衆往擊破之尋拜左武衛將軍又二十一年從征高麗至駐蹕山與司徒長孫無忌率軍出自賊後先後奮擊大破之師旋拜左武衛大將軍又與右武衛將軍李海岸等浮海以伐高麗襲破石城虜男女數百人進次稍利城高麗列陣來戰進達擊之斬首二千餘級

張士貴爲行軍總管貞觀八年討東西王洞反僚平之

姜確爲左屯衛將軍貞觀中高昌之役以爲交河道行軍副總管率衆數千先大軍出伊吾趣柳谷依山採木造攻城器械其地有班超紀功碑確磨去文刊頌國威而去遂與侯君集等滅高昌力戰有功軍還封金城郡公食邑二千戶

劉師立爲岷州都督貞觀中河西党項丑氏嘗爲邊患又阻新附奉詔擊破之丑氏大懼遁於山谷師立至郵于真山與吐谷渾相遇擊破之多所虜獲而還

張士貴貞觀中爲屯衛大將軍時薛延陁犯塞士貴督夏州騎士倍道邀擊大破之

契苾何力爲左領軍將軍貞觀中與將軍薛萬均征吐谷渾萬均爲賊所攻何力救之獲免時吐谷渾王

在突倫川何力復欲襲之萬均懲其前敗固言不可何力曰賊非有城郭逐水草以爲生若不襲其不虞便恐鳥驚魚散一失機會安可傾其巢穴耶乃自領驍兵千餘騎直入突倫川襲破吐谷渾牙帳斬首數千級獲駝馬牛羊二十餘萬頭渾主脫身以免俘其妻子而還後爲右驍衛大將軍永徽二年弓月處密叛以何力爲弓月道大總管討平之擒其渠帥處密時健俟斤等以歸乾封元年又爲遼東道行軍大總管兼安撫大使高麗有衆十五萬屯於遼水又引靺鞨數萬據南蘇城何力奮擊皆大破之斬首萬餘級

乘勝而進凡拔七城乃廻軍會英國公李勣於鴨綠水共攻辱夷大行二城破之勣頓軍於鴨綠柵何力引蕃漢兵五十萬先臨平壤勣仍繼至拔平壤城執男建虜其王還

席君買爲果毅都尉貞觀十五年率精騎百二十襲擊吐谷渾之丞相宣王破之斬其弟兒三人初丞相宣王專其國權陰謀作難詐言祭山神乃結人伏將襲弘化公主劫其王諾曷鉢等奔于吐蕃期有日矣諾曷鉢知而大懼率輕騎走鄯城所部咸信王以兵逸之君員除其害國人仍相驚擾詔遣戶部尚書唐儉中書舍人馬周持節慰撫之其衆乃安

郭孝恪爲安西都護貞觀十八年詔孝恪討焉耆乃

選步騎三千出銀山道以焉耆王弟栗婆准爲鄉道焉耆所都城四面有水自恃其甲不虞於我孝恪倍道兼行夜至城下潛遣將士浮水而渡及明一時攀堞鼓角齊震城中大擾孝恪縱兵擊之虜其王突騎支斬首虜七千級以栗婆准爲軍導有功留攝國事而還時居利啜將兵來援焉耆以勁騎五千追孝恪至于銀山之下孝恪逆擊破之追奔數十里而還

田仁會爲左武侯中郎將貞觀十八年太宗征遼癸後薛延陁數萬騎抄掠河內帝令仁會及執失思力率兵擊破之逐北數百里延陁脫身走免帝嘉其功降璽書慰勞

楊弘禮爲兵部侍郎貞觀十九年從太宗征遼領馬步二十四軍出其不意以擊之所向摧破二十一年爲崑山道大總管諸道副大總管軍將咸受節度於是破處月降處密殺焉耆王降鄂支部支部落獲龜茲于闐王凱還

喬師望爲夏州都督貞觀二十年與右領軍大將軍執失思力等擊薛延陁大破之斬獲二千餘人

梁建方爲右武侯將軍貞觀二十二年擊松外蠻破之初巂州都督劉伯英上言松外諸蠻雖暫降款旋

即背叛請出師討之西洱河天竺道可通也由是建方發蜀州十二州兵討之蠻帥雙舍率衆拒戰建方擊破之殺獲千餘人羣蠻震擾各竄山谷建方分遣使者說以利害爭來款附前後至者七十餘部戶十萬九千三百建方署其首領蒙和爲縣令各統所部莫不感悅建方乘勝遣使往西洱河其帥楊盛見使至大駭具船將遁使者曉諭禍福示以威信盛遂稽顙請降遣首領十人來謁軍門建方振旅而還及至太宗勞其勤老賜以上駟

趙孝祖爲朗州道總管高宗永徽三年大破白水蠻

其地與青蛉弄棟相接酋長楊承顛私自署侵陵隣境朗州都督任懷王屢招懷之承顛不從攻刼尤數及孝祖軍至夷人多棄城投險惟小勃弄酋長師盛守白旗城率步騎一萬逆戰孝祖破之斬師盛首進至大勃弄承顛嬰城自固孝祖遣人招之承顛大罵無禮孝祖進軍攻之臨陣獲承顛餘衆走險往往屯聚大者數萬小者數千人孝祖與戰皆破降之西南夷遂定

程名振爲營州都督兼東夷都護顯慶二年率兵破高麗於貴端水焚其新城殺獲甚衆

薛仁貴爲左領軍郎將顯慶二年詔副程名振於遼東經畧大破高麗於貴端水焚其新城斬三千級龍朔元年授左武衛將軍封河東縣男其後破九姓從李勣平高麗皆有大功

劉仁軌爲簡較帶方州刺史兼熊津道行軍長史顯慶五年大軍征遼仁軌仍別領水軍二萬襲破倭賊數萬於白江虜掠船艦四百餘艘倭賊及耽羅等國皆遣使請之請降初仁軌將發帶方州謂人曰天將富貴此翁耳於州司請曆日一卷并七廟諱人怪其故答曰擬削平遼海頒示國家正朔使夷俗尊奉焉至果以軍功顯正除帶方州刺史又簡較熊津都督總知留鎮兵馬事咸亨五年爲雞林道六總管東伐新羅仁軌徑度瓠蘆河破其北方大鎮七重城以功進爵爲公并子姪二人並授上柱國州黨榮之

高侃爲東州道行軍總管左監門大將軍咸亨三年與高麗餘衆戰于白水山大破之時新羅遣將救高麗以拒官軍侃與副將李謹行等引兵迎擊高麗斬首三千級

李謹行爲燕山道總管右領軍大將軍咸亨四年大破高麗叛徒於瓠蘆河之西俘獲數千人自是平壤

餘衆走投新羅

黑齒常之爲左領軍員外將軍儀鳳中吐蕃入寇從河西道大總管李敬玄拒之總管劉審禮之沒於陣敬玄欲抽軍却阻泥溝而計無所出常之夜率敢死五百人進斫賊營吐蕃大將跋棄軍宵遁高宗大悅擢授左武衛將軍永隆二年爲河源道經畧大使率兵以討吐蕃軍至良非川吐蕃大將賛婆引退常之進軍追討獲其羊馬甲仗而還垂拱三年八月突厥骨吐祿元軫寇朔州常之爲燕山道大總管擊賊於黃花堆大破之追奔四十餘里遂散走磧北

裴行儉爲定襄道行軍大總管調露二年大破突厥於黑山擒其首領奉職僞可汗泥熟匐爲其下所殺斬其首來降

竇懷哲爲岱州都督調露二年突厥餘衆圍雲州懷哲與左領軍中郎將程務挺率兵擊破之

程務挺爲右衛將軍封平原郡公永淳二年綏州城平縣人白鐵餘率部落稽之衆據縣城反僞稱尊號署百官又進寇綏德殺掠人吏焚燒村落務挺與夏州都督王方翼討之務挺進攻其城拔之生擒白鐵餘盡平其餘黨又以功拜左驍衛大將軍

李孝逸爲玉鈐衛大將軍則天文明元年李敬業據楊州亂詔孝逸討破之斬首七千級投于谿水死者數千追奔二十餘里敬業窘急與其弟敬猷及唐之奇杜求仁駱賓王等輕騎遁走至江都攜其妻子奔潤州又將逃入海投于高麗孝逸乘勝進據楊州分遣將士捕之敬業至海陵界阻風頓於灘上其僞將王那相斬敬業及敬猷賓王而降傳其首於東都求仁之奇等咸赴水而死楊潤楚三州悉平

馬敬臣爲楊州道副總管文明元年李敬業據楊州亂敬臣與賊帥尉遲昭戰于都梁山斬之盡降其衆

魏元忠爲侍御史李敬業於楊州作亂元忠督軍征之敬業平授司刑正

王果爲廣州都督垂拱元年討嶺外反獠平之

王孝傑爲武威軍總管長壽元年與阿史那忠節大破吐蕃克復龜茲于闐疏勒碎葉等四鎮

唐休璟爲隴右諸軍大使久視元年吐蕃贊普遣將麴莽布支寇凉州圍逼昌松縣休璟與莽布支戰于洪源谷斬其副將二人獲首二千五百級

陳大慈爲都督長安二年十月吐蕃贊普率衆萬餘人寇悉州大慈與賊四戰皆破之斬首千餘級

唐九徵爲姚嶲道討擊使中宗神龍三年擊姚州叛蠻敗之俘虜三千餘級遂樹碑以紀功焉

郭虔瓘爲右衛將軍北庭都護玄宗開元二年突厥默啜遣其子同俄特勤率衆寇北庭虔瓘擊敗之斬同俄於城下突厥女壻火拔頡利發石阿失畢於同俄特勤同領兵同俄之死懼不敢歸遂與其妻歸降虔瓘以破賊功拜冠軍大將軍行右驍衛大將軍封太原郡開國公

郭知運爲伊吾軍使開元二年副郭虔瓘破突厥於北庭以功封介休縣公擢拜右武衛將軍其年秋吐

蕃入寇知運與薛訥王晙等掎角擊敗之拜知運鄯州都督隴右諸軍節度大使四年冬突厥降戶阿悉爛跌跌思素等率衆反詔知運領朔方兵橫擊之大破賊衆於黒山呼延谷六年又率兵入討吐蕃賊徒無備遂掩至九曲獲鎧甲及馬羊牛等數萬計拜知運爲兼鴻臚卿御史中丞八年六州胡康待賓反詔知運與王晙討平之拜左武衛大將軍

阿史那獻爲北庭大都護瀚海軍使開元二年梟突厥都擔首獻于闕下并擒其孥及胡祿等部落五萬餘帳内屬

王晙爲隴右郡牧使開元二年爲右羽林將軍薛訥邀擊吐蕃至武衛谷去大來谷二十里爲賊所隔晙率兵迎訥之軍賊置兵於兩軍之間連亘數十里晙夜出壯士銜枚擊之賊大潰乃與訥合軍掩其餘衆追奔至洮水殺獲不可勝數盡收所掠牧馬而還以功加銀青光祿大夫封清源縣男兼源州都督其後降虜既叛勅晙帥并州兵西濟河以討之殺一千五百餘人生獲一千四百餘人駞馬牛羊甚衆以功遷散騎常侍持節朔方道行軍大總管

孫仁獻爲松州都督開元四年大破吐蕃于城下初仁獻率驍勇候夜掩入賊營亂斫之賊攻凓奔散乃以刀斫馬脚而自潰帝聞之特命御史就松州錄其勞降書慰勞仁獻及將吏

張說爲并州大都督開元九年胡賊康待賓率衆反據長泉縣自稱葉護攻陷蘭池等六州詔王晙率兵討之仍令說相知經畧時叛胡與党項連結攻銀城連谷以據倉糧說統馬步萬人出合河關掩擊大破之追至駱駝堰胡及党項自相殺阻夜胡乃西遁入鐵建山餘黨潰散說招集党項復其居業其年拜兵部尚書同中書門下三品十年爲朔方軍節度大使

時康待賓餘黨慶州方渠降胡康願子自立爲可汗舉兵反謀掠監牧馬西涉河出塞說進兵討擒之并獲其家屬於木盤山送京都斬之其黨悉平

張嵩爲北庭節度使開元十年九月吐蕃圍小勃律王没謹忙求救于嵩曰勃律之國是漢西門漢若失之則已西諸國並陷吐蕃矣都護其若之何嵩方開葱嶺旣聞之許諾報曰國家西岳久被聲教王忠勤之至貫于神明何彼犬戎敢此凌侮嵩忝司鎮禦必不容縱當整師徒爲王翦滅謹忙大喜嵩乃遣疏勒副使張思禮率蕃漢馬步四千人赴援晝夜倍道兼

進譴壯復乘勢出兵左右夾攻吐蕃大破殺其衆數萬收其器械羊馬等甚衆盡復其九城之地初勃律王來朝上字之爲子於其國置綏遠軍以地隣吐蕃嘗爲所困吐蕃每謂之曰我非謀於爾國假爾道以攻四鎭自嵩此征之後不敢西向

趙頤貞爲安西副大都督開元十六年敗吐蕃於曲子城

王君㚟爲河西隴右節度使開元十六年吐蕃將悉諾邏率衆入寇大小谷又移攻甘州焚燒市里而去君㚟候其兵疲整士馬以掩其後會大雪賊徒凍死

者甚衆賊遂取積石軍西路而還君㚟令副使馬元慶裨將軍李車蒙追之不及君㚟先令人潛入賊境於歸路燒草悉諾邏還至大非山將息甲牧馬而野草皆盡馬死過半君㚟與秦州都督張景愼等率襲其後入至青海之西時海氷合將士並乘氷而度會悉諾邏已度大非山輜重及疲兵尚在青海之側君㚟縱兵盡俘獲之及羊馬數萬君㚟以功遷右羽林軍大將軍

張審素爲嶲州都督開元十七年攻破蠻拔昆明城及監城殺獲萬人

王忠嗣爲左威衞郎將專知行軍兵馬開元二十一年秋吐蕃大入忠嗣以所部策馬而前殺數百人賊衆遂亂三軍翼而擊之吐蕃大敗忠嗣以功最詔拜左金吾衞將軍天寶中累遷河東朔方節度使頻戰青海積石皆大尅捷又伐吐渾於墨離虜其全國而歸

張守珪爲幽州長史河北節度副大使開元二十二年發兵討契丹斬其王屈烈及其大臣可突干等傳首東都餘衆及叛奚皆散山谷立其酋長李過折爲契丹王二十五年爲幽州節度使破契丹餘黨於榛

祿山殺獲甚衆

蓋嘉運爲磧西節度使開元二十七年大破突騎施于碎葉城之東賀邏嶺擒可汗吐火仙及葉護特勤及弟撥斯獲駞馬牛羊數千計初嘉運銜命招輯突騎施拔汗那已西諸國會突騎施可汗蘇祿死其子吐火仙嗣立與葉護特勒首領都摩度竊據碎葉城又引黑姓可汗爾微特勒據怛邏斯城以拒官軍嘉運自率精兵攻碎葉與火仙接戰火仙棄旗而走遂擒之分遣疏勒鎭守使夫蒙靈詧統驍雄與拔汗那王俱進掩其不備遂入怛邏城斬可汗爾微特勒及

弟擬斯其黨遂遁及入曳建城因收得交河公主及獲蘇祿可敦爾微可敦遂收諸散落百姓凡數萬人悉付拔汗那王阿悉爛達干以歸諸國皆來降附

裴敦復爲河南尹天寶三載屬狂賊吳令光嘯聚兇黨於四明間據海以叛詔敦復持節率晉陵太守劉巨鱗統兵討之敦復旣至江夏賊黨自潰生擒令光以獻玄宗嘉其功拜刑部尚書

王難得爲金吾衞郎將天寶初以并定戎城破木柵功授威衞羽林將軍七載從哥舒翰擊吐蕃於磧石軍擒吐渾王子悉弄恭及子壻悉頰藏累拜左武衞

大將軍充隴西遊奕使九載破吐蕃收其五橋又破樹敦城加白水軍使十三載從收九曲加特進至德中爲鳳翔都知兵馬使難得後遇安慶緒於滏陽誘以入壁擊破之封瑯邪郡公

高仙芝爲安西副都護四鎭都知兵馬使小勃律國王爲吐蕃所招妻以公主西北二十餘國皆爲吐蕃所制貢獻不通節度使田仁琬蓋嘉運夫蒙靈詧累討之不捷天寶五載特勅仙芝以馬步萬人爲行營節度往討之自安西行十五日至撥換城三十餘日至握瑟德又十餘日至疏勒又二十餘日至葱嶺守捉又二十餘日至播密川又二十餘日至特勒滿川仙芝乃分爲三軍使疏勒守捉趙崇玭統三千騎趣吐蕃連雲堡直北谷入使撥換守捉賈崇瓘自赤佛堂路入仙芝與中使邊令誠自護密國入約七月十三日辰時會于連雲堡遂登山挑擊從辰至巳大破之至夜奔逐殺四五千人生擒千人餘並走散得馬千餘匹軍資器械不可勝數仙芝遂進至勃律國招諭其王并公主出降並平其國六載八月仙芝虜勃律王及公主取赤佛堂路班師制授仙芝鴻臚卿攝御史中丞代靈詧爲四鎭節度使九載將兵討石國

平之獲其王以歸

哥舒翰爲隴右節度使先是吐蕃石堡城路遠而險久不拔天寶八載詔翰率河東西靈武及突厥阿布思等兵士六萬三千攻城拔之更名神武軍分兵鎭守翰以功拜鴻臚員外卿

李忠臣本姓董名秦天寶中歷仕幽州節度薛楚玉張守珪安祿山等頻征討積功勞遷折衝郎將左武衞將軍同正平盧軍先鋒使及安祿山反與其倫輩密議殺僞節度使呂知誨立劉正臣爲節度使正臣以忠臣爲兵馬使攻長楊戰獨山襲榆關北平殺賊

將中子貢榮先欽擒周釗送京師忠臣功多又從正臣破漢陽將李歸仁李感義白秀芝等來拒戰約十合並摧破之無何潼關失守郭子儀李光弼退師忠臣乃引軍北歸奚王阿篤孤幼以衆與正臣合後乃言請以萬餘騎同收范陽至后城南中夜反攻正臣忠臣與戰逐至温泉山破擒之大首領阿布離斬以祭纛鼙鼓正臣卒又與衆議以安東都護王玄志爲節度使至德二年正月玄志令忠臣以步卒三千自雍奴爲葦筏過海賊將石暹烏洽來拒忠臣與董竭忠追之轉戰累日遂收魯城河間景城等大獲資粮

以赴本軍復與大將田神功率兵討平原樂安郡下之擒僞刺史臧瑜等防河招討使李銑承制以忠臣爲德州刺史屬史思明歸順河南節度張鎬令忠臣以兵赴鄆州與諸軍收河南州縣又與裨將楊惠元大破賊將王福德于舒合口肅宗累下詔褒慰仍令鎮濮州尋移韋城乾元元年九月改光祿卿同正其年與郭子儀等九節度圍安慶緒於相州明年三月諸軍潰歸忠臣亦退至滎陽賊將敬釭來襲官舩忠臣大破之獲米二百餘艘以資汴州軍士尋拜濮州刺史緣河守捉使移鎮杏園渡及史思明陷汴州節度使許叔冀與忠臣並力屈降賊思明撫忠臣背曰吾比只有左手今得公兼有右手矣與俱寇河陽數日忠臣夜以五百人斫其營突圍歸光弼光弼以聞詔加開府儀同三司殿中監同正賜實封二百戶召至京師賜姓李氏名忠臣封隴西郡公賜良馬庄宅銀器綵物等時陝西神策兩節度郭英乂衛伯玉鎮陝州以忠臣爲兩軍節度兵馬使魚朝恩亦在陝俾忠臣與賊將李歸仁李感義等戰于永寧莎栅前前後數十陣皆摧破之會淮西節度王仲昇爲賊所擒寶應元年七月拜忠臣太常卿同正兼御史中丞淮

西十一州節度使尋加安州刺史仍鎮蔡州其年令忠臣會元帥諸軍收復東都二年六月就加御史中丞時廻紇可汗既歸其國留判官安恪石帝庭于河南守禦財物因此招聚亡命爲寇道路擁隔詔忠臣討平之永泰元年吐蕃犯西陲京師戒嚴代宗命中使遣兵諸道多不時赴難使至淮西忠臣方會鞠即令整師飭駕監軍大將固請曰軍行須擇吉日忠臣奮臂於衆曰焉有父母遇害難待擇好日方救患乎即日進發自此方隅有警忠臣必先期而至繇是代宗嘉其忠節加本道觀察使寵賜頗厚及同華節度

周智光舉兵反詔忠臣與神策軍將李太清討平之
大曆二年簡較工部尚書加實封通前三百戶五年
加蔡州刺史七年簡較右僕射知省事李靈曜之叛
田承嗣使姪悅援之忠臣與諸軍大破悅等汴州平
郭子儀爲朔方節度兵馬使天寶十四載安祿山反
詔以子儀爲衛尉卿充朔方節度使率本軍東討遂
舉軍出單于府收靜邊軍斬賊將周萬頃傳首闕下
祿山使大同軍使高秀巖寇河曲子儀大破之進收
雲中馬邑開東陘以功加御史大夫十五載二月與
太原節度使李光弼出吐門拔常山郡破史思明於

九門又南拔趙郡生擒四千人皆捨之斬僞太守郭
獻璆獲器械數十萬進軍而南思明以數萬衆躡其
後子儀與光弼選驍騎五百人更挑之三日至行在
賊疲乃退因乘之大破於沙河會玄宗西幸於是光
弼保太原子儀朝於靈武至德元年加武部尚書平
章事賊將阿史那從禮以蕃虜五千騎出塞門誘河
曲九蕃府六胡州部落數萬皆從叛子儀率諸將合
擊大破之斬獲不可勝計河曲平子儀入塞而南收
河東郡擊走僞將崔乾祐二年四月進位司空充關
内河東副元帥是年九月副廣平王東征子儀率迴
紇及南蠻大食之衆十五萬屯京西南隅陳於澧水
西鎮北庭節度使李嗣業爲前軍關内節度王思禮
爲後軍子儀奉元帥爲中軍彌亘三十里賊將李歸
仁安守忠衆十萬陣於其北歸仁先薄我軍我軍將
亂李嗣業前衝之殺十餘騎乃定迴紇以奇兵出其
後而夾攻之賊軍大潰斬首六萬級僞將張通儒等
走陝州翼日子儀整軍入京師遂收華陰弘農數日
而東十月安慶緒悉師屯陝西負山爲陣子儀以大
軍攻其前迴紇登山乘其背遇賊潛師於山中與關
過期大軍稍却賊分兵三千人絶我歸路衆心大搖

子儀麾迴紇令進盡殺之潛師馳至其後於黃埃中
發十數矢賊驚顧曰迴紇來迴紇來乃大潰僵屍遍
山澤遂復東都以功加司徒封代國公食邑千戶乾
元元年九月與李光弼等九節度之師討安慶緒大
敗之獲僞鄭王安慶和以獻遂收衛州廣德元年十
月吐蕃陷涇州虜刺史高暉暉遂與蕃軍爲鄉道引
賊深入京畿掠奉天武功濟渭而南緣山而東渭北
行營兵馬使呂日將逆戰于盩厔自辰至酉殺蕃軍
數千然其徒多殖賊將逼京師代宗計無所出遽詔
子儀爲關内副元帥出鎮咸陽子儀自相州不利李

光弼代掌兵柄及徵還朝廷部曲散去及是承詔部下唯二十騎强取民家畜産以助軍至咸陽蕃軍已過渭水其日天子避狄幸陝州子儀聞帝避狄雪涕還京至則軍駕已發射生將王獻忠從駕泝路遂以四百騎叛乃逼豐王已下十王欲投於賊子儀入開遠門遇之詰豐王等所向遂擒送行在子儀以三十騎傍南山至商州得武關防兵及六軍散卒四千招輯士衆其軍漸振蕃寇犯京城得故邠王守禮孫廣武王承宏立帝號假署百官子儀遣六軍兵馬使張知節烏崇福羽林軍使長孫全緒等將兵萬人爲前

鋒營於韓公堆盛張旗幟鼓鼙震山谷全緒遣禁軍舊將王甫入長安陰結少年豪俠以爲内應一日齊擊鼓於朱雀街蕃軍惶駭而去大將李忠義先屯兵苑中渭北節度使王仲昇守朝堂子儀以大軍續進至滻西而射生將王撫自署爲京兆尹聚兵二千人擾亂京城子儀召撫殺之詔子儀權京城留守子儀子晞少善騎射嘗從父以戰功授左贊善大夫又從收復二京力戰於陝西加銀青光祿大夫鴻臚卿同正叛兵殺其帥李國貞茘非元禮於絳州詔以子儀至絳州誅首亂者餘黨頗不安將謀復亂晞選精卒四千以侍其父嘗持弓警夜不寐者凡七日誅亂者不敢動以功拜殿中監同正廣德二年僕固懷恩誘吐蕃迴紇來寇加晞御史中丞領朔方軍前鋒擊破之其冬懷恩又以吐蕃及迴紇寇邠州陣於涇北子儀令晞將步兵五千騎五百出西門擊之以兵少相持不戰及暮乘其退半渡擊大破之斬首五千級連戰皆破之

李光弼爲河東節度副使知節度事天寶十五載以朔方兵五千會郭子儀軍東下井陘攻收常山郡賊將史思明率衆數萬來援常山光弼擊破之進收藁

城等十餘縣南攻趙郡拔之授河北節度使與賊將蔡希德史思明尹子奇戰於常山郡之嘉山大破賊黨斬首萬計生擒四千思明露髮跣足奔於博陵河北歸順者十餘郡是歲玄宗幸蜀肅宗即位於靈武改元至德光弼赴行在除戶部尚書北京留守以景城河間之卒五千赴太原二年正月賊將史思明蔡希德高秀巖牛庭玠等四僞帥衆十餘萬來攻光弼率敢死之士出擊大破之斬首七萬餘級軍資器械一皆委棄以功轉簡較司徒收清夷横野等軍擒賊將李弘義以歸拜守司空乾元二年爲天下兵馬元

帥趙王係之副知節度行營事河北節度支營田經畧等使與九節度兵圍安慶緒於相州史思明自范陽來救屢絶粮道光弼身先士卒苦戰勝之思明既殺慶緒卽僞位縱兵河南光弼以太尉兼侍中代郭子儀爲朔方節度兵馬副元帥以東師委之光弼至河陽思明於河陽城南築月城掘壕以拒光弼賊攻城光弼於中潬城西大破逆黨五千餘斬首千餘級生擒五百餘人溺死者大半光弼使將軍李抱玉守南城賊帥周摯攻之不下光弼置柵於中潬城外賊捨南城併力攻中潬光弼連麾三軍俱進聲動天地

一鼓而賊大潰斬萬餘級生擒八千餘人軍資器械粮儲數萬計臨陣擒其大將徐璜玉李泰其大將安太清走保懷州思明不知摯等敗尚攻南城光弼悉驅俘囚臨河以示之殺數十人以威之餘衆俱投河赴南岸光弼皆斬之賊旣敗走光弼收懷州思明來救迎擊於沁水之上又敗之月餘拔其城生擒安太清周摯楊希文等送於闕下以功進爵臨淮郡王後爲河南淮南山南東道荆南等道副元帥出鎭臨淮史朝儀乘印山之勝寇申光等十三州自領精騎圍李岑於宋州光弼徑赴徐州鎭之遣田神功擊敗之浙東賊首袁晁攻剽郡縣浙東大亂光弼分兵除討克定江左寶應元年進封臨淮王

僕固懷恩爲左領軍大將軍同正隸安西節度使天寶末從郭子儀討高秀巖于雲中破之又敗薛忠義於背度山下坑賊七千騎生擒忠義男襲下馬邑郡進軍與李光弼合勢及史思明戰于嘗山趙郡沙河嘉山皆大破之懷恩功居多肅宗卽位於靈武懷恩從子儀赴行在所時同羅部落自西京叛賊北寇朔方子儀與懷恩擊之遂破同羅千餘騎於河上盡收其器械駞馬至德二年正月又從子儀下馮翊河東

二郡走僞將崔乾祐子儀旣爲廣平王元帥之副懷恩領迴紇兵以從之破賊於陝西之新店收兩京皆立殊功以前後功加開府儀同三司鴻臚卿同正員同節度副使封豐國公乾元二年進封大寧郡王朔方行營節度使又從李光弼守河陽破周摯擒徐璜玉安太淸拔懷州皆摧鋒陷敵功冠諸將寶應初以同平章事領河東朔方節度行營及鎭西迴紇兵馬會于陜州受天下兵馬元帥雍王節度懷恩賈勇將迴紇兵前驅大破逆賊史朝義于雒陽朝義脫身潛遁殺賊十萬東都平遷左僕射兼中書令兗河北副

元帥乃席卷討除兩河諸州先爲賊所陷者悉平甸
日朝義傳首獻于闕下懷恩北掠幽薊所向披靡
渾瑊初以戰功爲中郎將天寶末安祿山反渾瑊從
李光弼討河北郡縣賊將李立節素稱驍勇瑊射殺
之特拜右驍衛將軍既而肅宗即位於靈州瑊統兵
赴行在次天德軍遇蕃寇侵邊瑊又破之後從郭子
儀收京都又圍相州破賊於新鄉攻簡較太僕卿充
右武鋒使又從僕固懷恩討史朝義戰功居多朝義
平加開府儀同三司太常卿興元元年三月瑊爲奉
天軍行營兵馬副元帥四月與吐蕃首領論莽羅合

軍破朱泚僞將韓炤等於武功瑊便赴奉天鳩合諸
軍兵馬應李晟收京城朱泚既竄瑊率兵掩逐至岐
陽巳東仍令先鋒兵馬追躡至涇州賊將誅泚傳首
來獻七月瑊爲河中同陝虢等州節度及朔方行營
副元帥令討李懷光與賊連戰數百陣貞元元年四
月與諸軍太破賊衆降其驍將石崇憲尉遲珪徐庭
光等遂收復同州長春宮至八月又與諸將總兵圍
河中賊將牛名俊梟懷光首來降
邢君牙爲平盧兵馬使天寶末安祿山亂隨節度使
侯希逸過海至青徐間田神功之討劉展君牙又從
神功戰伐有功歷將軍試光祿卿神功既爲兗鄆節
度君牙領防秋兵入鎮好畤時屬吐蕃陵犯代宗幸
陝君牙隸屬禁軍扈從後又以戰功加鴻臚卿累封
河間郡公建中初君牙隸禁軍扈從時河北諸節帥
叛換李晟率禁軍助馬燧等征之晟以君牙爲都虞
候於武安襄國洹水魏縣清苑討賊有功君牙擒生
斬級居多
曲環天寶末爲果毅別將安祿山亂從襄陽節度魯
炤守鄧州拒賊賊將武令珣戰數十合環功居多超
授左清道率別將兵守澤州破賊驍將安曉特拜羽

林將軍又將別部兵合諸軍同討史朝義平河北累
轉金吾大將軍並同正因隨李抱玉移軍京西大曆
中領兵隴州頻破吐蕃加特進太常卿德宗初嗣位
吐蕃大寇劍南詔環以幽隴兵五千馳行大破戎廣
收七盤城武軍及維茂二州西戎奔遁環大振功名
還加太子賓客賜以名馬錦綵又與諸將討涇州叛
將劉文喜平之拜開府儀同三司兼御史中丞克幽
隴西軍都知兵馬使時李納擁兵侵逼徐州令環與
劉玄佐同救援累破李納逆黨環以功最加御史大
夫

衛伯玉爲諸衛貟外將軍肅宗即位與師靜難伯玉激憤思立功名自安西歸長安初爲神策軍兵馬使出鎮陜州行營以功累遷右羽林軍大將軍元年建丑月以破永寧等縣逆賊功進位特進封河東郡公

馬璘爲安西裨較累遷至左金吾衛將軍同正至德元年王室多難璘統甲士三千自二庭赴于鳳翔肅宗奇之委以東討殄寇陜郊破賊河陽皆立殊効明年蕃戎寇邊詔璘赴援河西廣德初僕固懷恩不順誘吐蕃入寇代宗避狄陜州璘即日自河右轉鬬戎虜間至於鳳翔時蕃軍雲合鳳翔節度孫志直方閉

城自守璘乃持滿外向突入懸門不解甲背城出戰吐蕃奔潰璘以勁騎追擊俘斬數千計血流於野繇是雄名益振代宗還宮召慰勞之授兼御史中丞永泰初拜四鎮行營節度兼南道和蕃使委之禁旅俾清殘冦俄遷四鎮北庭行營節度及邠寧節度使兼御史大夫旋加簡較工部尚書以犬戎浸驕歲犯郊境涇州最隣戎虜乃詔璘移鎮涇州兼權知鳳翔隴右節度副使涇原節度涇州刺史四鎮北庭行營節度使如故復以鄭滑二州隷之璘詞氣慷慨以破虜爲已任旣至涇州分建營伍繕完戰守之具頻破吐蕃以其生口俘馘來獻前後破吐蕃約三萬餘衆

賀蘭進明爲河南節度至德二年收高密瑯邪等郡殺逆賊二萬餘衆

王思禮爲關内節度使至德二年從元帥廣平王收西京又從司徒郭子儀戰陜城曲沃新店賊軍旣敗又於絳郡破賊六千餘衆器械山積馬牛十萬餘匹遷兵部尚書封崔國公乾元二年於潞城縣東直十嶺擊破史思明兵馬使楊是等一萬餘衆

郝廷玉爲太尉李光弼帳中愛將乾元中史思明再陷雒陽光弼拔東都之師保河陽時三城壁壘不完

芻粮不支旬日賊將安太淸等率軍數萬四面急攻光弼懼賊勢西犯河潼極力保孟津以掎其後晝夜嬰城血戰不解將士夷傷光弼召諸將訊之曰賊黨何面難抗或對曰西北隅最爲勍敵乃亟召廷玉謂之曰兇渠攻西北者難奈爾爲我決勝而還辭曰廷玉所領歩卒也願得騎軍五百光弼以精騎三百授之光弼法令嚴峻是日戰不利而還者不解甲斬之廷玉奮命先登流矢雨集馬傷不能軍而退光弼登堞見之駭然曰廷玉奔還吾事敗矣促令左右取廷玉首來廷玉見使者曰馬中毒箭非敗也光弼命易

馬而復輕騎衝賊陣馳突數四俄而賊黨大敗於河壖廷玉擒賊將徐黃玉而還繇是賊解中潬之圍信宿退去前後以戰功累授開府儀同三司試太常卿封安邊郡王

李抱玉爲鄭陳潁亳四州節度乾元中從太尉李光弼討史思明固河陽復懷州皆功居第一代宗即位擢爲澤潞節度使加領陳鄭二州廣德元年冬吐蕃寇京師乘輿幸陝州諸軍潰卒及村閭逋客相聚爲盜京城南面子午等五谷羣盜充斥頗害居人朝廷遣薛景仙領兵爲五谷使招討連月不捷乃詔抱玉

兼鳳翔節度使討之抱玉審探知賊帥行止之處先分屯諸谷乃設奇潛使輕銳數百南自洋州入攻之賊帥高玉方與諸偷會遽爲銳卒數十人掩擒之因大捷獲偷黨悉斬之餘黨不討自潰旬日內五谷平以功遷司空大曆十年抱玉奏大破吐蕃于隴州義寧縣

冊府元龜

巡按福建監察御史臣李嗣京　訂正
知甌寧縣事臣孫以敬　參閱
知建陽縣事臣黄國琦　較釋

將帥部二十

立功第十二

唐崔光遠爲鳳翔節度使上元元年於普閏縣界破党項四千餘衆斬首二千餘級生擒一百餘人收獲駝馬牛羊器械等不可勝數

能元晧爲青密等州節度使上元二年六月破史朝

義下將僞驃騎大將軍李元遇等馬步一萬人擒賊將馬登封等十人斬首五千餘級

張伯義初隸河東節度使李光弼以戰功累遷試太常卿上元中賊帥袁晁亂海浙光弼俾伯義與諸軍討之招綏叛亡平蕩山洞功爲第一錄是擢授睦州杭州刺史

李晟爲鳳州節度使高昇列將上元中擊疊州叛羌於高當川又擊宕州連狂羌於牢山皆破之累遷左羽林大將軍同正廣德初節度使孫志直署晟總遊兵擊破党羌高玉等賊以功授特進光祿卿轉試太常卿大曆初李抱玉鎮鳳翔署晟爲左軍都將四年吐蕃圍靈州抱玉遣晟將兵五千以擊吐蕃晟辭曰以衆則不足以謀則太多乃請將兵千人疾出大震關至臨洮屠定秦堡焚其積聚虜堡帥慕容鍾而還吐蕃因解靈州圍而去拜開府儀同三司涇原四鎮北庭都知兵馬使累封合川郡王爲右神策都將德宗即位吐蕃寇劍南時節度使崔寧在京師三川皆恐晟將神策兵萬五千救援晟乃踰漏天攻拔飛越廓清肅寧三城絶大渡河獲首虜千餘級虜引去因留成都數月而還建中二年魏博田悅反將兵圍臨

洺邢州詔以晟爲神策先鋒都知兵馬使與河東節度馬燧昭義節度李抱眞合兵救臨洺諸軍皆却晟引兵渡洺水乘冰而濟橫擊悅軍王師復振擊悅大破之三年正月復以諸道軍擊敗悅軍於洹水遂進攻魏州以功賜實封百戶四年冬德宗幸奉天詔晟赴難授神策行營節度使實封二百戶自河中繇蒲津而軍渭北守東渭橋以逼朱泚累加同平章事興元元年五月二十五日夜移軍於光泰門米倉村以薄京城晟臨高指麾令設壕柵以候賊軍俄而賊衆大至晟遣吳詵康英俊史萬頃孟涉等縱兵擊之時

華州嘗在北兵火賊併力攻之晟遣李演孟日華以精卒救之中軍鼓譟演力戰大破之乘勝入光泰門再戰又敗之僵屍蔽地餘衆走白華夜聞慟哭之聲二十八日晟大集諸將陳兵於光泰門外乃使王佖李演率騎軍史萬頃領步卒直抵苑墻神麚村萬頃先登拔栅而入佖騎軍繼進賊即奔潰大軍分道並入鼓譟雷動賊將姚令言張庭芝李希倩猶力捍官軍晟令唐良臣趙光銑楊萬榮孟日華等步騎齊進賊軍陣成而屢北戰十餘合乘勝驅蹙至于白華忽有賊騎千餘出於官軍之背晟以麾下百餘騎擊之

左右呼曰相公來賊聞之驚潰官軍追斬不可勝計朱泚姚令言張庭芝尚有衆萬人相率遁走晟遣田子奇追之其餘兇黨相率來降京城平以功拜司徒兼中書令實封一千戸兊鳳翔隴州節度使兼隴右涇原節度管內諸軍及四鎮北庭行營兵馬副元帥封西平郡王貞元二年十月出師襲吐蕃摧沙堡拔之斬其堡使扈屈律悉蒙等

王佖李晟之甥自河西河北出師佖無役不從朱泚之亂以河中兵馬使隨晟討賊晟攻賊於光泰門賊鋒尚勁佖與兵馬使李演踰苑墻血戰敗賊前鋒諸軍方振論功爲神策將

呂日將爲典鳳等州招討使代宗寶應元年日將於典州三嵯谷大破羌賊三千餘衆

嚴武爲劒南節度使廣德二年破吐蕃七萬餘衆拔當狗城又拔鹽川城

崔寧本名旰爲漢州刺史廣德中吐蕃與諸雜羌戎冦陷西山柘靜諸州詔劒南節度使嚴武收復武急召寧統兵出西山寧躬親撫士皆願致死命始次賊城周圍皆石礫攻具無所設唯東南隅環丈之地壤土可穴諜知之以告寧寧晝夜穿地道攻之再宿而

拔其城因西拓地數百里下城砦數四蕃衆相語曰崔旰皆神兵也將更前進以糧盡還師武大悅裝七寶輿迎寧入成都以誇士衆賞賚過厚

王棲曜爲浙東馬軍兵馬使廣德中草賊袁晁亂台州連結郡縣積衆二十萬餘盡有淛江之外御史中丞袁傪東討奏棲曜與李長榮爲將聮日十餘戰生擒袁晁收復郡邑十六授常州別駕浙西都知兵馬使大曆中李靈曜叛于汴州觀察使李涵俾棲曜將兵四千爲河南掎角以功加銀青光祿大夫建中中李希烈既陷汴州乘勝東侵連陷陳留雍丘頓軍寧

陵期下宋州節度使韓滉命棲曜將强弩數千夜入寧陵希烈不之知晨朝弩矢及希烈坐帳希烈驚曰此江淮弩士今入矣遂不敢東希烈夜䟎後棲曜隨劉玄佐收汴州遷御史大夫

白元光爲朔方騎將大曆三年九月壬午吐蕃寇靈州元光擊破之壬辰元光又破吐蕃二萬衆於靈武獲羊馬數千計

伊愼爲江西衙將大曆八年節度使路嗣恭討嶺南哥舒晃之亂以愼爲先鋒直逼賊壘疾戰破之斬首三千級繇是復始興之地未幾與諸將追斬滉於泔

溪凼首獻於闕下嗣恭表愼功授連州長史知當州團練副使三轉江州別駕討梁崇義之歲愼以江西牙將從李希烈摧鋒陷敵功又居多尋歸本道明年希烈反嗣曹王皐拔愼爲大將賊兵泝江來寇愼戰大破其三千餘衆累拔蔡山栅取蘄州降其將李良又收黄梅縣殺賊將韓霜露斬首千餘級封南克郡王蘄州刺史克節度都知兵馬使建中末賊已屠汴州愼以兵擊退賊將杜少誠江路遂通又破苟𧂎栅進兵圍安州賊阻溳水攻之不能下李希烈遣其甥劉戒虚將騎兵八千來援愼分迎擊戰於應山擒戒虚縛示城下遂開門請罪以功拜安州刺史兼御史大夫仍賜實封一百戸貞元十五年以愼爲安黄等州節度管内支度營田觀察使十六年吳少誠阻命詔以本道步騎五千兼統荆南湖南江西三道兵當其一面於申州城南前後破賊數千以例加簡較刑部尚書

李承昭爲昭義節度大曆十年田承嗣攻磁州承昭援磁州與田承嗣大將盧子期戰於萬泉縣大破之生擒子期以獻

馬燧爲河陽三城使大曆十一年五月汴宋大將李

靈曜反因絶運路以邀節制代宗務恩大因授靈曜汴宋八州節度留後靈曜不受命乃與魏博節度田承嗣通謀承嗣遣其子悅將兵與靈曜共破永平軍將劉洽詔燧與淮西節度李忠臣合軍討靈曜忠臣懼賊燒廬舍西走燧勸其還兵請爲前鋒擊破田悅進逼汴州李忠臣行汴南燧引軍行汴北又敗靈曜將張淸於西梁園靈曜又選銳兵八千號爲餓狼軍燧獨引軍擊破之進至浚儀是時河陽兵寇諸軍承嗣又遣銳將兵二萬救靈曜破永平軍將杜如江畧曹州又敗李正已遊軍擊走劉洽長孫全緒等軍乘

勝去汴州一舍方陣而進忠臣會宋州淮南浙西兵馬與戰不請於燧燧引軍四千人爲奇兵擊之破田悅匹馬遁去靈曜知悅敗明日以百騎夜走汴州悉降後爲河東節度建中二年田悅反自將兵三萬圍邢州攻臨洺築重城内絶其外以拒救兵邢州李洪臨洺將張伾皆堅守不拔昭義軍數告急乃詔燧將救臨洺燧軍出峙口兵未過險乃遣人持書諭悅且示之好悅謂燧畏之十一月師次邯鄲悅遣使至斬之以徇遣兵急擊破其支軍射殺其將成鉉之悅自攻臨洺遣大將楊朝光將兵萬餘於臨洺南雙岡下

東西列二柵以禦燧燧乃率李抱真李晟進軍營於二柵之中其夜東柵走歸悅進軍營明山取其棄柵以置輜重謂將吏曰朝光守堅柵不下萬人假令悅等盡銳攻之比數日計不能下殺傷必甚吾此必拔臨洺賞勞軍士而與之戰必勝之術也悅乃分嘗山李惟岳救兵五千以助朝光燧率軍攻朝光田悅將萬餘人救之燧令大將李自良李奉國將兵合神策軍據雙岡禦之燧乃令推火車以焚其柵自晨至暮急擊大破之拔其柵斬朝光及大將盧子昌斬首五千餘級生虜八百餘人居五日進軍徑戰燧自將銳兵扼其衝口凡百餘合士皆決死悅兵大敗斬首萬餘生虜九百人得穀三十萬斛器甲稱是悅收兵夜走邢州圍亦解尋加魏博招討使三年正月田悅求救於淄青嘗山李納遣大將衛俊將兵僅萬人以救悅李惟岳亦遣三千餘人救悅收合散兵二萬餘壁於洹水淄青軍其東嘗山軍其西首尾相應燧帥諸軍合擊悅軍亂赴水斬首二萬殺賊大將孫晉卿安墨啜生獲三千餘人溺死者不可勝數淄青軍殆盡死者相枕籍三十里悅收兵得千餘人走夜至魏州城將李長春閉門不納久之追兵不至比明乃納旣

入殺長春嬰城自守數日李再春以博州降悅兄昂以洺州降王光進以長橋降悅遣大將符璘李瑶將五百騎送淄青遺兵廻因降燧魏城先引御河入城南流燧令塞其領口流絶城中益急恐悅乃遣許士則候臧徒步間說朱滔王武俊借兵求救時王武俊巳殺李惟岳傳首獻於闕下授武俊鎮冀觀察都防禦使時武俊同列張孝忠巳爲節度使武俊獨爲防禦使甚怨望且素輕孝忠恥居其下因與悅通謀遂與朱滔約謀救悅悅恃兵且至又出兵二萬背城而陣燧與諸軍擊破之五月加燧同平章事四年十月

德宗幸奉天燧引軍還太原遣行軍司馬王權將兵五千赴行在興元元年七月加燧奉誠軍及晉絳慈隰節度諸軍行營副元帥與渾瑊駱元光同討河中李懷光九月十五日燧帥步騎三萬次於絳分兵收夏縣署積山攻龍門降其將馮萬興任象王燧以兵攻絳州十月拔其外城其夜僞刺史王克同與大將達奚小進棄城走降其衆四千人又遣大將李自良谷秀分兵畧定聞喜夏縣萬泉虞鄉永樂猗氏六縣降其將辛珖及兵五千人貞元元年軍次寶鼎敗賊騎兵於陶城前鋒將李瓚追擊之射殺賊將徐伯文

斬首萬餘級獲馬五百匹七月與渾瑊駱元光韓遊環軍次于長春宮懷光將徐庭光以兵六千守宮城燧挺身城下招喻之先一日賊焦籬堡守尉珪以兵二千因堡降庭光東道既絕乃率衆出降八月移軍於焦籬堡其夜賊太原堡守將吳冏棄堡而遁其下皆降燧率諸軍濟河凡八萬陣於城下是日賊將牛名俊斬懷光首以城降河中平還光祿大夫兼侍中

劉玄佐初名洽爲永平軍節度衙將大曆中李靈曜據汴州反洽將兵乘其無備徑入宋州遂城守詔因以州隸永平軍節度使李勉署奏宋州刺史建中二年加御史中丞充宋亳潁節度使時李正己死子納匿喪叛居無何李洧以徐州從順納怒洧甚遂遣兵圍彭城詔洽以諸軍救之洽至與納軍戰大敗之斬首萬餘級繇是轉輸之道復通以功加御史大夫洽進收濮州降其將楊令暉又分兵挾令暉以徇濮陽降其將高彥昭以通濮陽津遷兵部尚書復兼曹濮觀察使尋加左僕射淄青兗鄆招討使又加汴滑都統副使李希烈攻陷汴州德宗居奉天洽與希烈連戰賊稍却之興元初以功加平章事希烈兵圍寧陵洽大將劉昌堅守不下希烈復悉兵攻圍陳州洽遣

劉昌與諸軍救之大破賊兵獲賊將翟崇暉希烈棄大梁走洽率諸軍進收汴州又以功加汴宋節度遷司空無幾加本管及陳州諸軍行營都統仍賜名玄佐

楊惠元爲神策軍京西兵馬使鎮奉天大曆中累有戰功及田悅朱滔反叛召惠元領禁兵三千與諸將討伐戰御河奪三橋皆惠元之功也尋加簡校工部尚書以兵屬李懷光建中末自河朔與懷光同赴國難解奉天之圍

張獻恭爲山南西道節度使大曆十二年獻恭上言

破吐蕃萬餘衆於岷州
張光晟爲代州都督大曆十三年與廻紇戰于羊武谷破之廻紇引退先是辛雲京守太原廻紇懼雲京不敢窺并代知鮑防無武畧乃敢凌逼賴光晟邀戰勝之北人乃安時鮑防爲太原郡守
張獻甫初爲偏裨以軍功累授試光祿卿殿中監德宗建中初從節度使賈耽征梁崇義於襄漢以功加試太子詹事及幸奉天興元獻甫首末從渾瑊征討有功及復京邑累加兼御史大夫
楊朝晟爲甘泉府果毅建中初從李懷光討劉文喜

于涇州斬獲生擒居多授驃騎大將軍稍爲右先鋒兵馬使後李納寇徐州從唐朝臣征討嘗冠軍鋒以功授開府儀同三司簡較太子賓客德宗在奉天李懷光自山東赴難以朝晟爲左廂兵馬使將千餘人下咸陽以擊朱泚加御史中丞實封一百五十戸
王武俊爲成德軍節度建中初朱滔圍貝州武俊與澤潞節度李抱真合軍於貝丘抱真爲方陣武俊用奇兵朱滔空營合戰武俊不擐甲而馳之滔望風奔潰自蹂踐死者十四五收其輜重器甲馬牛不可勝筭滔夜奔幽州

尚可孤爲神策軍大將建中二年爲荆襄應援淮西使以所統之衆赴山南累有戰功及涇原兵叛詔徵可孤軍至藍田賊衆稍盛遂營於七盤山城柵而居之賊將仇敬忠等來寇可孤頻擊破之因收藍田縣興元元年三月遷簡較工部尚書兼御史大夫神策京畿渭南商州節度使四月仇敬忠復來寇可孤率兵大破焉擒敬忠斬之遂進軍與副元帥李晟決策攻討可孤之師爲先鋒京師平以功加簡較右僕射封馮翊郡王
李希烈爲淮西節度建中二年山南東道節度使梁

崇義拒捍朝命迫脅使臣詔諸節度率兵討之加希烈南平郡王兼漢北都知諸道兵馬招撫處置使希烈破崇義衆討平之錄功加簡較右僕射同平章事賜實封五百戸
李抱真爲昭義軍節度建中二年田悅以魏博反乃悉兵圍邢州及臨洺臨洺益急詔河東節度使馬燧及神策兵救之抱真與燧敗悅兵於雙岡斬悅將楊朝光又擊破悅於臨洺遂解臨洺及邢州之圍以功加簡較兵部尚書復與燧大破悅於洹水悅以數百騎走歸魏州復與燧圍魏州又敗悅於城下以功加

簡較右僕射建中末李希烈陷大梁李納及鄆州李懷光又竊據河中抱眞獨於擾攘傾潰之中以山東三州外抗羣賊內輯軍士羣賊深憚之興元初加平章事時朱滔悉幽薊軍借兵廻紇擁衆五萬南向以應朱泚攻圍貝州抱眞與鎭州王武俊擊破之於經城以功加簡較司空

王虔休爲澤潞兵馬使建中二年節度使李抱眞統兵馬與諸將征討河北其雙崗水寨營等陣虔休戰功居多擢爲步軍都虞候

劉昌爲宣武節度劉玄佐左廂兵馬使建中中李希

烈旣陷汴州玄佐遣將高翼以精卒五千保援襄邑城陷翼赴水死自宋及江淮人心震恐時昌以三千人守寧陵希烈率五萬衆陣于城下昌深壍以遏地道凡四十五日不解甲冑躬勵士卒大破希烈希烈退圍陳州刺史李公廉計窮昌從玄佐以浙西兵合三萬人救之至陳州西五十里與賊遇昌晨壓其陣及其未成列大破之生擒其將翟曜希烈退保蔡州自此不復侵軼詔加昌簡較左常侍隨玄佐救汴州又加簡較工部尚書後爲四鎭北庭行軍兼涇原節度貞元十四年六月歸化堡健兒作亂逐出大將張國誠副將張抗詔昌經畧處置昌率兵至堡下告語云但選首惡送之餘悉釋而不問賊竟不從命乃與昌戰城中大敗誅斬六七百人復令國誠入堡

李芃爲河陽三城德州節度使以東畿汜水等五縣隸焉建中三年河南北聯大兵詔益以神策汝陝之師芃進收新鄉共城遂圍衞州明年詔與河東節度馬燧等諸軍破田悅於洹水以功加簡較兵部尚書累封郡王

張孝忠爲盧龍節度使建中三年正月大破李惟岳於東鹿初朱滔收東鹿據之進圍深州惟岳乃與田

悅及其衆一萬圍東鹿滔與孝忠合軍擊之滔命勇敢者數百人蒙猛獸之衣騰奮而前金鼓亂發賊騎奔軼不能制乘亂縱擊大破之惟岳燒營而遁

高固爲朔方節度渾瑊麾下建中末德宗幸奉天是時賊兵已突入東壅門固引甲士亂揮長刀連斫數賊拽車塞闔一以當百賊乃退以功封渤海郡王

李元諒爲鎭國軍副使領軍潼關建中末德宗居奉天賊泚遣僞將何望之輕騎襲華州刺史董晉棄州走望之遂據城將聚兵以絶東道元諒自潼關將所部仍令義兵因其未設備徑攻望之遂拔華州望之

走歸泚元諒乃修城隍器械召募不數日得兵萬餘人軍益振以功加御史中丞賊泚數遣兵來寇輙擊却之是時尚可孤守藍田與元諒爲犄角賊東不能逾渭南元諒功居多無幾遷華州刺史兼御史大夫潼關防禦鎭國軍節度使興元初詔元諒與副元帥李晟進收京邑兵次于滻西賊悉衆來攻元諒先士卒奮擊大敗破之進軍至苑東與晟力戰壞苑垣而入賊聮戰皆敗遂復京師加簡較尚書右僕射

嚴震爲山南西道節度建平末德宗車駕發奉天及入駱谷李懷光遣數百騎來襲賴山南兵擊之而退

輿駕無警急之患尋加震簡較戶部尚書

樊澤爲山南東道節度觀察等使建中末頻與李希烈兇黨接戰前後擒降其梟將張嘉瑜杜文朝梁俊之李克誠薛翼等收唐隨二州貞元二年於襄州東北界泌河口破李希烈賊衆馬步五千人

戴休顔爲奉天行營節度使興元初李晟收京師乃與渾瑊韓遊瓌進軍咸陽破泚斬首三千休顔追賊至中渭橋李晟旣清宮闕休顔與瑊等率兵赴岐陽擊泚餘衆及策勳加簡較右僕射封至六百戶

韓遊瓌爲邠寧節度使興元初李晟移軍東渭橋與駱元光尚可孤分扼京東要路遊瓌與渾瑊戴休顔分與京西要路犄角進攻晟收京師遊瓌二將亦破賊於咸陽論功行封與瑊等

李復爲嶺南節度使貞元五年復奏收復瓊州表曰瓊州本隷廣府管内乾封中山洞草賊翻叛都督李孝逸撫馭失所遂致淪陷已經一百餘年臣羗叛官監察御史姜孟京崖州刺史張少遷等悉力攻討累經苦戰方克舊城便令降人開薙荆榛建立城栅屯集官軍臣竊觀瓊州控壓賊洞若移鎭軍在此必永絶姦謀伏望昇爲下都督府乃加瓊振儋厓萬安五

州招討遊奕使額請停從之

韋臯爲劍南西川節度使貞元九年臯獻獲吐蕃首虜器械旗幟牛馬於闕下初將城鹽州德宗命臯出師以分吐蕃之兵臯遣大將董勔張芬出西山及南道破峨和城通鶴軍吐蕃南道元帥論莽熱率衆來援又破之殺傷數千人焚定廉故城凡平栅堡五十餘所十年臯奏西川峨和城擊破吐蕃三萬餘衆及出兵黎雅等州以援雲南攻破吐蕃栅城斬首三千入百級生虜及降吐蕃二百四十人得其器械牛馬十三年次復巂州

孟元陽爲陳許大將貞元中討吳少誠韓全義五樓之敗諸軍多私歸元陽及神策都將蘇光榮宣州都將王幹各率所部留軍溵水破賊二千餘人

郗士美爲黔中經畧招討使貞元中谿州賊帥向子琪連結夷獠控據山洞衆號七八千士美設奇畧討平之詔書慰勞封高平郡公元和六年爲昭義軍節度使會朝廷討王承宗士美兵旣合而賊軍大敗下三營環相鄉屢以捷聞

高崇文爲長武城使憲宗元和元年春以簡較工部尚書充左神策行營節度使統左右神策奉天麟遊

諸鎭兵討劉闢于西川從漢中入遂邛劒門之師解梓潼之圍賊將邢泚遁歸屯軍梓州因拜崇文東川節度使成都北一百五十里有鹿頭山扼西川之要闢築城以守之連行柵張猗角之勢以拒王師崇文破賊二萬於鹿頭城下明日又破萬勝堆於鹿頭之東凡八大戰皆大捷李光顔軍於鹿頭西大河之口以斷賊糧道賊大駭賊綿江柵將李文悅以三千人歸順而鹿頭將仇良輔擧城降者衆二萬闢之男方叔子壻蘇強先監良輔軍是日械繫送京師降卒投戈面縛者彌十數里遂長驅而南直指成都武陽等縣城皆鎭以重兵莫不望旗率服師遂流行闢大懼以親兵及逆黨盧文若齎重兵西走吐蕃吐蕃素受其賂具將啓之崇文將高霞寓酈定進倍道追之至羊灌田及焉自投岷江擒於湧湍之中西蜀平制授崇文成都尹充劒南西川節度使封南平郡王食實封三百戶

高霞寓以長武城軍職元和初授兼御史大夫從高崇文將兵擊劉闢連戰皆克下鹿頭城降李文悅仇良輔蜀平以功拜彭州刺史尋繼崇文爲長武城使封感義郡王

嚴秦爲山南西道節度使元和元年破劉闢賊二千於神泉縣生擒遊奕將牛文悅

劉濟爲幽州節度元和初烏桓鮮卑數寇邊濟帥師擊走之深入千餘里虜獲不可勝紀東北晏然五年討鎭州王承宗以大將軍次於瀛州累破樂壽博陸安平等縣前後大殺獲賞功頗厚

李光顔爲忠武軍節度元和九年討蔡州下詔光顔以本軍獨當一面光顔於是引兵臨溵水抗洄曲十年五月破賊於洄曲又與懷汝節度烏重胤同破賊於小溵河平其柵十一年連破賊衆拔凌雲柵進簡

較左僕射十二年四月敗賊衆三萬于郾城其將張伯良奔於蔡州殺其賊十二三獲馬千匹器甲三萬尋而郾城守將鄧懷金以城降及裴度至行營率兵從於方城池口觀板築五溝賊遽至注弩挺刃勢將及度光顏決戰於前以却之賊平加簡較司空十三年東討李師道授光顏義成軍節度使數旬之內再敗賊軍濮陽殺賊數千人十四年西蕃入寇移邠寧節度光顏忻然即路擊賊退之累加平章事鳳翔節度敬宗即位正拜司徒汴州李岕逐其帥詔光顏率陳許之師討之營於尉氏俄而誅岕遷太原尹河東

節度使

王沛爲陳許行營兵馬使節度使李光顏討蔡州使沛統兵屯於近郊及進軍連破賊徒頻詔促進諸軍觀釁莫敢先過大溵河者沛領卒五千人夜渡合流口扼其喉而成城於是河陽宣武軍太原魏博等諸軍因得濟合謀犄角而攻圍郾城沛率先部旅築其壘而對焉賊衆危怖其將鄧懷金乃面縛率衆歸降後元濟既擒沛從光顏入覲光顏具陳沛之功勞加兼御史大夫其後救塩州以功聞拜寧州刺史尋除陳州刺史宣武軍部將李岕亂又詔沛兼節度副使而討焉有功加簡較右散騎常侍遷兗海沂密等州節度觀察處置等使

田弘正爲魏博節度元和十年朝廷用兵討吳元濟弘正遣子布率兵三千進討屢戰有功十三年王師加兵於鄆詔弘正與宣武義成武寧橫海等五鎮之師會軍齊進十一月弘正自帥全師自楊劉渡河築壘距鄆四十里師道遣大將劉悟率重兵以抗弘正結壘相望前後合戰魏軍大捷而李愬李光顏三面進攻賊皆挫敗其勢將危十四年二月劉悟以河上之衆倒戈入鄆斬師道首詣弘正請降淄青十二州

平論功加簡較司徒同中書門下平章事

弘正子布元和十年統魏之偏師三千會諸軍於唐州授簡較秘書監兼殿中侍御史前後十八戰破凌雲柵下郾城縣布皆有功繇是擢兼御史中丞時裴度爲招討使嘗觀諸軍城沱口賊有董重質領驍騎突至度甚危蹙布領騎二百馳救之俄而諸軍繼至獲免淮西平拜左金吾衛將軍

李愬爲隨唐鄧節度元和十年用兵討蔡愬嘗獲賊將丁士良李祐皆釋縛用爲親將又降賊將吳秀琳愬遂以秀琳之衆收吳房縣攻其外城十二年十月

將襲蔡州其月七日留遣從事鄭斌使郾城以取元惡之首告師期於招撫使裴度且請援焉至期令諸將列大軍東行六十里至張柴使李祐盡殺賊衆以義成五百人代鎮之愬又分遣諸將斷諸橋道行七十里至蔡城下祐與將李忠義先登叱守門者起盡殺之遂帥師而入乃令擊柝者曰罷柝者死賊以柝聲如舊不虞我師之來至中城如之領軍鞠場號令約束賊方覺悟元濟率家僮以固子城時賊將董重質總數萬人北據洄曲愬曰彼之有拒我者有望於重質耳乃厚恤其家命其子馳書諭之重質單騎至

愬遣都將李進誠率降卒開子城既而焚之門壞而元濟擒焉蔡州平愬以功加簡較尚書左僕射充山東道節度使封梁國公食實封五百戶十三年淄青李師道再叛以愬爲武寧軍節度使討之愬破賊金鄉凡十一戰擒賊將五十俘斬萬計淄青平十五年加平章事充昭義軍節度使

烏重胤爲河陽三城節度使元和十年王師討淮西三年重胤與陳許李光顏掎角相應大小百餘戰以至吳元濟誅就加簡較右僕射

韓公武宣武軍節度弘之幼子累授軍職元和十年將宣武兵萬三千人從李光顏討賊淮西平以功擢爲鄜坊節度兼御史大夫

史憲誠爲魏博軍中右職元和十四年節度使田弘正以全師討李師道令憲誠以先鋒四千人濟河累下其城柵後以大軍齊進乘勝逐北魏博之全師迫于鄆州城下師道窮蹙斬其軍首以投于魏軍錄功憲誠超兼御史中丞

王智興爲武寧軍節度李愬衙將元和十四年王師誅李師道智興率徐軍八千會諸道之師進擊與陳許之軍大破賊於金鄉援魚臺俘斬萬計以功遷御

史中丞賊平授沂州刺史

史奉敬爲朔方衙將元和十四年大破吐蕃於鹽州城下賜奉敬實封五千戶

薛平爲淄青齊登萊五州節度使穆宗長慶元年幽鎮叛杜叔良統橫海全軍討伐不勝棣州爲賊所窘朝廷乃委平以偏師援棣州平卽遣將李叔佐以兵五百救之居數月刺史王稷餘給稍薄兵士怨怒叔佐不能戢宵潰而歸仍推突將馬狼兒爲帥行及青城鎮劫鎮將李自勸并其衆次于博昌鎮復劫其鎮兵共得七千餘人徑取青州城城中兵火力所不敵

平悉府庫并家財厚賞三千精卒逆擊之仍先以騎兵掩其家屬輜重賊衆惶惑反顧因大敗狼兒與其同惡十數輩脫身竄匿餘黨降稍後者猶斬於鞫場其明日狼兒亦就擒戮

劉沔爲塩州刺史天德軍防禦使唐寶曆間在西北邊累立奇效太和末河西党項羌叛沔以天德之師屢誅其酋渠授振武節度使單于大都護開成中党項雜虜大擾河西沔率吐渾契苾沙陀三部落等諸族萬人馬三千騎徑至銀夏討襲大破俘獲萬計以功加簡較戶部尚書會昌二年廻鶻部飢烏介可汗

奉太和公主至漢南求食過把頭峯北雲朔北川朝廷移沔爲河東節度使加簡較左僕射與幽州張仲武協力招撫竟破虜寇迎公主還宮以功進簡較司空

李載義爲幽州節度使文宗太和元年李同捷據滄景要襲父爵載義討之累破賊軍以功加檢校司空三年滄景平策勳加平章事四年四月奚寇邊載義上言今月三日發兵入奚界殺奚賊五千餘人生擒刺史縣令大將首領等二百七十三人五月巳卯載義上言先發兵深入奚部至四月十七日就其帳擒奚帥茹羯以功加簡較太保

石雄爲振武軍裨將太和中河西党項擾邊雄累立破羌之功會昌三年廻鶻烏介可汗奉太和公主牙于雲朔北川雄自赴勁騎得沙陀李國昌三部落兼契苾拓拔雜虜三千騎月暗夜發馬邑徑趨烏介之牙炬火燭天鼓譟動地可汗惶駭莫測率騎而奔雄率勁騎追之至殺胡山急擊之斬首萬級生擒五千羊馬車帳皆委之而去遂迎公主還太原以功授豐州刺史充天德防禦等使累遷河中晉絳節度使俄而昭義劉從諫卒其子稹擅主軍務朝議問罪以雄

爲潞府西面招撫使以晉州刺史李丕爲副使王宰在萬善栅劉沔在石會相顧未進雄越烏嶺破賊石砦斬獲千計雄既率先破賊不旬日王宰收天井關何敬弘王元逵亦收磁洺等郡稹危蹙大將郭誼密款請斬稹歸朝武宗詔雄以七千兵受降雄即徑馳潞州降誼盡擒其黨與賊平加簡較司空

張仲武爲幽州節度使武宗會昌中廻鶻赤心宰相一族七千帳東逼漁陽仲武乃與弟仲至從弟公素裨將游奉寰王如清率其部下勁兵三萬人大破之收其侯王貴族千餘人降三萬餘人獲牛馬橐駝旃

墻廚幕不可勝計尋遣從事李周曈牙門將國從死
相次獻捷先是奚契丹皆有廻鶻監護使督以歲貢
且爲漢諜事至是仲武遣禆將石公緒等諭意凡戮
八百餘人又廻鶻初遣宣門將軍等四十七人來偵
欲歐雜虜遂逗留其使緩彼師期人馬病死竟不遣
之廻鶻烏介可汗旣敗不敢近邊乃依康居求活盡
徙餘種寄託于黑車子
高駢爲神策都虞侯咸通初党項羌叛詔駢率禁兵
萬人戍長武城時諸將禦羌無功唯駢伺隙用兵出
無不捷懿宗深嘉之先是李琢爲安南都護貪於貨

賄虐賊夷獠人多怨叛遂結蠻軍合勢攻安南陷之
自是累年亟命將帥未能收復五年移駢爲安南都
護至則糾合五管之兵朞年之內招懷谿洞誅其首
惡一戰而蠻卒遁去收復交州郡邑遷簡較工部尚
書天平軍節度使
鄭畋爲鳳翔節度廣明初黃巢陷京闕僖宗西幸畋
受詔許承制便宜行事巢遣尚讓將賊衆十餘萬西
追車駕畋率本軍逆戰于龍尾陂敗之因傳檄天下
繇是諸侯皆舉義兵以赴京師實畋之功也
王處存爲義武軍節度使廣明初黃巢犯闕僖宗幸
蜀處存以勤王舉義之功加簡較司空又遣大將殷
公慶率勁兵三千合諸軍戚賊巢於泰山以功加簡
較司空
王重榮爲河中節度留後中和元年黃巢將朱温冊
師自同州至黃鄴兵自華陰至數萬攻之重榮戒勵
士衆大敗之獲其兵仗軍聲益振朝廷遂授節旄簡
較司空俄而忠武監軍楊復光率陳蔡之師萬人與
重榮合賊將李祥守華州重榮合勢攻之擒祥以徇
二年京師平以功加簡較太尉同平章事封瑯邪郡
王

時溥爲武寧軍節度光啓中黃巢攻陳州秦宗權據
蔡州與賊連結徐蔡相近溥出師討之軍鋒甚盛每
戰屢捷巢之敗也其將尚讓以數千人降溥溥將林
言又斬巢首歸徐州溥功居第一累授簡較太尉中
書令封鉅鹿郡王
安文祐爲潞州牙門將光啓中潞州軍較劉廣逐節
度使高潯據其城僖宗詔文祐平之旣殺劉廣召赴
行在授邛州刺史

巡按福建監察御史臣李嗣京訂正
新建縣舉人臣戴國士參閱
知建陽縣事臣黄國琦較釋

將帥部二十一

立功第十三

梁趙犨初仕唐爲忠武軍牙較會昌中壺關作亂廼父叔文北征收天井關未幾從王師征蠻浹月方克唯忠武將士轉戰磎洞之間斬獲甚衆本道錄其勳陟爲馬步都虞候乾符中王仙芝起於曹濮大縱其

徒侵掠汝鄭犨率步騎數千襲之賊黨南奔廣明初以犨爲陳州刺史中和中黄巢東奔先遣驍將孟楷擁徒萬人直入項縣犨引兵擊之衆大潰斬獲略盡生擒孟楷以功累加簡較兵部尚書右僕射司空頻川縣伯巢黨知孟楷爲陳所擒大驚憤悉衆東來先據溵水後與蔡州秦宗權合勢以攻宛丘犨因乞師於太祖引大軍與諸軍會於陳之西北竟攻巢寨賊衆大潰乃以犨爲蔡州節度使於時巢黨雖敗宗權益熾六七年間屠膾中原陷二十餘郡唯陳去蔡百餘里兵火力微日與爭鋒終不能屈文德元年蔡州平朝廷議勳累加簡較司徒同平章事充忠武軍節度使

犨弟昶初爲陳州防遏都指揮使黄巢將孟楷擁衆萬餘據項城縣昶與兄犨領兵擊破之擒楷以歸不數月巢黨衆悉攻陳以報孟楷之役又與蔡寇合徒兇醜百萬棲於陳郊昶開門決戰擒賊將數人斬首千餘級羣兇氣沮其後連日交戰無不應機俘斬未嘗小衂以至重圍數月志心如一及賊敗圍解朝廷紀勳昶一門之中疊加爵秩當時征鎮之内言忠勇者言守禦者言功勳者言政事者皆以犨昶爲首焉

昶累加簡較右僕射代犨爲忠武節度使亦以陳州爲理所時宗權未滅中原方受其毒陳蔡封疆相接昶每選精鋭深入蔡境蔡賊雖衆終不能抗以至宗權敗焉朝廷賞勳加簡較司徒

王敬武唐末爲平盧牙將唐廣明元年無棣人弘霸郎合羣盜於齊棣間節度使安師儒叛敬武率師討平之

李茂貞本姓宋名文通唐末隷博野軍征伐立戰功繇是軍中知名漸爲裨較黄巢之寇闕輔也僖宗幸蜀賊將王璠尚讓屢肆兇鋒文通以宿衛軍留鳳翔

與連帥鄭畋大破尚讓于龍尾陂追奔至於奉天賊平輿駕還京録功以文通爲神策軍指揮使簡較太保

馮行襲唐末爲金州防禦使時興元楊守亮將襲京師道出金商行襲逆擊大破之升金州爲節鎮以戎昭軍爲額仍以行襲爲節度使

張歸厚唐末爲太祖軍較光啓三年春與秦宗賢戰於萬勝大破之大順元年奏加簡較兵部尚書又命統親軍是歲郴王友裕領諸軍屯于濮州之境十一月太祖率親從騎士將合大軍會郴王還寨未知所

往忽逢兖鄆餘寇甚衆太祖亟登道左高阜以觀之命歸厚領所部廳子馬直突之出没二十餘合賊戰敗將北而救軍雲至歸厚卽綴賊苦戰請以數十騎先還時歸厚所乘馬中流矢而踣乃持槊步鬬漸退賊不敢逼太祖至寨亟命張筠劉儒飛騎來迎然謂已殁矣歸厚體被二十餘箭尚復拒戰筠等既至賊解乃歸太祖見之撫背泣下日得歸厚身全縱廣喪戎馬何足計乎便令肩舁歸汴日降問賚恩旨甚厚尋遷中軍指揮使景福初從太祖伐鄆帝軍不利太祖爲寇所逼歸厚殿馬翼衞左右馳射矢發如雨賊騎千百披靡而退明年與葛從周禦晉軍於洹水殊績尤著詔簡較右僕射

張歸弁唐末爲軍較乾寧中以偏師佐葛從周禦并軍於洹水光化中又佐張存敬與燕人戰於内黄積前後功表授簡較工部尚書大順初攻討兖鄆命歸弁佐衞王友諒屯單父軍聲甚振尋爲齊州指揮使屬青帥王師範叛遣將詐爲估人挽車數十乘匿兵器於其中將謀竊發歸弁察而擒之州城以寧明年春青寇大舉來伐州兵既寡民意頗摇有本郡都將康文爽等三人欲謀外應卽時擒獲誅之人心遂定

歸弁又罄發私帑賞給士伍青人遂遁青州平超加簡較右僕射遥領愛州刺史從征荆襄廻轉簡較左僕射天祐三年春太祖入魏誅牙軍魏之郡邑多叛歸弁與諸將等分布攻討封境悉平而歸弁於高堂入賊大猛飛矢中于臆太祖嘉之命賜銀鞍勒馬一疋金帶一條夏五月命權知晉州刺史加簡較司空太祖受禪改滑州長劔指揮使開平二年秋九月并軍圍平陽詔歸弁統兵救之軍至解其圍加簡較司徒

劉知俊唐末爲軍較大順中從太祖討秦宗權及攻

徐州皆有功補徐州馬步軍都指揮使攻海州下之遂奏授刺史天復初歷典懷鄭二州從平青州以功奏授同州節度使天祐三年冬以兵五千破岐軍六萬於美原自是連克鄜延五州乃加簡較太傅平章事開平二年三月命爲潞州行營招討使知俊未至潞州夾寨已陷晉人引軍方攻澤州聞知俊至乃退尋改西路招討使六月大破岐軍於幕谷俘斬千計李茂貞僅以身免

康懷英唐末爲太祖軍較光化元年秋從氏叔琮伐襄漢懷英以一軍攻下鄧州三年從征河朔佐張存

敬敗燕軍於易水之上天復初年冬太祖率師迎昭宗於鳳翔時李茂貞遣大將符道昭領兵萬餘屯武功以拒太祖太祖命諸軍擊之以懷英爲前鋒領衆先登一鼓而大破之虜甲士六十餘人奪馬二千匹翼日太祖方至顧左右曰邑名武功今首盪逆黨真武功也乃召懷英大加獎激仍以駿馬珍器賜之二年四月符道昭復領大軍屯於虢縣之漠谷太祖遣懷英提騎數千急擊之岐軍大敗八月鄜帥李周彝屯軍於三原以援鳳翔太祖命懷英討之追至梨園攻下翟州擒其守來獻天祐三年冬佐劉知俊破鄜鳳之衆五萬於美原收十五餘寨乘勝引軍攻下鄜州以功授陝州節度使

朱友恭唐末從太祖四征稍立軍功累遷諸軍都指揮使汝州刺史簡較司空光化初淮夷侵鄂渚武昌帥杜洪來乞師太祖遣友恭將兵萬餘濟江應援引兵至龍沙九江而還軍聲大振時淮寇據黄州友恭攻陷其壁獲賊將翟章俘斬萬計途經安陸因襲殺刺史武瑜盡收其衆以功爲穎州刺史加簡較司徒

劉康乂唐末從太祖鎮宣武累典親軍襲巢破蔡斬獲尤多累以戰功遷元從都將從太祖連年攻討徐

兗鄆所向多捷

范居實唐末爲太祖將從討巢蔡有功又從朱珍收滑州改左廂都虞候預破兗鄆功遷感義都頭鄭州馬軍指揮使幽州劉仁恭舉衆南下寇魏郡北闉居實與葛從周張存敬率兵救魏大破幽滄之衆於内黄太祖迎昭宗於岐下以居實爲河中馬軍都指揮使及昭宗還京賜迎鑾毅勇功臣遥領綿州刺史又遷左龍驤馬軍都指揮使從征淮南迴改登州刺史轉左神勇軍使

胡真唐末爲太祖元從都將從破巢蔡於陳鄭間尋

以奇兵襲取滑州乃署爲滑州節度留後

符道昭唐末爲太祖元帥府右司馬與李周彝同領冦彦卿南大豐閭寶巳下大軍伐滄州及太祖幸魏州討衙中軍前有魏博將山河嘗指揮使左行遷聞府有變引軍還屯歷亭自稱留後從亂者數萬人道昭佐周彝與彦卿巳下大破之殺四萬餘人擒左行遷斬之有史仁遇亦聚徒數萬據高唐又破之擒仁遇以獻乘勝取澶博二州平之後殺萬餘人

王處裕唐末自巢冦來降爲太祖騎兵前鋒太祖擊巢蔡於陳州處裕連抜數寨擒獲萬計巢孽旣遁處

裕躡其跡追至萬勝戍賊衆饑乏短兵纔接而潰太祖以其勞表授義州刺史蔡人日縱侵掠陳鄭許亳之郊頻年大戰處裕掩襲攻拒凡百餘陣勦戮生擒不知紀極

李唐賓唐末自巢黨與王處裕來歸太祖後與朱珍趍淄州所向摧敵乃取滑平蔡前後破兖鄆淮徐之衆功與朱珍畧等珍之擒石潘也唐賓亦沿淮與郭言犄角下盱眙其後渡河破黎陽李固等鎮攻澶州下内黄敗魏師未嘗不與珍同暨攻蔡之役珍自西南破其外垣唐賓亦堙壕坎墉摧其東北隅及莪蔡取豐時溥軍於吳康珍亟遇之未能却唐賓引本軍擊敗之珍遂大勝每與師必與珍偕用故往無不利

李思安唐末副王處裕爲踏白將渡長淮下天長高郵二邑又推孫儒追濠州皆有奇績累遷爲諸軍都指揮使奏官至簡較左僕射尋拜亳州刺史

胡規唐末爲宣武軍都虞侯佐葛從周伐鎮定從張存敬收晉絳皆有功署爲河中都虞侯天祐三年佐李周彝討相州獨當州之一面頗以功聞軍還權知耀州事太祖受禪除右羽林統軍尋從劉鄩統兵收潼關擒劉知浣獻之乃以爲右龍虎統軍兼侍衛指

揮使

黄文靖唐末爲諸軍指揮使從太祖南平巢蔡北定兖鄆皆有功後與康懷英渡淮入壽春之境下安豐霍丘至光州而還光化初晉將李嗣昭周德威冦於山東文靖佐葛從周統大軍禦之至沙河敗晉軍五千餘騎逐之越張公橋乃止後旬日復與晉人戰於邢州之北擒蕃將貢金鐵慕容藤李存建等百餘人奪馬數千匹尋以功表授簡較右僕射耀州刺史天祐三年春命佐楊師厚深入淮甸越壽春侵盧江軍至大獨山遇淮夷殺五千餘衆振旅而還改蔡州刺

史加簡較司空
李重裔唐末爲太祖步軍都頭與胡真援河陽逼懷州重裔以部下兵突之射中蕃將安休休又令與李讜騎軍至陜應援郭言廻次澠池破賊帥黄花子之衆改滑州夾馬指揮使蔡賊圍汴重裔以步兵攻下三寨虜獲甚多太祖大舉伐秦宗權俾重裔以滑兵爲先鋒及東討徐州下豐蕭二邑轉右廂步軍指揮使
李讜唐末爲左得勝騎軍都將從太祖討蔡賊頗有軍功及東伐兖鄆以所部士伍俘獲甚衆改元從騎

表授簡較右僕射
氏叔琮唐末爲晉州節度使以禦晉軍時太祖遣朱友寧將兵數萬赴應悉委叔琮節制既至諸將皆欲休軍叔琮曰若然則賊必遁矣遁則何功焉因夜出潛師截其歸路遇晉軍游騎數百盡殺之遂攻其壘拔之斬獲萬餘衆奪馬三千匹太祖聞之喜謂左右曰殺蕃賊破太原非此老不可叔琮乃長驅收邠州與晉人轉戰直抵并壘軍廻以其功奏簡較司空
張慎思唐末爲太祖諸軍都指揮使從平巢蔡兖鄆皆著軍功表授簡較工部尚書兼宋州長史

王景仁唐末爲宣州節度使劉知俊之叛也從篤至陜始佐楊師厚西入關兵未交知俊棄馮翊走進射雍華降王建張君練頗預戰有功太祖嘉之末帝即位用爲淮南西北面行營招討應接使以兵萬人伐壽州至霍丘接戰擒賊將袁䕺王彦威王幡等送京師
劉鄩爲左龍武統軍充侍衛親軍馬步都指揮使開平三年夏同州劉知俊反引岐人襲據長安分兵扼河潼太祖幸陜命鄩西討即奪潼關擒知俊弟知浣以獻遂引兵收復長安知俊棄鄜奔鳳翔太祖以鄩

爲佑國軍兩使留後尋改佑國軍爲永平軍以鄩爲節度使簡較司徒行大安尹金州管内觀察使是時西鄙未寧寇遏寇境鄩練兵撫衆獨當一面四年加簡較太保同平章事
謝彦章爲兩京馬軍都軍使貞明中累與晉軍接戰有功
寇彦卿爲鄧州節度使貞明中淮人圍安陸彦卿奉詔領兵解圍大破淮賊而還
賀瓌爲北面行營招討使貞明四年與晉人戰於胡柳晉人敗績臨陣斬晉將周陽五既而瓌軍亦敗五

年春正月晉人城德勝夾河爲柵四月瓌率大軍攻其南柵以艨艟戰艦扼其中流晉人斷我艨艟濟軍以援南柵瓌退軍於行臺

後唐李嗣本乾寧中爲馬軍都將從李嗣昭討王珙於雲州論功加簡較司空後爲雲州防禦使時周德威討劉守光嗣本率代北諸軍生熟吐渾攻山後八軍得納降軍使盧文進武州刺史高行珪以獻幽州平論功授振武節度使

朱漢賓唐末事梁太祖與諸將破蔡賊有功天復中授右羽林統軍

丁會唐末爲宣武軍都押衙自梁祖誅秦宗權併時溥屠朱瑄朱瑾會嘗以兵從多立奇功授昭義軍節度使同平章事武皇攻潞會以州歸授都招討使加簡較太尉莊宗嗣王位與會決謀破汴軍於夾城

閻寶唐末爲梁祖四鎮牙將自梁祖陳師河朔爭霸關西寶與葛從周丁會賀德倫李思安各爲大將擁兵西出所至立功累遷邢洺節度使天祐十三年以邢州歸於莊宗授簡較太尉同平章事克天平軍節度使東南面招討使十八年張文禮謀叛以寶爲招討使進攻之下趙州渡滹水而軍擒文禮所署深州刺史張友順折足送於行臺嘗於西北隅洎十九年正月契丹大至衆心危懼寶備陳方畧遂挫獯戎加簡較侍中

安金全武皇時爲騎將屢從征伐所在立功莊宗之救潞州及平定河朔凡有戰陣金全皆有功累爲刺史

石君立爲招義李嗣昭牙較歷典諸軍天祐中夾城之役君立每出挑戰壞汴軍柵壘俘擒而還八年與汴軍戰於龍花園敗之獲其大將卜渥以獻王檀之逼晉陽也嗣昭遣君立率五百騎自上黨朝發暮至

王檀游軍扼汾橋君立一戰敗之徑至城下馳突斬擊梁軍敗走

康思立爲河東親騎軍使天祐中從莊宗解圍於上黨敗梁人於柏鄉及平薊丘後戰於河上皆有功累遷右突騎指揮使

毛璋爲遼州刺史天祐中從莊宗征河上屢有戰功同光元年梁平授華州節度使三年王師討蜀以璋爲行營右廂馬軍都指揮使克魏王繼岌前驅蜀平草功居多授邠州節度使

夏魯奇爲護衛指揮使天祐中從周德威平幽州魯

奇功居多歷磁州刺史中都之戰汴人大敗魯奇見王彥章識之單馬追及擒之以獻梁平授鄭州防禦使

索自通爲廳直指揮使天祐中佐周德威攻燕軍於涿州旬日未克自通乃選精騎二十夜薄幽州外郭擒燕將郭在均而還同光中累遷西京留守會楊彥温據河中作亂自通率師討平之授河中節度使

李紹文本姓張名從楚天祐八年自梁將歸於莊宗賜姓名累加博州刺史預破劉鄩於故元城歷貝隰代三郡刺史領天雄軍馬步副都將又於德勝從閻

寶討張文禮爲馬步都虞候明宗收鄆州以紹文爲右都押牙馬步軍都將從破王彥章於中都

張温爲永清都較歷武州刺史山後八軍都將天祐中從莊宗襲契丹于幽州收新州歷銀槍效義都指揮使同光初北戎陷嬀儒檀順平薊六州武州獨全改授蔚州刺史

李漢韶爲河東牢城指揮使天祐中孟知祥權知太原軍府事會契丹侵北鄙表令漢韶帥師進討旣而大破胡寇以功加簡較右僕射

李存進爲天雄軍都指揮使天祐十九年莊宗討張文禮於鎮州定州王處球盡率城中兵甲乘我芻牧無備奄至東垣渡我騎軍已臨賊城不覺其出賊旣上橋攻我營門存進惶駭引十餘人鬬於橋上賊退我騎軍已邀賊後前後夾擊之賊退無路圍之數重步兵七千殆無生還者

霍彥威初仕梁爲河陽留後乾化末破劉知俊於同州改邠州節度使同光二年從明宗平潞州授徐州節度使莊宗時契丹犯塞明宗招討北面命彥威爲副趙大叛於邢州奉詔討平之天成初除鄆州節度使値青州王公儼拒命改平盧軍節度擒公儼於膠

水盡斬其黨累加簡較太尉

孔勍初仕梁爲唐鄧節度使貞明中王球據襄州叛勍討平之授山南東道節度使

王晏球初仕梁末帝初爲龍驤四軍都指揮使時汴州捉生都作亂夜縱火焚剽攻建國門末帝登樓拒戰晏球聞其亂也得龍驤馬五百騎屯於鞠場俄而亂兵以竹竿竪布幕沃油焚建國門勢將危急晏球隔門窺亂卒知無甲冑卽出騎擊之亂兵北走屯國門下晏球奮力血戰俄而羣賊散走末帝見騎軍討賊呼曰非吾龍驤之士乎晏球曰臣已敗賊請陛下

無憂遲明晏球盡敗亂軍全營族誅以功授單州刺史明宗時爲宋州節度使天成二年充北面行營副招討使兵戍滿城是歲王都謀叛據定州乃以晏球爲招討使攻之時都北連契丹契丹遣奚首領秃餒率虜千騎援都突入定州晏球引軍保曲陽王都秃餒出軍來戰晏球預督勵士卒以待之及賊虜至一戰敗之於嘉山之下追襲至於城門因進軍攻之得其西關城乃高其壁壘營於其間爲定州府署令百姓轉輸租稅城既堅峻進攻無利但食其租稅以守之俄而契丹首領惕隱率虜騎五千來援都是時六

月虜至唐河晏球出師逆戰晏球令龍武左右廂指揮使高行周苻彥卿前鋒渡唐河與虜相遇三戰惕隱大敗追至易州河水暴漲所在陷溺獲虜二千騎而還惕隱以餘衆還寨幽州趙德均知其敗也令牙將武從諫率勁騎追擊德均分兵扼諸要路旬日之內盡獲惕隱已下酋長七百餘人虜勢繇是援絕其年冬平賊以功授天平軍節度使

康延孝爲招收指揮使領博州刺史同光元年莊宗平汴延孝頗有功焉以功累遷保義軍節度使三年討蜀以延孝爲西南面行營馬步軍先鋒排陣斬斫等使下鳳州收固鎮降興州敗王衍軍於三泉平蜀之功延孝居最

王思同爲馬軍左廂都指揮使領薊州刺史同光中從明帝援糧入幽州逐虜有功遷鄭州防禦使長興中自泰州節度使入爲右武衛上將軍會董璋據東川叛命除西南面行營馬步軍都虞候伐蜀之役爲先鋒指揮使至劍門思同以偏衆取小劍門入倒廻收下劍門及班師以思同留鎮山南西道

任圜爲工部尚書同光中從魏王繼岌伐蜀及班師行及利州康延孝叛以勁兵八千欲廻都西川繼岌

署圜爲招討副使與都指揮使梁漢顒等率兵攻孝延於漢州擒之以旋至渭南繼岌遇害圜代總全師朝於雒陽明宗嘉其功拜平章事判三司

西方鄴爲奉義指揮使天成元年荆渚違命明宗素知其材力擢授夔州刺史充東南西行營招討副使鄴將偏師收復峽內三州二年昇夔州爲寧江軍以鄴爲節度使屢奏克捷

藥彥稠爲河陽馬步都將領鄧州刺史天成中從王晏球討王都於定州平之遷侍衛步軍都虞候領壽州節度使會河中指揮使楊彥温作亂以彥稠爲副

招討使討平之長興中吐蕃邠廻鶻入朝使烏崙紅貢物詔遣方渠屯戍充步騎都部署尋令入吐蕃過靈武道土橋搜索盡獲廻鶻所貢駞馬寶玉藥物因殺爲盜蕃部擒首領而還尋授邠州節度使

孫璋爲齊州防禦使天成中王都據中山叛以璋爲定州行營都虞候賊平加簡較太保

張虔爲護駕親軍都指揮領秦州刺史天成中與諸將圍王都於中山大敗契丹於嘉山之下及平定州以功授滄州節度使

李紹眞爲北面副招討使同光四年紹眞遣人奏收

復邢州擒賊帥趙泰等二十一人令負斧鑕徇於鄴城下旣而磔於軍門

安審通爲齊州防禦使天成中奉詔北征從房知溫營於盧臺會龍脛部下兵亂審通脫身泅莛奪船以濟促騎士介馬及亂兵南行盡殺之以功加簡較太傅充滄州節度使

晉陸思鐸初仕梁爲廣武都指揮使歷突陣拱宸軍使積前後戰勲累官至簡較司徒拱辰左廂都指揮使遷領恩州刺史

張朗初仕梁爲鄆州都指揮使從招討使段凝襲衛州下之遂授衛州刺史

李周初仕後唐補萬勝黄頭軍使武皇之平雲州莊宗之戰柏鄉周皆有功遷定覇都指揮使天成三年爲邠州節度使會慶州刺史竇琝據城拒命周奉詔討平之

梁漢顒太原人少事後唐武皇初爲軍中小較善騎射勇於格戰莊宗之破劉仁恭王德明及與梁軍對壘於德勝皆預其戰累功至龍武指揮使

李承約初仕後唐爲定覇都指揮使領貝州刺史從莊宗破夾寨及梁人戰於臨清有功累遷頴州團練

使

李德珫初仕後唐爲偏校從莊宗戰潞州柏鄉德勝渡繼有軍功累加簡較尚書左僕射

安元信初仕後唐爲鐵林都較梁將氏叔琮之攻河東也別將葛從周自馬嶺入元信伏于榆次挫其前鋒梁將李思安之攻上黨也王師將壁高河爲梁軍所逼別將秦武者尤爲難敵元信與鬬斃之繇是梁軍解去城壘得立武皇賜所乘馬及細鎧仗遷突陣都將莊宗嗣晉王位元信從救上黨破夾寨復澤潞以功授簡較司空遼州刺史後爲山北晉內團練使

莊宗降邢臺劉鄩於故元城皆預其功俄遷博州刺史

相里金初仕後唐爲小較與梁師戰於柏鄉及胡柳陂以功授黄甲指揮使同光元年統帳前軍授中都賜忠勇拱衛功臣

張廷蘊初仕後唐爲左右羽林都虞侯同光中潞州李繼韜叛廷蘊從明宗爲前鋒討之軍至上黨日巳暝矣廷蘊首率勁兵百餘輩踰壍坎城而上守陴者不能禦尋斬關延諸軍入焉軍還改左右羽林都指揮使

李從璋初仕後唐爲彭國軍節度使天成二年怛達諸部入寇從璋率麾下出討一鼓而破之

張從賓初仕後唐莊宗爲爪牙從戰有功明宗天成中自捧聖指揮使領鄧州刺史後移左右羽林都較討楊彦温於河中平之

潘環初仕後唐爲棣州刺史天成中定州王都叛以爲行營右廂步軍都指揮使賊平改易州刺史開運初契丹入寇王師北征環以金州節度使充北面行營步軍左廂排陣使預破契丹於陽城軍迴授澶州節度使

范延光爲宣武軍節度使會魏府屯將張令昭逐其帥劉延皓據其城令延光討而平之遂授鄴都留守

衛審峹初仕後唐爲河中都指揮使康福除靈武節奉宣授送赴鎮爲一行步軍都指揮使破吐蕃於青崗峽擊李賓於河西有功授郢州刺史簡較司空

李瓊初仕後唐爲侍衛牙隊指揮使長興中從高祖討東川至劍州瓊以部下兵破賊軍數千身負重瘡軍還改龍武指揮使清泰中屯雲州累擒獲契丹人馬以功改右奉聖軍指揮使

方泰爲奉國都虞侯屯渭州天福初會符彦饒亂泰

與馬萬盧順密等擒之使泰縛送至闕尋從杜重威破張從賓於汜水以功除趙州刺史從楊光遠平范延光於鄴移刺萊州

劉處讓爲左監門衛上將軍充宣徽南院使天福二年范延光據鄴城叛命宣武軍節度楊光遠前靈武節度張從賓等討之時處讓奉詔與光遠同參議軍政從賓行次河陽密與延光連結以兵南入雒京東抵成皋將犯梁城謀爲大逆處讓奉詔自黎陽分兵討襲從賓平復又與楊光遠攻鄴四年冬范延光將謀納欵尚竊疑留處讓親入以禍福論之乃决歸命

以功轉簡較太傅

郭金海爲護聖都虞侯天福二年從王師討范延光於魏州以功轉本軍都指揮使領黄州刺史是歲安從進謀犯闕以金海爲襄州道行營先鋒都指揮與李建崇等同於唐州湖陽遇從進萬餘人金海以一旅之衆突擊大敗之策勲授簡較太保商州刺史

馬全節除安州節度使將赴鎮會金全據安州叛引淮南軍爲援因命全節將兵討之殺數千人俘四百餘人送闕俄復鄖鄉以功加簡較太尉授招義軍節度使六年移鎮邢州安重榮之叛也授鎮州行營副

招討兼排陣使與重榮戰於宗城大敗之鎮州平加開府儀同三司克義武軍節度使開運元年授鄴都留守尋加天雄軍節度使北面行營副招討使陽城之戰甚有力焉

王清爲奉國軍都虞侯天福六年襄州安從進叛高行周討之踰年不下清請先登諸軍繼後遂拔其城累遷溪州刺史八年詔遣以所部兵屯於鄴九年春契丹南牧圍其城清與張從恩守之少帝飛蠟詔勉諭錫之第宅虜退以干城功繼遷軍額開運二年從杜重威北征解陽城之圍加簡較司徒

程福贇爲軍較天福七年從杜重威討鎮州與安重榮大戰於宗城以功遷洛州團練使簡較太保

皇甫遇爲鄧州節度使少帝即位罷歸闕下二年虜南寇從至澶州戰於鄆州北津虜衆大敗溺死者數千人以功拜滑州節度使

漢王周初仕後唐爲裨較以戰功累歷都守晉天福初范延光叛於衛州周從杜重威討之以功授貝州節度使

劉在明初仕後唐爲捧聖左廂都指揮使領和州刺史從明宗幸汴州至滎陽聞朱守殷叛用爲前鋒至

汴城率先登城賊平授汴州馬步軍都指揮使晉天福初爲安州刺史會李金全以安州叛在明從李守貞攻之大破淮賊以功授安州防禦使明年移絳州楊光遠據青州叛召爲行營馬步軍都指揮使青州平遷相州留後高祖踐阼授幽州道行營都部署時虜守中山在明出師經畧虜乃棄城而去遂授鎮州留後

杜重威初仕晉典禁軍遥授舒州刺史天福二年張從賓構亂據汜水晉高祖遣重威與侯益率衆破之以功授潞州節度使與楊光遠降范延光於鄴城改

許州節度使累遷侍衛親軍馬步軍都指揮使及鎮州安重榮稱兵向闕下重威禦之重威敗重榮於宗城重榮奔據嘗山重威尋拔其城斬重榮首傳於闕下授成德軍節度使

李守貞初仕晉爲侍衛馬步軍都虞候領滑州節度使開運元年春虜衆犯澶魏少帝幸澶州虜王遣將麻荅以奇兵繇鄆州馬家口濟河立栅於東崖守貞率師自澶州馳赴之契丹大敗溺死者數千人晉少帝還京以守貞爲兗州節度使是歲以守貞爲青州行營都部署率兵二萬東討楊光遠降之以功加同

平章事二年春虜王全軍南下前鋒至相州湯陰縣以守貞爲北面行營都監與招討使杜重威北伐洎獲湯城之捷遂收軍還累加侍衛都指揮使領鄆州節度使三年夏爲北面行營都部署軍到長城北二十里與蕃賊千餘騎相遇轉鬬行四十里悉驅擁入河斫得首領解里相公首級

王景崇爲右衛大將軍乾祐元年春鳳翔侯益永典趙贇以受契丹僞署引蜀軍至南山詔委景崇以西面之事景崇至雍趙贇已入朝遂部分雍軍破蜀寇於子午谷糾合諸軍再破蜀軍於大散關詔景崇爲鳳翔巡簡

李彦從爲左飛龍使領恩州刺史乾祐中趙暉討王景崇於岐下彦從爲兵馬都監破州軍有功賊平授濮州刺史

周周密字德峯初仕後唐武皇爲軍職莊宗之平嘗山明宗之襲汶陽密皆從征有功

安審暉初仕後唐莊宗從平幽薊戰山東定河南皆預其功晉天福五年李金全據安州叛詔馬全節爲都署領兵討之以審暉爲副安陸平移鎮鄧州

馮暉初仕後唐爲軍校同光中從明宗征潞州楊立

有功又從魏王繼岌伐蜀蜀平授夔州刺史又從晉高祖討蜀蜀人守劒閣暉領部下兵踰險阻從他道出於劒門之左掩擊殺之守兵殆盡會晉祖班師以暉爲澶州刺史

宋彦筠初仕後唐典禁軍同光中伐蜀之役彦筠率所部從康延孝爲前鋒蜀平歷維渝州刺史晉初自汝州防禦使從高行周破安從進於襄陽以功拜鄧州節度使

高行周初仕後唐爲絳州刺史天成中預平朱守殷於浚下其攻王都於中山與符彦卿爲軍馬左右廂

擲將歐王都擒禿餒首功也累遷天平軍節度使杜
霸威據鄴叛用行周總兵討之鄴平授鄴都留守太
尉封臨清王
李從敏初仕後唐爲陝府節度使天成中王都據定
州叛命宋州王晏球爲招討命率師北伐以從敏爲
副領滄州節度使王都平移授定州節度
李懷忠初仕後唐爲陝府都指揮使天成中康福授
靈武節度時蕃部作梗屯于保靜命懷忠援送攻破
諸戎道途無滯歷許州滄州都指揮使遥領辰州刺
史

趙暉初仕晉爲禁軍指揮使天福初從馬全節圍平
陸佐杜重威戰宗城皆有功開運末以步兵屯於陝
聞漢建義并門乃與部將王晏侯章叶謀殺契丹僞
命官屬據有陝州馳騎聞於漢祖乃命暉爲陝州節
度使乾祐初移鎮鳳翔加同平章事屬王景崇叛據
岐山不受代以暉爲西南面行營都部署統兵以討
之時李守貞叛於蒲趙思綰據於雍與景崇遞相爲
援又引蜀軍出自大散關勢不可遏暉領兵數千戰
而勝明年拔其城加簡較太師兼侍中
李建崇初仕晉爲申州刺史天福七年夏晉祖幸鄴
襄州安從進與鎮州安鐵胡合從構逆從進出軍攻
南陽時州刺史武廷翰慮賊攻冦繼以湖陽主簿嚴
景思覘賊狀告急于朝時建崇步騎千餘北屯葉縣
開封尹鄭王遣兵馬都監宣徽使張從恩皇城使焦
繼勲率在京諸軍及葉縣軍拒賊至湖陽縣之花山
遇從進軍建崇接戰大破之移授亳州團練使襄陽
平遷安州防禦使
劉詞初仕晉爲奉國第一軍都虞候天福中從馬全
節伐安陸敗淮賊萬餘衆晉祖嘉之授奉國都較賜
扈鑾忠孝功臣加簡較司空漢乾祐初李守貞叛於

河中克行營都虞候屯於河西守貞遣敢死士數千
夜入其營諸將惶怖唯詞曰小盜耳不足驚也遂免
胄横戈叱短兵擊之賊衆大敗而退河中平周太祖
嘉其功表爲華州節度使
王令温初仕晉爲洛州團練使及安重榮稱兵於鎮
州晉高祖以令温爲行營馬軍都指揮使與都帥杜
重威敗賊於宗城以功授亳州防禦使
王饒初仕晉爲奉國軍較屬范延光叛命於鄴張從
賓以兵連之朝廷命將討焉饒以偏裨從縣善戰功
遷本軍都虞候累加簡較尚書左僕射復以下嘗山

功加簡較司空還本軍都較領連州刺史時安從進叛於襄陽晉祖命高行周率兵討之以饒爲行營步軍都指揮使賊平第功授梁州刺史

安審琦初仕漢爲山南東道節度使兼中書令屬荆人叛命滑遣舟師數千將屠襄郢審琦禦之而道朝廷嘉之就加守太保進封齊國公

折德扆爲府州防禦使廣順二年二月劉崇賊軍三千餘人入州境德扆與巡簡使李處稠同部領兵士殺賊二千收奪衣甲鞍馬觜餘事是月德扆言出兵收下河東界岢嵐軍使張德仁十寨都指揮使蘇審

並斬之已遣人於岢嵐軍守禦

曹英爲昭武軍節度使侍衛步軍都指揮使廣順二年春總兵討慕容彥超於兗州梯衝壍壘頗有力焉及凱旋授彰信軍節度使總兵如故

史彥超爲鄭州防禦使顯德初劉崇之寇潞州也世宗親征以彥超爲先鋒都指揮使高平之戰先登陷陣以功授華州節度使

王漢璋爲右龍武將軍顯德五年正月從征淮南收下海州詔以漢璋爲海州刺史

册府元龜終

冊府元龜

巡按福建監察御史臣李嗣京　訂正
分守建南道左布政使臣胡維霖　恭閱
知長樂縣事臣夏允彝
知建陽縣事臣黄國琦　較釋

將帥部二十二

機畧第一

傳曰兵凶器戰危事又曰以正合以奇勝不得已而用之屬在主將而已故得其術於是爲廟勝之師失其宜不異驅市人而戰用捨之要煥然明白若乃登

壇受脤臨軍對敵旣知此而知彼或示弱而示緩亦有勢同破竹所謂奪人之心聲如疾雷使之不暇掩耳因敵變化不可談悉雖復無名之舉前王所愼黷武之事有國共戒然則伐謀決策不戰而屈人諒匪英才孰能必取軍志有之曰有必勝之將無必勝之兵其是之謂矣

公子突鄭莊公子也北戎侵鄭（魯隱公九年）鄭伯禦之患戎師曰彼徒我車懼其侵軼我也（徒步軼突我兵也）公子突曰使勇而無剛者嘗寇而速去之（嘗試也勇則能往無剛不恥退）君爲三覆以待之（覆伏兵也）戎輕而不整貪而無親勝不相讓敗不相救先者見獲必務進進而遇覆必速奔後者不救則無繼矣乃可以逞（逞解也）從之戎人之前遇覆者奔（祝聃鄭大夫）衷戎師前後擊之盡殪（爲三部伏兵祝聃師勇而無剛者先犯戎而速奔以遇三伏兵至後伏兵趕戎還走祝聃反逐之戎前後及中三處受敵故曰衷戎師殪死也）戎師大奔

欒枝晉大夫也晉楚戰于城濮（僖公二十八年）楚將子玉從晉師晉師陳于莘北胥臣以下軍之佐當陳蔡子玉以若敖之六卒將中軍曰今日必無晉矣鬬宜申將左鬬勃將右胥臣蒙馬以虎皮先犯陳蔡陳蔡奔楚右師潰（陳蔡屬楚右師）狐毛設二旆而退之（旆大旗也又建二大旗而退使

若大將稍却也）欒枝使輿曳柴而僞遁（曳柴起塵詐爲衆走）楚師馳之原軫郤溱以中軍公族橫擊之（公族公所帥之軍）狐偃以上軍夾攻子西楚左師潰楚師敗績子玉收其卒而止故不敗

陽處父晉大夫也陽處父侵蔡楚子上救之與晉師夾泜而軍（泜水出魯陽縣東經襄城定陵入汝）陽子患之使謂子上曰吾聞之文不犯順武不違敵子若欲戰則吾退舍子濟而陳（欲避楚使渡成陳而後戰）遲速唯命不然紓我（紓緩也）老師費財亦無益也（師久爲老）乃駕以待之上欲涉大孫伯曰不可晉人無信半涉而薄我悔敗何及不如紓之乃

退舍(楚退欲使晉渡)陽子宣言曰楚師遁矣遂歸楚師亦歸
魏舒晉大夫也中行穆子敗無終及羣狄於太原崇
卒也(崇聚也)將戰魏舒曰彼徒我車所遇又阨(地險不使車也)
以什共車必克(更增十人以當一車之用)困諸阨又克(車每困於阨道令去
車故爲必克也)請皆卒(去車爲步卒也)自我始乃毁車以爲行(魏舒先自
毁其屬車爲步陳也)乘爲三伍荀吳之嬖人不肯即卒斬以徇
爲伍陳以相離兩於前伍於後專爲右角參爲左角
偏爲前拒以誘之狄人笑之未陳而薄之大敗之
孫叔敖楚令尹也晉楚戰于邲晉魏錡趙旃請致師
(魯宣公十二年)晉人懼二子之怒楚師子使軘車逆之(軘車兵車)

(名)潘黨望其塵使騁而告曰晉師至矣楚人亦懼王
之入晉軍也遂出陳孫叔敖曰進之寧我薄人無人
薄我詩云元戎十乘以先啓行先人也(元戎戎車在前也詩小雅
言王者軍行必有戎車十乘在前開導先人爲備)軍志曰先人有奪人之心
薄之也(奪敵戰心)遂疾進師車馳卒奔乘晉軍晉師敗績
養繇基楚大夫也吳侵楚(魯襄公十三年)養繇基奔命子庚
以師繼之(子庚楚司馬)養叔曰吳乘我喪謂我不能師也
(養叔曰繇基也)必易我而不戒(戒備也)子爲三覆以待我(覆伏也)
我請誘之子庚從之戰於庸浦(庸浦楚北)大敗吳師獲公
子黨君子以吳爲不弔(不用天道相弔恤)詩曰不弔昊天亂

靡有定(言不爲昊天所恤則致罪也)
中行獻子晉大夫也獻子伐齊(魯襄公十八年)軍于平陰齊
侯登巫山以望晉師(巫山在盧縣東北)晉人使司馬斥山澤
之險雖所不至必旆而疏陳之(斥候也疏建旌旗以爲陳示衆也)使
乘車者左實右僞以旆先(僞以衣服爲人形也建旆以先驅爲陳示衆也)輿
曳柴而從之(以揚塵)齊侯見之畏其衆也乃脫歸(脫謂不張旗幟也脫身而歸)
胥梁帶晉大夫也齊烏餘以廩丘奔晉(魯襄公二十六年)晉
侯使胥梁帶討之胥梁帶使諸喪邑者具車徒以受
地必周(諸喪邑謂齊魯宋也周密也必密來勿以受地爲名)使烏餘具車徒以

受封(烏餘以地來故許討之)烏餘以其衆出(出受封也)使諸侯僞效
烏餘之封者(效致也使齊魯宋僞若致邑封烏餘者)而遂執之盡獲之
(皆獲其徒衆)皆取其邑而歸諸侯諸侯是以睦於晉(傳言趙文子賢故平公雖失政而諸侯猶睦)
荀吳晉大夫也僞會齊師者(魯昭公十二年)假道於鮮虞遂
入昔陽(鮮虞白狄別種在中山新市縣昔陽肥國都樂平沾縣東有昔陽城)秋八月壬
午滅肥以肥子緜皐歸(肥白狄也緜皐其君名鉅鹿下曲陽縣西南有肥城)
公子光吳公子也楚師大敗吳師(魯昭公十七年)獲其乘舟
余皇公子光請於其衆曰喪先王之乘舟豈唯光之
罪衆亦有焉請藉取之以救死(藉衆之力以取舟)衆許之使

長鬣者三人潛伏於舟側曰我呼余皇則對師夜從之三呼皆迭對（迭更也）楚人從而殺之楚師亂吳人大敗之取余皇以

烏枝鳴齊大夫也宋華氏之亂（烏枝鳴聊宋戍守昭公二十一年）華登以吳師救華氏烏枝鳴曰用少莫如齊致死齊致死莫如去備（備長兵也）彼多兵矣請皆用劍從之華氏北（北敗走也）復卽之

公子期楚公子也吳師敗楚師于雍澨（魯定公五年）秦師又敗吳師吳師居麇（麇地名）子期將焚之子西曰父兄親暴骨焉不能收又焚之不可（前年楚人與吳戰多死麇中言不可并焚）

子期曰國亡矣死者若有知也可以歆舊祀（言焚吳復楚則祭祀不廢）豈憚焚之焚之而又戰吳師敗又戰于公壻之谿（楚地名）吳師大敗

陽虎魯人晉趙鞅納衛太子于戚（魯哀公二年）齊人輸范氏粟鄭人姚子般逆之（子姚卽罕達子般駟弘）士吉射逆之趙鞅禦之遇於戚陽虎曰吾車少以兵車之旆與罕駟兵車先陳（旆先驅車也以先驅卒益其兵車以示衆）罕駟自後隨而從之彼見吾貌必有懼心於是乎會之必大敗之從之鄭師大敗獲齊粟千車

孫臏齊人也威王二十八年魏與趙攻韓告急於齊齊使田忌爲將孫臏爲帥而往直走大梁魏將龐涓聞之去韓而歸齊軍旣已過而西矣孫子謂田忌曰彼三晉之兵素悍勇而輕齊齊號爲怯善戰者因其勢而利導之兵法百里而趣利者蹶上將五十里而趣利者軍半至使齊軍入魏地爲十萬竈明日爲五萬竈又明日爲三萬竈龐涓行三日大喜曰我故知齊軍怯入吾地三日士卒亡者過半矣乃棄其步軍與其輕銳倍日并行逐之孫子度其行暮當至馬陵馬陵道狹而旁多阻隘可伏兵乃斫大樹白而書之曰龐涓死于此樹之下於是令齊軍善射者萬弩夾

道而伏期曰暮見火舉而俱發龐涓果夜至見白書乃鑽火燭之讀其書未畢齊軍萬弩俱發魏軍大亂相失龐涓自知智窮兵敗乃自剄曰遂成豎子之名齊因乘勝盡破其軍虜魏太子申以歸

樂毅爲燕將昭王問討伐齊之事毅對曰齊霸國之餘業也地大人衆未易獨攻也王必欲伐之莫如與趙及楚魏於是使樂毅約趙惠文王別使連楚魏令趙啗秦（啗進說之意）以伐齊之利諸侯害齊湣王之驕暴皆爭合從與燕伐齊樂毅還報燕昭王悉起兵使樂毅爲上將軍趙惠文王以相國印授樂毅樂毅於是

并護趙楚韓魏燕之兵以伐齊破之濟西諸侯兵罷歸而燕軍樂毅獨追至于臨菑齊湣王之敗濟西亡走保於莒樂毅獨留徇齊齊皆城守樂毅攻入臨菑盡取齊寶財物祭器輸之燕燕昭王大悅親至濟上勞軍行賞饗士封樂毅於昌國號爲昌國君於是燕昭王收齊鹵獲以歸而使樂毅復以兵平齊城之不下者樂毅留徇齊五歲下齊七十餘城皆爲郡縣以屬燕

白起爲秦上將軍而王齕爲尉裨將令軍中有敢泄武安軍將者斬趙將趙括至則出兵擊秦軍秦軍佯

敗而走張二奇兵以刼之趙軍逐勝追造秦壁壁堅拒不得入而秦奇兵二萬五千人絶趙軍後又一軍五千騎絶趙壁閒趙軍分而爲二糧道絶而秦出輕兵擊之趙戰不利

李牧者趙之北邊良將也嘗居代鴈門備匈奴邊士皆願一戰於是乃具選車得千三百乘選騎得萬三千匹百金之士五萬人（管子曰能破敵擒將者賞百金）彀者十萬人悉勒習戰大縱畜牧人民蒲野匈奴小入佯北不勝以數千人委之單于聞之大率衆來入牧多爲奇陳張左右翼擊之大破殺匈奴十餘萬騎滅襜襤（音耽藍）胡（名在代北）破東胡降林胡單于奔走

田單者齊諸田疏屬也湣王時單爲臨菑市掾不見知及燕使樂毅伐破齊齊湣王出奔已而保莒城燕師長驅平齊而田單走安平（今之東安平也在青州臨淄縣東十九里古紀之酅邑齊改爲安平秦滅齊改爲東安平縣屬齊郡以定州有安平故加東字）令其宗人盡斷其車軸末而傅鐵籠（傅音附）已而燕軍攻安平城壞齊人走爭塗以轊折車敗（轊車軸頭也）爲燕所虜唯田單宗人以鐵籠故得脫東保卽墨卽墨城中以單習兵立爲將軍以卽墨拒燕頃之昭王卒惠王立與樂毅有隙田單聞之乃縱反閒於燕宣言曰齊王已死城

之不拔者二耳樂毅畏誅而不敢歸以伐齊爲名實欲連兵南面而王齊齊人未附故且緩攻卽墨以待其事齊人所懼唯恐他將之來卽墨殘矣燕王以爲然使騎刼代樂毅樂毅因歸趙燕人士卒忿而田單乃令城中人食必祭其先祖於庭飛鳥悉翔舞城中下食燕人怪之田單因宣言曰神來下教我乃令城中人曰當有神人爲我師有一卒曰臣可以爲師乎田單乃起引東鄉坐師事之卒曰臣欺君誠無能也田單曰子勿言也因師之每出約束必稱神師乃宣言曰吾惟懼燕軍之劓所得齊卒置之前行與我戰

卽墨敗矣燕人聞之如其言城中人見齊諸降者盡劓皆怒堅守唯恐見得單又縱反間曰吾懼燕人掘吾城外壟墓僇先人可爲寒心燕軍盡掘壟墓燒死人卽墨人從城上望見皆涕泣其欲出戰怒自十倍田單知士卒之可用乃身操版插與士卒分功妻妾編於行伍之間盡散飲食饗士令甲卒皆伏使老弱女子乘城遣使約降於燕軍皆呼萬歲田單又收民金得千鎰令卽墨富豪遺燕將曰卽墨卽降願無擄掠吾族家妻妾令安堵燕將大喜許之燕軍繇此益懈田單乃收城中得千餘牛爲絳繒衣畫以五彩龍

文束兵刃於其角而灌脂束葦於尾燒其端鑿城數十穴夜縱牛壯士五千人隨其後牛尾熱怒而奔燕軍燕軍夜大驚牛尾炬火光明炫燿燕軍視之皆龍文所觸盡死傷五千人因銜枚擊之而城中鼓譟從之老弱皆擊銅器爲聲聲動天地燕軍大駭敗走齊人遂夷殺其將騎劫燕軍擾亂奔走齊人追亡逐北所過城邑皆畔燕而歸田單兵日益多乘勝燕日敗亡卒至河上而齊七十餘城皆復爲齊乃迎襄王於莒入臨菑而聽政襄王封田單號曰安平君

漢韓信爲左丞相擊魏魏王豹盛兵蒲坂塞臨晉信廼益爲疑兵陳船欲渡臨晉而伏兵從夏陽以木罌缶渡軍襲安邑（以木押縛罌缶以渡也罌缶謂瓶之大腹小口者也音一效反臨晉在同州朝邑縣夏陽在韓城縣界）魏王豹驚引兵迎信信遂虜豹定河東

又信伐趙未至井陘口三十里止舍夜半傳發選輕騎二千人持一赤幟從間道萆山而望趙軍（萆音蔽依山自覆蔽也）誡曰趙見我走必空壁以逐我若疾入拔趙幟立漢幟令其裨將傳餐曰今日破趙會食諸將皆憮然陽應曰諾信謂軍吏曰趙巳先據便地壁且彼未見大將旗鼓未肯擊前行（行音胡郎反）恐吾阻險而退乃使萬人先行出背水陳趙兵望見大笑平旦信建大

將旗鼓行出井陘口趙開壁擊之大戰良久於是信張耳棄旗鼓走水上軍復疾戰趙空壁爭漢鼓旗逐信耳信耳巳入水上軍軍皆殊死戰不可敗信所出奇兵二千騎者候趙空壁逐利卽馳入趙壁皆拔趙旗幟立漢赤幟二千趙軍巳不能得信耳等欲還壁壁皆漢赤幟大驚以爲漢皆巳破趙王將矣遂亂遁走趙將雖斬之弗能禁也於是漢兵夾擊破虜趙軍斬成安君泜水上信旣破趙諸將效首虜休皆賀（效致也謂各致其所獲）因問信曰兵法有右背山陵前左水澤今者將軍令臣等反背水陳曰破趙會食臣等不服然

竟以勝此何術也信曰此在兵法顧諸君弗察耳兵法不曰陷之死地而後生投之亡地而後存乎且信非得素拊循士大夫經所謂驅市人而戰之也其勢非置死地人人自爲戰今卽予之生地皆走寧尚可得而用之乎諸將皆服曰非所及也後爲相國擊齊楚使龍且將兵救齊與信夾濰水陳（濰音維濰水出琅邪北箕縣）信乃夜令人爲萬餘囊盛沙以壅水上流引兵半渡擊龍且陽不勝還走龍且果喜曰固知信怯遂追渡水信使人決壅囊水大至龍且軍大半不得渡卽急擊殺龍且龍且水東軍散走齊王廣亡去信追北至

城陽虜廣楚卒皆降遂平齊

陳平爲護軍中尉盡護諸將高祖爲漢王三年楚圍漢王於滎陽平乃夜出女子二千人滎陽東門楚因擊之平乃與漢王從城西門出去遂入關收聚兵而復東七年從高祖擊韓王信於代至平城爲匈奴所圍七日用陳平奇計得出（陳平使畫工圖美女閒遣人遺閼氏云漢有美女如此今皇帝困戹欲獻之閼氏畏其奪己寵因謂單于曰漢天子亦有神靈得其土地非能有也於是匈奴開其一角得突出去）

李廣爲上郡太守從百騎追匈奴射鵰者殺其二人生得一人已縛之上山望匈奴數千騎見廣以爲誘騎皆驚上山陳廣之百騎皆大恐欲馳還走廣曰我去大軍數千里今如此走匈奴追射我立盡耳今我留匈奴必以我爲大軍之誘不我擊廣令曰前未到匈奴陳二里所止令曰皆下馬解鞍騎曰虜多如是解鞍卽急奈何廣曰彼虜以我爲走今解鞍以示不去用堅其意有白馬將出護兵廣上馬與十餘騎奔射殺白馬將而復還至其百騎中解鞍縱馬臥時會暮胡兵終怪之弗敢擊夜半胡兵以爲漢有伏軍於傍欲夜取之卽引去平旦廣乃歸其大軍

霍去病爲驃騎將軍武帝嘗欲教之孫吳兵法（吳吳起也

孫孫武也）對曰顧方畧何如爾不至學古兵法匈奴單于怒渾邪王居西方數爲漢所破亡數萬人以故欲召誅渾邪王渾邪王與休屠王謀欲降漢使人先要道邊（道猶言也先爲要約來言之於邊界也）是時大行李息將城河上得渾邪王使卽馳傳以聞（傳音張戀反）帝恐其以詐降而襲邊乃令去病將兵往迎之去病旣渡河與渾邪衆相望渾邪裨王將見漢軍而多欲不降者頗遁去去病乃馳入與渾邪王相見斬其亡者八千人遂獨遣渾邪王乘傳先詣行在所盡將其衆度河降者數萬人號稱十萬

趙玄國爲後將軍時叛羌罕开豪靡當兒使弟雕庫來告都尉曰先零欲反後數日果反雕庫種人頗在先零中都尉卽留雕庫爲質玄國以爲亡罪遣告歸種豪大兵誅有罪者明白自别毋取并滅言勿相和同自取滅亡天子告諸羌人犯法者能相捕斬除罪斬大豪有罪者一人賜錢四十萬中豪十五萬下豪二萬大男三千女子及老小千錢又以其所捕妻子財物盡與之玄國計欲以威信招降罕开及刼畧者解散虜謀徼極乃擊之徼要也要其倦極者也徼音工堯反時上已發三輔太嘗徒弛刑弛刑謂不加鉗釱者也弛之言解也三河潁川沛郡淮陽汝

南材官金城隴西天水安定北地上郡騎士羌騎與武威張掖酒泉太守各屯其郡者合六萬人矣酒泉太守辛武賢奏言郡兵皆屯備南山北邊空虛勢不可久或曰至秋冬迺進兵此虜在竟外之册竟讀今曰境虜朝夕爲寇土地寒苦漢馬不能冬能讀曰耐屯兵在武威張掖酒泉萬騎以上皆多羸瘦可益馬食以七月上旬齎三十日糧分兵並出張掖酒泉合擊罕开在鮮水上者虜以畜產爲命今皆離散兵卽分出雖不能盡誅亶奪其畜產虜其妻子亶讀曰但復引兵還冬復擊之大兵仍出虜必震壞仍頻也天子下其書玄國令

與較尉以下吏士知羌事者博議玄國及長史董通年以爲武賢欲輕引萬騎分爲兩道出張掖回遠千里回謂路紆曲也音胡悔反以一馬自佗負三十日食佗音徒向反凡以畜產載負物者皆爲佗爲米二斛四斗麥八斛又有衣裝兵器難以追逐勤勞而至虜必商軍進退稍引去商計度也逐水屮入山林屮古草字隨而深入虜卽據前險守後阸以絶糧道必有傷危之憂爲夷狄笑千載不可復復音扶目反而武賢以爲可奪其畜產虜其妻子此殆空言非至計也殆僅也又武威縣張掖日勒皆當北塞有通谷水草日勒張掖之縣臣恐匈奴與羌有謀且欲大入幸能要杜

張掖酒泉以絶西域城要遮也杜塞也其郡兵尤不可發先零首爲叛逆它種刼畧言被刼畧而反叛非其本心故臣愚册欲捐罕开闇昧之過隱而勿章先行先零之誅以震動之宜悔過反善因赦其罪選擇良吏知其俗者拊循和輯拊古撫字輯與集同此全師保勝安邊之册天子下其書公卿議者咸以爲先零兵盛而負罕开之助負恃也不先破罕开則先零未可圖也迺拜侍中樂成侯許延壽爲彊弩將軍卽拜酒泉太守武賢爲破羌將軍卽就也就其郡而拜之也賜璽書嘉納其册以書敕讓玄國曰讓責也皇帝問後將軍甚苦暴露將軍計欲至正月乃擊罕

羌羌人當獲麥已遠其妻子徙其妻子令遠若而身來爲寇也精兵萬人欲爲酒泉燉煌寇邊兵少民守保不得田作今張掖以東粟石百餘芻藁束數千皆謂錢直之數言其貴轉輸並起百姓煩擾將軍將萬餘之衆不早及秋共水草之利爭其畜食此畜謂畜產牛羊之屬也食謂穀麥之屬也一曰畜食畜之所食者謂草也欲至冬虜皆當畜食此畜讀曰蓄蓄聚積之也多藏匿山中依險阻將軍士寒手足皸瘃皸拆裂也瘃寒創也皸音軍瘃音竹足反寧有利哉將軍不念中國之費欲以歲數而勝微久歷年歲乃勝年敵也數音所具反將軍誰不樂此者言凡爲將軍者皆樂此今詔破羌將軍武賢將兵六千一百人燉煌太守快將二千人

長水較尉富昌酒泉侯奉世將婼月氏兵四千人婼音兒遮反亡慮萬二千人亡慮大計也齎三十日食以七月二十二日擊罕开羌入鮮水北句廉上句音鉤句廉謂水岸曲而有廉稜也去酒泉八百里去將軍可千二百里將軍其引兵便道西並進雖不相及使虜聞東方北方兵並來分散其心意離其黨與雖不能殄滅當有瓦解者已詔中郎將卬將胡越佽飛射士步兵二較尉益將軍兵今五星出東方中國大利蠻夷大敗五星所在天下勝羌人在西星在東爲漢太白出高用兵深入敢戰者吉勿敢戰者凶將軍急裝因天時誅不義萬不必全勿復有疑乞國既得讓以爲將任兵在外便宜有守以安國家言爲將之道受任行兵爲外雖受詔命若有便宜則當固守以取安利也廼上書謝罪因陳兵利害曰臣竊見騎都尉安國前幸賜書擇羌人可使使罕开諭告以大軍當至漢不誅罕开以解其謀恩澤甚厚非臣下所能及臣獨私美陛下盛德至計亡已故遣开豪雕庫宣天子至德罕开之屬皆聞知明詔今先零羌楊玉將騎四千及煎鞏騎五千阻山石木候便爲寇謂依阻山之木石以自保罕羌未有所犯今置先零先擊罕釋有罪誅無辜起一難就兩害誠非陛下本計也臣聞兵法攻不足者守有餘又曰善戰者致人不

致於人皆兵法之書也致人引至而取之也致于人爲人所引也今罕羌欲爲燉煌酒泉寇宜飭兵馬練戰士以須其至飭整也須大也飭與敕同也坐得致敵之術以逸擊勞取勝之道也今恐二郡兵少不足以守而發之行攻釋致虜之術而從爲虜所致之道失麼棄也臣愚以爲不便先零羌虜欲爲背畔故與罕开解仇結約然其私心不能亡恐漢兵至而罕开背之也臣愚以爲其計嘗欲先赴罕开之急以堅其約先擊罕羌先零必救之今虜馬肥糧食方饒擊之恐不能害適使先零得施德於罕羌堅其約合其黨施德自樹恩德也虜交堅黨合精兵二萬餘人迫脅諸

小種附着者稍衆莫須之屬不輕得離也莫須小種羌名也
如是虜兵寖多也寖漸誅之用力數倍臣恐國家憂累
繇十年數不二三歲而已累音力瑞反繇與由同臣得蒙天子
厚恩父子俱爲顯列臣位至上卿爵爲列侯犬馬之
齒七十六爲明詔塡溝壑死骨不朽亡所顧念獨思
惟兵利害至熟悉也於臣之計先誅先零已則罕开
之屬不煩兵而服矣先零已誅而罕开不服涉正月
擊之得利之理又其時也以今進兵誠不見其利唯
陛下裁察六月戊申奏七月甲寅璽書報從充國計
焉充國引兵至先零在所虜久屯聚解弛解讀曰懈弛放也望

見大軍棄車重欲渡湟水重音直用反道阸狹充國徐行
驅之或曰逐利行遲逐利宜疾今行少遲充國曰此窮寇不可
迫也緩之則走不顧急之則還致死謂更回還盡力而死戰諸
校皆曰善虜赴水溺死者數百降及斬首五百餘人
鹵馬牛羊十萬餘頭車四千餘兩

後漢任光爲信都太守光武初爲大司馬徇河北王
郎稱號於邯鄲光武至信都光迎入傳舍光武謂光
曰伯卿今勢力虛弱欲俱入城頭子路刁子都城頭子路刁子都皆賊號之也兵中何如邪光曰不可光武曰卿兵少何
如光曰可募發奔命出攻傍縣若不降者恣聽掠之
人貪財物則兵可招而致也光武從之拜光爲左大
將軍封武成侯留南陽宗廣領信都太守事使光將
兵從光乃多作檄文曰大司馬劉公將城頭子路刁
子都兵百萬衆從東方來擊諸反虜遣騎馳至鉅鹿
界中吏民得檄傳相告語光武遂與光等投暮入堂
陽界堂陽今冀州縣也使騎各持火炬彌滿澤中光炎燭天
地舉城莫不震驚惶怖其夜卽降旬日之間兵衆大
盛因攻城邑遂屠邯鄲廼遣光歸郡

耿純更始中爲前將軍從光武平邯鄲又破銅馬時
赤眉青犢上江大倉鐵脛五幡十餘萬衆並在射犬

光武引兵將擊之純軍在前去衆營數里賊忽夜攻
純雨射營中矢下如雨士多死傷純勒部曲堅守不動選
敢死二千人俱持彊弩各傅三矢使銜枚間行繞出
賊後齊聲呼譟彊弩並發賊衆驚走追擊遂破之馳
騎白光武光武明旦與諸將俱至營勞純曰昨夜困
乎純曰賴明公威德幸而獲全光武曰大兵不可夜
動故不相救爾

陳俊爲彊弩將軍光武初爲蕭王與五校戰於安次
五校退入漁陽俊言於光武曰宜令輕騎出賊前使
百姓各自堅守壁以絶其食可不戰而殄也光武然

之速俊將輕騎馳出賊前視人保壁堅完者勑令固守放散在野者因掠取之賊至無所得遂散敗及軍還光武謂俊曰困此虜者將軍策也及即位封俊為列侯

銚期字次況更始中爲賊曹掾從光武徇薊時王郎檄書到薊薊中起兵應郎光武趨駕出百姓聚觀諠呼滿道遮路不得行期騎馬奮戟瞋目大呼左右曰趩周禮隷僕掌趩宫中之事鄭衆曰出行清道也若今警趩說文趩與蹕同衆皆披靡及至城門門已閉攻之得出

寇恂更始中爲河內太守行大將軍事朱鮪聞光武

北而河內孤使討難將軍蘇茂副將賈彊將兵三萬餘人渡鞏河攻溫鞏溫並今懷州縣也臨黄河故曰鞏河也檄書至恂即勒軍馳出並移告屬縣發兵會於溫下軍吏皆諫曰今雒陽兵渡河前後不絕宜待衆軍畢集乃可出也恂曰溫郡之藩蔽失溫郡不可守遂馳赴之旦日合戰而偏將軍馮異遣救及諸縣兵適至士馬四集幡旗蔽野恂乃令士卒乘城鼓譟大呼言曰劉公兵至蘇茂軍聞之陳動恂因奔擊大破之追至雒陽遂斬賈彊茂兵自投河死者數千生獲萬餘人

岑彭爲征南大將軍建武三年率傅俊臧宫劉宏等三萬餘人南擊秦豐拔黃郵聚名在南陽新都縣豐與其大將蔡宏拒彭等於鄧數月不得進帝怪以讓彭彭懼於是夜勒兵馬申令軍中使明旦西擊山都山都縣名屬南陽郡舊南陽之赤鄉秦以爲縣故城在今襄州義清縣東北乃緩所獲虜令得逃亡歸以告豐豐即率其軍迺邀彭彭乃潛兵度沔水擊其將張揚於阿頭山大破之沔水源出武都東狼谷之中即漢水之上源也阿頭山在襄陽也從川谷間伐木開道直襲黎丘擊破諸屯兵豐聞大驚馳歸救彭與諸將依東山爲營豐與蔡宏夜攻彭彭豫爲之備出兵逆擊之豐敗走追斬蔡宏更封彭爲舞陰侯秦豐相趙京舉宜城降

王霸建武四年爲偏將軍與捕虜將軍馬武東討周建於垂惠蘇茂將五校兵四千餘人救建而先遣精騎遮擊馬武軍糧武往救之建從城中出兵夾擊武武恃霸之援戰不甚力爲茂建所敗武軍奔過霸營大呼求救霸曰賊兵盛出必兩敗努力而已乃閉營堅壁軍吏皆爭之霸曰茂兵精銳其衆又多吾吏士心恐而捕虜與吾相恃兩軍不一此敗道也今閉營固守示不相援賊必乘勝輕進捕虜無救其戰自倍如此茂衆疲勞吾承其弊乃可克也茂建果悉出攻武合戰良久霸軍中壯士路潤等數十人斷髮請戰

霸知士心銳乃開營後出精騎襲其背茂建前後受敵驚亂敗走

耿弇爲建威將軍建武五年詔遣弇東討張步弇悉收集降卒結部曲置將吏率騎都尉劉歆太山太守陳俊引兵而東從朝陽橋濟河以度（朝陽縣名屬濟南在朝水之陽故城在今之濟州歷城縣）張步聞之乃使其大將軍費邑軍歷下又分兵屯祝阿（濟州縣名）別於太山鍾城列營數十以待弇弇渡河先擊祝阿自旦攻城未中而拔之故開圍一角令其衆得奔歸鍾城鍾城人聞祝阿已潰大恐懼遂空壁亡去費邑分遣弟敢守巨里（巨里聚名也一名巨合在

今濟州）弇進兵先脅巨里使多伐樹木揚言以塡塞坑塹數日有降者言邑聞弇欲攻巨里謀來救之弇乃嚴令軍中趣修攻具宣勑諸部後三日當悉力攻巨里城陰緩生口令得亡歸歸者以弇期告邑邑至日果自將精兵三萬餘人來救之弇喜謂諸將曰吾所以修攻具者欲誘致邑耳今來適其所求也即分三千人守巨里自引精兵上岡阪（山脊曰岡坡者曰阪）乘高合戰大破之臨陳斬邑既而收首級以示巨里城中兇懼（兇音呼勇力）賚敢悉衆亡歸張步弇復收其積聚縱兵擊諸未下者平四十餘營遂定濟南時張步都劇使其弟藍將精兵二萬守西安（縣名屬齊州也）諸郡太守合萬餘人守臨淄相去四十里弇進軍畫中（邑名畫音胡表反）居二城之間弇視西安城小而堅且藍兵又精臨淄名雖大而寔易攻乃敕諸較會後五日攻西安藍聞之晨夜儆守至期夜半弇勑諸將皆蓐食（未起而牀蓐中食也）會明至臨淄城護軍荀梁等爭之以爲宜速攻西安弇曰不然西安聞吾欲攻之日夜爲備臨淄出不意而至必驚擾吾攻之一日必拔拔臨淄即西安孤張藍與步隔絕必復亡去所謂擊一而得二者也若先攻西安不卒下頓兵堅城死傷必多縱能拔之藍引軍還

奔臨淄并兵合勢觀人虛實吾深入敵地後無轉輸旬月之間不戰而困諸君之言未見其宜遂攻臨淄半日拔之入據其城

馮異爲征西大將軍建武六年諸將上隴爲隗囂所敗乃詔異軍栒邑未及至隗囂乘勝使其將王元行巡將二萬餘人下隴因分遣巡取栒邑異即馳兵欲先據之諸將皆曰虜兵盛而新乘勝不可與爭宜止軍便地徐思方畧異曰虜兵臨境忸忕少利遂欲深入若得栒邑三輔動搖是吾憂也夫攻者不足守者有餘今先據城以逸待勞非所以爭也潛往閉城偃

旗鼓行趍不知馳赴之異乘其不意卒擊鼓建旗而出趍軍驚亂奔走追擊數十里大破之

臧宮爲輔威將軍建武十一年將兵至中盧屯駱越（中盧縣名屬南郡駱越人徙於此因以爲名）是時公孫述將田戎任滿與征南大將軍岑彭相拒於荊門彭等戰數不利越人謀叛從蜀宮兵少力不能制會屬縣送委輸車數百乘至宮夜使鋸斷城門限令車聲回轉出入至旦越人候伺者聞車聲不絕而門限斷相告以漢兵大至其渠帥乃奉牛酒以勞軍宮陳兵大會擊牛釃酒饗賜慰納之（釃音所宜切說文下酒也）越人繇是遂安

廉范爲雲中太守明帝永平中匈奴大入塞烽火日通故事虜入過五千人移書傍郡吏欲傳檄求救范不聽自率士卒拒之虜衆盛而范兵不敵會日暮令軍士各交縛兩炬三頭爇火營中星列虜遙望火多謂漢兵救至大驚待旦將退范乃令軍中蓐食晨往赴之斬首數百級虜自相轔藉死者千餘人繇此不敢復向雲中

鄧訓爲護羌校尉章帝元和中迷唐燒當羌叛訓於是賞賂諸羌種使相招誘迷唐伯父號迷吾乃將其母及種人八百戸自塞外來降訓因發湟中秦胡羌兵四千人出塞掩擊迷唐於寫谷（寫一作寫）斬首虜六百餘人得馬牛萬餘頭迷唐乃去大小榆（兩谷名也）居頗巖谷衆悉破散其春復欲歸故地就田業訓乃發湟中六千人令長史任尚將之縫革爲船置於箄上以渡（箄木筏也音步惟切）河掩擊迷唐廬落大豪多所斬獲復追逐奔北會尚等夜爲羌所攻於是我從羌胡并力破之斬首前後一千八百餘級獲生口二千人馬牛羊三萬餘頭一種殆盡（一種謂迷唐也）迷唐遂收其餘部遠徙廬落西行千餘里諸附落小種皆背叛之燒當豪帥東號稽顙歸死（東號羌名）餘皆欵塞納質於是綏接歸附威

信大行遂罷屯兵各令歸郡唯置弛刑徒二千餘人分以屯田爲貧人耕種修理城郭塢壁而已

班超爲西域將兵長史章帝章和元年發于闐諸國兵二萬五千人復擊莎車而龜茲王遣左將軍發溫宿姑墨尉頭合五萬人救之超召將校及于闐王議曰今兵少不敵其計莫若各散去于闐從是而東長史亦於此西歸可須夜鼓聲而發陰緩所得生口龜茲王聞之大喜自以萬騎爲西界遮超溫宿王將八千騎於東界徼于闐超知二虜已出密召諸部勒兵雞鳴馳赴莎車營胡大驚亂奔走追斬五千餘級大

獲其馬畜財物莎車遂降龜茲等因各退散自是威震西域

虞詡爲懷令安帝時羌寇武都鄧太后以詡有將帥之畧遷武都太守羌乃率衆數千遮詡於陳倉崤谷詡卽停軍不進而宣言上書請兵須到當發羌聞之乃分鈔傍縣詡因其兵散日夜進道兼行百餘里令吏士各作兩竈日增倍之羌不敢逼或問曰孫臏減竈而君增之兵法日行不過三十里以戒不虞而今日且二百里何也詡曰虜衆多吾兵少徐行則易爲所及速進則彼所不測虜見吾竈日增必謂郡兵來

迎衆多行速必憚追我孫臏見弱吾今示强勢有不同故也既到郡兵不滿三千而羌衆萬餘攻圍赤亭數十日詡乃令軍中使彊弩勿發而潛發小弩羌以爲矢力弱不能至并兵急攻詡於是使二十彊弩共射一人發無不中羌大震退詡因出城奮擊多所傷殺明日悉陳其兵衆令從東郭門出北（一作西）郭門人貿易衣服回轉數周羌不知其數更相恐動詡計賊當退乃潛遣五百餘人於淺水設伏候其走路虜果大奔因掩擊大破之斬獲甚衆賊繇是敗散南入益州

度尚桓帝時爲荆州刺史旣擊破長沙零陵郡賊而桂陽渠帥卜陽潘鴻等畏尚威烈徙入山谷尚窮追數百里遂入海南破其三屯多獲珍寶而陽鴻等黨衆猶盛尚欲擊之而士卒驕富莫有鬭志尚計緩之則不戰逼之必逃亡乃宣言卜陽潘鴻作賊十年習於攻守今兵寡少未易可進當須諸郡所發悉至爾乃并力攻之申令軍中恣聽射獵兵士喜悅大小皆相與從禽尚乃密使所親客潛焚其營珍積皆盡獵者來還莫不泣涕尚人人慰勞深自咎責因曰卜陽等財寶足富數世諸卿但不并力爾所亡少少何足

介意衆聞咸憤踊尚敕令秣馬蓐食明旦徑赴賊屯陽鴻等自以深固不復設備吏士乘銳遂大破之

朱儁爲鎭賊中郎將靈帝時南陽黃巾張曼成起兵稱神上使衆數萬殺郡守蒲貢屯宛下百餘日後太守秦頡擊殺曼成賊更以趙弘爲帥衆寖盛遂十餘萬據宛城儁與荆州刺史徐璆及秦頡合兵萬八千圍弘自六月至八月不拔有司奏欲徵儁司空張溫上疏曰昔秦用白起燕任樂毅皆曠年歷載乃能克敵儁討潁川已有功効引師南指方畧已設臨軍易將兵家所忌宜假日月責其成功靈帝乃止儁因急

擊弘斬之賊餘帥韓忠復據宛拒儁儁兵少不敵乃張圍結壘起土山以臨城内因鳴鼓攻其西南賊悉衆赴之儁自將精卒五千掩其東北乘城而入忠乃退保小城惶懼乞降司馬張超及徐璆秦頡皆欲聽之儁曰兵有形同而勢異者昔秦項之際民無定主故賞附以勸來耳今海内一統唯黄巾造寇納降無以勸善討之足以懲惡今若受之更開逆意賊利則進戰鈍則乞降縱敵長寇非良計也因急攻連戰不尅儁登土山望之顧謂張超曰吾知之矣賊今外圍周固内營逼急乞降不受欲出不得所以死戰也萬

人一心猶不可當况十萬乎其害甚矣不如徹圍并兵入城忠見圍解勢必自出自出則意散易破之道也既而解圍忠果出戰儁因擊大破之乘勝逐北數十里斬首萬餘級忠等遂降而秦頡積忿忠遂殺之餘衆懼不自安復以孫夏爲帥還屯宛中儁急攻之夏走追至西鄂精山又破之復斬萬餘級賊遂解散

皇甫嵩爲北地太守時黄巾起旬日之間天下嚮應京師震動詔勑州郡修理攻守簡練器械召羣臣會議嵩以爲宜解黨禁益出中藏錢西園廐馬以班軍士帝從之於是發天下精兵博選將帥以嵩爲左中郎將持節與右中郎將朱儁共發五校三河騎士及募精勇合四萬餘人嵩儁各統一軍共討穎川黄巾儁前與賊波才戰戰敗嵩因進保長社波才引大衆圍城嵩兵少軍中皆恐乃召軍吏謂曰兵有奇變不在衆寡今賊依草結營易爲風火若因夜縱燒必大驚亂吾出兵擊之四面俱合田單之功可成也其夕遂大風嵩乃約勑軍士皆束炬乘城使鋭士間出圍外縱火大呼城上舉燎應之嵩因鼓而奔其陳賊驚亂奔走會帝遣騎都尉曹操將兵適至嵩操與朱儁合兵更戰大破之斬首數萬級封嵩都鄉侯嵩儁乘

勝進討汝南陳國黄巾追波才於陽翟擊彭脱於西華並破之餘賊降散二郡悉平又進擊東郡黄巾卜巳於倉亭生擒卜巳斬首七千餘級後爲左將軍靈帝中平五年梁州賊王國圍陳倉復拜嵩爲中郎將董卓各率二萬人拒之卓欲速進赴陳倉嵩不聽卓曰智者不後時勇者不留決速救則城全不救則城滅全滅之勢在於此也嵩曰不然百戰百勝不如不戰而屈人之兵是以先爲不可勝以待敵之可勝不可勝在我可勝在彼彼守不足我攻有餘有餘者動於九天之上不足者陷於九地之下今陳倉雖小城

守固備非九地之陷也王國雖彊而攻我之所不救
非九天之勢也夫勢非九天攻者受害陷非九地守
者不拔國今已陷受害之地而陳倉保不拔之城我
可不煩兵動衆而取全勝之功將何救焉遂不聽王
國圍陳倉自冬迄春八十餘日城堅守固竟不能拔
賊衆疲弊果自解去嵩進兵擊之卓曰不可兵法窮
寇勿追歸衆勿迫今我追國是迫歸衆追窮寇也困
獸猶鬬蜂蠆有毒況大衆乎嵩曰不然前吾不擊避
其銳也今而擊之待其衰也所擊疲師非歸衆也國
衆且走莫有鬬志以整擊亂非窮寇也遂獨進擊之

使卓爲後拒連戰大破之斬首萬餘級國走而死卓
大慚恨繇是忌嵩
董卓爲中郎將討黄巾軍敗抵罪韓遂等起凉州復
爲中郎將西拒遂於望垣硤北爲羌胡數萬人所圍
糧食乏絶卓僞欲捕魚堰其還道當所渡水爲池使
水停蒲數十里默從堰下過其軍而決堰比羌胡聞
知追逐水已深不得渡六軍上隴西五軍敗績卓獨
全衆而還
公孫瓚爲遼東屬國長史嘗從數十騎出行塞下見
鮮卑數百騎瓚乃退入空亭中約其從者曰今不衝
之則死盡矣瓚乃自持兩頭矛刃馳出衝賊殺傷數
十人瓚左右亦亡其半遂得免鮮卑懲艾後不敢復
入塞
陳登爲廣陵太守甚得江淮間歡心於是有吞滅江
南之志孫策遣攻登於匡琦城策初兵恐不能抗可
引軍避之與其空城水人居陸不能久處必尋引去
登厲聲曰吾受國命來鎭此土昔馬文淵之在斯位
能南平百越北滅羣狄吾既不能遏除凶慝何逃寇
之謂邪吾其出命以報國伏義以整亂天道與順克
之必矣乃閉門自守示弱不與戰將士銜聲寂若無

人登乘城望形勢知其可擊乃申令將士整肅兵罷
昧爽開南門引軍指賊營步騎鈔其後賊周章方結
陣不得還船登手執軍鼓縱兵乘之賊遂大破皆棄
船并走登乘勝追奔斬虜以萬數

冊府元龜

巡按福建監察御史臣李嗣京　訂正
知長樂縣事臣夏允彝參閱
知建陽縣事臣黃國琦較釋

將帥部　二十三

機畧第二

魏夏侯淵爲護軍將軍時趙衢尹奉等謀討馬超姜敘起兵鹵城以應之衢等譎說超使出擊敘於後盡殺超妻子超奔漢中還圍祁山敘等急求救諸將議者欲須太祖節度淵曰公在鄴反覆四千里比報敘

等必敗非救急也遂行使張郃督步騎五千在前從陳倉路入淵自督糧在後郃至渭水上超將氐羌數千逆郃未戰超走郃進軍收超軍器械淵到諸縣皆已降韓遂在顯親淵欲襲取之遂走淵收遂軍糧追至雒陽城去遂二十餘里諸將欲攻之或言當攻興國氐淵以爲遂兵精興城固攻不可卒拔不如擊長離諸羌長離諸羌多在遂軍必歸救其家若羌獨守則孤救長離則官兵得與野戰可必虜也淵乃留督將守輜重輕兵步騎到長離攻燒羌屯斬獲甚衆諸羌在遂軍者各還種落遂果救長離與淵軍對陣諸將見遂衆惡之欲結營作塹乃與戰淵曰我轉鬬千里今復作營塹則士衆罷敝不可久賊雖衆易與耳乃鼓之大破遂軍得其旌麾還雒陽進軍圍興國氐王千萬逃奔馬超餘衆降轉擊高平屠各皆散走收其糧穀牛馬乃假淵節

曹仁以議郎督騎將太祖與袁紹相持於官渡紹遣劉備徇㶏彊諸縣多舉衆應之自許以南吏民不安太祖以爲憂仁曰南方以大軍方有目前急其勢不能相救劉備以彊兵臨之其背叛固宜也備新將紹兵未能得其用擊之可破也太祖善其言遂使仁將

騎擊備破走之仁復盡收諸叛縣而還紹遣別將韓荀鈔斷西道仁擊荀於雞雒山大破之繇是紹不敢復分兵出復與史渙等鈔紹運車燒其糧穀

曹休領虎豹騎宿衛劉備遣將吳蘭屯下辨太祖遣曹洪征之以休爲騎都尉參洪軍事太祖謂休曰汝雖參軍其實帥也洪聞此令亦委事於休備遣張飛屯固山欲斷軍後衆議狐疑休曰賊實斷道者當伏兵潛行今乃先張聲勢此其不能也宜及其未集促擊蘭蘭破則飛自走矣洪從之進兵擊蘭大破之飛果走

徐晃爲横野將軍時韓遂馬超等反關右遣晃屯汾陰太祖至潼關恐不得渡召問晃晃曰公盛兵於此而賊不復别守蒲阪知其無謀也今假臣精兵渡蒲阪津爲軍先置以截其衆賊可擒也太祖曰善使晃以步騎四五千人渡津作塹栅未成賊梁興夜將步騎五千餘人攻晃晃擊走之太祖軍得渡遂破超等

田豫爲弋陽太守鄢陵矦彰征代郡以豫爲相軍次易北虜伏騎擊之軍人擾亂莫知所爲豫因地形回車結圜陣弓弩持滿於内疑兵塞其隙胡不能進散去追擊大破之遂前平代皆豫策也文帝初北狄强

盛侵擾邉塞使豫持節護烏丸校尉牽招解儁并護鮮卑自高柳以東濊貊以西鮮卑數十部比能彌加素利割地統御各有分界乃共要誓皆不得以馬與中國市豫以戎狄爲一非中國之利乃先搆離之使自爲讐敵互相攻伐素利違盟出馬千匹與官爲比能所攻求救於豫豫恐遂相兼并爲害滋深宜救善討惡示信衆狄乃單將鋭卒深入虜庭胡人衆多鈔軍前後斷截歸路豫乃進軍去虜十餘里結屯營多聚牛馬糞然之從他道引去胡見煙火不絶以爲尚在去行數十里乃知之追豫到馬城圍之十數重豫密嚴使司馬建旌旗鳴鼓吹將步騎從南門出胡人皆屬目往赴之豫將精鋭自北門出鼓譟而起兩頭俱發出虜不意虜衆散亂皆棄弓馬步走追討二十餘里僵尸蔽地

文聘黄初中爲後將軍屯沔口吳孫權嘗自將數萬衆圍聘於石陽時大雨城栅崩壞人民散在田野未及補治聘聞權到不知所施乃思惟莫若潛默可以疑之乃勑城中人使不得見又自臥舍中不起權果疑之語其部黨曰北方以此人忠臣也故委之以此郡今我至而不動此不有密圖必當有外救遂不敢

攻而去之

張既黄初中爲雍州刺史凉州盧水胡伊健妓妾治元多等反河西大擾文帝憂之曰非既莫能安凉州乃召凉州刺史鄒岐以既代之遣護軍夏侯儒將軍費曜等繼其後既至金城欲渡河諸將等以爲兵少道險未可深入既曰道雖險非井陘之隘夷狄烏合無左車之計今武威危急赴之宜速遂渡河賊七千餘騎逆拒軍于鸇陰口既揚聲軍從鸇陰乃潛繇且次出至武威胡以爲神引還顯美既已據武威曜乃至儒等猶未達既勞賜將士欲進軍擊胡諸將皆曰

士卒疲倦虜衆氣銳難與爭鋒旣曰今軍無見糧當因敵爲資若虜見兵合退依深山追之則道險窮餓兵還則出候寇鈔如此兵不得解所謂一日縱敵患在數世也遂前軍顯美胡騎數千因大風欲放火燒營將士皆恐旣夜藏精卒三千人爲伏使參軍成公英督千餘騎挑戰勑使陽退胡果爭奔之因發伏截其後首尾進擊大破之斬首獲生以萬數

牽招爲鴈門太守以蜀將諸葛亮數出而鮮卑軻比能狡猾能相交通表爲防備議者以爲懸遠未之信也會亮在祁山果遣使連結比能比能至故北地石

城與相首尾帝乃詔招使從便宜討之時比能已還漠南招與刺史畢軌議曰胡虜遷徙無常若勞師遠追則遲速不相及若潛襲則山溪艱險資糧轉運難以密辦可使守新興鴈門二牙門出屯陘北外以鎮撫內令兵田備蓄資糧秋冬馬肥州郡兵合乘釁征討計必全克未及施行會病卒

賈逵爲建威將軍豫州刺史明帝初吳孫權在東關當豫州南去江四百餘里每出兵爲寇輒西從江夏東從廬江國家征伐亦繇淮泗是時州軍在項汝南弋陽諸郡守境而已權無北方之虞東西有急并軍相救故常少敗逵以爲宜開直道臨江若權自守則二方無救二方無救則東關可取乃移屯潦口陳攻取之計帝善之帝使賈逵督前將軍滿寵東莞太守胡質等四軍從西陽直向東關曹休從皖司馬宣王從江陵逵至五將山休更表賊有請降者求深入應之詔宣王駐軍逵東與休合進逵度賊無東關之備必并軍於皖休深入與賊戰必敗乃部署諸將水陸並進行二百里得生賊言休戰敗權遣兵斷夾石諸將不知所出或欲待後軍逵曰休兵敗於外路絕於內進不能戰退不得還安危之機不及終日賊以軍

無後繼故至此今疾進出其不意此所謂先人以奪其心也賊見吾兵必走若待後軍賊已斷險兵雖多何益乃兼道進軍多設旗鼓爲疑兵賊見逵軍遂退逵據夾石以糧給休休軍乃振

郭淮爲雍州刺史齊王正始末督諸軍伐蜀蜀將姜維出石營從彊川乃西迎叛胡至無戴留陰平太守廖化於成重山築城斂破羌保質淮欲分兵取之諸將以維衆西接彊胡化以據險分軍兩持兵勢轉弱進不制維退不拔化非計也不如合而俱西及胡蜀未接絕其內外此伐交之兵也淮曰今往取化出賊

不意維必狼顧比維自致足以定化且使維疲於奔
命兵不遠西而胡交自離此一舉而兩全之策也乃
别遣夏侯尚等追維於沓中淮自率諸軍就攻化等
維果馳還救化皆如淮計
陳泰齊王嘉平初代郭淮爲雍州刺史加奮威將軍
蜀大將軍姜維率衆依麴山築二城使牙門將句安
李歆等守之聚羌胡質任等寇偪諸郡征西將軍郭
淮與泰謀所以禦之泰曰麴城雖固去蜀險遠當須
運糧羌夷患維勞役未必肯附今圍而取之可不血
刃而拔其城雖其有救山道阻險非行兵之地也淮

從泰計使泰率討蜀護軍徐質汝南太守鄧艾等進
兵圍斷其運道及城外流水安等挑戰不許將士困
窘分糧聚雪以稽日月維果來救出自牛頭山與泰
相對泰曰兵法貴在不戰而屈人今絕牛頭維無反
道則我之禽也勑諸軍各堅壘勿與戰遣使白淮欲
自南渡白水循水而東使淮趣牛頭截其還路可幷
取維不惟安等而已淮善其策進率諸軍軍洮水維
懼遁走安等孤縣遂皆降其後王經白泰云姜維夏
侯霸欲三道向祁山石營金城求進兵爲趣使涼州
軍至枹罕討蜀護軍向祁山泰量賊勢終不能三道
且兵勢惡分涼州未宜越境報經審其定問知所趣
向須東西勢合乃進時維等數將萬人至枹罕趣狄
道泰勑經進屯狄道須軍到乃規取之泰進軍陳倉
會經所統諸軍於故關與賊戰不利經輒渡洮泰以
經不堅據狄道必有他變並遣三營在前泰率諸軍
繼之經已與維戰大敗以萬餘人還保狄道城餘皆
奔散維乘勝圍狄道泰軍上邽分兵守要晨夜進前
鄧艾胡奮王祕亦到即與鄧艾祕等分爲三軍進到
隴西艾等以爲王經精卒破衂於西賊衆大盛乘勝
之兵既不可當而將軍以烏合之卒繼敗軍之後將

士失氣隴右傾蕩古人有言蝮蛇螫手壯士解腕孫
子曰兵有所不擊地有所不守蓋小有所失而大有
所全故也今隴右之害過於蝮蛇狄道之地非徒不
守之謂姜維之兵是所辟之鋒不如割險自保觀釁
待弊然後進救此計之得者也泰曰姜維提輕兵深
入正欲與我爭鋒原野求一戰之利王經當高壁深
壘挫其銳氣今乃與戰使賊得計走破王經封之狄
道若維以戰克之威進兵東向據櫟陽積穀之實放
兵收降招納羌胡東爭關隴傳檄四郡此我之所患
也而維以乘勝之兵挫峻城之下銳氣之卒屈力致

命攻守勢殊客主不同兵書云脩櫓轒榅三月乃成拒堙三月而後已誠非輕軍遠入維之詭謀倉卒所辦縣軍遠僑穀糧不繼是我速進破賊之時也所謂疾雷不及掩耳自然之勢也洮水帶其表維等在其內今乘高據勢臨其項領不戰必走寇不可縱圍不可久君等何言如此遂進軍度高城嶺潛行夜至狄道東南高山上多舉烽火鳴鼓角狄道城中將士見救者至皆憤怒維始謂官救兵當須衆集乃發而卒聞已至謂有奇變宿謀上下震懼自軍之發隴西也以山道深險賊必設伏泰詭從南道維果三日施伏

定軍潛行卒出其南維乃緣山突至泰與交戰維退還涼州軍從金城南至沃干阪泰與經共密期當共向其還路維等聞之遂遁城中將士得出經嘆曰糧不至旬向不應機舉城屠裂覆喪一州矣泰慰勞將士前後遣還更差軍守並治城壘還屯上邽

王昶為征南將軍督荊豫諸軍事嘉平二年昶上言孫權流放良臣適庶分爭可乘釁而制吳蜀白帝夷陵之間黔巫秭歸房陵皆在江北民夷與新城郡接可襲取也乃遣新城太守周泰襲黔巫秭歸房陵荊州刺史王基詣夷陵昶詣江陵兩岸引竹絙為橋渡水擊之賊奔南岸鑿七道並來攻於是昶使積弩同時俱發權大將施績夜遁入江陵城追斬數百級昶欲引致平地與合戰乃先遣五軍按大道發還使南軍望見以喜之以所獲鎧馬甲胄馳環城以怒之設伏兵以待之績果追軍與戰克之振旅而還

王基齊王時為荊州刺史時朝廷議欲伐吳詔基量進取之宜基對曰夫兵動而無功則威名折於外財用窮於內故必全而後用也若不資通州聚糧水戰之備則雖積兵江內而無必渡之勢矣今江陵有沮漳二水溉灌膏腴之田以千數安陸左右陂池沃衍

若水陸並農以實軍資然後引兵詣江陵夷陵分據夏口順沮漳資水浮穀而下賊知官兵有經久之勢則拒天誅者意沮而向王化者益固然後率合蠻夷以攻其內精卒勁兵以討其外則夏口以上必拔而江外之郡不守如此吳蜀之交絕而吳禽矣不然兵出之利未可必矣於是遂止其後毋丘儉文欽作亂以基為行監軍假節統許昌軍適與司馬景王會於許昌景王曰君籌儉等何如基曰淮南之逆非吏民思亂也儉等誑脅迫懼畏目下之戮是以尚羣聚耳若大兵臨偪必土崩瓦解儉欽之首不終朝而懸於

軍門景王令基居軍前議者咸以儉欽慓悍難以爭鋒詔基停駐基以爲儉等舉軍足以深入久不進者是其詐僞已露衆心疑沮也今不張示威形以副民望而停軍高壘有似畏懦非用兵之勢也若或虜畧民人又州郡兵家爲賊所得者更懷離心儉等所迫脅者自顧罪重不敢復還此爲錯兵無用之地而成姦宄之源吳寇因之則淮南非國家之有譙沛汝豫危而不安此計之大失也軍宜速進據南頓南頓有大邸閣計足軍人四十日糧保堅城因積穀先人有奪人之心此平賊之要也基屢請乃聽進據㶏水既

至復言曰兵聞拙速未覩巧遲之久方今外有彊寇內有叛臣若不時決則事之深淺未可測也議者多欲將軍持重將軍持重是也停軍不進非也持重非不行之謂也進而不可犯爾今據堅城保壁壘以積實資虜懸運軍糧甚非計也景王欲須諸軍集到猶尚未許基曰將在軍君令有所不受彼得則利我得亦利是謂爭城南頓是也遂輒進據南頓儉等從項亦爭欲往發十餘里聞基先到復還保項時兗州刺史鄧艾屯樂嘉儉使文欽將兵襲艾基知其勢分進兵偪項儉衆遂敗欽等已平遷鎮南將軍都督豫州諸軍事領豫州刺史諸葛誕反基以本官行鎮東將軍都督揚豫諸軍事時大軍在項以賊兵精詔基歛軍堅壘基累啓求進討會吳遣朱異來救誕軍於安城基又被詔引諸軍轉據北山基謂諸將曰今圍壘轉固兵馬向集但當精脩守備以待越逸而更移兵守險使得放縱雖有智者不能善後矣遂守便宜上疏曰今與賊家對敵當不動如山若遷移依險人心搖蕩於勢大損諸軍並據深溝高壘衆心皆定不可傾動此御兵之要也書奏報聽大將軍司馬文王進屯丘頭分部圍守各有所統基督城東城南一十六

軍文王勑軍吏入鎮南部界一不得有所譴城中食盡晝夜攻壘基輒拒擊破之壽春既拔文王與基書曰初議者云求移者甚衆時未臨履亦謂宜然將軍深算利害獨秉固志上違詔命下拒衆議終至制敵擒賊雖古人所述不過此也

蜀趙雲爲翊軍將軍先主時魏將夏侯淵敗曹公爭漢中地運米北山下數千萬囊黃忠以爲可取雲兵隨忠取米忠過期不還雲將數十騎輕行出圍迎覘忠等值曹公揚兵大出雲爲公前鋒所擊臣欽若曰公謂曹公也其下皆同方戰其大衆至勢偪遂前突其陣且鬬且卻

公軍散已復合雲陷敵還趣圍將張著被創雲復馳馬還營迎著公軍追至圍此時沔陽長張翼在雲圍內翼欲閉門拒守而雲入營更大開門偃旗息鼓公軍疑雲有伏兵引去雲擂鼓震天惟以戎弩於後射公軍公軍驚駭自相蹂踐墮漢水中死者甚多先主明旦自來至雲圍視昨戰處曰子龍字云一身都是膽也作樂飲宴至暝軍中號雲為虎威將軍

李恢為庲降都督先主薨高定恣睢於越巂雍闓跋扈於建寧朱褒反叛於牂牁丞相亮南征先繇越巂而恢案道向建寧諸縣大相糾合圍恢軍於昆明時

恢衆少敵倍又得亮聲息紿謂南人曰官軍糧盡欲規退還吾中間久斥鄉里乃今得旋不能復北欲還與汝等同計謀故以誠相告南人信之故圍守怠緩於是恢出擊大破之追奔逐北南至槃江東接牂牁與亮聲勢相連南土平定恢軍功居多

諸葛亮後主時為丞相大將軍屯于陽平遣魏延諸將并兵東下亮惟留萬人守城魏將司馬宣王率二十萬衆拒亮而與延軍錯道徑至前當亮六十里所偵候白宣王說亮在城中兵少力弱亮亦知宣王垂至已與相偪欲前赴延軍相去又遠回迹反追勢不相及將士失色莫知其計亮意氣自若勑軍中皆臥旗息鼓不得妄出菴幔又令大開四城門掃地却灑宣王常謂亮持重而猥見勢弱疑其有伏兵於是引軍北趣山明日食時亮謂參佐拊手大笑曰司馬懿必謂吾怯將有彊伏循山走矣候邏還白如亮所言

姜維後主時為征西將軍隨丞相諸葛亮與魏將司馬宣王相持於渭南會亮卒長史楊儀等整軍而出百姓奔告宣王宣王追焉維令儀反旗鳴鼓若將向宣王者宣王乃退不敢偪於是儀結陣去入谷然後發喪景耀初拜大將軍初先主留魏延鎮漢中皆實

兵諸圍以禦外敵敵若來攻使不得入及興勢之役王平捍拒曹爽皆承此制姜維建議以為錯守諸圍雖合周易重門之義然適可禦敵不獲大利不若使聞敵至諸圍皆斂兵聚穀退就漢樂二城使敵不得入平且重關鎮守以捍之有事之日令遊軍並進以伺其虛敵攻關不克野無散穀千里縣糧自然疲乏引退之日然後諸城並出與遊軍並力搏之此殄敵之術也於是令督漢中胡濟却住漢壽監軍王含守樂城護軍蔣斌守漢城又於西安建威武衛石門武城建昌臨遠皆立圍守

王平爲鎭北大將軍統漢中魏大將軍曹爽率步騎十餘萬向漢中前鋒已在駱谷時漢中守兵不滿三萬諸將大驚或曰今力不足以拒敵聽當固守漢樂二城遇賊令入比爾間涪軍足得救關平曰不然漢中去涪垂千里賊若得關便爲禍也今宜先遣劉護軍杜參軍據興勢平爲後拒若賊分向黃金平率千人下自臨之比爾間涪軍行至此計之上也惟護軍劉敏與平意同即便施行涪諸軍及大將軍費禕自成都相繼而至魏軍退還如平本策

劉敏爲左護軍揚威將軍與王平俱鎭漢中魏遣曹

爽襲蜀時議者或謂但可守城不出拒敵必自引退敏以爲男女布野農穀棲畝若聽敵人則大事去矣遂帥所領與平據興勢多張旗幟彌亘百餘里會費禕從成都至魏軍即退敏以功封雲亭侯

蔣琬爲大司馬在漢中琬以爲昔諸葛亮數闚秦川道險運艱竟不能克不若乘水東下乃多作舟船欲繇漢沔襲魏興上庸會舊疾速動未時得行而衆論咸謂如不克捷還路甚艱非長策也於是遣尚書令費禕中監軍姜維等喻指琬承命上疏曰芟穢弭難臣職是掌自臣奉辭漢中已經六年旣以闇弱加嬰疾疢規方無成夙夜憂慘今魏跨帶九州根蔕滋蔓平除未易若東西并力首尾掎角雖未能速得如志且當分裂蠶食先摧其支黨然吳期二三連不克果俯仰惟艱實忘寢食輒與費禕等議以涼州胡塞之要進退有資賊之所惜且羌胡乃心思漢如渴又昔偏軍入羌郝淮破走筭其長短以爲事首宜以姜維爲涼州刺史若維征行御持河右臣當帥軍爲維鎭繼今涪水陸四通惟急是應若東北有虞赴之不難繇是琬遂還涪

吳陸遜初爲孫權帳下右部督會丹陽賊帥費棧受

曹公印綬扇動山越爲作內應權遣遜討棧棧支黨多而往兵少遜乃益施牙幢分布鼓角夜潛山谷間鼓譟而前應時破散遂部五東三郡彊者爲兵羸者補戶得精兵數萬人宿惡蕩除所過肅清後爲偏將軍右部督代呂蒙鎭陸口遜至書與蜀將關羽曰前承觀釁而動以律行師小舉大克一何巍巍敵國敗績利在同盟聞慶附節想遂席卷共獎王綱近以不敏受任來西延慕光塵思稟良規又曰于禁等見獲遐邇欣嘆以爲將軍之勳足以長世雖昔晉文城濮之師淮陰拔趙之畧蔑以尚茲聞徐晃等步騎駐旌

關望麾旌操猾虜也念不思難恐潛增衆以逞其心雖云師老猶有驍悍且戰捷之後嘗苦輕敵古人杖術軍勝彌警願將軍廣爲方計以全獨克僕書生疏遲忝所不堪喜鄰威德樂自傾盡雖未合策猶可懷也儻明注仰存以察之羽覽遜書有謙下自托之意意大安無復所嫌遜具啓形狀陳其可擒之要權乃潛軍而上使遜與呂蒙爲前部至即克公安南郡黄武元年劉備率大衆來向西界權命遜爲大都督假節督朱然潘璋宋謙韓當徐盛鮮于丹孫桓等五萬人拒之備從巫峽建平連圍至夷陵界立數十屯以

金錦爵賞誘動諸夷使將軍馮習爲大都督張南爲前部輔匡趙融廖淳傅肜等各爲別督先遣吳班將數千人於平地立營欲以挑戰諸將皆欲擊之遜曰此必有譎且觀之備知其計不可乃引伏兵八千從谷中出遜曰所以不聽諸軍擊班者揣之必有巧故也遜上疏曰夷陵要害國之關限雖爲易得亦復易失失之非徒損數郡之地荆州可憂今日爭之當令必諧備干天常不守窟穴而敢自送臣雖不材憑奉威靈以順討逆破壞在近尋備前後行軍多敗少成推此論之不足爲戚臣初嫌之水陸俱進今反舍船就步處處結營察其布置必無他變伏願至尊高枕不以爲念也諸將並曰攻備當在初今乃令人五六百里相銜持經七八月其諸要害皆以固守擊之必無利矣遜曰備是猾虜更嘗事多其軍始集思慮精專未可干也今住已久不得我便兵疲意沮計不復生犄角此寇正在今日乃先攻一營不利諸將皆曰空殺兵耳遜曰吾已曉破之之術乃勑各持一把茅以火攻拔之一爾勢成通率諸軍同時俱攻斬張南馮習及胡王沙摩柯等首破其四十餘營備將杜路劉寧等窮逼請降備升馬鞍山陳兵自繞遜督促諸

軍四面蹙之土崩瓦解死者萬數備因夜遁驛人自擔燒鐃鎧斷後僅得入白帝城其舟船器械水步軍資一時畧盡尸骸漂流塞江而下備大慚恚曰吾乃爲遜所折辱豈非天耶初孫桓別討備前鋒於夷道爲備所圍求救於遜遜曰未可諸將曰孫安東公族見圍已困奈何不救遜曰安東得士衆心城牢糧足無可憂也待吾計成欲不救安東安東自解及方畧大施備果奔潰桓後見遜曰前實怨不見救定至今日乃知調度自有方爾後爲荆州牧嘉和五年權北征使遜與諸葛瑾攻襄陽遜遣親人韓扁齎表奏報

還遇敵於沔中鈔邏得扁瑾聞之甚懼書與遜云大
駕已旋賊得韓扁具知吾闊狹且水乾宜當急去遜
未荅方催人種葑豆與諸將奕碁射戲如常瑾曰伯
言多智畧其當有以自來見遜遜曰賊知大駕已旋
無所復慼得專力於吾又已守要害之處兵將意動
且當自定以安之施設變術然後出爾今便示退賊
當謂吾怖仍來相蹙必敗之勢也乃密與瑾立計令
瑾督舟船遜悉上兵馬以向襄陽城敵素憚遜乃還
赴城瑾便引船出遜徐整部伍張拓聲勢步趨船敵
不敢干軍到白圍託言在獵潛遣將軍周峻張梁等

擊江夏新市安陸石陽石陽市盛峻等奄至人皆捎
物入城城門噎不得關敵乃自斫殺已民然後得闔
斬首獲生者凡千餘人

賀齊爲南郡都尉討候官賊候官既平而建安漢興
南平復亂齊進兵建安立都尉府郡發屬縣五千兵
各使本縣長將之皆受齊節度賊洪明洪進苑御吳
免華當等五人率各萬戶連屯漢興吳五（仵吳名五）六千
戶別屯大潭鄒臨六千戶別屯蓋竹大潭同出餘汗
軍討漢興經餘汗齊以爲賊衆兵少深入無繼恐爲
所斷令松陽長丁蕃留備餘汗蕃本與齊鄰城恥見
部伍辭不肯留齊乃斬蕃於是軍中震慄無不用命
遂分兵留備進討明等連大破之臨陣斬明其免當
進御皆降轉擊蓋竹軍向大潭三將又降凡討治斬
首六千級名帥盡擒復立縣邑料出兵萬人拜爲東
平較尉後爲威武中郎將討丹陽黟歙時武彊葉鄉
東陽豐浦四鄉先降齊表言以葉鄉爲始新縣而歙
賊帥金奇萬戶屯安勒山毛甘萬戶屯烏聊山黟帥
陳僕祖山等二萬戶屯林歷山林歷山四面壁立高
數十丈徑路危狹不容刀楯賊臨高下石不可得攻
軍住經日將吏患之齊身出周行觀視形便陰募輕

捷士爲作鐵戈密於隱險賊所不備處以戈拓斬山
爲緣道夜令潛上乃多懸布以援下人得上百數人
四面流布俱鳴鼓角齊勒兵待之賊夜聞鼓聲四合
謂大軍悉已得上驚懼惑亂不知所爲守路備險者
皆走還依衆大軍因是上大破僕等其餘皆降凡斬
首七千餘級

黃蓋爲周瑜部將建安十三年九月曹公入荆州劉
琮舉衆降吳將士聞皆恐大帝延見羣下問以計策
議者咸勸迎之周瑜曰不然操託名漢相其實漢賊
也瑜請精兵三萬保爲將軍破之大帝曰君言當擊

甚與孤合此天以授孤也時劉備爲曹公所破欲引
南渡江與魯肅遇於當陽遂共圖計因進住夏口遣
諸葛亮詣大帝帝遂遣瑜及程普等與備并力逆曹
公遇於赤壁時曹公軍衆已有疾病初一交戰公軍
敗退引次江北瑜等在南岸蓋曰今寇衆我寡難與
持久然觀操軍方連船艦首尾相接可燒而走也乃
取蒙衝鬬艦數十艘實以薪草膏油灌其中褁以帷
幕上建牙旗先書報曹公欺以欲降江表傳載蓋書曰蓋受孫氏厚
恩當爲將帥見遇不薄然顧天下事有大勢用江東六郡山越之人以當中國百萬之衆衆寡不敵海內
所共見也東方將吏無有愚智皆知其不可惟周瑜魯肅偏懷淺戇意未解耳今日歸命是其實計瑜所

督領自易摧破交鋒之日蓋爲前部當因事變化効命在近曹公時見行人客問之口勑曰但恐汝詐爾
蓋若信實當授爵賞超於前後也又豫備走舸各擊大船後因引次
俱前曹公軍吏士皆延頸觀望指言蓋降蓋放諸船
同時發火時風盛猛悉延燒岸上營落頃之煙炎漲
天人馬燒溺死者甚衆軍遂敗退還保南郡江表傳載蓋至
戰日先取輕利艦十舫載燥荻枯柴積其中灌以魚膏赤幔覆之建旌旗龍幡於艦上時東南風急因以
十艦最著前中江舉帆蓋舉火白諸校使衆兵齊聲大呼曰降降操軍人皆出營立觀去北軍二里餘同
時發火火烈風猛往船如箭飛埃絶爐燒盡北船延及岸邊營柵瑜等率輕銳軍繼其後擂鼓大進北軍
大壞曹公退走備與瑜等復共追曹公曹公留曹仁等守江
陵城徑自北歸

潘璋爲北平將軍襄陽太守魏將夏侯尚等圍南郡
分前部三萬人作浮橋渡百里洲上時諸葛瑾楊粲
並會兵赴救未知所出而魏兵日渡不絶璋曰魏勢
始盛江水又淺未可與戰便將所領到魏上流五十
里伐葦數百萬束縛作大筏欲順流放火燒敗浮橋
作筏適畢伺水長當下尚便引退
呂蒙爲橫野中郎將同周瑜程普等圍魏將曹仁於
南郡瑜使甘寧前據夷陵曹仁分衆圍寧寧困急使
使請救諸將以兵少不足分蒙謂瑜普曰留凌公績
凌統字蒙與君行解圍釋急勢亦不久蒙保公績能十

日守也又說瑜分遣三百人柴斷險道賊走可得其
馬瑜從之軍到夷陵即日交戰所殺過半敵夜遯去
行遇柴道騎皆舍馬步走兵追蹙擊獲馬三百匹方
船載還於是將士形勢自倍乃渡江立屯與相攻擊
曹仁退走遂據南郡撫定荊州還拜偏將軍後從大
帝拒曹公於濡須數進奇計帝欲立塢諸將皆曰上
岸擊賊洗足入船何用塢爲蒙曰兵有利鈍戰無百
勝如有邂逅敵步騎蹙人不暇及水其得入船乎帝
曰善遂作之曹公不能下而退其後劉備令關羽鎮
守專有荊土帝命蒙西取長沙零桂三郡蒙移書二

郡望風歸服惟零陵太守郝普城守不降而備自蜀親至公安遣羽爭三郡帝時住陸口使普肅萬人屯益陽拒羽而飛書召蒙使捨零陵急還助肅初蒙旣定長沙當之零陵過酃載南陽鄧玄之玄之者郝普之舊也欲令誘普及被書當還蒙祕之夜召諸將授以方畧晨當攻城顧謂玄之曰郝子太聞世間有忠義事亦欲爲之而不知時也左將軍在漢中爲夏侯淵所圍關羽在南郡今至尊身自臨之近者破樊本屯救酈逆爲孫規所破此皆目前之事君所親見也彼方首尾倒縣救死不給豈有餘力復營此哉今吾

士卒精銳人思效命至尊遣兵相繼於道今子以旦夕之命待不可望之救猶牛蹄中魚冀賴江漢其不可恃亦明矣若子太必能一士卒之心保孤城之守尚能稽延旦夕以待所歸者可也今吾計力度慮而以攻此曾不移日而城必破城破之後身死何益於事而令百歲老母戴白受誅豈不痛哉度此家不得外問謂援可恃故至於此爾若可見之爲陳禍福玄之見普具宣蒙意普懼而聽之玄之先出報蒙普尋後當至蒙豫勑四將各選百人普出便入城守門須臾普出蒙迎執其手與俱下船語畢出書示之因拊手大笑普見書知備在公安而羽在益陽慙恨入地蒙留孫河委以後事卽日引軍赴益陽劉備請盟帝乃歸普等割湘水以零陵還之以尋陽陽新爲蒙奉邑後爲右護軍虎威將軍代魯肅屯陸口與蜀將關羽分土接境蒙至外倍脩恩厚與羽結好後羽討樊留兵將備公安南郡蒙上疏曰羽討樊而多留備兵必恐蒙圖其後故也蒙嘗有病乞分士衆還建業以治疾爲名羽聞之必撤備兵盡赴襄陽大軍浮江晝夜馳上襲其空虛則南郡可下而羽可擒也遂稱病篤帝乃露檄召蒙還陰與圖計羽果信之稍撤兵以

赴樊魏使于禁救樊羽盡擒禁等人馬數萬託以糧乏擅取湘關米帝聞之遂行先遣蒙在前蒙至尋陽盡伏其精兵𦨴䑽中使白衣搖櫓作商賈人服晝夜兼行至羽所置江邊屯候盡收縛之是故羽不聞知遂到南郡傅士仁糜芳等皆降也

呂岱爲交州刺史時交趾太守士燮卒帝以燮子徽爲安遠將軍領九眞太守以校尉陳時代燮岱表分海南三郡爲交州以將軍戴良爲刺史海東四郡爲廣州岱自爲刺史遣良與時南入而徽不承命舉兵戍海口以拒良等岱於是上疏請討徽罪督兵三千

人晨夜浮海或謂岱曰徽藉累世之恩爲一州所附未易輕也岱曰今徽雖懷逆計未虞吾之卒至若我潛軍輕舉掩其無備破之必也稽留不速使得生心嬰城固守七郡百蠻雲合響應雖有智者誰能圖之遂行過合浦與良俱進徽聞岱至果大震怖不知所出即率兄弟六人肉袒迎岱岱皆斬送其首徽大將甘醴桓治等率吏民攻岱岱奮擊大破之

朱桓爲濡須督黃武元年魏使大司馬曹仁步騎數萬向濡須仁欲以兵襲取州土僞先揚聲欲東攻羨溪桓分兵將赴羨溪旣發卒得仁進軍拒濡須七十

里間桓遣使追還羨溪兵兵未到而仁奄至時桓手下及所部兵在者五千人諸將業業各有懼心桓喻之曰凡兩軍交對勝負在將不在衆寡諸軍聞曹仁用兵行師孰與桓邪兵法所以稱客倍而主人半者謂俱在平原無城池之守又謂士衆勇怯齊等故爾今仁旣非勇智加其士卒甚怯又千里步涉人馬罷困桓與諸軍共據高城南臨大江北背山陵以逸待勞爲主制客此百戰百勝之勢也雖曹丕自來尚不足憂况仁等邪桓因偃旗鼓外示虛弱以誘致仁仁果遣其子泰攻濡須城分遣將軍常雕督諸葛虔王雙等乘油船別襲中洲中洲者部曲妻子所在也仁自將萬人留橐皋復爲泰等後拒桓部兵將攻取油船或別擊雕等桓等身自拒泰燒營而退遂梟雕生虜雙送武昌臨陣斬溺死者千餘大帝嘉桓功封嘉興侯

徐盛爲安東將軍封蕪湖侯魏文帝大出有渡江之志盛建議從建業築圍作薄落圍上設假樓江中浮船諸將以爲無益盛不聽固立之文帝到廣陵望圍愕然彌漫數百里江水盛長便引軍退諸將乃伏文帝嘆曰魏雖有武騎千羣無所用也

鍾離牧爲越騎校尉永安六年蜀并于魏武陵五谿夷與蜀接界時論懼其叛亂乃以牧爲平魏將軍領武陵太守往之郡魏遣漢髮縣長郭純試守武陵太守率涪陵民入蜀遷陵界屯于赤沙誘致諸夷邑君或起應純又進攻酉陽縣郡中震懼牧問朝吏曰西蜀傾覆邊境見侵何以禦之皆對曰今二縣山險諸夷阻兵不可以驚擾驚擾則諸夷盤結宜以漸安可遣恩信吏宣教慰勞牧曰不然外境內侵誑誘人民當及其根抵未深而撲取之此救火貴速之勢也勑外趣嚴掾史沮議者使行軍法撫夷將軍高尚說牧

曰昔潘太常督兵五萬然後以討五谿夷爾又是時劉氏連和諸夷率化今既無往日之援而郭純已據遷陵而明府以三千兵深入尚未見其利也牧曰非常之事何得循舊即率所領晨夜進道緣山險行垂二千里從塞上斬惡民懷異心者魁帥百餘人及其支黨凡千餘級純等散五谿平遷公安督揚武將軍封都鄉侯

陸抗為大將軍鳳凰元年西陵督步闡據城以叛遣使降晋抗聞之日部分諸軍令將軍左奕吾彥蔡貢等徑赴西陵勑軍營更築嚴圍自赤谿至故市內以

圍闡外以禦寇晝夜催切如敵已至衆甚苦之諸將咸諫曰今及三軍之銳亟以攻闡比晋救至闡必可拔何事於圍而以弊士民之力乎抗曰此城處勢既固糧穀又足且所繕修備禦之具皆抗所宿規今反身攻之既非可卒克且北救必至而無備表裏受難何以禦之諸將咸欲攻闡抗每不許宜都太守雷譚言至懇切抗欲服衆聽令一攻攻果無利圍備始合晋車騎將軍羊祜率師向江陵諸將咸以抗不宜上抗曰江陵城固兵足無所憂患假令敵沒江陵必不能守所損者少如使西陵盤結則南山羣夷皆當擾動則所憂慮難可而言也吾寧棄江陵而赴西陵况江陵牢固乎初江陵平衍道路通利抗勑江陵督張咸作大堰遏水漸漬平中以絶寇叛祜欲因所遏水浮船運糧揚聲將破堰以通步軍抗聞使咸亟破之諸軍皆惑屢諫不聽祜至當陽聞堰敗乃改船以車運大費損功力晋巴東監軍徐胤率水軍詣建平荆州刺史楊肇至西陵抗令張咸固守其城公安督孫遵巡南岸禦祜水軍督留慮鎮西將軍朱琬拒胤身率三軍憑圍對肇將軍朱喬營都督俞贊亡詣肇抗曰贊軍中舊吏知吾虛實者吾常慮夷兵素不簡練

若敵攻圍必先此處即夜易夷民皆以舊將充之明日肇果攻故夷兵處抗命旋軍擊之矢石雨下肇衆傷死者相屬肇至經月計屈夜遁抗欲追之而慮闡畜力項領伺視間隙兵不足分於是但鳴鼓戒衆若將追者肇衆恟懼悉解甲挺走抗使輕兵躡之肇大破祜等皆引軍還抗遂陷西陵誅夷闡族及其大將吏自此已下所請赦者數萬口修治城圍

冊府元龜

巡按福建監察御史臣李嗣京　訂正
分守建南道左布政使臣胡維霖　參閱
知建陽縣事臣黃國琦　較釋

將帥部二十四

機畧第三

晉衛瓘初仕魏爲廷尉卿鄧艾鍾會之伐蜀也瓘以本官持節監艾會軍事行鎮西將軍蜀既平艾輒承制封拜詔使檻車徵之會遣瓘先收艾會以瓘兵少欲令艾殺瓘因加艾罪瓘知欲危已然不可得而距

乃夜至成都檄艾所統諸將稱詔收艾其餘一無所問若來赴官軍爵賞如先敢有不出誅及三族比至鷄鳴悉來赴瓘惟艾帳內在焉平旦開門瓘乘使者車徑入至成都殿前艾臥未起父子俱被執艾諸將圖欲刼艾整仗趣瓘營瓘輕出迎之僞作表草將申明艾事諸軍信之而止俄而會至乃悉請諸將胡烈等因執之囚益州廨舍遂發兵反於是士卒思歸內外騷動人情憂懼會留瓘謀議乃書板云欲殺胡烈等舉以示瓘瓘不許因相疑貳瓘如廁見胡烈故給使使宣語三軍言會反會逼瓘定議經宿不眠各橫刀膝上在外諸軍已潛欲攻會瓘既不出未敢先發會使瓘慰勞諸軍瓘心欲去且堅其意曰卿三軍主宜自行會曰卿監司且先行吾當後出瓘便下殿會悔遣之使呼瓘瓘辭眩疾動詐仆地比出閤數十信追之瓘至外廨服鹽湯大吐瓘素羸便似困篤會遣所親人及醫視之皆言不起會繇是無所僤及暮門閉瓘作檄宣告諸軍諸軍並已唱義陵旦共攻會會率左右距戰諸將擊敗之唯帳下數百人隨會繞殿而走盡殺之瓘於是部分諸將羣情肅然

杜預爲鎮南大將軍都督荆州諸軍啓請伐吳武帝

許之預以太康元年正月陳兵于江陵遣參軍樊顯尹林鄧圭襄陽太守周奇等率衆循江西上授以節度旬月之間累尅城邑皆如預策焉又遣牙門管定周旨伍巢等率奇兵八百潛舟夜度以襲樂鄉多張旗幟起火巴山出於要害之地以奪賊心吳都督孫歆震恐與伍延書曰北來諸軍乃飛渡江也吳之男女降者萬餘口旨巢等伏兵樂鄉城外歆遣軍出拒王濬大敗而還旨等發伏兵隨歆軍而入歆不覺直至帳下虜歆而還故軍中爲之謠曰以計代戰一當萬於是進逼江陵時衆軍會議或曰百年之寇未可

畫尅今向暑水潦方降疾疫將起宜俟來冬更爲大
舉預曰昔樂毅藉濟西一戰以并強齊今兵威已振
譬如破竹數節之後皆迎刃而解無復着手處也遂
指授羣帥徑造秣陵所過城邑莫不束手議者以書
謝之孫皓旣平封當陽侯
王濬爲龍驤將軍太康元年正月率師發自成都率
巴東監軍廣武將軍唐彬攻吳丹陽尅之擒其丹陽
監盛紀吳人於江險磧要害之處並以鐵鎖橫截之
又作鐵錐長丈餘暗置江中以逆拒船先是羊祜獲
吳間諜具知情狀濬乃作大筏數十亦方百餘步縛

草爲人披甲持杖令善水者以筏先行筏遇鐵錐輒
着筏去又作火炬長十餘丈大數十圍灌以麻油在
船前遇鎖燃炬燒之須臾融液斷絶於是船無所礙
李矩爲冠軍將軍領河東平陽太守時劉聰遣從弟
暢步騎三萬討矩屯于韓王故壘相去七里遣使招
矩時暢猝至矩未暇爲備遣使奉牛酒詐降于暢潛
匿精勇見其老弱暢不以爲虞大饗渠帥人皆醉飽
矩謀夜襲之兵士以賊衆皆有懼色矩令郭誦禱鄭
子產祠曰君昔相鄭惡鳥不鳴凶胡臭羯何得過庭
使巫揚言東里有教當遣神兵相助將士聞之皆踊
躍爭進乃使誦及督護楊璋等選勇敢千人夜掩暢
營獲鎧馬甚多斬首數千級暢僅以身免
周訪爲振武將軍與諸軍共征湘中賊帥杜弢弢作
桔槔打官軍船艦訪作長岐棖以距之桔槔不得爲
害後王敦表爲豫章太守征討都督時梁州刺史張
光卒愍帝以侍中第五猗爲征南大將軍監荆梁益
寧四州出自武關賊率杜曾摯瞻胡混等並迎猗奉
之聚兵數萬破陶侃於石城攻平南將軍荀崧於宛
不尅引兵向江陵王敦以從弟廙爲荆州刺史令督
護征虜將軍趙誘襄陽太守朱軌陵江將軍黄峻等

討曾而大敗於女觀湖誘軌並遇害曾遂逐廙徑造
沔口大爲寇害威震江沔元帝命訪擊之訪有衆八
千進至沌陽曾等鋭氣甚盛訪曰先人有奪人之心
軍之善謀也使將軍李恒督左甄許朝督右甄訪自
領中軍高張旗幟曾果畏訪先攻左右甄曾勇冠三
軍訪甚惡之自於陣後射雉以安衆心令其衆曰一
甄敗鳴三鼓兩甄敗鳴六鼓自旦至申兩甄皆敗訪
聞鼓音選精鋭八百人自行酒飲之勑不得妄動聞
鼓音乃進賊未至三十步訪親鳴鼓將士皆騰躍奔
赴曾遂大潰殺千餘人訪夜追之訪將請待明日訪

曰曾驍勇能戰向之敗也彼勞我逸是以尅之宜及其衰乘之可滅鼓行而進遂定漢沔曾等走固武當訪以功遷南中郎將督梁州諸軍梁州刺史屯襄陽訪謂其僚佐曰昔城濮之役晉文以得臣不死而有憂色今不斬曾禍難未已於是出其不意又擊破之曾遁走訪部將蘇温收曾詣軍并獲第五猗胡混摯瞻等送於王敦又白敦說猗逼於曾不宜殺敦不從而斬之

祖逖爲奮威將軍豫州刺史初北中郎將劉演拒于石勒也流人塢主張平樊雅等在譙演署平爲豫州

刺史雅爲譙郡太守又有董瞻于武謝浮等十餘部衆各數百皆統屬平逖誘浮使取平浮譎平與會遂斬以獻逖是時蓬陂塢主陳川以衆附石勒逖率衆伐川石季龍領兵五萬救川逖設奇以擊之季龍大敗收兵掠豫州徙陳川還襄國留桃豹等守川故城住西臺逖遣將韓潛等鎮東臺同一大城賊從南門出入放牧逖軍開東門相守四月逖以布囊盛土如米狀使千餘人運上臺又令數人擔米僞爲疲極憩息於道賊果逐之皆棄擔而走賊既獲米謂逖士衆豐飽而胡戍饑久益懼無復膽氣石勒將劉夜堂以驢千頭運糧以饋桃豹逖遣韓潛馮鐵等追擊於汴水盡獲之桃豹宵遁

蔡謨爲征北將軍領徐州刺史石季龍於青州造船數百掠緣海諸縣所在殺戮朝廷以爲憂謨遣龍驤將軍徐玄等守中州并設募若得賊大白船者賞布千疋小船百疋是時謨所統七千餘人所戍東至土山西至江乘鎮守八所城壘凡十一處烽火樓望三十餘處隨宜防備甚有筭畧

謝尚爲安西將軍禦後趙於壽春初尚之行也使建武將軍濮陽太守戴施據枋頭會冉閔之子智與與

其大將軍蔣幹來附復遣行人劉猗詣尚請救施止猗求傳國璽猗歸以告幹幹謂尚已敗慮不能救已猶豫不許施遣參軍何融率壯士百人入鄴登三臺助戍譎之曰今且可出璽付我凶寇在外道路梗澁亦未敢送璽當遣單使馳白天子聞璽已在吾許知卿等至誠必遣重軍相救并厚相餉幹乃出璽付融融齎璽馳還枋頭尚遣振武將軍胡彬率騎三百迎璽致諸京師

温嶠爲中壘將軍時王敦反王含錢鳳奄至都下嶠燒朱雀桁以挫其鋒明帝怒之嶠曰今宿衛寡弱徵

兵未至若賊豕突危及社稷陛下何惜一橋賊果不得度

袁喬爲江夏相桓温伐蜀以喬領二千人爲軍鋒師次彭模去賊已近議欲兩道並進以分賊勢喬曰今深入萬里置之死地士無反顧之心所謂人自爲戰者也今分爲兩軍軍力不一萬一偏敗則大事去矣不如全軍而進棄去釜甑齎三日糧勝可必矣温以爲然卽一時俱進

前凉謝艾爲軍師將軍率步騎三萬進軍臨河後趙石季龍將麻秋以三萬衆距之艾乘軺車冠白㡊鳴

鼓而行秋望而怒曰艾年少書生冠服如此輕我也命黑矟龍驤三千人馳擊之艾左右大擾左戰帥李偉勸艾乘馬艾不從乃下車踞胡牀指麾處分賊以爲伏兵發也懼不敢進張瑁從左南緣河而截其後秋軍乃退艾乘勝奔擊遂大敗之斬秋將杜勲及魚俘斬一萬三千級秋匹馬奔大夏又云艾爲中堅將軍配步騎五千擊秋引師出振武夜有二梟鳴牙中艾曰梟邀也六博得梟者勝今梟鳴牙中尅敵之兆於是進戰大破之斬首五千級

前趙游子遠爲劉曜將巴氐叛子遠討之盡破氐衆先是上郡氐羌十餘萬落保險不降酋大虛除權渠自號秦王子遠進師至其壁下權渠率衆來距五戰敗之權渠恐將降其子伊餘大言於衆曰往劉曜自來猶無若我何況此偏師而欲降之率勁卒五萬晨壓壘門左右勸戰子遠曰吾聞伊餘之勇當今無敵士馬之强復非其匹又其父新敗怒氣甚盛且西戎剽勁鋒銳不可擬也不如緩之使氣竭而擊之乃堅壁不戰伊餘有驕色子遠候其無備夜誓衆蓐食晨大風霧子遠曰天贊我也躬先士卒掃壁而出遲明覆之生擒伊餘悉俘其衆權渠大懼被髮剺面而降子遠啓曜以權渠爲征西將軍西戎公分徙伊餘兄

弟及其部落二十餘萬口于長安西戎之中權渠部最强皆稟其命而爲寇暴權渠旣降莫不歸附曜大悅

宋王鎭惡晉末爲安遠護軍討蠻帥向博底根據阬頭屢爲凶暴鎭惡討平之初行告荆州刺史司馬休之求遣軍以爲聲援休之遣其將朱襄領衆助鎭惡會高祖西討休之鎭惡乃告諸將曰百姓皆知官軍已上朱襄等復是一賊表裏受敵吾事敗矣乃率軍夜下江水迅急倏忽行數百里直據都尉治旣至乃以竹籠盛石堙塞水道襄軍下夾岸擊之斬襄首殺

千餘人後隨高祖北征大軍次潼關謀進取之計鎭惡請率水軍從河入渭僞鎭北將軍姚强屯兵涇上鎭惡遣毛德祖擊破之直至渭橋鎭惡所乘皆蒙衝小艦行船者悉在艦内羌見艦泝渭而進外不見有乘行船人北士素無舟檝莫不驚惋咸謂爲神鎭惡旣至令將士食畢便棄船登岸渭水流急倏忽間諸艦悉逐流去時姚泓屯軍長安城下猶數萬人鎭惡撫慰士卒曰卿諸人並家在江南此是長安城東門外去家萬里而舫乘衣糧並已逐流去豈復有求生之計耶唯宜死戰可以立大功不然則無遺類矣乃

册府元龜　將帥部　機畧三　卷之三百六十三　九

身先士卒衆亦知無復退路無不騰踊爭先泓衆一時奔潰卽陷長安城泓身逃走明日率妻子歸降城内夷晋六萬餘户鎭惡宣揚國恩撫慰初附號令嚴肅百姓安堵

朱齡石晋末爲持節益州諸軍事義熙十年率衆征蜀旣至彭模諸將以賊水北城險阻衆多咸欲先攻其南城齡石曰不然雖寇在北今屠南城不足以破北若盡鋭以拔北壘南城不麾而自散也七月齡石率劉鍾蒯恩等攻城詰朝戰至日昃焚其樓櫓四面並登斬侯𬜬譙詵仍回軍以麾南城卽時散潰凡斬大將十五級諸營守以次土崩衆軍乃舍船步進龍驤將軍臧熹至廣漢病卒齡石至廣漢復破譙道福别軍乘船陷牛脾城斬其大將譙撫譙縱閉諸處盡敗奔于涪城巴西人王志斬送僞尚書令馬躭封府庫以待王師道福聞彭模不守率精鋭五千兼行來赴聞縱已走道福衆亦散乃逃于獠中巴西民杜瑾縛送之斬于軍門桓謙弟恬隨謙入蜀爲寧蜀太守至是亦斬焉

臨川王道規晋末爲荆州刺史盧循寇逼京邑道規遣司馬王鎭之及揚武將軍檀道濟廣武將軍到彦

册府元龜　將帥部　機畧三　卷之三百六十三　十

之等赴援朝廷至尋陽爲賊黨荀林所破循卽以林爲南蠻箇較尉分兵配之使乘勝伐江陵揚聲云徐道覆已克京邑而桓謙自長安入蜀譙縱以謙爲荆州刺史厚加資給與其大將譙道福俱寇江陵正與林會林屯江津謙軍枝江二寇交逼分絶都邑之間魯宗之率衆數千自襄陽來赴衆議欲使檀道濟到彦之與宗之共擊道規曰盧循擁隔中流扇張同異桓謙荀林更相首尾人懷危懼莫有固心成敗之機在此一舉非吾自行其事不決乃使宗之居守委以腹心率諸軍攻謙諸將佐皆固諫曰今遠出討謙其

勝難必荀林近在江津伺人動靜若來攻城宗之未必能固脱有差跌大事去矣道規曰諸君不識兵機耳荀林愚竪無他奇計以吾去未遠必不敢向城吾今取謙徃至便克沉疑之間已自還反謙敗則林破膽豈暇得來且宗之獨守何爲不支數日解南蠻較尉印以授諮議參軍劉遵馳往攻謙水陸齊進謙大軍遂敗單舸走欲下就林追斬之還至涌口林又奔散劉遵率軍追林至巴陵斬之初謙至枝江江陵士庶皆與謙書言城内虛實道規悉焚燒不視衆乃大安進號征西將軍先是桓歆子道兒逃于江西出擊

義陽郡與盧循連結循使蔡猛助之道規遣參軍劉基破道兒於大薄臨陣斬猛徐道覆率衆三萬奄至破冢魯宗之已還襄陽遣召不及人情大震或傳循已平京師遣道覆上爲刺史江漢士庶感焚書之恩無復二志道規使劉遵爲遊軍自拒道覆於豫章口前驅失利道規壯氣愈厲激揚三軍遵自外横擊大破之斬首萬餘級赴水死者殆盡道覆單舸走還湓口初使遵爲遊軍衆咸云今彊敵在前唯患衆少不應割削見力置無用之地及破道覆果得遊軍之力衆乃服焉

何無忌晉末爲輔國將軍瑯琊内史南追桓玄與振武將軍劉道規俱受冠軍劉毅節度玄留其龍驤將軍何澹之前將軍郭銓江州刺史郭昶之守湓口無忌等次桑落洲澹之等率軍來戰澹之嘗所乘舫旌旗甚盛無忌曰賊帥必不居此欲詐我爾宜亟攻之衆咸曰澹之不在其中其徒得之無益無忌謂道規曰今衆寡不敵戰無全勝澹之雖不居此舫取則易獲因縱兵勝之可以一鼓而敗也道規從之遂獲賊舫因傳呼曰已得何澹之矣賊中驚擾無忌之衆亦謂爲然道規乘勝徑進無忌又鼓譟赴之澹之遂潰

江道晉末爲殷浩諮議參軍時羌及丁零叛浩軍震懼姚襄去浩十里結營以逼浩浩令逌擊之逌進兵至襄營謂將校曰今兵非不精而衆少於羌且其塹柵甚固難與較力吾當以計破之乃取數百雞以長繩連之繫火於足羣雞駭散飛集襄營火發因其亂隨而擊之襄遂大敗

檀祗高祖時爲征虜將軍青州刺史廣陵相亡命司馬國璠兄弟自北徐州界聚衆數百潛得過淮因天夜陰闇率百許人緣廣陵城得入叫喚直上廳事祗驚起出門將處分賊射之傷敗乃入祗語左右賊乘

闇得入欲掩我不備但打五更懼曉必走矣賊聞鼓鳴謂爲曉於是奔散追討殺百餘人

宗慤爲震武將軍文帝時隨交州刺史檀和之討賊破圍區栗城入象浦林邑王范陽邁傾國來拒以具裝被象前後無際士卒不能當慤曰吾聞獅子威服百獸乃製其形與象相禦象果驚奔衆因潰散遂克林邑收其異寶雜物不可勝計

沈靈寵爲建威將軍時豫州刺史殷琰與晉安王子勛反晉熙太守閻湛之據郡同逆詔靈寵自廬江攻之湛之未知潯陽已敗固守不降靈寵乃取諸將破

劉順文書置車中攻城僞敗棄車而走湛之得書大駭其夜奔逃

垣護之爲輔國將軍南郡王義宣反率大衆至梁山與王玄謨相持柳元景率護之及護之弟詢之柳叔仁鄭琨等諸軍出鎮新亭玄謨見賊强盛遣司馬管法濟求救甚急帝遣元景等進據南州護之水軍先發賊遣將龐法起率衆襲姑孰適值護之鄭琨等至奮擊大破之斬獲及投水死畧盡玄謨馳信告柳元景曰西城不守唯東城衆寡相懸請退還姑孰更議進取元景不許將悉衆赴救護之勸分軍援之元景然其計乃以精兵配護之赴梁山及戰護之見賊舟艦累沓謂玄謨曰今當以火平之即使隊主張談等燒賊艦風猛水急賊軍以此奔敗梁山平護之率軍追討會朱修之已平江陵至潯陽而還遷督徐兗二州豫州之梁郡諸軍事寧朔將軍徐州刺史封益陽縣侯食邑千戶後爲建武將軍領濟北太守率二千人隨張永攻碻磝先據委粟津魏杜道生與其尚書伏連來援碻磝護之拒之賊因引軍東去蕭思話遣護之迎軍至梁山魏尚書韓元興率精騎至護之依險拒戰斬其都運長史甲首數千魏軍乃退思話

將引還詐護之云沈慶之救軍垂至可急於濟口立橋護之揣知其意即分遣白于思話復令渡河戍乞活堡以防追軍

柳元景爲廣威將軍隨郡太守既至而蠻斷驛道欲來攻郡郡内少糧器仗又乏元景設方畧得六七百人分五百人屯驛道或曰蠻將逼城不宜分衆元景曰蠻聞郡遣重戍豈悟城内兵少且表裏合勢於計爲長會蠻垂至乃使驛道爲備潛出其後戒曰火舉馳進前後俱發蠻衆驚擾投鄖水死者千餘人斬獲數百郡境肅然無復寇抄

呂安國爲寧朔將軍時晋安王子勛反以殿中將軍劉順爲司馬以前右軍將軍杜叔寶爲長史太宗遣安國與輔國將軍劉勔西討鎮歷陽爲諸軍總督叔寶本謂臺軍停在歷陽不辦進順等至無不尾解唯齎一月日糧既與勔相持軍食盡報叔寶送食叔寶乃遣車千五百乘載米餉順自以五千精兵防送之安國謂勔曰劉順精甲八千而我衆不能居半相持既久强弱勢殊苟復推遷則無以自立所賴在彼糧將竭我食有餘爾若使叔寶米至非唯難可復圖我亦不能持久今唯有間道襲其米車出彼不意若能

制之將不戰走矣勔以爲然乃以疲弱守營簡選千百精手配安國及軍主黃回等間路出順後於横塘抄之安曰始行計叔寶尋至止齎二日熟食食盡叔寶不至將士並欲還安國曰卿等且已一食今晚米車不容不至若其不至夜去不晚叔寶果至以米車爲函箱陣叔寶於外爲遊軍幢主楊仲懷領五百人居前與安國回等相會仲懷部曲並欲退就叔寶并力擊安國仲懷曰賊至不擊復欲何待且純兵在後正相去二里間此吾交手何憂不至卽與回戰所領並淮南楚子天下精兵衆力既倍合戰便破之於陣殺仲懷仲懷所領五百人死盡叔寶至而仲懷及士卒伏尸蔽野回等欲乘勝擊之安國曰彼將自走不假復擊退軍三十里止宿夜遣騎參候叔寶果棄米車奔走安國卽復夜往燒米車驅牛二千餘頭而還劉順聞米車見燒叔寶又走五月一日夜衆潰奔還壽陽

沈攸之爲寧朔將軍與南賊對軍賊帥袁顗復率大衆來入鵲尾相持既久軍主張興世越鵲尾上據錢溪劉胡自攻之攸之率諸將攻濃湖遣人傳唱錢溪已平衆並懼攸之曰不然若錢溪實敗萬人中應有

逃亡得還者必彼戰失利唱虛聲以惑衆爾勅軍中不得妄動錢溪信尋至果大破賊攸之悉以錢溪所送胡軍耳鼻示之顗駭懼急追胡還攸之諸軍悉力進攻多所斬獲日暮引歸鵲尾食盡遣千人往南陵迎米爲臺軍所破燒其資寔胡於是棄衆奔顗亦叛走

沈慶之爲建威將軍伐沔北諸山蠻命諸軍各穿池於營內朝夕不外汲兼以防蠻之火頃風甚蠻夜下山人提一炬以燒營營內多幔屋及草菴火至輒以池水灌滅諸軍多出弓弩夾射之蠻散走

張興世爲龍驤將軍明帝卽位四方反叛興世領水軍拒南賊於赭圻相持久不決興世建議曰賊據上流兵彊地勝今以奇兵潛出其上使其首尾周遑進退疑沮糧運自艱制勝之奇莫過於此沈攸之吳喜並善其計分戰士七千配之興世乃令輕舸泝流而上旋復回還一二日中輒復如此使賊不爲之備劉胡聞興世欲上笑曰我尚不敢越彼下取揚州興世何人欲據我上興世謂攸之等曰上流唯有錢溪可據乃往據之及劉胡來攻將士欲迎擊之興世禁曰賊來尚遠而氣盛矢驟驟既力盡盛亦易衰此曹劌

册府元龜　將帥部 機畧三　卷之三百六十三　十七

所以破齊也今將士不得妄動治城如故俄而賊來轉近興世乃命壽寂之任農夫率壯士數百擊走之袁顗愠曰賊據人肝臟裏云何得活是月赭圻軍士伐木爲柵於青山遇一童子曰賊下旬當平無爲自苦忽不見至是果敗興世又遏其糧道賊衆漸饑劉胡棄軍走袁顗仍亦奔散張興世遂與吳喜共平江陵

南齊劉懷珍仕宋爲輔國將軍明帝勅懷珍權鎮山陽先是青州刺史明僧暠遣將於王城築壘以逼沈文秀塹壁未立爲文秀所破仍進攻僧暠帝使懷珍率龍驤將軍王廣之五百騎馬步卒二千人沿海救援至東海而僧暠已退保東萊懷珍進據朐城衆心恟懼或欲且保郁州懷珍謂衆曰卿等傳文秀厚賂胡帥規爲外援察其徒黨何能必就左稚齊士庶民見於名義積葉聲介一馳東萊可飛書而下何容阻軍緩邁止於此耶遂進至黔陬僞高密平昌二郡太守潰走懷珍遣朝廷意送致文柄文秀終不從命焚燒郭邑百姓聞懷珍至皆喜僞長廣太守劉桃根領數千人戍不其城懷珍引軍次洋水衆皆曰文秀今游騎蕭境內宜堅壁伺隙懷珍曰今衆少糧單我懸

册府元龜　將帥部 機畧三　卷之三百六十三　十八

彼國正宜簡精鋭掩其不備爾遣王廣之將百騎襲陷其城刼留高麗獻使懷珍又遣寧朔將軍明慶符與廣之擊降延僧遣高麗使詣京師文秀聞諸城皆敗乃遣使張靈碩請降懷珍乃還歸

張敬兒宋末爲寧朔將軍越騎校尉桂陽事起隸齊太祖頓新亭賊矢石既交休範白服乘轝往勞樓下城中望見其左右人兵不多敬兒與黄回白太祖曰桂陽所在備防寡闕若許降而取之此必可擒也太祖曰卿若能辦事當以本州相賞敬兒相與出城南放仗走大呼稱降休範喜召至轝側回佯致太祖密

意休範信之回目敬兒敬兒奪取休範防身刀斬休
範首休範左右數百人皆散敬兒馳馬持首歸新亭
除驍騎將軍加輔國將軍
宋末周山圖爲左中郎將時沈攸之事起世祖在湓
城使城局參軍劉皆陳淵委山圖以處分事山圖斷
取行旅船板以造樓櫓立水柵旬日皆辦世祖甚嘉
之
垣崇祖宋末爲朐山戍主朐山邊海孤險人皆未安
崇祖嘗浮舟艑於水側有急得以入海軍將得罪亡
叛具以告魏魏僞城都將東徐州刺史成固公始得

青州聞叛者說遣步騎二萬襲崇祖屯雒要去朐山
城二十里崇祖出送客未歸城中驚恐皆下船欲
去崇祖還謂心腹曰賊此擬來本非大舉是承信一
說易遣誑之今若得百餘人還事必濟矣但人情一
駭不可斂集卿等可急去此二里外大叫而來唱艾
塘義人已得破虜須戍軍速往相助逐退船中人果
喜爭赴岸崇祖引入據城遣羸弱入島令人持兩炬
火登山鼓叫魏參騎謂其軍備甚盛乃退後爲豫州
刺史建元初魏梁王郁豆眷及劉昶馬步二十萬寇
壽春崇祖召文武議曰賊衆我寡當用奇計以制之
當修外城以待敵城既廣闊非水不固今欲堰淝水
却淹爲三面之險諸君意何如衆曰昔佛狸侵境宋
南平王士卒完盛以郭大難守退保內城今日之事
十倍於前古來相承不築淝堰皆以地形不便積水
無用故也若必行之恐非事宜崇祖曰卿見其一不
識其二若捨外城賊必據之外修樓櫓內築長圍四
州無礙表裏受敵此坐自爲擒守郭築堰是吾上謀
也乃於城西北立堰塞淝水堰北起小城周爲深塹
使數千人守之崇祖謂長史封延伯曰虜貪而少慮
必悉力攻小城圖破此堰見塹狹城小謂一往可剋

當以蟻附攻之放水一激急踰三峽事窮奔透自然
沉溺此豈非小勞而大利耶虜衆銜西道集堰內分
軍東路內薄攻小城崇祖著白紗帽肩轝上城手自
轉式至日晡時決小史埭水勢奔下虜攻城之衆漂
墜塹中人馬溺死數千人衆皆退走
王玄邈爲梁秦二州刺史建元初亡命李烏奴作亂
梁部陷白馬戍玄邈率東從七八百人討之不克慮
不自保仍使人僞降烏奴告之曰王使君兵衆羸弱
棄伎妾於城內攜愛妾二人去已數日矣烏奴喜輕
兵襲州城玄邈設伏擊破之烏奴挺身走太祖聞之

曰玄邈果不負吾意遇也還爲征虜將軍長沙王後軍司馬東南海太守

裴叔業爲持節督徐州諸軍魏主寇沔北帝令叔業援雍州叔業啓曰北人不樂遠行唯樂侵掠伐虜界則雍州之賊自然分張無勞動民向遠也從之

梁劉坦齊末爲長沙太守行湘州事時東昏遣安城太守劉希祖破西臺所選太守范僧簡於平都希祖移檄湘部於是始興內史王僧粲應之自是湘部諸郡悉皆蜂起唯臨湘湘陰瀏陽羅四縣猶全州人咸欲汎舟逃走坦悉聚船焚之遣將尹法畧距僧粲相

持未決前湘州鎮軍鍾玄紹潛謀應僧粲要結士庶數百人皆連名定計刻日攻州城坦聞其謀僞爲不知因理訟至夜而城門遂不閉以疑之玄紹未及發明旦詣坦問其故坦久留與語密遣親兵收其家書玄紹在坐未起而收兵已報具得其文書本末玄紹即首伏於坐斬之焚其文書其餘黨悉無所問衆愧且服州部遂安法畧與僧粲相持累月建康城平公則還州羣賊始散

韋叡爲輔國將軍天監四年督衆軍伐魏叡城未能拔叡廵行圍柵魏城中忽出數百人陳於門外叡欲擊之諸將皆曰向本輕來未有戰備徐還授甲乃可進爾叡曰不然魏城中二千餘人閉門堅守足以自保無故出人於外必其驍勇者也若能挫之其城自拔衆猶遲疑叡指其節曰朝廷授此非以爲飾韋叡之法不可犯也乃進兵士皆殊死戰魏軍果敗走因急攻之中宿而城拔五年魏中山王元英先於邵陽洲兩岸爲兩橋樹柵數百步跨淮通道叡裝大艦使梁郡太守馮道根廬江太守裴邃秦郡太守李文釗等爲水軍値淮水暴長叡即遣之鬬艦競發皆臨壘以小艦載草灌之以膏從而焚其橋風怒火盛煙塵

晦冥敢死之士拔柵斫橋水又漂疾倏忽之間橋柵俱壞而道根等皆身自搏戰軍人奮勇一呼聲動天地無不一當百魏人大潰元英見橋絶脫身遁去

陳慶之爲東宮直閤大通元年隷領軍曹仲宗伐渦陽魏遣征南將軍恒山王元昭等率馬步十三萬來援前軍至駝澗去渦陽四十里慶之欲逆戰明威將軍韋放以賊之前鋒必是輕銳與戰若捷不足爲功如其不利沮我軍勢兵法所謂以逸待勞不如勿擊慶之曰魏人遠來皆已疲倦去我既遠必不見疑及其來集須挫其氣出其不意必無不敗之理且聞虜

所據營林木甚盛必不夜出諸君若皆疑惑慶之請獨取之於是與麾下二百騎奔擊破其前軍魏人震恐

庾域爲華陽太守時魏軍初圍南鄭州有空倉數十所域封題指示將士云此中粟皆滿足支二年但努力堅守衆心以安虜退以功拜羽林監

陳韋載初仕梁爲信武將軍義興太守降高祖高祖引置左右與之謀議徐嗣徽任約等引齊軍濟江據石頭城高祖問計於載載曰齊軍若分兵先據三吳之路畧地東境則時事去矣今可急於淮南即侯景

故壘築城以通東道轉輸別命輕兵絶其糧運使進無所虜退無所資則齊將之首旬日可致高祖從其計

侯安都梁末爲南徐州刺史高祖東討杜龕安都留臺居守徐嗣徽任約等引齊寇入據石頭城游騎至于闕下安都閉門偃旗幟示之以弱令城中曰登陴看賊者斬及夕賊收軍還石頭安都夜令士卒密營禦敵之具將旦賊騎又至安都率甲士一千三百人開東西掖門與戰大敗之賊乃退還石頭不敢逼臺城

侯瑱爲都督西討諸軍事瑱于梁山與王林相持百餘日未決天嘉元年二月東關春水稍長舟艦得通王琳亦引合肥巢湖之衆舳艫相次而下其勢甚盛瑱率軍進戰檻州琳亦出船列于江西隔州而泊明日合戰琳軍少却退保西岸及夕東北風大起吹其舟艦並壞沒于沙中溺死者有數十百人浪大不得還浦夜中又有流星墜于賊營及旦風靜琳入浦治船以荻船塞於浦口又以鹿角繞岸不敢復出是時西魏遣大將軍史寧躡其上流瑱聞之知琳不能持久收軍却據湖浦以待其敝及史寧至圍郢州琳恐

衆潰乃率船艦東下去蕪湖十里而泊擊柝聞於軍中明日齊人遣兵數萬來助琳琳引衆向梁山欲越官軍以屯險要齊儀同劉伯球率兵萬餘人助琳水戰行臺慕容恃徳子子會領鐵騎二千在蕪湖洲西岸博望山南爲其聲勢瑱令軍中晨炊蓐食分搥盪頓蕪湖洲尾以待之將戰有微風至自東南衆軍施拍縱火定州刺史章昭達乘平虜大艦中江而進發拍中于賊艦其餘冒突青龍各相當瑱又以牛皮冒蒙衝小船以觸賊艦并鎔鐵灑之琳軍大敗其步軍在西岸者自相蹂踐馬騎並淖于蘆荻中棄馬脫走

以免者十二三盡獲其舟艦器械并擒齊將劉伯球慕容子會其餘俘馘以萬計琳與其黨潘純等乘單舴艋冒陣走至湓城猶欲收合離散衆無附者乃與妻妾左右十餘人入齊

陸子隆爲明威將軍廬陵太守時周迪據臨川反東昌縣人修行師應之率兵以攻子隆其鋒甚盛子隆設伏於外仍閉門偃甲示之以弱及行師至腹背擊之行師大敗因乞降子隆許之送于京師

周文育爲平西將軍時廣州刺史蕭勃舉兵踰嶺詔文育督衆軍討之會新吳洞主余孝頃舉兵應勃遣

冊府元龜　將帥部　機略三　卷之三百六十三　二十五

其弟孝勵守郡城自出豫章據于石頭勃使其子孜將兵與孝頃相會又遣其別將歐陽頠頓軍苦竹灘傅泰據𡽪口城以拒官軍官軍船少孝頃有舴艋三百艘艦百餘乘在上牢文育遣軍主焦僧度羊柬潛軍襲之悉取而歸仍於豫章立柵時官軍食盡並欲退還文育不許乃使人間行遺周迪書約爲兄弟并陳利害迪得書甚喜許饋糧餉於是文育分遣老小乘故船舫沿流俱下燒豫章郡所立柵僞退孝頃望之大喜因不設備文育繇間道兼行信宿達芉韶芉韶上流則歐陽頠蕭勃下流則傅泰余孝頃文育據其中間築城饗士賊徒大駭歐陽頠乃退入泥溪作城自守文育遣嚴威將軍周鐵武與長史陸山才襲頠擒之於是盛陳兵甲與頠乘舟而讌以巡傅泰城下因而攻泰尅之蕭勃在南康聞之衆皆股慄莫能自固其將譚世遠斬勃欲降爲人所害世遠軍主夏侯明徹持勃首以降蕭孜余孝頃猶據石頭高祖遣侯安都助文育攻之孜降文育孝頃退走新吳廣州平文育還頓豫章以功授鎮南將軍開府儀同三司都督江廣衡交等諸軍事

周文昭爲都督安蘄江衡司安等州刺史北齊遣尚

冊府元龜　將帥部　機略三　卷之三百六十三　二十六

書左丞陸騫以衆二萬入自巴蘄與文昭相遇文昭留羸弱輜車設疑兵以當之身率精銳繇間道邀其後大敗騫軍虜獲器械驢馬不可勝數進攻巴州尅之於是江北諸城及穀陽士民並誅渠帥以城降

章昭達爲車騎大將軍帥師征蕭巋于江陵時蕭巋與周軍大蓄舟艦於青泥中昭達分遣偏將錢道戢程文季等乘輕舟襲之焚其舟艦周兵又於峽下南岸築壘名曰安蜀城於江上横引大索編葦爲橋以度軍糧昭達乃命軍士爲長戟施於樓船之上仰割其索索斷糧絶因縱兵以攻其城降之

蕭摩訶爲武毅將軍譙州刺史及周武帝滅齊遣其將宇文忻率衆爭呂梁戰於龍晦時忻有精騎數千摩訶領十二騎深入周軍縱橫奮擊斬馘甚衆及周遣大將軍王軌來赴結長圍連鎖於呂梁下流斷大軍還路摩訶謂明徹曰聞王軌始鎖下流其兩頭築城今尚未立公若見遣擊之彼必不敢相拒水路未斷賊勢不堅彼城若立則吾屬且爲虜矣明徹乃奮髯曰搴旗陷陣將軍事也長算遠畧老夫事也摩訶失色而退一旬之間周兵益至摩訶又請于明徹曰今求戰不得進退無路若潛軍突圍未足爲恥願公

率步卒乘馬轝徐行摩訶領鐵騎數千驅馳前後必當使公安達京邑明徹曰弟之此計乃良圖也然老夫受脤專征不能戰勝攻取今被圍逼慙寘無地且步軍既多吾爲總督必須身居其後相率兼行弟馬軍宜須在前不可遲緩摩訶因率馬軍夜發先是周軍長圍既合又於要路下伏數重摩訶選精騎八千率先衝突自後衆騎繼焉比旦達淮南高宗詔徵還授右衛將軍

岳陽王叔愼爲湘州刺史時隋兵南伐叔愼僞遣人奉降書于隋將龐暉暉信之克期而入叔愼伏甲待之暉入又令數百人屯于城門自將左右數十人入于廳事俄而伏兵發縛暉以徇盡擒其黨皆斬之

冊府元龜

巡按福建監察御史臣李嗣京　訂正
分守建南道左布政使臣胡維霖　參閱
知長樂縣事臣夏允彝　較釋
知建陽縣事臣黃國琦

將帥部二十五

機畧第四

後魏李先明元永興中爲安東將軍與上黨王長孫道生率衆襲馮跋乙連城尅之悉虜其衆乃進討和龍先言於道生曰宜密使兵人人備青草一束各五

尺圍用塡城塹攻其西南絶其外援勒兵急攻賊必可擒道生不從遂掠民而還

蒲城侯崙太武時爲統萬鎭將從永昌王仁南征别出汝陰濟淮宋將劉康祖屯於慰武亭以邀軍路師人患之崙曰今大風旣勁若令推草車方軌並進乘風縱火以精兵自後乘之破必矣從之斬康祖傳首行宮

沛郡公稹爲司衛監從太武征蠕蠕忽遇賊别部多少不敵稹乃就山解鞍放馬以示有伏賊果疑而避之

古弼爲安西將軍從太武征赫連定駕至平原次于涇南遣弼與侍中張黎擊平凉赫連定自定安率步騎二萬來救與弼等相遇弼僞退以誘之太武使高車勑馳擊定斬首數千級弼乘勝取安定

陸俟爲内都大官安定盧永劉超等聚黨萬餘人以叛太武以俟威恩被於關中詔以本官加都督秦雍諸軍事鎭長安太武曰秦川險絶奉化日近吏民未被恩惠故頃年已來頻有叛動今劉超等恃險不順王命朕若以重兵與卿則超等必合而爲一據險拒戰未易攻也若以輕兵與卿則不制矣今使卿以方

畧定之於是俟單馬之鎭超等聞之大欣以爲無能爲也旣至申揚威信示以成敗誘納超女外若姻親超猶自驚初無降意俟乃率其帳下往見超觀其舉措設掩襲之計超使人逆曰三百人以外當以弓馬相待三百人以内當以酒食相供俟乃將二百騎詣超設備甚嚴俟遂縱酒盡醉而還後謂將士曰超可取也乃密選精兵五百人陳國恩德激厲將士言至懇切士卒奮勇各曰以死從公必無二也遂僞獵詣超與士卒約曰今會發機當以醉爲限俟於是詐醉上馬大呼手斬超首士卒應聲縱擊殺傷千數遂平

之太武大悅

源賀爲平西將軍太武征凉州以賀爲鄉導詔問攻戰之計賀對曰姑藏城外有四部鮮卑各爲之援然皆是臣祖父舊民臣願軍前宣國威信示其禍福必相率歸降外援既服然後攻其孤城拔之如反掌爾太武曰善於是遣賀率精銳歷諸部招慰下三萬餘落獲雜畜十餘萬頭及圍姑臧餘是無外慮故得專力攻之凉州平遷征西將軍後爲征南將軍時詔都督三道諸軍屯於漠南是時每歲秋冬遣三道並出以備北寇至春中乃班師賀以勞役京都又非禦邊

長計乃上言請募諸州鎮有武健者三萬人復其徭賦厚加賑恤分爲三部二鎮之間築城城置萬人給彊弩十二牀武衛三百乘弩一牀給牛六頭武衛一乘給牛二頭多造馬槍及諸器械使武略大將二人以鎮撫之冬則講武春則種植並戍並耕則兵未勞而有盈畜矣又於白道南三處立倉運近州鎮租粟以充之足食足兵以備不虞於宜爲便不可歲嘗舉衆連動京師令朝廷嘗有北顧之慮也事寢不報

劉潔爲尚書令從太武破蠕蠕大檀于雲中潔言於帝曰大檀恃衆雖破膽奔北恐不懼往敗將復送死請收田訖復一大舉東西並進爲二道討之帝然其言

濟陰王新成有武畧庫莫奚侵擾詔新成討之新成乃多爲毒酒賊過便棄營而去賊至競飲遂簡輕縱擊俘馘甚多

李崇孝文帝時爲安東將軍徐州降人郭陸聚黨作逆人多應之騷擾南北崇遣高平人冀州詐稱犯罪逃亡歸於陸陸納之以爲謀主數月冀州斬陸送之賊徒潰散後爲車騎將軍揚州刺史時梁人於浮山堰淮以灌揚徐水勢日增崇乃於硤石之戍間編舟

爲橋北更立船數十各高三丈十步置一籬至兩岸番板裝治四箱解合賊至舉用不戰解下又於樓船之北連伏大船東西竟水防賊火栰又於八公山之東南更起一城以備大水州人號曰魏昌城

中山王英初爲梁州刺史孝文時梁州民李天幹等詣英降待以國士之禮天幹等家在南鄭之西請師迎接英遣迎之蕭懿聞而遣將姜脩率衆追襲逮夜交戰頗有殺傷脩後屢敗復更請軍懿遣衆赴之迎者告急英率騎一千倍道赴救未至賊已退還英恐其入城別遣統軍元拔以隨其後英徼其前合擊破

之盡俘其衆懿續遣軍英不虞賊至且衆力已疲軍少人皆懼咸欲奔走英乃緩騎徐行神色自若登高望賊東西指麾狀似處分然後整列而前賊心謂有伏兵俄然賊退乘勢追殄遂圍南鄭會蕭懿遣將伐猻英統軍爲其所敗後英以奇兵掩之盡皆擒獲被勑班師英於是先遣老弱身勒精兵留後遣使與懿告别懿以爲詐也英還一日猶閉門不開二日之後懿乃遣將追英英親自殿後與士卒下馬交戰賊衆莫敢逼之四日四夜然後賊退全軍而還後與邢巒討梁將齊苟仁于懸瓠城英旣次義陽將取三關英

策之曰三關相須如左右手若尅一關兩關不待攻而定攻難不如攻易東關易攻宜須先取即黄石公所謂戰如風發攻如河决英恐其并力於東乃使長史李華率五統向西關分其兵勢自督諸軍向東關先是馬仙琕使雲騎將軍馬廣率衆拒屯於長薄軍主胡文超别屯松峴英至長薄馬廣夜遁入於武陽英進師攻之聞梁遣其冠軍將軍彭甕生驃騎將軍徐超秀援武陽英乃緩軍曰縱之使入此城吾先曾覩其形勢易攻爾吾取之如拾遺也諸將未之信甕生等旣入武陽英促圍攻之六日而廣等降於是進擊黄峴梁太子左衛率李元履棄城奔竄又討西關梁司州刺史馬仙琕亦即退走果如英策凡擒其大將六人支將二十人卒七千人米四十萬石軍資稱是

尉元孝文時爲都督南征諸軍事征西大將軍元上表曰臣天安之初奉律總戎廓寧淮左海岱旣平仍忝徐岳素飡尸祿積有年歲彼土安危竊所具悉每惟彭城水陸之要江南用兵莫不因之威陵諸夏夫國之大計豫備爲先且臣初尅徐方青齊未定從河以南猶懷彼此時劉彧遣張永沈攸之陳顯達蕭順

之等前後數度規取彭城勢連青兗唯以彭城旣固而永等摧屈今計彼戍兵多是胡人臣前鎮徐州之日胡人子都將呼延籠達因於負罪便爾叛亂鳩引胡類一時扇動賴靈威遐被罪人斯戮又團城子都將胡人王勑懃負釁南叛每懼姦圖狡誘同黨愚誠所見宜以彭城胡軍換取南豫州徙民之兵轉戍彭城又以中州鮮卑增實兵數於事爲宜詔曰公之所陳甚合事機其先薛安都以徐州内附以元與孔伯恭赴援元表分兵置戍進定青冀復表曰彭城賊之要藩不有積粟彊守不可以固若儲糧廣戍雖劉彧

師徒悉動不敢窺閤淮北之城此自然之勢也詔曰待後軍到量宜守防其青冀已遣軍援須待尅定更運軍糧元又有表曰臣前表以下邳水陸所湊先規殄滅遣兵屢討猶未擒定然彭城下邳信命未斷此之戍人元居賊界心尚戀土輒相抗拒或希幸非望南來息耗壅塞不達雖至窮迫仍不肯降彭城民任玄明從淮南到鎮稱劉彧遣將任農夫陳顯達領兵三千來循宿豫臣即以其日密遣覘使驗其虛實如明所言臣欲自出擊之以運糧未接又恐新民生變遣子都將于沓劉龍駒等步騎五千將往赴擊但征

人淹久逃亡者多迭相扇動莫有固志罷伏敗毀無一可用臣聞伐國事重古人所難功雖可立必須經略而舉若賊向彭城必緣清泗過宿豫歷下邳趣青州路緣下邳入沂水經東安即為賊用師之要今若先定下邳平宿豫鎮淮南戍東安則青冀諸鎮可不攻而尅若四處不服青冀雖拔百姓狼顧猶懷僥倖之心愚臣以為宜釋青冀之師先定東南之地夏水雖盛無津途可因冬路雖通無高城可固如此則淮北自舉蹔勞永逸

傅永孝文時為豫州刺史平高將軍王肅長史齊明帝遣將魯康祚趙公政衆號一萬侵豫州之太倉口肅令永勒甲士三千擊之時康祚等軍於淮南永舍淮北十有餘里永量吳楚之兵好以斫營為事即夜分兵為二部出於營外又以賊若夜來必應於渡淮之所以火記其淺處永既設伏乃密令人以瓠盛火渡淮南岸當淺處置之教之云若有火起即亦然之其夜康祚公政等果親率領來斫永營東西二伏夾擊之康祚等奔趣淮水火既競起不能記其本濟遂望永所置之火而爭渡焉水深溺死斬首者數千級生擒公政康祚人馬墜淮曉而獲其尸斬首并公政

送於京師公政岐州刺史超宗之從兄也時裴叔業率王茂先李定等來侵楚王戍永適還州肅復令永討之永將心腹一人馳詣楚王戍至即令塡塞外塹夜伏戰士一千人於城外曉而叔業等至傾於城東列陣將置長圍永所伏兵於左道擊其後軍破之叔業乃令將佐守所列之陣自率精甲數千救之永上門樓觀叔業南行五六里許便開門奮擊遂摧破之叔業進退失圖於是奔走左右欲追之永曰弱卒不滿三千彼精甲猶盛非力屈而敗自墮吾計中爾既不測我之虛實足喪其膽執俘足矣何假逐之獲叔

業傘扇皷幕甲仗萬餘兩月之中遂獻再捷

奚康生孝文時爲中堅將軍討吐京叛胡辛支追至車突谷康生詐爲墮馬胡皆謂死爭欲取之康生騰騎奮矛殺數十人胡遂奔北輕騎退走去康生百餘步彎弓射之應弦而死因俘其牛羊駝馬以數萬

辛祥爲龍驤府長史帶義陽太守梁將胡武城陶平虜於州南金山之上連營侵逼衆情大懼祥從容曉喻人心遂安時出挑戰僞退以驕賊賊果日來攻逼不復自備乃夜出襲其營將曉矢刄交下賊大分散擒平虜并斬武城以送京師州境獲全

楊椿爲平西將軍時秦州羌呂苟兒涇州屠各陳贍等聚衆叛詔椿爲別將隸安西將軍元麗討之賊入隴守溪自固或謀伏兵山徑斷其出入待糧盡而攻之或云斬除山木縱火焚之然後進討椿曰並非計也此本規盜非有經畧自王師一至無戰不摧所以深竄者正避死爾今宜勒三軍勿更侵掠賊必謂我見嶮不前必輕我軍然後掩其不備可舉而平矣乃緩師不進賊果出掠仍以軍中驢馬餌之不加討逐如是多日陰簡精卒銜枚夜襲斬贍而傳其首

椿弟津爲定州刺史時賊帥薛脩禮杜雒周殘掠州境津與賊帥元洪業及與賊中督將尉靈根程殺鬼潘洪顥等書曉諭之并授鐵劵許以爵位令圖賊帥毛普賢洪業等復書云今與諸人密議欲殺普賢願公聽之又賊欲圍城正爲取北人耳城中所有北人必須盡殺公若置之恐縱敵爲患矣願公察之津以城內北人雖是惡黨然掌握中物未忍便殺但收內子城防禁而已將吏無不感其仁恕

田益宗爲征虜將軍宣武景明初梁遣軍主吳子陽率衆寇三關益宗遣梅興之等擊之獲其二城益宗上表曰臣聞機之所在聖賢弗之疑兼弱攻昧前王

莫之捨皆拯羣生於湯炭盛武功於方來然霜葉將淪非勁飈無以速其籜天之所棄非假手無以殲其人竊惟蕭衍嘗以君臣交爭江外州鎮中分爲兩東西抗峙已淹歲時民庶於轉輸兵甲疲於戰鬬事救於目前力盡於麾下維州鎮綱紀庶方藩城碁立孤存而已不乘機電掃廓彼蠻疆恐後之經畧未易於此且壽春雖平三面仍梗鎮守之宜寔須豫設義陽差近淮源利涉津要朝廷行師必繇此道若江南一平有事淮外須乘夏水汎長列舟長淮師赴壽春須從義陽之北便是居我喉要在慮彌深義陽之滅今

實時矣度彼衆不過須精卒一萬二千然行師之法
貴張形勢請使兩荆之衆西擬隨雍揚州之卒頓於
建安得捍三關之援然後二豫之軍直據南關對抗
延頭遣一都督總諸軍節度季冬進師迄于春末弗
過十旬尅之必矣宜武納之遣鎮南元英攻義陽盎
宗遣其息魯生領步騎八千斷賊糧運并焚其釣城
積聚梁戍主趙文舉率衆拒戰魯生破之獲文舉及
小將胡建興古皓莊元仲等斬五千餘級溺死者千
五百人食米運舟焚燒殆盡
源懷景明中爲車騎將軍凉州大中正懷奏曰南賊

遊魂江揚職爲亂逆肆厥在背月滋日甚貴臣重將
靡有孑遺崇信姦回昵比閹豎內外離心骨肉猜叛
蕭寳融僭號於荆郢其雍州刺史蕭衍勒兵而東襲
上流之衆已逼其郊廣陵京口各持兵而懷兩望鍾
離淮陰並鼎峙而觀得失秣陵孤危制不出門君子
小人並罹災禍延首北望朝不及夕斯實天啓之期
吞并之會乘厥蕭墻之釁藉其分離之際東據歷陽
兼指瓜步緣江鎮戍達於荆郢然後奮雷電之威布
山河之信則江西之地不刄自來吳會之鄉指期可
舉昔王濬有言皓若暴死更立賢主文武之官各得
其任則勍敵也若使蕭衍克就上下同心非直後圖
之難實亦揚境危逼何則壽春之去建業七百而已
山川水陸彼所諳利脫江湘無波君臣效職藉水憑
舟倏忽而至壽春容不自保江南將若之何今寳卷
邑居有土崩之形邊城無繼援之兆清蕩江區寔在
今日臣受恩既重不敢不言詔曰不君不臣江南嘗
弊有粟不食其在斯矣上天將欲亡之諸藩又願取
之人事天道孰云匪會但以養害仁者不爲且十月
五日衍軍已達大航其大傷小亡之勢久應有決假
令天罰寳融衍兵獲進則衍之主佐又是亂亡遺孽

皇靈其能久祐之乎今之所矜者正以南黔企得邊
書繼至殄瘁之氓理須救接若爾者揚州兵力配積
不少但可速遣任城委以處分別加慰勉令妙合邊
算也以衍事克遂停正始中蠕蠕寇邊詔懷禦之懷
至雲中蠕蠕亡遁懷旋至恒代案視諸鎮左右要害
之地可以築城置戍之處皆量其高下揣其厚薄及
儲糧積仗之宜犬牙相救之勢凡表五十八條表曰
蠕蠕不羈自古而爾遊魂鳥集水草爲家中國患者
皆斯類耳歷代驅逐莫之能制雖比拓榆中遠臨瀚
海而智臣勇將力算俱竭胡人頗遁中國以疲于時

賢哲思造化之至理推生民之習業量夫中夏粒食邑居之民蠶衣韋布之士與荒表茹毛飲血之類鳥宿禽居之徒親較長短固宜防制知城郭之固暫勞永逸自皇魏統極都於平城威震天下德籠宇宙今定鼎成周去北遙遠代表諸藩北固高車外叛尋遭旱儉戎馬甲兵十分闕八去歲復鎮陰山庶士盪盡遣尚書郎中韓貞宋世量等簡行要險防遏形便謂準舊鎮東西相望令形勢相接築城置戍分兵要害勸農積粟警急之日隨便翦討如此則威形增廣兵勢亦盛耳北方沙漠夏乏水草時有小泉不濟大衆

脫有非意要待秋冬因雲而動若至冬日冰沙凝厲遊騎之寇終不敢攻城亦不敢越城南出如此北方無憂矣宣武從之今北鎮諸戍東西九城是也

任城王澄宣武時爲鎮南大將軍揚州刺史表曰蕭衍頻斷東關欲令巢湖泛溢周回四百餘里東關合江之際廣不過數十步若賊計得成大湖傾注者則淮南諸戍必同晉陽之事矣又吳楚便水且灌且戰淮南之地將非國有壽陽去江五百餘里衆庶惶惶並懼水害脫乘民之願攻敵之虛豫勒諸州纂集士馬首秋大集則南瀆可爲飲馬之津霍嶺必成徙倚之觀事貴應機經畧須早縱混一不可必果在西自是無虞若猶豫緩圖不加除討關塞旣成襄陵方及平原民戌定爲魚矣

澄弟嵩宣武時爲平南將軍荆州刺史嵩表曰蕭寳融骨肉相殘忠良先戮臣下囂然莫不離背君臣攜貳干戈日尋流聞寳卷雍州刺史蕭衍兄懿於建業阻兵與寳融相持荆郢二州刺史並是寳卷之弟必有圖衍之志臣若遣書相聞迎其本謀冀獲同心并力除衍衍平之後必旋師赴救丹陽當不能復經營疆垂全固襄沔臣之軍威已得臨據則沔南之地可

一舉而收緣漢燿兵示以威德思歸有道者則引而納之受疑告危者則援而接之總兵竚鋭觀釁伺隙若其零落之形已彰怠懈之勢已著便可順流摧鋒長驅席卷詔曰所陳嘉謀深是良計如當機形可進任將軍裁之旣而梁武尋克建業乃止

安定王燮宣武時爲征虜將軍華州刺史燮表曰謹惟州治李潤堡雖是少梁舊地晉芮錫壤然胡夷內附遂爲戎落城非舊邑先代之名爰自國初護羌小戍及改鎮立郡依岳立州因籍倉府未刊名實竊見馮翊古城羌魏兩民之交許雒水陸之際先漢之左

輔皇魏之右翼形勢名都實惟西蕃與府今州之所在豈惟非舊至乃居餉飲澗井谷穢雜升降劬勞往還數里噂喈明昏有虧禮教未若馮坍面華渭包源澤井淺池平樵收饒廣採木華陰陸運七十伐木龍門順流而下培植舊雉功省力易人各爲已不以爲勞昔宋氏無井穿井而忻得人况合城無水得水而不家慶竊聞前政刺史非是無意或值兵舉或遇年灾緣此契闊稽延至此去歲已熟秋方大登四境晏安京師無事丁不十錢之費人無八旬之勤損輕益重乞垂鑒遠詔曰一勞永逸便可聽移

蕭寶夤爲撫軍將軍宣武時梁武遣將康絢於浮山堰淮以灌揚徐除寶夤都督東討諸軍事堰既成淮水瀰溢將爲揚徐之患寶夤於堰上流更鑿新渠引注淮澤水乃小減

邢巒宣武時爲安西將軍既平蜀巴西乃表曰揚州成都相去萬里陸途既絶惟資水路蕭衍兄子淵藻去年四月十三日發揚州今歲四月四日至蜀水軍西上非周年不達外無軍援一可圖也益州頃經劉季連反叛鄧元超攻圍資儲散盡倉庫空竭今猶未復兼民人喪膽無復固守之意二可圖也蕭淵藻是羣劇少年未洽治務及至益州便戮鄧元超曹亮宗臨戎斬將則是駕馭失方范國惠津渠退敗鏁執在獄今之所任並非宿將重名皆是左右少年而已既不厭民望多行殘暴民心離解三可圖也蜀之所恃唯阻劍閣今既克南安已奪其險據彼界內三分已一從南安向涪方軌任意前軍累破後衆喪魂四可圖也昔劉禪據一國之地姜維爲佐鄧艾既出綿竹彼卽投降及苻堅之世楊安朱彤三月取漢中四月至涪城兵未及州仲孫逃命桓温西征不旬月而平蜀地昔來嘗多不守况淵藻是蕭衍兄子骨肉至親

若其逃亡當無死理脫軍克涪城淵藻復何宜城中坐而受困若其出鬬庸蜀之卒唯便刀矟弓箭至少假有遙射弗至傷人五可圖也臣聞乘機而動武之善經攻昧侮亡春秋明義未有捨千歲而康時不征伐而混一伏惟陛下纂武文之業當必世之期跨中州之饒兼甲兵之盛清蕩天區在於今矣是以踐極之初壽春馳欵先歲命將義陽克闢淮外既以風清荆沔於焉肅晏方欲偃甲息兵候機而動而天贊休明時來斯速雖欲靖戎理不獲已至使道遷歸誠漢境竹拔臣以不才屬當戎寄内省文吏不以軍謀白

許指臨漢中雅規保疆守界事屬艱途東西寇竊上
憑國威下伏將士邊帥用命頻有薄捷藉勢乘威遝
度大劒旣克南安據彼要險前軍長驅已至梓潼新
化之民繈然懷惠瞻望涪益旦夕可屠正以兵少糧
匱未宜前出爲爾稽緩懼失民心則更爲寇今若不
取後圖便難輒率愚管庶幾殄尅如其無功分受憲
坐且益州殷實戶餘十萬比壽春義陽三倍非匹可
乘可利實在于茲若朝廷志存保民未欲經畧臣之
在此便爲無事乞歸侍養微展烏烏詔曰若賊敢闚
閤觀機翦撲如其無也則安民保境以悅邊心平蜀

之舉更聽後勑方將席卷岷蜀電掃西南何得辭以
戀親中途告退宜勗令圖務申高略巒又表曰昔鄧
艾鍾會率十八萬衆傾中國資給裁得平蜀所以然
者鬬實力故也況臣才絶古人智勇又闕復何宜請
二萬之衆而希平蜀所以敢者正以據得要險士民
慕義此往則易彼來則難任力而行理有可尅今王
足前進已逼涪城脫得涪城則益州便是成擒之物
但得之有旦晚爾且梓潼已附民戶數萬朝廷豈得
不守之也若守也直保境之兵則已一萬臣今請二
萬五千所增無幾又劒閣天險古來所稱張載銘云

世亂則逆世清則順此之一言良可惜矣臣誠知征
伐危事不易可爲自軍度劒閣以來鬢髮中白憂慮
戰懼寧可一日爲心所以勉彊者旣得此地而自退
不守恐辜先皇之恩遇負陛下之爵祿是以孜孜頻
有陳請且臣之意算正欲先圖涪城以漸而進若尅
涪城便是中分益州之地斷水陸之衝彼外無援軍
孤城自守復何能持久哉臣今欲使軍軍相次聲勢
連接先作萬全之計然後圖彼得之則大尅不得則
自全又巴西南鄭相離一千四百去州迢遞嘗多生
動昔在南之日以其統綰勢難故增立巴州鎭靜夷

獠梁州藉利因而表罷彼土民望嚴蒲何楊非唯五
三族落雖在山居而多有豪右文學箋啓往往可觀
冠帶風流亦爲不少但以去州旣遠不能仕進至於
州綱無錄廁迹巴境民豪便是無梁州之分是以鬱
快多生動靜建議之始嚴玄思自號巴州刺史尅城
以來仍使行事巴西廣袤一千戶餘四萬若彼立州
鎭攝華獠則大帖民情從墊江已還不復勞征自爲
國有宜武不從又王足於涪城輒還遂不定蜀
崔延伯宣武永平中爲後將軍幽州刺史梁衍遣其
左遊擊將軍趙祖悅率衆偷據硤石詔延伯爲別將

與都督崔亮討之亮令延伯守下蔡延伯與別將伊
瓮生挾淮爲營延伯遂取車輪去輞削銳其輻兩兩
接對揉竹爲絙貫連相屬並十餘道橫水爲橋兩頭
施大轆轤出沒任情不可燒斫既斷祖悅等走路又
令舟舸不通繇是梁軍不能赴救祖悅合軍咸見俘
虜於軍拜平南將軍光祿大夫後與楊大眼等至自
淮陽靈太后幸西林園引見延伯等太后曰卿等志
尚雄猛皆國之名將北平峽石公私慶快此乃卿等
之功也但淮堰仍在宜須預謀故引卿等親共量算
各出一圖以爲後計大眼對曰臣輒謂水陸二道一

時俱下往無不剋延伯曰臣今輒難大眼既對聖顏
答旨宜實水南水北各有溝瀆陸地之計如何可前
愚臣短見願聖心慇水兵之勤苦給復一年專習水
戰脫有不虞召便可用往無不獲靈太后曰卿之所
言深是宜要當勑如請

袁翻孝明時爲冠軍將軍涼州刺史會蠕蠕主阿那
瓌後主婆羅門並以國亂來降朝廷問翻安置之所
翻表曰謬以非才忝荷邊任猥垂訪逮安置蠕蠕主
阿那瓌婆羅門等處所遠近利害之宜竊惟匈奴爲
患其來久矣雖隆周盛漢莫能降服衰弱則降富彊
則叛是以方叔召虎不遑自息衛青去病勤亦勞止
或修文德以來之或興干戈以伐之而一得一失利
害相侔故呼韓來朝左賢入侍史籍謂之盛事千載
以爲美談至于皇代勃興威馭四海爰在北京仍梗
疆埸自卜惟雒食定鼎伊瀍高車蠕蠕迭相吞噬始
則蠕蠕衰微高車彊盛蠕蠕則自救靡暇高車則僻
遠西北及蠕蠕復振反破高車主喪民離不絶如綫
而高車今能終雪其恥復摧蠕蠕者正繇種類繁多
不可頓滅故也然鬬此兩敵即卞莊之算得使境上
無塵數十年中者抑此之繇也今蠕蠕內爲高車所

討滅外憑大國之威靈兩主投身一朞而至百姓歸
誠萬里相屬進希朝廷哀矜剋復宗社退望庇身有
道保其妻兒雖乃遠夷荒桀不識信順終無純固之
節必有孤負之心然興亡繼絶列聖同規撫降卹附
百王共軌若棄而不受則虧我大德若納而禮待則
損我資儲來者既多全徙內地非直其情不願迎送
艱難然夷不亂華殷鑒不遠覆車在於劉石毀轍固
不可尋且蠕蠕尚存則高車猶有內顧之憂未暇窺
窬上國若蠕蠕全滅則高車跋扈之計豈易可知今
蠕蠕雖主奔於上民散於下而餘黨寔繁部落猶衆

處處碁布以望令主爾高車亦未能一時并兼盡令率附又高車士馬雖衆主甚愚弱上不制下下不奉上唯以掠盜爲資陵奪爲業河西捍禦彊敵唯涼州燉煌而已涼州土廣人民皆稀糧仗素闕燉煌酒泉空虛尤甚若蠕蠕無復竪立令高車獨擅北垂則西顧之憂匪旦伊夕愚謂蠕蠕二主並宜存之居阿那瓌於東偏處婆羅門於西裔分其降民各有收屬那瓌住所非所經見其中事勢不敢輒陳其婆羅門請修西海故城以安處之西海郡本屬涼州今在酒泉直抵張掖西北千二百里去高車所在金山一千餘

里正是北虜往來之衝要漢家行軍之舊道土地沃衍大宜耕殖非但今處婆羅門於事爲便卽可永爲重戍鎮防西北宜遣一良將加以配衣仍令監護婆羅門凡諸州鎮應徙之兵隨宜割配且田且戍雖外爲置蠕蠕之聲內實防高車之策一二年後足食足兵斯固安邊保塞之長計也若婆羅門能自尅厲使餘燼歸心收離聚散復興其國者乃漸令北轉徙渡流沙卽是我之外藩高車勍敵西北之虞可無過慮如其奸回反覆孤恩背德者此不過爲逋逃之寇於我何損今不早圖戎心一啓脫先據西海奪我險要則酒泉張掖自然孤危長河以西終非國有不圖厥始而憂其終噬臍之恨悔將何及愚見如允乞遣大使往涼州燉煌及於西海躬行山谷要害之所親閲亭障遠近之宜商量士馬較練糧仗部分定見處置得所入東西海之間卽令播種至秋收一年之食使不復勞轉輸之功也且西海北垂卽是大磧野獸所聚千百爲羣正是蠕蠕射獵之處殖田以自供籍獸以自給彼此相資足以自固今之豫度微似小損歲終大計其利實多高車豺狼之心何可專信假令稱臣致款正可外加優納而復內備彌深所謂先人有

奪人之心者也管窺所陳懼多孟浪時朝議是之

曹世表孝明時爲征虜將軍出行豫州刺史值梁將湛僧珍陷東豫州州民劉護鄭辨反於州界爲之內應朝廷以源子恭代世表爲州以世表爲東南道行臺率元安平元顯伯皇涼鄧林等討之於時賊衆彊斷小殷關驛使不通諸將以士馬單少皆敗散之餘不敢復戰咸欲保城自固世表時患背癰乃舉病出外呼統軍是玄寶謂之曰湛僧珍所以敢深人爲寇者以護辨皆州民之望爲之內應向有驛至知劉護移軍欲迎僧珍去此八十里今出其不意一戰可破

護破則湛僧玠自走東南請服卿之功也乃簡選兵馬付賓討之促令發軍即暮出城比曉兵合賊不意官軍卒至一戰破護諸賊悉平湛僧玠退走唯鄭辨與子恭親舊亡匿子恭所世表召諸將吏衆責子恭收辨斬之傳首京師勑遣中使宣旨慰諭賜馬二匹衣服被褥復以世表行豫州事行臺如故

賀拔岳孝莊時爲衛將軍討万俟醜奴於渭南傍水分置精騎四十五十以爲一所隨地形便賂驛置之明日自將百餘騎隔水與賊相見並且東行岳漸前進先所置驛騎隨岳而集騎旣漸增賊不復測其多

少行二十里許便至淺可濟岳便馳馬東出以示奔遁賊謂岳走乃棄步兵南渡渭水輕騎追岳岳東行數十餘里依橫岡伏兵以待之賊以路險不得前進前後繼至半度岡東岳乃回戰身先士卒急擊之賊便退走岳號令所部賊下馬者皆不聽殺賊顧見之便悉投馬俄而虜獲三千人馬亦無遺遂渡渭北降步兵萬餘收其輜重

慕容儼爲京畿都督孝宗時西荊州爲梁將曹義宗所圍儼應募赴之時北平太守宋帶劒謀叛儼乃輕騎出其不意直至城下語云大軍已到太守何不出迎帶劒造次惶恐不知所爲便出迎儼即執之一郡遂定

叱列延慶孝宗時爲都督恒雲燕朔四州諸軍事前廢帝即位幽州刺史劉靈助舉兵倡義誘州豪右咸相結附靈助進屯於定州之安國世隆白前廢帝以延慶與大都督侯淵於定州相會以討靈助淵謂延慶曰靈助善於卜占百姓信惑所在響應未易可圖若萬一戰有利鈍則大事去矣未若還師西入據關拒險以待其變延慶曰劉靈助庸人也天道深遠豈其所識大兵一臨彼皆恃其妖術坐看符厭寧

肯戮力致死與吾爭勝負哉如吾計者政欲出營城外詭言西歸靈助聞之必信而自寬潛軍往襲可一往而擒淵從之乃出頓城西聲云將還揀精騎一千夜發詰朝造靈助壘戰於城北遂破擒之

侯淵爲驃騎將軍討韓樓配卒甚少淵遂廣張軍聲多設供具親率數百騎深入樓境欲執行人以問虛實去薊百餘里值賊帥陳周馬步萬餘淵遂潛伏以乘其背大破之虜其卒五千餘人尋還其馬仗縱令入城左右諫曰旣獲賊衆何爲復資遣之也淵曰我兵旣少不可力戰事須爲計以離隙之淵度其已至

遂率騎夜集昧旦叩其城門韓樓果疑降卒爲淵内應遂遁走追擒之

樊子鵠出帝時爲東南道大行臺時蕭衍遣元樹入據譙城子鵠討之逆戰大破梁衆遂圍譙城樹勒兵出戰輒被摧衂遂不敢出自守而已子鵠恐梁武遣救乃分兵擊梁苞州然州宿州大淵蒙縣等五城並望風逃散樹既無外援計無所出子鵠又令人說之樹遂請率衆歸南以地還國子鵠等許之共結盟約及樹衆半出子鵠中擊破之擒樹及梁譙州刺史朱文開俘馘甚多

北齊堯雄初仕後魏爲二豫揚郢四州都督梁司州刺史陳慶之復圍南荊州雄曰白苟堆梁之北面重鎮因其空虛攻之必尅彼若聞難荊圍自解此所謂機不可失也遂率衆攻之慶之果棄荊州來未至雄陷其城擒梁鎮將苟元廣兵二千人

薛循義爲東魏衛將軍從神武戰沙苑退還晉州西魏儀同長孫子彥圍逼城下循義開門伏甲士以待之子彥不測虛實於是遁去神武甚嘉之

斛律羌舉東魏時爲都督從神武西討大軍濟河集諸將議進趣之計羌舉曰黑獺聚凶黨强弱可知若欲固守無糧援可恃今揣其情已同困獸若不與其戰而逕趣咸陽咸陽空虛可不戰而尅拔其根本彼無所歸則黑獺之首懸於軍門矣諸將議有異同遂戰於渭曲大軍敗績

斛律金爲東魏汾州刺史沙苑之役神武以地阨少却軍爲西師所乘遂亂張華原以簿帳歷點兵莫有應者神武將集兵便戰金曰衆散將離其勢不可復用宜急向河東神武據鞍未動金以鞭拂馬神武乃還於是大敗喪軍士八萬侯景欽西魏力人持大棒守河橋衣甲厚射不入賀拔仁候其轉面射一發斃

之是役也無金先請還幾至危矣

盧勇行維州事東魏元象初官軍圍廣州數旬未拔行臺侯景聞西魏救兵將至集諸將議之勇進觀形勢於是率百騎各籠一匹馬至大隗山知魏將李景和率軍將至勇多置幡旗於樹頭分騎爲十隊鳴角直前擒西魏儀同程華斬儀同王征蠻驅馬三百匹逼夜而還廣州守將駱超以城降神武令勇行廣州事

張亮爲行臺右丞高仲密之叛也與斛律金守河陽周太祖於上流放火船燒河橋亮乃備小艇百餘艘

皆載長鏁鏁頭施鉤火船將至即馳小艇以鉤鉤之
引鏁向岸火船不得及橋橋之獲全亮之計也
段韶爲并州刺史周武帝遣將率羌夷與突厥合衆
逼晉陽世祖自鄴倍道兼行赴救突厥從北結陣而
前東拒汾河西被風谷時事既倉卒兵馬未整世祖
見如此亦欲避之而東尋納河間王孝琬之請令趙
郡王盡護諸將時大雪之後周人以步卒爲前鋒從
西山而下去城二里諸將咸欲逆擊之韶曰步人氣
勢自有限今積雪既厚逆賊非便不如陣以待之彼
勞我逸破之必矣既而交戰大破之敵前鋒盡殪無

孑遺自餘通宵奔遁仍令韶率騎追之出塞不及
而還世祖嘉其功别封懷州武德郡公進位冢宰
許惇爲大司農會侯景背叛王思政入據穎城王師
出討引洧水灌城惇之策也遷殿中尚書
獨孤永業後主時爲河陽道行臺僕射雒州刺史周
武帝親攻金墉永業出兵禦之問曰是何達官作何
行動周人曰至尊自來主人何不出看客永業曰客
行忽速是故不出乃通夜辦馬槽二千周人聞之以
爲大軍將至乃解圍去

巡按福建監察御史臣李嗣京　訂正
新建縣舉人　臣戴國士　參閱
知建陽縣事　臣黃國琦　較釋

機略第五

將帥部　二十六

後周段永初仕後魏孝武時爲左光祿大夫時有賊魁元伯生西自崤潼東至鞏雒屠陷塢壁所在爲患孝武遣京畿大都督婁昭討之昭請以五千人行永進曰此賊無城柵唯以寇抄爲資取之在速不在衆

也若星馳電發出其不虞精騎五百足矣帝然其計於是命永代昭以五百騎倍道兼進遂破平之

李賢初仕後魏孝武時爲左都督安東將軍還鎮原州大統二年州民豆盧狼害都督大野樹兒等據州城反賢乃招集豪傑與之謀曰賊起倉卒便誅二將其勢雖盛其志已驕然其政令莫施唯以殘剝爲業夫以羈旅之賊而馭烏合之衆勢自離解今若從中擊之賊必喪膽如吾計者指日取之衆皆從焉賢乃率敢死士三百人分爲兩道乘夜鼓譟而出羣賊大驚一戰而敗狼乃斬關遁走賢輕與三騎追斬之遷原州長史尋行原州事四年莫折後熾結連賊黨所在寇掠賢率鄉兵與行涇州事史寧討之後熾列陣以待賢謂寧曰賊聚結歲久徒衆甚多數州之人皆爲其用我若摠一陣併力擊之彼旣同惡相濟理必摠萃於我其勢不分衆寡莫敵我便救尾無以制之今若令諸軍分爲數隊多設旗鼓掎角而前以脅諸柵公別統精兵直指後熾按甲而待莫與交鋒後熾欲前則憚公之銳諸柵欲出則懼我疑兵令其進不得戰退不得走以候其懈擊之必破後熾一敗則衆柵不攻自拔矣寧不從屢戰頻北賢乃率數百騎徑

掩後熾營收其妻子僮隸五百餘人并輜重等屬後熾與寧戰勝方欲追奔忽聞賢至乃棄寧與賢接戰賢手斬十餘級生獲六人賊遂大敗後熾單騎遁走師還以功賞奴婢四十口雜畜數百餘頭

于謹初爲後魏元纂鎧曹從事率二千騎追討茹茹爲賊所圍謹乘駿馬一紫一騧賊所先識乃使二人各乘馬突陣而出賊以爲謹也皆爭逐之謹乃入塞後爲西魏驃騎大將軍從太祖攻齊神武于邙山大軍不利謹率其麾下僞降立於路左齊神武軍乘勝逐北不以爲虞追騎過盡謹乃自後擊之齊軍大亂

以此大軍得全率兵鎭潼關進位柱國大將軍

李穆爲西魏并州摠管以功授都督河橋之戰太祖所乘馬中流矢驚逸太祖墜於地軍中大擾敵人追及之左右皆奔散穆乃以策抶太祖因大駡曰爾曹主何在爾獨住此敵人不疑是貴人也遂捨之而過穆以馬授太祖遂得俱免

李弼爲西魏秦州刺史從太祖東討雒陽弼前驅東魏將莫多婁貸文率衆來至穀城弼遣軍士鼓譟曳柴揚塵貸文以爲大軍至遂敗斬之虜其衆

韓雄爲西魏東徐州刺史時東魏東雍州刺史郭叔

畧與雄接境頗爲邊患雄密圖之乃輕將十騎夜入其境伏於道側遣都督韓仕於叔畧城東僞東魏人衣服詐若自河陽叛投關西者叔畧出馳之雄自後射之再發咸中遂斬叔畧首

李遠初爲西魏驃騎大將軍時東魏北豫州刺史高仲密請舉州來附北齊神武屯兵河陽太祖以仲密所據遼遠難爲應接諸軍皆憚此行遠曰北豫遠在賊境高歡又屯兵河陽常理而論實難救援但兵務神速事貴合機古人有言不入虎穴焉得虎子若以奇兵出其不意事或可濟脫有利鈍故是兵家之常如其顧望不行便無克定之日太祖嘉曰李萬歲（遠字萬歲）所言差彊人意乃授行臺尚書前驅東出太祖率大軍繼進乃潛師而往拔仲密以歸

尉遲迥爲西魏大將軍侯景之渡江梁元帝時鎭江陵旣以内難方殷請修隣好其弟武陵王紀在蜀稱帝率衆東下將攻之梁元帝大懼乃移書請救又請伐蜀太祖曰蜀可取矣取蜀制勝在兹一舉乃與羣公會議諸將多有異同唯迥以爲紀旣盡鋭東下蜀必空虛王師臨之必有征無戰太祖深以爲然謂迥曰伐蜀之事必以委汝計將安出迥曰蜀與中國隔

絶百有餘年恃其山川險阻不虞我師之至宜以精兵鋭騎星夜襲之平路則倍道兼行險途則緩兵漸進出其不意衝其腹心蜀人旣駭官軍之臨速必望風不守矣於是乃令迥督開府元珍乙弗亞万俟呂陵始叱奴興綦連宇文昇等六軍甲士一萬二千騎萬匹伐蜀

王悦爲西魏大行臺尚書從大將軍達奚武征梁漢軍出武令悦説其城主楊賢悦乃貽之書賢於是遂降悦又白武云白馬衝要是必爭之城今城守寡弱易可圖也若蜀兵更至攻之實難武然之即令悦率

輕騎徑趣白馬悅示其禍福梁將㴱悟遂以城降時梁武陵王蕭紀果遣其將任珍奇欲先據白馬行次闗城聞其已降乃還及梁州平太祖即以悅行刺史事

楊紹爲西魏車騎大將軍從大將軍達奚武征漢中時梁蕭循固守梁州紹以爲懸軍敵境圍守堅城曠日持久糧饟不繼城中若致死於我懼不能歸請爲計以誘之乃頻至城下挑戰設伏待之修初不肯出紹又遣人罵辱之循怒果出兵紹率衆僞退城降以功授輔國大將軍

宇文測爲西魏大都督行綏州事先是每歲河氷合後突厥即來寇掠嘗預遣居民入城壁以避之測至皆令安堵如舊乃於要路數百處並多積柴仍遠遣斥候知其動靜是年十二月突厥從連谷入寇去界數十里測命積柴之處一時縱火突厥謂有大軍至懼而遁走自相蹂踐委棄雜畜及輜重不可勝數測徐率所部收之分給百姓自是突厥不敢復至測因請置戍兵以備之

楊標行建州事東魏遣太保尉景攻陷正平復遣行臺薛循義率兵與斛律俱會於是敵衆漸盛標以孤軍無援且腹背受敵謀欲拔還復恐義徒背叛遂僞爲太祖書遣人若從外送來者云已遣軍四道赴援因令人漏洩使所在知之又分土人義首令領所部四出抄掠擬供軍費標分遣訖遂於夜中拔還邵郡朝廷嘉其權以全軍即授建州刺史

史寧爲西魏凉州大都督宕昌叛羗獠甘逐其王彌定而自立寧擊走之彌定遂得復位寧以未獲獠甘審欲圖之乃揚聲欲還獠甘聞之復招引叛羗依山起柵欲攻彌定寧謂諸將曰此羗入吾術中當進兵擒之耳諸將思歸咸曰生羗聚散無常依據山谷今

若追討恐曠日無成且彌定還得守藩將軍功已立矣獠甘勢弱彌定足能制之以此還師策之上者寧曰一日縱敵數世之患豈可捨將滅之寇更煩再舉人臣之禮知無不爲以此諸君不足與計事也如更沮衆寧豈不能斬諸君邪遂進軍獠甘衆亦至與戰大破之生獲獠甘徇而斬之并執鞏廉王送闕

賀若敦爲西魏驃騎大將軍討陳將侯瑱于湘州時土人亟乘輕船載米粟及籠鷄鴨以餉瑱軍敦患之乃僞爲土人裝船伏甲士於中瑱兵人望見謂餉船之至逆來爭取敦甲士出而擒之敦軍數有叛人乘

馬投瑱者輒納之敦又別取一馬牽以趣船令船中逆以鞭鞭之如是者再二馬便畏船不上後伏兵於江岸遣人以招瑱軍詐稱投附瑱便遣兵迎接競來牽馬馬既畏船不上敦發伏掩之盡殪此後實有饋餉及亡命奔瑱者猶謂敦之設詐逆遣扞擊並不敢受以故糧援既絕人懷危懼敦於是分兵抄掠以充資費恐瑱等知其糧少乃於營內多爲土聚覆之以米集諸營軍士人各持囊遣官司部分若欲給糧者因召側近村民陽有所訪問令於營外遙見隨即遣之瑱等聞之良以爲實乃據守要險欲曠日以老敦

師敦又增脩營壘造廬舍亦以持久湘羅之間遂廢農業瑱等無如之何

權景宣爲西魏車騎大將軍鎮荆州與開府楊忠按安陸隨郡久之隨州城民吳士英等殺刺史黃道玉因聚爲寇景宣以英等小賊可以計取之若聲其罪恐同惡者衆乃與英書僞稱道玉凶暴歸功英等英果信之遂相率而至景宣執而戮之散其黨與

陸騰爲驃騎大將軍江州刺史陵州木籠獠恃險麤獷每行抄刼詔騰討之獠既因山爲城攻之未可拔騰遂於城下多設聲樂及諸雜伎示無戰心諸賊果棄其兵伏或攜妻子臨城觀樂騰知其無備密令衆軍俱上諸賊惶懼不知所爲遂縱兵討擊盡破之斬首一萬級俘獲五千人後爲隆州總管鐵山獠抄斷內江路使驛不通騰乃進軍討之欲至鐵山乃僞還師賊不以爲虞遂不守備騰出其不意擊之應時奔潰一日下其三城斬其魁帥俘獲三千人招納降附者三萬戶

韋孝寬爲驃騎大將軍鎮玉壁建德之後武帝志在平齊孝寬乃上疏陳三策其第一策曰臣在邊積年頗見間隙不因際會難以成功是往歲出軍徒有勞

費功績不立由失機會何者長淮之南舊爲沃土陳氏以破亡餘燼猶能一舉平之齊人歷年赴救喪敗而反內離外叛計盡力窮傳不云乎讎有釁焉不可失也今大軍若出軹關方軌而進兼與陳共爲掎角并令廣州義旅出自三鵶又募山南驍銳沿河而下復遣北山稽胡絕其并晉之路凡此諸軍仍令各募關河之外勁勇之士厚其爵賞使爲前驅岳動川移雷駭電激百道俱進並趨虜庭必當望騎奔潰所向摧殄一戎大定實在此機其第二策曰若國家更爲後圖未即大舉宜與陳人分其兵勢三鵶以北萬春

以南廣事屯田預爲貯積選其驍悍立爲部伍彼既東南有敵戎馬相持我出奇兵破其疆埸彼若興師赴援我則堅壁清野待其去遠還復出師嘗以邊外之軍引其腹心之衆我無宿舂之費彼有奔命之勞一二年中必自離叛且齊氏昏暴政出多門鬻獄賣官唯利是視荒淫酒色賊害忠良闔境嗷然不勝其弊以此而觀覆亡可待然後乘間電掃事等摧枯其第三策曰竊以後周土宇跨據關河蓄席卷之威持建瓴之勢太祖受天明命與物更新是以二紀之中大功克舉南清江漢西戡巴蜀塞表無虞河內底定

唯彼趙魏獨爲榛梗者正以有事二方未遑東略遂使漳滏遊魂更存餘晷昔勾踐亡吳尚期十載武王取亂猶煩再舉今若更存遵養且復相時臣謂宜還崇隣好申其盟約安人和衆通商惠工蓄銳養威觀釁而動斯則長策遠馭坐自兼并也書奏武帝遣小司寇淮南公元衛開府伊婁謙等重幣聘齊爾後遂大舉再駕而定山東卒如孝寬策後爲徐州總管尉遲迥反於相州詔孝寬代之以小司寇叱列長文爲相州刺史先令赴鄴孝寬續進至朝歌迥遣大都督賀蘭貴齎書候孝寬孝寬留貴與語以察之疑其有變遂稱疾徐行又遣人至相州求醫藥密以伺之既到湯陰逢長文奔還孝寬兄子魏郡守藝又棄郡南走孝寬審知其狀乃馳還所經橋道皆令毀撤驛馬悉擁以自隨又勒驛將曰蜀公將至可多備餚酒及芻粟以待之迥果遣儀同梁子康將數百騎追孝寬驛司供設豐厚所經之處皆輒停留繇是不及時或勸孝寬以爲雒京虛弱素無守備河陽城內舊有鮮卑八百人家並在鄴見孝寬輕來謀欲應迥孝寬知之遂密造東京官司詐稱遣行分人詣雒受賜既至雒陽並留不遣因此離解其謀不成

齊王憲武帝建德五年爲前鋒東伐憲守雀鼠谷帝親圍晉州憲進兵尅洪洞永安二城更圖進取齊人焚橋守險軍不得進遂屯於永安齊主聞晉州見圍乃將兵十萬自來援之時柱國陳王純屯千里徑大將軍永昌公椿屯雞栖原大將軍宇文盛守汾水關並受憲節度憲密謂椿曰兵者詭道去留不定見機而作不得遵嘗汝今爲營不須張幕可伐栢爲菴示有形勢令兵去之後賊猶致疑也齊主分軍萬人向千里徑會被物追還率兵夜返齊人果謂栢菴爲帳幕不疑軍退翌日始悟

李雄領左後軍從太子西征吐谷渾雄率步騎二千督軍壘於洮河爲賊所持數日雄患之遂與僞和虜備稍解縱奇兵擊破之賜奴婢百口封一子爲侯

隋宇文弼初仕後周爲侯莫陳昶監軍率兵擊突厥弼謂昶曰黠虜之勢來如激矢去如絶絃若欲追躡良爲難及宜選精騎直趣祁連之西賊若收軍必自蓼泉之北此地險隘兼復下濕度其人馬三日方度緩轡追討何慮不及彼勞我逸破之必矣若邀此路眞上策也昶不能用之西取合黎大軍行遲虜已出

達奚長孺初仕後周爲左前軍勇猛中大夫與烏丸

軌圍陳將吳明徹於呂梁陳遣驍將劉景率勁勇七千來爲聲援軌令長孺逆拒之長孺於是取車輪數百繫以大石流之清水連轂相次以待景軍景至船艦礙輪不得進長孺乃縱奇兵水陸俱發大破之俘數千人及獲吳明徹以功進位大將軍

張威初仕後周爲京兆尹高祖輔政時王謙作亂高祖以威爲行軍總管從元帥梁睿擊之軍次通谷謙守將李三王擁勁兵拒守睿以威爲先鋒三王初閉壘不戰威令人詈辱以激怒之三王果出陣威令壯士奮擊三王軍潰大兵繼至於是擒斬四千餘人進至開遠謙將趙儼衆十萬連營三十里威鑿山通道自西嶺攻其背儼遂敗走追至成都與謙大戰威將中軍及謙平進位上柱國

于仲文初爲後周大將軍尉遲迥之亂仲文大破迥將檀讓軍進攻梁郡迥守將李子寬遁走初仲文在蓼堤諸將皆曰軍自遠來士馬疲弊不可決勝仲文令三軍趣食列陣大戰旣而破賊諸將皆請曰前兵疲不可交戰竟而剋勝其計安在仲文笑曰吾所部將士皆山東人果於速進不宜持久乘勢擊之所以制勝諸將皆以爲非所及也迥將席毗羅衆十萬屯

於沛縣將攻徐州其妻子在金鄉仲文遣人詐爲毗羅使者謂金鄉城主徐善淨曰檀讓明日午時到金鄉將宣蜀公令賞賜將士金鄉人謂爲信然皆喜仲文簡精兵僞建迥旗幟倍道而進善淨望見仲文軍且至以爲檀讓乃出迎謁仲文執之遂取金鄉諸將多勸屠之仲文曰此城是毗羅起兵之地當寬其妻子其兵可自歸如即屠之彼望絶矣衆皆稱善於是毗羅恃衆來薄官軍仲文背城結陣去軍數里設伏於麻田中兩陣纔合伏兵發俱曳柴鼓譟塵埃漲天毗羅軍大潰仲文乘之賊皆投洙水而死水爲之不

流獲櫓讓艦送京師河南悉平毗羅匿滎陽人家執斬之傳首闕下

宇文忻爲後周豫州總管從韋孝寬討尉遲迥迥背城結陣與官軍大戰官軍不利時鄴城士女觀戰者數萬人忻與高熲李詢等謀曰事急矣當以權道破之於是擊所觀者大囂而走轉相騰藉聲如雷霆乃傳呼曰賊敗矣衆軍復振齊力急擊之迥軍大敗而走

梁睿爲益州總管高祖開皇初突厥方彊恐爲邊患乃陳鎮守之策十餘事上書奏之曰竊以戎狄作患

其來久矣防遏之道自古爲難所以周無上筭漢收下策以其倏來忽往雲屯霧散彊則騁其犯塞弱又不可盡除故也今皇祚肇興宇內寧一唯有突厥種類尚爲邊梗此臣所以廢寢與食寤寐思之昔匈奴未平去病辭宅先零尚在充國自劾臣才非古烈而志追昔士謹條安置北邊鎮烽候其人馬糧貯戰守事意如別謹并圖上呈伏惟裁覽高祖嘉歎久之答以厚意

王長述爲信州總管開皇初獻平陳之計修營戰艦爲上流之師高祖善其能頻加賞勞下書曰每覽高策深相嘉歎命將之日遂以公爲元帥也

高熲爲左領軍大將軍開皇初高祖嘗問熲取陳之策熲曰江北地寒田收差晚江南土熱水田早熟量彼收穫之際徵士馬聲言掩襲彼必屯兵禦守足得廢其農時彼既聚兵我便解甲再三若此賊以爲常後更集兵彼必不信猶豫之頃我乃濟師登陸而戰兵氣益倍又江南土薄舍多竹茅所有儲積皆非地窖密遣行人因風縱火待彼修立復更燒之不出數年自可財力俱盡帝行其策由是陳人益弊

長孫晟爲左勳衞車騎將軍開皇中護突厥染干於

朔州時別部有達頭恐怖又大集兵詔晟部領降人爲秦州行軍總管取晉王節度出討達頭與王相抗晟進策曰突厥飲泉易可行毒因取諸藥毒水上流達頭人畜飲之多死於是大驚曰天雨惡水其亡我乎因夜遁晟追之斬首千餘級俘百餘人畜數千頭

賀若弼爲吳郡總管開皇中大舉伐陳以弼爲行軍總管先是弼畫七策其一請廣陵頓兵一萬番代往來陳人初見設備後以爲常及大兵南伐不復疑也其二使兵緣江射獵人馬喧噪及兵臨江東人以爲獵也其三以老馬多買陳船而匿之買弊船五六十

艘於瀆內陳人覘以爲內國無備其四積葦荻於揚子津其高蔽艦及大兵將渡乃卒通瀆於江其五塗戰船以黄與枯荻同色故陳人不預覺之其六先取京口倉儲速據白土岡置兵死地故一戰而克其七臣奉勑兵以義舉及平京口俘五千餘人便悉給糧勞遣付其勑書命别道宣諭是以大兵渡江無不草偃十七日之間南至林邑東至滄海西至象林皆悉平

楊素開皇中爲伐陳行軍元帥時陳南康內史呂仲肅屯岐亭正據江峽於北岸鑿巖綴鐵鏁三條横截

上流以遏戰船素與大將軍劉仁恩登陸俱發先攻其柵仲肅軍夜潰素徐去其鏁仲肅復據荆門之延洲素遣巴蜑卒千人乘五牙四艘以拍竿破賊千餘艦遂大破之俘甲士二千餘人仲肅僅以身免仁壽中又以左僕射爲行軍元帥出擊突厥于雲中連破之突厥退走率驍追躡至夜而及之將復戰恐賊越逸令其騎稍後於是親將兩騎并降突厥二人與虜並行不之覺也候其頓舍未定趣後騎掩擊大破之自是磧南無復虜庭矣

來護兒爲上開府開皇中高智慧據江南反以子總管統兵隨楊素討之賊據浙江岸爲營周亘百餘里船艦初渡江鼓譟而進言於素曰吳人輕鋭利在舟檝必死之賊難與爭鋒公且嚴陣以待之勿與接刄請假奇兵數千潛渡江掩破其壁使退無所歸進不得戰此韓信破趙之策也素以爲然護兒乃以輕船數百直登江岸襲破其營因縱火煙焰漲天賊顧火而懼素因是一鼓破之智慧將逃於海護兒追至閩中餘黨皆平

何稠爲員外散騎侍郎開皇末桂州俚李光仕聚衆爲亂詔稠召募討之師次衡嶺遣使者諭其渠帥洞

主莫崇解兵降款桂州長史王文同鏁崇以詣稠所稠詐宣言曰州縣不能綏養致使邊民擾叛非崇之罪也乃命釋之引崇共坐并從者四人爲設酒食而遣之崇大悦歸洞不設備稠至五更掩入其洞悉散俚兵以臨餘賊象州逆帥杜條遼羅州逆帥龐靖等相繼降款

周法尚仁壽中爲行軍總管討遂州叛獠平之嶲州烏蠻反攻陷州城詔令法尚便道擊之軍將至賊棄州城散走山谷間法尚捕不能得於是遣使慰諭假以官號僞班師日行二十里軍再舍潛遣人覘之知

其首領盡歸柵聚飲相賀法尚選步騎數千人襲擊破之獲其渠師數千人虜男女萬餘口捷聞賜奴婢百口物三百段蜀馬二十匹後爲定襄太守大業初煬帝幸榆林法尚朝於行宮内史令元壽言於帝曰漢武出塞旌旗千里今御營之外請分爲二十四軍日别遣一軍發相去三十里旗幟相望鉦鼓相聞首尾連注千里不絶此亦出師之盛者也法尚曰不然兵亘千里動間山川卒有不虞四分五裂腹心有事首尾未知道阻且長難以相救雖是故事此乃取敗之道也帝不懌曰卿意以爲如何法尚曰結爲方陣

四面外拒六宫及百姓家口並任其間若有變起當頭分抗内引奇兵出外奮擊車爲壁壘重設勾陣此外與據城理亦何異若戰而捷抽騎追奔或戰不利屯營自守臣謂牢固萬全之策也帝曰善

楊義臣仁壽末爲朔州總管煬帝即位漢王諒作亂并州時代州總管李景爲漢王將喬鍾葵所圍詔義臣救之義臣自以兵少悉取軍中牛驢得數千頭復令兵數百人人持一皷潛驅之澗谷出其不意義臣晡後復與鍾葵戰兵初合命驅牛驢者疾進一時鳴皷塵埃漲天鍾葵軍不知以爲伏兵發因而大潰縱擊破之

李子雄爲驃騎大將軍後坐事免煬帝初漢王諒亂帝疑幽州總管竇抗有貳拜子雄爲冀州刺史馳至幽州止傳舍召募得千餘人抗恃素貴不時相見子雄遣人諭之後二日抗從鐵騎二千來詣子雄所子雄伏甲請與相見因擒抗遂發幽州兵步騎三萬自井陘以討諒時諒遣大將軍劉建畧地燕趙正攻井陘相遇於抱犢山下力戰大破之

史祥爲右衛將軍煬帝即位漢王諒發兵作亂遣其將綦良自滏口徇黎陽塞白馬津余公理自大行下

河内帝以祥爲行軍總管軍於河陰久不得濟祥謂軍吏曰余公理輕而無謀才用素不足稱又新得志謂其衆可恃恃衆必驕且河北人先不習兵所謂擁市人而戰以吾籌之不足圖也乃令軍中脩攻具公理使諜知之果屯兵於河陽内城以備祥祥於是艤船南岸公理聚甲以當之祥乃率精鋭於下流潛渡公理率衆拒之祥至汜水兩軍相對公理未成列祥縱擊大破之東趣黎陽討綦良等良列陣以待兵未接良棄軍而走於是其衆大潰祥縱兵乘之殺萬餘人

唐李仲文武德初爲行軍總管擊劉武周于雀鼠谷爲其將黄子英所擒因詐危篤守者不以爲意子英牧豎本關中人思欲西歸陰結仲文仲文因謂守者曰吾瘡臭君幸一扶我出營洗之守者數人扶之至水向牧豎以子英駿馬數匹來詣仲文所仲文洗訖將入營人又扶之仲文曰媿君相扶詐若不自安者牧豎因曰公可乘馬去仲文佯爲不敢牧豎固請之仲文與牧豎各乘一馬將至營門遂鞭馬而遁營中大囂賊競追之行數十里迷逆失道追人且至於是棄馬竄林莽間會瞑追騎各去仲文遂得西京上表

聞請罪高祖慰諭之復令帥師以拒賊

盛彦師武德初爲行軍總管與史萬寶鎮宜陽以拒東冦及李密之叛將出山南萬寶以密威名不敢拒謂彦師曰李密驍賊也又輔以王伯當决策而叛其下兵士思欲東歸若非計出萬全則不爲也兵在死地殆不可當彦師笑曰請以數千之衆邀之必梟其首萬寶曰計將安出對曰軍法尚詐不可爲公說之便領衆踰熊耳山南傍道而止令弓弩者夾路乘高刀楯者伏於溪谷令曰待賊半渡一時齊發弓弩據高縱矢刀楯卽亂出薄之或問之曰聞李密欲向雒州而公入山何也彦師曰密聲言往雒實走襄城就張善相耳必當出人不意若賊入谷口我自後追之山路險隘無所展力一夫殿後必不能制今吾先得入谷擒之必矣李密既度陝州以爲餘不足慮遂擁衆徐行果踰山南渡彦師擊之密衆首尾斷絶不得相救遂斬李密追擒伯當以功封葛國公拜武衛大將軍

羅士信武德中爲新安道行軍總管及大軍至雒陽士信以兵圍王世充千金堡其中人大罵之士信怒夜遣百餘人將嬰兒數十從南而來至於堡下詐言

從東都來投羅總管也因令嬰兒啼噪既而佯驚曰此千金堡吾輩錯矣忽然而去堡中謂是東都逃人遽出兵追之士信伏五千人於路側候其開門會擊遂破之無遺類

任瓌武德中爲河南道安撫大使至宋州屬徐圓朗據兗州反曹戴諸州咸應之副使柳濬勸瓌退保汴州瓌笑曰柳公何怯也老將居邊甚久自當有計非公所知圓朗俄又引兵將圍虞城瓌遣崔樞張公謹自鄢陵領諸州豪右質子百餘人守虞城以拒濬又諫曰樞與公謹並世充之將及諸州質子父兄皆反

此必爲變壞不答樞至則分配質子並與土人合隊
居守賊既稍近質子有叛者樞因斬其隊帥城中人
懼曰質子父兄悉來爲賊賊之子弟安可城守樞因
縱諸縣各殺質子梟首于門外遣使報瓌瓌陽怒曰
遣諸將去者欲招慰耳何罪而殺之退謂瀘曰固知
崔樞辦之既遣縣人殺賊質子宛隙已大吾何患焉
樞果拒却圓朗事平遷徐州刺史
楊武通武德三年爲將軍擊王行本于河東乃掘圍
以逼之武通謂掘圍者曰若見賊但退走以避之行
本果出兵掘圍者走行本奔趨之武通率騎橫出擊

之賊衆潰因縱兵乘勝殺七百人自此兵勢漸弱
河間王孝恭武德三年以趙郡王爲夔州總管時蕭
銑據江陵孝恭獻平銑之策高祖嘉納令大造舟楫
教習水戰以圖銑孝恭召巴蜀首領子弟量才授用
致之左右外示引擢而實以爲質也尋授荆湘道行
軍總管統水陸十二總管發自硤州進軍江陵攻其
水城尅之所得船散於江中諸將皆曰虜得賊船當
藉其用何爲棄之無乃資賊邪孝恭曰不然蕭銑僞
境南極嶺外東至洞庭若攻城未拔援兵復到我則
內外受敵進退不可雖有舟楫何所用之今銑緣江
州鎮忽見船舸亂下必知銑敗未敢進兵來去覘伺
動淹旬月因緩其救吾尅之必矣銑救兵至巴陵見
船被江而下果狐疑不敢輕進既內外阻絶銑於是
出降
李靖爲開府武德三年蕭銑據荆州高祖授靖行軍
總管兼攝河間王孝恭行軍長史高祖以孝恭未更
戎旅三軍之任一以委靖其年八月集兵於夔州銑
以時屬秋潦江水汎漲二峽路險必謂靖不能進遂
休兵不設備九月靖乃率師而進將下峽諸將皆請
停兵以待水退靖曰兵貴神速機不可失今兵始集

銑尚未知若乘水漲之勢倏然至城下所謂疾雷不
及掩耳此兵家上策縱彼知我倉卒徵兵無以應敵
此必成擒也孝恭從之進兵至夷陵銑將文士弘率
精卒數萬屯清江孝恭欲擊之靖曰士弘銑之健將
士卒驍勇今新失荆門盡兵出戰此是救敗之師恐
不可當也宜且泊南岸勿與爭鋒待其氣衰然後奮
擊破之必矣孝恭不從留靖守營率師與賊合戰孝
恭果敗奔于南岸賊委舟大掠人皆負重靖見其軍
亂縱兵擊破之獲其舟艦四百餘艘斬首及溺水計
萬餘人輔公祏之反也詔趙郡王孝恭東討勑追靖

入朝面受方畧令靖副趙郡王其東道副元帥李勣任瓌等並受節度公祏遣水軍總管馮惠亮率舟師三萬頓于當塗柵斷江口築城又遣陸軍總管陳正通有衆二萬據當塗南路亦造柵自固並蓄力養鋭以抗大軍孝恭乃集諸將會議皆云惠亮正通並握彊兵爲不戰之計城柵既固卒不可攻請直指丹陽丹陽既破惠亮等可不戰而擒孝恭欲從其議靖曰公祏精兵雖在水陸二道然其自統之兵亦是勁勇惠亮等城柵尚不可攻公祏既保石頭豈應易拔若我師至丹陽留停旬月進則石頭未平退則歸路已

絶此便背腹受敵恐非萬全之計然惠亮正通皆是百戰餘賊必不憚於野戰止爲公祏立計令其持重今若攻其城柵乃是出其不意滅賊之機唯在此舉靖乃率李勣黃君漢等水陸俱進苦戰破之惠亮等奔走殺傷及溺死者萬餘人靖率輕兵先至丹陽公祏餘衆雖多不戰擁兵東走並相次擒獲

龐玉武德中爲梁州總管遇巴州山獠相聚爲亂玉進兵討之梟其魁帥王多馨餘黨皆散移兵集州其苻陽白石二縣反獠據嶮自守兵不得進軍糧且盡其二縣熟獠與反者先爲州里互有親戚皆言賊不可擊請玉班師玉徐云知之揚言曰秋穀將熟百姓不得收刈一切供軍非平賊吾不返也聞者大懼因謂曰大軍不去食吾穀盡吾徒皆餓死矣何得措手耶其中壯士入賊營各求其所親與相要結斬賊渠帥衆遂分散玉隨而捕之無往不尅高祖嘉之賜以口馬

劉世讓武德中爲廣州總管將之任高祖問以備邊之策世讓答曰突厥南寇徒以馬邑爲其中路爾如臣所計請於崞城置一智勇之將多儲金帛有來降者厚賞賜之數出奇兵畧其城下芟踐禾稼敗其生

業不出歲餘彼當無食馬邑不足圖也高祖曰非公無任此者乃使馳驛徃經畧之

劉蘭爲夏州都督府司馬武德中梁師都以突厥之師頓於城下蘭偃旗臥鼓不與之爭鋒賊徒宵遁蘭追擊破之

柴紹爲右驍衛大將軍武德中吐谷渾與黨項俱來寇邊命紹討之虜據高臨下射紹軍中矢下如雨紹乃遣人彈胡琵琶二女子對舞虜異之駐弓矢而相與聚觀紹見虜陣不整密使精騎自後擊之虜大潰斬首五百餘級

薛萬均爲幽州裨將武德中竇建德率衆十萬來寇范陽總管羅藝逆拒之萬均謂藝曰衆寡不敵今若出門百戰百敗當以計取之可令羸兵弱馬阻水背城爲陣以誘之觀賊之勢必渡水交兵萬均請精騎百人伏於城側待其半渡擊之破賊必矣藝從其言建德果引軍渡水萬均邀擊大破之

楊恭仁爲梁州總管武德中突厥頡利可汗率衆數萬奄至州境恭仁隨方備禦多設疑兵頡利懼而退走嶲州刺史賀拔威擁兵作亂朝廷憚遠未遑征討恭仁乃募驍勇倍道兼進賊不虞兵至之速剋其

冊府元龜　將帥部　機略五　卷之三百六十五　二十五

二城恭仁悉放俘虜賊衆感其寬惠遂相率執威而降

張長遜武德初爲五原太守封范陽郡公時高祖遣使者高世靜致重幣於始畢可汗路經長遜所適會可汗死世靜奉詔停留不進處羅可汗聞而大怒將入寇騎已至河長遜令世靜出塞申國厚禮處羅乃意解解兵而去

巡按福建監察御史臣李嗣京　正
分守建南道左布政使臣胡維霖　輯
知建陽縣事臣黃國琦　較

將帥部　二十七

機畧第六

唐張公謹太宗貞觀元年爲代州都督其後李靖經略突厥以公謹爲副公謹因言突厥可取之狀曰頡利縱慾肆情窮凶極暴誅害良善昵近小人此則王昏於上其可取一也又其刑部同羅僕骨廻紇延陀

之類並自立君長將圖反噬此則衆叛於下其可取二也突利被疑輕騎自免拓設出討匹馬不歸欲谷喪師立足無地則兵挫將敗其可取三也塞北霜早糇糧乏絶天降之災因以饑饉其可取四也頡利疎其突厥親委諸胡胡人翻覆是其常性大軍一臨内必生變其可取五也華人入北其類寔多比聞自相嘯聚保據山險師出塞垣自然有應其可取六也太宗深納之

李勣爲并州都督貞觀三年爲通漢道行軍總管至雲中與突厥頡利可汗兵會大戰於白道突厥旣敗屯營於磧口遣使請和詔鴻臚卿唐儉往赦之勣時與定襄道大總管李靖軍會與議曰頡利雖敗人衆尚多若走渡磧口保于九姓道遠阻深追則難及今詔使唐儉至彼其必弛備我等隨後襲之此不戰而平賊矣靖扼腕喜曰公之此言乃韓信滅田横之策也於是定計靖將兵逼夜而發勣勒兵徑進靖軍旣至賊營大潰頡利與萬餘人欲走渡磧勣屯軍於磧口頡利至不得渡磧其大酋長率其部落並降於勣虜五萬餘口而還乾封二年爲遼東行軍總管勣拔高麗之新城遣副將契苾何力引兵守之勣初渡遼

謂諸將曰新城是高麗西境鎭城最爲要害若不先圖餘城未易可下遂引兵於新城西南據山築柵且戰且守於是城中人扶仇等縛其城王開門請降勣遂引兵進破一十六城

侯君集爲兵部尚書參議朝政貞觀九年將討吐谷渾伏允命李靖爲西海道行軍總管以君集及任城王道宗並爲之副師次鄯州君集言於靖曰大軍已至賊虜尚未走險宜簡精銳長驅疾進彼不我虞必有大利若此策不行潛遁必遠山障爲阻討之實難靖然其計乃簡精銳輕齎深入道宗追及伏允之衆

於庫山破之伏乞輕兵入磧以避官軍靖乃中分士馬爲兩道並入靖與薛萬均李大亮趣北路使君集道宗趣南路歷破羅眞谷踰漢哭山經途二千餘里行空虛之地盛夏降霜山多積雪輕戰過星宿川至於栢海頻與虜遇皆大克獲北望積石山觀河源之所出焉乃旋師與李靖會于大非川平吐谷渾而還

駱弘義爲處州刺史永徽三年阿史那賀魯寇庭州攻陷金嶺城詔左武候大將軍梁建方等討之弘義上言臣聞安中國以信馭夷狄以權理有變通事無常准今有降胡來言賀魯獨據一城深溝高壘用以

自固云今正初寒積雪漢兵必不遠來誠宜乘其此便一舉可以除勦若遷延待春恐事久生變縱不能結援諸國必應遠亦通逃且兵馬此行不誅賀魯處密巳許欵誠處木昆等各思免禍皆如大兵欲至庶望安全淹留不至慮更烏合然嚴冬風勁馬瘦兵寒瘃墮之憂難量進退又不可久停兵馬虛費邊糧見我不前成其黨附伏望且寬處月處密之罪以誅賀魯爲名除禍務絕其原未可先取其枝葉但此兩姓見其坐奪不示招攜必自深據如棄而西過則近有後憂先事誅夷未可即充捨而勿問則威義前驅事定從宜除申弔伐此乃威恩兼舉遠邇安向使兵馬早來賀魯久巳懸首前機雖失須爲別圖望請於射脾部落及發處月處密契苾等兵六千人各齎三十日糧徃掩襲大軍頓於憑水秣馬畜兵以爲聲勢此則驅率戎狄攻彼豺狼失則無損國家利則功歸社稷且番人行動須約漢兵東西犄角又資趙翼簡胡騎以率其前率漢兵以躡其後賀魯進退無路理即可擒百勝之謀在斯一舉臣恐建方至日爲計不同軍謀乖舛後悔無及帝從其言乃制弘義與梁建方相知經略之

蘇定方爲左武候中郎將永徽中率兵討突厥賀魯大雪平地三尺軍中咸請停兵候晴定方曰虜恃雪深謂我不能前進必當憩息追之可及若緩以縱之則漸遠難追省日兼功在此舉也於是勒兵陵雪晝夜兼進所經收其人衆遂至雙河去賀魯所居一百餘里布陣長驅經至金牙山賀魯牙帳時賀魯集衆欲獵定方縱兵擊之盡破其牙帳生擒數萬人賀魯脫走投石國定方令副將蕭嗣業徃石國定以追賀魯擒歸于京師

劉仁軌龍朔三年爲帶方州刺史與熊津道行軍總

官右威衛將軍孫仁師熊津都督劉仁願大破百濟餘衆及賊於白江拔其周留城百濟僞王扶餘豐走投高麗初仁願與仁軌旣拔百濟之真峴城詔仁師率兵泛海以爲之援扶餘豐南引倭賊以拒官軍仁師迎擊破之遂與仁願之衆相合兵士大振於是諸將會議或曰加林城水陸之衝請先擊之仁軌曰加林險固急攻則傷損將士固守則日用持久不如先攻周留城周留賊之巢穴羣兇所聚除惡務本須拔其源若克周留城則諸城自下於是帥仁願及新羅金法敏帥陸軍以進仁軌乃別率杜爽扶餘隆率水

軍及糧船自熊津江往白江以會陸軍同趨周留城仁軌遇倭兵於白江之口四戰皆捷焚其舟四百艘煙焰漲天淮水皆赤豐脫身而走獲其寶劍僞王子扶餘忠志等率士女及倭衆並降百濟諸城皆復歸順至麟德元年仁軌上表曰臣蒙陛下曲垂天獎棄瑕錄用授之刺舉又加連帥材輕職重憂責更深當思報效冀讎萬一智力淺短淹滯無成久在海外每從征役軍旅之事實有所聞輒具狀奏伏乞詳察臣今覩見在兵士手脚沉重者多勇健奮發者少兼有老弱衣服單寒惟望西歸無心展效臣因往問海西見百姓人人投募爭欲征行乃有不用官物請自辦衣糧投名義征何因今日兵士如此儜女耕切困也弱皆報臣云今日官府與往日不同人心亦別貞觀永徽年中東西征役身死王事並蒙敕使弔祭追贈官職亦有迴亡者官爵與其子弟從顯慶五年以後征役身死更不借問往前度遼海者卽得一轉勳官從顯慶五年以後頻經渡海不被紀錄州縣發遣百姓乞兵者其身少壯家有錢財賂與官府任自東西藏避卽並得脫無錢用者雖是老弱推皆令來顯慶五年破百濟勳及向平壤北口戰勳當時將士號令並與

高官重賞百方購募無種不道亦到西岸唯聞枷鎖推禁奪賜破勳州縣追呼求住不得公私困弊不可盡言發海西之日已有自害逃走非獨海外始逃又本爲征役蒙授勳級將爲榮寵頻年征役唯取勳官牽挽辛苦與白丁無別百姓不願征行特繇於此陛下再興兵馬平定百濟留兵海外經略高麗百姓有此議論難爲成就功業臣聞琴瑟不調改而更張布政施化隨時取適自非重賞明罰何以成功臣又聞見在兵士舊留鎮五年尚得支濟爾等始經一年何因如此單露並報臣道發家來日唯遣作一年裝束

自從離家已經二年在朝陽瓮津又遣來去運糧涉海遭風多有漂失臣勘責見在兵士衣裳單露不堪度冬者大軍還日所留衣裳且得一冬充事來年秋後並無准擬陛下若欲殄滅高麗舊相黨援倭人雖遠亦明影響若無兵馬還成一國既須鎮壓又置屯田事籍兵士同心同德兵士既有此議不可得成功効除此之外更須褒賞明勑慰勞以起兵士之心若依今日已前處置臣恐師老且疲無所成就臣又見晉伐平吳史籍具載內有武帝張華外有羊祜杜預籌謀策畫經緯諮詢王濬之徒折衝萬里樓船戰艦

已到石頭賈充王渾之輩猶欲斬張華以謝天下武帝云平吳之計出自朕意張華同朕見耳非其本心是非不同乖背如此平吳之後猶欲苦繩王濬賴武帝擁護始得保全不逢武帝聖明王濬不存首領臣每讀其書未嘗不撫心長嘆伏惟陛下自既得百濟已亡欲取高麗須內外同心上下齊奮舉無遺策始可成功百姓既有此議更宜改調臣恐是逆耳之事無人為陛下盡言自顧老病日侵殘生能幾奄忽是逝啣恨九泉所以披露肝膽昧死奏陳帝深納其言遣右威衛將軍劉仁願率兵渡海與舊鎮兵交代仍授扶餘隆熊津都督遣歸本國共新羅和親以招集其衆之餘勇者扶餘隆豐之弟也時走在倭國以扶餘豐之應故仁軌表言之

劉仁願龍朔中為熊津都督與帶方州刺史劉仁軌大破百濟餘賊於熊津之東初蘇定方之軍還也仁願仁軌等尚在百濟之熊津城帝與勑書曰平壤軍廻一城不可獨固宜就拔新羅共其屯守若金法敏藉卿等留鎮宜且停彼若其不須即宜泛海還也將士咸欲西歸劉仁軌曰春秋之義大夫出疆有可以安社稷便國家專之可也況在滄海之外密邇豺狼

者哉且人臣當進思盡忠有死無二公家之利知無不為主上欲吞滅高麗先誅百濟留兵鎮守制其腹心雖寇孽充斥而備預甚嚴宜厲戈秣馬擊其不意彼既無備何攻不尅戰而有勝士卒自安然後分兵據險開張形勢飛表奏上更請兵船朝廷知其有成必當出師命將聲援纔接兇逆自殲非唯不棄成功實有永清海外今平壤之軍既廻熊津又拔則百濟餘燼不日更與高麗通藪何時可滅且今以一城之地居賊中心如其失脚即為亡虜拔入新羅又是坐客脫不如意悔不可追況福信凶暴福信扶餘豐將無始殘虐

過甚餘豐猜惑外合内離鴟梟共處勢必相害唯宜堅守觀變乘便取之不可動也衆從之時扶餘豐及福信等以仁願等孤城無援遣使謂曰大使等何時西還當遣相送也仁願遂與仁軌掩其不備出擊之拔其支離城及尹城大山沙井等柵殺獲甚衆仍分兵以鎮守之福信等以真峴城臨江高險又當衝要加兵守之仁軌伺其稍怠引新羅之兵乘夜薄城四面攀草而上比明而入據其城遂通新羅軍糧之路仁願乃奏請益其兵詔發淄青萊海之兵七千人赴熊津以益仁願之衆

裴行儉爲秦州鎮撫右軍總管儀鳳二年討西突厥擒其十姓可汗阿史那都支及別帥李遮匐以歸初都支遮匐與吐蕃連和侵逼安西議者欲發兵討之行儉上言曰吐蕃叛擾干戈未息敬玄審理失律喪師安可更爲西方生事今波斯王身没于泥涅師師充質在此差使往波斯冊立即路縣二蕃便宜從事可不勞而有功也高宗從之因命行儉冊送波斯王乃爲安撫大食使至西州人吏郊迎行儉召其豪傑子弟千餘人隨已而西揚言給其下曰今正炎蒸熱坂難冒自秋凉之後方可漸行都支覘知遂不設備行儉徐乃召四鎮諸蕃酋長謂曰昔任西州長史憶此從禽未嘗厭倦雖還京輦無時暫忘今因是行欲尋舊賞誰能從吾獵也蕃酋子弟投募者僅萬人行儉假爲畋遊較試部伍數日遂倍道而進去都支部落十餘里先遣都支使親問其安否外示閒暇似非討襲續又使人從召相見都支先與遮匐通謀秋中擬拒漢使卒聞軍到計無所出自率子姪首領等五百餘騎就營來謁遂擒之是日傳其契箭召諸部酋長悉詣命並執送碎葉城簡其精騎齎糧曉夜前進掩遮匐匐聞都支就擒據詣行儉降於是將吏已下

立碑於碎葉城以紀其功調露元年爲定襄道行軍大總管大破突厥於黑山擒其首領初行儉率衆行至朔州謂其下曰兵法尚詐者謂以權謀制敵也若御其下則非誠信不可行也蕭嗣業運糧被抄兵多餒死所以敗也狡冦恒伏不可以不備乃詐爲糧車三百乘每車伏壯士五人各齎陌刀勁弩以羸兵數百人援之兼伏精兵居險以待之賊果大下羸兵棄車散走驅車就泉井解鞍牧馬方擬取糧車中壯士齊發伏兵亦至殺獲殆盡餘衆奔潰自是續遣糧運莫敢近之者

王方翼爲安西都護時突厥車薄反叛圍弓月城方翼引軍救之至伊麗河而賊衆來拒縱擊大破之斬首千餘級俄而三姓咽麪悉發衆與車薄合勢以拒方翼方翼屯兵熱海與賊連戰流矢貫臂徐以佩刀截之左右莫有覺者旣而所將蕃兵謀執方翼以應賊方翼密知之悉召會議佯出軍資以賜之續引出斬之會大風又振金鼓以亂其聲遂誅七千餘人分遣裨將襲車薄咽麪等賊旣無備因是大潰擒首領三百人西域遂定

唐休璟爲左武衛右金吾二衛將軍則天長安中西

突厥烏質勒與諸蕃不和舉兵相持安西道絶表奏相繼則天令休璟與宰相商度事勢俄頃間草奏便遣施行後十餘日安西諸州表請兵馬應接程期一如休璟所畫則天謂休璟曰恨用卿晩巳遷夏官尚書同鳳閣鸞臺三品又謂魏元忠及楊再思李嶠姚元崇李逈秀等曰休璟諳練邊事卿等十不當一也

郭元振中宗景龍中爲金山道行軍大總管先是娑葛與阿史那闕啜忠節不和屢相侵掠闕啜兵衆寡弱漸不能支元振奏請追闕啜入朝宿衛移其部落入於瓜沙等州安置制從之闕啜行至播仙城與經畧使左威衛將軍周以悌相遇以悌謂之曰國家以高班厚秩待君者以君統攝部落下有兵衆故也今輕身入朝是一老胡耳在朝之人誰復喜見非唯官賞難得亦恐性命在人今宰相有宗楚客紀處訥並專權用事何不厚賂二公畱不行發安西兵并引吐蕃以擊娑葛旣得報讎又存部落如此與入朝受制於人豈復同也闕啜然其言便勒兵攻于闐坎城獲金寶及生口遣人間道納賂於宗紀元振聞其謀遽上疏曰往者吐蕃所爭唯論十姓四鎭國家不能捨與所以不通和今吐蕃不相侵擾者不是顧國家和信不來直是

其國中諸豪及泥婆羅門等屬國自有攜貳故贊普躬往南征身殞寇庭國中大亂嫡庶共立將相爭權自相屠滅兼以人畜疲癘財力困窮人事天時俱未稱遂所以屈志且共漢和非是本心能忘情於十姓四鎭也如國力殷足之後則必爭小事方便絶和縱其醜徒來相吞擾此必然之計也今忠節乃不論國家大計直欲公爲吐蕃作鄉導主人四鎭危機恐從此啓頃年緣默啜憑陵所應處兼四鎭兵士歲久貧羸其勢未能爲忠節經畧非是憐突騎施也忠節不體國家中外之意而別求吐蕃吐蕃得志則忠節在

其掌握若爲復得事漢吐蕃於國非有恩有力猶欲爭十姓四鎮今若効力憐恩之後或請分于闐疎勒不知欲何理抑之又其國中諸蠻及婆羅門等國見今攜背忽請漢兵助其除討亦不知欲以何詞拒之是以古之賢人皆不願受夷狄妄惠非是不欲其力懼後求貨無厭故臣愚以爲用吐蕃之力實爲非便疏奏不省楚客等旣受闕啜之賄遂議遣攝御史中丞馮嘉賓持節安撫闕啜以牛師獎爲安西副都護便領甘凉已西兵募兼徵吐蕃兵以討娑葛娑葛進馬使娑臘知楚客計馳還報娑葛是日發兵五千騎

出安西五千騎出撥換五千騎出焉耆五千騎出疎勒時元振在疎勒於河口柵不敢動闕啜在計舒河口候見嘉賓娑葛兵掩至生擒闕啜殺嘉賓等又殺牛師獎放火燒城遂陷安西四鎮路絕楚客又奏請周以悌代元振統衆徵元振將陷之使阿史那獻爲十姓可汗置軍焉耆以取娑葛娑葛遺元振書曰與漢本來無惡只讎於闕啜而宗尚書取闕啜金枉擬破奴部落馮中丞牛都護相次而來奴等豈坐受死又聞史獻欲來徒擾亂軍州恐未有寧日乞大使商量處置元振以娑葛狀奏於朝廷楚客怒奏元振有異圖元振使其子鴻間道具奏其狀以悌竟得罪而流于白州復以元振代以悌赦娑葛罪冊爲十姓可汗

王晙玄宗時爲太僕少卿隴右羣牧使開元二年吐蕃精甲十萬寇臨洮軍詔晙與隴右防禦使薛訥擊之晙率所部三千人卷甲倍程與臨洮兩軍合勢以拒之吐蕃於大來谷口遣其將坌達延率兵繼後晙乃出奇兵七百人衣蕃服夜襲之相去五里分爲二隊使前隊遇寇大呼而後隊擊鼓以應之蕃衆大懼疑有伏兵自相殺傷死者萬計會薛訥率衆至武街

谷去大衆二十里爲賊所隔晙率兵迎訥之軍賊置兵於兩軍之間連數十里晙夜出壯士啣枚擊之蕃賊大潰乃與訥合軍掩其餘衆追奔至洮水殺獲不可勝數盡收其所掠牛馬而還明年突厥默啜爲九姓所殺其下酋長多款塞投降置之河曲之內俄而小殺繼立降者漸叛晙上疏曰突厥時屬亂離所以款塞降附其與部落非有讎嫌情異北風理固明矣養成其釁雖悔何追今者河曲之中安置降虜此輩生梗實難處置日月漸久姦詐逾深窺邊間隙必爲患難今有降者部落不受軍州進止輒動兵馬屢有

傷殺詢問勝州左側被損五百餘人私置烽鋪潛爲
抗拒公私行李頗實危懼北虜如或南牧降戶必與
連衡臣問没蕃歸人云却逃者甚衆南北信使委曲
通傳此輩降人翻成細作儻收合餘燼來逼軍州虜
騎憑陵胡兵應接表裏有敵進退無援雖復韓彭之
勇孫吳之策令其制勝其可必乎望至秋冬之際令
朔方軍盛陳兵馬告其禍福啗以繒帛之利示以麋
鹿之饒說其魚米之鄉陳其畜牧之地並分配淮南
河南寬鄉安置仍給程糧送至配所雖復一時勞弊
必得長久安穩二十年外漸染淳風持以銳兵皆爲

勁卒若以北狄降者不可南中安置則高麗俘虜置
之沙漠之西編甿散在青徐之右唯利是視務安疆
埸何獨降胡不可移徙近者在邊將士爰及安蕃使
人多作諛詞不爲實對或言北虜破滅或言降戶安
靜志欲自言功効非有以徇邦家伏願察斯利口行
茲遠慮邊荒清晏黎元幸甚臣料留住之議謀者云
遵故事必言降戶之輩舊置清河之中昔年既得康
寧今者還應穩便但時異事變先典攸傳往者頡利
破亡邊境寧謐降戶之輩無復他心所以多歷歲年
此類皆無動靜今虜見未破滅降戶私使往來或畏

北虜之威或懷北虜之惠又是北虜戚屬夫豈不識
親疎將比昔年安可同日臣料其中頗有三策若盛
陳兵馬散令分配內獲精兵之實外袪黠虜之謀暫
勞永安上策也若多屯士卒廣爲備擬亭障之地蕃
漢相參費甚人勞此下策也若置之朔塞任之來往
通傳信息結成禍胎此無策也伏願察斯三者詳其
善惡利害之狀長短可尋縱因遷移或致逃叛但有
移得之者即是今日良圖留待河氷恐即有變臣嘗
天澤叨居重鎭逆耳利行敢不盡言疏奏未報降虜
果叛勑晙帥并州兵西濟河以討之後爲朔方道行

軍大總管時突厥趺跌部落及僕固都督勺磨等散
在受降城左右居止謀引突厥共爲表裏陷軍城而
反晙密請誅之八年秋晙誘趺跌等黨與八百餘人
於中受降城宴樂酒酣勒兵盡殺之突厥降者繇是
遂盡晙還遷兵部尚書復充朔方軍大總管
張守珪爲左金吾員外將軍吐蕃陷瓜州以守珪爲
瓜州刺史墨離軍使領餘衆修築州城板堞纔立賊
又暴至城下城中人相顧失色雖相率登陴畧無守
禦之意守珪曰彼衆我寡又創痍之後不可以矢石
相持須以權道制之也乃於城上置酒作樂以會將

士賊疑城中有備竟不敢攻城而退守珪縱兵擊敗之於是修復廨宇收合流亡皆復舊業

王君㚟爲河西隴右節度使判凉州都督事開元十六年冬吐蕃大將悉諾邏率衆入寇大小谷又移攻甘州焚燒市里而去君㚟候其兵疲整士馬以掩其後會大雪賊徒凍死者甚衆賊遂取積石軍西路而還君㚟令副使馬元慶裨將軍李車蒙追之不及君㚟先令潛入賊境於歸路燒草悉諾邏還至大非山將息甲收馬而野草皆盡馬死過半君㚟與秦州都督張景愼等率兵襲其後入至青海之西時海兵合

將士並乘氷而渡會悉諾邏巳渡大非山輜重及疲兵尚在青海之側君㚟縱兵盡獲俘之及牛馬羊數萬

王忠嗣天寶初爲河東節度使每軍出卽各召本將付其兵器令給士卒雖一弓一箭必書其名姓於上以記之軍罷却納若遺失卽驗其名罪之故人人自勸甲仗充牣後爲朔方節度每至互市時卽高估馬價以誘之諸蕃聞之競東求市來輒買之故蕃馬益少而漢軍益壯

哥舒翰天寶六年爲河源軍使先是吐蕃每至麥熟時卽率部衆至積石軍穫取之共呼爲吐蕃麥莊前後無敢拒之者至是翰使王難德楊景暉等潛引兵至積石軍設伏以待之吐蕃以五千騎至翰於城中率驍勇馳擊殺之畧盡餘或挺走伏兵邀擊匹馬不還

李光弼爲北京留守肅宗至德二年正月安祿山賊將史思明蔡希德高秀巖牛庭玠等四僞帥衆十餘萬來攻太原光弼所部將士聞之皆懼議欲脩城以待之光弼曰城周四十里賊垂至今興功役是未見敵而自疲矣乃躬率士卒百姓外城掘壕以自固作

墼數十萬衆莫知所用及賊攻城於外光弼卽倍增壘於內壞輒補之賊有城外詬詈戲侮者光弼令穿地道一夕而擒之自此賊將行皆視地不敢逼城强弩發石以擊之賊驍將勁卒死者十二三城中長幼咸伏其勤智乾元二年七月加天下兵馬副元帥是年逆賊史思明寇陷雒陽光弼令許叔冀守汴州戰不勝與董秦梁浦劉從諫等降思明其將李詳留守汴州思明又使梁浦劉從諫田神功等數千人下江淮南謂之曰收得其地之日每人任取兩船錢帛將來思明乘勝而西光弼至東京謂留守韋陟曰賊乘

鄴下之勝遂犯王畿難與爭鋒雖摋無糧又不可守公計若何陟曰加兵陝州退守潼關據險以待之亦足以自固光弼曰此蓋兵家嘗勢非用奇之策也夫兩軍相危貴進尺寸之間耳今委五百里而不顧是張賊勢也若移軍河陽北沮澤潞三城以抗勝卽擒之敗則自守表裏相應使賊不敢西侵此則援臂之勢也夫辯朝廷之禮光弼不如公論軍旅之事公不如光弼陟無以應光弼遂移牒留守及官吏悉從迴避令軍士運油鐵等以爲戰守之備思明至偃師光弼悉令將士赴河陽判官韋損曰東京帝宅侍中何

不守之光弼曰令守東京氾水嶨領伊闕各須人子爲兵馬判官令判官分守得否䚷而遲迴未出城賊已至故城矣光弼引兵趨河陽行至石橋天暮令秉炬徐行與賊相隨亦不敢來擊一夜方入河陽城賊又於墻南掘壕塹築月城以拒光弼但屯於白馬寺不敢居東京於是汝鄭滑等州相次陷没於賊史思明攻河陽光弼謂李抱玉曰將軍能爲我守南城二日抱玉曰過期若何光弼曰過期而救不至任棄城也抱玉受命勒兵守南城賊帥周摯領安太清徐璜玉等先攻南城將陷之抱玉乃紿之曰吾糧盡明日

當降賊衆大喜斂軍以俟之抱玉因得繕完設備明日堅壁請戰賊怒欺急攻之抱玉出奇兵表裏夾攻殺傷甚衆摯領軍却退光弼自將於中潬城城外置柵籬籬外掘大塹濶二丈深如之周摯捨南城力攻中潬光弼命荔非元禮出勁卒於羊馬城以拒賊光弼於城東北角樹一小紅旗下望賊軍賊持衆直逼其城以車千乘載木鵝蒙衝鬭樓撞車隨其後勒兵塡城下塹三面各八道過其兵又當塹開柵各置一門光弼遥望賊塡塹開柵過兵逼城使人語荔非元禮曰中丞看賊塡塹過兵晏然不顧何元禮報之曰

太尉擬守乎擬戰乎曰戰若戰賊爲我塡塹太尉復何怪也光弼曰吾智不及汝也汝其勉之元禮候柵門開遂勒兵出戰一逼賊軍退走數百步元禮料賊衆陣堅難出入馳突不足以破賊遂傳令收軍却退光弼遥望軍退大怒使人喚元禮欲按軍令元禮曰戰正忙喚作何物元禮遂退入柵中賊亦整軍不敢逼良久元禮令軍中鼓譟出柵門徒搏齊進衝賊大潰摯又整軍壓北而下將攻北城光弼亦領衆入北城救之登城望賊曰彼雖衆亂而囂不足懼也當爲公等日午而破之遂命將士戰日午不決謂諸將曰

何來賊何處最堅而難犯曰某處令郝廷玉以五百騎當之又問更何何處堅命論惟貞以三百騎以當之光弼令之曰爾等望吾旗而戰若麾旗緩任爾觀便宜而進退吾旗連麾三至地則萬衆齊入生死以之軍退者斬玉等策馬赴賊有一將援槍刺洞於馬腹連及數人一將逢賊不戰而退光弼召不戰者斬之乃命援槍者以絹五百匹賞之令赴戰須臾廷玉奔歸光弼望之驚曰廷玉退吾事不成矣命使者取玉頭來玉見使者曰馬中箭非敢敗也使者馳報光弼令換馬而復玉等决死往戰光弼連麾三軍望旗而

俱進聲動天地一鼓而破之

僕固懷恩爲李光弼右廂兵馬使光弼守河陽命懷恩收懷州城官軍頻不利懷恩設策潛通地道取賊號詐傳號令賊軍亂遂收懷州城生擒僞刺史安太清及軍將楊希文送闕下初河朔人唐希俊爲賊所役官軍得之光弼將按軍令懷恩救免及是通地道獲賊號皆希俊自地道先入與懷恩期於州東門登墻以呼懷恩遂梯城而上甲士纔登斬賊六七千乃擒太清等

郭子儀爲朔方節度使乾元元年十月破逆賊安慶緒十萬衆生擒其弟慶和初子儀自杏園渡濟河背水而陣設壁以待慶緒而安泰清率衆以拒官軍慶緒聞衛州圍逼悉師而南分爲三軍以崔乾祐將上軍安雄俊王福德爲佐田承嗣將下軍榮敬超爲佐慶緒自將中軍以孫孝哲薛嵩爲佐初子儀之列陣也又使善射者三千人伏于壘垣之上令其衆曰吾師陣于外若小退爾當登壘鼓譟而悉衆攢射又先建高木爲三樓以望慶緒之進退賊軍纖塵所起此皆盡知及明日戰鋒刃接子儀麾其屬僞奔於壘慶緒果逐之善射者萬弩齊發賊軍潰走奔相州子儀

乘勝收衛州代宗永泰初子儀出鎮河中是時僕固懷恩誘吐蕃迴紇來寇子儀親諭迴紇皆捨兵降馬拜曰是吾父也子儀招首領等各飲其酒與之重錦言如初子儀因說迴紇曰吐蕃本吾舅甥之國無負而至是無親也若倒戈乘之如拾芥耳且其羊馬蔽地數百里是謂天賜不可失之也今能逐戎以利舉與我繼好而凱旋不亦善乎會懷恩暴死於靈州羣虜無所統遂許諾吐蕃知之其夕奔退迴紇逐之子儀分衆軍以接其後吐蕃大敗而迴紇逐之至靈臺再破之大曆九年子儀入朝代宗召對延英語及西

蕃乞斥苦戰不暇言發涕零飯退復上封論備吐蕃利害曰朔方國之北門西禦犬戎北虞獫狁吾城相去五千餘里開元天寶中戰士十萬戰馬三萬纔敵一隅自先皇帝龍飛靈武戰士從陛下收復兩京東西南北曾無寧歲中年以僕固之役又經耗散人亡三分之二比於天寶中有十分之一今吐蕃乞斥勢彊十倍兼河隴之地雜羌渾之衆每歲來闚近郊以朔方減十倍之事當吐蕃加十倍之騎欲求制勝豈易爲力近入內地稱四節度每將盈萬每賊兼乘數四臣所統將士不當賊四分之一所有征馬不當賊

百分之二誠合固守不宜與戰又得馬璘牒賊擬涉渭而南臣若堅壁恐犯畿甸若過畿內則國之大恐諸道易搖外有吐蕃之殭中有易搖之衆外畏內懼將何以安臣伏以陛下橫制勝之術力非不足但慮簡練未精進退未一時淹師老地闊勢分願陛下更詢讜議愼擇名將俾之統軍於諸道各抽精卒成四五萬則制勝之道必矣未可失時臣又料河南北山南江淮小鎭數千大鎭數萬空耗月餼曾不習戰臣請抽赴關中教之戰陣則軍聲益振攻守必全亦長久之計也臣猥蒙任遇垂二十年今齒髮已衰願避賢路止足之誠神明所監詔曰卿憂深慮遠殊沃朕心始終倚賴未可執辭也

冊府元龜

冊府元龜

巡按福建監察御史臣李嗣京　訂正

知長樂縣事臣夏允彝　參閱

知建陽縣事臣黄國琦　較釋

將帥部二十八

機畧第七

唐王甫代宗時武將也廣德元年十月吐蕃犯長安甫誘長安惡少數百人集六街皷於朱雀街大皷之吐蕃聞之震慴乘夜而遁初吐蕃既立廣武王承宏將掠京城士女工匠整隊伍還蕃及是聞皷聲謂有

變乃狼狽奔潰

段秀實代宗大曆初爲邠寧節度馬璘都虞候璘既奉詔徙鎮涇州其士衆嘗自四鎮二庭赴難中原僑居驟移頗積勞怨刀斧將王童之因人心搖動以爲亂或告其事且曰候嚴警鼓爲約矣秀實乃召鼓人陽怒失節且戒曰每更籌盡必來報每白之輒延數刻四更畢而曙籌既差互童之亂不能作明日告者復曰今夜將焚蒭場期救火者同作亂秀實便嚴加警備夜半火發乃使令於軍中曰救火者斬童之居外營請入救火不許明日斬之捕殺其黨凡十餘人以徇曰敢後徙者族於是遷涇州

張光晟爲振武軍使德宗建中元年八月光晟殺廻紇之歸國者初廻紇前後繼至有九姓胡歸之通名廻紇凡千餘人納馬于唐而徵其懸估留京師或十數年資産極厚嘗爲暴横有司不能禁止大曆十一年廻紇襲振武使攻東陘越代及忻至于太原大殺掠以還十四年復脩舊好使其帥突董統還其國貲貨甚殷及振武留數月厚求給養日食肉千斤他貲稱是光晟苦之（一云廻紇突董梅録領衆并雜種胡等自京師還國輿載金帛相屬於道光晟詐其裝橐頗多潛令驛使以長錐刺之則皆引致京師婦人也）會可汗頓莫賀新

立盡殺九姓胡人皆恐懼不敢還多道亡突董部之益峻羣胡迫急乃密獻計於光晟請盡殺廻紇之種若以兵臨則胡人拱手不敢相抗光晟喜諾焉乃表獻策曰廻紇本人非多比助其彊者羣胡耳今聞其國方亂頓莫賀新立未得衆移地健有孽子及宰相梅録各將數千人方相圖未服且兵非利不往人非財不聚虜無財利一亂不可定夫撫弱攻昧取亂侮亡者聖人之道陛下不以此時乘之而復歸其人奉其弊此眞所謂借寇兵而資盗糧者也請盡殺之光晟乃使將較過其門陽不爲禮突董果怒執而鞭之

光晟乃勒兵圍捺迴紇并羣胡皆殺之收駞馬數千縉錦十餘萬獨留二胡爲證且告曰迴紇挾辱大將乃謀陷振武胡有容言者故先事誅之帝徵光晟還以彭令芳代焉且使中官王嘉祥與迴紇使聿達午偕往致其意

朱滔爲幽州留後建中初成德軍李寶臣死其子惟岳謀襲父位滔與成德軍節度使張孝忠征之大破惟岳於東鹿滔命偏師守東鹿進圍深州惟岳乃統萬餘衆及田悅援兵圍東鹿惟岳將王武俊以騎三千方陣横進滔繪帛爲狻猊象使猛士百人蒙之鼓

譟奮馳賊馬驚亂隨擊大破之惟岳焚營而遁

嗣曹王皐爲江南西道節度觀察建中初李希烈反賊樹堡栅於蔡山皐度峻險不可攻乃聲言西取蘄州理戰艦分兵傍南涯與舟師泝江而上賊以老弱守栅引軍循江隨戰艦南北與皐兵相直去蔡山三百里賊亦隨之乃令徒兵悉登舟廻舟順流東下不一日乃拔蔡山栅賊亦還兵救栅間一日方至又大破之因進攻蘄遂拔之降其將李良復至黄州斬首千餘級軍益振

馬燧爲河東節度使建中三年加魏博招討使討田悅悅求救於淄青鎮州燧軍次於漳水悅遣將王光進以兵守長橋築月城以爲固軍不得渡燧乃於下流以兵車數百乘維以鐵鏁絶中流實以土囊以遏水水稍淺諸軍畢渡是時糧少悅深壁不戰欲老燧師燧令諸軍持十日糧進次倉口與悅等夾洹水而軍李抱眞等問曰糧少深入何也燧曰糧少利速戰兵法善於致人而不致於人今田悅與淄青鎮州三軍爲首尾計以老我師若分軍擊其左右兵必未可必破悅且來救是前後受敵也兵法所謂攻其必救固當戰也燧爲諸公合而破之燧乃造三橋逾洹水

日挑戰悅不敢出鎮州兵自以軍少懼爲燧所并引軍合於田悅燧又令於軍中曰悅死傷之餘安敢出戰彼所恃者淄青軍爾吾當先破納軍則田悅坐受降也淄青軍聞懼亦引軍合於田悅悅謂燧明日復挑戰乃伏兵萬人欲邀之燧乃令諸軍半夜皆食先鷄鳴時擊鼓鳴角潛師旁洹水西徑趨魏州令曰聞賊至卽止爲陣又令百騎鳴鼓角留於後仍抱薪持火待軍止鼓角匿其傍伺悅軍畢渡焚其橋軍行十數里悅乃率淄青鎮州兵步騎四萬餘踰橋掩其後乘風縱火鼓譟而進燧乃坐軍前除草斬榛棘廣百

步以爲陣募勇士得五千餘人分爲前引以俟賊至
比悅軍至則火止氣乏力少衰乃縱擊之悅大敗時
神策昭義河陽軍小却河東軍勝諸軍還鬬合擊又
入破迫切洹水悅軍走橋橋已焚矣悅軍亂赴水斬
首二萬殺賊大將孫晉卿安墨啜生獲三千餘人溺
死者不可勝數淄青軍殆盡死者相枕藉三十里悅
收兵得千餘人走夜至魏州

伊愼爲蘄州刺史充江南西道節度都知兵馬使建
中末車駕在梁洋鹽鐵使包佶以金幣泝江將進獻
次於蘄口賊已屠汴州遣驍將杜少誠將步騎萬餘

來寇蘄黄以絶江道愼兵七千遇於永安戍愼列樹
三柵相去纔數里偃旗臥皷於中柵少誠至分兵而
圍之軍伍未定中柵聲鼓三柵悉兵以擊賊軍大亂
少誠脱身以免斬級不可勝數江路遂通

渾瑊建中末從德宗幸奉天爲行在都虞候朱泚至
乃出軍戰于城東王師不利賊遂乘勝奔突將入官
軍與賊隔門相持自卯至午殺傷頗甚門内有草車
數乘瑊乃令虞候高固等推車塞門焚之以禦乘火
力鬬賊衆遂退然重圍已合大脩攻具以僧法堅爲
匠師造雲橋成闊數十丈下以拒輪爲脚推之使前
施濕氈生牛革多懸水囊以爲障直指城東北隅兩
傍搆木爲廬覆以牛革迴環相屬負土運薪於其下
以塡壕塹矢石不能傷城中恟懼相顧失色瑊與防
城使侯仲莊揣雲橋來路先鑿地道下可深丈餘上
積馬糞深五六尺次二日卽令爇火次一日復下柴
薪夜燒之平明火焰高於城壘是時北風正急賊乃
隨風推橋以薄城下賊三千餘人相繼而登城上士
卒皆久寒餒又少甲冑瑊但感激誡厲之以饑弱之
衆當劇賊之鋒雖力戰應敵人憂不濟公卿已下仰
首祝天賊徒至地道所橋脚偏陷不能進須臾風迴

焰轉雲橋焚爲灰燼賊焚死者數千城中歡譟振地

馬勛爲梁州裨將興元元年二月德宗在奉天欲移
幸梁洋時山南西道節度使嚴震遣兵五千至盩厔
以俟南幸其將張用誠陰謀背叛輸款李懷光朝廷
憂之會勛至帝臨軒與之謀勛曰臣請計日至山南
取節度符召之卽不受召臣當斬其首以復命帝喜
曰幾日當至勛尅日時而奏帝勉勞而遣之勛既得
震符及壯士五人偕行旣入駱谷用誠以爲未知其
叛以數百騎迓勛勛與俱之傳舍用誠左右森然勛
曰天寒且休軍士軍士皆退勛乃令人多焚草以誘

之軍士皆爭附火勛乃從容出懷中符示之曰大夫召君用誠惶駭起走壯士自背束其手而擒之不虞用誠之子居後引刃斫勛勛左右遽承其臂刃不甚下微傷勛首遂格殺其子而仆用誠於地令壯士跨其腹以刃擬其喉曰聲則死之勛即馳就其營軍士已被甲執兵矣勛大言汝等父母妻孥皆在梁州一朝棄之從人謀反將欲滅汝族耶大夫使我取張用誠不問汝輩乃何爲乎衆讋伏於是縛用誠送洋州震杖殺之拔其貳使總其衆勛以藥自封其來復命愆約半日帝頗憂之及勛至甚悅

李晟爲神策行營節度使興元元年德宗在梁洋晟令判官張彧攝京兆尹權知府事權署官吏四十餘人徵斂芻粟數日山積號令軍士以收復宮闕爲志自鑾駕南幸河中李懷光脅奪諸軍士馬頗衆朱泚兵亦未衰晟以孤軍中立財力未集恐爲二盜所併乃卑詞厚意僞致誠於懷光外示推崇之實內輯兵賦以濟其志旬日之後軍用整備懷光患之稍移軍涇陽與朱泚約同滅晟晟致書懷光冀其感寤懷光得書雖慙懼然兇愎之性終不能悛晟懼爲所併乃密疏請徙軍東渭橋帝不許懷光爲亂益急時鄜坊節度使李建徽神策將楊惠元及晟與懷光聯營晟以事迫會有中使過晟營乃令軍曰奉命徙屯渭橋乃爲陣而行至渭橋不數日懷光果逐建徽惠元而刼其兵建徽走免惠元死於好畤晟軍東渭橋大陳兵告以收復之事衆皆奮躍會將吏數輩自賊逃來言朱泚分離可滅之狀軍士增氣先是賊將姚令言及僞中丞崔宣欲使人來覘發軍之期悉爲候騎所得及是晟陳師引覘者示之謂曰爾報諸賊勉力自固無不攻於賊也各飲之酒給錢而遣之仍遺宣書令其善守乃移牒渾瑊駱元光尚可孤等尅期齊進

初晟將收復會諸將議其方畧皆欲先收外城旣有府縣坊市以助軍威然後北清宮闕賊旣失衆心必搖動乘其危變不勞而克晟獨曰先收外城則街衢隘狹人家駢比賊必設伏與王師格戰如此則兵有勝負賊退守宮城又須攻擊賊利則薄吾軍不利則害及百姓吾未見其利且賊重兵精甲皆在苑中當須先抵苑墻衝其巢穴賊旣敗散吾則鼓行驅除彼救死不暇安能爲患於宮闕如此賊擒而百姓免於驚擾矣議者皆伏晟後爲鳳翔節度使貞元二年九月以吐蕃侵軼遣其將王佖夜襲賊營率驍勇三千

人入汧陽城戒之曰賊之大衆當過城下愼無擊其
首尾首尾雖敗其中軍力全若合勢攻汝必受其弊
但俟其前軍已過見五方旗虎豹衣則其中軍也突
其不意可建奇功佖如言出擊之賊衆果敗副將史
庭玉力戰死之辛亥吐蕃二萬餘寇鳳翔城下晟出
兵禦之一夕而退

劉玄佐德宗貞元中爲汴宋節度善用智計每李納
遣使至玄佐必厚重贈之飾以美女恣其遊娛故多
得其陰事嘗先爲之備故納深憚之

李愬爲唐鄧節度使元和十二年冬討淮西愬圍蔡

州吳房縣斬首千餘級賊衆遂退或勸愬曰乘其退
可遂拔吳房愬曰取之則賊必合勢而固其穴不如
留之使分其力初高霞寓袁滋相次貶逐乃以愬爲
唐鄧節度愬至唐州或以其下不肅爲言愬曰賊方
安袁尚書之寬易吾不欲使其改備也又以其覆敗
之餘人皆懼戰乃紿其下曰天子知愬柔而忍恥故
使撫養爾輩戰者非吾事也軍衆信而樂之愬又歸
散其優樂未嘗舉宴士卒傷夷者親自撫之賊以嘗
敗辱二帥又以愬名位非所畏憚者不甚增其備愬
沉勇長筭推誠待士故能用其卑弱之勢出賊不意
居半歲知人可用乃謀襲蔡州表請濟師詔以河中
鄜坊騎士三千以益之會賊將吳秀琳以文成柵三
千人請降愬獨出至柵下與之語親釋其縛署爲都
將秀琳感恩因吐誠言於愬曰若欲破賊須李祐某
無能爲也祐者賊之驍將有膽計嘗侮易官軍去來
不可備愬召其將史用誠誡之曰今祐以衆來穫麥
於張柴爾可以三百騎伏傍林中又使搖旆於前示
將焚其麥者祐素易我軍必輕而來逐爾以衆騎擣
之必獲矣誠如愬計擒祐而還官軍嘗苦祐皆請速
殺之愬不聽又解其縛而客禮之初李愬之入蔡州

自張柴行七十里比至縣瓠城夜半雪愈甚城傍有
鵝鴨池愬令驚擊之以雜其聲

梁氏叔琮唐末爲晉州節度使初太祖屯軍於岐下
晉軍潛襲絳州前軍不利晉軍恃勝而攻臨汾叔琮
嚴設備禦乃於軍中選壯士二人深目虬鬚貌如沙
陀者令就襄陵縣牧馬於道周蕃寇見之不疑二人
因雜其行間俄而伺隙各擒一虜而來晉軍大驚且
疑有伏兵遂退據蒲縣時太祖遣朱友寧兵數萬赴
應悉委叔琮節制既至諸將皆欲休軍叔琮曰若然
則賊又遁矣遁則何功焉因夜出潛師截其歸路遇

晉軍游騎數百盡殺之遂攻其壘拔之後爲保大軍節度使圍晉陽誡衆曰有病者殺而焚之三軍咸稱不病因選精卒殿後徐而退之至石會關留數馬及旌旗虛設于高岡之上晉人疑有伏兵遂不敢追時皆服其謀也

劉鄩唐末爲淄州刺史淄青行軍司馬襲取兖州鄩遣細人詐爲鬻油者覘兖城虛實及出入之所視羅城下一水竇可以引衆而入遂誌之鄩乃告青帥王師範請步兵五百宵自水竇啣枚而入一夕而定末帝時爲開封尹遂領鎮南軍節度使朝廷分相魏爲

兩鎮遣鄩率大軍屯南樂尋以精兵萬人自洹水移軍魏縣晉王來覘鄩設伏於河曲叢木間俟晉王至大譟而進圍之數匝殺獲甚衆晉王僅以身免鄩乃潛師繇黃澤西趨太原將行慮爲晉軍所追乃結芻爲人縛旗於上以驢負之循堞而行將數日晉人方覺軍至樂平會霖雨積旬師不克進鄩卽整衆旋

王重師唐末爲潁州刺史從太祖攻濮州縱兵壞其墉濮人因屯火塞其壞壘煙焰亘空人莫敢越重師方苦金瘡臥于軍次諸將或勉之乃躍起命將士悉取軍氊罽投水中擲於火上重師然後率精鋭持短兵突入諸軍踵之濮州乃陷

寇王友倫唐末爲右武衛將軍太祖征兖鄆友倫勒所部兵收聚糧穀以濟軍須幽滄軍至內黃友倫以前鋒夜渡河擊賊奪馬千匹擒斬甚衆因引兵往八議關卒逢晉軍萬餘騎友倫乃分布兵士多設疑軍因聲鼓誓衆士伍奮躍追斬數十里

劉仁恭鎭幽州素知契丹軍勢情僞選將練兵乘秋深入踰摘星嶺討之霜降秋暮卽燔塞下野草以困之馬多饑死卽以良馬賂仁恭以市牧地

劉守光戍平州契丹舍利王子率萬騎攻之守光僞

與之和張幄幕於城外以饗之羣虜就席伏甲起擒舍利入城羣虜聚哭請納馬五千以贖之不許欽德乞盟納賂以求之自是十餘年不敢犯塞

後唐李嗣昭爲昭義軍節度天祐七年從莊宗南伐胡柳之役周德威軍不利師無行列至晚方集汴人五六萬登土山衆形於懼色莊宗欲收軍據營詰旦決戰嗣昭曰賊無營壘去臨濮數舍日已晡晚皆有歸心但以精騎撓之無令反旆晡後進擊破賊必矣我若收軍據寨賊入濮州俟彼整緝復來殆難與敵帝曰微兄言幾敗吾事乃與軍較主王建及爲犄角

大破賊軍俘斬萬級由是我軍復振
王建及爲衛軍都較天祐七年王師攻魏州魏人夜出犯我營建及設伏待之扼其歸路盡殪之汴將劉鄩之營莘縣月餘不出忽一旦出急兵攻鎮定之營軍中騰亂建及率銀槍勁兵千人赴之擊敗汴軍進奔至其壘十七年梁軍圍德勝城百道齊攻又以蒙衝戰艦斷其津渡莊宗陣於北岸津路不通守將氏延賞告矢石將盡莊宗積錢帛於軍門募能破賊船者於是獻伎者數十或言能吐火焚舟或言能游水破艦或言能禁呪兵刄悉命試之率無成效城中危

急所爭砦漏虎臣不能勇智士不能謀莊宗形於憂色建及擐甲而進曰賊帥傾巢昧死與玆一舉如我師不南則彼爲得計今豈可限一衣帶而縱敵憂君今日勝負臣當効命遂以巨索聯舟十艘選効節勇卒三百人持斧破鎧鼓櫂而行中流擊之賊樓船三層處蒙以牛革縣板如睥睨之制我船將近流矢雨集建及率持斧者入賊蒙衝鬭斬其竹纜破賊懸楯以稍剌之因於上流取甕數百以木夾口竹笮維之又以巨索牽制積芻薪於其上灌脂沃膏火發亘天別維巨艦中實甲士乘煙鼓譟賊斷紲而下沉溺者大半我軍繇是得渡帝曰周瑜得黃蓋而挫曹公吾有建及卒破賊艦奇才猛將何代無之
周德威爲振武軍節度使天祐七年汴將王景仁軍八萬次柏鄉鎮州王鎔告難莊宗遣德威赴之德威率騎兵致師於柏鄉設伏於村塢閒令三百騎以壓汴營王景仁悉其衆結陣而來德威轉戰而退汴軍因而乘之於高邑南時步軍未成列德威陳騎河上以抗之亭午兩軍皆陳莊宗問戰時德威曰汴軍氣盛可以勞逸制之造次較力殆難與敵古者師行不踰一舍蓋慮糧餉不給士有饑色今賊遠來決戰縱

挾糗糒亦不遑食晡晚之後饑渴內侵戰陣外逼士心既倦將必求退乘其勞弊以生兵制之縱不大敗偏師必喪以臣所籌利在晡晚諸將皆然之時汴軍以魏博之人爲右廣宋汴之人爲左廣自未至申陣勢稍却德威麾軍呼曰汴軍走矣塵埃漲天魏人收軍漸退莊宗與史建瑭安金全等因衝其陣夾攻之大敗汴軍殺戮殆盡王景仁李思安僅以身免十年冬汴軍劉鄩乘虛寇太原時德威在幽州徑以五百騎馳入土門聞鄩軍至樂平不進德威徑至南宫以候汴軍初鄩欲據臨清以扼鎮定轉餉之路行次陣

宋口德威遣將擒數十人皆傳双於背縶而遣之旣至謂劉鄩曰周侍中巳據宋城矣德威其夜急騎扼臨清劉鄩乃入貝州是時德威若不至則勝負未可知也十五年我師營麻ロ渡將大舉以定汴州德威自幽州率本軍至十二月二十三日軍次胡柳詰旦騎報曰汴軍至矣莊宗使問戰備德威奏曰賊倍道而來未成營壘我營柵已固守備有餘旣深入賊疆須決萬全之策此去大梁信宿賊之家屬盡在其間人之嘗情孰不以家國爲念以我深入之衆抗彼激憤之軍不以方畧制之恐難必勝王但按軍保柵臣

以騎軍疲之使彼不得下營際晩糧饌不給進退無據因以乘之破賊之道也莊宗不從德威遂戰沒

符存審爲蕃漢馬步都指揮使天祐九年莊宗討劉守光於幽州梁太祖因此北伐至于棗彊存審以騎軍三千屯于趙州初梁軍聲言五十萬存審以兵少不敵心頗憂之謂裨將趙行實曰朱公儻以五十萬來義軍少我作何禦待行實曰誠如是走入土門爲上策存審曰賊軍未至難便從公之上策但得老賊在東別將西來尚可從容畫策不旬日楊師厚攻棗彊賀德倫寇蓨縣攻城甚急存審謂趙行實史建瑭曰吾王方事北面南鄙之事付我等數人今西道無兵蓨縣危急我等坐觀其弊何以自安老賊旣下蓨城必西寇深冀不預爲方畧則滋蔓難圖與公等輕騎而行偵其所向乃選精騎八百急趨信都扼下博橋道存審令史建瑭李都督分道擒生建瑭分麾下五百騎爲五軍一軍之衡水一軍之南宮一軍之信都一軍之阜城自將一軍深入各命俘賊討芻糧者十人而會于下博橋翊日諸軍所至皆獲賊芻蕘者數百聚而殺之內緩縶一人令其逸去或教其去者云可以報朱公禡爾戰地礪爾戈矛晋王大軍至矣

諸軍逸去者皆教以是言賊聞大駭李都督史建瑭各領百餘騎爲賊旗幟服色與芻糧者相雜而行至暮及賀德倫營門殺其門者縱火大呼俘斬而旋其芻蕘者斷手臂得歸皆言我兵大至朱溫大駭遂命夜遁趨於貝鄆蓨人持鉏擾白挺追擊汴軍收其輜車鎧仗不可勝計朱溫先氣痼發動因是愈甚留貝州旬日不能乘肩輿疾作暴怒其將張正言許從實朱彥柔皆斬於軍門以其亡師蓨縣故也十七年七月梁將劉鄩尹浩寇同州先是河中節度使朱友謙以兵收復同州以其子令德王畱務時友謙貌順友

貞請同州節友貞怒其侵已不時與之遂絶友貞請麾節於我因授之友貞乃遣劉鄩與華州節度使尹浩帥兵寇同州塹其城友謙力不能救請師于我帝遣蕃漢馬步總軍李存審昭義節度使李嗣昭代州刺史王建及帥師赴援九月王師大集於河中朝至夕渡時汴人不意王師速至劉鄩曰蒲人事晋心異貌恭假有乞師寧無猜審至於師行次舍倍道兼程計其行途未能及此李存審聞之笑謂軍吏曰兵法有出奇無窮者兵若自天而墜劉鄩善將何其昧哉汴人素輕蒲兵每遇遊騎挑戰必窮追襲存審仞至

率精甲千人内選二百處蒲人之間宜壓賊壘賊出千騎結陣而追之遽見我師大駭而走獲賊騎五十而旋自是賊軍憚戰明日進軍朝邑時蒲中芻粟暴貴糧餉不給駐軍浹旬人皆思戰李存審欲徐圖勝負不時聽從存審謂嗣昭曰我率偏師入冦境蒲中久爲賊有人心尚懷兩端事一差跌則吾屬無類且蒲人羸懦不可驅以爭鋒惟悉我師又衆寡不敵持久則資糧不足求戰則勝負難知每一措謀令人鬚白公方畧如何嗣昭曰我數千里興兵與人解闘儻無成績則失屬亡師今日良圖無踰急戰存審曰予所料虜非不至此但同州南距渭河又數十里連接華州若逼動賊軍夾河結壘持久不戰以逸待勞俟我饋運不乞蒲人離貳事生不測吾輩安歸不如示弱按兵俟其闘志觀其進取然後决機軍士口譚未可取信嗣昭曰善又旬日望氣者言夜見西面黑氣如闘鷄之狀必有戰陣存審曰吾方欲决戰而形於氣象得非天贊我歟召嗣昭友謙聚謀下令軍中誡示所向遲明進軍距於賊壘賊壁壘而出蒲人在南我師在北騎軍旣接蒲人小退賊呼曰與王走矣爲賊所躡嗣昭以精騎抗之大軍繼逼賊遂奔潰追斬

二千級值夜劉鄩以餘衆保營自是閉壁不出居半月存審謂嗣昭曰予所料者懼劉鄩據渭結營持久待我今精兵亡敗退走無門戰窮搏人勿謂無事不如開其走路然後追奔因令王建及牧馬于沙苑劉鄩知之遂宵遁我師追及渭河棄鎧投仗相蹈藉所收輜重不可勝計劉鄩尹浩單騎獲免

李存賢權典沁州天祐九年正月汴人將襲州城伏於城下存賢意其奸變遲明命守陴者皆皷譟如攻戰之勢賊謂我掩襲伏兵大駭因四面攻吾門分兵禦捍至午賊退

闔賓爲天平軍節度使天祐十四年從明宗援幽州敗契丹指陳方畧多中事機十五年胡柳之役諸軍逗撓汴軍登無石山其勢甚盛莊宗望之畏其不敵且欲保營賓進曰王深入敵境偏師不利王彥章騎軍已入濮州山下唯列步兵向晚皆有歸志我盡鋭擊之敗走必矣今若引退必爲所乘我軍未集更聞賊勝即不戰而自潰也凡決勝料勢決戰料情情勢已得斷在不疑今王之成敗在此一戰若不決戰設使餘衆渡河河朔非王有也王其勉之莊宗聞之聳聽曰微公幾失計即引騎大譟奮稍登山大敗汴人

郭崇韜同光末爲招討使伐蜀軍入大散關崇韜以馬箠指山險謂魏王繼岌曰朝廷與師十萬已入此中儻不成功安有歸路今岐下飛輓才及旬日必須先取鳳州收其儲積方濟吾事乃令李嚴康延孝先馳書檄以諭僞鳳州節度使王承捷及大軍至承捷果以城降得兵八千軍儲四十萬次至故鎭僞命屯駐指揮使唐景思亦以城降得兵四千又下三泉得軍儲三十餘萬自是帥無匱乏軍聲大振其招懷制置官吏補署帥行籌畫軍書告諭皆出於崇韜繼岌承命而已

康延孝爲保義軍節度使四川行營先鋒使延孝旣收綿州蜀主王衍斷綿江浮梁而去水深無舟檝可渡延孝謂招撫使李嚴曰吾懸軍深入利在急兵乘王衍破膽之時人心離沮但得百騎過鹿頭關彼即迎降不暇如俟脩繕津梁便留數日若王衍堅閉近關拆吾兵勢儻延旬浹則勝負莫可知也宜促騎渡江因與李嚴乘馬浮江于時得濟者僅千人步軍溺死者亦千餘人延孝旣濟長驅過鹿頭進據漢州居三日部下後軍方至僞蜀六軍使王宗弼令人持牛酒幣馬歸欵旬日間兩川平定

晉范延光初仕後唐爲宣徽使明宗幸夷門至滎陽聞朱守殷拒命延光曰若不急攻則賊城堅矣請騎兵五百臣先赴之則人心必駭明宗從其請延光自酉時至夜星馳二百餘里奄至城下與賊交鬭翌日守陴者望見乘輿乃相率開門延光乃入與賊巷戰至厚載門盡殲其黨明宗嘉之

漢趙暉乾祐初除鳳陽節度使屬王景崇盜據岐山期不受代朝廷即命暉爲西南面行營都部署統兵以討之時李守貞叛於蒲趙思綰據于雍景崇皆援之及引蜀軍出自大散關勢不可遏暉領兵數千數

戰而勝然後塹而圍之暉屢使人挑戰賊終不出暉乃潛使千餘人於城南一舍之外擐甲執兵僞爲蜀兵旗幟循南山而下詐令諸軍聲言川軍至景崇乃令數千人潰圍而出以爲應援暉設伏而待一鼓而盡殪之自是景崇膽破無復敢出明年拔之

冊府元龜

冊府元龜　將帥部　機畧七　卷之三百六十七　二十一

冊府元龜

巡按福建監察御史臣李嗣京訂正

知閩縣事臣曹門臣叅閱

知建陽縣事臣黃國琦較釋

將帥部二十九

攻取

夫用師伐叛有攻取之道所以摧堅壘而克敵成竒功而定覇者也蓋夫梯衝之備鉤援之設竭機械之智冒矢石之難先登以勵勇氣長圍以縱兵力皆所以振威武而寧禍亂焉三代而下本兵柄者或奉亂

致討誓衆以進蓄以乘墉傅堞以恣其攻擊紲梯鳴角以奮其勢固乃麾城有振槁之易略地成苍國之美茂功舉集威名震赫圖鍾石而兼著誓河山而不朽者曷嘗不繇是哉

楚鬬廉帥師及巴師圍鄾鬬廉楚大夫鄧養甥聃甥帥師救鄾三逐巴師不克二甥鄧大夫鬬廉衡陳其師於巴師之中以戰而北衡横也分巴師爲二部鬬廉横陳於其閒以與鄧師戰而僞北北走也鄧人逐之背巴師而夾攻之楚師僞走鄧師逐之背巴師巴師攻之鄧師大敗鄾人宵潰

郤叔虎晉大夫也晉獻公田見翟柤之氛翟柤名氛祲氣凶象也而曰氣吉曰祥歸寢不寐欲伐翟柤也郤叔虎朝公語之以寢不寐出遇士蔿曰今夕君寢不寐必爲翟柤君若伐之可尅也子必言之士蔿以告公說乃伐翟柤郤叔虎將乘城乘外其徒曰棄政而役非其任也政職也役戍役郤叔虎曰旣無老謀又無壯士何以事君壯士力役也言已無謀又恥無功被羽先升遂尅之羽鳥羽繫於背若今軍將負眊

公子嬰齊字子重爲楚令尹魯成公九年十一月師伐莒圍渠丘渠丘城惡衆潰奔莒戊申楚入渠丘明曰莒人囚楚公子平楚人曰勿殺吾歸而俘莒人殺之楚師圍莒莒城亦惡庚申莒潰月十八日楚遂入鄆

莒無備故也

荀罃晉大夫將中軍士匄佐中軍荀偃將上軍魯襄公十年夏四月戊午會于柤經書春書始行也戊午月一日荀偃士匄請伐偪陽而封宋向戌焉以宋嘗事晉向戌有賢行故欲封之爲附庸荀罃曰城小而固勝之不武弗勝爲笑固請丙寅圍之弗克諸侯之師久於偪陽荀偃士匄請於荀罃曰水潦將降懼不能歸向夏恐有久雨從丙寅至庚寅二十五日故日久請班師班還也知伯怒知伯荀罃投之以機出於其閒出偃匄之間曰女成二事而後告余二事伐偪陽向戌余恐亂命以不女違旣成改之爲亂命女旣勤君而興諸侯牽帥老夫以至于此旣

無武守無武功可執守而又欲易余罪曰是實班師不然克矣謂偃匄將言耳余羸老矣可重任乎不任受女此責七日不克必爾乎取之言當取以謝不告之罪五月庚寅月四日荀偃士匄帥卒攻偪陽親受矢石躬在矢石閒甲午滅之

荀吳晉大夫帥師伐鮮虞圍鼓鼓白狄之別種下曲陽縣有鼓亭甚急鼓人或請以城叛荀吳弗許使敵殺叛人增守備圍鼓三月鼓人告食竭力盡而取之滅鼓而返不戮一人

高發齊大夫帥師伐莒初莒有婦人莒子亡其夫已爲嫠婦及老託於紀鄣紡焉以度而去之田紡纑連所紡以度

城而藏之及師至則投諸外投繩城外或獻之子占子占使師夜縋而登縋繩登城登者六十人懸絕師鼓譟城上之人亦譟莒共公懼啓西門出齊師入紀

秦白起爲將攻韓拔九城斬首五萬

田單爲齊上將興師十餘萬將以攻翟往見魯仲連子仲連子曰將軍之攻翟必不能下矣田將軍曰單以五里之城十里之郭復振齊國何爲攻翟不能下也及攻翟三月不下齊之童兒謠曰大冠如箕長劒拄頤攻翟不能下累於吾兵於是田單恐駭往見仲連子曰先生何以知單攻翟不能下也仲連子曰夫將軍即墨之時坐則織蕢立則杖鍤爲士卒唱曰恐宗廟亡失故將軍有死之心士卒無生之氣今將軍東有掖邑之封西有淄上之寶黃金橫帶馳乎淄澠之間有以樂生而惡死也田單明日結髮袒于矢石之間乃援桴而鼓之翟人下之

趙襄子晉大夫簡子子也簡子死未葬中牟入齊中牟自入臣於齊也已葬五日襄子起兵攻之圍未合而城自壞者十丈襄子擊金而退之軍法鼓以進衆鉦以退之軍吏諫曰君誅中牟之罪而城自壞是天助我何故去之襄子曰吾聞之叔向曰君子不乘人於利不迫人於險使之

治城城成而後攻之中牟聞其義乃請降

漢周勃以中涓從沛公下胡陵方與音房豫攻豐復攻碭破之下下邑先登賜爵五大夫攻蘭虞取之畧定魏地攻轅戚東緡以往至栗取之攻齧桑先登下斬城攻都關定陶攻開封先至城下爲多多謂功多又攻東郡尉於成武破之攻長社先登攻穎陽緱氏南攻南陽守齮破武關攻秦軍於藍田

樊噲以舍人從沛公攻胡陵方與擊泗水監豐下破之泗水郡名監謂郡監破之豐縣下嘗從沛公軍濮陽攻城先登斬首二十三級從攻陽城先登下戶牖後攻圍都尉陳留

圍縣東郡守尉於成武又從攻秦軍出亳南今河南偃師湯亭是河間守軍於杠里破之杠音江從攻破楊熊於曲遇攻宛陵先登斬首八級捕虜四十四人從攻長社轘轅絶津東攻秦軍尸鄉南攻秦軍於犨攻宛城先登攻武關至覇上從入漢中還從攻雍籞城先登擊章平軍好畤攻城先登遷爲將軍攻趙賁下郿槐里柳中咸陽柳中郎細柳也灌廢丘最以水灌廢兵也從攻項羽屠煮棗攻鄒魯瑕丘薛

彭越爲魏相國項王與漢王相距滎陽越攻下睢陽外黃七十城

鄜商以所將四千人屬沛公於岐從攻長社先登從攻緱氏絶河津從下宛穰定十七州别將攻旬關漢中旬水上之關受梁相國印從擊項羽攻胡陵

夏侯嬰爲太僕奉嘗從攻胡陵降賜爵五大夫東攻濟陽下戶牖從攻南陽

灌嬰爲中謁者攻下外黃西收軍於滎陽韓信已定齊地使嬰别將攻博陽前下相以東南僮取慮徐僮慮徐三縣名度淮盡降其城邑又攻苦譙二縣名追項籍至東城斬籍下東城歷陽渡江破吳郡長吳下得吳守遂定吳豫章會稽還定淮北五十二縣

斬欽以中涓從沛公攻濟陽别南擊章平軍定隴西六縣

後漢鄧禹從光武自薊至信都王郎起兵使禹發奔命得數千人令自將之别攻拔樂陽禹爲前將軍持節西入關建武元年正月禹自箕關將入河東箕關在今王屋縣東河東都尉守關不開禹攻十日破之

蓋延爲虎牙將軍建武二年夏督駙馬都尉馬武等伐劉永先攻拔襄邑進取麻鄉遂圍永於睢陽數月盡收野麥夜梯其城入永驚懼引兵走出東門延追擊大破之

岑彭爲廷尉行大將軍事建武八年彭與蓋延耿弇圍隗囂於西城彭遂壅谷水灌西城城未沒丈餘時以緝囊盛土爲隄灌西城谷水從地中數丈涌出故城不拔囂將行巡周宗將蜀救兵到囂得出還與漢軍退

吳漢爲大司馬從征董憲憲與龐萌走保朐漢進圍朐城明年城中穀盡憲萌潛出襲取贛音貢榆贛榆縣名今海州東海縣也瑯邪太守陳俊攻之憲萌走澤會漢下朐城

祭遵爲征虜將軍建武中新城蠻中山賊張滿屯結險隘爲人害詔遵攻之遵絶其糧道滿數挑戰遵堅壁不出而厭新栢華餘賊復與滿合遂攻得霍陽祭遵

乃分兵擊破降之明年春張滿饑困城拔生獲之

耿弇為大將軍時張步據齊地弇總兵討之步使其大將費邑軍歷下又分守祝阿鍾城弇先擊祝阿自晨攻城未中而拔之故開圍一角令其衆得奔歸鍾城之人聞祝阿已潰大恐懼遂空壁亡後弇軍臨淄西安之間張步都臨淄使弟玄武將軍藍將兵守西安弇視西安城小而堅藍兵又精未易攻也臨淄諸郡太守相與雜居人不專一其勢雖大而虛易攻弇內欲攻之告令軍中治取攻具後五日攻西安復縱生口令歸藍聞之晨夜守城至期夜半令軍皆蓐食

會明咸請攻西安弇曰吾揚言欲攻西安令方自憂治城具而吾攻臨淄一日必拔吾得臨淄即西安空必復亡矣且西安城堅精兵二萬人攻之未可卒下士卒必多死傷正使得其城張藍引兵奔臨淄臨淄更還吾深入敵城後無轉輸旬月間不戰而困諸君不見耳弇遂擊臨淄至日中破之藍聞臨淄拔果將其衆亡

朱儁為鎮賊中郎將與荊州刺史徐璆共討黃巾擊賊帥趙弘斬之賊餘帥韓忠復據宛乞降儁不許因急攻連戰不克儁登土山觀之顧謂張超曰吾知之矣賊今外圍周固內營逼急乞降不受欲出不得所以死戰也萬人一心尤不可當況十萬乎其害甚矣不如徹圍并兵入城忠見圍解勢必自出則意散易破之道也既而圍解忠果出戰大擊破之

郭典為鉅鹿太守與中郎將董卓攻黃巾賊張寶於下曲陽作圍塹而卓不肯典曰受詔攻賊有賊而已使諸將引兵屯東典獨於西當賊之衝晝夜進攻寶繇是守城不敢出時謂之語曰郭君圍塹董將不許幾令狐狸化為豺虎賴我郭君不畏彊禦轉機之間敵為窮虜猶猶惠君實完疆土

袁紹為冀州牧時公孫瓚破擒劉虞盡有幽州之地乃盛脩營壘樓觀數十臨易河通遼海獻帝建安三年紹大攻瓚遣子續請救於黑山諸帥而欲自將突騎直出傍西山以斷紹後長史關靖諫曰今將軍將士莫不懷瓦解之心所以猶能相守者顧戀其老小而恃將軍為主故耳堅守曠日或可使紹自退若舍之而出後無鎮重易京之危可立待也瓚乃止紹漸相攻逼瓚衆日蹙乃却築三重營以自固四年春黑山賊率張燕與續率兵十萬三道來救瓚未及至瓚乃密使行人齎書告續曰昔周末喪亂僵屍蔽地以

意而推鋒爲否也不圖今日親當其鋒袁氏之攻狀若鬼神梯衝舞吾樓上鼓角鳴於地中日窮月急不遑啓處烏尨婦人㵼水陵高（㵼水丑六切渝急也）汝當碎首於張燕馳騾以告急父子天性不言而動（言相感也）且厲五千鐵騎於北隰之中（下溼曰隰）起火爲應吾當自内出奮揚威武决命於斯不然吾亡之後天下雖廣不容汝足矣紹候得其書（魏氏春秋候者得書紹與陳琳易其詞）如期舉火瓚以爲救至遂便出戰紹設伏瓚遂大敗復還保中小城自計必不全乃悉縊其姊妹妻子然後引火自焚紹兵趣登臺斬之閼靖見瓚敗歎恨曰前若不止將

軍自行未必不濟吾聞君子陷人於危死同其難豈可以獨生乎乃策馬赴紹軍而死紹二子譚尚

魏陳泰爲征西將軍時蜀將姜維率衆侵魏拒麴山築二城使牙門將句安李歆等守之屬羌胡質任等寇逼諸郡泰禦之謂諸將曰二城雖固去蜀險遠當須運糧羌夷患維勞苦必未肯附今圍而取之可不血刃而拔其城雖其救之山道險阻非行兵之地乃使鄧艾等進兵圍之斷其運道及城外流水安等挑戰不許將士窘困分糧聚雪以稽日月維果來救出自牛頭與泰相對泰曰兵法貴在不戰而屈人今絶牛頭維無返道則我之擒也諸將各堅壘勿與戰自南度白水循水而東使諸將截其還路維懼遁走安等孤懸遂皆降

吳董襲爲偏將軍太帝討黃祖祖橫兩蒙衝挾守沔口以栟閭大紲繫石爲矴上有千人以弩交射飛矢雨下軍不得前襲與凌統俱爲前部各將敢死百人人被兩鎧乘大舸船突入蒙衝襲身以刀斷兩紲蒙衝乃橫流大兵遂進祖開門走兵進斬之

呂蒙爲偏將軍曹公遣朱光爲廬江太守屯皖大開稻田又令閒人招誘鄱陽賊帥使作内應蒙曰皖田

肥美若一收熟彼衆必增如是數歲操態見矣宜早除之乃具陳其狀於是大帝親征皖引見諸將問以計策（諸將皆勸作土山添攻具蒙趨進曰治攻具及土山必歷日乃成城備既修外救必至不可圖也且乘雨水以入若留經日水必向進還道艱難蒙切危之今觀此城不能甚固以三軍銳氣四面並攻不移時可拔及水以歸全勝之道也大帝從之）蒙乃薦甘寧爲外城都督督攻在前蒙以精銳繼之侵晨進攻蒙手執枹鼓士卒皆騰踴自升食時破之既而張遼至夾石聞城已拔乃退

程普與周瑜爲左右督破曹公於烏林進攻南郡走曹仁（又云周泰與瑜程普攻曹仁於南郡）

晉陶璜初仕吳歷顯位孫皓時交阯郡吏以郡內附武帝遣巴西馬融爲交阯太守融病卒南中監軍霍弋又遣健爲楊稷代融與將軍毛炅等自蜀出交阯衆遣璜等距稷初霍弋之遣稷毛炅等與之誓曰若賊圍城未百日而降者家屬誅若過百日救不至吾受其罪稷等守未百日糧盡乞降璜不許給其糧使守諸將並諫璜曰霍弋已死不能救稷等必矣可須其日滿然後受降使彼得無罪我受有義內訓百姓外懷隣國不亦可乎稷等期訖糧盡救兵不至乃納之

朱伺爲威遠將軍討陳聲聲保董城伺率諸軍圍之遂重柴繞城作高櫓以勁弩下射之乃斷其水道城中無水殺牛飲血閻晉聲婦弟也乃斬聲首出降

前燕慕容恪爲侍中率兵討段龕於廣固恪圍之諸將勸恪宜急攻之恪曰兵法十圍五攻段龕恩結賊黨衆未離心今憑固天險上下同心若其促攻不過數旬雖能尅之但恐傷吾士衆當持久以取耳乃築室返耕嚴固圍壘終尅廣固又燕將呂護據野王陰通晉事覺恪率衆討之將軍傅顏言於恪曰前以廣固無險易守難攻故爲長久之策今賊形便不與往同宜急攻之以省千金之費恪曰護老賊經變多矣觀其爲備未易卒圖今圍之窮城樵採路絕內無蓄積外無強援不過十旬其斃必矣何必遽殘士卒之命而趣一時之利吾嚴濬圍壘休養士卒兵不血刃坐以制勝遂長圍守之凡經六月而野王潰

宋劉勔爲輔國將軍晉安王子勛反以殷琰爲豫州假節督南豫數郡太宗遣勔於西討勔於是乃壓長圍治攻道於東南角并塡塹東南角有高樓隊主趙法進計曰外若進攻必先攻樓樓若頹落旣傷將士又使人情沮壞不如先自毀之從其言勔用草茅苞

土擲以塞塹擲者如雲城內乃以箭射之草木乃燃後土積至一二日塹便欲滿趙法進復獻計以鐵珠子灌之珠子流滑悉緣隙得入草於是火燃二日間草盡塹中土不過二三寸勔乃作大蝦蟆車載土牛皮蒙之三百人推以塞塹琰戶曹參軍虞挹之造礮車繫之以石車悉破壞後乃降

梁韋叡爲輔國將軍旣破魏小峴城遂進討合肥先是右軍司馬胡略等至合肥久未能下叡按行山川曰吾聞汾水可以灌平陽絳水可以灌安邑卽此是也乃堰肥水親自夜率項城水通舟艦旣至魏初分

築東西小城夾合肥叡先攻二城既而魏援將楊靈胤帥軍五萬奄至衆懼不敵請表益兵叡笑曰賊已至城下方復求軍臨難鑄兵豈及馬腹且吾求濟師彼亦徵衆猶如吳益巴兵蜀增白帝耳師克在和不在衆古之義也因與戰破之軍人少安初肥水堰立使軍主王懷靜築城於岸守之魏攻陷懷靜城千餘人皆沒魏人乘勝至叡堤下其勢甚盛軍監潘靈祐勸叡退還巢湖諸將又請走保三叉叡怒曰寧有此耶將軍死綏有前無却又令取繖扇麾幢樹之堤下無動志叡素羸每戰不嘗騎馬以板輿自載督厲衆

軍魏兵來鑿堤叡親與爭之魏軍却因築壘於堤以自固叡起鬬艦高與合肥城等四面臨之魏人計窮相與悲哭叡攻具既成堰水又滿魏救兵無所用魏守將杜元倫登城督戰中弩死城遂潰俘獲萬餘級牛馬萬數絹滿十間屋悉充軍賞合肥平

陳慶之爲文德主帥率軍二千送豫章王綜入鎮徐州魏遣安豐王元明臨淮王元彧率衆二萬來距元明先遣其別將丘大千築壘潯梁觀兵近境慶之進薄其壘一鼓便潰殺安西將軍元樹出征壽春除慶之假節總知軍事魏豫州刺史李憲遣其子長鈞兩城相距慶之攻之憲力屈遂降慶之入據其城轉東宮直閤賜爵關中侯

鄧元起天監初爲左將軍益州刺史時前益州刺史劉季連持兩端聞元起將至發兵拒守元起至巴西先遣將王元宗等破季連將李奉伯於新邑齊曉盛於赤水衆進屯西平季連始嬰城自守曉盛又破元起將魯方達於斛石卒死者千餘人師咸懼元起乃自率兵稍進至蔣橋去成都二十里留輜重於郫季連復遣奉伯曉盛二千人間道襲郫陷之軍備盡沒元起遣魯方達之衆敗而反遂不能克元起捨郫逕

圍州城柵其三面塹焉元起出巡視圍柵季連使積勇掩之將至麾下元起下輿持楯叱之衆辟易不敢進時益部亂日久民廢耕農內外苦饑人多相食道路斷絕季連計窮會明年高祖使赦季連罪許之降季連即日開城納元起元起送季連於京城開郫乃降斬奉伯曉盛高祖論平蜀勳復元起號平西將軍增封八百戶并前二千戶

王僧辯爲鎮衛將軍時湘州賊陸納等攻破衡州世祖命僧辯南討納等下據車輪夾岸爲陣前斷水勢士卒驍猛皆百戰之餘僧辯憚之不與輕進於是稍

作連城以逼賊賊見不敢交鋒益懷懈怠偕辨因其無備命諸軍水步攻之親執旗鼓以誡進止於是諸軍競出大戰於車輪與驃騎宜春侯循并力苦攻陷其二城賊大敗

陳陳文季爲安遠將軍隨都督吳明徹北討秦郡前江浦通塗水齊人並下大柱爲伐柵水中明徹乃前遣文季領驍勇拔開其柵明徹率大軍自後而攻秦郡克之又别遣文季圍涇州屠其城進攻盱眙拔之

吳明徹爲征北大將軍北伐進逼壽陽齊遣王琳將兵拒守琳至與刺史王貴顯保其外郭明徹以琳初

入衆心未附乘夜攻之中宵而潰齊兵退據相國城及金城明徹令軍中益修攻具又堰肥水以灌城城中苦濕多腹疾手足皆腫死者十六七會齊遣大將軍皮景和率衆數十萬來援去壽春三十里頓軍不進諸將咸曰堅城未拔大援在近不審明公計將安出明徹曰兵貴在速而彼結營不進自挫其鋒吾知其不敢出戰矣於是躬擐甲冑四面疾攻城中震恐一皷而克生擒王琳王貴顯扶風王可朱渾孝裕尚書盧潛左丞李騊駼送京師景和惶懼遁走

黄法𣰰音俱爲使持節散騎常侍都督南豫州諸軍事征南大將軍南豫州刺史大舉北伐都督吳明徹出秦郡以法𣰰爲都督出歷陽齊遣其歷陽王步騎五萬來援於小峴築城法𣰰遣左衞軍樊毅分兵於大峴禦之大破齊軍盡獲人馬器械於是乃爲拍車及步艦竪拍以攻歷陽歷陽窘急就乞降法𣰰緩之則又拒守法𣰰親率士卒攻城施拍加其樓堞時又大雨城壞克之盡誅戍卒進兵合肥望旗降欵法𣰰止軍不令侵掠躬親自撫勞而與之盟並放還北以功加侍中

後魏慕容白曜爲征南大將軍督平東將軍長孫陵

等討青州白曜攻歷城宋將崔道固不降白曜築圍以攻之長孫陵等既至青州沈文秀遣使請降軍人入其西郭頗有採掠文秀悔之遂嬰城拒守二年崔道固及兗州刺史梁鄒守將劉休賓並面縛而降白曜白曜皆釋而禮之送道固休賓及其寮屬于京師後乃徙二縣以居之自餘悉爲奴婢分賜百官乃進討東陽入其西郭克之擒沈文秀凡獲倉粟八十五萬斛米三千斛弓九千張箭十八萬八千刀二萬二千四百甲冑各三千三百銅五千斤錢五十萬城内戶八千六百口四萬一千吳蠻戶二百始末三年築

圍攻擊日日交兵雖士卒死傷無多然叛督上土人租絹以爲軍資不至侵苦三齊欣然安堵樂業克城之日以沈文秀抗倨不爲之拜忿而撾撻唯以此見譏以功拜都督青齊東徐州諸軍事開府青州刺史

淳于誕以孝明正光中秦隴反叛詔誕爲西南道軍司馬假冠軍將軍別將從子午南出斜谷趣建安與行臺魏子建共參經畧時梁益州刺史蕭猷遣將樊文熾蕭世澄等率衆數萬圍小劔戍益州刺史邴虬令魏子建拒之且因轉營爲文熾所掩統軍胡小虎崔珍寶並見俘執子建遣誕助討之誕勒兵馳赴相

對月餘未能摧殄文熾軍行之谷東峯名龍鬚山置柵其上以爲歸路誕以賊衆難可角力乃客募壯士二百餘人令夜登山攻焚其柵及時火起煙焰漲天賊以還途不守連營震怖誕率諸軍鳴皷攻擊文熾大敗俘斬萬計擒世澄等十一人熾爲元帥先走獲免

源子雍爲中軍將軍孝明以葛榮久逼信都詔假子雍征北將軍爲北討都督時相州刺史安樂王鑒據鄴反勑子雍與都督李神軌先討之子雍行達湯陰鑒遣弟斌之夜襲子雍軍不克奔敗而返子雍乘機繼進徑圍鄴城與裴衍神軌等攻鑒平之

安頡爲將軍宋朱循之城滑臺頡攻圍之糧盡將士熏鼠食之循之被圍旣久母嘗悲憂忽一日乳汁驚出母號泣告家人曰我年老非復有乳汁時今如此兒必沒矣果以其日克滑臺囚循之

賀拔勝爲荆州刺史將圍襄陽攻梁下𨒪戍克之擒其戍主尹道元俄又使人誘動蠻王問道期道期率衆起義梁雍州刺史蕭續遣軍擊道期爲道期所敗漢南大駭勝又遣軍攻均口擒梁將莊思延又攻馮翊安定沔陽鄼城並平之續遣將柳仲禮於穀城拒守

勝攻之多所克捷河北蕩爲丘墟矣

冊府元龜

福建監察御史臣李嗣京　訂正
知甌寧縣事臣孫以敬參閱
知建陽縣事臣黄國琦較釋

將帥部三十

攻取第二

北齊堯雄仕東魏爲車騎大將軍行豫州事時西魏以是育寶爲豫州刺史據項城義州刺史韓顯據南頓雄率衆攻之一日拔其二城擒顯及長史丘岳寶遁走獲其妻妾將吏三千人皆傳送京師

清河王岳初仕東魏爲太尉時西魏將王思政守潁川郡城岳與行臺慕容紹宗儀同劉豐等率步騎十萬攻之備盡攻擊之術以潁川水灌城陷之

斛律光文宣天保三年爲晉州刺史東有周天柱新安牛頭三戍招引亡叛屢爲寇竊七年光率步騎五千襲破之又大破周儀同王敬儁等獲生口五百餘人雜畜千餘頭而還九年又率衆取周絳川白馬澮文翼城等四戍除朔州刺史十年除特進開府儀同三司二月率騎一萬討周開府曹廻公斬之柏谷城主儀同薛禹生棄城奔遁遂取文侯鎮立戍置柵而還至後王武平中爲并州刺史詔率步騎五萬出平陽道攻姚襄白亭城戍皆克之獲其城主儀同大都督等九人捕虜數千人又別封長樂郡公是月周遣其柱國紇干廣畧圍宜陽光率步騎五萬赴之大戰於城下乃取周建安等四戍捕虜千餘人而還

叱列平爲開府天保中與諸將南討江淮克陽平郡

叚韶爲左丞相後主武平二年二月周師來寇遣韶與右丞相斛律光太尉蘭陵王長恭同往捍禦以三月暮行達西境有柏谷城者乃敵之絶險石城千仞諸將莫肯攻圍韶曰汾北河東勢爲國家之有若不

去柏谷事同痼疾計彼援兵會在南道今斷其要路救不能來且城勢雖高其中甚狹火弩射之一旦可盡諸將稱善遂鳴鼓而攻之城潰獲儀同薛敬禮大斬獲首虜仍城華谷置戍而還封廣平郡公是月周又遣將寇邊右丞相斛律光先率師出討韶亦請行五月到服秦城周人於姚襄城南更起城鎮東接定陽又作深塹斷絶行道韶乃密抽士卒從北襲之又遣人潛渡河告姚襄城中令内外相應渡者千有餘人周人始覺於是合戰大破之獲其儀同若干顯寶等諸將咸欲攻其新城韶曰此城一面阻河三面地

險不可攻就令得之城𢍰耳不如更作一城壅其路破秦併力以圖定陽計之長者將士咸以爲然乃從圍定陽其城主開府儀同楊範固守不下韶登山望城勢乃縱兵急攻之署其外城大斬獲首級時韶病在軍中以子城未克謂蘭陵王長恭曰此城三面重澗險阻並無走路唯慮東南一處耳賊若突圍必從此出但簡精兵專守自足成擒長恭乃令壯士千餘人設伏於東南澗口其夜果如所策賊遂出城伏兵擊之大潰範等面縛盡獲其衆韶疾甚先軍還以功別封樂陵郡公

斛律光舉爲大都督率歩騎三千導衆軍西襲夏州克之

張亮爲幽州刺史時侯景叛除征西大將軍京州刺史尚書右僕射西南道行臺攻梁江夏頻陽七城皆下之

源懷爲持節廣州諸軍事梁遣將湛僧珍楊暕來寇懷與行臺元景擊須城拔之擒暕

莫多婁貸文爲汾陝大都督與太保尉景攻東雍南汾二州克之

斛律平爲濟州刺史侯景渡江詔平爲大都督率青州刺史敬顯儁左衛將軍庫狄伏連于碁定壽陽宿豫三十餘城事罷還州加開府進位驃騎大將軍

後周楊摽初仕魏孝武時大軍東討授大行臺尚書率義衆先驅敵境攻其四戍拔之

獨孤信爲太子太傅凉州刺史宇文仲和據城不受代文帝令信率開府怡峯討之仲和據城固守信夜令諸將以衝梯攻其北信親帥壯士襲其西南遂明克之擒仲和虜其六千戸送于長安拜大司馬

李遷哲爲車騎大將軍從開府賀若敦討直京金三州賊萌並平蕩仍與敦南出狗地遷哲先至巴州入

其郛郛梁巴州刺史牟安民惶懼開門請降安民子宗徹等猶據琵琶城招諭不下遷哲攻而克之斬獲九百餘人

齊王憲建義五年從武帝伐齊憲攻洪洞永安二城並拔之

侯莫陳穎從滕王逌擊龍泉文城叛胡穎與柱國豆盧勣分路而進穎懸軍五百餘里破其三柵

隋于仲文爲大將軍高祖初爲丞相尉迥之亂遣仲文發兵討之迥將檀讓屯成武別將高士儒以萬人屯永昌仲文移書州縣曰大將軍至可多積粟讓謂

仲文未能卒至方推牛享士仲文知其怠選精騎襲之一日便至遂拔成武

楊素爲上開府成安縣公從王軌破陳將吳明徹於呂梁治東楚州事陳將樊毅築城於泗口素擊走之夷毅所築

史祥爲驃騎將軍伐陳之役從宜陽公王世積以舟師出九江道先鋒與陳人合戰破之進拔江州高祖聞而大悅下詔褒之

韓擒虎爲廬州總管大舉伐陳以爲先鋒率五萬人宵濟襲取釆石進攻姑熟半日而拔

杜彥雲以行軍總管與韓擒虎伐陳軍至南陵賊屯據江岸彥雲遣儀同樊子蓋率精兵擊破其柵獲船六百餘艘渡江擊南陵城拔之擒其守將許翼

崔仲方仁壽末以代州總管被徵入朝會漢王諒餘黨據呂州不下煬帝令周羅睺攻之中流矢卒乃令仲文代總其衆月餘拔之進位大將軍

陳稜爲武賁郎將大業六年與朝議大夫張鎮周發東陽兵萬餘人自義安汎海擊琉球國月餘而至分爲五軍趣其都邑其王渴剌兜率衆數千逆拒稜遣鎮周爲先鋒擊走之稜乘勝逐北至其柵渴剌兜背柵而陣稜盡銳擊之從辰至未苦鬬不息渴剌兜自以軍疲引入柵稜遂塡塹攻破其柵斬渴剌兜獲其子島槌虜男女數千而歸

唐張士貴隋大業末高祖起義爲右光祿大夫拒盧突通於桃林使東略地下同軌巳東城堡攻克熊州遂鎭之太宗以大軍圍王世充士貴率兵攻景華宮城拔之

李大亮爲安撫大使攻王世充樊城鎭克之斬其將周大安下其城柵十四所并取沮華二州

許紹爲硤州刺史攻蕭銑荊門鎭克之

杜伏威武德四年五月攻王世充之梁郡克之

田世康爲黔州刺史攻蕭銑五州四海鎭皆克之

劉世讓爲行軍總管攻竇建德黃州刺史克之

周法明爲黃州總管攻蕭銑安州克之獲其僞總管馬貴遷

李仲文爲行軍總管鎭并州劉武周頻遣兵入境仲文擊輒破之下城堡百餘所

薛萬均爲殿中少監副柴紹爲梁師都諸將見賊險固皆有懼色萬均謂之曰城中無氣鼓聲不徵此見破亡之候平在旦夕諸軍勿以爲憂俄而師都見殺

城降
侯君集以貞觀十四年爲交河道行軍總管擊高昌王麴智盛師次田地城賊嬰城自固君集諭之不下其夜有星墜其城内詰朝攻之及午而克遣中郎將辛獠兒率勁騎爲先鋒夜趨其都城君集以大軍繼進頓兵城下諭以禍福智盛致書於君集曰有罪於天子者先王也旣咎深譴積身已喪亡智盛襲位未有愆闕所冀尚書赦之君集報曰若能悔過宜束手軍門智盛猶不出於是率諸城降者塡其隍塹發拋車以攻之飛石雨下國人大懼智盛計無所出於是

遣其將麴士義中郎趙曉居守親與綰曹麴德俊出城自歸請改事大國君集諭令早降智盛詞色甚慢薛萬均忿然作色曰城當擊取小兒何足與言因麾兵而進戰士爭奮智盛大懼伏而言曰唯公之命於是開門降欵
李勣爲特進中書門下三品貞觀十九年授東道行軍大總管從太宗征遼攻蓋牟城督軍疾戰砲車奮石下如雨梯衝遞進晝夜不輟拔蓋牟城獲戶口二萬餘人會糧十萬餘石又率騎攻遼東城城中有鏁甲銛矛有高麗云前燕時於天落下以保祐其城者高麗大城皆立朱蒙廟蓋其先祖聞兵將至粉飾美女進朱蒙爲婦日殺牛以祭之夷巫皷舞云朱蒙大悅城必克全聞我軍中有拋車飛三百斤石一里之外者甚懼之於是城上積木編板以戰數加縄網於其上以拒飛石勣列車發石以擊其城所遇盡潰又推撞車其樓閣無不傾倒晝夜不息者旬有三日焉克遼東城以爲遼州又師次白巖城白巖城因山臨水疊石爲之四面險絶其可攻之處纔六十步勣又以衝車撞之所向摧潰飛石流矢雨集城中勣又攻安市城甚急城中每見太宗幡旗必乘城皷譟太

宗甚怒勣曰請破城之日男子盡坑城内聞之人皆死戰詔令江夏王道宗督兵築土山攻其城東南隅高麗亦稗城增雉以相抗詔遣衛兵番次攻之日六七合拋石撞車壞其樓雉城中隨其壞處卽立木柵道宗以樹條包壤爲土托積土以爲山其中開五道加木被土於其上不捨晝夜漸以逼城造山六旬用工五十萬山頂去其城數丈而俯臨城中道宗遣果毅傅伏愛領隊屯於山頂以防敵土山自高而隊以排其城城壞會伏愛私離所部高麗數百人自頹城而戰遂據有土山而塹斷人積火縈排以自固太宗

大怒斬伏愛以徇命諸將擊之三日不能克

蘇定方爲平壤道大總管高宗顯慶五年拔百濟之眞都城初定方率衆自城西濟海趨眞都去城二十餘里賊傾國來拒大戰破之殺虜萬餘人追奔入郭其王義慈及太子隆奔于北境定方進圍其城義慈次子泰自立爲王率衆還固守義慈嫡孫文思曰王與太子雖並出城而身見在叔總兵馬專擅爲王假令漢退我父子當不全矣遂率其左右投城而下百姓從之泰不能止定方令兵士登城立幟於是泰開門頓顙請命龍朔元年定方爲右驍衛大將軍會思

結闕俟斤都曼先鎭諸胡擁其所部及疏勒朱俱般葱嶺三國復叛詔定方爲安撫大使率兵討之至業葉水而賊保馬頭川於是選精卒一萬人馬三千匹馳掩襲之一日一夜行三百里詰朝至城西十里都曼大驚率兵拒戰於城門之外賊師敗績退保馬保城王師進屯其門入夜諸軍漸至四面圍之伐木爲攻具布列城下都曼自知不免面縛開門出降俘還

信安郡王禕玄宗開元中爲朔方節度使時石堡城爲吐蕃所據侵擾河右勅禕與河西隴右計議取之禕到軍總率士伍克期攻之或曰此城據險又爲吐蕃所惜今懸軍深入賊必併力拒守事若不捷退則狼狽不如按軍持重以觀形勢禕曰人臣之節豈憚艱險必其衆寡不敵吾則以死斷之苟利國家此身何足可惜於是督率諸將倍道兼進併力攻之遂拔石堡城斬獲首級并獲糧儲器械其數甚衆仍分據守以遏賊路帝聞之大悅始改石堡城爲振武軍自是河隴諸軍遊弈拓地千餘里哥舒翰爲隴右節度時吐蕃保石堡城路遠而險不拔天寶八載玄宗以朔方河東羣牧之衆十萬詔翰都統攻石堡城數日不克召其將高秀巖張守瑜欲斬之秀巖請五日克

之如期而拔

曲環陝州人天寶中從哥舒翰攻拔石堡城收黃河九曲洪濟等城累授果毅別將

崔旰以漢州刺史統西川兵出西山討吐蕃旰始次賊城周圍皆石欒攻具無所設唯東南隅環丈之地壤土可穴諜知之以告旰乃夜穿地道攻之再宿而拔其城因西拓地數百里下城柵數四蕃衆相語曰崔旰皆神兵也將更前進以糧盡還師時嚴武爲劍南節度聞之大悅裝七寶輿迎旰入城都以誘士衆賞賚過厚旰後改名寧

高崇文憲宗元和初統神策軍討劉闢于西川城都北一百五十里有鹿頭山扼兩川之要闢築城以守又連八柵張犄角之勢以拒王師是日破賊二萬于鹿頭城下大雨如注不克登乃止明日又破于萬勝堆在鹿頭之東使梟將高霞寓親鼓鹿頭拔緣而上矢石如雨又命敢死士連登奪其堆燒其柵柵中之賊殲焉遂據堆下瞰城中人物可數凡八大戰皆大捷賊搖心矣蜀既平詔刻石紀功於鹿頭山下

劉從諫爲昭義軍節度使文宗太和二年八月從諫引漳河水灌賊界深冀兩州

梁朱珍自唐僖宗光啓初太祖置爲諸軍都指揮使會滑州節度使安師儒戎政不治太祖命珍與李唐賓率步騎以經略之始入境遇大雪令軍士無得休息一夕驍至壁下百梯竝昇遂乘其墉滑州平

牛存節初爲滑州還後指揮使唐昭宗乾寧三年太祖東討鄆州存節領軍次故樂亭扼其要路都指揮使龐師古屯馬頰存節密與都將王言謀入鄆壘存節遣王言夜伏勇士於州西以船踰濠舉梯登陴既而王言不克入存節獨率伏軍負梯衝破其西壘城奪其濠橋諸軍俱進遂陷其城

楊師厚爲滑州節度使太祖北征令師厚以大軍攻棗強逾旬不能克太祖屢加督責師厚晝夜奮擊乃破之盡屠其城

康懷英初爲軍校唐昭宗光化元年從氏叔琮伐襄陽以一軍攻下鄧州天復元年太祖率軍迎昭宗於鳳翔李茂貞大將符道昭領兵萬餘屯武功懷英領前鋒之衆先登一鼓而破之翌日太祖方至二年四月道昭復領大軍屯於虢縣之漠谷其建寨之所前臨巨澗後倚峻阜險不可升太祖遣懷英提騎數千急擊之道昭以懷英兵寡有俯視之意乃率甲士萬

人絶澗以挑戰懷英始以千騎交鬬戰酣發伏以擊之岐大軍敗鄜師李周彝屯軍於三原以爲茂貞聲援又命懷英討之周彝拔軍而遁追至梨園因攻下翟州擒其守來獻天祐三年各佐劉知俊破邠鳳之衆五萬於美原收十五餘寨乘勝引軍攻下鄜州以攻授陝州節度使及太祖受禪加簡較太保開平元年夏命將大軍伐潞率衆晝夜攻城半月之間幾巧百變懷英期於必取乃築壘環城濬鑿池塹然而屢爲晉將周德威騎軍所撓懷英不敢即戰太祖乃以李思安代之降爲行營都虞候

王彦章爲許州節度使兼北面行營副招討時晉帥陷鄆州中外大恐以彦章代戴思遠爲北面招討使拜命之日促裝以赴滑臺遂自楊村砦浮河而下水陸俱進斷晉人德勝之浮梁攻南城拔之晉人遂棄北城併軍保楊劉彦章以舟師沿流而下晉人盡徹北城屋木編桄置歩軍於其上與彦章軍各行一岸每遇轉灘水匯卽中流交鬬流矢雨集或舟桄覆沘及楊劉凡百餘戰彦章急攻楊劉晝夜不息晉人極力固守垂陷者數四晉王親援其城彦章之軍重濠複壘晉人不能入晉王乃於博州東岸築壘以應鄆軍

彦章聞之馳軍而至急攻其柵自旦及午其城將拔會晉王以大軍來援彦章乃退

王檀爲許州節度使貞明元年三月魏博軍亂晉王入魏州分兵攻下屬郡河北大擾檀受詔與開封尹劉鄩掎角進師以援河北檀攻澶州魏縣下之擒賊將李巖王門開以獻頃之檀密疏請以奇兵西趨河中自陰地開襲取晉陽末帝許之卽馳兵而去師至晉陽晝夜急攻其壘并州幾陷旣而蕃將石家才自潞州以援兵至檀引軍大掠而還

劉鄩爲鎭南軍節度使會蔣殷據徐州以叛朝廷以福王友璋鎭徐方殷不受代末帝遣鄩與鄆帥牛存節率兵攻之殷求援於淮夷僞吳楊溥遣大將朱瑾領衆赴援鄩逆擊破之城陷殷舉族自燔於火中得其尸梟首以獻

後唐李嗣昭爲蕃漢行營都指揮使唐昭宗天復中汾州刺史李瑭據城爲叛嗣昭將兵攻城三月而拔斬李瑭進攻慈隰下之獲刺史唐禮小將張唐向弘于等又攻潞州梁祖聞嗣昭之師大至召葛從周謂曰并人若在高平當圍而取之先須野戰勿以潞州爲敵及聞嗣昭軍韓店梁祖曰進通（嗣昭小字）扼八議路

此賊決與我鬬公等臨事制機勿落姦便賀德倫閉壁不出嗣昭日以鐵騎環城汴人不敢芻牧援路斷絶八月德倫張歸厚棄城遁去遂取潞州

符存審逢領邢洺磁團練使唐昭宗天祐十二年八月將兵五千討張源德於貝州時城中賊衆二千每夜分出剽掠州民苦之皆願塹其城以安耕作及存審至賊保壁自固因以八縣丁壯塹而圍之九月賊衆三千披甲出城我將并言諭之俱釋兵解甲旣而四面陳兵皆殺之貝州平

董璋初仕梁爲列較龍德末潞州李繼韜送款於梁

時潞將裴約方領兵戍澤州不狗繼韜之命據城以
自固梁末帝遣瑋率師攻陷之即以瑋爲澤州刺史
李承嗣爲維州刺史及張濬之加兵於太原也時鳳
翔軍營霍邑承嗣帥一軍攻之岐人夜遁追擊至趙
城合大軍攻平陽旬有三日而拔師旋改教練使簡
較司徒
李建及初從武皇爲遼州刺史攻楊劉自寅至未沛
軍嬰城拒守建及自負葭葦湮塹率先登梯遂拔之
閻寶遂領天平軍節度使東南面招討等使時鎮州
張文禮殺王鎔叛寶帥師進討收趙州進渡滹水擒

賊黨張文順以獻又進逼眞定結營西南隅掘塹柵
以環之決大悲寺漕渠以侵其郛
晉張廷蘊初仕唐莊宗爲帳前都指揮使兼左右羽
林都虞候會潞州李繼韜嬰城叛詔遣明宗爲招討
使元行欽爲都部署廷蘊爲前鋒軍至上黨日已暝
矣慭軍方定廷蘊首率勁兵百餘輩踰洫坎城而上
守陴者不能禦尋斬關延諸軍入焉明宗行欽逮明
而始至其城已下
楊光遠爲宣武軍節度使判六軍諸衛事時范延光
據鄴城叛光遠率兵討之光遠進攻城圍又奏賊城
四面凍合壕水請添兵併力攻取尋分命使臣往諸
道柚取齊赴魏州軍前光遠逼寇氏門置寨賊勢愈
慼
漢史弘肇爲都督率兵討代州平之初代州刺史王
暉叛歸契丹弘肇一鼓而拔之斬暉以狥
趙暉爲鳳翔兵馬都部署以討王景崇高祖乾祐二
年十二月暉上言前月十一日夜分命兵士燒賊城
諸門鹿角戰具賊並不出關敵擇日攻城次三年正
月上言十二月二十四日收復鳳翔景崇舉家自燔
周景殷爲維州刺史太祖廣順元年十一月收復馬

嶺關
曹英爲侍衛步軍都指揮使總兵討慕容彥超於兖
州梯衝塹壘頗有力焉會太祖親征併兵攻陷其城
一說廣順二年兖州行營曹英言臣等部領大軍至兖州營于西門外尋令馬軍都指揮使王令斌壕寨使萬超城四面相度攻圍城勢二月又言塹地圍城第二重三月又言進洞屋二步差任漢謙充諸寨提舉使四月又言發火燒毀賊城敵樓七十間

冊府元龜

巡按福建監察御史臣李嗣京　訂正
新建縣舉人臣戴國士　叅閱
知建陽縣事臣黄國琦　較釋

將帥部三十一

忠

夫忠者國之寶民之望而臣下之高行也是以先王著移忠之義前史番盡忠之訓出身事主其大者乎若乃任以牙爪委以心膂總戎昭之寄當帥臣之重安危所注社稷是衛固宜休戚之同體赴蹈而畢命

焉三代之後居其任者或臨患不忘其國或殺身有益於君或累及而行明或難至而節見舍生以全義竭力以紓患遺風餘烈煥乎前聞古人所謂死而不朽久而不彌新者誠哉是言矣

秦蒙恬爲內史將三十萬衆北逐戎狄胡亥遣使者以罪賜公子扶蘇死又遣使者之陽周令蒙恬曰君之過多矣而卿弟毅有大罪法及內史恬曰自吾先人及至子孫積功信於秦三世矣今臣將兵三十餘萬身雖囚繫其勢足以倍畔然自知必死而守義者不敢辱先人之教以不忘先王也昔周成王初立未離襁褓周公旦負王以朝卒定天下及成王有病甚殆公旦自揃其爪以沉於河曰王未有識是旦執事有罪殃旦受其不祥乃書而藏之記府可謂信矣及王能治國有賊臣言周公旦欲爲亂久矣王若不備必有大事王大怒周公旦走而奔於楚成王觀於記府得周公旦沉書乃流涕曰孰謂周公旦欲爲亂乎殺言之者而反周公旦故周書曰必參而伍之今恬之宗世無二心而事卒如此是必孽臣逆亂一作內辟陵之道也夫成王失而復振則卒昌桀殺關龍逢紂殺王子比干而不悔身死則國亡臣故曰過可振而

諫可覺也察於參伍上聖之法也凡臣之言非以求免於咎也將以諫而死願陛下爲萬民思從道也使者曰臣受詔行法於將軍不敢以將軍言聞於上也蒙恬喟然太息曰我何罪於天無過而死乎良久徐曰恬罪固當死矣起臨洮屬之遼東城塹萬餘里此其終不能無絶地脈哉此乃恬之罪也乃吞藥自殺

漢紀信爲將軍高帝三年四月項羽圍漢滎陽漢王請和割滎陽以西者爲漢亞父勸項羽急攻滎陽漢王患之陳平反間既行羽果疑亞父亞父大怒而去發病死五月將軍紀信曰事急矣臣請誑楚可以間

出(閒出投間隙私出若言閒行微行耳紀信詐爲漢王而出西門遁走私出也)於是陳平
夜出女子東門二千餘人楚因四面擊之紀信乃乘
王車黃屋左纛(天子以黃繒爲蓋纛毛羽幢也在乘輿車衡左右上注之一曰以犛牛尾爲之於斗或在騑頭或在衡)曰食盡漢王降楚楚皆呼萬歲之城
東觀以故漢王得與數十騎出西門遁令御史大夫
周苛魏豹樅公守滎陽(樅公史不知其名故曰公)羽見紀信問漢
王安在曰已出去矣羽燒殺信
周苛爲御史大夫楚圍漢王滎陽急漢王出去而使
苛守滎陽城楚破滎陽城生得苛羽謂苛爲我將以
公爲上將軍封三萬戶苛罵曰若趣降漢王不然今

爲虜矣(若汝也趣讀曰促)若非漢王敵也羽怒亨苛(亨爲煑而殺之)
韓信爲大將軍平齊漢王徵其兵使擊楚楚以亡龍
且項王恐使盱眙人武涉往說信曰足下何不反漢
與楚楚王與足下有舊故且漢王不可必(必謂必信之)身
居項王掌握中數矣然得脫背約復擊項王其不可
親信如此今足下雖自以爲與漢王爲金石交(稱金石者取其堅固)然終爲漢王所禽矣足下所以得須臾至今者
以項王在項王即亡次取足下何不與楚連和三分
天下而王齊今釋此時自必於漢王以擊楚且爲智
者固若此邪信謝曰臣得事項王數年官不過郎中

位不過執戟(郎中宿衛執戟)言不聽畫策不用故背楚歸漢
漢王授我上將軍印將數萬之衆解衣衣我推食食
我(下衣音於既反下食讀曰飼)言聽計用吾得至於此夫人深親
信我背之不祥幸爲信謝項王武涉已去蒯通知天
下權在於信深說以三分天下鼎足而王信不忍背
漢又自以功大漢王不奪我齊遂不聽
夏侯嬰從高祖擊項羽至彭城羽大破漢軍漢王不
利馳去見孝惠魯元載之漢王急馬罷虜在後(罷讀曰疲)
常蹶兩兒棄之嬰常收載行面雍樹馳(蹶音撅面背也雍抱持之言取兩兒令面著己而抱持之以馳故云面擁樹馳雍讀曰擁)高祖怒欲斬嬰者十

餘卒得脫而致孝惠魯元於豐及高后德嬰之脫孝
惠魯元下邑也乃賜嬰北第第一(北第者近北之第嬰最第一)曰
近我以尊異之
霍去病武帝時爲驃騎將軍帝嘗爲治第令視之對
曰匈奴不滅無以家爲由此帝益重之
後漢劉稷爲光武兄伯升部將稷數陷陳潰圍勇冠
三軍時將兵擊魯陽聞更始立稷怒曰本起兵圖大
事者伯升兄弟也今更始何爲者邪更始君臣聞而
心忌之
竇融行河北五郡大將軍事遣聞光武即位而心欲

京向以河西隔遠未能自通時隗囂先稱建武年號融等從受正朔囂皆假其將軍印綬囂外順人望内懷異心使辯士張玄游說河西曰更始事業已成尋復亡滅此一姓不再興之效今卽有所主便相係屬一旦拘制自令失柄後有危殆雖悔無及今豪傑競逐雌雄未决（項羽謂高祖曰願與沛公决雌雄）當各據其土宇與隴蜀合從（以利合爲從以威勢相脅曰横）高可爲六國下不失尉佗（佗姓趙眞定人也陳勝起佗行南海尉遂王有尉越故曰尉佗也）融等於是召豪傑及諸太守計議其中智者皆曰漢承堯運（左傳曰陶唐氏既衰其後有劉累事孔甲爲御龍氏春秋時晉卿士會卽其後也士會奔秦後歸晉其處者爲劉氏戰國時劉氏自

秦獲於魏魏大梁都於豐號豐公卽太上皇父也故曰漢承堯運）曆數延長今皇帝姓號見於圖書（謂河圖赤伏符曰劉秀發兵追不道）自前世博物道術之士谷子雲夏賀良等建明漢有再受命之符言之久矣（前書成帝時谷永上書曰陛下當陽數之標季涉三七之節紀哀帝時夏賀良言精於讖亦漢家歷運中衰當再受命也）故劉子駿改易名字冀應其占（劉歆以哀帝建中元年初改名秀字穎叔冀應符命）及莽末道士西門君惠言劉秀當爲天子遂謀立子駿事覺被殺出謂百姓觀者曰劉秀眞汝主也皆近事暴著（暴露也著見也）智者所共見也除言天命且以人事論之今稱帝者數人而雒陽土地最廣甲兵最强號令最明觀符命而察人事它姓殆

未能當也諸郡太守各有賓客或同或異融小心精詳遂決策東向五年夏遣長史劉鈞奉書獻馬先是帝聞河西完富地接隴蜀常欲招之以逼囂術亦發使遺融書遇鈞於道卽與俱還帝見鈞甚歡禮饗畢乃遣令還賜融璽書曰制詔行河西五郡大將軍事屬國都尉勞鎮守邊五郡兵馬精强倉庫有蓄民庶殷富外則折挫羌胡内則百姓蒙福威德流聞虚心相望道路隔塞邑邑何已長史所奉書獻馬悉至深知厚意今益州有公孫子陽天水有隗將軍方蜀漢相攻權在將軍舉足左右便有輕重（猶蒯通曰與楚則楚勝與漢則

漢捷）以此言之欲相厚豈有量哉諸事俱長史所見將軍所知王者迭興千載一會（言時難得而易失也）欲遂立桓文輔微國當勉卒功業（周室微弱齊桓晉文輔之以霸天下）欲三分鼎足連衡合從宜以時定（蒯通說韓信曰三分天下鼎足而立）天下未并吾與爾絶域非相吞之國今之議者必有任囂效尉佗制七郡之計（秦胡亥時南海尉任囂病且死召龍川令趙佗語曰番禺負山險阻南北東西數千里頗有中國人相輔此亦一州之主可爲國故召公卽令行南國尉事地理志曰蒼梧鬱林合浦交阯九眞南海日南皆越之分野此爲七郡也效致也流俗本作穀者誤也）王者有分土無分民自適已事而已今以黄金二百斤賜將軍便宜輒言因授融爲涼州牧璽書旣至河西咸驚以爲天

子明見萬里之外綱羅張立（一作玄）之情融即復遣鈞
上書曰臣融竊伏自惟幸得託先后末屬蒙恩爲外
戚累世二千石至臣之身復備列位假歷將帥（猶假濫也）
守持一隅以委質則易爲辭以納忠則易爲力書不
足以深達至誠故遣劉鈞口陳肝膽自以底裏上露
長無纖介（底裏背露言無纖急）而璽書盛稱蜀漢二主三分鼎
足之權任囂尉佗之謀竊自痛傷臣融雖無識猶知
利害之際順逆之分豈可背真舊之主事姦僞之人
廢忠貞之節爲傾覆之事棄已成之基求無冀之利
此三者雖問狂夫猶知去就而臣獨何以用心謹遣

同産弟友詣闕口陳區區友至高平（高平今原州縣也）會囂
反叛道絕馳還遣司馬席封間行通書（東觀記及續漢書席皆作
虎）帝復遣席封賜融友書所以慰藉之甚備融乃與
隗囂書責讓之囂不納融乃與五郡太守共砥厲兵
馬上疏請師期帝深嘉美之
鮑永從更始爲尚書僕射行大將軍安集河東并州
朔方時赤眉害更始三輔道絕光武即位遣諫議大
夫儲大伯持節徵求詣行在所永疑不從乃收繫大
伯遣使馳至長安既知更始已亡乃發喪出大伯等
封上將軍列侯印綬罷兵但幅巾與諸將及同心客
百餘人詣河內帝見永問曰卿衆所在永離席叩頭
曰事更始不能令全誠慙以其衆幸富貴故悉罷之
帝曰卿言大是而意不悅
吳漢爲司馬性彊力每從帝征伐帝未安居漢嘗側
足而立
耿弇爲大將軍爲張步所攻光武聞之自往救之未
至陳俊謂弇曰劇虜兵盛可且閉營休士以須上來
弇曰乘輿已到臣子當擊牛釃酒以待百官反欲以
賊虜遺君父耶乃出兵大戰自旦及昏復大破之
來歙爲中郎將與虎牙大將軍蓋延揚武將軍馬武

進攻公孫述將王元環安於河池下辯陷之乘勝遂
進蜀人大懼使刺客刺歙未殊馳召蓋延延見歙因
伏悲哀不能仰視歙叱延曰虎牙何敢然今使者中
刺客無以報國故呼巨卿（巨卿蓋延字也）欲相屬以軍事而
反效兒女子涕泣乎刃雖在身不能勒兵斬公邪延
收淚彊起受所誡歙自書表曰臣夜人定後爲何人
所賊傷中臣要害臣不敢自惜誠恨奉職不稱爲朝
廷羞夫理國以得賢爲本以太中大夫段襄骨鯁可
任願陛下裁察又臣兄弟不肖終恐被罪陛下哀憐
數賜教督投筆抽刃而絕

叅遵爲征虜將軍無子兄午娶妾送之遵乃使人逆
而不受自以身任於國不敢圖生慮繼嗣之計
叅形爲太僕將萬餘騎伐北匈奴坐逗撓下獄旣出
數日歐血死臨終謂其子曰吾蒙國恩厚奉使不稱
微績不立身死誠慙恨義不可以無功受賞死後若
悉簿上所得賜物身自詣兵屯効死前行以副吾心
旣卒其子逢上疏具陳遺言帝甚嗟歎之

溫序爲護羌校尉行部至襄武爲隗囂別將苟宇所
拘刼宇謂序曰子若與我并威同力天下可圖也序
曰受國重任分當効死義不貪生苟背恩德宇等復

曉譬之序素有氣力大怒叱宇等曰虜何敢迫脅漢
將因以節撾殺數人賊衆爭欲殺之宇止之曰此義
士死節可賜以劒序受納銜鬚於口顧左右曰旣爲
賊所迫殺無令鬚汚土遂伏劒而死序主簿韓遵從
事王忠持屍歸斂光武聞而憐之命忠送喪到雒陽
賜城傍爲冢地賜穀千斛縑五百疋

馬援爲伏波將軍征五溪夜與送者訣謂友人謁者
杜愔曰吾受厚恩年迫餘日索（索盡也）常恐不得死國
事今獲所願甘心瞑目但畏長者家兒或在左右或
與從事殊難得調介介獨惡是耳（長者家兒謂權要子弟等介介猶耿耿也）援又謂平陵孟冀曰方今匈奴烏桓尚擾北邊欲
自請擊之男兒要當死於邊野以馬革裹屍還葬耳
何能臥牀上在兒女子手中邪冀曰諒爲烈士當如
此矣

班超爲將兵長史在西域衛侯李邑護送烏孫使者
因盛毀超擁愛妻抱愛子安樂外國無內顧心超聞
之歎曰身非曾參而有三至之讒恐見疑於當時矣
遂去其妻帝知超忠乃切責邑曰縱超擁愛妻抱愛
子思歸之士千餘人何能盡與超同心乎遂令邑詣
超受節度詔超若邑任在外者便留與從事超卽遣

邑將烏孫侍子還京師徐幹謂超曰邑前親毀君欲
敗西域今何不緣詔書留之更遣它吏送侍子乎超
曰是何言之陋也以邑毀超故今遣之內省不疚何
卹人言快意留之非忠臣也

皇甫嵩爲右車騎將軍平黃巾威震天下故信都令
漢陽閻忠說嵩嵩懼曰非常之謀不施於有常之勢
創圖大功豈庸才所致黃巾細孽敵非秦項新結易
散難以濟業且人未忘主天不佑逆若虛造不與之
功以速朝夕之禍孰與委忠本朝守其臣節雖云多
讒不過放廢猶有令名死且不朽反常之論所不敢

[illegible]忠知計不用因亡去
張楊爲河内太守獻帝在河東楊將兵至安邑拜安
國將軍封晉陽侯楊欲迎天子還雒陽諸將不聽楊
還野王建安元年楊奉董承韓暹挾天子還舊京糧
乏楊以糧迎道路遂至雒陽謂諸將曰天子當與天
下共之幸有公卿大臣楊當捍外難何事京都遂還
野王即拜爲大司馬
董承爲車騎將軍開府時獻帝自都許之後權歸曹
氏天子總已百官備員而已帝忌操專偪乃密詔承
使結天下義士共誅之承遂與劉備同謀未發會備

出征承與偏將軍王服長水校尉种輯議郎吳碩結
謀事泄承服輯碩皆爲操所害
魏龐德爲立義將軍與曹仁討關羽樊下諸將以德
兄在漢中頗疑之德嘗曰我受國恩義在效死我欲
身自擊羽今年我不殺羽羽當殺我後親與羽戰射
羽中額時德嘗乘白馬羽軍謂之白馬將軍皆憚之
仁使德屯樊北十里會天霖雨十餘日漢水暴溢樊
下平地五六丈德與諸將避水上隄羽乘船攻之以
大船四面射隄上德被甲持弓箭不虛發將軍董衡
部曲將董超等欲降德皆收斬之自平旦力戰至日
過中羽攻益急矢盡短兵接戰德謂督將成何曰吾
聞良將不怯死以苟免烈士不毀節以求生今日我
死日也戰益怒氣愈壯而水浸盛吏士皆降德與麾
下將一人伍伯二人彎弓傅矢乘小船欲還仁營水
盛船覆失弓矢獨抱船覆水中爲羽所得立而不跪
羽謂曰卿兄在漢中我欲以卿爲將不早降何爲德
罵羽曰豎子何謂降也魏王帶甲百萬威振天下汝
劉備庸才耳豈能敵邪我寧爲國家鬼不爲賊將也
遂爲羽所殺太祖聞而悲之爲之流涕封其二子爲
列侯

徐晃爲横野將軍與蜀將關羽宿相愛羽攻曹仁於
樊太祖遣晃與羽逢共語但說平生不及軍事須臾
晃下馬宣令得關雲長頭賞金千斤羽驚怖謂晃曰
大兄是何言邪晃曰此國之事耳
郝昭爲將軍築陳倉城太和二年十二月蜀將諸葛
亮圍陳倉亮使昭鄉人靳詳於城外遥說之昭於樓
上應詳曰魏家科法卿所練也我之爲人卿所知也
我受國恩多而門戸重卿無他言者但有必死耳卿
還謝諸葛便可攻也詳以昭語告亮亮又使詳重說
昭曰人兵不敵無爲空自破滅昭謂詳曰前言已定

矣我識卿耳錡不識也詳乃去
許允齊王時爲中領軍時姜維寇隴右安東將軍司
馬文王鎭許昌徵還擊維至京師帝於平樂觀以臨
軍過允與左右小臣謀因文王辭殺之勒其衆以退
大將軍已書詔於前文王入帝方食栗優人雲午等
唱曰青頭雞青頭雞青頭雞者鴨也帝懼不敢發文
王引兵入城景王因是謀廢帝
諸葛誕爲鎭南將軍時母丘儉文欽反遣使詣誕招
呼豫州士民誕斬其使露布天下令知儉欽凶逆文
誕據有淮南之地司馬文王新秉政欲徵誕爲司空

乃遣賈充與誕相見談說時事因謂誕曰雒中諸賢
皆願禪代君所知也君以爲云何誕厲色曰卿非賈
豫州子世受魏恩如何負國欲以魏國輸人乎非吾
所忍聞若雒中有難吾當死之充默然誕既被徵請
諸牙門置酒飲宴呼牙門從兵皆賜酒令醉謂衆人
曰前作千人鎧杖始成欲以擊賊今當還雒不復得
用欲蹔出將見人游戲須臾還耳諸君且止乃嚴鼓
將士七百人出樂綝聞之閉州門誕歷南門宣言曰
當還雒邑蹔出游戲揚州何爲閉門見備前至東門
東門復閉乃使兵緣城攻門州人悉走因風放火焚
其府庫遂殺綝誕表曰臣受國重任統兵在東揚州
刺史樂綝專詐說臣與吳交通又言被詔當代臣位
無狀日久臣奉國命以死自立終無異端忿綝不忠
輒將步騎七百人以今月六日討綝即日斬首函頭
驛馬傳送若聖朝明臣臣即魏臣不明臣臣即吳臣
不勝發憤有日謹拜表陳愚悲感泣血哽咽斷絕不
知所如乞朝廷察臣至誠
孫禮爲冀州牧以定平原清河界爲曹爽所怒後除
城門校尉時匈奴王劉靖部衆殭盛而鮮卑數寇邊
乃以禮爲并州刺史加振武將軍使持節護匈奴中

郎將往見太傅司馬宣王有忿色而無言宣王曰卿
得并州少邪恚理分界失分乎今當遠別何不懽也
禮曰何明公言之乖細也禮雖不德豈以官位往事
爲意邪本謂明公齊蹤伊呂規輔魏室上報明帝之
託下建萬世之勳今社稷將危天下兇兇此禮之所
以不悅也因涕泣橫流宣王曰且止忍不可忍
蜀霍峻爲中郎將先主自葭萌南還襲劉璋留峻守
葭萌城張魯遣將楊帛誘峻求共守城峻曰小人頭
可得城不可得帛乃退去
關羽初事先主爲別部司馬行徐州太守事後爲曹

公所禽曹公壯羽爲人而察其心誠無久留之意謂張遼曰卿試以情問之既而遼以問羽羽歎曰吾極知曹公待我厚然吾受劉將軍厚恩誓以共死不可背之吾終不留吾要當立功以報曹公乃去遼以羽言報曹公義之

傅彤爲將軍從先主征吳進軍斷後拒戰兵人死盡吳將語彤令降彤罵曰吳狗何有漢將軍降者遂戰死拜子僉爲左中郎後爲關中都督景耀六年又臨危授命論者嘉其父子奕世忠義

姜維初爲奉義將軍先是馬謖敗於街亭諸葛亮拔將西縣千餘家及維等還維遂與母相失魏人使其母手書呼維令反并送當歸以譬之維報書曰良田百頃不計一畝但見遠志無有當歸

張嶷爲庲降都督綏南中郎將嶷性持法嚴不得殊俗之歡心耆率劉胄背叛作亂嶷舉兵討胄胄未破會被徵當還羣下咸以爲宜便馳騎即罪嶷曰不然吾以蠻夷蠢動不稱職故還耳然代人未至吾方臨戰場當運糧積穀爲滅賊之資豈可以一退之故而廢公家之務乎於是統攝不懈代到乃發馬忠因其成基以破殄胄丞相亮聞而善之

霍弋爲安南將軍統南郡事聞魏軍來弋欲赴成都後主以備敵既定不聽及成都不守弋素服號哭大臨三日諸將咸勸宜速降弋曰今道路隔塞未詳主之安危大故去就不可苟也若主上與魏和見遇以禮則保境而降不晚也若萬一危辱吾將以死拒之何論遲速邪

羅憲爲巴東太守時右大將軍閻宇都督巴東爲領軍後主拜憲爲宇副貳魏之伐蜀召宇西還留宇二千人令憲守永安城尋聞成都敗城中擾動江邊長吏皆棄城走憲斬稱成都亂者一人百姓乃定得後

主委質問至乃帥所統臨於都亭三日

吳張昭爲輔吳將軍每朝見辭氣壯厲義形於色曾以直言逆旨中不進見後蜀使來稱蜀德美而羣臣莫拒太帝歎曰使張公在坐彼不折自廢安復自誇乎明日遣中使勞問因請見昭昭避席謝帝跪止之昭坐定仰曰昔太后桓王不以老臣屬陛下而以陛下屬老臣臣是以思盡臣節以報厚恩使泯沒之後有可稱述而意慮淺短違逆聖旨自分幽淪長棄溝壑不圖復蒙引見得奉帷幄然臣愚心所以事國志在忠益畢命而已若乃變心易慮以偷榮取容此臣

所不能也帝辭謝焉
徐盛爲中郎將太帝爲魏稱藩魏使邢貞拜爲吳王帝出都亭候貞貞有驕色張昭既怒而盛忿憤顧謂同列曰盛等不能奮身出命爲國家并許維吞巴蜀而令吾君與貞盟不亦辱乎因涕泣横流貞聞之謂其旅曰江東將相如此非久下人者也
呂蒙爲將從太帝征合肥既徹兵爲張遼等所襲蒙與淩統以死捍衛
董襲遷偏將軍曹公出濡須襲從太帝赴之使襲督五樓船住濡須口夜卒暴風五樓船傾覆左右散走

舸師使襲出襲怒曰受將軍任在此備賊何等委去也敢復言此者斬於是莫敢遷其夜船敗襲死太帝改服臨殯供給甚厚
周瑜爲大將軍曹公聞瑜年少有美才謂可游説動也乃密下揚州遣九江蔣幹往見瑜幹有儀容以才辯見稱獨步江淮之間莫與爲對乃布衣葛巾自託私行詣瑜瑜出迎之立謂幹曰子翼良苦遠涉江湖爲曹氏作説客邪幹曰吾與足下州里中間別隔遥聞芳烈故來叙闊并觀雅規而云説客無乃逆詐乎瑜曰吾雖不及夔曠聞絃賞音足知雅曲也因延幹入爲設酒食畢遣之曰適吾有密事且出就館事了別自相請後三日瑜請幹與周觀營中行視倉庫軍資器仗訖還飲宴示之侍者服飾珍玩之物因謂幹曰大丈夫處世遇知己之主外託君臣之義内結骨肉之恩言行計從禍福共之假使蘇張更生酈叟復出猶撫其背而折其辭豈足下幼生所能移乎幹但笑終無所言幹還稱瑜雅量高致非言辭所間中州之士亦以此多之
賀齊爲將時太帝征合肥還爲張遼所掩襲於津北幾至危殆齊時率三千兵在津南迎太帝既入大船

會諸將飲宴齊下席涕泣而言曰至尊人主常當持重今日之事幾致禍敗羣下震怖若無天地願以此爲終身戒太帝自前收其淚曰大慙謹以刻心非但書諸紳也
陸遜爲大將軍時中書典校呂壹竊弄權柄擅作威福遜與太常潘濬同心憂之言至流涕後太帝誅壹深以自責
張悌爲屯騎校尉晉伐吳孫皓使悌督沈瑩諸葛靚帥衆三萬渡江逆之至牛渚沈瑩曰晉治水軍於蜀久矣今傾國大舉萬里齊力必悉益州之衆浮江而

下我上流諸軍無有戒備名將皆死幼少當任恐邊江諸城盡莫能禦也晉之水軍必至于此矣宜畜衆力待來一戰若勝之日江西自清上方雖壞還可取之今渡江逆戰勝不可保若或摧喪則大事去矣悌曰吳之將亡賢愚所知非今日也吾恐蜀兵來至此衆心必駭懼不可復整今宜渡江可用決戰力爭若其敗喪則同死社稷無所復恨若其克勝則北敵奔走兵勢萬倍便當乘威南上逆之中道不憂不破也若如子計恐軍行散盡相與坐待敵致君臣俱降無復一人死難者不亦辱乎遂渡江戰吳軍大敗

晉毛炤爲將軍與吳軍戰殺吳前部督修則陶璜等後食盡爲吳人所獲以炤壯勇欲赦之而則子允固求殺炤炤亦不爲璜等屈璜等怒面縛炤詰之曰晉賊炤厲聲曰吳狗何等爲賊吳人生剖其腹允割其心肝罵曰庸復作賊炤猶罵不止曰尚欲斬汝孫皓皓汝父何死狗也乃斬之武帝聞而哀矜即詔使炤長子襲爵餘三子皆關内侯

周處爲御史中丞時氐人齊萬年反處隸夏侯駿西征伏波將軍孫秀知其將死謂之曰卿有老母可以此辭也處曰忠孝之道安得兩全既辭親事君父母復安得而子乎今日是我死所也既而梁王彤爲征西大將軍時賊屯梁山有衆七萬而駿逼處以五千擊之處曰軍無後繼必至覆敗雖在亡身爲國取恥彤復命處進討乃與振威將軍盧播雍州刺史解系攻萬年於六陌將戰處軍人未食彤促令速進而絶其後繼處知必敗賦詩曰去去世事已策馬觀西戎藜藿甘粱黍期之克令終言畢而戰自旦及暮斬首萬計弦絶矢盡播系不救左右勸退處按劒曰此是吾效節授命之日何退之爲且古者良將受命凶門以出蓋有進無退也今諸君負信勢必不振我爲大

臣以身徇國不亦可乎遂力戰而沒

張光爲材官將軍梁州刺史鎭漢中時逆賊王如餘黨大盛光嬰城固守自夏迄冬憤激成病佐吏及百姓咸勸光退據魏興光按劒曰吾受國厚恩不能翦除寇賊今得自死便如登仙何得退還也聲絶而卒百姓悲泣遠近傷悼之

山簡爲征南將軍鎭襄陽雒陽陷沒遷于夏口時樂府伶人避難多奔沔漢讌會之日僚佐或勸奏之簡曰社稷傾覆不能救有晉之罪人也何作樂之有因流涕慷慨坐者咸愧焉

索綝爲安西將軍將懷帝蒙塵長安又陷南陽王模被害綝泣曰與其俱死寧爲伍子胥乃赴安定與雍州刺史賈疋扶風太守梁綜安夷護軍麴允等糾合義衆頻破賊黨脩復舊館遷定宗廟進救新平小大百戰綝手擒賊帥李羌與閻鼎立秦王爲皇太子及卽尊位是爲愍帝綝遷侍中太僕以首迎大駕升壇授璽之日封弋居伯又進前將軍尚書右僕射

劉琨愍帝卽位拜大將軍都督并州諸軍事加散騎常侍假節琨上疏謝曰陛下略臣大愆錄臣小善猥蒙天恩光授殊寵顯以蟬冕之榮崇以上將之位伏

省詔書五情飛越臣聞晉文以郤穀爲元帥而定霸功高祖以韓信爲大將而成王業咸有敦詩閱禮之德戎昭果毅之威故能振豐功於荆南拓洪基於河北況臣凡陋擬蹤前哲俯懼折鼎慮在覆餗昔曹沫三北而收功於柯盟馮異垂翅而奮翼於澠池皆能因敗爲成以功補過陛下宥過之恩已隆而臣自新之善不立臣雖不逮預聞前訓恭讓之節臣猶庶幾所以冒承寵命者實欲沒身報國輒死自効要以致命寇場盡其臣節至於寵榮之施非言辭所謝又謁者史蘭殿中中郎王春等繼至奉詔臣追尋聖旨伏紙飲淚臣聞夷險流行古今代有靈厭皇德曾未悔禍蟻狄縱毒於神州夷醜肆虐於上國七廟闕禋祀之饗百官喪彝倫之序梓宮淪辱山陵未兆率土永慕思同考妣陛下龍姿日茂睿質彌光升區宇於旣頹崇社稷於已替四海之內肇有上下九服之萌復覩典制伏惟陛下蒙塵於外越在秦郊蒸嘗之敬在心桑梓之思未克臣備位歷年才質駑下丘山之釁已彰毫釐之效未著頃以時宜權假位號竟無殖戎之績而有負乘之累當肆刑書以明黜陟是以臣前表上聞敢緣愚款乞奉先朝之班苟存偏師之職敎

其三敗之愆收其一切之用得騁志虜場快意大逆雖身膏野草無恨黃壚陛下偏恩過隆猶蒙擢拔遂授上將位超常伯征討之任得從事宜拜命驚惶五情戰悸懼于隕越以爲朝羞昔申胥不徇柏舉而成公壻之勳伍員不從城父而濟入郢之庸臣雖頑凶無覬古人其於被堅執銳致身寇讐所謂天地之施羣生莫謝不勝受恩至深謹拜表陳聞後石勒據襄國及麴允敗劉曜斬趙冉琨上表曰逆胡劉聰敢率犬羊憑陵輦轂人神發憤遐邇奮怒伏省詔書相國南陽王保太尉涼州刺史軌糾合二州同恤王室冠

軍將軍允護軍將軍綝總齊六軍戮力國難王旅大
捷俘馘千計旌旗首於晉路金鼓振於河曲崤函無
虔劉之警泝隴有安業之慶斯誠宗廟社稷陛下神
武之所致含氣之類莫不引領況臣之心能無踴躍
臣前表當與鮮卑猗盧剋今年三月都會平陽會卤
羯石勒以三月三日徑掩薊城大司馬博陵公浚受
其僞和爲勒所虜勒勢轉盛欲來襲臣城塢駭懼志
在自守又猗盧國內欲生姦謀幸盧警慮尋皆誅滅
遂使南北顧慮用愆成舉臣所以泣血宵吟扼腕長
歎者也勒據襄國與臣隔山寇騎朝發夕及臣城同

惡相求其徒實繁西北八州勒滅其七先朝所授存
者惟臣是以勒朝夕謀慮以圖臣爲計闚伺間隙寇
抄相尋戎士不得解甲百姓不得在野天網雖張靈
澤未及惟臣孑然與寇爲伍自守則稽聰之誅進討
則勒襲其後進退維谷徒懷憤踴力不從願慙怖征
營痛心疾首形留所在神馳寇庭秋穀既登胡馬已
肥前鋒諸軍並有至者臣當首啓戎行身先士卒臣
與二虜勢不並立聰勒不梟臣無歸志庶憑陛下威
靈使微意獲展然後隕首謝國沒而無恨又及二都
傾覆社稷絶嗣元帝初鎭江左琨誠繫王室謂右司

馬溫嶠曰昔班彪識劉氏之復興馬援知漢光之可
輔今晉祚雖衰天命未改吾欲立功河朔使卿延譽
江南子其行乎對曰嶠雖無管張之手而明公有桓
文之志欲建匡合之功豈可辭命乃以爲左長史檄
告華夷奉表勸進既至引見具陳琨忠誠志在效節
因說社稷無主天人係心辭旨慷慨舉朝屬目帝寵
而嘉焉王導周顗謝鯤庾亮桓彝等並與親善於時
江左草創綱維未舉嶠殊以爲憂及見王導共談歡
然曰江左自有管夷吾吾復何慮琨爲段疋磾所害
嶠表琨忠誠雖勳業不遂然家破身亡宜在褒崇以

慰海內之望帝然之

劉沉齊王冏輔政引爲左長史遷侍中于時李流亂
蜀詔沉以侍中假節統益州刺史羅尚梁州刺史許
雄等以討流行次長安河間王顒請沉爲軍司遣席
薳代之後領畱雍州刺史及張昌作亂詔顒遣沉將
州兵萬人并西征府五千人自藍田關以討之顒不
奉詔沉自領州兵至藍田顒又逼奪其衆長沙王乂
命沉將武吏四百人還州張方既逼京都王師屢敗
王瑚祖逖言於乂曰劉沉忠義果毅雍州兵力足制
河間宜啓上詔與沉使發兵襲顒顒窘急必召張方

以自救此計之良也乂從之沉奉詔馳檄四境令七郡之衆及諸軍塢壁甲士萬餘人以安定太守衛博新平太守張光安定功曹皇甫澹爲先登襲長安顒時頓于鄭縣之高平亭爲東軍聲援聞沉兵起還鎮渭城遣督護虞夔率步騎萬餘人逆沉於好時接戰夔衆敗顒大懼退入長安果急呼張方沉渡渭而壘顒每遣兵出闘輒不利沉乘勝攻之使澹博以精甲五千從長安門而入力戰至顒帳下沉軍來遲顒軍見澹等無繼氣益倍馮翊太守張輔率衆救顒横擊之大戰於府門博父子皆死之澹又被擒顒奇澹壯

勇將活之澹不爲之屈於是見殺沉軍遂敗率餘卒屯于故營張方遣其將郭偉夜至沉軍大驚而潰與麾下百餘人南遁爲陳倉令所執沉謂顒曰夫知巳之顧輕在三之節重不可違君父之詔量强弱以苟全投袂之日期之必死葅醢之戮甘之如薺辭義慷慨見者哀之顒怒鞭之而後腰斬之有識者以顒干上犯順虐害忠義知其滅亡不久也

冊府元龜

巡按福建監察御史臣李嗣京　訂正
分守建南道左布政使臣胡維霖　參閱
知建陽縣事臣黄國琦較釋

將帥部　三十二

忠第二

晉閻鼎行豫州刺史事屯許昌遭母喪乃於密縣間鳩聚西州流人數千欲還鄉里值京師失守秦王出奔密中司空荀藩藩弟司隸校尉組及中領軍華常河南尹華薈在密縣建立行臺以密近賊南趣許潁

司徒左長史劉疇在密爲塢主中書令李晅太傅參軍騶捷劉蔚鎮軍長史周顗司馬李述皆來赴疇僉以鼎有才用且手握彊兵勸藩假鼎冠軍將軍豫州刺史蔚等爲參佐鼎少有大志因西土人思歸欲立功鄉里乃與撫軍長史王毗司馬傅遜懷翼秦王之計謂疇捷等曰山東非霸王處不如關中河陽令傅暢遺鼎書勸奉秦王過雒陽謁拜山陵徑處長安綏合夷晉興起義衆尅復宗廟雪社稷之耻鼎得書便欲詣雒流人謂北道近河懼有抄截欲南自武關向長安疇等皆山東人咸不願西入荀藩及疇捷等並逃散鼎追藩不及晅等見殺唯顗述走得免遂奉秦王行止上雒爲山賊所襲殺百餘人率餘衆西至藍田時劉聰向長安爲雍州刺史賈疋所逐走還平陽疋遣人奉迎秦王遂至長安而與大司馬南陽王保衛將軍梁芬京兆尹梁綜等並同心推戴立王爲皇太子登壇告天立社稷宗廟以閻鼎爲太子詹事總攝百揆梁綜與鼎爭權鼎殺綜以王毗爲京兆尹鼎首建大謀立功天下始平太守麴允撫夷護軍索綝並害其功且欲專權馮翊太守梁緯北地太守梁肅並綝毋弟綝之姻也謀欲除鼎乃證其無君之心專

戮大臣請討之遂攻鼎鼎出奔雍爲氐竇首所殺傳首長安

周馥爲平東將軍都督揚州諸軍事覩群賊孔熾雒陽孤危乃建策迎天子遷都壽春永嘉四年與長史吳思司馬殷識上書曰不圖厄運遂至於此戎狄交侵畿甸危逼臣輒與祖納裴憲華譚孫惠等三十人伏思大計僉以殷人有屢遷之事周王有岐山之徙方今王都罄乏不可久居河朔蕭條崤函險澁宛都屢敗江漢多虞於今平夷東南爲愈淮陽之地北阻塗山南抗靈嶽名川四帶有重險之固是以楚人東

遷逡宅壽春徐邳東海亦足戍禦且運漕四通無患
空乏雖聖上神聰元輔賢明居儉守約用保宗廟未
若相土遷宅以享永祚臣謹選精卒三萬奉迎皇駕
輒檄前北中郎將裴憲行使持節監豫州諸軍事東
中郎將風馳即路荊湘江揚各先運四年米租十五
萬斛布絹各十四萬疋以供大駕令王浚荀晞共平
河朔臣等勠力以啓南路遷都弭寇其計並得皇輿
來巡臣宜轉據江州以恢王略知無不爲古人所務
敢竭忠誠庶報萬分朝遂夕隕猶生之願東海王越
與荀晞不協馥不先白於越而直上書越大怒

祖逖爲鎮西將軍豫州刺史公私豐贍士馬日滋方
當推鋒越河掃清冀朔會朝廷將遣戴若思爲都督
逖以若思是吳人雖有才望無宏致遠圖且已翦荊
棘收河南地而若思雍容直來統之意甚怏怏且聞
王敦與劉隗等搆隙慮有內難大功不遂感激發病
乃寄妻孥汝南大木山下時中原士庶咸謂逖當進
據武牢而反置家險阨或諫之不納逖雖內懷憂憤
而圖進取不輟

溫嶠爲平南將軍鎮武昌聞蘇峻之徵也慮其有變
求還朝以備不虞不聽未幾而蘇峻果反移屯潯陽
遣督護王愆期西陽太守鄧岳鄱陽內史紀瞻等率
舟師赴難及京師傾覆嶠聞之號慟人有候之者悲
哭相對俄而庾亮來奔宣太后詔進嶠驃騎將軍開
府儀同三司嶠曰今日之急殄寇爲先未效勳庸而
逆受榮寵非所聞也何以示天下乎固辭不受時亮
雖奔敗嶠每推崇之分兵給亮遣王愆期等要陶侃
同赴國難侃恨不受顧命不許嶠初從之後用其部
將毛寶說復固請侃行初嶠與庾亮相推爲盟主嶠
從弟充言於嶠曰征西位重兵彊宜共推之嶠於是
遣王愆期奉侃爲盟主侃許之遣督護龔登率兵詣

嶠嶠於是列上尚書陳峻罪狀有衆七千灑泣登舟
峻時殺侃子瞻繇是侃激勵遂率所統與嶠亮同赴
京師戎卒六萬旌旗七百餘里鉦鼓之聲震於百里
直指石頭次于蔡州侃屯察浦嶠屯沙門浦時祖約
據歷陽與峻爲首尾見嶠等軍盛謂其黨曰吾本知
嶠能爲四公子之事今果然矣峻聞嶠將至逼大駕
幸石頭時峻軍多馬南軍使舟檝不敢輕與交鋒用
將軍李根計據白石築壘以自固使庾亮守之賊步
騎萬餘來攻不下而退追斬二百餘級嶠又於四望
磯築壘以逼賊曰賊必爭之設伏以逸待勞是制賊

之一奇也是時義軍屢戰失利嶠軍食盡陶侃怒曰使君前云不憂無將士惟得老僕爲主耳今數戰皆北良將安在荆州接胡蜀二虜倉廩當備不虞若復無食僕便欲西歸更思良筭但今歲計殄賊不爲晚也嶠曰不然自古成監師克在和光武之濟昆陽曹公之拔官渡以寡敵衆仗義故也峻約小豎爲海内所患今日之舉決在一戰峻勇而無謀藉驕勝之勢自謂無前今挑之戰可一鼓而擒也奈何捨垂立之功設進退之計且天子幽逼社稷危殆四海臣子肝腦塗地嶠等與公並受國恩是致命之日事若克濟

則臣主同祚如其不捷身雖灰滅不足以謝責於先帝今之事勢義無旋踵騎猛獸安可中下哉公若違衆獨反人心必沮沮衆敗事義旗將迴指於公矣侃無以對遂留不去嶠於是創建行廟廣設壇場告皇天后土祖宗之靈親讀祝文聲氣激揚涕流覆面三軍莫能仰視其日侃督水軍向石頭亮嶠等率精勇一萬從白石以挑戰時峻勞其將士因醉突陣馬躓爲侃將所斬峻弟逸及子碩嬰城自固嶠乃立行臺布告天下凡故吏二千石臺郎御史以下皆令赴臺於是至者雲集司徒王導因奏嶠侃錄尚書遣閒使宣旨並讓不受賊將康術以臺城來降爲逸所擊求救於嶠江州別駕羅洞曰今水暴長救之不便不如攻榻坑榻坑軍若敗術圍自解嶠從之遂破賊石頭軍奮威長史滕含抱天子奔於嶠船時陶侃雖爲盟主而處分規畧一出於嶠及賊滅拜驃騎將軍開府儀同三司加散騎常侍封始安郡公邑三千户

郗鑒爲大將軍開府儀同三司加散騎常侍咸和初領徐州刺史及祖約蘇峻反鑒聞難便欲率所領東赴詔以北寇不許於是遣司馬劉矩領三千人宿衛京都尋而王師敗績矩遂退還中書令庾亮宣太后

口詔進鑒爲司空鑒去賊密邇城孤糧絶人情業業莫有固志奉詔流涕設壇場刑白馬大誓三軍曰賊臣祖約蘇峻不恭天命不畏王誅凶戾肆逆干國之紀陵汨五常侮弄神器遂制脅幽主拔本塞原殘害忠良禍虐黎庶使天地神祇靡所依歸是以率土怨酷兆庶泣血咸願奉辭伐罪以除元惡昔戎狄泯周齊桓糾盟董卓陵漢群后致討義存君親古今一也今主上幽危百姓倒懸忠臣正士志存報國凡我同盟之後勠力一心以救社稷若二寇不梟義無偷安有渝此盟明神殛之鑒登壇慷慨三軍爭爲用命乃

遣將軍夏侯長等間行謂平南將軍溫嶠曰今賊謀欲挾天子東入會稽宜先立營壘屯據要害旣防其越逸又斷賊糧運然後靜鎮京口清壁以待賊賊攻城不拔野無所掠東道旣斷糧運自絕不過百日必自潰矣嶠深以爲然及陶侃爲盟主進鑒都督揚州八郡軍事時撫軍將軍王舒輔國將軍虞潭皆受鑒節度率衆渡江與侃會於茄子浦鑒築白石壘而據之會舒潭戰不利鑒與後將軍郭默還丹徒立大業曲阿陵亭三壘以拒賊而賊將張健來攻大業城中乏水郭默窘迫遂突圍而出三軍失色參軍曹納以

爲大業京口之扞一旦不守賊方軌而前勸鑒退還廣陵以俟後舉鑒乃大會僚佐責納曰吾蒙先帝厚顧荷託付之重正復捐軀九泉不足以報今彊寇在郊衆心危迫君腹心之佐而生長異端當何以率先義衆鎮一三軍邪將斬之久而乃釋會峻死大業圍解及蘇逸等走吳興鑒遣參軍李閎追斬之降男女萬餘口拜司空加侍中

劉牢之爲南彭城內史輔國將軍代王恭督兗青并七州事時楊佺期桓玄將兵逼京師上表理王恭求誅牢之牢之率北府之衆馳赴京師次於新亭玄等受詔退兵牢之還鎮京口

桓彝爲宣城內史蘇峻之亂彝糾合義衆欲赴朝廷其長史裨惠以郡兵寡弱出入易擾可按甲以須後舉彝厲色曰夫見無禮於其君者若鷹鸇之逐鳥雀今社稷危逼義無晏安乃遣將軍朱綽討賊別帥於蕪湖破之彝尋出石頭會朝廷遣將軍司馬流先據慈湖爲賊所敗遂長驅逕進彝以郡無堅城遂退據廣德尋王師敗績彝聞慷慨流涕進屯涇陽時州郡多遣使降峻裨惠又勸彝僞與通和以紓交至之禍彝曰吾受國厚恩期在致死焉能忍垢蒙辱與醜逆

通問如其不濟此則命也遣將軍俞縱守蘭石峻遣將韓晃攻之縱將敗左右勸縱退軍縱曰吾受桓侯厚恩本以死報吾之不可負桓侯猶桓侯之不負國也遂力戰而死晃因進軍攻彝彝固守經年勢孤力屈賊曰彝若降者當待以優禮將士多勸彝僞降更思後舉彝不從辭氣壯烈志節不撓城陷爲晃所害年五十三時賊尚未平諸子並流迸宣城人紀世和率義故葬之賊平追贈廷尉謚曰簡咸安中改贈太常俞縱亦以死節贈興安太守

卞壼爲尚書令右將軍領右衛將軍蘇峻稱兵至東

陵曰詔以壺都督大桁東諸軍事假節復加領軍將
軍給事中壺率郭默趙胤等與峻大戰於陵西爲峻
所破壺與鍾雅皆退還死傷者以千數壺雅並還節
詣闕謝罪峻進攻青溪壺與諸軍距擊不能禁賊放
火燒宮寺六軍敗績壺時發背創猶未合力疾而戰
率厲散衆及左右吏數百人攻賊麾下苦戰遂死之
時年四十八二子眕盱見父沒相隨赴賊同時見害
峻平朝議贈壺左光祿大夫加散騎常侍尚書郎弘
納議以爲死事之臣古今所重卞令忠貞之節當書
於竹帛今追贈寔未副衆望謂宜加鼎司之號以旌

忠烈之勲司徒王導建議進贈驃騎將軍加侍中謝
重議曰夫事親莫大於孝事君莫尚於忠惟孝也故
能盡敬竭誠惟忠也故能見危授命此在三之大節
臣子之極行也按壺委質三朝盡規翼亮遭世險艱
存亡以之受顧託之重居端右之任擁衛至尊則有
保傅之恩正色在朝則有匪躬之節賊峻造逆勠力
致討身當矢鎗再對賊鋒父子并命可謂破家爲國
守死勤事昔許男疾終猶蒙二等之贈況壺伏節國
難者乎夫賞疑從重況在不疑謂可上準許穆下同
嵇紹則允合輿論克厭衆望於是改贈壺侍中驃騎
將軍開府儀同三司謚曰忠貞祠以太牢贈世子眕
散騎侍郎眕弟盱奉車都尉眕母裴氏撫二子尸哭
曰父爲忠臣汝爲孝子夫何恨乎徵士翟湯聞之歎
曰父死於君子死於父忠孝之道萃於一門

庾翼爲安西將軍鎮武昌嘗遣使東至遼東西到涼
州要結二方欲同大舉慕容皝張駿並報使請期翼
雅有大志欲以滅胡平蜀爲已任言論慷慨形於辭
色

桓沖代桓溫爲豫楊二州刺史初溫執權大辟之罪
皆自已決沖既蒞事上疏以爲生殺之重古今所愼

凡諸死罪先須上報沖既代溫居任盡忠王室或勸
沖誅除時望專執權衡沖不從謝安以時望輔政爲
群情所歸沖懼逼寧康三年乃解揚州自求外出桓
氏黨與以爲非計莫不扼腕苦諫郗超亦深止之沖
皆不納處之澹然不以爲恨忠言嘉謀每盡心力於
是改授都督徐豫兖青揚五州知六郡軍事車騎將
軍徐州刺史

桓伊爲護軍將軍卒贈右將軍加散騎常侍謚曰烈
初伊有馬步鎧六百領豫爲表令死乃上之表曰臣
過蒙殊寵受任西藩淮南之捷逆兵奔北人馬器鎧

隨處放散于時收拾破敗不足貫連比年營繕並已脩整今六合雖一餘燼未滅臣不以朽邁猶欲輸效力命仰報皇恩此志永絕銜恨泉壤謹奉輸馬裝百具步鎧五百領並在潯陽請勑所屬領受詔曰伊忠誠不遂益以傷慄仍受其所上之鎧

劉弘爲荊州刺史督荊交廣諸軍事廣漢太守辛冉以天子蒙塵四方雲擾進從横計於弘弘怒斬之時人莫不稱善

郭誦司州刺史李矩之甥也矩表誦爲揚武將軍陽翟令時石勒遣其將石良率精兵五千襲矩矩逆擊

不利誦弟元復爲賊所執賊遣元以書說矩曰去年東平曹嶷西賓猗盧矩如牛角何不歸命矩以示誦誦曰昔王陵母在賊猶不改意弟當何論勒復遣誦麈尾馬鞭以示殷勤誦不答

段匹磾領幽州刺史爲從弟末杯所敗北依邵續與續并力追末杯斬獲畧盡又令文鴦北討末杯弟於薊城及還去城八十里聞續已沒衆懼而散復爲石季龍所遮文鴦以親兵數百人力戰破之始得入城季龍復抄城下文鴦登城臨見欲出擊之匹磾不許文鴦曰我以勇聞故百姓伏我見人被畧而不救非丈夫也令衆失望誰復爲我致死乎遂將壯士數十騎出戰殺胡甚多遇馬乏伏不能起季龍呼曰大兄與我俱是戎狄久望共同天下不違願今日相見何故復戰請釋仗文鴦罵曰汝爲寇虐久應合死吾兄不用吾計故令汝得至此吾寧死不爲汝擒遂下馬苦戰槊折執刀力戰不已季龍軍四面解馬羅披自鄣前促文鴦文鴦戰自辰至申力極而後被執城内大懼匹磾欲單騎歸朝續弟樂安内史洎勒兵不許洎復欲執臺使王英送於季龍匹磾正色責之曰卿不能遵兄之志逼吾不得歸朝亦以甚矣復欲執天

子使者我雖胡夷所未聞也因謂英曰匹磾世受重恩不忘忠孝今日事逼欲歸罪朝廷而見逼迫忠款不遂若得假息未死之日心不忘本遂渡黄河南匹磾着朝服持節賓從出見季龍曰我受國恩志在滅汝不幸吾國自亂以至於此既不能死又不能爲汝敬也勒及季龍素與匹磾結爲兄弟季龍起而拜之匹磾到襄國又不爲勒禮嘗着朝服持晋節經年國中謀推匹磾爲主事露被害文鴦亦遇鴆而死

郭默初爲河内督將永嘉之亂率衆自爲塢主遣使謁劉琨琨加默河内太守劉元海遣從子曜討默曜

列三屯圍之欲使饑死默送妻子爲質并請糴焉曜畢設守曜怒沉默妻子於河而攻之默遣弟芝求救於劉琨琨知默狡猾留之而緩其救默便遣人告急會芝出城浴馬使疆與俱歸默乃遣芝質於石勒勒以默多詐封默書與劉曜默使人伺得勒書便要圖投李矩後與矩并力拒劉石

魏該爲順陽太守王敦之反也梁州刺史甘卓不從欲襲該去就試以敦旨動之該曰我本去賊惟忠於國今王公擧兵向天子非吾所宜與也遂拒而不應

劉隗拜鎮北將軍都督青徐幽平四州軍事假節加

散騎常侍率萬人鎮泗口初隗以王敦威權太盛終不可制勸帝出腹心以鎮方隅故以譙王承爲湘州續用隗及戴若思爲都督敦甚惡之與隗書曰頃承聖上顧眄足下今大賊未滅中原鼎沸欲與足下周生之徒勠力王室共靜海内若其泰也則帝祚於是乎隆若其否也則天下永無望矣隗答曰魚相忘於江湖人相忘於道術竭股肱之力效之以忠貞吾之志也敦得書甚怒

周顗代戴若思爲護軍將軍及王敦構逆溫嶠謂顗曰大將軍此擧似有所在當無濫邪顗曰君少年未更事人主自非堯舜何能無失人臣豈可得擧兵以脅主共相推戴未能數年一旦如此豈云非亂乎處仲（王敦字處仲）剛愎疆忍狠抗無上其意寧有限邪既而王師敗績顗奉詔詣敦敦曰伯仁卿負我顗曰公戎車犯順下官親率六軍不能其事使王旅奔敗以此負公敦憚其辭正不知所答帝召顗於廣室謂之曰近日大事二宮無恙諸人平安大將軍故副所望邪顗曰二宮自如明詔於臣等故未可知護軍長史郝嘏等勸顗避敦顗曰吾備位大臣朝廷喪敗寧可復草間求活外投胡越邪俄而與戴若思俱被收路經

太廟顗太言曰天地先帝之靈賊臣王敦傾覆社稷枉殺忠臣陵虐天下神祇有靈當速殺敦無令縱毒以傾王室語未終收人以戟傷其口血流至踵顏色不變容止自若觀者皆爲流涕遂於石頭南門外石上害之時年五十四

周莚右將軍都督石頭水陸軍事札之兄子王敦作難加冠軍將軍都督會稽吳興義興晉陵東陽軍事率水軍三千人討沈充未發而王師敗績莚聞札開城納敦憤咤慷慨形於辭色尋遇害

劉超爲左衞將軍時蘇峻謀逆京邑大亂朝士多遣

家人入東避難義與故吏欲迎超家而超不聽盡以妻孥入處宮内及王師敗績王導以超爲右衛將軍親侍成帝屬太后喪軍衛禮章損闕超躬率將士奉營山陵峻遷車駕石頭時天大雨道路沉陷超與侍中鍾雅步侍左右賊給馬不肯騎而悲哀慷慨峻聞之甚不平然未敢加害而以其所親信許方等補司馬督殿中監外託宿衛内實防禦超等時饑饉米貴峻等問遺一無所受繾綣朝夕臣節愈恭帝時年八歲雖幽厄之中超猶啓授孝經論語温嶠等至峻猜忌朝士而超爲帝所親遇疑之尤甚後王導出奔超

與懷德令匡術建康令管旆等密謀將欲奉帝而出未及期事泄峻使任讓將兵入收超及侍中鍾雅帝抱持悲泣曰還我侍中右衛任讓不奉詔因害之及峻平任讓與陶侃有舊侃欲特不誅之乃請於帝帝曰讓是殺我侍中右衛者不可宥繇是遂誅讓及超將收葬帝痛念之不已詔還高顯近地葬之便出入得贈望其墓追贈衛尉謚曰忠

羊曼爲前將軍時蘇峻作亂曼率文武守雲龍門王師不振或勸曼避峻曼曰朝廷破敗吾安所求生勒衆不動爲峻所害

朱伺爲廣威將軍領竟陵内史時王敦欲用從弟廙代陶侃爲荆州侃故將鄭攀馬儁等乞侃於敦敦不許攀等以侃始滅大賊人皆樂附又以廙忌戾難事謀共拒之遂屯結溳口遣使告伺伺外許之而稱疾不赴攀等遂進拒廙既而士衆疑阻復散還橫桑口欲入杜曾將朱軌趙誘李桓率衆將擊之攀等懼誅以司馬孫景造謀拒廙因斬之降軌等廙將西出遣長史劉浚留鎮揚口壘時杜曾請討第五猗於襄陽伺謂廙曰曾是猾賊外示西還以疑衆心欲誘引官軍使西然後兼道襲揚口耳宜大部分未可便西廙

性矜厲自用兼以伺老怯難信遂西行曾等果馳還廙乃遣伺歸裁至壘郎爲曾等所圍劉浚以壘北門危欲令伺守之或説浚云伺與鄭攀同者乃轉守南門賊知之攻其北門時鄭攀黨馬儁等亦來攻壘儁妻子先在壘内或請皮其面以示之伺曰殺其妻子未能解圍但益其怒耳乃止伺嘗所調弩忽禁不發伺甚惡之及賊攻陷北門伺被傷退入船初浚開諸船底以木掩之名爲船械伺既入賊舉鋋擿伺伺逆接得鋋反以擿賊賊入走船屋大喚云賊帥在此伺從船底沉行五十步乃免遇醫療創小差杜曾遣説

伺云馬儁等感卿恩妻孥得活盡以卿家外内百口付儁儁已盡心收視卿可來也伺答曰賊無白首者今吾年六十餘不能復與卿作賊吾死當歸南妻子付汝乃還甑山時王廙與李桓杜曾相持累戰甑山下軍士數驚喚云賊欲至伺驚創而卒

周虓字孟威爲西夷校尉領梓潼太守寧康初苻堅將楊安寇梓潼虓固守涪城遣步騎數千送母妻從漢水將抵江陵爲堅將朱彤邀而獲之虓遂降於安堅欲以爲尚書郎虓曰蒙國厚恩以至今日但老母見獲失節於此母子獲全秦之惠也雖公侯之貴不

以爲榮況郎任乎堅乃止自是每入見堅輒箕踞而坐呼之爲氏賊堅不悦屬元會威儀甚整堅因謂虓曰晉家元會何如此虓攘袂厲聲曰戎狄集聚譬猶犬羊相群何敢比天子及呂光征西域堅出餞之戎士二十萬旌旗數百里又問虓曰朕衆力何如虓曰戎狄已來未之有也堅黨以虓不遜屢請除之堅待之彌厚虓乃密書與桓冲説賊姦計太元三年虓潛至漢中堅追得之後又與堅兄子苞謀襲堅事泄堅引虓問其狀虓曰昔漸離豫讓燕智之微臣猶漆身吞炭不忘忠節況虓世荷晉恩豈敢忘也生爲晉臣死爲晉鬼復何問乎堅曰今殺之適成其名矣遂赦之徙於太原後堅復陷順陽魏興獲二守皆執節不撓堅歎曰周孟威不屈於前丁彦遠絜已於後吉祖冲不食而死皆忠臣也虓竟以病卒於太原

吉挹少有志節孝武帝初苻堅陷梁益桓豁表挹爲魏興太守太元四年苻堅將韋鍾攻魏興挹遣衆拒之斬七百餘級加督五郡軍事鍾率衆欲趣襄陽挹又邀擊獲五十餘級鍾怒迴軍圍之挹又屢挫其鋭其後賊衆繼至挹力不能抗城將陷引刀欲自殺其友止之曰且苟存以展他討爲計不立死未晚也挹

不從友人逼奪其刀會賊執之挹閉口不言不食而死

朱序爲梁州刺史鎮襄陽苻堅率衆圍序序督護李伯護密與賊相應襄陽遂沒序欲逃歸潛至宜陽藏夏揆家堅疑揆收之序乃詣苻暉自首堅嘉而不問以爲尚書太元中苻堅南侵謝石率師拒之時堅大兵尚在頂苻融以三十萬衆先至堅遣序説謝石稱已兵威序反謂石曰若堅百萬之衆悉到莫可與敵及其未會擊之可以得志於是石遣謝琰選勇士八千人涉肥水挑戰堅衆少却序時在其軍後唱云堅

敗衆遂大奔潰彦乃得歸拜龍驤將軍琅邪内史
郗愔爲輔國將軍都督徐兖青幽揚州之晉陵諸軍事徐州人多勁悍桓温常云京口酒可飲兵可用深不欲愔居之而愔暗於事機遣牋詣温欲共奬王室脩復園陵子超取視寸寸毁裂乃更作牋自陳老病甚不堪人間乞閒地自養温得牋大喜即轉愔爲會稽太守
毛璩安帝初爲征虜將軍及桓玄簒位遣使加璩散騎常侍左將軍璩執留玄使不受命玄以桓希爲梁州刺史王异據涪郭法戍宕渠師寂戍巴郡周道子

戍白帝以防之璩傳檄遠近列玄罪狀遣巴東太守柳約之建平太守羅述征虜司馬甄季之擊破希等仍率衆次於白帝武陵王令曰益州刺史毛璩忠誠慤亮自桓玄萌禍常思躡其後今若平殄兇逆肅清荆郢者便當即受上流之任初璩弟寧州刺史璠喪官璩兄球孫祐之及參軍費恬以數百人送喪葵江陵會玄敗謀奔梁州璩弟瑾子脩之時爲玄屯騎較尉誘玄使入蜀既而脩之與祐之費恬及漢嘉人馮遷共殺玄約之等聞玄死進軍到枝江而桓振復攻沒江陵劉毅等還尋陽約之亦退俄而季之述之皆病約之詣振僞降因欲襲振事泄被害約之司馬時延祖涪陵太守文處茂等撫其餘衆保涪陵振遣桓放之爲益州屯西陵處茂拒擊破之振死安帝反正詔曰夫貞松標於歲寒忠臣亮於國危益州刺史璩體識弘正誠契義旗受命偏師次於近畿輔翼之勲寔感朕心可進征西將軍加散騎常侍都督益梁秦凉寧五州軍事行宜都寧蜀太守文處茂宣讃藩牧蒙險夷難可輔國將軍西夷較尉巴西梓潼二郡太守又詔西夷較尉瑾爲持節監梁秦二州軍事征虜將軍梁秦二州刺史畧陽武都太守瑾弟蜀郡太守

瑗爲輔國將軍寧州刺史初璩聞振陷江陵率衆赴難使弟瑾瑗順外江而下使參軍譙縱領巴西梓潼二郡軍下涪水當與璩軍會於巴郡蜀人不樂東征縱因人情思歸於五城水口反還襲涪害瑾瑾留府長史鄭純之自成都馳使告璩璩時在畧城去成都四百里遣參軍王瓊討反者相距於廣漢燓道令何林聚黨助縱而璩下人受縱誘説遂共害璩及瑗并子姪之在蜀者一時殄沒
殷覬爲南蠻較尉太元中從弟仲堪爲荆州刺史仲堪得王恭書將興兵内伐告覬欲同舉覬不平之日

夫人臣之義愼保所守朝廷是非宰輔之務豈藩屏之所圖也晉陽之事宜所不豫仲堪要之轉切覬怒曰吾進不敢同退不敢異仲堪甚以爲恨猶密諫仲堪辭甚切至仲堪旣貴素情亦殊而志望無厭謂覬言爲非覬見江績亦以正直爲仲堪所斥知仲堪當逐異已樹置所親因出行散託疾不還仲堪聞其病出省之謂覬曰兄病殊爲可憂覬曰我病不過身死但汝病在滅門幸熟爲慮勿以我爲念也仲堪不從卒與楊佺期桓玄同下覬遂以憂卒隆安中詔故南蠻校尉殷覬忠績未融奄焉隕喪可贈冠軍將軍

張肅寔叔父也爲建威將軍西海太守以京師危逼請爲先鋒擊劉曜寔以肅年老弗許肅曰狐死首丘心不忘本鍾儀在晉楚弁南音肅受晉寵剖符列位羯逆滔天朝廷傾覆肅晏安方裔難至不奮何以爲人臣寔曰門户受重恩自當闔家效死忠衞社稷以申先公之志但叔父春秋已高氣力衰竭軍旅之事非耆老所堪乃止旣而聞京師陷沒肅泣憤而卒

何無忌爲江州刺史鎭南將軍盧循遣別帥徐道覆順流而下舟艦皆重樓無忌將率衆推之長史鄧潜之諫曰今以神武之師抗彼逆衆廻山壓卵未足爲譬然國家之計在此一擧聞其舟艦大盛勢居上流蜂蠆之毒邾魯成鑒宜決破南塘守二城以待之其必不敢捨我遠下蓄力俟其疲老然後擊之若棄萬全之長策而決成敗於一戰如其失利悔無及矣無忌不從遂以舟師拒之旣及賊令彊弩數百登西岸小山以邀射之而薄於山側俄而西風暴急無忌所乘小艦被飄東岸賊乘風以大艦逼之衆遂奔敗無忌尚厲聲曰取我蘇武節來節至乃躬執以督戰賊衆雲集登艦者數十人無忌辭色無撓遂握節死之

宋劉敬宣字萬壽仕晉爲征虜將軍領冀州刺史時

高祖西討劉毅豫州刺史諸葛長民監太尉軍事貽敬宣書曰盤龍狠戾專恣自取夷滅異端將盡世路方夷富貴之事相與共之敬宣報曰下官自義熙以來首尾十載遂忝三州七郡今此使節常懼福過禍生實思避盈居損富貴之旨非所敢當使呈書高祖謂王誕曰阿壽故爲不負我也

顏師伯爲征虜將軍都督青冀二州徐州之東安兖州之濟北二郡諸軍事竟陵王誕反師伯遣長史嵇玄敬率五千人赴難

沈慶之爲步兵校尉詔封群蠻於江沔元嘉三十年

正月孝武出次五洲總統群帥慶之從巴水出至五洲諮受軍略會孝武典籤董元嗣自建鄴還陳元凶弑逆孝武遣慶之引諸軍慶之謂腹心曰蕭斌婦人不足數其餘將帥並是所悉皆易與耳東宮同惡不過三十人此外屈逼必不爲用力今輔順討逆不憂不濟也衆軍既集假慶之征虜將軍武昌内史領府司馬孝武還至潯陽慶之及柳元景等並以天下無主勸世祖即大位不許賊劭遣慶之門生錢無忌齎書説慶之解甲慶之執無忌白孝武孝武踐祚以慶之爲領軍將軍

褚湛之爲丹陽尹元凶劭弑逆以爲吏部尚書復出爲輔國將軍丹陽尹統石頭戍事世祖入伐劭自攻新亭壘使湛之率水師俱進湛之因攜二息淵澄登輕船南奔淵有一男始生爲劭所殺世祖即位以爲尚書右僕射

劉瑀爲寧遠將軍益州刺史元凶弑立以爲青州刺史瑀聞問即起義遣軍并送資實於荊州世祖即位召爲御史中丞還至江陵値南郡王義宣爲逆瑀陳其不可言甚切至義宣以爲丞相左司馬俱至梁山瑀猶秉其蜀中船舫又有義故部曲潛於梁山洲外下投官軍除司徒長史

朱脩之爲雍州刺史時荊州刺史南郡王義宣反檄脩之舉兵脩之僞與之同而遣使陳誠於帝帝嘉之以爲荊州刺史加都督義宣聞脩之不與己同乃以魯秀爲雍州刺史擊襄陽脩之命斷馬鞍山道秀不得前乃退及義宣敗於梁山單舟南走脩之率衆南定遺寇時竺超民執義宣脩之至乃殺之以功封南昌縣侯

沈攸之爲寧朔將軍征南賊攸之從子懷寶爲賊將帥在赭圻遣親人楊公讚齎書招誘攸之攸之斬

公讚封懷寶書呈太宗尋克赭圻後爲鎮西將軍荊州刺史後廢帝元徽二年桂陽王休範舉兵襲京邑攸之謂僚佐曰桂陽今反朝廷必聲云與攸之同若不顛沛勤王必增朝野之惑於是遣軍主孫同沈懷與與軍馳下受郢州刺史晉熙王燮節度同等始過夏口會休範平而還

劉秀之爲寧朔將軍益州刺史南譙王義宣據荊州爲逆遣參軍王曜徵兵於秀之秀之即日斬曜戒嚴遣中兵參軍韋山松萬人襲之

柳元景爲前將軍雍州刺史初臧質起義以南譙王

義宣闇弱易制欲相推奉潜報元景使率所領西還元景卽以質書呈孝武語信曰臧冠軍當是未知殿下義舉耳方應伐逆不容西還

沈林子爲征虜將軍旣破鮮卑慕容超而盧循奄至循之下也廣固未拔循潜遣人結林子及宗人叔長林子卽密白高祖以超未平隱之還自廣固乃誅叔長謂林子曰昔魏武在官渡汝兗之士多懷二心唯李通獨斷大義古今一也循至蔡州貴遊之徒皆議遠徙唯林子請移家京邑高祖怪而問之對曰耿純盡室從戎李通舉宗居魏林子雖才非古人實受恩

深重高祖稱善

黄回爲右衛將軍沈攸之反以回爲使持節督郢州司州之義陽諸軍事平西將軍郢州刺史給皷吹一部臧質率衆出新亭爲前鋒未發而袁粲據石頭爲亂回與新亭諸將任候伯彭文之王宜興孫曇瓘等謀應粲粲事發候伯等並乗船赴石頭唯曇瓘先至得入候伯等至而粲已平回本期詰旦率所領從御道直向臺門攻齊王於朝堂事旣不果齊王撫之如舊

垣詢之驍敢有氣力南郡王義宣反夙聞其名以副輔國將軍張柬時張超首行大逆亦領軍隷柬詢之規殺之慮柬不同柬宿有此志又未測詢之同否互相覩察會超來論事柬色動詢之覺之卽共定謀遣傴召超超疑之不至改宿他所詢之不知其私往斫之殺其僕於牀因與柬南奔東廝淮死詢之得至時世祖已卽位以爲積射將軍

殷孝祖爲寧朔將軍督兗州諸軍事兗州刺史太宗初卽位四方反叛孝祖外甥司法參軍葛僧韶建議銜命徵孝祖入朝帝遣之僧韶至孝祖具問朝廷消息僧韶隨方訓譬并陳兵甲精疆主上欲委以前驅

之任孝祖卽日棄妻子率文武二千人隨僧韶還都時普天同逆朝廷唯保丹陽一郡而永世縣尋又反叛義興賊乗至延陵內外憂危咸欲奔散孝祖忽至衆力不少並傖楚壯士人情大安

齊張敬兒宋末爲持節督雍梁二州郢司二郡軍事昇明元年冬沈攸之反遣報敬兒敬兒勞接周至爲設酒食謂之曰沈公那忽使君來君殊可念乃列仗於廳事前斬之集部曲偵攸之下當襲江陵遂破之送首京師

李安民初爲宋司州刺史領義陽太守時桂陽王休

範起事安民遣軍援京師徵爲左將軍加給事中
王玄邈爲宋輔國將軍幽州刺史青州刺史沈文秀
及玄邈欲向朝廷慮見掩襲乃詒文秀求安軍頓文
秀令頓城外玄邈即立營壘至夜拔軍南奔起義比
曉文秀追不復及明帝以爲持節都督青州刺史將
軍如故太祖鎮淮陰爲明帝所疑遣書結玄邈玄邈
長史房叔安勸玄邈不相答和罷州還太祖以經途
又要之玄邈雖許既而嚴軍直過還都啓帝稱太祖
有異謀
蕭坦之東昏立爲侍中領軍將軍永元元年遭母喪

起復職加右將軍置府江祏兄弟欲立始安王遥光
密謂坦之曰明帝取天下已非次第天下人至今不
服今若復作此事恐四海瓦解我其不敢言持喪還
宅宅在東府城東遥光起事遣人夜掩取坦之坦之
科頭着褌踰墻走從東冶僦渡南渡間道還臺假節
督衆軍討遥光屯湘宮寺事平遷尚書右僕射丹陽
尹右將軍如故進爵爲公增邑千户
荀伯王太祖時爲輔國將軍世祖在於東宮任左右
張景眞多僭侈世祖拜陵還景眞白服乘畫舴艋坐
胡牀觀者咸疑是太子內外祇畏莫敢言伯王謂親
人曰太子所爲官終不知豈得顧死蔽官耳目我不
啓聞誰應啓者因世祖拜陵之後密啓之帝大怒檢
較東宮世祖還至方山日暮將泊豫章王於東府乘
飛鷰東迎具白帝怒之意世祖夜歸帝亦停門籥待
之二更盡方入宮帝明日遣文惠太子聞喜公子良
宣敕詰責并以景眞罪狀示世祖稱太子令收景眞
殺之
張沖都督郢司二州諸軍事梁王義師起東昏遣驍
騎將軍薛元嗣制局監暨榮伯領兵及糧運百四十
餘船送沖使拒西師元嗣等懲劉山陽之敗疑沖不

敢進停住夏口浦聞義師將至元嗣榮伯相率入郢
城時竟陵太守房僧寄被代還至郢東昏敕僧寄留
守魯山除驍騎將軍僧寄謂沖曰臣雖未荷朝廷深
恩實蒙先帝厚澤蔭其樹者不折其枝實欲微立塵
效沖深相許諾共結盟誓乃分部守遣軍主孫樂祖
數千人助僧寄據魯山岸立城壘明年二月梁王出
沔口圍魯山城遣軍主曹景宗等過江攻郢城未及
盡濟沖遣中兵參軍陳光靜等開門出擊爲義師所
破光靜戰死沖固守不出景宗於是據石橋浦連軍
相續下至嘉湖東昏遣軍主巴西梓潼二郡太守吳

子陽光子矜李文劉陳虎矛等十二軍援郢至嘉湖不得進乃築城舉烽城內亦舉火應之而內外各自保不能相救冲病死元嗣榮伯與冲子孜及長史江夏內史程茂固守東昏詔贈冲散騎常侍護軍將軍假元嗣子陽節江水暴長嘉湖城淹潰義師乘高艦攻之子陽等大敗散魯山城乏糧軍人於磯頭網魚供食密治輕船將奔夏口梁王命偏軍斷其取路防備越逸房僧寄病死孫樂祖窘以城降郢城被圍二百餘日士庶病死者七八百家魯山既敗程茂及元嗣等議降使孜為書與梁王冲故吏青州中從事房

長瑜謂孜曰前使君忠貫昊天操逾松竹郎君但當端坐畫一以荷析薪若天運不與幅巾待命以下從使君今若隨諸人之計非為郢州士女失高山之望亦恐彼所不取也魯山陷後二日元嗣等以郢城降東昏以程茂為督郢司二州輔國將軍郢州刺史元嗣為督雍梁山北泰四州郢州竟陵司州隋郡冠軍將軍雍州刺史並持節時郢魯二城已降死者相積竟無叛散時以冲及房僧寄比臧洪之被圍也贈僧寄益州刺史

巡按福建監察御史臣李嗣京訂正

知長樂縣事臣夏允彝叅閱

知建陽縣事臣黄國琦較釋

將帥部三十三

忠第

梁馬仙琕爲齊寧朔將軍豫州刺史梁義師起四方多響應高祖使其故人姚仲賓說仙琕仙琕於軍斬仲賓以徇義師至新林仙琕猶持兵於江西日抄運建康城陷仙琕號哭經宿乃解兵歸罪

霍俊爲軍主時侯景渡江俊與邵陵王綸同爲賊所敗俊見獲賊送於城下逼云已擒邵陵偽許之乃曰軍小失利正爲糧盡還京口王在俊爲託還所獲非軍敗也賊以刀背毆其髀俊色不變賊義而捨之

楊公則領白馬戍主爲氐賊李烏奴所攻陷公則抗聲罵賊烏奴壯之更厚待焉要與同事公則偽許而圖之謀洩單馬逃歸宋州刺史王玄邈以事表聞高帝下詔褒美後爲中護軍散騎常侍時朝廷始議北伐以公則威名素著至京師詔假節先屯雒口公則受命遘疾謂親人曰昔廉頗馬援以年老見遺猶自力請用今國家不以吾朽懦任以前驅方以古人見知重矣雖臨途疾苦豈可僶俛辭事企卑還葬此吾志也遂彊起登舟至雒口壽春士女歸降者數千戶魏豫州刺史薛恭度遣長史石榮等前鋒接戰卽斬石榮逐北至壽春去城數十里乃反疾卒於師

蔡道恭爲司州刺史平北將軍天監三年魏軍圍司州道恭拒守魏軍憚之將退會道恭疾篤乃呼兄子僧勰從弟靈恩及諸將帥謂曰吾受國厚恩不能破滅寇賊今所苦轉篤勢不支久汝等當以死固節無令吾沒有遺恨又令取所持節謂僧勰曰禀命出彊

憑此而已既不得奉以還朝方欲攜之同逝可與棺柩相隨衆皆流涕其年五月卒魏知道恭死攻之轉急先是朝廷遣郢州刺史曹景宗率衆赴援景宗到鑿峴頓兵不前至八月城内糧盡乃陷

裴之横爲直閤將軍侯景亂出爲貞威將軍隸鄱陽王範討景濟江仍與範長子嗣入援連營度淮據東城京都陷退還合肥與範泝流赴湓城景遣任約上逼晉熙範令之横下援未及至範薨之横乃還時尋陽王大心在江州範副梅思立密要大心襲湓城之横斬思立而距大心大心以州降侯景之横率衆與

兄之高同歸元帝承制除散騎常侍廷尉卿

江子一爲戎昭將軍時侯景反攻陷歷陽自横江將渡子一帥舟師千餘人於下流欲邀之其副董桃生家在江北因與其黨散走子一乃退還南州復收餘衆步赴京師賊亦尋至子一啓簡文云賊圍未合猶可出盪若營柵一固無所用武請與其弟子四子五帥所領百餘人開承明門挑賊許之子一乃身先士卒抽戈獨進群賊夾攻之從者莫敢繼子四子五見事急相引赴賊並見害

張嵊爲吳興太守太清二年侯景圍京城嵊遣弟伊

率郡兵數千人赴援三年京城陷御史中丞沈浚避難東歸嵊往見而謂曰賊臣憑陵社稷危恥正是人臣效命之秋今欲收集兵力保據郡邑若天道無靈忠節不展雖復及死義亦無恨浚曰鄙郡雖使義拒逆誰敢不從固勸嵊舉義於是收集士卒繕築城壘時邵陵王東奔至錢塘聞之遣板授嵊征東將軍加侍中二千石嵊曰朝廷危迫天子蒙塵今日何情復受榮號留板而已賊行臺劉神茂攻破義興遣使說嵊曰若早降附當還以郡相處復加爵賞嵊命斬其使仍遣軍主王雄等帥兵於鯉瀆逆擊之破神茂神茂退走侯景聞神茂敗乃遣其中軍侯子鑒帥精兵二萬人助神茂以擊嵊嵊遣軍主范智朗出郡西拒戰爲茂所敗退歸賊騎乘勝焚柵柵内衆軍皆奔嵊乃釋戎服坐於廳事賊臨之以刃終不爲屈乃執嵊以送景景刑之於都市子弟同遇害者十餘人

徐文盛爲持節督寧州刺史太清中聞國難乃召募得數萬人來赴世祖嘉之以爲持節散騎常侍左衛將軍督梁南秦沙東益巴北巴六州諸軍事仁威將軍秦州刺史

柳仲禮爲司州刺史太清二年侯景反仲禮率衡州

刺史韋粲南陵太守陳文衛宣猛將軍李孝欽等皆來赴援

羊鴉仁爲北司州刺史太清二年侯景既背盟鴉仁乃與趙伯超及南康王會理共攻賊於東府城反爲賊敗臺城陷景以爲五兵尚書鴉仁嘗思奮發謂所親曰吾以凡流受寵朝廷竟無報効以答重恩今若以此終沒有餘責因泣下見者傷焉三年出奔江西將赴江陵至東莞爲故北徐州刺史荀伯道子晷所害臨死以報効不終因而泣下

韋粲爲安遠將軍衡州刺史太清元年粲至州無幾

便表解職二年徵爲散騎常侍粲還至廬陵聞侯景作逆便簡閱部下得精卒五千馬百疋倍道赴援至豫章奉命報云賊已出橫江粲即就内史劉孝儀共謀之孝儀曰必如此當有别勑豈可輕信單使妄相驚動或恐不然時孝儀置酒粲怒以杯抵地曰賊已渡江便逼宮闕水陸俱斷何暇有報假令無勑豈得自安韋粲今日何情飲酒即馳馬出部分將發會江州刺史當陽公大心遣使要粲粲乃馳往見大心曰上游蕃鎮江州去京最近殿下情計實宜在前但中流任重當須應接不可闕鎮今宜且張聲勢移鎮湓

城行遣偏將賜隨於事便足大心然之遣中兵柳昕帥兵二千隨粲粲悉留家累於江州以輕舸就路至南州粲外弟司州刺史柳仲禮亦帥步騎萬餘人至橫江粲即送糧仗贍給之并散私金帛以賞其戰士先是安北將軍鄱陽王範亦自合肥遣西豫州刺史裴之高與其長子嗣帥江西之衆赴京師屯於張公洲待上流諸軍至是時之高遣船渡仲禮與粲合軍進屯王遊苑粲建議推仲禮爲大都督報下流衆軍裴之高自以年位高恥居其下乃云柳節下是州將何須我復鞭板累日不決粲乃抗言於衆曰今者同赴國難義在除賊所以推柳司州者正以久捍邊疆先爲侯景所憚且士馬精鋭無出其前若論位次柳在粲下語其年齒亦少於粲直以社稷之計不得復論今日貴在將和若人心不同大事去矣裴公朝之舊齒年德已隆豈應復挾私情以阻大計粲請爲諸君解釋之乃單舸至之高營切讓之曰前諸將之議豫州意所未同即二宮危逼猾寇滔天臣子當戮力同心豈可自相矛楯豫州必欲立異鋒鏑便有所歸之高垂泣曰吾荷國恩榮自應帥先士卒顧恨衰老不能效命企望柳使君共平凶逆謂衆議已定無俟老

夫耳若必有疑當剖心相示於是諸將定議仲禮方得進軍次新亭賊列陣於中興寺相持至晚各解歸是夜仲禮入粲營部分衆軍旦日將戰諸將各有據守令粲頓於青塘當石頭中路粲慮柵壘未立賊必爭之頗以爲憚謂仲禮曰下官才非禦侮直欲以身徇國節下善量其宜不可致有虧喪仲禮曰青塘立營迫近淮渚欲以糧儲船乘盡就迫之此是事大非兄不可若疑兵少當更差軍相助乃使直閤將軍劉叔胤帥兵助粲粲帥所部水陸俱進時值昏霧軍人迷失道比及青塘夜已過半壘柵至曉未合景登禪

靈寺閣望綦嘗未立便率銳卒來攻軍副王長茂勸據栅待之綦不從令軍主鄭逸逆擊之命劉叔裔以水軍截其後裔畏懦不敢進逸遂敗賊乘勝入營左右牽綦避賊綦不動猶率子弟力戰兵死略盡遂見害綦子尼及三弟助警構從弟昂皆戰死親戚死者數百人賊傳綦首闕下以示城内太宗聞之流涕曰社稷所寄維在韋公如何不幸先死行陣詔贈護軍將軍世祖平侯景追謚曰忠貞幷追贈助警構及尼皆中書郎昂員外散騎常侍

羊侃爲都官尚書侯景反逼城侃親拒之景遣儀同

傅士哲呼侃與語曰侯王遠來問訊天子何爲閉距不時進納尚書國家大臣宜啓朝廷侃曰侯將軍奔亡之後歸命國家重鎮方城懸相任寄何所患苦忽致稱兵今驅烏合之衆至王城之下虜馬飲淮矢集帝室豈有人臣而至於此吾荷國重恩當稟承廟筭以掃大逆耳不能妄受浮說開門揖盜幸謝侯王蚤自爲所士哲又曰侯王事君盡節不爲朝廷所知欲面啓至尊以除姦佞既居戎旅故帶甲來朝何謂作逆侃曰聖上聰明叡哲無幽不燭有何姦佞而得在朝欲飾其非寧無詭說且侯王親舉白刃以向城闕事君盡節正若是邪士哲無以應乃曰在北之日久挹風猷願去戎服得一相見侃爲免胄士哲瞻望久之而去

陳沈恪仕梁爲宣猛將軍監吳興郡自吳興入朝高祖受禪使中書舍人劉師知引恪令勒兵入辭因徵衛梁敬帝如別宮恪乃排闥入見高祖曰恪身經事蕭家來今日不忍見此事分受死耳決不奉命高祖嘉其意乃不復逼

章昭達爲鎮南將軍江州刺史廢帝即位遷侍中華皎之反也其移文檄並假以昭達爲辭又頻遣使招

之昭達盡執其使送於京師皎平進號征南將軍增邑并前二千五百戶

韓子高初文帝出守吳興子高事帝恭謹帝甚寵愛之帝之討張彪也沈泰等先降文帝據有州城周文育鎮北郭香巖寺張彪自剡縣夜還襲城文帝自北門出倉卒暗夕軍人擾亂文育亦未測文帝所在唯子高在側文帝乃遣子高自亂兵中往見文育反命酬答於闇中又往慰勞衆軍文帝散兵稍集子高引入文育營因共立栅明日與彪戰彪將申縉復降奔松山浙東平文帝乃分麾下多配子高子高亦輕財

禮士歸之者甚衆文帝嗣位除右軍將軍

侯安都爲鎮西將軍討余孝勵還軍至南皖而高祖終安都隨文帝還朝仍與群臣定議翼奉文帝時帝謙讓弗敢當太后又以衡陽王故未肯下令群臣猶豫不能決安都曰今四方未定何暇及遠臨川王有功天下須共立之今日之事後應者斬便按劍上殿白太后出璽又手解文帝髪推就喪次文帝即位遷司空仍爲都督南徐州諸軍事征北將軍南徐州刺史

程靈洗爲郢州刺史雲麾將軍華皎之叛也遣使招

誘靈洗靈洗斬皎使以狀聞朝廷深嘉其忠增其守備給鼓吹一部因推心待之

魯廣達爲中領軍隋賀若弼進軍鍾山廣達率衆於白土崗置陣與弼旗鼓相對廣達躬擐甲冑手執桴鼓率勵敢死冒刃而前隋軍退走廣達逐北至營殺傷甚衆如是者數四焉及弼攻敗諸將乘勝至宫城燒北掖門廣達猶督餘兵苦戰不息斬獲數十百人會日暮乃解甲面臺再拜慟哭謂衆曰我身不能救國負罪深矣士卒皆涕泣歔欷於是乃就執禎明三年依例入隋廣達愴本朝淪覆遘疾不治尋以憤慨卒尚書令江總撫柩慟哭乃命筆題棺頭爲詩曰黃泉雖抱恨白日自流名悲君感義死不作負恩生總又製廣達墓銘其畧曰災流淮海險失金湯時屯運極代革天亡爪牙背義介冑無良獨摽忠勇率禦有方誠貫皎日氣勵嚴霜懷恩感報無事何忘

王猛徙鎮廣州未之鎮而隋師濟江猛總督所部赴援時廣州刺史臨汝侯方慶西衡州刺史衡陽王伯信並隸猛督府各觀望不至猛使高州刺史戴知烈清遠太守曾孝遠各以輕兵就斬之而發其兵

後魏劉潔道武時爲會稽公與永安侯魏勤率衆三

千人屯於西河以鎮撫之又與勤及功勞將軍元屈等擊吐京叛胡時離石胡出以眷引屈丐騎斷截山嶺邀潔潔失馬登山力戰矢刃俱盡爲胡所執送詣屈丐潔聲氣不撓呼其字而與之言神色自若屈丐壯而釋之後得還國

崔玄伯爲周兵將軍時明元未立清河王紹聞人心不安大出財帛班賜朝士玄伯獨不受明元即位命玄伯居門下虛己問以不受紹賜財帛特賜帛二百匹

叔孫俊年十五以便弓馬爲獵郎清河王紹閉宫門

明元在外以俊爲爪牙明元卽位命俊與元磨渾等拾遺左右及朱提王悅將爲大逆俊覺悅舉動有異便引手掣之乃於悅懷中得兩刃七首遂殺之

叚進太武初爲日道守節蠕蠕大入寒圖之力屈被執進抗聲大罵遂爲賊所殺太武愍之追贈安北將軍賜爵顯美侯謚曰壯

陳建以善騎射擢爲三郎稍遷下大夫內行長太武討山胡白龍輕之單將數十騎登山臨嶮每日如此白龍乃使壯士十餘處出於不意太武墮馬幾至不測建以身捍賊大呼奮擊殺賊數人身被十餘鎗太

武壯之賜別戶二十

盧魯元爲散騎常侍右將軍從征赫連昌太武親追擊之入其城門魯元隨太武出入是日微魯元幾至危殆

劉尼爲振威將軍宗愛旣殺南安王余於東廟祕之唯尼知狀尼勸愛立文成愛自以負罪於景穆聞而驚曰君大癡人皇孫若立豈忘正平時事乎尼曰若爾今欲立誰愛曰待還宮擢諸王子賢者而立之尼懼其有變密以狀告殿中尚書源賀賀時與尼俱典兵宿衞仍共南部尚書陸麗謀曰宗愛旣立南安還復殺之今不能奉戴皇孫以順民望社稷危矣將欲如何麗曰唯有密奉皇孫耳於是賀與尚書長孫渴侯嚴兵守衞尼與麗迎文成於苑中麗抱文成於馬上入於京城尼馳東廟大呼曰宗愛殺南安王大逆不道皇孫已登大位有詔宿衞之士皆可還宮衆咸唱萬歲賀及渴侯登執宗愛賈周等勒兵而入奉文成於宮門外入登永安殿以尼爲內行長進爵建目侯遷散騎常侍安南將軍

源賀爲征西將軍南安王餘之爲宗愛所殺也賀部勒禁兵靜遏外內與南部尚書陸麗決議定策翼戴

文成令麗與劉尼馳詣苑中奉迎文成賀守禁中爲之內應俄而麗抱文成單騎而至賀乃開門文成卽位社稷大安賀有力焉後遷太尉獻文將傳位於京兆王子推時賀都督諸軍屯漢南乃馳傳徵賀賀旣至乃命公卿議之賀正色固執不可卽詔賀持節奉皇帝璽以授孝文

崔僧淵爲顯武將軍討海賊於黃郭大破之齊明帝乃遣其族兄慧景遺僧淵書說以入國之屈規令改圖僧淵復書曰主上之爲人也無幽不燭無細不存仁則無遠不及博則無典不究殫三墳之微盡九丘

之極至於文章錯綜煥然鬱炳循夫子牆矣遂乃闕
獨悟之明尋先王之迹安遷虐荒兆率帝基惟新中
壤宅臨伊域三光起重耀之照庶物蒙再化之始分
氏定族列甲乙之科班官命爵清九流之貫禮俗之
叙粲然復興河雒之間重隆周道巷歌邑頌朝熙門
穆濟濟之盛非可備陳矣加以累葉重光地兼四岳
士馬疆富人神欣仰道德仁義民不能名且大人之
出本無所在況從聖繼聖至夫子孫者乎聖上諸弟
風度相類咸陽王已下莫不英越枝葉扶疎遍在天
下所稱稍竭殊爲未然文士競謀於廟堂武夫效勇

於疆埸若論事勢此爲實矣計彼主纂殺之迹人鬼
同知疑親猜貴蚤暴遐邇兄投心逆節千載何名物
患無施罷非時用生不振世没無令聲先帥以爲鄙
君子以爲愧此則事因攸殫自勉無益故其宜矣以
兄之才夙超鄉土如弟之徒誰不瞻仰每尋昔念未
敢忘懷雖復途遥二千心想若對敬遵美範以資一
生令名可揚矣而不能顯親事可變矣而不能離辱
故世之所未解也且君子在家也不過孝於其親入
朝也不過忠於其君主上之於兄恩則不可酬義則
不可背身可殺也故非其酬功不逮也故非其報今
可以效矣而又弗爲非孝也即實而言兄之不變得
爲忠乎至於講武爭疆不敵者久矣論安與危不同
者驗矣群情皆去獨留者謬矣願深察之王晏道絕
外交罷非雄朗專華保望便就屠割方之於兄其全
百倍且淮蕃海捍本出北豪壽春之任兄何繇免以
是而言猜嫌已决又宗門未幾南北莫寄先構之重
非兄何託受社之榮鄙心已加望矣今執志不寤忠
孝兩忘王晏之辜安能自保見機而作其在茲乎國
家西至長安東盡即墨營造鎧甲必盡堅精晝夜不
息者於茲數載今秋仲月雲羅必舉賈不及時雖實

不用若不蚤圖沉在連城矣枚乘有言欲出不出間
不容髮精哉斯談弟於中北京身罹事譴大造之及
有獲爲幸比蒙清舉超進非一犬馬之心誠有在矣
雖復彼此爲異猶昔情不移也況於今日哉如兄之
識如弟之規改弦易調易於反掌萬一乖情此運也
劉渴侯太和中爲徐州後軍以力死戰衆寡不敵遂
被禽瞋目大罵終不降屈爲賊所殺孝文贈立忠將
軍平州刺史上庸侯賜絹千疋穀千斛
嚴季爲軍較尉與劉渴侯同殿勢窮被執終不降屈
後得逃還除立節將軍賜爵五等男

鄧翼爲河澗相父羌符堅車騎將軍慕容垂之圖鄴以翼爲後將軍冀州刺史真定侯翼涖對使者曰先君忠於秦室翼豈可先叛乎忠臣不事二主自古通義未敢聞命垂遣使喻之曰吾與車騎結異姓兄弟卿亦猶吾之子弟安得辭乎翼曰冀州宜任親賢翼請他役效命垂乃用爲建武將軍河澗太守

長孫道生爲司空侍中第宅卑陋出鎮後其子弟頗更修繕起堂廡道生還嘆曰昔霍去病以匈奴未滅無用宅爲今彊寇尚遊魂漠北吾豈可安坐華美也乃切責子弟令毀宅

長孫稚爲平東將軍尚書右僕射時雍州刺史蕭寶寅據州反以稚爲行臺討之稚時背疽未愈靈太后勞之曰卿病源如此朕欲相停更無可寄如何稚答日死而後已敢不自力其子彦亦患脚痺扶挾入辭尚書僕射元順顧相謂曰吾等備爲大臣各居寵位危難之日病者先行無乃不可乎莫有對者

崔楷爲後將軍殷州刺史時葛榮自破章武廣陽二王之後鋒不可當初楷將之州人咸勸留家口單身述職楷曰食人之祿憂人之事如一身獨往朝廷謂吾有進退之計將士又誰肯爲人固志也遂合家赴州三年春賊勢已逼或勸減小弱以避之乃遣第四女第三兒夜出既而召寮屬共論之咸曰女郎出嫁之女郎君小未勝兵留之無益去復何損且使君在城家口尚多足固將士之意竊不足爲疑楷曰國家豈不知城小力弱也置吾死地令吾死耳一朝送免兒女將謂吾心不固虧忠全愛臧獲恥之況吾荷國重寄也遂命追還州既新立了無禦備之具及賊來攻相率力抗拒彊弱勢懸每勸兵士撫勵之莫不爭奮咸稱崔公尚不惜百口吾等何愛一身連戰半旬死者相枕力竭城陷楷執節不屈賊遂害之楷長子

士元假征虜將軍防城都督隨楷之州州陷亦戰歿楷兄弟父子並死王事朝野傷嘆焉贈使持節散騎嘗侍鎮軍將軍定州刺史

杜纂孝明時爲征西將軍行岐州事蕭寶寅起逆纂據州不從還除征虜將軍荊州刺史以守岐州勳封平陽縣開國伯邑五百户

晁清爲梁城戍將梁武攻圍糧盡城陷清抗節不屈爲敵所殺贈樂陵太守謚曰忠

王榮世陽平館陶人爲三城戍主梁武帝攻圍力窮知不可全乃先焚府庫後殺妻妾及賊陷城與戍副

鄧元興等俱以不屈被害孝明下詔褒美忠節進榮世爵爲伯贈齊州刺史元興開國子贈雒州刺史

田益宗爲安南將軍時白早生反於豫州自雒口已南郢豫二州諸城皆没於梁唯有義陽而已梁武帝招益宗以車騎大將軍開府儀同三司五千戸郡公當時安危在益宗去就而益宗守節不移郢豫尅平益宗之力也

胡小虎少有武氣孝明時爲統軍於晉壽孝昌中梁將樊文熾等寇邊益州刺史邴虯遣長史和安固守小劍文熾圍之虯命小虎與統軍崔珍寶同往防拒

文熾掩襲小虎珍寶並禽之文熾攻小劍未陷乃將珍寶至城下使謂和安曰南軍彊盛北救不來豈若歸款耶其富貴和安命射之乃退復逼小虎與和安交言小虎乃慷慨謂安曰我柵不防爲賊所虜覩其兵士勢不足言努力堅守魏行臺傳檄梁州遣將已至賊以刀毆擊言不得終遂害之三軍無不歎其壯節哀其死亡賊爭奔敗禽其次將蕭世澄陳文緒等一十一人行臺魏子建壯其氣槩啓以世澄購其屍柩乃獲骸骨歸葬之

鄭光護爲前將軍廣州刺史後元顥入雒莊帝北巡光護據州起義兵不受顥命顥遣尚書令臨淮王彧率衆討之光護出城拒戰莊帝還京嘉其誠節除使持節散騎常侍都督襄廣二州諸軍事鎮南將軍刺史如故

高諒爲驍騎將軍爲徐州行臺至彭城屬元法僧反叛逼諒同之諒不許爲法僧所害

楊侃爲右將軍岐州刺史屬元顥内逼以本官假撫軍將軍爲都督率衆鎮大梁未發詔行北中郎將孝莊徙御河北執侃手曰朕停卿藩寄移任此者爲今日但卿尊卑百口若隨朕行所累處大卿可還雒寄

之後圖侃曰此誠陛下曲恩寧可以臣微族頓廢君臣之義固求陪從至建州敘行從功臣自成陽王徽已下凡十人並增三階以侃河梁之誠特加四階侃固辭乞同諸人久乃見許

賈智爲冗從僕射梁將夏侯夔攻郢州以智爲龍驤將軍别將討之至則夔退智乃入城及刺史元顥達以城降於梁智勒城人不欲叛者與顥達交戰相率歸闕智爲東中郎將及爾朱仲遠爲徐州刺史智隸爾朱仲遠赴彭城爾朱榮之死也仲遠舉兵向雒智不從遂推兵出清水東招勒州民與相拒擊莊帝聞

而善之因餔徐州普泰初還雒仲遠忿其乖背議欲殺之智兄顯度先爲爾朱世隆所厚世隆爲解喻得全

賈思同爲平南將軍襄州刺史及元顥之亂也思同與廣州刺史鄭光護並不降莊帝還宮封營陵縣開國男邑二百戶除撫軍將軍

羊深爲二兖行臺爾朱榮殺害朝士深第七弟侃爲太山太守性麤武遂率鄉人外託於梁深在彭城忽得侃書埶深同逆深慨然流涕斬侃使人并書表聞莊帝乃下詔曰羊侃作逆霧起瑕丘擁集不逞扇擾

疆埸傾宗之禍深乃自貽累世之節一朝毀汙羊深血誠奉國秉操罔二聞弟猖悖自効請罪此之丹款實戢于懷且叔向復位春秋稱美深之慷慨氣同古人忠烈遠彰赤心已著可令還朝面受委勅乃歸京師除名

崔光韶河東武城人爲司空從事中郎以母老解官歸養孝莊初河間邢杲率河北流民十餘萬衆攻逼州郡刺史元儁憂不自安州人乞光韶爲長史以鎭之時陽平路回寓居齊土與杲潛相影響引賊入郭光韶臨機處分在難確然賊退之後刺史表光韶忠毅朝廷嘉之發使慰勞焉尋爲東道軍司及元顥入雒自河以南莫不風靡而刺史廣陵王欣集文武以議所從欣曰北海長樂俱是同堂兄弟今宗祏不移我欲受教諸君意各何如在堂之人莫不失色光韶獨抗言曰元顥受制梁國稱兵本朝撥本塞源以資讎敵亂臣賊子曠代少儔何但大王家事所宜切齒臣等荷朝眷未敢仰從長史崔景茂前瀛州刺史張烈前郢州刺史房叔祖徵士張僧皓咸云軍司議是欣乃斬顥使

賀拔勝初爲廣陽王深帳內軍主歸爾朱榮爲積射

將軍累遷武衛將軍爾朱榮之死也勝與田怡等赴榮第於時宮殿之門未加嚴時怡等議即攻門勝止之曰天子旣行大事必當更有奇謀吾等衆旅不多何可輕爾但得出城更爲他計怡乃止及世隆夜走勝遂不從莊帝嘉之

宇文顯和孝武時爲冠軍將軍閤內都督及齊神武專政帝每不自安謂顯和曰天下洶洶將若之何對曰當今之計莫若擇善而從之因誦詩云彼美人兮西方之人兮帝曰是吾心也遂定入關之策帝以顯和母老家累又多令預爲計對曰今日之事忠孝不

可並立然臣不容則失身安敢預爲私計帝愴然改容曰卿我之王陵遷宇文直閤閤內大都督

楊昱爲南道都督時元顥侵逼大梁除昱爲鎮東將軍光祿大夫加散騎常侍使持節假車騎將軍爲南道大都督鎮滎陽顥既擒濟陰王暉業乘虛徑進大兵集於城下遣其左衛劉業王道安等招昱令降昱不從顥遂攻之城陷昱與弟息五人在門樓上須臾顥至執昱下城面責昱曰楊昱卿今死甘心否卿以負我非我負卿也昱答曰分不望生向所以不下樓者正慮亂兵耳但恨八十老父無人供養負痛黃泉

求乞小弟一命便死不朽也顥乃拘之明旦顥將陳慶之胡光等三百餘人伏顥帳前請曰陛下渡江三千里無遺鏃之費昨日一朝殺傷五百餘人求乞楊昱以快意顥曰我在江東嘗聞梁主言初下都日袁昂爲吳郡不降稱其忠節柰何殺楊昱自此之外任卿等所請於是斬昱下統帥三十七人皆令蜀兵刳腹取心食之顥既入雒除昱名爲民

北齊高翼仕魏爲東冀州刺史鎮東將軍時爾朱榮弑莊帝翼保境自守謂諸子曰主憂臣辱主辱臣死今社稷阽危人神憤怨破家報國在此也爾朱兄弟性甚猜忌忌則多害汝等宜早圖之先人有奪人之心時不可失也事未輯而卒

平鑒仕魏孝昌末爲爾朱榮撫軍神武謂鑒曰日者皇綱中弛公已早竭忠誠今爾朱披猖又能去逆從善擢落之時方識松筠卽啓授征西懷州刺史

高季式仕魏爲衞將軍元象中西寇大至孝文親率三軍以禦之陣於北邙師徒大敗河中流尸相繼敗兵首尾不絕人情騷動謂世事難知所親部曲請季式曰今日形勢大事去矣可將腹心二百騎奔梁既得避禍不失富貴何爲坐死也季式曰吾兄弟受國

厚恩與高王共定天下一旦傾危亡去不義若社稷顛覆當背城死戰安能區區偷生苟活

高寶寧後主武平末爲營州刺史鎮黃龍夷夏重其威信周師將至鄴幽州行臺潘子晃徵黃龍兵寶寧率驍銳并契丹靺鞨萬餘騎將赴救至北平知子晃已發薊又聞鄴都不守便歸營周帝遣使招慰不受勅書范陽王紹信在突厥中上表勸進范陽署寶寧爲丞相史盧昌期據范陽城起兵寶寧引紹信集夷夏兵數萬騎來救之至潞河知周將宇文神舉已屠范陽還據黃龍竟不臣周

王琳在梁爲湘州刺史時陳武帝受禪於建鄴遣將侯安都周文育等討琳爲琳所破琳乃移湘州軍府就郢城帶甲十萬練兵於白水浦琳巡軍而言曰可以爲勤王之師矣温太眞何人哉初魏尅江陵之時永嘉王莊年甫七歲逃匿人家後琳迎還湘中衞送東下及敬帝立出質于齊請納莊爲梁主齊文宣遣兵援送仍遣兼中書令李騊駼册拜琳爲梁丞相都督中外諸軍錄尚書事又遣中書舍人辛慤游詮之等齎璽書江表宣勞自琳以下皆有頒賜琳乃遣兄子叔寶率所部十州刺史子弟赴鄴奉莊纂梁祚於

郢州莊授琳侍中使持節大將軍中書監改封安城郡公其餘並依齊朝前命及爲陳將所敗乃與莊同入齊齊孝昭帝遣琳出合肥鳩集義故更圖進取琳乃繕戰艦分遣招募淮南傖楚皆願戮力陳合州刺史裴景暉琳兄珉之壻也請以私屬導引齊師孝昭委琳與行臺左丞盧潛率兵應赴沉吟不決景暉懼事洩挺身歸齊孝昭賜琳璽書令鎮壽陽其部下將帥悉聽以行乃除琳驃騎大將軍開府儀同三司揚州刺史封會稽郡公又增兵秩兼給鼓吹琳水陸戒嚴將觀釁而動屬陳氏結好於齊使琳更聽後圖會陳將吳明徹來寇帝勑領軍將軍尉破胡等出援秦州令琳共爲經略琳謂所親曰今太歲在東南歲星居牛斗分太白已高皆利爲客我將有喪又謂破胡曰吳兵甚鋭宜長策制之愼勿輕鬬破胡不從遂戰軍大敗琳單馬突圍僅而獲免還至彭城帝令便赴壽陽并許召募又進封琳巴陵郡王陳將吳明徹進兵圍之堰淝水灌城而皮景和等屯於淮西竟不赴救明徹晝夜攻擊城内水氣轉侵人皆患腫死病相枕從七月至十月城陷被執百姓泣而從之吳明徹恐其爲變殺之城東北二十里時年四十八哭者聲

如雷有一叟以酒脯來至號酹盡哀收其血懷之而去傳首建康懸之於市

鮮于世榮後主時累遷領軍大將軍周武來伐送馬碯酒鍾與之得便撞破及周兵入鄴諸將皆降世榮在三臺之前獨鳴皷不輟及被執不屈乃見殺世榮雖武人無文藝以朝危政亂每竊歎之見徵税無厭賜與過度發言歎息焉

慕容三藏紹宗之子也爲右衞將軍周師入鄴後主東遁委三藏留守鄴宫齊王公以下皆降三藏猶拒戰及齊平武帝引見恩禮甚厚詔曰三藏父子誠節

久聞加榮褒授開府儀同大將軍

雷顯和爲建州道行臺左僕射周武帝使其子招爲顯和禁其子而不受閉鄴城敗乃降

叱于苟生爲儀同鎭南兗州周武破鄴赦書至苟生自縊死

庫狄士文爲領軍將軍周武帝平齊山東衣冠多來迎惟士文閉門自守帝奇之授開府儀同三司

莫多婁敬顯爲領軍將軍從後主於平陽敗歸幷州與唐邕等推立安德王稱尊號安德敗文武群臣皆投周軍惟敬顯走還鄴授司徒周武帝平鄴城之明

日執敬顯斬於閶闔門下責其不留平陽也

冊府元龜

巡按福建監察御史臣李嗣京　正
分守建南道左布政使臣胡維霖　訂
知建陽縣事臣　黃國琦　較

將帥部　三十四

忠第四

後周楊㯳仕魏孝莊時爲伏波將軍給事中元顥入雒帝往晉陽就爾朱榮詔㯳率其宗人收船至馬渚㯳未至帝巳北度太行㯳遂匿所收不以資敵及爾朱榮奉命南討至馬渚㯳乃具船以濟王師

楊寬仕魏爲通直散騎常侍元顥自梁入雒孝莊出居河内寬與太宰元天穆俱謁孝莊於太行拜散騎常侍安東將軍仍爲都督從平河内進圍北中時梁將陳慶之爲顥兵守北門天穆駐馬圍外遣寬至城下說慶之寬先自稱姓名然後與語備陳利害勸令早降慶之不答久之乃曰賢兄撫軍在此頗欲相見否寬答曰僕兄旣力屈王威跡淪逆黨人臣之理何煩相見向所以先申姓名者豈不知兄在彼乎直以信不見疑忠爲令德耳僕之昆季幸不待言但當議良圖自求多福天穆聞之謂左右曰楊寬大異人何至不惜形便如此自是彌敬重之孝莊反正拜中軍將軍爾朱榮被誅其從弟世隆等擁部曲燒城門出據河橋還逼京師進寬鎭北將軍使持節大都督隨機扞禦世隆謂寬曰豈忘大宰相知之深也寬答曰大宰見愛以禮人臣之交耳今日之事事君常節世隆北走寬追至河内俄而爾朱兆陷雒陽囚執孝莊帝寬還雒不可遂自成皋奔梁至建業聞孝莊帝遇弒寬發哀盡誠梁武義之待之甚厚尋禮送還朝

獨孤信仕後魏荆州刺史爲東魏高敖曹侯景所逼南奔於梁居三載梁武帝方許信還北信父母旣在

山東梁武帝問信所往答以事君無二梁武深義之爲武衛將軍孝武帝雅相委任及孝武西遷事起倉卒信單騎及之於瀍澗孝武歎曰武衛遂能辭父母捐妻子遠來從我世亂識忠良豈虛言哉卽賜御馬一匹進爵浮陽公後爲秦州刺史有自東魏來者告其父母㐫問乃發喪行服

裴俠魏孝武時爲右中郎將及帝西遷俠將行而妻子猶在東郡滎陽鄭偉謂俠曰天下方亂未知烏之所集何如東就妻子徐擇木焉俠曰旣食人祿寧以妻子易圖也遂從入關

令狐整仕魏孝武時爲瓜州刺史東陽王元榮主簿盪寇將軍及鄧彦竊據瓜州拒不受代整與開府張穆等密應使者申徽執彦送京師周文帝嘉其忠節表爲都督瓜州城人張保殺刺史成慶與涼州刺史宇文仲和搆逆規據河西晉昌人呂興等復害郡守郭肆以郡應保整令所親說保令任整爲將蔑不濟矣保納其計且以整父兄等並在城中弗之疑也遂令整至玉門郡召集豪傑說保罪逆馳還襲之先定晉昌斬呂興進軍擊保州人素服整威名並棄保來附保遂奔吐谷渾衆議推整爲刺史整曰本以張保

冊府元龜　將帥部　忠第　卷之三百七十三　三

肆逆殺害無辜闔州之人俱陷不義今者同心務在除凶若共相推薦復恐效尤致禍於是乃推波斯使主張道義行州事具以狀聞詔以申徽爲刺史徵整赴闕授壽昌郡守封襄武縣男文帝謂整曰卿早建殊勳今官位未足酬賞方當與卿共平天下同取富貴遂立爲瓜州義首整以國難未寧嘗願舉宗效力遂率鄉親二千餘人入朝隨軍征討文帝嘗謂整曰卿遠祖立忠而來可謂世濟其美者也（整遠祖漢建威將軍邁不爲王莽所屠其子避地河右故帝稱之）

裴寬西魏太統中爲征虜將軍與東魏將彭樂恂戰於新城因傷被擒至河陰見齊文襄寬舉止詳雅善於占對文襄甚賞異之謂寬曰卿三河冠蓋材識如此必使卿富貴關中貧狹何足可依勿懷異圖也因解鎖付館加厚禮遇寬乃裁所卧氈夜縋而出因得遁還見於太祖太祖顧謂諸公曰被堅執銳或有其人疾風勁草歲寒方驗裴寬爲高澄如此厚遇乃能冒死歸我雖古之竹帛所載何以加之乃授帥都督

李廣爲大將軍沌口之役華皎軍敗爲吳明徹所擒將降之廣辭色不屈遂被害

高琳爲衛將軍除正平郡守加大都督時齊將東方

冊府元龜　將帥部　忠第　卷之三百七十三　四

老來寇琳擊之老中數鎗乃退謂其左右曰吾經陣多矣未見如此健兒後乃密使人勸琳東歸琳斬其使以聞進使持節車騎大將軍

蔡祐字承先爲平東將軍從太祖戰於河橋下馬步鬬手殺數人左右勸乘馬以備急卒祐怒之曰丞相養我如子今日豈以性命爲念遂率左右十餘人齊聲大呼殺傷甚多敵以其無繼遂圍之十餘重謂祐曰觀君似是勇士但弛甲來降豈慮無富貴邪祐罵之曰死卒吾今日取汝頭自當封公豈假賊之官號也戰數合敵乃稍却祐徐引退

李穆爲并州總管以功授都督河橋之戰太祖所乘馬中流矢驚逸太祖墜於地軍中大擾敵人追及之左右皆奔散穆乃以策擊太祖因罵曰爾曹主何在爾獨住此敵人不疑是貴人遂捨之而過穆以馬授太祖遂得俱免是日微穆太祖已不濟矣自是恩眄更隆太祖美其忠節乃歎曰人之所貴唯身命耳李穆遂能輕身命之重濟孤之難雖復加之以爵位賞之以玉帛未足爲報也

竇熾爲柱國大將軍明帝以熾前朝舊臣勳望兼重欲獨爲造第熾辭以天下未平干戈未偃不宜輒發

徒役明帝不許後爲雍州牧權行繼州鎮事後入朝屬隋文帝初爲相國百官皆勸進熾自以累代受恩遂不肯署牋時人高其節

柳檜爲撫軍將軍魏興華陽二郡守安康人黄衆寶等圍檜郡力屈城陷爲賊所獲衆寶等進圍東梁州乃縛檜置城下欲令誘説城中檜乃大呼曰群賊烏合糧食已罄行即退散各宜勉之衆寶大怒乃臨檜以兵曰速更汝辭不爾便就戮矣檜守節不變遂害之棄屍河中人皆爲之流涕衆寶解圍之後檜兄子止戈方收檜屍還長安贈東梁州刺史

杜叔毗爲車騎大將軍從魏國公直南討軍敗爲陳人所擒陳人將降之叔毗辭色不撓遂被害

王思政爲驃騎將軍嘗以勤王爲務不營資產嘗被賜園地思政出征後家人種桑果及還見而怒曰匈奴未滅去病辭家況大賊未平何事產業命左右拔而棄之思政守潁川東魏太尉高岳等率兵來攻齊文襄更益岳兵堰洧水以灌城城中水泉湧溢不可防止懸釜而炊糧力俱竭齊文襄聞之乃率步騎十一萬來攻自至堰下督勵士卒水壯城北面遂摧水便蒲溢無措足之地思政知事不濟率左右據土山

謂之曰吾受國重任本望平難立功精誠無感遂辱王命今力屈道窮計無所出當効死以謝朝恩因仰天大哭左右皆號慟思政西向再拜便欲自刎先是齊文襄告城中人曰有能生致王大將軍者封侯重賞若大將軍身有損傷親近左右皆從大戮都督駱訓謂思政曰公嘗語訓等但將我頭降非但得富貴亦是活一城人今高相既有此言公豈不哀城中士卒也固止之不得引決齊文襄遣其常侍趙彥深就土山執手申意引見文襄辭氣慷慨無撓屈之容文襄以其忠於所事禮遇甚厚

楊敷字文衍爲驃騎大將軍汾州刺史戰敗爲齊將段孝先所擒齊人方欲任用之敷不爲之屈遂以憂憤卒於鄴

尉遲綱爲前將軍太祖與東魏戰於邙山大軍不利人心離散綱勵將士盡心翊衛

王軌爲上開府儀同大將軍高祖遣宣帝征吐渾谷軌與宇文化伯從時宮尹鄭譯王端等竝得幸於宣帝宣帝在軍中頗有失德譯等皆預焉軍還軌等言之於高祖高祖大怒乃撻帝除譯等名仍加棰楚宣帝因此大銜之軌又嘗與小內史賀若弼言及此事

且言皇太子必不克負荷弼深以爲然勸軌陳之軌後因侍坐乃白高祖曰皇太子仁孝無聞又多涼德恐不了陛下家事臣暗昧不足以論是非陛下嘗以賀若弼有文武奇才識度宏遠弼比每對臣深以此事爲慮高祖召弼問之弼乃詭對曰皇太子養德春宮未聞有過未審陛下何從得聞此言既退軌誚弼曰平生言論無所不道今者對揚何得乃爾翻覆弼曰此公之過也皇太子國之儲副豈易爲言事有差跌便至滅門之禍本謂公密陳臧否何得遂至昌言軌默然久之乃曰吾盡心國家遂不存私計向者對衆良實非宜其後軌內宴上壽又捋高祖鬚曰可愛好老公但恨後嗣弱耳高祖深以爲然但漢王次長又不才此外諸子並幼故不能用其說宣帝卽位追鄭譯等復爲近侍軌自知及於禍謂所親曰吾昔在先朝實申社稷至計今日之事斷可知矣此州控帶淮南隣接彊寇欲爲身計易同反掌但忠義之節不可虧違况荷先帝厚恩每思以死自效豈以獲罪於嗣主便欲背德於先朝止可於此待死義不爲佗計冀千載之後知吾此心元象元年帝令內史杜虔信就徐州殺軌

尉遲迥爲相州總管隋文帝輔政以迥位望宿重懼爲異圖乃令迥子魏安郡公惇齎詔書以會葬徵迥尋以鄖國公韋孝寬代之爲總管迥以隋文帝當權將圖篡奪遂謀舉兵留惇而不受代隋文帝又使候正破六韓裒詣迥諭旨密與總管府長史晉昶等書令爲之備迥聞之殺長史及裒乃集文武士庶登城北樓而令之曰楊堅以凡庸之才藉后父之勢挾幼主而令天下威福自己賞罰無章不臣之迹暴於行路吾居將相與國舅甥同休共戚義猶一體先帝處吾於此本欲寄以安危今欲與卿等糾合義勇安國

庇人進可以終臣節卿等以爲何如於是衆咸從命莫不感激乃自稱大總管承制署置官司於時趙王昭巳入朝留少子在國迥又奉以號令迥弟子勤時爲青州總管亦從迥迥令管相衛黎毛雒貝趙冀瀛滄勤所統青膠先莒諸州皆從之衆數十萬滎州刺史邵國公宇文胄申州刺史李惠東楚州刺史費也利進東潼州刺史曹孝達各據州以應迥迥又北結高寶寧以通突厥南連陳人許割江淮之地隋文帝於是徵兵討迥即以韋孝寬爲元帥魏安郡公惇率衆十萬人入武德軍於沁東孝寬等諸軍隔水相持

不進隋文帝又遣高熲馳驛督戰惇布兵二十餘里麾軍小郤欲待孝寬軍半度擊之孝寬因其小郤鳴鼓齊進惇大敗孝寬乘勝進至鄴迥與子惇祐等又悉其卒十三萬陣於城南迥别統萬人皆綠巾錦襖號曰黄龍兵勤率衆五萬自青州赴迥以三千騎先到迥舊習軍旅雖老猶被甲臨陣其麾下千兵皆關中人爲之力戰孝寬等軍失利而郤鄴中士女觀者如堵高熲與李詢乃整陣先犯觀者因其擾而乘之迥衆大敗遂入鄴迥走保北城李寬縱兵圍之李詢賀樓子幹以其屬先登迥上樓射殺數人乃自殺子惇等東走并追獲之餘衆月餘皆斬之迥自起兵至敗凡六十八日唐武德中迥從孫庫部員外郎耆福上表請改葬朝廷以迥忠於周室有詔許之

崔弘度爲大將軍尉遲迥反弘度以行軍總管從韋孝寬討之所當無不披靡弘度妹先適尉遲迥子惇爲妻及破鄴城迥窘迫登樓弘度直上龍尾追之迥將射弘度弘度乃謂迥曰今日各圖國事不暇得顧私事既如此早爲身計何所待也迥置弓於地罵大丞相極口自殺弘度顧弟弘昇使取迥頭進位上柱國時行軍總管例封國公以弘度不時殺迥縱至惡

言錄是降爵一等爲武鄉郡公

司馬消難爲交州總管隋文帝輔政消難旣聞蜀公迥不受代遂欲與迥合勢亦舉兵應之以開府田廣等爲心腹殺總管長史侯莫陳杲邛州刺史蔡澤等四十餘人所管邛隋温應士順沔環岳九州魯山甑山沔陽應城平靖武陽上明涢水八鎮並從之使其子氷質於陳以求援隋文帝命襄州總管王誼爲元帥發荆襄兵以討之八月消難聞誼軍將至夜率其麾下歸於陳

王謙爲益州總督時隋文帝秉政謙令司錄賀若昂

奉表詣闕昇還具陳京師事勢謙世受國恩將圖興復遂舉兵署置官司所晉益潼新始龍邛青盧戎寧汶陵遂合楚資眉普十八州及嘉渝臨渠蓬隆通興武康十州之人多從之總管長史乙弗虔益州刺史達奚惎勸謙據險觀變隆州刺史高阿那肱爲謙畫三策曰公親率精銳直至散關蜀人知有勤王之節必當各思効命此上策也出兵梁漢以顧天下此中策也坐守劍南發兵自衛此下策也謙參用其中下之策謙遣兵鎮始州隋文郎以梁睿爲行軍元帥便發利鳳及秦城諸州兵討之達奚惎乙弗虔等衆十

萬攻利州聞睿至衆潰睿乘其獘縱兵深入惎虔密使詣睿請爲内應以贖罪謙不知之並令守成都謙先無籌畧承藉父勳遂居重任初謀舉兵咸以地有江山之險進可以立功退可以自守且任用多非其才及聞睿兵奄至惶懼乃自率衆逆戰又以惎虔之子爲左右軍行數十里軍皆叛乃以二十騎奔新都縣令王寶斬之傳首京師惎虔以成都降隋文以其首謀斬之阿那肱亦誅

隋庫狄士文初仕齊爲領軍將軍周武帝平齊山東衣冠多迎周師惟士文閉門自守帝奇之授開府儀同三司隋州刺史

高熲仕周爲下大夫拜開府高祖德政爲相府司錄尉遲迥起兵高祖命熲爲監軍熲受命便發遣人辭母云忠孝不可兩兼歔欷就路

周羅睺初仕陳爲使持節都督南川諸軍事至德中江州司馬吳世興密奏羅睺甚得人心擁衆領表意在難測陳主惑焉蕭摩訶魯廣達等保明之外有知者或勸其反羅睺拒絕之

李崇爲幽州總管開皇中突厥大爲寇掠崇率步騎三千拒之轉戰十餘日師人多死遂保于砂城突厥

圍之城本荒廢不可守禦曉夕力戰又無所食每夜出掠賊營復得六畜以繼軍糧突厥畏之厚爲其備夜中結陣以待之崇軍苦饑出輙遇敵死亡畧盡遲明奔還者尚且百許人然多重傷不堪更戰突厥意降之遣謂崇曰若來降者封爲特勤崇知必不免命其士卒曰崇喪師徒罪當萬死今日效命以謝國家待看吾死且可降賊方便散走努力還鄉若見至尊道崇此意乃挺刃突賊復殺二人賊亂射之遂卒於陣

尭君素大業末爲鷹揚郎將從驍衛大將軍屈突通

拒唐高祖義兵於河東俄而通引兵南遁以君素有膽畧署領河東通守義師遣將呂紹宗韋義節攻之不尅及通軍敗至城下呼之君素見通歔欷流涕悲不自勝左右皆哽噎通亦泣下霑襟因謂君素曰吾軍以敗義旗所指莫不響應事勢如此卿當蚤降以取富貴君素答曰公當爪牙之寄爲國大臣主上委公以關中代王付公以社稷國祚隆替懸之於公柰何不思報效以至於此更爲人作說客邪且公所乘馬卽代王所賜也公何面目乘之哉通曰吁君素我力屈而來君素曰我今力猶未屈何用多言通慙而

退時圍甚急行李斷絕君素乃爲木鵞置表於頸具論事勢浮之黄河泝流而下河陽守者得之達於東都越王侗見而歎息於是承制拜君素爲金紫光祿大夫密遣行人勞苦之監門直閤龐王武衛將軍皇甫無逸前後自東都歸義俱造城下爲陳利害唐高祖乃賜金券待以不死君素卒無降心其妻又至城下謂之曰隋之已亡天命有屬君何自苦身取禍敗君素曰天下事非婦人所知引弓射之應絃而倒君素亦知事必不濟然要在守死不易每言及國家未嘗不歔欷嘗謂將士曰吾是藩邸舊臣累蒙奬擢至於大義不得不死今穀支數年食盡此穀足知天下之事必若隋室傾敗天命有歸吾當斷頭以付諸君也時百姓苦隋日久及逢義舉人有息肩之望然君素善於統領下不能叛歲餘頗得外口城中微知江都傾覆又糧食乏絕人不聊生男女相食衆心離駭月餘君素爲左右所害

張季珣少慷慨有志大業末爲鷹揚郞將其軍據箕山爲固與雒口連接及李密翟讓攻陷倉城遣人呼之季珣罵密極口密怒遣兵攻之連年不能克時密衆數十萬在其城下季珣四面阻絕所領不過百人

而執志彌固誓以必死經三年資用盡樵蘇無所得撤屋而爨人皆穴處季珣撫之一無離叛糧盡士卒羸病不能拒戰遂爲所陷季珣曰吾雖爲敗軍之將猶是天子爪牙之臣何容拜賊也密壯而釋之

來護兒爲右翊衛大將軍伐遼出滄海道師次東萊會楊玄感反進攻雒陽護兒聞之召裨將周法尚等議旋軍討逆法尚等咸以無勅不宜擅還再三固執不從護兒厲聲曰雒陽被圍心腹之疾高麗逆命猶疥癬耳公家之事知無不爲專擅在吾當不關諸人也有沮議者軍法從事卽日廻軍令子弘及整馳驛

奏聞帝見弘等甚悅曰汝父擅赴國難乃誠臣也授弘通議大夫整公路府鷹揚郎將乃降璽書於護兒曰公旋師之時是朕勒公之日君臣意合遠同符契梟此元惡期在不遥勒名太常非公而誰也於是護兒與宇文述破玄感於閿鄉斬平之

唐屈突通初仕隋大業中爲左驍衛大將軍時秦隴盜賊蜂起以通爲關内討捕大使及煬帝幸江都令通鎮長安義兵起代王遣通進屯河東旣而義師至河東大破通將桑顯和於飲馬泉永豐倉又爲義師所赴通大懼留鷹揚郎將堯君素守河東將自武關

趙藍田以赴長安軍至潼關爲劉文靜所遏不得進相持月餘通又令顯和夜襲文靜詰朝大戰義軍不利顯縱兵破二柵唯文靜一柵獨在顯和兵復入柵而戰者往復數焉文靜爲流矢所中義軍氣奪垂至於敗顯和以兵疲傳飡而食文靜因得分兵以實二柵又有遊軍數百騎自南山來擊其背三柵之兵復大呼而出表裏齊奮顯和軍潰僅以身免悉虜其衆通勢蹙或說通歸降通泣曰吾蒙國重恩歷事兩王受人厚祿安可逃難有死而已每自摩其頸曰要當爲國家受人一刀耳勞勉將士未嘗不流涕人亦以此懷之高祖遣其家僮召之通遂命斬之通聞京師平家屬盡沒乃留顯和鎮潼關率兵東下將如雒陽通進路而顯和降於劉文靜遣副將竇琮段志玄等率精騎與顯和追之及於稠桑通結陣以自固竇琮得通子壽令往諭之通大呼曰昔與汝爲父子今與汝爲仇讎命左右射之顯和呼其衆曰京師陷矣汝並關西人欲何所去衆皆釋仗通知不免乃下馬東南向再拜號哭曰臣力屈兵敗不負陛下天地神祇實所鑒察遂擒通送於長安高祖謂曰何相見晚耶通泣對曰通不能盡人臣之節力屈而至爲本朝

之辱以愧相見高祖曰隋室忠臣也命釋之

李藝初仕隋爲武賁郎將煬帝令督運於北平大業末自稱幽州總管宇文化及至山東遣使呼藝藝斬其使者而爲煬帝發喪

劉世讓爲安定道行軍總管率兵拒薛舉戰敗世讓及弟實俱爲舉軍所獲舉將至城下令紿說城中曰大軍五道已趣長安宜開門蚤降世讓僞許之因告城中曰賊兵多少極於此矣宜善自固以圖安全舉重其執節竟不之害太宗屯高墌世讓潛遣實逃歸言賊中虛實高祖嘉之賜其家帛千疋及賊平得歸

援彭州刺史尋領陝東道行軍總管與永安王孝基擊呂崇茂於夏縣諸軍敗績世讓與唐儉俱爲賊所獲獄中聞獨孤懷恩有逆謀逃還以告高祖時高祖方濟河將幸懷恩之營聞難驚曰劉世讓之至豈非天哉因勞之曰卿往陷薛舉遣弟潛效款誠今復冒危告難是皆愛國忘身也尋封弘農郡公賜莊一區錢百萬累轉并州總管統兵屯於鴈門突厥處羅可汗與高開道范君璋合衆攻之甚急鴻臚卿鄭元璹先使在蕃可汗令元璹來說之世讓厲聲曰大丈夫奈何爲夷狄作說客邪經月餘虜乃退及元璹還述

世讓忠勇高祖下制褒美之賜以良馬

劉感武德初以驃騎將軍鎮涇州薛仁杲率衆圍之感嬰城拒守埀陷者數矣長平王叔良援兵至仁杲解圍而去感與叔良出戰爲賊所擒仁杲復圍涇州令感語城中云援軍已敗徒守孤城何益也宜蚤出降以全家室感許之及至城下大呼曰逆賊大饑亡在朝夕秦王率軍十萬衆四面俱集城中勿憂各宜自勉以全忠節仁杲大怒執感於城邊埋脚馳騎射殺之至死聲色愈厲賊平高祖購得其尸祭以少牢贈瀛州刺史封平原郡公謚曰忠壯

王行敏爲屯衛將軍武德三年爲潞州刺史進攻竇建德之師於武陟其後督兵徇燕趙會劉黑闥來攻行敏自歷亭出兵拒戰擊賊破之既而憩於野不設備賊知而掩之左右皆遁因爲闥所擒竟不拜闥斬之臨死西向言曰行敏大唐忠臣願陛下知之高祖聞而痛惜焉

左難當宣州人也武德中爲柱國猷池歙三州總管及輔公祏反遣使誘之難當斬其使者以聞仍率兵據赤石城公祏怒發衆數萬攻之不尅而還及公祏平高祖嘉其忠效拜宣州都督進位上柱國封戴國

公食邑三千戶

盛彥師爲宋州總管徐圓朗反彥師爲安撫大使因戰沒於賊圓朗令彥師作書誘其弟令舉城降巳彥師爲書曰吾奉使無狀被賊所擒爲臣不忠誓之以死汝宜善侍老母勿以吾爲念圓朗初色動而彥師自若圓朗乃笑曰盛將軍乃有壯節不可殺也待之如舊

姜寶誼武德二年爲右武衛大將軍與尚書右僕射裴寂拒宋金剛于汾州戰始合寂棄軍而走兵遂大潰寶誼爲賊所擒高祖初聞其沒也泣曰寶誼烈士

必不生降賜其家物千段米三百石實謚後謀背賊
事洩遇害臨死西向大言曰臣無狀負陛下屠潰是
所甘心但敗軍喪師九泉所恨及賊退高祖遣使迎
其柩謚曰剛
張善相爲伊州總管武德二年王世充攻伊州善相
被圍糧盡援兵不至城中餓死者日數百人善相自
知必敗謂僚吏曰善相荷國厚恩要當效命諸公無
同爲死當斬吾頭以歸世充衆皆泣曰寧與公同死
終不獨生尋西城陷賊執善相送於世充善相辭色
不撓世充怒令斬之善相罵世充極口而死高祖聞

而歎曰吾負善相善相不負吾也封其子爲襄城郡
公
羅士信武德五年爲新安道行軍總管守洺水城爲
劉黑闥所擒黑闥聞其勇意欲活之士信辭色不屈
因斬之高祖聞而傷惜贖得其屍而葬之
契苾何力鐵勒特勤子也特勤死貞觀初隨其母率
衆內附太宗置其部落於甘涼之境何力至京授左
領軍將軍十四年爲葱山道副大總管討平高昌時
何力母姑臧夫人及母弟賀蘭州都督沙門並在涼
府何力歸省其母兼撫巡部落時薛延陁彊盛契苾
部落皆願從之乃脅其母弟使從何力至闕而大驚
曰主上於汝有厚恩任我又重何忽而圖叛逆諸首
領皆曰可敦及都督已去何顧不行何力曰忠孝不並
我弟沙門足得侍養我終不能去也於是衆共執何
力至延陁致於可汗牙前何力箕踞而坐拔佩刀東
向大呼曰豈有大唐烈士受辱蕃庭天地日月願燭
我心又割左耳以明志不可奪也可汗怒欲殺之爲
其妻所扞而止會有使自延陁至具言其狀太宗遽
令兵部侍郎崔敦禮持節入延陁許降公主以和何
力緣是得還拜右驍衛大將軍

龐孝泰爲左驍衛將軍高宗遣將征高麗孝泰爲沃
沮道總管時孝泰率令南水戰之士軍於蛇水之上
高麗蓋蘇文益兵擊之孝泰大敗或勸突圍就劉伯
英曹繼叔之營孝泰曰我伏事國家兩代過蒙恩遇
高麗不滅吾必不還伯英等何必救我又我將鄉里
子弟五千餘人今並死盡豈一身自求生邪賊內薄
攻之死者累萬箭如蝟毛遂與其子一十三人皆死
之
杜孝昇爲扶州臨河鎮將儀鳳二年吐蕃逼臨河孝
昇登外城樓以拒賊力屈爲賊所執令孝昇送書與

松州都督武君寂以邀其降孝昇不從又虜其妻子爲質孝昇身遭六創竟不從俄而賊衆捨孝昇而退孝昇又率萬衆拒守詔授孝昇游擊將軍以旌其忠烈仍賜物二百段孝昇俄以創甚去職詔令給祿終身

成三郎爲左豹韜衛長上果毅李孝逸之討徐敬業以爲前鋒軍至高郵爲賊所陷擒送江都賊黨唐之奇詐告其徒曰此是賊帥李孝逸也將斬之三郎大呼曰我是果毅成三郎不是將軍李孝逸官軍已至四面合圍我死妻子受榮你死家口配没終不及我

賊遂害之

許欽明萬歲通天元年爲夔州都督府長史兼龍山軍討擊副使軍次崇州與契丹戰敗被擒賊將圍安東令欽明邀屬城未下者安東都護裴玄理時在城中欽明謂之曰狂賊天殃滅在朝夕公但謹守勵兵以全忠節賊大怒遂害之帝聞而下制褒美贈鄚州刺史又授其子輔乾左監門衛中候令迎其喪柩以還改葬

薛訥大將軍仁貴子也則天時突厥入寇河北則天以訥將門子使攝左威衛將軍安東道經略使臨行於同明殿召見與語訥因奏曰醜虜憑陵以廬陵王爲辭今雖有昇儲外議猶恐未定若此命不易則狂賊自然欵服則天深然其言

程千里爲右金吾衛大將軍安祿山反以千里宿將詔往河東除上黨郡長史守上黨賊將蔡希德數圍逼上黨希德數以輕騎挑戰千里開城門獨將麾下百餘騎逐希德欲生得之度橫橋橋壞墜坑中爲賊所執仰首告將士曰非戰之過天命不祐遂至於此公等爲吾報城中將士善守之城不可下遂被執送東京見安慶緒慶緒捨之

劉客奴幽州昌平人爲平盧軍遊奕使其性忠謹爲軍人所信天寶末范陽平盧河東等三節度安祿山反詔以安西節度封常清爲范陽節度以平盧節度副使呂知誨爲平盧節度以太原尹王承業爲河東節度安祿山既僭位於東都遣腹心韓朝陽等招誘知誨知誨遂受逆命誘殺安東副使護保定軍使馬靈詧以自立劉客奴遂僞署知誨爲平盧節度使客奴與平盧諸將同謀襲殺知誨仍遣使與安東將軍王立志遥相應援馳以奏聞

杜鴻漸爲朔方留後節度副使天寶末肅宗北幸至

平凉未知所適鴻漸與六城水運使魏少游節度判官崔漪度支判官盧簡關內鹽池判官李涵謀曰今胡羯亂常二京陷没主上南幸於巴蜀皇太子理兵於平凉然平凉散地非聚兵之處必欲制勝非朔方不可若奉迎殿下旬日之閒西收河隴迴紇方强與國通好北徵勁騎南集諸城大兵一舉可復二京雪社稷之耻上報明主下安蒼生亦臣子之用心國家之大計也鴻漸卽日草牋具陳兵馬招集之勢錄軍資器械倉儲軍物之數令李涵齎赴平凉肅宗大悅鴻漸知肅宗發平凉於北界白草頓迎謁因勢請使

及兵士進言曰朔方天下勁兵靈州用武之處今迴紇請和吐蕃內附天下郡邑人皆堅守以待制命其中雖爲賊所據亦望不日收復殿下整理軍戎長驅一舉則逆胡不足滅也肅宗然之

李栖筠爲封常清安西行軍司馬玄宗幸蜀肅宗興復於靈武徵兵於安西栖筠以精卒七千人赴行在所栖筠感以臣子大義士皆有忘家死難之志尅復兩京遷殿中侍御史

李嗣業爲安西高仙芝將以功授驃騎左金吾大將軍及祿山反兩京陷肅宗在靈武詔追嗣業赴行在嗣業自安西統衆萬里至鳳翔謁見帝是時方欲大舉收復二京帝曰今日得卿勝數萬衆事之濟否實在卿也

馬璘爲左金吾衛將軍戍安西至德初聞王室多難乃統甲士三千自二庭赴於鳳翔肅宗奇之委以東討陣陝郊戰河陽皆有殊效

張子卿爲關中節度使王思禮將至德二年與將士四千餘人割耳爲盟請爲父子軍爲國討賊

張元軌爲特進至德二年與將軍焦知康副將衛如璧及所領武士五百人相與盟咸截左耳誓雪國讎

令狐彰初爲安祿山將史思明僞署滑州刺史令統兵戍滑臺彰感激忠義思立名節乃潛謀歸順會中官楊萬定監滑州軍彰遂募勇士善於水者乘夜涉河達表萬定請以所管兵馬及州縣歸順因萬定以聞自祿山構逆爲賊首者未有舉州向化肅宗得彰表大悅賜書慰勞尋爲思明將所攻兵敗潰圍而出隨萬定入朝肅宗深獎之尋拜滑亳魏博六州節度使大曆中犬戎犯邊徵兵防秋彰遣屬吏部統營伍自滑至京西向二千餘里甲士三千人率自齎糧所過州縣路次供擬皆讓而不受經閭里不犯秋毫軍

八十卒臨終手疏辭表誠子以忠孝守節表曰臣男建等性不爲非行亦近道今勅賜東都私第使他年爲臣報國下慰幽魂臨歿昏亂伏枕哀咽帝覽表嗟悼久之

張孝忠肅宗上元中爲李寶臣易州刺史及寶臣死其子惟岳阻兵不受徵朝詔幽州節度使朱滔討之滔以孝忠宿將慮軍興則撓其境乃使判官蔡雄說孝忠孝忠然之與滔合兵攻惟岳後王武俊斬惟岳首以獻定州刺史楊正義以州降遂有易定之地時既誅惟岳分四州各置觀察使武俊得鎮州康日知

得深趙二州孝忠得易州以成德軍額在鎮州孝忠既降正義朝廷乃於定州置義武軍以孝忠簡較工部尚書爲義武軍節度易定滄等州觀察等使及朱滔田悅等相扇及逆競以利啗邀之爲亂孝忠孤軍四面受敵修浚壕壘感勵士卒竟不爲群兇熒惑

郭子儀爲天下兵馬副元帥中官魚朝恩害子儀之功因事媒孽之犇召還京師以李光弼代子儀之任子儀雖失兵柄乃心王室以禍難未平不遑寢息後復爲副元帥出鎮絳州將行肅宗大漸群臣莫有見者子儀請曰老臣受命將死於外不見陛下目不瞑乃引至卧内謂曰河東事一以委卿子儀嗚咽流涕而出子儀事上忠誠臨下寬厚每降城下邑所至之處必能得士衆心前後遭羅倖臣程元振魚朝恩等譖毁百端時方握彊兵或臨戎敵詔命徵之未嘗不即日而抵召故讒不能行代宗幸陝時令以數十騎覘賊及在涇陽又陷於胡虜重圍之中皆以身自許國未嘗以危亡廻顧亦遇天幸竟免患難

劉昌初爲宋州牙門將大曆中李靈曜據汴州反刺史李僧惠將受靈曜牽制昌密遣僧神表潛說僧惠召昌問計昌泣陳其逆順僧惠感之仍使神表齎表

詣闕請討靈曜遂剪靈曜左翼汴州遂平

薛平父嵩大曆中爲昭義節度平年十二爲磁州刺史嵩卒軍吏欲用河北故事脅平知留後而平僞許之讓於伯父㟧一夕以喪歸及免喪累授右衛將軍

張伾建中初以澤潞將守洺州田悅攻之伾度兵不出戰賊不能得累月攻益急士死傷多食且盡救兵未至伾知事不濟無以勸士乃悉召將卒命其女出拜之謂曰將士辛苦守戰伾之家無尺寸物與公等爲賞獨有此女幸未嫁人情願出賣之爲將士一日之費衆皆大哭曰今日爲將軍出死命戰且守日夜

不解會馬燧以太原之師至與衆軍合擊悅於城下
大敗之伾乘勢出戰士以一當百圍解以功累遷泗
州刺史
馬燧爲河東節度魏博招討使討田悅建中三年前
殿中丞李雲端與其黨袁封單超俊李誠信冀信等
以京師苦旱乃又借商戶錢人心大擾乃扇飛語云
鳳翔留鎮幽州兵多逃南山爲群盜以搖人心將作
亂雲端等與燧子暢善乃令其黨溫靖齎暢書與燧
陳利害令旋師燧執靖奏其狀令兄炫引暢請罪帝
以暢大臣子方委燧以靖難不竟其事敕炫就第杖

三十遣捕雲端鞫於禁中十一人皆處死
馮河清初隸涇原節度兵馬使建中四年節度使姚
令言奉詔率兵赴關東以河清知兵馬留後判官殿
中侍御史姚況知州事及令言至京師所統兵叛帝
幸奉天河清與況聞之乃集三軍大哭因以激勵將
吏誓敦忠節衆頗義之卽時發甲仗器械車百餘輛
連夜送行在所時駕初遷幸六軍雖集蒼皇之際都
無戎器及涇州甲仗至軍士大振特詔褒其誠效拜
四鎮北庭行軍涇原節度使兼御史大夫姚況兼御
史中丞行軍司馬俄又加河清簡較工部尚書賊朱
泚及姚令言累遣間諜招誘河清輒拘而戮焉及駕
幸梁州其將田希鑒潛通泚使結兗黨害河清尋贈
尚書右僕射葬事官給
李澄建中初爲永平軍節度李勉裨將移理汴州乃
奏澄爲滑州刺史四年冬李希烈陷汴州勉奔歸行
在澄遂以城降希烈僞署尚書令兼滑州永平軍節
度使興元元年春澄密令親信人盧融間道齎表達
於奉天帝嘉之乃以帛詔藏於蠟丸中加澄刑部尚
書兼汴州刺史汴滑節度觀察使澄祕而未宣乃集
州兵嚴加訓習希烈頗疑之乃令養子六百人戍之

且慮其變也及希烈苦攻寧陵邀澄赴援澄率其衆
至石柱潛令縱火焚營而僞遁誘六百人因驚行剽
而加其罪果大俘掠悉令斬之以告希烈希烈不能
詰焉無何希烈遣其將翟崇暉等寇陳州久之未復
是歲十月澄以汴州兵寡度希烈不能制巳會中使
薛盈珍持節且至加澄簡較兵部尚書封武威郡王
澄乃乘勢力焚賊旌節誓衆歸國希烈旣失澄又聞
崇暉大敗繇是奔歸蔡州澄遂率衆將復汴州屯於
城北門怯懼不敢進及宣武軍節度使劉洽師至城
東門賊將因懷珍開關以納之翌日澄方自北門入

洽巳據子城澄乃舍於浚儀縣兩軍將士日有忿鬪澄不自安會鄭州賊將孫液送款於澄澄遣其子清赴之先是河陽軍節度使李芃遣其將雍希顥攻鄭州顥所過縱掠液拒之尤固及清至遂納之顥忌攻液清以衆助之殺登城者數十人顥方引退又焚陽武而歸澄乃出赴鄭州朝廷特授清簡較太子賓客兼御史中丞更名克寧貞元元年三月就加澄簡較右僕射義成軍鄭滑許等州節度使

李承爲山南東道節度使李希烈既破梁崇義擁兵襄州遂有其地朝廷慮不受命欲以禁兵送承承請

單騎徑行至則希烈處承於外館迫脅萬態承恬然自安誓死王事希烈不能屈遂剽虜闔境所有而去

嚴震爲山南西道節度觀察等使及朱泚竊據京城李懷光頓軍咸陽又與之連結泚令腹心穆庭光宋瑗等齎帛書誘結震震集衆斬庭光等仍發兵出界至盩厔以東守禦賊竟不能爲害車駕入駱谷且無驚擾

楊惠元爲神策京西兵馬使以兵屬李懷光建中四年冬自河朔同赴國難解奉天之圍明年一月懷光既圖叛逆惠元義不受汚脫身奔竄至奉天爲懷光追騎所害

朱忠亮初仕薛嵩爲將鎭普閏縣掌屯田朱泚之亂以麾下四十騎奔赴奉天德宗嘉之

李觀爲右龍武將軍建中末涇師叛觀適番上即領兵千餘人扈從奉天詔都巡警訓練諸軍戍卒三數日間加召五千餘衆列之通衢整肅鼙鼓城內因之增氣德宗倚賴之及李懷光叛駕出奉天幸山南觀與令狐建李昇韋清等咸執羈靮周旋艱險皆著功勞

張韶爲李懷光兵馬使建中末懷光爲朔方節度使

擊田悅於魏州聞德宗行幸晝夜奔難先數日遣韶奉奏韶至城下遇朱泚驅百姓塡塹韶在衆中伺群盜稍怠乃呼曰我李懷光使也守陴者初未信詰曰懷光使何與賊戮力韶曰不如是何繇至此乃縋而上之得懷光表尅期至城下詔令昇韶徇四隅歡聲動地賊徒疑懼聞懷光軍至醴泉遂解圍走援京城

薛伾爲汾陽王郭子儀麾下諸將建中末從左僕射李揆使西番朱泚之難昆夷赴義伾馳騎鄉導至於武功擢授左威衛將軍

賈耽建中末爲山南東道節度使時德宗幸梁州耽

使行軍司馬樊澤奉表陳事旣復命方大宴會有急
牒至言澤代訛爲節度而召訛爲工部尚書訛以牒
内懷中宴飲不改及罷乃告澤曰詔以行軍爲節度
使訛今卽發因告將吏謁澤太府張獻甫白訛曰天
子廵幸尚書使行軍奉表起居而行軍自謀節度僭
奪尚書土地此可謂事人不忠矣軍中皆不伏請殺
之訛曰公是何言天子有命卽爲節度矣訛今赴行
在便與公偕行卽日上道以獻甫自隨軍中乃安
李抱眞建中末爲昭義軍節度使與李懷光等同討
田悅時悅窘蹙朱滔王武俊皆反聯兵救悅抱眞與

馬燧等退次魏縣德宗幸奉天中使告問至諸將皆
仰天慟哭李懷光㢠卷奔命馬燧李芃各引兵歸鎭
朱泚旣汙宮闕李希烈陷大梁李納亦反鄆州無何
帝行幸梁州李懷光又竊據河中抱眞獨於擾攘傾
潰之中以山東三州外抗群賊内輯軍士群賊深憚
之

册府元龜

巡按福建監察御史臣李嗣京　訂正
知甌寧縣事臣孫以敬參閱
知建陽縣事臣黄國琦較釋

將帥部三十五

忠第五

唐戴休顔爲鹽州刺史奉天之難休顔以所部蕃漢三千號泣赴難及車駕南幸梁洋留守奉天及李懷光叛據咸陽使誘休顔休顔集三軍斬其使嬰城自守懷光大駭遂自涇陽夜遁尋拜簡較工部尚書奉天行營節度使

韓游瓌爲李懷光部將掌兵在奉天懷光反於河中乃與游瓌書約令爲變游瓌密奏之翌日懷光又使趙之游瓌復奏間數日懷光又使趣游瓌爲門者所捕懷光且宣言曰吾今與朱泚連和車駕當避緣是帝遽幸梁州游瓌退於邠寧殺懷光留后張昕以邠州從順正授邠寧節度使

楊懷賓楊朝晟父也朝晟爲李懷光左廂兵馬使懷光反於河中朝晟被脅在軍德宗幸梁洋游瓌退於邠懷光以嘗在邠寧迫制如城以賊黨張昕在邠州總後務昕懼難作乃大索軍資徵卒乘約明潜歸於懷光時懷賓爲游瓌將夜後以數十騎斬昕及同謀者游瓌即日使懷賓奉表聞奏帝召勞問授兼御史中丞間詔至河中朝晟聞其事泣告懷光曰父立功於國子合誅戮不可主兵矣懷光遂繫之及諸軍進圍河中韓游瓌營於長春宫懷賓身當戰伐懷光平帝念其忠俾副元帥渾瑊特原朝晟遂爲游瓌都虞候時父子同車皆爲開府賓客御史中丞

李晟爲神策軍兵馬使討朱滔於范陽德宗居奉天詔晟赴難晟聞命西向而哭趣軍將行時義武軍間

於朱滔王武俊倚晟爲重不欲晟去數爲計以沮止晟軍晟謂將吏曰天子播越於外人臣當百舍一息死而後已張義武欲沮吾行吾當以愛子爲質選良馬以啗其意乃留子以爲憑婚義武軍有大將張孝忠甚信之因謁於晟晟乃解玉帶以遺之因曰吾欲西行願以爲別因陳赴難之意受帶者果德晟乃諫孝忠勿止晟晟得引軍踰飛狐師次代州詔加晟簡較工部尚書神策行營節度使李懷光叛德宗在梁州晟大將張少弘自行在傳口詔授晟爲左僕射平章事以安衆心晟拜哭受命且曰長安宗廟所在爲

天下本若皆邑譁誰復京師乃淩陧壁繕兵馬以誅
泚輿復爲巳任後渾瑊部將上官望自間道懷詔書
加簡較右僕射兼河中晉絳州節度觀察使尋簡較
左僕射平章事益實封三百户又兼京畿渭北鄜坊
丹延節度觀察招討使晟受詔流涕因上表請帝既
蹕梁州彰億兆之心圖剪滅之勢儻陛下規小捨大
作都岷峨人心少去武力謀臣無復施矣晟之鍾鳳
翔也謂賓介曰魏徵能直言極諫致太宗於堯舜之
上真忠臣也僕忻慕之軍司馬李叔度對曰此縉紳
儒者之事非勳德所宜晟歛容曰行軍失言傳稱邦

有道危言危行今休明之期晟幸得備位將相心有
不可恐而不言豈所謂有犯無隱知無不爲者乎是
非在人主所擇耳叔度慙而退晟後罷兵權朝謁之
外罕有過從有通王府長史丁𤫊者亦爲張延賞所
排心懷怨望乃求見晟言事且曰太尉功業至大猶
罷兵權自古功高無有保全者國家儻有變故𤫊願
備左右狡兎三穴盍蚤圖之晟怒曰爾安得不祥之
言遽執𤫊以聞

王虔休本名延貴貞元中爲澤潞都虞候節度使李
抱真卒裨將元仲經等議立抱真子緘軍中擾亂虔
休正色告於衆曰軍州是天子軍州將帥關合侍朝
命何乃云云出異意軍中服從其言繇是竟免潰亂

程日華少爲易定張孝忠牙將孝忠令知滄州事幽
州朱滔合鎮冀王武俊謀叛二盜迭欲取滄州多遣
人遊說又加兵攻圍日華俱不聽從乘城自固久之
德宗深嘉之拜日華滄州刺史

韓弘貞元中代劉全諒爲汴州節度使先是陳許節
度使曲環卒淮西節度使吳少誠將併有其地遂以
兵寇許州求援於全諒全諒館其使會全諒卒弘初
受寵命喜而效順卽斬其使以聞發兵三千助禁軍

以討少誠

張奉國本名子良貞元末爲徐州兵馬使張愔之難
子良以其衆千餘奔於浙西團練使王緯表加兼御
史中丞仍厚撫其軍士牙門百職子良必兼歷焉元
和二年秋節度使李錡叛命遣子良以兵三千收宣
州子良乃與錡甥裴行立及大將田少卿李奉仙等
密約圖錡反戈圍城大呼錡計窮縋下生致闕庭子
良殺其餘黨遂平浙右憲宗追赴京師親自褒慰擢
爲右金吾將軍兼御史大夫改名奉國賜第室良田

劉澭貞元末爲隴右經畧使暨順宗寢疾傳位於憲

宗稱太上皇有山人羅令則自京詣澭妄構異說凡數百言皆廢立之事且矯太上皇詔請兵於澭澭立命繫之鞫得奸狀令則又云某之黨多矣十月德宗山陵約此時伺便而動澭械令則驛表上聞詔付禁軍按問其黨與皆杖死澭後請自領兵護靈武以備非常詔不許遣中使以名馬金玉繒錦錫之後錄其功號其軍額曰保義

范希朝爲鎮武節度使貞元末累表請脩覲時節將不以覲故自述職者惟希朝一人德宗大悅既至拜簡較右僕射兼右金吾衛大將軍

劉濟爲幽州節度使兩河擅自繼襲者尤驕蹇不奉命惟濟最務恭順朝獻相繼元和四年詔討王承宗諸軍未進濟獨率先以前軍擊破之生擒三百餘人斬首千餘級獻逆將於闕優詔褒之又爲詩四韻上獻以表忠憤之志

張茂昭爲義武軍節度使元和四年王承宗叛詔河東節度使師泊河中振武偏師與茂昭合軍是爲北道茂昭創廐置開道路待軍餼屬正月之望軍吏請曰舊例上元後三夜不止行不閑里門今外道兵馬至請如軍令茂昭曰河東等三道官軍也焉得言外道邪一如舊例自祿山之亂兩河繼爲沮命之地茂昭表請舉族歸闕以首率等夷隣封遊說者萬端而其志堅決累上疏求代帝許之命左庶子任迪簡爲其行軍司馬乘馬赴之即以三郡之簿書管鑰符印全付廸簡遣其妻李氏及男克讓克恭等先焉將代戒之曰爾曹將侍親出易定後之子孫不爲風俗所染吾無恨矣時五年冬也道拜簡較太尉兼中書令充河中晉絳磁隰等州節度觀察等使

田弘正初名興爲魏博衙内兵馬使及田季安病篤其子懷諫幼騃乃召興署以舊職季安卒懷諫委政

於家僮蔣士則措置不平人情不悅咸曰都知兵馬使田興可爲吾帥也衙兵數千人詣興私第陳情興拒門不出衆呼譟不已興出衆環而拜請入府署興頓仆於地久之度終不免乃令於軍中曰三軍不以興不肖令主軍務欲與諸君前約當聽命否咸曰惟命是從興曰吾欲守天子法以六州版籍請吏勿犯副大使可乎皆曰諾是日入府視事殺蔣士則十數人而已翌日具事上聞憲宗嘉之以爲魏博節度使賜名弘正弘正既受節鉞乃上表曰臣聞君臣父子是謂大倫爰立紀綱以正上下其或子爲不子臣爲

不臣覆載莫可得而容幽明所宜共殛者也臣家本邊塞累代唐人從乃祖乃父以來沐文子文孫之化臣幸因宗族蚤列偏裨空馳戎馬之鄉不覩朝廷之禮惟忠與孝天與臣心嘗思奮不顧生以身徇國無繇上達私自感傷豈意命偶昌時事緣熱故白亦之下謬見推崇天慈遽臨免書罪戾朝章溥及仍委旌旄錫封壤於全藩列班崇於八座君父之恩已極絲毫之效未申所以靦厚知羞低回自愧是知功勞所著必俟危亂之時儌倖之來却在清平之日循涯揣分冐寵爲憂伏以自天寶以還幽陵肇禍山東與壤

悉化戎墟雖外一車書而內懷梟獍官封代襲刑賞自專國家含垢匿瑕垂六十載臣每思此嘗食忘味若稍假大軍得奉神筭兼弱攻昧批吭擣虛揭鷹大之資展擒獲之用導揚和氣洗滌僞風然後退歸丘園以避賢路臣懷此志陛下察臣又臣每在軍中多居偏鎮每遇奇計心實親之有布衣崔懽結茅王屋但茹松栢不雜風塵與臣周旋頗有年歲自臣受命悤然肯來臣遂請攝節度參謀俾之奏事臣胷襟所蓄書不盡言實與因人紓其積憤臣不勝感恩戴荷懇苦之至謹差攝節度參謀王屋山人臣崔懽謹奉表陳奏以聞憲宗優詔褒美先是河北不申吏員與乃奏晉內州縣官二百五十三員內一百六十三員見差官假攝九十員請有司注擬從之

烏重胤爲潞州諸將會盧從史奉詔討賊嘗懷異志潛與王承宗通連吐突承璀以神策軍行營與從史對壘將圖之重胤通其謀竟縛從史於帳下時重胤職總牙門是日戒嚴其軍莫敢動者事聞朝廷擢重胤自都將兼州左司馬拜懷州刺史兼御史大夫河陽三城節度

李光顏爲忠武軍節度使元和中徵天下兵環申蔡

而討吳元濟詔光顏以本軍獨當一面連破賊衆韓弘爲汴帥驕矜倔彊嘗倚賊勢索朝廷姑息耳要諸將士力戰陰圖撓屈計無所施遂據大梁城求得一美婦人教以歌舞絃管六博之藝飾之以珠翠金玉衣服之具計費數百萬命使者送遺與光顏一見悅惑而怠於軍政也使者即齎書先造光顏壘曰本使令公德公私憂公暴露欲進一妓以慰公征役之思謹以候命光顏曰今日已暮明旦納焉詰朝光顏乃大宴軍士三軍咸集命使者進妓妓至則容止端麗殆非人間所有一座皆驚光顏乃於座上謂來使曰

令公憐光顏離家室久捨美妓兒贈誠有以荷德也
然光顏受國恩沭誓不與逆賊同生日月下今戰卒
數萬皆背棄妻子蹈白刃光顏奈何獨以女色爲樂
言訖涕泣嗚咽堂下兵士數萬皆感激流涕乃厚以
縑帛酬其來使俾領其妓自席上而回乃謂使者曰
爲光顏多謝令公光顏事君許國之心死無二矣自
此兵衆之心彌加激勵
李吉甫元和中爲淮南節度使在揚州每有朝廷得
失軍國利害皆密疏論列
嚴綬爲河東節度使元和中楊惠琳叛於夏州劉闢

叛命綬表請出師討伐悉選精銳付其將李光顏討
賊
李鄘元和中爲淮南節度使及王師征淮夷鄆毖李
師道表裏相援鄘發楚壽等州二萬餘兵壓賊境日
費甚廣未嘗請於有司
李夷簡元和中爲襄陽節度使先是貞元中淮西阻
兵詔以漢西實當控壓遂移江西兵五百人戍襄陽
調給仰於度支其後逃死且盡而歲不減夷簡請曰
人臣以誠事君當在無隱循舊專利孰云不欺乃以
其事上聞歸之於有司

王承元成德軍節度使承宗之弟元和中承宗奏承
元兼監察克鎮冀深趙觀察度支使承元年未及冠
勸承宗以二千騎佐王師平李師道十五年承宗卒
未發喪大將謀取帥於旁郡時參謀崔燧密與握兵
者謀乃以祖母涼國夫人之命告親兵及諸將使拜
承元承元拜泣不受諸將請不已承元曰天子使中
貴人監軍有事盍與議也及監軍至因以諸將意贊
之承元謂將曰公不忘先德不以承元齒少且使領
軍承元欲效忠於國以奉先志諸公能從之乎諸將
許諾遂於衙門都將所理事約左右不得呼留後事

大小必參決於監軍密疏請帥詔授簡較工部尚書
鄭滑節度觀察使時隣境或以兩河近事諷之承元
不聽諸將亦悔及起居舍人柏耆齎詔至宣朝廷之
命兵士或拜或泣承元與柏耆於館中復召諸將坐
語諸將益號泣喧譁承元曰諸公以先人之德不欲
承元去此意甚厚然奉詔遲留不去即罪矣前者李
師道未破時議赦其罪師道欲行諸將止之佗日殺
師道亦諸將也今公輩復欲爲師道之事乎敢以拜
請遂拜諸將諸將皆泣涕不能對承元乃盡出家財
籍其人以散之酌其勤者擢之部將李寂等數十人

固留承元承元斬寂等軍中始定承元出鎮州時年十八所從將吏有具器用貨幣而行者承元悉使留之承元昆弟及從父昆弟因為郡守者四人登朝者四人從事將校有勞者皆擢用未幾改鄜坊丹延節度觀察等使便道請覲穆宗深器之數召顧問又改授鳳翔隴州節度觀察等使

劉總元和中為幽州節度使總累代據有燕薊軍中食其恩而未嘗承朝廷命長慶元年總以幽州歸朝為兵士遮留總殺其首謀十餘輩夜委兵符於監軍判官從間道去遲明軍中方覺

李遜為陳許節度使長慶初穆宗方鋭意討賊諸道發兵例於度支貸借惟遜出兵率先諸道賞賜犒設備於當軍朝論美之

田布長慶元年為涇原節度使其秋鎮州兵亂布父弘正被殺朝廷以李愬疾不能軍無以扞庭湊之亂且以魏州田氏舊衆乃疾徵布使起復為之節度仍遷爵較工部尚書詔布乘遽傳之鎮布喪服居堊室去節旄導從之飾及入魏州處喪視事動皆得禮其祿俸月入百萬一無所取又籍魏中家之舊產無巨細計錢十餘萬貫皆出之頒齎軍士乃選其將吏憲誠為先鋒兵馬使以憲誠前出已麾下必能輸竭故盡以精銳付焉是時屢有中使齎急詔促其進兵至十月布遂以全軍三萬七千出抵賊之冀州南宮縣十一月進軍下賊二柵而魏人怯於格戰且以寒雪饋餉不給師無闘志憲誠故嘗懷二心從而間之俄有詔分布軍與李光顏合勢東救深州其衆因大潰多為憲誠所有布提兵八千以是月十日還魏州十一日會諸將復議出師而將卒益驕惰皆曰尚書能行河朔舊事則生死從之若使戰皆不能也布自度其下終不為用數日功無成矣即日密表陳軍情且

稱遺表曰臣觀衆意終負國恩臣既無功敢忘即死伏願陛下速救光顏元翼不然者義士忠臣皆為河朔屠害矣表號哭拜其從事李石乃入啓父靈抽刃刺心曰上以謝君父下以示三軍言訖而絕時議以布才雖不足能以死謝家國心志決烈得燕趙之古風云

牛元翼本趙人代為鎮州將較王承宗叛命之際元翼嘗為謀主數將兵寇王師後王庭湊殺田弘正朝廷以元翼本與庭湊等列遂用為節度時元翼在深州為庭湊所圍轉急後與數騎突圍而出詔以為襄

州節度使庭湊於後庭鴆殺深州將士其中大將十六人判官一人本與元翼同休戚一旦皆被殺元翼悲咤慷慨而卒其所賜宅僮馬等並遣表進之

李載義長慶中爲幽州裨將時節度使朱克融死其子延嗣竊襲父位不遵朝旨虐用其人載義遂殺延嗣數其罪以上聞敬宗嘉之拜簡較戸部尚書封武威郡王充幽州盧龍等軍節度觀察等使未幾李同捷據滄景以要襲父爵載義上表請付同捷以自劾帝嘉其誠懇特加簡較右僕射累破賊軍以功加司空又奏故節度使張弘靖賓吏家屬凡一百九十人

今並送赴京闕初弘靖立節范陽及軍亂被拘其副介已下多見戕害妻女輩從而拘繫旣而朱克融彊邈符節復留之不遣至載義去逆效順盡歸其孥至於臧獲下輩一無所留

殷侑爲天平軍節度鄆曹濮觀察等使自元和末收復李師道十二州分爲三鎭朝廷務安反側征賦所入盡留贍軍貫緡錢帛不入王府侑以軍賦有餘賦不上供非法也乃上表起太和七年請歲供兩稅榷酒等錢十五萬貫粟五萬石詔曰鄆曹濮等州元和已來地本殷實自分三道十五餘年雖頒詔書竟未供賦殷侑承兵戈之後當歉旱之餘勤力奉公謹身守法纔及周歲以致阜安而又體國輸忠率先入貢成三軍奉上之志陳一境樂輸之心尋省表章良用嘉歎尋就加簡較右僕射

王景崇廣明中爲鎭州節度使時僖宗西幸屈節僞廷者十三四景崇斬其賊使梟首於市時有邸吏齎僞詔至斬之因間路馳誠繼達行在都統王鐸徵要者必竭利器奇貨駿蹄以助之繇是赴難者爭先每議及國朝宗廟陵園未嘗不潸然慷慨

梁王師範初仕唐天復元年爲青州節度使其年冬

李茂貞刦遷車駕幸鳳翔韓全誨矯詔加罪於太祖令方鎭出師赴難詔至青州師範承詔泣下曰吾輩天子藩籬君父有難畧無奮力者彊兵自衞縱賊如此使上失守宗祧危而不持是誰之過吾今日成敗以之乃發使通楊行密遣將劉鄩襲兗州別將襲齊棣時大祖方圍鳳翔師範遣將張居厚部輿夫二百言有獻於太祖至華州東城守將婁敬思疑其有異剖輿視之乃兵仗也居厚等因大呼殺敬思聚衆攻西城時崔胤在華州遣部下閉關距之遂遁去是日劉鄩下兗州河南數十郡同日發太祖遣朱友寧討

之

孫揆大順元年除昭義軍節度使以本軍取刁黄嶺路赴任太原將李存孝偵知之引騎三百伏於長子縣崖谷間揆建衙持節褒衣大蓋擁衆而行存孝突出谷口遂擒揆及中使韓師範并將較五百人存孝械揆等以組練繫之環於潞州遂獻於武皇武皇謂揆曰公縉紳之士安然徐步可至達官何用如是揆無以對令繫於晉陽獄武皇將用爲副使使人誘之揆言不遜遂殺之

趙凝唐末爲襄州節度使弟明爲荊南留後是時唐

室微弱諸道嘗賦多不上供惟凝昆仲雖彊據江山然盡忠唐室貢賦不絕太祖將期受禪以凝弟兄並據藩鎮乃遣使先諭旨焉凝對使者流涕答以受國恩深豈敢隨時妄有佗志使者復命太祖大怒天祐二年秋七月遣楊師厚率師討之凝以兵數萬逆戰大爲師厚所敗乃燔其舟單舸沿漢遁於金陵後卒於淮南

牛存節開皇四年爲鄆州節度使夏中病渴至病屬河北用軍末帝令率軍屯陽留以張大劉鄩之勢存節忠憤彌篤未嘗言病料敵治戎旦夕愈勵病革詔歸汶陽翌日而卒將終屬其子知業知讓等以忠孝言不及他深爲時所重而木彊忠厚有賈復之風

楊師厚爲魏博節度使時庶人友珪簒逆末帝將圖之遣使謀於師厚師厚深陳款效且託書於侍衛軍使袁象先及主軍大將又遣都指揮使朱漢賓率兵至滑州以應禁旅友珪既誅末帝即位於東京首封師厚爲鄴王加簡較太師中書令

王彥章爲澶州刺史先鋒馬步都指揮使貞明五年三月朝廷議割魏州爲兩鎮慮魏人不從遣彥章率精騎五百人入鄴城駐於金波亭以備非常是月二

十九日夜魏軍作亂首攻彥章於館舍彥章南奔七月晉人攻陷澶州彥章舉家陷沒後唐莊宗遷其家於晉陽待之甚厚遣細人間行誘之彥章即斬其使以絕之後莊宗至鄆州彥章爲唐將李紹奇所擒一云爲夏魯奇所擒彥章恃其麤暴每謂人曰晉王鬬鷄小兒彼何足畏至是見擒素憐其勇悍欲全活之令中使宣詔慰撫欲觀其心對曰臣比自匹夫朱氏抜擢位居方面與皇帝十五年抗衡今日兵敗力窮罪有常分皇帝縱垂矜宥臣何面目見人豪皷徇師得死爲幸帝令牀舁隨軍至任縣彥章言所傷楚痛因乞遲留

遂令斬之一云莊宗欲留之彦章曰安有爲將勳相朝事梁而暮事晉臣所不爲也得就鈇鉞苴之如薺莊宗知不可屈遂殺之以成其志

後唐薛志勤爲武皇河東右都押衙先鋒右軍使從武皇救陳許平黄巢武皇遇難於上源驛汴將楊彦洪連車樹栅遮絕巷陌時騎從皆醉宴席既闌汴軍四面攻傳舍志勤驍勇冠絕復酒膽激壯因獨登驛樓大呼曰朱僕射負恩無行邀我司空圖之吾三百人足以濟事因彎弧發射矢無虚發汴人斃者數十志勤私謂武皇曰事急矣如至五鼓吾屬無類矣可速行因扶武皇而去雷雨暴猛汴人扼橋志勤以其

屬血戰擊敗之得侍武皇還營

史敬思爲武皇先鋒都督從入關破黄孽安三輔平陳蔡敬思嘗爲騎將挺身酣戰勇冠三軍當武皇上源之難敬思方大醉從者喻之蹶然而起登驛樓控弦射賊矢不虚發汴賊横尸樓下既而遇雨解圍翼武皇登尉氏門敬思迷墜擁門故陷賊武皇還營流涕久之

符習爲義寧軍節度使有器度性忠壯自莊宗沿河戰守習嘗以本軍從心無顧望諸將服其爲人

石君立初隸李嗣昭爲牙較歷典諸軍嗣昭出征嘗爲前鋒天祐十七年將兵屯德勝時汴軍自滑州轉餉以給楊村砦莊宗親率騎擊虜洊入虜騎圍之數十重良久不解嗣昭號泣赴之與立翼莊宗而還

裴約爲潞州節度使李嗣昭卒子繼韜據昭義叛同光元年莊宗遣李紹斌以甲士五千援澤州初繼韜叛歸賊庭也約以兵戍澤州召州民泣而喻之曰予事先君巳餘二紀每見分財享士志在平讐不幸薨没壯心不遂今郎君不臣定覆家族父喪未葬違背君親縱然賊首開懷久遠終被誅滅予可剸亦自殺不能送死與人衆皆感泣伏其忠義僞梁以董璋爲澤州刺史率衆攻城約拒守間道告急帝知其言善

謂諸將曰朕與繼韜何薄裴約何厚裴約能分逆順不附賊黨昭嗣一何不幸生此鴟梟乃顧謂李紹斌曰爾識機便爲我取裴約來朕不藉澤州彈丸之地紹斌自遼州進軍未至城陷約被害帝聞嗟痛久之

李存審爲横海軍節度使天祐十三年冬存審破楊劉進營麻口爲都營使築壘以拒汴人時莊宗勇於接戰每以輕騎掌賊遇窘數四存審凌旦候其出必叩馬泣諫曰王將復唐宗社宜爲天下自愛搴旗挑戰一劍之任無益聖德請責效於臣昔耿弇不以賊

遺君父臣雖不武敢不代君之憂帝卽時廻駕
張全義初仕梁爲天下兵馬副元帥莊宗至雒言事者以梁祖與我世讐宜斵棺燔柩全義獨上章申理議者嘉之
周德威性忠孝感武皇奬遇嘗思臨難忘身乾寧中爲鐵林軍使從武皇討王行瑜有功後內衙軍副及莊宗初立德威外握兵柄頗有浮議內外憂之德威旣至單騎入謁伏靈柩哭哀不自勝繇是群情釋然後以功授盧龍軍節度使時天祐十五年下楊劉城莊宗大悅諸將渡河趨汴徵德威進師討之將起德

威以爲不利深入是夜鎮星犯文昌上將臨戰德威軍爲輜重所擾父子躍馬出與賊數百騎血戰而死帝會諸將相向流涕曰不聽老將之言竟至破敗父子俱没深所悲惜命以喪歸晉陽帝卽位追贈太師
李存賢爲慈州刺史天祐十八年莊宗令將兵援河中十九年賊將段凝率衆五萬營於臨晉將襲河中蒲人物議同異咸欲歸汴奸人間於存賢云河府兵欲殺子以歸梁存賢曰予奉君命來援死王事無恨尋汴兵亦退
姚洪本梁之小較也在梁時經事董璋長與初率兵千人戍閬州璋叛領衆攻閬州璋密令人誘洪洪以大義拒之及璋攻城洪悉力拒守者三日禦備旣竭城陷被擒璋謂曰爾頃爲健兒繇吾奬拔至此吾書誘諭投之於厠何相負邪洪大罵曰老賊爾爲天子鎮帥何苦反邪爾旣孤恩背主吾與爾何恩而云相負爾爲李七郎奴掃馬糞得一臠殘炙感恩無盡今明天子付與茅土貴爲諸侯而驅徒結黨圖爲反噬爾本奴才則無耻吾忠義之士不忍爲也吾可爲天子死不能與人奴苟生璋怒令軍士十人持刀刲割其膚燃鑊於前自取啗食洪至死大罵不已明宗聞

之泣下置洪二子於近衞給賜甚厚
王思同閔帝應順元年爲京兆尹兼西京留守時潞王鎮鳳翔與之隣境及潞王不稟朝旨致書於泰涇雍梁邠諸帥言賊臣亂政屬先帝疾篤謀害秦王迎立嗣君自擅權柄以至殘害骨肉摇動藩垣懼先人基業忽焉墜地故誓心入朝以除君側事濟之後謝病歸藩然藩邸素貧兵食俱困欲希國士共濟艱難乃令小伶安十十以五絃謁見思同因勸諫諷又令軍較宋審温者請使於雍若不從命卽獨圖之又令推官郝詡府吏朱延乂以書檄起兵會副部署藥彥

稠至方宴而妓使適至乃縶之於獄彥稠請誅審溫拘送詣赴闕時思同已遣其子入朝言事朝廷嘉之乃以思同爲鳳翔行營都部署起軍營於扶風三月十四日與張虔釗會於岐下掎衛大集十五日進攻東西關城城中戰備不完然死力禦扞外兵傷夷者十二三十六日復進攻其城潞王登陴泣諭於外聞者悲之張虔釗性褊詰旦西面用軍與都監皆血刃以督軍士軍士齊詬反攻虔釗虔釗躍馬避之時羽林指揮使楊思權引軍自西門先入降從珂而思同未之知猶督士登城俄而嚴衛指揮使尹暉呼曰城

西軍已入城受賞矣何用戰邪軍士解甲棄仗之聲振動天地日午亂軍畢入涇州張從賓邠州康福河中安彥威皆遁去十七日思同與藥彥稠萇從簡俱至長安劉遂雍閉關不內乃奔潼關二十二日潞王至昭應前鋒執思同來獻王謂左右曰思同計乖於事然盡心於所奉亦可嘉也顧謂趙守均曰思同爾之故人可行逆之於路達予撫慰之意思同至潞王讓之曰賊臣傾我家國殘害骨肉非子弟之過我起兵岐山蓋誅一二賊臣耳爾何首鼠兩端多方誤我今日之罪其可逃乎思同曰臣起自行間受先朝爵命擁旄仗鉞累歷重藩終無顯效以答殊遇臣非不知攀龍附鳳則福多扶衰濟弱則禍速但惟瞑目之後無面見先帝釁鼓膏原累囚之常分也潞王爲之改容徐謂之曰且宜憩歇潞王欲宥之而楊思權之徒恥見其面屢啓於劉延朗言思同不可留慮失士心又潞王入長安時尹暉盡得思同家財及諸妓女故尤惡思同與劉延朗亟言之屬潞王醉不待報殺思同并其子德勝潞王醒召思同左右報已誅之矣潞王怒延朗累日嗟惜之

趙鳳爲荊州節度使明宗厭代潞鄂搆難俄聞鄂王

出奔鳳流涕集賓佐軍較曰主上播遷渡河而北吾輩安坐不赴奔問於理可乎軍較曰惟公所使尋聞王弘贄殺鄂王左右留王衛州又得清泰檄書而止

張敬達末帝清泰中從晉高祖爲北面兵馬副總管仍屯兵鴈門未幾晉高祖建義末帝詔以敬達爲北面行營都招討使仍便委引部下兵圍太原以定州節度使楊光遠副焉尋統兵三萬營晉安鄉末帝自六月有詔促令攻取敬達設長城連柵雲梯飛礮使工者運其巧思窮土木之力時督事者每有所爲城柵則暴風大雨平地水深數尺而城柵摧墮竟不能

合其圍九月契丹軍至張敬達大敗晉高祖與蕃衆期迫一夕而圍合自晉安營南門之外長百餘里闊五十里布以氈帳用毛索懸之銅鈴而部伍多備犬以備警急營中嘗有夜遁者出則犬吠鈴動跬步不不能行焉自是敬達與麾下雜部曲五萬人馬萬匹無繇四奔但見穹廬如岡阜相屬諸軍相顧色如死灰始則削木篩糞以飼其馬日望末帝救軍及馬漸羸死則與將士分而食之馬盡食殫副將楊光遠次將安審琦知其不濟勸敬達宜畨降以求自安之計敬達曰吾受恩明宗位歷方鎮主上授我大柄而失

律如此已有愧於心也今救軍在近旦暮雪恥有期諸公何相迫邪待勢窮則請殺吾携首以降亦未爲晚光遠與審琦知敬達意未決恐坐成魚肉遂斬敬達以降末帝聞其殁也悼慟久之虜主戒其部曲及漢之降者曰爲臣當如此人乃令部人收葬之

晉萇從簡初仕後唐爲金州刺史閔帝應順初舉軍討鳳翔從簡亦預征行軍變乃東還道遇張延蘊爲延蘊所縛送於潞王潞王數之曰人皆歸我汝何偏攻我城而背我也從簡曰事主不敢忘今日死生惟命是聽潞王釋之

張朗初爲代州刺史又改行營諸軍馬步都虞候高祖建義於太原遣使以書諭之朗曰爲人臣而有二心可乎乃斬其使

高漢筠仕後唐爲金吾將軍清泰末高祖建義朝廷詔遣晉州張敬達屯於太原委漢筠巡撫其郡俄以漢筠爲契丹所敗敬達繼死之節度副使田承肇率部兵殺閽門使王彥通於公館次攻漢筠於府署漢筠乃啓關延承肇謂曰僕與子俱承朝寄而相迫何甚承肇曰我欲扶公爲節度使漢筠曰老夫耄矣不敢首爲亂階死生任子籌之承肇目左右令前諸軍

投刃於地曰高金吾累朝宿德不可枉殺肇以衆意難拒遂謝云與公戲耳漢筠遂促騎以還高祖入雒飛詔往徵遇諸途及入覲高祖曰朕恐倉卒之際濫致傷害今見卿面深所喜也尋遷左驍衛大將軍內客省使

馬全節授鎮州節度使屬契丹侵軼封疆加之蝗旱國家所徵發全節朝受而夕行治生餘財必充貢奉

皇甫遇爲河陽節度使少帝即位赴闕開運二年虜南寇遇戰於鄆州兆津大捷虜溺死者步騎數千人以功領節滑臺三年虜長率衆屯邯鄲遇與騎將安

審琦慕容彥超禦之遇渡漳河虜前鋒大至遇引退轉鬬二十里至鄴南榆林店遇謂審琦等曰彼衆我寡走無生矣遂自辰及未血戰百餘合所傷甚衆遇所乘馬中鏑而斃遇有紀綱杜知敏以馬授遇遇得馬復戰久之稍解顧杜知敏已爲虜所獲謂彥超曰知敏蒼皇之中以馬授我義也安可使陷戎賊中遂與彥超躍馬取知敏而還胡騎壯之俄而生軍復合遇不能解時審琦已至安陽河謂首將張從恩曰皇甫遇未至必爲虜騎所圍若不急救則成擒矣從恩曰虜原至衆無以枝梧將軍獨往何益審琦曰成敗

命也設若不濟與之俱死假令賊不南來失此一將將何面目以見天子遂率鐵騎北渡赴之虜見塵起謂救軍併至乃引去遇與彥超中數鎗得還時諸軍歎曰二人皆猛將也朝廷累加至簡較太師同中書門下平章事四年虜復至從杜重威營滹水重威送款遇不與其議及降心不平之時耶律氏欲遣遇先入汴辭之推張彥澤督其行遇私謂人曰自我身荷國恩位兼將相旣不能死於軍陣何顏以見舊主更命圖之所不忍也明日行及趙郡平棘縣遇泊其公舍顧從者曰我已信宿不食疾甚矣主辱臣死無復南行因絕吭而殞遠近聞而義之

周王重裔初仕後唐莊宗爲厩直將從征河上晉契丹直帝有急難力救解之

册府元龜

巡按福建監察御史臣李嗣京 訂正

新建縣舉人臣戴國士參閱

知建陽縣事臣黄國琦較釋

將帥部 三十六

褒異

夫褒勸之典有國之甞道也况夫三軍之帥百夫之特有斬將搴旗之勇却敵補虜之勞足以經武貞帥開地斥境何甞不剖符疏壤厚封崇之命疇庸贊書極尊奬之數以至加地進祿稱功計伐或錫之車服

或加之印綬或許其世襲或崇其官呼或没而可稱禮光於詔塋或死而可作事美於追榮皆所以疇勞而勸能賞善而旌德使效節之士罄其精忠方來之人於焉激勵傳曰藏在盟府不可廢也謂是物矣夫

周召公虎爲卿士平淮夷宣王賜以秬鬯一尊使以祭其宗廟告其先祖故江漢之詩曰釐爾圭瓚秬鬯一卣告於文人（釐賜也秬黑黍也鬯香草也築煑合而鬯之爲鬯卣器也九命賜圭瓚秬鬯文人文德之人也）又曰錫山川土田於周受命自召祖命（周岐周也自用也宣王欲尊顯召虎故如岐周使虎受山川土田之賜命用其初召康公受封之禮岐周周之所起爲其先祖之晝故就之）

申伯居謝宣王命召公營其位而作城郭及寢廟定其神位所處故崧高之詩曰申伯之功召伯是營有俶其城寢廟既成（俶作也）又曰既成藐藐王賜申伯四牡蹻蹻鉤膺濯濯（藐藐美貌蹻蹻壯貌鉤膺樊纓也濯濯光明也召公營位築之已成以形貌告於王王乃賜申伯爲將遣之）王遣申伯路車乘馬我圖爾居莫如南土（乘馬四馬也王以正禮遣申伯之國故復有車馬之賜因告之日我謀女之所處無如南土之最善）錫爾介圭以作爾寶（寶瑞也圭長尺二寸謂之介非諸侯之圭故以爲寶諸侯之瑞圭自九寸而下）

衛武公初爲武侯犬戎爲亂武公將兵往征乎戎甚有功周平王元年命衛侯爲公

士會晉大夫也帥師滅赤狄晉侯請於周定王王以黻冕命士會將中軍且爲太傅（代荀林父將中軍且加以太傅之官黻冕命卿之服太傅孤卿也）

秦蒙恬始皇時爲將攻齊大破之拜爲內史

漢陳平爲護軍中尉從高帝擊韓王信於代至平城爲匈奴圍七日不得食高帝用平奇計使單于閼氏（音焉支）解圍以得開高帝既出其計秘世莫得聞高帝南過曲逆上其城望室屋甚大曰壯哉縣吾行天下獨見雒陽與是耳顧問御史曲逆戶口幾何對曰始秦時三萬餘戶間者兵數起多亡匿今見五千餘戶

於是詔御史更封平爲曲逆侯盡食之平自初從至
天下定後嘗以護軍中尉從擊臧荼陳豨黥布凡六
出奇計輒益封邑
曹參沛人也高祖爲沛公參以中涓從涓潔也言其在中主知潔
涓灑掃之事蓋親近左右也擊胡陵方與音房豫攻秦監公軍大破
之秦一郡置守尉監三人東下薛擊泗水守軍薛郭西復攻胡
陵取之賜爵七大夫又攻下邑以西至虞擊秦將章
邯車騎攻轅戚及亢父音抗甫先登遷爲五大夫楚懷
王以沛公爲碭郡長將碭郡兵於是乃封參執帛楚爵
孤卿也號曰建成君遷爲戚公又虜秦司馬及御史各

一人遷爲執珪侯伯執珪及沛公爲漢王封參爲建成侯
從至漢中遷爲將軍參將兵守景陵三秦使章平等
攻參出擊大破之賜食邑於寧秦今華陰
周勃沛人也沛公初起勃以中涓從攻胡陵下方與
方與反與戰郤敵攻豐擊秦軍碭東還軍留及蕭復
攻碭破之下下邑先登賜爵五大夫沛公爲漢王漢
王賜勃爵爲威武侯從入漢中拜爲將軍還定三秦
賜食邑懷德又東定楚地泗水東海郡凡得二十二
縣還守雒陽櫟陽賜與頻陰侯共食鍾離以將軍從
高祖擊燕王臧荼破之易下所將卒當馳道爲多當高

祖所行之前賜爵列侯剖符世世不絕食絳八千二百八
十戶
樊噲以舍人從高祖攻胡陵方與皆縣名方音房與音豫還守
豐擊泗水監豐下破之泗水郡名監謂御史監郡者也破之於豐縣下復軍
定沛破泗守薛西破郡守於薛縣之西與司馬尼戰碭東秦將章邯
之司馬也尼讀與夷同郤敵斬首五十級賜爵國大夫即官大夫也爵
第六級嘗從沛公擊章邯軍濮陽城攻先登斬首三十
三級賜爵列大夫即公大夫也爵第七級從攻陽城先登下戶
牖陽武縣之鄉破李繇軍斬首十六級賜上聞爵得徑上聞也呂
氏春秋曰魏文侯東勝齊於長城天子賞文侯以上聞又曰名通於天子也後攻圉都尉

東郡守尉於成武圉即陳留圉縣郤敵斬首十四級捕虜十
六人生獲曰虜賜爵五大夫從攻秦軍出亳南亳成湯封邑今河南
偃師湯亭是河間守軍於杠破之杠音江擊破趙賁軍開封
北賁音奔以郤敵先登斬侯一人首六十八級捕虜二
十六人既斬侯一人又更斬它首六十八級賜爵卿從攻破楊熊於曲
遇曲音丘羽切遇音顒攻宛陵先登斬首八級捕虜四十四人
賜爵封號賢成君食祿比封君而無邑也楚漢之際權設寵榮假其位號或得邑地或
空受爵此例多矣從攻長社轘轅絕河津東攻秦軍戶鄉南
攻秦軍於犨破南陽守齮於陽城東攻宛城先登西
至酈南陽之縣也音直益切以郤敵斬首十四級捕虜四十人

賜重封重封者加二號耳項羽在戲下欲攻沛公沛公從百餘騎因項伯面見項羽謝無有閉關事項羽既饗軍士中酒亞父謀欲殺沛公令項莊拔劒舞坐中欲擊沛公噲居營外聞事急乃持盾入營是日微噲沛公幾殆後數日項羽入屠咸陽立沛公爲漢王漢王賜噲爵爲列侯號臨武遷爲郎中從入漢中還定三秦別擊西丞白水北西謂隴西郡西縣也白水水名經西縣東東流而過言擊西縣之丞於白水之北擁輕車騎雍南破之從攻雍漦城先登漦讀與邰同縣名即后稷所封今武功故城是音胎擊章平軍好畤攻城先登陷陣斬縣令丞各一人首十一級虜二十人遷爲郎中騎

將從擊秦車騎壤東地名也郤敵遷爲將軍攻趙賁下郿槐里柳中咸陽柳中即細柳地也在長安西灌廢丘最引水灌廢丘至櫟陽賜食邑杜之樊鄉杜縣之鄉也今日樊川從攻項籍屠煮棗清河有煮棗城功臣表有煮棗侯又曰既云攻項籍屠煮棗則其地當在大河之南非清河之城明矣但未悉其處擊破王武程處軍於外黃攻鄒魯瑕丘薛項羽敗漢王於彭城盡復取魯梁地噲還至滎陽益食平陰二千戶以將軍守廣武一歲郎滎陽之廣武項羽引東從高祖擊項羽下陽夏夏音二雅切虜楚周將軍卒四千人周殷圍項籍陳大破之於陳縣圍之屠胡陵項籍死漢王即黃帝位以噲有功益食邑八百戶其秋燕王臧荼反噲從攻虜荼定燕地楚王韓信反噲從至陳取信定楚更賜爵列侯與剖符世世勿絕食舞陽號爲舞陽侯除前所食以將軍從攻反者韓王信於代自霍人以往至雲中與絳侯等共定之益食千五百戶因擊陳豨曼丘臣軍戰襄國破柏人先登降之定清河常山凡二十七縣殘東垣殘謂多所殺物也遷爲左丞相破得綦母卬尹潘軍於無終廣昌姓綦母名氏也綦音其破豨別將胡人王黃軍代南因擊韓信軍參合軍所將卒斬韓信擊豨胡騎橫谷斬將軍趙既虜代丞相馮梁守孫奮大將王黃將軍大將一人太僕解福等十人

與諸將共定代鄉邑七十三後燕王盧綰反噲以相國擊綰破其丞相抵薊南抵至也一說抵者其丞相之名也音丁禮切定燕縣十八鄉邑五十一益食千三百戶定食舞陽五千四百戶

酈商高陽人也酈音歷陳勝起商聚少年得數千人沛公畧地六月餘商以所將四千人屬沛公於岐從攻長社先登賜爵封信成君從攻緱氏絕河津破秦軍雒陽東從下宛穰定十七縣別將攻旬關漢中旬水上之關也今在洵陽縣西定漢中先言攻旬關定漢中然後云沛公爲漢王是則沛公從武關藍田而來商時別從西道平定漢中沛公爲漢王賜商爵信成君以將軍

爲隴西都尉別定北地郡破章邯別將於烏氏栒邑泥陽烏氏安定縣也栒邑今在豳州泥陽北地縣氏音支栒音荀賜食邑武城六千戶從擊項籍軍與鍾離眜戰受梁相國印漢以梁相國印授之益食四千戶從擊項羽二歲攻胡陵漢王即帝位臧荼反商以將軍從擊荼戰龍脫先登陷陳破荼軍易下今易縣郤敵遷爲丞相賜爵列侯與剖符世世勿絶食邑涿郡五千戶別定上谷因攻代受趙相國印初受梁相國印今又受趙國相印與絳侯等定代郡鴈門得代丞相程縱守相郭同守相謂爲相而居守者將軍以下至六百石十九人還以將軍將太上皇衛一歲十月以右丞相擊

陳豨殘東垣又從擊黥布攻其前垣謂攻其壁壘之前垣陷兩陳得以破布軍更封爲曲周侯食邑五千一百戶除前所食

夏侯嬰以縣令史爲高祖使上降沛一日高祖爲沛公賜爵七大夫以嬰爲太僕常奉車爲沛公御車從攻胡陵嬰與蕭何降泗水監平胡陵所止縣何嘗給之故與降平以胡陵降賜嬰爵五大夫從擊秦軍碭東攻濟陽下戶牖破李繇軍雍丘以兵車趣攻戰疾破之趣讀曰促謂爲急促也次下亦同賜爵執帛從擊章邯軍東阿濮陽下以兵車趣攻戰疾破之賜爵執圭從擊趙賁軍開封楊熊軍曲遇嬰從捕虜六十八人降卒八百五十人得印一匱時自稱署置官之印又擊秦軍雒陽東以趣攻戰疾賜爵封轉爲滕令今沂郡公丘縣因奉車因此又每奉車從攻戰以至霸上從攻定南陽戰於藍田芷陽芷陽後爲霸陵縣至霸上沛公爲漢王賜嬰爵列侯號昭平侯復爲太僕從入蜀漢還定三秦從擊項籍至彭城項羽大破漢軍漢王不利馳去見孝惠魯元載之漢王急馬罷虜在後罷讀曰疲常蹶兩兒棄之蹶音撅又音足蹶物之蹶嬰常收載行面雍樹馳面偕也雍抱持之言欲兩兒令面背己而抱持之以馳故云面雍樹馳雍讀曰擁漢王怒欲斬嬰者十餘卒得脫而致孝惠魯元於豐漢王既至滎陽收散兵

復振賜嬰食邑沂陽沂音魚依切擊項籍下邑追至陳卒定楚至魯益食茲氏茲氏縣名地理志屬太原漢王即帝位燕王臧荼反嬰從擊荼至陳取楚王信更食汝陰剖符世世勿絶從擊代至武泉雲中益食千戶因從擊韓信軍胡騎晉陽旁大破之追北至平城爲胡所圍七日不得通高帝使使厚遺閼氏冒頓乃開其圍一角高帝出欲馳嬰固徐行弩皆持滿外鄉故示閒暇所以固士卒心而令敵不測也鄉讀曰嚮卒以得脫卒終也益食嬰細陽千戶益其邑使食之從擊胡騎句注北大破之擊胡騎平城南山陷陳爲功多賜所奪邑五百戶時有罪過奪邑者以賜之從擊陳豨黥布

軍陷陳郗敵邑千戶定食汝陰六千九百戶除前所
食
灌嬰以中涓從擊破東郡尉於成武及秦軍於杠里
疾鬬賜爵七大夫又從攻秦軍亳南開封曲遇戰疾
力(疾急速也力強力也)賜封執帛號宣陵君從攻陽武以西至
雒陽破秦軍尸北北絕河津南破南陽守齮陽城東
遂定南陽郡西入武關戰於藍田疾力至霸上賜爵
執圭號昌文君沛公為漢王拜嬰為郎中從入漢中
十月拜為中謁者從還定秦三下櫟陽降塞王還圍
章邯廢丘未拔從擊定陶南疾戰破之賜嬰爵列侯

號昌文侯食杜平鄉(杜縣之平鄉)復以中謁者從降下碭
以北至彭城項羽擊破漢王漢王遁而西嬰從還軍
於雍丘王武魏申徒反(故秦將降於公)從擊破之攻下外黃
西收軍於滎陽楚騎來衆漢王乃擇軍中可為騎將
者皆推故秦騎士重泉人李必駱甲(重泉縣名也地理志屬左馮翊)
習騎兵今為校尉可為騎將漢王欲拜之必甲曰臣
故秦民恐軍不信臣臣願得大王左右善騎者傅之
傅(音附猶言隨從者)嬰雖少然數力戰乃拜嬰為中大夫令李
必駱甲為左右校尉將郎中騎兵擊楚騎於滎陽東
大破之受詔別擊楚軍後絕其饟道(饟古餉切)起陽武至
襄邑擊項羽之將項冠於魯下破之將卒斬右司馬
騎將各一人(王右方之馬左亦如之又日下所謂左右千人之騎)擊破柘公王
武軍燕西(柘縣名公者柘之令也王武其人姓名燕亦縣名古南燕國也音一千切)所將
卒斬樓煩將五人(樓煩縣名其人善騎射故名射士為樓煩取其稱也)連尹一
人(楚官也)擊王武別將桓嬰白馬下破之所將卒斬都
尉一人以騎度河南送漢王到雒陽從北迎相國韓
信軍於邯鄲還至敖倉嬰遷為御史大夫三年以列
侯食邑杜平鄉受詔將郎中騎兵東屬相國韓信擊
齊破軍於歷下所將卒虜車騎將軍華毋傷(華音下化切)
及將吏四十六人降下臨淄得相田光追齊相田橫

至嬴博(二縣名)擊破其騎所將卒斬騎將一人生得騎
將四人攻下嬴博破齊將軍田吸於千乘斬之東從
韓信攻龍且留公於假密(留縣名公留令也攻龍且及留令於假密)卒斬
龍且(英所將之卒也其下亦同)生得右司馬連尹各一人樓煩將
十人身生得亞將周蘭(亞次也)齊地已定韓信自立為
齊王使嬰別將擊楚將公杲於魯北破之轉南破薛
郡長(長亦如郡守也時每郡置長)身虜騎將入攻博陽前至下相
以東南僮取慮徐(僮取慮徐三縣也取音趨又音秋慮音盧)度淮盡降其
城邑至廣陵(謂從下相以東南盡降城邑乃至廣陵皆平定)項羽使項聲薛
公郯公復定淮北嬰度淮擊破項聲郯公下邳斬薛

公下下邳壽春擊破楚騎平陽此平陽在東郡遂降彭城虜
柱國項佗佗音從何切降留薛沛酇蕭相凡六縣酇音才何切攻苦
譙復得亞將周蘭與漢王會頤鄉從擊項籍軍陳下
破之所將卒斬樓煩將二人虜將八人賜益食邑二
千五百戶項籍敗垓下去也嬰以御史大夫將軍騎
別追項籍至東城破之所將卒五人共斬項籍皆賜
爵列侯降左右司馬各一人卒萬二千人盡得其軍
將吏下東城歷陽度江破吳郡長吳下吳郡長嘗時爲吳郡長嬰
破之於吳下得吳守遂定吳豫章會稽郡還定淮北凡五
十二縣漢王即帝位賜益嬰邑三千戶以車騎將軍

從擊燕王荼明年從至陳取楚王信還剖符世世勿
絕食潁陰二千五百戶從擊韓王信於代至馬邑別
降樓煩以北六縣斬代左將破胡騎將於武泉北復
從擊信胡騎晉陽下所將卒斬胡白題將一人胡名也
又受詔并將燕趙齊梁楚車騎擊破胡騎於硰石硰音千坐切
至平城爲胡所困從擊陳豨別攻豨丞相侯敞
軍曲逆下破之卒斬敞及特將五人卒謂所將之卒也特獨也名獨爲將
降曲逆盧奴上曲陽安國安平攻下東垣黥布反
以車騎將軍先出攻布別將於相破之斬亞將樓煩
將三人又進擊破布上柱國及大司馬軍又破布別
將肥銖嬰身生得左司馬一人所將卒斬其小將十
人追北至淮上益食邑三千五百戶布已破高帝歸
定令嬰食潁陰五千戶除前所食邑凡從所得二千
石二人別破軍十六降城四十六定國一郡二縣五
十二得將軍二人柱國相各一人二千石十人嬰自
破布歸高帝後以列侯事惠帝及呂后至呂祿等欲
爲亂齊哀王聞之舉兵西呂祿等以嬰爲大將軍往
擊之嬰至滎陽乃與絳侯等謀因屯兵滎陽風齊王
以誅呂氏事風讀曰諷齊兵止不前絳侯等旣誅諸呂齊
王罷兵歸嬰自滎陽還與絳侯陳平共立文帝於是

益封嬰三千戶賜金千斤爲太尉
傅寬以魏五大夫騎將從爲舍人起橫陽從攻安陽
杠里趙賁軍於開封及擊楊熊曲遇陽武斬首十二
級賜爵卿從至霸上沛公爲漢王賜寬封號共德君
共讀曰恭從入漢中爲右騎將定三秦食邑雕陰縣名屬上郡
從擊項籍待懷待高帝於懷懷縣名也地理志屬河內地今懷州賜爵通德
侯從擊項冠周蘭龍且所將卒斬騎將一人敖下敖地
名敖倉蓋取此名也左氏傳曰敖高之間益食邑屬淮陰韓信也信時爲相國屬淮陰者
終言之也擊破齊歷下軍擊田解屬相國參參曹參也博太
山縣也益食邑因定齊地剖符世世勿絕封陽陵侯二

千六百戶除前所食爲齊右丞相備齊（時田橫未降故設屯備）
斬歙以中涓從起宛朐（歙音歙宛音於元切朐音其于切）攻濟陽破
李繇軍擊秦軍開封東斬騎千人將一人（騎將率號爲千人漢
儀注邊郡者部都尉千人司馬侯也）首五十七級捕虜七十三人賜爵
封臨平君又戰藍田北斬車司馬二人（王車也）騎長一
人騎之首二十八級捕虜五十七人至霸上沛公爲
漢王賜歙爵建武侯遷騎都尉後定三秦別西擊章
平軍於隴西破之定隴西六縣所將卒斬車司馬侯
各四人騎長十二人從東擊楚至彭城漢軍敗還保
雍丘擊反者王武等畧梁地別西擊邢說軍菑南破

之（菑縣名也後爲考成說讀日怡）身得說都尉二人司馬侯十二人
降吏卒四千六百八十人破楚軍滎陽東食邑四千
二百戶別之河內擊趙賁軍朝歌破之所將卒得騎
將二人車馬二百五十匹從攻安陽以東至棘蒲下
十縣別攻破趙軍得其將司馬二人侯四人降吏卒
二千四百人從降下邯鄲別下平陽身斬守相所將
卒斬兵守郡一人（言兵郡守一人也）降鄴從攻朝歌邯鄲及
別擊破趙軍降邯鄲郡六縣還軍敖倉破項籍軍成
皐南擊絕楚餉道起滎陽至襄邑破項冠魯下畧地
東至鄫郯下邳南至蘄竹邑擊項悍濟陽下還擊項

籍軍陳下破之別定江陵降柱國大司馬以下八人
身得江陵王致雒陽（江陵王爲共敖之子共尉也得之送致於雒陽）因定南
郡從至陳取楚王信剖符世世勿絕定食四千六百
戶爲信武侯以騎都尉從擊代攻韓信平城下還軍
東垣有功遷爲車騎將軍弁將梁趙齊燕楚車騎別
擊陳豨丞相敞破之（侯敞）因降曲逆從擊黥布功益封
定食邑五千三百戶
任敖沛人也少爲獄吏高祖嘗避吏吏繫呂后遇之
不謹任敖素善高祖怒擊傷主呂后吏及高祖初起
敖以客從爲御史守豐二歲高祖立爲漢王東擊項

羽敖遷爲上黨守陳豨反敖堅守封爲廣阿侯食邑
千八百戶
申屠嘉梁人也以材官蹶張（材官之多力能腳蹋彊弩張之故號曰張今之
弩以手張者曰擘御者能以足蹋故曰蹶張蹶音厥擘音布麥切）從高祖擊項羽遷
爲隊率（一隊之率也音所類切）從擊黥布爲都尉孝惠時爲淮
陽守孝文元年舉故以二千石從高祖者悉以爲關
內侯食邑三十四人而嘉食邑五百戶
周亞夫爲將軍文帝六年匈奴大入邊以宗正劉禮
爲將軍軍霸上祝茲侯徐厲爲將軍軍棘門以河內
守亞夫爲將軍軍細柳以備胡帝自勞軍至霸上及

棘門軍直馳入將以下騎出入送迎已而之細柳軍
軍士吏被甲銳兵刃彀弓弩持滿（彀張也音遘）天子先驅
至不得入（先驅導駕者也若今之武將隊）先驅曰天子且至軍門都
尉曰軍中聞將軍之令不聞天子之詔有頃上至又
不得入於是上使持節詔將軍曰吾欲勞軍亞夫
乃傳言開壁門壁門士請車騎曰將軍約軍中不得
驅馳於是天子乃按轡徐行至中營將軍亞夫揖曰
介胄之士不拜請以軍禮見（禮介者不拜）天子爲動改容
式車（古者立乘凡言式車者謂俛身撫式以禮敬人式車前橫木）使人稱謝（謝告也）
皇帝敬勞將軍成禮而去旣出軍門羣臣皆驚文帝

曰嗟乎此眞將軍矣鄉者霸上棘門如兒戲耳（鄉讀曰嚮）
其將固可襲而虜也至於亞夫可得而犯耶稱善者
久之月餘三軍皆罷乃拜亞夫爲中尉
直不疑景帝時爲御史大夫吳楚反時不疑以二千
石將擊之武帝修吳楚時功封不疑爲塞侯
李廣與從弟李蔡俱爲郎事文帝景帝時蔡積功至
二千石武帝元朔中爲輕車將軍從大將軍擊右賢
王有功中率封爲樂安侯
李敢者廣之少子也敢以校尉從驃騎將軍擊胡左
賢王力戰奪左賢王旗鼓斬首多賜爵關內侯食邑
二百戶
衛青武帝元光六年拜車騎將軍擊匈奴出上谷斬
首虜數百騎賜爵關內侯元朔元年秋青復將三萬
騎出鴈門斬首虜數千明年青復出雲中遂取河南
地爲朔方郡（當北地郡之北黃河之南）以三千八百戶封青爲長
平侯益封青三千八百戶五年春青將三萬騎出高
闕得右賢裨王十餘人（裨王小王也裨頻移切）衆男女五千餘
人畜數十百萬於是引兵而還至塞帝使使持大將
軍印卽軍中拜青爲大將軍益封青八千七百戶
霍去病爲票姚校尉（票姚音飄遙又票頻妙切搖羊召切）與輕勇騎八

百直棄大將軍數百里赴利斬捕首虜過當（多過所當也）
以二千五百戶封去病爲冠軍侯元狩三年春爲驃
騎將軍將萬騎出隴西有功益封去病二千二百戶
其夏去病出北地遂深入至祁連山（卽天山也）捕首虜甚
多益封五千四百戶武帝又嘉去病之功以千七百
戶益封四年春去病出定襄執訊獲醜七萬有四百
四十三級以五千八百戶益封秩祿與大將軍等
趙充國以假司馬從貳師將軍擊匈奴大爲虜所圍
充國乃潰圍陷陳貳師遂得解身被二十餘創武帝
親見視其創嗟歎之拜爲中郎遷車騎將軍長史昭

帝時武都氐人反克國以大將軍護軍都尉將兵擊定之還中郎將將屯上谷 領兵屯於上谷 還爲水衡都尉擊匈奴獲西祁王擢爲後將軍宣帝本始中爲蒲類將軍征匈奴斬虜數百級還爲後將軍少府

辛慶忌爲右較尉隨長羅侯常惠屯田烏孫赤谷城與歙侯戰 歙即翕字也歙侯烏孫官名 陷陳卻敵惠奏其功拜爲侍郎

鄭吉宣帝時以侍郎田渠黎積穀因發諸國兵攻破車師遷衛司馬使護鄯善以西南道 鄯音善 神爵中匈奴乖亂日逐王先賢撣欲降漢 撣音纏 使人與吉相聞

吉發渠黎龜茲諸國五萬人迎日逐王口萬二千人小王將十二人隨吉至河曲頗有亾者吉追斬之遂將詣京師漢封日逐王爲歸德侯吉旣破車師而降日逐威震西域幷護車師以西北道故號都護 並護南北二道故謂之都都猶大也總也 都護之置自吉始焉帝嘉其功効乃下詔曰都護西域騎都尉鄭吉拊循外蠻宣明威信 禮云東夷北狄西戎南蠻然戎蠻戎狄亦四方之總稱耳故史傳又云百蠻也 迎匈奴單于從兄日逐王衆擊破車師兜訾城 訾子移切 功効茂著其封吉爲安遠侯食邑千戸

段會宗爲左曹中郎將發戊巳較尉諸國兵誅烏孫末振將太子番丘還奏事公卿議會宗權得便宜以輕兵深入烏孫即誅番丘宣明國威宜加重賞孝成元延中天子賜會宗爵關内侯黄金百斤

後漢王常初歸光封山桑侯 山桑縣屬沛郡今亳州縣 後帝於大會中指常謂羣臣曰此家率下江諸將輔翼漢室心如金石真忠臣也是日遷常爲漢忠將軍遣南擊鄧奉董訢令諸將皆屬焉又與王覇共平沛郡賊 苗虛也 及徵還雒陽令大夫迎常於舞陽歸家上塚西屯長安拒隗囂七年使使者持璽書即拜常爲横野大將軍位次與諸將絶席 絶席謂尊顯之也

來歙爲大中大夫至略陽斬隗囂守將金梁因保其城囂悉兵數萬人圍略陽自春至秋其士卒疲弊光武乃大發關東兵自將上隴囂衆潰走圍解於是置酒高會勞賜歙班坐絶席在諸將之右賜歙妻縑千疋詔使留屯長安悉監護諸軍

鄧禹爲大司徒渡汾陰河入夏陽更始中郎將左輔都尉公乘歙引其衆十萬與左馮翊兵共拒禹於衙 衙縣名屬左馮翊 禹破走之光武嘉之數賜書褒美十三年天下平定封爲高密侯

寇恂爲河内太守行大將軍事時朱鮪聞光武北而

河內孤使蘇茂賈彊度鞏河攻温今雒州縣恂因奔擊大破之時光武初即位軍食急乏恂轉輸不絕帝數策書勞問後爲頴川太守擊斬頴川嚴終等寇定封恂雍奴侯邑萬户

馮異爲偏將軍從王武破王郎封應侯又從平河北拜異爲孟津將軍擊陽翟城賊嚴終趙根破之詔異歸家上冢使太中大夫齎牛酒令二百里内太守都尉已下及宗族會焉時赤眉延岑暴亂三輔代鄧禹討之車駕送至河南賜以乘輿七尺具劍具謂以寶玉裝飾之異與赤眉遇於華陰相拒六十餘日戰數十合降其

將劉始王宣等五千人三年春遣使者即拜異爲征西大將軍大破赤眉衆於崤底降男女八萬人降璽書勞異後朝京師引見帝謂公卿曰是我起兵時主簿也爲吾披荊棘定關中既罷使中黄門賜以珍寶衣服錢帛

岑彭爲刺姦將軍光武使督察衆營授以嘗使持節從平河北及帝即位拜廷尉行大將軍事又破許邯於杏南陽復陽縣有杏聚降董訢遷征南大將軍及擊秦豐敗走封爲舞陰侯後以將伐蜀漢引兵屯津鄉縣名所謂江津也徵詣京師數召讌見厚加賞賜復南還津鄉有詔過家上冢後彭破荊門降卬穀王任貴會彭薨帝晝以任貴所獻賜彭妻子

賈復爲破虜將軍光武至信都以爲偏將軍及拔邯鄲遷都護將軍復又擊鄴賊破之光武即位拜爲執金吾封冠軍侯先度河攻朱鮪於雒陽與白虎公陳僑戰連破降之益封穰朝陽二縣又擊召陵新息平定之新息縣名屬汝南郡遷左將軍後定封膠東侯食郁秩壯武下密即墨挺胡觀陽凡六縣六縣皆屬膠東國壯武故城在今萊州即墨縣西下密在今青州北海縣東北即墨在今萊州膠水縣東南挺胡故城在今萊州昌陽縣西北觀陽在昌陽縣之東挺一音廷

吳漢爲偏將軍既拔邯鄲光武使漢等將突騎揚兵戲馬立騎馳環邯鄲城乃圍之賜號建策侯光武即位拜大司馬更封舞陽侯及平蜀振旅浮江而下至宛詔令過家上冢賜穀二萬斛後薨詔發北軍五較輕車介士送葬如大將軍霍光故事

蓋延爲偏將軍號建功侯從光武平河北及即帝位以延爲虎牙將軍更封安平侯又從征董憲於昌慮皆破平之又與來歙攻河池以病引還拜爲左馮翊後增封定食萬户

陳俊爲彊弩偏將軍光武賜絳衣九百領以衣中堅

同心士與五較戰於安次俊下馬手拔短兵所向必破追奔二十餘里斬其渠帥而還帝望而歎曰戰將盡如是豈有憂哉及光武即位封俊為列侯又攻匡賊下四縣更封新處侯（縣名在中山國）又追討張步斬之帝美其功詔俊得專征青徐（賜璽書曰將軍元勳大著威震青徐兩州有警得專征之）數上書願擊隴蜀詔報曰東州新平大將軍之功也負海猾夏盜賊之處國家以為重且勉鎮撫之又增邑定封祝阿侯（縣名屬平原郡）

臧宮為偏將軍從光武破羣賊數陷陳郤敵及帝即位以為侍中都騎尉又封成安侯將突騎與祭遵擊

更始將左防韋顏於沮陽悉降之又將兵徇江夏擊代鄉鍾武竹里皆下之（鍾武縣屬江夏郡故城在今申州鍾離縣西南）帝使大中大夫張明持節拜宮為輔威將軍後更封期思侯（縣名屬汝南郡）又與吳漢滅公孫述帝以蜀地初定拜宮為廣漢太守增邑更封鄼侯

耿況為大將軍封隃麋侯與子舒攻彭寵取軍都（軍都縣屬廣陽縣）寵死光武嘉況功使光祿大夫持節迎況（袁山松書曰使光祿大夫樊寵詔況曰惟況功大不宜監察從事邊郡寒苦不足久居其詣行在所）賜甲第奉朝請封牟平侯後況疾病乘輿數自臨幸

耿弇為偏將軍說光武益發精兵以集大計光武大悅乃拜弇為大將軍及帝即位拜弇為建威大將軍攻破厭新賊於敖倉更封好畤侯食好畤美陽二縣

姚期為偏將軍從光武擊破王郎拜期虎牙大將軍光武即位封安成侯（安成縣名屬汝南郡故城在今豫州汝陽縣東南）食邑五千戶後卒帝親臨襚斂贈以衛尉安成侯印綬

王霸為軍正爵關內侯既至信都發兵攻拔邯鄲霸追斬王郎得其璽綬封王鄉侯光武即位以霸曉兵愛士可獨任拜為偏將軍又更封富波侯（富波縣名屬汝南郡在今豫州）

祭遵受偏將軍從光武平河北以功封列侯又拜征

虜將軍定封潁陽侯後從車駕上隴及隗囂破光武東歸過汧幸遵營勞享士卒作黃門武樂良夜乃罷時遵有疾詔賜重茵覆以御蓋復令進屯隴下後遵卒帝愍悼之循甚遵喪至河南縣詔遣百官先會喪車駕素服臨之望哭哀慟還幸城門過其車騎涕泣不能已喪禮成復親祠以太牢如宣帝臨霍光故事詔大長秋謁者河南尹護喪事大司農給費至葬車駕復臨贈以將軍侯印綬朱輪容車介士軍陳送葬既葬車駕復臨其墳存見夫人室家遵無子帝追傷之以從弟彤為偃師長令近遵墳墓四時奉祠之

李忠爲右將軍從光武攻下屬縣至苦陘苦陘縣名屬中山國章帝改曰漢昌自此以後隨代改之今爲定州唐昌縣帝會諸將問所得財物惟忠獨無所掠光武曰我欲特賜李忠諸卿得無望乎即以所乘大驪馬及繡被衣物賜之

萬修爲偏將軍封造義侯及破邯鄲拜右將軍從光武平河北更封槐里侯

邳彤爲後大將軍及拔邯鄲封武義侯更封靈壽侯

耿純爲前將軍封耿鄉侯擊王郎將李惲大破之光武即位封純高陽侯後拜純爲東郡太守詔純將兵擊更始太守范荆降之定封東光侯純辭就國帝曰

文帝謂周勃丞相吾所重君爲我率諸侯就國今亦然也純受詔而去至鄴賜穀萬斛

朱祐爲護軍從光武征河北嘗力戰陷陣以爲偏將軍封安陽侯光武即位拜爲建義大將軍更封堵陽侯縣名屬南陽郡後擊黃郵降之賜祐黃金三十斤

景丹爲偏將軍從光武擊王郎將兒宏等大破之遂從征河北及帝即位詔舉可爲大司馬者帝曰景將軍北州大將是其人也拜丹爲驃騎將軍定封丹櫟陽侯謂丹曰今關東故王國雖數縣不過櫟陽萬戶邑夫富貴不歸故鄉如衣繡夜行故以封卿耳丹頓首謝

王梁爲偏將軍旣拔邯鄲賜爵關內侯從光武平河北拜野王令

杜茂爲中堅將軍嘗從光武征伐即位拜大將軍封樂鄉侯屬信都國北擊伍較於眞定進降廣平更封苦陘侯

馬成爲期門從光武征伐及帝即位再遷護軍都尉後拜揚武將軍擊斬李憲盡平江淮地封平舒侯屬代郡

劉隆爲騎都尉封亢父侯縣名屬東平國故城在兗州任城縣南俄拜

誅虜將軍討平李憲又守南郡太守增邑更封竟陵侯後以中郎將副伏波將軍馬援擊交阯蠻夷徵側等隆別於禁谿口破之交阯即麊泠縣有金溪穴相傳音訛謂之禁溪徵側所販處也其地今峯州新昌縣是也獲其帥徵貳之妹斬首千餘級降者二萬餘人還更封大國爲長平侯

傅俊爲校尉從光武破王尋等以爲偏將軍帝即位以俊爲侍中封昆陽侯

堅鐔爲偏將軍從光武平河北及帝即位拜鐔爲揚化將軍封濦彊侯縣名屬河南郡濦於靳切

馬武爲振威將軍從光武擊羣賊嘗爲先鋒破賊及

帝卽位以武爲侍中都騎尉封山都侯又與蓋延等討劉永武別擊濟陰下成武楚丘拜捕虜將軍後擊破西羌振旅還京增邑七百戶并前千八百戶

竇融初爲更始屬國都尉及歸光武爲凉州牧光武以融性好著明詔右扶風修理融父墳塋祠以大牢數馳輕使致遺四方珍饈及車駕征隗囂融率五郡太守羌虜小月氏等步騎數萬輜重五千餘兩會高平地（高平今原州縣）帝置酒高會引見融待以殊禮隴蜀平詔融與五郡太守奏事京師官屬賓客相隨駕乘千餘兩馬牛羊被野融到詣雒陽城門上凉州牧張掖

屬國都尉安豐侯印綬詔遣使者還侯印綬引見就諸侯位賞賜恩寵傾動京師

馬援爲伏波將軍擊斬交阯女賊徵側徵貳傳首雒陽封爲新息侯食邑三千戶又擊其餘黨振旅還京師賜援兵車一乘朝見位次九卿匈奴烏桓寇扶風援以三輔侵擾園陵危逼因請行許之後出屯襄國詔百官祖道

朱浮爲偏將軍從光武破邯鄲拜爲大將軍幽州牧守薊城遂討定北邊封舞陽侯食三縣

梁統爲宣德將軍與竇融等將兵會光武征隗囂及囂敗封統爲成義侯

張宗爲京輔將軍將突騎與征西大將軍馮異共擊關中諸營保破之遷河南都尉

馬嚴明帝時爲將軍長史將北軍五校士羽林禁兵三千人屯西河美稷衛護南單于聽置司馬從事牧守謁敬同之將軍勑嚴過武庫祭蚩尤帝親御阿閣觀其士衆時人榮之章帝卽位徵拜御史中丞

馬防爲城門校尉行車騎將軍事擊金城隴西諸羌破之詔徵防還拜車騎將軍貴寵最盛與九卿絕席增邑千三百五十戶

竇固爲奉車都尉擊羌胡有功加特進又擊西域破白山降車師章帝時追錄前功增邑一千三百戶

耿秉爲征西將軍章帝時擊北匈奴大破之封秉美陽侯食邑三千戶及卒賜以朱棺玉衣將作大匠穿冢假鼓吹五營騎士三百餘人送葬

竇憲爲車騎將軍大破單于於稽落山遂登燕然山刻石勒功紀漢威德令班固作銘和帝詔使中郎將持節卽五原拜憲大將軍封陽武侯食邑二萬戶憲固辭封賜策許焉

班超自章帝建初八年爲將兵長史假鼓吹幢麾加

都護討焉耆西域五十餘國悉納質内屬焉詔曰超安集於寘以西遂踰葱領迄縣度（迄至也縣度山名縣音玄謂以繩索懸絶而過也其處在皮山國以西罽賓國之東也）出入二十二年莫不賓從改立其王而綏其人不動中國不煩戎士得遠夷之和同異俗之心而致天誅蠲宿恥以報將士之讐司馬法曰賞不踰月欲人速覩爲善之利也其封超爲定遠侯食邑千戶超在西域三十一歲至和帝永元十四年八月至雒陽拜爲射聲校尉超素有胷脅疾旣至病遂加帝遣中黄門問病賜醫藥其九月卒年七十一朝廷愍惜焉使者弔祭贈賵甚厚

耿夔爲大將軍左校尉擊匈奴斬閼氏名王巳下五千餘級乃封夔粟邑侯（粟邑縣名屬左馮翊故城今在同州白水縣西北）

鄧騭禹之孫也殤帝延平元年夏將左右羽林北軍五校士及諸部兵擊凉部叛羌車駕幸平樂觀餞送

滕撫順帝時爲九江都尉討廣陵賊張嬰等追擊大破之拜撫中郎將督揚徐二州事

馮緄督揚州諸郡軍事與中郎將滕撫擊破羣賊還隴西太守

度尚桓帝時爲中郎將討擊桂陽賊胡蘭等斬首三千五百級詔賜尚錢入萬

杭徐爲中郎將宗資別部司馬擊太山賊公孫舉等破平之斬首千餘級桓帝封徐爲程東鄉侯五百戶遷泰山都尉冦盜望風奔亾及在長沙宿賊皆平卒於官下詔追增封徐五百戶幷前千戶

段紀明桓帝時爲中郎將擊瑯邪賊東郭竇公孫舉等大破斬之獲首萬餘級餘黨降散封紀明爲列侯賜錢五十萬後爲護羌校尉擊先零諸種虜衆大潰時竇太后臨朝下詔曰先零東羌歷載爲患紀明前陳狀必欲埽滅涉履霜雪兼行晨夜身當矢石感厲吏士曾未浹日凶醜奔破（浹匝也浹音子牒切謂匝十二辰也）連尸積

俘掠獲無筭洗雪百年之逋負以慰忠將之亾魂（陳觀記曰太后詔云此以慰神光馬賢等之魂也）功用顯著朕甚嘉之須東羌盡定當幷錄功勤今且賜紀明錢一十萬物中藏府調金錢彩物增助軍費拜紀明破羌將軍徵還京師將秦胡步騎五萬餘人詔遣大鴻臚持節慰勞於鎬軍至拜侍中

張奐爲護匈奴中郎將以九卿秩督幽幷凉三州擊破羌羌三州清定而願屬弘農華陰舊制邊人不得内移惟奐因功特聽故始爲弘農人焉

皇甫嵩靈帝時爲左中郎將平黄巾拜左車騎將軍

領冀州牧封槐里侯食槐里美陽兩縣合八千户

冊府元龜將帥部襃異

卷之三百七十五

二十九

冊府元龜

冊府元龜

巡按福建監察御史臣李嗣京　正
分守建南道左布政使臣胡維霖　訂
知建陽縣事　臣　黄國琦　較

將帥部　二十七

褒異第二

魏鮮于輔爲左度遼將軍從太祖於官渡袁紹破走太祖喜顧謂輔曰而今克之此旣天意亦二三子之力也

閻柔爲烏丸較尉從太祖征三郡烏丸以功封關内

侯太祖甚愛柔每謂之曰我視卿如子亦欲卿視我如父也

公孫康嗣父永寧鄉侯太祖征三郡烏丸屠柳城袁尚等奔遼東康斬送尚首封康襄平侯拜左將軍

張燕爲平難中郎將太祖將定冀州燕遣使求佐王師拜平北將軍率衆詣鄴封安國亭侯邑五百戸

夏侯惇字元讓漢末太祖初起惇嘗爲裨將從征伐太祖行奮武將軍以惇爲司馬別屯白馬遷折衝較尉領東郡太守太祖自徐州還惇從征呂布爲流矢所中傷左目復領陳留濟陰太守加建武將軍封高安鄉侯又轉領河南尹太祖平河北爲大將軍後拒鄴破遷伏波將軍領尹如故使得以便宜從事不拘科制獻帝建安十二年録惇前後功增封邑千八百戸并前二千五百戸二十一年從征吳還使惇都督二十六軍留居巢賜伎樂名倡令曰魏絳以和戎之功猶受金石之樂况將軍乎二十四年太祖軍擊破呂布惇嘗同載拜前將軍

夏侯淵字妙才惇族弟也太祖初起兵以別部司馬騎都尉從陳留穎川守昌豨反擊降之拜典軍較尉又濟南安樂黄巾徐和司馬俱等攻城殺長吏淵將

太山平原郡兵擊大破之十四年以淵爲行領軍太祖征吳還使淵督諸將擊廬江叛者雷緒破之及太祖還鄴以淵行護軍將軍擊破南山賊劉雄并餘黨梁興於鄠拔之斬興封博昌亭侯又破韓遂及降馬超餘衆乃假淵節初抱罕宋建因凉州亂自號河首平漢王太祖使淵討平之太祖下令曰宋建造爲亂逆三十餘年淵一舉滅之虎歩關右所向無前仲尼有言吾與爾不如也增封三百戸并前八百戸

曹仁爲太祖別部司馬行厲鋒較尉太祖破袁術仁所斬獲頗多從征徐州仁嘗督騎爲前軍鋒別攻陶

謙將呂繇破之還與大軍合彭城大破謙軍從攻費華即墨開陽謙遣別將救諸縣仁以騎擊破之太祖征呂布仁別攻句陽拔之太祖平黃巾迎天子都許仁數有功拜廣陽太守太祖器其勇畧使不之郡以議郎督騎從破張繡太祖遂使將騎擊劉備軍破走之又擊破袁紹別將韓洵太祖又從仁討降壺關城於是録仁前後功封都亭侯從平荊州以仁行征南將軍留屯江寧拒吳衆退之三軍服其勇太祖益壯之轉安平亭侯太祖討馬超以仁行安西將軍督諸將拒潼關破超渭南蘇伯田銀反以仁行驍騎將軍

都督七軍討銀等破之復以仁行征南將軍假節屯樊鎮荊州侯音以宛叛畧傍縣仁率諸軍攻破音斬其首還屯樊即拜征南將軍鄢陵侯彰北征烏丸文帝在東宮爲書戒彰曰爲將奉法不當如征南邪及即王位拜仁車騎將軍都督荊揚益州諸軍事進封陳侯增邑二千并前三千五百戶後召還屯宛攻破吳將陳邵於襄陽即拜仁大將軍又詔仁移屯臨潁遷大司馬

曹休爲曹洪騎都尉參洪軍事太祖謂休曰汝雖參軍其實帥也洪從休議擊劉筍將吳蘭大破之太祖拔漢中諸將還長安拜休中領軍文帝初即位爲領軍將軍録前後功封東陽亭侯夏侯惇甍以休爲鎮南將軍假節都督諸軍事車馬臨送帝乃下輿執手而別吳遣將屯歷陽休到擊破之又別遣兵渡江燒賊蕪湖營數千家遷征東將軍領揚州刺史進封安陽鄉侯帝征吳以休爲征東大將軍假黃鉞督張遼等及諸州郡二十餘軍擊吳大將呂範等於洞浦破之拜揚州牧明帝即位進封長平侯吳將審德屯皖休擊破之斬德首吳將韓綜翟丹等前後率衆詣休降增邑四百并前二千五百戶遷大司馬都督揚州

如故

曹眞字子丹太祖使將虎豹騎討靈丘賊拔之封壽寧侯以偏將軍將兵擊蜀別將於下辨破之拜中堅將軍從至長安領中領軍時是夏侯淵沒於陽平太祖憂之以眞爲征蜀護軍督徐晃等破蜀別將高詳於陽平太祖自至漢中拔出諸軍使眞至武都迎曹洪等還屯陳倉文帝即王位以眞爲鎮西將軍假節都督雍涼州諸軍事録前後功進封東鄉侯張進等反於酒泉眞遣費耀討破之斬進等黃初三年還京都以眞爲上軍大將軍都督中外諸軍事假節鉞與

夏侯尚等征蜀擊牛渚屯破之轉拜中軍大將軍加給事中明帝卽位進封邵陵侯遷大將軍諸葛亮圍陳倉眞遣將軍郝昭王生守陳倉有備亮不能克增邑幷前二千九百戶及朝雒陽遷大司馬賜劒履上殿入朝不趨

夏侯尚爲中領軍文帝踐祚更封平陵鄉侯遷征南將軍領荆州刺史假節都督南方諸軍事擊破蜀別軍於上庸遷征南大將軍車駕幸宛使尚率諸軍與曹眞共圍江陵尚夾江燒其舟船水陸並攻破之城未拔會大疫尚引諸軍還益封六百戶幷前九百戶

假鉞進爲荆州牧降附蠻夷數千家徙封昌陵鄉侯尚疾篤還京都帝數臨幸執手涕泣

鍾繇爲司隸校尉持節都督關中諸軍太祖在官渡與袁紹相持繇送馬二千餘匹給軍太祖與繇書曰得所送馬甚應其急關右平定朝廷無西顧之憂足下之勳也昔蕭何鎮守關中足食成軍亦適當爾

程昱爲振威將軍收山澤亡命得精兵數千人乃引軍與太祖會黎陽討袁譚袁尚譚尚破走拜昱爲奮武將軍封安國亭侯文帝踐祚爲衛尉進封安鄉侯增邑三百戶幷前八百戶方欲以爲公會薨帝爲流涕追贈車騎將軍

郭嘉爲司空軍祭酒征呂布三戰破之又從太祖破袁紹紹死又從討譚尚於黎陽連戰數克諸將欲乘勝遂攻之嘉以爲不可太祖乃南征軍至西平譚尚果爭冀州譚爲尚軍所敗走保平原遣申毗乞降太祖還救之遂從定鄴又從攻譚於南皮冀州平封嘉洧陽亭侯及疾篤太祖問疾者交錯及薨臨其喪哀甚乃表曰軍祭酒郭嘉自從征伐十有一年每有大議臨敵制變臣策未決嘉輒成之平定天下謀功爲高不幸短命事業未終追思嘉勳實不可忘可增邑

八百戶幷前千戶

蔣濟爲散騎常侍與大司馬曹仁征吳仁薨以濟爲東中郎將代領其兵詔曰卿兼資文武志節忼愾常有超越江湖吞吳會之志故復授將帥之任

郝昭爲將軍守陳倉蜀將諸葛亮攻之二十餘日昭固守亮乃退明帝詔嘉昭善守賜爵列侯及還帝引見慰勞之顧謂中書令孫資曰卿鄉里乃有爾曹快人爲將灼如此朕復何憂乎仍欲大用之會病亡

張旣爲雍州刺史文帝卽王位初置凉州以安定太守鄒岐爲刺史張掖張進執郡守舉兵拒岐黃華麴

演各逐故太守舉兵以應之旣進兵爲護羌校尉蘇
則羣勢故則得以有功旣進爵都鄉侯宗州盧水故
伊健妓妾治元多等反河西大擾帝憂之曰非旣莫
能安宗州乃召鄒岐以旣代之擊胡大破之帝甚說
詔曰卿踰河歷險以勞擊逸以寡勝衆功過南仲勤
踰吉甫此勳非但破胡乃永寧河右使吾長無西顧
之念矣徙封西鄉侯增邑二百戶幷前四百戶
賈逵爲豫州刺史關内侯黃初中與諸將並征吳破
呂範於洞浦進封陽里亭侯加建威將軍明帝卽位
增邑二百戶幷前四百戶

任峻爲典農中郎將太祖使峻典軍器糧運賊數寇
鈔絶糧道乃使千乘爲一部十道方行爲複陳以營
衛之賊不敢近軍國之饒起於羽林監棗祗而成於
峻太祖以峻功高乃表封爲都亭侯邑三百戶遷長
水校尉
蘇則爲酒泉安定武都太守所在有威名太祖征張
魯使爲軍導魯破徙爲金城太守文帝初西平麴演
叛稱護羌校尉則勒兵討之演恐乞降帝以其功加
則護羌校尉賜爵關内侯後演復結旁郡爲亂及武
威三種胡幷寇鈔道路斷絶武威太守毋丘興告急
於則乃發兵救武威降其三種胡與興擊敗演軍河
西平乃還金城進封都亭侯邑三百戶
張遼爲中郎將數有戰功遷裨將軍從太祖討袁譚
袁尚於黎陽有功行中堅將軍又破遼東賊柳毅等
還都太祖自出迎遼引共載以遼爲盪寇將軍復别
擊荆州定江夏諸縣還屯臨潁封都亭侯從征袁尚
於柳城卒與虜遇遼勸太祖戰氣甚奮太祖壯之自
以所持麾授遼遼擊大破之太祖論諸將功曰登天
山履峻險以取蘭城盪寇功也增邑假節遼又率諸
軍討吳追擊大帝幾獲之太祖大壯遼拜征東將軍

文帝卽位轉前將軍賜帛千匹穀萬斛吳復叛遣遼
還屯合肥進遼爵都鄉侯給遼母輿車及兵馬送遼
家詣屯敕遼母至導從出迎所督諸將軍吏皆羅拜
道側觀者榮之文帝踐祚封晉陽侯增邑千戶幷前
二千六百戶黃初二年遼朝雒陽宮帝引遼會建始
殿親問破吳狀帝嘆息顧左右曰此亦古之召虎也
爲起第舍又特爲遼母作殿以遼所從破吳軍應募
步卒皆爲虎賁吳復稱藩遼還屯雍丘得疾帝遣侍
中劉曄將太醫視疾虎賁問消息道路相屬疾未瘳
帝迎遼就行在車駕親臨執其手賜以御衣太官日

逆御食疾小差還屯吳復叛遼與諸將破之遼病篤薨於江都帝為流涕

樂進為陷陣都尉從擊呂布於濮陽張超於雍丘橋蕤於苦皆先登有功封廣昌亭侯從征張繡於安衆圍呂布於下邳破別將擊眭固於射犬攻蜀先主於沛皆破之拜討寇校尉渡河攻獲嘉還從擊袁紹於官渡力戰斬紹將淳于瓊從擊譚尚於黎陽斬其大將嚴敬行游擊將軍別擊黃巾破之定樂安郡從圍鄴鄴定從擊袁譚於南皮先登入譚東門譚敗別攻雍奴破之太祖表漢帝稱進功遷折衝盪寇將軍太

祖征管承軍淳于遣進與李典擊之承破走逃入海島海濱平荆州未服遣屯陽翟後從平荆州留屯襄陽擊關羽蘇飛等皆走之南郡諸縣山谷蠻夷詣進降又討蜀臨沮長杜普旌陽長梁太皆大破之後從征吳假進節太祖還留進與張遼李典屯合肥增邑五百戶并前凡千三百戶遷右將軍

于禁為軍司馬太祖使將兵詣徐州攻廣威拔之拜陷陣都尉從征黃巾劉辟黃邵等擊破之遷平虜校尉初黃巾降號青州兵太祖寬之故敢因緣為畧禁怒乃討之青州兵詣太祖自訴或謂禁青州兵已訴君矣宜促詣公辨之禁乃入謁具陳其狀太祖悅謂禁曰將軍在亂能整討暴堅壘有不可動之節雖古名將何以加之於是錄禁前後功封益壽亭侯又太祖使禁別將屯原武擊袁紹別營於杜氏津破之遷裨將軍禁又督守土山力戰紹破遷將軍又征昌豨降之是時太祖軍淳于聞而嘆曰豨降不詣吾而歸禁豈非命邪益重禁東海平拜禁虎威將軍後與臧霸等攻梅成張遼張郃等討陳蘭遂斬蘭成增邑二百戶并前千二百戶又太祖嘗恨朱靈欲奪其營禁徑詣靈營奪其軍衆皆震服遷右將軍假節鉞

張郃為偏將軍封都亭侯從太祖攻鄴拔之又從擊袁譚於渤海別將軍圍雍奴大破之以功遷平狄將軍又別督諸軍降巴東巴西二郡還南鄭拜盪寇將軍太祖在長安遣使假郃節文帝即王位以郃為左將軍進爵都鄉侯及踐祚進封鄚侯諸葛亮出祁山加郃位特進遣督諸軍拒亮絕其汲道擊大破之南安天水安定郡反應亮郃皆破平之詔曰賊亮以巴蜀之衆當虓虎之師將軍被堅執鋭所向克定朕甚嘉之益邑千戶并前四千二百戶郃屯方城會諸葛亮復出急攻陳倉明帝驛馬召郃到京都帝自幸河

南城置酒送郃遣南北軍士三萬及分遣武衛虎賁使衛郃

徐晃河東陽人也為郡吏從車騎將軍楊奉討賊有功拜騎都尉及歸太祖太祖授晃兵使擊卷（卷音墟權切）原武賊破之拜裨將軍從征呂布別降布將趙庶李鄒等與史渙斬眭固於河內從破劉先主又從破顏良拔白馬進至延津破文醜拜偏將軍與曹洪擊濦彊賊祝臂破之又與史渙擊袁紹運車於故市功最多封都亭侯又從征蹋頓拜橫野將軍馬超等反關右遣晃屯汾陰以撫河東賜牛酒令上先人墓又從

征張魯別遣晃討攻櫝仇夷諸山氐皆降之遷平寇將軍晃助曹仁討關羽羽圍仁於樊又圍將軍呂常於襄陽晃擊退之振旅還摩陂太祖迎晃七里置酒大會太祖舉卮酒勸晃且勞之曰全樊襄陽將軍之功也時諸軍皆集太祖案行諸營士卒咸離陣觀而晃軍營整齊將士駐陣不動太祖嘆曰徐將軍可謂有周亞夫之風矣文帝即王位以晃為右將軍進封為逸鄉侯及踐祚進封楊侯與夏侯尚討劉先主於上庸破之以晃鎮陽平徙封陽平侯明帝即位拒吳將諸葛瑾於襄陽增邑二百戶并前三千一百戶

李整者典之從父乾子也太祖使整將乾兵與諸將擊蘭封蘭封破從平兗州諸縣有功稍遷青州刺史

李典為裨將從太祖圍鄴鄴定與樂進圍高幹於壺關擊管承於長廣皆破之遷捕虜將軍封都亭侯典宗族部典三千餘家居乘氏自請從詣魏郡太祖嘉之遷破虜將軍又率將與張遼破走吳太帝增邑百戶并前三百戶

李通為振威中郎將太祖討張繡通為先登大破繡軍拜裨將軍封建功侯分汝南二縣以通為陽安都尉太祖與袁紹相拒於官渡紹遣使拜通征南將軍

劉表亦陰招之通皆拒焉又擊羣賊瞿恭江宮沈成等皆破殘其衆送其首遂定淮汝之地改封都亭侯拜汝南太守又破攻賊張赤等五千餘家劉先主與周瑜圍曹仁於江陵通率衆入圍迎仁軍勇冠諸將通得病死追增邑二百戶并前四百戶

臧霸為瑯邪相太祖方與袁紹相拒而霸數以精兵入青州故太祖得專事封霸為都亭侯加威虜將軍又與夏侯淵討黃巾餘賊徐和等有功遷徐州刺史沛國公文帝踐祚進封開陽侯徙封良成侯與曹公討吳賊破呂範於洞浦徵為執金吾位特進明帝即

位增邑五百戶幷前三千五百戶

文聘爲江夏太守太祖使典北兵委以邊事賜爵關內侯與樂進討關羽於尋口有功進封延壽亭侯加討逆將軍又攻羽輜重於漢津燒其船於荆城文帝踐祚進封長安鄉侯假節與夏侯尚圍江陵使聘别屯沔口止石梵自當一隊禦賊有功遷後將軍封新野侯聘又追擊吳大帝衆破之增邑五百戶幷前千九百戶

呂虔領太山太守引兵與夏侯淵擊黄巾徐和等斬首獲生數千人太祖使督青州諸郡兵以討東萊羣

賊李條等有功太祖令曰夫有其志必成其事蓋烈士之所徇也卿在郡以來擒姦討暴百姓獲安躬蹈矢石所征輒克昔寇恂立名於汝頴耿弇建策於青兗古今一也舉茂才加騎都尉文帝即位加裨將軍封益壽亭侯遷徐州刺史加威虜將軍又討利城叛賊斬獲有功明帝即位徙封萬年亭侯增邑二百戶幷前六百戶

許褚爲都尉從太祖征張繡先登斬首萬計遷校尉又從圍鄴力戰有功賜爵關內侯從討韓遂馬超大破之遷武騎中郎將文帝踐祚進封萬壽亭侯遷武衛將軍都督中軍宿衛禁兵初褚所將爲虎士等從征伐太祖以爲皆壯士也同日拜爲將其後以功爲將軍封侯者數十都尉校尉者百人明帝即位進封牟鄉侯邑七百戶褚兄定亦以軍功封爲振威將軍都督徼道虎賁

典韋爲都尉每戰鬬常先陷陳遷爲校尉從征張繡創重瞋目大怒而死太祖退駐舞陰聞韋死爲流涕募間取其喪親自臨哭之遣歸葬襄邑車駕每過常祠以中牢

龐德少爲郡吏州從事漢末獻帝初平中從馬騰擊

反羌叛氐數有功稍遷至校尉建安中太祖討袁譚尚於黎陽譚遣郭援高幹等畧取河東太祖使鍾繇率關中諸將討之德隨騰子超拒援幹於平陽德爲軍鋒進攻援幹大破之親斬援首拜中郎將封都亭侯太祖定漢中素聞其驍勇拜立義將軍封關門亭侯邑三百戶

裴潛爲兗州刺史太祖次摩陂嘆其軍齊整特嘉賞賜

衛臻爲侍中中護軍諸葛亮寇天水臻奏宜遣奇兵入散關絶其糧道明帝乃以臻爲征蜀將軍假節督

諸軍事到長安亮退加光祿大夫
趙儼以議郎參曹仁軍事南行遣平寇將軍文帝黄
初三年賜爵關内侯吳大帝寇邊征東大將軍曹休
統五州軍禦之徵儼爲軍師吳衆退封宜土亭侯
孫禮明帝時爲揚州刺史伏波將軍賜爵關内侯吳
大將全琮帥數萬衆來侵寇時州兵休使在者無幾
禮躬勒衛兵禦之戰於芍陂書不顧身賊衆乃退詔
書慰勞賜絹七百疋
辛毗爲侍中賜爵關内侯上軍大將軍曹真征朱然
于江陵毗行軍師還封廣平亭侯

楊阜爲參軍事與馬超戰身被五創宗族昆弟死者
七人超遂南奔張魯隴右平定太祖封討超之功賜
阜爵關内侯
滿寵爲奮威將軍屯當陽吳大帝數擾東陲復召寵
還爲汝南太守賜爵關内侯關羽圍襄陽寵助征南
將軍曹仁屯樊城拒之寵力戰有功羽退進封安昌
亭侯文帝即王位遷揚武將軍破吳於江陵有功更
拜伏波將軍屯新野大將南征到精湖寵帥諸軍在
前與賊隔水相對寵擊破之進封南鄉侯黄初三年
假寵節鉞五年拜前將軍明帝即位進封邑侯太和
二年領豫州刺史四年拜寵征東將軍青龍三年寵
遣人吏督二軍循江東下摧破吳諸屯而還詔美之
景初二年以寵年老徵還遷爲太尉寵不治産業家
無餘財詔曰君典兵在外專心憂國有行父祭遵
之風賜田十頃穀五百斛錢二十萬以明清忠儉約
之節焉寵前後增邑凡九千六百戶
田豫文帝時使持節護烏丸校尉山賊高艾衆數千
人寇鈔爲幽冀害豫誘使鮮卑素利部斬艾傳首京
都封豫長樂亭侯文帝太和末公孫淵以遼東叛帝
欲征之而難其人中領軍楊暨舉豫應選乃使豫以

本官督青州諸軍假節往討之後吳復來寇豫往拒
之賊即退景初末增邑三百并前五百戶齊王正始
初遷使持節護匈奴中郎將加振威將軍領并州刺
史
牽招初爲太祖軍謀掾從討烏丸至柳城拜護烏丸
校尉從漢中太祖還留招爲中護軍事罷還鄴拜平
虜校尉將兵督青徐州諸軍事擊東萊賊斬其渠率
東土寧靜文帝踐祚拜招使持節護鮮卑校尉大軍
征吳召招還至值軍罷拜右中郎將出爲鴈門太守
明帝即位賜爵關内侯

郭淮爲丞相兵曹議令史從征漢中太祖還留征西將軍夏侯淵拒蜀先主以淮爲淵司馬與蜀先主戰淮時有疾不出淵遇害軍中擾擾淮收散卒推盪寇將軍張郃爲主諸營乃定太祖善之假郃節復以淮爲司馬文帝郎王位賜爵關內侯轉鎭西長史行征羌護軍攝領雍州刺史封射陽亭侯黃初五年爲眞安定羌大帥太和二年蜀相諸葛亮出祁山遣將軍馬謖至街亭高詳屯列柳城張郃擊謖淮攻詳營皆破之又破隴右羌唐蹏於枹罕加建威將軍齊王正始初轉前將軍夏侯玄伐蜀淮督諸軍爲前鋒淮度

勢不利輒拔軍出故不敗還假淮節姜維之出石營從彊川乃西迎叛胡治無戴留陰平太守廖化於成重山築城淮乃別遣夏侯霸等追維於沓中淮自率諸軍就攻化等維果馳還救化皆如淮計進封鄉都侯嘉平元年遷征西將軍都督雍凉諸軍事是歲與雍州刺史陳泰協策降蜀牙門將荀安等於趣上二年詔曰昔漢川之役幾至傾覆淮臨危濟難功書王府在關右三十餘年外征寇虜內綏民夷比歲以來摧破廖化禽虜荀安功績顯著朕甚嘉之今以淮爲車騎將軍儀同三司持節都督如故進封陽曲侯邑凡二千七百八十戶

陳泰以齊王嘉平初代郭淮爲雍州刺史加奮威將軍淮薨代爲征西將軍假節都督雍凉諸軍事及吳大將孫峻出淮泗以泰爲鎭軍將軍假節都督淮北諸軍事及諸葛誕作亂壽春司馬文王率六軍軍丘頭總置行臺泰前後以功增邑二千六百戶

胡質爲荆州刺史振威將軍賜爵關內侯吳大將軍朱然圍樊城質輕軍赴之遂勒兵臨圍城中乃安遷征東將軍假節都督青徐諸軍事嘉平二年薨家無餘財追進封陽陵亭侯邑百戶

王基爲荆州刺史揚烈將軍隨征南王昶擊吳虜安北將軍譚正納降數千口賜爵關內侯高貴鄉公郎位進封常樂亭侯毌丘儉文欽作亂以基爲行監軍假節統許昌軍儉吏文欽將兵襲鄧艾基知其勢分進兵偪項儉衆乃敗欽等已平遷鎭南將軍都督豫州諸軍事領豫州刺史進封安樂鄉侯諸葛誕反基以本官行鎭東都督揚州諸軍事進封東武侯是歲基母卒詔祕其凶問迎基父豹喪合葬雒陽甘露四年轉爲征南將軍都督荆州諸軍事常道鄉公郎尊位增邑千戶幷前五千七百戶景元二年薨追贈司空

王淩文帝時爲兖州刺史與張遼等至廣陵討吳淩
與諸將逆擊捕斬首虜有功封宜城亭侯加建武將
軍齊王正始初爲征東將軍假節都督揚州諸軍事
二年吳大將全琮數萬衆寇芍陂率諸軍逆討與賊
爭塘力戰賊退進封南鄉侯邑千三百五十戶遷車
騎將軍儀同三司
毋丘興者儉之父也黄初中討賊張進及討叛胡有
功封高陽鄉侯毋丘儉爲荆州刺史明帝圖討遼東
以儉有幹策徙爲幽州刺史加度遼將軍使持節護
烏丸較尉率幽州諸軍公孫淵逆與儉戰不利引還明
冊府元龜 將帥部 褒異二 卷之三百七十六 十九
年帝遣太尉司馬宣王統中軍及儉等衆數討淵定
遼東儉以功進封安邑侯邑三千九百戶齊王正始
中儉以高句驪數侵叛督諸軍步騎萬人出玄菟從
諸道討之斬獲首虜以千數遷左將軍假節監豫州
諸軍事領豫州刺史
諸葛誕爲鎮東大將軍都督揚州吳大將孫峻呂據
留贊等聞淮南亂會文欽往乃帥衆將欽徑至壽春
誕諸軍已至城不可攻乃走誕遣將軍蔣班追擊之
斬贊傳首收其印節進封高平侯邑三千五百戶
鄧艾爲南安太守齊王嘉平元年與征西將軍郭淮
拒蜀軍姜維屯白水維潛軍安來渡艾先至據城得
以不敗賜爵關內侯加討寇將軍高貴鄉公即位進
封方城亭侯吳大將軍孫峻等號十萬衆將渡江艾
遣太山太守諸葛緒等於黎漿拒戰遂走之徵拜長
水較尉以破文欽等功進封方城鄉侯行安西將軍
解雍州刺史王經圍於狄道姜維退駐鍾提乃以艾
爲安西將軍假節領護東羌較尉與維戰於段谷大
破之高貴鄉公甘露元年詔曰逆賊姜維連年狡黠
民夷騷動西土不寧艾籌畫有方忠勇奮發斬將十
數馘首千計國威振於巴蜀武聲揚於江岷今以艾
冊府元龜 將帥部 褒異二 卷之三百七十六 二十
爲征西將軍都督隴右諸軍事進封鄧侯分五百戶
封子忠爲亭侯二年拒姜維於長城維退還遷鎮西
將軍前後增邑凡六千六百戶陳留王景元三年征
蜀降之詔曰艾耀威奮武深入虜庭斬將搴旗梟其
鯨鯢僭號之主稽首係頸歷世逋誅一朝而平兵不
踰時戰不終日雲徹席卷盪定巴蜀雖白起破彊楚
韓信克勁趙吳漢禽子陽亞夫滅七國計功論美不
足比勳也其以艾爲太尉增邑二萬
鍾會爲鎮西將軍假節都督關中諸軍事陳留王景
元四年秋會移檄蜀將吏士民會與諸葛緒進攻劍

閣蜀軍保險拒守鄧艾遂至緜竹大戰斬諸葛瞻維等聞瞻已破率其衆東入于巴會乃進軍至涪遣胡烈田續龐會等追鉾艾進軍向成都蜀後主詣艾降遣使勑維等令降於會十二月詔曰會所向摧弊使前無強敵緘制衆城網羅迸逸蜀之豪帥面縛歸命謀無廢功凡所降誅動以萬計全勝獨克有征無戰拓平西夏方隅清晏其以會爲司徒進封縣侯增邑萬戶

册府元龜

冊府元龜
巡按福建監察御史臣李嗣京　訂正
知長樂縣事　臣　夏允彝參閲
知建陽縣事　臣　黄國奇較釋

將帥部　三十八

褒異第三

蜀諸葛亮爲軍師中郎將督零陵桂陽長沙三郡漢獻帝建安十六年益州牧劉璋遣法正迎先主使擊張魯亮與關羽鎮荆州先主自葭萌還攻璋亮與張飛趙雲等率衆泝江分定郡縣與先主共圍成都成

都平以亮爲軍師將軍署左將軍府事先主外出亮嘗鎮守成都先主即位策亮爲丞相後主建興三年春亮率衆南征賜亮金鈇鉞一具曲蓋一前後羽葆鼓吹各一部虎賁六十人十二年八月亮疾病卒于軍詔策曰惟君體資文武明叡篤誠受遺託孤贊輔朕躬繼絶興微志存靖亂爰整六師無歲不征神武赫然威振八荒將建殊功於季漢參伊周之巨勳如何不弔事臨垂克遘疾隕喪朕用傷悼肝心若裂夫崇德序功紀行命謚以光昭將來刊載不朽今使使持節左中郎將杜瓊贈君丞相武鄉侯印綬謚君爲忠武侯

張飛爲中郎將先主奔江南曹公追之及於當陽之長阪飛拒後敵皆無敢當故遂得免先主既定江南以飛爲宜都太守征虜將軍封新亭侯後轉在南郡先主入益州還攻劉璋飛與諸葛亮等泝流而上分定郡縣至江州破璋將巴郡太守嚴顔生獲顔飛所過戰克與先主會于成都益州既平賜諸葛亮法正飛及關羽各金五百斤銀千斤錢五十萬錦千疋以飛領巴西太守又破張郃軍於巴西先主爲漢王拜飛爲右將軍假節章武元年遷車騎將軍領司隷較

尉進封西鄉侯

馬超爲偏將軍封都亭侯後自稱征西將軍領幷州牧督凉州軍事聞先主圍劉璋於成都先主遣人迎超將兵徑到城下城下震怖璋即稽首以超爲平西將軍督臨沮因爲前都亭侯先主爲漢中王拜超爲左將軍假節章武元年遷驃騎將軍領凉州牧進封斄鄉侯

黄忠南陽人先主南定諸郡忠從入蜀葭萌受任還攻劉璋忠嘗先登陷陣勇毅冠三軍益州既定拜爲討虜將軍又於漢中定軍山擊夏侯淵淵軍大敗遷

征西將軍
趙雲爲牙門將軍先主入蜀雲留荆州先主自葭萌還攻劉璋召諸葛亮亮率雲與張飛等俱泝江西上平定郡縣至江州分遣雲從外水上江陽與亮會于成都成都旣定以雲爲翊軍將軍後主建興元年爲中護軍征南將軍封永昌亭侯

龐統字士元與諸葛亮竝爲軍師中郎將亮留鎮荆州統隨從入蜀益州牧劉璋與先主會涪統進策先主然其計所過輒克進圍雒縣統率衆攻城爲流矢所中卒時年三十六先主痛惜言則流涕拜統父議

郎遷諫議大夫諸葛亮親爲之拜追賜統爵關内侯

麋竺字子仲先主將適荆州遣竺先與劉表相聞以竺爲左將軍從事中郎益州平拜安漢將軍班在軍師將軍之右竺雍容敦雅而幹翮非所長先主待之以上賓之禮未嘗有所統御然賞賜優寵無與爲比

劉封長沙劉氏之甥也先主至荆州以未有繼嗣養封爲子及先主入蜀自葭萌還攻劉璋封年二十餘有武藝氣力將兵與諸葛亮張飛等泝流西上所在戰克益州旣定以封爲副軍中郎將

李嚴爲裨將軍成都旣定爲犍爲太守興業將軍先主在漢中嚴率將郡士五千人討賊馬秦高勝等斬之又越巂夷平高定遣軍圍新道縣嚴馳往赴救賊皆破走加輔漢將軍

魏延以部曲隨先主入蜀數有戰功遷牙門將軍先主爲漢中王遷治成都乃拔延爲督漢中鎮遠將軍領漢中太守先主踐尊號進拜鎮北將軍後主建興元年封都亭侯五年諸葛亮駐漢中更以延爲督前部領丞相司馬涼州刺史八年使延西入羌中魏後將軍費瑤雍州刺史郭淮與延戰于陽谿延大破淮等遷爲前師征西大將軍假節進封南郡侯

霍峻爲中郎將守葭萌城劉璋將扶禁向存等攻圍峻峻選精鋭出擊大破之即斬存首先主定蜀嘉峻之功乃分廣漢爲梓潼郡以峻爲梓潼太守裨將軍在官三年卒葬成都先主甚悼閔召諸葛亮曰峻旣佳士加有功於國今欲行酹遂親率羣僚臨會弔祭因留宿墓上當時榮之

向寵爲牙門將秭歸之敗寵營特完後主建興元年封都亭侯

黄權爲偏將軍破杜濩朴胡殺夏侯淵據漢中皆權本謀也先主爲漢中王猶領益州牧以權爲治中從

事及稱尊號將東伐吳先主以權爲鎮北將軍督江
北軍以防魏師

李恢爲庲降都督使持節領交州刺史住平夷縣先
主薨高定恣睢於越巂雍闓跋扈於建寧朱褒反叛
於牂牁恢按道向建寧諸縣大相糾合圍恢軍於昆
明恢出擊大破之軍功居多封漢興亭侯加安漢將
軍

馬忠代張翼爲庲降都督時南夷豪帥劉胄反擾亂
諸郡忠遂斬胄平南土加忠監軍奮威將軍封博陽
亭侯又越巂郡亦失土地忠率將太守張嶷復巂郡

縣此就加安南將軍進封鄉亭侯後主延熙五年還
朝因至建中見大司馬蔣琬宣傳詔旨加拜鎮南大
將軍

王平爲討寇將軍諸葛亮圍祁山平別守南圍魏大
將軍司馬宣王攻亮張郃攻平平堅守不動郃不能
克亮卒於武功退軍還魏延作亂一戰而敗平之功
也遷後典軍安漢將軍

劉敏爲左護軍揚威將軍與王平俱鎮漢中魏軍襲蜀敏
帥所領與平會大將軍費禕從成都至魏軍即退敏
以功封雲亭侯

姜維爲衞將軍率衆討定汶山平康夷又降胡王治
無戴等部落假維節又大破魏雍州刺史王經於洮
西就遷爲大將軍

張翼爲前軍都督以討叛率劉胄賜爵關內侯

吳懿爲關中都督與魏延入南安界破魏將費瑤徙
亭侯進封高鄉侯

吳張奮昭之弟子也領兵爲將軍連有功效至平州
都督封樂鄉亭侯

顧承爲吳郡西部都尉與諸葛恪等共平山越別得
精兵八千人還屯章阬拜昭義中郎將

周瑜爲前部大都督魏曹仁守江陵城瑜遣甘寧前
據夷陵仁圍寧寧告急於瑜大戰勒兵就陣仁繇是
遂退大帝拜瑜偏將軍病卒大帝素服舉哀感動左
右喪當還吳又迎之蕪湖衆事費度一爲供給後著
令曰故將軍周瑜有其人客皆不得問

魯肅字子敬爲贊軍校尉與周瑜拒曹公曹公破走
肅即先還大帝請諸將迎肅肅將入閣拜大帝起禮
之因謂曰子敬孤持鞍下馬相迎足以顯卿未肅趨
進曰未也衆人聞之無不愕然就坐徐舉鞭言曰願
至尊威德加乎四海總括九州克成帝業更以安車

軟輪徵始當顯耳大帝撫掌歡笑後拜奮武將軍初任江陵後下屯陸口威信大行拜漢昌太守偏將軍又從大帝破皖城轉横江將軍

呂蒙字子明爲平北都尉領廣德長從征黄祖蒙勒前鋒親梟祖都督陳就首將士乘勝進攻其城祖聞就死委城走兵追禽之以蒙爲横野中郎將賜錢千萬又周瑜使甘寧前據夷陵曹仁分衆圍寧蒙乃擊曹仁退走遂據南郡撫定荆州還拜偏將軍大帝親征皖引諸將問以計策蒙薦甘寧爲泝城督攻任前蒙以精鋭繼之侵晨進攻蒙手執鼓枹士卒皆騰踊

自升食時破之既而張遼至夾石聞城已拔乃退大帝嘉其功卽拜廬江太守所得人馬皆分與之别賜尋陽屯田六百户官屬三十人後曹公大出濡須以蒙爲督據前所五塢置彊弩萬張於其上以拒曹公曹公前鋒屯未就蒙攻破之曹公引退拜蒙左護軍虎威將軍魯肅卒蒙西屯陸口肅軍人馬萬餘盡以屬蒙又拜漢昌太守降關羽之衆羽父子俱獲荆州遂定以蒙爲南郡太守封孱陵侯大帝於公安大會呂蒙以疾辭大帝笑日擒羽之功子明謀也今功已捷慶賞未行豈邑邑邪乃增給步騎鼓吹勑選虎威前將官屬并南郡盧江二郡威儀拜畢還營兵馬導從前後鼓吹光耀于路賜錢一億黄金五百斤

蒙固辭金錢大帝不許封爵未下會蒙疾發大帝時在公安迎至内殿所以治護者萬方募封内有能愈蒙疾者賜千金時有鍼加大帝爲之慘慼欲數見其顔色又恐勞動常穿壁瞻之見小能下食則喜顧左右言笑不然咄唶夜不能寐病中瘳爲下赦令群臣畢賀後更增篤大帝自臨視命道士壇於星辰下爲之請命年四十二遂卒於内殿時大帝哀痛甚爲之降損蒙未死時所得金寶諸賜盡付府藏勑主者命絶之日皆上還喪事務約大帝聞之益以悲慼蒙子霸襲爵與守冢三百家復田五十頃

程普爲盪寇將軍與周瑜破曹公於烏林又進攻南郡走曹仁拜裨將軍領江夏太守治沙羨食四縣

黄蓋爲武鋒中郎將武陵太守討平夷蠻及山賊加偏將軍

韓當爲别部司馬及孫策東渡從討三郡遷先登校尉後以中郎將與周瑜等拒破曹公又與呂蒙襲取南郡遷偏將軍領永昌太守宜都之役與陸遜朱然等共攻蜀軍於涿鄉大破徙威烈將軍封都亭侯

蔣欽爲西部都尉討平會稽冶賊呂合秦狼等遷討越中郎將以經拘昭陽爲奉邑又從大帝征合肥力

戰有功遷盪寇將軍後召還都拜右護軍大帝嘗入其堂內嘆其在貴守約卽勑御府爲母作錦被改易帷帳妻妾衣服悉皆錦繡大帝討關羽欽督水軍入沔還道病卒大帝素服舉哀以蕪湖民二百戶田二百頃給妻子子壹封宣城侯

周泰爲別部司馬從大帝討六縣山賊奮激投身衛大帝膽氣倍人左右繇泰並能就戰賊旣散身被二十創是日無泰大帝幾危殆補春穀長後從攻皖及討江夏還過豫章復補宜春長所在皆食其征賦從討黃祖有功後與周瑜程普拒曹公於赤壁攻曹仁

於南郡荊州平定將兵屯岑曹公出濡須泰復赴擊曹公退留督濡須拜平虜將軍時朱然徐盛等皆在所部並不伏也大帝爲案行至濡須塢因會諸將大爲酣樂太帝自行酒到泰前命因泰解衣大帝手自指其創痕問以所起泰輒記昔戰鬭處以對畢使復服歡讌極夜其明日遣使者授以御蓋（江表傳曰大帝勑以己常所用御幘青縑賜之坐罷任駕使泰以兵馬導從出鳴鼓角作鼓吹）後大帝破關羽欲進圖蜀拜泰漢中太守奮威將軍封陵陽侯

周邵者泰之子也以騎都尉領兵曹仁出濡須戰有功又從破曹休進位裨將軍

陳武爲部司馬督五較累有功勞進位偏將軍從大帝擊合肥戰死大帝哀之命以其愛妾殉並復客二百家

陳修武之子也爲別部司馬授兵五百人修撫循得意大帝奇之拜爲較尉

陳表爲右部都封都亭侯領新安都尉鄱陽民吳遽等爲亂表便越界赴討遽以破敗遂降陞遷拜表偏將軍進封都鄉侯

董襲爲揚武都尉鄱陽賊彭龍彭虎等衆數萬人襲討之旬日盡平拜威越較尉遷偏將軍襲死大帝改

服臨殯供給甚厚

甘寧爲西陵太守從大帝攻皖爲升城督寧爲吏士先卒破獲朱光拜折衝將軍

凌統爲別部司馬大帝征江夏統爲前鋒先搏其城於是大獲大帝以統爲承烈都尉又從破皖拜盪寇中郎將從病卒大帝聞之拊床起坐哀不能止使張承爲作銘誄二子烈封（二子名）年各數歲大帝內養於宮愛待與諸子同賓客進見呼示之曰此吾虎子也及八九歲令葛光教之讀書十日一令乘馬追錄統功封烈亭侯

徐盛爲別部司馬授兵五百人守柴桑長拒黄祖祖子射開門出戰大破之大帝以爲較尉領蕪湖令復討臨成南阿山賊有功徙中郎將督較兵

潘璋東郡發干人大帝使召募百餘人遂以爲將討山賊有功署別部司馬後遷豫章西安長合肥之役諸將不備璋便馳進兵皆還戰大帝甚壯之拜偏將軍大帝征關羽璋與朱然斷羽走道拜璋振威將軍封溧陽侯甘寧卒又幷其軍蜀先主出夷陵璋與陸遜幷力拒之璋部下斬蜀護軍馮熈等所殺傷甚衆拜平北將軍

朱治爲九眞太守行扶義將軍割婁縣拳無錫毗陵爲奉邑置長史黄武二年拜安國將軍金印紫綬徙封故鄣大帝自歷位上將及爲侯王治每進見大帝嘗親迎執版交拜享宴贈賜恩敬特隆至從行吏皆得奉贄私覿其興如此大帝嘗嘆治憂勤王事性儉約雖在富貴車服惟供事大帝優異之自令督軍御史典屬城文書治領四縣租稅而已

朱然爲臨川太守大帝授兵二千人會山賊盛起然平討旬日而定曹公出濡須然備大塢及三關屯拜偏將軍又從討關羽別與潘璋到臨沮禽羽遷昭武將軍封西安鄉侯又蜀先主舉兵攻宜都然督五千人與陸遜並力拒先主先主遂破走拜征北將軍封永安侯後拜車騎將軍征祖中魏將李興等聞然深入斷然後道然夜出逆之軍以勝反大帝遣使拜然左大司馬右軍師寢疾二年後漸增篤大帝爲減膳夜爲不寐中使醫藥口食之物相望於道然每遣使表疾病消息大帝輒召見口自問訊入賜酒食出送布帛自創業功臣疾病大帝意之所鍾呂蒙凌統最重然其次矣赤烏十二年卒大帝素服舉哀爲之感慟

呂範字子衡爲宛陵令討破丹陽賊還吳遷都督又從孫策攻祖郎於陵陽太史慈於勇里七縣平定拜征虜中郎將及大帝征江夏曹公至赤壁範與周瑜等俱拒破之拜裨將軍領彭澤太守以彭澤柴桑歷陽爲奉邑蜀先主詣京見大帝範密請留先主後遷平南將軍屯柴桑大帝討關羽過範館謂曰昔早從卿言無此勞也今當上取之卿爲我守建業大帝破羽還都武昌拜範建威將軍封宛陵侯領丹陽太守治建業督扶州以下至海轉以溧陽懷安寧國爲奉邑曹休張遼臧霸等來伐範督徐盛全琮孫韶等以

舟師拒休等於洞口遷前將軍假節改封南昌侯黄武七年範遷大司馬印綬未下疾卒大帝素服舉哀而遣使者追贈印綬及還都建業大帝過範墓呼曰子衡言及涕泣祀以大牢

呂據爲安軍中郎將數討山賊諸深惡劇地所擊皆破隨大帝潘濬討五谿復有功朱然攻樊據與朱異破其外圍還拜偏將軍入補馬閑右部督遷越騎校尉太元元年大風江水溢流漸淹城門權使視水獨見據使人取大船以備害大帝嘉之拜盪魏將軍較

朱桓爲盪寇較尉桓督領諸將討丹陽鄱陽山賊皆

平定稍遷裨將軍封新城亭侯後代周泰爲濡須督敗魏曹仁軍於中洲溺死者千餘大帝嘉桓功封嘉興侯遷奮武將軍領彭城相黄龍元年拜前將軍領青州牧假節赤烏元年卒大帝賜鹽五千斛以周喪事

朱異爲騎都尉隨朱然攻魏樊城建計破其外圍還拜偏將軍又破魏廬江太守文欽七屯遷揚武將軍

駱統爲建中郎將大帝以統隨陸遜破蜀軍於宜都遷偏將軍黄武初統與嚴圭共破魏曹仁軍於中洲封新陽亭侯

陸遜爲海昌屯田都尉拜領縣事討鄱陽賊帥尤突拜定威校尉軍屯利浦大帝以兄策女配遜數訪世務大帝納其策以爲帳下右部督後爲偏將軍右部督陳闕羽可禽之要大帝乃潛軍而上使遜與呂蒙爲前部至即克公安南郡遜徑進領宜都太守拜撫邊將軍封華亭侯遜遣將軍李異等攻蜀將詹晏等破之又攻破房陵太守鄧輔南鄉太守郭睦及秭歸大姓文布鄧凱等兵前後斬首招納凡數萬計大帝以遜爲右護軍鎮西將軍進封婁侯後拜輔國將軍鎮荆州牧大帝使鄱陽太守周魴譎魏大司馬曹休

休果舉衆入皖乃召遜假黄鉞爲大都督逆休陸機爲遜銘曰魏大司馬曹休侵我北鄙乃假公黄鉞統御六師及中軍禁衛而攝行王事主上執鞭百司屈膝吳錄曰假遜黄鉞吳王親執鞭以見之休既覺知耻見欺誘自恃兵馬精多遂交戰遜自爲中部令朱桓全琮爲左右翼三道俱進果衝休伏兵因驅走之追亡逐北徑至夾石斬獲萬餘牛馬騾驢車乘萬兩軍資器械略盡休還疽發背死諸軍振旅過武昌大帝令左右以御蓋覆遜出入殿門凡所賜遜皆御物上珍於時莫與爲比遜既立大功大帝嘉遜功德欲殊顯之拜爲上將軍列侯猶欲令歷本州舉命乃使揚州牧呂範就辟別駕

從事赳茂才
陸抗爲奮威將軍魏將諸葛誕舉壽春降拜抗柴桑督赴壽春破魏牙門將偏將軍遷征北將軍
賀齊爲威武中郎將討丹陽黟歙大破之分歙爲始新加偏將軍新都守累破盜賊被命詣所在及當還郡大帝出祖道作樂舞象吳書曰大帝謂齊曰今定天下都中國使殊俗貢珍狡獸率舞非君誰與齊曰殿下以神武應期廓開王業臣幸遭際會得驅馳風塵之下佐助末行效鷹犬之用臣之願也若殊俗貢珍狡獸率衆宜在聖德非臣所能也賜齊駢車駿馬罷坐任駕使齊就車齊辭不敢大帝使左右扶齊上車令導吏卒兵騎如在郡儀大帝望之笑曰人當努力非

積行累勤此不可得去百餘步乃旋齊又與陸遜討破鄱陽尤突拜安東將軍封山陰侯
全琮爲偏將軍時蜀將關羽圍樊襄陽琮上䟽陳羽可討之計大帝時已與呂蒙陰議襲之恐事泄故寢琮表不荅及禽羽大帝置酒公安顧謂琮曰君前陳此孤雖不相荅今之捷抑亦君之功也於是封陽華亭侯琮又擊破魏舟軍梟其將軍尹盧遷綏南將軍進封錢唐侯
呂岱爲督軍較尉與將軍蔣欽將兵討平會稽東冶賊呂合秦狼等拜昭信中郎將又鎮長沙攻斬醴陵袁龍遷廬陵太守又代步騭爲交州刺史討桂陽湞陽王金縛金傳送詣都斬首獲生凡萬餘人遷安南將軍假節封都鄉侯又擊破九眞太守士徽大將甘醴桓治等進封番禺侯於是除廣州復爲交州如故岱旣定交州復進討九眞斬獲萬數徼外諸國各遣使奉貢大帝嘉其功進拜鎮南將軍
周魴爲昭義較尉建密計隨陸遜擊魏司馬曹休遜橫截休軍斬獲萬計軍旋大帝大會諸將歡宴酒酣謂魴曰成孤大事君之功名當書之竹帛加裨將軍賜爵關內侯

鍾離牧爲監軍使者討平建安鄱陽新都三郡亂民封秦亭侯拜越騎較尉又五谿夷叛亂牧爲平魏將軍討平之遷公安督揚武將軍封都鄉侯
潘濬爲輔軍中郎將武陵部從事樊伷誘導諸夷圖以武陵屬蜀先主濬以五千兵斬平之遷奮威將軍封常遷亭侯
陸凱爲建武較尉討山賊陳毖於零陵斬毖克捷拜巴丘督偏將軍封都鄉侯
吳粲爲昭義中郎將與呂岱討平山越人爲屯騎較尉少府

是儀爲都尉從大帝討關羽拜忠義校尉儀陳謝大
帝令曰孤雖非趙簡子卿安得不自屈爲周舍耶旣
定荆州都武昌拜裨將軍封都亭侯黄武中遣儀之
皖就將軍劉邵欲誘致曹休到大破之遷偏將軍
胡綜爲右部督大帝使綜與賀齊生虜得魏蘄春太
守晋宗加建武中郎將
諸葛恪爲撫越將軍領丹陽太守授棨戟武騎三百
拜畢大帝命恪備威儀作鼓吹導引歸家及到府山
民去惡從化大帝嘉其功遣尚書僕射薛綜勞軍拜
恪威北將軍封都鄉侯復拜太傅會衆於東興與魏

軍戰斬首數千資器山積振旅而歸進封恪陽都侯
加荆揚州牧督中外諸軍事賜金一百斤馬二百匹
繒布一萬疋
丁奉以驍勇爲小將屬甘寧陸遜潘璋等數遣征伐
戰鬭常冠軍每斬將搴旗稍遷偏將軍廢帝卽位爲
冠軍封都亭侯魏遣諸葛誕胡遵等攻東興諸葛恪
率軍拒之奉見其前部兵少奉縱兵大破魏軍遂
潰遷滅寇將軍進封都鄉侯魏將文欽來降以奉爲
虎威將軍從孫峻至壽春迎之與敵追軍戰於高亭
奉突入其陣斬首數百獲其軍器進封安豐侯又魏
大將軍諸葛誕據壽春來降魏人圍之奉爲先登屯
于黎漿力戰有功拜左將軍
册府元龜

冊府元龜

巡按福建監察御史臣李嗣京　訂正

知閩縣事臣曹學臣參閱

知建陽縣事臣黃國琦較釋

將帥部三十九

褒異第四

晉何曾魏正光中爲鎭北將軍都督河北諸軍事假節將之鎭文帝使武帝齊王攸辭送數十里曾爲賓主備大牢之饌侍從吏騶莫不醉飽帝旣出又過其子劭曾先勅劭曰客必過汝汝當豫嚴劭不冠帶停

帝良久曾深以譴劭曾見崇重如此遷征北將軍進封頴昌侯

石苞爲奮武將軍統青州諸軍督逆擊諸葛誕兵大破之壽春平苞拜鎭東將軍封東光侯

羊祜爲征南大將軍祜以伐吳必藉上流之勢乃表王濬爲龍驤將軍令修舟楫爲順流之計祜繕甲訓卒廣爲戎備乃上疏武帝深納之後詔以太山之南武陽牟南城梁父平陽五縣爲南城郡封祜爲南城侯置相與郡公同及卒帝素服哭之甚哀是日大寒帝涕淚霑沾鬚鬢皆爲冰焉賜東園祕器朝服一襲錢三十萬布百疋詔曰征南大將軍南城侯祜蹈德冲素思心淸遠始在內職値登大命乃心篤誠左右王事入綜機密出統方岳當終顯烈永輔朕躬而奄忽殂隕悼之傷懷其追贈侍中太傅持節如故袞冕引至門南臨祐卒二歲而吳平羣臣上壽帝執爵流涕曰此羊太傅之功也因以克定之功策告廟仍依蕭何故事封其夫人萬歲鄉君食邑五千戶又賜帛萬疋穀萬斛

杜預爲征南大將軍都督荆州諸軍事預旣至鎭繕兵甲耀威武乃簡精銳襲吳西陵督張政大破之以

功賜封三百六十五戶預旣平吳振旅凱入以功進封當陽縣侯增邑幷前九千六百戶賜絹八千匹

王沈爲征虜將軍持節都督江北諸軍事平蜀之役吳人大出聲爲救蜀振動邊境沈鎭御有方寇聞而退轉鎭南將軍武帝受禪以佐命之勳轉驃騎將軍

賈充爲典農中郎將參大將軍軍事從景帝討毌丘儉文欽於樂嘉以勞增邑三百五十戶後爲文帝大將軍司馬轉右長史充進計征諸葛誕帝先歸雒陽使充統後事進爵宣揚侯增邑千戶五等初建封臨沂侯爲晉元勳深見寵異賜祿常優於羣臣伐吳之

役詔充爲使持節假黃鉞大都督總統六師給羽葆鼓吹緹幢兵萬人騎二千置左右長史司馬從事中郎將增參軍騎司馬各十人帳下司馬二十人大車官騎各三十人及吳平武帝遣侍中程咸犒勞賜充帛八千匹增邑八千戶及薨帝爲之慟使使持節大嘗奉策追贈太宰加袞冕之服綠綟綬御劍賜東園祕器朝服一具衣一襲大鴻臚護喪事假節鉞前後部羽葆鼓吹緹麾大輅鑾輅轀輬車帳下司馬大車椎斧文衣武賁輕車介士葬禮依霍光及安平獻王故事給塋田一頃與石苞等爲王功配享廟庭自充

薨至葬賻賜二千萬

高光爲奉車都尉預討成都王穎有勳封延陵縣公邑二千八百戶

王渾爲征虜將軍監豫州諸軍事渾與吳接境吳將薛瑩魯淑衆號十萬渾擊破之遷安東將軍都督揚州諸軍事鎮壽春及大舉伐吳渾率師出橫江遣諸將擊破諸軍吳人大震孫皓遣司徒何植建威將軍孫晏送印節詣渾降武帝下詔曰王渾督率所統遂逼秣陵令賊孫皓救死自衞不得分兵上赴以成西軍之功又推破大軍獲張悌使皓塗窮勢盡面縛乞降遂平定秣陵功勳茂著其增封八千戶進爵爲公賜絹八千匹轉征東大將軍

王濬爲龍驤將軍監梁益諸軍事旣平吳拜濬輔國大將軍領步兵校尉舊校唯五置此營自濬始也有司又奏輔國依此未爲達官不置司馬不給官騎詔依征鎮給親騎百人官騎十人置司馬封爲襄陽縣侯邑萬戶賜絹萬匹又賜衣一襲錢三十萬及食物時人咸以濬功重報輕武帝乃遷濬鎮軍大將軍加散騎常侍領後軍將軍後又轉濬撫軍大將軍開府儀同三司加特進散騎常侍後軍將軍如故太康六

年卒時年八十葬栢谷山大營塋域葬垣周四十五里面別開一門松栢茂盛

唐彬爲廣武將軍監巴東諸軍事上征吳之策甚合武帝意後與王濬共伐吳應機制勝多所擒獲吳平帝詔曰廣武將軍唐彬受任方隅東禦吳寇南臨蠻越撫寧疆場有綏禦之績又每慷慨志在立功頃者征討扶疾奉命首啓戎行獻俘授馘勳效顯著其以彬爲右將軍都督巴東諸軍事徵拜翊軍校尉改封上庸縣侯食邑六千戶賜絹六千匹

王戎爲建威將軍受詔伐吳降江夏太守劉朗及牙

門將孟泰吳平進爵安豐縣侯增邑六千戶賜絹六千疋

盧欽爲淮北都督伏波將軍甚有聲績徵拜散騎常侍吏部尚書進封大梁侯武帝受禪以爲都督沔北諸軍事平南將軍假節給追鋒軺臥車各一乘第二駙馬二乘騎具刀器御府人馬鎧等及錢三十萬

馬隆爲司馬督時涼州刺史楊欣失羌戎之和欣爲虜所沒武帝以隆爲武威太守假節宣威將軍加赤幢曲蓋鼓吹隆到武威前後誅殺及降附者以萬計涼州遂平加授衞將軍

胡奮爲監軍假節擊斬匈奴中部帥劉猛以功累遷征南將軍假節都督荆州諸軍事遷護軍加散騎常侍

張光爲牙門將伐吳有功遷江夏西部都尉轉北地都尉擊破反叛氐羌擢授新平太守加鼓吹

趙誘爲廣武將軍與甘卓周訪共討華軼破之又攻臧杜弢累功賜爵平阿縣侯

周浚爲折衝將軍楊州刺史封射陽侯隨王渾伐吳與渾共行吳城壘綏撫新附以功進封成武侯食邑六千戶賜絹六千匹

周馥爲鎭東將軍與周玘等討陳敏滅之以功封永寧伯

荀晞爲北中侯及惠帝還雒陽范陽王虓承制用晞行兗州刺史汲桑之破鄴也東海王越出次官渡以討之命晞爲前鋒晞陷其九壘遂定鄴而還西討呂朗等滅之進位撫軍假節都督青兗諸軍事封東平郡侯邑萬戶

劉喬爲建威將軍太子洗馬以誅楊駿功賜爵關中侯張昌之亂爲威遠將軍豫州刺史與劉弘共討昌進左將軍惠帝西幸長安喬與諸州郡舉兵迎大駕

東海王越承制轉喬安北將軍

劉琨爲范陽王虓司馬及惠帝幸長安東海王越謀迎大駕劉喬攻虓於許昌也琨與許昌太守杜育等率兵救之未至而虓敗琨與虓俱奔河北共破東平王楙於廩丘南走劉喬又斬石超降呂朗因諸軍奉迎大駕於長安以勳封廣武侯邑二千戶

索靖爲蕩寇將軍時西戎反叛靖屯兵粟邑擊賊敗之遷始平內史又以左將軍討孫秀有功加散騎常侍遷後將軍

索綝爲奮威將軍時劉聰侵掠關東綝破聰黨遷新

平太守後爲安西將軍馮翊太守及懷帝蒙塵長安
又陷琳糾合義衆頻破賊黨修復舊館遷安宗廟小
大百戰手擒賊帥李羌與閻鼎立秦王爲皇太子及
即尊位是爲愍帝琳遷侍中太僕以首迎大駕升壇
授璽之功封弋居伯累遷衛將軍及劉曜進逼王城
以琳爲都督征東大將軍持節討之破曜日逐王呼
延晏以功封上雒郡公食邑萬戸拜夫人荀氏爲新
豐君曜入關琳又擊破之敗劉聰將趙染轉驃騎大
將軍
周玘爲建威將軍三定江南開復王畧元帝嘉其勳

以玘爲吳興太守封烏程縣侯帝又以玘頻興義兵
勳誠並茂乃以陽羨及長城之西鄉丹陽之永世别
爲義興郡以彰其功
周札爲寧遠將軍初討錢璯以功賜爵漳浦亭侯轉
從事中郎又以徐馥平爲奮武將軍吳興内史録前
後功改封東遷縣侯進號征虜將軍
周訪爲揚烈將軍率衆擊破武昌太守馮翊及斬華
軼遂平江州元帝以訪爲振武將軍尋陽太守加鼓
吹曲蓋復命訪與諸軍共征杜弢弢遣杜弘出海昏
訪擊破之弘奔于臨賀帝又進訪龍驤將軍王敦表

爲豫章太守加征討都督賜爵尋陽縣侯又討賊帥
杜曾曾等走固武當以功遷南中郎將督梁州諸軍
事梁州刺史屯襄陽又擊破杜曾并獲第五猗胡混
摯瞻等送於王敦進位安南將軍持節都督刺史如
故及卒帝哭之甚慟詔贈征西將軍立碑於本郡
戴淵爲振威將軍義軍督以討賊有功賜爵秣陵侯
遷治書御史驃騎司馬拜散騎侍郎元帝召爲鎮東
右司馬將征杜弢加淵前將軍後爲征西將軍都督
兗豫幽冀雍并六州諸軍事假節加散騎常侍發投
刺王官千人爲軍吏調揚州百姓家奴萬人爲兵配

之以散騎常侍王遐爲軍司鎮壽陽與劉隗同出帝
親幸其營勞勉將士臨發祖餞置酒賦詩
應詹爲都督前鋒軍事護軍將軍假節都督與建威
將軍趙胤等擊敗南賊斬賊率杜弢梟首數千級賊
平封觀陽縣侯食邑一千六百戸賜絹五千匹後遷
使持節都督江州諸軍事平南將軍江州刺史卒贈
鎮南大將軍儀同三司祠以大牢
甘卓初爲吳王常侍討石氷以功賜爵都亭侯元帝
初渡江授卓前鋒都督揚威將軍歷陽内史討周馥
征杜弢屢經苦戰多所擒獲以前後功進爵南鄉侯

葛洪為元帝丞相掾石氷作亂吳興太守顧秘為義軍都督與周玘等起兵討之秘檄洪為將兵都尉攻氷别帥破之遷伏波將軍氷平洪不論功至是以平賊功賜爵關內侯

王廙為元帝司馬預討周馥杜弢以功屢贈封邑除冠軍將軍

孔愉初參元帝丞相軍事以討華軼功封餘不亭侯

孟觀為積弩將軍上谷郡公時氐帥齊萬年反於關中觀大戰皆破之轉東羌校尉

劉演為北中郎將兗州刺史鎮廩丘斬王桑走趙固

得衆七千人為石勒所攻演拒戰勒退元帝拜為都督後將軍

祖逖為奮威將軍豫州刺史給千人廩布三千疋及卒冊贈車騎將軍

李矩為梁王彤牙門將代氐齊萬年有殊功封東明亭侯後討賊帥侯都等滅之太尉荀藩建行臺假矩滎陽太守又破石勒衆藩表元帝加矩冠軍將軍軺車幢蓋進封陽武縣侯遷冠軍將軍矩破劉聰衆聰因憤恚而死帝嘉其功除都督河南三郡軍事安西將軍滎陽太守封修武縣侯

劉弘為寧朔將軍假節監幽州諸軍事領烏桓校尉為幽朔所稱以勳德兼茂封宣城公及卒贈新城郡公

郗鑒為衛將軍都督從駕諸軍事與明帝謀滅王敦又以鑒為尚書令領諸屯營平錢鳳等封高平侯賜絹四千八百疋後進鑒都督揚州八郡軍事會蘇峻死大鄴圍解及蘇逸等走吳興鑒遣三軍李閎追斬之降男女萬餘口拜司空加侍中更封南昌縣公時賊帥劉徵聚抄東南諸縣鑒遂城京口加都督揚州之晉陵吳郡諸軍事率衆討平之進位太尉

華當為驃騎將軍以討王敦功封宛陵縣侯

郗恢為建威將軍雍州刺史時後秦姚萇遣其子畧攻上雒恢遣建武將軍辛恭靜救雒陽畧懼而退恢以功進征虜將軍又領秦州刺史加督隴上軍

紀瞻為揚威將軍都督京口以南至蕪湖諸軍事以距石勒退除會稽內史俄轉領軍將軍瞻以久病去官明帝不聽復加散騎常侍及王敦之逆帝使謂瞻曰卿雖病但為朕臥護六軍所益多矣乃賜布千疋賊平復自表還家帝不許固辭不起詔曰瞻忠亮雅正識局經濟屢以年耆病久逡巡告誠朕深明此操

重遷高志令聽所執其以爲驃騎將軍常侍如故服物制度一按舊典遣使就拜止家爲府尋卒册贈本官開府儀同三司遣御史持節監護喪事

下敦爲振威將軍領江夏相戍夏口敦攻討沔中皆平旣而杜弢寇湘中加敦征討大都督伐弢有功賜爵安陵亭侯鎮東大將軍明帝之討王敦以爲鎮南將軍假節事平更拜尚書以功封益陽侯徙光祿勳

劉超爲安東上將軍從明帝征錢鳳事平以功封零陵伯

庾亮爲都督征東諸軍事征沈充於吳興事平以功

封永昌縣開國公賜絹五千四百疋固讓不受轉護軍將軍後鎮蕪湖頃之後將軍郭默據湓口以叛亮表求親征於是以本官加征討都督會太尉陶侃俱討破之進號鎮西將軍固讓初以誅王敦功封永昌縣公亮此陳讓疏數十上至是許之

虞譚爲輔國將軍以討沈充功進爵零陵縣侯

鄧嶽爲西陽太守率衆討平郭默遷督交廣二州軍事建武將軍領平越中郎將廣州刺史假節錄前後勳封宜城縣伯嶽又遣軍伐夜郎破之加督寧州進征虜將軍

鍾雅爲廣武將軍時錢鳳作逆廣德縣人周玘爲鳳起兵雅討玘斬之鳳平拜尚書左丞又北中郎將劉遐卒部曲作亂以雅監征討軍事事平拜驍騎將軍

陶侃爲南蠻長史後以軍功封東鄉侯邑千戶陳敏之亂爲江夏太守加鷹揚將軍侃備威儀迎母官舍鄉里榮之敏遣其弟恢來寇武昌侃出兵禦之又加督護使與諸軍擊恢所向必破後以母憂去職服闋參東海王越軍事江州刺史元帝加侃奮威將軍假赤幢曲蓋軺車鼓吹頃之遷龍驤將軍武昌太守王敦又表拜侃爲使持節寧遠將軍南蠻校尉荊州刺

史時諸將皆請乘勝擊溫邵侃以書諭之邵懼而走追獲於始興以功封柴桑侯食邑四千戶太興初進號平南將軍尋加都督交州軍事及王敦反侃以本官領江州刺史尋轉都督湘州刺史敦得志侃復本職加散騎常侍時交州刺史王諒爲賊梁碩所陷侃遣將高寶進擊平之以侃領交州刺史錄前後功進封征南大將軍開府儀同三司及王敦平遷都督荊雍益梁州諸軍事領護南蠻校尉征西大將軍荊州刺史旣平蘇峻旋江陵尋以爲侍中太尉加羽葆鼓吹改封長沙郡公邑三千戶賜絹八千疋加都督交

廣寧七州軍事侃又平郭默詔侃都督江州領刺史增置左右長史司馬從事中郎四人掾屬十二人成和七年侃薨成帝詔曰故使持節侍中太尉都督荆江雍梁交廣益寧八州諸軍事荆江二州刺史長沙郡公經德秉哲謀猷弘遠作藩於外八州肅清勤王於內皇家以寧乃者桓文之勳伯舅是憑方賴大猷俾屏予一人前進位大司馬禮秩策命未及加崇昊天不弔奄忽薨殞朕震悼于厥心今遣兼鴻臚追贈大司馬假密章祠以太牢魂而有靈嘉茲寵榮

溫嶠爲中壘將軍持節都督東安北部諸軍事時王

敦搆逆嶠率衆與賊夾水戰擊王含敗之後督劉遐追錢鳳於江寧事平封建寧縣開國公賜絹五千四百疋進號前將軍又代應詹爲江州刺史持節都督平南將軍鎮武昌及平蘇峻拜驃騎將軍開府儀同三司加散騎常侍封始安郡公邑三千戶及薨成帝下冊書追贈侍中大將軍持節都督刺史公如故賜錢百萬布千疋祠以太牢詔葬建平陵北

謝尚出爲建武將軍江夏相成帝詔曰尚往以戎戍事故輟黃散以授軍旅所據險要宜崇其威望今以爲南中郎將後進號安西將軍時苻堅將揚平成許昌尚遣兵襲破之徵授給事中賜軺車鼓吹

王舒爲撫軍將軍會稽內史時蘇峻作逆舒監浙江東五郡軍事遣子允之督護吳郡義興晉陵三郡征討軍事擊賊韓晃於長蕩湖大破之賊平以功封彭澤縣侯尋卒于官贈車騎大將軍儀同三司允之討賊有功封番禺縣侯邑千六百戶

顧衆爲揚威將軍以討蘇峻功封鄱陽縣伯

褚裒爲侍中典征討軍事時蘇峻作逆裒與陸曄出據苑城蘇逸任讓圍之裒等固守賊平以功封長平縣伯

毛寶爲溫嶠前鋒時蘇峻作亂峻旣死保守南城賊遣韓晃攻之寶登城射殺數十人晃退賊平封州陵縣開國侯千六百戶庚亮

庚亮西鎮請爲輔國將軍擊賊將石遇破之進征虜將軍

庚懌爲左衛將軍以討蘇峻封廣饒男

庚冰爲祕書郎預討華軼功封都鄉侯後爲奮武將軍擊走蘇峻別帥張健於吳中乘勝又遣司馬滕含攻賊石頭城拔之冰勳爲多封新吳縣侯

周撫爲寧遠將軍江夏相蘇峻作逆率所領從溫嶠

討之峻平遷監沔北軍事南中郎將後桓溫征蜀進
撫督梁州之漢中巴西梓潼陰平四郡軍事撫擊破
蜀餘寇以功遷平西將軍又與龍驤將軍朱壽擊斬
范賁以功進爵建成縣公又征西督護蕭敬文作亂
撫伐之敬文出降進撫鎭西將軍及卒贈征西將軍
周楚爲鷹揚將軍監梁益二州假節襲爵建城公時
梁州刺史司馬勳作逆討平之進冠軍將軍
毛穆之爲安西將軍庾翼司馬翼薨大將千瓚戴義
等作亂穆之討平之又從桓溫平蜀以功尋除揚威
將軍累遷右將軍西蠻校尉卒追贈中軍將軍

庾翼爲輔國將軍假節及邾城失守石城被圍翼屢
設奇兵潛致糧杖石城得全翼之勳也賜爵都亭侯
後爲征西將軍領南蠻校尉及卒追贈車騎將軍
桓石民爲鎭武將軍攻破苻堅監荊州軍事西中郎
將荊州刺史擊斬并州賊黃淮以前後功進左將軍
桓石康爲振威將軍荊州刺史以討庾仄功封武陵
王
桓沖爲鷹揚將軍鎭蠻護軍西陽太守從桓溫征伐
有功遷督荊州之南陽襄陽新野義陽順陽雍州之
京兆揚州之義城七郡軍事寧朔將軍義城新野二
郡太守鎭襄陽又從溫破姚襄及虜周成進號征虜
將軍賜爵豐城公尋遷振威將軍江州刺史領鎭蠻
護軍西陽譙二郡太守又遷車騎將軍都督江州梁
益交廣寧七州揚州之義成雍州之京兆司州之河
東軍事領護南蠻校尉荊州刺史持節將軍侍中如
故沖將之鎭孝武餞於西堂賜錢五十萬又以酒三
百四十石牛五十頭犒賜文武送至溧州後遷督荊
江十郡軍事又以討降苻堅諸將功詔賜錢百萬袍
表千端
謝安爲侍中都督揚豫徐兗青五州幽州之燕國諸

軍事假節時苻堅彊盛疆埸多虞諸將敗退相繼安
遣弟石及兄子玄等應機征討所在克捷拜衛將軍
開府儀同三司封建昌縣公
謝琰爲輔國將軍苻堅之役與從兄玄俱陷陣破堅
以勳封望蔡公
謝玄爲建武將軍兗州刺史領廣陵相監江北諸軍
事大破苻堅軍罷彭城下邳二戍詔遣殿中將軍慰
勞進號冠軍加領徐州刺史還於廣陵以功封東興
縣侯後又破堅衆詔遣殿中將軍慰勞進號前將軍
假節固讓不受賜錢百萬綵千疋既而安奏苻堅喪

敗宜乘其釁會以玄爲前鋒都督率冠軍將軍後以兗青司豫平和加玄都督徐兗青司幽冀并七州軍事玄上疏以方平河北幽冀宜須總督司州懸遠應統豫州以勳封康樂縣公

桓宣爲四品將軍時石勒別將圍譙城祖逖留宣討諸未服皆破之遷譙國内史後爲都督司雍梁黄州荆州之南陽襄陽新野南鄉四郡軍事以前後功封竟陵縣男

桓伊爲建威將軍歷陽太守與謝玄共破賊別將王鑒張蚝等以功封宣城縣子又進都督豫州諸軍事

西中郎將豫州刺史及苻堅南寇伊與冠軍將軍謝玄輔國將軍謝琰俱破堅於淝水以功封永修縣侯進號右軍將軍賜錢百萬袍表千端後拜護軍將軍以右軍府千人自隨配護軍府官贈右將軍加散騎常侍

朱伺爲綏夷都尉時陶侃鎮江夏以伺爲左甄摧破陳敏於武昌以功封亭侯領騎督累加威遠將軍督護又以平蜀賊功加廣威將軍

毛安之爲游擊將軍孝武初擊滅妖賊盧悚遷左衛將軍及卒又追論討悚勳賜爵平都子

朱序爲征討都護以討司馬勳功拜征虜將軍封襄平子後轉揚州豫州五郡軍事豫州刺史屯錐陽後丁零翟遼反序遣將軍秦膺童斌與淮泗諸郡共討之又監兗青二州諸軍事二州刺史將軍如故進鎮彭城序求鎮淮陰孝武許焉序還遣秦膺討翟遼子釗於陳頴走之拜征虜將軍

劉牢之爲謝玄前鋒百戰百勝牢之破苻堅將句難輜重於盱眙獲其運船遷鷹揚將軍淮淝之役牢之進平譙城遷龍驤將軍彭城内史以功賜爵武崗縣男食邑五百戶

諸葛長民爲揚武將軍討桓玄以功拜輔國將軍又與劉敬宣破桓歆於芍陂封新淦縣公食邑二千五百戶

何無忌爲輔國將軍既破桓玄衆侍衛安帝還京師以無忌督豫州揚州淮南廬江安豐歷陽堂邑五郡軍事右將軍豫州刺史加節甲杖五十人入殿未之職遷會稽内史督江東五郡軍事持節將軍如故給皷吹一部義熙二年遷都督江州荆州江夏隨義陽綏豫州西陽新蔡汝南頴州八郡軍事江州刺史將軍持節如故以興復之功封安城郡開國公食邑三

千戸増都督司州之弘農揚州之松滋加散騎侍郎
進鎮南將軍
毛璩爲建威將軍益州刺史安帝初進征虜將軍及
桓玄纂位遣使加璩散騎常侍左將軍璩列玄罪狀
遣諸太守擊之及安帝反正詔曰夫貞松標於歲寒
忠臣亮于國危益州刺史璩體識弘正誠契義旗受
命偏帥次于近畿輔翼之勲實感朕心可進征西將
軍都督益梁秦涼寧五州軍事行宜都寧蜀太守及
遇害詔給錢三十萬布三百疋論璩討玄功追封歸
鄉公千五百戸

册府元龜

巡按福建監察御史臣李嗣京　訂正
知甌寧縣事臣孫以敬叅閲
知建陽縣事臣黄國琦較釋

將帥部四十

褒異第五

宋檀道濟爲揚武將軍從劉道規討桓謙荀林等率厲文武身先士卒所向摧破及徐道覆來逼道規親出拒戰道濟戰功居多遷安遠護軍武陵内史復爲太尉叅軍拜中書侍郎轉寧朔將軍叅太尉軍事以

前後功封祚唐縣男食邑四百戶補太尉主簿諮議叅軍豫章公遷征虜將軍宋國侍中高祖受命轉護軍加散騎常侍領石頭戍事聽直入殿省以佐命功改封永修縣公食邑二千戶及討平謝晦遷都督江州江夏豫州之西陽蔡新晉熙四郡諸軍事征南大將軍開府儀同三司江州刺史持節常侍如故贈封千戶

謝晦自宋臺建爲右衛將軍尋加侍中高祖受命於石頭登壇備法駕入宮晦領遊軍爲警備遷中領軍侍中如故以佐命功封武昌縣公食邑二千戶

王鎮惡爲高祖前部賊曹拒盧循於查浦累戰有功封博陸縣五等子高祖誅討劉毅加鎮惡振武將軍以討毅功封漢壽縣子食邑五百戶後爲征虜將軍領安西司馬馮翊太守遇害高祖受命追封龍陽縣侯食邑千五百戶配食高祖廟庭

檀韶字令孫行參高祖建武將軍事都邑既平爲鎮軍將軍加寧遠將軍東海太守進號建武將軍遷龍驤將軍秦郡太守北陳留内史以平桓玄功封巴江縣侯食邑五百戶又加寧朔將軍從征廣固攻臨朐城克之又領北琅邪太守進號寧朔將軍琅邪内史

從討盧循於左里又有戰功并論廣固功更封宜陽侯食邑七百戶高祖受命以佐命功增八百戶并前千五百戶及卒追贈安南將軍加散騎常侍

向彌爲寧遠將軍征破桓石等及攻壽陽克之遷建武將軍秦郡太守北陳留内史戍堂邑以平京城功封山陽縣五等侯又遷龍驤將軍梁國内史戍壽陽以平廣固盧循功封安南縣男食邑五百戶遷冠軍將軍高祖受命以佐命功封曲江縣侯食邑千戶

劉懷愼爲振威將軍彭城内史從高祖拒盧循於石頭屢戰克捷加輔國將軍晉安帝義熙八年以本號

監北徐州諸軍事鎭彭城壽加徐州刺史九年亡命
王靈秀爲寇討平之十一年進北中郎將以平廣固
盧循功封南城縣男食邑五百戶十三年高祖北伐
以爲中領軍征虜將軍高祖遷都壽春留懷愼督北
徐兗青淮北諸軍事前將軍征虜將軍徐州刺史永
初元年以佐命功進爵爲侯增邑千戶進號平虜將
軍

劉榮祖者懷愼之庶長子也榮祖領偏師追躡盧循
累有戰功參太尉軍從討司馬休之會賊破走加振
威將軍尋參世子征虜軍事高祖北伐轉鎭西中兵

參軍寧遠將軍與朱超石大破魏軍於平城又攻劉
度壘克之高祖大享戰士謂榮祖曰卿以寡克衆攻
無堅城雖古名將何以過此轉爲太尉中兵參軍加
建威將軍後轉右軍將軍時居父艱起爲輔國將軍
追論平城之功賜爵都鄉侯

劉孫登爲巴陵王鎭兵參軍北伐南征功冠諸將封
順陽縣侯食邑六百戶

劉粹爲車騎中軍參軍從高祖征廣固戰功居多以
建義功封西安縣五等侯後遷左衛將軍以佐命功
臣封建安縣侯食邑千戶

孟懷玉爲建武司馬高祖東伐豫義旗從平京城進
定京邑以功封鄱陽縣侯食邑千戶又轉輔國將軍
鎭丹陽府兵戍石頭盧循逼京邑懷玉於石頭南岸
連戰有功爲中軍諮議參軍及循平封陽豐縣男食
邑三百五十戶

孟龍符爲高祖建武參軍於江乘羅落覆舟三戰並
有功參鎭軍事封平昌縣五等子加寧遠將軍

劉敬宣爲寧朔將軍大敗吳賊進平會稽加臨淮太
守遷後軍從事中郎

檀祗爲振武將軍追討桓玄每戰克捷又征亡命桓

道兒張靖苻嗣等皆悉平之除龍驤將軍

朱齡石爲輔國將軍巴西梓潼宕渠南漢中秦州之
安固懷寧六郡諸軍事以平蜀功封豐城縣侯食邑
千戶

毛修之爲右司馬南河河內二郡太守行西州事戍
雒陽修治城壘高祖旣至案行善之賜衣服玩好當
時評直二千萬

孫處字季高爲振武將軍高祖廣固之後先登有功
又破盧循所殺萬人及卒追贈龍驤將軍南海太守
封侯官縣侯食邑千戶

蒯恩爲寧遠將軍擊破應城賊張堅封都亭侯又爲太尉長史兼行參軍隨朱齡石伐蜀破賊進平成都擢爲參軍改封北至縣五等男恩自從征討每有危急輒率先諸將嘗陷堅破陣高祖録其前後功勞封新寧縣男食邑五百戸

劉鍾爲鎭軍參軍時桓歆寇歷陽高祖遣鍾助豫州刺史魏詠之討之歆卽奔逆除南齊國内史封安縣五等侯自陳情事改塟父祖及親屬十喪高祖厚加資給轉騎長史又從征廣固時孟龍符陷没鍾率左右直入取其尸而反除振武將軍中參軍代龍符領

廣固太守又隨劉藩追徐道覆於始興斬之補太尉行參軍寧朔將軍下邳太守代孟懷玉領石頭戍事後隨朱齡石伐蜀爲前鋒平成都又以征廣固功封永新縣男食邑五百戸遷給事中太尉參軍事龍驤將軍高陽伯高祖北伐劉鍾居守增其兵功又命府置從事荆州刺史劉道憐獻名馬三匹并精麗乘車高祖悉以賜鍾三子

虞丘進初隨謝玄討苻堅有功封關内侯從高祖征孫恩頻戰有功又從平京城定京邑除燕國内史又從征劉毅事平補太尉行參軍尋加龍驤將軍高祖以其前後功封望蔡縣男食邑五百戸加振威將軍討司馬休之又有戰功軍還除輔國將軍及卒追論討休之功進爵爲子增邑三百戸

胡藩初參高祖軍事討盧循於左里頻戰有功封吳平縣五等子除正員郎後爲寧朔將軍以平司馬休之及廣固功封陽山縣男食邑五百戸

庾登之爲高祖鎭軍參軍以預討桓玄功封曲江縣五等男

王準之參高祖車騎中軍事預討盧循功封都亭侯

沈叔任初爲高祖太尉參軍朱齡石之伐蜀爲齡石

建威府司馬加建威將軍平蜀之功亞於元帥蜀平卽本號爲西夷校尉巴西梓潼郡太守高祖討司馬休之齡石遣叔任率軍來會時高祖領鎭西將軍命爲司馬及軍還以爲揚州别駕從事史以平蜀全涪之功封寧新縣男食邑四百四十戸

栁叔仁爲梁州刺史黄門郎以破臧質功封宜陽侯食邑八百戸

沈璞爲宣威將軍守盱眙後魏攻之璞堅守拒退太祖嘉璞功効遣中使褒美詔曰近者險急老弱殊當憂迫念卿爾時難爲心想百姓轉已還此退部運尋

至委鄉贍濟也

劉道錫爲廣威將軍巴西梓潼二郡太守爲氐羌所攻道錫保城固守太祖下詔曰前者兵寇攻逼邊情波駭道錫奬率文武盡心固守保全之績厥効可書可冠軍諮議參軍

蕭思話爲寧朔將軍太祖元嘉十四年遷使持節臨川王義慶平西長史南蠻校尉太祖賜以弓琴手勅曰前得此琴云是舊物亦有名京邑今以相借因是戴顒意於彈撫響韻殊勝宜爾也并往得桑弓一張材理乃良先所嘗用既久廢射又多病略當能制之

便戎老公令人嘆息良材美器宜在盡用之地丈人乱無所與讓也及元凶殺立以爲徐兗二州刺史思話即率部曲還彭城起義以應世祖及即位徵爲散騎常侍尚書左僕射固辭不受改爲中書令丹陽尹常侍如故

趙倫之爲雍州刺史世祖北伐倫之遣順陽太守傅弘之等破姚泓於藍田及帝受命以佐命功封霄城縣侯

王謙之世祖初歷驍騎將軍御史中丞吳興太守以南下之功封石陽縣子食邑五百戸

柳元景河東人爲冠軍司馬世祖討元凶加冠軍將軍爲前鋒世祖至新亭即位以元景爲侍中領左衛將軍轉使持節監雍梁南北秦四州荆州之竟陵隨二郡諸軍事前將軍寧蠻校尉雍州刺史帝在巴口問元景事平何所欲對曰若有過恩願還鄉里故有此授

張興世爲南中郎參軍督護入討元凶爲前鋒事定轉員外將軍領從隊南郡王義宣反又隨王玄謨出梁山有戰功除建平王中軍行參軍領長刀

顔師伯爲寧遠將軍東陽太守臧質反領兵以備東

道事寧領步兵校尉領前軍將軍從御史中丞遷侍中世祖以其伐逆寧亂復下詔封平都縣子遷右衛將軍又爲持節督青冀二州徐州之東安莞兗州之濟北三郡諸軍事輔國將軍擊魏師大破之進號征虜將軍

劉延孫爲鎭軍將軍南徐州刺史延孫遣中兵參軍杜幼文率軍渡江受沈慶之節度討竟陵王誕進號車騎將軍加散騎常侍給鼓吹一部

卜天生爲西陽王子尚撫軍參軍加龍驤將軍隷沈慶之攻廣陵城天生推車塞塹率數百人先登西北

角徑至城上賊爲重柵斷攻道苦戰移日不拔乃還世祖詔曰天生始受戎任甫造寇壘而投輪越壍率果先騰驍壯之氣嘉嘆無已可且賜布千疋以厲衆較

劉秀之爲寧遠將軍西戎較尉元凶弑逆秀之聞問即日起兵事寧遷寧朔將軍益州刺史及南譙王義宣據荊州爲逆秀之遣中兵參軍韋山松襲江陵進號征虜將軍以起義功封康樂縣侯食邑六百戶

顧彬之爲寧朔將軍世祖入討元凶劭彬之受竟陵王誕節度誕遣參軍劉季之與彬之并勢自頓西陵

以爲後繼劭遣將軍華欽庾導東討與彬之弟相逢於曲阿之奔牛塘路甚狹左右皆悉入菰葑彬之軍人多齎藍屐於葑中夾射之欽等大敗事平彬之封陽新縣侯食邑千戶季之零陽縣侯食邑五百戶

沈慶之爲步兵較尉自太祖北伐時亡命司馬黑石廬江叛吏夏侯方進在西陽五水誑動羣蠻自淮汝至于江沔咸罹其患帝遣慶之督諸將討之及世祖踐祚以慶之爲領軍將軍加散騎常侍尋出爲南兗州刺史鎮盱眙帝伐逆定亂思將帥之功下詔封慶之南陽縣公食邑三千戶又魯爽反慶之討平之進號鎮北大將軍督青冀幽三州給鼓吹一部及竟陵王誕據廣陵反以慶之爲車騎大將軍既平誕進司空固讓於是與柳元景並依晉密陵侯鄭袤故事朝會慶之位次司空元景在從公之上給衛吏五十人門施行馬慶之以郡公就第每從遊幸及校獵據鞍陵厲不異少壯太子妃上世祖金鏤匕箸及杅杓帝以賜慶之曰卿辛勤匪殊歡宴宜等且觴酌之賜宜以大夫爲先也前廢帝即位賜慶之几杖給三望車一乘

劉勔爲寧遠將軍自太祖元嘉末蕭簡據廣州爲亂

勔討之以功封大亭侯世祖大明初劉道隆請爲寧朔司馬竟陵王誕據廣陵爲逆勔隨道隆受沈慶之節度事平封金城縣五等侯除西陽王子尚撫軍先是遣費沈伐陳檀不克乃除勔爲龍驤將軍既至進討隨宜翦定還除新安王子鸞撫軍中兵參軍太宗即位加寧朔將軍及江州刺史晉安王子勛爲逆四方響應豫州刺史殷琰反叛徵勔還都假輔國將軍率衆討破琰除輔國將軍廣州刺史

柳光世爲左將軍直閣太宗定亂以參謀功爲右衛將軍封開國縣侯食邑千戶

殷孝祖爲積射將軍世祖初累與魏軍戰頻大破之還授太子旅賁中郎將加龍驤將軍又竟陵王誕據廣陵爲逆孝祖攻誕有戰功遷西陽王子尚撫軍寧朔將軍廢帝景和初以本將軍督兗州諸軍事兗州刺史太宗即位四方反叛徵之孝祖棄妻子率文武還都進號冠軍假節督前鋒諸軍事因遣向虎檻拒對南賊御仗先有諸葛亮筩袖鎧帽二十五石弩射之不能入帝悉以賜孝祖

吳喜假建武將軍時太宗初即位四方反叛喜所至克捷遷步兵校尉封竟陵縣侯食邑千戶又遷輔國

將軍平定荊州遷前軍將軍增邑三百戶

沈攸之爲寧朔將軍尋陽太守破南賊於赭圻太宗尋假攸之節進號輔國將軍代殷孝祖督前鋒諸軍事尋克赭圻遷使持節督雍梁南北秦四州郢州之竟陵諸軍事冠軍將軍領寧蠻校尉雍州刺史又進平尋陽徙監郢州諸軍事前將軍郢州刺史持節如故不拜遷中領軍封貞陽縣公食邑二千戶

王玄謨爲領軍將軍太宗即位四方反叛以玄謨爲大統領水軍南討以脚疾聽乘輿出入尋除大將軍江州刺史副司徒建安王於赭圻賜以諸葛亮筩袖鎧

黄回爲龍驤將軍攻合肥破之太宗以其功封葛陽縣男食邑二百戶後廢帝時以屯騎校尉討桂陽王休範事平轉驍騎將軍加輔國將軍進爵爲侯封聞喜縣後遷冠軍將軍率軍將討建平王景素平之增邑五百戶進號征虜將軍加散騎常侍

彭文之爲龍驤將軍以討建平王景素功封葛陽縣男食邑三百戶

任農夫爲彊弩將軍太宗初以東討功封廣晉縣子食邑五百戶東土平定又南討增邑二百戶爲左將

軍討桂陽王休範以戰功改封房陵縣侯增邑千戶幷前千七百戶

高道慶以軍校平桂陽王休範功封樂安縣男食邑三百戶

南齊蕭赤斧宋孝武時爲軍主竟陵王誕反廣陵隸沈慶之圍廣陵城攻戰有勳事寧封永安亭侯食邑三千七百戶至世祖時爲左衛將軍親遇與寧朔將軍蕭景先相比封南豐縣伯邑四百戶

王廣之宋明帝泰始初爲寧朔將軍北征沈文秀其長廣太守劉桃根棄城走軍還封安蠻縣子邑三百

戶後爲冠軍將軍討朱建平先登京口改封寧都縣子邑五百戶太祖卽位爵侯食邑爲千戶

張懷爲驍騎將軍沈攸之事起劉秉弟遐聚衆治攻具懷部曲斬遐獻捷太祖卽授輔國將軍吳郡太守封懷義成縣侯邑千戶建元元年增邑二百戶尋改封平都遷侍中加領步兵校尉

垣崇祖爲遊擊將軍使持節監豫司二州諸軍事魏軍寇壽春崇祖召文武議當用謀以制之堰淝水爲險魏衆攻城人馬溺死數千大衆皆退走初崇祖在淮陰見太祖自比韓信白起咸不信唯太祖獨許之

崇祖再拜奉旨及破虜啟上太祖請朝臣日崇祖許爲我制虜果如其言且嘗自擬韓白今眞其人也進爲都督號平西將軍增封千五百戶崇祖聞陳顯達李安民皆增給軍儀啟上求鼓吹橫吹太祖敕曰韓白何可不與衆異乃給鼓吹一部

張敬兒爲輔國將軍持節都督雍梁二州郢司二郡軍事沈攸之事起敬兒遣使告變太祖大喜進號鎭軍將軍加散騎常侍改爲都督給鼓吹一部

王敬則爲冠軍將軍沈攸之事起太祖入守朝堂袁粲起兵召領軍劉韞直閤將軍卜伯興等於宮內相應戒嚴將發敬則開關掩襲皆殺之殿內竊發盡平敬則之力也遷右衛將軍增封爲二千五百戶尋又加五百戶齊臺建爲中領軍建元元年出爲使持節散騎常侍都督南兗兗徐青冀五州軍事平北將軍南徐州刺史封尋陽郡公邑三千戶加敬則妻懷氏爵爲尋陽國夫人遷護軍常侍如故以家爲府以改葬去職詔贈敬則母尋陽國公太夫人改授侍中撫軍將軍太祖遺詔敬則以本官領丹陽郡尹尋遷爲使持節散騎常侍都督會稽東陽新安臨海永嘉五郡軍事會稽太守世祖永明二年給鼓吹二部

陳顯達爲冠軍將軍沈攸之事起顯達遣軍援臺攸之平除左衛將軍轉前將軍太祖太尉左司馬齊臺建爲散騎常侍左衛將軍領衛尉太祖卽位遷中護軍增邑千六百戶轉護軍將軍顯達啟讓帝曰朝廷爵人以序卿忠謂發萬里進誓如期雖屠城殄國之勳無以相加此而不賞典章何在若未必宜爾吾終不忘授於卿數士意同家人豈止於君臣耶世祖永明八年遷侍中鎭軍將軍尋加中領軍出爲使持節散騎常侍都督江州諸軍事征南大將軍江州刺史給鼓吹一部後遷車騎將軍開府預廢欝林之勳爲

司空進爵爲公甲仗五十人入殿明帝卽位進太尉侍中如故改封鄱陽郡公加兵二百人給油絡車

劉懷珍爲左將軍沈攸之圍郢城懷珍遣建寧太守張謨等破賊前鋒進平南將軍增督南豫北徐二州增邑爲千戶

李安民爲冠軍將軍南兗州刺史沈攸之反太祖召安民以本官鎭白下治城隍加征虜將軍進軍西討又進前將軍行至溢城沈攸之平仍授督郢州司州之義陽諸軍事郢州刺史又遷左衛將軍領衛尉太祖卽位爲中領軍封康樂侯邑千戶尋爲領軍將軍

魏兵寇壽春至馬頭詔安民出征加鼓吹一部

垣榮祖爲驍騎將軍太祖以預佐命勳封將樂縣子邑三百戶

周山圖宋明帝時爲殿中將軍時四方反叛僕射王或舉山圖將領明帝呼與語甚悅使領百舸爲前驅擧軍主佼長生等攻破賊湖白鵠折二城除員外郎加振武將軍預平濃湖追賊至西陽還明帝賞之賜死西宅一區沈攸之事起世祖爲西討都督啓山圖爲軍副山圖斷取行旅船板以造樓櫓立水柵旬日皆辦世祖甚嘉之授前將軍加寧朔將軍進號輔國將軍攸之攻城世祖令山圖量其形勢攸之旣敗太祖遣山圖領部曲鎭京城鎭戍悉受節度遷游擊將軍太祖建元元年封晉興縣男邑三百戶後轉黃門郎領羽林四廂直衛及疾帝手勑參問遣醫給藥以世祖永明元年卒召賜朝服一具衣一襲

呂安國爲建威將軍宋明帝泰始中征殷琰於壽春安國與輔國將軍垣閎屯據城南於是衆軍繼至安國勳第一封彭澤縣男未拜改封鍾武縣加邑爲四百戶後爲征虜將軍沈攸之事起太祖以安國爲湘州刺史府任侯伯行湘州事侯伯與黃回袁粲謀石

頭事太祖令安國至鎭收侯伯誅之尋進號前將軍建元元年進爵增邑六百戶

薛淵爲輔國將軍沈攸之之難太祖入朝堂淵率軍赴難及太祖卽位增邑爲二千五百戶加寧朔將軍

戴僧靜爲游擊將軍預平沈攸之太祖論封諸將以僧靜爲興平縣侯邑千戶及卽位增邑千二百戶

桓康爲冠軍將軍太祖時康於淮陽大破魏軍以康爲持節督青冀二州東徐之東莞瑯邪二郡朐山戍北徐之東海連口戍諸軍事世祖卽位轉驍騎將軍卒詔曰康昔預南勳倍深惻愴凶事所須厚加斷理

曹虎爲屯騎校尉預平石頭功封羅江縣男除前軍將軍太祖受禪增邑爲四百戶

蕭景光爲世祖征虜府司馬領新蔡太守隨鎮盆城沈攸之事平還都除寧朔將軍太祖即位遷太子左衛率封新吳縣伯邑五百戶出爲持節督司州軍事寧朔將軍時魏軍出淮泗景光先斷塞關隘魏軍退進號輔國將軍後爲征虜將軍丹陽尹卒詔賻錢十萬布二百疋贈侍中征北將軍南徐州刺史給鼓吹一部

崔慧景爲西戎校尉梁南秦二州刺史攻擊烏奴大

敗之世祖以慧景進號冠軍將軍

裴叔業爲寧朔將軍時魏軍圍徐州叔業攻魏栅外二城克之明帝以叔業有勳勞封武昌縣伯五百戶

蕭坦之爲右衛將軍督徐州征討軍事魏軍圍鍾離坦之擊破之還遷領軍將軍後加右將軍督衆軍討始安王遥光屯湘宮寺事平遷尚書右僕射丹陽尹進爵爲公增邑千戶

沈文季爲冠軍將軍督吳錢塘軍事沈攸之反文季收殺攸之宗族太祖加文季持節進號征虜將軍封畧陽縣侯邑千戶至明帝時加散騎常侍建武二年魏軍寇壽春詔文季領兵鎮壽春魏軍尋退增封爲千九百戶尋加護軍將軍

張沖爲冠軍將軍都督青冀二州北討諸軍事東昏時魏軍攻司州沖軍主杜僧護力戰大破之遷盧陵王北中郎將司馬加冠軍將軍

冊府元龜

冊府元龜

巡按福建監察御史臣李嗣京　訂正
新建縣舉人　臣戴國士叅閱
知建陽縣事　臣黃國琦較釋

將帥部 四十一

褒異第六

梁王茂爲寧朔將軍江夏內史宋順帝時魏軍圍司州茂從高祖拒之大破魏將王肅等遷輔國將軍復爲驃騎將軍都督江州諸軍事薨於州高祖甚悼惜之賻錢三十萬布三百疋詔贈侍中太尉加班劒三

十人鼓吹一部

曹景宗爲屯騎校尉齊明帝時魏主拓䟦宏逼赭陽以景宗爲偏將每衝堅陷陣輒有斬獲以勳除游擊將軍高祖即位景宗爲冠軍王茂濟江圍郢城及高祖入頓新城復與衆軍長圍六門城平拜散騎常侍右衛將軍封湘西縣侯食邑二千六百戶仍遷持節都督郢司二州諸軍事左衛將軍郢州刺史天監元年進號征西將軍改封竟陵縣侯後爲右將軍擊破魏大將楊大眼諸城獻捷高祖振旅凱入增封四百戶并前爲二千戶進爵爲公詔拜侍中領軍給鼓吹一部七年遷侍中中衛將軍江州刺史赴任卒於道詔贈錢二十萬布三百疋追贈征北將軍雍州刺史開府儀同三司

柳慶遠爲冠軍將軍征東長史從高祖軍東下身先士卒建康城平入爲侍中領前軍將軍霸府建以爲太尉從事中郎高祖受禪遷散騎常侍右衛將軍加征虜將軍封重安侯食邑千戶天監二年遷領軍改封雲杜侯四年加使持節都督雍州南北秦四州諸軍事征虜將軍寧蠻校尉雍州刺史高祖餞於新亭謂曰卿衣錦還鄉朕無西顧之憂矣十年遷侍中領

軍將軍給鈇鉞幷鼓吹一部十二年遷安北將軍寧蠻校尉雍州刺史卒贈開府儀同三司喪還都武帝親出臨之

蕭穎胄齊和帝時爲鎭軍將軍荆州刺史及義師之起穎胄遣軍拒巴東太守蕭璝等而高祖已平江郢圖建康穎胄卒和帝贈穎胄丞相及高祖受禪詔追封巴東郡開國公食邑三千戶

蕭穎達爲冠軍將軍率師隨高祖圍郢城高祖已平江郢及建康城以穎達爲前將軍丹陽尹高祖受禪穎達遷散騎常侍及大論功賞封穎達吳昌縣侯邑

五百戶尋為大中改封祚唐侯縣邑如前遷征虜將軍後轉散騎嘗侍左衛將軍俄復為侍中衛尉卿出為信威將軍豫章內史秩中二千石頃之入遷信武將軍右衛將軍卒車駕臨哭給東園祕器朝服一襲錢二十萬布二百疋追贈侍中中衛將軍鼓吹一部

蔡道恭齊和帝時為右衛將軍巴西太守會休烈等自巴蜀連兵寇上明以道恭持節督西討諸軍事破休烈等降於軍門以功遷中領軍固辭不受出為使持節右將軍司州刺史高祖天監初論功封漢壽縣伯邑七百戶號平北將軍

楊公則齊世祖時為寧朔將軍扶風太守頃之荊州刺史巴東王子響搆亂公則率師進討事平遷武寧太守和帝即位授持節都督湘州諸軍事時高祖平郢城公則東下湘部諸軍多未賓從及公則還州然後諸屯聚並散天監元年進號平南將軍封寧都縣侯邑一千五百戶

鄧元起初為齊弘農太守平西軍事時西陽馬榮率緣江寇抄刺史蕭遙欣使元起率衆討平之遷武寧太守後加冠軍將軍率衆與高祖會于夏口高祖命元起圍郢城擊敗張沖和帝即位授冠軍將軍平越中郎將廣州刺史遷給事黃門侍郎移鎮南塘西諸軍事齊和帝中興元年七月郢城降以本號為益州刺史仍為前軍先定尋陽及大軍進至京邑元起築壘於建陽門與王茂曹景宗等合長圍建康城平進號征虜將軍天監初封當陽縣侯食邑二千二百戶又進號左將軍

張弘策為輔國將軍督後部軍事西臺建為步兵校尉遷車騎諮議參軍高祖入頓石頭弘策屯門禁衛城平高祖遣弘策先入清宮弘策申勒部曲秋毫無犯遷衛尉卿加給事中天監初加散騎嘗侍洮陽縣

侯邑一千二百戶

庾域為寧朔將軍從高祖平郢城霸府初開以為諮議參軍天監初封廣牧縣子後軍司馬出為寧朔將軍巴西梓潼二郡太守魏騎兵進襲巴西城固守百餘日魏軍退詔增封二百戶

鄭紹叔為衛尉卿冠軍將軍時魏軍圍合肥紹叔以本號督衆軍鎮東關事平復為衛尉移鎮關南持節征虜將軍司州刺史後徵為左將軍加通直散騎嘗侍領司豫二州大中正紹叔至家疾篤詔於宅拜授輿載還府中使醫藥一日數至尋卒於府舍高祖將

臨其殯紹叔宅巷狹陋不容輿駕乃止詔贈散騎常侍護軍將軍給鼓吹一部東園秘器衣一襲朝服一具凶事所須隨綠資給

呂僧珍爲輔國將軍步兵校尉從高祖平郢城進僧珍爲前鋒既平建康城高祖命僧珍率所領先入清宮郎日以本官帶南彭城太守遷給事黃門侍郎領武賁中郎將高祖受禪以爲冠軍將軍前軍司封平固縣侯邑一千二百戶天監四年大舉北伐五年命僧珍率羽林勁勇出梁城其年冬以左衛將軍領太子中庶子僧珍去家久表求拜墓高祖欲榮之使爲

本州乃授使持節平北將軍南兗州刺史及疾病高祖車駕臨幸中使醫藥日有數四既卒高祖即日臨殯詔贈驃騎將軍開府儀同三司常侍鼓吹侯如故給東園秘器朝服一具衣一襲喪事所須隨綠備辦高祖痛惜之言爲流涕

柳惔齊和帝時爲侍中領軍將軍高祖之鎭襄陽爲惔祖道帝解玉環贈之天監二年元會帝謂曰卿所佩玉環是新亭所贈耶對曰既而瑞感神衷臣謹服之無斁帝因勸之酒惔時未卒爵帝曰吾嘗比卿劉越石近辭卮酒邪罷會封曲江縣侯邑千戶後出爲使持節安南將軍湘州刺史卒于州高祖爲素服舉哀贈侍中撫軍將軍給鼓吹一部

柳悅者惔之弟也齊和帝時爲冠軍將軍南平太守從高祖平郢州高祖踐祚以悅爲五兵尚書領驍騎將軍論建義功封丹陵伯邑七百戶

韋叡爲輔國將軍豫州刺史領歷陽太守高祖詔叡豫州之衆擊魏軍所獲軍資牛馬不可勝紀以功增封七百戶進爵爲侯天監十七年爲散騎常侍護軍將軍尋給鼓吹一部入直殿省及卒高祖即日臨哭甚慟賜錢十萬布二百疋東園秘器朝服一具衣一

襲喪事取給於官遣中書舍人監護贈侍中車騎將軍開府儀同三司

王珍國齊明帝時爲輔國將軍會稽太守王敬則反珍國率衆距之敬則平遷寧朔將軍高祖義師起以功授右衛將軍後遷護軍將軍通直散騎常侍丹陽尹卒詔贈車騎將軍給鼓吹一部贈錢十萬布百疋

馬仙琕爲振遠將軍時朐山民殺琅邪太守劉晰以城降魏高祖詔仙琕討之魏徐州刺史盧昶以衆十餘萬赴馬仙琕與戰累破之振旅還京師遷太子左衛率進爵爲侯增邑六百戶

馮道根爲曉騎將軍封增城縣男南梁太守高祖天監二年魏將黨德宗率衆奄至城下道根戰敗之遷輔國將軍六年魏攻鍾離詔道根爲前驅魏軍敗績進爵爲伯改封豫寧縣八年拜豫州刺史領汝陰太守後徵爲散騎常侍左軍將軍卒於官是日輿駕春祠二廟及出宮有司以聞帝問中書舍人朱异曰吉凶同日今可行乎對曰昔柳莊寢疾衛獻公當祭請尸曰有臣柳莊非寡人之臣社稷之臣也聞其死請往不釋祭服而往遂以禭之道根雖未爲社稷臣亦有勞王室臨之禮也帝即駕幸其宅哭之甚慟

裴邃齊東昏時爲輔國將軍廬江太守時魏將呂頗率衆五萬奄來攻郡邃麾下距破之加右將軍又征邵陽洲擊魏衆大破之以功封夷陵縣子邑三百戶遷將軍長史高祖時累遷至宣毅將軍大軍北伐以邃督征討諸軍事卒於軍中追贈侍中左衛將軍給鼓吹一部進爵爲侯增邑七百戶

裴之横爲河東內史隨王僧辯拒侯景於巴陵景退遷持節平北將軍東徐州刺史中護軍封豫章侯邑二千戶

夏侯亶爲中護軍與湛僧智襲破魏軍於淮肥以亶爲使持節都督豫州緣淮南豫霍義定五州諸軍事雲麾將軍大通二年進號平北將軍三年卒高祖聞之即日素服舉哀贈車騎將軍

蘭欽爲東宮直閤大通初都督衡州三郡兵討平桂陽陽山始興叛蠻封安懷縣男邑五百戶又以魏將范跋滕寇襄陽仍勅赴援除持節督南梁北秦沙四州軍事光烈將軍平西校尉南秦二州刺史增封五百戶進爵爲侯破降魏梁州刺史元羅梁漢底定進號智武將軍增封二千戶後爲安南將軍廣州刺史卒詔贈侍中中衛將軍鼓吹一部

王僧辯爲征東將軍江州刺史大破侯景衆世祖加僧辯侍中尚書令征東大將軍給鼓吹一部後既平湘州旋于江陵因被詔督衆軍西討督舟師二萬輿駕出天居寺餞行及爲鎮軍將軍破北齊文宣衆振旅于建業承聖三年二月甲辰詔曰贊俊遂賢稱于秦典自上安下聞之漢制所以作協台曜俯佐弘圖使持節侍中司徒尚書令都督揚南徐東揚三州諸軍事鎮衛將軍揚州刺史永寧郡開國公僧辯器宇凝淨風格詳遠行爲士則言表身文學貫九流武該七略頃歲征討自西徂東師不疲勞民無怨讟王業

艱難實兼夷險宜其褒此中台膺茲上將寄之經野賛我朝猷可太尉車騎大將軍

杜崱爲武州刺史封枝江縣侯隨領軍王僧辯東討侯景至巴陵景遁加侍中進爵爲公仍隨僧辯追景至石頭景敗崱入據臺城景平加散騎常侍江州刺史卒詔曰崱京兆舊姓元凱苗裔家傳學業世載忠貞自驅傳江滸政號廉能推轂淺源實聞清靜奄致殞喪惻愴于懷可贈車騎將軍加鼓吹一部謚曰武

杜龕崱第二兄岑之子也爲忠武將軍大破侯景景遂東奔論功爲最授平東將軍東揚州刺史益封一

千戶

陳杜僧明梁元帝時爲陵野將軍從侯景遣于慶等寇南江高祖頓豫章命僧明爲前驅所向克捷高祖表僧明爲長史仍隨東討軍至蔡州僧明率麾下燒賊水門大艦及景平以功除員外散騎常侍明威將軍南兗州刺史進爵爲侯增邑并前五百戶領晉陵太守元帝承聖二年從高祖北圍廣陵加使持節遷通直散騎常侍平北將軍餘如故荊州陷高祖使僧明率吳明徹等隨侯瑱西援於江州病卒贈散騎常侍世祖即位追贈開府儀同三司天嘉二年配享高祖廟廷子晉嗣

周文育爲雄信將軍隨侯景將王伯醜據豫章文育擊走之遂據其城累前後功除游擊將軍員外散騎常侍封連邐縣侯邑五百戶高祖軍至白茅灣命文育與杜僧明常爲軍鋒于南陵鵲頭諸城及至姑熟與景將侯子鑒戰破之景平授通直散騎常侍改封南夷縣侯邑千戶拜信義太守後除督南豫州諸軍事嶽威將軍率兵會高祖拒齊兵與徐嗣徽戰與白城嗣徽等退加平西將軍進爵壽昌縣公并給鼓吹一部

侯安都爲猛烈將軍隨高祖鎮京口除蘭陵太守高祖謀襲王僧辯諸將莫知者唯與安都定計安都既擒僧辯以功授使持節散騎常侍督南徐州諸軍事仁威將軍南徐州刺史及高祖與齊軍戰於幕府山命安都領步兵橫擊齊軍大敗以功進爵爲侯增邑五百戶給鼓吹一部又進號平南將軍改封曲江縣公仍督水軍討蕭勃頻戰克師還以功進號鎮北將軍加開府儀同三司至世祖時累封桂陽郡公及東陽太守留異叛奉詔東討異振旅而歸以功加侍中征北大將軍增邑并前五千戶

侯瑱梁元帝時爲武臣將軍隨都督王僧辯討侯景大敗其軍以功除南豫州刺史鎮于姑熟大敗齊將郭元建於東關除使持節鎮北將軍給鼓吹一部增邑二千戶高祖永定二年進位司空與領軍將軍徐度討王琳輿駕幸石頭親送瑱及世祖卽位進授太尉增邑千戶又爲西討都督與周將獨孤盛軍以功授使持節都督湘桂郢巴武沅六州諸軍事湘州刺史改封零陽郡公邑七千戶天嘉二年以疾表求還朝三月於道卒贈侍中驃騎大將軍大司馬加羽葆鼓吹一部班劍二十人給東園祕器其年九月配享

高祖廟庭

歐陽頠爲始興内史高祖之討蔡路養李遷仕也頠率兵渡嶺以助高祖及路養等平頠有功梁元帝承制以頠爲持節通直散騎常侍都督東衡州諸軍事雲麾將軍東衡州刺史新豐縣伯邑四百戶高祖永定三年增都督衡州諸軍事開府儀同三司世祖嗣位進號征南將軍改封陽山郡公邑一千五百戶又給鼓吹一部天嘉四年薨贈侍中車騎大將軍司空廣州刺史

吳明徹梁元帝時爲戎昭將軍安州刺史敬宗時初隨周文育討杜龕張彪等東道平授使持節散騎常侍安東將軍南兗州刺史封安吳縣侯高祖受禪拜安南將軍世祖時累遷中領軍廢帝卽位授領軍將軍尋遷丹陽尹及湘州刺史華皎陰有異志詔授明徹使持節都督湘桂武三州諸軍事安南將軍湘州刺史給鼓吹一部率兵討平皎授開府儀同三司進爵爲公孝宣太建元年授鎮南將軍四年徵爲侍中會朝議北伐公卿互有異同明徹決策請行五年詔加侍中都督征討諸軍事仍賜女樂一部總統衆軍十餘萬發自京師軍至秦郡剋其水柵齊遣大將軍

尉破胡將兵爲援明徹破走之秦郡乃降高祖以秦郡明徹舊邑詔具太牢令拜祠上冢文武羽儀甚盛鄉里以爲榮進剋仁州授征北大將軍進爵南平郡公增邑并前二千五百戶次平峽石岸二城進逼壽陽生擒齊將王琳詔加都督豫合建光朔北徐六州諸軍事車騎大將軍豫州刺史增封并前三千五百戶六年自壽陽入朝輿駕幸其第賜鍾磬一部米萬斛絹布二千疋七年進攻彭城軍又大破之八年進位司空

周鐵虎梁元帝時爲仁威將軍從王僧辯克定京邑平陸納於湘州以前後功進爵爲侯增邑并前五百

戶
程靈洗梁元帝時爲雲麾將軍禽賊帥趙乘乾以功授持節散騎常侍都督青冀二州刺史增邑并前一千戶敬帝時遷信武將軍助防京口及平徐嗣徽有功除南丹陽太守封遂安縣侯增邑并前一千五百戶高祖末討王琳於南陵破之以功授使持節都督南豫州緣江諸軍事信武將軍南豫州刺史世祖天嘉四年擊走周迪五年遷中護軍廢帝即位進號雲麾將軍華皎之叛也遣使招誘靈洗靈洗斬皎使以狀聞朝廷深嘉其忠增其守備給鼓吹一部又進攻

周沔州克之禽其刺史裴寛以功進號安西將軍改封重安縣公增邑并前二千戶光大二年卒贈鎮西將軍開府儀同三司宣帝大建四年詔配享高祖廟庭

程文季者靈洗之子也世祖天嘉中爲貞毅將軍鎮東府中兵參軍時陳寶應與留異連結世祖遣文季爲前鋒所向克捷戰功居多還轉府諮議參軍領中直兵孝宣太建二年爲豫章内史隨都督章昭達往荆州征蕭巋以功加通直散騎常侍安遠將軍增邑五百戶五年隨都督吳明徹圍壽陽每戰常爲前鋒齊人深憚之以功除散騎常侍明威將軍增邑五百戶

黄法氍爲信武將軍高祖永定二年王琳遣李欽樊猛余孝頃等攻周迪且謀取法氍法氍率兵援迪禽孝頃等三將進號宣毅將軍增邑并前一千戶給鼓吹一部又以拒王琳功授平南將軍開府儀同三司至孝宣大建五年爲征南大將軍與北伐都督吳明徹出秦郡大破齊軍以功加侍中改封義陽郡公邑二千戶其年遷都督合霍二州諸軍事增邑五百戶七年徙都督豫建光朔合北徐州六州諸軍事八年

薨贈侍中中權大將軍司空

淳于量梁元帝時爲信威將軍與都督王僧辯併力克平侯景承聖元年以功授左衛將軍謝沐縣侯邑五百戶高祖受禪受持節散騎常侍平西大將軍給鼓吹一部少帝光大元年爲持節征南大將軍西討大都督平華皎并降周將長湖公拓拔定等以功授侍中中軍開府儀同三司進封醴陵縣公增邑一千戶孝宣大建五年爲中護大將軍吳明徹之西伐也量贊成其事遣第六子岑率所領從軍淮南克定收封始安郡公增邑千五百戶

章昭達吳興武康人也高祖討王僧辯令世祖還長城僧辯既誅杜龕遣其將杜泰來攻長城世祖拒之命昭達總知城內兵事及泰退走因從世祖東進軍吳興以討龕龕平又從世祖東討張彪於會稽克之累功除明威將軍定州刺史天嘉元年追褒長城之功封欣樂縣侯邑一千戶尋隨侯安都等討平王琳昭達册勳第一二年除使持節散騎常侍都督巴武沅等州諸軍事智武將軍郢州刺史增邑并前五百戶尋進號平西將軍又詔征周迪於臨川敗走之徵爲護軍將軍給鼓吹一部改封邵武縣侯增邑并前

二千戶四年陳寶應納周迪復共寇臨川又以昭達爲都督討迪至東興嶺而迪退又討禽寶應遂克定閩中以功授前將軍開府儀同三司少帝即位遷侍中征南將軍改封邵陵郡公華皎之反也昭達又平之進號征南將軍增邑并前二千五百戶及歐陽紇據有嶺南詔昭達都督衆軍討平之以功進車騎大將軍遷司空孝宣大建三年薨贈大將軍增邑五百戶給班劔二十人四年配享世祖廟庭

胡穎梁敬帝太平元年爲仁威將軍兼丹陽尹高祖受禪兼左衛將軍永定三年隨侯安都征王琳於宮亭破賊帥常衆愛世祖嗣位除散騎常侍吳興太守其年六月卒贈侍中中護軍配享高祖廟庭

徐度梁元帝時爲寧朔將軍合州刺史侯景之亂每戰有功加通直散騎常侍封廣德縣侯邑五百戶遷散騎常侍高祖鎮朱方除信武將軍蘭陵太守高祖平王僧辯度與侯安都爲水軍敬帝紹泰元年高祖東討杜龕奉敬帝幸京口以度領宿衛并知留府事徐嗣徽等引齊寇濟江度隨衆軍破之於郊壇以功除信威將軍郢州刺史兼領吳興太守尋遷鎮右將軍徐州緣江諸軍事鎮北將軍南徐州刺史給鼓吹

一部世祖天嘉元年增邑千戶以平王琳功改封湘東郡公邑四千戶

徐敬成者度之子也世祖天嘉中爲湘東郡公隨章昭達征陳寶應晉安平除貞威將軍豫章太守敬帝時累遷貞威將軍吳興太守隨都督吳明徹北討以功加通直散騎常侍雲旗將軍增邑五百戶又進號壯武將軍安州刺史卒贈散騎常侍

杜稜梁元帝時爲仁威將軍高祖東征杜龕留稜居守綏撫士卒未嘗解甲帶賊平以功除通直散騎常侍右衛將軍丹陽尹世祖即位以預建立之功改封

永城縣侯增邑五百戶
徐世譜梁元帝時爲散騎常侍領水軍從司徒陸法和討侯景大敗景軍以功除使持節信武將軍信州刺史封魚復縣侯邑五百戶仍隨王僧辯東下常爲軍鋒又破景將侯子監於湖熟侯景平後以功除衡州刺史增邑并前一千戶高祖永定二年遷護軍將軍世祖嗣位加特進號右將軍天嘉元年增邑百戶
周敷梁元帝時爲武侯將軍周祖受禪王琳據有上流熊曇朗殺周文育據豫章敷與周廸黃法𣰰等進兵圍曇朗屠之王琳平授散騎常侍平西將軍豫章

太守世祖天嘉二年詣闕進安西將軍給鼓吹一部賜以女伎金帛令還鎮豫章
荀朗梁元帝時爲安南將軍高祖入輔朗與侯安都等大破齊軍高祖即位賜爵興寧縣侯邑二千戶世祖即位又與安都拒王琳琳平遷使持節安北將軍散騎常侍都督霍晉合三州諸軍事天嘉六年卒贈豫州刺史
陳惠紀世祖時爲明威將軍副司空章昭達征蜀城都督於荊州燒青泥船艦少帝即位以功除持節通直散騎常侍宣遠將軍豊州刺史增邑并前一千戶
韋載梁元帝時爲建威將軍尋陽太守隨都督王僧辯東討侯景載率太原高塘新蔡三郡兵與僧辯會于梁山景平除冠軍將軍瑯邪太守
韓子高世祖元嘉二年爲壯武將軍隨侯安都征留異平之除假節貞毅將軍東陽太守五年章昭達等自臨川征晉安子高自安泉嶺會于建安晉安平以功遷通直散騎常侍進爵爲伯增邑并前四百戶
陸子隆世祖時爲明威將軍隨都督章昭達討周廸大破賊徒晉安平以功最多遷假節督武州諸軍事尋改封朝陽縣伯邑三百戶

錢道戢爲輕車將軍孝宣初以步軍都督討歐陽紇之亂紇平除左衛將軍太建二年隨章昭達征蕭巋攻安蜀城降之以功加散騎常侍仁威將軍增邑并前九百戶又授使持節都督郢巴武三州諸軍事王師北討道戢與儀同黃法𣰰圍歷陽城既平因以道戢鎮之以功加雲麾將軍增邑并前一千一百戶
裴忌高祖時爲左衛將軍世祖天嘉初出爲持節南康內史時義安太守張紹賓據郡反世祖以忌爲持節都督嶺北諸軍事率衆討平之除散騎常侍司徒左長史

孫瑒吳郡人也爲戎昭將軍梁元帝時從王僧辯討侯景力戰有功除員外散騎常侍封富陽縣侯邑一千户又遷衡州平南府司馬破黄洞蠻賊有功除東莞太守高祖受禪遷安西將軍郢州刺史世祖即位授使持節散騎常侍安南將軍湘州刺史請入朝徵爲侍中領軍未拜而世祖從容謂瑒曰昔朱買臣願爲本郡卿豈有意乎仍改授持節安東將軍吳郡太守給鼓吹一部及將之鎮乘輿幸近畿餞送鄉里榮之至後主時爲五兵尚書領右軍以年老累乞骸骨優詔不許禎明元年卒官後主臨哭盡哀贈護軍將軍侍中如故給鼓吹一部朝服一具衣一襲喪事量

加資給

司馬申梁元帝時爲開遠將軍王僧辯之討陸納也申在軍中于時賊衆奄至左右披靡申躬蔽僧辯蒙楯而前賊乃退除散騎侍郎至高祖天嘉中累遷員外散騎常侍後主時始興王叔陵之肆逆也事既不捷出據東府申馳召右衛蕭摩訶帥兵先至追斬之因入城中收其府庫後主深嘉之以功除太子左衛率封文始伯邑四百户

蕭摩訶世祖時爲巴山太守至孝宣太建五年衆軍北伐摩訶隨都督吳明徹濟江攻秦郡仍擊退齊師以功授明毅將軍員外散騎常侍封廉平縣伯邑五百户尋進爵爲侯轉太僕卿七年又隨明徹進圍宿豫擊走齊將王康德以功除晉熙太守九年明徹進圍宿軍吕梁與齊人大戰摩訶率七騎先入齊衆大潰以功授持節武毅將軍譙州刺史及後主時始興王叔陵爲逆摩訶勒兵追斬之以功授散騎常侍車騎大將軍封綏遠郡公邑三千户叔陵素所蓄聚金帛累巨萬後主悉以賜之尋改授侍中驃騎大將軍加左光祿大夫舊制三公黄門閣聽事置鴟尾後主

特詔摩訶開黄閤門施行馬聽事寢堂並置鴟尾

樊毅梁末爲假節威戎將軍右中郎將代兄俊爲梁興太守領三州遊軍隨宜豐侯蕭循討陸納於三州力戰斬千餘級擊鼓申令衆乃退以功授持節通直散騎常侍貞威將軍封夷道縣伯邑三百户

樊猛者毅之弟也梁末爲威戎將軍梁安南侯蕭方矩爲湘州刺史以猛爲司馬會武陵王蕭紀舉兵自江漢東下方矩遣猛率湘郢之卒隨都督陸法和進軍以拒之猛手擒斬紀父子三人以功授游騎將軍封安山縣伯邑一千户仍遣軍撫定梁益蜀境悉平

年還遷持節散騎常侍輕車將軍司州刺史進爵爲侯增邑并前二千戸至孝宣太建初遷武毅將軍領長沙内史尋隸章昭達西討江陵以功封富川縣侯邑五百戸

曾廣達梁元帝時爲壯武將軍晉州刺史隨王僧辯討平侯景加員外散騎常侍高祖受禪授征遠將軍又除假節信武將軍北新蔡太守隨吳明徹討周迪於臨川每戰功最多仍代兄悉達爲吳州刺史封中宿縣侯邑五百戸少帝光大元年授通直散騎常侍都督南豫州諸軍事南豫州刺史時華皎稱兵上流

詔司空淳于量率衆軍進討軍至夏口廣達首率驍勇直衝賊軍皎平授持節智武將軍都督巴州諸軍事巴州刺史孝宣大建初與儀同章昭達入峽口拓定安蜀等諸州鎮以功增封并前二千戸

冊府元龜

巡按福建監察御史臣李嗣京　訂正
分守建南道左布政使臣胡維霖　叅閱
知建陽縣事臣　黃國琦較釋

將帥部　四十二

褒異第七

後魏長孫嵩道武時爲南部大人累著軍功征中山除冀州刺史賜爵鉅鹿公

長孫肥爲中領軍將軍從道武征中山平之以功賜爵瑯邪公遷衛尉卿改爵盧鄉討破妖賊趙準於九

門除肥鎭遠將軍兖州刺史給步騎一萬南徇許昌畧地至彭城還鎭兖州肥善策謀勇冠諸將前後征討未嘗失敗南平中原西摧羌寇肥功居多賞賜奴婢數百口畜物以千計天賜五年卒陪葬金陵

王建爲左太夫從道武征伐諸國破二十餘部以功賜奴婢數十口雜畜數千從征衛辰破之賜僮五十戸爲中部大夫又從征慕容寶拜冠軍將軍烏丸庫傉官鳴聚黨爲寇詔廷討平之遷太僕徙爲眞定公加散騎常侍冀青二州刺史卒陪葬金陵

奚牧爲輔國將軍畧地晋川獲慕容寶丹陽王買得及離石護軍高秀和於平陶以軍功拜并州刺史賜爵任城公

張濟爲勝兵將軍頻從車駕北伐濟功居多賞賜奴婢百口馬牛數百羊二千餘口

庾岳爲外朝大人討擒離石胡帥呼延鐵西河胡帥張崇等以功賜爵西昌公進號征虜將軍又討反人張超清河太守傅世竝破平以岳爲鄴行臺及罷以所統六郡置相州即拜岳爲刺史天賜四年詔賜岳舍地於南宮

和跋時爲龍驤將軍賜爵日南公從平中原以功進

爲尚書鎭鄴又逆擊慕容德大破之擒其將士千餘人改爲定陵公又與常山王遵討破賀蘭部別帥木易干出爲平原太守道武寵遇跋冠諸將

長孫道生明元初爲南統將軍世祖初進爵汝陰公遷廷尉卿後征蠕蠕大捷而還太武征赫連昌爲前驅遂平其國昌弟定走保平凉宋文帝遣將到彦之王仲德寇河南以救定詔道生與丹陽王太之屯河上以禦之遂誘宋將檀道濟邀其前後追至歷城而還除司空加侍中進封上黨王薨贈

丘堆爲散騎常侍鎭并州赫連屈孑遣三千騎寇河

西雄自并州與游擊將軍王維生擊走之以功賜爵爲侯

屈垣歷官公正爲鎮東大將軍與襄城公盧魯元俱賜甲第明元數臨幸賞賜隆厚

娥清爲中領軍時明元南巡幸鄴清與宋兵將軍周幾等渡河畧地至湖陸高平民屯聚林藪拒射官軍清等因誅數千家虜獲萬餘口賜爵須昌侯太武初清自枋頭還京師假征南將軍進爲東平公又討蠕蠕大獲而還轉宗正卿後詔清鎮并州討山胡白龍於西河斬白龍父及其將帥遂屠其城遷平東將軍

周幾爲寧朔將軍破毛德祖於土樓以功賜爵交阯侯進號宋兵將軍率雍州刺史于栗磾以萬人襲陝城卒于軍軍人無不嘆惜之歸葬京師追贈交阯公

奚斤初從道武征中原以斤爲征東長史拜越騎校尉典宿衛禁旅從征高車諸部大破之又破庫狄宥連部又進擊侯莫陳部俘虜十餘萬至大娥谷置戍而還遷都水使者明元即位爲鄭兵將軍蠕蠕犯塞令斤等追之拜天部大人進爵爲公命斤出入乘軺軒備威儀導從太武之爲皇太子臨朝以斤爲左輔時宋少帝立其大臣不附乃收宋武帝前侵河南地假斤節都督前鋒諸軍事司空公晉兵大將軍南征自魏國初大將行師唯長孫嵩拒宋武斤征河南獨給漏刻及十二牙旗後爲萬騎大將軍征平凉州戰功賜僮隷七十戶大武以斤元老賜安車平决刑獄諮訪朝政

豆代田初爲明元内細射與奚斤前鋒先入擒宋將毛德祖并長史司馬二人以功遷内三郎又從討赫連昌乘勝追賊入其宮太武壯之拜勇武將軍後從駕平昌以戰功賜奴婢五十口黄金百斤銀百斤神䴥中討蠕蠕賜爵關中侯從討平凉擊破赫連定得

奚斤等太武以定妻賜之詔斤膝行授酒於代田勑斤曰全爾身命者代田功也改爵井陘侯加散騎常侍右衛將領内都幢將從討和龍戰功居多遷殿中尚書賜奴婢六十口以前後軍功進爵長廣公加平東將軍後爲統萬鎮大將軍

奚烏侯爲建義將軍賜爵夷餘侯從征蠕蠕及赫連昌以功進爵城陽公加員外散騎常侍出爲虎牢鎮將文成興光中卒陪葬金陵

叔孫建爲征南大將軍都督冀青徐濟四州諸軍事南方憚其威畧大延三年薨太武悼惜之賜葬金陵

長孫翰初明元時爲平南將軍率衆鎮北境威名甚著後爲都督北部諸軍事平北將軍黒定侯給殿中十隊加旌旗鼓吹蠕蠕每犯塞翰拒擊有功進爵爲公太武卽位徵還京師進封平陽王和安集將軍蠕蠕大檀入寇雲中太武遣翰襲戰大檀奔走神䴥三年薨帝深見悼惜爲之流涕親臨其喪禮賵賻賜有加陪葬金陵

長孫陳爲羽林郎征和龍賊自西門出將犯人圍陳擊退之追斬至其城下以功賜爵五等男又從征京州爲都督將領大官遷殿中給事中進號爲子

長孫蘭爲中散嘗征伐以破平凉功賜爵睢陽子加會威將軍

長孫石雒爲都尉從征赫連昌以功拜樂部尚書賜爵臨淮公加寧西將軍

長孫眞爲中散從征平凉以功賜爵臨城子拜員外散騎常侍廣武將軍

穆崇爲龍驤將軍進爵長樂侯從駕西征白龍北討蠕蠕以功加散騎常侍鎮北將軍進爵建安公文成時爲征西將軍獻文天安元年崇卒贈征西大將軍

和歸爲統萬將軍賜爵城皋男與西平公頡六虎牢授之進爵高陽侯

王度爲殿中給事遷尚書從征赫連昌討蠕蠕有功賜爵濟南公加散騎常侍平南將軍

宿沓干爲虎賁幢將從征平凉有功拜虎威將軍侍御郎賜爵漢安男轉中散遷給事兼領二曹從駕討和龍以功賜奴婢七十戶

來大千爲常侍從討蠕蠕戰功居多遷征北大將軍賜爵廬陵公延和初車駕北伐大千爲前鋒大破虜軍後吐京胡反以大千爲都將討平之在吐京卒喪還停於平城南太武出還見而問之左右以對大武

悼嘆者良久詔曰大千忠勇盡節功在可嘉今聽其喪入壙城内贈司空

周觀爲北鎮將軍太武初從討蠕蠕以軍功進爲都副將鎮雲中神䴥中又討蠕蠕大獲增爵爲侯從征平凉進爵金城公遷爲都將從破離石胡加散騎常侍

閭大肥爲都將擊大檀大破之還至濁侯山遂討東部高車於巳尼陂又征平凉有功大武將拜大肥爲王遇疾而卒追贈中山王

于栗磾自道武登國初爲冠軍將軍與寧朔將軍公

孫蘭領步騎二萬潛自太原從韓信故道開井陘關路襲慕容寶於中山旣而車駕後至見道路修理大悅即賜其名馬趙魏平定道武置酒高會謂栗磾曰卿即吾之黥彭也大賜金帛明元永興中關東羣盜大起西河反叛栗磾受命征伐所向皆平即以本號留鎮平陽尋轉鎮遠將軍河内鎮將賜爵新城男奚斤之征虎牢別率所部攻王洎之於金墉洎之棄城遁走遷豫州刺史進爵新安侯太武之征赫連昌栗磾與宋兵將軍周幾襲陝城乘勝長驅仍至三輔進爵爲公加安南將軍平統萬遷蒲坂鎮將後遷鎮南

將軍卒賜東園秘器朝服一具衣一襲贈太尉

陸眞爲内三郎數從征伐所在摧鋒陷陣前後以功屢受賞賜太武太平眞君中從討蠕蠕以功賜爵關内侯宋將王玄謨寇滑臺眞從太武討之至江眞再破其軍拜建武將軍石城子還攻盱眙眞功居多遷給事中

陳建爲下大夫内行長太武討山胡白龍建以身捍賊殺賊數人太武壯之賜別戸二千

司馬悅爲鎮遠將軍豫州刺史悅與鎮南將軍元英攻義陽克之以悅爲征虜將軍郢州刺史時梁武帝遣其豫州刺史馬仙琕等率衆一萬於三關起城及共輔國將軍濟陰太守蕭沛精卒二千戍之悅令西關統軍諸靈鳳掩擊敗之詔曰司馬悅首謀義陽征略有捷且違京旣久屢請入朝可遂此志聽其赴闕尋詔以本將軍爲豫州刺史論義陽之勳封漁陽縣開國子食邑三百戸

司馬天助爲平東將軍破宋將閻萬齡軍前後多所虜獲拜侍中都督青徐兗三州諸軍事

李韶字元伯呂荀兒反於泰州除爲撫軍西道都督行泰州事與右衛將軍元麗率衆討平之尋即眞璽

書勞勉

陸俟爲龍驤將軍與西平公安頡督諸軍攻虎牢克之賜爵建鄴公拜冀州刺史又爲安定鎮大將追討叛羌金崖等皆獲之拜散騎常侍後安定盧水劉超等叛詔加都督秦雍諸軍事遂平永超等太武大悅徵還京師轉外都大官文成踐祚拜征西大將軍進爵東平王

毛循之爲吳兵將軍領步兵較尉從太武征平凉有功遷散騎常侍前將軍又加冠軍將軍從討和龍別破三壘賜奴婢牛羊

羅斤爲平西將軍平涼州攻城野戰多有克捷以功賜爵帶方公

尹馥爲殿中尚書嘗典宿衛從太祖幸瓜步頻有戰功進爵鎮軍將軍

荀頽爲中散從太武南征爲前鋒子都將每臨敵對戰嘗先登陷陣帝至江賜爵建德男加寧遠將軍

韓茂爲虎賁中郎將從太武征赫連昌以功賜茂爵蒲陰子加強弩將軍遷侍輦郎又從征統萬大破之及從平平涼茂所衛莫不應弦而殪繇是太武壯之拜内侍長進爵九門侯從征蠕蠕頻戰大捷戰功居

多遷司衛監錄前後功拜散騎常侍殿中尚書進爵安定公

呂溫爲幢將從太武征赫連昌先登陷陣每戰必捷以功拜宣威將軍奉車都尉

尉眷爲安北將軍出鎮北境與平陽長孫翰擊蠕蠕別帥大獲而還又擒赫連昌以功拜寧北將軍加散騎常侍進爵源陽公又從征和龍督萬騎前驅慰喻降二千餘户尋爲假節加侍中都督豫雒二州及河内諸軍事安南將軍開府鎮虎牢又張掖王禿髮保周之反也率師討殺之詔眷留鎮涼州加都督涼沙河三州諸軍事安西將軍領護羌戎校尉轉敦煌將吏成時率師北擊伊吾克其城大獲而還尋拜侍中太尉進爵爲王文成以眷元老賜杖履上殿和平四年薨文成悼惜之贈大將軍

司馬楚之爲征南將軍徵入朝會南藩諸將表宋文帝欲來侵以楚之爲使持節安南大將軍封瑯邪王屯頽川以拒之其長史臨邑子步還表曰楚之渡河百姓思舊義衆雲集汝頽以南望風翕然廻首革面斯誠陛下應天順民聖德廣被之所至也道武大悦璽書勞勉賜前後部鼓吹後爲鎮西將軍雲中鎮大

將在邊二十餘年以清儉聞著文成和平五年卒帝悼惜之贈都督梁益秦寧四州諸軍事征南大將軍領護西戎校尉揚州刺史陪葬金陵

李寶文成初代司馬文思鎮懷荒授鎮北將軍大安五年薨年五十三詔賜命服一襲贈以本官

于雒拔爲外都大官文成詔與南陽王惠壽督四州之衆討平隴西屠各王景文等拜侍中殿中尚書

呂雒拔文成末爲平原鎮都將隨尉元攻宋將張永于五原大敗之賜爵成武侯加建義將軍

慕容白曜獻文時爲征南大將軍擊降宋將崔道固

等以功拜青州刺史

沈文秀以功拜都督青齊東徐州諸軍事開府青州刺史

尉撥爲涼州軍將界休縣男擊吐谷渾以功進爵爲子遷杏城鎮將大收民和文成以撥清平有惠績賜以衣服獻文即位爲北征都將南攻懸瓠破宋將米洪之水軍三千人拜懸瓠鎮將加員外散騎常侍進爵安城侯獻文嘉其聲効復賜衣服

源賀自太武時爲龍驤將軍從擊叛胡白龍又討吐京胡皆先登陷陣進號平西將軍太武征涼州以賀

爲鄉導陳攻戰之計賀率精騎歷諸部招慰下三萬餘落涼州平遷征西將軍進號西平公又從征蠕蠕討蓋吳諸賊皆有功拜散騎常侍文成時出爲征南將軍冀州刺史封隴西王孝文時上書以年老稱病乞骸骨許之又給衣藥珍羞太和元年二月療疾於温湯孝文遣使者屢問消息太醫視病三年秋卒贈侍中太尉隴西王印綬贈雜帛五百疋賜温涼車及命服温明秘器陪葬于金陵

于烈爲領軍孝文詔以本官從征荆沔加鼓吹一部宛鄧既平車駕還維論功加散騎常侍金紫光禄大夫

畢衆敬爲寧南將軍兗州刺史獻文皇興二年朝京師因留之賜甲第一區後孝文太和中以篤老乞還桑梓引見於皇信堂賜以酒饌車一乘馬三匹絹二百疋勞遣之及卒詔于兗州賜絹一千疋以供塟事

奚康生以中堅將軍時吐京胡反康生拒戰破之遷爲統軍又擊殺齊將張伏護賞帛一千疋頻戰再退其軍賞三階帛五百疋又齊將裴叔業圍渦陽勅康生馳往赴援一戰破之賞二階帛一千疋又拔梁食合肥錐口三戍以功遷征虜將軍封安武縣開國男

食邑一百戶出爲南青州刺史梁遣軍主徐濟寇邊康生率將出討破之生擒濟賞帛千疋又以梁副將張惠紹寇徐州詔康生爲武衛將軍一戰敗之還京召見宴會賞帛千疋賜驊騮御胡馬一匹出爲平西將軍轉涇州刺史時梁直閤將軍徐玄明戍於郁州殺其刺史張稷以城內附孝文詔遣康生迎接賜細御銀纒槊一張并棗柰果面勅曰果者果如朕心棗者早遂朕意

劉昶爲使持節都督吳越楚彭城諸軍事大將軍固辭詔不許又賜布千疋及發孝文親餞之命百僚贈

昶又以其文集一部賜昶孝文因以所製文筆示之謂昶曰時契勝殘事鍾文業雖則不學欲罷不能脫思一見故以相示雖無足味聊復爲笑耳其重昶如是又爲都督大將軍特給班劔二十人太和二十一年四月卒於彭城孝文爲之舉哀給温明秘器錢百萬布五百疋蠟三百斤朝服一具衣一襲贈假黄鉞太傅領揚州刺史加以殊禮九錫給前後部羽葆鼓吹依晋琅邪武王伷故事

楊播爲龍驤將軍與陽平王頤等出漠北擊蠕蠕大獲而還孝文嘉其勳賜奴婢十口遷武衛將軍復擊

蠕蠕至居然山而還除左將軍尋假前將軍隨車駕南討攘衆濟淮孝文甚壯之賜爵華陰子尋除右衛將軍後隨駕討崔惠景於鄧城破之進號平東將軍

呂羅漢爲羽林郎初太武時上邽休官呂豐屠各王飛鹿等爲逆羅漢頻破賊軍以功遷羽林中郎幢將加建威將軍後爲秦益二州刺史大破仇池氐羌孝文詔曰其所得口馬便勑領納其馬付都牧口以賜卿

陸叡爲北部長孝文太和八年正月叡與隴西公元琛並持節爲東西二道大使褒善罰惡聲聞京師五月詔賜叡夏服具後以叡爲北征都督擊蠕蠕大破之遷侍中都督尚書時蠕蠕又犯塞詔率騎五千以討之蠕蠕遁走擒其帥赤河突加散騎常侍又爲使持節鎮北大將軍與陽平王頤並爲都督領軍將軍斛律桓等北征三道諸軍事步騎千萬以討蠕蠕叡以下各賜衣物布帛孝文親幸城北訓誓羣帥除尚書令衛將軍大破蠕蠕而還

薛胤爲都督討秦州反賊支酋生擒斬之除立忠將軍

王仲興爲折衝將軍屯騎校尉又命率千餘騎破賊

於鄧城除振威將軍越騎校尉賜帛千疋

李佐假平遠將軍統軍時梁新野太守劉忌憑城固守佐率所領攻拔之以功封涇陽縣開國子邑三百戶

宇文福爲南征都將孝文時擊齊有功授顯武將軍尋除恢武將軍北征都將特賜戎服破蠕蠕別部斬獲萬餘還除都牧給事及孝文南征詔福與右衛將軍楊播爲前軍擊齊軍大奔賜爵昌黎伯宣武景明初爲平遠將軍進討於都督彭城王勰遂令福攻建安降以勳封襄樂縣開國男食邑三百戶

源懷宣武時爲車騎大將軍正始元年蠕蠕南寇嘗
代詔懷以本官加使持節前出據北蕃賜馬一疋細
鎧一具御矟一枚懷至雲中蠕蠕亡遁又武興氐王
楊紹先叔集起反叛詔懷使持節侍中都督平氐諸
軍事以討之三年六月卒詔給東園秘器一具衣一
襲錢二十萬布七百疋蠟三百斤贈司徒

長孫稚爲鎮西將軍討蜀都督頻戰有功除平東將
軍

蕭寶夤除使持節都督揚南徐兗三州諸軍事鎮東
將軍揚州刺史丹陽郡開國公齊王配兵一萬令且

據東城乃備禮策授賜車馬什物給虎賁五百人事
從豐厚及壽春之戰勇冠諸軍既還京師改封梁郡
開國公食邑八百戶

薛眞度自孝文時爲假節冠軍將軍眞度每獻計於
孝文勸先取樊鄧後攻南陽故爲孝文所賞賜帛一
百疋又加持節正號冠軍改封臨晉縣開國公食邑
三百戶至宣武時除平南將軍揚州刺史又以年老
聽子懷吉以本官隨行梁豫州刺史王超宗率衆園
逼小峴眞度遣兼統軍李叔仁等率步騎擊破之還
朝除金紫光祿大夫加散騎常侍又改封敷西縣永
平中卒賻帛四百疋朝服一襲贈左光祿大夫

畢祖朽爲寧朔將軍時梁將蕭及等寇兗州祖朽擊
討之以功封南城縣開國男食邑二百戶

畢祖暉爲平西將軍幽州刺史孝明正光五年州民
反招引隴賊攻逼祖暉以全城之勳封新昌縣開國
子食邑四百戶

楊大眼爲統軍從孝文征宛葉穰鄧九江鍾離之間
勇冠六軍宣武初裴叔業以壽春內附大眼率衆先
入以功封安成縣開國子食邑三百戶除直閤將軍
尋加輔國將軍游擊將軍出爲征虜將軍荊州刺史

崔延伯爲鎮南將軍行岐州刺史假征西將軍賜驊
騮一匹孝明正光五年秋以往在揚州建淮橋之勳
封當利縣開國男食邑二百戶尋增邑二百戶改封
新豐進爵爲子

田興宗爲征虜將軍遣戍主奇道顯擊楊僧遠軍破
之進號平南將軍宣武又詔興宗綏防蠻楚加安南
將軍增封一百戶賜帛二千疋

王肅爲平南將軍肅至義陽頻破齊軍降者萬餘孝
文遣散騎侍郎勞之以功進號平南將軍賜駿馬一
匹除持節都督豫東豫郢三州諸軍事又以破齊將

裴叔業功進號鎮南將軍加都督豫南兗東荆東豫四州諸軍事封汝南縣開國子食邑三百戸加鼓吹一部宣武時拜使持節都督江東諸軍事車騎將軍肅進師討擊齊軍於死虎大破之肅還京師宣武臨東堂引見勞之以肅淮南累捷賞帛四千七百五十疋進位開府儀同三司封昌國縣開國侯食邑八百戸尋以肅爲散騎常侍都督淮南諸軍事揚州刺史景明二年薨於壽春宣武爲舉哀詔曰肅奄至不救痛惋兼懷可遣中書侍郎賈思伯兼通直散騎常侍撫慰厥孤給東園秘器朝服一襲錢三十萬帛一千

疋布五百疋蠟三百斤並問其卜遷遠近尋遣侍御史一人監護喪事務令優厚又詔曰死生動靜卑高有成勝達所居存亡崇顯故杜預之殁窆於首陽司空李冲覆丹是託顧瞻斯所誠亦二代之九原也肅誠義結於二世英惠符於李杜平生本意願終京陵旣有宿心宜遂先志其令葬于冲預兩墳之間使之神遊相得也贈侍中司空本官如故孝明初詔爲肅建碑銘

邢巒爲安東將軍豫州城民白早生殺刺史司馬悅以城南入梁詔巒持節率羽林精騎以討之封平舒縣開國伯食邑五百戸賞宿豫之功也又詔加巒使持節假鎮南將軍都督南討諸軍事征南將軍旣平豫州振旅還京師宣武臨東堂勞之遷殿中尚書加撫軍將軍延昌三年暴卒詔賻帛四百匹朝服一襲贈車騎大將軍瀛州刺史

李平爲使持節都督北討諸軍事鎮北將軍行冀州事時王愉反于信都故宣武詔討平之臨式乾殿勞遣平旣擒愉冀州平宣武遣兼給事黄門侍郎秘書丞元梵宣旨慰勞又梁遣其左游擊將軍趙祖悅偷據西硤石衆至數萬以逼壽春宣武詔平爲鎮東大

將軍討之又詔平長子奬以通直郎從賜平縑錦百段紫納金裝衫甲一領賜奬縑布六十段降納襖一領父子重列拜受家庭觀者榮之及平破梁軍斬祖悅送首千雒以功遷尚書右僕射加散騎常侍將軍如故

李虔爲長樂太守延昌初冀州大乘賊起令虔以本官爲副將與都督元遥討平之遷後將軍後又遣論平冀州之功賜爵高平男

崔敬邕爲左中郎將隨中山王英南討以功賜爵臨淄侯

李順爲前將軍初從太武攻統萬赫連昌昌出逆戰
順督勒士衆破其左軍及克統萬至京論功以順爲
給事黄門侍郎賜奴婢十五戸帛千疋
李憲爲七兵尚書撫軍將軍孝明孝昌初元法僧據
徐州反叛詔憲爲使持節假鎭東將軍徐州都督與
安豐王延明臨淮王彧等討之會梁武遣其豫章王
綜據彭城俄而綜降徐州旣平詔遣兼黄門侍郎常
景齎軍慰勞賜憲驊騮馬一疋仍除征東將軍揚州
刺史淮南大都督
董紹爲平西將軍孝明以紹拒蕭寶夤之功賞新蔡

縣開國男食邑二百戸
崔孝芬孝明時爲龍驤將軍時荆州刺史李神儁爲
梁遣將軍攻圍詔孝芬爲刺史以代神儁乃遣弟孝
直輕兵在前出賊不意賊便奔散人還安堵孝明嘉
勞之并賚馬及綿絹等物
郗盆生爲統軍累有戰功爲名將以勳賜爵平城子
孝明神龜中爲右將軍後除安西將軍每戰克捷進
號征西將軍
崔模爲别將及蕭寶夤討關隴引模爲征西副將屢
有戰詔除持節光禄大夫都督别道諸軍事加安東
將軍万俟醜奴遣將郝虎南侵模攻破其營擒虎以
功封槐里縣開國伯食邑五伯戸
楊津爲撫軍將軍出據靈丘而賊帥鮮于修禮起於
博陵定州危急遂廻師南赴至城下營壘未立而州
軍新敗津以士衆勞疲移軍入城其後賊攻州城津
出戰斬賊帥詔除衛尉卿旣而杜雒周圍州城津盡
力捍守詔加衛將軍封開國縣侯食邑一千戸
崔元珍爲平陽太守以頻破胡賊郡内以安孝明武
泰初改郡爲唐州仍除元珍爲刺史加右將軍以破
胡勳賜爵京城侯

宇文延以孝明孝昌中授假節建威將軍西道别將
赴援關隴有戰功除員外散騎常侍
李崇自孝文時爲都督隴右諸軍事擊氐楊靈珍從
弟建軍於龍門破之靈珍走奔漢中孝文在南陽覽
表大悦曰使朕無西顧之憂者李崇之功也以崇爲
都督梁秦二州諸軍事孝明時累遷左衛將軍追賞
平氐之功封魏昌縣開國伯食邑五百戸
李神爲衛將軍行相州刺史時葛榮兵充斥民多逃
散神武勞兵民小大用命會爾朱榮擒葛榮於鄴西
事平除車騎將軍以功進爵爲公增邑八百戸通前

一千戶
裴衍爲征虜將軍梁遣將曹敬宗冦荆州詔衍爲別將假前將軍解荆州圍除使持節散騎常侍平東將軍假安東將軍北道都督鎮鄴西之武城封安陽開國子邑三百戶時相州刺史安樂王鑒叛逆詔衍討平之除撫軍將軍相州刺史假鎮北將軍北道大都督進封臨汝縣開國公增邑千二百戶
爾朱天光爲鎮東將軍時元顥入雒并肆不安天光至并州部分約勒所在寧輯顥破尋還京師遷驃騎將軍加散騎常侍改封廣宗郡公增邑一千戶

陸希質爲龍驤將軍膠州刺史時梁將侵州界希質討破之轉建州刺史
李神儁自宣武時爲前將軍荆州刺史時梁將曹景宗來寇攻圍積時神儁戮力固守至莊帝時追論固守荆州之功封千乘縣開國侯食邑一千戶
楊侃爲右將軍岐州刺史時元顥內逼莊帝詔以本官假撫軍將軍爲都督率衆鎮大梁未發詔行北中郎將帝至楚州叙行從功臣自陽城王徽以下凡十人並增三階以侃河梁之誠特加四階侃固辭乞同諸人久乃見許於是除鎮軍將軍度支尚書兼給事黃門侍郎敷西縣開國男食邑一千戶又南渡破元顥于須軍將軍冠受擒之顥便南走車駕入都侃解尚書正黃門加征東將軍金紫光祿大夫以濟河之功進爵濟北郡開國增邑五百戶
辛纂爲征虜將軍兼尚書仍行臺後大都督費穆擊梁將曹義宗擒之入朝言於莊帝稱纂固節危城宜蒙爵賞以勸將來帝乃下詔慰勉之尋除持節平東將軍中郎將賜絹五十疋金裝刀一口
張煜爲冠軍中散大夫後爲別將隨長孫稚西征轉平西將軍大中大夫爲關西都督以功封長平縣開

國男食邑二百戶
斛斯椿爲平北將軍從大將軍爾朱榮平葛榮以功除上黨太守
賀拔勝孝武時爲驃騎大將軍攻拔梁下差戍使人誘勸諸蠻皆率其種落歸欵漢南大駭馮翊安定沔陽並平之進位尚書令進爵琅邪公又爲撫軍將軍大都督出井陘鎮中山元顥入雒勝與爾朱兆破擒顥息冠受及其都督陳思保莊帝還官以功賜邑六百戶
賀拔岳爲車騎將軍隸爾朱天光爲左相大都督討

万俟醜奴擒蕭寶夤王慶雲天光雖爲元帥而岳勃居多加車騎將軍增邑二千戶進封樊城縣開國伯又孝莊時爲衛將軍左都督大破赤水蜀賊軍威大振時万俟醜奴自率大衆圍岐州岳擊退之遂擒醜奴三秦河渭瓜凉鄯州咸來歸欵岳功多進封清水郡公尋加侍中給後部鼓吹進位開府雍州刺史

侯莫陳悅爲征西將軍爾朱天光之討關西以悅爲右相大都督西伐克獲皆與天光賀拔岳畧同勞劾除鄭州刺史

侯淵爲中軍副都督嘗從征伐屢有戰功孝莊卽位

領左右封厭次縣開國子食邑四百戶後從爾朱榮討葛榮於滏口戰功尤多榮啟淵爲驃騎將軍燕州刺史淵又進討韓樓追擒之以勳進爵爲侯增邑八百戶

樊子鵠爲平北將軍莊帝永安中以招納叛蜀數萬口進封中都縣開國公通前邑千戶元顥入雒薛修義及降蜀陳雙熾等受顥處分率衆攻州城子鵠出與戰大破之以功拜撫軍將軍尋徵授西荆州大中正後兼右僕射爲行臺督賀智等討呂文欣於東徐州平之還除車騎將軍左光祿大夫進封南陽郡開國公增邑六百戶又假驃騎大將軍都督二豫州郢三州諸軍事兼尚書右僕射子鵠到相州又勑賚絹五百疋及趙道延叛爲荆州詔子鵠通三鵶道而還遭母憂去職前廢帝聞其在雒無宅內費不周賚絹四百疋粟五百石

源子恭初自孝明正光中爲冠軍將軍時秦益氐反詔子恭持節爲都督河間王琛軍司馬討之事平仍行南秦州事及六鎭反以子恭兼給事黃門郞持節慰勞還拜河內太守加後將軍平絳蜀及丹谷清肅二路沮澁不通以子恭爲當郡别將依而建興蜀復

反相與連勢進子恭爲持節散騎常侍假平北將軍加建興都督仍兼尚書行臺與正平都督長孫稚合勢進討之破之事平除平南將軍豫州刺中尋加散五常侍撫軍大武初郢州刺史元顯達以城降梁詔子恭擊退梁將夏侯夔及夏侯亶等衆加鎭南將軍又兼尚書行臺擊斬梁軍王朗智達等及元顥入雒也加子恭車騎將軍未幾顥敗莊帝還進征南將軍兼右僕射假車騎將軍後加散騎常侍右光祿大夫給事黃門侍郞仍本將軍錄其前後正討功封臨潁縣開國侯食邑六百戶出帝永熙中入爲吏部尚書

加驃騎大將軍以子恭在前豫州戰功追賞襄城縣
開國男食邑二百戶
源子雍為散騎常侍使持節假撫軍將軍都督兼行
臺尚書破賊帥紇單步胡提於曲沃壁孝明璽書勞
勉之子雍在白水郡復破阿非軍於白水郡多所斬
獲詔遣使勞勉除中軍將軍金紫光祿大夫給事中
黃門郎封樂平縣開國公食邑一千戶還雒以葛榮
久逼信都詔假子雍征北將軍為北討都督時相州
刺史安樂王鑒據鄴反敕子雍與都督李神軌討平
之改封陽平縣開國公增邑千五百戶進號鎮東將

軍
雖害孝明末為冠軍將軍時賊帥葛榮侵擾河北裴
衍源子雍敗沒人情不安詔害為相州行臺援守鄴
城莊帝以客全鄴之勳賞安市縣開國子食邑三百
戶
鄭先護孝莊時為前將軍廣州刺史後元顥入雒先
護出城拒戰莊帝還京嘉其誠節除使持節散騎常
侍都督襄廣二州諸軍事鎮南將軍刺史如故進爵
郡公
費穆為輔國將軍孝明孝昌中二絳蜀叛以穆為都

督討平之拜前將軍散騎常侍遷平南將軍光祿大
夫又兼武衛將軍討破妖賊李洪於關口之南遷金
紫光祿大夫正武衛將軍爾朱榮入雒莊帝詔穆為
使持節南將軍都督南征諸軍事生擒梁將曹義宗
以功還衛將軍進封趙平郡開國公增邑一千戶
爾朱榮為冠軍將軍時乞步落堅胡劉阿如等作亂
瓜肆勅勒北列步若反于沃陽榮並滅之以功封安
樂縣開國侯食邑一千戶
爾朱兆為車騎將軍元顥之走於河橋兆進破安豐
王延明顥於是退走莊帝還宮論功除散騎常侍車

騎大將軍儀同三司增邑八百戶為汾州刺史復增
邑千戶尋加侍中驃騎大將軍又增邑五百戶

冊府元龜

巡按福建監察御史臣李嗣京　訂正

知長樂縣事臣夏允彝叅閱

建陽縣事臣黄國琦較釋

將帥部

褒異第八

北齊庫狄干初爲後魏雲中刺史後從神武起兵破四胡於韓陵封廣平縣公

堯雄後魏孝莊時爲宣威將軍從叱列延討劉靈助平之拜鎮東將軍燕州刺史封平城縣伯食邑五百

戸

高昂後魏廢帝時爲使持節冀州刺史隨神武討爾朱兆大敗之尋拜侍中開府進爵爲侯食邑七百戸

高季式東魏孝靜時爲侍中都督從河清公岳破蕭明於寒山敗侯景於渦陽除衛尉卿復爲都督從清河公攻王思政於潁州拔之以前後功加儀同三司文宣天保初封乘氏縣子

庫狄盛爲伏波將軍每從神武征討以功封行唐縣伯累遷特進卒贈使持節都督朔瀛趙幽安五州諸軍事太尉朔州刺史

薛孤延爲征虜將軍永固侯隸神武爲都督從破爾朱兆於廣阿因從平鄴以功進爵爲功累遷常州刺史從破周軍於邙山進爵爲功封千戸又從討破山胡西攻玉壁入爲左衛將軍改封平秦郡公

韓軌爲鎮城都督從神武破爾朱兆於廣阿封平昌縣侯仍督中軍從破爾朱兆於赤洪嶺再遷秦州刺史頻以軍功進封安德郡公後拜大司馬從文宣征蠕蠕在軍暴薨贈假黄鉞太宰太師

高市貴爲晉州刺史從神武破紇豆陵於幷州有功除驃騎大將軍儀同三司封常山郡公邑一千五百

戸又隨大都督婁昭討平樊子鵠除西兗州刺史

潘樂初隨後魏爾朱榮爲別將討元顥以功封敷城縣男神武出牧晉州引樂爲鎮城都將從破爾朱兆於廣阿進爵廣宗縣伯累以軍功拜雍州刺史

段榮爲鎮北將軍定州刺史時神武攻鄴未尅榮轉輸軍資無闕神武入雒論功封姑臧縣侯邑八百戸轉瀛州刺史後除山東太守大都督及卒贈使持節定冀滄瀛四州諸軍事定州刺史太尉尚書左僕射

婁叡爲給事中羽林監從神武破紇豆陵步藩有功除鎮東將軍封樂城縣伯邑百戸出爲滄州刺史又

從神武平鄴及破爾朱兆進爵爲都督隨樊子鵠討元樹平之除南兖州刺史

蔡攜爲平遠將軍帳内别將從神武破葛榮除諫議大夫又從平元顥封烏雒縣男

尉長命爲安南將軍樊子鵠據兖州反除東南道大都督與諸軍討平之轉鎭范陽城就拜幽州刺史督安平二州事

王懷爲大都督從神武討爾朱兆於廣阿破之除安北將軍尉州刺史

莫大婁貸爲武賁中郎將虞候大都督從神武擊爾

朱兆於廣阿有功加前將軍封石城縣子邑三百戸又從破四胡於韓陵進爵爲侯後除晉州刺史汾州胡賊爲寇竊高祖往討焉以貸文爲前鋒每有戰功還賚奴婢二十人牛馬各五十布一千疋仍爲汾陜東雍晉泰五州大都督

可朱渾元爲車騎大將軍討西魏儀同金祚黒智達於東雍擒之遷幷州刺史又與諸將征伐數有尅捷降下天保初封扶風郡王頻從文宣討山胡茹茹累有戰功累遷太師薨贈假黄鉞太宰録尚書

劉豐爲汾州刺史與諸將征討平定寇亂又從神武破周文於河陰豐功居多神武執其手嗟賞之入爲左衛將軍

破六韓常爲撫軍與諸將征討又從神武擊諸寇累遷車騎大將軍開府封平陽公除汾州刺史

金祚爲車騎將軍芒山之戰以大都督從神武破西軍除華州刺史文宣受禪加開府儀同三司别封臨濟縣子

叱列平爲武衛將軍隨爾朱榮破葛榮平元顥遷中軍都督右衛將軍封癭陶縣伯邑七百戸後爲東郡大行臺從神武平爾朱兆又從領軍婁昭討樊子鵠

平之授使持節華州刺史

步大汗薩爲揚武將軍從爾朱榮討平葛榮累功加鎭南將軍

堯奮爲中堅將軍安邑縣子從神武平鄴破爾朱兆等進爵爲伯出爲南汾州刺史破西魏行臺薛崇禮衆轉驃騎將軍左光祿大夫潁州刺史卒贈兖豫梁三州諸軍事司空兖州刺史

張保雒爲奉事都尉隸神武爲都督從討步蕃又爲帳内從討爾朱兆於廣阿遷右將軍中散大夫又從圍鄴城既拔除平南將軍光祿大夫從破爾朱兆等

於韓陵因隨神武入雒加安東將軍封平昌縣薄家
城鄉男邑一百戶
封延之神武以爲大行臺左光祿以都督從婁昭討
樊子鵠事平除青州刺史
李景遺爲龍驤將軍力戰爾朱兆有功除使持節大
都督左將軍進爵昌平郡公增邑三百
盧勇行雒州事時官軍圍廣州數旬未拔勇率騎擒
西魏儀同程華降廣州守將雒超神武以勇行廣州
事授儀同三司揚州刺史卒贈物之外別賜布絹四
千匹

斛律金後魏孝莊時爲寧朔將軍屯騎校尉從破葛
榮元顥頻有戰功加鎭南大將軍神武南攻鄴留金
守信都別討李循破之加右光祿大夫會神武於鄴
仍從平晉陽追滅爾朱兆以金爲汾州刺史大都督
進爵爲侯及周文帝入雒陽神武使金統劉豐步大
汗薩等步騎數萬守河陽城以拒之神武到仍從破
定軍還除大司馬改封石城郡公邑一千戶轉第一
領民酋長文襄時爲肆州刺史西魏九曲戍將馬紹
隆據險要鬬金破之以功別封安平縣男文宣受禪
封咸陽郡王刺史如故天保元年冬朝晉陽宫金病
帝幸其宅臨視賜以醫藥中使不絕病愈還州三年
就除太師帝征奚賊金亦從行軍還帝幸肆州與金
宴射而去四年解州以太師還晉陽車駕復幸其第
六宮及諸王盡從置酒作樂極夜方罷遷左丞相又
詔金朝見聽乘步挽車至階武成登極禮遇彌重及
卒武成舉哀西堂後主又舉哀於晉陽宫賜假黄鉞
使持節都督朔定冀幷瀛青齊滄幽肆晉汾十二州
諸軍事相國太尉公錄尚書朔州刺史
宋顯爲神武行臺右丞樊子鵠據兗州反前西兗州
刺史乙瑗等屯據五梁以應子鵠神武以顯行西兗

州事率衆討破之拜西兗州刺史
慕容紹宗爲西南道軍司討破宜陽叛民李延孫軍
還行揚州刺史尋行豫州刺史時西魏將獨孤如願
據雒州神武命紹宗率兵赴武牢平之進爵爲公
薛循義爲衛將軍行晉州事西魏儀同長孫子彥圍
逼城下循義開門伏甲以待於是遁去神武嘉之就
拜晉州刺史南汾東雍陝等州賞帛千疋後爲衛尉
卿時山胡侵亂晉州遣循義追討破之進爵正平郡
公加開府
綦連猛爲征虜將軍中散大夫東魏孝靜元象元年

從神武向河陽與周文帝戰於邙山二年除平東將軍中散大夫其年又轉中外府帳內都督賞邙山之功封廣興開國公文宣天保九年除都督東秦州刺史隨斛律敦北征茹茹大破之賚帛三百段

杜弼爲衛尉卿會梁遣湞陽侯蕭淵明等入寇彭城大都督高岳行臺慕容紹宗率軍討之詔弼爲軍司攝行臺左丞臨發文襄賜胡馬一疋語弼曰此廐中第二馬孤嘗自乘騎今方遠別聊以爲賜

庫狄廻雒後魏莊帝時爲別將從神武破四胡於韓陵以軍功補都督加後將軍大中大夫封順陽縣子

邑四百戶遷左廂都督征山胡先鋒斬級除朔州刺史破周文於河陽轉授夏州刺史芒山之役力戰有功增邑通前七百戶文襄嗣事從平潁川文宣天保初除建州刺史

元景安爲都督領親信都邙山之役力戰有功賜爵西華縣都鄉男天保三年加征西將軍從破庫莫奚於代州轉領左右大都督四年從討契丹於黃龍領北平太守後頻從駕再破茹茹遷武衛大將軍又轉領左右大將軍兼七兵尚書

獨孤永業爲行臺尚書時周人逼雒每爲先鋒以寡敵衆周人憚之加儀同三司賞賜甚厚

暴顯爲大將文宣時與高岳南臨漢水攻下梁西楚州師還加開府儀同三司賞帛五百疋

盧潛孝昭時爲揚州道行臺左丞時陳秦雍二州刺史王奉國合州刺史周令珍前後入寇潛輒破平之以功加散騎常侍食彭城郡遷合州刺史

段韶自神武建義初領親信都督攻劉誕於鄴及韓之戰韶督率所部先鋒陷陣尋從神武出晉陽追爾朱兆於赤谼嶺平之以軍功封夏維縣男又從襲取夏州擒斛律彌娥突加龍驤將軍諫議大夫神武爲

西魏將賀拔勝軍所逼韶引弓反射斃其所驅西魏軍退賜馬幷金進爵爲公及文襄還鄴韶留守晉陽文襄還賜女樂十數人金十斤繒帛稱是封長樂郡公文宣天保中梁將東方白額潛至宿豫招誘邊民殺害長吏淮泗擾動詔韶討之江淮帖然文宣嘉其功詔賞吳口七十人封平原郡王武成大寧二年除幷州刺史高歸彥作亂冀州詔韶與東安王婁叡率衆討平之遷太傅賜女樂十人幷歸彥果園一千畝是年十二月周文帝遣將率羌夷與突厥合衆逼晉陽韶戰大破之武成嘉其功別封懷州武德郡公進

位太師後主武平二年二月周師來寇遣韶與右丞相斛律光太尉蘭陵王長恭同往捍禦軍還以功別封樂陵郡公竟以疾薨帝舉哀東堂賜物千段溫明祕器轀輬車軍校之士陳衛送至平恩墓所發卒起冢贈假黃鉞使持節都督朔并定趙冀滄齊兗梁洛晉建十二州諸軍事相國太尉錄尚書事朔州刺史

慕容儼後魏孝明時爲河間王元琛左廂軍主率衆救壽春以功賜帛五十匹累遷安東將軍高梁太守轉五城太守東雍州刺史沙苑之敗西魏荆州刺史郭鸞率衆攻儼拒守二百餘日晝夜力戰大破鸞軍

追斬三百餘級及擒西魏荆州刺史郭他時諸州多有翻陷唯儼進號鎮南將軍又從神武攻玉壁賜帛七百疋并衣帽等文宣天保初爲開府儀同三司鎮郢州城大破梁軍除趙州刺史進爵爲公賜帛錢十萬至孝昭皇建初別封陽城郡公後主天統四年又別封寄氏縣公并賜金銀酒鍾各一枚胡馬一匹

皮景和後主武平中爲領軍將軍陳將吳明徹圍壽陽勑令景和爲賀拔伏恩等赴救景和以討破胡軍始喪敗怯懊而不敢進頓兵淮口頻有勑使催促然始渡淮屬壽陽已陷狼狽北還器械軍資大致遺失陳將蕭摩訶率步騎於淮北倉陵城截之景和得整士卒旋逆戰摩訶退歸是時拒吳明徹者多致傾覆唯景和全軍而還繇是獲賞除尚書令別封河西郡開國公賜錢二十萬酒米十車

斛律光爲左衛將軍天保三年從文宣出塞光先驅破敵還除晉州刺史九年又率衆取周絳州白馬澮文翼城等四戍除朔州刺史武成河清三年冬周遣其柱國大司馬尉遲迥等逼雒陽光率騎五萬擊敗之文成幸雒陽策勳班賞遷太尉又封冠軍縣公後主武平二年光大破周柱國章孝寬等軍於平隴封

中山郡公增邑千戶

長孫澄爲征東將軍從太祖戰芒山進位驃騎大將軍開府孝閔踐祚拜大將軍義門郡公爲玉壁總管卒自喪初至及葬明帝三臨之典祀中大夫宇文容諫曰君臨臣喪自有節制今乘輿屢降恐乖禮典帝不從

侯莫陳順爲驍衛將軍從太祖征討拜大都督西魏東討順與太尉王明僕射周惠達等留鎮長安時趙青雀反明及惠達等奉魏太子出次渭北魏文帝還執順手曰河橋之戰卿有殊力便解所服金鏤玉帶

賜之
李弼爲秦州刺史從太祖平竇泰先鋒陷敵太祖以所乘騅馬賜之及泰所著牟甲亦賜之又從平弘農與齊神武戰於沙苑大破之以功拜特進進爵趙郡公
于謹爲閤門大都督從太祖征潼關破廻雒城授北雍州刺史進爵藍田縣公後爲柱國大將軍率衆出討江陵太祖餞於青泥谷及立梁宣帝振旅而還太祖親至其第宴語極歡賞謹奴婢一千口及梁寶物幷金石絲竹樂一部

趙貴爲車騎大將軍從太祖復弘農戰沙苑拜侍中驃騎大將軍開府又從河橋及援玉壁又從戰芒山拜柱國大將軍
獨孤信後魏孝文時爲武衞將軍孝武西遷單騎及之於瀍澗孝武嘆曰武衞遂能辭父母捐妻子遠來從我世亂識忠良豈虛言哉卽賜御馬一匹進爵浮陽公時荆州雖陷東魏人猶戀本朝仍以信兼尚書右僕射東南道行臺荆州刺史以招懷之信遂大破東魏將又破諸蠻三荆遂定就拜車騎大將軍
侯莫陳崇爲驃騎大將軍開府從擒竇泰復弘農破沙苑從戰河橋崇功多進位柱國
若干惠爲中堅將軍從賀拔岳西征定隴右惠每力戰有功累遷征西將軍魏孝武西遷除右衞將軍就擒竇泰復弘農破沙苑惠每先登陷陣加開府進長樂公又從太祖戰芒山太祖壯之遷司空
怡峯爲征虜將軍從太祖平隴右破竇泰復弘農敗沙苑又與諸將征討每皆剋捷威名大振累遷車騎大將軍開府夏州刺史
鄧亮以都督從賀拔岳西征嘗先鋒陷陣以功拜大都督及太祖置十二軍諸將將之亮領一軍每征討

爲騎將以迎魏武功遷左大都督從擒竇泰復弘農與沙苑之役竝力戰有功遷車騎大將軍開府封長廣公亮以勇敢見知爲當時名將兼屢陳謀策多合機宜太祖謂曰卿文武兼資卽孤之孔明也出爲東雍州刺史卒於州喪還京文帝親臨之泣而謂人曰股肱喪矣腹心何寄令鴻臚卿監護喪事追贈太尉
豆盧寧爲别將封雒陽伯嘗從太祖征討又與諸將破平諸冦累遷大司冦進封楚公邑萬戶
楊忠爲征西將軍河橋之上忠力戰守橋敵人不得進芒山之戰又先登陷陣除侍中驃騎大將軍開府

王明爲積射將軍隨賀拔岳爲先鋒擒万俟醜奴平秦隴嘗先登力戰拜征西將軍秦郡太守太祖討侯莫陳悅以明爲留後大都督鎮高平悅平除原州刺史趙青雀之亂以節度關中諸軍出領渭北事平進爵長樂郡公增邑并前二千戶

賀蘭祥爲都督從平侯莫陳悅又迎魏孝武又前後功封撫夷縣伯邑五百戶仍從擊潼關獲東魏將薛長儒又攻廻雒城拔之還拜左右直長進爵爲公增邑并前一千三百戶西魏文帝大統三年又從于謹攻楊氏壁祥先登克之遷右衛將軍加持節征虜將

軍沙苑之役詔祥留衛京師後以留守功增邑八百戶尋除鎮西大將軍四年文帝東伐祥以領軍從戰河橋以功加使持節大都督八年遷車騎大將軍儀同三司散騎常侍九年從太祖與東魏戰於芒山進位驃騎大將軍開府儀同三司加侍中

尉遲綱西魏文帝時爲殿中將軍大統元年授帳內都督討曹泥破之又從破竇泰以功封廣宗縣伯邑五百戶仍從復弘農克河北郡戰沙苑皆有功河橋之戰綱與李穆等從太祖力戰前後功增邑八百戶進爵爲公仍拜平遠將軍步兵校尉

叱列伏龜後魏孝明時爲別將從長孫稚西征以戰功累遷征西將軍金紫光祿大夫後還雒授都督後從太祖征討亟有戰功西魏文帝大統八年出爲北雍州刺史加大都督尋進位驃騎大將軍儀同三司散騎常侍

閻慶爲中堅將軍奉車都尉河橋之役以功拜前將軍大中大夫遷後將軍封安次縣子邑四百戶及芒山之戰先登陷陣拜撫軍將軍大都督進爵爲伯增邑五百戶

達奚武爲東秦州刺史齊神武趣沙苑太祖遣武覘

之具知敵之情狀以告太祖太祖深嘉焉遂破之進爵高陽公拜車騎大將軍太祖授雒陽武攻戰斬其司徒高敖曹遷侍中驃騎大將軍開府後遷上柱國平鄴討平寇難賜女樂一部及珍玩物

王謙爲柱國大將軍討吐谷渾力戰有功是時高祖東征兼又力戰進上柱國益州總管

蔡祐爲都督從太祖討侯莫陳悅破之又從迎西魏孝武於潼關以前後功封萇鄉縣伯邑五百戶魏文帝大統初加寧朔將軍羽林監尋持節員外散騎常侍進爵爲侯增邑一千一百戶從太祖擒竇泰復弘

農戰沙苑皆有功授平東將軍大中大夫魏恭帝二年爲兵部中大夫江陵初附諸蠻騷動詔祐與大將軍豆盧寧討平之三年拜大將軍給後部鼓吹以前後功增邑并前四千戶

賞善爲龍驤將軍從太祖平侯莫陳悅除天水郡守魏孝武西遷授武衛將軍進爵武始縣伯增邑二百戶魏文帝大統初加平東將軍進爵爲侯擒竇泰復弘農破沙苑累有戰功除使持節衛將軍假驃騎大將軍秦州刺史四年從戰河橋加大都督進爵爲公除涇州刺史屬茹茹入寇抄掠北邊善率所部破之

拜車騎大將軍儀同三司

辛威爲羽林監從太祖迎魏孝武因攻廻雒城功居最魏文帝大統元年拜寧遠將軍增邑二百戶累遷直散騎常侍進爵爲侯增邑三百戶從擒竇泰復弘農戰沙苑並先鋒陷敵勇冠一時以前功授撫軍將軍銀青光祿大夫從于謹破襄城又從獨孤信入雒陽經河橋陣加持節進爵爲公增邑八百戶

李賢爲宣威將軍時賀拔岳爲侯莫陳悅所害太祖西征賢與其弟遠穆等密應侯莫陳崇以功授都督仍守原州及大將軍至秦州悅棄城走太祖以賢爲前驅轉戰悅自刭於陣太祖嘉之賞奴婢布帛及雜畜等授持節撫軍大將軍都督魏孝武西遷太祖令賢率騎士迎衛時山東人衆多欲逃歸帝乃令賢以精騎三百爲殿衆皆憚之莫敢亡叛封下邽縣公邑一千戶俄授左都督安東將軍還鎮原州西魏文帝大統三年州民豆盧狼害都督大野樹兒等據州城反賢一戰而敗之遷原州刺史尋行原州事四年莫折後熾連結賊黨所在寇擊賊大敗師還以功賞奴婢四十口雜畜數百頭八年授原州刺史十二年隨獨孤信征凉州平之又撫慰張掖等五郡而還俄而

茹茹圍逼州城賢追擊捕獲不可勝計人得安堵加授使持節車騎大將軍儀同三司遷驃騎大將軍開府儀同三司太祖之奉魏太子西巡也至原州遂幸賢第讓齒而坐行鄉飲酒禮焉其後太祖又至原州令賢乘路車備儀服以諸侯遇禮相見然後幸賢第歡宴終日凡是親族頒賜有差

李遠爲征東大將軍從征竇泰復弘農並有殊勲授都督原州刺史沙苑之役遠功居多除車騎大將軍儀同三司進爵陽平郡公邑三千戶

赫連達爲都將軍從太祖平侯莫陳悅加平東將軍

仍賜馬二百匹魏孝武入關褒叙勲義以達首迎元帥救復秦隴進爵魏昌縣伯邑五百戶又破曹泥除鎭南將軍金紫光祿大夫加通直散騎常侍增邑并前一千戶從復弘農戰沙苑皆有功又增邑八百戶除白水郡守轉帥都督加持節除濟州刺史以達勲望兼隆乃除雲州刺史卽本州也進爵爲公拜大都督

韓果爲宣威將軍從太祖討平侯莫陳悅遷都督賜爵邯鄲縣男西魏孝武入關進封石城縣伯邑五百戶文帝大統初進爵爲公增邑通前一千戶加通直

散騎常侍從太祖襲竇泰於潼關太祖依其規畫軍以勝返賞眞珠金帶一條帛二百匹授征虜將軍又從復弘農攻抜河南城獲守一人論功爲最破沙苑戰河橋並有功授撫軍將軍銀青光祿大夫增邑九百戶

庫狄昌爲衛將軍右光祿大夫太祖迎後魏孝武復潼關封長樂縣子邑八百戶西魏文帝大統初進爵爲公增邑一千戶從破竇泰授車騎將軍左光祿大夫又從復弘農戰沙苑皆先登陷陣太祖嘉之授帥都督四年從戰河橋除黃州刺史後與干謹破胡賊劉平伏於上郡授馮翊太守久之轉河北郡守十三年錄前後功授大都督通直散騎常侍又從隋公楊忠破蠻賊田祉清昌功爲最增邑三百戶拜儀同三司

田弘爲都督從太祖復弘農戰沙苑解雒陽圍破河橋陣弘功居多累蒙殊賞尋授原州刺史太祖在同州文武並集乃謂之曰人人如弘盡心天下豈不早定卽授車騎大將軍儀同三司武帝天和中爲大將軍抜宜陽等九城以功增邑五百戶進位柱國大將軍

尉遲迥初爲西魏文帝帳内都督從太祖復弘農破沙苑皆有功累遷尚書左僕射兼領軍將軍後拜大將軍時梁元帝弟紀在蜀稱帝迥伐破之詔迥爲大都督益等十八州諸軍事益州刺史以平蜀功遷大鴻臚郊勞仍賜衮冕服孝閔踐祚進位柱國大將軍以迥有平蜀之功同霍去病冠軍之義封寧蜀公爵邑萬戶

梁椿爲都督從太祖平侯莫陳悅拜衛將軍右光祿大夫西魏文帝大統初進爵樂城伯增邑五百戶出爲東郡太守尋進爵爲公遷梁州刺史從復弘農破

沙苑與獨孤信入雒從宇文貴破東魏將堯雄等累有戰功授車騎大將軍儀同三司大都督從戰河橋進爵東平公增邑一千戶俄遷侍中驃騎大將軍開府儀同三司又從于謹討稽胡劉平伏擒其別帥劉持塞又從獨孤信討岷州羌梁金破之除渭州刺史又從李弼赴潁州與侯景攻陷韓鎮以功增邑四百戶

梁臺爲趙平郡太守與太僕石猛破兩山屠者增邑一百戶轉平梁郡守與刺史史寧討莫折后熾復與于謹破劉平伏錄前后勳授潁州刺史累遷驃騎大

將軍孝明帝時從賀蘭祥征洮陽先登有功別封綏安縣侯邑一千戶

王勇爲奉車都尉數從侯莫陳悅賀拔岳征討功居多拜別將太祖引爲帳內直盪都督前後將軍從擒竇泰復弘農戰沙苑所當必破太祖嘆其勇敢賞賜特隆進爵爲公邑一千五百戶拜鎮南將授帥都督從討趙青雀以平之論功居最除衛大將軍殷州刺史加通直散騎常侍兼太子武衛率芒山之戰勇及王文達耿令貴三人力戰皆有殊勳太祖於是賞帛二千疋令自分之軍還皆拜上州刺史後進侍中驃騎大將軍從柱國趙貴征茹茹破之進爵新陽公增邑通前二千戶

宇文虯爲征虜將軍從獨孤信在荊州破梁兵於下湕以功加安西將軍銀青光祿大夫員外直閤將軍閤內都督封安南縣侯邑九百戶及魏孝武西遷爲獨孤信帳內都督破田八能及擒東魏荊州刺辛纂虯功居多尋隨信奔梁魏文帝大統三年歸闕論前前後功增邑四百戶進爵爲公擒竇泰復弘農及沙苑河橋之戰皆有功增邑八百戶進車騎將軍左光祿大夫七年除漢陽郡守又從獨孤信討梁仚破之

十二年出爲南秦州刺史加車騎將軍儀同三司進驃騎大將軍開府儀同三司追論斬辛纂功增邑千戶

賀若敦爲驃騎大將軍時岷蜀初開巴西人譙淹據南梁與梁西江州刺史共爲表裏扇動羣蠻太祖令敦率軍討破之進爵武都公邑通前一千七百戶

權景宣爲平西將軍祠部郎中從太祖拔弘農破沙苑皆先登陷陣轉外兵郎中及東魏將王元軌入雒景宣與延孫等擊走之以功授大行臺左丞進屯宜陽攻襄城拔之太祖嘉之徵入朝錄前後功封顯親

男邑三百戶
王傑爲太祖都督復潼關破沙苑爭河橋戰芒山皆
以勇敢聞親待日隆賞賜加於倫等岐州刺史加撫
軍銀青光祿大夫進爵爲功邑八百戶
宇文測爲尚書直事郎中從太祖戰河橋別監李弼
軍討白額稽胡並有戰公爵爲侯
史寧爲賀拔勝大都督率步騎一萬攻梁下溠戍破
之封武平縣伯邑五百戶久之遷平騎將軍行涇州
事討破賊帥莫折後熾轉通直散騎常侍後爲凉甘
瓜三州諸軍事每戰茹茹破之前後獲數萬進爵安

政郡公及吐谷渾通使于齊寧擊獲之就拜大將軍
寧遣使詣太祖請事太祖卽以所服冠履衣服及弓
箭甲矟等賜寧
陸騰爲車騎大將軍與安康賊黃衆寶戰大破之軍
還拜龍州刺史後爲隆州總管討信州蠻蜑前後破
平諸賊凡賞得奴婢八百口馬牛稱是
宇文盛爲威烈將軍兼都督從太祖擒竇泰復弘農
破沙苑授都督平遠將軍步軍較尉進爵爲公增邑
八百戶復遷驃騎大將軍開府儀同三司鹽州刺史
及楚公趙貴謀爲亂盛密赴京告之貴誅授大將軍
進爵忠誠郡公除涇州都督賜甲一領奴婢二百口
馬五百匹牛羊及莊田什物等稱是
耿豪一名令貴爲征虜將軍從太祖擒竇泰復弘農
豪先鋒陷陣加前將軍中散大夫沙苑之戰豪殺傷
甚多血染甲裳盡赤太祖見之嘆曰令貴武猛所向
無前於是進爵爲公增邑通前一千五百戶除鎮北
將軍金紫光祿大夫南郢州刺史又從太祖戰邙山
當前者死傷相繼太祖嘉之拜北雍州刺史論前後
戰功進授車騎大將軍儀同三司增邑通前一千八
百戶進位侍中驃騎大將軍開府儀同三司及卒太

祖痛惜之以本官加朔州刺史
高琳初自魏孝明正光初起家衛府都督從元天穆
討邢杲破梁將陳慶之以功轉統軍又從爾朱天光
破万俟醜奴論功爲最除寧朔將軍奉車都尉魏孝
文西遷從入關至溱水爲齊神武所追拒戰有功封
鉅野縣子邑三百戶進爵爲侯增邑四百戶轉龍驤
將軍頃之遷平西將軍加通直散騎常侍從太祖破
齊神武於沙苑轉安西將軍進爵爲公增邑八百戶
累遷衛將軍又從擒莫多婁貸文仍戰河橋琳先驅
奮擊勇冠諸軍太祖嘉之曰卽我之韓白也拜太子

左庶子壽以本官鎮玉壁復從太祖戰芒山除正平郡守加大都督增邑三百戶又擊退齊將東方老老使人勸琳東歸琳斬其使以聞進使持節車騎大將軍儀同三司散騎常侍除鄜州刺史加驃騎大將軍開府儀同三司侍中孝閔帝踐祚進爵犍爲郡公邑一千戶世宗武成初從賀蘭祥征吐谷渾除延州刺史後還江陵總管抗陳將吳明徹退之詔琳入朝親加勞問進授大將軍仍副衛公直鎮襄州進位柱國及薨贈本官加冀定滄齊等州諸軍夏州刺史

李和初爲賀拔岳帳內都督以破諸賊功稍遷北將

軍金紫光祿大夫賜爵思陽公

伊婁穆字奴干初爲太祖內親信校奉朝請芒山之役力戰有功拜爲都督丞相府參軍事累遷撫軍將軍大都督通直散騎常侍嘗入白事太祖望見悅之字之曰奴干作儀同面見我矣於是拜車騎大將軍儀同三司賜封安陽縣伯邑五百戶孝閔時累遷金州刺史民部中大夫衛公直出鎮襄州以穆爲長史郢州城民王道胄等反穆討平之進位大將軍入爲小司馬從柱國李穆平軹關等城賞布帛三百疋粟三百石田三十頃

楊紹爲輔國將軍從燕國公于謹圍江陵紹軍於北門流矢中股而力戰不衰事平賞奴婢一百口進驃騎大將軍

王雅爲都督從太祖擒竇泰於潼關沙苑之戰所向披靡太祖壯之又從戰芒山敵衆稍却雅乃還軍錄前後功進爵爲伯

達奚寔爲大行臺郎中從太祖擒竇泰復弘農悅沙苑皆力戰有功增邑三百戶加車騎將軍左光祿大夫

劉雄爲驃騎大將軍力戰齊將段孝先於長城西軍

還遷軍司馬進爵爲周昌侯邑一千四百戶

侯植爲驃騎將軍從太祖破沙苑戰河橋進大都督加左光祿大夫宗州刺史宇文仲和據州作逆植從開府獨孤信討擒之拜平騎大將軍儀同三司封肥城縣公邑一千戶又從于謹平江陵進驃騎大將軍開府儀同三司賜奴婢一百口

竇熾初爲撫軍將軍從魏孝武西遷仍與其兄善至城下與武衛將軍高金龍戰於千秋門敗之因入宮城取御馬四十匹并鞍勒進之行所帝大悅賜熾及善駿馬各二匹駑馬各十匹又加衛將軍從擒竇泰

復弘農破沙苑皆有功增邑八百戸又從太保李弼討白額稽胡破之除車騎將軍

竇熾為符璽郎從擒竇泰復弘農戰沙苑皆有功拜右將軍大中大夫進爵為侯邑一千戸

李穆為都督河橋之戰免太祖於難擢授武衛大將軍加大都督車騎大將軍儀同三司進爵安武郡公邑一千七百戸前後賞賜不可勝計久之太祖美其忠節乃嘆曰人之所貴唯身命耳李穆遂能輕身命之重濟孤於難雖復加之以爵位賞之以玉帛未足為報也乃特賜鐵券恕以十死進驃騎大將軍開府

儀同三司侍中初穆授太祖以驄馬及後中廐有此色馬者悉以賜之

韋孝寬為大都督齊神武傾山東之衆志圖西以玉壁衝要先命攻之孝寬捍退神武智力俱困遂殂魏文帝嘉孝寬功令殿中尚書長孫紹遠左丞王悅至玉壁勞問授驃騎大將軍開府儀同三司進爵建忠公魏恭帝元年以大將軍與燕公于謹伐江陵平之功封穰縣公還拜尚書右僕射

趙元定為襄威將軍從太祖討侯莫陳悅以功拜平遠將軍步兵校尉從擊潼關拔廻雒城進爵為伯增邑三百戸加前將軍太中大夫從擒竇泰復弘農破沙苑戰河橋元定皆先鋒以前後功累遷都督征東將軍金紫光祿大夫增邑三百戸芒山之戰元定殺傷甚衆論功為最賞賜甚厚

楊摽為驃騎大將軍擊破東魏南絳郡虜其郡守屈僧珍録前後功封郃陽縣伯邑五百戸芒山之戰追退魏將侯景太祖嘉之賜帛三百疋

李遷哲為車騎大將軍從開府賀若敦討直洋滏三州叛賊既平之又克巴州及鹿城軍還太祖嘉之以所服紫袍玉帶及所乘馬以賜之并賜奴婢三十口

加授侍中驃騎大將軍開府儀同三司除直州刺史即本州也仍給軍儀鼓節

楊雄為積射將軍從于謹攻盤豆柵復從李遷哲經沙苑陣並力戰有功封安平縣侯加冠軍將軍中散大夫賞賜甚厚復入雒陽戰河橋解玉壁圍迎高仲密援侯景並預有功前後增邑四百五十戸世襲義陽郡守從大將軍宇文虬攻克上津遷通直散騎常侍都督進儀同三司

冊府元龜

巡按福建監察御史臣李嗣京訂正

知閩縣事臣曹冉臣參閱

知建陽縣事臣黃國琦較釋

將帥部四十四

褒異第九

隋李雄後周時領左右軍征吐谷渾縱奇兵擊破之賜奴婢百口

李金才爲楊素行軍總管破突厥阿勿俟斤於納遠川進位大將軍

李詢自高祖爲丞相以元帥長史平尉遲迥之亂進位上柱國改封隴西郡公賜帛千疋加以口馬

梁睿後周時爲大將軍從齊王憲拒齊將斛律明月於稚陽每戰有功遷少冢宰高祖至百揆代王謙爲益州總管行至漢川西謙反高祖命睿爲行軍元帥討平之進位上柱國總管如故賜物五千段奴婢一千口金二千兩銀三千兩食邑千戸開皇初徵還京師及引見帝爲之興命睿上殿握手極歡睿退謂所親曰功遂身退今其時也遂謝病於家闔戸自守不交當世帝賜以板輿每有朝覲必令三衛輿上殿

于義爲梁睿行軍總管時王謙構逆其將達奚惎擁衆據開遠義將左軍擊破之尋拜同州總管賜奴婢五百口雜綵三千段

陰壽仕周爲儀同從武帝平齊進位開府賜物千段奴婢百口女樂二十人高祖爲丞相壽以行軍總管鎮幽州卽拜幽州總管時有高寶寧者齊氏之疏屬也周武帝拜爲營州刺史連結契丹靺鞨舉兵反壽遣人陰間其所親任者寶寧爲其麾下所殺北邊遂安賜物千段卒官贈司空

竇榮定初爲平東將軍從周太祖與齊人戰於北芒

擊卻齊以功拜上儀同後從周元皇帝引突厥木杆侵齊之幷州賜物三百段襲爵永富縣公邑千戸進位開府除中州刺史從武帝平齊加上開府拜前將軍佽飛中大夫高祖受禪累遷右武衛大將軍尋除秦州總管賜吳樂一部突厥沙鉢畧寇邊以爲行軍元帥率九總管步兵三萬出凉州數挫其鋒沙鉢畧突厥請盟而去賜縑萬疋進爵安豐郡公增邑一千六百戸轉左武衛大將軍開皇六年卒帝爲之廢朝令左衛大將軍元旻監護喪事賻絹三千疋贈冀州刺史陳國公

元景山周閔帝時爲撫軍將軍數從征伐累遷儀同三司賜爵文昌縣公授壘川防主後與齊人戰於北邙斬級居多加開府遷建州刺史進封宋安郡公邑三千戶從周武帝平齊每戰有功拜大將軍改封平原郡公邑二千戶賜女樂一部帛六千疋奴婢二百五十口牛羊數千高祖爲丞相景山以上將軍率騎與司馬消難將樊毅馬傑等戰勉之拜安州總管進位柱國將軍賜帛三千疋時桐柏山蠻相聚爲亂景山復擊平之高祖受禪拜上柱國

源雄周太祖時賜爵隴西郡公後周武帝伐齊以功

授開府改封朔方郡公拜冀州刺史時以突厥寇邊徙雄爲平州刺史以鎭之未幾檢校徐州總管及高祖爲丞相時陳人見中原多故遣其將陳紀等侵江北雄與吳州總管于顗等擊走之又東潼州刺史曹孝達據州作亂雄遣兵襲擊走之進位上大將軍伐陳之役從秦王俊出信州道及陳平以功進位上柱國賜物千段復鎭朔州

豆盧勣仕周爲柱國利州總管高祖爲丞相益州總管王謙作亂勣嬰城固守出奇兵擊之賊因解去高祖遣開府趙仲卿勞苦之詔可使持節上柱國及突厥犯塞以勣爲北道行軍元帥以備邊歲餘拜夏州總管詔曰上柱國楚國公勣蜀人寇亂之日稱兵犯順固守金湯隱如敵國嘉猷大節其勞已多可食始州臨津縣邑千戶後以病徵還京師詔諸王並至勣第中使顧問道路不絕其年卒高祖悼惜者久之特加賵贈鴻臚監護喪事

豆盧通仕周爲武賁中大夫北徐州刺史及高祖爲丞相尉遲迥作逆遣其所署台州刺史烏丸尼率衆來攻通逆擊破之賜物八百段進位大將軍

賀若誼仕周爲熊州刺史平齊之役誼率兵出函谷

先據雒陽即拜雒州刺史進封建威縣侯齊范陽王高紹義之奔突厥也誼以兵追之戰於馬邑遂擒紹義以功進位大將軍高祖爲丞相拜亳州總管西邊司馬消難東拒尉遲迥申州刺史李慧反誼討平之進爵范陽郡公授上大將軍

梁士彥爲熊州刺史從周武帝拔晉州進位柱國除使持節晉絳二州諸軍事晉州刺史及帝還後齊後主親總六軍而圍之士彥固守孤城及齊平封郕國公進位上柱國

梁剛仕周爲儀同以平尉遲迥功加開府擊突厥有

勳進位上大將軍通政縣公

梁默爲行軍總管從楊素北征突厥進位大將軍漢王諒之反復以行軍總管從楊素討平之加授上柱國

宇文欣仕周爲儀同三司賜爵興固縣公韋孝寬之鎮玉壁也以欣同行屢有戰功加位開府驃騎將軍進爵化政郡公邑二千戸從武帝伐齊拔晉陽及齊平進位大將軍賜物千段尋與烏丸軌破陳將吳明徹於呂梁進柱國賜奴婢二百口高祖爲丞相尉遲迥作亂以欣爲行軍總管從韋孝寬擊之迥軍大敗

及平鄴城以功加上柱國賜奴婢二百口牛馬羊萬計高祖顧欣曰尉遲迥傾山東之衆連百萬之師公舉無遺策戰無全陣誠天下之英傑也進封英國公增邑三千戸

王誼周武帝時爲内史大夫封陽國公從帝伐齊帝顧以全濟及齊平授相州刺史未幾徵爲内史汾州稽胡爲亂誼率兵擊走及平賊而還賜物五千段高祖爲丞相轉汾州總管司馬消難反誼爲行軍元帥討平之高祖以誼前代舊臣甚加禮敬之遣使勞問冠蓋不絶拜大司馬誼自以與高祖有舊亦歸心焉及帝受禪顧遇彌厚帝親幸其第與之極歡

元諧爲大將軍時高祖爲丞相尉遲迥作亂遣兵寇小鄉令諧擊破之及高祖受禪賜宴極歡進位上大將軍封樂安郡公邑千戸吐谷渾寇梁州詔諧爲行軍元帥擊破之詔遷上柱國

王世積仕周爲上儀同長子縣公高祖爲丞相尉遲迥作亂從韋孝寬擊之每戰有功拜上柱國高祖受禪進封宜陽郡公未幾授蘄州總管平陳之役以舟師自蘄水趨九江與陳將紀瑱戰於蘄口大破之又後書告諭陳諸兵將並降以功進位柱國荊州總管

賜絹五百段加之寶帶邑三千戸後數歲桂州人李光仕作亂世積以行軍總管討平之帝遣都官員外郎辛凱卿馳勞之及還進位上柱國賜物二千段帝甚重之遼東之役與漢王並爲行軍元帥至柳州遇疾疫而還拜涼州總管令騎士七百人送之官

高頻周武帝時爲下士大夫以下齊功拜開府從越王盛擊隰州叛胡平之高祖得政屬意於頻委以心膂尉遲迥之起兵遂自請行大破之因平尉遲迥還嘗侍宴於臥内帝撤御帷以賜之進位柱國改封義寧縣公遷丞相府司馬高祖受禪拜尚書左僕射兼

納言進封渤海郡公俄拜左衛大將軍時突厥屢爲寇患詔熲鎮遏緣邊及還賜馬百餘匹牛羊千計後爲左領軍大將軍及伐陳以熲爲元帥陳平以功授上柱國高祖幸并州留熲居守及帝還京賜縑五千疋復賜行宮一所以爲莊舍其夫人賀拔氏寢疾中使顧問駱驛不絶帝親幸其第賜錢百萬絹萬疋復賜以千里馬

楊素周武帝時爲車騎大將軍從父敷終於大都督及平齊之役素請率父麾下先驅帝從之賜以竹策曰朕方欲大相驅策故用此物賜卿從齊王憲與齊人

戰於河陰以功封清河縣子邑五百戸授司城大夫復從憲拔晉州其後每戰有功及齊平加上開府改封安城縣公邑千五百戸賜以粟帛奴婢雜畜高祖爲丞相會尉遲迥作亂滎州刺史宇文冑據武牢以應迥高祖拜素大將軍發河内兵擊冑破之遷徐州總管進位柱國封清河郡公邑二千戸高祖受禪加上柱國帝方圖江表先是素數進取陳之計未幾拜信州總管賜錢百萬錦千段馬二百匹而遣之及大舉伐陳以素爲行軍元帥大破賊還拜荆州總管進爵越國公邑三千戸眞食長壽縣千戸賜物萬疋粟萬石加以金寶又賜陳主妹及女妓十四人轉内史俄而江南人李稜等作亂素進討悉平之帝以素久勞於外詔令馳傳入朝加子玄感官爲上開府賜綵物三千段又斬浙江賊帥高智惠於泉州自餘支黨悉來降附江南大定帝遣左領衛將軍獨孤陁至浚儀迎勞比到京師問者日至賜黄金四十斤加銀瓶實以金錢縑三千段馬二百匹羊三千口公田百頃宅一區又爲并州道行軍總管討平漢王諒以功賞物五萬段綺羅千疋諒之妓妾二十人後爲靈州道行軍總管破達可汗優詔褒賜縑二萬匹及萬釘寶

帶

楊文思仕周爲車騎大將軍治冀州事討平黨項羌及擊破山獠等又從陳王攻齊河陰城又從帝攻拔晉州以勳進授上儀同三司改封永寧縣公增邑至千戸又生擒壽陽劉叔仁及别從王誼破賊於鯉魚柵其後累以軍功遷果毅右旅下大夫高祖爲丞相從韋孝寬拒尉遲迥於武陟迥遣其將李儁圍懷州與行軍總管宇文述擊走之破尉遲惇平鄴城皆有功進授上大將軍改封維川縣公尋拜隆州刺史開皇元年進爵正平郡公加邑二千戸

蘇孝慈爲宣納上士從武帝伐齊以功進位開府賜爵文安縣公邑千五百戸

蘇沙羅仕周爲都督從韋孝寛破尉遲迥以功授開府儀同三司封通泰縣公及高祖開皇中遷檢校利州總管事從史萬歲擊西爨累戰有功進位大將軍賜物千段尋檢校益州總管長史會越巂人王奉舉兵作亂沙羅從段文振討平之賜奴婢百餘口

李雄周太祖時爲輔國將軍從達奚武平漢中定興州又討汾州胡録前後功拜驃騎大將軍儀同三司武帝時爲凉州總管長史從滕王逌破吐谷渾於青

海以功加上儀同宣帝嗣位從行軍總管韋孝寛畧定淮南雄以輕騎數百至硤石說下十餘城拜亳州刺史高祖總百揆徵爲司會中大夫以淮南之功加位上開府高祖受禪拜鴻臚卿進爵高都郡公食邑二千戸

韋洸仕周爲開府賜爵衛國縣公高祖爲丞相從季父孝寛擊尉遲迥於相州以功拜柱國進封襄陽郡公邑二千戸

韋藝爲上開府時高祖爲丞相藝從季父孝寛擊尉遲迥及破尉遲惇平相州皆有力焉以功進位上大將軍改封武威縣公邑千戸高祖受禪進封魏興郡公

宇文慶爲驃騎大將軍從周武帝拔晉州及齊師大至慶又破高緯拔高壁克并州下信都擒高諧功並居最武帝詔遷大將軍封汝南郡公邑千六百戸尋以行軍總管擊延安反胡平之拜延州總管俄轉寧州總管高祖爲丞相復以行軍總管江南江表師次白帝徵還以勞進位上大將軍尋加柱國開皇初拜左武衛大將軍進位上柱國

楊文紀仕周爲車騎大將軍安州總管長史將兵迎

陳降將李瑗於齊安與陳將周法尚軍遇擊走之以功進授開府高祖爲丞相改封汾陰縣公從梁睿討王謙以功進授上將軍前後增邑三千戸

李禮成仕周爲平東將軍以軍功拜車騎大將軍儀同三司賜爵修陽縣侯伐齊之役從武帝圍晉陽禮成以兵擊南門齊廂毗羅率精甲數千拒帝禮成力戰退之加開府進封冠軍縣公

元褒仕周官至開府北平縣公趙州刺史及高祖爲丞相從韋孝寛擊尉遲迥以功起拜柱國進封河間郡公邑二千戸高祖仁壽初以行軍總管擊平嘉州

夷獠煬帝卽位拜齊州刺史

郭榮周武帝時爲宣納中士從帝平齊以戰功賜馬二十疋錦絹六百段封平陽縣男至高祖仁壽初西南夷獠多叛詔榮領八州諸軍事行軍總管率兵討之歲餘悉平賜奴婢三百餘口煬帝卽位入爲武候驃騎將軍後數歲擊平亂夷遷左候衛將軍從帝西征吐谷渾拜銀青光祿大夫遼東之役以功進左光祿大夫從軍攻遼東城榮親蒙矢石晝夜不釋甲冑百餘日帝每令人窺諸將所爲知榮如是帝大悅每勞勉之後拜右候衛大將軍楊玄感之亂帝令馳守

太原明年復從帝至柳城遇疾帝令存問動靜中使相望卒於懷遠鎭帝爲之廢朝賵兵部尚書賜物千段

李安爲黄門侍郎平陳之役高祖以爲楊素行軍司馬仍領行軍總管安率衆先鋒大破陳師高祖嘉之進位上大將軍郢州刺史

長孫覽仕周武帝歷少司空從平齊進封薛國公

長孫熾爲稍伯下大夫周武帝建德中從信州總管王長述破王謙擒其僞總管元振以功拜儀同三司至煬帝時歷位大理卿戶部尚書吐谷渾寇張掖令熾率精騎擊之以功授銀青光祿大夫

韓擒虎爲廬州總管高祖委以平陳之任平金陵執陳叔寶賜物萬段又與賀若弼爭功於帝前於是進位上柱國賜物八千段其後突厥來朝帝謂之曰汝聞江南有陳國天子乎對曰聞帝命左右引突厥詣擒虎前曰此是執得陳國天子者擒虎厲然顧之突厥惶恐不敢仰視別封壽光縣公邑千戶

韓僧壽仕周爲中旅下大夫高祖得政從韋孝寬平尉遲迥每戰有功授大將軍封昌樂縣公邑千戶至高祖開皇中檢校靈州總管事從楊素擊突厥破之

進位上柱國改封江都郡公

韓洪仕周爲大都督高祖爲丞相從韋孝寬破尉遲迥於相州加上開府甘棠縣侯邑八百戶高祖受禪進爵爲公尋授驃騎將軍平陳之役授行軍總管及陳平以功加上柱國

賀若弼爲吳郡總管時高祖委以平陳之事者弼獻取陳十策帝稱善賜以寶刀開皇九年大舉伐陳以弼爲行軍總管平陳有功帝下詔褒揚及迎勞曰克定三吳公之功也命登御坐賜物八千段加位上柱國進爵宋國公眞食邑三千戶加以寶劒寶帶金甕

金盤各一并雉尾扇曲蓋雜綵二千段女樂二部又賜陳叔寶妹爲妾拜右領軍大將軍

達奚長儒初仕周太祖爲大都督數有戰功假輔國將軍累遷使持節撫軍將軍平蜀之役常爲先鋒攻城野戰所當必破除車騎大將軍儀同三司增邑二百戸又遷驃騎大將軍從武帝平齊遷上開府進爵安城郡公邑千二百戸宣政元年除前將軍勇猛中大夫獲陳將吳明徹以功進位大將軍尋授行軍總管高祖爲丞相王謙舉兵於蜀詔長儒擊破之高祖受禪進位上大將軍封蘄春郡公邑二千五百戸

賀婁子幹爲泰州刺史與宇文述等擊破尉遲迥於懷州高祖大悅手書進位上開府封武川縣公邑三千戸開皇元年進爵鉅鹿郡公其年吐谷渾寇凉州子幹爲行軍總管從上柱國元諧擊之功最優詔褒美明年突厥犯蘭州子幹擊之於是冊授上大將軍徵授新督副監尋拜工部尚書突厥犯塞詔子幹以行軍總管從竇榮定擊之子幹別路破賊斬首千餘級高祖嘉之遣通事舍人曹威齎優詔勞勉之子幹請入朝詔令馳驛奉見突厥雍虞閭遣使請降并獻羊馬詔以子幹爲行軍總管出西北道應接之還拜雲州總管以突厥所獻馬百疋羊千口以賜之乃下書曰自公守北門風塵不警突厥所獻還以賜公

史萬歲仕周爲開府儀同三司從梁士彥擊尉遲迥每戰先登及迥平以功拜上大將軍後領車騎將軍平陳之役又以功加上開府及高智慧等作亂江南以行軍總管從楊素擊之萬歲率衆二千自東陽別道而進踰嶺越海攻陷溪洞不可勝數前後七百餘戰轉鬭千餘里寂無聲聞者十旬遠近皆以爲沒萬歲以水陸阻絶信使不通乃置書竹筒中浮之於水汲者得之以言於素素大悅上其事高祖嗟嘆賜其

家錢十萬還拜左領軍將軍

劉方仕周爲承御上士尋以戰功拜上儀同高祖爲丞相方從韋孝寬破尉遲迥於相州以功加開府賜爵河陰縣侯邑八百戸高祖受禪進爵爲公開皇三年從衛王爽破突厥於白道進位大將軍

馮昱多權畧有武藝高祖爲丞相以行軍總管與王誼李威等討叛蠻平之拜柱國

王檦驍勇善射高祖以其有將帥才每以行軍總管屯兵江北禦陳冦數有戰功伐陳之役及高智慧反攻討皆有殊績遷柱國

李充少慷慨有英畧開皇中頻以行軍總管擊突厥有功遷官至上柱國武陽郡公

楊武通性果烈善騎射數以行軍總管討西南夷每有戰功進封白水郡公

陳永貴以勇烈知名高祖甚親愛之數以行軍總管領邊每戰必单騎陷陣遷官至柱國蘭利二州總管封北陳郡公

房兆剛毅有武畧頻以行軍總管擊胡有功遷官至柱國徐州總管

王長述高祖為丞相時受信州總管部内夷獠猶有

未賓長述討平之進位上大將軍又陳取王謙之策帝大悅前後賜黄金五百兩授行軍總管率衆討謙以功進位柱國開皇初復獻平陳之計帝善其能頻加賞勞後數歲以行軍總管擊南寧未至道病卒帝甚傷惜之令使者弔祭贈上柱國冀州刺史

李衍為義州刺史從韋孝寬鎮玉壁城數與賊戰敵人憚之及齊平以軍功進授大將軍改封真鄉郡公拜左宫伯賜雜綵三百疋奴婢二十口及王謙作亂高祖以衍為行軍總管從梁睿平之進位上大將軍賜縑二千匹開皇元年又以行軍總管討叛蠻平之進位柱國賜錦帛二千匹大舉伐陳授以行軍總管

田仁恭仕周為開府儀同三司中外府掾從宇文護征伐數有戰功改封襄武郡公邑五百户從武帝平齊加授上開府進封浙陽郡公增邑二千户高祖為丞相進位大將軍從韋孝寛破尉遲迥於相州拜柱國

杜整為左武衛將軍開皇中密進取陳之策高祖善之於是以行軍總管鎮襄陽病卒帝聞而傷之贈帛四百匹米四百石

薛世雄初從周武帝為帥都督開皇中數有戰功累

遷儀同三司又為玉門道行軍大將擊降伊吾進位正議大夫賜物千段

李徹為車騎大將軍周武帝時從皇太子西征吐谷渾以功賜爵周昌縣男邑三百户復從帝破齊師於汾北乘勝下高壁拔晋陽擒高指於冀州俱有力焉録前後功加開府別封蔡陽縣公邑千户至高祖受禪為左武衛將軍總晋王府軍事進爵齊安郡公及突厥沙鉢畧可汗犯塞與李充率精騎五千出其不意掩擊大破之以功加上大將軍

杜彦周仕為龍州刺史賜爵永安縣伯高祖為丞相

從韋孝寬擊尉遲迥於相州每戰有功賜物三千段奴婢三十口進位上開府開皇中爲左武衛將軍平陳之役以行軍總管與新義公韓擒虎相繼而進及平陳賜物五千段粟六千石進位柱國高智慧作亂復以行軍總管從楊素討平之賜奴婢百餘口拜洪州總管

高及爲光州刺史高祖爲丞相時上取陳五策勵大舉伐陳以勵爲行軍總管從宣陽公王世積下陳江州以功拜上開府賜物三千段

爾朱敞爲驃騎大將軍周武帝東征上表求從許之

攻城陷陣所當皆破進位上開府除南光州刺史入爲護軍大將軍轉膠州刺史高祖受禪改封邊城郡公黜安蠻叛命敞討平之師旅旋拜金州總管

獨孤楷仕周爲車騎將軍其後數從征伐賜爵廣阿縣公邑千戶拜右侍下大夫

周木從韋孝寬平淮南以功賜子景雲爵西河縣公高祖爲丞相進授開府及受禪拜右監門將軍進封汝陽郡公

乞伏慧周武帝時爲熊渠中大夫高祖爲丞相從韋孝寬擊尉遲惇於武陟所當皆破授大將軍賜物八百段及平尉遲迥進位柱國賜爵河西郡公邑三千戶賚物二千三百段

周威仕周位至柱國高祖以威爲行軍總管從元帥梁睿擊王謙平之進上柱國拜瀘州總管

和洪周武帝時爲車騎大將軍儀同三司時龍州蠻任公忻李國立等聚衆爲亂洪擒斬之從帝攻河陰洪力戰陷其西門帝壯之賜物千段復從帝平齊進位上儀同賜爵北平侯邑八百戶拜左勲曹下大夫柱國王軌之擒吳明徹也洪有功焉加位開府遷折衝中大夫尉遲迥作亂相州以洪爲行軍總管從韋

孝寬擊走之又破尉遲惇於武陟及破平相州每戰有功拜柱國封廣武郡公邑二千戶前後賜物萬段奴婢五十口金銀各百錠牛馬百疋

宇文弼初爲別隊從周武帝平齊以功拜上儀同封武威縣公邑千五百戶賜物千五百段奴婢五十口牛羊千餘頭拜司州總管司録宣帝時爲監軍從梁士彦攻拔壽陽尋改封安樂縣公增邑六百戶賜物六百段加以口馬俄轉南司州刺史遇陳將樊毅戰於漳口虜獲三千人除黃州刺史尋轉南定州刺史高祖開皇初以前功封平昌縣公加邑一千二百戶

三年突厥寇并州以行軍司馬從元帥竇榮定擊破之還除太僕少卿轉吏部侍郎平陳之役弦持節爲諸軍節度仍領行軍總管劉仁恩之破陳將呂仲肅也弦有謀焉加開府擢拜刑部尚書

張衡爲揚州總管開皇中熙州李英林聚衆反署置百官以衡爲行軍總管率步騎五萬人討平之拜開府賜奴婢一百三十口物五百段金銀雜畜稱是

崔仲方爲會州總管時諸羌猶未賓附高祖詔令仲方擊之與賊三十餘戰諸部悉平賜奴婢一百三十口黃金五十斤雜物稱是

宇仲文爲大將軍高祖初爲丞相尉遲迥之亂仲文討之河南旣平勒石紀功樹於泗上入朝京師高祖引入臥內宴享極歡賜雜綵千餘段妓女十人拜柱國河南道大行臺

李景以行軍總管從王世積伐陳陷陣有功進位上開府賜奴婢六十口物千五百段及高智慧等作亂江南復以行軍總管從楊素擊之還授鄖州刺史遼東之役爲馬軍總管後爲代州總管時漢王諒作亂景發兵擊破之景尋被徵入京進位柱國拜右武衛大將軍賜縑九千匹女樂一部加以珍物景智畧非所長忠直爲時所許帝甚信之擊叛蠻向思多破之賜奴婢六十口又擊吐谷渾於青海破之進位光祿大夫賜奴婢六十口縑二千疋又攻高麗武列城破之賜爵宛丘侯物一千段

巡按福建監察御史臣李嗣京　訂正
知甌寧縣事臣孫以敬叅閲
知建陽縣事臣黄國琦較釋

將帥部四十五

褒異第十

隋慕容三藏開皇中為開府儀同大將軍副行軍總管韋光討嶺南酋長王仲宣以功授大將軍賜奴婢百口加以金銀雜物

魚俱羅為大都督從晉王平陳以功拜開府賜物一千五百段未幾沈玄懀高智慧作亂江南楊素以俱羅壯勇請與同行每戰有功加上開府高唐縣公又與素擊突厥以功進位柱國

張定和為驃騎將軍從上柱國李充擊突厥先登陷陣虜刺之中頸定和以草塞瘡而戰神氣自若虜遂敗走高祖聞而壯之遣使者齎藥馳詣定和所勞問之進位柱國封武安縣侯賞物二千段良馬二匹金百兩

張奫自高祖作相授大都督領鄉兵貿若弼之鎮壽春也常為間諜平陳之役頗有功焉進位開府儀同三司封文安縣子邑八百戶賜物二千五百段粟二千五百石歲餘率水軍破逆賊笮子游於京口薛子建於和州徵入朝拜大將軍高祖命昇御座而宴之謂奫曰卿可為朕兒朕為卿父今日聚集示無外也後賜綺羅千匹綠沈甲獸文具裝尋從楊素征江表別破高智慧於會稽吳世華於臨海位上大將軍賜奴婢六十口縑綵三百疋開皇十八年為行軍總管從漢王諒征遼東諸軍多物故奫衆猶全高祖善之賜物二百五十段

邪衍周武帝時為大將軍從武帝與齊主大戰於晉州追齊師至高壁敗之仍從平并州以功加開府武安縣公邑一千二百戶尉遲迥之起擊其餘黨於濟北累戰破之超上柱國封武山郡公賞物七千段

李圓通領左翊衛驃騎將軍伐陳之役以行軍總管從楊素出信州道以功進位大將軍進封萬安縣侯

王韶為軍正周武帝既拔晉州意欲班師韶諫止及平齊氏以功進位開府封晉陽縣公邑五百戶賜口馬雜畜以萬計高祖受禪累加大將軍晉陽之鎮并州除行臺右僕射賜綵五百匹平陳之役以本官為元帥府司馬及尅金陵進位柱國賜奴婢三百口綿

絹五千段
史祥爲左衛將軍煬帝即位漢王諒發兵作亂遣其將綦良自滏口徇黎陽塞白馬津余公理自太行下河南帝以祥爲行軍總管皆大破之進位上大將軍賜縑綵七千段女妓十人良馬二十匹轉太僕卿祥從征吐谷渾率衆出間道擊虜破之俘男女二千餘口賜奴婢六十人馬二百匹進位左光祿大夫拜左驍衛將軍
楊義臣高祖仁壽初拜爲朔州總管賜以御甲煬帝嗣位漢王諒作亂代州總管李景爲諒將喬鍾葵所

圍詔義臣救景義臣與戰破之以功進位上大將軍賜物二千段雜綵五百疋女妓十人良馬二十匹
來護兒爲上開府從楊素破高智慧盛道延進位柱國封永寧郡公高祖嘉其功使畫工圖其像以進尋詔追入朝賜以宮女寶刀駿馬錦綵等物煬帝時爲左驍衛大將軍煬帝大業六年從駕江都賜物千段令上先人冢宴父老州里榮之
陳稜爲東萊留守楊玄感之亂也稜率兵至江都襲破彭城賊帥孟讓以功進位光祿大夫賜爵信安侯及煬帝幸江都遣稜率宿衛兵擊李子通往見克捷超拜左禦衛將軍
王辯爲車騎將軍煬帝初漢王諒之作亂也從楊素討平之賜爵武寧縣男邑三百戶遼東之役以功加通議大夫尋遷武賁郎將及上谷魏刀兒劫掠燕趙賊勢辯從行卒步騎三千擊敗之賜黃金二百兩渤海賊帥高士達自號東海公衆以萬數辯擊之屢挫其鋭帝在江都宮聞而馳召之及引見禮賜甚厚復令往信都經略士達於是復戰破之優詔褒顯之
周羅睺初仕陳宣帝爲使持節都督霍州諸軍事平山賊十二洞除右將軍始安縣伯邑四百戶總檢校

揚州內外諸軍事賜金銀三千兩高祖時從楊素擊突厥大破之進位大將軍煬帝即位授左武候大將軍漢王諒反詔赴楊素討平之進授上大將軍
段文振初仕後周爲中外府兵曹從武帝攻齊晉州下之賜物千段授上儀同進平鄴都又賜綺羅二千匹開皇末爲太僕卿越巂蠻叛擊平之賜奴婢二百口煬帝時爲兵部尚書從征吐谷渾以功進位右光祿大夫後爲左候衛大將軍卒贈光祿大夫尚書左僕射北平侯賜物一千段粟麥二千石威儀鼓吹送至墓所

宇文述周武帝時爲英果中大夫高祖爲丞相尉遲迥作亂以行軍總管擊其將李雋破之及平尉遲迥每有戰功超拜上柱國進爵褒國公賜縑三千疋開皇初拜左衛大將軍平陳之役以行軍總管率衆擊陳軍大敗之吳會悉平以功賜物三千段拜安州總管開皇末爲太子左衛率煬帝嗣位拜左衛大將軍三年加開府儀同三司每元會冬正朝會輙給鼓吹一部大業中征高麗爲扶餘道將軍臨發帝謂述曰禮七十者行役以婦人從公宜以以家累自隨古稱婦人不入軍謂臨戰時耳至於營壘之間無所傷也

項耤虞姬即其故事

周法尚爲巴州刺史破三鵶叛蠻復從柱國王誼擊走陳寇遷衡州總管四州諸軍事改封譙郡公邑二千戶高祖幸雒陽召之及引見賜金鈿酒鍾一雙綵五百段良馬十五疋奴婢三百口給鼓吹一部法尚固辭帝曰公有大功於國特給鼓吹者欲令公卿知朕之寵公也伐陳之役以行軍總管隸秦孝王率舟師擊破其城州刺史熊門起擒於陣轉鄂州尋遷永州總管安集嶺南賜縑五百段良馬五百匹仍給黃州兵三千五百人爲帳內又降斬陳桂州刺史錢季卿等賜綵五百段奴婢五十口幷銀甕寶帶良馬十疋又爲嶺南安撫大使後數年入朝以本官宿衛賜綵三百段米五百石絹五百疋未幾與上柱國王世積討平桂州李光仕賜奴婢百五十口黃金百五十兩銀百五十斤仁壽中遂州獠叛復以行軍總管討平之巂州烏蠻反詔法尚擊破之賜奴婢百口物三百段蜀馬二十疋煬帝時拜左武衛將軍賜良馬一匹絹三百疋又擊破黔安夷向思多還從討吐谷渾逐捕亡散至于青海賜奴婢一百口物三百段馬七十匹又領會寧太守遼東之役以舟師指朝鮮道會

楊玄感反與將軍宇文述等破之以功進右光祿大夫賜物九百段又擊齊盜王薄孟讓等每挫其鋭賜奴婢百口

王仁恭爲車騎將軍從楊素擊突厥於靈武以功拜上開府賜物三千段以驃騎將軍典蜀王軍事山獠作亂蜀王命仁恭討破之賜奴婢三百口煬帝嗣位漢王諒舉兵反從楊素擊平之以功進位大將軍拜呂衛二州刺史賜帛四千匹女妓十人遼東之役仁恭爲將軍及帝班師仁恭爲殿遇賊擊走之進授光祿大夫賜絹六千段馬四十匹明年復爲前軍賜良

馬十匹黃金百兩仁恭遂進軍至新城賊數萬背城結陣仁恭擊破之帝聞而大悅遣舍人諧軍勞問賜以珍物進授光祿大夫賜絹五千匹

董純仕周爲典馭下大夫從武帝平齊以功拜儀同進爵大興縣侯增邑通前八百戶高祖受禪累遷驃騎將軍後以軍功進位上開府開皇末以勞舊拜左衛將軍煬帝初漢王諒作亂并州以純爲行軍總管河北道安撫副使從楊素擊平之以功拜柱國進爵爲郡公增邑千戶轉左驍衛將軍賜女妓十人縑五千疋

冊府元龜　將帥部　褒異十　卷之三百八十四　七

趙才爲右驍衛將軍從煬帝征吐谷渾以行軍總管率衛尉卿劉權兵部侍郎劉雅等出合河道與賊相遇擊破之以功進位金紫光祿大夫

李子雄爲帥都督時高祖作相從韋孝寬破尉遲迥於相州拜上開府賜爵建昌公高祖受禪爲驃騎將軍伐陳之役以功進位大將軍煬帝初漢王諒之作亂也子雄授上大將軍力戰破之遷幽州總管

趙元淑爲驃騎將軍煬帝嗣位漢王諒作亂元淑從楊素擊平之以功進位柱國拜德州總管

裴仁基開皇中爲親衛平陳之役先登陷陣拜儀同賜物千段以本官領漢王諒府親信煬帝時爲武賁郎將從將軍李景討叛蠻向思多於黔安以功進位銀青光祿大夫賜奴婢百口絹五百疋

唐李高遷爲右三統軍從高祖平霍邑圍京城力戰功最累遷左武衛大將軍封江夏郡公檢校西麟州刺史

錢九隴爲左監門郎將從高祖平薛仁杲劉武周以前後戰功累遷右武衛大將軍又從太祖擒竇建德平王世充從隱太子討劉黑闥於魏州力戰破賊策勳爲最累封郇國公

冊府元龜　將帥部　褒異十　卷之三百八十四　八

樊興爲右監門將軍從太宗破薛舉平王世充竇建德積戰功累封營國公賜物二千段黃金三十鋌

公孫武達爲檢校右監門將軍肅州刺史擊斬突厥於張掖河太宗璽書慰勞拜左監門將軍又授部擊鹽州叛突厥餘黨殲盡進封東萊郡公

陸長遜武德初爲五原太守及征薛舉長遜不待命而至以功拜豐州總管進封楊國公邑三千戶賜以錦袍後爲右武候將軍屬有疾高祖親幸其第以視之其見重如此

唐儉自太宗爲渭北道行軍元帥以儉爲司馬平京

城加光祿大夫

長孫順德自義起兵拜統軍從平霍邑破臨汾下絳郡俱有戰功尋與劉文靜擊屈突通執通歸京師仍畧定陝縣高祖即位拜左驍衛大將軍封薛國公武德九年與秦叔寶等討建成餘黨於玄武門太宗踐祚與食千二百戸特賜以宮女

殷嶠字開山太宗爲渭北道元帥引爲長史與統軍劉弘基率兵長安城隋將衛孝節自金光門出戰嶠與弘基擊破之京城平賜爵陳郡公武德二年兼陝東道太行臺兵部尚書從太宗討平王世充以功進

爵鄖國公後從征劉黑闥道病卒太宗親臨哀哭之甚慟贈陝東道大行臺右僕射

柴紹爲右領軍大都督府長史大軍發晉陽兼領馬軍總管及義師至霍邑詔力戰宋老生有功下臨汾平絳郡並先登陷陣授右光祿大夫武德元年累遷左翊衛大將軍尋從太宗平薛舉破宋金剛攻平王世充於雒陽擒竇建德於武牢封霍國公賜實封千二百戸貞觀元年拜右衛大將軍二年擊梁師都於夏州平之轉左衛大將軍七年加鎮軍大將軍行右驍衛大將軍改封譙國公十二年寢疾太宗親自臨問尋卒贈荆州都督

馬三寶爲太子監門率別擊叛胡劉拔眞於北山破之又從平薛仁杲遷驍衛將軍後從柴紹擊吐谷渾於岷州前後虜男女數千口累封新興縣公

屈突通初爲太宗行軍元帥長史從平薛舉特賜金銀六百兩綵物一千段尋以本官判陝東道行臺僕射及大兵圍雒陽竇建德且至太宗中分麾下以屬通令與齊王元吉圍守雒陽世充平通功爲第一尋拜陝東大行臺右僕射

姜行本爲左屯衛將軍高昌之役以行軍副總管率

衆先出伊州遂與侯君集進平高昌璽書勞之進封金城郡公賜物一百五十段奴婢七十人後從太宗征高麗至蓋牟城中流矢卒太宗賦詩以悼之贈左衛大將軍郕國公陪葬昭陵

竇軌武德初爲秦州總管時赤排羌寇漢中軌與賊連戰皆捷餘黨悉降進封酇國公

竇琮初爲高祖大將軍府統軍從平西河破霍邑拜金紫光祿大夫封扶風郡公與段志玄等力戰隋大軍潰進兵東畧下陝縣收太原拜左領軍大將軍賜物五百段武德初以元謀之勳特恕一死拜右屯衛

大將軍復轉爲左領軍時將圖雒陽遣琮留守陝城以督糧運王世充遣其驍將羅士信來斷糧道琮潛使人說以利害士信遂帥衆降及從平東都賞物一千四百段後以本官檢校晉州總管尋從隱太子討平劉黑闥以功封譙國公賞黄金五十斤

竇抗爲左武候大將軍從太宗平薛舉勳居第一又從征王世充及東都平册勳太廟者九人抗與從弟軌俱預焉朝廷榮之賜女樂一部金寶萬計

竇璡爲民部尚書從太宗平薛仁杲以功特賜錦袍尋鎮益州

李孝常隋末爲華陰令率兵守永豐倉陰圖附義以倉城來降拜爲左衛大將軍從平薛仁杲力戰有功高祖又念以其倉歸義手勑褒美進爵義安王邑三千戸着屬籍宗正高祖臨朝每賜同榻而坐其寵遇如此

牛進達爲左武衛將軍從侯君集爲交河道總管征高昌有功累封瑯邪公賜物一千三百段

李思摩爲右武衛將軍從征遼東爲流矢所中大宗親爲吮血其見顧遇如此未幾卒於京師贈兵部尚書夏州都督賜東園秘器陪葬昭陵爲冢像白道山任依蕃法燒訖然後葬

王君廓爲右領軍鎮幽州會突厥入寇君廓邀擊破之俘斬二千餘人獲馬二十匹高祖聞而大悦止之入朝賜以御馬令於殿庭乘之而出又謂侍臣曰吾聞相如叱秦王目眥出血君廓往擊竇建德將出戰徐勣遇之君廓發憤大呼目及鼻耳一時流血此之壯氣何謝古人不可以常例賞之復賜紫袍金帶

竇靜爲夏州都督值突厥攜貳諸將出征多諳其所靜知虜中虚實潛令人間其部落郁射設所部一孤尼等九俟斤並率衆歸欵太宗稱善賜馬百匹羊千

卩

李大亮爲安州刺史高祖令徇廣州以東行次九江會輔公祏反大亮以計擒公祏將張善安公祏尋遣兵圍猷州刺史左難當嬰城自守大亮率兵進援擊賊破之以功賜奴婢百人大亮謂曰汝輩多衣冠子女破亡至此吾亦何忍以汝爲賤隸乎一皆放遣高祖聞而嗟異復賜僮婢二十人及討吐谷渾以大亮爲且末道行軍總管與大總管李靖等出北路渉青海歷河源遇賊於蜀渾山接戰破之俘其名王雜畜萬計以功進爵爲公賜物千段奴婢一百五十人

李靖爲行軍總管兼攝趙郡王孝恭行軍長史高祖以孝恭未更戎旅三軍之任一以委之擊蕭銑以功授上柱國封永康縣公賜二千五百段又爲嶺南道撫慰大使檢校桂州總管時輔公祏於丹陽反詔孝恭爲元帥靖爲副以討之江南悉平於是置東道行臺拜靖行臺兵部尚書賜物千段奴婢百口馬百匹及突厥寇太原以靖爲行軍總管尋檢校安州大都督高祖每云李靖是蕭銑輔公祏膏肓古之名將韓白衛霍豈能踰之太宗嗣位拜刑部尚書并錄前後功賜實封四百戸又爲代州道行軍總管進擊定襄

破之以功進封代國公賜物六百段及名馬寶器貞觀初妻亡有詔墳塋制度依漢霍光故事象燕然及積石山以旌殊績靖有疾太宗親幸第流涕謂曰公是朕平生舊交又於國有大功忽聞疾病深以爲憂賜絹一千匹及薨冊贈司徒并州都督給班劒四十人羽葆鼓吹陪葬昭陵

張儉爲營州都督兼護東夷校尉太宗將至遼東拜行軍總管進度遼趣建安城賊徒大潰以功累封皖城郡公賞賜甚厚

郭孝恪爲安西都護會焉耆王與西突厥遏親相爲脣齒進貢希至孝恪表請擊之太宗許焉以孝恪爲西州道行軍總管虜其王齒龍突騎支而還太宗嘉其遠立殊功遣使優勞加勳十一轉

程務挺爲雒州刺史從太宗平劉黑闥以功拜營州都督府長史封東平郡公賜物二千段黃金三百兩

段德操爲左武衛將軍延州道行軍總管以功拜柱國爵爲郡公邑千戸賜以貂裘金帶布帛千匹

姜確爲左屯衛將軍征遼行軍總管攻蓋牟城中流矢卒太宗甚哀悼爲五言詩以傷之時人榮之賜東園秘器陪葬昭陵墳高六丈

王君愕爲左武衛將軍從征遼戰傷還卒於營太宗深痛悼之賜東園秘器陪葬昭陵墳高六丈

劉贍爲浩州刺史時劉武周連年爲寇鄰城多陷賊數攻之輒爲贍所敗及裴寂之敗也晉州以北連城悉陷唯贍獨守李仲文以兵係之二人并力拒戰賊來攻之輒挫其銳及太宗復并州高祖遣使勞苦之賜帛三萬疋米麥千石頒其將士

李君羨少以勇氣聞從太宗破宋金剛以功授上柱國驃騎將軍加賜牛馬錦帛及宮人拜左衛府中郎將突厥來至渭橋君羨與尉遲敬德等大破其衆太

宗謂之曰盡如我君羨用心國賊亦何憂改授左武候中郎將封武連縣公

蘇定方貞觀初爲匡道府折衝隨李靖襲突厥頡利于磧石爲前鋒悉降之軍還授左武候中郎將高祖時爲行軍總管征賀魯擒之以功遷左驍衛大將軍封邢國公俄有思結闕俟斤都曼先鎮諸胡擁其所部及疏勒朱俱般葱嶺三國復叛詔定方爲安撫大使率兵討之都曼面縛出降葱嶺已西悉定以功加食邑邢州鉅鹿眞邑五百戶顯慶五年從幸太原制授熊津道大總管率師討北濟平之賞賜珍寶不可

勝計俄遷左武衛大將軍乾符二年卒褒贈幽州都督

尉遲敬德爲右府統軍從太宗擊王世充於東都世充驍將單雄信領騎直趨太宗敬德翼太宗以出賊圍賜金銀各一篋恩眄日隆又從破徐圓朗累有戰功授秦王府左二副護軍敬德歷鄜夏二州都督封鄂國公後解職顯慶中高宗舉哀於東雲龍門廢朝三日詔京官朝集使五品以上幷赴宅哭仍遣黃門侍郎劉祥道持節賚璽書往弔贈司徒幷州都督所司備禮册命給班劍三十人及羽葆鼓吹

薛仁貴自太宗遼東之役以勇敢聞擢授游擊將軍雲泉府果毅仍令北門長上幷賜生口十人高祖顯慶二年詔仁貴副程名振於遼東經略破高麗以功封河東縣男尋又領兵擊九姓突厥於天山將行高宗內出甲令試之仁貴射五重高宗大驚更取堅甲以賜之時九姓有衆十餘萬來挑戰仁貴擒其僞葉護兄弟三人而還乾封高麗內附仁貴擊其賊衆大敗高祖手勑勞之復遷左領軍衛將軍簡授代州都督病卒贈左驍衛大將軍官造靈轝幷家口給傳還鄉

劉弘基爲右光祿大夫義師至河東弘基以兵千人先濟河進下馮翊爲渭北道大使渡渭水屯於長安逆擊衛文昇一戰而捷高祖大悅賜馬二十匹及破京城功爲第一從太宗擊薛舉於扶風破之累拜右領都督封河間郡公武德元年拜驍衛大將軍以元謀之勳恕其一死又爲左一總管從太宗擊破宋金剛累封任國公尋從擊劉黑闥於洺州師旋授井越將軍備胡寇於北鄙九年以佐命功眞食九百戶太宗征遼東以弘基與前軍大總管從擊高延壽於駐蹕山力戰有功太宗屢加勞勉高宗永徽元年加實

封邁前一千一百戶其年卒高宗爲之舉哀廢朝三日贈開府儀三司并州都督

馮盎爲上柱國貞觀中羅竇諸洞獠叛詔令盎率部落二萬諸軍先鋒斬首千餘級太宗令其子智戴慰省之前後賞賜不可勝數

阿史那杜爾爲左驍衛大將軍貞觀十四年授行軍總管以平高昌諸人咸郎受賞杜爾以未詔奉旨秋毫無所取軍還太宗美其廉愼以高昌所得寶鈿刀并雜綵千段賜之仍令撿挍北門左屯營封畢國公十九年從太宗征遼所部兵士八百其勇師旋兼授

鴻臚卿

契苾何力爲右驍衛大將軍太宗征遼東以何力爲前軍總管軍次白崖城爲賊所圍被矟中腰瘡重疾甚太宗自爲傅藥高宗乾封初爲遼東道行軍總管拔平壤城虜其王還授鎭軍大將軍行左衛大將軍徙封涼國公

劉仁軌高宗乾封初爲右相兼撿挍太子左中護累前後戰功封樂城縣男咸亨五年爲雞林大總管東伐新羅仁軌率兵徑渡瓠蘆河破其北方大鎭七重城以功進爵爲公

黑齒常之爲左領軍員外將軍高宗儀鳳中吐蕃犯邊常之從李敬玄劉審禮擊之審禮敗敬玄欲抽軍引却阻泥溝而計無所出常之夜率敢死士五百人進掩賊營吐蕃大首領跋地設棄軍宵遁敬玄因此得還高宗嘆其才畧擢授左武衛將軍兼撿挍左羽林軍賜金五百兩絹五百疋仍充河源軍副使吐蕃贊婆及素和貴等賊徒三萬餘屯於良非川常之率精騎三千夜襲營殺獲二千級獲羊馬數萬贊婆等單騎而遁擢常之爲河源道經畧大使又賞物四百

匹

王晙玄宗開元初爲隴右羣牧使吐蕃寇臨洮晙率所部擊之大潰以功加銀青光祿大夫封清源縣男兼原州都督仍拜其子珽爲并州大都督府長史明年討突厥殺掠甚衆以功遷左散騎常侍持節朔方道行軍大總管十一年代張說爲相追錄破胡之功加金紫光祿大夫仍充朔方軍節度大使

張說爲朔方軍節度大使時慶州方渠降胡康願子自立爲可汗舉兵反說以討賊功賜實封三百戶

郭虔瓘爲左驍衛將軍兼北庭都護開元二年春突厥默啜遣其子移涅可汗及同俄特勒率精騎圍逼

北庭虔瓘因守使勇士伏於路左斬剄俄賊衆乞降以功拜冠軍大將軍行右驍衛大將軍又下制進封太原郡開國公俄轉安西副大都護攝御史大夫四鎮經畧安撫使進封潞國公賜實封一百戶

郭知運爲節挍伊州刺史兼伊吾軍使開元二年春副郭虔瓘破突厥於北庭以功封介休縣公知雲麾將軍擢拜右武衛將軍吐蕃入寇隴右知運擊敗之拜鄯州都督隴右諸軍節度大使六年又率兵討吐蕃掩獲萬計獻捷拜知運爲兼鴻臚卿攝御史中丞加封太原郡公八年六州胡康待賓等反詔知運與

王晙討平之拜左武衛大將軍賜金銀器百事雜綵千段九年卒於軍贈梁州都督錫米粟五百斛絹帛五百段

王君㚟爲右衛副率及郭知運卒遂代爲河西隴右節度使遷右羽林軍將軍判涼州都督事開元十六年冬吐蕃大將悉諾邏率衆入寇太斗谷又移攻甘州君㚟襲至青海俘獲其衆及羊馬萬數以功遷羽林軍大將軍依舊判涼州都督封晉昌伯玄宗又嘗於廣達樓引君㚟及妻夏氏設宴賜以金帛

張守珪爲平樂府別將開元初突厥入寇北庭守珪請引兵自蒲昌輪臺擊之及賊敗以功特加游擊將軍後十五年授瓜州刺史吐蕃暴至城下守珪縱兵擊敗之以功加銀青光祿大夫仍以瓜州爲都督府以守珪爲都督二十一年轉幽州長史兼御史中丞營州都督河北節度副大使先是契丹及奚連年爲邊患及守珪到官頻出擊之每戰皆捷斬契丹首領可突于首傳於東都明年春守珪獻捷會藉田禮畢酺宴玄宗賦詩以褒美之拜守珪爲輔國大將軍右羽林大將軍兼御史大夫仍賜雜綵一千匹及金銀器物等

王忠嗣爲左威衛將軍河西討擊副使兼簡較代州都督爲王昱所陷貶東陽府左果毅屬河西節度使杜希望謀拔新城玄宗詔追忠嗣赴河西既下新城忠嗣之功居多因授左威衛郎將專知行軍兵馬又大破吐蕃以功最詔拜左金吾衛將軍同正員

冊府元龜

冊府元龜

巡按福建監察御史臣李嗣京　訂正
分守建南道左布政使臣胡維霖　參閱
知建陽縣事臣　黄國琦　較釋

將帥部 四十六

褒異第十一

唐李嗣業爲中郎將玄宗天寶七載安西都知兵馬使高仙芝奉詔總軍專征勃律選嗣業與郎將田珍爲左右陌刀將遂長驅至勃律城擒勃律王吐蕃公主斬藤橋以兵三千人戍於是拂林大食諸胡七十

二國皆歸國家救塞朝獻嗣業之功也繇此拜右威武將軍十載又從平石國及破九國胡并背叛突騎施以跳盪加特進肅宗在鳳翔至德二年九月嗣業從廣平王收復京城賊衆大敗走河北郭子儀遂收東都嗣業以功加開府儀同三司衛尉卿封虢國公食實封二百戶乾元二年正月與諸將同圍相州爲流矢所中瘡欲愈臥於帳中忽聞金鼓之聲因大叫瘡中血出數升注地而卒帝聞之震悼嗟惜久之詔贈武威郡王其賵贈及緣葬事所司倍於嘗式仍令官給靈轝遞還所在

王思禮爲雲麾將軍金城太守祿山反哥舒翰爲元帥奏思禮加開府儀同三司兼太常卿充元帥府馬軍都將肅宗至德二年九月思禮從元帥廣平王收西京既破賊思禮領兵先入宮又從郭子儀戰陝城曲沃新店賊軍既敗遷戶部尚書封霍國公食實封三百戶乾元初與李光弼來朝勑朝官四品已上出郊迎上元初加司空自武德以來三公不居宰輔唯思禮而已二年四月薨贈太尉官給靈轝差鴻臚卿一人充使監護喪事

衛伯玉爲神策軍兵馬使出鎮安西肅宗乾元二年

十月擊逆賊史思明僞將李歸仁破走之以功遷右羽林軍大將軍知軍事轉四鎮北庭行營節度使獻俘百餘人至闕下遷神策軍節度上元二年二月史思明領衆西下圍長安史朝義率其黨夜襲陝州伯玉以兵逆擊大破賊於永寧賊退進位特進封河東郡公

郭子儀爲朔方節度使時安祿山反玄宗天寶十四載十一月詔子儀東討祿山遣大同軍使高秀巖寇河曲子儀擊敗之進收雲中馬邑開東陘以功加御史大夫及肅宗即位祿山死詔子儀還鳳翔進位司

空充關内河東副元帥旣平河東河西河南賊以功加司徒封代國公食邑千戸尋入朝肅宗遣兵仗戎容迎于灞上肅宗勞之曰雖吾之家國實繇卿再造及還東都命子儀經營北討乾元元年七月破賊河上擒僞將安守忠以獻遂朝京師勑百僚班迎於長樂驛進位中書令上元三年二月用子儀爲朔方河中北庭潞儀澤沁等州節度行營兼興平定國副元帥充本管觀察處置等使進封汾陽郡王出鎮絳州三月子儀辭赴鎮賜御馬銀器雜綵別賜絹布四萬疋端以賞軍代宗卽位以子儀守太尉充北道汾寧

涇原河西巳東通和蕃及朔方招撫觀察使後自涇陽入朝帝御安福門待之命子儀樓上行朝見禮宴賜隆厚

僕固懷恩世襲都督玄宗時爲左領軍大將軍天寶十五載與李光弼合勢及史思明戰于恒山趙郡沙河嘉山皆大破之功居多肅宗卽位於靈武懷恩累從郭子儀及廣平王破賊皆立殊功以前後功加開府儀同三司鴻臚卿同正員同節度副使封豐國公食實封二百戸乾元元年九月遣九節度擊安慶緒於相州從郭子儀領朔方行營又副李光弼二年進封大寧郡王遷御史大夫朔方行營節度使上元二年冬加工部尚書勑李輔國及當參官等送上大官造食代宗卽位以懷恩副天下兵馬元帥雍王領河東節度行營及鎮西迴紇兵馬赴陝州仍許懷恩母及妻隨懷恩之陝州行營迴紇可敦卽懷恩之女也時迴紇通會于陝州帝特崇姻好以寵之

李光弼爲河北節度使時玄宗幸蜀肅宗理兵於靈武追光弼及郭子儀赴行在授光弼戸部尚書兼太原尹北京留守同中書門下平章事及賊將史思明蔡希德高秀嵒牛廷玠等四僞帥率衆十餘萬來攻

太原光弼率敢死之士出擊大破之收淸夷橫野等軍擒賊將李弘義以歸詔守司空兼兵部尚書中書門下平章事進封魏國公食實封八百戸乾元元年與關内節度使王思禮入朝勑朝官四品巳上出城迎謁遷侍中改封鄭國公二年七月爲天下兵馬元帥趙王係之副知節度行營事八月兼幽州大都督府長史出統河南諸軍於内及收復懷州以功進爵臨淮郡王累加實封一千五百戸俄拜太尉内殿宴送御製詩以寵之朝臣畢和寶應元年五月光弼進封臨淮郡王賜鐵券以代宗廣德二年薨及葬詔宰

臣已下祖送於延平門

李抱玉爲鄭陳潁亳四州節度肅宗乾元中史思明陷雒陽抱玉守河陽南城擊退賊帥周摯因河陽復懷州皆功居第一遷澤州刺史代宗即位爲澤潞節度使加領陳鄭二州遷兵部尚書廣德元年吐蕃寇京師羣盜充斥詔抱玉兼鳳翔節度使討之以功遷司空

辛雲京爲太原節度虜畏雲京不敢暘息太原大理無烽火之虞累加簡較左僕射同中書門下平章事以代宗大曆三年八月薨代宗追悼發哀册贈太尉

輟朝三日十一月葬遣中使弔祭時宰相及諸道節度使祭者凡七十餘幄饌葉彫飾器流豐盛窮極奢靡士庶觀者如堵

嚴武爲劍南節度使成都尹代宗廣德二年破吐蕃七萬餘衆拔當狗城十月取鹽川城改簡較吏部尚書封鄭國公

田神功爲平盧軍節度都知兵馬使擒逆賊劉展以功遷簡較工部尚書汴宋等八州節度使代宗大曆三年入覲尋加簡較右僕射赴尚書省視事特詔宰臣百官送上仍加知省事以寵之入覲闕廷遘疾信宿而終代宗悼惜爲之撤樂廢朝三日贈司徒賜絹一千疋布五百端特許百官弔喪賜屏風茵褥於靈座并賜千僧齋以追福至德巳來將帥不兼三事者哀榮無比

李納爲平盧軍節度使時李希烈圍陳州納遣兵與諸軍奮擊大破之因解圍加簡較司空封五百戶

李忠臣代宗時爲淮西節度觀察使同華節度周智光舉兵反詔忠臣與神策將李太清等討平之大曆二年加簡較工部尚書寔封通前三百戶五年加蔡州刺史簡較右僕射知省事李靈曜之叛田承嗣使姪悅援之忠臣與諸軍大破之汴州平十一年十二

月加簡較司空平章事

伊愼爲果毅代宗大曆八年江西節度使路嗣恭討嶺南哥舒晃之亂以愼爲先鋒直逼賊壘疾戰破之斬晃於泔溪函首獻于闕下嗣恭表愼功授連州長史知當州團練使德宗時爲蘄州刺史充節度都知兵馬使建中末車駕在梁洋愼進兵迎擊李希烈之甥劉戒虛擒之以功拜安州刺史兼御史大夫仍賜實封一百戶

馬璘爲太常卿時蕃戎寇邊詔璘赴援河西廣德初僕固懷恩不順誘吐蕃入寇代宗避狄陝州璘即日

日河右轉鬬戎虜追擊俘斬數千餘是雄名益振代宗還宫召見慰勞之授兼御史大夫永泰中爲涇原節度城堡獲全虜不敢犯加簡較左僕射帝甚重之遷簡較左僕射知省事詔宰臣百僚於尚書省送上進封扶風郡王大曆十一年卒德宗悼惜之廢朝贈司徒

郝廷玉初爲李光弼帳中愛將肅宗乾元中史思明再陷雒陽廷玉擒賊將徐璜解中潬之圍前後以戰功累授開府儀同三司試太常卿封安邊郡王累遷秦州刺史代宗大曆八年廷玉卒追錄舊勳贈工部

尚書

王栖曜肅宗時爲浙東節度王璵馬軍兵馬使代宗廣德中草賊袁晁起亂台州御史中丞袁傪東討奏栖曜爲偏將生擒袁晁收復郡邑十六授常州別駕浙西都知兵馬使時江左兵荒栖曜擊賊大潰遷試金吾大將軍李靈曜反于汴州浙西觀察使李涵俾栖曜將兵爲河南犄角以功加銀青光祿大夫累加至御史中丞

張萬福代宗時爲和州刺史行營防禦使時賊將康自觀擁兵掠循淮而東萬福追而殺之代宗發詔以勞之賜衣一襲宫錦十雙後自泗州刺史徵拜右金吾將軍詔圖形凌煙閣數賜酒饌衣服并勑度支籍户畜給其費

薛嵩爲相衛節度使卒代宗命工部尚書李晃使于相州弔祭

曲環自玄宗天寶中爲果毅別將安祿山反守鄧州拒賊功居多超授左清道率又從李抱玉守河陽南城尋別將兵守澤州破賊驍將安暁勑特拜羽林將軍又將別部兵合諸軍同討史朝義平河北累轉金吾大將軍因隨李抱玉移軍京西代宗大曆中領兵

隴州頻破吐蕃加特進太常卿又詔以邠隴兵五千大破戎虜於劒南加太子賓客賜以名馬與諸將討涇州叛將劉文喜平之加開府儀同三司兼御史中丞充邠隴兩軍都知兵馬使累破李納逆黨以功最加御史大夫德宗建中三年十月加簡較左常侍充邠隴行營節度使又大破李希烈逆黨於陳州城下加簡較工部尚書兼陳州刺史希烈平加環兼許州刺史加實封三百户後加簡較左僕射卒廢朝一日贈司空賻布帛米粟有差

楊朝晟德宗建中初爲井泉府果毅從李懷光討劉

文喜於涇州斬獲生擒居多授驃騎大將軍稍爲右先鋒兵馬使後李納寇徐州從唐朝臣征討嘗冠軍鋒以功授開府儀同三司簡較太子賓客德宗在奉天以朝晟爲左廂兵馬使下咸陽以挫朱泚加御史中丞實封一百五十戶

李抱眞爲昭義軍節度使德宗建中三年田悅以魏博反抱眞與馬燧敗悅兵遂解臨洛及邢州之圍以功加簡較兵部尚書復與燧圍魏州又敗悅於城下以功加簡較右僕射興元初遷簡較左僕射平章事破朱滔於經城以功加簡較司空食實封五百戶

李芃爲河陽三城懷州節度觀察使與河東節度馬燧等諸軍破田悅於洹水以功授簡較兵部尚書累封開封郡王食實封一百戶

馬燧代宗時爲河東節度使前政軍敗之後兵甲寡弱燧乃塞險以遏奔衝及朝於京師加簡較兵部尚書令還太原與諸軍擊敗田悅兵加燧同中書門下平章事德宗初詔加燧魏州大都督府長史兼魏博貝等州節度觀察招討等使及帝幸奉天引軍還太原及帝還京加燧奉誠軍及晉絳慈隰節度使并帶內諸軍行營副元帥與渾瑊同討李懷光赴河中軍軍詔嘗參官送至通化門懷光平乃下詔褒美遷光祿大夫并令還太原是役也帝賜燧宸扆台衡二銘并序三年二月入朝冊拜司徒侍中北平王仍賜妓樂及薨詔贈太傅祔廟宜令所司供少牢仍給鹵簿從宅至廟并量供人夫兼令太常博士簡較

渾瑊爲折衝果毅節度使安思順遣瑊提偏師大破阿布思部遷中郎將安祿山搆逆瑊從李光弼出師河北定諸郡邑遷右驍衛將軍及肅宗卽位於靈武瑊統兵赴行在至天德遇蕃軍入寇瑊擊敗之從郭子儀收兩京討安慶緒破賊於新鄉改簡較太僕卿

左武鋒衛軍使又從僕固懷恩討史朝義前後數十戰朝義平加開府儀同三司太常卿賜實封二百戶又爲朔方行營左廂兵馬使從郭子儀討吐蕃於邠州以功加御史中丞會吐蕃大入寇至奉天瑊拒戰於莫谷大破蕃軍以功加太子賓客復屯於奉天華州周智光反郭子儀討之令瑊領馬步萬人攻下同州智光平詔以邠寧慶三州隸朔方軍郭子儀領之子儀令瑊先率兵至邠州便於宜祿縣防秋歲餘加兼御史大夫代宗大曆十一年子儀入朝令瑊知邠寧慶三州兵馬留後十三年廻紇侵太原以瑊爲石

嶺關以南諸軍知兵馬使率兵逐之虜騎引退其年八月加簡較工部尚書兼單于副都護振武軍使十四年入爲左金吾衛大將軍建中四年李希烈遣間諜詐爲瑊書與希烈交通瑊奏其狀德宗特保證之仍賜瑊馬一匹并鞍轡錦綵二百疋興元元年正月以瑊爲行在都知兵馬使二月賜實封五百戶是日德宗移幸山南瑊分布諸軍擊敗逆賊李懷光追射之三月加簡較左僕射同中書門下平章事兼靈州都督靈鹽豐夏等州定遠西城天德軍節度等使仍充朔方邠寧振武等道兼永平軍奉天行營兵馬副

元帥上臨軒授鉞用漢拜韓信故事是月瑊將軍赴京畿破賊朱泚六月加瑊侍中論收京城之功加實封八百戶七月德宗還宮以瑊守本官兼河中尹河中絳慈隰節度使仍充河中同陝虢節度及晉內諸軍行營兵馬副元帥改封咸寧王九月賜瑊大寧里第女樂五人入第之日宰臣節將送之又以李懷光未平加朔方行營兵馬副元帥與河東節度使馬燧會兵進討貞元元年八月河中平加簡較司空四年七月加邠寧慶副元帥十二年二月加簡較司徒兼中書令諸使副元帥如故十五年二月二日薨于鎮廢朝五日羣臣於延英奉慰詔贈太師賻贈絹布四千疋米粟三千石及喪車將至又爲廢朝應緣喪事所司准式支給命京兆尹監護葬日賜絹五百疋

田緒爲魏博節度使時朱滔率兵兼引廻紇之衆南侵緒遣兵助王武俊李抱眞大破朱滔于經城以功遷簡較工部尚書

李晟爲左羽林將軍代宗廣德初鳳翔節度使孫志直署晟總遊兵擊破黨項羌高玉等以功授特進試光祿卿大曆初李抱玉鎮鳳翔署爲右軍都將四年吐蕃圍靈州抱玉遣晟擊之吐蕃因解靈州之圍而

去拜開府儀同三司無幾兼左金吾衛大將軍涇原四鎮北庭都知兵馬使并總遊兵無何節度使馬璘與吐蕃戰於鹽倉兵敗晟率所部横擊之援璘出亂兵之中以功封合川郡王德宗即位吐蕃寇劍南乃詔晟將出神策兵救之授太子賓客建中二年魏博田悦反將兵圍臨洺邢州詔以晟爲神策先鋒都知兵馬使救臨洺尋加兼御史中丞三年正月復以諸道軍擊敗悦軍於洹水遂進攻魏州以功加簡較左散騎常侍實封百戶無幾兼魏府左司馬及王武俊攻趙州晟乃獻狀請解趙州之圍欲引兵趨定州與

張孝忠合勢欲圖范陽德宗壯之加晟御史大夫德宗在奉天詔晟赴難晟引軍踰飛狐師次代州詔加晟簡較工部尚書神策行營節度使實封二百戶及李懷光反車駕幸梁州帝歎曰早從李晟之言三蜀可坐致也詔授尚書左僕射同中書門下平章事以安衆心後拜晟司徒兼中書令實封一千戶德宗至自興元晟戎服謁見于三橋帝駐馬勞之賜永崇里第及涇陽上田延平門之林園女樂八人入第之日京兆府供帳酒饌賜教坊樂具鼓吹迎導宰臣節將送之帝思晟勳力製紀功碑俾皇太子書之刊石立

於東渭橋又令太子書碑詞以賜晟後爲中書令奉朝請貞元四年三月詔爲晟立五廟五年九月晟與侍中馬燧見於延英殿上嘉其勳力詔圖其像於舊臣之次仍令皇太子書其文以賜晟晟刻石於門左九年八月薨帝震悼出涕廢朝五日令百官就第臨弔命京兆尹李充監護喪事官給葬具賵賻加等比大斂帝手書致意送柩前

謝玄佐爲宋州刺史德宗建中二年加兼御史中丞宋亳節度等使李正巳死子納匿喪謀叛而李洧以徐州歸順納遣兵圍之詔玄佐與諸軍援洧與賊接戰大破之斬首萬餘級錄是轉輸路通加御史大夫收濮州降將楊令暉分兵挾以徇濮陽遂降其將高彥超以通濮陽津遷尚書累封四千戶兼曹濮觀察使

李元諒爲鎮國軍節度副使德宗居奉天賊朱泚遣僞將何望之襲華州遂據城元諒自潼關將所部遂拔華州軍益振以功加御史中丞是時尚可孤守藍田與元諒爲犄角賊東不能逾渭南元諒功居多遷華州刺史兼御史大夫潼關防禦鎮國軍節度使尋加簡較工部尚書興元元年五月詔元諒與副元帥

李晟進收京邑帝還宮加簡較尚書左僕射實封七百戶賜甲第女樂貞元三年詔元諒將本軍從渾瑊與吐蕃會盟于平凉與瑊俱申號令嚴其部伍而還時謂元諒有將帥之風德宗嘉之賜馬十匹金銀罷錦綵等甚厚四年春加隴右節度支度營田觀察臨洮軍使移鎮良原九年十一月卒帝甚悼惜廢朝三日贈司空賻布帛米粟有差

杜希全爲朔方軍節度使德宗居奉天希全首將所部以赴難加簡較戶部尚書行在都知兵馬使

邢君牙初爲平盧軍兵馬使累從田神功戰伐歷將

軍試光祿勳神功既爲左邠州節度令君牙領防秋兵入鎮好畤屬吐蕃凌犯代宗幸陝君牙隸屬禁軍扈從又以戰功加鴻臚卿封河間郡公德宗貞元三年遷右神策軍行營節度鳳翔隴州觀察使加簡較工部尚書吐蕃犯邊且耕且戰西戎不能爲患尋加簡較右僕射十四年卒廢朝一日贈司空賻布帛米粟有差

尚可孤德宗建中四年爲兼御史中丞荆襄應援淮西使以所税之衆赴山南累有戰功及涇原兵叛詔徵可孤軍至藍田擊破之興元元年三月遷簡較工

部尚書兼御史大夫神策京畿渭南商州節度使五月李晟率可孤收京城可孤爲先鋒京師平以功陞簡較右僕射封馮翊郡王增邑通前八百户實封二百户及李懷光以河中叛詔可孤帥師與諸軍征討次於沙苑遇疾卒于師贈司空賻布帛米粟甚厚喪葬所須並令官給

劉澭幽州節度使怦之次子怦卒子濟代任表澭爲瀛州刺史無何怨兄濟乃請以所部西捍隴塞授瀛州兵一千五百及男女萬餘口直趣京師部伍齊整無一人犯令者德宗召澭賜讌於凌煙閣甚被恩寵拜金紫光祿大夫簡較太子賓客兼秦州刺史御史大夫隴右經畧軍使其麾下兵士賜名隴右軍以普潤縣爲理所賜本錢五萬貫以自給

程懷直爲横海軍節度使德宗貞元十三年來朝加簡較尚書右僕射仍賜安業坊甲第一區妓一人他賜有差令歸滄州

戴休顔爲鹽州刺史奉天之難倍道以所部蕃漢三千人號泣赴難德宗嘉之賜實封二百户及李晟收京師既清宫闕休顔與渾瑊等率兵赴岐陽邀擊朱泚餘衆及策勳加簡較右僕射實封至六百户扈駕

至京特賜女樂甲第

楊惠元爲神策京西兵馬使及田悦反叛詔惠元領禁兵三千與諸將討伐戰御河奪三橋皆惠元之功也加簡較工部尚書

李皐爲江西道節度使洪州刺史李希烈反皐分兵大破蔡山賊拔蘄州降其將李良又取黄州舒王爲元帥加皐前軍兵馬使德宗居奉天皐遣伊慎敗杜少誠以功加銀青光祿大夫進封五百户

王武俊爲成德軍節度使德宗貞元十三年祔廟稱私廟令所司供少牢量借儀衛人夫仍令太常博士

簡較十七年甍廢朝五日羣臣詣延英門奉慰如渾瑊故事詔左庶子李上公持節贈太師絹三千疋布千端粟三千石

劉昌德宗時攝濮州刺史李希烈既陷汴州昌以三千人守寧陵躬厲士卒大破希烈擒其將翟耀希烈退保蔡州自此不復侵軼詔加簡較工部尚書增實封通前二百戶貞元中爲涇原節度等使詔城平涼又於平涼西别築胡谷堡遂以保寧邊鄙加簡較右僕射

張建封爲徐泗節度使德宗貞元十三年入覲特以

隻日開延英召對又令建封朝參入大夫班皆示寵厚之十四年上巳賜中書門下及兩省供奉官宴於曲江特令建封與諸相同榻而食貞元已後元帥節制累有入朝及却還鎮如馬燧渾瑊劉玄佐李抱真曲環之崇秩洪勲未有獲御製詩以送之建封將還鎮特賜詩及出城又令高品中使齎甞所執鞭以賜之曰以卿忠貞節義歲寒不移此鞭以朕久執用故以賜卿表卿忠節也建封又獻詩一首以自警厲

曹華仕宣武軍爲牙較與少誠叛本軍以華驍果有智畧用爲襄城戍將蔡賊攻襄城華屢敗之德宗特賜旗甲

韓全義爲蔡州行營招討處置使德宗貞元十七年正月甲寅至京帝命中使就第宣慰焉壬戌宴全義於麟德殿

張茂昭爲義武軍節度使德宗貞元二十年十月來朝累陳奏河北及西北邊事語甚忠切德宗屢嘆曰恨見卿之晚錫宴于麟德殿賜良馬甲第及罷用錦綵極厚憲宗元和五年冬來朝十二月十二日至京師故事雙日不坐是日特開延英殿對之五刻因請遷祖考之墓來歸京兆在朝兩月未之鎮頭發瘍卒

廢朝五日册贈太師賻絹三千疋布一千端米粟二千石喪事並令官給命京兆尹李充監護

劉濟憲宗元和初爲幽州節度使招討王承宗諸軍未進濟獨率先前軍擊破之獻逆將於闕優詔褒之明年春大軍以瀛州前後大獻俘獲賞功頗厚仍錄功拜兼中書令

程執恭爲横海軍節度使憲宗元和四年來朝還鎮賜廐馬一匹及鎗甲兩河節制久無脩覲禮者故嘉而寵之

田弘正爲魏博等州節度使憲宗元和十三年王師

加兵於鄆詔弘正與五鎮之師會軍齊進時李師道遣大將劉悟率重兵以抗弘正前後合戰魏軍大捷十四年劉悟以河上之衆倒戈入鄆斬師道首請弘正請降淄青十二州平論功加簡較司徒同中書門下平章事是年八月弘正入覲憲宗徒之隆異對於麟德殿進加簡較司徒兼侍中實封三百戶

田布弘正第三子也弘正節制魏博布掌親兵國家討淮蔡布率偏師隷嚴綬軍於唐州授簡較祕書監兼殿中侍御史前後十八載破凌雲柵下郾城布皆有功擢授御史中丞及淮西平拜左金吾衞將軍兼

御史大夫

李愬憲宗時爲簡較右散騎常侍兼鄧州刺史充隋唐鄧節度使討蔡賊吳元濟擒之詔以愬簡較尚書左僕射兼襄州刺史山南東道節度襄鄧隋唐復郢均房等州觀察等使上柱國封凉國公食邑三千戶食實封五百戶憲宗有意復隴右故地授愬鳳翔隴州節度使未發屬李師道再叛移愬爲徐州刺史武寧軍節度及淄青平將有事燕趙以愬簡較左僕射同中書門下平章事潞州大都督府長史昭義節度使仍賜興寧里第又遷魏州大都府長史魏博節度使後爲太子少保歸東都長慶元年十月卒於維陽穆宗聞之震悼朞賻加等贈太尉

李聽憲宗元和中爲楚州刺史統淮南之師討李師道山東平以功授簡較左散騎常侍穆宗長慶四年爲義成軍節度使初討李同捷時魏博行營將亍志紹潛結滄鎮擅廻戈攻其帥史憲誠詔聽帥師援之大破其叛卒紹奔鎮州爲王庭湊所殺遂凱旋以功封凉國公

王智興憲宗元和中爲侍御史徐州都押牙王師誅

李師道智興率徐軍八千會諸道之師進擊大破賊於金鄉拔魚臺俘斬萬計以功遷御史中丞賊平授沂州刺史長慶初河朔復亂徵兵進討穆宗素知智興善將遷簡較左散騎常侍兼御史中丞充武寧軍節度副使河北行營都知兵馬使

李光顏爲忠武軍節度使元和十一年違敗蔡賊吳元濟之衆拔賊凌雲柵憲宗大悅賜其告捷者奴婢銀錦進位簡較尚書右僕射十二年賊平加簡較司空十三年春命中官宴光顏於居第賜芻米二十餘車憲宗又御麟德殿召對賜金帶錦綵十四年西蕃入寇授邠寧節度使光顏擊賊退之穆宗即位就加

特進尋詔赴闕賜開化里第,進加同中書門下平章事穆宗以光顏功冠諸將故召赴闕讌賜優給已而帶平章事復鎮所以報勲臣也長慶初遷鳳翔節度使依前簡較司空同中書門下平章事歲末復授許州節度使赴鎮日宰相百僚以故事送別於章敬寺穆宗御通化門臨送之賜錦綵銀器良馬玉帶等物

烏重胤憲宗時爲河陽三城節度使會討淮蔡與李光顏犄角相應大小百餘戰以至誅吳元濟就加簡較尚書右僕射

韓公武爲鄜州節度使來朝憲宗元和十三年正月

帝御麟德殿對公武賜銀器綃錦及馬

王沛爲李光顏行營兵馬使别統勁兵攻討吳元濟蔡賊平隨光顏入朝光顏具陳沛功加御史大夫統兵還鎮光顏受詔討鄆寇及李師道誅詔分許州兵成于鄆以沛爲都將救鹽州擊退吐蕃以功加寧州刺史遷陳州又汴州李岕反詔沛兼忠武軍節度副使率師討岕平之加簡較右散騎常侍

劉悟爲鄆州李師道牙門都將及王師致討師道遣悟將兵援田弘正悟因廻軍趣鄆圍其内城兼以火攻其門不數刻梟師道以獻元和末轉自淄青都知兵馬使兼監察御史擢拜簡較工部尚書兼御史大夫義成軍節度使封彭城郡王仍賜實封五百戸錢二萬貫莊宅各一區

朱克融爲盧龍軍節度副大使知節度事兼幽州長史敬宗寶曆二年五月辛詔贈司徒仍令所司擇日備禮册命仍賻布帛三百段米粟二百石差光祿大夫雀芸充弔祭使通事舍人韋勉充副使將作監王堪充册贈使金部郎中蕭澣充副使

劉沔爲振武軍節度使單于大都護文宗開成中黨項雜虜大擾河西沔率吐渾契苾沙陁三部落諸族

討襲大破之告捷而還以功進簡較戸部尚書會廻紇部饑烏介可汗奉太和公主至漠南求食移沔河東節度使詔與幽州張仲武協力招撫廻紇竟破虜寇迎公主還宫以功進位簡較司空

李載義爲幽州盧龍軍節度副大使文宗太和三年命中使以白玉帶就幽州賜之示殊恩也五年載義入覲帝以載義有平滄景之功册拜太保同中書門下平章事仍詔中使以米麪粟豆油鹽共一千石錢二千貫綾絹二千疋柴四十車草一萬束就永寧里第宣賜又令尚食日給十人生料翌日又命以良馬

并鞍就第以錫下及賓佐將吏無不廣霑恩錫
楊元卿爲河陽節度使時魏博軍亂元卿領涇軍赴援詔賜元卿綾絹三萬疋茶五千斤葛五千疋
石雄爲河中晉絳節度使俄而昭義劉從諫卒其子稹擅主軍務朝議問罪令徐師李義佐爲招撫使越烏嶺破賊五砦斬獲千計武宗聞捷大悅謂侍臣曰今之義而有勇罕有雄比者及賊平進加簡較司空
張仲武武宗會昌中爲幽州都督府長史兼御史大夫蘭陵郡王而廻鶻擾邊仲武遣其弟仲至與裨將游奉宸王如淸等率鋭兵大破之武宗詔加簡較兵

部尚書兼東面招撫廻鶻使
張允伸爲幽州節度懿宗咸通十年徐人作亂允伸請以弟允皐領兵伐叛懿宗不允進助軍米五十萬石鹽二萬石詔嘉之賜以錦綵玉帶金銀器等
王重榮僖宗時爲河中節度中和元年重榮傳詔徵兵明年李克用領軍至大敗巢賊收復京城其倡義啓導之功實重榮居首京師平以功進簡較太尉同平章事
王處存爲義武軍節度使時黄巢犯闕僖宗出幸處存不俟詔命即率本軍入援洎收京師王鐸第其功云勤王舉義處存爲之最以功加簡較司空又遣大將張公慶率勁兵三千合諸軍殲巢賊於泰山以功進簡較司空平章事
錢鏐以昭宗天祐二年正月十二日丙寅行册命勅定亂安國功臣鎭海鎭東軍節度使浙江東西兩道觀察處置淮南東西行營招討營田安撫兩浙鹽鐵制置發運等使開府儀同三司守侍中兼中書令杭越兩州刺史吳王錢鏐總臨兩鎭早立殊功撫制三吳久聞異政一榮封爵再換星霜蓋緣道路阻艱遂致册書留滯近者潭洪水陸並已通流元勲舉議請行

與禮典免稽於制命俾速達於册恩須議施行實爲允當明甄酬之寵諧僉屬之情其所封吳王策禮宜令所司擇日備禮册命

冊府元龜

巡按福建監察御史臣李嗣京　訂正
分守建南道左布政使臣胡維霖　參閱
知建陽縣事臣黄國琦較釋

將帥部四十七

褒異第十二

梁趙犨唐僖宗時爲陳州刺史賊巢驍將孟楷擁徒入項縣犨引兵擊之賊衆大潰生擒孟楷中和三年朝廷聞其功就加簡較兵部尚書俄轉右僕射不數月加司空進封潁川縣伯巢黨復與蔡州秦宗權合

勢以攻宛丘犨乞師於太祖太祖引大軍會於陳之西北陳人悉攻巢寨重圍遂解獻捷于行在五年八月除犨爲蔡州節度使于時巢黨雖敗宗權益熾唯陳去蔡百餘里兵少力微日與爭戰及巢黨敗宗權誅文德元年蔡州平朝廷議勳以犨簡較司徒充泰寧軍節度使又改授浙江節度使兼領二鎮昭宗龍紀元年三月又以平巢蔡功就加平章事充忠武軍節度使仍以陳州爲理所

趙昶者犨之仲弟也昭宗時爲忠武軍節度使亦以陳州爲理所時秦宗權未滅昶每選精銳深入蔡賊雖衆終不能抗以至宗權敗焉朝廷賞勳加簡較司徒

趙珝者犨之季弟也犨爲陳州刺史以珝爲親從都知兵馬使時巢黨東出商鄧與蔡賊會衆至百餘萬攻陳陳人大懼珝與二兄堅心誓衆約以死節會太祖率大軍解其圍朝廷議功加簡較右僕射遥領處州刺史

羅紹威爲魏博節度使唐昭宗天祐三年詔許本道立三代私廟至太祖開平元年十月帝以紹威近年以來貢輸極頻且倍於諸道帝慮其殫於事力以及

於民遂勞而止之賜以南越所貢珍珠枕龍腦帶後紹威疾革遣使上章乞骸太祖撫案動容顧使者曰亟行語而主爲我强飯如有不可諱當世世貴爾子孫以相報也仍命其子周翰監總軍府及訃至輟朝三日冊贈尚書令

羅周翰紹威子也紹威薨復爲魏博節度使太祖乾化二年帝北巡至昌樂縣周翰來見於行宮宣至内殿對仍於御前賜食數刻乃退及辭歸鎮詔以良馬玉帶金銀器及香藥賜而遣之

王罕之爲河陽節度唐昭宗乾寧二年李克用爲鄰

州行營四面都統克用表罕之爲副及誅王行瑜罕之以功授簡較太尉食二千戶

馮行襲唐僖宗時爲金州防禦使時與元楊守亮將襲京師道出金商行襲逆擊大破之詔升金州爲節鎭以戎昭軍爲額即以行襲爲節度使

龐師古爲太祖偏將援陳破蔡累有戰功遂用爲都指揮使唐昭宗乾寧四年正月復統諸軍伐鄆拔之擒其帥朱瑄以獻始表爲天平軍節度留後尋授徐州節度使簡較司徒

張存敬爲諸軍都虞候唐昭宗天順二年佐霍存董

大軍收宿州以功奏加簡較兵部尚書太祖東征徐兗存敬屢有俘斬之功凡授指顧皆與機會矢石所及必以身先太祖尤加優異爲行營都指揮使簡較右僕射天復元年年春太祖以河中節度使王珂與太原結親憑恃驕恣命存敬統大軍討之即日收絳州生擒刺史陶建劉洎至晉州刺史張漢瑜來降二郡平進軍國河中王珂請降太祖嘉之乃以存敬權知護國軍留後未幾簡較司空宋州刺史未之任卒於河中太祖痛惜開平初追贈太保

葛從周唐僖宗時爲大較從太祖破魏軍又并人圍張全義時於河陽從周赴援太破并軍解河陽之圍以功表授簡較工部尚書從朱珍討徐州拔豐縣敗時溥加簡較刑部尚書昭宗大順二年八月與龐師古同攻兗州朱瑾乾寧二年十月擒其部將孫漢筠累立戰功自懷州刺史歷曹宿二州刺史遷簡較右僕射三年五月從周擊并師殺戮殆盡與龐師古渡河擊鄆四年正月下之乘勝伐兗其將朱懷英以城來降以功授兗州留後簡較司空光化元年四月又大破并師大軍以從周兼領邢州留後二年春幽州劉仁恭寇魏州從周擊走之授宣義軍司馬三年八

月從太祖破并人表授簡較太保兼徐州兩使留後尋爲兗州節度使天復元年青州劉鄩陷兗州太祖命討之十一月鄩舉城降以功簡較太傅末帝即位制授潞州節度使令坐食其俸加開府儀同三司簡較太師兼侍中封陳留郡王累食邑至七千戶命近臣旌節就別墅賜之貞明初卒於家冊贈太尉

謝彥章事太祖爲騎將末帝嗣位用爲兩軍馬軍都軍使累與晉軍接戰有功尋領河陽節度使

張歸霸自太祖鎭宣武補劇職僖宗光啓二年與蔡賊秦宗權將張郅較勝爲飛戈所中即拔馬却逸甚

弦一發賊洞頸而墜遂兼騎而還太祖時於高丘下瞰備見其狀而加賞激厚以金帛及所獲馬錫之又嘗被命發伏兵掩殺千餘人奪馬數十匹尋奏授檢校左散騎常侍文德初與徐懷玉領兵大敗蔡賊太祖召至賞之曰昔耿弇不俟光武擊張步言不以賊遺君父弇之功爾其二焉昭宗大順中與燕人戰於内黄殺劉仁恭兵三萬餘衆戎績超特居衆將之右累官至檢校右僕射光化二年權知邢州事明年春李嗣昭以蕃漢五萬來寇歸霸堅壁設備晉軍不敢顧其城遂移攻洺州陷焉時太祖在滑頗慮邢之失

守及葛從周復洺水嗣昭北遁歸霸出兵襲之殺二萬餘衆捷至賞賜殊等旋以功奏加檢校司空天初遷萊州刺史秩滿授左衛上將軍又除曹州刺史其秋加檢校司徒副劉知俊禦邠鳳之寇敗之太祖授禪拜右龍虎統軍改左驍衛上將軍充河陽諸軍都指揮使明年夏六月就除河陽節度使檢校太保尋加同平章事七月卒於位詔贈太尉

張歸厚歸霸之弟也太祖署爲軍較唐僖宗光啓三年夏蔡將張晊以數萬衆屯于赤堈歸厚嘗與晊單騎鬭于陣晊不能支而奔佈徒乘此大捷太祖大悅立署爲騎軍長仍以鞍馬器幣錫之昭宗龍紀初奏遷檢校工部尚書大順二年與葛從周禦晉軍於洹水殊績尤著詔加檢校右僕射其後討滄州復洺州咸以功聞太祖錄其勳命權知洺州事昭宗遷都雒陽除右神武統軍天祐二年改左羽林統軍與徐懷玉同守澤州拒退并軍乃還太祖受禪加檢校司徒開平二年夏劉知俊以同州叛歸厚副楊師厚劉鄩等討平之秋軍還授亳州團練使乾化元年拜鎮國軍節度使明年以疾卒詔贈太保

張歸弁爲太祖牙校唐昭宗乾寧中以偏師佐葛從

周禦并軍于洹水光啓中又佐張存敬與燕人戰于内黄積前後功表授檢校工部尚書大順初爲齊州刺史明年春青寇大舉來伐時州兵既寡聲發私帑賞給士伍青人遂遁青州平超加檢校右僕射還領愛州刺史從征荆襄廻轉檢校左僕射天祐三年春太祖入魏誅牙軍歸弁攻討封境悉平而歸弁于高堂入賊太猛飛矢中于臆太祖嘉之命賜銀鞍勒馬一匹金帶一條夏五月命權知晉州冬十一月眞拜晉州刺史加檢校司空太祖受禪改滑州長劍指揮使開平二年秋九月并軍圍平陽詔歸弁統兵救之

軍至解其圍加簡較司徒
楊師厚爲徐州節度使昭宗天祐元年加諸軍行營
馬步都指揮使二年八月太祖討趙凝於襄陽命師
厚統前軍一戰敗趙凝翌日表師厚爲山南東道節
度留後即令南荆州留後趙明亦并軍上峽不浹旬
并下兩鎮乃正授襄州節度使開平元年加簡較太
保平章事又加簡較太傅三年三月詔入朝詔兼潞
州行營都招討使以奇兵進攻劉知俊于鳳翔降賊
將王建制加師厚簡較太尉
牛存節爲太祖遏後都指揮使攻濮之役領軍先登

遂拔其壘
唐昭宗景福二年四月下徐州梟時溥存節力戰其
功居多乾寧二年表授簡較工部尚書三年夏太祖
東討鄆州十二月存節獨率伏軍奪其濠橋諸軍俱
進四年正月陷其城尋與葛從周降下兗州加簡較
右僕射天祐元年授邢州團練使時州兵纔及二百
晉人知之以大軍來寇太祖在鄴存節率徙壯出鬬
并軍不能克而去太祖召至勞慰久之厚賚金帛數
馬加簡較司徒四年太祖授禪除右千牛衛上將軍
其秋攻潞州以存節爲行營馬步軍都排陣使隰平

二年二月自右監門衛上將軍轉右龍虎統軍貶留
錐下是歲王師敗于上黨晉人乘勝進追澤州之城
將陷河南留守張全義召存節謀遂以本軍及右龍
武羽林等軍往應接上黨之師存節引衆銜枚夜至
澤州分布守禦晉軍焚營而退郡以獲全太祖屢嘆
賞之五月遷左龍虎統軍充六軍馬步都指揮使十
月授絳州刺史三月四月除鄜州留後六月劉知俊
以同州叛尋授同州留後未幾加簡較太保同州節
度使乾化二年加簡較大傅進封開國公三年加同
平章事詔赴闕末帝召見慰勉賞賜甚厚十一月加

開府儀同三司食邑一千户授鄆州節度使四年加
淮南西北面行營招討使控扼淮濆邊境安之其冬
蔣殷叛徐州逆命奉詔與劉鄩同討之殷棄甲而遁
平徐州詔加太尉
王檀自唐僖宗中和中太祖鎮大梁檀爲小將文德
元年二月討羅弘信敗魏人於内黄擒獲其將同儒
邵神劍以歸補衛山都虞侯昭宗大順元年從龐師
古渡淮深入討孫儒之亂奮命擊賊未幾遷順義都
將天復中從太祖率西鎮之師圍鳳翔以迎昭宗屢
立戎効遷左踏白指揮使從攻王師範于青丘檀以

偏師復密郡遂權知軍事充本州馬步軍都指揮使表授簡較右僕射守密州刺史郡接淮戎舊無壁壘乃築羅城居民頼之加簡較司空開平二年六月授邢州保義軍節度使簡較司徒三年加簡較太保充潞州東面行營招討使乾化元年正月王景仁與晉人戰于柏鄉王師敗績俄而晉軍大至重圍四合太祖憂之擅密上表請駕不征而悉力枝梧竟全城壘三月以功就加簡較太傅同平章事七月加開府儀同三司簡較太尉瑯琊郡王命宣徽使趙殷衡齎詔慰諭賜絹千匹銀千兩賞守禦邢州之功也庶人友

珪僭位授鄧州宣化軍節度使簡較太尉兼侍中末帝即位移授許州節度加簡較太師五年蔡州刺史王彦溫作亂擅受詔討平之加兼中書令

劉鄩以太祖開平元年授右衛上將軍充諸軍馬步都指揮使其年秋與諸將征潞州遷簡較司徒三年二月轉右威衛上將軍依前諸軍馬步都虞候五月改左龍武統軍充侍衛親軍兼馬步軍都指揮使其年夏同州劉知俊反引岐人襲據長安分兵扼河潼太祖幸陝命鄩西討郎奪取潼關擒知俊弟知浣以獻遂引兵收復長安知俊棄郡奔鳳翔太祖以鄩爲佑國軍兩使留後尋改佑國軍爲永平軍以鄩爲節度使簡較司徒行太安尹金州管内觀察使是時西鄙未寧鄩練兵馬撫衆獨當一面四年加簡較太保同平章事庶人友珪篡位加簡較太傅末帝即位尤深倚重明年夏詔鄩歸闕授開封尹遥領鎮南軍節度使九月徐州蔣殷叛鄩與鄆師牛存節率兵攻擊破之梟殷首以獻詔加簡較太尉

賀瓌唐昭宗天復中預平青州王師範以功授曹州刺史兼先鋒都指揮使加簡較司空天祐二年與楊師厚從太祖平荆襄授荆南兩使留後未幾徵還爲

行營左廂步軍都指揮使累遷左龍虎統軍末帝貞明元年慶州叛爲李繼陟所據瓌以本官充西面行營馬步軍都指揮使與張筠江鳳之衆三萬下寧衍二州三年秋慶州平十二月瓌以功授滑州宣義軍節度使依前簡較太傅加同平章事

唐懷英唐昭宗光化初太祖署爲軍較天復元年冬太祖帥師迎昭宗于鳳翔府李茂貞遣大將符道昭領兵萬餘屯武功以拒太祖太祖命諸軍擊之以懷英爲前鋒領衆先登一鼓而大破之翌日太祖方至敕左右日邑名武功今首盪逆黨眞武功也乃召懷

英大加獎激仍以駿馬珍器賜之二年八月岐軍屯奉天太祖令懷英寨於岐軍之東北岐軍不勝而退昭宗還京賜迎鑾毅勇功臣是歲淮人寇徐州太祖命懷英馳騎以救之淮人遁去即以懷英爲權知晉州刺史天祐三年冬佐劉知俊破邠鳳之衆五萬於美原收十五餘寨乘勝引軍攻下鄜州以功授陝州節度使太祖授禪加簡較太保

徐懷玉唐僖宗中和末爲太祖親從副將左長劍都虞侯又從破蔡賊於板橋收秦宗權八寨奏加簡較右散騎常侍文德初同諸軍解河陽之圍復從破徐

宿昭宗乾寧中奏加檢較刑部尚書又破朱瑾於金鄉南擒宋江以獻表授金紫光祿大夫簡較右僕射光化中授沂州刺史頃之王師範以青州叛屢出兵侵軼懷玉擊退之天復四年轉齊州防禦使加檢較司空天祐三年轉右龍虎統軍領六軍之士赴澤州晉人遂退開平元年授曹州刺史加檢較司徒明年除晉州刺史其秋晉人大至懷玉領兵破之于洪洞三年制授鄜坊節度使特進檢較大保練兵繕壁人頗安之加檢較太傅

郭言爲步軍都將唐僖宗光啓中太祖東伐徐鄆言出奇決戰所向皆捷太祖録其績以排陣斬斫之號委之蕣表爲宿州刺史簡較右僕射

劉康乂爲太祖元從都將唐僖宗中和中從太祖連年攻討徐鄆所向多捷尤善爲營壘充諸軍壕寨使及太祖盡下三鎮議其功奏加簡較右僕射兼領軍衛

劉捍爲太祖親事指揮使時太祖迎昭宗於岐下天復三年正旦朱文通令客將郭奇使於太祖命捍復命昭宗聞其至即詔見詢東兵之事仍以錦服銀鞍勒馬賜之翌日授光祿大夫簡較司空登州刺史昭

宗還京改嘗州刺史賜號迎鑾毅勇功臣太祖授禪授左龍虎統軍兼元從親軍馬步都虞侯及上黨纏兵以捍爲禦營使蕃戎過澤州命捍以兵千人赴之并軍遂遁車駕還京授捍侍衛親軍都指揮使晉人侵晉州從幸陝廻加簡較太尉

氏叔琮爲太祖後院馬軍都將時東伐徐鄆多歷年所叔琮身當矢石奮不顧命累遷爲指鄆使尋奏授宿州刺史簡較右僕射遷曹州刺史昭宗天福元年領大軍攻拔澤潞叔琮遂引兵北掠太原師還除晉州節度使明年太祖屯軍于岐下晉軍潛襲絳州前

軍不利晉軍恃勝而攻臨汾叔琮嚴設備禦晉軍遂退據蒲縣時太祖遣朱友寧將數萬副應悉委叔琮節制叔琮因夜出潛師截其歸路遇晉軍遊騎盡殺之遂拔其壘太祖聞之喜謂左右曰殺蕃賊破太原非氏老不可叔琮乃長驅收汾州與晉人轉戰直抵并壘軍廻以其功奏加檢校司徒

朱汝恭爲汝州刺史檢校司空唐昭宗乾化初淮夷侵鄂渚武昌軍杜洪來乞師太祖遣友恭將兵應援俘斬萬計以功爲潁州刺史加檢校司徒

王重師僖宗文德中爲太祖帳下都指揮使檢校右

僕射梲戈擐甲五六年於齊魯間凡經百餘戰威震敵人尋檢校司空後知平盧軍留後加檢校司徒其後北伐幽滄鎮定及與晉軍接戰頗得士心故多勝捷昭宗天祐中授雍州節度加同平章事

黄文靖爲諸軍指揮使從太祖南平巢蔡北定兗鄆皆有功唐昭宗光化初晉將李嗣昭周德威寇於山東文靖佐葛從周統大軍禦之尋以功表授檢校右僕射耀州刺史天祐二年春命佐楊師厚深入淮甸赴壽春侵廬江軍至大獨山遇淮夷殺五千餘衆振旅而還改蔡州刺史檢校司空

胡規唐昭宗天祐四年爲諸軍壕寨使太祖授禪除右羽林軍尋從劉鄩統兵收潼關擒劉知浣獻之乃以爲右龍虎統軍兼侍衛指揮使

李讜爲左德勝騎軍都將從太祖討蔡賊頗有軍功及東伐兗鄆以所部士伍俘獲甚衆改元從騎將表授檢校右僕射

李重裔爲太祖先鋒步軍都頭及太祖大舉伐蔡賊秦宗權俾重裔以滑兵爲先鋒及東討徐州下豐蕭二邑轉右廂馬步軍指揮使

范居實爲感義都頭鄭州馬軍指揮使幽州劉仁恭

舉衆寇魏郡居實與葛從周張存敬率兵救魏大破幽滄之衆於內黄太祖迎昭宗於岐下以居實爲河中馬軍都指揮使及唐昭宗還京賜迎鑾毅勇功臣遥領錦州刺史又遷左龍驤馬軍都指揮使從征淮南廻改登州刺史轉右神勇軍使開平元年用兵於潞州命居實統軍以解澤州之圍授耀州刺史

劉知俊唐昭宗大順中爲開道指揮使從太祖討蔡賊秦宗權及攻徐州皆有功尋補徐州馬步軍都指揮使攻海州下之遂奏授刺史天復初歷典懷鄭二州從平青州以功奏授同州節度使天祐三年冬以

兵五千破岐軍六萬於美原自是連克鄜延五州乃加簡較太傅平章事開平二年春三月命爲潞州行營招討使知俊未至潞夾寨已陷晉人引軍方攻澤州聞知俊至乃退尋改西路招討使六月大破岐軍於幕谷俘斬千計李茂貞僅以身免三年五月加撿校太尉兼侍中封大彭郡王

趙德諲唐僖宗光啓中太祖爲蔡州四面行營都統表德諲爲副仍領襄州節度使蔡州平以功累加官爵封淮安王

冊府元龜 將帥部 褒異十二 卷之三百八十六 十五

冊府元龜

冊府元龜

巡按福建監察御史臣李嗣京 訂正
知長樂縣事臣夏允彝 条閱
知建陽縣事臣黄國琦 較釋

將帥部 四十八

褒異第十三

後唐李承嗣少仕郡爲右職唐僖宗中和二年從武皇討賊關輔爲前鋒王師之攻華陰黄巢令僞客省使王汀會軍機於黄揆承嗣擒之以獻賊平以功授汾州司馬改榆次鎮將朱玫之亂遣承嗣率萬人援

鄜州至渭橋迎扈車駕王行瑜既殺朱玫承嗣會鄜夏之師入定京城獲僞相裴澈鄭昌圖函送朱玫襄王首獻於行在駕還宮賜號迎鑾功臣簡較工部尚書守嵐州刺史賜軍錢二萬貫孟方立之襲遼州也承嗣設伏擊其歸兵大敗之獲其將奚忠信以功授洺州刺史及張濬之加兵於太原也時鳳翔軍營霍邑承嗣帥一軍攻之岐人夜遁追擊至趙城合大軍攻平陽旬有三日而拔師旋改教練使簡較司空

李存信唐昭宗大順中爲蕃漢都較從武皇討李儔降赫連鐸白義誠以功簡較左僕射從入關討王行瑜加簡較司空領彬州刺史

李存進昭宗光化中爲永安軍使鴈門以北都知兵馬使天復初破氏叔琮前軍於洞渦三年授石州刺史莊宗初嗣位又爲步軍右都簡較司空師出井陘授行營馬步軍都虞候破汴軍於栢鄉論功授汾州刺史轉簡較司徒俄兼西南面行營招討使出師收慈州換慈沁二州刺史二年定魏博授天雄軍巡按使十四年權蕃漢馬步副總管從攻楊劉戰胡柳十六年以本職兼領振武節度使時王師據德勝渡汴軍據村渡存進造橋成人皆伏其智莊宗舉酒曰

存進吾之杜預也賜寶馬御衣進簡較太保兼魏博馬步都將與李存審固德勝十九年汴將王瓚率衆攻北城存進據拒應之汴軍退加簡較太傅

李漢韶初事莊宗爲河東牢城指揮使會契丹侵北鄙表令漢部率師進討既而大破胡寇以功加撿校右僕射

李存璋昭宗光化二年爲澤州刺史入爲牢城使從李嗣昭討雲州叛將王暉平之改教練使簡較司空五年立莊宗東内難頗有力焉改河東馬步都虞候兼領鹽鐵又從破汴軍於夾城轉簡較司徒栢鄉之

役爲三鎭排陣使十二年從盟朱友謙於猗氏授汾州刺史汴將尹皓攻慈州逆戰敗之十三年王檀逼太原存璋率汾之軍入城固守授大同軍防禦使應蔚朔等州都知兵馬使秋契丹逼雲州存璋拒守虜退以功簡較太傅大同軍節度雲應等州觀察使十九年四月以疾卒於雲州同光初追贈太尉平章事

李存賢以天祐五年權知蔚州以禦吐渾六年權沁州刺史先是州當賊境不能保守存賢至郡乃移復舊郡莊宗嘉之轉簡較司空眞拜刺史九年汴人乘其無備來攻其城存賢擊退之十一年授武州刺史

山北團練使十二年移慈州刺史七月汴將尹皓攻州城存賢督軍拒戰遁去十八年何中朱友謙來求援命存賢率師赴之十九年汴將段凝軍五萬營臨晉存賢拒退之以功加簡較司徒同光二年爲盧龍軍節度使卒詔贈太傅

康君立自武皇爲鴈門節度立爲右都押衙僖宗時從武皇入關逐黃孽收長安武皇還鎭太原授先鋒軍使文德初李罕之旣失河陽來歸於武皇且求援焉乃以君立充南面招討使爲汾州刺史及潞州小校安居受反武皇遣君立討平之授簡較左僕射昭義節度使自是武皇之師連歲掠地於邢洛攻孟方立君立嘗率澤潞之師以爲犄角加簡較司徒食邑千戶李存孝據邢州叛武皇命君立討之以功加簡較太保

薛志勤自武皇鎭鴈門領代北君使從入關收京城以功簡較工部尚書河東右都押衙先鋒右軍使從武皇救陳許平黃巢武皇遇難於上源驛志勤擊敗汴軍昭宗大順初與李承嗣敗韓建之軍於蒙坑進收晉絳以功授沂州刺史又從討鎭州收天長臨城志勤皆先登陷陣王暉據雲州叛討平之以志勤爲

大同軍節度簡較司空

史儼爲武皇帳中親將昭宗乾寧中從討王行瑜時京城大擾士庶奔迸儼分騎警衛駕比還京盜賊不作以功簡較右散騎常侍屯於三橋者累月昭宗寵錫優異

史建瑭昭宗光化中典昭德軍與李嗣昭攻汾州李先登城擒叛將李瑭以獻授簡較工部尚書李思安之圍上黨也建瑭爲前鋒與總管周德威赴援時汴將王景仁營於栢鄉瑭與德威先出井陘高邑之戰汴軍有歸志建瑭先陷其陣遂長驅追擊夜入栢鄉

俘斬數千論功加簡較左僕射十三年敗劉鄩於元城收澶州以建瑭爲刺史簡較司空外衙騎軍都尉

蓋寓自武皇鎮太原爲左都押衙簡較左僕射昭宗乾化三年寓從武皇入關討王行瑜特授簡較太保開國侯邑千戶

周德威昭宗乾寧中爲鐵林軍使從武皇討王行瑜以功授簡較左僕射衙內衙軍副天祐三年與李嗣昭合燕軍攻潞州降丁會以功加簡較太保代州刺史代嗣昭爲蕃漢都將李思安之寇潞州也德威軍余吾時汴州軍十萬築夾城圍潞州及武皇歿代莊

宗再援潞州德威大敗梁軍解潞州之圍以功加簡較太保平章事十年又擒幽州劉守光父子授簡較侍中幽州盧龍軍節度使

符存審初與武皇義兒軍從討邠州之勁兵屯龍泉寨存審奮力拔之師旋授簡較左僕射副李嗣昭討李瑭於汾州擒之以功改左右廂步軍都指揮使昭宗天祐三年授蕃漢馬步副指揮使與李嗣昭降丁會於上黨從周德威破賊夾城以功加簡較司徒授沂州刺史使領蕃漢馬步都指揮使七年加簡較太保充蕃漢副總管九年梁祖攻蓨縣存審赴援汴人燒營而遁以功遷領邢洺慈團練使十三年二月劉鄩襲魏州存審戰於故元城大敗汴人從莊宗收澶衛慈洺等州秋邢州閻寶降授存審安國軍節度邢洺慈等州觀察使十月載思遠棄滄州毛璋以城降授存審簡較太傅横海軍節度使兼領魏博馬步軍都指揮使明年就加平章事十九年平鎮州以功加簡較大傅兼侍中二十年正月師旋於魏州莊宗出城迎勞就第宴樂居無何契丹犯燕薊詔存審以本官充幽州盧龍節度使自鎮州之任同光初加開府儀同三司簡較太師中書令邑千戶賜號忠烈扶天

啓運功臣五月卒於幽州莊宗震悼久之廢朝三日贈尚書令

袁建豐爲鐵林都虞侯從武皇破邠州王行瑜以功遷左親騎軍使轉突騎指揮使從莊宗解圍上黨破栢鄉陣累功加右僕射左廂馬軍使明宗爲內衙指揮使建豐爲副北討劉守光嘗身先士伍轉都教練使權蕃漢副總管莊宗入鄴以心腹幹能選爲魏府都巡簡使破劉鄩下衛慈洺三郡有功加簡較司空

夏魯奇爲慈州刺史中都之戰汴人大敗魯奇擒王彥章以獻莊宗壯之賞絹千匹梁平授鄭州防禦使

元行欽爲武寧軍節度使檢校太傅莊宗賜名紹榮嘗內宴羣臣使相預會行欽官爲保傅合地褥而坐酒酣樂作帝敘平生戰陣之事因左右顧視曰紹榮安在所司奏云有勑使相預會紹榮散官殿上無位帝徹會不懌翌日以行欽爲同平章事繇是不宴百官於內殿但宴武臣而已

李建及爲遼州刺史莊宗胡柳之役欲收軍建及引銀鎗效節奮擊繇是王師復振以功簡較司空魏博內外衙都將又與汴將王瓚戰於威城建及傷手莊宗解御衣金帶賜之

張敬達爲應直軍使從莊宗平河南有功加簡較工部尚書

康思立爲河東親騎軍使從莊宗解上黨圍敗梁人於柏鄉及平薊丘後戰於河上皆有功累加簡較戶部尚書右突騎指揮使莊宗即位繼改軍帥賜忠勇拱衛功臣加簡較尚書左僕射

康延孝爲捧日軍兼南面招討指揮使簡較司徒莊宗平汴延孝頗有力焉以功加簡較太保

安元信爲突陣軍都將時莊宗嗣晉王位元信從救上黨破夾寨復澤潞以功授簡較司空遼州刺史賜玉鞍名馬柏鄉之役日晚戰酣元信重傷莊宗自臨傳藥改簡較司徒武州刺史充內衙副都指揮使山北諸州都團練副使

安金全武皇時爲騎將屢從征伐莊宗之救潞州及平河朔皆有戰功累遷刺史

閻寶莊宗時遥領天平軍節度使東西面招討等使張文禮之殺王鎔叛寶帥師進討及契丹來援鎮州前鋒至新樂衆心憂之寶見莊宗指陳方畧軍情乃安虜退加簡較侍中

李紹文莊宗時爲博州刺史預破劉鄩於故元城歷

貝隰二州刺史領天雄軍馬步副都將屯於德勝從閻寶討張文禮爲馬步都虞候明宗收鄆州以紹文爲右都押衙馬步軍都將從破王彦章於中都同光中歷徐滑二鎮副使知府事

霍彦威爲陝州留後從明宗平潞州授徐州節度使天成初改平盧軍節度至鎮擒王公儼斬之明年冬肆覲於汴明宗接遇甚厚累遷至簡較太尉兼中書令王晏球爲齊州防禦使北面行營馬軍都指揮使鄴都之亂明宗入赴內難晏球時在瓦橋遣人招之明宗至汴晏球率騎軍從至京師以平定功授宋州

節度使天成二年王都據定州叛晏球討平之以功授天平軍節度使未幾移鎮青州就加兼中書令

安審通明宗天成初為齊州防禦使兼諸道先鋒馬軍都指揮使奉詔北征會龍歷部下兵亂審通盡戮之以功檢較太傅滄州節度使

劉彥琮為鐵林指揮使從明宗赴難京師授華州留後尋正授節旄

西方鄴為奉義指揮使天成初荆渚違命明宗素知其才力擢授夔州刺史東南面行營招討副使鄴將偏師收復峽內三州二年昇夔州為寧江軍以鄴為

節度使屢奏克捷三年加檢較太保

孫璋天成初為齊州防禦使王都之據中山璋為定州行營都虞候賊平加檢較太保

張虔釗為親軍都指揮使領泰州刺史明宗天成中虔釗與諸將圍王都於中山大敗契丹於嘉山之下及定州平以功授滄州節度使

晉房知溫初仕後唐明宗天成初為兗州節度使明年詔充北面招討使屯於盧臺軍以盧文進來歸特加進同平章事賞招討之功也至長興二年除平盧軍節度使累官至開府儀同三司檢較太師兼中書令封東平王食邑五千戶食實封三百戶高祖天福元年十二月卒於鎮贈太尉詔立神道碑康福初仕後唐明宗為朔方河西等軍節度到鎮歲餘西戎皆款附改賜福耀忠扶定保節功臣末帝清泰中加特進開國侯充西面都部署高祖受命就加檢較太尉封開國公

華溫琪仕後唐為泰州節度使明宗即位因入朝願留闕下明宗嘉而許之除左驍衛上將軍逐月別賜錢粟以豐其家後為太子少保致仕高祖天福元年十二月終於家詔贈太子太保

方太為奉國都虞候從杜重威破張從賓於汜水高祖以其功除趙州刺史

郭金海為護聖都虞候高祖天福二年金海從王師討范延光於魏州以功轉本軍都指揮使

王建立為青州節度使高祖天福二年封臨淄王明年封東平王五年入覲高祖賜不拜呼老兄使肩輿入朝上殿則使人扶導諭者榮之尋表乞休致帝不許乃除潞州節度使割遼沁為上黨屬郡加檢較太師進封韓王以光其故里高祖御明德樓餞送赴鎮賜王斧蜀馬及卒冊贈尚書令

馬全節高祖天福五年鎮安州時李金全據州叛引淮軍爲援因命全節將兵討平之以功加檢校太尉六年授鎮州行營副招討使兼排陣使與安重榮戰於宗城大敗之鎮州平加開府儀同三司

程福贇初爲軍校天福七年冬從杜重威討鎮州與安重榮大戰於宗城以功遷雄州團練使檢校太尉

皇甫遇高祖天福末鎮河陽少帝即位歸闕及虜南寇從至澶州戰於鄆州北津虜衆大敗溺死數千人以功拜滑州節度使

郭璘少帝開運中鎮易州時契丹攻其郡以州兵擊

賊數獲其利朝廷嘉之就加檢校太保

漢王周初仕後唐明宗爲裨校累歷郡守晉天福中安重榮以鎮州叛從杜重威討平之以功授貝州節度使高祖定天下移鎮徐州加同平章事乾祐元年二月卒於鎮輟視朝三日贈中書令

劉在明後唐明宗時爲奉聖左廂都指揮使領和州刺史從幸汴州至滎陽聞朱守殷叛用爲前鋒至汴城率先登城賊平授汴州馬步軍都指揮使晉高祖天福中李金全以安州叛在明從李守貞攻之大破淮賊以功授安州防禦使移領絳州楊光遠據青州叛召爲行營馬步軍都指揮使領齊州防禦使青州平遷相州留後及高祖踐阼授幽州道行營都部署時虜守中山在明出師經畧虜乃棄城而去遂授鎮州留後乾祐元年五月二日授鎮州節度使六月卒于鎮贈侍中

史弘肇爲許州節度使侍衛步軍都指揮使時高祖繇蒲陝赴潞弘肇爲前鋒兵士所至秋毫不犯以至平定兩京及從駕征鄴廻加同平章事充侍衛親軍都指揮使兼鎮宋

杜重威晉天福初典禁軍遥授舒州刺史二年張從

賓搆亂據汜水晉高祖遣重威與侯益率衆破之以功授潞州節度使與楊光遠降范延光於鄴城改許州節度使兼侍衛親軍馬步軍副都指揮使尋加同平章事

周高季興梁太祖時爲荆南節度使開平中破雷彦恭於朗州加平章事

安叔千初仕後唐莊宗爲奉安都將天成初王師伐定州命爲先鋒都指揮使王都平授秦州刺史連刺涿易二郡清泰初契丹寇振門叔千從晉祖逆戰敗之進位檢校太保振武節度使晉祖踐祚就加同平

章事

王商後唐天成中爲靈武都指揮使久之代還清泰中張令昭據鄴叛商從范延光討之首冒矢石率先登城以功授祁州刺史

何福進後唐清泰中自彰聖都虞候率本軍從范延光平鄴以功歷鄭隴二州防禦使

安審暉晋高祖時爲河陽節度使會李金全據安州叛詔馬全節爲都部署領兵討之以審暉爲副安陸平移鎮鄧州進位檢較太傅又襄州安從進叛舉漢南之衆北攻南陽審暉登城召賊帥以讓之從進不

克而退襄州平就加檢較太尉

宋彥筠初仕晋爲防禦使從高行周破安從進於襄陽以功拜鄧州節度使

王饒仕晋高祖爲奉國軍撿較尚書左僕射天福六年從杜重威平常山以功加撿較司空遷本軍都較領連州刺史時安從進叛于襄陽高祖以饒爲行營歩軍都指揮使賊平授凉州刺史復爲本軍右廂都指揮使領閬州團練使及漢祖舉義於晋陽尋討復諸夏唯常山郡爲虜所據時饒在其郡乃與李筠白再圖之儔承間盡逐其黨漢祖嘉之授鄜州觀察使後加光禄大夫賜爵齒侯

高從誨爲荆南節度使晋天福中加守中書令時襄州安從進反王師攻討從誨起戰棹饋軍食以助焉詔書褒美尋加守尚書令

劉詞仕晋爲奉國第一都虞候從馬全節伐安陸敗淮賊萬餘衆晋祖嘉之授奉國都較累加撿較司空又從杜重威敗安重榮於宗城又破鎮陽詞自登雲梯身先士伍以功加撿較司徒沁州刺史又仕漢爲奉國右廂都較遥領閬州防禦使從漢祖平鄴加撿較太保乾祐初李守貞叛於河中太祖征之朝廷以

詞爲侍衛歩軍都指揮遥領寧江軍節度使充行營馬歩都虞候命分屯於河西二年正月李守貞遣敢死之士數十夜入其營詞叱短兵以擊之賊衆大敗而退河中平太祖嘉其功表爲華州節度使歲餘移鎮滑臺太祖受命加同平章事

王令温晋初爲洺州團練使及安重榮稱兵於鎮州晋祖以令温爲營馬軍都指揮使與都帥杜重威敗賊於宗城以功授亳州防禦使

李建崇仕晋爲申州刺史天福七年冬襄州安從進搆逆建崇拒賊至湖陽縣之花山接戰大敗之以功

授亳州團練使襄陽平遷安州防禦使

王重胤爲禁軍指揮使晉天福中鎮州安重榮誅叛請分杜重威麾下兵擊敗之以功遷護聖右廂都指揮使漢初仍典禁軍從征鄴都爲先鋒都較鄴都平遷深州刺史

趙暉仕漢祖乾祐初鎮鳳翔屬王景崇叛據岐山命暉爲西南面行營都部署以討明年春拔之加撿較太師兼侍中周初就加兼中書令

曹英仕漢爲奉國軍主撿較司徒假康州刺史乾祐初李守貞據河中叛授行營步軍都較河中平遷本

軍廂主領岳州防禦使隨太祖在魏爲北面行營步軍都較從平内難國初以翊戴功授招武軍節度使撿較太傅侍衛步軍都指揮使

史彦超爲龍捷指揮使太祖之赴内難彦超以本軍從國初與虎捷都指揮使何徽戍晉州會劉崇與契丹入寇攻圍州城月餘彦超與何徽叶力固拒累挫賊鋒太祖嘉其善守之功賞賜甚厚未幾授龍捷右廂都指揮使尋授鄭州防禦使劉崇之寇潞州也車駕親征以彦超爲先鋒都指揮使高平之戰先登陷陣以功授華州節度使先鋒如故

高行周初隸後唐明宗帳下時明宗爲總管襲鄆州行周爲前軍夜涉河入東城北壖平之及莊宗平河南累加撿較太保領端州刺史明宗即位行周從王景球圍定州敗王都擒秃餒皆有功賊平遷潁州團練使晉末爲鄆州節度使漢高祖入汴加守太傅兼中書令代李守貞爲天平軍節度使杜重威據鄴叛漢高祖以行周爲招討使總兵討之鄴平遷鄴都留守加守太尉進爵臨清王乾祐中入覲加守太保進封鄴王復授天平軍節鉞改封齊王太祖踐祚加尚書令增食邑至一萬七千戸太祖以行周耆年宿將

賜詔不名但呼王位而已廣順二年秋薨贈賻加等冊贈尚書令追封秦王

安審琦仕晉少帝爲襄州節度使兼中書令屬荆人叛命潛遣舟師數千將屠襄郢審琦禦之而遁朝廷賞功就加守太保進封齊國公歲餘又加守大傅國初封南陽郡顯德初進封陳王世宗嗣位加守太尉三年拜章請覲優詔許之加守太師增食邑至一萬五百戸食實封三千三百戸

唐景思世宗時董效順指揮屯於淮上世宗親征淮南景思繼有戰功乃命遥領饒州刺史

白延遇仕晉歷典禁軍累遷至簡較司空天福中晉祖在鄴安重榮叛於鎮州帥衆數萬指闕而來晉祖命杜重威統諸將以禦之時延遇不預其行乃泣告晉祖願以身先許之及陣於宗城延遇帥其屬先犯之斬級數千晉祖聞之即命中使以寶劍良馬賜之嘗山平以功加簡較司徒充馬軍右廂都較後遷復州防禦使國初加簡較太保尋受代歸闕屬太祖親征兗海以延遇爲先鋒都較兗州平授齊州防禦使及世宗征淮南乃詔延遇爲先鋒都較與韓令坤先入楊州尋以別部屯於盛塘前後敗淮賊萬餘衆及世宗廻自壽陽制以延遇爲同州節度使未之任所以疾卒於濠州下詔贈太尉

冊府元龜將帥部褒異十三　卷之三百八十七　十七

巡按福建監察御史臣李嗣京　訂正

知閩縣事臣曹冉臣參閱

知建陽縣事臣黄國琦較釋

將帥部

儒學　有禮

儒學

周官太宰九兩之法其四曰儒以道得民蓋六藝之文七德之要盡在是矣繇三代而下善爲將者又豈勝道哉乃有博通經術涉獵史傳雖在軍旅不廢俎豆將臨戰陣未忘講誦緩帶以談論下帷而著述亦有起於諸生嘗歷科舉爲世文宗後執兵柄至乃屬辭削牘賦詩應詔書檄翩翩之美文雅彬彬之譽皆所以揚閫外之風烈昭義府之丕訓者已

晉獻公蒐于被廬作三軍謀元帥趙衰曰郤縠可臣亟聞其言矣說禮樂而敦詩書詩書義之府也禮樂德之則也德義利之本也夏書曰敷納以言明試以功車服以庸君其試之乃使將中軍

漢陳湯少好書博達善屬文以薦爲郎遷西域副校尉與甘延壽俱出累遷射聲校尉

馮奉世以良家子選爲郎三十餘年乃學春秋涉大義讀兵法前將軍韓增奏以爲軍司空令本始中從軍擊匈奴軍罷復爲郎累遷左將軍光祿勳居爪牙官前後十年爲折衝宿將功名次趙充國

後漢耿況王莽時以明經爲朔調連率（莽改上谷郡曰朔調守曰連率）光武徇河北加況大將軍

況子弇少習父業學詩禮亦爲大將軍

弇弟子秉博通書記歷征西度遼將軍

景丹少學長安王莽時學四科丹以言語爲固德侯相有幹事稱遷朔調連率副貳（屬令也）光武徇河北拜

丹偏將軍累遷驃騎大將軍

鄧禹年十三能誦詩受業長安光武徇河北號禹曰鄧將軍累遷前將軍右將軍

馮異好讀書通左氏春秋孫子兵法光武徇河北以爲偏將軍進止皆有表識（進退有常處也）累遷征虜將軍

賈復少好學習尚書事舞陰李生後從光武立功累遷執金吾建武十三年復知帝欲偃干戈脩文德不欲功臣擁衆京師乃與高密侯鄧禹剽甲兵敦儒學帝深然之遂罷左右將軍復以列侯就第加位特進

朱祐爲人質直尚儒學初學長安光武侯之祐不時

相勞苦而先升講舍後爲大將軍

祭遵爲征虜將軍取士皆用儒術對酒設樂必雅歌投壺又建爲孔子立後奏置五經大夫雖在軍旅不忘俎豆

賈宗爲長水校尉宗兼通儒術每讌見常使與少府丁鴻等論議於前

馬援嘗受齊詩師事潁川滿昌後爲虎賁中郎將援閑於進對尤善述前世行事每言及三輔長者下至閭里少年皆可觀聽

竇固好覽書傳喜兵法累遷奉車都尉出王門擊西

域

鮑永少有志操習歐陽尚書後拜僕射行將軍事將兵集河東永好文德雖行將軍常衣皁襜褕路稱鮑尚書兵馬

班超持公羊春秋多窺覽後爲西域都護

皇甫規爲中郎將持節監關西兵討零吾等破之歷度遼將軍護羌校尉所著賦銘碑讚禱文弔疏章表教令書檄牋記凡二十七篇

張奐少遊三輔師事太尉朱寵學歐陽尚書後爲使匈奴中郎將時休屠各及朔方烏桓同反叛燒度遼將軍門引匈奴屯赤阬烟火相望兵衆大恐各欲亡去奐安坐帷中與弟子講誦自若軍士稍安乃潛誘烏桓陰與和通遂使休屠各渠帥襲破其衆諸胡悉降奐著尚書記難三十餘萬言又著銘頌書教誡述志對策章表二十四篇

公孫瓚從涿郡盧植學於緱氏山中略見書傳後爲奮武將軍遼東太守

郭涼雖爲武將然通書經多智畧尤曉邊事

魏鮑信漢末以兵應太祖表信行破虜將軍雖遭亂起兵家本脩儒

夏侯惇年十四就師學後爲大將軍雖在軍旅親迎師受業

李典好學問貴儒雅不與諸將爭功敬賢士大夫恂恂若不及軍中稱其長者

鍾會好書籍涉歷衆書特好者易精練名理以夜續晝後爲鎮西將軍假節都督關中諸軍事統十萬餘衆伐蜀

蜀諸葛亮爲右將軍行丞相事亮言教書奏多可觀贍類相從凡爲二十四篇

關羽好左氏傳諷誦畧皆上口後爲前將軍假節鉞

張巽治律春秋游學京師後爲前領軍督建威假節征西將軍

吳張昭少好學從白侯子安受左氏春秋博覽衆書後爲輔吳將軍在里宅無事乃著春秋左氏傳解及論語註大帝問衞尉嚴畯寧念小時所闇書不畯因誦孝經仲尼居昭曰嚴畯鄙生臣請爲陛下誦之乃誦君子之事上咸以昭爲知所誦

魯肅爲偏將軍轉橫江將軍雖在軍陣手不釋卷又善談論能屬文辭思度弘遠有過人之明

士燮爲衞將軍領交趾太守耽玩春秋爲之注解陳

國袁徽與尚書令荀彧書曰交趾士府君旣學問優博又達於從政處大亂之中保全一郡二十餘年疆埸無事民不失業羇旅之徒皆蒙其慶雖竇融保河西曷以加之官事小閑輒玩習書傳春秋左氏傳尤簡練精微吾數以咨問傳中諸疑皆有師說意思甚密又尚書兼通古今大義詳備聞京師古今之學是非忿爭今欲條左氏尚書長義上之其見稱如此

陸凱爲建武都尉領兵雖統軍衆手不釋書好太玄論演其意以筮輒驗

孫瑜爲奮威將領丹陽太守濟陰人馬普篤學好古瑜厚禮之使府將吏子弟數百人就受業遂立學官臨饗講肄是時諸將皆以軍務爲事而瑜好樂墳典雖在戎旅誦聲不絕

孫奐爲揚威將軍領江夏太守奐亦愛樂儒生復命部曲子弟就業後仕進朝廷者數十人

陸績爲鬱林太守加偏將軍給兵二千人績旣有躄疾又意在儒雅非其志也雖有軍事著述不廢

陸景爲偏將軍中夏督絜身好學著數千篇

晉王沈好書善屬文魏末爲征虜將軍都督江北諸軍事晉受禪遷驃騎將軍錄尚書事

羊祜爲征南大將軍博學能屬文所著文章及爲老子傳並行於世

杜預博學多通明於興廢之道嘗言德不可以企及立功立言可庶幾也後拜鎮南大將軍預身不跨馬射不穿札而每在大事輒居將帥之列結交接物恭而有禮旣立功之後從容無事乃耽思經籍爲左氏春秋經傳集解又參考衆家譜第謂之釋例又作盟會圖春秋長歷成一家之學

周處勵志好學有文思後爲新平太守累遷御史中丞氐人齊萬年叛乃使處隸夏侯駿西征萬年聞之

曰周府君昔臨新平我知其爲人才兼文武若專斷而來不可當也如受制於人此成擒耳

劉琨初爲司隸從事時征虜將軍石崇引致賓客日以賦詩琨預其間文詠頗爲當時所許後爲都督并冀幽二州諸軍事

祖逖博覽書記該涉古今往來京師見者謂逖有贊世才其後爲鎮西將軍石勒不敢窺兵河西

邵續博覽經史善談理義妙解天文後爲平北將軍假節

陶侃爲都督荆雍益梁州諸軍事遠近書疏莫不手

答詞翰如流未嘗壅滯

郗鑒博覽經籍躬耕隴畝吟詠不倦以儒雅著名不應州命後爲安西將軍都督揚州江西諸軍事假節鎮合肥

劉毅爲衛將軍往征盧循敗歸後宋高祖與安帝大宴於西池有詔賦詩毅詩云六國多雄士正始出風流毅自以武功不競故示文雅有餘也

宋謝晦爲高祖太尉參軍晦涉獵文義朗贍多通高祖浮嘉愛賞後爲都督荆湘雍益寧南北秦七州諸軍事領南蠻校尉荆州刺史

劉湛爲高祖相國參軍博諳前世舊典後爲右衛將軍出督廣交二州諸軍事

朱齡石爲高祖鎮軍參軍時太尉主簿劉穆之嘗於高祖坐與齡石答書自旦至日中穆之得百函齡石得八十函高祖北伐遷左將軍持節督關中諸軍事

南齊柳世隆授後將軍尚書左僕射不拜世隆性愛涉獵啓太祖借秘閣書帝給三千卷

梁楊公引爲左將軍歷中護軍性好學雖居軍旅手不輟卷士大夫以此稱之

羊侃爲北伐大將軍司馬高祖制武宴詩四十韻以

示侃侃即席應詔高祖覽曰吾聞仁者有勇今見勇者有仁可謂鄒魯遺風英賢不絕

韋叡爲護軍將軍其第三子稜尤明經史世稱其洽聞叡每坐稜使說書其所發擿稜猶弗之逮

柳惔爲安南將軍著仁政傳及諸詩賦粗有辭義

曹景宗爲右衛將軍破魏軍振旅凱入帝於華光宴飲連句令左右射沈約賦韻景宗不得韻意色不平啓求賦詩帝曰卿伎能甚多人才英拔何必止在一詩景宗已醉求作不已詔令約賦韻詩韻已盡唯餘競病二字景仁便操筆斯須而成其辭曰去時兒女

悲歸來笳鼓競借問大將軍何如霍去病帝歎不巳
約及朝賢驚嗟竟日詔令上左史
張欣泰將家子不以武業自居好隷書讀子史仕齊
爲直閤將軍後爲步兵較尉
後魏賀狄干世爲將孝文時遣狄干結婚於姚萇後
狄干還在長安幽閉因習讀書史通論語尚書諸經
舉止風流有似儒者
刁雍爲征南大將軍性寬柔好尚文典手不釋書明
敏多智凡所爲詩賦頌論并詩雜文百有餘篇
酈惲爲征虜將軍所作文章頗行於世撰慕容氏書

不成
劉藻爲征虜將軍涉獵群籍美談笑善與人交
崔孝芬爲車騎大將軍慱文口辨善談論所有文筆
數十篇
李元護初仕南齊龍驤將軍雖以將用自達然府頗
覽文史習於簡牘
賀拔勝爲驃騎大將軍始愛墳籍乃招引文儒討論
義理性又通率重義輕財身死之日唯有隨身兵仗
及書千餘卷
後周陸逞起家羽林監文帝內親信時輩皆以驍勇

自達唯逞獨兼文雅帝由此加禮遇焉
韋孝寬爲驃騎大將軍徐州總管雖在軍中篤意文
史政事之餘每自披閱末年患眼猶令學士讀而聽
之
高琳爲驃騎大將軍時文州氐酋反詔琳率兵討平
之師還高祖宴羣公卿士仍命賦詩言志琳詩末章
云寄言竇車騎爲謝霍將軍何以報天子沙漠靜妖
氛帝大悅曰獯獫陸梁未時欵塞卿言有驗國之福
也
隋賀若弼爲吳郡總管與壽州總管源雄並爲重鎮

弼遺雄詩曰交河驃騎幕合浦伏波營勿使麒麟上
無我二人名
崔彭爲車騎驃騎將軍高祖嘗曰卿弓馬固巳絕人
頗知學否彭曰臣少愛周禮尚書每於休沐之暇不
敢廢也帝曰試爲我言之彭說君臣戒愼之義帝稱
善觀者以爲知言
周羅睺初仕陳爲太子左衛率信任逾重時參宴席
陳主曰周左率武將詩每前成文士何爲後也都官
尚書孔範對曰周羅睺執筆製詩還如上馬入陣不
在人後自是益見親禮

唐張士貴貞觀中爲右屯衛大將軍從幸岐陽教習將至武功太宗載誕之所也是日賜宴士貴詩甚有理致是後頻屬和士貴音詞質樸言論不文多疑其假手

李君羨貞觀中爲左武侯中郎將每於北門長上在伏讀書不暫休止深蒙賞勞累遷蘭州都督左監門將軍

劉仁軌好學專習每行坐所在輒書空畫地繇是博涉文史顯慶中爲簡較帶萬州刺史統衆便道發新羅兵救劉仁愿於百濟府城仁愿既至京高祖謂曰

卿在海東前後奏請皆合事宜而雅有文理卿武將何得然也對曰劉仁軌之詞非臣所及也帝深歎賞之因超加仁軌六階正授帶萬州刺史

婁師德頗有學術弱冠進士擢第累補監察御史上元初吐蕃犯塞有詔募猛士以大夫師德抗志應募高祖大悅特假朝散大夫從軍西討頻立戰功

裴行儉補弘文生舉明經儀鳳中爲秦州領撫右軍總管擒十姓可汗阿史那都支及遮匐而還高祖曰卿文武兼資今故授卿二職即日拜禮部尚書兼撿較右衛大將軍

唐休璟少以明經擢第有文武才幹久視元年爲隴右諸軍州大使大破吐蕃大將趨莽支於洪源谷入拜武威金吾二衛大將軍長安中西突厥烏質勒與諸蕃不和舉兵相指安西道表奏相繼則天令休璟與宰相商度事勢俄須草奏便遣施行後十餘日安西諸州表請兵馬應接程期一如休璟所畫

郭元振舉進士累遷隴右諸州軍大使安西大都護朔方大總管有文集二十卷

張說應詔舉開元七年權簡較并州都督府長史兼天兵軍使兼脩國史仍齎史本隨軍脩撰後爲朔方

軍節度使

哥舒翰年四十慨然伏劍之河西事節度王倕後王忠嗣爲河西節度使以翰爲衙前將翰好讀左氏春秋及漢書疎財重氣士多歸之

高邈寓少讀左氏春秋及孫吳兵法後爲左武衛大將軍邠寧節度使

梁劉鄩幼有大志好兵畧涉獵史傳唐中和中事青州節度使王敬武爲少較

羅紹威爲天雄軍節度使伏膺儒術明達吏理好招延文士聚書萬卷開學館置書樓每歌酒宴會與賓

佐賦詩頗有情致江東人羅隱者佐錢鏐軍幕有詩於天下紹威遣使賂遺敘南巻之敬隱乃聚其所爲詩投寄之紹威酷嗜其作因目已之所爲曰偷江東集至今鄴中人士諷詠之紹威常有公讌詩曰簾前淡泊雲頭日座上蕭騷雨腳風雖浮於詩者亦所嘆伏

烏振爲河北道副招討畧涉書史尤嗜左氏傳好爲詩善筆札凡郵亭佛寺多有留題之跡

晉史翰爲義成軍節度使好春秋左氏傳每視政之暇延學者講說躬自執卷授焉時發難問窮於隱奥

流輩或戲爲史三傳

張希宗爲靈武節度使初自虜南歸過故鄉謁中朝執政及臨郡與屬邑令多爲章句雖非工甚闕理道有古人之趣性嗜書莅事之餘手不釋卷

錢元瓘爲兩浙節度使幼聰敏少親吏事有詩千篇編尤者三百篇命曰錦樓集

有禮

傳曰禮信戰之器也又曰治軍非禮威嚴不行是知軍旅有禮則武功克成然後敦陣有隆殺之容御衆有長幼之序知其可用能以德攻者也歷代而下賢帥繼出同有深達義府之訓能率禮經之法講求善志著於行事乃至不敢自擅以誅偏裨先問儀適然後會見甫清亂畧致恭宗祏或靡敢代主將之任或使之知朝廷之尊不伐隣喪罔踰服紀言還故郡克中禮意接下遵乎素範治戒宜乎懿望斯皆敦閱之攸及信讓之可稱者歟故秦師過周王孫知其必敗狂狡違命君子謂之宜禽蓋禮之不可不愼也已

韓厥晉大夫爲司馬魯成公二年六月晉伐齊齊逢丑父爲齊侯右丑父不能推車而反爲韓厥所爲厥執縶馬前縶馬絆也縶之示脩臣僕之職再拜稽首奉觴加璧以進進觴璧亦以示

敬曰寡君使羣臣爲魯衛請曰無令輿師陷入君地本但爲二國救請不欲乃過入君地謙辭下臣不幸屬當戎行無所逃隱屬適也且懼奔辟而忝兩君辱戎士奔辟則爲辱晉君并爲齊侯羞故言君此蓋韓厥自處臣僕謙敬之飾言敢告不敏攝官承乏言欲以巳不敏攝承空乏從君但還

郤至晉大夫佐新軍魯成公十六年六月甲午晦晉侯及楚子鄭伯戰于鄢陵郤至三遇楚子之卒見楚子必下免冑而趨風疾如風楚子使工尹襄問之以弓問遺也曰方事之殷也有韎韋之跗注君子也韎赤色跗注戎服若袴而屬於跗與袴連識見不穀而趨無乃傷乎恐其傷郤至見

客免冑承命曰君之外臣至從寡君之戎事以君之
靈間蒙甲冑 間猶近也 不敢拜命 介者不拜 敢告不寧君命之
辱 以君辱賜命故不敢自安 爲事之故敢肅使者 以軍事不得拜故肅使者肅手至地若今禮 三肅使者而退

晉韓厥從鄭伯 從逐也 其御杜溷羅曰速從之其御屢
顧不在馬可及也韓厥曰不可以再辱國乃止 二年鞌戰韓厥以辱齊侯 郤至從鄭伯其右茀翰胡曰諜輅之餘從之
乘而俘以下 欲遣輕兵單進以距鄭伯車前而自後登 郤至曰傷國君有
刑亦止

士匄晉大夫帥師侵齊及穀聞喪而還禮也

子展鄭大夫魯襄公二十五年六月子展伐陳宵突
城陳遂入之子展命師無入宮與子產親御諸門陳
侯使司馬桓子賂以宗器陳侯免擁社 免喪服擁社抱社主示服也 使其衆男女別而纍以待於朝 纍自囚係以待命 子展執
縶而見 見陳侯 再拜稽首承飲而進獻 承飲奉觴示不失臣敬 子
美人數俘而出 子美子產也但數其所獲人數不將以歸 祝祓社司徒致
民司馬致節司空致地乃還 祓除也節兵符陳亂故正其衆官脩其所職以安定之乃還也

漢衛青武帝時爲大將軍出征匈奴右將軍蘇建盡
亡其軍獨以身得亡去自歸青青問其罪正閎長史
安議郎周霸等 正軍正也閎名也六軍都官長史一人也 建當云何 謂處斷其罪法何至也 霸曰自大將軍出未嘗斬裨將今建棄軍可
斬以明將軍之威閎安曰不然兵法小敵之堅大敵
之禽也 言衆寡敵以其堅戰無有退心故士卒喪盡也一說若建恥敗而不自歸則亦被匈奴禽之而去 今建以數千當單于數萬力戰一日餘士皆不
敢有二心自歸而斬之是示後無反意也不當斬青
曰青幸得以肺腑 肺腑謂親戚也 待罪行間不患無威而霸
說我以明威甚失臣意且使臣職雖當斬將以臣之
尊寵而不敢自擅專誅於境外其歸天子天子自裁
之於以風爲人臣不敢專權不亦可乎 風讀曰諷 軍吏皆

曰善遂囚建行在所

後漢鄧禹爲大司徒光武遣禹引兵西入關以乘更
始乘赤眉之亂赤眉西走扶風禹乃南至長安軍昆
明池率諸將齋戒擇吉日脩禮謁祠高廟收十二帝
神主遣使奉詣洛陽因循行園陵爲置吏士奉守焉

蓋延爲虎牙將軍南伐劉永與其將蘇茂戰於沛西
大破之遂定沛楚臨淮脩高祖廟置嗇夫祝宰樂人 東觀記云延因齋戒祠高祖廟

竇融爲涼州牧時光武西征隗囂融率五郡太守及
羌小月氏等步騎數萬輜重五千餘兩與大將軍會

高平第一（高平原州縣高平有第一城）融先還從事問會見儀適（猶言儀注）是時軍旅之世諸將與三公交錯道中或肯使者交私語帝聞融先問禮甚善之以宣告百僚乃置酒高會引見融等待以殊禮

吳凌統吳郡餘杭人爲偏將軍過本縣步入寺門見長史懷三版恭敬盡禮親舊故人恩意甚隆

晉劉弘爲南蠻簡較荊州刺史時總章太樂伶人避亂多至荊州或勸可作樂者弘曰昔劉景升以禮壞樂隳命杜夔爲天子合樂樂成欲庭作之夔曰爲天子合樂而庭作之恐非將軍本意吾嘗爲之歎息今

主上蒙塵吾未能展効臣節雖有家伎猶不宜聽況御樂哉乃下郡縣使安慰之須朝廷旋返送還本署

桓溫爲征討大都督師次伊水大敗姚襄襄奔平陽溫屯故太極殿前徙入金墉城謁先帝諸陵皆繕復之兼置陵令

劉毅初爲青州刺史桓弘中兵參軍丁憂在家及義旗初興遂墨絰從事桓弘平以毅爲撫軍將軍軍役漸寧上表乞還京口以終喪禮曰弘道爲國者理盡於仁孝訴窮歸天者莫甚於喪親但臣凡庸本無感槩不能隕越故其宜爾往年國難滔天故志竭愚忠覘然苟存去春鑾駕廻轍而狂狡未滅雖姦凶時梟餘燼竄伏威懷寡方文武勞弊微情未申顧影悲憤今皇威遐肅海內清蕩臣窮毒艱穢亦已具於聖聽兼羸患滋甚衆疾互動如今寢頓無復人理臣之情也本不甘生語其事也亦可以沒乞賜餘骸終其丘墳庶幾忠孝之道獲宥於聖世不許

張梁興世爲雍州刺史左衛將軍興世父仲子孫興世致位給事中興世欲將往襄陽愛鄉里不肯去嘗謂興世曰我雖田舍老翁樂聞鼓角汝可送一部行田時欲吹之興世素恭謹畏法譬之曰此是天子鼓

角非田舍所吹

北齊王琳初仕後梁爲廣州刺史梁元帝爲魏圍逼乃徵琳赴援除湘州刺史琳師次長沙知魏平江陵以立梁王詧乃爲梁元帝舉哀三軍縞素

高季式東魏武定中除侍中尋加冀州大中正時文襄先爲此任啓以廻授爲都督

隋周羅睺初爲陳散騎常侍隋師南伐都督巴峽緣江諸軍事以拒隋師遇丹陽陷陳主被擒上江猶不下晉王遣陳主手書命之羅睺爲諸將泣三日然後降其年秋拜儀同三司鼓吹羽儀送之於宅後陳主

卒羅睺請一臨哭帝許之縗絰送至墓所葬還釋服而後入朝帝甚嘉尚世論稱其有禮

高熲爲左領軍大將軍開皇二年長孫覽元景山等伐陳熲領節度諸軍會陳宣帝薨熲以禮不伐喪奏請班師

唐侯君集討高昌師至柳谷候騎言麴文泰死尅日將葬國人咸集以輕騎襲之可有大利亞將姜行本等咸以爲然君集曰不可天子以高昌怠慢使吾恭行天誅乃於墟墓之間以襲其葬非問罪之師也

李芃爲河陽節度與馬燧等圍田悅於魏州悅將符璘以精騎五百夜降芃開營以納之明日歸璘於招討使

李晟爲中書令西平郡王妻卒詔以晟子愿仮前爲太子賓客前衛尉少卿怤音付爲詔王傅居喪既大祥而除官晟以二子未禫訪於諸相趙退翁陸贄謂曰故事有大祥服闋授官者終禫而後朝請晟奏行之

李自良爲河東軍都將從節度使馬燧入朝燧罷兵權德宗欲以自良代燧自良懇辭事燧久不欲代爲軍帥物議多之

李愬爲唐鄧節度使初平蔡州裴度先遣宣慰副使馬總入蔡州安諭軍衆明日度建章義軍節擁降卒萬餘人次入爲愬具櫜鞬候度馬首度將避之愬曰淮西阻命五十年一方之人不識上下等威之分久矣請公因以示之度以宰相禮愬迎謁衆皆聳觀

王鍔拜兵部尚書充淮南節度副大使時節度使杜佑屢請代鍔始見佑以趨拜悅佑退坐司馬廳事數日詔追佑以鍔代之

曹華爲義成節度使華雖出自戎行而動必中禮尤重士大夫未嘗以富貴驕人

柳公綽爲山南東道節度使牛僧儒罷相鎭江夏公

綽具戎容於郵舍候之軍吏曰以漢上地高於鄂禮太過公綽曰奇章纔離台席方鎭重宰相是尊朝廷也竟以戎容見

梁謝彥章官至許州節度使將畧之外好優禮儒士與晉人對軍於河上嘗褒衣博帶動皆由禮或臨敵御衆則肅然有上將之威

劉鄩初爲青州王師範行軍司馬昭宗幸鳳翔太祖率西鎭之師奉迎於岐下師範乘虛襲取太祖管內州郡令鄩以偏師陷兖州太祖命大將葛從周攻之師範兵力漸窘從周以禍福諭鄩俾之單面鄩報曰

侯青州本使歸降即以城池還納師範告降從周即出城聽令鄩既降從周具行裝服馬請鄩歸大梁鄩日未受梁王捨釋之旨乘肥衣裘非敢聞命即素服跨驢而發及將謁見太祖令賜官帶鄩曰累囚負罪請就縶而入太祖不許及見慰撫移時且飲之酒鄩以量小告太祖曰取兖州量何大耶鄩授元從都押牙

後唐馬全節始爲鄴都留守以元城是桑梓之邑具白襴詣縣庭謁拜縣令沈邁邁逡巡避之不敢當禮全節曰父母之鄉自合致敬勿讓之也州里咸以爲

榮

晉史翰爲義成軍節度使性剛毅有沉謀御軍嚴整而推恩信於士伍接下以禮與部曲語未嘗不稱名

周英爲成德軍節度使性沉厚謙恭有禮雖衽金之際接對賓客亦未嘗造次將帥之中如者鮮矣

册府元龜

冊府元龜

巡按福建監察御史臣李嗣京　訂正
知甌寧縣事臣孫以敬　參閱
知建陽縣事臣黃國琦較釋

將帥部　三百八十九

請行

傳曰軍旅不辭難蓋食焉無避賢者之節秉時奮庸壯夫猶尚天漢以來義勇之士或内司戎政或外爲邦翰値戎夷之不謐因姦宄之肆慝朝議致討是先擇帥及其詢衆挺然請行精忠感發稜威抗邁鷹揚

虎怒霆擊猋厲賈興師之勇増啓行之氣固足以襲不軌而摧猛敵激雄圖而揚茂烈扶義以往何征不克斯良將之英槩人臣之令範者歟

漢樊噲爲上將軍孝惠時單于嘗爲書嫚呂太后太后怒召諸將議之噲曰臣願得十萬衆横行匈奴中

李廣爲郎中令元狩四年大將軍衛青大擊匈奴廣數自請行帝以老不許良久乃許之以爲前將軍

韓千秋郟人武帝時爲齊北相會南粤王及王太后附漢獨其相呂嘉爲亂帝使莊參以二千人往參曰以好往數人足矣武往二千人亡足以爲也辭不可天子罷兵千秋奮曰以區區粤又有王應獨相嘉爲害大願得勇士三百人必斬嘉以報於是天子遣千秋與王太后弟摎樂將二千人往

楊僕爲樓船將軍元鼎五年擊南粤閩粤持兩端及漢破番禺僕上書願請引兵擊東粤帝以士卒勞倦不許罷兵令諸較留屯豫章梅領待命（聽詔命也）

李陵爲騎都尉屯張掖天漢二年貳師出酒泉擊賢王於天右山召陵欲使爲貳師將輜重陵召見武臺（未央官有武帝殿）叩頭自請曰臣所將屯邊者皆荆楚勇士奇材劔客也力扼虎射命中願得自當一隊到蘭干

出南以分單于兵毋令專鄉貳師軍帝曰將惡相屬邪吾發軍多毋騎予女陵對無所事騎（猶言不事須騎也）臣願以少擊衆步卒五千人涉單于庭帝壯而許之

趙充國爲後將軍神爵元年先零諸羌背叛充國年七十餘帝老之使御史大夫丙吉問誰可將者充國對曰無踰於老臣者矣帝遣問焉曰將軍度羌虜何如當用幾人（度計也）充國曰百聞不如一見兵難踰度（踰遥也三輔言也）臣願馳至金城圖上方畧（圖其地形并攻討方畧俱奏上也）然羌戎小夷逆天背叛滅亡不久願陛下以屬老臣勿以爲憂帝曰諾

後漢賈復爲執金吾建武二年更始郾王尹尊及諸大將在南方未降者尚多帝召諸將議兵事未有言沈吟久之乃以檄叩地曰郾最彊宛爲次誰當擊之復率然對曰臣請擊郾帝笑曰執金吾擊郾吾復何憂

張宗爲偏將軍從鄧禹西征禹軍到郇邑赤眉大衆且至禹以郇邑不足守欲引師進就堅城而衆人多畏賊追憚爲後拒禹乃書諸將名於竹簡署其前後亂着笥中令各探之宗獨不肯探曰死生有命張宗豈辭難就逸乎禹歎息謂曰將軍有親弱在營奈何

不顧宗曰愚聞一卒畢力百人不當萬夫致死可以橫行宗今擁兵數千以承大威何遽其必敗乎遂留爲後拒

陳俊爲琅琊太守行大將軍事數上書自請願奮擊隴蜀詔報曰陳州新平大將軍之功也負海猾夏盜賊之處國家以爲重憂且勉鎮撫之

耿弇爲建威大將軍從幸舂陵因見自請北收上谷兵未發者定彭寵於漁陽取張豐於涿郡還收富平獲索東攻張步以平齊地帝壯其意乃許之

馬援爲虎賁中郎將建武二十年擊交阯徼側還謂平陵人孟冀曰方今匈奴烏桓尚擾北邊欲自請擊之男兒要當死於邊野以馬革裹屍還葬耳何能臥牀上在兒女手中耶月餘會匈奴烏桓寇扶風援以三輔侵擾園陵危逼因請行許之自九月至京師十二月復出屯襄國詔百官祖道二十四年武威將軍劉尚擊武陵五溪蠻夷深入軍沒援因復請行時年六十二帝愍其老未許之援自請曰臣尚能披甲上馬帝令試之援據鞍顧盼以示可用帝笑曰矍鑠哉是翁也（矍鑠東觀記作矆䂂是翁）遂遣援率中郎將馬武耿舒劉

康孫永等將十二郡募士及弛刑四萬餘人征五溪

班超爲軍司馬建初三年超率疏勒康居于寘拘彌兵一萬人攻姑墨石城破之斬首七百級超欲因此巨平諸國乃上疏請兵曰臣竊見先帝欲開西域故北擊匈奴西使外國鄯善于寘卽時向化今拘彌莎車疏勒月氏烏孫康居復願歸附欲共力破滅龜茲平通漢道若得龜茲則西域未服者百分之一耳臣伏自惟念卒伍小吏實願從谷吉効命絕域庶幾張騫棄身曠野昔魏絳列國大夫尚能和輯諸戎況臣奉大漢之威而無鉛刀一割之用乎前議皆曰取三十六國號爲斷匈奴右臂今西域諸國自日之所入

莫不向化大小欣欣貢奉不絶唯焉耆龜茲獨未服從臣前與官屬三十六人奉使絶域備遭難戹自孤守疏勒於今五載胡夷情數臣頗識之問其城郭小大皆言倚漢與依天等以是効之則葱嶺可通葱嶺通則龜茲可伐今宜拜龜茲侍子白霸爲其國王以步騎數百送之與諸國連兵歲月之閒龜茲可擒以夷狄攻夷狄計之善者也臣見莎車疏勒田地肥廣草木饒衍不比燉煌鄯善間也兵可不費中國而糧食自足且姑墨温宿二王特爲龜茲所置旣非其種更相厭苦其勢必有降反若二國來降則龜茲自破

願下臣章參考行事誠有萬分死復何恨臣超區區特蒙神靈竊冀未便僵仆目見西域平定陛下擧萬年之觴薦勳祖廟布大喜於天下書奏知其功可成議欲給兵平陵人徐幹素與超同志上疏願奮身佐超五年遂以幹爲假司馬將弛刑及義從千人就超

耿秉爲執金吾章和二年北虜大亂南單于上言願發國中及諸部故胡新降精兵因聖威神一擧平定大后以示秉秉上言昔武帝殫極天下欲以虜匈奴未遇天時事遂無成宣帝之世會呼韓來降故邊人獲安中外爲一生人休息六十餘年及王莽簒位變更其號耗擾不止單于乃畔光武受命復懷納之緣邊壞郡得以還復烏桓鮮卑咸脅歸義威鎭四夷其效如此今幸遭天受北虜分爭以夷而伐夷國家之利宜可聽許秉因自陳受恩分當出命効用太后從之

竇憲爲侍中和帝初都鄉侯暢來弔國憂憲遣刺客殺暢事發覺懼誅自求擊匈奴以贖死會南單于請兵北伐乃拜憲車騎將軍以執金吾耿秉爲副發北軍五校黎陽雍營緣邊十二郡騎士及羌胡兵出塞

馬融爲武都太守時西羌叛征西將軍馬賢與護羌

校尉胡疇征之而稽久不進融知其將敗上疏乞自効曰今雜種諸羌轉相鈔盜宜及其未並遣深入破其支黨而馬賢等處處留滯羌胡百里望塵千里聽聲今逃匿避回漏出其後則必侵寇三輔爲民大害臣願請賢所不可用關東兵五千裁假部隊之號盡力率厲埋根行首以先吏士三旬之中必克破之臣少習學藝不更武職猥陳此言必受誣罔之辜昔毛遂厮養爲衆所蚩終以一言克定從要臣懼賢等專守一城言攻於西而羌出於東且其將士必有高克潰叛之變朝廷不能用

皇甫規爲太山太守延熹四年秋叛羌零吾等與先零别種寇鈔關中護羌校尉段紀明坐徵後先零諸種陸梁覆没營塢規素悉羌事志自奮効乃上疏曰自臣受任志竭愚鈍實賴兖州刺史牽顥之清猛中郎將宗資之信義得承節度幸無咎譽今猾賊滅太山畧平復聞群羌並皆反逆臣生長邠岐年五十有九昔爲郡吏再更叛羌預籌其事有誤中之言臣素有固疾恐犬馬齒窮不報大恩願乞冗官備單車一介之使勞來三輔宣國威澤以所習地形兵勢佐助諸軍臣窮居孤危之中坐觀郡將已數十年矣自鳥

鼠至於東岱其病一也力求猛敵不如清平勤明吳孫未若奉法前變未遠臣誠戚之是以越職盡其區區至冬羌遂大合朝廷爲憂三公舉規爲中郎將持節監關西兵討零吾等破之降者十萬餘人

魏于禁爲平虜將軍將太祖初征袁紹紹兵盛禁願爲先登太祖壯之乃遣步騎二千人使禁守延津以拒紹

蜀李爲别駕從事章武元年來降都督鄧方卒先主問恢誰可代者恢對曰人之才能各有長短故孔子曰其使人也器之且夫明主在上則臣下盡情是以西零之役趙充國曰莫若老臣臣竊不自量惟陛下察之先主笑曰孤之本意亦已在卿矣遂以恢爲庲降都督使持節領交州刺史住平夷縣

張嶷爲盪寇將軍魏狄道長李簡密書請降衛將軍姜維率嶷等因簡之資以出隴西嶷初自越巂至成都風濕固疾扶杖然後能起衆議狐疑嶷曰必然姜維之出時論以嶷初還股疾不能在行中繇是嶷自乞肆力中原致身敵庭臨發辭後主曰臣值聖明受恩過量加以疾病在身常恐一朝隕没辜負榮遇天不違願得預戎事若涼州克定臣爲藩表守將若有

未捷殺身以報後主慨然爲之流涕既到狄道與魏將徐質交鋒嶷臨陣殞身

吳周瑜爲中護將軍曹公入荆州劉琮舉衆降曹公得其水軍船步兵數十萬將士聞之皆恐權延見群下問以計策議者咸曰曹公豺虎也然託名漢相挾天子以征四方動以朝廷爲辭今日拒之事更不順且將軍大勢可以拒操者長江也今操得荆州奄有其地劉表治水軍蒙衝鬭艦乃以千數操悉浮以沿江兼有步兵水陸俱下此爲長江之險已與我共之矣而勢力衆寡又不可論愚謂大計不如迎之瑜曰

不然操雖託名漢相其實漢賊也將軍以神武雄才兼仗父兄之烈割據江東地方數千里兵精足用英雄樂業尚當橫行天下爲漢家除殘去穢況操自送死而可迎之耶請爲將軍籌之今使北土已安操無內憂能曠日持久來爭疆場又能與我較勝負於船楫可乎今北土旣未平安加以馬超韓遂尚在關西爲操後患且舍鞍馬杖舟楫與吳越爭衡本非中國所長又盛寒馬無藳草驅中國士衆遠涉江湖之間不習水土必生疾病此數事者用兵之患也操皆冒行之將軍禽操宜在今日瑜請得精兵三萬人進往

夏口保爲將軍破之權曰老賊欲廢漢自立久矣徒忌二袁呂布劉表與孤耳今數雄已滅惟孤尚存孤與老賊勢不兩立君言當擊甚與孤合此天以君授孤也遂破曹公於赤壁後瑜屯據江陵是時劉璋爲益州牧外有張魯寇侵瑜乃詣京見權曰今曹操新折衂方憂在腹心未能與將軍連兵相事也乞與奮威俱進取蜀得而并張魯因留奮威固守其地好與馬超結援瑜還與將軍據襄陽以蹙操北方可圖也權許之瑜還江陵爲行裝而道於巴丘病卒

晋馬隆爲司馬督會涼州刺史楊欣爲虜所沒河西斷絕武帝每有西顧之憂臨朝而歎曰誰能爲我討北虜通涼州者乎朝臣莫對隆進曰陛下若能任臣臣能平之帝曰必能滅賊何爲不任顧卿方畧何如耳隆曰陛下若能任臣當聽臣自任帝曰云何隆曰臣請募勇士三千人無問所從率之鼓行而西禀陛下威德醜虜何足滅哉帝許之乃以隆爲武威太守公卿僉曰六軍旣衆州郡兵多但當用之不宜橫設賞募以亂常典隆小將妄說不可從也帝弗納隆募限要引弩三十六鈞弓四鈞立標簡試自旦至中得三千五百人隆曰足矣因請自至武庫選杖武庫令

與隆忿爭御史中丞奏劾隆隆曰臣當亡命戰場以報所授武庫令乃以魏時朽杖見給不可復用非陛下使臣滅賊意也帝從之又給其三年軍資隆於是西渡溫水虜樹機等以衆萬計或乘險以遏隆前或設伏以截隆後隆依八陣圖作偏箱車地廣則鹿角車營路狹則爲木屋施於車上且戰且前弓矢所及應弦而倒奇謀間發出敵不意或夾道累磁石賊負鐵鎧行不得前隆卒悉被犀甲無所留礙咸以爲神轉戰千里殺傷以千數自隆之西音問斷絕朝廷憂之或謂已沒後隆使夜到帝撫掌歡笑詰朝召羣臣

謂曰若從諸卿言是無秦涼也詔曰隆以偏師寡衆奮不顧難冒險能濟其假節宣威將軍加赤幢曲蓋鼓吹隆到武威虜大王捽跋韓且萬寧能等率萬餘落歸降前後誅殺及降附者以萬計又率善戎沒骨能等與樹機能大戰斬之涼州遂平

杜預爲都督荆州諸軍事至鎮處分既定乃啓請伐吳之期武帝待報明年方欲大舉預表陳至計曰自閏月以來賊但勑嚴下無兵上以理勢推之賊之窮計力不兩完必先認上流勤保夏口已東以延視息無縁多兵西上空其國都而陛下過聽便用委棄大

計縱敵患生此誠國之遠圖使舉而有敗勿舉可也事爲之制務從完牢若或有成則開太平之基不成不過費損日月之間何惜而不一試之若當須後年天時人事不得如常臣恐其更難也陛下須宿議分命臣等隨界分進其所禁待東西同符萬安之舉未有傾敗之慮臣心實不敢以曖昧之見自取後累惟陛下察之預旬月之中又上表曰羊祜與朝臣多不同不先博畫而密與陛下共施此計故益令多異凡事當以利害相較今此舉十有八九利其一二止於無功耳其言破敗之形亦不可得眞是計不出已功不在身各恥其前言故守之也自頃朝廷事無大小異意蜂起雖人心不同亦由恃恩不慮後難故輕相同異也昔漢宣帝議趙充國所上事効之後詰責諸議者皆叩頭而謝以塞異端也自秋已來討賊之形頗露若今中止孫晧怖而生計或徙都武昌更完脩江南諸城遠其居人城不可攻野無所掠積大船於夏口則明年之計或無所及時帝與中書令張華圍棊而預表適至華推枰斂手曰陛下聖明神武朝野清晏國富兵强號令如一吳主荒淫驕虐誅殺賢能當今討之可不勞而定帝乃許之

王濬在益州朝議咸諫伐吳濬乃上書曰臣數參訪吳楚同異孫晧荒淫凶逆荆揚賢愚無不嗟怨且觀時運宜速征伐若失今不伐天變難預令晧卒死更立賢主文武各得其所則强敵也臣作船七年日有朽敗又臣年七十死亡無日三者一乖則難圖也臣願陛下無失事機武帝深納焉賈充荀勗陳諫以爲不可唯張華固勸又預表請帝乃發詔分命諸方節度濬於是統兵

祖逖元帝爲瑯琊王時與軍諮祭酒時帝拓定江南未遑北伐祖逖進說曰晉室之亂非上無道而下怨

叛也由藩王爭權自相誅滅遂使戎狄乘隙毒流中原今遺黎既被殘酷人有奮擊之志大王誠能發威命將使若逖等爲之統主則郡國豪傑必因風嚮赴沉溺之事欣於來蘇庶幾國恥可雪願大王圖之帝乃以逖爲奮威將軍豫州刺史給千人廩布三千疋不給鎧仗使自招募仍將本流徙部曲百餘家渡江

毛寶爲廬江太守蘇峻作逆祖約遣祖璵桓撫等欲襲湓口陶侃將自擊之寶曰義軍恃公公不可動寶請討之侃顧謂坐客曰此年少言可用也乃使寶行

庾亮鎮武昌時石勒新死亮有開復中原之謀乃解

豫州授輔國將軍毛寶使與西陽太守樊俊精兵一萬但戍邾城又以陶稱爲南中郎將江夏相率部曲五千人入沔中亮弟翼爲南蠻校尉南郡太守鎮江陵以武昌太守陳囂爲輔國將軍梁州刺史趣子午又遣偏軍伐蜀至江陽執僞荊州刺史李閎巴郡太守黄植送于京都亮當大衆十萬據石城爲諸軍聲援乃上疏曰蜀胡二寇凶虐滋甚內相誅鋤衆叛親離蜀甚弱而胡尚强並佃並守脩進取之備襄陽北接宛許南阻漢水其險足固其土足食臣宜移鎮襄陽之石城下并遣諸軍布江沔比及數年戎事習練乘隙齊進以臨河大勢一舉衆知存亡開反善之路宥逼脅之罪因天時順人情誅逋逆雪大恥實聖王之所先務也願陛下許其所陳濟其所舉淮泗壽陽所宜進據臣輒簡練部分乞槐棘參議以定經畧帝下其議時王導與亮意同郗鑒議其資用未備不可大舉亮又上疏便欲遷鎮寇陷邾城毛寶赴水而死亮陳謝自貶三等行安西將軍有詔復位

桓冲爲車騎將軍都督豫江二州之六郡軍事自京口遷鎮姑孰既而符堅涼州冲遣宣城內史朱序豫州刺史桓伊率衆向壽陽淮南太守劉波汎舟淮泗

乘虚致討以救涼州乃表曰氐賊自并東湖醜類實繁而蜀漢寡弱西涼無備斯誠暴興疾顛祗速其亡然而天未勦絶屢爲國患臣聞勝於無形功立事表伐謀之道兵之上畧況此賊陸梁終必越逸北狄陵縱嘗在秋冬今日月迅邁高風行起臣輒較量幾句守衛重複又淮泗通流長江如海荆楚偏遠密邇寇讎方城漢水無天險之實而過備之重勢在西門臣雖凡庸識乏武畧然猥荷重任恩在投袂請率所統徑進南郡與征西將軍臣豁參同謀猷賊若果驅犬羊送死沔漢庶仰憑正順因致人利一舉乘風掃清

氛祲不復重勞王師有事三秦則先帝盛業永隆於
盛世宣武遺志無恨於在昔如其儻俾皇威闕闕計
屆則觀兵伺釁更議進取振旅旋旆遲速唯宜伏願
陛下覽臣所陳特垂聽許詔答曰醜類違天比年縱
肆梁益不守河西傾喪每惟宇內未一憤歎盈懷將
軍經略深長思算重複忠國之誠形于義旨覽省未
周以慼以慨寇雖乘間竊利而以無道臨之黷武窮
兇虐用其衆滅亡之期勢何得乂然備預不虞軍之
善政輒詢于群后敬從高算想與征西協參令圖嘉
謀遠猷動靜以聞會張天錫陷沒於是罷兵

宋宗慤南陽人隨江夏王義恭鎮廣陵元嘉二十二
年伐林邑慤自奮請行江夏王義恭舉慤有膽勇乃
除震武將軍爲西安參軍蕭景憲軍副隨交州刺史
檀和之圍區粟城林邑遣將救區粟和之遣慤慤乃
進討破之遂尅林邑後爲豫州刺史監五州軍事大
明三年竟陵王誕據廣陵反慤表求赴討乘驛詣都
面受節度帝停輿慰免慤聳躍數十左右顧盼帝壯
之乃行隸車騎大將軍沈慶之初誕誑其衆云宗慤
助我及慤至躍馬繞城呼曰我宗慤也事平入爲左
衛將軍

孟孫祖爲殿中將軍大明二年後魏侵青冀世祖遣
軍援之孫祖自占求行

王玄謨元嘉中補長沙王義欣鎮軍中兵將軍領汝
陰太守時虜攻陷滑臺執朱脩之以歸玄謨上疏曰
王途始開隨復淪塞非惟天時抑亦人事虎牢滑臺
豈惟將之不良抑亦本之不固皆繇民憚遠役臣請
以西陽之魯陽襄之南鄉發甲卒分爲兩道直趣滑
瀍征士無遠徭之患吏士有屢休之歌若欲以東國
之衆經營牢維道途既遠獨克實難玄謨陳說使侵
之策文帝謂殷景仁曰聞王玄謨陳說使人有封狼

居胥意

吳喜爲殿中侍御史太宗初即位時四方反叛東兵
尤急喜請得精兵三百致死於東帝大悅即假建將
軍簡羽林勇士配之議者以喜刀筆主者不當爲將
不可遣中書舍人巢尚之曰喜昔隨沈慶之屢經軍
旅性既勇決又習戰陣若能任之必有成績諸人紛
口皆是不別才爾

南齊劉善明爲宋輔國將軍西海太守行青冀二州
刺史至鎮表請北伐朝議不同

後魏晁暉爲齊州刺史假寧東將軍潁川公宋平東

鄰徙戍近境聊上表求擊之文成不許羅乃爲書以大義責之

刁雍孝文泰常中爲鎮東將軍助叔孫建攻青州是時攻東陽平其北城三十許步宋青州刺史竺夔於城内鑿池道南下入淄水淵以爲退路雍謂建曰此城已平宜時入取不者走盡建懼傷兵士艱之雍曰若懼傷官兵者雍今請將義兵先入建不聽夔欲東走會宋遣其將檀道濟等救青州雍謂建曰賊畏官軍突騎以鏁連車爲函陣大峴已南處處狹隘不得方軌雍求將義兵五千要險破之建不聽曰兵人不

宜水土疫病過半若相持不休兵自死盡何須復戰今不損大軍安全而返計之上也建乃引還雍遂鎮尹卯固

韋珍孝文時爲北陽鎮將車駕南討珍上便宜并自陳在邊歲久悉其要害願爲前驅詔珍爲隴西公源懷衛大將軍府長史高聰爲太府少卿兼太子左率聰以將用自許孝文鋭意南討專訪王肅以軍事聰託肅願以偏裨自効肅言之於孝文故假聰輔國將軍統兵二千與劉藻傅永成道益任莫問俱受肅節度同援渦陽

董紹爲右將軍雍州刺史蕭寶寅之反於長安也紹上書求擊之云臣當出瞎巴三千生啖蜀子孝文謂黄門徐紇曰此巴真瞎也紇曰若此是紹之壯辭云巴人勁勇見敵無所畏懼非實瞎也帝大笑敕紹速行

任城王澄子嵩宣武初爲平南將軍荆州刺史嵩表曰蕭寶卷骨肉相殘忠良先戮臣下囂然莫不離背君臣携二干戈日尋流聞寶卷雍州刺史蕭衍兄懿於建業阻兵與寶卷相持荆郢二州刺史並是寶卷之兵必有圖衍之志臣若連書相聞迎其本謀冀獲

同心并力除平衍之後必旋師赴救丹陽當不能侵經營疆陲全固襄沔臣之軍威已得臨據則沔陽之地可一舉而救緣漢耀兵示以威德思歸有道者則引而納之受疑告危者則援而接之總兵竚鋭觀釁伺隙若其零落之形已彰解息之勢已著便可順流摧鋒長驅席卷詔曰所陳嘉謀深是良計如當機形可進任將軍裁之既而梁武尋克建業乃止

中山王英宣武即位行徐州南齊遣將陳伯之寇淮土詔英爲鎮南將軍率衆討之英未至賊已退詔英行陽州英還京師上表曰臣聞取亂侮亡有國之常

道陳師鞠旅因機而致發竊以區區寶卷罔顧天常憑恃山河敢抗中國今妖逆數立驕縱日甚威侮五行怠棄三正淫刑以逞虐害無辜其雍州刺史蕭衍東伐秣陵掃土興兵順流而下唯有孤城更無重衛此則皇天授我之日曠載一逢之秋事易走丸理同拾芥此而不乘將欲何待臣乞躬率步騎二萬直指沔陰據襄陽之城斷黑水之路昏虐君臣自相魚肉我居上流威鎮遐邇長驅南出進扶江陵其路既近不盈五百則三楚之地一朝可收岷蜀之道自成斷絶又命楊徐二州聲言俱舉緣江焚毁靡使有遺建業

窮蹙魚遊釜内士治之師再興孫皓之縛重至齊文執而大同混天下而爲一伏惟陛下暫闢旒纊少垂聽覽獨決聖心無取疑議此期脱爽并吞未日事寢不報英又奏曰臣聞乘虚討弱事在速舉因危攻昧擒捉可期今寶卷亂常骨肉相賊蕃戎鼎立莫知所歸義陽孤絶密邇天境外靡糧援之期内無兵儲之固此乃臨焚之鳥不可去薪授首之寇何容緩斧若此行有果則取江右之地爲經畧之基如脱否也非直後舉難圖亦或居安生疾今豫州刺史司馬悦已戒嚴垂邁而東豫州刺史田益宗方擬守三關請遣軍司爲之節度

尉多侯少有武幹獻文時爲假節征西將軍領護羌戎校尉燉煌鎮上表求率輕騎五千西入于闐兼平諸國因敵取資平定爲効弗許後又上疏求非取伊吾斷蠕蠕通西域之路孝文善其計以東作方興難之

賀拔勝孝明正光末從其父度拔鎮武川爲賊所陷南較泗州爲爾朱榮所得遂委質事榮時杜雒周阻兵幽定葛榮據有冀瀛榮謂勝曰井陘險要我之東門意欲屈君鎮之未知君意何如勝曰少逢兵亂險

阻備嘗每思効力以報知己今蒙驅策實所願也榮乃表勝爲鎮遠將軍領步騎五千鎮井陘後從榮入雒以定策立孝莊帝功累遷撫軍元顥入雒陽孝莊出居河内榮徵勝爲前與爾朱兆大破顥軍遂前驅入較拜武衛

李苗爲寇軍將軍西南道慰勞大使未發會救爾朱榮榮從弟世隆擁榮部曲屯據河南橋還逼都邑孝莊親幸大夏門集群臣博議百僚恇懼計無所出苗獨奮衣而起曰今小賊唐突如此朝廷有不測之危正是忠臣烈士効節之日臣雖不武竊所庶幾請以

一旅之衆爲陛下徑斷河梁城陽王徽中尉高道穆讃成其計莊帝壯而許焉苗乃募人與馬詣上流以舟師夜下去橋數里便放火船河流既決倏忽而至賊於南岸望見火下相蹙爭橋俄然橋絶没水死者甚衆苗身率士卒百許人泊於小渚以待南援既而官軍不至賊乃涉水與苗死鬬衆寡不敵左右死盡苗浮河而没

北齊潘樂有膽畧神武出牧晉州引爲鎮城都將後破周師於河陰議欲追之令追者在西不願者東唯樂與劉豊居西神武善之以衆之不行而止

段韶爲冡宰平原郡王後周宇文䕶遣尉遲迥等襲雒陽韶遣蘭陵王長恭大將軍斛律光率衆擊之軍於邙山之下逗留未進文宣召謂曰今欲王赴雒陽之圍但突厥在此復須鎮禦王謂如何韶曰北虜侵邊事等疥癬今西羌闚逼便是膏肓之病請奉詔南行武成曰朕意亦爾仍令詔督精騎一千發自晉陽五日便濟河與大將共量進止

後周陸勝爲武衛將軍既爲太祖所知願立功効不求内職太祖嘉之

韋孝寬沉敏和正涉獵經史弱冠屬蕭寶寅作亂關右乃詣闕請爲軍前驅朝廷喜之即拜統軍隨馮翊公長孫承業西征每戰有功拜國子博士行華山郡事又孝寬爲驃騎大將軍時孝武東伐孝寬自以習練齊人虛實請爲先驅帝以王壁要衝非孝寬無以鎮之乃不拜

趙剛爲利州總管剛以信州濱江負阻乃表請討之詔剛率利沙等十四州兵往經畧焉仍加授渠州刺史剛初至渠帥憚其軍威相次降欵

隋高熲爲高祖相府司録尉迥之起兵也遣子惇率歩騎八萬進屯武陟高祖令韋孝寬擊之軍至河陽

莫敢先進高祖以諸將不一令崔仲方監之仲方辭父在山東時熲又見劉昉鄭譯並無去意遂自請行深合帝旨遂遣熲焉

韋冲初仕後周爲上儀同時猎違屢爲寇亂冲自請安集之因拜汾州刺史

郭衍初仕後周爲車騎大將軍建德中武帝出幸雲陽衍朝於行所時議欲伐齊衍請爲前鋒攻河陰城授儀同大將軍

皇甫績開皇中爲晉州刺史將之官稽首而言曰臣實庸鄙無益於國每思犯難以報國恩今僞陳尚存

以臣度之有三可滅帝問其故續答曰大呑小一也以有道伐無道二也納叛臣蕭巖於我有詞三也陛下若命鷹揚之將臣請預戎行展絲髮之效帝嘉其壯志勞而遣之

楊素開皇中爲御史大夫時帝方圖江表先是素數進取陳之計未幾拜信州總管後爲内史令討江賊李稜等帝以素久勞於外詔令馳傳入朝素以餘賊未殄恐爲後患又自請行乃下詔曰朕憂勞百姓日旰忘食一物失所情深納隍江外狂狡妄構妖逆雖殄經戮民未安堵猶有賊首凶魁逃亡山洞恐其聚

結重擾蒼生内史令素識達古今經謀長遠比曾推轂舊著威名宜任以大兵總爲元帥宣布朝風振揚威武擒翦叛亡慰勞黎庶軍民事務一以委之

吐萬緒爲東平太守煬帝遼東之役請爲先鋒帝嘉之拜左屯衛大將軍率馬步數萬指蓋馬道及班師留鎮懷遠

唐羅士信爲新安道行軍總管武德五年從太宗擊劉闥雒水以城來降王君廓鎮之爲賊所攻君廓知其不可守潰圍而出太宗謂諸將曰誰能代者信士自謂曰願以死守因遣之士信率輕騎直入城賊攻之甚急遇雨雪大軍不得救數日土人引賊而上城遂爲賊所害

李靖爲特進貞觀九年吐谷渾寇邊太宗顧謂侍臣曰得李靖爲帥豈非善也靖乃見房玄齡曰靖雖年老固堪一行太宗大悅即以靖爲西海道行軍大總管統兵部尚書任城王道宗涼州都督李大亮右衛將軍李道彦利州刺史高甑生等三總管征之九年軍次伏俟城吐谷渾燒去野草以餧我師退保大非川諸將咸言春草未生馬已羸瘦不可赴敵唯靖決計而進深入敵境遂踰積石山前後戰十合殺傷甚

衆大破其國吐谷渾衆遂殺其可汗來降靖又立大寧王慕容順而還太宗將伐遼召靖入閤賜坐御前謂曰公南平吳會北清沙漠西定慕容唯東有高麗未服公意如何對曰臣往者憑藉天威薄展微効今殘年朽骨唯擬此行陛下若不棄老臣病其瘳矣太宗愍其羸老不許

張亮爲刑部尚書參預朝政及興高麗之役亮頻諫不納因自請行乃以亮爲滄海道行軍大總管

郭孝恪爲安西都護會焉耆王與西突厥通親相爲脣齒進貢稀至孝恪表請擊之太宗許焉以孝恪爲

西州道行軍總管虜其王酋龍突騎支而還

婁師德上元初爲監察御史屬吐蕃犯塞制募猛士以討之師德抗表請爲猛士高宗大悅特假朝散大夫從軍西討頻有戰功遷殿中侍御史兼河源軍司馬兼知營田事

李晟爲神策先鋒都知兵馬使兼魏府左司馬時王武俊攻趙州晟獻狀請解趙州之圍次引兵趨定州與張孝忠合勢欲圖范陽德宗壯之俾禁軍將軍莫仁擢趙光銑杜秀泚皆隸焉晟自魏州引軍而北徑趨趙州武俊聞之解兵而去

柳公綽爲鄂岳節度元和九年吳元濟據蔡州叛王師討伐詔公綽以鄂岳兵五千隸安州刺史李聽率赴行營公綽曰朝廷以吾儒生不知兵邪即日上奏願自征行許之

李愬爲太子詹事宮苑閑廐使元和十一年冬以討蔡州之師久無成功愬乃抗疏自陳乞帥一旅將殄宼宰臣李逢吉亦以愬可用遂拜左散騎常侍兼鄧州刺史充隨唐鄧等節度觀察等使

裴度爲門下侍郎平章事元和十二年憲宗與宰臣議兵曰王師伐蔡首尾三年雖捷奏頻來寇巢未殄度支供饋其何以濟李逢吉崔群王涯各有奏對多言罷兵爲便惟裴度不言利害奏曰臣請身自行營督戰明日延英復對宰臣俱退帝獨止度謂之曰卿必能爲朕行乎度頓首流涕而奏曰臣誓不與此賊俱全帝亦爲之感動度奏曰賊已力困但以群帥不一故未降爾帝深嘉之遂加度招討使奏曰韓弘已爲都統臣不欲受招討之名但奉使即得乃下詔以度爲彰義軍節度蔡申光觀察等使仍充淮西行營宣慰處置

史敬奉靈武人少事本軍爲衙將元和十四年西戎

頻歲犯邊敬奉白節度使杜叔良請兵三千人備一月糧深入蕃界叔良以二千五百人授之敬奉既行十餘日人莫知其所向皆謂吐蕃盡殺之矣乃繇佗道深入突出蕃衆之後戎人驚潰敬奉率衆大破之殺戮不可勝紀

李遜爲忠武軍節度使長慶元年秋幽鎮繼亂遜首請身先討賊不許但命以兵一萬會于行營遂奉詔即日發兵故先諸君而至繇是進位簡較吏部尚書

李載義爲幽州盧龍等軍節度觀察等使李同捷據滄景以要襲父爵載義上表討同捷以自效帝嘉其

詠懇特加檢較右僕射累破賊軍以功加司空

王智興爲武寧軍節度使太和初李同捷據滄德叛智興上章請躬率士卒討賊從之乃出全師三萬自備五月糧餉朝廷嘉之

高瑀爲忠武軍節度使太和六年二月瑀奏請出全軍討滄州

劉從諫爲昭義軍節度使太和二年五月從諫奏請出全軍討鎮州

楊元卿鎮河陽太和三年七月元卿請奏自領全軍赴魏博即日發赴行營

梁尹皓爲夾馬指揮使開平元年令於山北促生先時并寇屢擾邊州太祖欲擒俘以挫其勢皓首出應召遂獎而遣焉

後唐張全義在梁爲天下副元帥時末帝季年趙張用事以段凝爲北招討使驟居諸將之右全義知其不可遣使啓帝曰老臣受先朝重顧蒙陛下委以副元帥之名臣雖遲暮尚可董軍請付北面兵柄庶分宵旰段凝晚進德未伏人恐人情不和敗亂國政不聽

安重誨爲樞密使長興二年伐蜀明宗以蜀路險阻進兵艱難潼關巳西物價甚賤百姓輓運至利州率一斛不得一蚪謂侍中曰關西勞擾未有成功孰能辨吾事者朕須自行重誨奏曰此臣之責也請行帝許之言訖而辭翌日遂行

劉燧凝爲隰州刺史長興四年燧凝至京帝問所陳密事奏曰臣所部與綏銀二州接境二州漢戶約五千自聞國家攻討夏州皆藏竄山險請除二州刺史各與二三百人爲衙隊令其到郡招撫則不戰而下兩州矣帝問左右其言何如范延光奏曰綏銀戶民朝廷常加撫育緣與部落雜處其心翻覆多端昨聞

安從進初至蘆關蕃酋望風歸附尋加存撫各令放歸及上馬登山未行百部反襲從進騎從七十餘人幾至不濟奈何以刺史矛隊一二百人制彼狡虜遽足爲虜啗也況國家之患正在夏州綏銀自然景附如夏州未拔王師自當退舍何以能守綏銀燧凝之說非也燧凝不能對良久又奏曰臣聞李仁福有二子彝超乃次子也長子彝殷爲夏州留後彝超徵詔赴闕則諸蕃歸心矣臣請以百騎自入夏州延光心知其不可以燧凝恃內助之恩恐并阻其謀則生怨望乃止翌日帝又謂延光曰燧凝之行可乎延光奏

日王師進取之謀計度已定燧凝請立彝殷兼將百騎入夏州事固不可設令虜執吾使一燧凝不足惜所惜朝廷事體也臣等商量不許燧凝輕行乃止

孫鐸爲金州刺史清泰二年鐸聞討太原上表請行不允

周陳思讓爲磁州刺史開運二年思讓上表乞北面征行

周薛懷讓初仕後唐爲申州刺史清泰二年懷讓乞罷郡赴代軍陳力不允廣順元年爲同州節度時方征并寇懷讓上言請行

李筠爲相州節度使廣順元年十一月筠上言乞西征詔褒之

劉詞爲邢州節度廣順元年十二月上言乞西征

唐景思爲鄧州行軍司馬受代歸闕顯德初河東劉崇帥衆來寇世宗親總六師以禦之及陣於高平景思於帝馬前距踊數四且曰願賜臣堅甲壹聰以觀臣之效用帝繇是知其名因以高平陣所得降卒數千署爲効順指揮命景思董之使屯淮上

冊府元龜

巡按福建監察御史臣李嗣京　訂正
新建縣舉人臣戴國士　參閱
知建陽縣事臣黃國琦　較釋

將帥部　三百九十

誓師　警備

誓師

夫戎者國之大事將者人之司命故周官有五戒干車存乎軍禮兵法有三誓交亦所以致志斯蓋申嚴師律重用民命者也三代而下曷嘗去兵乃有奉辭

董衆龔行討伐糾義赴難志蕩凶慝飭桓桓之旅勵逐逐之氣躬秉旄鉞職在旗鼓忠果内激稜威旁驚敦陳成列抗詞出令聲氣慷慨士衆聳勸誠心濤發怒氣兼倍用能摧堅履險而無憚取亂侮亡之必克率和毅勇以集巨伐斯蓋經武之大猷治戎之善志也者傳曰辭之不可以已叉曰動人以行不以言自非由衷激憤精意感厲亦何以致人之死力乎

夏羲和湎淫廢時亂日羲氏世掌天地四時之官自唐虞過差至三職不承大康之後沉湎于酒天時非度廢亂甲乙胤往征之作胤征胤國之君受王命往征之胤征曰奉亂罰罪曰征惟仲康肇位四海羿廢太康而立其弟仲康爲天子胤侯命掌六師仲康命胤侯掌主六師爲大司馬羲和廢厥職酒荒于厥邑舍其職官還上私邑以酒迷亂不脩其業后承王命徂征徂往也就其和邑往征告于衆曰嗟予有衆誓勅之聖有謨訓明徵定保保安也聖人所謨之教訓爲世明徵所以定國安家先王克謹天戒臣人克有常憲言能慎戒臣奉有常法百官修輔厥后惟明明脩職輔君君臣俱明每歲孟春遒人以木鐸徇于路遒人宣令之官木鐸金鈴木舌所以振文教官師相規工執藝事以諫官師衆官更相規闕百工各執其所治技藝以諫失常其或不恭邦有常刑言百官廢職服大刑惟時羲和顛覆厥德顛覆言反倒將陳羲和所犯故先舉孟春之令犯令之誅沉亂于酒畔官離次沉謂醉冥失次位也俶擾天紀遐棄厥司俶始擾亂也紀謂時日司所主

也乃季秋月朔辰弗集于房辰日月所會房所舍之次集合也不合卽日食可知瞽奏鼓嗇夫馳庶人走凡日食天子伐鼓於社責上分瞽樂官樂官進鼓則伐之嗇夫主幣之官馳取幣禮天神庶人走供救日食之百役也羲和尸厥官罔聞知主其官而無聞知于日食之變異所以罪重昏迷于天象以干先王之誅闇錯天象言昏亂之甚于犯也政典曰先時者殺無赦政典夏后爲政之典籍若周官六卿之治典先時謂曆象之法四時節氣弦望晦朔先天時則罪死無赦不及時者殺無赦不及謂曆象後天時雖治其官苟有先後之差則無赦況廢官乎今予以爾有衆奉將天罰行將也奉王命行王誅謂殺湎淫之身立其賢子弟爾衆士同力王室尚弼予欽承天子威命以天子威命督其士衆使用命火炎崑山玉石俱焚山脊曰崗崑山出玉言火逸而害玉天吏逸德烈

于猛火逸過天王之吏爲過惡之德其傷害天下甚于火之害王猛火烈矣又烈于火殲厥渠魁脅從罔治殲滅渠大魁帥也指謂羲和罪人之身其脅其從距王師者無治舊染汙俗咸與維新言其餘人久染汙俗本無惡心皆與更新一無所問嗚呼威克厥愛允濟歎能以威勝所愛則必有成功愛克厥威允罔功以愛勝威無以濟衆信無功其爾衆士懋戒哉言當勉以用命戒以辟戮

太公望從武王東伐以觀諸侯集否師行師尚父左仗黃鉞右把白旄以誓曰蒼兕蒼兕聽爾衆庶與爾舟楫後至者斬遂至盟津諸侯不期而會者八百

晉趙鞅納衛太子于戚八月齊人輸范氏粟鄭子姚子般送之子姚罕達子般駟弘士吉射送之趙鞅禦之遇於戚

陽虎曰吾車少以兵車之旆與罕駟兵車先陳旆先驅車也以先驅車益其兵車以示衆罕駟自後隨而從之既會之簡子誓曰范氏中行氏反易天命不喜君也斬艾百姓欲擅晉國而滅其君寡君恃鄭而討焉今鄭爲不道棄君助臣二三子順天明從君命經德義除詬恥在此行也克敵者上大夫受縣下大夫受郡周書作維篇千里百縣縣有四郡士田十萬十萬畝也庶人工商遂得遂進仕人臣隸圉免去廝役志父無罪君實圖之志父趙簡子之一名也言已事濟君當圖其賞若其有罪絞縊以免絞所以縊人物桐棺三寸不設屬辟屬辟官之重數王四重君再重素車樸馬以載柩無入于兆兆域下卿之罰也爲衆設賞自設罰所以能克敵甲子將戰簡子巡列曰畢萬匹夫也七戰皆獲有馬乘死於牖下畢萬晉獻公卿也皆獲有功死於牖下言得壽終群子勉之死不在寇言有命

後漢齊武王伯升既破甄阜軍乃陳兵誓衆焚積聚破釜甑鼓行而前

吳漢爲大司馬率諸將圍蘇茂於廣樂時劉永將周建救廣樂漢與戰不利墮馬傷膝還宮建等遂使連兵入城諸將謂漢曰大敵在前而公傷臥衆心懼矣漢乃勃然裹創而起椎牛饗士令軍中曰賊衆雖多皆刼掠羣盜勝不相讓敗不相救非有仗節死義者

也今日封侯之秋諸君勉之於是軍士激怒人倍其氣建武十二年漢與諸將伐公孫述漢乘利遂自將步騎二萬餘人進逼成都去城十餘里阻江北爲營作浮橋使副將劉尚將萬餘人屯於江南相去二十餘里述使其將謝豐袁吉將衆十許萬分爲二十餘營并出攻漢使別將萬人刼劉尚令不得相救漢與大戰一日兵敗走入辟豐因圍之漢乃召諸將厲之曰吾共諸君踰越險阻轉戰千里所在斬獲深入敵地至其城下而今與劉尚二處受圍埶既不接其禍難量欲潛師就尚於江南并兵禦之若能同心一力

人自爲戟大功可立如其不然敗必無餘成敗之機在此一舉諸將皆曰諾於是饗士秣馬閉營三日不出乃多樹幡旗使烟火不絕夜銜枚引兵與劉尚合軍豐等不覺明日乃分兵拒水北自將攻江南漢悉兵迎戰自旦至晡遂大破之

傅俊爲積弩將軍禮請邳惲爲將兵長史授以軍政惲乃誓衆曰無掩人不備窮人於戹不得斷人支體裸人形骸放淫婦女

張超爲廣陵太守請郡人臧洪爲功曹董卓圖危社稷洪說超誅滅國賊爲天下唱義超然其言與洪西

至陳留見兄邈計事邈使洪詣兗州刺史劉岱豫州刺史孔伷遂皆相善邈旣先有謀約會超至定議乃與諸牧守大會酸棗設壇場將盟旣而更相辭讓莫敢先登咸共推洪洪乃攝衣升壇操血而盟曰漢室不幸皇綱失墜賊臣董卓乘釁縱害禍加至尊毒流百姓大懼淪喪社稷翦覆四海兗州刺史岱豫州刺史伷陳留太守邈東郡太守瑁橋瑁也廣陵太守超等糾合義兵並赴國難凡我同盟齊心一力以致臣節隕首喪元必無二志有渝此盟俾墜其命無克遺育皇天后土祖宗明靈實皆鑒之洪辭氣慷慨聞其言者無不激揚

晉郗鑒爲大將軍徐州刺史時蘇峻爲亂京師陷沒鑒聞之流涕設壇場刑白馬大誓三軍曰賊臣祖約蘇峻不恭天命不畏王誅凶戾肆逆干國之紀陵汨五常侮弄神器遂制脅幽主拔本塞源殘害忠良禍虐黎庶使天地神祇靡所歸依是以率土怨酷兆庶泣血咸願奉辭討罪以除元惡昔戎狄泯周齊桓糾盟董卓凌漢群后致討義存君親古今一也今主上幽危百姓倒懸忠臣正士志存報國凡我同盟旣盟之後戮力一心以救社稷若二寇不梟義無偷安有

渝此盟神明殛之鑒登場慷慨三軍爭爲用命

前秦王猛爲司徒錄尚書事將兵伐慕容暐旣陷并州暐遣慕容評率四十萬衆以救之乃陣於潞源猛誓衆曰王景畧受國厚恩任兼內外今與諸君深入賊地宜加勉進不可退也願戮力行間以報恩顧受爵明君之朝慶觴父母之室不亦美乎衆皆勇奮破釜棄糧大呼競進

梁王僧辯爲江州刺史侯景僭逆僧辯發自江州直指建業先是陳霸先率衆五萬出自南江僧辯會于白茅洲登壇盟誓共讀盟文皆涙下霑襟辭色慷慨

隋衛玄字文昇爲刑部尚書煬帝幸遼東玄與代王留守京師會楊玄感圍逼東都玄率步騎七萬援之旣度函谷於是遣武賁郎將張峻爲疑軍於南道玄以大兵直趣城北玄感逆拒之且戰且行屯軍金谷於軍中掃地而祭高祖曰刑部尚書京兆内史臣衛文昇敢昭告于高祖文皇帝之靈自皇家啓運三十餘年武功文德漸被海外楊玄感孤負聖恩躬爲蛇豕蜂飛蟻聚犯我王略臣三世受恩一心事主董率熊羆志梟凶逆若社稷靈長宜令醜徒氷碎如或大運去矣幸使老臣先死詞氣抑揚三軍莫不涕咽

唐韋陟爲江南東道採訪使肅宗至德中江東永王擅起兵詔陟爲江東節度使以招喻之陟與淮南節度使高適淮西節度使來瑱等同至安州陟謂適瑱曰今中原未復江淮動揺人心安危實在茲日若不齊盟質信昭示四方令知三帥協心萬里同力則難以集事矣陟推瑱爲地主遂爲載書登壇誓衆曰淮南節度使御史大夫適等銜國威命各鎮方隅糾合三垂翦除凶慝好惡同之無有異志有渝此盟墜命亡族無克生育皇天后土祖宗明神實鑒斯言陟等詞旨慷慨血淚俱下三軍感激莫不隕泣其後江表樹碑以記忠烈

張巨濟爲神策軍使與兵馬使楊惠元鎮奉天德宗初詔移京西戎兵萬二千人以備關東御望春樓親誓師以遣之及賜宴諸將列坐酒至神策將士皆不飲帝使問之惠元對曰臣初發奉天本軍帥張巨濟與臣等約曰斯役也將策大勳建大名凱旋之日當共爲歡苟未戎捷無飲酒故臣等不敢違約而飲旣發有司供饋於道路他軍無孑遺惟惠元一軍瓶罍不發帝稱歎之

李晟興元初爲副帥討朱泚屯兵渭橋帥三軍曰今

國步多艱亂逆繼興鑾車西幸關中無主吾等皆受國恩見危死節臣子之分況當此時不能淸寇孽取富貴非士也渭橋跨大川吾與公等戮力一心擇利而進興復大業建不世之功能從我乎軍士皆泣下曰唯公所命晟亦歔欷流涕

韋臯爲御史大夫隴州刺史奉義軍節度使德宗幸奉天臯遣從父兄平及弁繼入奉天城中聞臯有備士氣增倍臯乃築壇于庭血牲與將士盟曰上天不弔國家多難逆臣乘間盜據皇宮而楚琳亦肆兇徒傾陷城邑酷虐所加爰及本使旣不事主安能恤下

皐是用激心憤氣不遑底寧誓與群公竭誠王室凡我同盟一心竭力仗順除兇祖先之靈必當幽贊言誠則志合義感則心齊粉骨虀軀決無所顧有渝此志明神殛之殆於子孫其罔遺育皇天后土實鑒斯言又使人通於吐蕃以求助朱泚既滅授右金吾衛將軍兼禮部尚書尋遷大將軍

馬遂爲將善誓師將戰親自號令士無不感動戰皆決死未嘗折北

警備

書曰警戒無虞左傳曰不備不虞不可以師蓋古之

善將兵者曷嘗不堅壁深壘整衆敎陣險其走集明其伍候先據要害以占勢勝爲之備豫防乎侵軼以治而待亂以逸而待勞保於未危制於未兆因能摧勁敵集巨伐糾合群志輔成大業守境者克寧其封守備患者無憚乎天癘斯所謂固圉重閉眞古之善敎哉

史駢晉人爲上軍佐秦伯伐晉晉人禦之從秦師於河曲駢曰秦不能久請深壘固軍以待之從之

倚相爲楚左史楚伐吳救之軍行三十里雨十日夜見星倚相謂子期曰（子期公子結也）雨十日甲輯兵聚吳人必至不如備之乃爲陣而吳人至見有備而反

李牧趙人爲邊將嘗居代鴈門備匈奴以便宜置吏市租皆輸入莫府（將軍征行無常處所在爲治故言莫府莫大也）爲士卒費日擊數牛饗士習射騎謹烽火多閒諜厚遇戰士如是數歲亦不亡失

漢郭亭爲連敖從高祖起單父以塞路入漢還定三秦（塞路者主遮塞要路以備敵寇也）

李廣以邊太守將屯及擊胡而廣行無部伍行陣就善水草屯舍止人人自便不擊刁斗自衛莫府省約文書然亦遠斥候未嘗遇害

周亞夫爲車騎將軍景帝時七國反亞夫東擊吳深壁而守使輕騎絕吳楚兵後吳數挑戰終不出頃之吳奔壁東南陬（陬隅也子侯切又音鄒）亞夫使備西北已而精兵果奔西北不得入

後漢杜茂爲車騎大將軍光武建武九年與鴈門太守郭涼擊盧芳將尹白於繁畤（今代州縣也）時盧芳據高柳與匈奴連兵數寇邊民帝患之十二年遣謁者段忠將衆郡弛刑配茂鎭守北邊因發邊卒築亭候脩烽火委輸金帛繒絮供給軍士并賜邊民冠蓋相望茂亦建屯田驢車轉運

岑彭爲征南大將軍南擊秦豐豐與其大將蔡弘拒彭於鄧彭潛兵度沔水擊其將張楊於阿頭山大破之豐救之彭與諸將依東山爲營豐與蔡弘夜攻彭彭豫爲之備出兵逆擊之豐敗走

馬成爲揚武將軍建武十三年屯常山中山以備北邊并領建義大將軍朱祐營又代驃騎杜茂繕治障塞自西河至渭橋上至安邑太原至井陘中山至鄴皆築保壁起烽燧十里一候

郭伋爲漁陽太守時匈奴數抄郡界邊境苦之伋整勑士馬設攻守之畧匈奴畏憚遠跡不敢復入塞民

得安業後以盧芳據北土乃調伋爲并州牧伋知盧芳夙賊難卒以力制常嚴烽候明購賞以結寇心芳將隋昱遂謀脅芳降伋芳乃亡入匈奴

耿秉爲征西將軍副車騎將軍竇憲擊北匈奴秉性勇壯而簡易於事軍行常自被甲在前休止不結營部然遠斥候明要誓有警軍陳立成士卒皆樂爲死

魏夏侯尚爲征南將軍假節督南方諸軍事時孫權雖稱藩尚益修攻討之備後權果有貳心

滿寵爲伏波將軍屯新野大軍南征到精湖寵帥諸軍在前與賊隔水相對寵勑諸將曰今夕風甚猛賊必來燒軍宜爲其備諸軍皆警夜半賊果遣十部伏夜來燒寵掩擊破之進封南鄉侯太和二年領豫州刺史三年春降人稱吳大嚴揚聲詣江北獵孫權欲自出寵度其必襲西陽而爲之備權聞之退還

吳呂據爲越騎校尉大元元年大風江水溢流漸淹城門權使視水獨見據使人取大船以備害權嘉之拜盪魏將軍

孫韶大帝族弟河之子河爲嬀覽所殺韶年十七收河餘衆繕治京城起樓櫓修器備以禦敵權聞亂從椒丘還過定丹陽引軍歸吳夜至京城下營試攻驚

之兵皆乘城傳檄備警歡聲動地頗射外人權使曉喻乃止明日見韶甚器之即拜承烈校尉統河部曲食曲阿丹徒二縣自置長吏一如河舊

孫韶爲鎮北將軍在邊數十年常以警疆埸遠斥候爲務先知動靜而爲之備故鮮有負敗

晉蔡謨爲征北將軍領徐州刺史石季龍於青州造船數百掠緣海諸縣所在殺戮朝廷以爲憂謨遣龍驤將軍徐玄等守中州并設募若得賊大白船者賞布千疋是時謨所統七千餘人所戍東至土山西至江乘鎮守八所城壘凡十一處烽火樓望三十餘處

隨宜防備甚有筭畧
馮弘爲北燕馮跋將馮弟萬泥叛弘與將軍張興計之興謂弘曰賊明日出戰今夜必來驚營宜備不虞弘乃密遣人課草十束齎火伏兵以待之是夜果遣壯士千餘人來斫營衆火俱起伏兵邀擊俘斬無遺
南齊蕭景先爲持節督司州軍士寧朔將軍司州刺史領義陽太守時魏軍出淮泗增司部邊戍兵義陽人謝天蓋與魏相構扇魏尋遣南部尚書頞跋屯汝南雉州刺史昌黎王馮莎屯清丘景先嚴備待敵豫章王又遣寧朔將軍王僧炳前軍將軍王應之龍

將軍莊明三千人屯義陽關外爲聲援魏軍退進號輔國將軍
陳周文育爲智武將軍文帝濟江襲會稽太守張彪得其郡城及帝爲彪所襲文育時頓城北香巖寺帝夜往趨之因共立栅頃之彪又來攻之文育悉力苦戰彪不能尅
後魏于栗磾明元時爲河内鎮將宋武帝之伐姚泓也栗磾慮其北擾遂築壘於河上親自守焉禁防嚴密斥候不通宋師憚之不敢前進
司馬楚之太武時爲散騎常侍車駕伐蠕蠕詔楚之與濟陰公盧中山等督運以繼大軍時鎮北將軍封沓士入蠕蠕說令擊楚之等以絶糧蠕蠕乃遣姦覘入楚之軍截驢耳而去失驢耳者諸將莫能察楚之曰必是覘賊截之以爲驗爾賊將至矣即使軍人伐栁爲城水灌之令凍城立而賊至氷峻城固不可攻逼賊乃走散帝聞而嘉之尋拜假節侍中鎮西大將軍
古弼大武時典南部奏事與劉絜屯五河北以備叛民
盧淵爲京兆王愉徐州長史南徐州刺史沈陵密謀

外叛淵覺其萌漸潛勑諸戍微爲之備屢有表聞朝廷不納陵果殺將佐勒宿預之衆逃叛濱淮諸戍繇備得全
尉元爲寇軍將軍東平太守無鹽戍主申纂詐降元知非誠欵外示容納而密備焉
皮豹子爲仇池鎮將與古弼等討仇池楊難當平之未幾諸氐復反推楊文德爲主以圍仇池古弼率諸軍討平之時豹子次于下辨聞圍解欲還弼遣使謂豹子曰賊恥其負敗必來報復發舉爲難不如陳兵以待之豹子以爲然尋除秦雍荆梁益五州諸軍事

開府佽池鎮將
于烈宣武時爲車騎大將軍太尉咸陽王禧謀反也
武興王楊集始馳於北邙以告時帝從禽於野左右
分散直衛無幾倉卒之際莫知計之所出乃勑烈子
忠馳覘虚實烈時留守已處處有備因忠奏曰臣雖
朽邁心力猶可此等猖狂不足爲慮願緩蹕徐還以
安物望帝聞之甚以慰悅
曹世表爲左軍將軍兼尚書東道行臺沿河分立鎮
戍以備葛榮 葛榮五原叛黨
司馬子如爲爾朱榮司馬軍次高都以建興險阻往

來衝要有後顧之憂以子如行建興太守當郡都督
北齊斛律光後主武平中爲并州刺史率衆築平隴
衛壁統戍等十有三所
後周王思政爲驃騎將軍鎮嘗農思政以王壁地在
險要請築城即自營度移鎮之遷并州刺史仍鎮王
壁於是脩城廓起樓櫓營田農積芻秣凡可以守禦
者皆具焉嘗農之有備自思政始也
宇文測爲大都督行綏州事毎歲河氷合後突厥即
來寇掠先是嘗預遣居民入城堡以避之測至皆令
安堵如舊乃於要路數百處并多積柴仍遠道斥候
知其動靜是年十二月突厥從連谷入寇去界數十
里測命積柴之處一時縱火突厥謂有大軍至懼而
遁走自相蹂踐委棄雜畜及輜重不可勝數測徐率
所部收之分給百姓自是突厥不敢復至測因請置
戍兵以備之
隋高熲爲監軍尉遲迥之起兵也高祖令韋孝寬擊
之熲至軍爲橋於沁水賊欲上流縱大栰熲預爲木
橋以禦之既度焚橋而戰大破之
獨孤楷仁壽初爲原州總管時蜀王秀鎮益州文帝
徵之猶豫未發朝廷恐秀王變拜楷益州總管馳傳

代之秀果有悔色因勒兵爲備秀至興樂去益州四
十餘里將反襲楷密令左右覘所爲知楷不可犯而
止
乞伏慧爲涼州總管先是突厥屢爲寇抄慧於是嚴
警烽燧遠爲斥候虜亦素憚慧名竟不入境
蘇夔爲鴻臚少卿從煬帝幸鴈門爲突厥所圍夔領
城東面事夔爲弩樓車箱戰圈一一而就帝見而善
之以功進位通議大夫
唐劉弘基武德中爲井越將軍會突厥入寇弘基率
步騎一萬自豳州北界東拒子午嶺西接臨涇修営

郭塞副淮安王神通備胡寇於北鄙
薛萬均爲左屯衛將軍從李靖等擊吐谷渾軍次青海與萬徹率軍先路道遇虜於赤海萬均將十數騎擊走之追奔至積石山南道大風折旗拔木萬均謂左右曰虜將至矣宜合爲備俄而虜至萬均直前斬一戚將於是大潰
宇文士及簡較涼州都督時突厥屢爲邊寇士及欲立威以鎮邊服每出入陳兵盛爲容衛
黑齒常之高宗調露二年吐蕃寇河源河西鎮撫大使李敬玄敗績常之爲副使頻有戰功擢爲河源軍

經畧大使詔敬玄留鎮鄯州以爲之援常之始令遠置烽戍開屯田五千餘頃戰守有備
呂諲上元元年爲荆州節度因請於荆州置南郡改州爲江陵府永平軍團練三千人以遏吳蜀之口及至鎮又拆江陵置長寧縣又請隸湖南岳潭衡郴道邵連七州黔中之涪州並管於江陵
李晟德宗興元初爲副元帥討朱泚既收復京城晟令蓋浟領兵屯於白華以備苑囿尚可孤屯于望仙門駱元光屯于章敬寺南晟以牙兵三千人屯于安國寺南

駱元光爲華州節度貞元三年侍中渾瑊爲吐蕃會盟使元光以兵赴之將發涇州元光謂瑊曰本奉詔命令營於潘原堡以應援竊以潘原堡去盟所六七十里蕃情多詐侍中儻有急我何繇知之請次爲營以虞其變瑊以非詔旨固止之元光竟與同進瑊之營西去盟所二十餘里元光營次之其濠柵頗深固瑊之濠柵可踰焉及瑊單騎奔歸未及其營守將李朝彩不能整衆多已奔散瑊之至也空營而已器械資糧悉棄之賴元光之衆陣於營中瑊既入賊追騎乃退元光乃先進輜重次與瑊俱退申其號令嚴其

部伍而還時以爲有將帥之風焉
嗣曹王臯爲襄州節度練兵積財備糧修車市廻紇馬以益騎兵
馬燧爲河東節度造甲者必令長短三等稱其所衣以便進趨又造戰車象以後猊刺戟於後行則載兵甲止則爲營陣或塞險阨以遏奔衝器械無不犀利
范希朝爲振武節度使振武有黨項室韋交居川阜陵犯爲盜日入慝作謂之刮城門居人惶駭鮮有寧日希朝周知要害置堡柵斥候嚴密人遂獲安
張獻甫爲邠寧節度使乃於彭元置義方渠馬領等

縣選險要之地以爲烽堡又上疏請復置鹽州及洪門維原等鎭各置兵防以備蕃寇朝廷皆從之緣邊軍州安帨

高崇文爲左神策行營節度使討劉闢崇文初爲長武城使練卒五千嘗若寇至及使至長武卯時宣命辰時出師五千器用無闕者

曹華爲襄城鎭將憲宗元和十二年七月裴度克淮西宣慰處置使八月甲申至郾城初度過襄城南白草原賊以驍騎七百邀之華先是戒嚴賊折其鋭而還

李祐爲夏州節度使穆宗長慶元年二月統所部四千赴長澤鎭以備邊寇

高丞爲邠寧慶等州節度觀察處置等使先是羌虜多以秋月犯西邊承請軍寧州以備之

李載義爲太原節度使太和九年九月戊申奏差兵三千人防遏當界吐渾部落

梁高萬興爲延州刺史開平三年九月奏邠鳳賊百騎至韓家寨鄜州請添兵於本佛寨犄角備禦

後唐史儼唐乾寧中從武皇討王行瑜師次渭北武皇遣儼率五百騎護駕石門時京城大擾士庶奔迸散布南山儼分騎警衛比駕還京盜賊不作以功簡較右散騎嘗侍屯於三橋者累月昭宗寵錫優異

田承肇鎭晉州上言覘知綏州銀州會兵未知所向謹戍兵斥候

劉鄩爲鎭南軍節度使末帝貞明元年禦晉人於洺朔以魏之臨清積粟所在引軍將據之遇將周陽五自幽州率兵至鄩乃趨貝州與晉軍遇於堂邑邀擊却之追北五十餘里遂軍於莘縣增城壘浚池湟自華及河築埇道以通餉路

晉李周初仕後唐武皇爲安霸都指揮使率兵屯臨

河陽劉莘縣所至與士卒同甘苦不嚴而整善守備梁軍望其樓櫓如九天之上不知所攻

周孫漢均爲絳州廣順元年二月言州無守禦兵士今欲抽鄉兵千人防城從之

陳思讓廣順元年三月奉詔率兵往磁州控扼黃澤路十月甲寅淄州言萊無鹽爲草寇奔衝城壁無可固禦欲率兵五百板築從之

劉詞爲邢州節度使廣順元年并寇攻晉州詞言上准詔改栅并寨爲大城寨至馬嶺寨已來排烽火

册府元龜

巡按福建監察御史臣李嗣京　訂正
分守建南道左布政使臣胡維霖　參閲
知建陽縣事臣黃國琦較釋

將帥部九十一

習兵法　申令　示信　示閑暇

習兵法

兵法者蓋出古司馬之職王公之武備也故言兵法者謂之司馬法焉繇太公以來能者間出踵而增之復有權謀形勢陰陽技巧之别是爲四種繇是行師

之道極其深趣矣大率用仁義禮讓者爲之上以縱横變詐者爲之下歷代之爲將者或達其善志臨敵而制勝或稽其要道著書以垂法篇籍斯著圖制咸在以至議論之流布部曲之講習皆可徵焉

周太公望爲武王師尚父（師之尚之父之故曰師尚父）伐紂謀居多撰六韜六卷後世之言兵皆宗太公爲本（隋唐志載太公陰謀一卷太陰符鈐録一卷太公金匱一卷太公兵法六卷又太公雜兵書六卷太公伏陰陽謀一卷太公書禁忌立成集一卷太公枕中訣一卷）

孫叔敖爲楚令尹晉荀林父帥師及楚子戰于邲楚人懼王之入晉軍也遂出陳孫叔（敖）曰進之寧我薄人無人薄我詩云元戎十乘以先啓行先人也（元戎戎車在前也詩小雅言王者軍行必有戎車十乘在前開道先人爲備）軍志曰先人有奪人之心薄之也（奪敵戰心）

田穰苴爲大夫景公尊爲大司馬穰苴死齊威王用兵行威大放穰苴之法而諸侯朝齊齊威王使大夫追論古者司馬兵法而附穰苴于其中因號曰司馬穰苴兵法（隋書經籍志司馬穰苴兵法三卷）

公子無忌魏安釐王異母弟仁而下士魏王以上將軍印授公子逐秦軍威振天下諸侯之客進兵法公子皆名之故世俗稱魏公子兵法（劉歆七畧有魏公子兵法二十一篇

圖七卷藝文志魏公子兵法二十一篇圖十卷）

孫武齊人以兵法見于吳王闔閭闔閭曰子之十三篇吾盡觀之矣可以小試勒兵乎對曰可闔閭曰可試以婦人乎曰可于是許之出宫中美人得百八十人孫子分爲二隊以王之寵姬二人各爲隊長皆令持戟令之曰汝知而心與左右手背乎婦人曰知之孫子曰前則視心左視左手右視右手後即視背婦人曰諾約束既布乃設鈇鉞即三令五申之于是鼓之右婦人爲笑孫子曰約束不明申令不熟將之罪也復三令五申而鼓之左婦人笑孫子曰約束不

明申令不熟將之罪也既已明而不如法者吏士之罪也乃欲斬左右隊長吳王從臺下觀見且斬愛姬大駭趣使使下令曰寡人非此二姬食不甘味願勿斬也孫子曰臣既已受命爲將將在軍君命有所不受遂斬隊長二人以徇用其次爲隊長於是復鼓之婦人左右前後跪起皆中規矩繩墨無敢出聲于是孫子使使報王曰兵既整齊王可試下觀之唯王所用雖赴水火猶可也吳王曰將軍罷休就舍寡人不願下觀孫子曰王徒好其言不能用其實于是闔廬知孫子能用兵卒以爲將西破彊楚入郢北威齊晉

顯名諸侯孫子與有力焉漢書藝文志孫子有兵法八十二篇圖九卷魏文帝註爲三卷

吳起魏人好用兵魏文侯問李克曰吳起何如人哉克曰起貪而好色然用兵司馬穰苴不能過也于是魏文侯以爲將擊秦拔五城文侯以起善用兵乃以爲西河守魏文志吳起有兵法四十八篇

孫臏與龐涓俱學兵法龐涓既事魏爲將軍而自以爲不能及孫臏疾之以法斷其兩足而黥之齊威王以田忌爲將孫臏爲軍師大破梁軍孫臏以名顯天下世傳其兵法漢書藝文志載齊孫子八十九篇圖四卷

公孫鞅爲秦太良造秦官也將兵圍魏安邑降之有兵法二十九篇

趙括自少時學兵法言兵事以天下莫能當嘗與其父奢言兵事奢不能難然不爲善

項梁楚名將項燕子也避仇吳中嘗陰以兵法部勒賓客子弟以知其能

項羽少學書不成去學劒又不成季父梁怒之籍曰書足記姓名而已劒一人敵不足學學萬人敵爾于是梁奇其意乃教以兵法籍大喜畧知其意又不肯竟學

漢韓信既破趙諸軍較劾首虜休皆賀諸校諸部也猶今言諸營也劾致也謂各致其所獲因問信曰兵法有右背山陵前左水澤今者將軍令臣等反背水陣曰破趙會食臣等不服然竟以勝此何術也信曰此在兵法顧諸君弗察耳顧念也兵法不曰陷之死地而後生致之亡地而後存乎且信非得素拊循士大夫經所謂毆市人而戰之也經一謂兵法也忽入市毆取其人令戰言非素所習其勢非致死地人人自爲戰今即予生地走寧尚得而用之乎諸將皆服曰非所及也藝文志韓信兵法三篇

廣武君李左車有兵法一篇

趙充國始爲騎士以六郡良家子（六郡隴西天水安定北地上郡西河）善騎射補羽林爲人沉勇有大畧少好將帥之節而學兵法通知四夷事

馮奉世以良家子選爲郎年四十餘乃學春秋涉大義讀兵書前將軍韓增奏爲軍司空令

黥布反擊走荆王劫其兵渡淮擊楚楚發兵與戰徐僮間（三縣之間也）爲三軍欲以相救爲奇（不聚一處分爲三欲以相救出奇譎）或說楚相曰布善用兵民素畏之且兵法諸侯自戰其地爲散地（謂在其本地戀土懷安故多逃散）今別爲三彼敗吾一餘皆走安能相救不聽布果破其一軍二軍散走

後漢耿秉傳通書記能說司馬兵法尤號將帥之畧以父任爲郎數上言兵事當以中國虛費邊陲不寧其患專在匈奴以戰去戰盛王之道顯宗既有志北伐陰然其言永平中詔詣省闥問前後所上便宜方畧拜謁者僕射遂見親幸每公卿會議帝引秉上殿訪以邊事多簡帝心

馮緄少學春秋司馬兵法

皇甫規安定朝那人也永和六年西羌圍安定郡將知規有兵畧乃命爲功曹使率甲士八百與羌交戰斬首數級賊遂退郤舉上規計椽

馬援爲伏波將軍善兵策帝嘗言伏波論兵與我意合每有所謀未嘗不用

魏鄧艾爲征西將軍討蜀破姜維之衆維退守劍閣鍾會攻維未能克艾上言今賊摧折宜遂乘之從陰平繇邪徑經漢德陽亭趣涪出劍閣西百里去城都三百餘里奇兵衝其腹心劍閣之守必還赴涪則會方軌而進劍閣之軍不還則應涪之兵寡矣軍志有之曰攻其無備出其不意今掩其空虛破之必矣

王昶爲兖州刺史著兵書十餘篇言奇正之用青龍中奏之

賈逵自爲兒童戲弄常設部曲祖父習異之曰汝大必有將率才授兵法數萬言逵終豫州刺史

蜀諸葛亮爲丞相率衆南征在南中所在戰捷聞孟獲者爲夷漢所服募生致之既得使觀于營陣之間問曰此軍何如獲對曰吾向者不知虛實故敗今蒙賜觀看營陣若秖如此即定易勝爾亮笑縱使更戰七縱七擒而亮猶遣獲獲止不去曰公天威也南人不復反矣（經籍志諸葛亮有兵法五卷）

吳朱才爲偏將軍爲人精敏又學兵法名聲始聞于遠近

晉陳勰特有才用解軍令武帝甚重兵官故軍軷多
選朝廷清望之士居之先是勰爲魏文帝所待帝爲
晉王委任使典兵事及蜀破後令勰受諸葛亮陣圖
用兵倚伏之法又甲乙軷標之勢勰悉緒練之遂以
勰爲殿中典兵中郎將
桓溫爲安西將軍荆州刺史率衆伐蜀初諸葛亮造
八陣圖於魚復平沙之上壘石爲八行行相去二丈
溫見之謂此常山蛇勢也文武皆莫能識之
宋沈攸之除東海太守未拜會四方反叛南賊巳次
近道以攸之爲寧朔將軍尋陽太守率據虎檻時王

玄謨爲大統未發前鋒有五軍在虎檻五軍後又絡
繹繼至每夜各立姓號不相禀受攸之謂軍吏曰今
衆軍姓號不同若有耕夫漁父夜相呵叱更致駭亂
敗之道也乃就軍請號衆咸從之
蜀李庠初至蜀趙厥浮器之與論兵法無不稱善每
謂所親曰李立序蓋一時之關張也以爲寇軍將軍
宋王鎮惡初歸晉客居荆州頗讀諸子兵書論軍國
大事騎乘非所長開弓亦甚弱而意畧縱橫果決能
斷
梁杜龕崩第二兒岑之子少驍勇善用兵後歸元帝
亦爲忠武將軍
後魏王宜弟爲占授著作郎造兵法孤虛立成圖三
百六十
源賀爲征南將軍賀依古今兵法及先儒耆舊之說
畧採至要爲十二陣圖以上之獻文覽而嘉焉
賀拔岳尖山人能左右馳射驍果絶人不讀兵書而
闇與之合識者咸異之
斛律金字阿六敦朔州敕勒部人性敦直善騎射行
兵用匈奴法望塵識馬步多少嗅地知軍度遠邇
江洸之初仕宋歷諸王參軍好兵書將畧吳明徹來寇

武成勅領軍尉破胡等出援秦州令洸共爲經畧謂
所親人曰今太歲在東南歲星居牛斗分太白已高
皆利爲客我將有喪又謂破胡曰吾兵甚銳宜長策
制之愼勿輕鬭破胡不從遂戰軍大敗洸單馬突圍
僅以身免
劉豐字豐生普樂人有雄姿壯氣果毅絶人有口辯
好說兵事
後周史寧爲大將軍荆州刺史盡識兵權臨敵指揮
皆如其策甚得當時之譽
隋宇文欣爲驃騎將軍封英國公欣妙解兵法馭戎

齊整當時六軍有一善事雖非欣所建天下輒相謂曰此必英公法也其見推服者如此

史萬歲少英武好讀兵書兼精占候

唐李靖少有文武材畧其舅韓擒虎號爲名將每與論兵未嘗不稱善撫之曰可與論孫吳之術者惟斯人矣

鄭元璹初仕隋爲右候將軍後歸國爲太常卿元璹少在戎旅久閑軍法高祖令巡諸軍教其兵事

裴行儉累爲大總管安撫使置軍營行陣部統尅料勝負甄别器能等四十六訣則天令秘書監武承嗣

詣宅並密收入內行儉初爲倉曹參軍時大將軍蘇定方甚奇之盡以用兵奇術授行儉

魏元忠則天朝累年不調時有左史盩厔人江融撰九州設險圖備載古今用兵成敗之事元忠就傳其術

王忠嗣以父海没於王事年九歲養於宮中及長雄毅有武畧玄宗以其兵家子與其論兵應對縱橫帝甚異之

樊澤建中初爲都官員外好讀兵書朝廷以其有將帥才尋兼御史中丞充和蕃使後至山南節度使

焉燧父季龍嘗舉明孫吳倜儻善兵書官至嵐州刺史幽州經畧使燧畧渉群書尤善兵法大曆中爲河東節度造甲者必令長短三等稱其所衣以便進趨又造戰車象以猊象刺戟於後行載兵甲止則爲營陣或塞險阨以遏奔衝器械無不犀利後討魏博田悅悅求救於淄青鎮州燧軍次於漳悅遣將王光進以兵守長橋築月城以爲固軍不得渡燧乃於下流以兵車數百乘維以鐵鎖絶中流實以土囊以遏水水稍淺諸軍畢渡是時軍糧少悅深壁不戰欲老燧師燧令諸軍持十日糧深進次倉口悅等夾洹水而

軍李抱眞等問曰糧少深入何也燧曰糧少利速戰兵法善於致人今田悅與淄青鎮州三軍爲首尾計以老我師若分軍擊其左右兵少未可必破悅且來救是前後受敵也兵法所謂攻其必救固當戰也燧爲諸公合而破之

郝廷玉代宗時爲神策將軍時吐蕃迴紇犯京畿廷玉率兵屯中渭橋軍容使魚朝恩聞廷玉善戰欲觀其教閲廷玉乃於營內列部伍鳴鼓角而出分而爲陣箕張翼舒乍離作合坐作進退其衆如一朝恩歎曰吾在兵間十餘年始見郝將軍訓練耳治戎若此

豈有前敵耶廷王悽然謝曰此非末較所長是臨淮
王之遺法也臨淮王李光弼也
梁謝彥章幼事葛從周爲養父從周憐其敏慧教以
兵法嘗以千錢於大盤中存其行陣偏伍之狀示以
出没進退之節彥章盡得其訣事太祖爲騎將
王檀少英悟美形儀好讀兵書洞曉韜畧初太祖鎮
大梁檀爲小將
趙珝字有郾幼而剛毅器宇沉深旣冠好書籍及壯
工騎射元精三畧爲忠武軍節度行軍司馬
後唐周德威初仕武皇爲帳中騎督久在雲中諳熟

邊事望烟塵之警懸知兵勢
高㴠海蓨人少好兵術釋褐右金吾衛曹參軍
李再豐爲右武衛大將致仕再豐故鎮帥王鎔之裨
較家世從軍再豐粗逼星氣式法之學每征伐戰陣
自用其法鮮有敗失軍中目爲李靖

申令

師出以律易象明乎乃眞武之善經春秋著爲嘉話
在乎威克厥愛戒之用休示先甲後庚之期恊三令
五申之典金鼓有節稽進退之宜鈇鉞必誅懲驕惰
之伍若乃申嚴示整出奇應卒約束素定防禁無越
喻以激勸懸諸信賞所麾咸集所戰必勝或著爲新
令或賂合古法軍之善政其在斯乎
宋義爲楚上將號卿子冠軍北救趙下令軍中曰猛
如虎很如羊貪如很强不可使者皆斬
漢韓信高祖三年爲大將軍擊趙未至井陘口三十
里止舍舍息也夜半傳發傳令軍中使發也選輕騎二千人人
持一赤幟旌旗之屬從間道萆山而望趙軍萆謂隱於山間使敵不得見也
戒曰趙見我走必空壁逐我若直入拔趙幟立漢
幟若汝也令其裨將傳餐曰今日破趙會食小飯曰餐破趙後乃當共飯食也
諸將皆莫信陽應諾乃入趙壁擒趙王歇

周勃高后六年爲太尉至北軍下令軍中曰爲吕氏
右袒爲劉氏左袒軍中皆左袒
勃子亞夫封條侯文帝後六年匈奴大入邊亞夫爲
將軍軍細栁以備胡帝自勞軍至灞上及棘門軍直
馳大將軍下馬迭迎已而之細栁軍軍士吏被甲鋭
兵刄彀弓弩持滿天子先驅至不得入先驅曰天子
且至軍門都尉曰軍中但聞將軍令不聞天子詔居
無何帝至又不得入於是乃使使持節詔將軍吾欲
入勞軍亞夫乃傳言開壁門士吏謂從車騎曰將軍
約㑹軍中不得驅馳於是天子乃按轡徐行至中營

將軍亞夫持兵揖曰介胄之士不拜請以軍禮見（介者不拜）天子爲動容軾車

李陵爲騎都尉將步卒五千至浚稽山與單于相值騎可三萬圍陵軍軍居兩山間以大車爲營陵引士出營外爲陳前行持戟盾後行弓弩令曰聞鼓聲而縱聞金聲而止（金謂鉦也）

後漢吳漢爲大司馬建武二年擊蘇茂於廣樂爲劉永將周建所攻漢墮馬傷膝還營乃勃然裹創而起椎牛饗士令軍中曰賊衆雖多皆刼掠群盜勝不相讓敗不相救非有仗節死義者也今日封侯之際諸

君勉之於是軍士激怒人倍其氣大破之

岑彭爲大將軍建武十一年伐蜀與大司馬吳漢等會荆門彭乃令軍中募攻浮橋先登者上賞乃長驅入江關令軍中無得虜掠

蜀諸葛亮爲丞相治戎講武率諸軍北駐漢中及據武功五丈原著軍令上中下三卷

吳呂蒙爲虎威將軍既降南郡入據城令軍中不得干歷人家有所求取

晉齊王攸爲驃騎將軍開府辟召禮同三司降身虛已待物以信常歎公府不案吏然以董御戎政復有威克之宜乃下教曰夫先王馭世明罰飭法鞭朴作教以正逋慢且唐虞之朝猶須督責葥欲撰次其事使粗有常懼煩簡之宜未審其要故令劉程二君詳定然思惟之鄭鑄刑書叔向不韙范宣議制仲尼譏之令皆如舊無所增損其常節度詳不及者隨事處決諸吏各竭乃心思同在公古人之節如有所闕以賴股肱俾佐之規庶以免負於是內外祇肅

宋柳元景爲寇軍將軍從孝武入討元凶元景宿令軍中曰鼓繁氣易衰叫數力易竭但各銜枚疾戰一聽吾營鼓音因此破賊

唐竇軌初爲高祖丞相諮議參軍時胡賊掠軍君令軌討之不利乃率數百騎殿於後令衆曰聞鼓聲有不進者自後斬之既鼓士卒爭進擊賊破之

李光弼爲兵馬副元帥時史思明已至偃師光弼悉軍赴河陽賊恃衆直逼其城光弼登城望曰彼雖衆亂而囂不足懼也當爲公等日午而破之遽令郝王倫惟貞往擊之令之曰爾等士望吾旗而戰若麾旗緩任爾觀望便宜吾旗連麾三至地則萬衆齊入生死以之少退者斬無捨遂大破賊軍

李晟德宗興元初爲副元帥既收復京城乃勒兵屯

於含元殿前含於右金吾仗號令三軍曰晟不佞上憑睿筭次順人心今得克滅兇渠肅清天禁皆三軍之力也長安士庶久陷賊庭若小有震驚則非伐罪弔人之義晟與公等各有家累離別數年今已事成相見非晚五日內不得輒通家信違命者斬

郗士美憲宗元和中爲昭義軍節度使時討鎮州有兵馬使王言爲前鋒逗撓士美立斬之令曰敢後出者斬士美親鼓之兵既合而賊軍大破

李遜爲忠武軍節度陳許溵蔡等州觀察處置等使是時親羅兵戰難遽完緝及遜至集大軍與之約束嚴具示賞伐必信號令數百言士皆感悅

示信

夫荷推轂之任當鑿門之權非泛幾無以制勝非示信無以御下必在夫絶憎愛一賞罰賞既明而足勸罰既嚴而可畏故宣父以爲兵食可去而信不可去也傳曰信申也相申束使不相違也又曰信國之寶也民之庇也是知臨賊示信義遠矣哉若乃戍及期而必伐兵當下而不停或約賞家財或克日必戰俾敵人之服義得我衆之歡心故謀無不成功無不集者也

楚司馬子反從莊王圍宋軍有七日之糧爾盡此不勝將去而歸於是使司馬子反乘堙而闚宋城宋華元亦乘堙而出見之（堙具堙上城具）司馬子反曰子之軍何如華元曰憊矣曰何如（問憊意也）曰易子而食之析骸而炊之（析破人骸骨也）司馬子反曰嘻甚矣憊雖然（雖如所言）吾聞之也圍者（古有見圍者）拑馬而秣之（秣以粟置馬口中攝者以木御其口不欲令食示有畜積）使肥者應客（亦飽足也）是何子之情也（猶曰何大露情）華元曰吾聞之君子見人厄則矜之（矜憫）小人見人之厄則幸之（幸僥倖）吾見子之君子也是以告情於子也司馬子反曰諾（諾受語辭）勉之矣（勉猶努力堅守之）吾軍亦有七

日之糧爾盡此不勝將去而歸爾揖而去之反于莊王（反報於莊王）莊王曰何如司馬子反曰憊矣曰何如曰易子而食之析骸而炊之莊王曰嘻甚矣憊雖然（雖已）吾今取此然後而歸爾司馬子反曰不可臣已告之矣軍有七日之糧爾莊王怒曰吾使子往視之子曷爲我告之司馬子反曰以區區之宋（區區小貌）猶有不欺人之臣可以楚而無乎是以告之也莊王曰諾（先以諾受絶反語）舍而止（更令築舍而止示無去計）雖然（大宋已知我雖短）吾猶取此然後歸爾（示宋以待勝也）司馬子反曰然則君請處于此臣請歸爾莊王曰子去我而歸吾孰與處于此吾亦從

子而歸爾引師而去之

樊遲魯人齊伐魯孟孺子洩帥右師顔羽御邴洩爲右冉求帥左師管周父御樊遲爲右師及齊師戰于郊齊師自稷曲稷曲郊地名師不踰溝樊遲曰非不能也不信子也請三刻而踰之與衆三刻約信如之衆從之如遲言乃踰也

魏徐邈爲梁州刺史邈與羌胡從事不問小過若犯大罪先告部帥使知應死者乃斬以徇是以信服畏威

蜀諸葛亮爲丞相帥師出祁山魏明帝自征蜀幸長

安遣宣王督張郃諸軍雍涼勁卒三十餘萬潛軍密進規向劍閣亮時在祁山旌旗利器守在險要十二更下在者八萬時魏軍始陳幡兵適交參佐咸以賊衆彊盛非力不制宜權停下兵一月以幷聲勢亮曰吾統武行師以大信爲本得原失信古人所惜去者束裝以待期妻子鶴望而計日雖臨征難義所不廢皆催遣令去於是去者感悅願留與戰往者憤勇思致死命相謂曰諸葛公之恩死猶不報也臨戰之日莫不拔刃爭先以一當十殺張郃郤宣王一戰大尅此信之由也

晉陶璜初仕吳歷顯位孫皓時交阯郡吏呂興以郡內附武帝拜興交阯太守尋爲其功曹李統所殺南中監軍霍弋遣犍爲楊稷與將軍毛炅自蜀出交阯吳遣璜爲蒼梧太守討稷初霍弋之遣稷毛等與之誓曰若賊圍之未百日而降者家屬誅若過百日救兵不至吾受其罪稷等守未百日糧盡乞降璜不許益其糧使守諸將並諫璜曰霍弋已死不去殺稷等必矣可須其日滿然後受降使彼爲無罪我受有義內訓百姓外懷鄰國不亦可乎稷等訖期糧盡救兵不至乃納之

羊祜爲征南大將軍都督荆州諸軍事與吳人交兵尅日方戰不爲掩襲之計

隋何稠開皇末討桂州賊有欽州刺史甯猛力帥衆迎軍初猛力倔強山洞欲圖爲逆至是惶懼請身入朝稠以其疾篤因示無猜貳遂放還州與之約曰八九月間可詣京師相見稠還奏狀高祖意不懌其年十月猛力卒帝謂稠曰汝前不將猛力來今竟死矣稠曰猛力共臣爲約假令身死當遣子入侍越人性直其子必來初猛力臨終誡其子長眞曰我與大使爲約不可失信於國士汝葬我訖即宜上路長眞如言

入朝帝大悅曰何稠著信蠻夷乃至於此

唐蘇定方爲左驍衛大將軍顯慶五年討思結闕俟斤都曼俘還東都法司請斬之定方請曰都曼之叛罪合誅夷臣欲生致闕廷與之有約逃陛下好生之德必當待以不死今既面縛待罪臣望丐其餘命高宗曰朕屈法伸恩全卿信誓乃命宥之

馬燧爲河東節度使討田悅悅兵大敗先戰遂誓於軍戰勝請以家財行賞既戰盡其私積以頒將士德宗聞而嘉之乃詔度支出錢五萬貫行賞還其家財

示閑暇

傳稱好暇適臨事之宜志謂以舒得交兵之道夫制勝則尚速示寇則宜逸故有攝飲於行陣數闔於城壘解鞍而縱馬啓關而延敵故策畫可以先勝行伍可以立成故能雍容而觀變驚悉而無撓其或臥息旗鼓輕煖裘帶登樓而清嘯隱几而高談不匆遽以失律務優游而集事者斯又得爲將之大體也

欒鍼晉大夫也魯成十六年晉楚戰于鄢陵欒鍼見子重之旌請曰楚人謂夫旌子重之麾也彼其子重也日臣之使於楚也子重問晉公之勇臣對曰好以衆整曰又何如（又問其餘）臣對曰好以暇（暇閒暇也）今兩國治戎行人不使不可謂整臨事而食言不可謂暇（食好整之言）請攝飲焉（攝持也持飲以飲子重）公許之使行人執榼承飲造于子重（承奉也）曰寡君乏使使鍼御持矛（御侍也）是以不得犒從者使某攝飲子重曰夫子嘗與吾言於楚必是故也不亦識乎（知其以往言好暇故致飲）受而飲之免使者而復鼓（免晚也）

范鞅晉大夫也魯襄公十八年晉伐齊十二月戊戌及秦周伐雍門之荻（秦周魯大夫趙武及之共伐荻也雍門齊城門）范鞅門于雍門其御追喜以戈殺犬于門中（殺犬示閒暇）孟莊子斬其栒以爲公琴（莊子孫子速也栒木名）己亥焚雍門及西郭

南郭劉難士弱率諸侯之師焚申池之竹木（二子晉大夫）壬寅焚東郭北郭范鞅門於揚門（齊西門）州綽門於東閭（齊東門）左驂伯還于門中以枚數闔（枚馬檛也闔門扇也數其枚示不恐）

漢李廣爲上郡太守時匈奴侵上郡廣上山匈奴數千騎見廣以爲誘騎驚上山陳廣之百騎皆大恐欲馳還走廣曰我去大軍數十里今如此走匈奴追射我立盡今我留匈奴必以我爲大軍之誘不我擊廣令曰前未到匈奴陳二里所止令曰皆下馬解鞍騎曰虜多如是解鞍即急奈何廣曰彼虜以我爲走今

解鞍以示不去用堅其意有白馬將出護兵廣上馬與十餘騎奔射殺白馬將而復還至其百騎中縱馬卧時會暮胡兵終怪之弗敢擊

後漢孔融領青州刺史為袁譚所攻自春至夏戰士所餘裁數百人流矢兩集戈矛內接融隱几讀書談笑自若

蜀諸葛亮為丞相益州牧率衆南征屯於陽平遣魏延諸軍并兵東下亮惟留萬人守城晉宣帝率二十萬衆拒亮而延軍錯道徑至前當亮八十里所偵候白宣帝說亮在城中兵少力弱亮亦知宣帝垂至已

與相逼欲前赴延軍相去又遠回迹反追勢不相及將士失色莫知其計亮意氣自若勑軍中皆卧旗息鼓不得妄出菴幔又令大開四城門掃地卻灑晉宣帝常謂亮持重而猥見勢弱疑其有伏兵于是引軍北趣山

晉羊祜為征南大將軍在軍常輕裘緩帶身不被甲鈴閣之下侍衛者不過十數

劉琨為大將軍都督并州諸軍事在晉陽嘗為胡騎所圍數重城守窘迫無計琨乃乘月登樓清嘯賊聞之皆悽然長歎中夜奏胡笳賊又流涕歔欷有懷土之切向曉復吹之賊並棄圍而走

南齊沈文季為右僕射加散騎常侍建武二年虜寇壽春豫州刺史豐城公遥昌嬰城固守數遣輕兵相抄擊明帝以為憂詔文季領兵鎮壽春文季入城正游兵不聽出洞開城門嚴加備守虜軍尋退百姓無所傷損

梁馮道根為南梁太守領阜陵城戍魏將党法宗傅豎眼率衆二萬奄至城下道根塹壘未固城中衆多莫不失色道根命廣開門緩服登城選精銳二萬人出擊魏軍敗之

陳侯安都為仁威將軍都督南徐州諸軍事高祖東討杜龕安都留臺居守徐嗣徽任約等引齊寇入據石頭游騎至于闕下安都閉門偃旗示之以弱令城中曰登陴看賊者斬及夕賊收軍還

唐郝處俊為浿江道副總管高宗乾封中高麗反叛處俊嘗次賊城未遑置陣賊衆奄至軍中大駭處俊獨據胡床方餐乾糧乃潛簡精銳擊敗之將士多服其膽畧

冊府元龜

巡按福建監察御史臣李嗣京　訂正
知長樂縣事臣夏允彝參閱
知建陽縣事臣黃國琦較釋

將帥部三百九十二

威名

夫將之爲用也戎昭果毅整軍經武號令精明亡乘競勸人不敢犯法在必行故能風生於三軍名震於鄰國折衝千里隱若長城茲所謂王者之爪牙生民之司命也繇是處以衛社稷則敵不敢加兵出以守邊防則虜不敢近塞豈惟震讋虓虎叱咤風雲蓋亦義勇兼聞策謀宏遠者也傳曰有威可畏又曰懷德

而畏威其是之謂乎

楚得臣爲令尹與晉戰敗于城濮晉伐衛救之晉文公猶有憂色曰得臣猶在憂未歇也歇盡也困獸猶鬬況國相乎及楚殺子玉子玉得臣也公喜而後可知也喜見于顏色曰莫余毒也已一云子玉爲將文公側席而坐及其死也若臣相慶

魏公子無忌在趙秦伐魏公子歸救魏魏王以上將軍印授公子公子遂將安釐王三十年公子使使遍告諸侯諸侯聞公子將各遣將將兵救魏公子率五國之兵破秦軍於河外走蒙驁遂乘勝逐秦軍至函谷關抑秦兵秦兵不敢出當是時公子威振天下

吳起爲西河守以拒秦韓甚有聲名

趙廉頗者趙之良將惠文王十六年頗爲趙將伐齊大破之取楊晉拜爲上卿以勇氣聞於諸侯

李牧北邊之良將常居代鴈門大破殺匈奴十餘萬騎滅襜襤胡名在代北破東胡降林胡單于奔走其後十餘歲匈奴不敢近趙邊城

秦白起爲左更料敵合變出奇無窮聲振天下

蒙恬爲內史秦已并天下乃使恬將三十萬衆北逐

戎狄暴師於外十餘年居上郡是時蒙恬威讋匈奴

漢魏尚爲雲中守匈奴遠避不近雲中之塞

郅都爲鴈門太守匈奴素聞郅都節舉邊爲引兵去竟都死不近鴈門匈奴至爲偶人象都以木爲人象都之形也偶對也令騎馳射莫能中其憚如此匈奴患之

李廣爲驍騎將軍在北平郡匈奴號曰漢飛將軍避之數歲不入界

李廣利爲貳師將軍破大宛斬其王還單于欲遮之不敢

趙充國爲後將軍征西羌西至西部都尉府在金城日

饗軍士士皆欲爲用虜數挑戰充國堅守捕得生口言羌豪數相責曰語汝亡反今天子遣趙將軍來年八九十矣善爲兵今請欲一鬭而死可得邪

馮奉世爲執金吾歷右將軍居爪牙官前後十年爲折衝宿將功名次趙充國

辛慶忌爲左將軍當時號爲國虎臣遭世承平匈奴西域親附敬其威信

陳湯爲西域副校尉誅郅支單于後坐事徙燉煌太守奏湯前親誅郅支單于威行外國不宜近邊塞詔徙安定

後漢齊武王縯爲更始司徒既破王莽軍莽素聞其名大震懼購伯升邑五萬戶黃金十萬斤位上公使長安中官署及天下鄉亭皆畫伯升象於塾屋旦起射之塾門側堂也

彭寵父宏哀帝時爲漁陽太守偉容貌能飲飯有威於邊

岑彭爲征南將軍與諸將伐公孫述彭首破荆門長驅武陽持軍整齊秋毫無犯邛穀王任貴貴本越巂夷殺大守枚根自立爲王聞彭威信數千里遣使迎降會彭巳薨光武盡以任貴所獻賜彭妻子

祭彤爲遼東太守數破斬鮮卑自是鮮卑震懼畏彤不敢復闚塞後率厲鮮卑往擊斬赤山烏桓塞外振讋彤之威聲暢於北方

陳俊爲琅邪太守行大將軍事時琅邪未平齊地素聞俊名入界盜賊皆解散

賈宗字武孺大將軍復之子爲朔方大守匈奴嘗犯塞得生口問太守爲誰曰賈武孺曰寧賈將軍子邪曰是皆放遣還是後更不入塞

張堪爲漁陽太守視事八年匈奴不敢犯塞

李恂爲武威太守坐事免歸鄉里會西羌反叛恂到

田舍爲所執獲羌素聞其名放遣之恂因詣洛陽謝

陳禪舉茂才時漢中蠻夷反叛以禪爲漢中太守夷賊素聞其名聲即時降服

郭涼雖爲武將然通經書多智畧尤曉邊事有名北方

徐淑爲度遼將軍有名於邊

鄧訓爲護烏桓校尉故人多攜將老幼樂隨訓徙邊鮮卑聞其威恩皆不敢南近塞下

陳龜爲度遼將軍既到職州郡重足震慄鮮卑不敢近塞

种暠爲使匈奴中郎將時遼東烏桓叛復轉遼東太守烏桓望風率服迎拜於界上

傳育爲武威太守威聲聞於匈奴

第五訪爲護羌校尉邊境服其威信

李膺爲烏桓校尉虜甚憚攝以公事免官永壽二年鮮卑寇雲中桓帝聞膺能乃復徵爲度遼將軍先是羌虜及疏勒龜茲數出攻鈔張掖酒泉雲中諸郡百姓屢被其害自膺到邊皆望風懼服先所掠男女悉送還塞下自是之後聲振遠域

皇甫規爲度遼將軍在事數歲北邊威服

段紀明久爲邊將威震西土其後賈詡察孝廉爲郎以疾病去官西還至汧道遇叛氐同行數十人皆爲所執詡曰我段公外孫也汝別埋我我家必厚贖之詡實非段甥假以懼氐氐果不敢害與盟而送之其餘悉死

公孫瓚爲降虜校尉兼屬國長史職統戎馬連接邊寇每聞有警瓚輒厲色憤怒如赴讐敵望塵奔逐或繼之以夜戰虜識瓚聲憚其勇莫敢抗犯瓚嘗與善射之士數十人皆乘白馬以爲左右翼自號白馬義從烏桓更相告語避白馬長史乃畫作瓚形馳騎射之中者咸稱萬歲虜自此之後遠竄塞外

呂布初爲騎都尉便弓馬膂力過人號爲飛將

魏龐德爲立義將軍與曹仁討關羽樊下諸將以德兄在漢中頗疑之德嘗言曰我受國恩義在効死我欲身自擊羽今年我不殺羽羽當殺我後親與羽交戰射羽中額時德常乘白馬羽軍謂之白馬將軍皆憚之

于禁爲偏將軍太祖恨朱靈欲奪其營以禁有威重遣禁將數十騎齎令書徑詣靈營奪其軍靈及部衆莫敢動乃以靈爲禁部下督衆皆震服其見憚如此

張遼爲前將軍屯合肥時孫權復叛文帝遣遼乘舟與曹休至海陵臨江權甚憚焉勑諸將張遼雖病不可當也愼之初遼爲孫雄所圍遼潰出復入雄衆破走繇是威鎮江東兒啼不肯止其父母以遼恐之

張郃爲盪寇將軍與都督夏侯淵守漢中拒劉備時備屯陽平郃屯廣石備以精卒萬餘分爲十部夜急攻郃郃率親兵搏戰備不能克其後備於走馬谷燒都圍淵救火從他道與備相遇交戰短兵接刃淵遂沒郃還陽平當是時新失元帥恐爲備所乘三軍皆失色淵司馬郭淮乃令衆曰張將軍國家名將劉備

所憚今日事急非張將軍不能安也遂推郃爲軍主郃出勒兵安陣諸將皆受郃節度衆心乃定初劉備憚郃而易淵及殺淵備曰當得其魁用此何爲邪後爲征西車騎將軍識變數循善處營陣料戰勢地形無不如計自諸葛亮皆憚之

曹眞爲大將軍督諸軍擊南安天水安定三郡安定民楊條等畧吏民保月支城眞進軍圍之條謂其衆曰大將軍自來吾願早降爾遂自縛出三郡皆平

夏侯淵從太祖起兵爲別部司馬每赴急疾常出敵之不意故軍中爲之語曰典軍校尉夏侯淵三日五

百六日一千

文聘爲江夏太守典北兵委以邊事在郡數十年有威恩名震敵國賊不敢侵

田豫爲護匈奴中郎將領并州刺史外胡聞其威名相率來獻州界寧肅百姓懷之

蜀關羽爲前將軍假節鉞率衆攻曹仁於樊曹公遣于禁助仁會大霖雨漢水泛溢禁所督七軍皆没禁降羽羽又斬將軍龐德梁郟陸渾群盜或遥受羽印號爲之支黨羽威振華夏曹公議徙都以避其鋭

張飛爲右將軍雄壯威猛亞於關羽魏謀臣程昱等咸稱羽飛萬人之敵也

諸葛亮爲丞相出師揚聲繇斜谷道取郿使趙雲鄧芝爲疑軍據箕谷魏大將軍曹眞舉衆拒之亮身出軍攻祁山戎陣整齊賞罰肅而號令明南安天水安定三郡叛魏應亮關中響震亮卒及軍退司馬宣王案行其營壘處所曰天下之奇才也

馬忠爲庲降都督威恩並立張表時名士清望踰忠閻宇宿有功幹於事精勤繼踵在忠後其威風稱績皆不及忠

陳叔至自豫州隨先主名位常亞趙雲俱以忠勇稱

王平爲鎮北將軍統漢中時鄧艾在東馬忠在南平在北境咸著名迹平同郡句扶爲左將軍忠勇寛厚數有戰功功名爵位亞於平後與張翼廖化並爲大將軍時人語曰前有王句後有張廖

吴周瑜字公瑾爲偏將軍領南郡太守劉備領荆州牧詣京見大帝備自京還權乘飛雲大船與張昭秦松魯肅十餘人共追送之大宴會敘别昭肅等先出帝獨與備留語因言次嘆瑜曰公瑾文武籌略萬人之英顧其器量廣大恐不久爲人臣爾瑜之破魏軍也曹公曰孤不羞走後與帝書曰赤壁之役值有疾

病孤燒船自退横使周瑜虛獲此名瑜威聲遠著故曹公劉備咸欲疑譖之

董襲爲揚武都尉時大帝初統事鄱陽賊彭虎等衆數萬人襲與淩統步騭蔣欽各別分討襲所向輒破虎等望見旌旗便散走旬日盡平拜威越校尉

張昭爲輔吳將軍容貌矜嚴有威風大帝嘗曰孤與張公言不敢妄也舉邦憚之

朱桓爲前將軍鎭青州牧假節嘉禾六年魏廬江主簿呂習請大兵自迎欲開門爲應桓與衛將軍全琮俱以師迎旣至事露軍當引還城外有溪水去城一

里所廣三十餘丈深者八九尺淺者半之諸軍勒兵度去桓自斷後時廬江太守李膺整嚴兵騎欲須諸軍半渡因逼擊之及見桓節蓋在後卒不敢出其見憚如此

晉義陽成王望初仕魏爲征西將軍持節都督雍涼二州諸軍事在任八年威化明肅先是蜀將姜維屢寇關中及望至廣設方畧維不得爲寇關中賴之

王沈爲征虜將軍督江北諸軍事平蜀之役吳人大出聲爲救蜀振蕩邊境沈鎭御有方寇聞而退

荀晞行兗州刺史汲桑之破鄴也東海王越出次官渡以討之命晞爲前鋒桑素憚之於城外爲柵以自守晞將至頓軍休士先遣單騎示以禍福桑衆大震棄柵宵遁嬰城固守晞陷其九壘遂定鄴而還西討呂郎等滅之

祖逖爲豫州刺史進爲鎭西將軍石勒不敢窺兵河南使成皐縣修逖母墓因與逖書求通使交市逖不報書而聽互市收利十倍時王敦久懷逆亂畏逖不敢發逖卒始得意焉

索綝爲新平太守時劉聰將蘇鐵劉五斗等刼掠三輔除綝安西將軍馮翊太守綝有威恩華戎懾服賊

不敢犯

劉弘爲寧朔將軍假節監幽州諸軍事鎭烏丸校尉甚有威惠寇盜屏迹爲幽朔所稱

周訪爲安南將軍梁州刺史聞王敦有不臣之心訪嘗切齒敦雖懷逆謀故終訪之世未敢爲非

紀瞻爲鎭軍將軍當時服其嚴毅雖嘗疾病六軍敬憚之

陶侃爲廣州刺史初廣州人迎長沙人王機爲刺史機復遣使詣王敦乞爲交州刺史敦從之會杜弘據臨賀因機乞降勸弘取廣州弘遂與溫邵及交州秀

才劉沈謀反侃擊機破之執劉沈又遣部將討機斬之諸將皆請乘勝擊温邵侃笑曰吾威名已著何事遣兵但一函紙自足爾於是下書諭之邵懼而走追獲於始興以功封柴桑侯食邑四千戸後侃爲征西大將軍督七州軍事屬後將軍郭默矯詔襲殺平南將軍劉胤輙領江州侃聞之遣將出兵據湓口侃以大軍繼進侃旣至默將宗侯縛默父子五人及默將張丑詣侃降侃斬默等默在中原數與石勒等戰賊畏其勇聞侃討之兵不血刃而擒也益畏侃蘇峻將馮鐵殺侃子奔于石勒勒以爲戍將侃告勒以故勒

召而殺之

劉毅爲荊州刺史初屬桓玄篡位與宋高祖何無忌起義兵桓玄聞毅及高祖何無忌之起兵也甚懼其黨曰劉裕烏合之衆勢必無成願不以爲慮玄曰劉裕勇冠三軍當今無敵劉毅家無儋石之儲摴蒱一擲百萬何無忌劉牢之之甥酷似其舅其舉大事何謂無成其見憚如此

劉牢之爲謝玄參軍玄鎮廣陵牢之領精銳爲前鋒百戰百勝號爲北府兵敵人畏之

桓石虔從伯父温入關叔父冲爲苻健所圍垂沒石虔躍馬赴之拔冲於數萬衆之中而還莫敢抗者三軍歎息威震敵人特有患瘧疾者謂曰桓石虔來以怖之病者多愈其見畏如此

宋沈林子從高祖討姚泓于長安林子威聲遠聞三輔震動關中豪左望風請附長安旣平大軍東歸林子領水軍於石門以爲聲援

沈慶之爲建威將軍患頭風好着狐皮帽群蠻惡之號曰蒼頭公見慶之軍輙畏懼曰蒼頭公已復來矣

檀道濟鎮廣陵率軍繼到彥之以討謝晦彥之戰敗退保隱圻會道濟至晦本謂道濟與羨之等共罪同

誅（謂徐羡之也）忽聞來至人情恟懼遂不戰自潰

劉胡爲隊主討伐諸蠻往無不捷蠻甚憚之小兒啼語之云劉胡來便止

周山圖爲振武將軍時鎮軍將軍張永征薛安都於彭城山圖領二千人迎軍至武原爲虜騎所追合戰多所傷殺虜圍轉急山圖據城自固然後更結陣死戰突圍出虜披靡不能禁衆稱其勇呼爲武原將

南齊桓康隨世祖起義摧堅陷陣膂力絶人所經村邑恣行暴害江南人畏之以其名怖小兒畫其形以避瘧無不立愈

梁韋叡爲輔國將軍旣平合肥高祖詔衆進次東陵魏甓城二十里將會戰有詔班師去賊旣近懼爲所躡叡悉遣輜重居前身乘小輿殿後魏人服叡威名望之不敢逼全軍而還

張齊爲信武將軍巴西梓潼二郡太守齊在益部累年討擊蠻獠身無寧歲其居軍中能親勞辱與士卒同其勤苦自晝頓舍城壘皆委曲得其便調給衣糧資用人人無所困乏旣爲物情所附蠻獠亦不敢犯是以威名行於庸蜀

柳仲禮爲電威將軍鎭襄陽大通中西魏將賀拔勝

來逼樊鄧仲禮出擊破之稍遷司州刺史武帝思見其面使畫工圖之初侯景潛圖反噬仲禮先知之屢啓求以精兵三萬討景朝廷不許及景濟江朝野便望其至兼蓄雍司精卒與諸藩赴援見推總督景素聞其名甚憚之仲禮亦自謂當世英雄諸將莫已若也

程文秀爲安遠將軍每戰嘗爲前鋒北齊深憚之謂爲程虎

陳歐陽頠爲衡州刺史時蕭勃在廣州兵强位重及荆州陷頠委質於勃周文育擒送于高祖釋之蕭勃死後嶺南擾亂頠有聲南土且與高祖有舊乃授頠安南將軍衡州刺史始興縣侯未至嶺南頠子紇已尅定始興及頠至嶺南皆懾伏

沈恪監會稽郡會余孝頃謀應王琳出兵臨川攻周廸以恪爲壯武將軍率兵踰嶺以救廸孝頃聞恪至退走

孫瑒爲都督荆信二州諸軍事安西將軍荆州刺史出鎭公安增修城池懷服邊遠爲隣境所憚

後魏于栗磾明元時爲河內鎭將劉裕伐姚泓栗磾禁防嚴密裕遣栗磾書遠引孫權求討關羽之事假道西上題書曰黑矟公麾下栗磾以狀表聞明元許

之因授黑矟將軍栗磾好持黑矟以自標裕望而異之故有是語

奚眷少有將畧明元時爲尚書假安南將軍虎牢鎭將爲寇所憚

周觀爲高平鎭將觀善撫士卒號有威名

河間公齊初坐事免官爵會宋將裴方明陷仇池大武授齊前軍與建興公古弼討之遂尅仇池威振羌氐復賜舊爵

陳留王崇爲荆州刺史從大武討蠕蠕別督諸軍出

大澤越祁山威懾漠北
叔孫建爲廣河鎮將群盜歛跡威名甚震後爲徐州刺史大武以建威名甚震爲宋所憚除平原鎮大將封丹陽王加征南大將軍都督冀青徐濟四州諸軍事建在平原十餘年綏懷內外甚得邊稱魏初名將鮮有及之南方憚其威畧青兗輙不爲寇
古弼爲西安將軍鎮長安甚著威名
陸眞爲長安鎮將咸陽民趙昌鄠縣民王稚兄弟聚衆五千據冶容堡眞擊破之斬昌等并誅其黨與雍州民夷莫不威服在鎮數年甚著威稱

周幾爲寧朔將軍大武以幾有智勇遣鎮河南威信著於外境
辛紹先爲下邳太守唯敎民治產禦賊之備及宋將陳顯達蕭道成蕭順之來寇道成謂順之曰辛紹先未易侵行宜共愼之於是不歷郡境遂逕屯呂梁
尉元爲統萬鎮都將齊高祖立多遣間諜扇動新民不逞之徒所在蜂起以元威名夙震徵爲侍中都督南征諸軍事征西大將軍率諸軍以討之元討五固賊桓和等皆平之東南清宴遠近怙然
城陽王長壽爲沃野鎮都大將性聰惠善撫接在鎮甚有威名
長孫稚爲楊州刺史都督淮南諸軍事梁將裴邃虞鴻襲據壽春稚諸子驍果邃頗難之號曰鐵小兒
長孫肥爲平南將軍率衆鎮北境威名甚著蠕蠕憚之
穆羆爲征東將軍山胡劉什婆寇掠郡縣羆討滅之自是部內肅然莫不敬憚
庚岳爲將有謀略治軍淸整嘗以少擊多士衆服其智勇名冠諸將
李陽爲伏波將軍隨蕭寶寅西征其下每有戰功軍

中號曰李公騎
鄭模爲安東將軍時將督敗歿者多模挫敵持重號爲名將
鄭楷爲伏波將軍楷性嚴烈能摧挫豪強故時人語曰撲鷂儸付鄭楷
李崇爲車騎將軍楊州刺史崇沈深有將畧寬厚善御衆在州凡經十年常養壯士數千人寇賊侵邊所向摧破號曰卧虎賊甚憚之
劉藻爲龍驤將軍雍城鎮將先是氐豪徐成楊里等驅逐鎮將故以藻代之至鎮擒獲成里等斬之以殉

羣氏震慴

楊大眼初以軍敗不能禁從爲營州兵後徵爲平南將軍大眼至京師時人思其雄勇喜其更用臺省閭巷觀者如市大眼爲將帥前後所遣督將軍未渡江預皆畏懾傳言淮泗荆沔之間有童兒啼者恐之云楊大眼至無不即止王肅弟子秉之初歸國也謂大眼曰在南聞君之名以爲眼如車輪及見乃不異人大眼曰旗鼓相望瞋眸奮發足使君目不能視何必大如車輪當世推其驍果皆以爲關張弗之過也大眼爲荆州刺史嘗縛蒿爲人衣青布而射之召諸蠻

渠桓示之曰卿等若作賊吾正如此相殺也又北清郡嘗有虎害大眼搏而獲之斬其頭懸于穰市自是荆蠻相謂曰楊公惡人嘗作我蠻形以射之又深山之虎尚所不免遂不敢復爲寇盜

崔延伯善將撫得衆心與奚康生楊大眼爲諸將之冠延伯功名尤重時大寇未平而延伯死朝野歎懼焉

樊子鵠爲平北將軍兼尚書行臺治有威信山胡率服

韓茂膂力絶人又善騎射爲徐州刺史征南將軍爲將善於撫衆勇冠當世爲朝廷所稱

賀拔勝爲荆州刺史將圖襄陽乃攻馮翊安定鄴城等平之時有梁人書勅蕭續續梁武帝子鎮襄陽云賀拔勝北間驍將汝宜愼之勿與爭鋒其見憚如此

冊府元龜

巡按福建監察御史臣李嗣京　訂正

知閩縣事臣　曹𠕋臣叅閲

知建陽縣事臣　黄國琦較釋

將帥部三百九十三

威名第二

北齊万俟雒字受雒于從高祖與西魏戰于河陰諸軍北渡雒以軍不動謂西人曰万俟受雒于在此能來可來也西人畏而去高祖以雄壯名其所營地爲廻雒城雒慷慨有氣節勇鋭冠時當世推爲名將

李宻爲襄州刺史在州十餘年甚得安邊之術威信聞於外境高祖頻降手書勞問并賜口馬

慕容紹宗東魏末爲徐州刺史侯景叛紹宗與大都督高岳等討之時景軍甚衆前後諸將往者莫不爲其所輕及聞紹宗與岳將至深有懼色謂其屬曰岳所部兵精紹宗舊將宜共慎之

王則爲三荆二襄南雍六州都督則有威武邊人畏服之

上黨王渙以文宣天保六年率衆送梁王蕭明還江南仍破東關斬梁時進裴之横等威名甚盛

盧潛在淮南十二州任總軍民太尉大樹風績甚爲陳主所憚陳主與其邊將書云盧潛猶在壽陽聞其何當還北此虜不死方爲國患卿宜深備之

高昂爲軍司大都督統七十六都督時鮮卑共輕中華朝士惟憚服於昂

東方老爲南益州刺史領宜陽太守頻爲二郡出入數年境接群蠻又隣西敵至於攻城野戰率先士卒屢以少制衆西人憚之

斛律光爲大將軍左丞相與祖珽穆提婆不協誣光謀反殺之光自結髪從戎未嘗失律深爲隣敵所懾

憚罪既不彰一旦屠滅朝野痛惜之周武帝聞光死大喜赦其境内後入鄴追贈柱國公指詔書曰此人若在朕豈能至鄴初宜陽之役光謂周人曰歸我七年人不能取爾十倍周人即歸之在西境築定誇諸城馬上以鞭指畫所取地皆如其言拓地五百里而未嘗伐功

獨孤永業爲雒州刺史行臺尚書周人寇雒州永業每先鋒以寡敵衆周人憚之武成河清末徵爲太僕卿以乞伏貴和代之於是西境蹙弱河雒人情騷動傅伏爲東雍州刺史後降于周周帝謂後主曰朕前

三年教習兵馬決意往取河陰正爲傅伏能守城不可動是以收軍而退公當時賞授何其薄也賜伏金酒

後周李弼魏末爲爾朱天光別將從天光西討破万俟醜奴弼嘗先鋒陷陣所向披靡賊咸畏之皆曰莫當李將軍

蔡祐爲平東將軍與齊神武戰於邙山祐時著明光鐵鎧所向無前敵人咸曰此是鐵猛獸也皆遽避之

獨孤信魏末爲隴右十一州大都督秦州刺史信有奇謀大略太祖初啓霸業唯有關中之地以隴右形

勢故委信鎮之既爲百姓所懷聲震鄰國東魏將侯之南奔梁也魏收爲檄梁文矯稱信據隴右不從宇文氏乃亡爲關西之憂欲以威梁人其爲鄰國所重如此

韓果魏末爲帥都督從大軍破稽胡於北山胡地險阻人跡罕至果進兵窮討散其種落稽胡憚果勁健號爲着翅人太祖聞之笑曰着翅之名寧减飛將

韋瑱爲瓜州刺史胡人畏威不敢爲寇公私安靜夷夏懷之

陸騰爲隆州總管蠻獠反所在蜂起山路險阻難得掩襲騰遂量山川形勢隨便開道蠻獠畏威承風請服所開之路多得古銘並是諸葛亮桓溫舊道

王德從太祖征伐累有戰功河渭間種羌屢叛以德有威名拜河州刺史群羌率服

怡峯爲車騎大將軍與諸將征討每皆克捷沈毅有膽得士卒心當時號爲驍將

達奚寔爲大行臺郎中鎮潼關及潼關失守卽與大都督楊山武拒魏於關東魏人甚憚之

陳忻爲驃騎大將軍時東魏爲徐州刺史獨孤永業號有智謀往來境上倚伏難測忻與韓雄等嘗令間

諜觀其動靜齊兵每至輒擊破之故永業深憚忻等不敢爲寇

王軌爲上大將軍解徐州之圍擒陳將吳明徹遂爲徐州總管執性嚴重善謀畧兼有呂梁之捷威振敵境陳人甚憚之

于翼爲幽州總管先是突厥屢爲寇掠居民失業翼素有威武兼嚴斥候自是不敢犯塞百姓安之

楊標爲建州刺史鎮車箱及齊神武圍玉壁乃命侯景趣齊子嶺標恐入寇邵郡率騎禦之景聞標至斫木斷路者六十余里猶驚而不安遂退還河陽其見

慴如此

裴寬爲車騎大將軍鎮孔城十三年與齊雒州刺史獨孤永壽相對永業有計謀多譎詐若聲言春發秋乃出兵或掩蔽消息倏忽而至寬每揣知其情出兵邀擊無不克之永業嘗戒其所部曰但好慎孔城自外無足慮其見慴如此

裴孝仁爲長寧鎮將扞禦齊人甚有威邊之畧

梁士彥以軍功拜儀同三司武帝將有事東夏聞其勇決自扶風郡守除九曲鎮將進位上開府封建威縣公齊人甚慴之

宇文神舉自京兆尹出爲熊州刺史齊人慴其威名

後周崔弘度説之子襲爵爲安平縣公至隋開皇初爲襄州總管弘度素貴御下嚴急所在令行禁止盜賊屏跡後梁蕭琮來朝帝以弘度爲江陵總管鎮荆州陳人慴之不敢窺境

隋源雄初仕後周爲朔州總管突厥有來寇掠雄輒捕斬之深爲北夷所慴

韓擒虎有文武才用夙著威名爲廬州總管委以平陳之任甚爲敵人所慴陳平後突厥來朝高祖謂之曰汝聞江南有陳國天子乎對曰聞帝命左右引突厥詣擒虎前曰此是執得陳國天子者擒虎厲然顧之突厥惶恐不敢仰視其有威容如此

楊素爲行軍元帥伐陳率水軍東下舟艫被江旌甲曜日素坐平乘大船容貌雄偉陳人望之曰清河公即江神也清河素所封郡

長孫晟爲秦州道行軍總管取晉王節度出討突厥達頭晟追之斬首千餘級王别晟同宴有突厥達官來預坐説言突厥之内大畏長孫總管聞其弓聲爲霹靂見其走馬稱爲閃電王笑曰將軍震怒威行域外遂與雷霆爲比一何壯哉師旋授上開府儀同三

司

魚俱羅爲豐州總管初突厥數入境爲寇俱羅輒擒斬之自是突厥畏懼屏跡不敢畜牧於塞下

杜彥爲雲州總管突厥來寇彥輒擒斬之北夷畏慴胡馬不敢至塞後爲朔州總管突厥復寇雲州高祖令楊素擊走之是後猶恐爲邊患以素爲突厥所慴復拜雲州總管

李寬驍勇善戰幹畧過人自周及隋數經將領至柱國蒲山郡公號爲名將

李克開皇中頻以行軍總管擊突厥有功後爲朔州

總管甚有威名爲虜所憚
賀婁子幹爲上大將軍開皇中虜寇泯洮二州子幹以行軍總管勒兵赴之賊聞而遁去高祖以子幹曉習邊事授榆關總管十鎭諸軍事歲餘拜雲州刺史甚爲虜所憚
史萬歲爲河内刺史開皇末突厥達頭可汗犯塞帝令晉王廣及楊素出靈武道漢王諒與萬歲出馬邑道萬歲率柱國張定弘大將軍李藥王楊義臣出塞至大斤山與虜相遇達頭遣問曰隋將爲誰候騎報史萬歲突厥復問曰得非敦煌戍卒乎先是萬歲除名配敦煌爲戍卒每與戍主同行輒入突厥數百里名讐北夷

戍候騎曰是也達頭聞之懼而引去萬歲馳追百餘里乃反擊大破之斬數千級逐北入磧數百里虜遁而還
吐萬緒爲青州總管頗有治名歲餘突厥寇邊朝廷以緒有畧徙爲朔州總管甚爲北夷所憚
楊武通數以行軍總管討西南夷有功拜左武衛大將軍時黨項羌屢爲邊患朝廷以其有威名歷岷蘭二州總管以鎭之
來整榮國公護兒之子爲武賁郎將尤驍勇善撫士衆討擊群盜所向皆捷諸賊甚憚之爲作歌曰長白山頭百戰場十十五五把長鎗不畏官軍千萬衆只畏榮公第六郎
陰世師拜張掖太守先是吐谷渾及黨項羌屢爲侵掠世師至郡有來寇者親自捕擊輒擒斬之深爲戎狄所憚
元胄歷豫亳等州刺史開皇中突厥屢爲邊患朝廷以胄素有威名拜靈州總管北夷甚憚之
韓僧壽以行軍總管擊突厥於雞頭山破之後爲蔚州刺史突厥甚憚之
達奚長儒爲夏州總管六州方鎭都將事匈奴憚之

不敢窺塞
賀若誼爲涇州刺史時突厥屢爲邊患朝廷以誼素有威名拜靈州刺史誼時年老而筋力不衰猶能重鐙上馬爲夷狄所憚
李崇爲幽州總管突厥犯塞崇輒破之奚霫契丹等懾其威畧爭來内附
王辯爲武賁郎將賊帥郝孝德孫宣雅時季康實建德魏刀兒等往往屯聚大至十萬小至數千寇掠河北辯進兵擊之所在皆捷爲群賊所憚
唐闞稜齊州人隋末杜伏威據有江淮之地署稜爲

左將軍從伏威入朝拜左領軍將軍遷越州都督及輔公祏僭號稜從軍討之與陳正通相遇陣方接稜脫兜鍪謂賊衆曰汝不識我邪何敢來戰其衆多稜舊之所部縣是各無鬭志或有還拜者

李大恩爲代州總管率兵鎮鴈門突厥頡利可汗與苑君璋尋率兵圍之大恩拒戰賊遂敗走俄而突厥復以盛兵來寇大恩遣刺史王孝基出戰一軍皆没賊進圍崞縣大恩衆寡不敵據城自守賊憚其勇亦不敢逼月餘引兵而去

河間王孝恭高祖武德中歷總大藩專制方面及平

輔公祏之後吴楚剋定閩越服從威名大盛

李靖武德中副河間王孝恭平蕭銑輔公祏後爲東南道行臺兵部尚書高祖每云李靖是蕭銑輔公祏膏肓古之名將韓白衛霍豈能及也

程名振貞觀末爲平壤道行軍總管前後攻沙卑城破獨山陣皆以少擊衆稱爲名將

薛仁貴高宗顯慶中與辛文陵破契丹於黑山上元中坐事徙象州會赦歸高宗思其功尋召拜右領軍衞將軍檢校代州都督又率兵擊突厥元珍等於雲州斬首萬餘級獲生口二萬餘人駝馬牛羊二萬餘頭賊聞仁貴復起爲將素憚其名皆奔散不敢當之

黑齒常之開耀年爲河源軍副使在軍七年吐蕃深畏憚之不敢復爲邊患

程務挺則天文明中爲左武衛大將軍單于道安撫大使督軍以禦突厥務挺善於綏禦威信大行偏裨已下無不盡力突厥甚憚之相率遁走不敢近邊及則天就軍斬之籍沒其家突厥聞務挺死所在宴樂相慶仍爲務挺立祠每出師攻戰即祈禱焉

唐休璟聖曆中爲涼州都督假節隴右諸軍州大使久視元年吐蕃大將麴莽布支率衆數萬屯於洪源

谷將圍昌松縣休璟以奇兵出其不意掩擊大破之斬首三千餘級是後吐蕃使朝宴于大極殿屢覘視休璟則天問其故對曰往歲洪源戰時此將軍雄猛無比殺臣將士甚衆故欲識之則天益加歎異降璽書勞勉擢拜右武衛大將軍

賀蘭進明玄宗天寶中爲北海太守本郡招討使祿山亂進明訓兵千人引之渡河以張平原之勢收河北郡縣賊徒振懼朝廷壯之

來瑱爲潁川郡太守充招討使肅宗以瑱有武畧尤加任委遷兼御史大夫比收河雒屢挫賊鋒賊頻來

攻皆爲瑱所敗賊等懼之號爲來嚼鐵

郭子儀爲中書令領河東副元帥河中節度鎮河中代宗永泰元年僕固懷恩率諸蕃雜虜及山賊任敷鄭庭郝德劉開元等三十餘萬南寇先後數萬人略同州期自華陰趨藍田以扼南路懷恩率重兵殿其後京師震恐急徵子儀子儀至涇南而虜已合子儀大軍僅萬人而雜虜圍之數重子儀使李國臣高昇拒其東魏楚王當其南陳廻光當其西朱元宗當其北子儀率甲騎三千出没於左右前後虜見而問曰此誰也報曰郭令公廻紇曰令公存乎僕固懷恩謂

吾天可汗已棄四海令公殂謝中國無主故從其來今令公存天可汗存乎子儀報曰皇帝萬壽無疆廻紇皆曰懷恩欺我子儀使喻之曰公等頃年遠涉萬里剪除兇逆恢復二京是時子儀與公等周旋艱難何日可忘今忽棄舊好助一叛臣何其謀也且僕固懷恩棄君忘親於公等何有廻紇曰謂令公没矣不然何以及此令公誠在安得而見之子儀將出諸將皆曰戎狄不可信也請無往子儀曰虜有數十倍之衆今力不敵奈何且至誠感神況虜輩乎諸將曰請選鐵騎五百爲從子儀曰此適足爲害也乃傳呼曰令公來虜初疑皆持滿注目以待之子儀乃以十數騎徐出免胄而勞之曰安乎久同忠義何至於是廻紇皆捨兵降馬拜曰是吾父也子儀招首領等飲以酒與之重錦歡言如初子儀性忠信事上誠盡田承嗣方跋扈狠傲無禮子儀嘗遣使至魏州承嗣輒望拜之指其膝謂使者曰茲膝不屈於人若干歲矣今爲公拜李靈曜據汴州公私財賦皆遏絶獨子儀封幣經其境莫敢留必持兵衛送其爲豺虎所服如此

李光弼爲江北副元帥議者稱自艱難已來唯光弼行軍治戎沉毅有籌畧將帥中第一後爲河南淮南

山南東道荆南等道副元帥出鎮臨淮時田神功平劉展後逗留於揚府尚衡殷仲卿相攻於兖鄆來瑱旅拒於襄陽朝廷患之及光弼輕騎至徐州史朝義退走田神功遽歸河南尚衡殷仲卿來瑱皆懼其威名相繼赴闕

崔寧蜀之偏將初蜀郊山賊擁絶不通道代宗憂之嚴武薦寧爲利州刺史既至山賊遁散繇是有名

辛雲景大曆中爲太原節度廻紇恃舊勳知朝廷優容之每入我界必肆貪狠之性至太原雲景以戎狄之道待之虜畏雲景莫不惕息數年間太原大理無

烽警之虞

段秀實大曆末爲四鎭北庭行軍涇原鄭潁節度使三四年間吐蕃不敢犯塞

陽惠元德宗建中初爲神策京西兵馬使忠勇果毅多權畧稱爲名將

張萬福建中初以和州刺史宿衛李正巳反將斷江淮路令兵守埇橋渦口江淮進奉船千餘隻泊渦口下不敢過德宗以萬福爲濠州刺史召見謂曰先帝改卿名正者所以表卿也朕以爲江淮草木亦知卿威名若從先帝所改恐賊不知是卿身也復賜名萬

福慰遣之萬福馳至渦口立馬岸上發進奉船淄青兵士倚岸睥睨不敢動諸道船繼進改泗州刺史

李晟興元初爲神策軍使與河中節度使李懷光同討朱泚每將合戰必自異衣錦裘繡帽前行親自指導懷光望見惡之乃謂晟曰將帥當持重豈自表飾以啗賊也晟曰晟久在涇原軍士頗相畏服故欲令其先識以奪其心爾及其克京城至于白華忽有賊騎千餘出於官軍之背晟以麾下百餘騎馳之左右呼曰相公來賊聞之驚潰及爲四鎭北庭行營副元帥吐蕃相尚結贊頗多詐謀尤惡晟乃相與議云唐之名將李晟與馬燧渾瑊爾不去五人必爲我憂乃行反間遣使因馬燧以請和旣請和卽請盟復欲因盟以虜瑊因以賣燧

馬燧興元初爲河東節度領晉慈隰節度兵馬副元帥德宗詔燧及渾瑊駱元光同討李懷光於河中燧與渾瑊駱元光韓遊瓌合軍次于長春宮懷光遣驍將徐廷光以精卒六千守城兵械甚嚴燧度長春不下則懷光自固攻之則曠日持久死傷必甚乃挺身至城下呼廷光廷光素懼燧威名則拜於城上

李觀貞元初爲右龍武將軍四鎭北庭行營副元帥

李晟表爲涇原節度使吐蕃深畏之

郝玼貞元中爲臨涇鎭將勇敢無敵聲振虜廷後爲涼州刺史玼出自行間前無堅敵在邊三十年每戰得蕃俘必刳剔而歸其屍蕃人畏之如神贊普下令國人曰有生得郝玼者賞之以等身金蕃中兒啼者呼郝名以懼之十三年簡較右散騎常侍渭州刺史御史大夫充涇原行營節度平涼鎭遏都知兵馬使封保定郡王吐蕃畏其威紀綱欲圖之朝廷慮失驍將移授慶州刺史竟終牖下

李景略貞元中爲侍御史豐州刺史西授降城使豐

州北抵廻紇廻紇發使來中國又其通道前爲刺史者多懦弱虜使至則敵禮抗坐時廻紇遣梅録將軍隨中官薛盈珍入朝景略思以氣制之郊迎傳言欲先見中使梅録初未喻景略既見盈珍乃使人謂梅録曰知可汗初殞欲申弔禮乃登高壠位以待之梅録俯僂前而哭景略因撫之曰可汗棄代助爾號慕虜之驕容盛氣索然盡矣遂以父行呼景略自此廻紇使至景略皆坐拜之于庭中繇是甚有威名後爲河東節度李說行軍司馬廻紇使梅録將軍入朝說置宴會有梅録爭上下坐說不能遏景略叱之梅録

前過豐州者也識景略語音疾趨前拜曰非豐州李端公耶不意在此不拜麾下久矣何其瘠也又再拜遂命之居次坐將吏賓客顧景略皆嚴憚

王佖貞元中爲神策將軍吐蕃寇涇原佖伏卒擊向結贊幾獲之繇是深爲所畏

范希朝貞元中爲振武節度使畏蕃雖鼠竊狗盜必殺無赦戎虜甚憚之曰有張光晟苦我久矣今聞是乃更姓名而來其見畏如此積十四年皆保塞而不爲橫希朝自近代號爲名將人多比之趙充國

段佑貞元末爲涇原節度使練卒保邊爲西蕃畏憚

劉澭貞元末爲保義軍節度隴右經略等使蕃戎畏之不敢爲寇

郗士美以憲宗元和初爲昭義節度使討王承宗于時四面七八鎮聚兵十餘萬士美兵事最理威聲甚振承宗大懼指期有破亡之勢會詔班師至今兩河間稱之

野詩良輔元和中爲鳳翔大將與靈武大將史敬奉涇原將郝玼各以名雄邊上吐蕃嘗謂漢使曰唐國旣與大蕃和好何妄語也問曰何謂妄語曰若不妄語何因遣野詩良輔作隴州刺史其畏憚如此

裴度以穆宗長慶二年自河東節度除東都留守至闕又以度爲司空平章事充淮南節度使初度發太原中途得朱克融王廷湊復書皆許退兵度不敢發以其書奏穆宗穆宗喜因遣中使宣慰克融并廷湊入深州取牛元翼又令先於途中命度更發書與廷湊度書因言朝謝後即歸留務中使見書慮廷湊知度東歸無兵權即背前約遽請度易其卽歸之辭并上其書草穆宗方憂深州之圍得度前後書喜甚及度至又自有以悟帝恩待益至故復得兵符

段文昌爲西川節度使同平章事文昌少在西蜀素

熟蜀人情至是用寬政嚴靜有斷蠻夷畏服長慶二年雲南寇黔中觀察使崔元畧上言朝廷憂之不及乃詔報文昌文昌走一介之使以遏之蠻寇遂退

薛平爲平盧軍節度使敬宗寶曆元年五月加撿較左僕射兼戶部尚書不踰月復撿較司空初元和十四年誅李師道分其地爲三鎮其一淄青齊登萊五州平領之及長慶元年幽鎮叛杜叔良統横海全軍討伐不勝棣州爲賊所窘朝廷乃委平以偏師援棣州平即遣將李叔佐以兵五百救之居數月刺史王稷餽給稍薄兵士怨怒叔佐不能戢宵潰而歸仍推

突將馬狼兒爲帥行及青城鎮刼鎮將李自勸并其衆以至傅昌鎮復刼其鎮兵共得七十餘人徑取青州城城中兵少力所不敵平悉府庫并家財厚賞二千精卒逆擊之仍先以騎兵掩其家屬輜重賊衆惶惑反顧因大敗狼兒與其同惡十數輩脫身竄匿餘黨降稍後者猶斬於鞠場其明日狼兒亦就擒戮繇是遠近畏服平之威畧平在鎮六周歲兵甲犀利并賦均一至是入覲百姓遮道乞留數月乃得出時人以爲近日節制罕有平比

張仲武爲幽州節度大破回鶻烏介可汗繇是威加北狄

李罕之信宗末爲河南尹每討賊無不擒之嘗縱兵于蒲降之地有山日摩雲土人設堡於上號摩雲寨前後不能攻取罕之至則下焉自此目爲李摩雲

梁王重師唐僖宗文德中董左右長劒軍太祖伐上蔡重師力戰有功及討兖鄆擢爲都指揮使重師枕戈擐甲五六年於齊魯間凡經百餘戰繇是威振敵人

王彥章累典禁兵從太祖征伐所至有功嘗持鐵鎗衝堅陷陣敵人畏之目之爲王鐵鎗後唐莊宗初爲

晉王聞彥章授招討使自魏州悉赴河以備衝突至則德勝南城已爲所拔晉王嘗曰此人可畏當避其鋒一日晉王領兵廹潘張寨大軍隔河未能赴援彥章援槍登舩比舟人解之招討使賀瓌止之不可晉王聞彥章至抽軍而退其驍勇如此

牛存節開平中爲鄆州節度使慷慨有大節野戰壁守皆其所長威名聞於境外

謝彥章以末帝貞明中爲排陣使賀瓌爲北面招討使與彥章同領大軍駐於行臺寨與晉人對壘彥章時領騎軍與之挑戰晉人或望我軍行陣整肅則相

謂曰必兩京太傅在此也不敢以名呼其爲敵人所憚如此是時咸謂賀瓌能將步軍彥章能領騎士後彥章爲賀瓌疑之會爲行營馬步都虞候朱珪所誣瓌遂與珪協謀因享士伏甲以殺彥章及僕州刺史孟審澄別將侯溫裕等於軍因謀叛聞晉人聞之喜曰彼將帥如是亡無日矣審澄溫裕亦善將騎軍然所領不過三千騎多多益辦唯彥章有焉

後唐史建瑭爲招德軍較梁將李思安之圍上黨也建瑭爲前鋒與總管周德赴援時汴人夾城深固援路斷絕建瑭日引精騎設伏擒生夜犯汴營驅斬千

計敵人不敢蒭牧皆相戒曰宜避史先鋒

周德威小字陽五從武皇爲內衙軍副光化二年三月汴將氏叔宗率衆逼太原有陳章者以驍勇知名衆謂之夜乂言於叔宗曰晉人所恃者周陽五願擒之請賞以郡陳章嘗乘驄馬朱甲以自異武皇戒德威曰我聞陳夜乂欲取爾求郡宜善備之德威曰陳章大言未知鹿死誰手他日致師戒部下日如陣上見陳夜乂爾等但走德威微服挑戰部下僞退陳章縱馬追之德威背揮鐵撾擊墮馬生擒以獻繇是知名德威身長面黑笑不改容凡對敵列陣凜凜然有肅殺之風中興之初號爲名將及其歿也人皆惜之

符存審少在軍中識機知變行軍出師法令嚴明決策制勝動無遺悔功名與周德威相匹皆近代之良將也

安金全爲騎將時梁國未平兩軍對壘汴之游騎每出必爲金全所獲故賊之偵邏者咸懼之目爲五道蓋比陰鬼將有五道之名以取人命故也

夏魯奇初在梁事王彥章爲軍吏與主將不協遂歸于莊宗以爲護衛指揮使故城之戰軍中識魯奇皆憚之曰此乃夏七也北師嘗言王彥章驍勇畏之魯

奇曰王鐵鎗膽如芥子吾最知之無足可畏

晉李承約初仕後唐爲黔南節度使數年之間巴邛蠻蜑不敢犯境

漢朱漢賓爲安州節度使至郡朞年敵不敢犯一境賴之

周安審暉仕晉爲鄧州節度晉祖幸鄴安重榮據常山起兵襄陽帥安從進與之連謀南北俱起從進率襄漢之衆攻南陽州無城壁僅守署衙而已賊逼城下審暉登陴召賊帥而讓之以審暉家世戰將聞其言愧畏而去從進不能止二安平就加太尉　終

冊府元龜

巡按福建監察御史臣李嗣京　訂正

知甌寧縣事臣孫以敬叅閱

知建陽縣事臣黄國琦較釋

將帥部　五十五

勇敢

夫勇敢强有力者聖王之所貴也天下有事用之於戰勝則無敵矣是故爲三軍之帥專四征之任也非抗威奮厲孔武有力何以率乎下非致師當寇先登敢死何以成其功哉歷代而下當其任者固有英果

邁衆臨敵賈勇冒矢石而靡憚袨金華而無厭推鋒陷刃雄呼直盪用能摧堅陣破勍寇扶危紓難樹動揚烈圖鍾鼎而不朽載策府而垂裕詩曰舍命不渝傳曰率義之謂勇蓋與夫暴虎憑河死而無悔者異矣

高固齊大夫也魯成公二年齊師師會晉師及齊侯戰於鞌 鞌齊也 高固入晉師桀石以投人 桀擔 禽之而乘其車 既獲其人因釋己車而載所獲者車 繫桑木焉以徇齊壘 將至齊壘以桑樹擊車而走以自異 曰欲勇者賈余餘勇 賈買也言己勇有餘故賣也

解張晉大夫鞌之戰郤克御齊侯逢丑父爲右晉解張御郤克鄭丘緩爲右齊侯曰余姑翦滅此而朝食 姑且也翦盡也 不介馬而馳之 介甲也 郤克傷於矢流血及屨未絶鼓音 中軍將自旗鼓故雖傷而擊鼓不息 曰余病矣張侯曰自始合矢貫余手及肘余折以御左輪朱殷豈敢言病吾子忍之 張侯解侯也朱血色血色久則殷殷音近烟今人謂赤黒爲殷色言血多汚車輪御猶不敢言 緩曰自始合苟有險余必下推車子豈識之然子病矣 以其不識已推車 張侯曰師之耳目在吾旗鼓進退從之此車一人殿之可以集事 殿鎮也集成也 若之何其以病敗君之大事也擐甲執兵固卽死也 擐貫也卽就也 病未及死吾子勉之左并轡右援枹而鼓而馬逸不能止師

從之 晉師從郤克車 齊師敗績逐之三周華不注 華不注山名

孟孺子速魯人也襄公十六年秋齊侯圍成 成魯孟氏邑戴晉故伐魯 孟孺子速徼之 孟獻子之子莊子速也徼要也 齊侯曰是好勇去之以爲之名速遂塞海陘而還 海陘魯隘道

渉佗晉大夫魯定公十年晉趙鞅圍衛報夷儀也 齊爲衛伐晉夷儀故伐衛以爲報 初衛侯伐邯鄲午於寒氏 邯鄲廣平縣也午晉邯鄲大夫寒氏卽五氏也 城其西北隅而守之宵熸 午衆宵鼓 及晉圍衛午以徒七十人門於衛西門殺人於門中曰請報韓氏之役 衛閉門與午鬭 渉佗曰夫子則勇矣然我往必不敢啓門亦以徒七十人但門焉步左右皆至而立如

檻至其門七步行左右然後立待如立木不動示整日中不啟門乃退
冉求魯人哀公十一年齊國書帥師伐魯孟孺子洩
帥右師冉求帥左師戰于郊獲甲首八十冉求所得齊人
不能師其師不得整宵諜曰齊人遁諜周也冉有請從之三
季孫弗許冉有用矛於齊師故能入其軍孔子曰義
也言能以義勇冉有冉求也
彌庸吳王孫也魯哀公十三年越子伐吳爲二隧隧道
也疇無餘謳陽自南方二子越大夫先及郊吳太子友王
子地王孫彌庸壽於姚自泓上觀之觀越師泓水名彌庸見
姑蔑之旗姑蔑越地今東陽大末縣彌庸父爲越所獲故姑蔑人得其旌旗曰吾父
冊府元龜將帥部勇敢　卷之三百九十四　三
之旗不可以見讎而弗殺也大子曰戰而不克將亡
國請待之彌庸不可屬徒五千屬會也王子地助之戰
彌庸獲疇無餘地獲謳陽
荀瑤晉大夫智伯襄子也魯哀公二十三年荀瑤伐
齊荀瑤荀躒之孫智伯襄子齊高無丕帥師禦之智伯視師馬駭
遂驅之曰齊人知余旗其謂余畏而反也及壘而還
戰于犁丘犁丘濕也齊師敗績知伯親擒顏庚顏庚齊大夫顏涿聚
漢黥布六人六人縣名陳章邯之滅陳勝布引兵擊秦左
右較破之引兵而東擊景駒秦嘉等布嘗冠軍言其驍勇
爲衆軍之㝡

樊噲初號武威君時沛公從百餘騎因項伯面見項
羽謝無有閉關事項羽既饗軍士中酒飲酒之中也不醉不醒故謂之中亞父欲謀殺沛公令項莊拔劍舞坐中欲擊沛
公項伯嘗屏蔽之時獨沛公與張良得入坐樊噲居
營外聞事急迺持盾入初入營營衛止噲營衛謂營壘之守衛者噲直撞入立帳謂以以盾撞撞擊人項羽目之問謂誰張良
日沛公參乘樊噲也項羽曰壯士賜之卮酒彘肩噲
既飲酒拔劍切肉食之項羽曰能復飲乎樊噲曰臣
死且不辭豈特卮酒乎且沛公先入定咸陽暴師霸
上以待大王時項羽未爲王故云以待將軍大王今日至聽小人之
冊府元龜將帥部勇敢　卷之三百九十四　四
言與沛公有隙臣恐天下解心疑大王也項羽默然
沛公如廁麾噲去既出沛公留車騎獨騎馬噲等四
人步從從山下走歸霸上軍而使張良謝項羽亦因
遂已已止也無誅沛公之心
曹參沛人也高祖爲沛公參以中涓從攻轅戚及亢
父先登比救東河擊章邯軍陷陣
夏侯嬰爲太僕從擊陳豨黥布軍陷陣卻敵
周勃沛人也高祖爲沛公初起勃以中涓從攻胡陵
下方與方與戰卻敵又下下邑先登擊章邯車騎殿
攻齧桑先登殿之言填也謂鎮軍后以扞敵勃擊破章邯之殿兵也殿音丁見切酈商

以將軍從擊燕王臧荼戰龍脫地名在燕趙之地先登陷陣破荼軍易下易縣也卻敵又從擊黥布攻其前垣垣方陣也陷兩陣得以破布軍

李廣爲上郡太守匈奴侵上郡景帝使中貴人從廣內臣之貴幸者勒習兵擊匈奴中貴人者將數十騎從將數十騎自隨在大軍前行而忽遇敵也見匈奴三人與戰射傷中貴人殺其騎且盡中貴人走走趨也廣曰是必射鵰者也鵰大鷙鳥也一名鷲黑色翮可以爲箭羽廣乃從百騎往馳三人疾馳逐之也三人無馬步行行數十里廣令其騎張左右翼旁引其騎若鳥翼然而廣身自射彼三人者殺其二人生得一人果匈奴

射鵰者也後爲郎中令將四千騎出右北平博望侯張騫將萬騎與廣俱異道行數百里匈奴左賢王將十萬騎圍廣廣軍士皆恐廣乃使其子敢往馳之敢從數十騎直貫胡騎出其左出其右而還報廣曰胡虜易與爾軍士乃安爲圜陣外鄉胡急擊矢下如雨漢兵死者過半漢矢且盡廣乃令持蒲毋發注矢於弓弩而引滿之不發矢也而廣身自大黃射其裨將黃肩弩郎黃閒也大黃其大者也殺數人胡虜益解會暮吏士無人色言懼甚而廣意氣自如自如猶云如舊益治軍整部曲正行陣也軍中服其勇也明日復力戰而博望侯亦至匈奴乃解去

霍去病大將軍衛青姊少兒之子再從大將軍受詔予壯士爲嫖姚校尉與輕勇騎八百直棄大將軍數百里赴利斬捕首虜過當言計其所將人數則捕首虜爲多過於當也一曰漢軍失士者少而殺獲匈奴數多故曰過當也

李陵廣之孫武帝以爲陵有廣之風使將八百騎深入匈奴二十餘里過居延視地形不見虜還拜爲騎都尉

趙充國爲人沉勇有大畧武帝時以假司馬從貳師將軍擊匈奴大爲虜所圍漢軍乏食數日死傷者多充國迺與將士百餘人潰圍陷陳貳師引兵隨之遂

得解身被二十餘創貳師奏狀詔徵充國詣行在所武帝親視創嗟歎之

辛慶忌爲校丞隨長羅侯常惠屯兵烏孫赤谷城與歙侯戰歙即翕字也歙侯烏孫官名陷陣卻敵

後漢王常爲漢中將軍從光武進攻下邳常部當城門戰一日數合及賊走入城常追迫之城射矢雨下帝從百餘騎自城南高處望常戰力甚馳遣中黃門詔使引還賊遂退

來歙爲中郎將與征虜將軍祭遵襲畧陽遵道病還分遣精兵隨歙合二千餘人伐山開道從番須回中

番須回中並地名番音盤武帝元封四年幸雍通回中道前書音義曰回中在汧汧今隴州汧源縣也徑至略陽斬隗囂守將金梁因保其城囂大驚曰何其神也

張宗爲偏將軍從鄧禹軍到栒邑赤眉大衆且至禹以栒邑不足守欲引師進就堅城而衆人多畏賊追憚爲後拒禹乃書諸將名於竹簡署其前後亂著笥中令各探之宗獨不肯探云死生有命張宗豈辭難就逸乎禹歎息謂曰將軍有親弱在營奈何不顧宗曰愚聞一卒畢力百人不當萬夫致死可以横行宗今擁兵數千以承天威何遽知其必敗乎遂留爲後

拒諸營既引兵宗方勒厲軍士堅壘以死當之禹到前縣議曰以張將軍之衆當百萬之師猶以小雪投沸湯雖欲戮力其勢不全也乃遣步騎二千人反還迎宗宗引兵始發而赤眉卒至宗與戰卻之乃得還營於是諸將服其勇還到長安夜將鋭士入城襲赤眉中矛貫髀又轉攻諸營堡爲流矢所激皆幾至於死

馮異爲征虜將軍時隗囂死其將王元周宗等復立囂子純猶總兵據冀光武復令異行天水太守事與諸將共攻冀不能拔欲且還休兵異固持不動常爲衆軍鋒

賈復爲都護將軍從光武擊青犢於射犬大戰至日中賊陳堅不卻光武傳召復曰吏士皆饑可且朝飯復曰先破之然後食爾於是被羽先登所向皆靡賊乃敗走諸將咸服其勇又北與五校戰於真定大破之復傷創甚光武大驚曰我所以不令賈復别將者爲其輕敵也果然失吾名將復病尋愈追及光武於薊相見甚懽大饗士卒令復居前擊鄴賊破之復從征伐未嘗喪敗數與諸將潰圍解急身被十二創帝以復敢深入希令遠征而壯其勇節常自從之故復少方面之勳吳漢擊蜀未破復上書請自助上不遣

吳漢光武即位拜爲大司馬常脩弓戰之具每當出師朝受詔即引道初無辦嚴之日嚴即裝也

陳俊爲安集掾從光武擊銅馬於清陽進至蒲陽拜彊弩將軍與五校戰於安次俊下馬手接短兵所向必破追奔二十餘里斬其渠帥而還光武望而歎曰戰將盡如是豈有憂哉

臧宮初爲較尉從光武征戰諸將多稱其勇及至河北以爲偏將軍從破群賊數陷陣卻敵後爲輔威將軍討公孫述於蜀前後收得節五印綬千八百是時大司馬吳漢亦乘勝進營逼成都宮連屠大城兵馬

旌旗甚盛乃乘兵入小雒郭門歷成都城下至吳漢營飲酒高會漢見之甚懼謂宮曰將軍何者經虜掠下震揚威靈風行電照然窮寇難定還營願從它道矣宮不從復路而歸賊亦不敢近之

耿弇爲大將軍從光武擊破銅馬高湖赤眉青犢又追尤來大槍五幡於元氏弇常將精騎爲軍鋒輒破走之後遷建威大將軍討張步鋒交乃自引精兵以橫突步陳大破之有飛矢中弇股以佩刀截之左右無知至暮罷明旦復勒兵出大戰自旦及昏大破之殺傷無數

銚期爲偏將軍從光武擊王郎將兒宏劉奉於鉅鹿下期先登陷陣手殺五十餘人被創中額攝幘攝尤正也復戰遂大破之拜虎牙大將軍又從擊青犢赤眉於射犬賊襲期輜重期還擊之手殺傷數十人身被三創而戰方力遂破走之

祭遵爲征虜將軍與諸將入箕關南擊弘農厭新柏華蠻中賊弩中遵口洞出流血衆見遵傷稍引退遵呼叱止之士卒戰皆自倍遂大破之

祭彤爲遼東太守虜每犯塞彤常爲士卒先鋒數破走之

景丹爲偏將軍號奉義侯從光武擊王郎將兒宏等於南䜌兒音五分切郎兵迎戰漢軍退卻續漢書曰南䜌賊迎擊上營得上鼓車輜重數乘也丹等縱突騎擊大破之追奔十餘里死傷者縱橫丹還光武謂曰吾聞突騎天下精兵今乃見其戰樂可言邪

堅鐔爲揚化將軍與右將軍方脩徇南陽諸縣而堵鄉人董訢反宛城獲南陽太守劉驎鐔乃引兵赴宛選敢死士夜自登城斬關而入訢遂棄城走還堵鄉鄧奉復反新野攻破吳漢時萬脩病卒鐔獨孤絕南拒鄧奉北當董訢每急輒先當矢石身被三創以此

能全其衆

馬武爲振威將軍從擊尤來五幡等敗於慎水武獨殿還陷陣故賊不得追及進至安定次小廣陽武常爲軍鋒力戰無前諸將皆引而隨之故遂破賊又與建威大將軍耿弇西擊隗囂漢軍不利引下隴囂追急武選精騎還爲後拒身被甲持戟奔擊殺數千人囂軍乃退

馬援爲伏波將軍援嘗有病梁松來候之援不言松由是恨之及武威將軍劉尚擊武陵五溪蠻夷深入軍沒援因復請行時年六十二光武愍其老未許之

援自請曰臣尚能披甲上馬帝令試之援據鞍顧眄以示可用帝笑曰矍鑠哉是翁也 矍鑠勇貌也 遂遣援率中郎將馬武耿舒劉匡孫永等將十二郡募士及施刑四萬餘人征五溪

魯奇爲偏將軍時公孫述遣其將任滿田戎程汎將數萬人乘枋箄下江關擊破馮俊及田鴻李玄等遂拔夷道據荊門虎牙橫江水起浮橋闘樓立攢柱絕水道結營山上以拒南征大將軍岑彭數攻之不利於是裝直進樓船冒突露橈數千艘乃命軍中募攻浮橋先登者上賞於是偏將軍魯奇應募而前時天

風狂急彭奇船逆流而上直衝浮橋而攢柱鉤不得去 又云時天東風甚攢柱有其把鉤船不得去 奇等乘勢殊死戰因飛炬焚之風怒火盛橋船皆燒彭復悉軍順風並進所向無前蜀兵大亂

耿秉爲駙馬都尉明帝永平十七年詔與奉車都尉竇固合兵萬四千騎復出白山擊車師車師有後王前王前王即後王之子其庭相去五百餘里固以後王道遠山谷深士卒寒苦欲攻前王秉議先赴後王以爲并力根本則前王自服固計未決秉奮身而起曰請行前乃上馬引兵北入衆軍不得已遂進並縱兵抄掠斬首數千級收牛馬十餘萬頭遂降前後王定車師而還 秉性勇壯而簡易於是軍行常自披甲在前

梁慬孝殤延平初爲西域副校尉受詔當屯金城聞羌轉寇三輔迫近園陵即引兵赴擊之轉戰武功美陽閒慬臨陣被創不顧連破走之盡還得所掠生口獲馬畜財物甚衆羌遂奔散朝廷嘉之數璽書勞勉委以西方事令爲諸軍節度

李膺爲烏桓校尉時鮮卑數犯塞膺常蒙矢石每破之虜甚憚懾 謝承書曰膺嘗率步騎臨陣交戰被創流血進戰遂破寇斬首二千級

蓋勳靈帝中平中爲漢陽長史時叛羌圍護羌校尉

夏育於畜官勳與州郡合兵救育至狐槃爲羌所破餘衆百餘人爲魚麗之陳羌精騎夾攻之急士卒多死勳被三創堅不動乃指木表 表標也 曰必尸我於此句就種羌滇吾 句就羌別種也句音古侯切 素爲勳所厚乃以兵扞衆曰蓋長史賢人汝曹殺之者爲負天勳仰罵曰死反虜汝何知促來殺我衆相視而驚滇吾下馬與勳不肯上遂爲賊所執羌戎服其義勇不敢加害送還漢陽

馬騰字壽成靈帝末爲軍司馬先是涼州刺史耿鄙任信姦吏民王國等及氐羌反叛州郡募發民中有

勇力者欲討之勝在募中州郡異之署爲軍行事典
領部衆討賊有功
呂布爲奮威將軍布旣殺董卓卓部曲將李傕郭汜等復聚兵攻長安城汜在城北布開城門將兵就汜言且却兵但身決勝負汜布乃獨共對戰布以矛刺中汜汜後騎遂前救汜汜布遂各兩罷布歸袁紹紹與布擊張燕於常山燕精兵萬餘騎數千布常御良馬曰赤兎能馳城飛塹（時人語曰人中有呂布馬中有赤兎）與其健將成廉魏越等十數騎一日或至三四馳陳皆斬首而出連戰十數日遂破燕軍

公孫瓚爲遼東屬國長史嘗從數十騎出行塞下卒逢鮮卑數百騎瓚乃退入空亭約其從者曰今如奔走則死盡矣乃自持兩刃矛馳出衝賊殺傷數十人瓚左右亦亡其半遂得免
閻健行後名豔字彥明少有健名始爲小將隨韓約建安初與馬騰相攻擊騰子超亦號爲健行嘗刺超矛折因以折矛撾超項幾殺之
丁原爲執金吾麤略有勇善射受使不辭有警急追寇虜輒在前
魏曹仁爲督騎太祖征張繡仁別徇旁縣虜其男女二千餘人太祖軍還爲繡所追軍不利士卒喪氣仁率厲將士甚奮太祖壯之遂破繡後封都亭侯從太祖平荆州以仁行征南將軍留屯江陵拒吳將周瑜瑜將數萬衆來攻前鋒數千人始至仁登城望之乃募得三百人遣部曲將牛金逆與挑戰賊多金衆少遂爲所圍長史陳矯俱在城上望見金等垂沒左右皆失色仁意氣奮怒甚謂左右取馬來矯等共援持之謂仁曰賊衆盛不可當也假使棄數百人何苦而將軍以身赴之仁不應遂被甲上馬將麾下壯士數騎出城去賊百餘步迫溝矯以爲仁當住溝上爲金

形勢也仁徑渡溝直衝入賊圍金等乃得解衆未盡出仁復直還突之拔出金兵亡其數人賊衆乃退矯等初見仁出皆懼及見仁還乃歎曰將軍眞天人也三軍服其勇太祖益壯之轉封安平亭侯
李通爲征南將軍時蜀主劉備與周瑜圍曹仁於江陵別遣關羽絕北道通率衆擊之下馬拔鹿角入圍且前以迎仁軍勇冠諸將
張遼爲盪寇將軍從太祖征袁尚於鄴城卒與虜遇遼勸太祖戰氣甚奮太祖壯之自以所持麾授遼遂擊大破之斬單于蹋頓及陳簡梅成叛太祖討之簡

人潛山中有天柱山遼遂進軍斬簡成首太祖論功日登天山履峻險遼之功也贈封假節孫權率十萬衆圍合肥遼募其敢死者八百人登鋒陷陣大破之

于禁爲裨將軍從太祖還官渡與袁紹連營起土山相對紹射營中士卒多死傷軍中懼禁督守土山力戰氣益奮紹破授偏將軍

許褚爲都尉從太祖征張繡先登斬首萬計遷校尉又從討韓遂馬超於潼關其後太祖與遂超等單馬會語左右皆不得從唯將褚超會超負其力陰欲前突太祖素聞褚勇疑從騎是褚乃問太祖曰公有虎

侯安在太祖顧指褚褚瞋目眄之超不敢動乃各罷後數日會戰大破超等褚身斬首級遷武衛中郎將軍中以褚力如虎而癡故號曰虎癡

典韋拜司馬時太祖討呂布於濮陽布有別屯在濮陽西四五十里太祖夜襲比明破之未及還會布救兵至三面掉戰時布親自搏戰自旦至日昳數十合相持急太祖募陷陣韋先占將應募者數千人皆重衣兩鎧棄楯但持長矛撩戟時西面又急韋進當之賊弓弩亂發矢至如雨韋不視謂等人曰虜來十步乃白之等人曰十步矣又曰五步乃白等人懼疾言虜至矣韋手持十餘戟大呼起所抵無不應手倒者布衆退會日暮太祖乃得引去拜韋都尉引置左右將親兵數百人嘗繞大帳韋既壯武其所將皆選卒每戰鬭嘗先登陷陣遷爲校尉好酒飲食啖兼人每賜食於前大飲長歠左右相屬數人益乃供太祖壯之太祖征荊州至宛張繡迎降太祖甚悅延繡及其將軍置酒高會太祖行酒韋持大斧立後刃徑尺太祖所至之前韋輒舉斧目之竟酒繡及其將帥莫敢仰視後十餘日繡反襲太祖營太祖出戰不利輕騎引去韋戰於門中賊不得入兵遂散從他門並入時

韋校尚有十餘人皆殊死戰無不一當十賊前後至稍多韋以長戟左右擊一人入輒十餘矛摧左右死傷者畧盡韋被數十創短兵接戰賊前搏之韋雙挾兩賊擊殺之餘賊不敢前韋復前突賊殺數人創重發瞋目大罵而死賊乃敢前取其頭傳觀之覆軍就視其軀

孫觀爲青州刺史太祖從征吳於濡須口假節攻孫權爲流矢所中傷左足力戰不顧太祖勞之曰將軍被創深重而猛氣益奮不當爲國愛身乎轉振威將軍創甚遂卒

田豫文帝初爲護烏丸校尉烏丸王骨進桀黠不恭豫因出塞案行單將麾下百餘騎入進部進逆拜遂使左右斬進顯其罪惡以令衆衆皆怖慴不敢動便以進弟代進自是胡人破膽威震沙漠

夏侯霸淵之子淵爲蜀所害故霸常切齒欲有報蜀意文帝黄初中爲偏將軍子午之役霸召見爲前鋒進至興世圍安營在曲谷中蜀人望知其是霸也指下兵攻之霸手戰鹿角間賴救至然後解

孫禮齊王正始初爲楊州刺史伏波將軍時吳大將全琮帥數萬衆來侵寇時州兵休使在者無幾禮躬

勒衛兵禦之戰於芍陂自旦及暮將士死傷過半禮犯蹈白刃馬被數創手秉枹鼓奮不顧身賊衆乃退

蜀關羽爲先主別部司馬曹公東征先主奔袁紹禽羽以歸拜偏將軍紹遣大將軍顔良攻東郡太守劉延於白馬曹公使張遼及羽爲先鋒擊之羽望見良麾蓋策馬刺良於萬衆之中斬其首還紹諸將莫能當者遂解白馬圍及先主西定益州拜羽董督荊州事羽嘗爲流矢所中貫其左臂後創雖愈每至陰雨骨常疼痛醫曰矢鏃有毒入于骨當左臂作創刮骨去毒然後此患乃除爾羽便舉臂令醫劈之時羽適請諸將飲食相對臂血流離盈於盤器而羽割炙引酒言笑自若

張飛字翼德爲中郎將曹公入荊州先主奔江南曹公追之一日一夜及於當陽之長坂先主聞曹公卒至棄妻子走使飛將二十騎拒後飛據水斷橋瞋目橫矛曰身張翼德也可來共決死敵皆無敢近者故遂得免

黄忠初爲劉表中郎將及曹公克荊州假行裨將軍後從先主入蜀自葭萌受任還攻劉璋忠常先登陷陣勇毅冠三軍益州既定拜討虜將軍又於漢中定

軍山擊夏侯淵淵衆甚精忠推鋒必進勸率士卒金鼓振天歡聲動谷一戰斬淵

趙雲爲翊軍夏侯淵敗曹公爭漢中地運米北山下數千萬囊黄忠以爲可取雲兵護忠取米忠過期不還雲將四十騎輕行出圍迎視忠等值曹公揚兵大出雲爲曹公前鋒所擊方戰其大衆至勢偪遂前突其陣且戰且却曹公軍散已復合雲陷敵還趣圍將張著被創雲復馳馬還迎著曹公軍追至圍沔陽長張翼在圍內欲閉門拒守而雲入營更大開門偃旗息鼓曹公疑雲有伏兵引去雲雷鼓振天惟以弓

努於後射曹公軍曹公軍驚駭自相蹂踐墮漢水中死者甚多先主明旦自來至雲營圍視昨戰處曰子龍一身都是膽也軍中號雲爲虎威將軍

吳周泰字幼平九江下蔡人也與蔣欽隨孫策爲左右服事恭謹數戰有功策入會稽署別部司馬授兵權愛其爲人請以自給策討六縣山賊權住宣城使士自衛不能千人意尚忽畧不治圍落而山賊數千人卒至權始得上馬而賊鋒刃已交於左右或斫中馬鞍衆莫能自定唯泰奮激投身衛權膽氣倍人左右由泰並能就戰賊既解散身被十二創良久乃蘇

是日無泰權幾危殆策深得之

程普爲丹陽都尉從孫策征討策嘗攻祖郎大爲所圍普與一騎共蔽扞策驅馬疾呼以矛突賊賊披策因隨出後拜盪寇中郎將

凌操輕俠有膽氣孫策初興每從征伐常冠軍履鋒

黃蓋初爲郡吏孫堅舉義兵蓋嘗從之堅薨又隨策及大帝擐甲周旋蹈刃屠城諸山越不賓有寇難理之縣輒用蓋爲守長

潘璋爲武猛校尉合肥之役張遼奄至諸將不備陳武闘死宋謙徐盛皆披走璋身次在後便馳進橫馬斬謙盛兵走者一人兵皆還戰大帝甚壯之拜偏將軍

周瑜爲中護軍時曹仁圍甘寧於夷陵寧告急於周瑜瑜用呂蒙計留凌統以守其後身與蒙上救寧寧圍既解乃渡屯北岸克期大戰瑜親跨馬櫟陣會流矢中右脅瘡甚便還後仁聞瑜卧未起勒兵就陣瑜乃自興案行軍營激揚吏士仁繇是遂退

凌統行破賊都尉從大帝征江夏統爲前鋒與所厚健兒數十人共乘一船常去大兵數十里行入右江斬黃祖將張碩盡獲船人還以白大帝引軍兼道水

陸並集時呂蒙敗其水軍而統先搏其城於是大獲大帝以統爲承烈都尉又從破皖拜盪寇中郎將從征合肥爲右部督時大帝徹軍前部已發魏將張遼等奄至津北權使追還前兵去更遠勢不相及統率親近三百人陷圍扶扞大帝出敵已毀橋橋之屬者兩版大帝策馬驅馳統復還戰左右盡死身亦被創所殺數十人度大帝已免乃還橋敗路絕統被甲潛行大帝既御船見之驚喜統痛親近無反者悲不自勝大帝引袂拭之呼其字曰公績亡者已矣苟使卿在何患無人統創甚大帝遂留統於舟盡易其衣服

其創頼得卓氏良藥故得不死
董襲爲大帝偏將軍大帝討黄祖祖横兩蒙衝挾守沔口以栟閭大紲繫石爲矴上有千人以弩交射飛矢雨下軍不得前襲與凌統俱爲前部各將敢死百人人被兩鎧乘大舸船突入蒙衝裏襲身以刀斷兩紲蒙衝乃横流大兵遂進祖便開門走兵追斬之明日會大帝舉觴屬襲曰今日之會斷紲之功也
徐盛爲中郎將督校兵曹公出濡須從大帝禦之魏嘗大出横江盛與諸將俱赴時乘蒙衝遇汛風船落敵岸下諸將恐懼未有出者盛獨將兵上突斫敵敵

披退走有所傷殺風止便還大帝大壯之
甘寧巴郡臨江人後歸大帝遂授兵屯富口後隨魯肅鎮益陽拒關羽羽號有三萬人自擇選鋭士五千人投縣上流十餘里有淺瀨云欲夜涉渡肅與諸將議寧時有三百兵乃曰可復以五百人益吾吾往對之保羽聞吾咳唾不敢涉水即爲吾禽肅便選萬兵益寧寧乃夜往羽聞之住不渡而結營後名其處爲關羽瀨大帝嘉寧功拜西陵太守後從攻皖爲斥城督寧手持練身緣城爲吏士先卒破獲朱光拜折衝將軍後曹公出濡須寧爲前部督受勅出斫敵前營大帝特賜米酒衆肴寧乃料賜手下百餘人食食畢寧先以銀盌酌酒自飲兩盌乃酌與其都督都督伏不前持時寧引白削置膝上呵謂之曰卿見知於至尊孰與甘寧甘寧尚不惜死卿何以獨惜死乎都督見寧色厲即起拜持酒次通酌兵各一銀盌至二更時銜枚出斫敵敵驚動遂退寧益貴增兵二千人又云曹公出濡須號步騎四十萬臨江飲馬大帝率衆七萬應之使寧領三千人爲前部都督大帝密勅寧使夜入魏軍寧乃選手下健兒百餘人徑詣曹公營下拔鹿角踰壘入營斬得數十級北軍驚駭鼓譟舉火如星寧已還入營作鼓吹稱萬歲因夜見大帝大帝大喜曰足以驚駭老子否聊以觀卿膽耳即賜絹千匹刀百口大帝曰孟德有張遼孤有興霸足相敵也停住月餘北軍便退後從攻合肥會疫疾軍

旅皆已引出唯車下虎士千餘人并呂蒙蔣欽凌統及寧從大帝逍遥津北張遼覘望知之即將步騎奄至寧引弓射敵與統等死戰寧厲聲問鼓吹何以不作壯氣毅然後權尤嘉之
丁奉廬江安豐人少以驍勇爲小將屬甘寧陸遜潘璋等數隨征伐戰鬭常冠軍每斬將搴旗身被創痍稍遷偏將軍會稽王即位爲冠軍魏諸葛誕等攻東興諸葛恪率兵拒之及恪上岸奉與將軍唐咨呂據留贊等俱從山西上奉曰今諸軍行遲若敵據便地則難與爭鋒矣乃辟諸軍使下道帥麾下三千人徑

進時北風奉舡二日至逡據徐塘天寒雪敵諸將置
酒高會奉見其前部兵少相謂曰取封侯爵賞正在
今日乃使兵披鎧著冑持短兵敵人從而笑焉不爲
設備奉從兵斫之大破敵屯會攄等至魏軍逡潰遷
滅寇將軍魏將文欽來降以奉爲虎威將軍從孫峻
至壽春迎之與敵追軍戰于高亭奉跨馬持矛突入
其陣中斬首數百獲其軍器進封安豐侯大平二年
魏大將軍諸葛誕據壽春來降魏人圍之遣朱異唐
咨等往救復使奉與黎斐解圍奉爲先登屯於黎將
力戰有功

朱績字公緒爲建忠都尉領督父兵隨太常潘濬討
五溪以膽力稱遷偏將軍
留贊爲屯騎校尉諸葛恪征東贊爲前部合戰先陷
陣大敗魏師遷左將軍贊爲將臨敵必先被髮叫天
因抗音而歌左右應之畢乃進戰戰無不克
晉吳彥字士則初爲小將吳大司馬陸抗奇其勇略
將擢用之患衆情不允乃會諸將密使狂人拔刀跳
躍而來坐上諸將皆懼而走唯彥不動舉几禦之衆
服其勇乃擢用焉
周訪爲振武將軍征杜弢而賊從青草湖密抄官軍
又遣其將張彥陷豫章焚燒城邑王敦時鎮湓口遣
督護繆蕤李恒受訪節度共擊彥蕤於豫章石頭與
彥交戰彥軍退走訪率帳下將李午等追破彥其臨
陣斬彥時訪爲流矢所中折前兩齒形色不變
郭默爲右將軍默爲人勇健嘗身被重甲跳三丈矛
時人莫不憚之
陶輿侃之兄子爲武威將軍及侃與杜弢戰敗賊以
桔槔打没官軍船艦軍中失色輿率輕舸出其上流
以擊之所向輒尅賊又率衆將焚侃輜重輿又擊破
之自是每戰輒尅賊望見輿軍相謂曰避陶武威無

敢當者
桓石虔有才幹𫏋捷絶倫爲寧遠將軍嘗從桓溫入
關叔冲爲苻健所圍垂没石虔躍馬赴之拔冲於數
萬衆中而還莫敢抗者三軍歎息威震敵人
朱伺爲明威將軍石勒夏口之戰伺用鐵面自衛以
弩的射賊大帥數人皆殺之賊挽船上岸於水邊作
陣伺逐水上下以邀之箭中其脛氣色不變諸軍尋
至賊潰追擊之皆乘船投水死
毛寶爲廬江太守祖約遣祖渙桓撫等欲襲湓口陶
侃使寶擊之先是桓宣背約南屯馬頭山爲渙撫所

攻求救於實衆以宣本是約黨疑之宣遣子戎重請
實即隨戎赴之未至而賊已與宣戰實軍懸兵少器
杖濫惡大爲煥撫所破實中箭貫髀徹鞍使人蹋鞍
拔箭流血滿韡夜奔船百餘里望星而行到先哭戰
亡將士洗瘡訖夜還救宣實至宣營而煥撫亦退又
與陶侃等討蘇峻峻既死匡術以苑城降侃使實守
南城鄧嶽守西城賊遣韓晃攻之實登城射殺數十
人晃問實曰君是毛廬江邪實曰是晃曰君名壯勇
何不出鬭實曰君若健將何不入鬬晃笑而退
劉遐性果毅便弓馬開豁勇壯值天下大亂遐爲塢

主每擊賊率壯士陷堅摧鋒冀方比之張飛關羽
鄧遐爲寇軍將軍勇力絶人氣蓋當時時人方之樊
噲數從桓溫征伐襄陽城北沔水中有蛟嘗爲人害
遐遂拔劍入水蛟能繞其足遐揮劍截蛟數段而出
劉牢之爲謝玄參軍玄鎮廣陵牢之領精銳爲前鋒
百戰百勝
蔡裔仕僞趙爲振武將軍少有武力呼聲若雷嘗有
盜入室裔撫几一呼賊衆皆殞時人憚之
宋檀韶爲寧朔將軍從征廣固率向彌胡蕃等五十
人攻臨朐城克之及圍廣固慕容超夜燒樓當韶圍
分降城陷之日韶率所領先登
劉懷肅爲振武將軍劉道規司馬桓振襲江陵荊州
刺史司馬休之出奔懷肅自雲杜馳赴晝夜兼行七
日而至振勒兵三萬旗幟蔽野躍馬揚矛躬自突陣
流矢傷懷肅額衆懼欲奔懷肅瞋目奮戈膽氣益壯
於是士卒爭先臨陣斬振首江陵既平休之反鎮執
懷肅手曰微子之力吾無所歸矣
胡藩爲鎮軍參軍從高祖征司馬休之加建武將軍
領游軍於江津徐逵之敗沒高祖怒甚即日於馬頭
岸渡江而江津岸峭壁立休之臨岸置陣無緣可登

高祖呼藩令上藩有疑色高祖奮怒命左右録來欲
斬之藩不受命顧曰藩寧前死爾以刀頭穿岸劣容
脚指於是直上隨之者稍多既得登岸殊死戰賊不
能當引退因而乘之一時奔散
劉榮祖以戰功參太尉軍從討司馬休之彭城内史
徐逵之敗殁諸將意阻榮祖請戰愈厲高祖乃解所
著鎧以授之榮祖率所領陷陣身被數創會賊破走
加振威將軍尋參世子征虜軍事
劉康祖爲左軍將軍太祖北伐蕭斌王玄謨沈慶之
入河康祖率豫州軍出許洛玄謨等敗歸魏軍引大

衆南渡南平王鑠在壽陽帝患爲所圍召康祖速反康祖廻軍未至壽陽數千里會魏永昌王庫仁眞以長安之衆八萬騎與康祖相及於威武康祖凡有八千人軍副胡盛之欲附山依險間行取至康祖怒曰吾受命本朝掃蕩河洛寇今日逆不復遠勞王師犬羊雖多實易摧滅吾兵精氣練去壽陽裁數十里援軍尋至亦何患耶乃結車營而進魏軍四面來攻大戰一日一夜殺戮塡積

薛安都世祖孝建初爲輔國將軍時豫州刺史魯爽反安都與副將譚金追爽於小峴爽自與腹心壯騎

斷後譚金先薄之不能入安都望見爽便躍馬大呼直往刺之應手而倒左右范雙斬爽首爽累世驍猛生習戰陣咸云萬人敵安都單騎直入斬之而反時皆云關羽之斬顏良不是過也

沈慶之世祖大明中爲車騎大將軍討竟陵王誕每攻城輒身先士卒帝戒之曰卿爲統任當令處分有方何棠楯城下身受矢石邪脫有傷挫爲損不少

武念新野人蕭思話爲雍州遣罷道符統六門田念爲道符隨身隊主後太府以念有健名且家富有馬召出爲將世祖臨雍州念領隊奉迎時汚中蠻反世祖之鎭緣道討伐部伍至大巖堤數千人忽至矢射平乘雨下念馳赴奮擊即時摧退即擢爲參軍督護其後每軍旋嘗有戰功

殷孝祖明帝泰始中爲統軍屯軍鵲洲洮中之謂陶亮曰孝祖驍將一戰便死孝祖與賊合戰嘗以鼓蓋自隨軍中人相謂曰殷統軍可謂死將矣今以賊交鋒而以羽儀自顯欲不斃得乎

王宜與明帝泰始中爲將在壽陽關擊魏師每以少制多挺身深入無所畏憚虜衆値宜與皆引避不敢當

巡按福建監察御史臣李嗣京 訂正
新建縣舉人臣戴國士条閲
知建陽縣事臣黄國琦較釋

將帥部 三百九十五

勇敢第二

南齊張敬兒仕宋爲寧蠻府行叅軍隨同郡人劉胡領軍伐襄陽諸山蠻深入險阻所向皆破又擊胡陽蠻官軍引退蠻賊追者數千人敬兒单馬在後衝突賊軍數十合殺數十人箭中左腋賊不能抗

王廣之仕宋爲寧朔軍主隷寧朔將軍劉懷珍征殷琰於壽春琰將劉從築壘拒守臺軍相守移日琰遣長史杜叔寶領五千人運車五百乘授從懷珍遣廣之及軍主辛慶祖黄廻千道連等要擊於横塘寶結營拒戰廣之等鹵薄攻營自晡至日没大破之殺傷千餘人遂退燒其運車從聞之棄壘奔走

王宜爲屯騎校尉與黄回同石顯之謀宜奉捷善舞刀楯回嘗使十餘人以水交灑不能著

周山圖爲振武將軍將鎮軍將軍張永征薛安都於彭城山圖領二千人迎軍至武原爲虜騎所追合戰多所傷殺虜圍轉急山圖據城自固然後更結陣死戰突圍出虜披靡不能禁衆稱其勇呼爲武原將

周盤龍北蘭陵人也膽氣過人尤便弓馬隨軍討赭圻賊躬自鬬戰陷陣先登後爲右將軍時魏寇淮陽圍角城盤龍子奉叔单馬率二百餘人結陣魏萬餘人張左右翼圍繞之一騎走還報奉叔已没盤龍方食棄筯馳馬奮矟直奔虜陣自稱曰周公來魏素畏盤龍驍名即披靡時奉叔已大殺敵得出在外盤龍不知乃衝東擊西奔南突北賊衆莫敢當奉叔見其父久不出復躍馬入陣父子兩騎縈擾數萬人魏衆

大敗盤龍父子繇是名播北國

梁曹景宗爲屯騎校尉督峴南諸軍事魏大武攻赭陽景宗爲偏將衝堅陷陣輙有斬獲

栁慶遠自高祖義兵起雍州以慶遠爲征東長史從軍東下身先士卒

韋放爲壽陽太守高祖遣兼領軍曹仲宗等攻渦渦音戈陽以放爲明威將軍帥軍會之魏大將費穆帥衆奄至放軍營未立麾下止有二百餘人放從弟洵驍果有勇力一軍所仗放令洵单騎擊刺屢折魏軍洵馬亦被傷不能進冑又三貫流矢衆皆失色請放突

去莜勵聲叱之曰今日唯有死耳乃免冑下馬擄胡牀處分於是士皆殊戰莫不一當百魏軍遂退

王珍國爲左衛將軍魏任城王元澄寇鍾離高祖遣珍國因問討賊方略珍國對曰臣常患魏衆少不苦其多高祖壯其言乃假節與衆軍同討焉魏軍退班師

仙琕爲寧朔將軍天監四年王師北討仙琕每戰勇冠三軍當其衝者莫不摧破

陳昕爲文德主帥右衛伏主勑遣助防義陽魏豫州刺史堯雄北間驍將兄子寶樂特爲勇敢昕父慶之

圖懸瓠雄來赴寶樂乘单騎昕躍馬直趣寶樂雄郎散潰仍陷湊城

陳慶之爲文德主帥率軍二千送豫章王綜入鎮徐州後豫章王棄軍奔魏衆皆潰散諸將莫能制止慶之乃斬關夜追軍士得全

柳仲禮爲司州刺史大清中侯景反陷東府城仲禮與衡州刺史韋粲皆赴援粲營壘未合爲景所敗仲禮不遑冑甲與數十騎馳赴之遇賊交戰斬首數百投水死者千餘人仲禮深入人馬陷泥亦被重創自是賊不敢濟岸

陰子春爲信威將軍梁秦二州刺史與右衛將軍徐文盛東討侯景至貝磯與景遇子春力戰當冠諸軍

蕭嗣鄱陽王範之子也性驍果有膽略倜儻不護細行而傾身養士皆得死力範之薨也嗣猶據晉熙城中食盡士皆乏絶侯景遣任約攻嗣時賊方盛咸勸諸將嗣按劍叱之曰今日之戰蕭嗣効命死節之秋及戰遇流矢中頸不許拔帶箭手殺人賊退方命拔之應時氣絶妻子爲任約所擒

陳周文育字景德高祖之討侯景文育與杜僧明爲前軍克蘭裕援歐陽頠皆有功高祖破蔡路養於南

野文育爲路養所圍四面數重矢石雨下所乘馬死文育右手搏戰左手解鞍潰圍而出因與杜僧明等相得并力復進遂大敗之累遷智武將軍散騎常侍又高祖以侯瑱擁江州命文育討之仍除都督南豫州諸軍事嚴威將軍南豫州刺史率兵襲湓城未克徐嗣徽引齊寇渡江據蕪湖詔徵文育還京嗣徽等列艦於青墩至於七磯以斷文育歸路及夕文育鼓譟而發嗣徽等不能制至旦反攻嗣徽驍將鮑砰獨以小艦殿軍文育单舴艋與戰跳入砰艦斬砰仍牽其艦而還賊衆大駭仍留舩蕪湖再陽步上時高祖

拒嗣徽於白城適與文育相會將戰風急高祖曰兵不逆風文育曰事急矣將決之何用古法抽槊上馬馳而進衆軍從之風亦尋轉殺傷數百人嗣徽等移營莫府山文育徙對頓之頻戰功最加平西將軍進爵壽昌縣公并給鼓吹一部

蕭摩訶爲巴山太守大建五年衆軍北伐摩訶隨都督吳明徹濟江攻秦郡時齊遣大將軍尉破胡等率衆十萬來援其隊有蒼頭犀角大力之號皆身長八尺膂力絕倫其鋒甚鋭又有西域胡妙於弓矢弦無虛發衆軍尤憚之及將戰明徹謂摩訶曰若殪此胡

則彼軍奪氣君有關張之名可斬顏良矣摩訶曰願示其形狀當爲公取之徹乃召降人有識者云胡着絳衣華皮裝弓兩端骨弭明徹遣人覘視知胡在陣乃自酌以飲摩訶摩訶飲訖馳馬衝齊軍胡挺身出陣前十餘步彀弓發摩訶遥擲銑鋧（小鑿也）立中其額應手而赴齊軍大力十餘人出戰摩訶又斬之於是齊軍退走九年明徹進圍宿軍呂梁與齊人大摩訶率七騎先入手奪齊軍大旗齊衆大潰摩訶於語言恂恂長者至於臨戎對寇志氣奮發所向無前摩訶子世廉少警俊勇敢亦有父風

魯廣達都督南豫州諸軍事南豫州刺史華皎稱兵上流詔司空淳于量率衆軍進討軍至夏口皎舟師强盛莫敢進者廣達首率驍軍直衝賊軍戰艦既交廣達憤怒大呼登艦樓獎厲士卒足跌墮水沉溺

樊毅爲梁與太守領三舟遊軍隨宜豐侯蕭循討陸納於湘州軍次巴陵營頓未立納潛軍夜至薄營大譟營中將士皆驚擾毅獨與左右數十人當營門力戰斬十餘級擊鼓申令衆乃定焉

樊猛字智武幼倜儻有幹畧既壯便弓馬膽氣過人在梁以戰功爲威武將軍梁安南侯蕭方矩爲湘州

刺史以猛爲司馬會武陵王蕭紀舉兵自漢江東下方矩遣猛率湘郢之卒隨都督陸法和進軍以折之紀巴下樓船戰艦據巴江爭峽口相持久之不能決法和揣紀師老卒墮因令猛率驍勇三千輕舸百餘乘衝流直上出其不意鼓譟薄之紀衆人卒驚駭不及整列棄艦登岸赴水以死巳數千時紀心膂數百人猶在左右猛將部曲三千餘人蒙盾戈直登舟瞋目大呼紀侍衛皆披靡相枕藉没不敢動手擒紀父子三人斬於艦中

後魏長孫肥道武時爲鎮遠將軍善策謀勇冠諸軍

每戰嘗爲士卒先前後征討未嘗失敗故每有大難
令肥當之
于栗磾爲寇軍將軍道武畋于白登山見熊領數子
道武顧謂栗磾曰能縛之乎栗磾曰能道武曰若縛
之不勝豈不虛斃一將士邪栗磾曰自可能致御前
坐而制之尋而擒之
尉眷諾之長子也明元時爲司衛監從征河南叔高
車騎臨陣衝突所向無前賊憚之
來大千爲內幢將嘗從明元校獵見虎在高巖上大
千持稍直前刺之應手而死明元嘉其勇壯後從討

赫連昌共長孫道生與賊交戰道生馬倒爲賊所擊
大千馳救衆散走大千扶道生上馬遂得免
穆頭忠謹有材力明元時爲中散轉侍御郎從大武
征赫連昌勇冠一時大武嘉之後爲龍驤將軍曾從
大武畋於崞山有虎突出頭搏而獲之大武歎曰詩
所謂有力如虎頭乃過之
乙瓌大武時爲鎮南將軍瓌便弓馬善射手格猛獸
膂力過人從駕南征除使持節都督前鋒諸軍事每
戰身先士卒勇冠三軍
呂溫有文武材畧大武代赫連昌以溫爲幢將先登
陷陣每戰必捷以功拜宣武將軍奉車都尉
源賀爲征西將軍從大武臨江爲前鋒大將賀爲人
雄果每遇強寇輒自奮擊帝戒之曰兵凶戰危不宜
輕犯鄉可運籌處分勿恃身力也又擊叛胡白龍及
討北京胡皆先登陷陣加平西將軍
陸眞代人也大武以眞膂力過人拜內三郎數從征
伐所在摧鋒陷陣宋將王玄謨衆數萬人寇滑臺眞
從大武討之夜與數人乘小船突玄謨軍入城撫慰
登城巡行賊營中乃還河至明玄謨敗走
豆代田爲內三郎從討赫連昌乘勝追賊人入其營

門門閉代田踰營而出大武壯之拜爲勇武將軍
苟頹爲中散太武南討以頹爲前鋒子都將每臨敵
對戰嘗先登陷陣
毛猛虎爲散騎嘗侍獻文皇興中蠕蠕犯塞從獻文
討之有武決之稱
畢仲敬爲寧南將軍年已七十鬢髮皓白而氣力未
衰跨鞍馳騁有若少壯
宇文福孝文時爲武衛將軍從征南陽齊遣其尚書
崔惠景黃門郎蕭衍率衆十萬來救孝文指麾將士
勑福領高車羽林五百騎出賊面南奪其橋道遏絕

歸路賊衆大恐六道來戰福捷鞍警衆身先士卒賊不得志遂大奔潰

楊播爲左將軍假前將軍隨李文南討至鍾離師廻詔播領步卒三千騎五百爲衆軍殿時春水初長賊衆大至舟艦塞川播以諸軍渡淮未訖嚴陳南岸身自居後諸軍渡盡賊衆遂集於是圍播數重播乃爲陳以禦之身自搏擊斬殺甚多相距再宿軍人食盡賊圍更急孝文在北而望之旣無舟船不得救援水勢稍減播領精騎三百歷其船大呼曰今我欲渡能戰者出賊莫敢動遂擁衆而濟孝文甚壯之

奚康生爲柔玄鎭都將李兜前驅軍主頻陷陣壯氣有聞由是爲宗子隊主後從駕鍾離駕旋濟淮五將未渡梁衆據渚邀津路孝文勑曰能破中渚者以爲直閤將軍康生時爲軍主謂友人曰如其尅也得暢名績脫若不捷命也在大丈夫今日何爲不決遂便應募縛筏積柴因風放火燒其船艦依烟直飛刀亂砍投河溺死者甚多仍假康生直閤將軍

傅永宣武初爲揚武將軍中山王英之征義陽永爲寧朔將軍統軍當長圍遏其南門梁將馬仙琕連營稍進規解城圍永謂英曰凶豎豕突意在決戰雅山形要宜早據之英沉吟未決永曰機者如神難遇易失今日不往明朝必爲賊有雖悔無及英乃分兵通夜築城於山上遣統軍張懷等列陣於山下以防之至曉仙琕果至懷等戰敗築城者悉皆奔走仙琕乘勝直趣長圍義陽城人復出挑戰永乃分兵付長史賈思祖令守營壘自將步軍千人南逆仙琕擐甲揮戈單騎先入唯有軍主蔡三虎副之餘人無有及者矣突陣過橫賊射永洞其左股永拔箭復入遂大破之斬仙琕子仙琕燒營席卷而遁英於陣謂永曰公傷矣且還營永曰昔漢祖捫足不欲人知下官雖微

國家一帥奈何使虜有傷將之名遂與諸軍追之極夜而返時年七十餘矣三軍莫不壯之

趙遐爲滎陽太守時齊將馬仙琕率衆攻圍朐城戍主傅文驥嬰城固守以遐爲別將與劉思祖等救之次於鮑口去朐城五十里夏雨頻降厲涉長驅將至朐城仙琕見遐營壘未就徑來逆戰思祖率彭沛之衆望陣奔退遐孤軍奮擊獨破仙琕斬其直閤將軍軍主李魯生仙琕先分軍於孤城之西阻水別柵以圍固城遐身自潛行觀水深淺結草爲筏銜枚夜進破其六柵遂釋固城之圍

蕭寶寅爲鎮東將軍南伐梁宣武正始元年三月寶
寅行達汝陰東城已陷遂停壽春之棲賢寺値賊將
姜慶眞內侵士民響附圍逼壽春遂據外郭寶寅躬
貫甲冑率下擊之自四更交戰至明日申時賊旅彌
盛時寶寅以衆寡無援退入金城又出相國東門率
衆力戰始破走之當寶寅壽春之戰勇冠諸軍聞見
者莫不壯之
源懷爲車騎大將軍時蠕蠕南寇宣武詔懷禦之又
詔懷子直寢徽隨懷北行詔賜馬一疋細鎧一具禦
稍一枚懷拜受訖乃於其庭跨鞍執稍躍馬大呼顧

謂賓客曰氣力雖衰尚得如此蠕蠕雖畏壯輕老我
亦未便可欺今奉廟勝之規總驍悍之衆足以擒其
首帥獻俘闕下其時年六十一
楊大眼爲平東將軍大眼自爲將帥嘗身先兵士衝
突堅陣出入不疑當其鋒者莫不摧挫
楊津孝明時爲大都督時賊帥鮮于脩禮攻定州賊
東面已入羅城刺史閉小城東門城中擾擾不敢出
戰津欲禦賊長史許被守門不聽津手劍擊被不中
被乃走津開門出戰斬賊帥一人殺賊數百賊退人
心少安

李崇爲尚書令蠕蠕主阿那瓌率衆犯塞孝明詔崇
以本官都督北討諸軍事以討之崇辭於顯陽殿戎
服武飾志氣奮揚時年六十九幹力如少遂出塞三
千餘里不及賊而還
裴慶孫爲員外散騎侍郎時汾州吐京群胡薛悉公
馬牒騰並自立爲王聚黨作逆衆至數萬詔慶孫爲
募人別將招率鄉豪得戰士數千人以討之胡賊屢來
逆戰慶孫身先士卒每摧其鋒遂深入至雲臺郊諸
賊更相連結大戰郊西自旦及夕慶孫身自突陣斬
賊主郭康兒賊衆大潰勅徵赴都除直後自是賊復

鳩集北連蠡升南通絳蜀凴徒轉盛復以慶孫爲別
將從軹關入討至齊子嶺東賊帥范多范安族等率
衆拒慶孫與賊戰斬多首乃深入二百餘里至陽胡
城
賀拔岳孝莊時爲衛將軍討万俟醜奴于關中醜奴
自率大衆圍岐州遣行臺尉遲菩薩等向武功南渡
渭水爾朱天光遣岳率騎赴之岳身先士卒擊之退
走
賈智爲都督隸大宰上黨王天穆征邢杲臨陣流矢
中胸仍戰不已

源延伯爲統軍隨叔父子恭西討戰必先鋒子恭見
其年幼嘗訶制之而不能禁源子雍在夏州表乞兵
援孝莊詔延伯率羽林一千人赴之城鬭野戰武勇
冠三軍後遷龍驤將軍率領義衆還赴子雍共平黑
城在覓索擒戰先鋒陷陣身擒維摩及至白水首擢
阿非隨子雍至都進爵浮陽伯增封百戸
爾朱兆孝閔時爲柱國大將軍兆果於戰鬭每有征
伐嘗居鋒首當時諸將伏其材力
長孫子彥西魏出帝時爲中軍大都督子彥嘗少墜
馬折臂肘上骨起寸餘陰乃命開肉鋸骨流血數升

言戲自若時以爲踰於關羽
北齊彭樂爲汨陽郡公肆州刺史從高祖西討與周
文相拒神武欲緩持之樂氣奮請決戰曰我衆賊少
百人取一差不可失也神武從之樂因醉入深被刺
腸出內之不盡截去復戰身被數創軍勢遂挫不利
而還神武每追論以戒之
叚韶爲親信都督韓陵之戰韶督率所部先鋒陷陣
後從高祖禦周文帝於邙山高祖身在行間爲西魏
將賀拔勝所識率銳來逼韶從傍馳馬引弓反射一
箭斃其前驅追騎懾憚莫敢前者西軍退賜馬并金

斛律光字明月金之子也少工騎射以武藝知名魏
末從金征周文帝長史莫暉者時在行間光馳馬射
中之因擒於陣光時年十七高祖嘉之即擢爲都督
薛孤延爲車騎將軍從高祖西伐至蒲津竇泰於河
南失利高祖班師延殿後且戰且行一日斫折刀十
五口還轉梁州刺史高嘗閱馬於妝道逢暴雨大雷
震地前有浮圖一所高祖令延視之延乃馳馬按矟
直前未至四十步震火燒面延唱殺繞浮圖走火遂
滅延還鬚眉及馬尾騌皆燋高祖歎曰薛孤延乃能
與霹靂鬭其勇決如此

尭雄爲二豫楊郢四州都督梁司州刺史陳慶之率
衆逼州城雄出與戰所向披靡身被二創壯氣益厲
慕容紹宗爲徐州刺史侯景叛紹宗與大都督高岳
討之諸將持疑無肯先者紹宗麾兵徑進諸將從之
因而大捷景遂奔遁
高昂魏孝莊時在鄉里陰養壯士爾朱榮執送於晉
陽禁於駝牛署後榮死孝莊即引見勞勉之時爾朱
世隆還逼宮闕孝莊親臨大夏門指麾處分昂既免
縲紲被甲橫戈志凌勍敵乃與其從子長命等推鋒
徑進所向披靡帝及觀者莫不壯之即除直閤將軍

尋值京師不守乃據信都起義殷州刺史爾朱羽生潛軍來襲奄至城下昂不暇擐甲將十餘騎馳之羽生退走人情遂定至東魏孝靜初轉司徒時高祖方有事關隴以昂爲西南道大都督徑趣商雒山道峻隘爲寇守險昂轉鬭而進莫有當其鋒者遂尅上洛獲西魏雒州刺史泉企并將帥數十人

綦連猛爲開府時突厥侵逼晉陽敕猛將三百騎覘賊遠近行至城北十五里遇賊前鋒以敵衆多遂漸退避時賊中有一驍將超出來問猛遙見之卽亦挺身獨出與其相對俛仰之間刺賊落馬因卽斬之

皮景和爲親信副都督魏武定三年征步落稽世宗疑賊有伏兵令景和將五大騎深入一谷中值賊百餘人便共格戰景和射數十人莫不應弦而倒後從襲庫莫奚加左右大都督又從廣黃龍張契丹定稽胡尋從討茹茹主奄羅辰於陘北又從平茹茹餘燼景和趫捷有武用每有戰功

楊楷爲高祖行臺右丞韓陵之戰楷每陷陣先登冊僚咸共怪歎曰楊氏儒生今遂爲武士仁者必勇定非虛論

後周賀拔勝魏孝莊時爲太師從太祖戰於邙山時太祖見齊神武旗鼓識之乃募敢勇三千配勝以犯其軍勝與齊神武相遇因字呼之曰六渾賀拔破胡必殺汝也時募士皆用短兵接戰持矟追齊神武數里刃垂及之會勝馬爲流矢中死比副騎至齊神武已逸去勝歎曰今日之事吾不執弓矢者天也太祖每云諸將對敵神色皆動唯賀拔公臨陣如平常眞大勇也

李弼初爲魏爾朱天光別將從天光西討破万俟醜奴弼嘗先鋒陷陣所向披靡賊咸畏之皆曰莫當李將軍後爲秦州刺史從太祖平弘農與齊神武戰於

沙苑而左軍將爲敵所乘弼將步騎身先士卒橫截之分賊爲二遂大破之拜特進又從太祖與齊戰於河橋弼深入陷陣身被七創遂爲所獲弼陽殞絕於地守者稍解睥睨傍有馬因躍上西馳得免

李標爲太祖帳内都督標長不盈五尺性果決有膽氣從復弘農破沙苑標跨馬運矛衝堅陷陣隱身鞍甲之中敵人見之皆曰避此小兒太祖初亦聞標驍悍未見其能至是方嗟歎之謂標曰但使膽決如卿何必要須八尺之軀也

賀若敦爲都督嘗從太祖較獵於甘泉宮時圍人不

齊獸多逸逸太祖大怒人皆股慄圍內唯有一鹿俄
亦突圍而走敦躍馬馳之鹿上東山敦棄馬步逐至
山半便掣之而下太祖大悅諸將因得免責
劉亮以都督從賀拔岳西征嘗先鋒陷陣
若干惠爲右衛將軍從太祖擒竇泰復弘農戰沙苑
惠每先登陷陣
蔡祐爲平東將軍從太祖戰於河橋祐下馬步鬭手
殺數人左右勸乘馬以備急卒祐怒之曰丞相養我
如子今日豈以性命爲念遂率左右十餘人齊聲大
呼殺傷甚多敵以其無繼遂圍之十餘重謂祐曰觀

君似是勇士但弛甲來降豈慮無富貴邪祐罵之曰
死卒吾今取汝頭自當封公何假賊之官號也乃彎
弓持滿四面拒之東魏人弗敢逼乃募厚甲長刀者
直進取祐去祐可三十步左右勸射之祐曰吾曹性
命在一矢耳豈虛發哉敵人漸進可十步祐乃射之
正中其面應弦而倒便以矟刺殺之因比戰數合惟
矢中一人敵乃稍却祐徐引退又爲京兆郡守東魏豫
州刺史高仲密舉州來附太祖率軍援之與齊神武
遇戰於邙山祐時着明光鐵鎧所向無前敵人咸曰
是鐵猛獸也皆遽避之

辛威爲寧遠將軍從太祖擒竇泰復弘農戰沙苑並
先鋒陷陣勇冠一時
庫狄昌爲衛將軍從太祖破竇泰復弘農戰沙苑昌
皆先登陷陣
裴果魏初爲陽平郡丞孝莊永安末盜賊蜂起果從
軍征討乘黃驄馬衣青袍每先登陷陣時人號爲黃
驄年少至西魏文帝時從戰河橋解王壁圍推鋒奮
擊所向披靡大統九年又從戰邙山於文帝前挺身
陷陣擒東魏都督賀婁烏蘭勇冠當時衆人莫不歎
服以此文帝愈親待之補帳內都督又從大將軍尉

遲迥伐蜀果率所部爲前軍開劍閣破李慶堡降楊
乾運皆有功
陸通初爲西魏文帝大都督大統九年高仲密以地
來附通從若干惠戰於邙山衆軍皆退唯惠與通率
所部力戰至夜中乃陰引還敵亦不敢逼
韋祐字法保爲河南尹時李延孫被害祐乃率所部
據延孫舊柵頻與敵人交戰每身先士卒單馬陷陣
是以戰必被傷嘗至關南與東魏人戰流矢中頸從
口中出當時氣絶輿至營久之乃蘇
獨孤信爲別將從征韓婁信匹馬挑戰擒賊漁陽王

表肆周

周田弘爲驃騎大將軍每臨陣摧鋒直前身被一百餘箭破骨者九馬被十矟朝廷壯之

權景宣爲祠部郎中驍兵權有智畧從太祖拔弘農破沙苑皆先登陷陣

王熊爲驃騎大將軍鎮華州當脩月城未畢梯在外齊神武遣韓軌司馬子從如河東宵濟襲熊熊不之覺比旦軌衆以乘梯入城熊尚卧未起聞閤外洶洶有聲便袒身露結徒跣持一白挺大呼而出敵見之驚遂至東門左右稍集合戰破之軌衆遂投城遁走

王思政爲驃騎大將軍募精兵從獨孤信取雒陽仍共信鎮之及河橋之戰思政下馬用長矟左右橫擊一擊踣數人時陷陣既深從者死盡思政被重創悶絶會日暮敵亦收軍思政久經軍旅每戰唯着破弊甲敵人疑非將帥故免

侯莫陳崇爲建威將軍隨賀拔岳入關破万俟醜奴崇與輕騎逐北至涇州長坑及之賊未成列崇单騎入賊中於馬上生擒醜奴於是大呼衆悉披靡莫敢當之後騎集遂大破之岳以醜奴所乘馬及寶劍賞之

終

巡按福建監察御史臣李嗣京　訂正

新建縣舉人臣戴國士參閱

知建陽縣事臣黃國琦較釋

將帥部　五十七

勇敢第二

後周李遷哲爲驃騎大將軍與田弘同討信州遷哲每率驍勇爲前鋒所有攻戰無不身先士卒後爲信州都督時蠻酋蒲微爲鄰州刺史舉兵反遷哲將討之諸將以途路阻遠並不欲行遷哲怒曰蒲微叢爾

之賊勢何能爲擒獲之畧已在吾度中矣諸君見此小賊便有憚心後遇大敵將何以戰遂率兵七千進擊拔其五城虜獲三千餘口

栁檜字季華爲防城都督從太祖戰於河橋先昇有功

王雅有膽勇善騎射太祖召入軍除都督東魏將竇泰入寇雅從太祖擒之於潼關沙苑之戰雅謂所部曰彼軍殆有百萬今我不滿萬人以常理論之實難與敵但相公神武命世股肱王室以順討逆豈計衆寡丈夫若不以此時破賊何用生爲乃擐甲步戰所向披靡太祖壯之又從戰邙山時大軍不利爲敵所乘諸將皆引退雅獨廻騎拒之敵人見其無繼步騎競進左右奮擊頻斬九級敵衆稍却雅乃還軍太祖歎曰王雅舉身悉是膽也

王雄爲柱國大將軍從晉公護東征至邙山與齊將斛律明月接戰雄馳殺三人明月退走雄追之明月左右皆散矢又盡唯餘一奴一矢存焉雄按矟不及明月者丈餘

韓雄爲中州刺史都督忠徐虞洛四州諸軍事雄久在邊具知敵人虛實每率衆深入不避艱難前後經

四十五戰雖時有勝負而雄志氣益壯東魏深憚之

王勇爲寧朔將軍初從擒竇泰復弘農戰沙苑氣蓋衆軍所當必破太祖歎其勇敢拜鎮南將軍後加通直散騎常侍兼太子武衛率邙山之戰勇率敢死之士三百人並執短兵大呼直進出入衝擊殺傷甚多敵人無敢當者是役也大軍不利唯勇及王文達耿令貴三人力戰皆有殊功

王傑本名文達初魏孝武賜爵都昌縣子太祖奇其才擢授揚烈將軍羽林監尋加都督帝謂諸將曰王文達萬人敵也但恐勇決太過耳後潼關破沙苑爭

河橋戰邙山皆以勇敢聞親待日隆賞賜加於倫等

高琳爲衛將軍從擒莫多婁貸文仍戰河橋琳先驅後擊勇冠諸將太祖嘉之謂之曰公即我之韓白也齊將東方老來寇琳率衆禦之老持其勇健直前趣琳短兵接琳琳擊之老中數創乃退謂其左右曰吾經陣多矣未見如此健兒

耿豪本名令史爲征虜將軍從太祖擒竇泰復弘農豪先鋒陷陣加前將軍沙苑之戰豪殺傷甚多血染甲裳盡赤太祖見之歎曰令史武猛所向無前覩其甲裳足以爲驗不須更論級數也後從太祖戰於邙

冊府元龜　將帥部　勇敢二下　卷之三百九十五下　二十二

山豪謂部曰大丈夫見賊須右手拔刀左手把矟直斫慎莫皺眉畏死遂大呼獨入敵人鋒亦亂下當時咸謂豪殁俄然奮亦而還戰數合當豪前者死傷相繼

楊忠爲安西將軍東魏荆州刺史辛纂據穰城忠從獨孤信討之信令忠爲前驅馳至其城門叱門者曰今大軍已至城中有應爾等求活何不避走門者散退忠與都督康雒郎乘城而入彎弓大呼纂兵莫敢禦遂斬纂以徇城中懾伏太祖召居帳下嘗從太祖於龍州忠獨當一猛獸左挾其腰右拔其舌太祖壯之北臺謂猛獸爲揜于因以字之又從太祖擒竇泰破沙苑遷征西將軍河橋之役忠與壯士五人力戰守橋敵人遂不進邙山之戰又先登陷陣除侍中驃騎大將軍魏恭帝初行同州事于謹之伐江陵忠爲前軍梁人東亦於象鼻以戰忠射之三象反走及江陵平孝閔踐祚入爲宗伯及司馬消難降忠與柱國達奚武投之於是兵卒騎士五千各兼馬一匹從間道馳入齊境前後遣三使報消難而皆不反命去北豫州三千里武疑有變欲還忠獨以千騎夜趣城下四面峭絶徒聞擊柝忠候門開而入乃馳召武時

冊府元龜　將帥部　勇敢二下　卷之三百九十五下　二十三

鎮城伏敬遠勒甲士三千據東陴舉烽嚴警武憚之不欲保城乃多取財實以消難先歸忠以二千騎爲殿到洛南皆解鞍而卧齊衆來追不敢逼武歎曰達奚武自言是天下健兒今日服矣

楊纂爲征南軍大都督從文帝解雒陽圍經河橋邙山之戰纂每先登軍中咸推其勇敢

楊紹爲驍衛將軍鄜城太守時稽胡恃衆與險屢爲抄竊紹率群兵從侯莫陳崇討之馳馬先登破之於黙泉之上後爲輔國將軍從柱國燕國公于謹圍江陵紹爲流矢中面而力戰不衰

元定魏孝武時爲前將軍從擒竇泰復弘農破沙苑戰河橋定皆先鋒當其前者無不披靡以邙山之役敵人如堵定奮矟衝之殺傷甚衆

宇文貴字永貴賀拔陵作亂圍夏州刺史源子雍嬰城固守以貴爲統軍前後數十戰軍中咸服其敢勇貴每縱而出戰賊莫當其鋒

梁臺爲大將軍圍維陽久而不拔齊騎奄至齊公憲率兵禦之乃有數人爲敵所執巳去陣三百餘步臺望見之憤怒單馬突入射殺兩人敵皆披靡執者遂得還公憲每歎曰梁臺果毅膽決不可及也後爲鄜

州刺史年過六十猶能披甲跨馬足不躡鐙馳射弋獵矢不虛發

鄭偉爲北徐州刺史從戰河橋及解玉壁圍偉嘗先鋒陷陣

宇文慶爲驃騎大將軍從高祖攻河陰先登攀堞與賊短兵接戰良久中石乃墜絕而後蘇帝勞之曰卿之餘勇可以賈人也

樊叔畧爲驃騎大將軍從高祖伐齊叔畧部率精銳每戰身先士卒

隋段文振少有膂力膽氣過人初爲周宇文護親信知其幹用擢爲中外府兵曹後從武帝攻齊海昌王尉相貴於晉州其亞將侯子欽崔景嵩爲内應文振杅槊登城與崔仲方等數十人先登文振隨景嵩至相貴所拔佩刀劫之相貴不敢動城遂下

宇文弼初爲周内都上士時武帝時計大舉伐齊弼於是募三輔俠少年數百人以爲別隊從帝攻拔晉州身被三創苦戰不息帝奇而壯之後遷南司州刺史後司馬消難之奔陳也弼追之不及遇陳將樊毅戰於漳口自旦及午三戰三捷虜獲三千除黄州刺史

宇文慶深沉有器局在周以應募從征有功授都督衛王直之鎮山南也引爲左右慶善射有膽氣好格猛獸直甚壯之

史萬歲仕周爲開府儀同三司從梁士彥擊尉遲迥於相州及與迥軍相遇每戰先登鄴城之陣官軍稍却萬歲謂左右曰事急矣吾當破之於是馳馬奮擊殺數十人衆亦齊力官軍乃振于是坐事除名竇榮定之擊突厥也萬歲詣轅門請自效榮定數聞其名見而大悅因遣人謂突厥曰士卒何罪過令殺之但當各遣一將士決勝負耳突厥許諾因遣一騎挑戰

檠定遣萬歲去應之萬歲馳斬其首而還突厥大驚不敢復戰遂引軍而去

張定和爲驃騎將軍從上柱國李充擊突厥先登陷陣虜刺之中頸定和以草塞瘡而戰神氣自若虜遂敗走高祖聞而壯之遣使者齎藥馳詣定和所勞問之

周羅睺爲開遠將軍從大都督吳明徹與齊師戰於江陽爲流矢中其左目齊圍明徹於宿預也諸將相顧莫有鬬心羅睺躍馬突進莫不披靡太僕卿蕭摩訶因而副之斬獲不可勝計進師徐州與周將梁士

彥戰於彭城摩訶臨陣墮馬羅睺進救拔摩訶於重圍之内勇冠三軍

魚俱羅爲豐州總管以母憂去職還至扶風楊素率兵將出靈州道擊突厥路逢俱羅大悅遂奏與同行及遇賊俱羅與數騎奔擊瞋目大呼所當皆靡出左入右往返若飛以功進位柱國拜豐州總管

達奚長儒爲使持節撫軍將軍通直散騎常侍平蜀之役常爲先鋒攻城野戰所當必破之累遷大將軍開皇二年突厥沙鉢略可汗并弟葉護及潘那可汗衆十餘萬寇掠而南詔以長儒爲行軍總管率衆二千擊之遇於周槃衆寡不敵軍中大懼長儒慷慨神色愈烈爲虜所衝突散而復聚且戰且行轉鬬三日五兵咸盡士卒以拳毆之手皆見骨殺傷萬計虜氣稍奪於是解去長儒身被五創通中者二其戰士死傷者十有八九突厥本欲大掠秦隴旣逢長儒兵皆力戰虜意大沮明日於戰處焚屍慟哭而去

裴仁基少驍勇便弓馬開皇初爲親衛平陳之役先登陷陣

陳永貴隴右胡人本姓白氏以勇烈知名高祖甚親愛之數以行軍總管鎮邊每戰必單騎陷陣

斛斯萬善爲武賁郎將突厥始畢之圍鴈門也萬善奮擊之所向皆破每賊至必出當其鋒

賀若誼開皇中爲涇州刺史時突厥屢爲邊患朝廷以誼素有威名拜靈州刺史進位柱國誼時年老而筋骨不衰猶能重鎧上馬爲北狄所憚

楊素仕周爲車騎大將軍從齊王憲拔晉州憲屯兵鷄棲原齊主以大軍至憲懼而宵遁爲齊兵所躡衆多敗散素與驍將十餘人盡力死戰憲僅而獲免至高祖開皇十八年爲靈州道行軍總管出討突厥先是諸將與虜戰每慮胡騎奔突皆戎車步騎相參舁

鹿角爲方陣騎在其內素謂之曰此乃自固之道非取勝之方也於是悉除舊法令諸軍爲騎陣突厥逹頭可汗聞之大喜率精騎十餘萬而至素奮擊大破之逹頭被重創而遁殺傷不可勝計羣虜號哭而去

韓洪字叔明擒虎季弟平陳之役授行軍總管及陳平晉王大獵於蔣山有猛獸在圍中衆皆懼洪馳馬射之應弦而倒陳氏諸將列觀於側莫不歎伏焉

元壽爲行軍元帥壽爲長史壽每遇賊爲士卒先登

錢拔爲車騎將軍從楊素北征突厥加上開府煬帝即位漢王諒反於并州又從楊素擊之每戰先登

楊義臣爲太僕卿時征遼東以將軍詣肅愼道至鴨淥水與乙支文德戰每爲先鋒一日七捷

楊屯大業中應募擊高麗力戰於遼東見稱勇敢宇文述之敗也煬帝夜焚攻具詔朝通還恐爲高麗所躡選壯士殿後以捍禦之及將度遼而高麗追至屯先登力戰其功居最

闞畯領武賁郎將典宿衛煬帝軍圍遼東城令畯詣城下宣諭賊弓弩亂發矢中所乘馬畯顏色不變辭氣抑揚事卒而去

冊府元龜

冊府元龜

欽按福建監察御史臣李嗣京　訂正
分守建南道左布政使臣胡維霖　參閱
知建陽縣事臣黃國琦　較釋

將帥部

勇敢第三

唐張瑾初仕隋世歷職顯貴煬帝被圍于鴈門也瑾以驍果出城擊戰一日九捷煬帝登城望之大悅賜物二千段拜右翊衛大將軍

田留安性驍武善騎隋末以校尉從通守張須陀討捕山賊以膽氣知名

秦叔寶初爲隋將來護兒帳內及盜起從通守張須陀擊盧明月於下邳賊連營十餘萬須陀所部纔萬人力勢不敵去賊六十里立柵相持經十餘日糧盡將退謂將士曰賊見兵却必輕來追我其兵若出營內即虛以千人襲營可大利此誠危險誰能去者人皆莫對惟叔寶與士信皆曰願行于是須陀委柵而遁使二人分領千兵潛伏草莽既而明月悉兵追之叔寶士信馳至其柵柵門閉不得入二人超昇其樓拔幟各殺數人營中亂叔寶斬關以納外兵因散縱火焚其三十餘柵煙焰張天明月奔還須陀却逐之大破賊衆後降高祖高祖令事秦府拜馬軍總管從擊王世充每爲先鋒拒竇建德于武牢也叔寶以精騎十數陷其陣焉太宗每大陣望賊中驍將銳士炫躍人馬出入來去者意頗怒之輒命叔寶往取焉叔寶應命躍馬負鎗而進必刺之萬衆之中人馬俱倒太宗因以是重之叔寶亦以此頗自矜尚貞觀以後嘗多疾出血每血出數升謂人曰吾少長戎馬所經二百餘陣屢中重鎗計吾前後出血亦數斛何能不病者乎

段志玄隋大業末隨父在太原因蒙太宗引接義兵起志玄名募得千餘人授軍頭從屯霍邑隋將宋老生率萬餘人拒戰志玄從太宗擊殺二千餘人老生大敗又從劉文靜捍屈突通於潼關文靜爲通步將桑顯和所襲軍營已潰志玄率二十騎往攻殺數十人而還爲流矢所中忍而不言又將兩騎更入賊陣入而後出者再三顯和軍振擊遂破之前後以軍功累遷左光祿大夫封武安郡公後從討王世充深入陷陣馬倒爲賊所擒兩騎挾持其髻志玄踴其身奮二人俱墮馬于是奪其馬伏馳歸追者數百騎不敢

逼王世充平轉右二護軍
王君廓爲右領軍高祖謂侍臣曰吾聞相如叱秦皇目皆出血君廓往擊竇建德出陣徐勣遇之君廓發奮大呼目及鼻耳一時流血此之壯氣何謝古人
闞稜武德中爲越州都督容貌魁岸勇而多力每臨陣手持大刀長一丈一舉輒死數人前無當者
梁禮爲上郡太守行軍副總管拒梁師都頻有戰功稱爲勇敢
尉遲敬德初爲秦府統軍從獵於榆窠王世充出步騎數萬來戰賊將單雄信恃其驍悍領騎直入以趣

太宗敬德乃躍馬大呼橫刺雄信中之賊徒稍却敬德翼太宗以出圍從擊竇建德于板渚太宗與之挑戰乃先伏李勣程節秦叔寶等諸軍太宗持弓矢令敬德執矟造建德壘下大呼致師建德營中大擾出兵數千騎太宗逡巡漸却敬德爲殿引賊以入伏中於是李勣等縱兵奮擊大破其後王世充兄子偽代王琬使于建德軍中乘隋主所御駿馬鎧甲鮮華出于軍前太宗眄之曰彼之所乘眞良馬也敬德曰請往取之因與高甑生梁建方兩三騎直入賊軍擒琬引其頭持其肘以歸賊衆無敢當者

程知節少驍勇善用馬矟爲秦府左三統軍破宋金剛擒竇建德降王世充並領左一馬軍總管每陣先登以功封宿國公
李君羡武安人也少以勇氣聞太宗在籓引爲左右從破宋金剛于介休單騎先入無敢當其鋒者又從破竇建德於汜水加授秦王府右三統軍劉黑闥反于洺州從往征之所至未嘗不先登陷陣
丘行恭善騎射勇敢絶倫爲光祿大夫從太宗討王世充會戰于邙山之上太宗欲知其虛實强弱乃與十騎衝之直出其後衆皆披靡莫敢當其鋒所殺傷

甚衆既而限以長堤與諸將相失唯行恭獨從尋有勁騎數人追及太宗矢中御馬行恭乃迴騎射之發無不中餘賊不敢復前然後下拔箭以其所乘馬進太宗行恭于御馬前步執長刀巨躍大呼斬數人突陣而出得入大軍貞觀中有詔刻石爲人馬以象行恭拔箭之狀立於昭陵闕前
牛進達初爲秦王府左一軍馬總管從擊王世充率騎直攻其軍殺十萬人流矢貫目勇氣彌厲戰罷始令拔箭又吐谷渾反以進達爲部善行軍副總管當爲前鋒深入歷海島經犁山窮于河源及至雪山建

于黑党項摧鋒接戰身先士卒俘馘甚衆

薛萬徹爲統軍李靖之擊吐谷渾也請萬徹同行及王戲境萬徹與諸將各率百餘騎先行卒與虜數千騎相遇萬徹單騎馳擊之虜無敢當者還謂諸將曰賊易與耳躍馬復進諸將隨之斬數千級人馬浴血勇冠三軍

蘇定方爲正道府折衝隨李靖襲突厥頡利于磧石靖使定方率二百騎爲前鋒乘霧而行去賊一里許忽然霧歇望見其牙帳馳掩

薛萬均爲殿中少監貞觀初柴紹之擊梁師都也以

萬均爲副未至朔方數十里突厥四面而至官軍稍却萬均與弟萬徹償出擊其驍勇虜陣亂因而乘之殺傷被野鼓行而進遂圍師都突厥不敢來援萬均後爲屯衛大將軍侯君集之擊高昌也以萬均爲副進逼交河城君集名麴智盛諭以利害城中堅守萬均怒麾軍疾進智盛懼而遂降

阿史那社爾爲右軍大將軍檢校北門左屯營太宗征高麗駐驆之陣領屯衛飛騎及長上宿衛之兵奮不顧命所向無前頻遭流矢拔而又進其所部兵士人百其勇

杜弘禮隋尚書令越公素弟之子也太宗以弘禮有文武才擢爲兵部侍郎專典兵機之務太宗征遼弘禮入叅謀議出則統衆攻戰駐蹕之陣領馬步二十四軍出其不意以擊之所向摧破太宗自山下見弘禮所統之衆人皆盡力殺獲居多甚壯之謂敬宗等曰越公兒郎故有家風矣

王文度爲征遼副總管至卑沙城其城四面懸絶唯西門有攻取之勢亞將程名振督軍夜襲文度先登士卒繼進城中潰散遂拔其城

馬文舉爲果毅都尉太宗征遼新城國内二城步騎

四萬來援遼東江夏王道宗率行軍總管張君仁騎四千逆擊之及與賊遇衆寡勢懸士皆色動文舉自指其身言于道宗曰此壯士也不逢勍冦安能識健兒哉道宗目而壯之文舉遂策馬突進所當皆斃衆心始安

契苾何力爲左領軍將軍時太宗征遼李勣攻白巖城烏骨城遣兵萬餘爲之聲援何力以勍騎八百邀而合戰何力挺身陷陣被槊中腰爲賊所害尚輦奉御薛萬單馬而廷殺數騎拔何力于羣賊中與之俱出力氣益奮東瘡而戰騎士齊奮賊乃退何力逐之

轉鬬數十里斬首千餘級
薛仁貴絳州龍門人也太宗征遼東仁貴應募從行及大軍攻安市城高麗莫離支遣將高延壽高惠眞率兵一十五萬來拒戰依山結營太宗分命諸將擊之仁貴自恃驍勇欲立奇功乃易其服色著白衣握戟腰鞬張弓大呼先入所向披靡大軍乘之賊乃大潰高宗顯慶中爲右領軍郎將與梁建方契苾何力于遼東共高麗大將温沙門戰于橫山仁貴匹馬先入莫不應弦而倒高麗有善射者于石城下射殺十餘人仁貴單馬直往衝之其賊弓矢俱失手不能擧

便生擒之
黑齒嘗之爲左領軍員外將軍高宗儀鳳中吐蕃入寇從河西道大總管李敬玄拒之總管劉審禮没于陣敬玄欲抽軍却阻泥溝而計無所出嘗之夜率敢死五百人進斫賊營吐蕃大將跋地設軍宵遁
薛訥仁貴子也爲朔方軍大總管沉訥寡言臨大敵而益壯
王忠嗣爲左威衛將軍專知河西兵馬會吐蕃大下晨壓官軍衆寡不敵師人皆懼焉忠嗣乃以所策馬而前後左右馳突當者無不辟易既出復合殺數百人賊衆亂遂三翼而擊之吐蕃大敗
王難德爲騎將天寶元年吐蕃大寇河源難德爲軍鋒贊普有子曰瑯支都恃其趫悍乘諸眞馬寶鈿鞍軍前來鬪者難德揚鎗突往刺殺之斬其首以馬歸虜衆無敢追者軍士以聞玄宗名至御殿問之因令馳突作殺瑯支都狀上大壯之衣以錦袍令引遍視都人拜左金吾衛郎將後安祿山薦一騎將曰此人不減隴右難德其有聲如此難德至德元年爲試衛尉卿至鳳翔爲都知兵馬兼興平軍等使嘗有裨將斬元曜當合戰墜馬呼難德難德俯馬馳救之賊

射難德中眉瞼穿披下障目難德乃拔去箭并皮掣棄勇冠其軍繇是衆多附之
王方翼爲安西都護大破突厥之衆而三姓因悉發衆與車薄勢合以拒方翼屯兵熱海與賊連戰流矢貫臂徐以佩刀截之左右莫有覺者
哥舒翰年四十慨然仗劍爲河西節度王忠嗣使翰別將討吐蕃其後吐蕃大寇邊翰拒之于苦海吐蕃之衆三道從山相續而下翰持半段鎗當其鋒逆擊之無不摧靡又擊其次軍復走之又擊其後軍皆大破繇是知名翰常逐馬驚墜于河立于水中吐蕃三

人擬鎗方刺之翰大叫賊驚駭俱廢失鎗而走救騎至賊便解散翰有家臣曰左車年十五每隨翰出陣翰使鎗追賊及以鎗搭其肩而遏之賊驚顧翰從而刺其喉皆剔高三五丈而墜左車輙下斬其首率以爲常

李嗣業初爲中郎將玄宗天寶七年安西都知兵馬使高仙芝奉詔總管軍事征勃律選嗣業與郎將田珍爲左右陌力將于時吐蕃取十萬衆于娑勒城據山因水塹斷崖谷編木爲城仙芝夜行軍渡信啚河奄至城下仙芝謂嗣業與田珍曰不午時須破此賊

嗣業引步軍持長刀亂上山山頭拋礧蔽空而下嗣業獨引一旗于絶險處先登諸將因之齊上賊不虞漢軍暴至大潰塡溪谷投水溺死僅十八九遂長驅至勃律城擒勃律王吐蕃公主後安祿山反嗣業自安西赴難與郭子儀僕固懷恩等常犄角爲先鋒將嗣業每持大棒衝擊賊衆披靡所向無前香積之戰賊將安思忠李歸仁悉以前軍來逼我師殆亂嗣業謂子儀曰今日之事若不以身啖寇警央戰取勝三軍之士無孑遺矣言訖乃仗長刀立于陣前解衣袒而大呼手殺數十人陣容方駐繇是前軍之士皆執長刀如牆而進所向摧靡陝西之陣王師小却嗣業旁南山領蕃兵數百橫截擊之應手奔潰安慶緒北奔因收河雒並復與九節度同圍相州是時築堤引漳水灌城經月餘城不拔師老其將各圖其全人無鬭志嗣業獨被堅衝突親當矢石爲流矢所中數日瘡欲愈于帳下忽聞城下金鼓聲作聞之知戰因大喚瘡中血出數升流注于地遂卒至今稱爲驍將

郝廷玉者驍勇善格鬭事太尉李光弼爲帳中愛將乾元中史思明再陷雒陽光弼拔東都之師保河陽時三城壁壘不完芻糧不支旬日賊將安大清等軍

數萬四面急攻光弼懼勢西犯河潼極力保孟津以掎其後晝夜嬰城血戰不解將士夷傷光弼名諸將訊之曰賊黨河面難抗或對曰西北隅最爲勍敵廼急名廷王謂之曰兇渠攻西北者難奈爾爲我決勝而還辭曰廷玉所領步卒也願得騎軍五百光弼以精騎三百授之光弼法令嚴峻是日戰不利而還者不解甲斬之廷玉奮命先登流矢兩集馬傷不能進而退光弼登堞見之駭然曰廷玉奔還吾事敗矣促令左右取廷玉首來廷玉見使者曰馬中毒箭非敗也光弼命易馬而復徑騎衝賊陣騎馳突數四僨而

賊黨大敗丁河壖廷玉擒賊將徐黄而還繇是賊解中潬之圍信宿走去

白孝德安西胡人驍悍有膽力肅宗乾元中事李光弼爲裨偏史思明攻河陽使驍將劉龍仙率鐵騎五千臨城挑戰龍仙徤勇自恃舉右足加馬鬣上嫚駡光弼光弼登城望之顧諸將曰孰可取者僕固懷恩請行光弼曰此非大將所爲歷選其次左右曰孝德可光弼乃召孝德前問曰可乎曰可光弼問所加幾何人而可乎曰獨往則可提加人則不可光弼曰壯哉終問所欲對曰願備五十騎于軍前候入而繼進

及請大軍鼓譟以假氣他無所用光弼撫其背而遣之孝德挾二矛策馬截流而渡半濟懷恩賀曰尅矣光弼曰未及何知其尅懷恩曰觀其攬轡便辟可萬全者龍仙始見其獨來甚易之足不降鬣稍近將動孝德揺手示之若使其不動龍仙不之測又止孝德呼曰侍中使予致辭非他也龍仙去三十步與之言褻駡如初孝德息馬伺便因瞋目曰賊識我乎龍仙曰誰也曰我國之大將白孝德也龍仙曰是猪狗乎孝德發聲虓然執矛突前城上鼓譟五十騎亦繼進龍仙矢不及發還走堤上孝德逐之遂斬首提之而歸賊徒大震

李重倩淮西李忠臣之裨將代宗大曆七年忠臣討李靈耀頓兵于汴州西時田承嗣使姪悅率師來援屯于州之北數里與靈耀軍合忠臣遣重倩輕騎候夜斬賊營重倩素以勇敢稱旣聞命持鎗上馬突入賊營斬賊數十人而還賊不之覺忠臣軍威因是增氣

李正己初爲淄青裨將驍徤有勇力寳應中衆軍討史朝義至鄭州迴紇方强暴恣橫諸節度皆下之正已時爲軍候獨欲以氣吞之因共角逐衆軍聚觀約

曰後者批之旣逐而先正已擒其領而批之迴紇屎液俱下衆軍呼笑虜大慙繇是不敢暴

渾瑊爲京畿渭北節度觀察使德宗建中四年朱泚叛驅逆黨圍逼奉天瑊勤力拒討之嘗爲流矢所中竟不自言忍瘡痛格戰不已

王武俊爲成德軍節度與元初朱滔圍貝州武俊與澤潞節度李抱眞合軍于貝丘抱眞爲方陣武俊用奇兵朱滔空營合戰武俊不釋甲而馳之滔望風奔潰自相蹂踐死者十四五收其輜重器甲馬牛不可勝筭

馬燧爲檢校左散騎常侍兼御史大夫河陽等城使時汴州大將李靈曜叛詔燧與淮西節度李忠臣合軍討之靈曜選銳兵八千號爲饑狠軍燧獨引軍擊破之進至浚儀是時河陽兵冠諸

高固少隨渾瑊從戎于朔方德宗幸奉天固嘗在瑊麾下是時賊兵已突入東壅門固引甲士亂揮長刀連破數賊拽車塞闔一以當百賊乃退以功封渤海郡王

張茂昭爲義武節度使憲宗元和四年王承宗叛茂昭使長男克讓渡木刀溝南與賊合戰屢捷茂昭親

披介冑當賊前鋒者數次累獻戎捷幾覆承宗會朝廷赦承宗詔班師

李光顔爲忠武軍節度元和九年討淮西吳元濟營于時曲賊境晨壓光顔之壘而陣光顔不得出乃自毀其柵之左右出騎以圍之光顔將數騎冒堅而衝之出入者數四賊衆盡識光顔故矢集其身如蝟毛焉其子攬光顔馬鞅止其深入光顔鋒刃叱退之于是人爭踴躍賊遂大潰

史奉敬爲朔方軍裨將弓矢在手前無彊敵臣甥及使近二百人每以自隨臨陣入敵輒分其隊爲四五不相知及相遇已皆有獲虜元和中西戎犯邊奉敬白節度使杜叔良請兵率三千人備一月糧深入蕃界叔良與之二千五百人奉敬既以衆行十餘日人莫知者皆謂吐蕃盡殺之矣乃蹊他道深入突出蕃衆之後戎人驚潰奉敬率衆大破之殺戮不可勝計奉敬形甚短小若不能勝衣至于野外馳逐能擒奔馬自執鞍勒隨鞍躍上然後驀帶弓矢在手前無彊敵

劉沔爲忠武軍節度李光顔帳中親將光顔討吳元濟用爲前鋒蔡將有董重質者守洄曲其部下乘騾

卽戰號騾子都最爲勁悍官軍嘗警備之沔浡勇善射每與騾軍接戰必冒刃陷陣俘馘而還　又云沔爲忠武軍小校討淮西前後遇賊血戰鋒刃所傷死者數百

石雄爲徐州捉生兵馬使勇敢善戰氣凌三軍文宗時王智興討李同捷雄先驅渡河前無堅戰

梁寇彥卿唐天復中太祖迎昭宗于鳳翔累與岐軍對陣時彥卿爲諸道馬步三軍排陣使常躬擐甲冑乘其所賜烏馬騁于陣前太祖目之曰眞神王也昭宗還京師賜爲迎鑾毅勇功臣

李思安本宋人也祖父皆隸職于宣武軍之靜戎鎮

思安㓜拳捷有膂力所爲不嘗未弱冠長六尺超起然有拔行伍取富貴意唐乾符廣明閒盜火反起思安棄州里投盜中太祖始鎭夷門自巢軍諸隊閒烏逝歸我初以爲騎士思安善用槊每從上征伐嘗飛馬出敵陣之後測其厚薄而還或敵有特猛悍炫執者太祖多命取之必鷹揚飈馳擒馘於萬甲之際出入自若如蹈無人中繇是疊委戎事累授劇郡

王景仁爲淮南西北面行營招討應接使伐壽州俄而朱僅以大軍至景仁力戰不屈嘗以數騎身先奮擊冦不敢逼乃引兵還及濟淮復自殿軍

氏叔宗爲後院馬軍都將時東伐徐鄆多歷年所叔宗身當矢石奮不顧命

朱珍徐州豐縣人太祖鎭汴兼領招討使署珍爲宣武右職以總腹心從太祖以汴宋亳之師入西華破王夏寨勇冠軍鋒

張存敬唐中和中從太祖赴汴以其壯節頗見親暱首爲右騎都將從討巢蔡凡歷百戰多於危蹙之閒顯有奇畧光啓中晉軍圍張宗奭於盟津太祖遣丁會葛從周存敬同往馳救存敬引騎軍先犯虜騎諸將翼之虜騎大敗乃解河橋之圍

葛從周爲邢州留後時幽州劉仁恭率衆冦魏州屠貝郡從周自邢臺馳入魏州燕軍突上水關攻館陶門從周與賀德倫率五百騎出戰謂門者曰前有敵不可返顧命闔其門從周等極力死戰大敗燕人擒都將薛突厥

王重師爲潁州刺史唐乾寧中太祖攻濮州縱兵壞其墉濮人因屯火塞其壞壘煙焰亘空人莫敢越重師方苦金瘡卧其軍次諸將或勉之乃躍起命壯士悉取軍中氊罽投水中擲于火上重師然後率精鋭持短兵突入諸軍踵之濮州乃陷重師爲劍所傷身

被八九鎗丁壯荷之還營且將斃矣太祖驚惜尤甚日雖得濮壘而失重師柰何亟命以奇藥療之彌月始愈

劉知俊爲軍校披甲上馬輪劍入敵勇冠諸將太祖命左右義勝兩軍隷之尋爲左開道指揮使故當時人謂之劉開道

張歸霸初爲宣武軍劇職唐光啓三年夏與秦宗賢戰于萬勝翼日秦宗權遣將張郅來冦列寨於赤堈一日出騎將較勝歸霸爲飛戈所中卽拔馬却逸控弦一發賊洞頸而墜遂兼騎而還太祖時于高丘下

瞅儁見其狀面加賞激賞以金帛其所獲馬賜之又嘗被命以控弦之士五百人伏于壕內太祖統數百騎稍逼其寨蔡人果以銳士摩壘來追歸霸發伏兵掩殺千餘人奪馬數千匹尋奏授左散騎常侍

張歸厚爲太祖軍校時淮西兵方壯太祖之師尚寡歸厚以少擊衆往無不捷唐光啟三年春與秦賢戰于萬勝大破之其夏蔡將張晊以數萬衆屯于赤堈歸厚嘗與晊單騎闘于陣晊不能支而奔師徒乘此大捷太祖大悅立署爲騎軍長仍以鞍馬器幣賜之及佐朱珍討時溥寨于豐蕭之間歸厚來往徐壘

如行坦途甚爲諸將嘆服龍紀初奏遷檢校工部尚書其年冬復伐徐歸厚以偏師遝進至九里山下與徐兵遇時我之叛將陳璠在賊陣中歸厚忽見之瞋目大罵單馬直往期于必取會飛矢中左目而退徐戎甚衆莫敢追之

霍存爲曹州刺史始朱友裕以大軍伐鄆臨其壁既而師陷圍中以急來告存領二百騎馳赴擊退之太祖喜拔爲諸軍都指揮使

王檀初爲汴小將汴將楊彥洪破巢將尚讓李謙于尉氏門外檀在戰中摧鋒陷陣遂爲太祖所知稍蒙擢用蔡賊張存敬乘亂據雒陽檀與勇士數十人潛入賊柵邀其輜重存敬遁走檀初爲汴小將從擊秦賢于鄭州西北河灘之上于太祖馬前射賊將孫安應弦而斃

徐懷玉爲鄜坊節度使材氣剛勇臨陣未嘗折退平生金瘡被體有戰將之名焉

王彥章以驍勇見稱累歷刺史不知書行師將兵無法術能先登陷陣奮不顧身每入陣使二鐵鎗一橫馬鞍一秉在手酣戰揮擊敵人避之

謝彥章臨敵御衆則肅然有上將之威每敎陣整旅

左旋右抽雖風馳雨驟亦無以踰其迅速也故當時騎士爲用及其遇害衆皆惜之

牛存節字贊貞青州博昌人也少以雄勇自負初授宣義軍小將屬蔡寇至金堤驛犯酸棗靈昌存節日與之闘凡二十餘往每往必執俘而還前後斬首二千餘級獲輜畜甚衆太祖擊蔡賊于板橋赤堈酸棗門封禪寺枯河北存節皆豫其行與諸將于濮州南劉橋范縣大破鄆衆自此深爲太祖獎遇

後唐周德威小字楊五從武皇爲內衙軍副唐光化二年三月汴將氏叔琮率衆逼太原有陳章者以彪

勇知名衆謂之夜义言于叔琮曰晉人所恃者周陽五願擒之請賞以郡陳章嘗乘駿馬朱甲以自異武皇戒德威曰我聞陳夜义欲取爾求郡宜善用備之德威曰陳章大言未知鹿死誰手他日致師戒部下曰如陣上見陳夜义爾等但走德威微服挑戰部下偽退陳章從馬追之德威背揮鐵鎚擊墮其馬生獲以獻繇是知名天祐九年五月七日劉守光令驍將單廷珪督精甲萬人出戰德威遇于龍頭崗初廷珪謂左右曰今日擒周楊五既臨陣見德威廷珪單騎持鎗躬追德威垂及德威側身避之廷珪少退德威

奮撾擊墮其馬生獲廷珪黨大敗斬獲三千級獲大將李山海等五十二人

史儼代州鴈門人以便騎射給事於武皇爲帳中親將驍果絶衆善擒生設伏望塵揣敵所向皆捷自武皇入定三輔誅黃巢每出師皆從

高行珪燕人也家世勇悍與弟行周俱有武藝初仕燕爲騎將驍果出諸將之右

李嗣忠從武皇爲左廂馬軍都將救應河府與梁接戰應弦斃者甚衆而矟中其口酣戰未解及退莊宗視其傷深加慰勉轉內衙門都步將遼州刺史

朱洪實不知何許人以武勇累歷軍校長興中爲馬軍都指揮使秦王爲元帥以洪實驍果尤寵待之

李存孝驍勇冠絶常將騎爲先鋒梁祖令張全義攻澤州李罕之告急于武皇武皇遣存孝率騎五千援之初汴人攻澤州呼罕之曰相公常恃太原輕絶太國今張相國已圍太原葛司空已入潞府旬日之內沙陀無穴自處相公何路求生耶存孝聞其言不遜選精騎五百繞汴營呼曰我沙陀求穴者俟爾肉餧軍可令肥者出鬬汴將有鄧季筠者亦以驍勇聞乃引軍出戰存孝激勵部衆舞矟先登一戰敗之獲馬

千匹生擒季筠于軍中是夜汴將李讜收軍而遁存孝擊至馬牢山俘斬萬計遂退攻潞州存孝初爲太祖紀綱給事帳中後鎮邢州存孝每臨大敵被重鎧櫜弓坐矟僕人以二騎從陣中易騎輕捷如飛獨舞鐵撾挺身陷陣萬人辟易蓋古張遼甘寧之比也

李存審事太祖爲五院都知兵馬使常從討赫連鐸存審冒刃死戰血流盈袖太祖手自封瘡旦夕臨問後爲蕃漢副總管戰于胡柳陂之後存審引魏州銀鎗軍敗賊于山下是日周德威不利小退撓賊鋒因集存審與其子彥饒彥圖冒刃血戰饑陷賊陣與

帝軍合大破汴軍
李建及爲衙軍校天祐七年栢鄉之役汴將韓勍追周德威至高邑南野河上鎮定兵扼橋道韓勍選精兵堅奪之莊宗登高而望鎮定兵將卹謂建及曰如賊過橋則勢不可遏卿計如何建及于部下選士二百挺鎗大噪刺汴軍却之于橋下胡柳之役前軍逗撓際晩汴軍登土山建及一戰奪之莊宗欲收軍詰朝合戰建及横矟當前曰賊大將已亡乘此易擊王但登山觀臣破賊郎引銀鎗効節軍大呼奮擊三軍增氣繇是王師復振遷魏博内外衙都將十六年梁

將賀瓌冠德勝南城圍塹既周又以艨艟戰艦斷我津渡百道攻城萬旅齊進負芻運石填塞池塹我營將士氏延賞于城中多蓄芻草每賊乘城束蘊灌膏燔焰騰天賊焦爛于下不可勝紀莊宗馳騎而往于陣北岸津河不通延賞告矢石將盡上積錢帛于軍門募能破賊船者如是獻伎者數十或言能吐火焚舟或言能游水破艦或言能破咒兵刃悉試之卒無成功城中危急所爭晷漏虎臣不能勇智士不能謀莊宗憂形于色建及擐甲而進曰賊帥傾巢敗死㒷茲一舉如我師不南則彼爲得計今豈可限一衣帶水而縱如㳚憂君今日勝負臣當効命遂以巨索聯舟十艘選効節卒三百人持斧披鎧鼓棹而行中流擊之賊樓船三層蒙以牛皮懸板爲楯如埤堄之制我船將近流矢雨集建及率持斧者入賊艨艟間斬其竹破賊懸楯以矟刺之于上流取甕百以木夾口竹笮維之又以巨索牽制積芻薪于上灌脂沃膏火發亘天別維巨艦中實甲士乘烟鼓譟賊斷絙而下沉溺者殆半我軍繇是得濟莊宗曰周瑜得黃蓋而挫曹公吾有建及卒破賊艦奇才猛將何代無之
史敬思爲元府都督從入關破黃䕺定三輔平陳蔡

衛嘗爲騎將挺身酣戰勇冠三軍嘗太祖上原之難敬思方大醉從者喻之厥然而起登驛樓控弦射賊矢不虛發汴人横死樓下既而遇雨翼太祖登尉氏門敬思逑墜擁門故陷賊太祖還營流涕久之
史建塘爲前鋒時梁太祖攻蓨縣建塘以三百騎雜芻牧者突賊營梁人燒營而遁
李嗣昭爲昭義節度汴將李思安將兵攻潞州嗣昭嘗享諸將登城張樂賊矢中足嗣昭密拔毀之坐客不之覺酣飲如故以安士心
夏魯奇字邦傑青州人幼有雄傑之志初試宣武軍

爲軍技與主將不傷遂歸于我莊宗以爲護衛指揮使從周德威攻幽州燕將有單廷珪元行欽時稱驍勇魯奇每與之接戰莫不氣勢凌制每鬬不能自解將士皆釋兵而觀軍中稱賞梁將劉鄩在洹水莊宗深入致師劉鄩設伏魏縣西南河曲間葭蘆中莊宗不滿千騎汴人伏兵萬餘人大譟而起圍莊宗五六重魯奇與王門關烏得兒等奮命決戰俄而李存審外救至方解魯奇持鎗攜劒專衛莊宗手殺百餘人是役烏得兒被擒魯奇所傷盈膚

李嗣肱爲裨將時梁太祖新屠棗彊其將賀德倫急

修攻蓨縣梁祖率師五萬合勢營于蓨之西嗣肱自下博率騎二百薄晩與梁之樵芻者相雜日旣曛入梁軍營門諸騎相合大譟弧矢星發虓鬭馳突汴人不知所爲營中大擾旣暝殿騎而退是夜梁祖燒營而遁解蓨縣之圍

安敬思少給事帳中及壯便騎射驍勇冠絶常將騎爲先鋒未嘗挫敗

安金全爲振武軍節度使時梁孽未平兩軍對壘汴之游騎每出必爲金全所獲故賊之偵邏者咸懼之目之爲五道蓋比陰鬼將有五道之名以取人命故也金全累爲刺史以老病退居太原天祐中汴將王檀率師三萬乘莊宗在鄴來襲幷州時城無備兵敵軍奄至監軍張承業大恐計無所出閲諸司丁匠登陴捍外攻甚急金全遽出承業曰老史退居抱疾不任軍事然吾王家屬在此王業本根之地若一旦爲敵所有大事去矣請以軍甲見授爲公備寇承業卽時授之金全披甲上馬召率子弟及退門諸將得數百人夜出北門擊賊于羊馬城内梁人驚潰繇是退却

白奉進初爲裨將時梁人圍李嗣昭于潞潞人苦之

俄而莊宗嗣位率親兵赴之奉進挺身首犯賊鋒諸將繼之莊宗覩而壯焉

西方鄴事莊宗爲奉義指揮使每從征討咸以身先

元行欽爲散員都部署賜姓名紹榮莊宗好戰勇於大敵或臨陣有急兵行欽必横身解鬬翼衞之莊宗營于得勝與汴軍戰于潘張王師不利諸軍奔亂莊宗得三四騎而旋中野爲汴軍數百騎攢矟攻之事將不測行欽識其幟急馳一騎至奮劒斷二矛斬一級汴軍乃解圍翼莊宗還宫流涕言曰富貴與卿共之自是冠諸將寵

郭延魯天成中汴將朱守殷叛命延魯從車駕東幸
至其地攻壘先登尋平守殷以功授汴州步軍都指
揮使
晉潘環初事梁累遷右雄威指揮使時梁人與唐莊
宗對壘于河上環每豫戰先登陷敵金瘡徧體莊宗
知其名及平梁令典禁軍
張廷蘊初仕唐武皇爲小挍及莊宗救上黨戰栢仁
攻蒯丘下邢魏皆從之後戰莘縣胡柳陂繼爲流矢
所中瘡瘢盈於面首莊宗寵之統御營黄甲軍常在
左右

史建瑭武略出人善騎射事唐莊宗出軍攻伐多爲
先鋒將敵人畏之謂之史先鋒累立戰勳歷澶洺相
三州刺史
安友謙爲供奉官晉天福五年馬全節爲安州節度
使會李金全據州叛因命全節引兵討之友謙登鋒
獨戰奮不顧身所當之者無不敗潰
白延遇歷典禁軍累遷至檢挍司空天福中晉祖在
鄴安鐵胡叛于鎮州帥衆數萬指闕而來晉祖命杜
重威統諸將以禦之時延遇不豫其行乃立告晉祖
願以身先及陣于宗城延遇帥其統屬兒之斬級數
百戰既酣而劒亦折諸將繇是推伏晉祖聞之旣命
中將使以寶劒良馬賜之常山平以功授檢挍司徒
充馬軍左廂都挍
相里金初爲唐莊宗親衛小挍後與梁師戰于栢鄉
及胡柳陂襄德勝口攻廣邉軍擒元行欽圍幽州及
慈丘翊所至登鋒奮武軍罕出其右
萇從簡陳州人也初事唐莊宗爲小挍每遇攻城名
人爲㮰頭從簡應募莊宗愛其武勇領帳前親衛兼
步軍都指揮使一日莊宗領大軍對陣登高而坐敵
人有執大幟楊其武者莊宗指之謂左右曰猛士也

從簡曰臣爲大王取之莊宗慮其不捷不許從簡退
乃潛領十數人挺身而入奪幟以歸萬衆鼓譟莊宗
壯之而賜賚甚厚又嘗中箭而鏃入于骨使醫工出
之以刃鑿骨恐其痛也良久未能搖動從簡瞋目謂
日何不深鑿洎出之左右無不惻然從簡顔色自若
其勇壯皆此類也
張方進少而無賴初事唐武皇以騎射著名攻城野
戰勇不顧命嘗與梁師對陣持鋭首短刀躍馬獨進
務逞其志發而不獲及兵乃毁弱則易以大鋌左右
奮擊出没往返彌縫皆斷無敢當者莊宗明宗素憐

其雄武威復獎其戰功故累典大郡
王清爲奉國軍都虞候時襄州安從進叛從高行周討之踰年不下一日清請先登諸衆繼其後會有內應者遂拔其城清以中重創有詔褒慰
皇甫遇爲滑州節度使開運三年虜長率衆屯邢戰遇與安審琦慕容彥超等禦之遇使渡漳河虜前鋒大至遇引退轉鬬二十里至鄴南榆林店遇謂審琦日彼衆我寡走無生路不如血戰遂自辰至未戰百餘合所傷甚衆遇所乘馬中鏑而死遇有紀綱杜知敏以馬授遇遇得馬復戰久之稍解顧杜知敏已爲

寇獲遇謂彥超曰知敏蒼黄之中以馬輟我義也安可使陷于寇中遂與彥超躍馬取知敏而還胡騎壯之俄而軍士復合遇不能解時審琦已至安陽河謂首將張從恩曰皇甫遇等未至必爲虜騎所圍若不救則成擒矣從恩曰虜勢甚熾無以支吾將軍獨往何益審琦曰成敗命也設若不濟則與之俱死假若失此二將將何面目以見天子遂率鐵騎北渡赴之虜見塵起謂救軍并至乃引去遇彥超中數鎗得還時諸軍嘆曰此三人者真猛將也遇累官至檢校大司空同中書門下平章事

石公霸以天福九年契丹入寇少帝親征公霸爲先鋒指揮使遇賊數萬騎于城之北爲賊所圍高行周符彥卿在城之東南方息于林下忽聞賊至駭愕督軍而進繞數千騎衆寡不較行周遣人馳告景延廣請益師延廣遲留候帝進止既而行周等爲賊圍之數重三人大譟瞋目奮擊賊衆傷死者甚多帝自御親兵援之獲免
漢張鵬晉開運中爲前鋒監押時契丹逼澶州鵬奮身擊虜被創而還其後累爲邊城戍守士伍服其勇
劉在明後唐明宗時爲捧聖左廂都指揮使領和州

刺史從幸汴州至滎陽聞朱守殷叛用爲前鋒至汴城率先登城賊平授汴州馬步軍都指揮使
周王殷後唐天成中爲陵武都指揮使張令昭據鄴叛朝廷命將討之殷冒矢石率先登城以功授邢州刺史漢祖受命從征杜仲威于鄴下會慕容彥超請攻城殷與劉詞皆率先登梯衝力戰殷矢洞于首久之出鏃于口以是漢祖嘉之
劉詞晉天福中從杜重威敗安鐵胡于宗城及圍鎮陽詞自登雲梯身先士卒以功加檢校司徒泌州刺史

孫行友爲義武軍節度留後性豪邁有膽氣在郡屢挫胡寇累上章言契丹離合臣願得勁兵三千乘襄平定幽州太祖雖未允請行壯其雄健故以義武軍留後授之

史彦超爲鄭州防禦使劉崇之寇潞州也車駕親征以彦超爲前鋒都指揮使高平之戰先登陷陣以功授荥州節度使

册府元龜

册府元龜將帥部勇敢三　卷之三百九十六　二十九

冊府元龜

巡按福建監察御史臣李嗣京　訂正
知長樂縣事臣夏允彝參閱
知建陽縣事臣黃國琦較釋

將帥部五十八

懷撫

傳載拊攜之訓書紀柔遠之說斯懷撫之謂矣其奉辭為將受命致討總戎作鎮守邊圉而能推以恩信布之仁惠拊輯流散收恤孤弱綏懷新附撫柔異類俾鄰邦敵境愛之如椒蘭外夷殊俗歸之如父母

用能固守疆場謐清障塞成勞徠安定之績致和平富庶之美詩曰民之攸塈又曰懷我好音自非誠心内著德聲外暢亦何以致其感悅哉

漢段會宗再為西域都護會宗既出諸國遣子弟郊迎小昆彌安日前為會宗所立德之（懷會宗之恩德也）欲往謁諸翎侯止不聽遂至龜茲諸城郭甚親附（謂城郭諸國）

後漢鄧禹為前將軍建武初光武分麾下精兵一萬人使鄧禹西入關時赤眉入長安三輔連覆敗赤眉所過殘賊百姓不知所歸聞禹乘勝獨剋而師行有紀皆望風相攜負以迎軍降者日以千數衆號百萬禹所止輒停車駐節以勞來之父老童穉垂髮戴白滿其車下莫不感悅於是名振關西帝嘉之數賜書褒

祭彤為遼東太守使招呼鮮卑示以財利其大都護偏何（鮮卑名也）遣使奉獻願得歸化彤慰納賞物稍復親附其異種滿離高句驪之屬遂駱驛款塞彤為人質厚重毅撫夷狄以恩皆畏而愛之故得其死力

鄧訓章帝時為謁者會上谷太守任興欲誅赤沙烏桓恐恨謀反詔訓將黎陽營兵屯狐奴以防其變（漢官儀曰光武以幽冀并州克定天下故於黎陽立營以謁者監之狐奴縣屬漁陽郡也）校尉張紆

誘誅燒當種羌迷吾等繇是諸羌大怒謀欲報怨朝廷憂之公卿舉鄧訓代紆為校尉諸羌激忿遂相與解仇結婚交質盟詛衆四萬餘人期氷合渡河攻訓先是小月氏胡分居塞内勝兵者二三千騎皆勇健富彊每與戎戰常以少致多雖首施兩端（首施猶首鼠也）漢亦時收其用時迷吾子迷唐別與武威種羌合兵萬騎來至塞下未敢攻訓先欲脅月氏胡擁衛稽故（稽故謂稽留事故稽故字一作諸故）故不得戰議者咸以羌胡相攻縣官之利以夷禁伐不宜禁護訓曰不然今張紆失信衆羌大動經常屯兵不下二萬轉運之費空竭府帑州

更人命縣絲髮原諸胡所以難得意者皆恩信不厚耳今因其迫急以德懷之庶能有用遂令開城及所居園門悉驅羣胡妻子內之嚴兵守衛羌掠無所得又不敢逼諸胡因即解去繇是湟中諸胡皆言漢家常鬬我曹今鄧使君待我以恩信開門內我妻子乃得父母咸歡喜叩頭曰唯使君所命訓遂撫養其中少年勇者數百千以爲義從

竇憲爲車騎將軍和帝永元元年出雞鹿塞遣軍司馬吳汜梁諷奉金帛遺北單于宣明國威而兵隨其後時虜中乘亂汜諷所到輒招降之前後萬餘人遂及單于於四海上宣國威信致以詔賜單于稽首拜

受諷因說宜修呼韓邪故事保國安人之福（言依賴漢家自保護其國也宣帝時呼韓邪單于款塞朝于甘泉宮請留光祿塞下有急保漢受降城居）單于喜悅即將其衆與諷俱還到渠海聞漢軍已入塞乃遣弟右溫禺鞮王奉貢入侍隨諷詣闕憲以單于不自身致奏還其侍弟明年單于復遣車諧儲王等款居延塞欲入朝見請願大使竇憲上遣大將軍護軍班固行中郎將與司馬梁諷迎之會北單于爲南單于所破被創遁走固至私渠海而還

陳禪左轉玄菟候城障尉會北匈奴入遼東追拜遼東太守胡憚其威彊退還數百里禪不加兵但使吏卒往曉慰之單于隨降還郡禪於學行禮爲說道義感化之單于懷服遺以胡中珍物而去

种暠爲尚書會匈奴寇并涼二州桓帝以爲度遼將軍暠到營所先宣恩信誘降諸胡羌虜先時有王見獲質於郡縣者悉遣還之誠心懷撫信賞分明繇是羌胡龜茲莎車烏孫等皆來順服

劉虞爲幽州刺史民夷感其德化自鮮卑烏桓扶餘穢貊之輩皆隨時朝貢無敢擾邊者後前中山相張純等與烏桓大人共連盟攻薊下復以虞爲幽州牧

虞到薊罷省屯兵務廣恩信遣使告烏桓峭王等以朝恩寬弘開許善路又設賞購純等走出塞餘皆降散

魏蘇則爲金城太守是時喪亂之後吏民流散饑窮戶口損耗則撫循之甚謹外招懷羌胡得其牛羊以養貧老與民分糧而食旬日之間流民皆歸得數千家

毌丘興爲武威太守內撫吏民外懷羌胡卒使柔附及羣雜胡棄惡詣興興皆安卹使盡力田

牽招爲使持節赴鮮卑校尉屯昌平是時邊民流散

山澤又亡叛在鮮卑中者處有千數招誘布德恩招誘降附建義中郎將公孫集等率將部曲咸各歸命使還本郡又懷來鮮卑素利彌加等十餘萬皆令款塞

吳孫歆爲鎮北將軍爲邊將數十年青徐汝沛頗來歸附淮南濱江屯候皆徹兵遠徙徐泗江淮之地不居者各數百里

陸遜爲大將軍太帝嘉禾五年北征遜遣將軍周峻張梁等擊江夏新市安陸石陽石陽盛峻等奄至人皆捐物入城城門益不得關其所生獲皆加營護不

令兵士干擾侵侮將家屬來者使就料視若亡其妻子者即給衣糧厚加慰勞發遣令還或有感慕相攜而歸者隣境懷之江夏功曹趙濯弋陽備將裴生及夷王梅頤等竝帥支黨來附遜遜傾財帛周贍經恤

孫皎爲征虜將軍督夏口皎嘗遣兵候獲魏邊將吏美女以進皎更其衣服送還之下令曰今所欲誅者曹氏其百姓何罪自今已往不得擊其老弱繇是江淮間多歸附之

魯肅代周瑜鎮江陵後下屯陸口威恩大行衆增萬餘人拜漢昌太守偏將軍

呂蒙爲左護軍虎威將軍討關羽于南郡蒙入據城盡得關羽之將士家屬皆撫慰令軍中不得干歷人家蒙旦暮使親近存恤耆老問所不足疾病給醫藥飢寒者賜衣糧羽府藏財寶皆封閉以待太帝至羽還在道路數使人與蒙相聞蒙輒厚其使周遊城中家家致問或手書示信羽使還私相參譯咸知家門無恙見待過于平時故羽吏士無鬬心會權尋至羽自知孤窮乃走麥城西至漳鄉衆皆委羽而降荆州遂定

晉羊祜鎮荆州增修德信以懷柔初附慨然有吞併

之心每遇吳人交兵剋日方戰不爲掩襲之計將帥有欲進譎謀之策者輒飲以醇酒使不得言人有略吳二兒爲俘者祜遣送還其家後吳將夏詳邵顗等來降二兒之父亦率屬與俱吳將陳尚潘景來寇祜追斬之美其死節而厚加殯殮景尚子弟迎喪祜以禮遣還吳將鄧香掠夏口祜募生縛香既至宥之香感其恩率部曲而降祜出軍行吳境刈穀爲糧皆計所侵送絹償之每會衆江沔游獵常止晉地若禽獸先爲吳人所傷而爲晉所得者皆封還之

杜預爲征南大將軍荆土肅然吳人赴者如歸矣

張華爲都督幽州諸軍事領護烏桓校尉安北將軍華撫納新舊戎夏懷之東夷馬韓新彌諸國依山帶海去州四千餘里歷世未附二十餘國并遣使朝貢於是遠夷賓服四境無虞

王渾爲安東將軍鎮壽陽渾不尚刑名處斷明允時吳人新附頗懷畏懼渾撫循羈旅虛懷綏納座無空席門不停賓於是江東之士無不悅附

周浚爲折衝將軍揚州刺史移鎮秣稜時吳初平屢有逃亡者頻討平之賓禮故老捜求俊乂甚有威德吳人悅服

劉琨爲并州刺史時東瀛公騰自晉陽鎮鄴并土饑荒百姓隨騰南下餘戶不滿二萬寇賊縱横道路斷塞琨募得千餘人轉鬬至晉陽府寺焚毀僵屍蔽地其有存者飢羸無復人色荆棘成林豺狼滿道琨翦除荆棘收葬枯骸造府朝建市獄寇盜至來掩襲常以城門爲戰場百姓負楯以耕屬鞬而耨琨撫循勞徠甚得物性在官未朞流人稍復雞犬之音復相接矣士奔迸者多歸於琨琨善於懷撫而短於控御一日之中雖歸者數千去者亦相繼剋期與猗盧討劉聰盧父子相圖盧及兄子振皆病死徒屬四散琨子遵先質於盧衆皆附之及是遵與箕澹等率盧衆三萬人牛馬羊十萬悉衆歸琨琨繇是復振率衆百騎自平城撫納之

祖逖爲奮威將軍討樊雅陳川遣將李頭率衆援之力戰有勳逖時獲雅駿馬頭甚欲之而不敢言逖知其意遂與之頭感逖恩遇每歎曰若得此人爲主吾死無恨川聞而怒遂殺頭頭親黨馮寵率其屬數百人歸于逖後鎮永丘數遣軍要截石勒勒屯戍漸感候騎常獲濮陽人逖厚待遣歸咸感逖恩德率鄉里五百家降逖勒又遣精騎萬人距逖復爲逖所破勒

鎮戍歸附者甚多時趙固上官巳李矩郭默等各以詐力相攻擊逖馳使和解之示以禍福遂授逖節度逖愛人下士雖疎交賤隷皆恩禮遇之繇是黄河以南盡爲晉土河上堡固先有任子胡者皆聽兩屬時遣游軍僞抄之明其未附諸塢主感戴胡中有異密以聞前後剋獲亦繇此也

荀羨監青州諸軍事領兗州刺史先是石季龍死胡中大亂羨撫納降附甚得衆心

魏浚爲武威太守以亂不之官及雒陽陷屯于雒北石梁塢撫養遺衆漸修軍器其附賊者皆先解喻說

大晉運數靈長行巳建立歸之者甚衆其有恃遠不從命者遣將討之服從而已不加侵暴於是遠近感悅襁負至者甚衆

詹應爲南平太守都督平天門武陵軍事天門武陵谿蠻並反詹討降之時政令不一諸蠻怨望并謀背叛詹召蠻酋破銅券與盟錄是懷詹數郡無虞其後天下大亂詹境獨全百姓歌之又爲平南將軍江州刺史時王敦新平人情未安詹撫而懷之莫不得其歡心百姓賴之

陶侃爲龍驤將軍武昌太守時天下饑荒亡者歸之

盈路侃竭資賑給焉

桓宣爲平北將軍鎮襄陽宣久在襄陽綏撫僑寓甚有稱績又監沔中軍事南中郎將江夏相石勒荊州刺史郭敬戍襄陽陶侃使其子平西軍斌與宣俱攻樊城拔之竟陵太平李陽又破新野敬懼遁走宣與陽遂平襄陽侃委宣鎮之以其淮南郡曲立義成郡宣拊懷初附

桓伊都督豫州諸軍事西中郎將豫州刺史在州十年綏撫荒雜甚得物情桓冲卒遷都督江州荊州十郡豫州四郡軍事江州刺史將軍如故假節伊到鎮以邊境無虞宜以寧卹爲務乃上疏以江州虛耗加連歲不登今餘戶有五萬六千宜并合小縣除諸郡逋米移州還鎮豫章詔令移州尋陽其餘皆聽之伊隨宜拯撫百姓賴焉

褚裒爲豫州司馬督司馬軍事太傅參軍王玄代裒爲郡時梁國部曲將耿奴甚得人情而專勢裒常優遇之玄爲政既急裒知其不能容奴因之曰卿威殺巳多而人情難戒一宜深慎之玄納裒言外羈縻奴而內懷憤及遷爲陳留將發乃收奴斬之餘黨聚衆殺玄梁郡既有內難而徐州賊張平等欲掩襲之郡

人遑惑將以郡歸平苟組遣裒撫之衆心乃定

郗恢爲梁秦雍司荊揚并等州諸軍事建威將軍雍州刺史假節鎮襄陽恢甚得關隴之和降附者動有千計

瑯琊武王伷起家爲寧朔將軍監守鄴城有綏懷之稱

宋柳元景爲建威將軍北伐斬魏將張是提又斬三千餘級面縛軍門者二千餘人元景輕騎晨至魏兵之面縛者多河內人元景詰之曰汝等怨王澤不接請命無所今并爲魏盡力便是本無善心順附者存

恤從惡者誅滅欲知王師正如此也耳皆曰虐虜見驅後出赤族以騎歷步未戰先死此將軍所親見非敢背中國也諸將欲盡殺之元景以爲不可曰今王旗北掃當令仁聲先路乃悉而遣之家在關裏者符守關諸軍聽出皆稱萬歲而去

檀道濟爲冠軍將軍武帝北征道濟爲前鋒至雒陽凡拔城破壘俘四千餘人議者謂應以爲京觀道濟曰伐罪弔人正在今日皆釋而遣之於是戎夷感悅相率歸之者甚衆

梁孫謙宋明帝泰始初事建安王休仁休仁以爲司

徒參軍言之明帝擢爲明威將軍巴建平二郡太守郡居三峽常以威力鎮之謙將述職勑募千人謙曰蠻夷不賓蓋待之失節耳何煩兵役以爲國費固辭不受至郡布恩惠之化蠻獠懷之競餉金寶謙慰喻而一無所納及掠得生口皆放還家俸祿出吏民者悉原除之郡境翕然威信大著視事三年徵還爲撫軍中兵參軍

徐文盛武帝大同末爲持節督寧州刺史先是州在僻遠所管羣蠻不識教義貪欲財賄劫奪相尋前後刺史莫能制文盛推心撫慰示以威德夷獠感之風俗遂改

張興世爲游擊將軍北伐次下邳號令嚴明所至獨剋下邳人多有欲來降惠紹曰我若得城諸卿皆是國人若不能破賊徒令公等失鄉非朝廷弔人本意也今且安堵復業勿妄自辛苦降人感悅

陳沈恪宣帝時都督廣衡交越城定新合羅愛德宜利安石雙等州諸軍事鎮南將軍平越中郎將廣州刺史恪未至鎮前刺史歐陽紇舉兵拒險恪不得進朝廷遣司空章昭達督衆軍討紇紇平乃入州州罹兵荒所在殘毀恪綏懷安輯被以恩惠嶺表賴之

裴忌以大建五年爲都官尚書吳明徹督諸軍北伐詔忌以本官監明徹軍淮南平授軍師將軍豫州刺史忌善於綏撫甚得民和

後魏寇讚初爲後秦襄邑令姚泓滅秦雍人千有餘家推讚爲主歸順拜綏遠將軍魏郡太守其後秦雍之民來奔河陽滎陽河內戶至萬數拜讚安遠將軍南雍州刺史軹縣侯治于雒陽立雍州之郡縣以撫之繇是流民襁負自遠而至三倍於前

于栗磾明元時爲鎮遠將軍河內鎮將撫導新邦甚有威惠

刁雍爲鎭東將軍與叔孫建攻青州建先攻東陽雍至招集義衆得五千人遣撫慰郡士人盡下送租供軍又詔令南入以亂賊境雍攻克項城會有勅追令隨機立効雍於是招集譙梁彭沛民五千餘家置二十七營遷鎭濟陰

東平王漢太武時鎭抱罕以信惠撫衆羌戎敬服改封東平王

陸俟爲都督雍豫二州諸軍事虎牢鎭大將軍源休屠金崖羌狄于玉等叛復轉爲使持節散騎常侍平西將軍安鎭大將旣至懷柔羌戎莫不歸附

盧度世爲假節鎭遠將軍齊州刺史州接邊境將士數相侵掠度世乃禁勒所統還其俘虜二境以寧

趙逸爲寧朔將軍赤城鎭將綏和荒服十有餘年百姓安之

叔孫建爲平原鎭大將征南大將軍在平原十餘年綏懷內外甚得邊稱

陸眞文成時爲安西將軍長安鎭將東平王道符反于長安殺雍州刺史魚玄明關中草草以眞爲長安鎭將賜爵河南公長安兵民素服威信眞到撫慰之皆怡然安靜

尉撥爲晉昌鎭將綏懷邊民甚著稱績後爲仇池鎭將在任九年大收民和山民一千餘家上郡徒收盧水胡八百餘落盡附于民

王斤爲平北將軍時并州胡酋田卜謀反詣餘衆不安遣斤鎭虎成以撫慰之斤綏靜胡醜甚收聲稱

李洪之獻文時爲內都大官河西羌胡鎭部落反叛獻文親征命洪之與侍中東郡王陸定總統諸軍輿駕至并州詔洪之爲河西都將討山胡山胡皆保險拒戰洪之築壘於石樓南白雞原以對之諸將悉欲進攻洪之乃開以大信聽其復業胡人遂降獻文嘉之遷并尚書外都大官

李崇爲鎭西大將軍孝文時巴夷擾動詔崇以本將軍爲荊州刺史鎭上雒勅發陝秦二州兵送崇至治崇辭曰邊人失和本怨刺史奉詔代之自然易帖但須一宣詔旨而已不勞發兵自防使懷懼也孝文從之乃輕發數十騎馳到上洛宣詔綏慰當即帖然尋勅邊戍掠得南齊人者悉令還之南人感德仍送荊州之口二百許之兩境交和無復烽燧之警在治四年甚有稱績名還京師賞賜隆厚

莫雲爲鎭西大將軍時初平河西人心未一雲撫慰

新舊皆得其所
壯募除積弩將軍領衆請淮遯降民楊㦤等脩立楚
鎮招納山蠻李天保等五百戶
李輔爲鎮遠將軍穎川太守帶長社戍輔綏懷招集
甚得衆和任城王澄爲征南大將軍都督梁益荆三
州諸軍事梁州氐帥楊仲顯婆羅楊卜兄弟及符叱
槃等自以居邊地險世爲山狡澄至州量彼風俗誘
道懷符表送婆羅授仲顯循城鎮撫之將楊卜爲廣
業太守叱槃固道鎮副將自餘首帥各隨才而用之
附者賞違命者加誅於是仇池帖然西南欵順

盧淵爲京兆王愉徐州刺史南徐州長史沈陵殺將
佐勒宿預之衆逃叛陵在邊歷年結搆旣廣二州人
情咸相扇惑陵之餘黨頗見執送淵皆撫而赦之唯
歸罪於陵繇是衆稍安
崔敬邕爲龍驤將軍營州刺史庫莫奚國有馬百匹
因風入境敬邕悉令送還於是東人感附
韓均爲冀州刺史都督定冀相三州諸軍事均親身
率下明爲耳目廣設方略禁斷姦邪於是趙郡屠谷
西山丁零聚黨山澤以劫害爲業者均皆誘慰追捕
遠近震跼先是河內未賓民多去就均撫懷之民咸
受優復
皮喜爲侍中都督秦雍荆梁益五州諸軍事開府仇
池鎮將以其父豹子昔鎮仇池有威信故也喜至深
恩布惠民夷大悅酋帥强奴子等各率戶歸附於是
置廣業固道二郡以居之
傅豎眼宣武時爲建威將軍討楊州賊破之仍鎮於
合肥齊民歸之者千戶又詔假節行南兗州事豎眼
善於綏撫南人多歸之又爲益州刺史進號冠軍將
軍撫蜀人以恩信爲本保境安民不以小利侵竊有
掠數民入境者移送還本撿勒部下守宰肅然遠近

雜夷相率欵謁仰其德化思爲魏民矣是以蜀民請
軍者旬月相繼宣武甚嘉之
李紹爲撫軍西道都督行秦州事時隴右新經師旅
之後百姓多不安業紹善撫納甚得夷夏之心
彭城王勰爲司徒領楊州刺史旣定壽春進位大司
馬獲南齊汝陰太守王果豫州治中庾稷等數人勰
傾衿禮之常叅坐席果承問進曰果等契濶生平皓
首播越顧瞻西夕餘光幾何今遭聖化正應力茲愚
老申展尺寸但在南百口生死分張乞還江外以申
德澤勰矜而許之果又謝曰殿下賜處有過國士果

等今還仰負慈澤請聽仁駕振旅反跡江外至此乃還共爲遠人所懷如此

王肅爲散騎常侍都督淮南諸軍事揚州刺史肅頻在邊悉心撫接遠近歸懷附者若市以誠綏納咸得其心

安豐王猛子延明孝明時爲尚書右僕射元法僧反詔爲東道行臺徐州大都督節度諸軍事與都督臨淮王彧尚書李憲等討法僧梁武帝遣其豫章王綜鎮徐州延明先牧徐方甚得人譽招懷舊土遠近歸之

爾朱天光孝莊時爲鎮東將軍初元顥入雒天光與天穆會爾朱榮於河內榮發之後并肆不安詔天光以本官兼尚書僕射爲并肆雲恒朔燕蔚顯汾九州行臺仍行并州委以安靜之天光至并州部分約勒所在寧輯顥破尋還京師

北齊盧潛爲揚州道行臺左丞與陳隣接潛輯諧內外甚得邊俗之和又爲揚州刺史領行臺尚書潛在淮南十三年任總軍民顯祖初平淮南給十年優復平蕭之後建後主天統永平中徵稅煩雜高文海執正斷漁獵人家無以自資諸商胡負官責息者宦者陳德信從其所往淮南富家令州縣徵責又勑送突厥馬數千匹揚州管內土豪貴買之錢直始入便出勑括江淮間馬并送至官廄由是百姓騷擾切齒嗟怨潛隨事撫慰兼行權政故得寧靜

辛術爲東徐州刺史爲淮南經畧顯祖天保元年侯景徵江西稅術率諸軍渡淮繼之租還鎮下邳人隨術北渡淮者三千餘家及王僧辯破侯景術招携安撫城鎮相繼款附前後來二十餘州

斛律羨爲幽安平南北營東燕六年都督突厥來寇州羨禦之望見軍威不敢戰來款附慮其有詐且喻

之曰爾輩此行非朝貢見機始變未是宿心若有誠實宜速歸巢穴別遣使來於是退走後主天統初突厥木汗遣使請朝獻羨始以聞自是朝貢歲時不絶羨有力焉

後周韋旭後魏永安二年拜右將軍南幽州刺史時氐賊數爲抄竊旭隨機招撫並卽歸附

李賢初爲西魏原州刺史賢雖少從戎旅而頗閒政事撫導鄉里甚得民和文帝大統十二年隨獨孤信征凉州平之又撫慰張掖等五郡而還

宇文測爲大都督行汾州事政存簡惠頗得民和地

接東魏歎相抄竊或有獲其為寇者多縛送之測皆命解縛置之賓館然後引與相見如客禮焉設酒殽宴勞放還其國并給糧餼衛送出境自是東魏六懸乃不為寇汾晉之間各安其業兩界之民遂通慶弔不復為仇讎矣時論稱之比於羊叔子

赫連達初從賀拔岳西征為都督及岳為侯莫陳悅所害達馳詣太祖太祖引軍向高平令達率騎據彈箏峽山百姓惶懼奔散多者有數村民方扶老弱驅畜牧欲入山避難軍士爭欲掠之達曰遠近民黎多受制于賊今若值便掠縛何謂伐罪弔民不如因而

撫之以示義師之德乃撫以恩信民皆悅附於是迭相曉語咸復舊業太祖聞而嘉之

尉遲迥既平蜀為都督益等十州諸軍事益州刺史自劍閣以南得承制刺拜及黜陟迥乃明賞罰布德威綏輯新邦經畧未附夷夏懷而歸焉

侯莫陳穎為開府儀同三司從滕王追擊龍泉文城叛胡穎與柱國竇盧勣分路而進穎懸軍五百餘里破其三柵先是稽胡叛亂輒略邊人為奴至是詔胡有厭匿良人者誅籍沒其妻子有人言為胡村所隱匿者勣將斬之穎曰將在外君命有所不行諸胡因非悉反但相逼脅為亂今撫慰之自可不戰而定如即誅之轉相驚恐為難不細未若召其渠帥以隱匿者附之令自歸首則羣胡可安勣從之諸胡爭附北土以安

楊敷孝閔帝時為使持節蒙州諸軍事刺史先是蠻左等多受齊假署數為亂逆敷推誠布信隨方撫慰諸蠻左等感之相率歸附數乃送酋帥四十餘人赴闕請因齊所假而授之諸蠻等愈更感悅州境獲寧

司馬裔自孝閔踐祚為驃騎大將軍後為御正中大夫及大軍東討與少卿楊摽守軹關即授懷州刺史

武帝天和初隋上庸公陸滕討信州反蠻令賢等裔自開州道入先遣使宣示禍福羣蠻率服

齊王憲討北齊任城王湝廣寧王孝珩於信都憲至信都登張耳冢以望俄而湝領軍尉相願偽出戰略陣遂以眾降相願湝之腹心也眾駭因破之擒湝及孝珩憲謂湝曰任城王何苦至此湝曰下官神武帝子兄弟十五幸而獨存逢宗社顛覆今日得死無愧墳陵憲壯之命歸其妻子厚加資給又問孝珩孝珩自陳國難辭淚俱發俯仰有節憲亦為之改容

韋世康自武帝平齊授司馬總管長史時東夏初定

百姓未安世康綏撫之士庶胥附
楊雄爲遏維防主雄處疆埸務在保境息民拔待敵
人必推誠伏信齊維州剌史獨孤永業深相欽尚移
書稱美之
楊忠爲大將軍再舉盡定漢東之地寬以御衆甚得
新附之心
隋虞慶則初仕後周爲幷州總管長史時稽胡數爲
反叛越王盛御史下大夫高熲討平之將班師熲等
咸謀須文武幹略者鎮遏之表請慶則於是即拜石
州總管甚有威惠境內清肅稽胡慕義而歸者八千

餘戶
高熲爲左軍大將蕭巖之叛也詔熲綏集江漢甚得
民和
韋冲開皇初爲開府時發南汾胡千餘州人北築長
城在塗皆亡高祖呼冲問計冲曰夷狄之性易爲反
覆皆繇牧宰不稱之所致也臣謂以禮綏靜可不勞
兵而定帝然之命冲綏懷叛者月餘皆至幷赴長城
下書勞勉之尋拜石州剌史甚得諸胡歡心後爲營
州總管冲容貌都雅寬厚得衆心撫靺鞨契丹皆能
致其死力奚霫畏懼朝貢相續開皇中爲南寧州總
管持節撫慰冲既至南寧帥爨震及西爨首領皆詣
府叅謁帝大悅下詔褒揚之
韋洸開皇中平陳之後爲江州總管進圖嶺南既至
廣州說陳瀹州都督王猛下之嶺表皆定帝聞而大
悅許以便宜從事光所綏集二十四州拜廣州總管
長孫晟爲左勳衛驃騎將軍持節護突厥晟遣降虜
覘侯雍問知其牙內屢有災變夜見赤虹光照數百
里天狗賈雨血三日流星墜其營內有聲如雷每夜
自驚言隋師且至并遣奏知仍請出討突厥都速等
歸柰于前後至者男女萬口晟安置之繇是突厥悅

附後都藍大亂爲其部下所殺晟因奏請曰今王師
臨境戰數有功賊內携離其王被殺乘此招誘必竝
來降請遣染於部下分頭撫慰帝許之果盡來附
慕容三藏以功授大將軍又授廓州剌史州極西界
與吐谷渾隣接姦宄犯法者皆遷配彼州流人多有
逃逸及三藏至招納綏撫百姓愛悅襁負日至吏民
歌頌之
周法尚爲桂州總管桂州人李光仕作亂詔法尚討
之光仕率勁兵保白石洞其黨有來降附輙以妻子
還之居旬日降者數千人

唐韋仁壽初爲嶲州都督府長史時南寧州内附朝廷使安撫類皆受賄邊人患之或有叛者高祖以仁壽素有能名令簡較南寧州都督寄聽政於越嶲使每歲一至其地以慰之仁壽將兵五百人至西洱河承制置八州十七縣授其豪帥牧宰法令清肅人懷懽悅

許紹爲陝州刺史行軍總管紹與王世充蕭銑疆境連接紹之士卒爲賊輒殺之紹執得敵人皆資給放去諸賊感媿自是以後不復侵掠合境獲安

張士貴高祖起義初遣經略河南士貴勤兵遇桑顯

和擊破之名所俘虜三千餘人慰諭遣還

盧士良武德中爲河南刺史吐谷渾及黨項入寇士良擊破之前後歸附者六十餘戶後簡較晉州事及在河南既兵亂之後戶口去散到官之始城邑蕭條裁數百家士良撫納夷夏大弘恩信數載之後復業者三千餘家時黨項羌依阻山谷頻爲寇盜士良戰捷之後諸羌畏懼相率内屬卒不爲患

劉感爲廣州總管武德六年嶲州刺史馮士翽以新會反感討降之復其位

李靖爲兵部尚書討蕭銑降之仍渡嶺至桂州遣人分道招撫其大首領馮盎李光度等皆遣子弟來謁自餘州縣莫不服從量其誠效授以官爵凡所招慰戶數十萬優詔勞勉授靖嶺道安撫大使簡較桂州總管靖以南方去朝廷遥遠喪亂以來不見恩德若不遵以禮樂兼示兵威無以變其風俗遂率所部兵馬發往桂州南巡所經之處靖請自存撫耆老問其疾苦遠近悅服又突厥種落離叛朝廷進取以靖爲代州行軍總管撫納降附輕騎先據定襄城突厥部落望風逃散繇是突厥頡利可汗率衆歸款進封代國公

張儉貞觀初爲朔州刺史突厥頡利敗後恩給部落飢寒離散儉招慰安輯之其不來者便居磧北既親屬分往私相往還儉雅得其情亦不禁止但存綱紀羈縻而已及儉移勝州都督州司謂其將叛遽以奏聞詔起儉爲使覘動靜儉單馬推誠入其部落召諸首領布以腹心咸匍匐稽顙應時而至便移就代州即令簡較代州都督恩給部落竟無離叛儉遂勸其營田每年豐熟慮其私蓄富實易生驕侈表請和糴擬就貯備蕃人喜悅儉意營田長城之北有同中壤繇是邊儲實焉

李素立爲楊州大都督府司馬時突厥鐵勒部落相率内附太宗於其地置瀚海都護府以統之以素立爲瀚海都護又有闕泥熟別部尤爲邊患素立遣使招諭降之夷人感其惠率牛以饋素立唯收其酒一杯餘悉還之建立廨舍開屯田久之轉綿州刺史

蘇定以高宗顯慶二年爲伊麗道行軍總管破阿史那賀魯于金牙山盡收其所據之地於是悉命諸部歸其所居開通道路列置館驛埋瘞骸骨所在問疾苦分其疆界復其產業賀魯所擄掠者悉括還之於是西域諸國安堵如故

裴行儉以麟德二年爲安西大都護西域諸國多慕義歸降

薛仁貴總章元年爲安東都護總兵二萬人以鎮高麗仁貴恤孤老儉約盜賊有幹者隨才任使忠孝節義咸加旌表高麗人衆莫不欣然慕化

薛訥爲幽州都督睿宗太極元年爲并州大都督府長史和戎軍大使訥鎮幽州二十餘載邊人懷之未嘗浮入虜亦不敢犯

李晟德宗時鎮涇原嘗曰河隴之陷也非吐蕃能之皆以將帥貪暴種落攜二人不得耕稼展轉東徙自棄之耳且土無絲絮人苦征役思唐之心豈有已乎乃傾家財賞降者以懷來之降虜浪息曩歲奏封王每蕃使至晟必置浪息曩別座衣以錦袍金帶以寵異之蕃人皆相指因榮羨息曩

李復爲嶺南節度使瓊州久陷於蠻獠中復累遣使降之因奏瓊州都督府以綏撫

韋皐爲劒南節度使貞元四年四月東蠻鬼王驃旁等自陷巂州臣於吐蕃絕朝貢者二十餘年及是皐招誘之始棄吐蕃内附來朝特封爲和義順政等郡王且衣以冠帶仍給兩林勿鄧等部落功而遣之又

皐以雲南蠻衆一萬與吐蕃和好蕃人入寇必以蠻爲前鋒於是遣使通雲南蠻以離吐蕃之助其王異牟尋因遣使願受正朔於是朝廷命祠部郎中兼御史中丞袁滋持節册異牟尋爲南詔王自是遂修朝貢而吐蕃不寇蜀邊

馬總憲宗時爲淮西節度使總以申光蔡等州久陷賊寇人不知法威刑勸導咸令率化奏改彰義軍曰淮西賊之僞迹一皆削盪

李遜爲濠州刺史先是濠之都將楊騰刻削士卒州兵三千人各謀殺騰騰覺走楊州而家屬皆死濠兵

不自戢因行攘剽及遜至郡餘亂未殄徐驅其閒爲
陳逆順利害之勢衆皆釋甲請罪因以寧息
鄭權爲德棣滄景節度使朝廷用兵討淄青李師道
權奏於安德平原二縣之間置歸化縣以集降民
李夷簡爲西川節度使時有巂州刺史王顒以貪虐
爲蠻戎所怨相率攻之巂州遂亂夷簡發使曉諭戎
人畏伏
盧簡求凡歷四鎭皆接邊鄙屬雜虜寇邊因之移授
所至撫御邊鄙晏然太原素管退渾契苾沙陀三部
落或撫納不至多爲邊患前政或要之詛盟質之子

弟然爲盜不息簡求撫之以德接以恩信所執子弟
一切遣之故五部之人欣然聽命
崔從爲鄜坊丹延節度使鄜畤內接畿甸外連羌落
從鎭撫甚得其制黨項有以羊馬來致之從皆撫慰
還之
後唐魏王繼岌以莊宗同光三年冬平蜀遣使齎書
詔南詔蠻
時郭崇韜欲聲教達於南荒募蜀川曾使
南詔者有秦州副使徐蕣請雲南苴羊城
途路且云中和二年僖宗在蜀令嗣王龜年使雲南
蕣李爻虔爲副使蕣爲判官時不到苴羊城只達於
善闡回時約爲甥舅許出降安化公主雲南使來
迎公主次驛報收長安黃巢東走乃託以化歲
霍彥威初仕梁爲邠州節度使鳳翔李茂貞攻圍半
年竟不能下或得俘掠悉放之歸秦人懷之遂無侵
擾
王處直爲定州節度使處直爲人精簡好求吏理雖
地處一隅介於大國抬懷撫納甚得人和
樂彥稠明宗時授邠州節度使詔會兵制置鹽州蕃
戎逃遁獲陷蕃士庶千餘並遣復鄉里
張希崇鎭靈武閔帝應順元年正月沙州瓜州遣牙
將各以方物朝貢迴鶻可汗仁美遣使獻故可汗仁
裕遺留貢物鞍馬器械仁美又獻美玉圓玉鞦轡碙
砂羚羊角波斯寶緤玉帶蓋希崇抬懷邊鎭內附故

也
張敬詢爲大同軍節度使至鎭抬撫室韋曷剌錛千
錢萬餘帳以捍北邊
晉馮暉爲滑州節度使移鎭靈武初張希崇鎭靈州
以久在北蕃頗究邊事能駕御河西胡虜而數年之
間侵盜屏息希崇卒未有主帥蕃部寇鈔無復畏憚
而暉彊暴之名聞於遐徼及暉到鎭蕃部集慶暉大
張宴席酒殺豐備羣夷告醉爭陳獻賀暉皆以錦綵
酬之蕃情大悅黨項拓拔彥超者州界部族之大者
暉至來謁厚加待遇仍爲在城治第豐其服玩因留

之不令歸部河西養馬所產易爲交市畢朞年得馬
五千匹而蕃部歸心
漢薛懷德爲邢州節度上言昨契丹侵逼諸縣人戶
入山逃避臣已散差人招攜安撫漸已復業
周向訓知延州太祖廣順三年六月上言所屬蕃部
侵盜漢戶臣已招與諸部酋率設酒食仍令誓約更
不敢侵犯
王景爲鳳翔節度使世宗顯德二年五月上言今月
七日收下黃牛新城大忌等二砦相次又收下罡迷
黃花下湛滴水皂莢等五砦其鄉村人戶並已招攜

安撫

冊府元龜

巡按福建監察御史臣李嗣京　訂正
知閩縣事臣曹開臣參閱
知建陽縣事臣黃國琦較釋

將帥部三百九十八

明天時　擇地利　撫士卒　寘助

明天時

執筒律以聽軍聲觀天文以察時變蓋吉凶之將至必兆朕之豫章雖子產謂天道焉知鄭不復火而師曠歌南風弗競楚果無功故有推轂授符受詔引導

察陰陽之變辨星緯之祥避危就安候敵觀變若能旁擇地利兼取人和先勝而行何往弗利

周太公從武王伐紂到邢丘軛折爲三天雨三日不休武王懼名太公而問之曰紂未可伐乎太公曰不然軛折爲三者軍當分爲三也天雨三日欲洒吾兵也

晉祖逖爲鎮西將軍有妖星見于豫州之分逖見星曰爲我矣方平河北而天欲殺我此乃不祐國也俄卒於雍丘

謝艾爲前涼張重華將石季龍遣將王擢麻秋等侵重華艾引兵出振武夜有二梟鳴于牙中艾曰梟邀也六博得梟者勝今梟鳴牙中克敵之兆於是進戰大破之逖遣王擢略地至于曲柳艾臨之艾建牙旗盟將士時索遐爲軍正將軍有西北風吹旌旗東南指遐曰風爲號令今能令旗指之天所贊也破之必矣軍次神鳥王擢與前鋒戰敗遁還河南

南齊張欣泰武帝永明八年出爲鎮軍中兵參軍南平内史巴東王子響殺僚佐帝遣中庶子胡楷之西討使欣泰爲副欣泰謂楷之曰今太歲在西南逆歲行兵兵家深忌不可見戰戰必見危今改此行勝既

無名負誠可耻彼兇狡相聚所以爲其用者或利賞逼威無繇自潰若且頓軍夏口宣示禍福可不戰而擒也諧之不從進屯江津尹略等見殺

北齊曹魏祖爲殿中將軍神武爲東魏大將軍東魏孝靜武定四年八月將西伐至鄴會兵於晉陽魏祖曰不可今八月西方王以死氣逆生爲客不利主人則可兵果行傷大將軍武不從九月神武圍玉壁五旬不拔死者七萬人十一月神武輿疾班師

隋長孫晟爲上開府儀同三司鎮大利安撫新附高祖仁壽元年晟表奏曰臣夜登城樓望見磧北有赤

氣長百餘里皆如雨足下垂彼地謹驗兵書此名灑血其下之國必且破亡欲滅匈奴宜在今日詔楊素爲軍元帥晟爲受降使北伐二年軍次坎河值賊帥思力俟斤等領兵拒戰與大將軍梁默擊走之轉戰六十里賊衆多降

唐薛萬均爲右屯兵將軍沃沮道行軍副總管從李靖等擊吐谷渾攻青海與弟萬徹率軍先過路遇虜于赤海萬均將十數騎擊走之追奔至青石山南大風折旗拔木萬均謂左右曰虜將至矣各爲備俄而虜至萬均直前斬一賊將於是大潰殺傷略盡進至

圖倫磧而還與靖會於青海太宗聞而大悦璽書勉勞以功拜兼屯衛大將軍

薛仁貴爲右威衛大將軍高宗咸亨元年吐蕃入寇帝以仁貴爲邏娑道行軍大總管爲吐蕃敗于大非川初仁貴謂人曰今年太歲庚午歲星在於降婁不應有事於西方軍行逆歲鄧艾所以死于蜀吾知其必敗也

裴行儉爲禮部尚書尤曉陰陽筭術兼有人倫之鑒凡遇賢俊無不甄採每制敵摧兇必先期提日調露元年突厥阿史德溫傅反高宗以行儉爲定襄道行軍大總管軍至單于之北際晚下營壕塹方周遽令移就崇岡將士皆云士衆已就安堵不可勞擾行儉不從更令促之此夜風雨暴至前設營所水深丈餘將吏驚伏問行儉曰何以知風雨也行儉笑曰自今日但依我節制何須問我所由知也

李晟德宗時爲河中晉絳慈隰節度使京畿渭北鄜坊丹延招討使進討朱泚建中四年四月四日破賊初晟屯渭橋時熒惑守歲久之方退賓介或勸曰今熒惑已退皇家之利也可速用兵晟曰天子外次人臣但當死節垂象高遠吾安知天道耶至是謂參佐

曰前者士大夫勸晟出兵非敢拒也且軍可用之不可使之嘗謂五緯盈縮無准晟懼復來守歲則我軍不戰而自潰矣參佐嘆服皆曰非所及也

後唐符存審爲内外蕃漢馬步總管莊宗天祐十七年汴將劉鄩攻同州朱友謙求援於我遣存審與嗣昭將兵赴之九月次河中進營朝邑時河中久臣於梁衷持兩端及諸軍大集芻粟暴貴嗣昭懼其翻覆將急戰以定勝負居旬日梁軍將逼我營會望氣者言西南有黑氣如鬬鷄之狀當有戰陣存審曰我方欲決戰而形於氣象得非天贊歟是夜閲其衆詰旦

進軍梁軍來逆戰大破之

擇地利

孟子曰天時不如地利孫子有六地之名而鼂錯亦論地形之便皆可舉矣古之良將未嘗不留意焉乃有據高臨下伺其後至背水阻州候其半渡或卒乘有飲齕之便或守城有金湯之固至乃出其不意據其必爭然後以逸待勞以少擊衆乘便而奮其力先入而奪其心以之遏寇虐摧勍敵而勳績竝建威名日著豈非因形勢而制勝之効歟

趙趙奢惠文王時治國賦秦師伐韓圍閼與趙遣奢

救之軍士許歷曰先據北山上者勝後至者敗奢許諸卽萬人趨之秦兵後至爭山不得上奢縱兵擊之大破秦軍解而走遂解閼與之圍而歸王賜奢號馬服君以許歷爲國尉

漢張騫爲校尉從大將軍擊匈奴騫嘗使大夏留匈奴中久道軍知善水草處軍得以無飢渴

後漢馮異爲征西大將軍建武六年諸將上隴爲隗囂所敗乃詔異軍栒邑來及至隗囂乘勝使其將王元行巡將二萬餘人下隴因分遣巡取栒邑異卽馳兵欲先據之諸將皆曰虜兵盛而新乘勝不可與爭宜止軍便地徐思方略異曰虜兵臨境忸忲小利（忸忲猶貫集也謂貫習前事而復爲之也）爲欲深入若得栒邑三輔動搖是吾憂也夫攻者不足守者有餘今我據城以逸待勞非所以爭也潛往閉城偃旗鼓行巡不知馳赴之異乘其不意卒擊鼓建旗而出巡軍驚亂奔走追擊數十里大破之

馬援爲隴西太守建武十三年武都參狼羌與塞外諸種爲寇長史援將四千餘人擊之至氐道縣（屬隴西縣管內有蠻夷曰道）羌在山上援軍據便地奪其水草不與戰羌遂窮困豪帥數十萬戶出塞諸種萬餘人悉降於

是隴右清淨二十四年援率中郎將馬武耿舒孫永等征五溪蠻夷軍次下雋（縣名屬長沙故城在辰州沅陵縣）有兩道可入從壺頭則近路而水（壺頭山名在辰州沅陵縣）從充則塗夷而運（充縣名屬武陵）遠光武初以爲疑其軍至耿舒欲從充道援以爲棄日費糧不如進壺搤其喉咽充賊自破以事上之帝從援策

魏蔣濟爲散騎常侍黃初三年與大司馬曹仁征吳濟別襲羨溪仁欲攻濡須洲中濟曰賊據西岸列船上流而兵入洲中是爲自內地獄危亡之道也仁不從果敗

賈逵河東襄陵人初爲絳州邑長郭援之攻河東所經城邑皆下逵堅守之初逵過皮氏曰爭地先據者勝及圍急乃使人閒行送印綬歸郡且曰急據皮氏援既并絳衆將進兵逵恐其先得皮氏乃以他計疑援謀人祝奥援由是留七日郡從逵言故得無敗

郭淮初爲征西將軍夏侯淵司馬征漢中時蜀先主欲渡漢水來攻諸將議衆寡不敵欲依水爲陣以拒之淮曰此示弱而不足挫敵非筭也不如遠水爲陣引而致之半濟而攻擊備可破也既陣先主疑不渡淮遂堅守亦無還心以狀聞太祖善之青龍二年蜀

將諸葛亮出斜谷田于蘭坂是時司馬宣王屯渭南淮策亮必爭北原宜先據之議者多謂不然淮曰若亮跨渭登原連兵北山隔絶隴道抜蕩民夷此非國之利也宣王善之淮遂屯北原塹壘未成蜀兵大至淮逆擊之

吳丁奉爲諸葛恪部將魏諸葛誕胡遵等來伐攻東興恪率軍拒之及恪上岓時奉與唐咨呂據苗贊俱從山西上奉曰今軍行遲若敵據便地則難與爭鋒矣乃辟諸軍使下道率麾下三千人逕進時風便舉帆二日至遂據塘天寒雪時魏諸將置酒高會奉見其前部兵少相謂曰取封侯爵賞正在今日乃使兵解鎧着胄持短兵敵人從而笑焉不爲設備奉縱兵斫之大破敵前屯會據等至魏軍遂潰

宋孟隆符仕晉爲龍驤將軍從宋高祖伐慕容超度峴超懼率卒四萬就其將段暉等于臨朐謂其將公孫樓曰宜進據川源晉軍至而失水亦不能戰矣臨朐有巨蔑水去城四十里五樓馳騎據之龍符爭據水源賊遂遁走

沈林子晉末爲建武將軍高祖伐姚泓林子參征西軍事統軍爲前鋒從汴入河泓并州刺史河東太守

尹昭據蒲阪林子於陝城與冠軍檀道濟同攻蒲坂龍驤王鎮惡攻潼關泓聞大軍至遣東平公姚紹爭據潼關林子謂道濟曰潼關天阻所謂形勝之地鎮惡孤軍勢力危屈若使姚紹據之則難圖也及其未至當并力爭之若潼關事捷尹昭可不戰而服道濟從之乃棄蒲坂南向潼關

後魏安同爲外朝大人從道武征姚平於紫壁姚興悉衆救平同進計曰汾東有蒙坑東西三百餘里徑路不通姚興來必從汾西乘高臨下直至紫壁如此則寇内外勢接宜截汾爲南北浮橋乘西岸築圍西

圍旣固賊至無所施其智力矣從之與果祇平屠滅而不能救

後周李弼初爲太祖部將東魏將齊神武伐西魏軍過蒲津涉雒至許原西魏將周文帝軍至沙苑齊神武聞文帝至引軍來會詰朝候騎告齊神武軍且至弼曰彼衆我寡不可平地置陣此東十里有渭曲可先據以待之遂軍至渭曲背水東西爲陣合戰大破之

隋賀婁子幹爲上開府鎮蘭州開皇初突厥來寇子幹拒之至可路峐山與賊相遇賊衆甚盛子幹阻川

爲營賊軍不得水數日人馬甚斃縱擊大破之

唐盛彦師武德初鎮宜陽會李密叛彦師率兵邀之令其衆曰唯我馬首是瞻遂踰雒水入南山令持弓弩者乘高夾路持刀楯者伏於谿谷之間又令曰待賊半渡而擊之所部皆笑曰賊向雒州何爲此守彦師曰吾籌之熟矣李密聲往雒州其實欲南走襄城就張善相耳若賊先入谷我自後追之路險難以展力吾今先據要害此賊乃成擒也密果至知有伏兵乃踰山南上彦師邀擊之

薛萬鈞武德中與羅藝守幽燕時竇建德率衆十萬至危水萬鈞謂藝曰衆寡不敵今若出鬬百戰百敗可令羸馬阻水背城爲陣以誘之賊若渡水交兵請公以精騎百人伏於城側待其半渡而擊之破必矣藝從之建德引兵渡水萬鈞擊破之

周王峻爲樞密使廣順初河東劉崇攻晉州峻請行應援太祖用爲行營都部署峻領大軍自絳赴晉州州南有澗曰蒙坑霍山以南最爲險要其途甚狹地道無由得越峻心憂賊據之是日前鋒數以過蒙坑峻喜曰吾事濟矣

撫士卒

春秋傳曰慈愛衆所畜也又曰惠則足以使人蓋古之善爲將者曷嘗不勤恤士衆察其勞苦絶其而分少表微而惻隱救其癘察軫其傷夷本之於仁心推之以寬政好施以周急後已而不私用能猛鷙思柔獷悍懷德百其勇以思報一其志以赴敵摧鋒冒難推堅若脆忘軀畢命視死如歸成茂功於一時垂休聞而不已自非觴豆之惠均及椒蘭之德外薰誠明發於精衷恩信淪於骨髓亦安能及是哉

田穰苴爲齊將扞燕晉之師士卒次舍井竈飲食問疾醫藥身拊循之悉取將軍之資糧享士卒身與士

卒平分糧食最比其羸弱者三日而後勒兵病者皆求行爭奮出爲之赴戰晉師聞之爲罷去燕師渡水而解

吳起爲魏將與士卒最下者同衣食卧不設席行不騎乘親裹贏糧與士卒分勞苦卒有病疽者起爲吮之卒母聞而哭之人曰子卒也而將軍自吮其疽何哭爲母曰非然也往年吳公吮其父戰不旋踵遂死於敵吳公今又吮其子妾不知其死所矣是以哭之文侯以起善用兵廉平盡能得士心乃以爲西河守以拒秦韓

李牧爲趙北邊良將嘗居代鴈門備匈奴以便宜置利市租皆輸入莫府（將軍征行無常處所在爲治故言莫府莫大也）爲士卒費日擊數牛饗士習射騎謹烽火多間諜厚遇戰士

秦王翦伐李信擊荆荆聞王翦益軍而來乃悉國中兵以拒秦翦至堅壁而守之不肯戰荆兵數出挑戰終不出翦日休士洗沐而善飲食撫循之親與士卒同食久之翦使人問軍中戲乎對曰方投石超（一作枚）距（漢書甘延壽投石成距絶於等倫范蠡兵法飛石重十二斤爲機發行三百步延壽有力能手投之距超距也）於是翦曰士卒可用矣竟滅楚

漢袁盎爲隴西郡尉仁愛士卒士卒皆爭爲死

李廣程不識俱爲邊將然匈奴畏廣士卒多樂從而苦程不識廣將兵之絶處見水士卒不盡飲不近水不盡飧不嘗食寬緩不苛（苛細也）士以此愛樂爲用

蓋寬饒爲衞司馬躬撫士卒視其飲食居處撫循疾置醫藥

後漢王霸從光武平河北嘗與臧宮傅俊共營霸獨善撫士卒死者脫衣以殮之傷者躬親以養之

鄧訓爲將吏士嘗大病瘧轉易至數人訓身爲之煑湯藥咸得平愈其無妻者爲適配偶

堅鐔爲揚化將軍與右將軍萬修徇南陽諸縣人

董訢數攻陷宛鐔引兵赴宛訢遂棄城而反鄧奉復反新野攻破吳漢萬修病卒鐔獨孤絶南拒鄧奉北當董訢一年間道路隔塞糧饋不至鐔食蔬菜與士卒共勞苦每急輒先當矢石身被三創以此能全其衆

段紀明爲破羌將軍紀明行軍仁愛下士軍間病者親自贍省手爲裹創在邊十餘年未嘗一日蓐寢與將士同苦故皆樂爲死戰

皇甫規爲中郎將討隴右而道路隔絶軍中大疫死者十三四規親入菴廬巡視將士三軍感悅東羌遂

遣使乞降

皇甫嵩爲左車騎將軍平黄巾溫卹士卒甚得衆情每軍行頓止須營幔修立然後就舍帳軍士皆食爾乃嘗飯吏有因事受賂者嵩更以錢物賜之吏懷慙或至自殺

臧洪領青州刺史爲袁紹所攻糧盡主簿啓內厨米三斗稍爲饘粥洪曰何能獨食此耶使爲薄粥遍頒人衆又殺其愛妾以食兵將兵將咸流涕無能仰視

魏司馬朗與夏侯惇臧霸等征吴到居巢軍士大疫朗躬巡視致醫藥遇疾卒

曹真爲大將軍每征行與將士同勞苦軍賞不足輒以家財頒賜士卒皆願爲用

蜀鄧芝爲大將軍二十餘年賞罰明斷善卹卒伍

吴孫歆爲邊將數十年善養士卒得其死力

甘寧雖麤猛好殺然開爽有計略輕財敬士能厚養健兒亦樂爲用命

晉劉弘爲鎮南將軍都督荆州諸軍事嘗夜起聞城上持更者嘆聲甚苦呼省之年踰六十羸疾無襦弘謫主者仍給韋袍複帽

陶侃爲督護領江夏太守侃戎政齊肅凡有虜獲皆分士卒身無私焉

周訪爲安南將軍督梁州諸軍事善於撫納士衆皆爲致死

宋王鎮惡隨高祖北伐時姚泓屯軍在長安城下猶數萬人鎮惡善撫士卒及身先士衆騰躍爭先泓衆一時奔潰

劉榮祖爲輔國將軍爲人輕財貴義善撫將士

梁楊公則爲左衛將軍義師東下屯領軍府所領相溪人性怯懦城內輕之以爲易與每出盪突輒先犯公則壘公則奬厲將士尅獲更多

馬仙琕自爲將及居州郡能與士卒同勞逸身衣不過布帛所居無帷幕衾屏行則飲食與厮養最下者同其在境邊嘗單身潛入敵洞知壁壘村落險要處所故戰多尅捷士卒亦甘心爲之用高祖雅愛敬服之

王操爲大將軍郢州刺史吴明徹爲寇明帝出頓紀南操撫循將士莫不用命明徹旣退江陵獲全操之力也遷爲侍中中衛將軍

陳章昭達爲車騎大將軍遷司空昭達性刻每奉詔出征必晝夜兼行然厨膳飲食並同於羣下將士

亦以此附之

魯悉達梁末以侯景之亂遂糾率鄉人保新蔡郡招緝晉熙等五郡及敬帝即位王琳有上流留異于孝頊周迪等所在蠭起悉達撫綏五郡甚得民和士卒皆樂爲之用

後魏彭城公勃長子粟大武時督諸軍屯漢南粟亮直善馭衆撫恤將士必與之同勞逸

長孫翰大武時爲安集將軍清正嚴明善撫將士帝甚重之

周觀爲高平鎮將善撫士卒號有威名

房伯玉爲武昌王府司馬孝文南伐徵爲步兵校尉直閤將軍中統軍善撫士卒孝文嘉之

薛虎子爲徐州刺史在州戍兵每歲交代虎子必親自勞送喪給其斂帛

韓茂爲徐州刺史征南將軍爲將善於撫衆勇冠當世爲朝廷所稱

楊逸爲平東將軍光州刺史兵人從役必自送之或風日之中雨雪之下不堪其勞逸曾無倦色

楊大眼爲將撫巡士卒呼爲小兒子及傷痍爲之流涕

辛纂爲荊州軍司除驃騎將軍加輔國將軍善撫將士人多用命賊甚憚之

北齊蘭陵王長恭貌柔心壯音容兼美爲將躬勤細事每得甘美雖一瓜數果必與將士共之

趙郡王叡爲定州刺史文宣詔叡領山東兵數萬監築長城于時盛夏六月叡在途中屛除蓋扇親與軍人同其勞苦而定州先有氷室每歲藏氷長史宋欽道以叡冒犯暑熱遂遣舉氷倍道追送正値日中停車炎赫尤甚人皆不堪而送氷者至咸謂氷此時之要叡乃對之嘆息云三軍之人皆飲温水吾以何義

獨進寒氷非追古名將實情所不忍遂至消液竟不一嘗兵人感悅遐邇稱歎

後周宇文深魏末爲大都督領宿衛兵卒孝武西遷既事起倉卒人多逃散撫循所部並得入關以功賜爵長樂縣伯

若于惠爲右衛將軍性剛直有勇力容貌魁岸善于撫御將士莫不懷恩

閻慶爲撫軍將軍專行綏撫士卒未休未嘗先舍故能盡其死力

梁椿爲大將軍性果毅善於撫納所獲賞物分賜麾

下故每戰敵場咸得其死力

李遷哲爲驃騎大將軍鎭白帝信州城先無倉儲（信州今夔州是也）軍糧乏遷哲乃收葛根造粉兼米以給之遷哲亦取供食時有異膳即分賜兵士有疾患者又親加醫藥以此軍人感之人思効命

隋劉方爲交州道行軍總管仁而愛士有疾病者親自撫養

唐李勣前後在軍所得金帛皆散之將士於是人皆爲用所向多克捷

郭孝恪爲安西都護督西伊庭三州諸軍事其地高

昌之都限以長磧舊風斯在每年有流刑經徃弁州遣正兵守捍孝恪推誠撫御竝得其歡心

成如璆爲特進至德二年關西節度郭英乂爲賊所敗如璆代英乂收其餘卒於岐山撫其瘡痍拾其逋散三軍之士有如挾纊便以其衆置興平軍於鄠縣東原肅宗以如璆爲使

李芃爲河陽三城鎭遏使撫勞備至資廩善者必先軍士

李景略爲西受降城都防禦使迫塞苦寒地鹵瘠俗貧難處景略節用約己與士同甘苦將卒安之

任廸簡代張茂昭爲易定節度使初茂昭奢蕩不節公私殫罄廸簡始至欲饗士無所取給乃以糲食與士同之身居戟門下凡周月軍吏感之請歸堂寢廸簡乃安其位

李晟興元初以神策軍士討朱泚時轉輸不至盛夏軍士或衣裘褐晟必同勞苦每以大義奮激士皆流涕感悅卒無離叛者

李光顏元和中爲陳許節度使會討吳元濟詔光顏以本軍獨當一面光顏性忠義善撫養士卒士卒樂爲用

殷侑爲義昌軍節度滄齊德等州觀察處置等使滄州經戰伐傷痍之後侑初至赤地千里遺骸蔽于原野曽無人烟侑不以妻孥之官始至就空城悉力以視事攻苦食淡與士卒略同周歲之後剛致塈茸詔加簡較吏部尚書奬其撫綏有方勤儉不懈也

烏重胤歷河陽滄景節度使自爲長帥能與下同甘苦所至立功

柳公綽元和中鎭鄂州會討吳元濟軍旣在行營公綽時令左右省其家如疾病養生送死必厚廩給之妻冶容不謹者沉之于江行卒相感曰中丞爲我輩

之家事何以報效故鄂人戰每克捷

梁氏叔琮爲將帥養士愛民甚有能政後爲鄜州留後尋眞領保大軍節度使

後唐李建及有膽氣慷慨不羣臨陣鞠旅意氣横壯自莊宗至魏州建及都總内外牙銀鎗效節帳前親軍善於撫御所賞賜皆分給部下絶其分少頗洽軍情

晉吳巒爲復州防禦使二年罷歸會王令温以機事入奏執政者以巒雲中之難有善守之功遂令乘馹而往既至大寒軍士無衣者悉衣之平生廉儉囊無

無資用以至壞帳幕以賜之其推心撫下如此

孔知濬開運中爲鳳州刺史河池據關防之要密邛益兵少勢孤知濬撫士得宜人皆盡力故西疆無牧圉之失

王廷胤爲晉陽軍校以攻城野戰爲務暑不息嘉樹之陰寒不處密室之下與軍伍食不異味居不異適故莊宗於親族之中獨加禮遇

冥助

書曰至誠感神蓋精誠内激勝氣炎厲則必金石爲開風雲玄感者矣乃有握兵之要奉辭致討勢將危窘士至乏困或隣壞侵冦羣心震恐誓師拒戰安危攸屬繇是懇到憤發仰祈冥祐因以獲勝蠁之應得天心之助事彰於神異理符於感名夷傷之旅復振窮迫之途獲濟卒能克敵以成茂功乃建祠以旌其貺刋石以紀其迹策書所述咸可徵也

漢李廣利爲貳師將軍伐大宛被圍水絶廣利拔刀刺山飛泉涌出

後漢耿恭爲戊已校尉征匈奴於疏勒城固守匈奴遂於城下擁絶澗水恭於城中穿井十五丈不得水吏士渴乏笮糞汁而飲之（笮謂壓也）恭仰天歎曰聞昔

貳師將軍拔刀刺山飛泉涌出今漢德神明豈有窮哉乃整衣服向井再拜爲吏士禱有頃水泉奔出衆皆稱萬歲乃令吏士揚水以示虜虜出不意以爲神明遂引去

晉會稽王道子爲驃騎將軍與符堅于壽春堅與符融登城而望王師見部陣齊整將士精鋭又望八公山草木皆類人形顧謂融曰此亦勍敵也何謂少乎憮然有懼色初朝廷聞堅入冦道子以威儀鼓吹求助於鍾山之神奉以相國之號及堅之見草木狀人若有力焉

宋沈攸之爲冠軍將軍討晉安王子勛于鵲尾攸之繕治船舸材板不周計無所出會子勛將鄧琬送五千片榜供其將劉胡軍用俄而風潮奔迅榜後山出江胡等力不制自撞船艦殺沒數十人赴流而下來泊攸之等營於是材板大足

梁王僧愔爲譙州刺史征蕭勃聞兄僧辯死乃奔北齊會軍敗竄逸荒野莫知所之仰天日誓恥不雪求欲身膏野草若精誠有感當得道路誓不受辱人手抜刀將自刎空中催令急去僧愔異之勉力馳進行一里許顧向處巳有陳人踰越江山僅得歸齊

後魏尉元爲鎮南大將軍都督東道諸軍事皇興三年六月上表云臣於彭城遣別將以八日至睢口邀賊將陳顯達有戰士於營外五里忽妝見一白頭公乘白馬將杖呼之語稱至十八日辰必來到此語汝將軍領衆從東北臨入我當驅賊令走申時賊必大破宿豫淮陽皆尅無疑我當爲汝國家淮畔爲斷下邳城賊我當驅出不勞兵力後以十日此人復於彭城南戲馬臺東二里見白頭公亦乘白馬從東北來呼此人曰謂我與東海四瀆太山北嶽神共行淮北助汝二將蕩除巳定汝上下喜不因忽然不見詔元於老人前後見所爲壇表記之

爾朱榮爲大將軍討葛榮次襄垣遂令軍士列圍大獵有雙兔起於馬前榮乃躍馬彎弓而誓之曰中之則擒葛榮不中則否既而並應弦而殪三軍感悅及破賊之後卽命立碑於其所號雙兔碑

北齊趙郡王叡爲朔州刺史都督北燕等三州諸軍事有無水之處禱而掘井鍪鍤纔下泉源湧出號曰趙王泉

陸法和初仕梁爲司徒時侯景遣將任約伐湘東王於江陵法和自請征之至沙湖與任約相對縱大舫

於前而逆風不便法和執白羽以麾風卽返於是約衆大潰約逃竄不知所之

慕容儼爲開府天保中梁司徒陸法和以郢州內附遣儼鎮城始入便爲梁大都督侯瑱任約率水陸軍奄至城下儼隨方禦備瑱等不能尅又於上流鸚鵡洲上造荻荓竟數里以塞船路人信阻絕城守孤懸衆情危懼儼導以忠義又悅以安之城中先有神祠一所俗號城隍神公私每有祈禱於是順士卒之心乃相率祈請冀獲冥祐須臾衝風欻起驚濤湧激漂斷荻荓約復以鐵鏁連治防禦彌切儼還共祈請風

浪夜驚復以斷絶如此者再三城人大喜以爲神助頊移軍於城北造柵置營焚燒坊郭產業皆盡約將戰士萬餘人各持攻具於城南置營壘南北合勢儀乃率步騎出城奮擊大破之擒五百餘人

後周竇榮定突厥沙本略寇邊爲行軍元帥率總管出梁州與虜戰於高越原兩軍相持地無水士卒渴至甚刺馬血而飲死者十二三榮定仰天大息俄而澍雨軍復振於是進擊數挫其鋒突厥憚之請盟而去

隋張祥仁壽末爲并州司馬漢王諒舉兵反遣其將

劉建略地燕趙至井陘祥勒兵拒守建攻之復縱火燒其郭下祥見百姓驚駭其城側有西王母廟祥登城望之再拜號泣而言曰百姓何罪致此焚燒神有靈可降雨相救言訖廟上起雲須臾驟雨其火遂滅士卒感其誠莫不用心城圍月餘李雄援軍至賊遂退走

陳稜大業中爲虎賁郎將發東陽兵擊琉球國其日霧雨晦瞑將士皆懼稜刑白馬以祭海神旣而開霧

唐裴行儉麟德中爲安撫大食使冊送波斯王途經莫賀延磧屬風沙晦冥導者益迷行儉命下營虔誠致祭令告將吏井泉非遥俄而雲收雨靜行數百步水草甚豐後來之人莫知其處衆皆悅服比之貳師將軍

王晙開元中爲并州大都督府長史屬突厥默啜爲九姓（番族號）所殺其下酋長多款塞投降置之河曲之內俄而小殺繼立（小殺番酋名）降者漸叛勑晙帥并州兵濟河討之晙乃間行倍道以夜繼晝卷甲捨幕而往會夜於山中忽遇風雲甚盛晙恐失期仰天誓曰若事君不忠天討有罪明靈所殛固自當之而士衆何辜今受難苦若誠心忠烈天鑒孔明當止雪廻風以

濟戎事言訖風廻而雪止時叛者分爲兩道晙追及之殺一千五百餘人生獲一千四百餘人駝馬牛羊甚衆

哥舒翰天寶七年爲隴右節度築神威城於青海上旋爲吐蕃所破又築城於青海中龍駒島上有白龍見遂名爲龍應城吐蕃此自遁逃不復近青海十年

王思禮肅宗至德二年四月爲關內節度使時北征奏師渡渭水於龍光渡賭水忽淺士馬旣濟而其水復深一丈

李兼德宗貞元四年爲江西都團練使奏建中四年

臣任鄆州刺史逆賊李希烈之將童侍名率衆襲鄆州順風縱火邑屋將焚臣乃禱於城隍神倏忽風廻火烈賊潰遂擊破之連拔黄丙二州請付史館以荅神意從之

楊朝晟貞元中爲邠寧節度使子方渠河道初軍次方渠無水師徒囂然遽有青蛇乘高而下視其跡水隨而流朝晟令築城環之遂爲停泉軍人仰飲以足圖其事上聞詔置祠焉

溫造爲興元節度初徃漢中遇大雨平地水深尺餘若不可進禱雞翁山疾風驅雲即時晴霽後文宗憶

聞其事會造爲御史大夫入見得詳言當時靈貺明日下詔封雞翁山爲侯

趙昶爲忠武軍防遏都指揮使時黄巢悉衆攻陳州昶因巡警假寐於闉闍怳惚間如有陰助昶異而恃之遲明開門决戰人心兵勢又不可遏若有陰兵前導是日擒賊將數人斬首千餘級

梁牛存節爲同州節度使戒嚴軍旅嘗若敵至先是州内井水鹹苦人不可飲及弁人岐人來迫州城咸以爲兵士渇乏陷在旦夕存節乃肅拜虔祝擇地鑿八十餘井其味皆甘冷綠是人馬汲濯有餘衆以爲至誠之感自八月至三年春末人馬未嘗釋甲以至寇退

郴王友裕嘗從太祖於内黄逢魏之大衆北飛來命友裕射之跪曰今日以卜勝負必應弦而下及交鋒果大捷

袁象先初仕唐爲宿州刺史充本州團練統遂防遏都知兵馬使會淮寇大至圍逼州城象先殫力禦備時兵未至頗懷憂懼一日乘城憩於樓堞之上怳然若寢夢人告曰我陳蕃也嘗板築是城舊第猶在今爲軍舍當爲我立廟即助公陰兵象先許之翼日淮

寇急攻其壘梯𨍏角進是日州城幾陷頃之有大風雨居民望見城上兵甲無筭寇不敢迫即時退去象先方信有鬼神之助乃爲之立祠至今里人禱祝不輟

後唐李嗣昭爲昭義節度使天祐四年六月梁將李思安將兵十萬攻潞州乃築夾城深溝高壘内外重復援師不及軍民乏絶鹹鹽炭之出於地以濟飢民

王鎔爲鎮州節度使幽州李匡威援赴于鎮鎔謁威於其館威陰遣部下壯甲刼鎔抱持之鎔曰公戒部人勿造次吾國爲晉人所侵番將覆滅賴公濟援之

力幸而獲存今日之事本所甘心即竝轡歸府舍鎔
單拒之遂殺威鎔本疎瘦時年始十七當威竝轡之
時雷雨驟作屋瓦皆飛有一人於缺垣中望見鎔識
之遽挾於馬上肩之而去翼日鎔但覺頭痛偏乃因
有力者所挾不勝其苦故也及訪之則日墨君和皷
力之士也遂厚賞之

裴彥稠長興中與康福率師自弃兒族入白魚谷追
及叛党項白馬盧家六族客戶三族獲大首領連
李八薩王都統悉那埋摩侍御乞埋嵬悉逋等六十
人并黨類二千餘人獲駝馬牛羊數千計至晚師還

野次其地無水軍士方渴俄有風雨自東立起是夜
初更降雪二尺軍中以爲神助

第十三頁五行後脫一條

鮑信行破虜將濟北相與黃巾力戰遂歿信治
身至檢而厚養將士居無餘財士以此歸之

冊府元龜

巡按福建監察御史臣李嗣京　訂正
知甌寧縣事臣孫以敬　叅閱
知建陽縣事臣黄國琦　較釋

將帥部　六十

固守

夫將兵之法有餘則戰不足則守蓋嘗道也春秋已來乃有保城亢敵堅壘拒冦糾合羣志率厲衆力窮矢石之用極機械之變勢且危殆人皆疲弊彌旬月之久絶饟饋之給而能保全臣節甘心死地以至援

兵甫集而長圍斯解勍冦引去而危堞獲全亦有潛謀決策乘間掩擊出乎不意以收奇功至或智勇俱困衆寡不敵外絶赴救士無尺鐵遺羅非命不隕其名此春秋所謂獲死所矣

趙襄子晉卿也智伯與趙韓魏滅范中行氏而分其地伯請地韓魏韓魏與之請趙趙不與智伯怒遂率韓魏攻趙趙襄子懼乃奔保晉陽三國攻晉陽歲餘引汾水灌其城城不浸者三板（國語云沈竈產鼃民無畔意）

田單齊諸田疏屬也燕攻齊城惟獨即墨不下燕引兵圍即墨即墨大夫出與戰敗死城中相與推田單立以爲將軍以即墨拒燕軍乃收城中得千餘牛爲絳繒衣畫以五彩龍文束兵刃於其角而灌脂束葦於其尾端鑿城數十穴夜縱牛壯士五千人隨其後牛尾熱怒而奔燕軍燕軍夜大驚牛尾炬火光明炫耀燕軍視之皆龍文所觸皆死傷五千人因啣枚擊之而城中鼓譟從之老弱皆擊銅器爲聲聲動天地燕軍大駭敗走齊人遂夷殺其將騎刦燕軍擾亂奔走齊人追亡逐北所過城邑皆畔燕而歸田單兵日益多乘勝燕日敗亡卒至河上而齊七十餘城皆復於齊

後漢張宗爲偏將軍時鄧禹軍到栒邑赤眉大衆且至禹以栒邑不足守欲以師進就堅城而衆人多畏賊追憚爲後拒禹乃書諸將名於竹簡署其前後亂著笥中令各探之（笥以竹爲之鄭玄注禮記云員曰簞方曰笥）宗獨不肯探曰死生有命張宗豈辭難就逸乎禹歎息謂曰將軍有親弱在營柰何不顧宗曰愚聞一卒畢力百人不當萬夫致死可以横行宗今擁兵數千以承天威何其遽必敗乎遂留爲後拒諸營旣引宗方勤厲軍士堅壘壁以死當之禹到前縣議曰以張將軍之衆當百萬之師猶以小雪投沸湯雖欲戮力其不全也

乃遣步騎二千人反還迎崇崇引兵始發而赤眉卒至崇與戰却之乃得歸營於是諸將服其勇

來歙爲大中大夫時隗囂據天水自稱西州上將軍歙與征虜將軍祭遵襲囂略陽斬囂守將金梁因保其城囂悉兵數萬人圍略陽斬山築堤激水灌城歙與將士固死堅守矢盡乃發屋斷木以爲兵囂盡銳攻之自春至秋其士卒疲弊光武乃大發關東兵自將上隴囂衆潰走圍解

耿恭爲戊己校尉屯金蒲城明帝永平十八年三月北單于遣左鹿蠡王萬騎擊車師恭遣司馬將軍三

百人救之逢匈奴騎多皆爲所殁匈奴遂破後王安德而攻金蒲城恭乘城搏戰以毒藥傅矢語匈奴曰漢家箭神其中瘡者必有異因發彊弩射之虜中矢者視瘡皆沸遂大驚會天暴風雨隨雨擊之殺傷甚衆匈奴震怖相謂曰漢兵神眞可畏也遂解去恭以疏勒城傍有澗水可固五月乃引兵據之七月匈奴復來攻恭恭募先登數千人直馳之胡騎散走匈奴遂於城下壅絕澗水恭中穿井下五丈不得水吏士渴乏笮馬糞汁而飲之恭仰歎曰聞昔貳師將軍拔佩刀刺山飛泉涌出今漢德神明豈有窮乎乃整衣服向井再拜爲吏士禱有頃泉奔出衆皆稱萬歲乃令吏士揚水以示虜虜出不意以爲神明遂引去時焉耆龜茲攻殁都護陳睦北虜亦圍關寵於柳中會明帝崩國哀救兵不至車師復畔與匈奴共攻恭恭勵士衆擊走之後王夫人先世漢人常私以虜情告恭又給以糧餉數月食盡窮困乃煑鎧弩食其筋革恭與士推誠同死生故皆無二心而稍稍死亡餘數千人單于知恭已困欲必降之復遣使招恭曰若降者當封爲白屋王妻以女子恭乃誘其使上城手擊殺之炙諸城上虜官屬望見號哭而去單于大怒更

益兵圍恭不能下初關寵上書求救時帝乃遣征西將軍耿秉等赴援章帝建初元年正月會柳中擊車師攻交河城斬首三千八百級獲生口三千餘人駝馬牛羊三萬七千頭北虜驚走車師復降會關寵已殁王蒙等聞之便欲引兵還先是恭遣軍吏范羌至敦煌迎兵士寒服羌因隨王蒙軍俱出塞羌固請迎恭諸將不敢前乃分兵二千人與羌從山北迎恭遇大雪丈餘軍僅能至城中夜聞兵聲以爲虜來大驚羌乃遙呼曰我范羌也漢遣軍迎校尉耳城中皆稱萬歲開門共相持涕泣明日遂相隨俱歸

陳球爲零陵太守下濕編木爲城不可守郡中惶恐掾吏白遣家避難球怒曰太守分國虎符受任一邦豈顧妻孥而沮國威乎重復言者斬乃悉内吏人老弱與共城守絃大木爲弓羽矛爲矢引機發之遠射千餘步多所殺賊復激流灌城球輒於内因城勢反決水淹賊相拒十餘日不能下會中郎將救兵至球募士卒與尚共破斬朱蓋等

公孫瓚爲遼東屬國長史追畔胡丘力居等反爲所圍於遼西管子城二百餘日糧盡食馬馬盡煑弩楯力戰不敵乃與士卒辭訣各分散還時多雨雪墜坑死者十五六虜亦飢困遠走柳城

皇甫嵩爲左將軍時凉州賊王國圍陳倉嵩督前軍董卓救之卓欲速進赴陳倉嵩不聽卓曰智者不後時勇者不留決速救則城全不救則城滅全滅之勢在於此也嵩曰不然百戰百勝不如不戰而屈人之兵是以先爲不可勝以待敵之可勝不可在我可勝在彼彼守不足我攻有餘有餘者動之九天之上不足者陷於九地之下今陳倉雖小城守固備非九地之陷也王國雖彊而攻我之所不救非九天之勢也夫勢非九天攻者受害陷非九地守者不拔國今已陷受害之地而陳倉保不拔之城我可不煩兵動衆而取全勝之功何救焉遂不聽王國攻陳倉自冬迄春八十餘日城堅守固竟不能拔賊衆疲弊果自解去

魏韋康爲凉州刺史爲馬超所圍堅守歷時救軍不至遂爲超所殺

曹仁行安西將軍屯樊卽拜征南將軍關羽攻樊時漢水暴溢于禁七軍皆没禁降羽仁人馬數千人守城城不没者數板羽乘船臨城圍數重外内斷絶糧食欲盡救兵不至仁激厲將士示以必死將士感之

皆無二志徐晃救至水亦稍減晃外擊羽仁得潰圍出羽退走初滿寵爲汝南太守曹仁屯樊城拒羽而左將軍于禁等於襄陽以霖雨水長爲羽所没羽急攻樊城得水往往頹壞衆皆失色或謂仁曰今日之危非力所能可救羽圍未合乘輕船夜走雖失城尚可全身寵曰山水速疾冀其不久聞羽遣別將已在郟下自許以南百姓擾擾羽所以不敢遂進者恐吾軍掎其後耳今若遁去曲河以南非復國家有也君宜待之仁曰善寵乃刑白馬與軍人盟誓會徐晃等救至寵力戰有功羽遂退進封安昌亭侯

郝昭築陳倉城會蜀將諸葛亮圍之亮使人說誘之昭不從亮自以有衆數萬而昭兵纔千餘人又度東救未能便到乃進兵攻昭起雲梯衝車以臨城昭於是以火箭逆射其雲梯梯然梯上人皆燒死昭又以

縋運石磨壓其衝車折亮乃更爲井闌百尺以射城中以土丸填壍欲直攀城昭又於内築重墻亮又爲地突欲涌出於城裏昭又於城内穿池横截之晝夜相攻拒之二十餘日亮無計救至引退

文聘爲後將軍孫權以五萬衆自圍於石陽甚急聘堅守不動權住二十餘日乃解去聘追擊破之

張特守新城諸葛恪圍城特與將軍樂方等三軍衆合有三千是時吏兵疾病及戰死者過半而恪起土山急攻城將陷不可護特乃謂吳人曰今我無心復戰也然魏法被攻過百日而救不至者雖降家不坐

也自受敵以來九十餘日矣此城中本有四千餘人而戰死者過半城雖陷尚有半人不欲降者我當還相語之條名別著善惡明日早送名且持我印綬去以爲信乃投其印綬以與之吳人聽其辭而不攻印綬亦復不取頃之特還乃夜徹諸屋材柵補其缺爲二重明日謂吳人曰我但有鬬死耳吳人大怒進攻之不能拔遂引去朝廷嘉之加雜號將軍封列侯又遷安豐太守

蜀霍峻爲中郎將先主南還襲劉璋令峻守葭萌璋將扶禁向存等帥萬餘人由閬水上攻圍峻且一年不能下峻城中兵纔數百人伺其怠隙選精鋭出擊大破之即斬存首先主定蜀嘉峻之功乃分廣漢爲梓桐郡以峻爲梓桐太守裨將軍

王平爲討寇將軍諸葛亮圍祁山平別守南圍魏大將軍司馬宣王攻亮張郃攻平平堅守不動郃不能克

羅憲爲巴東太守吳聞魏攻敗蜀起兵西上外托救援内欲襲憲憲曰本朝傾覆吳爲脣齒不恤我難而徼其利背盟違約且漢已亡吳何得久寧能爲吳降虜乎保城繕甲告誓將士厲以節義莫不用命吳聞

鍾鄧敗百城無主有兼蜀之志而巴東固守兵不得過使步協率衆而西憲臨江拒射不能禦遣參軍楊宗突圍北出告急安東將軍陳騫又送文武印綬任子詣晉王協攻城憲出與戰大破其軍孫休怒復遣陸抗等率衆三萬人增憲之圍被攻凡六月日而救援不到城中疾病大半或說憲奔走之計憲曰夫爲人主百姓所仰危不能安急而棄之君子不爲也畢命於此矣陳騫言於晉王遣荆州刺史胡烈救憲抗等引退晉王即委前任拜憲凌江將軍封萬年亭侯

憲仕蜀爲巴東太守劉禪降乃歸順於魏繕甲完聚勵以節義士皆用命及鍾會鄧艾死百城無主吳又

使步協西征憲大破其軍孫休怒又遣陸抗征之憲拒守經年救援不至城中疾疫大半或勸南出牂牁北奔上庸可以保全憲曰夫爲人主百姓所仰旣不能存急而棄之君子不爲也畢命於此矣會荆州刺史胡烈等救至抗退加陵江將軍監巴東軍事使持節領武陵太守泰始初入朝詔曰憲忠烈果毅有才策幹器可給鼓吹又賜以玄玉佩劍

吳朱然爲征北將軍假節鎮江陵魏遣曹眞夏侯尚張郃等攻江陵魏文帝自往宛爲其勢援連屯圍城大帝遣將軍孫盛督萬人備州上立圍塢爲然外救郃度兵攻盛盛不能拒郃時却退郃據州上圍守然中外隔絕大帝遣潘璋楊粲等解而圍不解時然城中兵多腫病堪戰者纔五千人眞等起土山鑿地道

立樓櫓臨城弓矢雨注將士皆失色然晏如而怒氣方厲使士伺閒隙攻破兩屯魏攻圍然凡六月日未退江陵令姚泰領兵備城北門見外兵盛城中人少穀食欲盡因與敵交通謀爲內應垂發事覺然治戮泰尙等不能克乃撤攻退還繇是然名震於敵國

韓當爲偏將軍曹眞攻南郡當保東南帥厲將士同心固守又敬望督司奉遵法令太守善之

晉吳彥初仕吳爲建平太守晉將伐吳彥爲鐵鎖橫斷江路及師臨境緣江諸城皆望風降附或見攻而拔惟彥堅守大衆攻之不能克乃退舍俟之吳平始降

張光爲北地都尉趙王倫爲關中都督氐羌反叛太守張損戰没郡縣吏士卒少有全者光以百餘人戍馬蘭山北賊圍之百餘日光撫厲將士屢出奇兵擊賊破之光以兵少路遠自分敗没會梁王彤遣司馬索靖將兵迎光舉兵悲泣遂還長安

庾亮爲中書令都督征討諸軍事與陶侃溫嶠起兵討蘇峻亮時以二千人守白石壘峻步兵萬餘四面來攻衆皆震懼亮激厲將士並殊死戰峻軍乃退追斬數百級

桓宣爲南中郎將江夏相鎮襄陽十餘年間石季龍再遣騎攻之宣能得衆心每以寡弱拒守論者以爲次於祖逖周訪

前凉張璩爲寧戎校尉時石季龍將麻秋進攻枹罕與晉陽太守郭坦以城大難守宜棄外城武城太守張悛曰棄外城則大事去不可以動衆心璩從之固守大城秋率衆八萬圍塹三重雲梯雹車地突百道皆通於內城中亦應之殺傷秋衆已數萬季龍復遣其將劉渾等率步騎二萬會之郭坦恨言之不從教軍士李嘉士與秋通引賊千餘入城西北隅璩使宋

修張弘辛倕郭普等拒之短兵接戰斬二百餘人賊乃退璩戮李嘉士以狗燒其攻具秋退保大夏謂諸將曰我用兵於五都之間攻城略地遠無不捷乃登泰隴謂有征無戰豈悟南襲仇池破軍殺將築城長最匹馬不歸反攻此城傷兵挫鋭殆天所贊非人力也季龍聞而嘆曰吾以偏師定九州今以九州之力困於枹罕眞所謂彼有人焉未可圖也

宋毛德祖爲司州刺史時文帝初即位後魏明元自率衆至方城遣鄭兵將軍達奚斤吳兵將軍公孫表二萬餘人攻滑臺德祖時戍虎牢遣步騎三千拒之

初亡命司馬楚之等藏竄陳留郡界魏既南渡馳相要結驅扇疆埸大爲民患魏克滑臺并力乘勝遂至虎牢明元自率大衆至鄴鄭兵遂克金墉還向虎牢德祖於城内穴地入七丈二道出城外分作六道出虜陣後募敢死士四百人爲前驅叅軍郎王符等以二百人爲後係出賊圍外掩襲其後魏陣亂斬首數百級焚燒攻具魏雖退散隨後更合魏又遣楚兵將軍涉歸東擊青州所向城邑皆奔走明元自遣兵益虎牢增圍急攻德祖大敗又固得城魏領楚兵自滑臺諸軍西就兵共攻虎牢虎牢被圍二百日無日不戰德祖勁兵戰死殆盡而虎牢增兵轉多外城皆已毁德祖惟保一城晝夜相持拒將士眼皆生瘡死者大半德祖恩素結下衆無離心魏作地道偷城内井井深三十丈山勢峻峭不可得防人馬渴乏肌體皆乾燥被創者不復出血魏急攻遂克虎牢自德祖還諸將佐及郡守在城内皆見囚執惟上黨太守劉談之叅軍范道基將二百人突重圍南還城將潰將士欲扶德祖出奔德祖曰我與此城并命義不使城亡而身存也明元重其固守之節勒衆軍生致之

劉道錫爲巴西梓潼二郡太守文帝元嘉十八年爲

氐寇所攻道錫募吏民守城復租布二十年保城退敵文帝嘉之

陳憲爲汝南太守元嘉二十六年魏太武南侵陳頴遂圍汝南懸瓠城憲保城自固賊晝夜攻之憲且守且戰矢石無時不交虜多作高樓施弩以射城内飛矢雨下城内負戶以汲又佛浮圖取金像以爲大鉤施之衝車端以牽樓堞城内有一沙門頗有機思輒設奇以應之賊多作蝦蟆車以填塹内薄攻城憲督勵將士固與墻而戰賊之死者屍與城等遂登屍以上城短兵相接憲鋭氣愈厲戰士無不一當百傷殺

萬計汝水爲之不流相拒四十餘日豫州刺史南平王鑠遣安蠻司馬劉康祖幷寧朔將軍臧質救之虜燒攻具走

沈璞爲盱眙太守時王師北伐彭汴爲虜璞以疆寇對陣事未可測郡境守當衝要乃修城壘浚重隍聚材石積鹽米爲不可勝之筭後魏太武自領步騎數十萬陵踐六州京邑爲之騷懼百守千城莫不奔駭腹心勸璞還京師璞曰若彼大衆不躬小城故無所懼若兵薄來攻則成擒也諸軍何常見數十萬人聚在一處而不敗者昆陽合肥前事之明驗此是吾報

國之秋諸君封侯之日璞收得二千精卒及太武至四面蟻集攻城璞隨應拒攻守三旬殺其大半太武遁走

申恬爲通直常侍元嘉二十七年後魏武昌王寇青州遣恬援東陽因與輔國司馬齊郡太守龐秀之保城固守蕭斌遣青州別駕解榮之率垣護之還援恬仍倚南山得入後魏兵朝來脅城日晚輒退城內乃出軍北門外環塹爲營欲挑戰魏兵不敢逼停五日東過抄略青河郡及驛道南數千家從東安東莞出下邳下邳太守垣閬閉城拒守保全二千餘家後魏退以恬爲寧朔將軍山陽太守

臧質爲輔國將軍北討時冗從僕射胡崇之爲魏所敗質奔盱眙太守沈璞完爲守戰之備城內有實力三千質大喜因共守魏初南出後無資糧唯以百姓爲命及過淮食平越石鼈二屯谷至是抄掠無餘人馬飢困聞盱眙有積粟欲以爲歸路之資旣破崇之等一攻城不拔便引兵南向城內増修守備莫不完嚴元嘉二十八年後魏太守南侵自廣陵北反悉力攻盱眙就輔國將軍臧質求酒質對復便與之太武怒甚築長圍一夜便合開攻道趣城東以運東山土

石塡之魏又恐城內水道遁去乃引大船於君山作浮橋以絕淮道城內乘艦逆戰大破之明旦賊更方船而爲桁各嚴兵自衞城內更擊不能禁遂於君山立桁水陸路並斷太武與質書曰吾今所遣鬭兵盡非我國人城北是丁零與胡南是三秦氐羌設使丁零死者正可減常山趙郡賊胡死正減幷州賊氐羌死正減關中賊卿若殺丁零胡無不利質答書曰省示具姦之自爾恃四脚屢犯國疆諸儒此事不可具說王玄謨退於東梁坦散於西爾謂何以不聞僮謡言邪虜馬飲江水復理死卯年此期小至以三軍聞

飲江之徑耳寔期使然非復人事寡人受命相滅期之自登師行未遠爾自送死豈容復令饗有桑乾哉但爾往攻此城假令寡人不能殺爾爾縣我死而爾若有幸得爲亂兵所殺爾若不幸則生相鏁縛載以驢直送都市我本不圖全若天地無靈力屈於爾虀之粉之屠之裂之如此未足謝本朝爾識智及衆力豈能勝苻堅邪頃年展爾陸梁者是爾未飲江太歲未卯故耳斛蘭昔深入彭城值少日雨隻馬不反爾豈憶邪卽時春雨已降四方大衆始就雲集爾但安意攻城莫走糧食缺乏者告之當出廩相餉得所送劒

刀欲令我揮之爾身邪甚若今付反各自努力無煩多云是時魏中童謠曰軺車北來如穿雉不意虜馬飲江水魏王北歸石濟死魏欲渡江天不從故質書引之太武大怒乃作鐵牀於其上施鐵鑱云破城得質當坐之此上質又與魏衆書曰示語魏中諸士庶狸伐見與書如別等正朔之民爲何力自取如大夫豈可不知轉禍爲福耶今寫臺格如別書自思之時購賊太武封開國縣侯食邑一萬戶賜布絹各萬疋魏以鉤垣樓城內激以弦絙數百人呼叫引之車不能退質夜以木桶盛人懸出城外截鉤獲之明日又以衝車攻城城土堅密每至頹落不過數升魏乃肉薄登城分番相代墜而復升莫有退者殺傷萬計魏人死者與城平又射殺其高梁王如此三旬死者過半太武聞彭城斷其歸路京邑遣水軍自海入淮且疫疾死者甚衆二月二日乃解圍遁走文帝嘉質功以爲持節監雍梁南北秦四州諸軍事冠軍將軍寧蠻校尉雍州刺史封開國子食邑五百戶

劉襲爲安城太守晉安王子勛爲逆襲據郡拒之勛遣軍攻圍不能下明帝嘉之

柳世榮爲前軍長史順帝初沈攸之反圍郢城世隆

固守

南齊曹虎爲右大將軍持節都督陳顯達停襄陽明帝永泰元年後魏攻沔北度支尚書崔惠景於鄧地大敗魏軍追至沔北孝文率十萬衆從羽儀華蓋圍樊城虎牢閉門固守魏軍去城數里立營頓設甕屋復再圍樊城臨沔水望襄陽岸乃去

梁蔡道恭爲平北將軍司州刺史武帝天監三年魏圍司州城中不滿五千人食裁及半歲魏軍攻之晝夜不息道恭隨方抗禦皆應手摧卻魏乃作大車載土四面俱前欲以塡塹道恭於塹內列艨衝鬬艦以

待之魏人不得進又潛作伏道以決壍水道恭載土屯塞之相持百餘日前後斬獲不可勝計魏大造梯衝攻圍日急道恭於城內作土山厚二十餘丈多作大槊長二丈五尺施長刃使壯丁刺魏人登城者魏軍甚憚之

庾域爲寧朔將軍巴西梓潼二郡太守屬梁州長史夏侯道遷舉州叛降魏魏進襲巴西域固守百餘日城中糧盡將士皆齕草佚食死亡者大半無有離心魏軍退武帝詔增封二百戶

呂義之爲北徐州刺史魏中山王元英圍義之於鍾

離衆號百萬武帝詔豫州刺史韋叡率豫州之衆會征北將軍曹景宗以赴師人畏魏軍盛多勸叡緩行叡曰鍾離今鑿穴而處負戶而汲車馳卒奔猶恐其衆況緩乎魏人已墮吾腹中卿曹勿憂也旬日而至邵陽大破魏軍叡遣報義之義之且悲且喜不暇答曰更生更生

羊侃爲都官尚書侯景反侃爲守城督侃僞稱得外射書云邵陵王西昌侯兵已至近路衆乃少安賊爲尖頭木驢攻城矢石所不能制侃作雉尾炬施鐵鏃以油灌之擲驢上燒之俄盡賊又東西兩面起土山以臨城城中驚駭侃命爲地道潛引其土山不能立賊又作登城樓車高十餘丈欲臨射城內侃曰車高壍虛彼來必倒可臥而觀之不勞備設及車動果倒衆皆服爲賊頻攻不息會侃病死城方陷

王僧辯爲領軍將軍既平湘土會侯景浮江西寇軍次夏首僧辯爲大都督率巴州刺史淳于量定州刺史杜龕宜州刺史王琳等俱赴西陽軍次巴陵聞郢州已沒僧辯因據巴陵城帝乃命羅州刺史徐嗣徽武州刺史杜崱竝會僧辯于巴陵景既陷郢城兵衆益廣徒黨甚銳將進寇荊州乃使僞儀同丁和統兵

五千守江夏大保宋子仙前驅一萬造巴陵景悉兗徒水陸繼進於是緣江戍邏望風請服賊邏至於隱磯僧辯悉上江渚米糧竝沉公私船於水及賊前鋒次江口僧辯乃各命衆乘城固守偃旗臥鼓安若無人翼日賊衆濟江輕騎至城下問城內是誰答曰是王領軍賊曰語王領軍勢如此何不早降僧辯使人答曰大軍但向荊州此城自當非礙僧辯百口在人掌握豈得便降賊騎既去俄又再來曰我王已至王領軍何爲不出與王相見乎僧辯不答頃之又執王珣等至于城下珣爲書誘說城內景帥船艦竝集此

寺又分入港中登岸引道廣設壇屋耀軍城東隴上芟除草開八道向城遣五十兎頭内薄苦攻城内同時鼓譟矢石雨下殺賊既多賊乃引退帝又命平北將軍胡僧佑率兵下援僧辯是日賊復攻巴陵水步十處鳴鼓吹角内薄砍上城中放木擲火礮壘石殺傷甚多午後賊退乃更起長柵繞城大列舸艦以樓船攻水城西南角又遣人渡洲岸引牂柯推蝦蟆車填塹引障車臨城二日方止賊又於艦上豎木桔槔聚茅置火以燒木柵風勢不交自焚而退既頻戰摧挫賊帥任約又爲陸法和所擒景乃燒營夜遁

陳杜稜初仕東梁爲石州刺史高祖鎮朱方以稜監義興瑯琊二郡高祖征杜龕留稜與侯安都居守徐嗣徽任約引齊寇濟江攻臺城稜與安都隨方抗拒晝夜巡警撫綏士卒未嘗解帶賊平以功除通直散騎常侍左衛將軍丹陽尹

杜龕爲忠武將軍與叔幼安俱隨王僧辯討河東王譽平之又隨僧辯下繼徐文盛軍至巴陵聞侯景襲陷郢州西上將至乃與僧辯等守巴陵以待之景至圍之數旬不尅而遁

韋載初爲梁義興太守高祖至王僧辯乃遣周文育輕兵襲載未至而載先覺乃嬰城自守文育攻之甚急載所屬縣卒並高祖舊兵皆善用弩載收得數十人繫以長鎖命所親監之使射文育軍約日十發不兩中者則死每發輙中所中者皆斃文育軍稍却因於城外據水立柵相持數旬高祖自將征之克其水柵仍遣族弟翽齎書喻以誅僧辯意并奉梁敬帝勅令解兵乃以兵衆降

孫瑒梁末爲巴州刺史高祖受禪王琳立梁永嘉王蕭莊於郢州徵瑒爲太府卿加通直散騎常侍都督郢荊巴武湘五州諸軍事安西將軍郢州刺史總留

府之任周遣大將軍史寧率衆四萬乘虛奄至瑒助防張世貴舉外城以應之所失軍民男女三千餘口周軍又起土山高梯日夜攻逼因風縱火燒其内城南面五千餘樓時瑒兵不滿千人乘城拒守瑒親自撫巡行酒賦食士卒皆爲之用周人苦攻不能克乃矯授瑒柱國郢州刺史封萬戶郡公瑒僞許以緩之而潛修戰具樓雉器械一朝嚴設周人甚憚焉及聞大軍敗王琳乘勝西進周兵乃解

後魏薛強祖興任晉爲冀州刺史安邑公父濤襲爵位梁州刺史京師傾覆皆以義烈著聞後強復代領

及符堅將張平以并州叛堅率衆討之因自與數百騎馳至彊壘下求與相見彊使主簿責之因慷慨宣言曰此城終無生降之臣但有死節之將耳堅諸將請攻之堅曰須吾平晉自當面縛捨之以勸事君者

張烈孝文時爲陵江將軍順陽太守烈到郡二日便爲齊東昏侯將崔慧景攻圍七十餘日烈撫勵將士甚得軍人之和會車駕南討慧景遁走孝文親勞曰卿定可遂能不負所寄烈拜謝曰若不值金輿親駕臣將不免困於犬羊

元世儁任城王澄孫孝明帝時爲青州刺史邢杲之

亂圍逼州城拒守遂得保全

畢祖暉爲平東將軍幽州刺史正光五年幽州民反格引隴賊攻逼城以祖暉前在州日得民情和復授平西將軍幽州刺史假安西將軍爲別將以討之祖暉且前突圍入治孝昌中渤海王顥救至圍始解以全城之勳封新昌縣開國子食邑四百戶

李神儁爲前將軍荆州刺史時四方多事所在連兵梁遣將曹敬宗來寇攻圍積時又引水灌城城不沒者數板神儁循撫兵民戮力固守詔遣都督崔進別將王羆裴衍等赴援敬宗退走

源子雍爲夏州刺史屬沃野鎮人破落汗拔陵首反亂所在蜂起統萬逆胡與相應接子雍嬰城自守城中糧盡煑馬皮而食之子雍善綏撫得士之心人人戮力無有離二以飢饉轉切欲自出求糧留子延伯據守僚屬僉云今天下分析强賊百重四方音信莫不斷絶俄頃之間變在不意何宜父子如此分張未若棄城俱去更展規略子雍泣而謂衆曰吾世受國恩早受藩寄此是死地更欲何求然守禦以來歲月不淺所患乏糧不得制勝吾今向東州得數月之食還與諸人保全必矣遂自率羸弱向東夏運糧延伯

伯與將士送出城外哭而辭拜三軍莫不嗚咽子雍行數日爲朔方胡帥曹阿各拔所邀力屈爲其所執子雍密遣人齎書間行與城中文武云大軍在近努力固守必令諸人福流苗裔乃勑延伯令共固守子雍雖被囚執雅爲胡人所重嘗以尊禮事之子雍爲陳安危禍福之理勸阿各拔令降阿各拔將從之未果而死拔弟桑生代領部衆竟隨子雍降延伯與兵士共分湯菜防固城隍及子雍爲胡所執合城憂懼延伯乃人人曉諭曰吾父吉凶不測方寸焦爛實難裁割但奉命守城所謂處重若以私害公誠孝並闕

諸君幸得此心無虧所寄於是衆感其義莫不勵憤朝廷聞而嘉之除龍驤將軍行夏州卒能固守

裴詢爲平南將軍郢州刺史梁將李國興冦邊四方多事朝廷未遑外略緣境戍多爲國興所陷賊已乘勝遂向州城詢率厲固守將至百日援軍既至矣乃退加散騎常侍安南將軍

辛祥爲郢州龍驤軷尉長史帶義陽太守自長生之反也梁武遣衆來援因此緣淮鎮戍相繼降沒惟祥堅城獨守

劉長文爲南兗州冠軍府長史帶譙郡太守被圍糧

竭長文固節全城

崔楷爲殷州刺史州既新立了無備禦之具及賊來攻楷率力抗拒彊弱勢懸每勸兵士撫厲之莫不爭奮咸稱崔公尚不惜百口吾何爲愛一身連戰半旬死者相就力竭城陷楷執節不屈賊遂害之

鄭季明爲譙郡太守帶渦陽戍主頻爲梁武遣將攻圍時兵糧寡少外援不接季明孤城自守卒得保全朝廷嘉之

楊津爲定州刺史賊帥薛修禮杜雒周殘掠州境孤城獨立在兩寇之間津貯積柴粟修理戰具更營雉堞賊每來攻機械競起又於城中去城十步掘地至泉廣作地道潛兵涌出置爐鑄鐵持以灌賊賊遂相語曰不畏長梨堅城惟畏楊公鐵星津與賊帥元洪業及與賊中督將尉靈根程殺鬼潘法顯等書曉諭之并授鐵券許以爵位令圖賊帥毛普賢洪業等感悟復書云今與諸人密議欲殺普賢願公聽之又賊欲圍城正爲取此人耳城中所有北人必須盡殺公若置之總縱敵爲患耳願公察之津以城內北人雖是惡黨然掌握中物未忍便殺但防內子城防禁而已將吏無不感其仁恕朝廷初以鐵券二十枚委津

分給津隨賊中首領間行送之修禮普賢頗亦繇此而死既而杜雒周圍州城津盡力禦守詔加衛將軍封開國縣侯將士有功者任津料賞兵民給復

畢祖朽爲安東將軍瀛州刺史爲賊帥鮮于修禮攻圍積旬拒守自固

孟表爲南兗州刺史領馬頭太守鎮渦陽後齊遣其豫州刺史裴叔業攻圍二十餘日城中食盡唯以朽革及草木皮葉作糧表撫循將士戮力固守會鎮南將軍王肅解義陽之圍還以救之叔業乃退

薛懷吉爲征虜將軍時梁武遣將軍冦陷郢州三關

詔元英南討懷吉仍爲軍司以義陽危急令懷吉馳驛先赴時豫州城民自相生殺刺史以懸瓠入梁梁將齊苟仁率衆守城於是自懸瓠以至於安陸唯義陽一城而已懷吉與郢州刺史婁悅督厲將士且戰且守卒全義陽

闞進有謀略勇冠當時爲龍驤將軍屬衛可孤作亂攻圍盛樂進率衆拒守綠歷三載晝夜交戰未嘗休息以少擊衆城竟得全

李神爲相州刺史假李昌中行相州事尋正加撫軍將軍假鎮東將軍大都督建義初除衛將軍時葛榮

充斥民多逃散先是州將元鑒反叛引賊後都督源子雍裴衍戰敗被害朝野憂惶人不自保而神志氣自若無勞兵民小大用命既而葛榮盡銳攻之久不能克會爾朱榮擒葛榮於鄴西土平除車騎將軍

潘永基爲持節平北將軍冀州防城都督長樂太守于時葛榮攻信都長圍遏水以灌州城永基與刺史元孚同心戮力晝夜防拒外無軍援内乏糧儲從春至冬力窮乃陷

辛纂爲南道行臺時梁將曹義宗攻新野纂率衆赴援唯以二千餘兵捍禦疆場尋爲義宗所圍相率固守莊帝即位除通直散騎常侍征虜將軍兼尚書仍行臺後大都督費穆擊義宗擒之入城因舉酒屬纂曰微辛行臺之在斯吾亦無緣建此功也入朝言於莊帝稱纂固節危城宜蒙爵賞以勸將來帝乃下詔慰勉之

杜顒爲岐州刺史萬俟醜奴亂關右顒爲都督防守岐州醜奴攻之不尅

冊府元龜

巡按福建監察御史臣李嗣京　訂正
新建縣舉人臣戴国士条閱
知建陽縣事臣黄國琦較釋

將帥部六十一

固守第二

北齊王則爲征南將軍隨侯景西討景於潁川作逆則鎮北崖戍文襄以則有武用徵爲徐州刺史景既南附梁遣貞陽侯明率大衆向徐州與爲影響堰泗水灌城則固守歷時

慕容儼爲東雍州刺史沙苑之敗西魏荆州刺史郭鸞率衆攻儼拒守二百餘日晝夜力戰大破鸞軍追斬三百餘級又擒西魏刺史郭他時諸州多有翻陷惟儼獲全進號鎮南將軍後爲開府文宣天保中梁司徒陸法和以郢州内附遣儼鎮之梁大都督侯瑱任約率水陸軍奄至城下儼隨方禦備瑱等不能剋先是郢城卑下土疎頽壊儼更修繕城雉多作大樓又造船艦水陸備具功無暫閑梁軍夜來攻擊儼與將士力戰終夕至明約等乃退追斬瑱驍將張白石首瑱以千金贖之不與夏五月瑱約等又相與并力悉衆攻圍城中食少糧運阻絶無以爲計唯煑槐楮桑葉并紵根水苔葛艾等草及皮帶觔角等物而食之人有死者即取其肉分噉唯留骸骨儼猶申令將士信賞必罰分甘同苦死生以之自正月至於六月人無異志

獨孤永業遷行臺尚書武成清河三年周人寇雒州永業恐刺史段思文不能自固馳入金墉助守周人爲土山地道曉夕攻戰經三旬大軍至寇乃退

郭基爲海西鎮將會梁吳明徹率衆攻圍海西基奬厲兵民固守百餘日軍糧且罄戎仗亦盡乃至削木

爲箭剪紙爲羽圍解還朝僕射楊愔迎勞之曰卿本文吏遂有武略削木剪紙皆無故事班墨之思何以相過

祖珽爲北徐州刺史附陳人侵齊珽令不關城門守陴者皆下街巷禁斷人行雞犬不許鳴吠陳人莫測所以疑之人走城空不設警備中夜珽忽令皷譟陳人驚散曉復結陣向城珽自臨戰陳人先聞其盲謂不能抗拒忽見親在戎行彎弧縱鏑恠之遂退時穆提婆憾之不已欲令城陷不遣救援珽軍守百日城竟保全

後周李遷哲爲大將軍高祖天和三年詔遷哲率金上等諸州兵鎮襄陽五年陳將章昭達攻逼江陵梁王蕭巋告急於襄州衛公直令遷哲往救焉遷哲率其所部守江陵外城與陳將程文季交戰兵稍却遷哲乃親自陷陣手殺數人會江陵總管陸騰出兵救助之陳人又因水汎長壞龍川寧朔堤引水灌城城中驚擾遷哲乃先塞水又募驍勇出擊之頻有斬獲衆心稍定俄而敵人郭內燒焚民家遷哲自率騎出南門又令步兵自北門出兩軍合勢首尾邀之陳人復敗多投水而死是夜陳人又竊於城西堞以梯登

者已數百人遷哲又率驍勇扞之陳人復潰俄而大風暴起遷哲乘闇出兵擊其營陳人大亂殺傷甚衆陸騰復破之於西堤陳人乃遁

辛慶之爲衛大將軍鹽池都將時東魏攻正平郡陷之遂欲經略鹽池慶之守禦有備軍乃退河橋之役大軍不利河北守令並棄城走慶之獨固鹽池拒敵時論稱其仁勇

王思政爲幷州刺史鎮玉壁西魏文帝大統八年東魏來寇思政守禦有備敵人晝夜攻圍卒不能克乃收軍還以全城功授驃騎大將軍又爲使持節河南諸軍事守潁川東魏太尉高岳行臺慕容紹宗儀同劉豐生等率步騎十萬來攻潁川城內卧皷偃旗若無人者岳謂其衆一戰可屠乃四面皷譟而上思政選城中驍勇開門出入兵衆不能當引軍亂退岳知不可卒攻乃多修營壘又隨其地勢高處築土山以臨城中飛梯火車晝夜攻之思政亦作火稍因迅風便投之土山又以火箭射之燒其攻具仍募勇士縋而出戰岳衆披靡其守土山人亦棄山而走齊文襄更益岳兵堰洧水以灌城城中水漏溢不可防止懸釜更炊糧力俱竭慕容紹宗劉豐生及其將慕容永珍

共乘樓船以望城內令善射者俯射城中俄而大風暴起船乃飄至城下城上人以長鈎牽船弓弩亂發紹宗窮急投水而死豐生浮向土山復中矢而斃生擒永珍思政謂之曰僕之破亡在於晷漏誠知殺卿無益然人臣之節守之以死乃流涕斬之幷收紹宗等屍以禮埋瘞後城陷被執思政初入潁川士卒八千人城既無外援亦無叛者

郭賢爲車騎大將軍鎮魯陽潁川王思政既陷餘將權景宣等並收軍西還自魯陽以東皆附東魏東魏將彭樂因之遂來攻逼賢撫循將士咸爲其盡力用

樂不能克乃引軍退
韋孝寬爲晉州刺史移鎮玉壁進授大都督時齊神武傾山東之衆志圖西入以玉壁衝要先命攻之連營數十里兵至於城下乃於城南起土山欲乘之以大入當其山處城上先有兩高樓孝寬更縛木接之令極高峻多積戰具以禦之齊神武使謂城中曰縱爾縛樓至天我會穿城取爾遂於城南鑿地道又於城北起土山攻具晝夜不息孝寬復掘長塹要其地道仍簡戰士屯塹城外每穿至塹戰士即擒殺之又於塹外積柴貯火敵人有地道內者便下柴火以皮

排吹之火氣一衝咸即灼爛城外又造攻車車之所及莫不摧毀雖有排陷莫之能抗孝寬乃縫布爲幔隨其所向則張設之布既懸於空中其車竟不能壞城外又縛松於竿灌油加火規以燒布并欲焚樓孝寬復長作鐵鈎利其鋒刃火竿一來以鈎遙割之松麻俱落外又於城西四面穿地作二十一道分爲四路於其中而各施梁柱作訖以油灌柱放火燒之柱折城並推壞孝寬又隨壞處豎木柵以捍之敵不得入城外盡其攻擊之術孝寬咸拒破之神武無如之何乃遣倉曹將軍祖孝徵謂曰未聞救兵何不降也孝寬曰我城池嚴固兵食有餘攻者自勞守者嘗逸豈有旬朔之間已須救援適憂爾衆有不反之危孝寬關西男子必不爲降將軍也俄而孝徵復謂城中人曰韋城主受彼榮祿或復可爾自外軍士何事相隨入湯火中耶乃射募格於城中云能斬城主降者拜太尉封開國郡公邑萬戸賞帛萬疋孝寬手題書背反射城外云若有斬高歡者一依此賞孝寬弟子遷先在山東又鎖至城下臨以白刃云若不早降便行大戮孝寬慷慨激揚略無顧意士卒莫不感勵人有死難之心神武苦戰六旬傷及病死者十四五智

力俱困因而發疾其夜遁走
王羆爲右將軍梁將曹景宗圍荊州勅羆與別將裴衍率兵赴救遂與梁人戰大破之梁復遣曹景宗衆數萬圍荊州堰水灌城不沒者數板時既內外多虞未遑救援乃遺羆鐵券云城全當授本州刺史城中糧盡羆煑粥與將士均分而食每出戰嘗不擐甲冑大呼曰荊州城孝文皇帝所置天若不祐國家使賊箭中王羆不爾羆須破賊屢經戰陣亦不被傷彌歷三年景宗方退後爲大都督鎮華州魏孝武西遷拜驃騎大將軍沙苑之役齊神武士馬甚衆太祖以華

州衛要遣勞羆令加守備羆語使人曰老羆當道卧貉子安得過太祖聞而壯之及齊神武至城下謂羆曰何不早降羆乃大呼曰此城是王羆家生死在此欲死者來齊神武遂不敢攻

梁士彥遷熊州刺史從武帝拔晉州進位柱國除使持節晉絳二州諸軍事晉州刺史及帝還齊後主親總六軍而圍之獨守孤城外無聲援衆皆驚懼士彥慷慨自若賊盡銳攻之樓堞皆盡城雉所存尋仞而已或短兵相接或交馬出入士彥謂將士曰死在今日吾爲爾先於是勇烈齊奮呼聲動地無不一當百

冊府元龜　將帥部　固守二　卷之四百　七

齊師少却乃令妻妾軍民子女晝夜修城三日而就帝率六軍亦至齊師解圍營於城東十餘里士彥見帝持帝鬚而泣曰臣幾不見陛下帝亦爲之流涕時帝欲班師士彥叩馬諫帝從之執其手曰朕有晉州爲平齊之基宜善守之

高琳爲驃騎大將軍遷江陵總管時陳將吳明徹來寇總管田弘與梁王蕭巋出保紀南城唯琳與梁僕射王操固守江陵三城以抗之晝夜拒戰凡經十旬明徹退去

楊敷爲汾州刺史齊將段孝先率衆五萬來寇梯衝地道晝夜攻城敷親當矢石隨事捍禦拒守累旬孝先攻之愈急時城中兵不滿二千戰死者已十四五糧儲又盡公私窮蹙齊公憲總兵赴援憚孝先不敢進軍敷知必陷没乃召其衆謂之曰吾與卿等俱在邊鎮實願同心戮力破賊全城但强寇四集攻圍日久吾等糧食已盡救援斷絶守死窮城非丈夫也今勝兵之士猶數百人欲突圍出戰死生一决儻或得免猶與生還受罪闕庭孰與死於寇手吾計决矣於諸君意何如衆咸涕泣從命敷乃率見兵出擊殺齊軍數十人齊衆稍却俄而孝先率諸軍盡銳圍之敷

冊府元龜　將帥部　固守二　卷之四百　八

殊死戰矢盡爲孝先所擒齊人方欲任用之敷不爲之屈遂以憂憤卒於鄴

隋郭榮爲後周大冢宰宇文護中外府水曹參軍時齊寇屢侵護令榮於汾州觀賊形勢時汾州與姚襄鎮相去懸遠榮以爲二城孤迥勢不相救請於州鎮之間更築一城以相控攝護從之俄而齊將祖孝先攻陷姚襄汾州二城唯榮所立者獨能自守護作浮橋出兵渡河與孝先戰孝先於上流縱火筏以擊浮橋護令榮督便水者引取其筏以功授大都督

豆盧勣拜利州總管高祖爲丞相益州總管王謙作

亂勣嬰城固守諫遣其將達奚甚高阿那肱乙弗虔等衆十萬攻之起土山鑿爲七十餘穴堰汾水以灌之勣時戰士不過二千晝夜相拒經四旬勢漸逼勣於是出奇兵擊之斬數千級降二千人梁睿軍且至賊因而解去

劉弘字仲遠爲泉州刺史會高智慧作亂以兵攻城弘城中守百餘日救兵不至前後出戰死亡大半糧盡無所食與士卒數百人煑犀甲腰帶及剝樹皮而食之一無離叛賊知其饑餓欲降之弘抗節彌厲賊悉衆來攻城陷爲賊所害

李景簡較代州總管漢王諒作亂并州景發兵拒之遣劉嵩與景戰於城東升樓射之無不應弦而倒選壯士擊之斬獲略盡諒復遣嵐州刺史喬鍾葵率勁勇三萬攻之景戰士不過數千加以城池不固爲賊所擊摧攻相繼景且戰且築士卒皆殊死鬬屢挫賊鋒朔州總管楊義臣以兵來援合擊大破嵩等又煬帝令景營遼東戰具於北平後爲高開道所圍獨守孤城外無聲援歲餘士卒患脚腫而死者十將六七景撫循之一無離叛遼東軍資多在其所粟帛山積既逢離叛景無所私焉及帝江都之變遼西太守鄧暠率兵救之遂歸柳城

樊子蓋爲東都留守時煬帝幸遼東楊玄感作逆來逼王城玄感每盡銳攻城子蓋徐設備禦至輒摧破故久不能克會來護兒等救至玄感解去

堯君素大業末爲鷹揚郎將兵起從屈突通鎭河中通出戰敗而被執遣至城下呼之君素悲不自勝通亦泣謂君素曰義兵所至莫不響應天時人事可以意知卿可早降以取富貴君素曰主上委公以關中代王付公以社稷名位若是何乃不思報效翻爲人作說客邪通曰我力屈君素曰我今力猶未屈何用

多言通慙而退是時城圍甚急行李斷絶君素作木鵞置書於頸浮之黃河以求外救于時百姓苦隋日久及聞義師至人有息肩之望君素性嚴明善統馭繇是下不能叛每謂城中父老曰君素藩邸故人至於大義不得不死今城池甚固倉儲盈溢食盡此粟足知天下之事必若國祚傾危天命有屬自當斷頭以付諸君任君等持取富貴至如今日大事猶未可知不可橫生心也發言悲咽見者莫不歔欷唐高祖賜之金券許以不死又令妻至城下呼之君素引弓射之

許綰爲東陵郡通守時盜賊蜂起郡縣多陷東陵竟全綰之功也

唐李藝隋末爲幽州總管及聞高祖踐祚奉表歸國尋爲竇建德所圍五十餘日不克而退

劉贍爲浩州刺史時劉武周連年爲寇鄰城多陷賊數攻之輒爲贍所敗高祖下書勞之曰浩州之存卿之功也功績垂成念自勗勵富貴之事非卿而誰及裴寂之敗也晉州以北連城悉陷惟贍獨守李仲文以兵保之二人併力拒戰賊來攻之輒挫其鋭及太宗復并州高祖遣使勞苦之賜帛三萬疋米三千石

頒賜其將士又云李仲文初爲行軍總管保于浩州劉武周遣其將萬歲攻之仲文逆擊大破之俘斬數千人拒守三百餘日

薛愿玄宗時爲潁川太守本郡防禦使時安祿山反巳陷陳留滎陽汝南等郡方圍南陽潁川當其來往之路愿與防禦使龐堅同力固守城中儲蓄無素兵卒單寡自肅宗至德元年正月至十一月賊晝夜攻之不息距城百里廬舍墳墓林樹開發斬徹殆盡而外救不至賊將阿史那承慶悉以鋭卒併攻爲木驢木鵞梯衝四面雲合鼓譟如雷矢石如雨力攻十餘日城中守備俱竭賊夜半乘梯而入愿堅守俱被執送於東都將支解之或說祿山曰薛愿龐堅義士也人各爲其主屠之不祥乃繫於雒水之濱饑苦寒一夕凍死

李光弼爲河東節度使太原尹肅宗至德二年正月安祿山賊將史思明蔡希德高秀巖牛廷玠等四節度衆十萬寇太原圍城月餘光弼城中四面設火礮候賊遍城以大石放礮亂擊之驍將勁卒死者十二三二月賊復寇太原圍城光弼拒擊大破之斬賊首級七萬餘軍資兵器盡得之初賊將史思明等來攻太原聞光弼初經河北之戰人疲兵少鼓行而西一

舉有圖朔方河隴之意光弼堅守太原賊有於城外無禮戲侮者光弼令穿地道一夕以擒之繇是賊將欲行皆視地不敢逼經月餘而思明先歸留蔡希德攻之經月不能下而退光弼自賊圍城城中張一小幕止宿有急即自往救之行至府門未嘗回顧不復省視妻子賊退復收拾器械處置公事經三日然後歸家

許遠爲睢陽太守時安祿山反遠與城父令姚誾同守睢陽城賊攻之不下初祿山陷河雒許叔冀守靈昌薛愿守潁川遠守睢陽皆孤城無援愿守一年而

自拔叔冀一年而城陷獨睢陽堅守賊將尹子奇攻圍經年時張巡爲譙郡真源縣令引衆入雍丘嬰城固守巡以雍丘小邑儲備不足大寇臨之必難保守乃列卒結陣詐降而出盡驅雍丘之人東趨睢陽轉鬭百餘里而解玄宗聞而壯之授巡主客郎中兼中丞尹子奇攻圍睢陽既久城中糧盡易子而食折骸而爨人心危恐慮將有變巡乃出其愛妾對三軍殺之以享軍士曰諸公爲國家戮力守城一心無二經半年乏食忠義不衰巡不能自割肌膚以啖將士豈可惜此婦人坐視危迫將士皆泣下不忍食巡强令

冊府元龜　將帥部　固守二　卷之四百　十三

食之乃括城中婦女既盡以男夫老少繼之所食人口二三萬人心終不離變時賀蘭進明以重兵守臨淮巡遣帳下之士南霽雲夜縋出城求救於進明進明與諸將張樂高會無出師意霽雲自臨淮還睢陽縋城而入城中將吏知救不至慟哭累日十月城陷巡與姚誾南霽雲許遠皆爲賊所執巡神氣慷慨每與賊戰大呼誓師皆裂血流牙齒皆碎城將陷西向再拜曰臣勇智俱竭不能式遏强寇保守孤城臣雖爲鬼誓與賊爲厲以答明恩及城陷子奇謂巡曰聞君每戰皆裂眥齒皆碎何至此耶巡曰吾欲氣吞逆賊但力不遂耳子奇以大刀剔巡口視其齒存者不過三數巡大罵子奇曰我爲君父義死爾附逆賊犬彘也安能久哉子奇義其言將禮之左右曰此人守義必不爲我用素得士心不可久留是日與姚誾雷雲同遇害唯遠執送雒陽

魯炤爲南陽節度使屯葉縣北與安祿山賊衆戰敗收拾殘卒保南陽爲賊所圍尋而潼關失守賊使哥舒翰招之不從又使僞將武令珣等攻之累月不能克令珣死又使田承嗣攻之潁川太守魏仲犀合勢救之犀使弟孟馴爲將領兵至明府橋望賊而走衆

冊府元龜　將帥部　固守二　卷之四百　十四

遂大敗炤城中食盡煑牛皮筋角而食之米一斗至四五千錢有價無米鼠一頭至四百文餓死者相枕藉肅宗使中管將軍曹日昇來宣慰路絶不得入日昇請單騎入致命仲犀曰不可賊若擒吾使我亦何以自安顏真卿適自河北次于襄陽謂仲犀曰曹使既果決不顧萬死之地何得阻之縱爲賊所獲是亡使者苟得入城則萬人之心固矣公何愛焉中官馮廷瓌曰將軍必能入我請以兩騎助之日昇又自有傔騎數人仲犀又以數騎共十人同行賊徒望見知其驍鋭不敢逼日昇既入城炤衆初以爲望絶忽有

使來宣命皆賜羅一心日昇以其千人至襄陽取糧賊雖追之不敢擊遂以一千人取音聲路運糧而入賊亦不能遏又得相持數月圍中一年炤望救兵不至晝夜苦戰人自相食至德二年五月十五日率衆持滿傅矢突圍而出南陽拔襄陽田承嗣來追苦戰二日賊又知其決死遂不敢逼朝廷因除襄陽節度時賊志欲南侵江漢賴炤奮命扼其衝要南夏所以保全

田廷玠爲滄州刺史充横海軍使時田承嗣與淄青李正已鎭州李寶臣不恊承嗣旣令廷玠守滄州而

寶臣朱滔連兵攻擊欲兼其土宇廷玠嬰城固守連年受敵兵盡食竭人易子而食卒無叛者卒能保全城守

劉昌爲河南節度張介然裨將會史朝義遣將圍宋州昌在圍中連月不解城中食盡賊番將陷之刺史李岑計蹙昌爲之謀曰今河陽有李光弼制勝且江淮之間足兵此廩中有數千斤麴可屑以食衆計援兵不二十日當至宋州今衆以爲危昌請守之昌遂持鎧持盾登城陳逆順以告諭賊賊衆甚畏之後十五日副元帥李光弼救軍至賊乃宵潰

張伾以澤潞將守臨洺魏博田悅反攻之伾度兵力不能出戰賊攻不能得累月攻益急士死傷多食少救兵未至伾知事不濟無以勸士乃悉召將卒命其女出拜之謂曰久苦士卒吾家無尺寸之物與公等爲賞獨有此女幸未嫁人願出賣之爲將士一日之費衆皆大哭曰今日爲將軍出死命且戰且守日夜不解會馬燧以太原之師至與衆合擊悅於城下大破之伾乘勝出戰士一當百圍遂解

李洪爲邢州刺史田悅反遣將康愔領兵圍邢州糧餉路絕洪堅壁自守賊不能陷

哥舒曜將禁兵欲攻李希烈於許州師次潁橋大雷電而雨營中震不能言者三四千人馬死者十有七曜惡之乃退保襄城堡希烈遣其將李光輝率萬人來寇縱火焚柵驅居人盈濠而進曜殊死戰光輝遂敗歸許州

曲環爲幽隴行營節度使時李希烈侵陷汴州環與諸軍固守寧陵累破賊衆擒其驍將翟輝希烈因道歸蔡州

張建封初爲壽廬等三州都團練使時李希烈選兇黨精悍者率勁兵以討建封累月竟不能克遂退時建

封令其將賀蘭元均邵怡等守霍兵
張敬則本名昌始事汴州節度劉玄佐將兵數千拒李希烈是時賊甚盛昌感厲士卒堅守城邑賊不能下
孟元陽爲陳許大將吳少誠寇許州元陽城中禦守外無救兵攻圍甚急終不能破
李文悦爲鹽州刺史憲宗元和十四年冬吐蕃節度論三摩及宰相尚塔藏中書令尚綺心兒共領大軍約十五萬衆圍鹽州數重大修攻具黨項首領亦發兵驅馬以助賊歷二旬賊以飛梯鵞車木驢等四面

齊攻城欲陷者數四文悦率將士乘城力戰城穿壞不可守撤屋板以禦之晝夜防拒或分斫營或開城出戰約殺萬餘衆諸道救兵無至者凡二十七日賊乃退
牛元翼爲深州刺史時王廷凑與幽州朱克融兵共圍深州梯衝雲合元翼嬰城拒守初以滄德節度烏重胤獨當一面胤旣宿將知不可進頗遲留乃以杜叔良代之賊圍深州數重朝議赦廷凑以元翼爲山南節度使遣兵部侍郎韓愈宣諭廷凑又遣中使入深州取元翼庭凑雖受命而深州之圍不解招撫使裴度與庭凑克融書以大義責之克融遂解圍而去庭凑亦退舍元翼率十餘騎突圍而出
王凝爲宣州觀察使黃巢自嶺表北歸大掠淮南攻圍和州凝令牙將樊儔率舟師椓採石以援之儔違令凝即斬之以徇命將馬穎代儔赴援竟解歷陽之圍賊怒引衆攻宣城大將王涓請出軍逆戰凝曰賊忿恚而來宜持重待之彼衆我寡萬一不捷則州城危矣涓銳意請行凝即閲集壯丁分守要害登陴設備涓果戰死賊乘勝而來則守有備矣賊爲梯衝之具急攻數月禦備力戰吏民請曰賊之兇不可當願

尚書歸款拒之懼覆尚書家族凝曰人皆有族予豈獨全誓與此賊同存亡也旣而賊亦退去
梁趙犨爲馬步都虞侯時唐僖宗乾符中王仙芝起於曹濮大縱其徒侵掠汝鄭犨乃率步騎數千襲之賊黨南奔及黃巢陷長安天子幸蜀中原無主人心驚散於是陳氏數百人相率告許州連帥願得犨知軍州事其帥即狀聞於是下詔以犨守陳州刺史旣視事乃謂將吏曰賊巢之虐遍於四方苟不爲長安市人所誅則必驅殘黨東下况與忠武久爲仇讐凌我土疆勢必然也乃遣增垣墉濬溝洫實倉廪凡四

門之外兩舍之內民有資糧者悉令輓入郡中繕甲
兵利劍矟弓弩矢石無不畢備又招勁卒置之麾下以
仲弟昶爲防遏都指揮使以季弟翊爲親從都兵馬
使長子鼊次子霖皆分領銳兵黃巢在長安果爲王
師四面扼束食盡人饑謀東奔之計先遣驍將孟楷
擁徒萬人直入項縣犨引兵擊之賊衆大潰斬獲略
盡生擒孟楷巢黨知孟楷爲陳所擒大驚憤乃悉衆
東來先據溵水後與蔡州秦宗權合勢以攻宛兵陳
人懼焉犨恐衆心離乃於衆中揚言曰忠武素稱義
勇淮陽亦謂勁兵是宜戮力同心捍禦彊寇建功立

節去危就安願君圖之況吾家食祿久矣今賊衆圖
逼衆寡不均男子當死中求生又何懼也且死於爲
國不猶愈於生爲賊之伍耶汝但觀吾破賊敢有異
議者斬之繇是衆心靡不踴躍開門與賊接戰皆捷
賊衆益怒巢於郡北三四里起八仙營如宮闕又修
百司廨署糧械山峙蔡人濟以甲冑犨中無所闕焉
凡圍陣三百日大小數百戰兵食將盡然人心益固
犨因令間道奉羽書乞師於太祖太祖素多犨之勇
果乃引大軍與諸軍會於陳之西北陳人望其旗鼓
出軍縱火急攻巢寨賊衆大潰重圍遂解翊與九堅心誓衆激

厲將校約以死節翊以祖宗松楸去郭數里慮爲羣
盜穿發乃夜縋心膂之士遷柩入城府庫舊弩數百
枚機牙皆缺工人咸謂不可用翊卽創意制度自調
弦括置之雉堞間矢激五百餘步巳中人馬皆洞達
胸腋羣賊畏之不敢逼近自仲秋至於孟夏軍食將
竭士雖不飽而堅拒之志不移會太祖率大軍解其
圍翊兄弟流泣感謝

劉鄩唐末爲淄州刺史行軍司馬及昭宗幸鳳翔鄩
以偏師陷兗州遂據其郡料簡城中老疾及婦人浮
食百姓不足守者出之於外與將士同甘苦分衣食
以抗外軍戢兵禁暴居人泰然太祖命大將葛從周攻
圍旣久鄩無外援人情稍有去就之意一日節度副
使王彥温踰城而奔守陴者從之而逸鄩之守兵禁

之不可鄩乃遣人從容告彥温曰請副使少將人出
非素遣者請勿帶行又揚言於衆曰素遣從副使行
者卽勿禁其擅去者族之守民聞之皆感奔逸者乃
止外軍聞之果疑彥温有奸卽戮之於城下自是軍
城遂固

李仁福爲夏州蕃部指揮使會節度使李彝昌遇害
本州軍吏遂立仁福爲帥朝廷因授定難軍節度使
未幾後唐遣大將周德威會邠鳳之師五萬同攻夏
州仁福固守月餘梁援軍至德威遁去

韓遜爲靈州節度使開平中劉知俊自同州叛歸鳳

翔李茂貞茂貞以地褊不能容使之西攻靈武且圖牧圉之地知俊乃帥邠岐秦涇之師數萬攻逖於靈州逖極力以拒之久之知俊遁去

徐懷玉初仕唐爲右龍虎統軍領六軍之士赴澤州尋爲晉軍所攻晝夜穴地而入懷玉率親兵逆戰於隊中晉人遂退太祖開平二年除晉州刺史其秋晉軍大至以乘其墉懷玉選親兵五千餘人擁殺下城晉軍遂退

牛存節爲邢州團練使時州兵纔及二百久晉人知之以大軍來寇太祖在鄴遣長直兵三千人赴援存

節率壯健出闘以家財賞給戰士并軍急攻七日不能克而去後赴援澤州適遇守陴者縱火鼓譟以應外軍刺史保衛城不知所爲存節纔入晉軍已至矣乃分布守禦晉軍四面攻擊開地道以入城存節亦以隧道應之逆戰於地中晉軍不能進又以勁弩射之中者人馬皆洞經十三日晉軍死傷者衆焚營而退郡以獲全

王檀爲保義軍節度使會晉軍大至重圍四合土山地穴晝夜攻擊太祖憂之檀上表請駕勿親征而悉力支吾竟全壘城

王班爲澤州刺史開平二年五月蕃賊奔突澤州攻甚急堙溝攀堞晝夜不息數日班善於拒捍懸重賞以激勇士蕃賊屍堆積於池隍周回數里于時劉知俊自晉州引兵來救賊衆乃遁

後唐李克寧爲奉誠軍節度使赫連鐸之攻黃花城也克寧奉武皇及諸弟登城血戰三日矢盡傭竭殺賊萬計燕軍之攻蔚州克寧昆仲嬰城拒敵晝夜輟寢食者旬日

李嗣昭爲太原內衙都將時汴人初得蒲絳乃大舉諸道之師逼太原汴將葛從周陷承天軍氏叔琮營

洞渦驛太原四面汴軍雲合武皇憂迫計無從出嗣昭朝夕選精銳分出諸門掩擊汴營左俘右斬汴軍疲於奔命又屬霖雨軍多腫痢糧運不繼五月氏叔琮引退嗣昭以精騎追之汴軍委棄輜重兵仗萬計後汴軍復營於晉祠嗣昭與周德威收合餘衆登城拒守汴人致攻於西北四面營柵相望時鎮定河中皆爲梁有孤城無援師旅敗亡嗣昭晝夜分兵四出斬將搴旗汴軍保守不暇二十一日朱友寧燒城退出嗣昭追擊汾慈等州梁又遣其將李思安將兵十萬攻伐潞州塹溝高壘內外重復援師不及飛走路

絕嗣昭撫士堅守屢挫賊軍梁祖令人僞招說誘百端嗣昭取而焚之斬其使者城中固守經年軍民乏絕感鹽炭出於地以濟飢民嘗與諸將登陴命酒張樂爲賊伏矢中其脛密拔毁之坐客不之覺宴樂如故以安士心及莊宗敗梁寇於夾城長圍遂解

李存璋爲大同軍防禦使時契丹陷蔚州營於魚池阿保機遣人馳木書求賂於存璋存璋斬其使者不報賊攻雲州存璋悉力拒戰城中舊有鐵車存璋鎔爲兵器以授軍士賊遂退

李存賢爲慈州刺史會汴州尹浩寇隰州慈郡兵糧

無積存賢懼賊攻圍乃預督民戶入秋租數千斛修城備毁城外紫極宮取其屋木後浩軍果至攻城四面掘地道晝夜圍擊守有餘暇賊軍退走

李存進爲魏州馬步都將與李存審固守德勝又汴將王瓚率衆過北城爲地穴火車百道進攻存進隨機拒應或經日不得食汴軍隨退

周德威爲武皇内衙都副將汴衆朱友寧氏叔琮來逼晉陽諸軍未集城中大恐德威與李嗣昭選募銳兵分出諸道以攻其壘擒生斬馘汴人乃退後契丹寇新州德威不利退保范陽虜來攻城僅二百日外援未至德威撫綏士衆晝夜乘城竟獲保守

閻寶爲佐國軍都將時幷人攻河陽留後侯言不意其至也壘甲而士弱素無捍守具孟人震駭攻具急破我羊馬垣寶乃率部下勇戰擊刺于壕外復戰于壍下攘退之始備樓櫓設陴格蓄戎遁去壁乃完實之力也

安金全爲騎將累從莊宗征伐後爲刺史以老病退居太原天祐十三年梁將王檀寇晉陽旣敗檀怒募勇敢者夜斗數道急攻兵旣不敵乃驅率居人以爲備守使監軍使張承業懼形於色聚衆而謀曰事急

矣吾王家屬在此如失根本大事去矣金全曰僕雖老病家國是憂當死戰於城下因與石嘉村率騎軍分爲數道募勇敢者副之入羊馬垣橫擊之賊衆大擾守陴者下大水轆之賊衆驚潰轉死殘傷者十二三明日燒營而遁追擊至陰地關而廻時劉鄩敗於莘縣王檀遁於晉陽俱以敗事聞朱友貞方視朝遽退而言曰吾事去矣

高行珪爲武州刺史時太原軍攻燕經年城中芻粟少劉守光令散員大將元行欽率散員騎四千於山後牧馬兼爲外援及燕城危蹙甲士亡散守光名行

欽行欽部下諸將以守光必敗赴召無益乃請行欽爲燕帥稱留後行欽無如之何乃謂諸將曰我爲帥亦須歸幽州衆然之行欽以行珪在武州慮爲後患乃令人於懷戎掠得其子縶之自隨至武州謂行珪曰將士立我爲留後共汝父同行先定軍府然後降太原若不從必殺爾子行珪曰大王委爾親兵遂圖叛逆吾死不能從也其子泣告行珪行珪謂曰元公謀逆何以狗從與爾訣矣行珪城守月餘城中食盡士有饑色乃召集居人謂曰非不爲父老惜家屬不幸軍士乏食可斬予首出降即坐見寧帖行珪爲治

有恩衆泣謂願出私糧濟軍以死共守乃夜縋其弟行周入太原軍既見莊宗即令明宗率騎援之比至行欽解圍矣

晉李周初仕唐爲定霸都指揮使周尤善守備一日奔母喪以他將代之既出則其城將陷莊宗急遣追之使墨縗從事會莊宗北征周與寺人焦彦賓守楊劉城梁將王彦章以數萬衆攻之周日夜乘城射當矢石使人馳告莊宗請百里趨程以紓其難莊宗曰李周在外朕何憂也遂日行二舍不廢畋獵既至士衆絶糧三日矣及攻圍既解莊宗謂周曰微卿久拒之勞諸將等爲梁人虜矣

華温琪初仕梁爲晉州刺史温琪在平陽日唐莊宗嘗引兵攻之踰月不下梁人賞之升晉州爲定昌軍以温琪爲節度使

郭璘爲易州刺史時契丹攻其郡璘率勵士衆同其艱苦虜不能克復以州兵擊賊數獲其利

王清領溪州刺史詔遣以所部兵屯於鄴會契丹南牧圍其城清與張從思守之少帝飛蠟詔錫之第宅虜遂退

周許遷權知隰州刺史會劉崇遣子鈞率兵寇平陽

路繇隰州賊衆攻城城中兵少遷感激撫諭士鬬氣兼倍賊衆傷夷皆自退去

史彦超國初爲龍捷都指揮使與虎捷都指揮使何徽戍晉州會太原劉崇與契丹入寇攻圍州城月餘是時本州無帥知州王萬敢不叶物情彦超與何徽叶力固拒累挫賊鋒攻擊日急禦捍有備軍政甚嚴邑人無擾及朝廷遣樞密使王峻總兵爲援寇戎宵遁

王萬敢爲晉州巡撿時太原劉崇攻州城五日又併攻四城門萬敢等遂急應赴激勵將士矢石水火隨

隨機拒鬭死者五百餘傷者十七八奪賊攻𢾾焚之

冊府元龜

冊府元龜　將帥部　固守二　卷之四百　二十七

册府元龜

巡按福建監察御史臣李嗣京　訂正
分守建南道左布政使臣胡維霖　參閱
知建陽縣事臣黃國琦較釋

將帥部六十二

行軍法

夏書曰威克厥愛允濟傳曰戎昭果毅易之戮也蓋夫戢兵禁暴者武之德明罰飭法者戰之器未有捨茲道而能貞夫師律者焉自春秋以來典司軍政而而能申嚴卒乘一其志力聳動羣聽克壯其猷者曷

嘗不出令必信奉法無撓干紀者罔赦踰矩者必誅靡私於貴倖無憚於彊禦繇是塞其横議去其亂羣破驕卒之膽激懦夫之氣齊斧一用威聲載路揚我武以清不諱震茂烈以垂無窮勳伐並建光寵咸集眞得夫經武御衆之畧哉

子玉爲楚令尹　楚子將圍宋使子文治兵於睽　子文時不爲令尹故云使治兵習號令也睽楚邑　終朝而畢不戮一人　終朝自旦及食時也子文欲委重於子玉故畧其事　子玉復治兵於蔿　子玉爲令尹蔿故楚邑　終朝而畢鞭七人貫三人耳

魏絳爲晉司馬悼公與魯襄公會單項公及諸侯同盟於雞澤　單頃公王卿士　晉侯之弟楊干亂行於曲梁　行陳次　魏絳戮其僕　僕御也　晉侯怒謂羊舌赤曰合諸侯以爲榮也楊干爲戮何辱如之必殺魏絳無失也對曰絳無貳志事君不逃刑其將來辭何辱命焉言終魏絳至授僕人書　僕人晉侯御僕　將伏劍士魴張老止之公讀其書曰日君之使使臣斯司馬　斯此也　臣聞師衆以順爲武　順莫敢違　軍事以死無犯爲敬　守官行法雖死不敢有違　君令諸侯臣敢不敬君師不武執事不敬罪莫大焉臣懼其死以及楊干無所逃罪　懼自犯不武不敬之罪也　不能致訓至於用鉞　用鉞斬楊干之僕　臣之罪重敢有不從以怒君心　言不敢不從戮　請

歸死於司寇　致屍於司寇使戮之　公跣而出曰寡人之言親愛也吾子之討軍禮也寡人有弟弗能教訓使干大命寡人之過也子無重寡人之過　聽絳死爲重過　敢以爲請　請使無死　晉侯以魏絳爲能以刑佐民矣反役與之禮食使佐新軍　羣臣旅會今欲顯絳故特爲設禮食

中行穆子晉大夫敗無終子及羣狄于太原崇卒也　崇聚也　將戰魏舒曰彼徒我車所遇又陰　地險不便　以什共車必克　更增十人以當一車之用　困諸阨又克　車必困於阨道今去車故爲必克　謂背卒　去車爲步卒　自我始乃毀車以爲行　魏舒先自毀其屬車爲步卒　五乘爲三伍　乘車者車三人五乘十五人今改去其車更以五人爲伍分爲三伍

吳之嬖人不肯卽卒斬以徇（魏餘輙斬之荀吳不恨所以能立功）爲伍陳以相離兩於前伍於後專爲右角參爲左角偏爲前拒（皆臨時處置之名）以誘之翟人笑之（笑其失常）未陳而薄之大敗之

韓獻子爲晉大夫趙宣子言於靈公以爲司馬河曲之役趙孟使人以其乘車干行獻子執而誅之

司馬穰苴齊田完之苗裔也齊景公時晉伐阿甄而燕侵河上齊師敗績景公患之晏嬰薦田穰苴曰穰苴雖田氏庶孽然其人文能附衆武能威敵願君試之景公名穰苴與語兵事大悅之以爲將軍將兵扞

燕晉之師穰苴曰臣素早賤君擢之閭伍之中加之大夫之上王卒未附百姓不信人微權輕願得君之寵臣國之所尊以監軍乃可於是景公許之使莊賈穰苴旣辭與莊賈約曰日中會於軍門穰苴先馳至軍立表下漏待賈賈素驕貴以爲將已之軍而已爲監不甚急親戚左右送之留飲日中而賈不至穰苴則仆表決漏入軍行勒兵申明約束約束旣定夕時莊賈乃至穰苴曰何後期爲賈謝曰不佞大夫親戚送之故留穰苴曰將受命之日則忘其家臨軍約束則忘其親援枹鼓之急則忘其身今敵國深侵邦內騷動士卒暴露於境君寢不安席食不甘味百姓之命皆懸於君何謂相送乎召軍正問曰軍法期而後至者云何對曰當斬莊賈懼使人馳報景公請救旣往未及反於是遂斬莊賈以徇三軍三軍之士皆振慄久之景公遣使者持節赦賈馳入軍中穰苴曰將在軍君命有所不受（魏武帝曰苟便於事不拘君命）問軍正曰軍中不馳今使者馳云何正曰斬使者大懼穰苴曰君之使不可殺之乃斬其僕車之左駙馬之左驂以徇三軍遣使者還報然後行

孫武子者齊人也以兵法見於吳王闔廬闔廬曰子

之十三篇吾盡觀之矣可以小試勒兵乎對曰可闔廬曰可試以婦人乎曰可於是許之出宮中美人得百八十人孫子分爲二隊以王之寵姬二人各爲隊長皆令持戟令之曰汝知而心與左右手背乎婦人曰知之孫子曰前則視心左視左手右視右手後卽視背婦人曰諾約束旣布乃設鈇鉞卽三令五申之於是鼓之右婦人大笑孫子曰約束不明申令不熟將之罪也復三令五申而鼓之左婦人復大笑孫子曰約束不明申令不熟將之罪也旣已明而不如法者吏士之罪也乃欲斬左右隊長吳王從臺上觀見

且斬愛姬大駭趣使使下令曰寡人已知將軍能用兵矣寡人非此二姬食不甘味願勿斬也孫子曰臣旣已受命爲將將在軍君命有所不受遂斬隊長二人以徇用其次爲隊長於是復鼓之婦人左右前後跪起皆中規矩繩墨無敢出聲於是孫子使使報王曰兵旣整齊王可試下觀之唯王所欲用之雖赴水火猶可也吳王曰將軍罷休就舍寡人不願下觀孫子曰王徒好其言不能用其實於是闔廬知孫子能用兵卒以爲將

趙奢爲趙將秦伐韓軍於閼與趙王令奢將救之兵

去邯鄲三十里而令軍中曰有以軍事諫者死秦軍軍武安西(屬魏郡在邯鄲西)秦軍鼓譟勒兵武安屋瓦盡振軍中候有一人言急救武安奢立斬之

漢胡建武帝天漢中守軍正丞(南北軍各有正又置丞而建未得真官兼守之)貧亡車馬常步與走卒起居所以尉薦走卒甚得其心(尉者自上安下也薦者舉籍也)時監軍御史爲姦穿北軍壘垣以爲賈區(坐賣曰賈爲賣物之區也區者小室之名若今小菴屋之類耳故衞士之屋謂之區盧宿衞宮外十稱爲區士也賈音古)建欲誅之乃約其走卒(約束也)曰我欲與公有所誅吾言取之則取斬之則斬於是當選士馬日監御史與護軍校列坐堂皇上(校者軍之諸部校也室無四壁曰皇)建從走卒趨至堂皇下拜謁因上堂皇走卒皆上建指監御史曰取彼走卒前曳下堂皇建曰斬之遂斬御史護軍諸校皆愕驚不知所以建亦有已成奏在其懷中遂上奏曰臣聞軍法立武以威衆誅惡以禁邪今監御史公穿軍垣以求賈利(公謂顯然爲之)私買賣以與士市不立剛毅之心勇猛之節亡以帥先士大夫尤失理不公用文吏議不至重法黃帝李法曰(李者法官之號也總主征伐刑戮之事故稱其書曰李法)壁壘已定穿窬不繇路是謂姦人姦人者殺(窬小竇也)臣謹按軍法曰正亡屬將軍將軍有罪以聞(言軍正不屬將軍將軍有過罪得表奏之)二千石以下

行法焉(二千石謂軍中校尉都尉之屬)丞於用法疑(丞屬軍正斬御史於法有疑)執事不諉上(諉累也言執事者當見法卽行不可以事累於上也諉音女瑞切)臣謹以斬昧死以聞制曰司馬法曰國容不入軍軍容不入國何文吏也(司馬兵書之名也解在主父偃傳詔言在軍中何用文吏之議也)三王或誓於軍中欲民先成其慮也或誓於軍門之外欲民先意以待事也(慮謂計念也先意謂先爲之意也)或將交刃而誓致民志也(欲致民勇志使不奔也)建又何疑焉建繇是顯名

後漢鄧禹爲大司馬與公孫述將延岑戰於藍田不克復就穀雲陽漢中王劉嘉詣禹降嘉相李寶倨慢無禮禹斬之

祭遵從光武征河北爲軍市令舍中兒犯法遵格殺之光武怒命收遵時主簿陳副諫曰明公常欲衆軍整齊今遵奉法不避是教令所行也光武乃貰之以爲刺姦將軍謂諸將曰當備祭遵吾舍中兒犯法尚殺之必不私諸卿也

魏鍾會爲大將軍伐蜀命牙門將許儀在前治道會在後行而橋穿馬足陷於是斬儀儀許褚之子有功王室猶不原貸諸軍聞之莫不震竦

于禁爲偏將軍冀州平昌豨復叛遣禁征之禁急進攻豨豨與禁有舊詣禁降諸將皆以爲豨已降當送

諸太祖禁曰諸君不知公常令乎圍而後降者不赦夫奉法行令事上之節也豨雖舊友禁可失節乎自臨與豨決隕涕而斬之是時太祖軍淳于聞而嘆曰豨降不詣吾而歸禁豈非命邪益重禁

蜀諸葛亮爲大將軍出軍向祁山馬謖統大衆在前與魏將張郃戰於街亭謖違亮節度大爲郃所破亮戮謖以謝衆蔣琬後詣漢中謂亮曰昔楚殺得臣然後文公喜可知也天下未定而戮智計之士豈不惜乎亮流涕曰孫武所以能制勝於天下者用法明也是以楊干亂行魏絳戮其僕四方分裂兵交方始若復廢法何用討賊邪

吳潘濬爲太常時五溪蠻夷叛亂假濬節督諸軍討之信賞必罰法不可干中郎將豫章徐宗有名士也嘗到京師與孔融交結延儒生誕節部曲寬縱不奉節度爲衆作殿濬遂斬之其奉法不憚私議皆此類也

呂蒙爲漢昌太守圍關羽定南郡盡得羽將士家屬撫慰之約令軍中不得干歷人家有所求取蒙麾下士汝南人取民家一笠以覆官鎧雖公物蒙猶以爲犯軍令不可以鄉里廢法遂垂涕斬之

晉張光爲材官將軍梁州刺史先是秦州人鄧定等二十餘家飢餓流入漢中保於城固漸爲抄盜梁州刺史張殷遣巴西太守張燕討之定窘急僞乞降於燕併饋燕金銀燕喜爲之緩師定密結李雄雄遣衆救定燕退遂進逼漢中太守杜正冲東奔魏興殷亦棄官而遁光不得赴州止於魏興乃結諸郡守共謀進取燕唱言曰漢中荒敗迫近大賊克復之事當俟英雄正冲曰張燕受賊金銀不時進討阻兵緩寇致喪漢中實燕之罪也光於是發怒呵燕令出斬之以徇綏撫荒殘百姓悅服

周訪爲揚烈將軍領兵一千二百屯尋陽鄂陵與革卓趙誘討華軼所統厲武將軍丁乾與軼所統武昌太守馮逸交通訪收斬之

陶侃爲龍驤將軍武昌太守時天下飢荒山夷多斷江刼掠侃令諸將詐作商船以誘之刼果至生獲數人是西陽王羕之左右侃即遣兵逼羕令出向賊侃整陣於釣臺爲後繼羕縛送帳下二十人侃即斬之自是水路肅清

庾亮爲征西將軍鎮武昌以建威將軍陶稱爲監江夏隨義陽三郡軍事南中郎將江夏相以本所領二

千人自隨到夏口徑將二百人下見亮亮大會吏佐責稱前後罪惡稱拜謝因罷出亮使人於閤外收之棄市亮上疏曰按稱大司馬侃之孽子父亡不居喪位荒耽於酒昧利偷榮擅攝五郡自謂監軍輒召王官聚之軍府故車騎將軍劉弘曾孫安寓居江夏及將楊恭趙韶並以言色有忤放聲當殺安恭懼自赴水而死韶於獄自盡將軍郭開從稱往長沙赴喪稱疑開附其兄弟乃反縛懸頭於帆檣仰而彈之鼓棹渡江二十餘里觀者數千莫不震駭又多藏匿府兵收坐應死臣猶未忍直上且免其司馬稱肆縱醜言無所顧忌要結諸將欲阻兵構難諸將惶懼莫敢酬答繇是奸謀未即發露臣以侃勳勞至室是以依違容掩故表爲南中郎將與臣相近思欲有以規救之而稱豺狠愈甚發言激切不忠不孝莫此之甚苟利社稷義有專斷輒收稱伏法

後蜀李庠時之弟也益州刺史趙廞以爲威寇將軍使斷北道庠本東羌良將曉軍法不用麾幟舉矛爲行伍斬部下不用命者三人部陣肅然

南齊李安民行南徐州事城局參軍王迴素爲安民所親盜絹二疋安民流涕謂之曰我與卿契濶備嘗

今日犯王法此乃卿負我也於軍門斬之厚爲斂祭軍府皆震

後魏宋弁爲散騎侍郎孝文南征以弁爲司徒司馬曜武將軍東道副將軍人有盜馬靽者斬而徇之於是三軍震懼莫敢犯法

安定王休孝文南征領大司馬孝文親行諸軍遇休以三盜人徇六軍將斬之有詔赦之休執曰不斷何以息盜詔曰王者之體亦非常之澤雖違軍法可特原之休乃奉詔帝謂司馬馮誕曰大司馬嚴而執法諸軍不可不慎於是六軍肅然

後周于翼爲安州總管時高祖東伐詔翼率荆楚兵二萬自宛葉趨襄城大將軍張光錐鄭恪等並隸焉旬日下齊一十九城所部都督輒入民村即斬以徇繇是百姓欣悦赴者如歸

隋樊子蓋爲東都留守屬楊玄感作逆來逼王城子蓋遣河南贊治裴弘策擊之爲所敗遂斬弘策以徇

唐竇軌隋末從高祖入關拜光祿大夫時胡賊掠宜君令軌討之初不利軌斬其部將十四人拔隊中小帥以代之軌率數百騎殿於後令衆曰聞鼓聲有不進者自後斬之既鼓士卒爭進擊賊破之斬首千餘

級虜男女二萬餘口

王行敏武德初爲屯衛將軍劉武周之入并州也遣兵寇上黨陷長子壺關二縣潞州刺史郭子威以兵自衞益州刺史張貴上言子威怯懦無統領之才恐終失上黨之地高祖令行敏馳鎮潞州時既外逼殭寇内乏糧積大懷危懼往來偶語行敏患之人有言子威將叛者行敏斬子威以徇城中股慄上下肅然

忠邠王守禮以睿宗延和元年爲單于大都護中受降城子將王忠觀犯令守禮對衆斬之

哥舒翰開元中爲河西節度使王忠嗣衙將忠嗣使翰別爲將討吐蕃于新城以周對爲副使不爲翰用頗沮之翰怒甚不脫甲檛殺之投其屍於坑中軍中股栗

馬承光以肅宗至德二年爲河東節度使河東兵馬盡發於渭北屯馮翊太守王鳳輒執異見沮軍不發承光斬之

張鎬爲河南道節度使都統河南淮南等諸軍事鎬既發會張巡宋州圍急倍道兼進傳檄濠州刺史閭丘曉引兵出救曉素愎戾馭下少恩好獨任及鎬信至畧無稟命之意又慮兵敗禍及於己遂逗留不進

鎬至淮口宋州已陷鎬怒即日杖殺

李光弼自河東節度入覲時郭子儀攻安慶緒於相州失利詔以光弼代子儀爲朔方節度兵馬副元帥先是子儀政寬朔方將士多不奉法及聞光弼至皆懼光弼屯汜水朔方左廂兵馬使張用濟後至斬於纛下時僕固懷恩爲右廂兵馬使甚懼之不敢惕息時史思明逼雒光弼引兵入河陽光弼自將中潬城大破賊衆賊將周摯復整軍壓北城而下將攻之光弼遽領衆入北城登城望曰彼雖衆而囂不足懼也當爲公等日午而破之命將出戰及期不決謂諸將

日向來戰何處最堅而難犯或曰西北角遽命郝廷玉曰爾擊之玉曰玉步卒也請騎軍五百翼之光弼與三百又問何處最堅曰東南隅即命論惟貞以所部往擊之對曰蕃將也不知步戰請鐵騎三百與之百光弼出賜馬四十匹分給之令之曰爾等士望吾旗而戰若麾旗緩任爾觀望便宜吾旗連麾三至地則萬衆齊入生死以之少退者斬無捨玉策馬赴賊有一將援槍刺賊洞馬腹連刺數人一人逢賊不戰而退光弼召不戰者斬賞援槍者絹五百疋

郭子儀爲關外副元帥代宗廣德元年十月吐蕃犯

長安既平手詔子儀勞來內外子儀宣恩慰撫旌別邪正誅賞之射生軍將趙璘不禁暴人甚怨苦子儀集衆杖殺士庶悅服

王縉以大曆四年爲河東節度使縉以大將王無縱張奉璋失律並按軍令斬之以聞初縉奉詔發兵赴監州防秋無縱奉璋並爲兵馬使與馬軍使舍利劍旆同領馬步三千人赴援劍旆先濟河無縱奉璋逗遛不進將謀爲亂無縱詐以他故回入太原城縉不覺會其謀泄城內官吏多潛爲備乃有聞於縉者縉密令召潛伏甲士待之無縱等不虞事泄既至縉以義責之遂與監軍及軍將等面闕再拜陳無縱等悖亂軍有常刑乃斬之其連謀王希藝蘇延福等七人並同受戮自是太原兇將殆盡軍府稍寧

路嗣恭爲郭子儀靈武留後嗣恭披荊榛以守之大將御史中丞孫守亮握重兵倔彊不受制嗣恭稱疾召至因殺之威信大行

李晟爲神策將建中末德宗幸奉天晟東討自莫州緣白石山雲蔚之路來赴難軍於渭橋時汝鄭應援使劉德信以子孫軍敗於襄城還於渭上晟將收復宮闕數其自關東緣路剽劫之罪斬之而兼其衆晟

既收復都城遣京兆尹李齊運告諭於衆百姓安堵秋毫無犯尚可孤軍人有擅取馬者晟大將高明曜虜賊女妓一人司馬伷取賊馬二匹晟立斬之軍士皆脅息莫敢忤視晟將赴鳳翔乃密奏曰中原兵禍皆起涇州且其地逼西戎易爲反覆田希鑒兇徒將校驕逆若不懲革終爲後患帝初難之晟復陳方畧再三乃許及至鳳翔涇州有使至晟徵詣之曰吐蕃至涇州密近有不虞扞禦得否或欲兵相援尙書意復如何使者歸報鑒鑒果請濟師晟將與之偕不許日涇州頃似反側今請效勤此若遣援兵彼將士或

致疑阻使者固請晟乃日尚書所請固不可違乃遣腹心將彭令英二人赴涇州田希鑒無疑而納之涇州欲爲令英等求宅晟日兵馬防遏不久當廻將之所居合在營内馬用宅爲及是晟託巡撫遂往涇州至百里城涇州將佐來謁晟皆頒以錦綵銀器未至涇州數十里希鑒迎於路左晟不受禮與之竝轡結歡話舊以希鑒娶李氏呼之日田郎遂入涇州令具三日熟食日巡撫旣畢卽還鳳翔希鑒不復有疑翼日希鑒大具宴晟竝受之謂日禮尚往來主人如此客當有所答也又翼日晟請希鑒與將吏赴會希鑒

悅大集將士來赴希鑒等旣入晟使精卒於外廊且伏甲士彭令英於軍中戒嚴伺察食畢方飲晟遣彭令英與涇州校下堂謂日與公等濶别久請各言姓字遂得石奇等三十餘人數之日爾等累爲叛殘害忠良天地不容何顔相見竝斬之希鑒尚在座晟顧之日田郎負恩如此國有常刑然以生親知不令身首異處應日唯於是壯士持之而出遂縊殺之其子蕚亦皆就戮餘衆股慄無敢動者因入營號令然後獻狀日田希鑒悖逆成性怙亂作奸頃因兇徒遂搆邪討昨者蓄衆効義左右官軍馮河祗俟將朔收復而涇原惡黨醜正害賢陷翻軍城殘賊忠義明爲奔竄纔得全生河清忠勤終見肆毒職繇希鑒扇動逆類猖狂負國家之深恩受朱泚之節制包藏姦逆莫甚於斯臣昨者巡邊將欲安撫而希鑒潛勒步騎或在要衝名爲迎臣實欲拒扞臣先令精鋭以奪其勢次遣宣諭以慰其心雖云鴟張未服設施跡其前後實不可容男蕚等罪惡旣同謹竝按軍令訖臣幸當重寄累受寵榮除惡之義思去本根報國之誠敢誅無禮況俯臨邊境須用忠良若容此人無以懲華晟遂安輯其士衆而後歸鳳翔焉

馬燧爲河東節度興元元年討李懷光大將谷秀以犯令虜士女遂斬之以徇

劉昌爲宣武軍兵馬使貞元三年節度使劉玄佐朝京師德宗因以宣武士衆八千委昌北出五原軍朝有前却沮事昌斷斬三百人遂行

樊澤以貞元八年爲山南東道節度初嗣曹王臯之卒也軍士皆亂澤至部因宴集將從爲亂謀泄皆捕殺之乃理首亂不禁士卒者放列將鄧方琦王倩樹進等於屬城人皆悅服

韓弘貞元中爲宣武軍節度使先於汴州比年纍亂

號爲難理自劉士寧之後有李迺鄧惟恭馬英幹相次擒赶殺軍司馬陸長源及從事孟叔度輩凡造惡者數十百人常混然而隱於衆弘視事未幾摟錄其黨皆得之而族誅焉有部將劉鍔亦兇黨也弘欲因此大振軍聲一旦列短兵於牙門召鍔並其下三百人數其前罪斬之以徇血流道中弘宴笑自若其後訖弘入朝凡二十一年兵衆五萬不敢有謀亂者

高崇文以憲宗元和初爲右神策行營節度使統諸鎮兵討西川劉闢至興元軍中有折逆旅之匕箸者斬之以徇初闢陷東川擒節度使李康及崇文克梓

州乃歸康求雪己罪崇文以康敗軍失守遂斬之

郗士美元和中爲昭義節度使號令甚肅及討王承宗士美以兵馬使王獻領勁卒一萬爲前鋒獻兇惡怙亂逗撓不進遽使召至數其罪而斬之且令曰敢後出者斬士美親鼓之兵既合而賊大敗下三營還栢鄉以吉語聞憲宗大悅曰吾固知士美之能辦吾事

王鍔爲河東節度使元和中河東防秋之卒殺豐州刺史燕重肝而歸初鍔奉詔以兵二千助天德軍理中受降城役罷將歸屬有命留戍之其將劉甫者素易重肝而恥爲之屬士卒思歸因重肝不虞而縱殺之并屠其家而去既歸太原鍔論殺劉甫并從亂者八十四人斬之

王智興爲徐州牙將元和中王師誅吳元濟青帥李師道與蔡賊謀撓沮王師頻出軍侵徐徐帥李愿以所部步騎悉委智興以抗之賊將王朝晏以兵攻沛智興逆擊敗之賊又令姚海率勁兵二萬圍豐攻城甚急智興擊敗之於賊壁獲美妾智興懼軍士爭之乃曰軍中有女子安得不敗此雖無罪違軍法也即斬之以徇

張煦爲夏州節度元和八年十二月振武軍士逐出節度使李進賢命煦以夏州兵二千代進賢許以便宜擊斷九年正月煦入單于都護府誅作亂者蘇國珍二百五十三人乃定

曹華元和末爲棣州刺史及李師道誅分所管十二州爲三鎮王遂爲沂海節度使褊刻不能馭衆爲牙將王弁所害朝廷遂授華左散騎常侍沂州刺史充沂海觀察使華至鎮視事三日宴將吏伏甲士千人於幕下羣校既集華諭之曰吾受命兼奉聖旨以鄆州將士分割三處有道途之勞今有頒給北州兵稍

厚鄆州士卒處左巢易以區別分定弁令州兵出外旣出闔門乃謂鄆州卒曰天子深知鄆人之勞然前害主帥者不能免罪甲士自幕中出周環之凡鄆卒一千二百人立斬於庭血流成渠是日門屛之間有赤霧高丈餘久之方散自是沂海之人重足股慄無敢爲盜者

吳仲方爲荆南監軍小使文宗太和四年仲方奏先赴西川行營兵馬一千人令本道到續得官吏狀稱副兵馬李元亶等先在西川搆扇軍情巳於衙門外處斬訖

温造太和中爲山南西道節度使先是興元軍亂殺節度使李絳造至褒城會興元都將衞志忠征蠻廻謁見造卽留以自衞密與志忠謀又召亞將張丕李少亶各諭其旨下車置宴詰以殺絳之狀志忠及丕夾階立拔劍呼曰殺團兵齊奮其賊首敎練使丘鑄并官健千人皆斬首於地血流四注監軍楊叔元在坐遽使求哀擁造靴以請命遣兵衞出以俟朝旨

王式以懿宗咸通中爲武寧軍節度使先是王智興得徐州名募兇豪之卒二千人號曰銀刀鵰旗門槍挾馬等軍番宿衙城自後寢驕節度使姑息不暇田弁鎭徐日每與驕卒雜坐酒酣撫背時把板爲之唱歌其徒日費萬計每賓宴必先饜飫祁寒暑雨巵酒盈前然諠譟邀求動謀逐帥及温璋爲節度使士卒素知璋嚴深負憂疑璋開懷撫諭終爲猜二給與酒食未嘗瀝口不期月而逐璋乃以式代璋式以忠武義成之師三千平定浙東賊仇甫便詔式帥二鎭之師渡淮徐卒聞之懼其勢無如之何至大彭館方來迎謁居三日犒勞兩鎭兵令還旣擐甲執兵卽命環驕卒殺之徐卒三千餘人是日盡誅鋤是兇徒悉殄

後唐陶玘者同光末從元行欽軍於魏博充行營寨

主及人情有歸玘以所部兵從明宗至臨黃署許州留後兼行營馬步使至白皐渡安重誨之從人爭舟玘斬之以徇軍士畏之

房知温爲兖州節度使上言指揮使郭令威擅離本軍處斬訖

張延朗爲陜州節度使上言右都押衙楊洪賓不伏指揮巳處斬訖

安重霸爲同州節度使長興末上言斬都頭張璠使酒訛言故

晉張廷蘊初仕後唐爲魏博三城巡檢使時劉皇后

在鄴每縱其下優人廷藴立斬之聞者壯焉

史弘肇爲侍衛步軍都指揮使自晉赴雒將抵河内左右軍校持楯爭道候者馳告及頓軍名而詰之乃獲其首爲亂者旣伏罪親以鐵撾擊而斃之梟首示衆見者爲之惕息凡騎士自河涉雒有犯田繫馬於樹者咸戮之繇是軍衆肅然無敢犯其令

周向訓顯德中爲淮南節度使先是王師久駐維揚都將趙鼂白延遇等驕恣横暴不相禀命競以子女玉帛至有刦人之父夫彊取人之妻子者繇是人情大懼及訓到鎮戮其不奉法者數人方稍整肅

冊府元龜

冊府元龜

巡按福建監察御史臣李嗣京 訂正

知長樂縣事 臣 夏允彝 叅閲

知建陽縣事 臣 黄國琦 較釋

將帥部 六十三

識畧

易之贊知幾能通於神化傳之述遠慮可消於憂患蓋夫融襟内徹精識獨運事表於先見智包於周防然後舉無遺策而動罔不吉者也春秋已來思戎旅者率多魁梧博達之士乃有深練治體詳識軍志明

世道之損益辨人倫之情偽英畧宏遠嘉言灼敘故能整師經武克宣乎巨伐全身遠害以成乎令名流風餘論藹於民聽自非大雅之明哲生民之先覺疇能及是哉

荀林父晉大夫桁子也爲中軍將魯宣公十二年楚師圍鄭晉師救鄭及河聞鄭既及楚平桁子欲還曰無及於鄭而勦民焉用之 勦勞也 楚歸而動不後 動兵伐鄭 隨武子曰善 武子士會 會聞用師觀釁而動 釁罪也 德刑政事典禮不易不可敵也不爲是征 言征伐爲有罪不爲有禮 楚軍討鄭怒其貳而哀其卑叛而伐之服而舍之德刑成矣伐叛刑也柔服德也二者立矣昔歲入陳 討徵舒 今茲入鄭民不罷勞君無怨讟 讟謗也 政有經矣 經常也 荆尸而舉 荆楚也尸陳也楚武王始更爲此陳法遂以爲名 商農工賈不敗其業而卒乘輯睦 步曰卒車曰乘 事不奸矣 奸犯也 蔿敖爲宰擇楚國之令典 宰令尹蔿敖孫叔敖 軍行右轅左追蓐 在軍之右者挾轅爲戰備在左者追求草蓐爲宿備傳曰令尹南轅又曰改乘轅楚陳以轅爲主 前茅慮無 慮無如今軍行前有斥候蹹伏皆持以絳及白爲幡見騎賊舉絳幡見步賊舉白幡備慮有無也茅明也或曰時楚以茅爲旌識 中權後勁 中軍制謀後以精兵爲殿 百官象物而動軍政不戒而備 物猶類也戒勑令也 能用典矣其君之舉也内姓選於親外姓選於舊 言親疏並用 舉不失德賞不失勞老

有加惠 賜老則不計勞 旅有施舍 旅客來者施之以惠舍不勞役 君子小人物有服章 尊卑别也 貴有常尊賤有等威 等威言差等 禮不逆矣德立刑行政成事時典從禮順若之何敵之見可而進知難而退軍之善政也兼弱攻昧武之善經也 昧昏亂經法也 子姑整軍而經武乎 姑且也 猶有弱而昧者何必楚仲虺有言曰取亂侮亡兼弱也 仲虺湯左相薛之祖奚仲之後 汋曰於鑠王師遵養時晦 汋詩頌篇名鑠美也言美武王能遵天之道須暗昧者惡積而後取之 耆昧也 耆致也致討於昧也 武曰無競惟烈 武詩頌篇名烈業也言武王兼弱取昧故成無競之業 撫弱耆昧以務烈所可也

荀首晉大夫知莊子也楚圍鄭晉救鄭及河聞鄭既

及楚平荀林父欲還士會曰善先穀曰不可以中軍佐濟知莊子曰此師殆哉周易有之在師䷆坎下坤上之臨䷒兌下坤上臨師初六變而之臨曰師出以律否臧凶此師卦初六爻辭律法否不也執事順成爲臧逆爲否今彘子逆命不順成故應不臧之凶衆散爲弱坎爲衆今變爲兌兌柔弱川壅爲澤坎爲川今變爲兌爲澤是川見壅有律以如己也如從也法行則人從法法敗則法從人坎爲法象爲衆則散爲川則壅是設法之用從人之象故曰律否臧且律竭也竭敗也坎變爲兌是法敗而已竭夭且不整所以凶也水遇夭塞不得整流則竭涸也不行之謂臨兌變爲澤乃成臨卦畢不行之物有師而不從臨孰甚焉此之謂矣雖彘子之違命亦不可行果遇必敗遇敵也彘子尸之主此禍雖

免而歸必有大咎晉師果敗明年晉殺先穀

荀罃晉大夫知武子也爲中軍將魯襄公九年冬晉與諸侯之師伐鄭鄭從楚也鄭人恐乃行成與楚成也十年春諸侯之師城虎牢而戍之晉城梧及制士魴魏絳戍之鄭及晉平楚子囊救鄭十一月諸侯之師還鄭而南至於陽陵還繞也陽陵鄭地楚師不退知武子欲退曰今我逃楚楚必驕驕則可與戰矣武子荀罃欒黶曰逃楚者晉之恥也合諸侯以益恥不如死我將獨進師遂進己亥與楚師夾潁而軍潁水出城陽至下蔡入淮子蟜曰諸侯既有成行必不戰矣言有成去之志從之將退不從亦退從猶服也退楚必圍我猶將退也不如從楚亦以退之謂退楚宵涉潁與楚人盟夜度畏晉知之欒黶欲伐鄭師伐涉潁者荀罃不可曰我實不能禦楚又不能庇鄭鄭何罪不如致怨焉而還致怨爲後代之資今伐其師楚必救之戰而不克爲諸侯笑克不可命勝負難要不可命以必克不如還也丁未諸侯之師還侵鄭北鄙而歸欲以致怨楚人亦還鄭服故也

趙鞅晉大夫趙孟也魯哀公十年帥師伐齊大夫請卜之趙孟曰吾卜於此起兵謂往歲卜伐宋不吉利以伐羌故今興兵事不再令再令讀也卜不襲吉襲重也行也於是乎取犂及轅犂一名隰濟南有隰陰縣祝阿縣西有轅城毀高唐之郭侵及賴而還

中行繆伯晉大夫攻鼓弗能下鼓北翟邑饋間倫曰鼓之嗇夫間倫知之饋間倫晉人也請無罷武大夫而鼓可得也繆伯弗應左右曰不折一戟不傷一卒而鼓可得也君奚爲不使繆伯曰間倫爲人佞而不仁若使間倫下之吾可以勿賞乎若賞之是賞佞人佞人得志是使晉國之武舍仁而爲佞且得鼓將何用又云晉中行穆子率師伐翟將鼓人或請以城畔繆子不受軍吏曰可無勞師而得城子何不爲繆子曰非事君之禮也大以城來者必將求利於我矣夫守而二心姦之大者也賞善罰姦國之憲法也許而弗予失信也若其予之賞大姦也姦而盈祿善將若何且夫翟之褻者以城來盈願進豈其無是我以鼓教吾邊鄙貳也夫事君者量力而進不以安賈貳令軍吏呼城儆將攻之未傳而鼓降也

趙趙奢初治國賦會秦伐韓軍於閼與趙王名廉頗而問曰可救不對曰道遠險狹難救又召樂乘而問焉樂乘對如廉頗言又召問奢奢對曰其道遠險狹譬之猶兩鼠鬭於穴中將勇者勝王乃令趙奢將救之

漢韓信拜爲大將軍漢王名信上坐曰丞相數言將軍何以教寡人計策信謝因問王曰今東鄉向也爭權天下豈非項王邪王曰然信曰大王自料勇悍仁彊孰與項王漢王默然良久曰弗如也信再拜賀曰唯信亦以爲大王弗如也然臣嘗事項王請言項王爲

人項王喑啞猝咤千人皆廢猝千忽反然不能任屬賢將此特匹夫之勇也項王見人恭敬慈愛言語姁姁姁姁和好貌音許于切人有疾病涕泣分食飲至使人有功當封爵者印刓敝忍不能予此所謂婦人之仁也項王雖霸天下而臣諸侯不居關中而都彭城又背義帝約而以親愛王諸侯不平諸侯之見項王逐義帝置江南亦皆歸逐其主自王善地項王所過亡不殘滅多怨天下百姓不附特刼於威彊服耳名雖爲霸實失天下心故曰其彊易弱今大王誠能反其道任天下武勇何不誅以天下城邑封功臣何不服以義兵從思東歸之士何不散散謂四散而立功且三秦王爲秦將章邯司馬欣董翳將秦子弟數歲矣所殺亡不可勝計又欺其衆降諸侯至新安項王詐坑秦降卒二十餘萬人唯獨邯欣翳得脫秦父兄怨此三人痛入骨髓今楚彊以威王此三人秦民莫愛也大王之入關秋毫無所害除秦苛法與民約法三章耳秦民亡不欲得大王王秦者於諸侯之約大王當王關中關中民咸知之王失職入蜀民亡不恨者今大王舉而東三秦可傳檄而定也於是漢王大喜自以爲得信晚遂聽信計

灌嬰以列侯事惠帝及呂祿等欲爲亂齊哀王聞之

舉兵西呂祿等以嬰爲大將軍往擊之嬰至滎陽乃謀曰諸呂舉兵關中欲危劉氏而自立今我破齊還報是益呂氏資也乃留兵屯滎陽使人諭齊王及諸侯與連和諭謂曉也以待呂氏之變而共誅之齊王聞之乃屯兵西界待約及絳侯等誅諸呂嬰自滎陽還

衛青爲大將軍平陵侯蘇建嘗責之曰大將軍至尊重而天下賢士大夫無稱焉言不爲賢士大夫所稱譽願將軍觀古名將所招選者勉之哉勸令招賢薦士也青謝曰自魏其武安之厚賓客天子常切齒彼親待士大夫招賢絀不肖者人主之柄也人臣奉法遵職而已何與招士

與讀曰豫驃騎亦方此意驃騎霍去病也爲將如此方比類也

趙充國爲護軍都尉漢得匈奴降者言烏桓嘗發先單于冢匈奴惡之發二萬騎擊烏桓、大將軍霍光欲兵邀擊之以問充國充國以爲烏桓間數犯塞今匈奴擊之於漢便又匈奴希寇盜北邊幸無事蠻夷自相攻擊而發兵邀之招寇生事非計也

後漢邳肜爲和成太守時王郎亂河北世祖雖得上谷漁陽二郡之助而兵衆未合議者多言可因信都兵自送西還長安肜廷對曰議者之言皆非也吏民歌詠思漢久矣故更始舉尊號而天下響應三輔清

宮除道以迎之一夫荷戟大呼則千里之將無不捐城遁逃虜伏請降自上古以來亦未有感物動民如此者也又卜者王郎假名因勢驅集烏合之衆遂震燕趙之地況明公奮二郡之兵揚響應之威以攻則何城不尅以戰則何軍不服今釋此而歸豈徒空失河北必更驚動三輔墮損威重非計之得者也若明公無復征伐之意則雖信都之兵猶難會也何者明公旣西則邯鄲城民不肯捐父母背城主而千里送公其離散亡逃可必也世祖善其言而止卽日拜肜爲後大將軍

寇恂爲執金吾建武七年從光武擊隗囂而潁川盜賊群起帝乃引軍還謂恂曰潁川迫近京師當以時定惟念獨卿能平之耳從九卿復出以憂國可知也恂對曰潁川剽輕聞陛下遠踰阻險有事隴蜀故狂狡乘間相詿誤耳如聞乘輿南向賊必惶怖歸死臣願執銳前驅卽日車駕南征恂從至潁川盜賊悉降又隗囂將安定高峻擁兵萬人據高平第一高平有第一城光武遣恂降之恂奉璽書至第一峻遣軍師皇甫文出謁辭禮不屈恂怒將誅文諸將諫曰高峻精兵萬人卒多彊弩西遮隴道連年不下今欲降之而反戮

其使無乃不可乎恂不應遂斬之遣其副歸告峻曰軍師無禮已戮之矣欲降急降不降固守峻惶恐卽日開城門降諸將皆賀因曰敢問殺其使而降其城何也恂曰皇甫文峻之腹心其所取計者也今來辭意不屈必無降心全之則文得其計殺之則峻亡其膽是以降耳諸將皆曰非所及也

祭遵爲征虜將軍建武六年與建威大將軍耿弇虎牙大將軍蓋延漢中將軍王常捕虜將軍馬武驍騎將軍劉歆武威將軍劉尚等從天水伐公孫述師次長安時車駕亦至而隗囂不欲漢兵上隴辭說解故

帝名諸將議皆曰可且延嚣日月之期益封其將帥以消散之遵曰嚣挾奸久矣今若按甲引時則使其詐謀益深而蜀警增備固不如遂進帝從之乃遣遵爲前行擊嚣將王元破之

來歙爲大中大夫建武八年節歙屯長安悉監護諸將歙因上書曰公孫述以隴西天水爲藩蔽故得延命假息今二郡平蕩則述智計窮矣宜益選兵馬儲積資糧昔趙之將帥多賈人高帝懸之以重賞今西州新破兵人疲饉若招以財穀則其衆可集臣知國家所給非一度用不足然有不得已也帝然之於是

大轉運糧（詔於汧積穀六萬斛驢四百頭負馱）詔歙率征西大將軍異等入天水擊破公孫述

馬援爲伏波將軍既平交阯賊徵側等乃條奏越律與漢律駁者十餘事與越人申明舊制以約束之自後駱越奉行馬將軍故事（駱者越別名）

馮緄爲車騎將軍討長沙蠻寇時天下饑饉帑藏虛盡每出征伐嘗減公卿俸祿假王侯租賦前後所遣將帥宦官輒陷以折耗軍資往往抵罪緄性烈直不行賄賂懼爲所中乃上疏曰勢得容姦伯夷可疑苟曰無猜盜跖可信故樂羊陳功文侯示以謗書願請中常侍一人監軍財費尚書朱穆奏緄以財自嫌失大臣之節有詔勿劾

班超爲西域都護被徵以戊己校尉任尚爲都護與超交代尚謂超曰君侯在外國二十餘年而小人猥承君後任重慮淺宜有以誨之超曰年老失智任君數當大位豈超所能及哉必不得已願進愚言塞外吏士非孝子順孫皆以罪過徙補邊屯而蠻夷懷禽獸之心難養易敗今君性嚴急水清無大魚察政不得下和宜蕩佚簡易寬小過總大綱而已超去後尚私謂所親曰我以班君當有奇策今所言平平耳尚

至數年而西域反亂以罪被徵如超所戒

梁商爲大將軍元和三年徵護羌校尉馬賢爲弘農太守以來機爲并州刺史劉秉爲梁州刺史並當之職商謂機等曰戎狄荒服蠻夷要服言其荒忽無常而統領之道亦無常法臨事制宜略依其俗今三君素性疾惡欲分明白黑孔子曰人而不仁疾之已甚亂也況戎狄乎其務安羌胡防其大敗忍其小過機等天性虐刻遂不能從到州之日多所擾發果以羌叛坐徵

皇甫嵩字茂真中平五年梁州賊王國圍陳倉復拜

嵩爲左將軍督前將軍董卓各率二萬人拒之卓欲速進赴陳倉嵩不聽卓曰智者不後時勇者不留決速救則城全不救則城滅全滅之勢在於此也嵩曰不然百戰百勝不如不戰而屈人之兵是以先爲不可勝以待敵之可勝不可勝在我可勝在彼彼守不足我攻有餘孫子之文有餘者動於九天之上不足者陷於九地之下孫子兵法曰善守者藏於九地之下善攻者動於九天之上玄女三官戰法曰行兵之道天地之寶九天九地名有表裏九天之上六甲子也九地之下六癸酉也子能順之萬全可保今陳倉雖小城守固備非九地之陷也王國雖彊而攻我之所不救非九天之勢也夫勢非九天攻者受

害陷非九地守者不拔國今已陷受害之地而陳倉保不拔之城我可不煩兵動衆而取全勝之功將何救焉遂不聽王國圍陳倉自冬迄春八十餘日城堅守固竟不能拔賊衆疲敝果自解去嵩進兵擊之卓曰不可兵法窮寇勿迫歸衆勿追司馬兵法之言今我追國是追歸衆追窮寇也困獸猶鬬蜂蠆有毒皆左氏傳文況大衆乎嵩曰不然前吾不擊避其鋭也今而擊之待其衰也擊疲師非歸衆也國衆且走莫有鬬志以整擊亂非窮寇也遂獨進擊之使卓爲後拒連戰大破之斬首萬餘級國走而死卓大慙恨繇是怨嵩

朱儁爲鎮賊中郎將南陽黃巾賊帥韓忠據宛城儁與荊州刺史徐璆南陽太守秦頡合兵圍之忠惶懼乞降司馬張超及徐璆秦頡皆欲聽之儁曰兵有形同而勢異者昔秦項之際民無定主故賞附以勸來耳今海内一統唯黃巾造寇納降無以勸善討之足以懲惡今若受之更開逆意賊利則進戰鈍則乞降縱敵長寇非良計也因急攻破之

蓋勳爲討虜校尉與宗正劉虞佐軍校尉袁紹同典禁兵勳謂虞紹曰吾仍見主上甚聰明但擁蔽於左右耳若共併力誅嬖倖然後徵拔英俊以興漢室功

遂身退豈不快乎虞紹亦素有謀因相連結未及發而出爲京兆尹

段紀明桓帝時爲護羌校尉而東羌先零等自覆沒征西將軍馬賢後朝廷不能討遂數寇擾三輔其後度遼將軍皇甫規中郎將張奐招之連年既降又叛桓帝名問紀明曰先零東羌造惡反逆而皇甫規張奐各擁彊衆不時輯定欲紀明移兵東討未識其宜可參思術略紀明因上言曰臣伏見先零東羌雖數叛逆而降於皇甫規者已二萬許落善惡郎分餘寇無幾今張奐躊躇久不進者當慮外離内合兵往必

驚且自冬踐春屯結不散人畜疲羸自亡之勢徒更
招降坐制彊敵耳臣以爲佷子野心難以恩納勢窮
雖服兵去復動唯當長矛挾脅白刃加頸耳計東種
所餘三萬餘落居近塞内路無險折非有燕齊秦趙
從横之勢而久亂并涼累寇三輔西河上郡已各内
徙安定北地復至單危自雲中五原西至漢陽一千
餘里匈奴種羌竝擅其地是爲癰疽伏疾留滯脅下
如不加誅轉就滋大今若以騎五千步萬人車三千
輛三冬二夏足以破定無慮用費爲錢五十四億如
此則可令群羌破盡匈奴長服内徙郡縣得反本土

伏計永初中諸羌反叛十有四年用二百四十億永
和之末復經七年用八十餘億費耗若此猶不誅盡
餘孽復起于兹作害今不暫疲人則永寧無期臣庶
竭駑劣伏待節度帝許之悉聽如所上竇太后臨朝
破羌將軍張奐上言東羌雖破餘種難盡紀明性輕
果慮負敗難常宜且以恩降可無後悔詔書下紀明
復上言臣本知東羌雖衆而輭弱易制所以比陳愚
慮思爲永寧之筭而中郎將張奐說虜彊難破宜用
招降聖朝明監信納瞽言故臣謀行奐計不用事勢
相反遂懷猜恨信叛羌之訴飾潤辭意云臣兵累見
折衂又言羌一氣所生不可誅盡山谷廣大不可空
靜血流汙野傷和致災臣伏念周秦之際戎狄爲害
中興已來羌寇最盛誅之不盡雖降復叛今先零雜
種累以反覆攻没縣邑剽掠人物發冢露屍禍及生
死上天震怒假手行誅昔邢爲無道衛國伐之師興
而雨臣動兵涉夏連獲甘澍歲時豐稔人無疵疫上
占天心不爲災傷下察人事衆和師克自橋門以西
雒川以東故宫縣邑更相通屬非與深險絶域之地
車騎安行無應折衂案奐爲漢身當武職駐軍二年
不能平寇虚欲修文戢戈招降獷敵誕辭空說僭而

無徵何以言之昔先零作寇趙充國徙令居内煎當
亂邊馬援遷之三輔始復終叛至今爲梗故遠識之
士以爲深憂今傍郡戸口單少數爲羌所創毒而欲
令降徒與之雜居是猶種枳棘於良田養虺蛇於室
内也故臣奉大漢之威建久長之策欲絶其本根不
使能殖本規三歲之費用五十四億今適期年所耗
未半而餘寇殘燼將向殄滅臣每奉詔書軍不内御
願率斯言一以任臣臨時量宜不失權便
魏李通爲陽安郡尉太祖與袁紹相拒於官渡紹遣
使拜通征南將軍劉表亦陰招之通皆拒焉通親戚

部曲流涕曰今孤危獨守以失大援亡可立而待也不如急從紹逼按劍叱之曰曹公明哲必定天下紹雖彊盛而任使無方終爲之虜耳吾以死不二即斬紹使送印綬詣太祖

滿寵爲奮威將軍從太祖征荆州還屯當陽吳大帝數擾邊郡復名寵還爲汝南太守賜爵關內侯關羽圍襄陽寵助征南將軍曹仁屯樊城拒之而左將軍于禁等軍以雨水長爲羽所沒羽急攻樊城樊城得水往往崩壞衆皆失色或謂仁曰今日之危非力之所可支羽圍未合乘輕船夜走雖失城尚可全身寵

曰山水速疾冀其不久聞羽遣别將已在郟下自許以南百姓擾擾羽所以不敢遂進者恐吾軍掎其後耳今若遁去洪河以南非復國家有也君且待之仁曰善寵乃沈白馬與軍人盟誓會徐晃等救至寵力戰有功羽遂退後爲征東將軍吳將孫布遣人詣揚州求降辭云道遠不能自致乞兵見迎刺史王凌騰布書請兵馬迎之寵以爲必詐不與兵而爲凌作書報曰知識邪正欲避禍就順去暴歸道甚相嘉尚今欲遣兵相迎然計兵少則不足相衛多則事必遠聞且先密計以成本志臨時節度其宜寵會被書當入朝勅留府長史若凌欲往迎勿與兵也凌於後索兵不得乃單遣一督將步騎七百人以迎之布夜襲擊督將迸走死傷大半太和三年領豫州刺史曹休從廬江南入合肥令寵向夏口寵上疏曰曹休雖明果而希用兵今所從道背湖旁江易進難退此兵之窪地也若入無彊口宜深爲之備寵表未報休遂深入賊果從無彊口斷夾石要休還路休戰不利退走會朱靈等從後來斷道與賊相遇賊驚走休軍乃得還後爲征東將軍大帝歲有來計青龍元年寵上疏曰合肥城南臨江湖北遠壽春賊攻圍之得據水爲勢

官兵救之當先破賊大輩然後圍乃得解賊往甚易而兵往救之甚難宜移城內之兵其西三十里有奇險可依更立城以固守此爲引賊平地而掎其歸路於計爲便護軍將軍蔣濟議以爲旣示天下以弱且望賊煙火而壞城此爲未攻而自拔一至於此刼掠無限必以淮北爲守帝未許寵重表曰孫子言兵者詭道也故彊而示之以弱能而示之以不能驕之以利示之以懾此爲形實不必相應也又曰善動敵者形之今賊未至而移城郤內此所謂形而誘之也引賊遠水擇利而動舉得於外則福生於內矣尚書趙

咨以寵策爲長詐遂報聽

張旣爲雍州刺史從太祖征張魯魯降太祖將拔漢中恐蜀先主北取武都氐以逼關中旣曰可勸使北出就穀以避賊前至者厚其寵賞則先者知利後必慕之太祖從其策乃自到漢中引出諸軍令旣之武都徙氐五萬餘出扶風天水界是時武威顏俊張掖和鸞酒泉黃華西平麴演等並舉郡反自號將軍更相攻擊俊遣使送母及子詣太祖爲質求助太祖問旣旣曰俊等外假國威內生傲悖計定勢足後即反耳今方事定蜀且宜兩存而鬭之猶卞莊子之刺虎

坐收其斃也太祖曰善歲餘鸞遂殺俊武威王秘復及殺鸞文帝即王位旣代鄒岐爲涼州刺史西平麴光等殺其郡守諸將欲擊之旣曰唯光等造反人未必悉同若便以軍臨之吏民羌胡必謂國家不別是非更使皆相持着此爲虎傅翼也光等欲以羌胡爲援今先使羌胡抄擊重其賞募所虜獲者皆以畀之外沮其勢內離其交必不戰而定乃檄告諭諸羌光等所詿誤者原之能斬賊帥送首者當加封賞於是光部黨斬送光首其餘咸安堵如故

徐晃爲偏將軍太祖圍鄴易陽令韓範僞以城降而拒守太祖遣晃攻之晃至飛矢城中爲陳成敗範悔晃輒降之旣而言於太祖曰二袁未破諸城未下者傾耳而聽今日滅易陽明日皆以死守恐河北無定時也願公降易陽以示諸城則莫不望風歸矣太祖善之

韓浩爲護軍太祖欲討柳城領軍史渙以爲道遠深入非完計也欲與浩共諫浩曰今兵勢強盛威加四海戰勝攻取無不如志不以此時遂除天下之患將爲後憂且公神武舉無遺策吾與君爲中軍主不宜沮衆遂從破柳城改其官爲中護軍置長史司馬

臧霸爲威虜將軍徐州刺史從太祖征吳於濡須口與張遼爲前鋒行遇霖雨大軍先及水遂長賊船稍進將士皆不安遼欲去霸止之曰公明於利鈍寧肯捐吾等耶明日果有令遼至以語太祖太祖善之拜揚威將軍假節

鄧艾爲城陽太守是時并州右賢王劉豹并爲一部艾上言曰戎狄獸心不以義親彊則侵暴弱則內附故周宣有玁狁之寇漢祖有平城之困每匈奴一盛爲前代重患自單于在外莫能牽制長卑誘而致之使來入侍繇是羌夷失統分散無主以單于在內萬

里順執今單于之尊日疏外寵之威寖重則胡虜不可不深備也聞劉豹部有叛胡可因叛割爲二國以分其勢去畀功顯前朝而子不繼業宜加其子顯號使居鴈門離國弱冠進錄舊勲此馭邊長計也又陳羌胡與民同處者宜以漸出之使居民表崇燕恥之教塞奸宄之路大將軍司馬景王新輔政多納用焉及爲振威將軍兗州刺史上言曰國之所急惟農與戰國富則兵彊兵彊則戰勝然農者勝之本也孔子曰足食足兵食在兵前也上一設爵之勸則下無財畜之功今使考績之賞在於積粟富民則交游之路

絶浮華之原塞矣

陳泰字玄伯爲征西將軍都督雍凉諸軍事雍州刺史王經與姜維戰敗保狄道城維圍之泰進軍與維戰維退泰每以一方有事輒以虛聲擾動天下故希簡白上事驛書不過六百里司馬文王語荀顗曰玄伯沉勇能斷荷方伯之重救將陷之城而不求益兵又希簡上事必能辦賊故也都督大將不當爾邪

王昶爲征南將軍都督荆豫諸軍事嘉平中太傅司馬宣王既誅曹爽乃奏博問大臣得失王昶陳治畧五事其一欲崇道篤學抑絶浮華使國子入太學而脩庠序其二欲用考試猶準繩也未有舍準繩而意正曲直廢黜陟而空論能否也其三欲令居官者久於其職有治績則就增位賜爵其四欲約官實祿勵以廉恥不使與百姓爭利其五欲絶侈靡務崇節儉令衣服有章上下有序儲穀蓄帛反民於樸詔書褒讚因使選百官考課事昶以爲唐虞有黜陟之文而考課之法不垂周制冢宰之職大計群吏之治而誅賞又無較比之制繇此言之聖主明於任賢畧舉黜陟之體以委達官之長而總其統紀故能否可得而知也其大指如此

王基爲荆州刺史時毋丘儉文欽作亂以基爲行監軍假節統許昌軍適與景王會於許昌景王曰君籌儉等如何基曰淮南之逆非吏民思亂也儉等誑脅迫懼畏目下之戮是以尚聚耳若大兵臨偪必土摧瓦解儉欽之首不終朝而懸於軍門矣景王曰善又基督豫州諸軍事與司馬文王討諸葛誕誕平文王欲遣諸將輕兵深入招迎唐咨等子弟因釁以蕩覆吳會之勢基諫曰昔諸葛恪乘東關之勝竭江表之兵以圍新城城既不拔而衆死者大半姜維因洮上之利輕兵深入糧餉不繼軍覆上邽夫大捷之後上

下輕敵則慮難不深今賊新敗於外又内患未弭是其脩備設慮之時也且兵出踰年人有歸志今俘馘十萬罪人斯得自歷代征伐未有全兵獨克如今之盛也武皇帝克袁紹於官渡自以所獲已多不復追奔懼挫威也文王乃止後襄陽太守胡烈表上吳賊鄧繇李光等同謀十八屯欲來歸化遣將張吳鄧生并送質任克期欲令郡軍臨江迎援大將軍司馬文王畧聞詔基部分諸軍使烈督萬人徑造沮水荊州義陽南屯宜城承書夙發若繇等如期到者便當因此震蕩江表基疑賊詐降誘致官兵馳驛止文王說

繇等可疑之狀且當澄清未宜便舉重兵深入應之又曰夷陵東道當繇車御至赤岸乃得渡沮西道當出箭谿口乃趣平土皆出路險狹竹木叢蔚卒有要害弩馬不陳今者筋角弩弱水潦方降廢盛農之務徼難必之利此事之危者也昔子午之役兵行數百里而值霖雨橋閣破壞後糧腐敗前軍縣乏姜維深入不待輜重士衆饑餓後軍上邽文欽唐咨舉吳重兵昧利壽春身没不反此皆近事之鑒戒也嘉平巳來累有内難當今之宜當鎮安社稷撫寧上下力農務本懷柔百姓未宜動衆以求外利也得之未足爲多失之傷損威重文王累得基書意疑尋勑諸軍巳上道者且權停住所在須後節度基又言於文王曰昔漢祖納酈生之說欲封六國寤張良之謀而趣銷印基謀慮淺短誠不及留侯亦懼襄陽有食其之謬文王於是遂罷軍嚴後繇等果不降

蜀黄權爲偏將軍魏太祖破張魯魯走入巴中權進謂先主曰若失漢中則三巴不振此爲割蜀之股臂也於是先主以權爲護軍率諸將迎魯魯巳還南鄭北降曹公然卒破杜濩朴胡殺夏侯淵據漢中皆權本謀也

趙雲爲翊軍先主旣定成都時議欲以成都中屋及城外園地桑田分賜諸將雲駁之曰霍去病以匈奴未滅無用家爲今國賊非但匈奴未可求安也須天下都定各反桑梓歸耕本土乃其宜耳益州人民初罹兵革田宅皆可歸還令安居復業然後可役調得其歡心先主卽從之後雲拒曹眞敗於箕谷有軍資餘絹諸葛亮使分賜將士雲曰軍事無利何爲有賜其物請悉入示充府庫須十月爲冬賜亮大善之

諸葛亮爲丞相南征所在戰捷遂至滇池南中平皆卽其渠率而用之或以諫亮亮曰若留外人則當留

兵兵留則無所食一不易也如夷新傷破父兄死喪留外人而無兵者必成禍患二不易也又吏累有廢殺之罪自嫌釁重若留外人終不相信三不易也今吾欲使不留兵不運糧而綱紀粗定夷漢粗安故耳

魏延爲丞相諸葛亮前軍師在南鄭時魏安西將軍夏侯楙鎮長安亮與羣下計議延日聞夏侯楙少主婿也怯而無謀今假延精兵五千負糧五千斛直從褒中出循秦嶺而東當子午而北不過十日可到長安楙聞延奄至必乘船逃走長安中惟有御史京兆太守耳橫門邸閣與散民之穀足周食也比東方相

合聚尚二十許日而公從斜谷來必足以達此則一舉而咸陽以西可定矣亮以爲此縣危不如定從坦道可以平取隴右十全必克而無虞故不用延計

張嶷爲撫戎將軍與太傅諸葛恪已破魏軍大興兵衆以圖攻取侍中諸葛瞻丞相亮之子恪從弟也嶷與書曰東主初喪帝實幼弱太傅受付託之重亦何容易親以周公之才猶有管蔡流言之變霍光受任亦有燕蓋上官逆亂之謀賴成昭之明以免斯難耳昔每聞東主殺生賞罰不任下人又今以垂沒之命卒名太傅屬以後事誠實可慮加吳楚剽急乃昔所記而太傅離少主履敵庭恐非良計長筭之術也雖云東家綱紀肅然上下輯睦百有一失非明者之慮邪取古則今今則古也自非郎君進忠言於太傅誰復有盡言者也旋軍廣農務行德惠數年之中東西竝舉實爲不晚願深採察恪竟以此夷族嶷識見多如是類

廖化爲右車騎將軍景耀五年姜維率衆出狄道化曰兵不戢必自焚伯約之謂也伯約維字智不出敵而力少於寇用之無厭將何以能立詩云不自我先不自我後今日之事也維果爲鄧艾所破

冊府元龜

巡按福建監察御史臣李嗣京訂正

知閩縣事臣曹咢臣叅閱

知建陽縣事臣黃國琦較釋

將帥部六十四

識畧第二

吳董襲爲揚武都尉從孫策伐黃祖於江夏策死大帝年少初統事太妃憂之引見張昭及襲等問江東可保安不襲對曰江東地勢有山川之固而討逆明府恩德在民討虜承基大小用命張昭秉衆事襲等

爲爪牙此地利人和之時也萬無所憂衆皆壯其言

周瑜字公瑾爲中護軍時曹公新破袁紹兵威日盛下書責大帝質任子大帝召羣臣會議張昭秦松等猶豫不能決大帝意不欲遣質乃獨將瑜詣母前定議瑜曰昔楚國初封於荆山之側不滿百里之地繼嗣賢能廣土開境立基於郢遂據荆揚至於南海傳業延祚九百餘年今將軍承父兄餘資兼六府之衆兵精糧多將士用命鑄山爲銅煑海爲鹽境内富饒人不思亂汎舟舉帆朝發夕到士風勁勇所向無敵有何偪迫而欲送質質一入不得不與曹氏相首尾與相首尾則命召不得不往便見制於人也極不過一侯印僕從十餘人車數乘馬數匹豈與南面稱孤同哉不如勿遣徐觀其變若曹氏能率義以正天下將軍事之未晚若圖爲暴亂兵猶火也不戢將自焚將軍韜畧抗威以待天命何送質之有大帝母曰公瑾議是也遂不送質後瑜屯據江陵劉備以左將軍領荆州牧治公安備詣京口見大帝瑜上疏曰劉備以梟雄之資而有關羽張飛熊虎之將必非久屈於人下者用愚謀計宜徙備置吳盛爲築宮室多其美女玩好以娛其耳目分此二人各置一方使如瑜者

得挾與攻戰大事可定也今猥割土地以資業之聚此三人俱在疆埸恐蛟龍得雲雨終非池中物也大帝以曹公在北方當廣擥英雄又恐備難卒制故不納

鍾離牧爲濡須督深以進取可圖而不敢陳其策以侍中東觀令朱育宴慨然歎息育謂牧曰恨於策爵未副因謂牧曰朝廷諸君以際會坐取高官亭侯功無與比不肯在人下見顧者猶以於邑況於侯也牧笑而答曰卿之所言未獲我心也馬援有言人當功多而賞薄吾功不足錄而見寵已過當豈以爲恨國

家不深相知而見害朝人是以默默不敢有所陳若其不然當建進取之計以報所授之恩不徒自守而已憤歎以此也育復曰國家已自知侯以侯之才無不成愚謂可自陳所懷牧曰武安君謂秦王云非成業難得賢難非得賢難用之難非用之難任之難武安君欲爲秦王并兼六國恐授事而不見任故先陳此言秦王既許而不能卒煩將成之業賜劒杜郵令國家知吾不如秦王之知武安君而害吾者有過范雎大皇帝時陸丞相討鄱陽以二千人授吾潘太常討武陵吾又有三千人而朝廷下議棄吾於彼使江

渚諸督不復發兵相繼蒙國威靈自濟今日何可爲常向使吾不料時度宜苟有所陳至見委以事不足兵勢終有敗績之患何無不成之有

鍾離徇領兵爲將拜偏將軍戍西陵與監軍使者唐盛論地形勢謂宜城信陵爲建平援若不先城敵將先入盛以施績留建平智略名將累經於彼無云當城之者不然徇計後半年晋果遣修信陵城

虞翻爲騎都尉大帝與魏和先是魏將于禁降吳欲遣禁還歸北翻諫曰禁敗數萬衆身爲降虜又不能死北習軍政得禁必不如所規還之雖無損猶如放盜不如斬之以令三軍示爲人臣有二心者大帝不聽羣臣送禁翻謂禁曰卿勿謂吳無人吾謀適不用耳禁雖爲翻所惡然猶盛歎翻魏文帝嘗爲翻設虛座

吕蒙爲橫野中郎將蒙與周瑜等圍曹仁於南郡益州將襲肅舉軍來附瑜表以肅兵益蒙蒙盛稱肅有膽用且慕化遠來於義宜益不宜奪也大帝善其言還肅兵又蒙當襲南郡帝欲令征虜將軍孫皎與蒙爲左右部大督蒙說帝曰若至尊以征虜能宜用之以蒙能宜用蒙昔周瑜程普爲左右部督共攻江陵

雖事決於瑜普自恃久將且俱是督遂共不睦幾敗國事此目前之戒也帝悟謝蒙曰以卿爲大督命皎爲後繼又甘寧麤暴好殺既嘗失蒙意又時違帝令帝怒之蒙輒陳請天下未平鬭將如寧難得宜容忍之帝遂厚寧卒得其用

全琮爲徐州牧督步騎五萬征六安民皆散走諸將欲分兵捕之琮曰夫乘危徼倖舉不百全非國家之大體也今分兵捕民得失相半豈可謂全哉縱有所獲猶不足以弱敵而副望也如或邂逅虧損非小與其獲罪琮寧以身受之不敢徼功以負國也

駱統爲濡須督數陳便宜前後書數十上所言皆善尤以名募在民間長惡敗俗生離叛之心急宜絕置大帝與相反覆終遂行之

滕胤與諸葛恪俱受遺詔輔政加衛將軍恪將悉衆伐魏胤諫恪曰吾以喪代之際受伊霍之託入安本朝出摧彊敵名聲振於海內天下莫不震動萬姓之心冀得蒙君而息今猥以勞役之後興師出征民疲力屈遠主有備若攻城不克野略無獲是喪前勞而招後責也不如案甲息師觀隙而動且兵者大事事以衆濟衆苟不悅君獨安之恪不從

丁奉爲冠軍將軍魏遣諸葛誕胡遵等攻東興太傅諸葛恪率軍拒之諸將皆曰敵聞太傅自來上岸必遁走奉獨曰不然彼動其境內悉許雒兵大舉而來必有成規豈虛還哉無恃敵之不至恃吾有以勝之

陸遜爲征西將軍劉備大衆東侵大帝命遜爲大都督拒之諸將並欲迎擊備遜以爲不可曰備舉衆東下銳氣始盛且乘高守險難可卒攻攻之縱下猶難盡克若有不利損我大勢非小故也今但且奬勵將士廣施方略以觀其變若此閒是平原曠野當恐有顛沛交馳之憂今緣山行軍勢不能展自當罷於木石之間徐制其敝耳備知其計引兵從谷中出當禦備時諸軍或是孫策時舊將或公室貴戚各自矜恃不相聽從遜按劒曰劉備天下知名曹公所憚今在境界此彊敵也諸君並荷國恩當相輯睦共剪此虜上報所受而不相順非所謂也僕雖書生受命主上國家所以屈諸君使相承望者以僕有尺寸可稱能忍負重故也各任其事豈復得辭軍令有常不可犯也至破備計多出遜諸將乃服大帝聞之曰君何以初不啓諸將違節度者邪遜對曰受恩深重任過其才又此諸將或任腹心或堪爪牙或是功臣皆國家

所當與共克定天下者臣雖駑懦竊慕相如寇恂相下之義以濟國事帝大笑稱善加拜遜輔國將軍領荊州牧卽改封江陵侯又郎將周祗乞於鄱陽名募事下問遜遜以爲北郡易動難安不可與名恐致賊寇而祗因陳取之郡民吳遽等果作賊殺祗攻沒諸縣豫章廬陵宿惡民並應遽爲寇遜自聞輙討卽破遽等相率降遜

陸抗字幼節父遜卒時年二十拜建武校尉領遜衆五千人送葬東還詣都謝恩大帝以楊竺所白遜十二事問抗禁絕賓客中使臨詰抗無所顧問事事條

答帝意漸解
賀齊爲武威中郎將嘗討山賊賊中有善禁者每當交戰官軍刀劒不拔弓弩射矢皆還自向輒致不利賀將軍長情有思乃曰吾聞金有刃者可禁蟲有毒者可禁其無刃之物無毒之蟲則不可禁彼必是能禁吾兵者也必不能禁無刃物矣乃多作勁木白棓選有力精卒五千人爲先登盡捉棓彼山賊恃其有善禁者了不嚴備於是官軍以白棓擊之彼禁者果不復行所擊殺者萬計
陸凱爲鎭西大將軍時丁忠使於晉歸說後主曰北

方守戰之具不設弋陽可襲而取後主訪羣臣凱曰夫兵不得已而用之耳且三國鼎立已來更相侵伐無寧歲居今彊敵新幷巴蜀有兼土之實而遣使求親欲息兵役不可謂其求援於我今敵形勢方彊而欲徼倖求勝未見其利也車騎將軍劉纂曰天生五材誰能去兵譎詐相雄有自來矣若其有闕庸可棄乎宜遣間以觀其勢後主陰納纂言且以蜀新平故不行然遂自絶
蔡珪爲將在秣陵時珪弟敏等守沔中晉折衝將軍周浚在弋陽南北爲互市而諸將多相襲奪以爲功珪與敏書曰古者兵交使在其間軍國固舉信義以相高而鄙疆埸之上往往有襲奪互市甚不可行弟愼無爲小利而忘大備也候者得珪書以呈浚浚曰君子也及渡江求珪得之問其本曰汝南人也浚戲之曰吾固疑吳無君子而卿果吾鄉人
張悌字巨先少善名理景帝時爲屯騎校尉魏伐蜀吳人問悌曰司馬氏得政以來大難屢作智力雖豐而百姓未服也今又竭其資力遠征巴蜀兵勞民疲而不知恤敗於不暇何以能濟昔夫差伐齊非不克勝所以危亡不憂其本也況彼之爭地乎悌曰不然

曹操雖功蓋中夏威震四海崇詐挾術征伐無已民畏其威而不懷其德也丕叡承之繼以慘虐內興宮室外懼雄豪東西驅馳無歲獲安彼之失民爲日久矣司馬懿父子自握其柄累有大功除其煩苛而布其平惠爲之謀主而救其疾民心歸之亦已久矣故淮南三叛而腹心不擾曹髦之死四方不動摧堅敵如折枯蕩異國如反掌任賢使能各盡其心非智勇兼人孰能如之其威武張矣本根固矣羣情服矣奸計立矣今蜀閹宦專朝國無政令而玩戎黷武民勞卒弊競於外利不修守備彼彊弱不同智筭亦勝因

危而伐殆其克乎若其不克不過無功終無退北之憂覆軍之慮也何爲不可哉昔楚劒利而秦昭懼孟明用而晉人憂彼之得志固我大患也吳人笑其言而蜀果降於魏

晉羊祜爲平南將軍祜有清德祜女夫嘗勸祜有所營置令有歸載者可不美乎祜默然不應退告諸子曰此可謂知其一不知其二人臣樹私則背公是大惑也汝宜識吾此意及出鎭荆州時吏喪官後人然之多毁壞舊府祜以死生有命非繫居室書下征鎭普加禁斷又祜爲征南大將軍上疏曰先帝順天應

時西平巴蜀南和吳會海內得以休息兆庶有樂安之心而吳復背信使邊事更興夫期運雖天所授而功業必繇人而成匪大舉掃滅則衆役無時得安非所以隆先帝之勳成無爲之化也堯有丹水之伐舜有三苗之征咸以寧靜宇宙戢兵和衆者也蜀平之時天下皆謂吳當并亡自此來三十年是謂一周平定之期復在今日矣議者常言吳楚有道後服無禮先强此乃諸侯之時耳當今一統不得與古同論夫適道之論皆未應權是故謀之雖多而決之欲獨凡以險阻得存者謂所謂敵者同力足以自固苟其輕重不齊彊弱異勢則智士能謀而險阻不可保也蜀之爲國非不險也高山尋雲霓深谷無四景束馬懸車然後得濟皆言一夫荷戟千人莫當其進兵之日曾有藩籬之限斬將搴旗伏屍數萬乘勝席捲徑至成都漢中諸城皆鳥棲不敢出非皆無戰心誠力不足相抗至劉禪降服諸營堡者索然俱散今江淮之南不過劒閣山川之險不過岷漢孫皓之暴侈於劉禪吳人之困甚於巴蜀而大晉兵衆多於前世資儲器械盛於往時今不於此平吳而更阻兵相守征夫苦役曰尋干戈經歷盛衰不可久長宜當時定以一

四海今若引梁益之兵水陸俱下荆楚之衆進臨江陵平南豫州直指夏口徐兗揚青並向秣陵鼓旆以疑之多方以誤之以一隅之吳當天下之衆勢分形散所備皆急巴蜀奇兵出其空虛一處傾壞則上下震蕩吳緣江爲國無有內外東西數千里以藩籬自持所敵者無有寧息孫皓恣情任意與下多忌名臣重將不復自信是以孫秀之徒皆畏逼而至將疑於於朝士困於野無有保世之計一定之心平常之日猶懷去就兵臨之際必有應者終不能齊力致死已可知也其俗急速不能持久弓弩戟楯不如中國惟

有水戰是其所便一入其境則長江非復所固還保城池則出長入短而官軍懸進人有致節之志吳人戰於其內有憑城之心如此軍不踰時尅可必矣帝深納之會秦涼屢敗祜復表曰吳平則胡自定但當速濟大功矣而議者多不同祜歎曰天下不如意常十居七八故有當斷不斷天與不取豈非更事者恨於後時哉祜鎮荊州寢疾求入朝既至雒陽會景獻宮車在殯（臣欽若等曰景獻皇后祜同產姊也）哀慟至篤中詔申諭扶疾引見命乘輦入殿無下拜甚見優禮及侍坐面陳伐吳之計帝以其病不宜數入遣中書張華問其籌

策祜曰今主上有禪代之美而功德未著吳人虐政已甚可不戰而尅混一六合以興文教則主齊堯舜臣同稷契爲百代之盛孰如舍之若孫皓不幸而沒吳人更立令主雖百萬之衆長江未可而越也將如後患何華深贊成其計祜謂華曰成吾志者子也帝欲祜卧護諸將祜曰取吳不必須臣自行但既平之後當勞聖慮耳功名之際臣所不敢居若事了當有所付受願審擇其人疾篤薦杜預自代

杜預爲征南大將軍將伐吳衆軍會議或曰百年之寇未可盡况今向暑水潦方降疾疫將起宜俟來冬更爲大舉預曰昔樂毅藉濟西一戰以并彊齊今兵威已振譬如破竹數節之後皆迎刃而解無復着手處也遂指授羣帥徑造秣陵所過城邑莫不束手議者乃以書謝之平吳之役詔書使益州刺史王濬下建平受預節度使至秣陵受王渾節度預至江陵謂諸將帥曰若濬得下建平則順流長驅威名已著不宜令受制於我若不能克則無緣得施節度濬至西陵預與之書曰足下既摧其西藩便當徑取秣陵討累世之逋寇釋吳人於塗炭自江入淮逾於泗汴泝河而上振旅還都亦曠世一事也濬大悅表呈預書

劉弘爲南蠻校尉荊州刺史惠帝幸長安河間王顒挾天子詔弘爲劉喬繼援弘以張方殘暴知顒必敗遣使受東海王越節度

周訪爲揚烈將軍時華軼爲江州刺史自以受雒京所遣而爲壽陽所督時雒京尚存不能祗承元帝教命郡縣多諫之軼不納曰吾欲見詔書耳時帝遣訪率衆屯彭澤以備軼訪過姑孰著作郎干寶見而問之訪曰大府受分令屯彭澤彭澤江州西門也華彥夏（彥夏軼字）有憂天下之誠而不欲碌碌受人控御頃來紛紜粗有嫌隙今又無故以兵守其門將成其釁吾

當屯潯陽故縣旣在江西可以捍禦北方又無嫌於相遏也

陶侃鎭荆州南蠻司馬新野杜曾永嘉之亂曾斬胡亢而并其衆自稱南中郎將領竟陵太守旣而致箋於平南將軍荀崧求討丹水賊以自效崧納之侃遺崧書曰杜曾凶狡所將之卒皆豺狼也可謂鴟梟食母之物此人不死州土未寧足下當識吾言崧以宛中兵少藉曾爲外援不從侃言曾復率流亡三千餘人圍襄陽數月不下而還

祖逖元帝用爲徐州刺史徵爲軍諮祭酒逖以社稷

傾覆常懷振復之志逖進說曰晉室之亂非上無道而逃民怨叛也繇藩王爭權自相誅滅遂使戎狄乘隙毒流中原今天下旣被殘酷遺黎思本人有奮擊之心但悉無所憑倚大王誠能命將帥使若逖等執殳前驅上爲國家雪恥下爲百姓請命則郡國豪傑必因風響赴沉溺之士欣於來蘇庶幾國恥可雪願大王圖之帝乃以逖爲奮威將軍豫州刺史

溫嶠爲前將軍時王敦旣敗制以敦綱紀除名參佐禁錮嶠上疏曰王敦剛愎不仁忍行殺戮親任小人疏遠君子朝廷所不能抑骨肉所不能間處其朝者常懼危亡故人士結舌道路以目誠賢人君子道窮數盡遵養時晦之辰也且敦爲大逆之日拘錄人士自免無路原其私心豈遑晏處如陸玩羊曼劉胤蔡謨郭璞嘗與臣言備知之矣必其凶悖自可罪人斯得如其枉入姦黨宜施之以寬加以玩等之誠聞於聖聽當受同賊之責實負其心陛下仁聖含弘思求允中臣階緣博納實非其事誠在愛才不忘忠益帝從之後出鎭武昌陳豫章十郡之要宜以刺史居之潯陽濱江都督應鎭其地今以州帖府進退不便且古鎭將多不領州皆以文武形勢不同故也宜選單

車刺史別撫豫章專理黎庶詔不許嶠又平蘇峻黨路永匡術賈寧中塗悉以衆歸順王導將褒顯之嶠曰術輩首亂罪莫大焉晚雖改悔未足以補前失全其首領爲幸已過何可復寵授哉導無以奪

陶侃爲荆州刺史議者以武昌北岸有邾城宜分兵鎭之侃每不答而言者不已侃乃渡水獵引將佐語之曰我所以設險而禦寇正以長江耳邾城隔在江北內無所倚外接群夷夷中利深晉人貪利夷不堪命必引寇虜乃致禍之繇非禦寇也且吳時此城乃三萬兵守今縱有兵守之亦無益於江南若羯虜有

可乘之會此又非所資也後庾亮戍之果大敗
蔡謨爲征北將軍都督徐兖青三州揚州之晉陵豫
州之沛郡諸軍事領徐州刺史假節時左衛將軍陳
光上疏請伐胡詔令攻壽陽謨上疏曰今壽陽城小
而固自壽陽至瑯琊城壁相望其間遠者纔百餘里
一城見攻衆城必救且王師在路五十餘日劉仕一
軍早已入淮又遣數部北取玉壁大將未至聲息久
聞而賊之郵驛一日千里河北之騎足以來赴非惟
鄰城相救而已夫以白起韓信項籍之勇猶廢梁焚
舟背水而陣今欲停船水渚引兵造城前對堅敵顧

臨歸路此兵法之所戒也若進攻未拔胡騎卒至懼
桓子不知所爲而舟中之指可掬今征軍五千皆王
都精鋭之衆又光爲左衛遠近聞之名爲殿中之軍宜
令所向有征無戰而頓之堅城之下勝之不武不勝
爲笑今以國之上駟擊寇之下邑得之則利薄而不
足損敵失之則害重而足以益寇懼非策之長者臣
愚以爲聞寇而致討賊退而振旅於事無失不勝管
見謹冒陳聞
朱伺爲陶侃騎督時西陽夷賊抄掠江夏太守楊珉
每請督將議拒賊之計伺獨不言珉言朱將軍何以
不言伺答曰諸人以舌擊賊伺惟以力耳珉又問將
軍前後擊賊何以每得勝邪伺曰兩敵共對唯當忍
之彼不能忍我能忍是以勝耳珉大笑
袁喬督沔中諸戍江夏隨義陽三郡軍事建武將軍
江夏相時桓溫謀伐蜀衆以爲不可喬勸溫曰夫經
畧大事故非常情所具智者了於胸中然後舉無遺
筭耳今天下之難二寇而已蜀雖險固方胡爲弱將
欲除之先從易者今泝流萬里歷經天險彼或有備
不可必克蜀人自以斗絕一方恃其完固不修攻戰
之具若以精卒一萬輕軍速進比彼聞之我已入其

險要李勢君臣不過自力一戰擒之必矣論者恐大
軍既西胡必闚覦此又似是而非何者胡聞萬里征
伐以爲重備必不敢動縱復越逸江渚諸軍足以守
境此無憂矣蜀土富實號稱天府昔諸葛武侯欲以
抗衡中國今誠不能爲害然勢據上流易爲寇盜若
襲而取之者有其人衆此國之大利也溫從之
桓冲爲車騎將軍都督江荆梁益寧交廣七州領護
南蠻校尉侍中荆州刺史鎮江陵苻堅彊盛冲欲移
阻江南乃上疏曰自中興已來荆州所鎮隨宜廻轉
臣亡兄溫以石季龍死經畧中原因江陵路便卽而

鎭之事與時遷勢無嘗定且兵者詭道示之以弱今
宏全重江南輕戍江北南平𢿱陵縣界地名上明田土
膏梁可以資業軍人在吳時樂鄉城以上四十餘里
北枕大江西接三峽若狂狡送死則舊郢以北堅壁
不戰接會濟江路不云遠乘其疲墮撲剪爲易臣司
存閫外輒隨宜處分於是移鎭上明使冠軍將軍劉
波守江陵諮議叅軍楊亮守江夏

宋沈林子高祖伐羌叅征西軍事破姚泓將姚紹初
諸將破賊皆多其首級而林子獻捷書至每以實聞
高祖問其故林子曰夫王者之師本有征無戰豈可

復增張虜獲以自夸誕國淵以事實見賞魏尚以盈
級受罰此前事之師表後乘之良轍也高祖曰乃所
望於卿也

徐羨之爲高祖太尉左司馬掌留任以副貳劉穆之
高祖議欲北伐朝士多諫唯羨之黙然或問之何獨
不言羨之曰吾位至二品官爲二千石志願久充今
二方已平拓地萬里唯有小羌未定而公寢食不忘
意量乖殊何可輕豫未幾高祖受晉禪

檀道濟爲冠軍將軍高祖北伐以道濟爲前鋒徑進
雒陽凡拔城破壘俘四千餘人議者謂應悉戮以爲
京觀道濟曰伐罪弔民正在今日皆釋而遣之於是
戎夷感悅相率歸之者甚衆進據潼關與諸將軍共
破姚紹長安旣平以爲征虜將軍瑯琊內史

王仲德爲安北將軍與到彥之北伐大破魏軍諸軍
進屯靈昌津司兖旣定三軍咸喜仲德獨有憂色曰
胡雖仁義不足而凶狡有餘今斂戈北歸併力完聚
若河冰冬合豈不能爲三軍憂其年冬魏軍於委粟
津渡河進逼金墉虎牢雒陽諸軍相繼奔走彥之聞
二城不守欲焚舟步走仲德曰雒陽旣陷則虎牢不
能獨全勢使然也今賊去我千里滑臺猶有彊兵若

便捨舟奔走士卒必散且當入濟至馬耳谷口更詳
所宜乃廻軍沿濟南歷城步上焚舟棄甲還至彭城

劉康祖爲左軍將軍太祖欲大舉北伐康祖以歲月
已晚請待明年帝以河北義徒竝起若頓兵一周沮
尙義之志不許已而果敗

到彥之爲使持節南蠻校尉時太祖入奉大統以徐
羨之等新有篡虐懼欲使彥之領兵前驅彥之曰了
彼不二便應朝服順流若使有虞此師旣不足恃更
開嫌隙之端非所以副遠邇之望也

沈慶之元嘉二十七年遷爲步兵校尉太祖北伐慶

之副王玄謨向碻磝戍主棄城走玄謨圍滑臺慶之
與蕭斌留守碻磝斌仍領輔國司馬玄謨攻滑臺積
旬不拔魏主率大衆南向斌遣慶之率五千人救玄
謨慶之曰玄謨兵疲衆老虜寇已逼各軍營萬人乃
可進耳少軍輕往必無益也斌固遣令去會玄謨退
斌將斬之慶之固諫乃止太祖後問何故諫斌殺玄
謨對曰諸將奔退莫不懼罪自歸而死將至逃散且
大兵至未宜自弱故以攻爲便耳蕭斌以前驅敗績
欲固守碻磝慶之曰夫深入寇境規求所欲退敗如
此何可久住今青冀虛弱而坐守窮城若虜衆東過

清口非國家有也碻磝孤絶復作朱修之滑臺耳會
詔使至不許退諸將並謂宜留斌復問計於慶之慶
之曰閫外之事將所得專詔從遠來事勢已異節下
有一范增而不能用空議何施斌及坐者並笑曰沈
公乃更學問慶之厲聲曰衆人雖見古今不如下官
耳學也玄謨自以退敗求戍碻磝斌乃還歷城申坦
垣護之共據清口慶之乘驛馳歸未至帝驛詔止之
使還援玄謨會魏師已至彭城不得向北太尉江夏
王義恭留領府中兵叅軍魏主至仰山義恭遣慶之
率三萬拒之慶之以爲魏衆彊往必見擒不肯行太
祖後謂之曰進止處分皆合事宜惟恨不棄碻磝耳
卿在左右久偏解我意正復違詔濟事亦無嫌也二
十九年十月督討羣蠻於江沔三十年正月世祖出
次五洲總統羣帥慶之從巴水出至五洲諮受軍畧
會世祖典籤董元嗣自京師還陳元凶弒逆世祖遣
慶之還山引諸軍慶之謂腹心曰蕭斌婦人不足數
其餘將帥並是所悉皆易與耳東宮同惡不過三千
人在外屈逼必不爲用力今輔順討逆不憂不濟也
胡藩爲鄱陽太守從武帝伐劉毅初毅當之荆州日
表求東道還建業辭墓去都數十里不過拜闕帝出

倪塘會毅藩請殺之謂高祖曰公謂劉衛軍爲公下
乎帝曰卿謂何如對曰夫豁達大度功高天下連百
萬之衆允天下之望毅固以此服公至於涉獵記傳
一語一默自許以雄豪加以誇伐縉紳白面之士輻
輳而歸此毅不肯爲公下也帝曰吾與毅俱有克復
功其過未彰不可自相圖至是謂藩曰昔從卿倪塘
之謀無今舉也

沈攸之明帝卽位四方反叛張興世領水軍拒南賊
於赭圻時豫州刺史殷琰之據壽陽同逆爲劉勔所
攻南賊遣龎孟虬率軍助琰之劉勔遣使求援甚急

建安王休仁欲遣輿世救之問攸之攸之曰孟虬蟻冦必無能爲遣別將馬步數千足以相制若有意外且以江南餌之上流若捷不憂不殄輿世之行是安危大機必不可輟乃遣段佛榮等援勔

王景文太宗初卽位爲左衛將軍時六軍戒嚴景文仗士三千人入六門諸將咸云平殄小賊易於拾遺景文曰敵固無小蜂蠆有毒何可輕乎諸將當臨事而懼好謀而成先爲不可勝之術耳

垣護之爲寧朔將軍督徐州之東莞二郡軍事孝武以歷下要害欲移青州幷鎭歷城議者多異護之曰

青州北有河濟又多陂澤非虜所向每來冦掠必繇歷城二州幷鎭此經遠之畧也北又近河歸順者易近士民無患遠申王威安邊之上計也繇是遂定

册府元龜

巡按福建監察御史臣李嗣京　訂正
分守建南道左布政使臣胡爾慥　參閱
知建陽縣事臣黄國琦　較釋

將帥部　六十五

識畧第三

南齊劉懷珍爲宋安城王撫軍司馬領高平太守時朝廷以桂陽王休範之事命中書舍人劉道隆宣旨以懷珍爲冠軍將軍豫章太守懷珍曰休範雖有禍萌安敢便發若終爲冠必請命奉律吞之今者賜使

恐成猜迫固請不就

裴叔業爲屯騎校尉時後魏侵司豫二州以叔業爲將軍主征討太祖初即位羣下各獻讜言建元二年叔業上疏曰成都沃壤四塞爲固古稱一人守隘萬夫趑趄雍齊亂於漢世譙李寇於晉代成敗之跡事著前史頃世以來綏馭乖失地惟形勝居之者異姓國實用武鎮之者無兵致寇掠充斥賦稅不斷宜遣帝子之尊臨撫巴蜀總益梁秦爲三州刺史率文武萬人先啟岷漢分部戍皆配精力搜盪山源糾虔姦蠹威令既行民夷必服

周山圖爲左中郎將時沈攸之事起世祖爲西討都督啟山圖爲軍副世祖留據盆城衆議盆城小難固不如還都山圖曰今據中流爲四方勢援大衆致力川嶽可爲城隍小事不足難也世祖委山圖以處分事旬日皆辦世祖甚嘉之

蕭穎胄爲冠軍將軍廬陵王後軍長史廣陵太守行南兗州府事時後魏揚聲當飲馬長江帝懼勑穎胄拔居民入城百姓驚恐席捲欲南渡穎胄以賊勢尚遠不即施行魏人亦尋退

戴僧靜爲征虜將軍淮南太守時巴東王子響殺劉

佐世祖名僧靜使領軍向江陵僧靜面啟曰巴東王年少長史捉之大急忿不思難故耳天子兒過悮殺人有何大罪官忽遣軍西上人情惶懼無所不至僧靜不敢奉勑帝不答而心善之

李安民爲中領軍先是宋泰始以來内外頻有賊寇將帥已下各募部曲屯聚京師安民上表陳之以爲自非淮北常備其外餘軍悉皆輸遣若親近宜立隨身者聽限人數帝納之故詔斷衆募

始興王鑑爲益州刺史都督益寧二州軍事時刦帥韓武方常聚黨千餘人斷流爲暴郡縣不能禁行旅

斷絕鑑行至上明武方乃出降長史虞悰等咸請殺之鑑曰武方爲暴積年所在不能制今降而被殺失信且無以勸善於是啟臺果被宥自是巴西蠻夷凶惡皆望風降附行次新城道路籍籍云陳顯達大選甲馬不肯就徵巴西太守陰智伯亦以爲然乃停新城十許日遣典籤張曇晳往觀形勢俄而顯達遣使人郭安明朱公恩奉書貢遣咸勸鑑執之鑑曰顯達立節本朝必自無此曇晳還若有同異執安明等未晚居二日曇晳還說顯達遣家累已出城日夕望殿下至於是乃前

梁柳惲爲冠軍將軍征東司馬時齊東昏未平士猶苦戰惲上牋陳便宜請城平之日先收圖籍乃遵漢祖寬大愛民之義高祖從之

蕭景爲信武將軍寧蠻校尉雍州刺史時魏荊州刺史元志率衆七萬寇漘灉驅迫羣蠻蠻悉渡漢水來降議者以蠻累爲邊患可因此除之景曰窮來歸我誅之不祥且魏人來侵每爲矛楯若悉誅蠻則魏軍無礙非長策也乃開樊城受降

柳忱爲冠軍將軍時郢州平蕭穎冑議遷夏口忱諫以爲巴峽未賓不宜輕捨根本搖動民心穎冑不從俄而巴東兵至峽口遷都之議乃息論者以爲見機

韋叡爲輔國將軍既破魏小峴城遂進討合肥先是右軍司馬胡略等至合肥久未能下叡按行山川曰吾聞汾水可以灌平陽絳水可以灌安邑即此是也乃堰淝水親自表率頃之水通舟艦繼至魏初築東西小城夾合肥叡先攻二城既而魏援將楊喬帥軍五萬奄至衆懼不敵表請益兵叡笑曰賊已至城下方復求軍臨難鑄兵豈及馬腹且吾求濟師彼亦徵衆猶如吳益巴丘蜀增白帝耳師克在和不在衆古之義也因與戰破之軍人少安

羊侃爲將時侯景反逼城賊既頻攻不捷乃築長圍朱异張綰議欲出擊之高祖以問侃侃曰不可今擊之出人若少不足破賊若多則一旦失利自相騰踐門隘橋小必大致挫衂此乃示弱非騁王威也不從遂使千餘人出戰及交鋒朱异望風退走果以爭橋赴水死者大半

後梁尹德毅爲將宣帝詧初爲梁王於襄陽置百官承制封拜後周太祖令柱國于謹平江陵立詧爲梁主居江陵東城資以江陵一州之地乃置江陵防主統兵居於城西名曰助防外示助詧備禦內實兼防

詧也初江陵滅梁元帝將王琳據湘州志圖興復及詧立琳乃遣其將潘純陁侯方兒來寇詧出師禦之純陁等退歸旻日詧之四年詧遣其大將王操率兵畧取王琳之長沙武陵南平等五年王琳又遣其將雷柔襲陷臨利郡太守蔡大有死之尋而琳與陳人相持稱藩乞師於詧詧許之師未出而琳軍敗附於齊德毅說詧曰臣聞人主之行與匹夫不同匹夫者飾小行競小廉以取名譽人主者定天下安社稷以成大功今魏虜貪惏罔顧弔民伐罪之義必欲肆其殘忍多所誅戮俘囚士庶並為軍實然此等戚屬咸

在江東念其充餌豺狼見拘異域痛心疾首何日能忘殿下方清宇宙絀茲鴻緒悠悠之人不可門到戶說既塗炭至此咸謂殿下為之殿下既殺人父兄孤人子弟人盡讐也誰與為國但魏之精銳盡萃於此犒師之禮非無事故若殿下為設享會因請于謹等為歡彼無我虞當相率而至預伏武士因而斃之分命果毅掩其營壘斬馘遄醜俾無噍類江陵百姓撫而安之文武官僚隨即銓受既荷更生之恵孰不欣戴聖明魏人懾息未敢送死僧辯之徒折簡可致然後朝服濟江入踐皇極纘堯復禹萬世一時晷刻之間大功可立古人云天與不取反受其咎時至弗行反受其殃願殿下恢弘遠畧勿懷匹夫之行詧不從謂德毅曰卿之此策非不善也然魏人待我甚厚豈可背德若遽為卿計則鄧祁侯所謂人將不食吾餘也既而合城長幼被虜入關又失襄陽之地詧乃追恨不用尹德毅之言以致於是

後魏莫題為幢將領禁兵道武之征慕容寶也寶夜犯營軍人驚駭遂有亡還京師者言官軍敗於栢津京師不安南公元順因之欲攝國事題謂順曰此大事不可輕爾宜審待後要不然禍將及順乃止以功

拜平遠將軍賜爵扶柳公進號左將軍改為商邑公

張蒲為內都大官明元太恒初丁零翟猛雀驅逼吏民入白㵎山謀為大逆詔蒲與冀州刺史孫道生等往討道生等欲徑以大兵擊之蒲曰良民所以從猛雀者非樂亂而為皆逼凶威强之耳今若直以大軍臨之吏民雖欲反善其道無緣又懼誅夷必并勢而距官軍然後入山恃阻誑惑愚民其變未易圖也不如先遣使諭之使民不與猛雀同謀者無坐則民必喜而俱降矣道生等以為然且以奏聞明元詔蒲軍前慰諭乃下數千家還其本屬蒲皆安集之猛雀與

親黨百餘人奔逃蒲與道生等追斬猛雀首送京師崔玄伯爲周兵將軍時明元以郡國豪右大爲民蠹乃優詔徵之民多戀本而長吏逼遣於是輕薄少年因相扇動所在聚結西河建興盜賊並起守宰討之不能禁明元乃引玄伯及北新侯安同壽光侯叔孫建元城侯元屈等問曰前以凶狡亂民故徵之京師而守宰失於綏撫令有逃竄今犯者已多不可悉誅朕欲大赦以紓之卿等以爲何如屈對曰民逃不罪而反赦之似若有求於下不如先誅首惡赦其黨類玄伯曰王者治天下以安民爲本何能顧小曲直也

譬琴瑟不調必改而更張法度不平必須蕩而更制大赦雖非正道而可以權行自秦漢以來莫不相踵屈言先誅後赦會於不能兩去孰與一行便定若其赦而不改者誅之未晚明元從之又并州胡數萬家南掠河內遣將軍公孫表等率師討之敗績明元問羣臣曰胡寇縱暴人衆不少表等已不能制若不早誅則良民大受其害今旣盛秋不可爲此小盜而復興衆以廢民業將若之何玄伯對曰表等諸軍不爲不足但失於處分故使小盜假息耳胡衆雖盛而無猛健主將所謂千奴共一膽也宜得大將軍爲胡所服信者將數百騎就攝表軍討之賊聞之必望風震怖壽光侯建葥在并州號爲威猛胡醜畏服諸將莫及明元從之遂平胡寇

陸俟爲平西將軍安定鎮大將旣至懷柔羌戎莫不歸附後遷平東將軍懷荒鎮大將未朞諸高車莫弗訟俟嚴急待下無恩還請前鎮將郎孤太武詔許之徵俟還京旣至朝見言於太武曰陛下今以郎孤復鎮以臣愚量不過周年孤身必敗高車必叛太武疑謂不實切責之以公歸第明年諸莫弗果殺郎孤而叛太武聞之大驚卽召俟問其知敗之意俟曰夫高

車上下無禮無禮之人難爲其上臣所以莅之以威嚴節之以憲綱欲漸加訓導使知分限而惡直醜正實繁有徒故訟臣無恩稱孤之美孤獲還鎮欣其名譽必加恩百姓譏臣爲失專欲以寬惠治之仁恕待之無禮之人易生陵傲不過朞年無復上下然後牧之以威則人懷怨懟怨懟旣多敗亂彰矣太武笑曰卿身乃短慮何長也又以俟都督秦雍二州諸軍事平西將軍長安鎮大將與高梁王那擊蓋吳於杏城大破之獲吳二叔諸軍將欲送京師俟獨不許曰夫長安一都險絕之土民多剛强類乃非一清平之時

仍多叛動今雖良民猶以爲懼況其黨與乎若不斬吳恐長安之變未已吳一身藏竄非其親信誰能獲之若停十萬之衆以追一人非上策也不如私許吳叔免其妻子使自追吳擒之必也諸將咸曰今來討賊既破之獲其二叔惟吳一人何所復至侯曰吳之悖逆本自天性今若獲免必誑惑愚民稱王者不少妄相扇動爲患必大諸君不見毒蛇乎不斷其頭猶能爲害況除腹心之疾而曰必遺其類其可乎諸將曰公言是也但得賊不殺更有所求遂去不反其如罪何侯曰此罪我與諸君當之高凉王那亦從侯討

遂擒吳二叔與之及期吳二叔不至諸將皆咎於侯侯曰此未得其便耳必不背也後數日果斬吳以至皆如其言侯之明略獨決皆此類也

源懷爲車騎將軍性寬容簡約不好煩碎嘗語人曰貴人理世務當舉綱維何必須太子細也譬如爲屋但外望高顯楹棟平正基壁完牢風雨不入足矣斧斤不平斲削不密非屋之病也

伊馥爲振威將軍太武之將討凉州也議者咸諫言無水草唯司徒崔浩勸太武決行羣臣出後馥言於太武曰若凉州無水草何得爲國議者不可用也宜從浩言太武善之

劉潔爲尚書令督諸軍取上邽時太武將發隴右騎卒東伐高麗潔進曰隴土新民始染大化宜賜優復以饒實之兵馬足食然後可用太武深納之

盧淵字伯源孝文時除豫州刺史以母老固辭會齊雍州刺史曹虎遣吏請降孝文以淵爲使持節安南將軍督前鋒諸軍逕赴樊鄧淵面辭曰臣本儒生頗聞俎豆軍旅之事未之學也惟陛下裁之軍期已逼孝文不許淵曰但恐曹虎爲周魴耳陛下宜審之虎果僞降

楊昱爲東南道都督時泰山太守羊侃以郡南叛侃兄深時爲徐州行臺州府咸欲禁深昱曰昔叔向不以鮒也見廢春秋貴之柰何以侃罪深也宜聽朝旨不許羣議

高閭爲鎭南將軍孝文攻鍾離未剋將於淮南修故城而置鎭戍以撫新附之民賜閭璽書具論其狀閭表曰南土亂亡僭主屢易陛下命將親征威陵江左望風慕化剋拔數城施恩布德攜民襁負可謂澤流邉方威惠普著矣然元非大舉軍興後時本爲迎降戍戍實少兵志稱十則圍之倍則攻之所率既寡東

西縣濶難以竝稱伏承欲留戍淮南招撫新附昔世祖以廻山倒海之威步騎十萬南臨瓜步諸郡盡降而盱眙小城攻而弗剋班師之日兵不戍一郡土不闢一廛夫豈無人以大鎭未平不可守小故也堰水先塞其源伐木必拔其本源不塞本不拔雖剪枝竭流終不可絶矣壽陽盱眙淮陰淮南之源本也三鎭不剋其一而留兵守郡不可自全明矣既逼敵之大鎭隔浮淮之險少置兵不足以自固多留衆糧運難可充又欲修渠通漕路必繇於泗口泝淮而上須經角城淮陰大鎭舟船素蓄敵先因積之資以拒水行

之路若元戎旋旆兵士挫怯夏雨水長救援實難忠勇須奮事不可濟淮陰東接山陽南通江表兼近江都海西之資西有盱眙壽陽之鎭且安土樂本人之常情若必留戍軍還之後恐爲敵擒何者鎭戍新立懸在異境以勞樂逸以新擊舊而能自固者未之有也昔彭城之役既剋其城戍鎭已定而思叛外向者猶過數萬角城蕞爾處在淮北去淮陽十八里五固之役攻圍歷時卒不能剋以今比昔事兼數倍今以向熱水雨方降兵刃既交難以恩恤降附之民及諸守令亦可徙置淮北如其不然進兵臨淮速渡士卒班師還京踵太武之成規營皇居於伊雒畜力以待敵釁布德以懷遠人使中國清穆化被遐裔淮南之鎭自效可期天安之捷指辰不遠

韓顯宗爲右軍府長史征虜將軍太和末孝文南伐顯宗統軍次赭陽南齊戍主成公期遣其軍主胡松高法援等幷引齊人來擊軍營顯宗親率拒戰遂斬法援首顯宗至新野孝文詔曰卿破賊斬帥殊益軍勢朕方攻堅城何爲不作露布顯宗曰臣頃聞鎭南將軍王肅獲賊二三驢馬數疋皆爲露布臣在東觀私咲哂之近雖仰憑天威得摧醜虜兵寡力弱擒斬

不多脫復高曳長縑虛張功捷尤而效之其罪彌甚臣所以斂毫卷帛解上而已孝文笑曰如卿此勳誠合茅社湏赭陽平定簡審相酬新野平以顯宗爲鎭南廣陽王嘉諮議參軍

于忠領軍將軍烈之子宣武時爲左中郎將領直寢元禧之謀亂車駕在外變起倉卒未知所之忠進曰臣世蒙殊寵乃心王室臣父領軍付留守之重計防遏有在必無所慮宣武卽遣忠馳騎觀之而烈分兵嚴備果如所料宣武還宮撫忠背曰卿差强人意賜帛五百疋

邢巒爲安東將軍大破梁兵宣武詔曰淮陽宿豫雖已清復梁城之賊猶敢聚結事宜乘勝并勢摧殄可率二萬之衆渡淮與征南掎角以圖進取之計及梁城賊走中山王英乘勝攻鍾離巒表曰奉被詔旨令臣濟淮與征南將軍掎角乘勝長驅實是其會但愚懷所量竊有未盡夫圖南因於積風伐國在乎資給用兵治戎須先計較非可抑爲必勝幸其無能若欲掠地誅民必應萬勝如欲攻城取邑未見其果得之利得之則所益未幾不獲則虧損必大蕭衍傾竭江東爲今歲之舉疲兵喪衆大敗而還君臣失計取笑

天下雖野戰非人敵守城足有餘今雖攻之未易可剋又廣陵懸遠去江四十里鍾離淮陰界在淮外假其歸順而來猶恐無糧難守況加攻討勞兵士乎且征南軍士從戎二時疲弊死病量可知已雖有乘勝之資懼無遠用之力若臣之愚見謂宜修復舊城牢實邊方息養中州擬之後舉又江東之無不患久無畜力待機謂爲勝計詔曰濟淮掎角事如前勅何容猶豫盤桓方有此請可速進軍經畧之宜聽征南至要巒又表曰蕭衍侵境久勞王師今者奔走實除邊患斯竊靈贊皇覩天敗堅寇非臣等弱劣所能剋勝

若臣之愚見今正宜修復邊鎮俟之後動且蕭衍尚在凶身未除螳螂之志何能自息唯應廣備以待其來實不宜勞師遠入自取疲困今中山進軍鍾離實所未解若能爲得失之計不顧萬全直襲廣陵入其內地出其不備或未可知正欲屯兵蕭密餘軍猶自在彼欲言無糧運船復至而欲以八十日糧圍城者臣未之前聞且廣陵任城可爲前戒豈容今者復欲同之今若往也彼牢城自守不與人戰城塹水深非可填塞空坐至春則士卒自弊若遣使宂彼糧何以致夏來之兵不齎冬服脫遇氷雪取濟何方臣寧荷

怯懦不進之責不受敗損空行之罪鍾離天險朝貴所具若有內應則所不知如其無也必無剋狀若其不得其辱如何若信臣言也願賜臣停若謂臣難行求廻臣所領兵統悉付中山任其處分臣求單騎隨逐東西且俗諺云耕則問田奴織則問織婢臣雖不武忝備征將前宜可否頗實知之臣說謂難何容強遣詔曰安東頻請罷兵遲廻未往阻異戎規殊乖至望士馬既殷無容停積宜務神速東西齊契乘勝掃殄以赴機會巒累表求還宣武許之英果敗退時人服其識畧

廣陽王淵孝明時爲殿中尚書及沃野鎮人破六韓拔陵反叛臨淮王彧討之失利詔淵爲北道大都督受尚書令李崇節度時東道都督崔暹敗於白道淵等諸軍退還朔州淵上書曰邊豎構逆以成紛梗其所繇來非一朝也昔皇后以移防爲重盛簡親賢擁麾作鎮配以高門子弟以死防遏不但不廢仕宦至乃偏得復除當時人物忻慕爲之及太和在曆僕射李冲當官任事凉州土人悉免斯役豐沛舊門仍防邊戍自非得罪當世莫肯與之爲伍鎮驅但爲虞侯白直一生推遷不過軍主然其往世房分留居京者

得上品通官在鎮者便爲淸途所隔或投彼有北以御魑魅多復逃胡鄉乃峻邊兵之格鎮人浮遊在外皆聽流兵殺之於是少年不得從師長者不得游宦獨爲匪人言者流涕自定鼎伊雒邊任益輕唯底滯凡才出爲鎮將轉相模習專事聚斂或有諸方姦吏犯罪配邊爲之指縱過弄官府政以賄立莫能自改咸言姦吏爲此無不切齒增怒及阿那瓌背恩縱掠竊奔命師追之十五萬衆度沙漠不日而還邊人見此援師便自意輕中國尚書令臣崇時即申文求改鎮爲州將允其願抑其先覺朝廷未許而高闕戍主率下失和　拔陵殺之敢爲逆命攻掠地所見必誅王師屢北賊黨日盛此段之舉指望削平崔暹隻輪不反臣崇與臣逡巡後路今者相與還次雲中馬首是瞻未便西邁將士之情莫不解體今日所慮非止西北將恐諸鎮尋亦如此天下之事何易可量時不納其策西東部勑勒之叛朝廷更思淵言遣兼黃門侍郎酈道元爲大使欲復鎮爲州以順人望會六鎮盡叛不得施行淵復上言六鎮俱叛二部高車亦同惡黨以疲兵討之不必制敵請簡選兵或留守常州要處更爲後圖

臨淮王昌弟孚孝明時爲尚書左丞蠕蠕主阿那瓌既得反國其人大饑相率入塞阿那瓌上表請臺賑給詔孚爲北道行臺詣彼賑恤孚陳便宜表曰皮服之人未嘗粒食宜從俗因利拯其所無昔漢建武中單于款塞時轉河東米糧二萬五千斛牛羊三萬六千頭以給之斯即前代和戎撫新柔遠之長策也乞以牸牛產羊餬其口命且畜牧繁息是其所便毛血之利惠兼衣食又尚書奏云如其仍住七州隨寬置之臣謂人情戀本寧肯從內若依臣請給賑新畜戀本重鄉必還舊土如其不然禁留益猜假令逼從事

非久計何者人面獸心去留難測既易水草痾恙將多憂愁致困死亡必甚兼其餘類尚在沙磧脫出狂悖翻歸舊巢必殘掠邑里遺毒百姓亂而方塞未若杜其未萌又貿遷起於上古交易行於中世漢與胡通亦立關市今北人阻饑命懸溝壑供給之外必求市易彼若顯求宜見聽許又云營大者不計小名圖遠者弗拘近利雖戎狄衰盛歷代不同叛服之情畧可討論周之北伐僅獲中規漢之外攘裁收下策昔在京師嘗爲重備將帥勞止甲士疲力計前世苦之力未能致今天祚大魏亂亡在彼朝廷垂天覆之恩

廓大造之德鳩其散亡禮送令反宜因此時善思遠策竊以理雖萬變可以一觀來事雖懸易以往卜昔漢宣之世呼韓欵塞漢遣董忠韓昌領邊郡士馬送出朔方因留衛助又光武時亦令中郎將段彬置安集掾史隨單于所在參察動靜斯皆守吉之元龜安邊之勝策計今朝廷成功不減曩時蠕蠕國弊亦同疇日准昔成謨畧依舊事借以閒地聽使佃牧粗置官屬以示恩撫嚴戒邊兵以見保衛馭以寬仁縻以久策使親不至矯詐疎不容反叛今北鎮諸將舊嘗云一人代外遷因令防察所謂天子有道守在四夷者也又云先人有奪人之志待降如受強敵武非專外亦以防内若從分割配諸州鎮遼遠非轉輸可到悔叛之情變起難測又居人畜業布在原野戎狄性貪見則思盜防彼肅此少兵不堪渾流之際不相干犯驅之還本未必樂去配州内徙復不肯從既其如此爲費必大朝廷不許

李平孝明時爲撫軍將軍時南徐州表云梁蕭衍堰淮水日爲患詔公卿議之平以爲不假兵力終自毀壞及淮堰破靈太后大悅引羣臣入宴勅平前坐孝明手賜縑布百段

楊椿爲安東將軍初獻文世有蠕蠕萬餘戶附降居於高平薄骨律二鎮太和之末叛走畧盡唯有一千餘家大中大夫王忠高平鎮郎育等上表徙置淮北防其叛走詔許之慮不從命乃使椿持節往徙焉椿以爲徙之無益上書曰臣以古人有言裔不謀夏夷不亂華荒忽之人羈縻而已是以先朝居之於荒服之間者正欲說近來遠招附殊俗以別華戎異内外也今新附者衆若舊者見徙新者必不安不安必思土思土則走叛狐死首丘其害方甚又此族類衣毛食肉樂冬便寒南土濕熱往必將盡進失歸伏之心

退非藩衛之益徙在中夏而生後患愚心所見竊爲不可時八座議不從遂徙爲濟州緣河居之冀州元愉之難果悉渡河赴賊所在鈔掠如椿所策又爲雍州刺史椿遇暴疾頻啓乞解許之以蕭寶寅代椿爲刺史行臺椿還鄉里遇子昱將還京師因謂日當今雍州刺史亦無賢於蕭寶寅但其上佐朝廷應遣心膂重人何得任其牒用此乃聖朝百慮之一失且寶寅不藉刺史爲榮吾觀其得州喜悅不少至於寶寅賞罰云爲不依常憲恐有異心關中可惜汝今赴京稱吾此意以啓二聖并白宰輔更遣長史司馬防城

都督欲安關中正須三人耳如其不遣必成深憂昱還面啓孝明及靈大后並不信納及寶寅邀害御史中尉酈道元猶上表自理稱椿父子所謗詐復除椿都督雍岐南幽三州諸軍事本將軍開府儀同三司雍州刺史討蜀大都督椿辭以老病不行

辛雄爲司空長史時諸方賊盛而南冠侵境山蠻作逆孝明欲親討以荊州爲先詔雄爲行臺左丞與前軍臨淮王彧東趨葉城別將裴衍西逼鵶路衍稽留未進彧以師次汝濱北溝求救或以處分道別不欲應之雄日今裴衍未至王士衆已集蠻左唐突撓亂近畿渠汝之間民不安業若不時撲滅更爲深害王秉麾閫外唯利是從見可而進何必守道苟安社稷理可專裁所謂臣率義而行不待命者也或恐後有失賊之責要雄符下雄以駕將親伐蠻夷必懷震動乘彼離心無往不破遂符彧軍令速赴擊賊聞之果自走散

辛纂爲輔國將軍荊州軍司以禦齊將曹義宗會孝明國喪或以對敵欲祕凶問纂日安危在人豈關是也遂發喪號哭三軍縞素還入州城申以盟約

賀拔岳爲雍州都督刺史時爾朱天光將率衆拒齊

神武遣問計於岳報日王家跨據三方士馬殷盛高歡烏合之衆豈能敵然師克在和但願同心戮力耳若骨肉離阻自相猜貳則圖存不暇安能制人如下官所見莫若且鎮關中以固根本分遣銳師與軍合勢進可以克敵退可以自全天光不從果敗

傳永爲寧朔將軍中山王英之平義陽使司馬陸希道爲露版意謂不可令永改之永亦不增文彩直與之改陳列軍儀處置形要而已而英深賞之歎日觀此經算雖有金城湯池亦不能守矣

王思正孝武帝時爲安東將軍齊神武潛有異圖帝

以思正可任大事拜中軍大都督總宿衛兵思正乃言於帝曰高歡之心行路所共知雒陽四面受敵非用武之地關中有崤函之固一人可禦萬夫且士馬精强糧儲委積進可以討除逆命退可以保據關河宇文夏州糾合同盟願立功效若聞車駕行必當奔走奉迎藉天府之資因已成之業一二十年間習戰陣勸耕桑脩舊京何慮不剋帝深然之及齊神武兵至河北帝乃西遷進爵太原郡公

北齊魏蘭根初仕後魏爲冠軍將軍岐州刺史從蕭寶寅討破宛川俘其民人爲奴婢以美女十人賞蘭

根蘭根辭曰此縣介於强虜皇威未接無所適從故成背叛今當寒者衣之飢者食之柰何翦充僕隷乎盡以歸其父兄

段韶爲親信都督從高祖拒爾朱兆戰于廣阿高祖謂韶曰彼衆我寡其若之何韶曰所謂衆者得衆人之死强者得天下之心爾朱狂狡行路所見裂冠毁冕拔本塞源邙山之會搢紳何罪兼殺主立君不脫旬朔天下思亂十室而九王躬昭德義除君側之惡何往而不剋哉高祖曰吾雖以順討逆奉辭伐罪但弱小在强大之間恐無天命卿不聞之也答曰韶聞小能敵大小道大淫皇天無親惟德是輔爾朱外賊天下内失善人智者不爲謀勇者不爲鬭不肖失職賢者取之復何疑也遂與兆戰兆軍潰至世祖時以功封懷州武德郡公宇文護母閻氏先配中山宫護聞閻尚存乃因邉境移書請還其母并通隣好時突厥屢犯邉韶軍於塞下世祖遣黄門徐世榮乘傳齎周書問韶韶以周人反覆本無信義比晋陽之役其事可知護外託爲相其實王也既以爲母請和不遣一介之使申明情理乃據移書即送其母恐示之弱如臣管見且外許之待後放之未晚不聽遂遣使以

禮將送護既得母乃遣將尉遲逈等襲雒陽

高昂爲冀州刺史大都督時高祖平鄴别率所部領黎陽又隨高祖討爾朱兆於韓陵昂自領鄉人部曲王桃東方老呼延族等三千人高祖曰都督純將漢兒恐不濟事今當割鮮卑兵萬餘人共相參雜於意何如昂對曰敖曹所將部曲練習久前後戰鬭不減鮮卑今若雜之情不相洽勝則爭功退則推罪願自領漢軍不煩更配高祖然之

杜弼以中軍大將軍爲行臺慕容紹宗軍司文襄令陳政務之要可爲鑒戒者錄一兩條弼請口陳曰天

下大務莫過賞罰二端賞一人使天下人喜罰一人使天下人服但能二事得中自然盡矣帝大悅曰言雖不多於理甚要握手而别

韓賢初爲爾朱度律帳内都督普泰初除前將軍廣州刺史屬神武起義度律以賢素爲神武所知恐其變遣使徵之賢不願應名乃密遣羣蠻多舉烽火有如寇難將至使者遂爲啟得停賢仍潛遣使人通誠於神武神武入雒爾朱官爵例皆削除以賢遠送誠欵令其復舊

册府元龜

冊府元龜

巡按福建監察御史臣李嗣京　訂正

分守建南道左布政使臣胡爾慥　叅閱

知建陽縣事臣黃國琦　較釋

將帥部　六十六

識畧第四

後周陸通爲太祖夏州帳内督項之賀拔岳爲侯莫陳悅所害時有傳岳軍府已亡散者太祖憂之通以爲不然居數日問至果如所策自是愈見親禮

王羆爲驃騎大將軍鎮華州時茹茹渡河南冦候騎

已至幽州朝廷慮其深入乃徵兵發士馬屯守京城塹諸街巷以備侵軼右僕射周惠達名羆議之羆不應命謂其使曰若茹茹至渭北者王羆率鄉里自破之不煩國家兵馬何爲天子城中遂作如此驚動繇周家小兒怯懦至此

韓果從太祖征討有功累遷都督果有權畧兼善伺敵虛實揣知情狀有潛匿溪谷欲爲間偵者果登高望之所疑處往必有獲

裴寬爲征虜將軍從防主韋洪保向穎州解侯景圍景密圖南叛軍中頗有知者以其事計未成外示無二往來諸軍間侍從寡少軍中名將必躬自造之至於法保尤彼親附寛謂法保曰侯景狡猾不肯入關雖託款於公恐未必信不若伏兵以斬之亦一時之功也如曰不然須深加嚴警不得信其誑誘自貽後悔法保納之然不能圖景但自固而已

赫連達爲雲中刺史大都督儀同三司從大將軍達奚武攻漢中梁宜豐侯蕭修拒守積時後乃送款武問諸將進止之宜開府賀蘭願得等以其食盡欲急攻取之達曰不戰而獲誠策之上者無容利其子女貪其財帛窮兵極武仁者不爲且觀其士馬猶强城

池尚固攻縱克必將彼此俱損如其困獸猶鬬則成敗未可知況行師之道以全軍爲上武曰公言是也乃命將帥各申所見於是開府楊寛等並同達議武遂受修降師還遷驃騎大將軍保定初遷夏州總官三州五防諸軍事邊境胡民或餽達以羊者達欲招納異類報以繒帛主司請用官物達曰羊入我廚物出官庫是欺上也命取私帛與之

郭彥爲工部中大夫從尉遲迥攻雒陽迥復令彥與權景宣南出汝潁及軍次豫州彥請攻之景宣以城守既嚴卒難攻取將欲南轅更圖經畧彥以奉命出

師須與大軍相接若向江畔立功更非朝廷本意固孰不從兼畫攻取之計會其刺史王士良妻弟董遠秀密遣送款景宣乃從於是引軍圍之士良遂出降

李穆爲并州都督涉苑之捷穆言於太祖曰高歡今日巳喪膽矣請速追之歡可擒也太祖不聽

泉仲遵爲車騎大將軍荆州刺史時梁司州刺史柳仲禮每爲邊寇太祖令仲遵率鄉兵從開府楊忠討之梁隨郡守桓和拒守不降忠謂諸將曰本圖仲禮不在隨郡如即攻守恐引日勞師今若先取仲禮則桓和可不攻自服諸君以爲何如仲遵對曰蜂蠆有

毒何可輕也若棄和深入遂擒仲禮和之降否尚未可知如仲禮未獲和爲之援則首尾受敵此危道也若爲先攻和指麾可克克和而進便無反顧之憂忠從之仲遵以計繇巳出乃率先登城遂擒和仍從忠擊仲禮又獲之進驃騎大將軍

長孫儉爲行臺僕射荆州刺史時梁元帝嗣位於江陵外敦隣睦内懷異計儉密啓太祖陳攻取之謀於是徵儉入朝問其經畧儉對曰今江陵既在江北我去不遠湘東即位巳涉三年觀其形勢不欲東下骨肉相殘民厭其毒荆州軍資器械儲積巳久若大軍南討必無匱乏之慮且兼弱攻昧武之善經國家既有蜀土若更平江漢撫而安之收其貢賦以供軍國天下不足定也太祖深然之乃謂儉曰如公之言吾取之晚矣令儉還州密爲之備尋令柱國燕公于謹總戎衆伐江陵平以儉元謀賞奴婢三百口

于翼爲大將軍總中外宿衛兵事及晉公護誅武帝名翼遣往河東取護子中山公訓仍代鎭蒲州翼曰冢宰無君凌上自取誅夷元惡既除餘孽宜殄皆陛下骨肉猶謂疎不間親陛下不使諸王而使臣異姓非直物有横議愚臣亦所未安帝然之乃遣越王盛

代翼

韋孝寬爲驃騎大將軍徐州總管孝寬在邊多載屢抗强敵所有經略布置之初人莫之解見其成事方乃驚服

隋侯莫陳穎初仕周爲開府儀同三司武帝時與虞績擊龍泉文城叛胡先是稽胡叛亂輒略邊人爲奴婢至是詔胡敢有壓匿良人者誅籍沒其妻子有人言爲胡村所隱匿者勤將誅之穎謂勤曰將在外君命有所不受諸胡固非悉反但相迫脅爲亂耳夫兵臨之首亂者知懼脇從者思降今漸加撫慰自可不

戰而定如郎誅之轉相驚恐爲難不細未若名其渠帥以隱匿者付之令自歸首則羣胡感恩可得矣勳從之諸胡感悅爭來降附北土以安

王韶初仕周爲車騎大將軍轉軍正武帝旣拔晉州意欲班師韶諫曰齊失紀綱於茲累世天獎王室一戰而扼其喉加以主昏於上民懼於下取亂侮亡正在今日方欲釋之而去以臣愚固深所未解願陛下圖之帝大悅賜縑一百匹

伊婁謙初仕周爲車騎大將軍武帝將伐齊引入内殿從容謂曰朕將有事戎馬何者爲先謙對曰愚臣

不足知大事僞齊僭擅跋扈不恭沉溺倡優耽昏麴蘖其折衝之將斛律明月已斃讒人之口上下離心道路側目若命六師臣之願也帝大笑因使謙與少司寇拓拔偉聘齊觀釁

宇文忻仕周爲驃騎大將軍武帝伐齊攻拔晉州齊後主親馭六軍兵勢甚盛帝憚之欲旋師忻諫曰以陛下之聖武乘敵之荒縱何往不克若使齊人更得令主君臣協力雖湯武之勢未易平也今主暗臣愚兵無鬬志雖百萬之衆實爲陛下奉耳帝從之戰遂大克及帝攻陷并州先勝後敗帝爲賊所窘左右皆殲帝挺身而遁諸將多勸帝還忻勃然而進曰自陛下克晉州破高緯乘勝逐北以至於此致令僞主奔波關東響振自古行兵用師未有若斯之盛也昨日破城將士輕敵微有不利何足爲懷丈夫當死中求生敗中取勝今者破竹其勢已成奈何棄之而去帝納其言遂拔晉陽

長孫晟開皇中爲左勳衛大將軍持節護突厥染干於朔州奏染干部落歸者旣衆雖在長城之内猶被雍閭抄掠往來辛苦不得寧居請徙五原以河爲固於夏勝兩州之間東西至河南北四百里掘爲横塹

令處其内任情放牧免於抄掠人心自安帝並從之復遣還大利安撫新附晟表奏曰夜登城樓望見磧北有赤氣長百餘里皆如雨足下垂地謹驗兵書此名灑血其下之國必且破亡欲滅匈奴宜在今日詔楊素爲軍元帥晟爲受降使者送染干北伐二年軍次北河值賊帥思力俟斤等領兵拒戰晟與大將軍梁默擊走之轉戰六十餘里賊衆多降晟又教染干分遣使者往北方鐵勒等部招攜取之三年有鐵勒思結伏利具渾斛薩阿拔僕骨等十餘部盡背達頭請來降附達頭衆大潰西奔吐谷渾晟送染干安置

於磧布事畢入朝
賀婁子幹爲上大將軍開皇中吐谷渾寇邊詔子幹
討之高祖以隴西頻被寇掠甚患之彼俗不設村塢
勑子幹勒民爲堡營田積穀以備不虞子幹上書曰
比者凶寇侵擾蕩滅之期匪朝伊夕伏願聖慮勿以
爲懷今臣在此觀機而作不得准詔行事且隴西河
右土曠民稀邊境未寧不可廣爲田種比見屯田之
所獲少費多虛役人功卒逢殘暴屯田疏遠者請皆
廢省但隴右之民以畜牧爲事若更屯聚民不獲安
秋可嚴謹斥候豈容集人衆畜請要路之所加其防

守但使鎮戍連接烽堠相望民雖散居必謂無慮高
祖從之
于仲文字次武高祖爲丞相遣仲文爲河南道行軍
總管馳傳詣雒陽發兵以討檀讓時韋孝寬拒尉遲
迥於永橋仲文詣孝寬有所計議時總管宇文忻頗
有自疑之心因謂仲文曰公新從京師來觀執政意
何如也尉遲迥誠不足平生正恐事寧之後更有藏
弓之慮仲文懼忻生變因謂之曰丞相寬仁大度明
識有餘苟能竭誠心必無二仲文在京三日頻見三
善以此爲觀非尋常人也忻曰三善何爲仲文曰有陳
萬歲者新從賊中來郎令其弟難敵召募鄉曲從軍
討賊此其有大度一也上士宋謙奉使勾簡謙緣此
別求他罪丞相責之曰入網者自可推何須別訪以
虧大體此其不求人私二也言及仲文妻子未嘗不
潸泫此其有仁心三也忻自此遂安
來護兒爲左翊衛大將軍遼東之役率師渡河至平
奢城高麗舉國來戰護兒大破之斬首千餘級將趣
平壤高麗震恐遣使執叛臣斛斯政詣遼東城下上
表請降煬帝許之遣人持節詔護兒旋師護兒集衆
日三度出兵未能平賊此還也不可重來今高麗困

弊野無青草以我衆戰不日克之吾欲進兵逕取平
壤取其僞主獻捷而歸答表請行不肯奉詔長史崔
君肅固爭不許護兒曰賊勢破矣專以相任自足辦
之吾在閫外合專決豈容千里稟聽成規俄頃之間
動失機會勞而無功故其宜也吾寧征得高麗還而
獲譴捨此成功所不能矣君肅告衆曰若從元帥違
拒詔書必當聞奏皆獲罪也諸將懼盡勸還方始奉
詔勑
蘇威從征遼東領右禦衛大將軍楊玄感之反煬帝
引威於帳中懼見於色謂曰此小兒聰明得不爲患

邪咸曰麤疏非聰明者必無慮但恐浸成亂階耳勞
役不止百姓思亂以微欲諷帝帝意竟不寤
唐李靖爲行軍總管從趙郡王孝恭攻峽州蕭銑銑
旣降諸將咸請孝恭云銑之將帥與官軍拒戰死者
罪狀旣重請籍沒其家以賞將士靖曰王者之師義
存弔伐百姓旣受驅逼拒戰豈其所願且犬吠非其
主無容同叛逆之科此蒯通所以免大戮於漢祖也
今新定荆郢宜弘寛大以慰遠近之心降而籍之恐
非救焚拯溺之義但恐自此以南城鎮各堅守不下
非計之善於是遂止

尉遲敬德武德末爲秦府副護軍從平隱太子巢刺
王拜右武候大將軍時議者二凶左右百餘人並令
籍沒唯敬德固執以爲不可繇此獲免
契苾何力貞觀中爲左領軍將軍與薛萬均征吐谷
渾萬均先行爲賊所攻兄弟皆中槍墮馬徒步何力
將數百騎突圍奮擊繇是獲免何力乃自領驍騎兵
三千餘人襲破其牙帳渾主脱身以免俘其妻子還
有詔勞軍於大計拔谷萬均乃誹謗何力何力不勝
憤怒挺刃而起欲殺萬均諸將勸止之太宗聞而責
問其故何力言萬均敗衄之罪事太宗怒將解其官
廻授何力何力固讓曰以臣之故而解萬均恐諸蕃
聞之以爲陛下厚蕃輕漢轉相誣告馳競必多又夷
狄無知或謂漢臣皆如此輩固非安寧之道也太宗
乃止後爲葱山道總管因至凉州省其母爲薛延陀
所執太宗許降公主以和何力繇是得還拜右驍衛
大將軍太宗旣許公主於延陀行有日矣何力抗表
固言不可太宗曰吾聞天子無戲言旣巳許之安可
中廢何力曰臣請延緩其事不謝總停臣聞六禮之
內壻合親迎宜告延陀親來迎婦縱不敢至京邑卽
當使詣靈州畏漢必不敢來論親未有絶日主旣憂

閟臣又攜離不盈一年自相猜忌延陀志性狠戾若
死必兩子相爭坐而制之必然之理太宗從之延陀
恐有詐伏竟不至靈州自後嘗悒悒不樂志一年而
死兩子果爭各立爲王
劉仁軌爲方州刺史與熊津道行軍總管孫仁師都
督劉仁願大破百濟唯賊帥遲受信據任存城不降
先是百濟首領沙吒相如黑齒常之自蘇定方軍廻
後鳩集亡散各據險以應福信至是率其衆降仁軌
諭以恩信令自領子弟以取任存城又欲分兵助之
仁師曰相如常之皆忠勇有謀感激之士從我則成

背我則滅因機立效在於此日不須疑也於是給其
糧仗分兵隨之遂拔任存城遲受信棄其子走投高
麗於是百濟之餘燼悉平仁軌與仁願振旅而還詔
仁軌代仁願率兵鎮守
唐休璟爲豐州司馬永淳中突厥圍豐州都督崔智
辯戰死朝議欲罷豐州徙百姓於靈夏休璟以爲不
可上書曰豐州控河遏賊寔爲襟帶自秦漢以來列
爲郡縣田疇良美尤宜耕牧隋季喪亂不能堅守乃
遷徙百姓就寧慶二州致使戎羯交侵乃以靈夏爲
邊界貞觀之末始募人以實之西南一隅方得寧謐

今若廢棄則河南之地復爲賊有靈等州人不安業
非國家之利也朝廷從其言豐州番拱中安西副都
護會吐蕃攻破焉耆安息道大總管文昌右相韋待
價及副使閻溫古失利林景收其餘衆以安西土還
西州都督上表請復取四鎮則天遣王孝傑破吐蕃
拔四鎮以休璟之謀也
任雅相爲兵部尚書同中書門下三品浿江道大總
管雅相前後爲將帥未嘗奏親戚故吏爲傔從皆移
所司補授之謂人曰職無大小皆是公器豈以於身
有便而撓王法哉繇是其下無濫受功賞者時人甚

以此稱之
崔知溫爲蘭州刺史爲党項所圍將軍權善才率兵
來欲盡坑之以絶後患知溫曰殺降不祥但溪谷深
邃草木幽蔚萬一變生悔將何及善才然其計分生
口五百人以與知溫知溫曰所論安危之道乃公道
也豈圖私利哉固辭不受党項繇是悉來歸附
張嘉貞爲天兵軍使開元六年春入朝俄有告其在
軍奢僭及贓賄者御史大夫王晙因而劾奏之按驗
無狀玄宗將加告者反坐之罪嘉貞奏曰昔者天子
聽政於上瞍賦矇誦百工諫庶人謗而後天子斟酌

焉今反坐此輩是塞言者之路則天下之事無繇上
達特望免此罪以廣謗誦之道從之遂令減死自是
帝以嘉貞爲忠
李抱眞爲汾州別駕僕固懷恩反于汾州抱眞陷焉
乃脫身歸京師代宗以懷恩倚迴紇所將朔方兵又
勁憂甚召見抱眞問狀因奏曰郭子儀領朔方之衆
人多思之懷恩欺其衆曰子儀爲朝恩所殺詐而用
之今復子儀之位可不戰而克其後懷恩奔遁多如
抱眞策於是遷殿中少監
段秀實大曆中爲涇原節度馬璘行軍司馬璘嬖甚

不能視事請秀實爲節度副使兼左廂兵馬使秀實乃以十將張羽飛爲揩名將分兵按甲以備非常齊卒而軍中行哭赴喪事於內李漢惠接賓客於外非其親不居喪側族談離立者捕而囚之都虞候史廷幹裨將崔琮張景華謀作亂秀實乃送廷幹於京師徙琮及景華外鎮軍中遂定不戮一人

薛兼訓大曆中爲浙東節度越州刺史兼訓奏曰臣所管義勝軍靜海軍共九千人請留一千人餘八千人並罷遣許之初濱海羣盜乘難而起會稽遂加置二軍兼訓以寇難已平將修撫循之政繇是有斯請

也時議美之

渾瑊在奉天爲行在都虞候時靈武留後杜希全鹽州刺史戴休顏夏州刺史時常春合率兵六千赴難將至德宗名宰相盧杞關播與瑊及白志貞同議來路利害瑊與志貞曰漢谷隘必爲賊所邀若取乾陵北過附柏城守固而行便取城東北雞子堆下與城中掎角相應且分賊勢朱泚必不敢更於陵寢往來杞曰漢谷路近右慮逆賊邀擊郎此出兵應接取乾陵路過恐驚陵寢瑊曰今朱泚圍城斬伐松柏以夜繼日驚動多矣況又城中事危諸道救兵不至唯希全等率先赴難所繫不輕若此軍得於雞子堆下營固守善地則朱泚可以計破杞曰陛下以順討逆豈同逆賊乎若令希全等此來郎是自驚陵寢白志貞後贊其言帝重違之遂命取漢谷路丙子希全等軍至漢谷路果爲逆賊邀擊奮水口乘高以大弓巨石左右擊殺傷頗甚

馬燧爲河南三城使李忠臣爲淮西節度使各率所管兵次于鄭州討宣武李靈耀忠臣惶懼退卻鄭州士庶惶駭狼狽竄避皆趍東都城鄭州村落殆空忠臣將廻營之淮西燧固執不可曰伏順討逆自當制

勝何憚之有棄此功名也因激勵將士堅壁不動忠臣聞之因整督伍收合散卒信宿之間潰兵悉還軍聲復振燧後爲河東節度初田悅新代魏博節度田承嗣統兵恐人不附已詐示誠欵燧上疏明其必反宜先備之悅果與淄青鎮州通謀初王武俊自魏州還兵雖去僞號而攻逼趙州觀察使康日知窘蹙欲棄趙州德宗用燧計欲令與昭義軍同擊朱滔以深趙隸武俊而以授日知爲晉陽節度使日知未受命而二州已降又加燧晉磁隰節度燧又復讓二州於日知且言因降而授之有功者踵以爲晉帝嘉而許

之燧乃遣迎日知既至相府宴而歸之日知喜且過望

李晟爲神策軍行營節度與李懷光同討朱泚懷光與泚通謀晟奏曰懷光反狀已萌緩急宜有備蜀漢之路不可壅也請以裨將趙光銑爲洋州刺史唐良臣爲利州刺史晟子壻張彧爲劍州刺史各將兵五百以衛德宗初納之未果行無何吐蕃請以兵來討朱泚帝又將幸咸陽總兵以復京師懷光驚駭且疑帝奪其軍謀爲亂益急及駕幸梁州變起倉卒百官從駕者什二三駱谷道險阻無供具帝因日早從李

晟言三蜀可坐致也興元元年晟之將復京師也時熒惑守歲久之方退賓介或勸晟曰今熒惑已退皇家之利也可速出兵晟曰天子外次人臣當死節番象玄遠吾安知天道至是謂參佐曰前者公勸晟出兵非敢拒也且軍士可用之不可使知之嘗聞五緯盈縮無准懼復來守歲則我軍不戰而自潰矣參佐嘆曰非所及也

賈耽爲滑州節度使貞元八年汴宋節度劉玄佐卒其子士寧爲衆所署遣使逼於王武俊田緒劉濟道出滑州耽以士寧未受詔皆留之不得渡河

郝忠節爲尉氏領將貞元中宣武軍節度李萬榮疾病署其子迺爲兵馬使迺令送大將李湛往尉氏伊婁說往封丘張伾往雍丘尋又令殺湛等其兩人皆死使至尉氏忠節曰李湛是大將比日未聞愆過今兵馬使忽使人殺之未敢卽奉命待更取尚書處分然後敢殺之是夜將鞍等逐李迺故湛得免死

李夷簡元和中自山南東道節度使移鎭西川先是韋皋作奉聖樂于頔効之作順聖樂相次進獻列於太常及夷簡居二鎭每見其尚奏公庭以爲制禮作樂非諸侯事遂皆罷之謂賓從曰所以蓋前人之非

爲來者之誡時人稱其達識

李愬爲閑廄使元和十二年冬討蔡州以愬爲隋唐鄧節度唐鄧兵士摧敗之餘氣勢傷沮不敢言戰愬揣知其情乃不肅軍陣不齊部伍僞告軍中曰朝廷以愬柔懦且使撫養爾輩至於戰伐非愬所知士衆皆悅繇是完緝器械陰討戎事

烏重胤元和末爲橫海軍節度使上言臣以河朔能抗拒朝命者其大略可見所管刺史失其權與職分反使鎭將領事若刺史各得其職分又有鎭兵則節度使雖有安祿山史思明之姦惡豈能據一州而反

哉所以河朔六十年能不奉朝命者秖以奪刺史權與縣令職故而自作威福臣所管德棣景三州已舉公牒各還刺史職事應在州兵並令刺史收管從之

孔戣元和末爲嶺南節度使以清靜撫俗屬容帥楊旻桂仲武裴行立但欲生事夷獠以邀爵賞戣恬然鎮定不從其言旻等皆慙而止

裴玢貞元中爲鄜坊都虞候節度使王栖曜卒中軍將何朝宗謀作亂中夜縱火玢不救火遲明而擒朝宗發三司使按問竟斬朝宗

裴度爲淮南節度使與宰臣王播等閤中奏對穆宗

謂度曰劉悟拘囚監軍劉承偕如何處置度辭以籓臣不合議軍事帝固問之且曰劉悟負我我授以僕射近又賜絹五百疋不念恩寵致使三軍欲索承偕殺之朕難處此事卿等以爲何如度奏曰劉承偕在昭義恃寵驕縱臣盡知之劉悟在行營亦嘗有書訴於臣當時中使趙弘亮在臣行營具見仍把劉悟事將去云欲自奏不知奏否帝云我不曾見且劉悟當時何不密將表來我與處置度曰悟武臣不知去就然臣竊以爲劉悟縱有密狀陛下必不處置且今日事跡如此臣等面論陛下猶未能決豈有當時事非發明陛下肯爲處置帝曰此事且休直言今日如何處置度曰陛下必欲收忠義之心使天下戎臣爲陛下死節唯有下半紙詔書以任使不明致令承偕悖亂至此是我之過三軍何辜令劉悟集三軍斬承偕則萬方畢命羣盜破膽天下更無事矣不如此雖與劉悟改官及賜物百萬亦無益帝俛首良久乃曰承偕朕不惜秖緣是太后養子今被囚拘猶未敢令太后知如此處置不得卿等更商量遂與王播同奏請配流遠處則必可出帝許之與劉悟詔責承偕令示三軍悟得詔月餘始放承偕歸帝始嗣位承偕頗恃

勳寵度抗請加罪時以爲難

李質長慶初爲汴州都將時李㝏逐節度使李愿自爲留後質與監軍姚文壽同擒㝏送首去而節度使韓充未至質權領軍汴州先有牙兵二千人皆日給饔餼物力爲之損耗充將至質曰若韓公始至頓除二千人食物情必大去若不除之必無以繼其食不可留難處之事以遺吾帥遂悉除之而後迎充

韓充長慶初爲宣武節度使初李愿爲其下所逐立都將李㝏爲留後充入汴州既安輯密籍部伍間得嘗構惡者千餘人一日下令并父母妻子立出之敵

遂巡境內者斬自是軍政大理汴人無不愛戴充雖內外皆將家素不事豪侈嘗以簡約自持臨事又頗能决進取亦可謂有識畧矣

李光顏爲忠武軍節度使長慶二年討王庭凑命光顏兼汴州行營諸軍節度使光顏旣受命而懸軍討賊艱於饋運朝廷又以滄景德棣等俾之兼督以其隣賊之郡可便飛輓光顏以朝廷制置乖方賊帥連結未可朝夕平定事若差跌即前功悉棄乃懇辭兼鎮尋以疾作表祈歸鎮朝廷果討賊無功而赦廷凑

王智興初爲徐州裨將青州李師道拒命智興領偏

師破賊姚海等三萬衆獲美妾三人殺以徇曰軍中有女子安得不敗遂連破賊軍

李載義爲河東節度使時迴鶻每遣使入朝所至强暴邊城長吏多務苟安不敢制之以法但嚴兵防守虜益驕悍或突入市肆暴橫無所憚至是有廻紇將軍李暢者曉習中國事知不能以法制馭益加驕恣鞭撻驛吏貪求無巳載義因召李暢與語曰可汗使將軍朝貢以固舅甥之好不當使將軍暴殘中華今朝廷賚餼至厚所以禮蕃客也苟有不至吏當坐死若將軍之部伍不戢凌侮上國剽掠廬舍載義必殺爲盜者將軍勿以法令可輕而不戒勵之遂罷防守之兵而使兩卒司其門虜知不爲其下無敢犯令

李聽爲滑州節度使王庭凑復違朝旨再命聽以全師屯貝州路繇魏城史憲誠懼其襲巳裹甲郊迎候吏密以告聽乃命兵士匣刃櫜弓休於野次魏人遂安

後唐蓋寓武皇裨將封成陽郡公寓性多智數武皇性嚴急左右難事無委遇者小有違忤即寘於法唯寓承顏希旨窺其趣向婉辭順意以盡𥙷裨武皇或暴怒將吏事將不測寓欲救止必佯佐其怒以責之

武皇怡然釋之有所諫諍必徵近事以爲喻自武皇鎮撫太原最推親信中外將吏無不景附

李存進爲振武軍節度使天祐十六年梁軍據上流夾河而軍建浮梁以濟兵王師日以船渡緩急難進存進率意欲爲浮梁將吏曰浮梁雖竹笮大緪河溯無之難以卒成存進曰吾成筭在心必有所立乃織葦爲笮維大艦數十艘岸立巨木築土爲山以笮縈之初軍人以爲戲不踰月橋成制度條直風波凌澌不能壞衆皆服其勤智

崔彥威爲平盧節度使天成末上言中山作叛故是

小瑕不足有煩聖慮請北面不在急攻破之非久賜
宗然之
康義誠爲侍衛親軍都指揮使河陽節度使時契丹
直初自夏州軍旋詔令與虜使相見義誠奏曰戎虜
狡惡不可以信待之邊人陷虜者數萬朝廷差使虜
廷不曾得見一人奈何令此輩交語無益於事乃止
王晏球爲宋州節度使天成二年授北面行營副招
討以兵戎蒲城是歲王都據定州叛命晏球攻之晏
球圍城既久帝遣使督攻城晏球曰賊壘堅峻但食
三州租稅撫恤黎民愛養軍士彼自當魚潰帝然其

冊府元龜　將帥部　識畧四　卷之四百五　二十一

言晏球能與將士同其甘苦所得賜祿私財盡以饗
士日具飲饌與將校筵宴待軍士有禮軍中無不敬
服其年冬平賊自初至於城拔不戮一士上下歡心
物議以爲有將帥之畧以功授天平軍節度使
晉張希崇先陷虜授元帥府判官後遷盧龍軍行軍
司馬繼改蕃漢部提舉使天成初爲平州節度使盧
文進南歸契丹以希崇繼其任遣腹心總虜騎三百
以監之希崇莅事數歲虜主漸加寵信一日登樓私
自計曰昔班仲叔西戎不敢擅以承詔故也我今入
關斷在胸臆何恬恬於不測之虜而自滯耶乃盡籠
人部曲之趨楚者謂曰我陷身此地飲酪被毛生不
見其所親死爲窮荒之鬼南望山川度日如歲爾輩
得無思鄉者乎部曲皆泣下沾襟且曰明公欲全部
曲南去善則善矣如虜衆何希崇曰候明日首領至
牙帳則先擒之虜無統攝其黨必散且平州去虜帳
千餘里待報至徵兵踰旬方及此則我等已入清界
深矣何用以小衆爲病衆大喜是日希崇於郡齋之
側坎陳地貯以石灰明旦首領與羣從至希崇飲以
醇酎數鍾既醉悉投於灰穽中斃焉其徒營於北郭
遣人攻之皆潰圍奔去希崇遂以管内生口二萬餘

冊府元龜　將帥部　識畧五　卷之四百五　二十二

南歸唐明宗嘉之授汝州防禦使
高行周仕晉爲侍衛親軍都指揮使鄆州節度使李
彥韜爲侍衛都虞候可否在已晉王莫不聽從行周
雖典禁兵心遊事外退朝歸第門宇蕭然賓友過從
但引滿而已屢求還鎮初未允從後彥韜馮玉委用
轉深欲擅權勢故許行周歸藩

册府元龜

廵按福建監察御史臣李嗣京 訂正
分守建南道左布政使臣胡維霖 叅閱
知建陽縣事臣黄國琦較釋

將帥部 六十七

清儉 正直

清儉

夫儉則固以約失之者鮮皆先儒之格訓也若乃本兵柄司戎重萬旅之所禀令天子之所注意乃能敦尚蕪節率循清素靡思治產匪念殖貨奉養無事於華侈貲貨罔致於餘羨斥去賂遺不染膏潤貞規内立英風外馳用能震動乎殊鄰鎮靖乎方面卒乗懷服邊夷愛慕樹風聲於當世延寵遇於時主載美方牘流於無窮西漢而下葢不乏其人矣

漢李廣以良家子從軍擊胡廣歷七郡太守前後三十年家無餘財終不言生產事

辛慶忌爲左將軍居處恭儉飲食被服尤節儉

後漢鮑永初爲更始尚書僕射行大將軍事雖爲將率而車服敝素爲道路所識嘗衣皂襜褕路稱鮑尚書兵馬

吴漢爲大將軍但脩里宅不起第夫人先死薄塟小墳不作祠堂

祭遵爲征虜將軍所得賞賜輒盡與吏士身衣帛袴布被夫人裳不加緣帝以是重焉緣或作綵

李恂爲西域副較尉西域殷富多珍寶諸國侍子及督使賈胡數遺恂奴婢宛馬金銀香罽之屬一無所受

張奐爲安定屬國都尉羌豪帥感奐恩德上馬二十疋先零酋長又遺金鐻八枚奐並受之而召主簿於諸羌前以酒酹地曰使馬如羊不以入廐使金如粟不以入懷悉以金馬還之羌性貪而貴吏清前有八都尉率好財貨爲所患苦及奐正身潔己威化大行

魏滿寵爲征東將軍以老徵還遷爲太尉寵不治產業家無餘財詔曰君典兵在外專心憂公有行父祭遵之風賜田十頃穀五百斛錢二十萬以明清忠儉約之節焉

趙儼爲征西將軍都督雍凉正始中以老疾求還徴爲驃騎將軍故事西征有官厨財籍遷轉之際無不因緣而儼乂手上車發到霸上忘持其常所服藥雍州聞之乃追送雜藥材數箱儼笑曰人言語殊不易

我偶問所服藥耳何用是爲邪遂不取

胡質爲征東將軍假節都督青徐諸軍事性沉實内察不以其節簡物所在見思嘉平初甍家無餘財唯有賜衣書篋而已軍師以聞追封陽陵亭侯邑百戶

田豫爲護鮮卑校尉鮮卑素利等數以牛馬遺豫豫轉送官胡以爲前所餉豫物顯露不如持金乃密懷金三十斤謂豫曰願避左右我欲有所道豫從之胡因跪曰我見公貧故前後遺公牛馬公輒送官今密以此上公可以爲家資豫張袖受之荅其厚意胡去之後皆悉付外具以狀聞於是詔褒之曰昔魏絳開

懷以納戎賂今卿舉袖以受狄金朕甚嘉焉乃即賜絹五百疋豫得賜分以其半藏小府後胡復來以半與之後爲護匈奴中郎將并州刺史清約儉素賞賜皆散之將士每胡狄私遺悉簿藏官不入家家常貧匱雖殊類咸高豫節

蜀董和漢末爲益州太守先主定蜀爲掌軍中郎將與諸葛亮並署左將軍大司馬府事自和居官食祿外牧殊域内幹機衡二十餘年死之日家無儋石之儲

鄧芝爲大將軍二十餘年身之衣食資仰於官不苟於取素儉脩然不治私產妻子不免饑寒死之日家無餘財

吳朱然爲左大司馬右軍師然長不盈七尺氣候分明内行脩絜其所文采惟施軍器餘皆質素

魯肅爲橫江將軍性方嚴寡於玩飾内外節儉不務俗好

陳表爲偏將軍北屯章阬家財盡於養士死之日妻子露立太子登爲起屋宅

蔣欽爲津右護軍典領辭訟大帝嘗入其室内母疏帳縹被妻妾布裙帝嘆其在貴守約即勑御府爲母

作錦被改易帷帳妻妾衣服悉皆錦繡

鍾離牧以前將軍假節領武陵太守卒官家無財士民思之

晉王沈爲驃騎將軍素清儉不營產業

應詹爲南平太守鎮南將軍督五郡軍事與陶侃破杜弢於長沙賊中金寶溢目詹一無所取唯收圖書莫不歎之

周顗爲護軍將軍王敦構逆被害敦使繆坦籍顗家收得素簏數枚盛故絮而已酒五甕米數石在位者服其清約

桓温爲大司馬都督中外諸軍事温性儉每讌唯下七奠柈茶果而已

桓冲爲鎮武將軍督荆江十郡軍事性儉素而謙虚愛士甞浴後其妻送以新衣冲大怒促令持去其妻復送之而謂曰衣不經新何緣得故冲笑而服之

前燕皇甫貞爲奉車都尉後入爲典書令從慕容評攻拔鄴都珍貨充溢貞一無所取唯存恤人物收圖籍而已

楊裕爲慕容皝大將軍左司馬性謙恭清儉雖歷居朝端若布衣之士

宋宗慤爲振武將軍破林邑收其異寶雜物不可勝計慤一無所取衣櫛蕭然文帝甚嘉之

劉懷慎爲護軍將軍禄賜班於宗族家無餘財卒謚肅侯

南齊劉善明爲征虜將軍質素不好聲色所居茅齋斧木而已牀榻几案不加劖削及卒家貧無遺儲唯有書八千卷太祖聞其清貧賜其子滌葛塘屯穀五百斛

周山圖爲寧朔將軍淮南太守盜發桓温冢大獲寶物客竊取以遺山圖山圖不受簿以還官

梁常叡爲護軍將軍所得禄賜皆散之親故家無餘財

陳慶之爲南北司豫州都督性祗慎衣不紈綺不好絲竹

馮道根爲右衛將軍雖貴顯而性儉約所居宅不脩墻屋無器服侍衛入室則蕭然如素士之貧賤者當世服其清退武帝亦雅重之

後魏李順爲左軍將軍征統萬赫連昌出逆戰順督勒士衆破其左軍及尅統萬太武賜諸將珍寶雜物順固辭唯取書數千卷太武善之

張黎爲鎮北將軍與樂安王範濟南公崔徽鎮長安清約公平甚著聲稱當代下之日家無餘財

王肅爲都督淮南諸軍事楊州刺史清貞好施簡絶聲色終始廡約家無餘財

司馬楚之爲雲中鎮大將軍朔州刺史在邉二十餘年以清儉著聞

楊固爲前軍將軍居官清潔家無餘財終殁之日家徒四壁無以供喪親故爲其棺斂焉

史寧爲凉州大都督破獠其衆所得軍實悉分賞將士寧無私焉

比齊元景安爲左右大將軍時初築長城鎭戍未立突厥强盛慮或侵邊仍詔景安與諸將等率軍緣塞以備守督領既多且所部軍人富於財物遂賄貨公行文宣帝聞之遣使推簡同行諸人贓汙狼藉唯景安纖毫無犯帝深嘉之乃詔有司以所聚歛贓絹五百疋賜之以彰清節

辛術爲淮南經略所部郡守犯大辟朝廷以其奴婢百口及貲財盡賜術術三辭不見許乃送詣所司不復以聞邢劭聞之遺術書曰昔鍾離意云孔子忍渴於盜泉便以珠璣委地足下今能若此可謂異代一時

後周長孫澄爲驃騎大將軍擢履清約家無餘財太祖嘗謂曰我於公間志無所惜公有所須宜即具道澄曰澄自頂至足皆是明公恩造即如今者實無所須

裴尼初仕西魏爲通直散騎常侍從于謹平江陵所獲軍實謹恣諸將較取之餘人皆競取珍玩尼唯取梁元帝素琴一張而已謹深嘆美之

唐瑾爲元帥府長史從于謹平江陵及軍還諸將多因虜掠大獲財物瑾一無所取唯得書兩車載之以歸或白文帝曰唐瑾大有輜重悉是梁朝珍玩帝勑不信之然欲明其虛實密遣使簡閱之唯見墳籍而已乃嘆曰孤知此人二十年許明其不以利于義向若不令簡視恐嘗人有投杼之疑所以益明之耳凡受人委任當如此也

賀蘭祥爲驃騎大將軍荆州刺史性甚清素州境南接襄陽西通岷蜀物產所出多諸珍異時既與梁通好行李往來公私贈遺一無所受梁雍州刺史岳陽王蕭詧欽其節儉乃以竹屏風絺綌之屬及經史贈祥祥難違其意取而付諸所司太祖後聞之並以賜之

王思政爲驃騎將軍以勤王爲務不營資產嘗被賜

園地思政出征後家人種桑果及還見而怒曰匈奴未滅去病辭家況大賊未平何事產業命左右拔而去之故身殁之後家無蓄積

赫連達爲夏州總管三州五防諸軍事邊境胡民或饋達以羊者達欲招納異類報以繒帛主司請用官物達曰羊入我厨物出官庫是欺上也命取私帛與之識者嘉其仁恕焉

王羆爲驃騎大將軍羆性儉率不事邊幅嘗有臺使至羆爲設食使乃裂其薄餅緣羆曰耕種收穫其功已深舂爨造成用力不少乃爾選擇當是未饑命左

右撤去之使者愕然大慙雖貴顯鄉里舊宅不改衛門身死之日家甚貧罄當時服其清潔

司馬裔為大將軍性清約不事生産所得俸禄並散之親戚身死之日家無餘財宅宇卑陋喪庭無所詔為起祠堂焉

蔡祐為大將軍性節儉所得禄皆散與宗族死之日家無餘財

梁椿為中堅大將軍雅好儉素不營貲産時論以此稱焉

隋常師為兵部尚書平陳之役以本官領元帥掾陳

國府藏悉委於師秋毫無犯稱為清白

唐羅士信為新安道行軍總管使圖王世充士信凡所虜獲悉分士卒以此為當身未嘗自取

屈突通為行軍元帥長史從平薛舉時珍物山積諸將皆爭取之通獨無所犯高祖聞而謂曰公清正奉國著自終始名下定不虛也特賜金銀六百兩綵物一千段

李大亮為左衛大將軍雖位望通顯而居處卑陋衣服儉率死之日家無珠玉以為含唯有米五石布三十疋

阿史那杜爾為右衛大將軍貞觀十四年伐高昌杜爾為行軍總管高昌平諸人咸即受賞杜爾以未奉進止秋毫無所取及降别勅然後受之及所取唯老弱故弊而已還太宗美其廉慎

段秀實為四鎮北庭行軍涇原節度使清約率易遠近稱之非公會不聽樂飲酒私室無妓媵無贏財退公之後端居靜慮而已

張孝忠為義武軍節度使貞元二年河北蝗旱米斗一千五百文復大兵之後民無蓄積餓殍相枕忠孝所食豆䜴而已其下皆甘粗糲人皆服其勤儉忠孝

為一時之賢將也

盧群為鄭滑節度使群先寄寓鄭州典質得良田數頃及授節度各以本地契書分付所管令長令還本主時論稱美

裴玢自鄜坊除山南西道節度使玢武臣清心苦節蔬食弊衣居處纔避風雨故還授大鎮

李愬西平王晟之子也為昭義軍節度使除太子少保歸東都卒其兄弟皆營構以相矜誇愬六遷大鎮所處先人舊宅一所而已

辛祕為昭義軍節度使久歷重任無豐財厚産為時

所稱

王廷湊爲成德軍節度使性至勤儉退食燕居布衣木器而已婢妾之數掌事者留榻無累裀庭有芳草類寒素士大夫也

後唐郭崇韜爲中門副使天祐中李存審既收鎮州遺崇韜閱其府庫或以珍寶賂遺一無所取但市書籍而已

晉李德玩爲廣晉尹再領荆州卒於鎮德玩所治之地雖無殊政然以寛恕及物家無濫積亦武侯之亷者

梁漢顒爲威衛上將軍漢顒雖起於行陣植性温厚軍政之暇不倦接納歷數鎮家無餘積亦武臣之亷者

正直

易之述中正詩之紀司直蓋夫爲人臣者未有不據直守正而能納君於善身享令名焉若乃居將帥之任總師兵之要入侍階戟出開幕府而能面折廷諍不爲從諛中立守道不畏强禦唯公家是利唯王室是念姦邪不能回其慮權變不能誘其衷持謇謇之正論保惓惓之亮節臨難有守遺事不變斯蓋忠精感發懿行惇固志隆於體國義存於軌儀勁正無撓誠信不欺固足以爲明王楨幹之臣協風人爪牙之詠者也

漢季布孝惠帝時爲中郎將單于嘗爲書嫚呂太后嫚謂詞語褻汚也太后怒召諸將議之上將軍樊噲曰臣願得十萬衆横行匈奴中諸將皆阿呂太后阿曲也曲從其意以噲爲然布曰樊噲可斬也夫以高帝兵三十餘萬困於平城噲時亦在其中今噲奈何以十萬衆横行匈奴中面謾謾欺誑也且秦以事胡陳勝等起今創痍未瘳痍傷也瘳差也噲又面諛欲摇動天下是時殿上皆懼太

后罷朝遂不復議匈奴事

趙充國爲後將軍神爵元年春討叛羌酒泉太守辛武賢奏言以七月分兵並出張掖酒泉合擊罕幵在鮮水上者帝乃以書敕讓充國曰將軍欲至正月乃擊罕羌不早及秋共水草之利因天時誅不義萬下必全勿復有疑充國既得讓以爲將任兵在外更宜有守以安國家乃上書謝罪因陳兵利害其秋充國病帝賜書曰制詔後將軍聞苦脚脛寒泄寒泄下利也言其患足脛將軍年老加疾一朝之變不可諱恐其死朕甚憂之今詔破羌將軍詣屯所爲將軍副急因天時大利吏

士銳氣以十二月擊先零羌即疾剩留屯毋行獨遣破羌强弩將軍時羌降者萬餘人矣充國度其必壞欲罷騎屯田以待其敝作奏未上會得進兵璽書充國子中郎將卬懼使客諫充國曰誠令兵出破軍殺將以傾國家將軍守之可也即利與病又何足爭一旦不合上意遣繡衣來責將軍將軍之身不能自保繡衣謂御史何國家之安充國歎曰是何言之不忠也本用吾言羌虜得至是邪言預防之可無今日之寇往者舉可先行羌者吾舉辛武賢丞相御史復白遣義渠安國竟沮敗羌沮壞也金城湟中穀斛八錢吾爲耿中丞耿壽昌也爲司農中丞糴三百斛穀羌人不敢動矣預儲糧食可以制羌耿中丞

冊府元龜　將帥部　正直　卷之四百六　十三

請糴百萬斛廼得四十萬斛耳義渠再使且費其半失此二策羌人故敢爲逆失之毫釐差以千里是旣然矣今兵久不決四夷卒有動搖相因而起雖有知者不能善其後羌獨足憂邪言倘如此則所憂不獨在羌吾固以死守之明主可爲忠言遂上屯田其後討叛羌振旅而還所善浩星賜迎說充國浩星姓賜名也曰衆人皆以破羌强弩出擊多斬首獲降虜以破壞然有議者以爲虜勢窮困兵雖不出必自服矣將軍即見宜歸功于二將軍出擊非愚臣所及如此將軍計未失也充國曰吾年老矣爵位已極豈嫌伐一時事以欺明主哉兵勢國之大事當爲後法老臣不以餘命一爲陛下明言兵之利害卒死誰當復言之者卒以其意對卒終也帝然其計罷遣辛武賢歸酒泉太守官充國復爲後將軍衛尉

後漢蓋勳爲討虜較尉靈帝召見問天下何苦而反亂如此勳曰倖臣子弟擾之時宦者上軍較尉蹇碩在坐帝顧問碩碩懼不知所對而以此恨勳帝又謂勳曰吾已陳師於平樂觀多出中藏財物以餌士何如勳曰臣聞先王耀德不觀兵今寇在遠而設近陳

冊府元龜　將帥部　正直　卷之四百六　十四

不足昭果毅秖黷武耳帝曰善恨見君晚群臣初無是言也

皇甫嵩爲左將軍中平五年督前將軍董卓各率二萬人拒梁州賊王國於陳倉明年卓拜爲并州牧詔使以兵委嵩卓不從嵩從子酈時在軍中說嵩曰本朝失政天下倒懸能安危定傾者唯大人與董卓耳今怨隙已結勢不俱存卓被詔委兵而上書自請此逆命也又以京師昏亂躊躇不進此懷姦也且其凶戾無親將士不附大人今爲元帥仗國威以討之上顯忠義下除凶害此桓文之事也嵩曰專命雖罪專

誅亦有責也不如顯奏其事使朝廷裁之於是上書
以聞帝讓卓卓又增怨於嵩
張奐獻帝時爲度遼將軍其爲將帥有勳名董卓慕
之使其兄遺縑百疋奐惡卓爲人絶而不受
朱儁爲城門校尉遷河南尹董卓擅政以儁宿將外
甚親納而心實忌之及關東兵盛卓議移都儁輙止
卓卓雖憚儁然貪其名重乃表拜太僕以自副使者
拜儁辭不肯受因曰國家西遷必孤天下之望以成
山東之釁臣不見其可也使者詰曰召君受拜而君
拒之不問徙事而君陳之其故何也儁曰副相國非

臣所堪也遷都計非事所急也辭所不堪言所非急
臣之所宜也使者曰遷都之事初不聞其計就其未
露何所承受儁曰相國董卓具爲臣說使人不能屈
繇是止不爲副卓後入關留儁守雒陽儁以河南殘
破乃東屯中牟及卓誅郭汜李傕作亂儁猶在中牟
陶謙與諸豪傑共推儁爲太師因移檄牧伯同討李
傕奉迎天子會李傕用太尉周忠尚書賈詡策徵儁
入朝軍吏皆憚入關欲應陶謙等儁曰以君召臣義
不俟駕況天子詔乎且大事可濟遂辭謙議而就傕
徵後爲太僕謙等遂罷

魏楊沛初仕漢爲護羗都尉建安十六年馬超反大
軍西討沛隨軍都督孟津渡時太祖已南過其餘未
畢而中黃門前渡忘持行軒私北還取之從吏求小
舡欲獨先渡吏呵不肯黃門與吏爭言沛問黃門有
疏邪黃門云無疏沛怒曰何知汝不欲逃邪遂使人
捽其頭與杖欲捶之而逸得去衣幘皆裂壞自訴於
太祖太祖曰汝不死爲幸矣繇是聲名益振
李典爲破虜將軍與張遼樂進屯合肥吳大帝率衆
圍之遼欲出戰典遼素不睦遼恐其不從典慨然曰
此國家大事顧君計何如耳吾不敢以私憾而忘公

義乎乃率衆與遼破走吳軍
徐晃文帝時爲右將軍嘗歎曰古人患不遭明君今
幸遇之當以功自効何用私譽爲終不廣交援
杜恕爲齊王嘉平初爲幽州刺史加建威將軍使持
節護烏丸校尉時征北將軍程喜屯薊尚書袁侃等
戒恕曰程申伯處先帝之世傾田國讓於青州足下
今俱杖節使共屯一城宜深有以待之而恕不以爲
意至官未期有鮮卑大人兒不繇關塞徑將數十騎
詣州州斬所從來小子一人無表言上喜於是劾奏
恕初喜欲恕折節謝已諷司馬宋權示之以微意恕

答權書曰向示委曲夫法天下事以善意相待無不致怏也以不善意相待無不致嫌隙也而議者言凡人天性皆不善不當待以善意更墮其調中僕得此輩便欲歸蹈滄海乘桴耳不能自諧在其間也然以年五十二不見廢棄頗亦遭明達君子亮其本心若不見亮使人刳心着地正與數斤肉相似何足有所明故終不自解說程征北功名宿著在僕前甚多有人出征北乎若令下官事無大小咨而後行則非上司彈繩之意若咨而不從又非上下相順之宜故推一心任一意直而行之耳殺胡之事天下謂之是邪

冊府元龜　將帥部　正直　卷之四百六　十七

是僕諧也呼為非邪僕自受之無所怨咎程征北明之亦善不明之亦善諸君子自共為其心耳不在僕言也喜於是遂深文劾怨下廷尉當死以父畿勤事水死免為庶人徙章武郡

蜀龐統為軍師中郎將從先主入蜀於涪大會置酒作樂謂統曰今日之會可謂樂矣統曰伐人之國而以為歡非仁者之兵也先主醉怒曰武王伐紂前歌後舞非仁者邪卿言不當宜速起出於是統逡巡引退先主尋悔請還統復故位初不顧謝飲食自若先主謂曰向者之論阿誰為失統對曰君臣俱失先主大笑宴樂如初

宗預後主景耀中為鎮軍大將軍領兗州刺史時都護諸葛瞻初統朝事廖化過預欲與預共詣瞻所預曰吾等年踰七十所竊已過但少一死耳何求於年少輩而屑屑造門邪遂不往

吳虞翻為騎都尉時魏將于禁為蜀將關羽所獲繫在城中大帝至釋之請與相見他日帝乘馬出引禁併行翻呵禁曰爾降虜何敢與吾君齊馬首乎欲抗鞭擊禁帝呵止之

朱績字公緒為偏將軍營下督領盜賊事持法不傾

冊府元龜　將帥部　正直　卷之四百六　十八

魯王霸注意交績嘗至其廨就之坐欲與結好績下地住立辭而不當

顧悌為偏將軍大帝末年嫡庶不分悌數與驃騎將軍朱據共陳禍福言辭切直朝廷憚之

留贊為屯騎較尉時事得失每常規諫好直言不阿吉大帝以此憚之

晉解系為雍州刺史揚烈將軍西戎較尉假節會氐羌叛與征西將軍趙王倫討之倫信用佞人孫秀與系爭軍事更相表奏朝廷知系守正不撓而召倫還系表殺秀以謝氐羌不從

周馥惠帝時爲鎮東將軍馥自經世故每欲維正朝廷忠情懇至以東海王越不盡臣節每言厲然越深憚之

車胤孝武太元中爲護軍時王國寶諂於會稽王道子諷八座啓以道子爲丞相加殊禮胤曰此乃成王所以尊周公也今主上當陽非成王之比相王在位豈得爲周公乎望實二三並不宜爾必大忤上意乃稱疾不署其事疏奏帝大怒而甚嘉胤意

梁帝啟爲護軍將軍時武帝方鋭意釋氏天下咸從風而化啟自以信受素薄位居大臣不欲與衆俯仰

所行略如他日

後魏周幾爲寧朔將軍鎮河南輩嫌奚斤等綏撫關中失和百姓不附每至言論形於聲色斤等憚焉

楊固爲前軍將軍剛直雅正不畏強禦

東魏劉貴爲行臺僕射獨孤如願於雒陽貴嚴斷濟務有益機速性峭直攻訐無所回避故見賞於時

隋高熲隨晉王伐陳爲元帥長史三軍諮稟皆取斷於熲及陳平晉王欲納陳主寵姬張麗華熲曰武王伐殷戮妲己今平陳國不宜取麗華乃令斬之王甚不悅

唐尉遲敬德太宗貞觀中爲右武候大將軍素抗直不能容人之非每見房玄齡杜如晦等短長必面折廷辯由是與執政不平乃出爲襄州都督

高仙芝玄宗時爲河西節度使監軍邊令誠每事干仙芝芝多不從

韋倫肅宗乾元三年自隴州刺史拜襄鄧等十州節度使時李輔國秉權用事節將除拜皆出其門倫既朝廷公用又不私謁輔國由是未行改秦州刺史兼御史中丞防禦使

段秀實德宗時爲邠寧節度都虞候權知奉天行營

事馬璘奏加開府儀同三司軍中有能引二十四弓而犯盜者璘欲免之秀實曰將自有私愛則法令不一雖韓白復生亦不能爲理璘善其議竟使殺之璘決事有不合理者必固爭之得璘引過乃已

李晟每理軍尤惡下爲朋黨相構好善嫉惡出於天性

裴胄貞元中爲荆南節度簡儉清一時諸道節度觀察使競剝下厚歛製奇錦異綾以進奉爲名又貴人宣命必竭公藏以買其歡胄待之有節皆不盈數金賞賦之外無横歛宴勞禮止三爵未嘗酣樂

張建封爲徐州節度使貞元中來朝詔書矜免百姓諸色逋賦帝因問建封對曰凡逋賦殘欠皆是積累年月無可徵收雖蒙陛下憂恤百姓亦無所裨益時河東節度使李說華州刺史盧徵皆中風疾口不能言足不能行但信任左右胥吏決遣之建封皆悉聞奏帝深嘉納

呂元膺憲宗時爲河中節度使時方鎮多事姑息元膺獨以堅正自處監軍使洎往來中貴無不敬憚入拜吏部侍郎

李鄘爲鳳翔節度使是鎮承前多用武將有神策行

營之號初受命必詣軍脩謁鄘辭恩日陳其不可遂去神策行營字但爲鳳翔節度

裴玢元和中自鄜州節度改授山南西道節度觀察等使玢歷二鎮頗以清心苦節爲政不交權幸不務貢獻

崔從爲山南西道節度觀察使時有權倖知帝意欲大用使人通其旨以要厚賂從終不答

楊於陵爲嶺南節度使會監軍使許遂振悍戾貪恣干撓軍政於陵奉公潔已遂振無能奈何以飛語上聞憲宗初驚惑賴裴垍輩爲於陵申理帝感悟乃除吏部侍郎遂振終得罪

柳公綽敬宗時爲邠寧慶等州節度觀察處置等使先時神策諸鎮列屯要地未嘗受節制屬每竊間爲患公綽疏上其弊卽詔神策諸鎮在其部者邊上有警盡得聽節度使指揮

康全藝爲鄜坊節度文宗太和元年爲右驍騎衛上將軍全藝平張韶之難以功拜鄜時理軍節費不交貴近竟以無助入居散秩論者甚惜之

劉從諫爲澤潞節度使太和九年李訓事敗宰相王涯等四人被禍時涯兼掌邦計雖不與李訓同謀然

不自異於其間旣死非其罪從諫素德涯之私恩心頗不平四上章請涯等罪名仇士良輩深憚之是時中官頗横天子不能制朝臣日憂陥族賴從諫論列而鄭覃李石方能粗秉朝政

後唐張廷蘊事莊宗統御營黄甲軍嘗在左右時皇后劉氏在鄴多縱其下擾人廷藴多斬之覩者壯焉

冊府元龜

巡按福建監察御史臣李嗣京訂正
知長樂縣事臣夏允彝叅閱
知建陽縣事臣黄國琦較釋

將帥部六十八

諫諍

古者百工庶士有獻藝傳言之典瞽史矇聵有賦誦書箴之訓況乎處帥臣之重當注意之厚義均乎休戚任兼乎藩輔者焉繇漢以來本兵柄者或内侍交戟或外臨邦翰以至奉辭伐罪總衆敵行而能奮發

忠悃乃心王室援述利病箴諷遺闕乘間伏奏謇諤而無隱奉章論事剴切以盡規用能感悟時主彌綸政務救其失而反之正逆乎志而歸於道自非秉節純亮立誠明允篤股肱同體之義礪王臣匪躬之操亦疇能及是哉

漢樊噲從沛公入關至咸陽沛公入秦宫室帷帳狗馬重寶婦女以千數意欲留居之樊噲諫沛公不聽張良曰忠言逆耳利於行毒藥苦口利於病願沛公聽樊噲言沛公乃還軍霸上高帝十一年黥布反時高帝嘗病惡見人卧禁中詔户者無得入群臣羣臣絳灌等莫敢入十餘日噲乃排闥直入闥宫中小門也一日門屏也音土合反大臣隨之帝獨枕一宦者卧噲等見帝流涕曰始陛下與臣等起豐沛定天下何其壯也今天下已定又何憊也憊力極也音滿拜反且陛下病甚大臣震恐不見臣等計事顧獨與一宦者絶乎且陛下獨不見趙高之事乎高帝笑而起

趙充國為後將軍宣帝時車騎將軍張安世始嘗不快帝所為不可帝意帝欲誅之充國以為安世本持橐簪筆事孝武帝數十年見謂忠謹宜全度之安世用是得免

辛慶忌為左將軍成帝時故槐里令朱雲上書求見願賜尚方斬馬劍斷佞臣一人以厲其餘帝曰誰也對曰安昌侯張禹帝大怒曰小臣廷辱師傅罪死不赦御史將雲去慶忌免冠解印綬叩頭殿下曰此臣素著狂直於世使其言是不可誅其言非固當容之臣敢以死争叩頭流血帝意解然後得免

後漢史弼為北軍中侯桓帝弟渤海王悝素行險辟僣傲多不法弼懼其驕悖為亂乃上封事曰臣聞帝王之於親戚愛雖隆必示之以威體雖貴必禁之以度如是和睦之道興骨肉之恩遂昔周襄王恣甘昭

公孝景皇帝驕孝梁王而二弟階寵終於悖慢卒致周有播蕩之禍漢有袁盎之變切聞渤海王悝憑至親之屬恃偏私之愛失奉上之節有僭慢之心外聚剽輕不逞之徒內荒酒樂出入無常所與群居皆有口無行或家之棄子或朝之斥臣必有羊勝伍被之變州司不敢彈糾傅相不能匡輔陛下隆於友于不忍遏絶恐遂滋蔓爲害彌大乞露臣奏宣示百寮使臣得於清朝明言其失然後詔公卿平處其法法决罪定乃下不忍之詔臣下固執然後少有所許如是則聖朝無傷親之譏渤海有享國之慶不然懼大獄

將與使者相望於路矣臣職典禁兵備禦非常而妄知藩國干犯至戚罪不容誅不勝憤懣謹冒死以聞帝以至親不忍下其事後悝竟坐逆謀貶爲癭陶王

陳龜爲京兆尹桓帝時羌胡寇邊殺長吏驅略百姓帝以龜世諳邊俗拜爲度遼將軍龜臨行上疏曰臣龜蒙恩累世馳騁邊垂雖展鷹犬之用頓斃胡虜之庭魂骸不反薦享狐狸猶無以塞厚責答萬分也至臣頑駑器無鈆刀一割之用過受國恩榮秩兼優生年死日永懼不報臣聞三辰不軌擢士爲相蠻夷不恭拔卒爲將臣無文武之才而忝鷹揚之任上慙聖明下懼素飡雖殁軀體無所云補今西州邊鄙土地堉埆（埆音覺又音確謂薄土也）鞍馬爲居射獵爲業男寡耕稼之利女乏機杼之饒守塞候望懸命鋒鏑聞急長驅去不圖反自頃年以來匈奴數攻營郡（謂郡有屯兵者即護羌校尉屯金城烏桓校尉屯上谷之類）殘殺長吏侮略良細戰夫身膏沙漠居人首繫馬鞍或舉國掩戶盡種灰滅孤兒寡婦號哭空城埜無青草室如懸磬雖含生氣實同枯朽往歲并州水雨災螟互生稼穡荒耗租更空闕（更謂卒更錢也）老者慮不終年少壯懼於困厄陛下以百姓爲子品庶以陛下爲父焉可不日昃勞神垂撫循之恩哉唐

堯親捨其子以禪虞舜者是欲民遭聖君不令遇惡主也故古公杖策其民五倍（古公亶父是爲太王爲百姓所附狄人攻之事之以皮幣玉帛不能免焉太王遂策杖而去踰梁山止於岐山之陽邑於周地邠人從者如歸市一年成邑二年成都三年五倍其初）文王西伯天下歸之（西伯至仁百姓襁負而至）豈復興金輦寶以爲民惠乎近孝文皇帝感一女子之言除肉刑之法（女子則太倉令淳于公之女緹縈也）體德行仁爲漢賢主陛下繼中興之統承光武之業臨朝聽政而未留聖意且牧守不良或出中官懼逆上旨取過目前呼嗟之聲招致災害胡虜凶悍因衰緣隙而令倉府單於豺狼之口功業無銖兩之効皆踈將帥不忠聚姦

所致前涼州刺史祝良初除到州多所糾罰太守令良貶黜將半政未踰時功効卓然實應賞異以勸功能改任牧守去斥姦殘又宜更選匈奴烏桓護羌中郎將校尉簡練文武授之法令除并涼二州今年租更寬赦罪隸埽除更始則善吏知奉公之祐惡者覺營私之禍胡馬不窺長城塞下無候望之患矣帝覺悟乃更選幽并刺史自營郡太守都尉以下多所革易下詔爲陳將軍除并涼一年租賦以賜吏民

傅燮爲護軍司馬與左中郎將皇甫嵩俱討張角燮素疾中官旣行因上疏曰臣聞天下之禍不由於外

皆興於內是故虞舜升朝先除四凶然後用十六相明惡人不去則善人無繇進也今張角起於趙魏黃巾亂於六州此皆釁發蕭墻而禍延四海者也臣受戎任奉辭伐罪始到潁川戰無不克黃巾雖盛不足爲廟堂憂也臣之所懼在於治水不自其源末流彌增其廣耳陛下仁德寬容多所不忍故閹豎弄權忠臣不進誠使張角梟夷黃巾變服臣之所憂甫益深耳甫始也何者夫邪正之人不宜共國亦猶水炭不可同器彼知正人之功顯而危亡之兆見皆將巧辭飾說共長虛僞夫孝子疑於屢至市虎成於三夫若不詳察眞僞忠臣將復有杜郵之戮矣陛下宜思虞舜四罪之舉速行讒佞放殛之誅殛亦誅也則善人思進姦凶自息臣聞忠臣之事君猶孝子之事父也子之事父焉得不盡其情使臣身備斧鉞之戮陛下少用其言國之福也書奏宦者趙忠見而忿惡及破張角燮功多當封忠訴譖之靈帝猶識燮言識音志記也得不加罪竟亦不封

魏張遼爲中堅將軍太祖將征柳城遼諫曰夫許天下之會也今天子在許公遠北征若劉表遣劉備襲許據之以號令四方公之勢去矣太祖策表必不能

任備遂行也

蜀趙雲爲翊軍將軍孫權襲荆州先主怒欲討權雲諫曰國賊是曹操非孫權也且先滅魏則吳自服操身雖斃子丕篡盜當因衆心早圖關中居河渭上流以討凶逆關東義士必裹糧策馬以迎王師不應置魏先與吳戰兵勢一交不得卒解也先主不聽遂東征留雲督江州先主失利於秭歸雲進兵至永安吳軍已退

吳張昭爲軍師大帝每田獵嘗乘馬射虎虎嘗突前攀持馬鞍昭變色而前曰何有當爾夫爲人君者謂

能駕御英雄驅使群賢豈謂馳逐於原埜較勇於猛獸者乎如有一旦之患奈天下笑何帝謝昭曰年少慮事不遠以此慙君然猶不能已乃作射虎車爲方目間不置蓋一人爲御自於中射之時有逸群之獸輒復犯車而帝每手擊以爲樂昭雖諫諍嘗笑而不答

呂蒙爲護軍大帝將欲北取徐州以廣其地蒙諫曰不可今曹操遠在河北新破二袁撫集幽冀未暇東顧今徐州將守惡足言也往必尅之然地勢陸通四面受敵今日得之明日還失衆全吳之衆未足守也

不如取關羽西據荊州則利盡長江此上流之勢於國之便十徐州也則重關西門國之固也帝甚然之興師遂擒關羽而平荊州

駱統爲建忠郎將時徵役繁數重以疫癘民戶損耗統上疏曰臣聞君國者以據封疆爲強富制威福爲尊貴曜德義爲榮顯永世嗣爲豐祚然財須民生彊賴民力威恃民勢福繇民植德俟民茂義以民行六者既備然後應天受祚保族宜邦書曰衆非后無能胥以寧后非衆無以辟四方推是言之則民以君安君以民濟不易之道也今強敵未殄海內未乂三軍有無已之役江境有不釋之備徵賦調數繇來積紀加以殃疫死喪之災郡縣荒虛田疇蕪曠聽聞屬城民戶浸寡又多殘老少有丁夫聞此之日心若焚燎思尋所繇小民無知既有安土重遷之性且又前後出爲兵者生則困苦無有溫飽死則委棄骸骨不反是以尤用戀本畏遠同之於死每有徵發羸謹居家重累者先見輸送小有財貨傾居行賂不顧窮盡輕剽者則迸入險阻黨就群惡百姓虛竭嗷然愁擾愁擾則不營業不營業則致窮困致窮困則不樂生故口腹急則姦心動而攜叛多也又聞民間非居處不

能自供生產兒子多不起養屯田貧夫亦多棄子天則生之而父母殺之既懼干逆和氣感動陰陽且惟殿下開基建國乃無窮之業也強鄰大敵非造次所滅疆埸常守非期月之戍而兵民減耗後生不育非所以歷遠年致成功也夫國之有民猶水之有舟停則以安擾則以危愚而不可欺弱而不可勝是以聖王重焉禍福繇之故與民消息觀時制政方今長吏親民之職惟以辦具爲能取過目前之急少復以恩惠爲治副稱殿下天覆之仁勤恤之德者官民政俗日以彫弊漸以陵遲勢不可久夫治疾及其未篤除

患貴其未深願陛下少以萬機餘閒留神思省補復
荒虛深圖遠計育殘餘之民阜人財之用參曜三光
等崇天地臣統之大願足以死而不朽矣大帝感統
言深加意焉
陸遜爲上大將軍右都護並掌荆州及豫章三郡事
雖身在外乃心於國上疏陳時事曰臣以爲科法嚴
峻下犯者多頃年以來將吏罹罪雖不甚可責然天
下未一當圖進取小宜恩貸以安下情且世務日興
良能爲先自非姦穢入身難忍之過乞復顯用展其
力効此乃聖王忘過記功以成王業昔漢高捨陳平

之愆用其奇略終建勳祚功垂千載夫峻法嚴刑非
帝王之隆業有罰無恕非懷遠之弘規也大帝欲遣
偏師取夷州及珠崖遜上疏曰臣愚以爲四海未定
當須民力以濟時務今兵興歷年見衆損減陛下憂
勞聖慮忘寢與食將遠規夷州以定大事臣反覆思
惟未見其利萬里襲取風波難測民易水土必致疾
疫今驅見衆經涉不毛欲益更損欲利反害又珠崖
絕險民猶禽獸得其民不足濟事無其兵不足虧衆
今江東自足圖事但當畜力而後動耳昔桓王創基
兵不一旅而開大業陛下承運拓定江表臣聞治亂
順逆須兵爲威農桑衣食民之本業而干戈未戢民
有饑寒臣愚以爲宜育養士民寬其租賦衆尅在和
義以勸勇則河渭可平九有一統矣帝遂征夷州得
不補失及公孫淵背盟帝欲往征遜上疏曰淵憑險
恃固拘留大使名馬不獻實可發忿蠻夷猾夏未染
王化鳥竄荒裔拒逆王師至令陛下爰赫斯怒欲勞
萬乘泛輕越海不慮其危而涉不測方今天下雲擾
群雄虎爭英豪踊躍張聲大視陛下以神武之姿誕
膺期運破操烏林敗備西陵禽羽荆州斯三虜者當
世雄傑皆摧其鋒聖化所綏萬里草偃方蕩平華夏

總一大猷今不忍小忿而發雷霆之怒違垂堂之戒
輕萬乘之重此臣之所惑也臣聞志行萬里者不中
道而輟足圖四海者匪懷細以害大彊寇在境荒服
未定陛下乘桴遠征必致闚關感至而憂悔之無及
若使大虜時徙則淵不討自服今乃遠惜遼東衆之
與馬柰何獨欲捐江東萬安之本業而不惜乎乞息
六師以威大虜早定中夏垂耀將來帝用納焉
陸抗爲鎮軍大將軍後主建衡二年拜抗都督信陵
西陵夷道樂鄉公安諸軍事治樂鄉聞都下政令多
闕憂深慮遠乃上疏曰臣聞德均則衆者勝寡力侔

則安者制危蓋六國所以兼并於強秦西楚所以比面於漢高也今敵跨制九服非徒闕右之地割據九州豈但鴻溝以西而已國家外無連國之援內非西楚之強庶政陵遲黎民未乂而議者所恃徒以長川峻山限帶封域此乃守國之末事非智者之所先也臣每遠惟戰國存亡之符近覽劉氏傾覆之釁考之典籍驗之行事中夜撫枕臨餐忘食昔匈奴未滅去病辭家漢道未純賈生哀泣況臣王室之出世荷光寵身名否泰與國同戚死生契闊義無苟且夙夜憂怛念至情慘夫事君之義犯而勿欺人臣之節匪躬

是殉謹陳時宜十七條於左時何定弄權閹官預政抗上疏曰臣聞開國承家小人勿用靖譖庸回唐書攸箴是以雅人所以怨刺仲尼所以嘆息也春秋以來爰及秦漢傾覆之釁未有不繇斯者也小人不明理道所見既淺雖使竭情盡節猶不足任況其姦心素篤而忠愛移易哉苟患失之無所不至今委以聰明之任假以專制之威而冀雍熙之聲作肅清之化立不可得也方今見吏殊才雖少然或冠冕之胄少漸道教或清苦自立資能足用自可隨才授職抑黜群小然後俗化可清庶政無穢也遷都護閭武昌左部督薛瑩徵下獄抗上疏曰夫俊乂者國家之良寶社稷之貴資庶政所以倫敘四門所以穆清也故大司農樓玄散騎中常侍王蕃少府李勗皆當世秀穎一時顯器既蒙初寵從容列位而並旋受誅殛或圮族替祀或投棄荒裔蓋周禮有赦賢之辟春秋有宥善之義書曰與其殺不辜寧失不經而蕃等罪名未定大辟已加心經忠義身被極刑豈不痛哉且已死之刑固無所識至乃焚爍流漂棄之水濵懼非先王之正典或甫侯之所戒也是以百姓哀聳士民同感蕃勗永已悔亦靡及誠望陛下赦召玄出而頃聞薛

瑩卒見逮錄瑩父綜納言先帝傅弼文皇及瑩承基內礪名行今之所坐罪在可宥臣懼有司未詳其事如復誅戮益失民望乞垂天恩原赦瑩罪哀矜庶獄清澄刑網則天下幸甚時師旅仍動百姓疲弊抗又上疏曰臣聞易貴隨時傳美觀釁故有夏多罪而殷湯用師紂作淫虐而周武授鉞苟無其時玉臺有憂傷之慮孟津有反旆之軍今不務富國強兵力農畜穀使文武之才效展其用百揆之署無曠庶職明黜陟以厲庶尹審刑賞以示勸沮訓諸司以德而撫百姓以仁然後順天乘運席卷宇內而聽諸將徇名窮

兵黷武動費萬計士卒彫瘁寇不少衰而我已大病矣今爭帝王之資而昧十百之利此人臣之姦便非國家之良策也昔齊魯三戰魯人再克而亡不旋踵何則大小之勢異也況今師所克獲不補所喪哉且阻兵無衆古之明鑑誠宜暫息進取小規以畜士民之力觀釁伺隙庶無悔吝鳳凰二年春就拜大司馬荆州牧三年夏疾病上疏曰西陵建平國之蕃表既處下流受敵二境若敵泛舟順流舳艫千里星奔電邁俄然行至非可恃援他部以救倒懸也此乃社稷安危之機非徒封疆侵陵小害也臣父遜昔在西垂

陳言以爲西陵國之西門雖易守亦復易失若有不守非但失一郡則荆州非吳有也如其有虞當傾國爭之臣往在西陵得涉遜迹前乞精兵三萬而至者循常未肯差赴自步闡以後益更損耗今臣所統千里受敵四處外禦彊對內懷百蠻上下見兵財有數萬羸弊日久難以待變臣愚以爲諸王幼冲未統國事可且立傅相輔導賢資無用兵馬以妨要務又黄門監官開立占募兵民怨役逋逃入占乞特詔簡閱一切料出以補疆埸受敵常處使臣所部足滿八萬省息衆務信其賞罰雖韓白復生無所展巧若兵不增此制不改而欲克諸大事此臣之所深慼也若臣死之後乞以西方爲屬願陛下思覽臣言則臣死且不朽秋遂卒天紀四年晉軍伐吳龍驤將軍王濬順流東下所至輒克終如抗慮

晉王坦之孝武寧康二年爲都督徐兗青三州諸軍事北中郎將徐兗二州刺史鎮廣陵將之鎮上表曰臣聞人君之道以孝敬爲本臨御四海以委任爲貴恭順無違則盛德日新親伏賢能則政道邕睦昔周成漢昭並以幼年纂承大統當時天下未爲無難終能顯揚祖考保安社稷蓋尊尊親親信納大臣之所

致也伏惟陛下誕奇秀之姿稟生知之量春秋尚富涉道未廣方須訓導以成天德皇太后仁淑之體過於三母先帝奉事積年每稱聖明臣願奉事之心便當自同孝宗太后慈愛之隆亦不必異所生琅琊王餘姚主及諸皇女宜朝夕定省承受教誨導習儀刑以成景仰恭敬之美不可以屬非至親自爲疎嫌昔肅祖徂落成康幼冲事無大小必諮丞相導所以克就聖德實此之繇今僕射臣安中軍臣冲人望具瞻社稷之臣且受遇先帝綢繆繾綣並志竭忠貞盡心盡力歸誠陛下以報先帝愚謂周旋舉動皆應諮此

二臣二臣之於陛下則周之旦奭漢之霍光顯宗之於王導沖雖在外路不云遠事容信宿必宜參詳然後情聽獲盡庶事可畢又天聽雖聰不啓不廣群情雖忠不引不盡宜數引侍臣詢求讜言平易之世有道之主猶尚戒懼日昃不倦況今艱難未盡應經安危祖宗之基繫之陛下不可不精心務道以申先帝堯舜之風不可不敬脩至德以保宣元天地之祚表奏帝納之

殷仲堪爲荆州刺史尚書下以益州所統梁州三郡人丁一千番戍漢中益州未肯承遣仲堪乃奏之曰

夫制險分國各有攸宜劒閣之隘實蜀之關鍵巴西梓潼宕渠三郡去漢中遼遠在劒閣之內成敗與蜀爲一而統屬梁州蓋定鼎中華慮在後伏所以分斗絶之勢開荷戟之路自皇居南遷守在岷邛衿帶之形事異曩昔是以李勢初平割此三郡配隸益州將欲重復上流爲習坎之防事經英畧歷年數紀梁州以統接曠遠求還得三郡忘王侯設險之義背地勢內外之實盛陳事力之寡弱飾哀矜之苦言今華陽乂清汧隴順軌關中餘燼自相魚肉梁州以論求三郡益州以本統有定更相牽制莫知所從致令巴宕二郡爲群獠所覆城邑空虛士庶流亡要害膏腴皆爲獠有今遂慮長規宜保全險塞又蠻獠熾盛兵力寡弱如遂經理乖謬號令不一則劒閣非我保醜類難制此乃藩扞之大機上流之至要昔三郡全實正差文武三百以助梁州今浮浚蠻獠十不遺二加逐食烏散資生未立苟順符指以副梁州恐公私困弊無以堪命則劒閣之守無擊柝之儲號令選用不專於益州虛有監統之名而無制御之用懼非分位之本旨經國之遠術謂今正可更加梁州文武五百合前爲一千五百自此之外一仍舊貫設梁州有急蜀

當傾力救之書奏朝廷許焉

宋沈慶之爲太子步兵較尉文帝將北討慶之諫曰馬步不敵爲日已久矣請捨遠事且以檀到言之道濟再行無功彥之失利而返今料王玄謨等未踰兩將六軍之盛不過往時將恐重辱王師難以得志帝曰王師再屈別有所緣道濟養寇自資彥之中塗疾動虜所恃惟馬夏水浩汗河水流通泛舟北指則碻磝必走滑臺小戍易可覆拔尅此二戍館穀吊民虎牢雒陽自然不固比及冬間城守相接虜馬過河便成禽也慶之又固陳不可時丹陽尹徐湛之吏部尚

書江湛並在坐帝使湛之等難慶之慶之曰治國譬
如治家耕當問奴織當訪婢陛下今欲伐國而與白
面書生輩謀之事何繇濟帝大笑
南齊劉善明爲征虜將軍淮南宣城二郡太守上表
陳事曰周以三聖相資再駕乃就漢值海内無主累
敗方登魏挾主行令實踰二紀晉廢立持權遂歷四
世景祚攸集如此之難者也陛下凝暉自天炤湛神
極膺周萬品道洽無垠故能高嘯閑軒鯨鯢自翦垂
拱雲奕九服載晏靡一戰之勞無半辰之棘苞池江
海籠苑高岱神祇樂推普天歸奉二三年間允膺寶

命胄臨皇歷正位宸居開辟以來未有若斯之盛者
也夫常勝者無憂常成者好怠故雖休勿休姬旦作
誥安不忘危尼父垂範今皇運草創萬化始基乘宋
季葉政亥流苛億兆倒縣仰希蘇振臣早蒙殊養志
輸肝血徒有其識曾闕埃露風宵慙戰如墜淵谷不
識忌諱謹陳愚管瞽言芻議伏待斧鉞所陳事凡十
一條其一以爲天地開創人神慶仰宜存問遠方宣
廣慈澤其二以爲京師浩大遠近所歸宜遣醫藥問
其疾苦年九十以上及六疾不能自存者隨宜量賜
其三以爲宋氏赦令蒙恩者寡愚謂今下赦書宜令

事實相副其四以爲匈奴未滅劉昶猶存秋風揚塵
容能送死境上諸城宜應嚴備特簡雄畧以待事機
資實所須皆宜豫辦其五以爲宜除宋氏大明太始
以來諸苛政細制以崇簡易其六以爲凡諸土木之
費且可權停其七以爲帝子王姬宜崇儉約其八宜
詔百司及府州郡縣各貢讜言以繼唐虞之美其九
以爲忠貞孝悌宜擢以殊階清儉廡節應任以民政
其十以爲革命惟始天地大慶宜時擇才辯北使匈
奴其十一以爲交州險夐要荒之表宋末政苛遂至
怨叛今大化創始宜懷以恩德未應遠勞將士搖動

邊氓且彼土所出唯有珠寶實非聖朝所須之急討
伐之事謂宜且停又撰賢聖雜語奏之託以諷諫帝
答曰省所獻雜語並列聖之明規衆智之深規卿能
憲章先範纂鏤情識忠款既昭淵誠肅著當以周旋
無忘聽覽也又諫起宣陽門表陳宜明守宰賞罰立
學校制齊祀廣開賓館以接荒民帝又答曰具卿忠
讜之懷夫賞罰以懲守宰飾館以待遐荒皆古之善
政吾所宜勉更撰齊祀或非易制國學之美已勑公
卿宣陽門今勑停寡德多闕思復有聞
孔稚珪爲冠軍將軍南陽太守以魏軍連歲南侵征

役不息百姓死傷乃上表曰匈奴爲患自古而爾雖三代智勇兩漢權奇筭略之要二塗而已一則鐵馬風馳奮威沙漠二則輕車出使通驛虜庭推而言之優劣可覩今之議者咸以丈夫之氣耻居物下况我天威寧可先屈吳楚勁猛帶甲百萬截彼鯨鯢何往不碎請和示弱非國計也臣以爲戎狄禽獸本非人倫鴟鳴狼踞不足喜怒蜂目蠆尾何關美惡唯宜勝之以深權制之以遠策弘之以大度處之以蝥賊豈足肆天下之忿損蒼生之命發雷電之怒爭虫鳥之氣百戰百勝不足稱雄横尸千里無益上國而蟻聚

烏攢窮誅不進馬足毛群難與競逐漢高横威海表窘迫長城孝文國富刑清事屈淩辱宣帝撫納安靜胡馬不驚光武甲辭厚禮寒山無靄是兩京四主英濟中區輸寶貨以結和遣宗女以通好長轡遠馭子孫是賴豈不欲戰惜民命也唯漢武籍五世之資承六合之富驕心奢智大事匈奴遂連兵積歲轉戰千里長驅瀚海飲馬龍城雖斬獲名王屠走凶羯而漢之卒甲十亡其九故衞霍出關千隊不反貳師入漠百旅頓降李廣敗於前鋒李陵没於後陣其餘奔北不可勝數遂使國儲空懸戶口減半好戰之功其利安在戰不及和相去何若自西朝不綱東晉遷鼎群胡沸亂羌狄交横荆棘攢於陵廟豺虎咆於宫闕山淵反覆黔首塗地通迫奔騰開闢未有是時得失略不稍陳近至元嘉多年無事末路不量復挑強敵遂連城覆没虜馬飲江青徐之際草木爲人耳建元之初胡塵犯塞永明之始復結通和十餘年間邊壥且息陛下張天造曆駕日登皇聲雷宇宙勢壓河岳而封豕殘魂未屠劒首長蛇餘喘偷窺外甸烽亭不靜五載於斯昔歲蟻壞瘻食樊漢今茲虫毒浸淫未已興師十萬日費千金五歲之費寧可貲計陛下何惜

匹馬之驛百金之賂數行詔命誘此凶頑使河塞息肩關境全命此策若行則爲百世之福若不從命不過加戰失一隊耳或云遣使不受則爲辱命夫以天下爲量者不計細耻以四海爲任者寧顧小節一城之没尚不惜一使不反曾何暫耳且我以權取何嫌其恥所謂尺蠖之屈以求伸也臣不言遣使必得和自有可和之理猶如欲戰不必勝而有勝之機耳今宜早發大軍廣張兵勢徵犀甲於岷峨命樓舡於浦海使自青徂豫候騎星羅泝江大漢雲陣萬里據險要以奪其魂斷根道以折其膽多設疑兵使精恚而

討亂固列金湯使神茹而慝屈然後發裒詔馳輕驛辯辭重幣陳列吉凶北虜頑而愛奇貪而好古畏我之威喜我之賂畏威願和必矣陛下用臣之啓行臣之計何憂玉門之下而無款塞之胡哉彼之言戰既懇懃臣之言和亦懺闊伏願察兩塗之利害簡二事之多少聖炤玄省灼然可斷所表謬奏希下之朝省使同博議臣謬荷殊恩奉佐藩岳敢肆瞽直伏奏千里帝不納

後魏樓毅孝文時爲都督凉河二州鄯善鎮諸軍事鎮西將軍凉州刺史車駕南伐毅表諫曰伏承六軍雲動問罪荆楊弔民淮表一同軌越但臣愚見切所未安何者京邑新遷百姓易業公私草剏生途索然兼往歲弗稔民多饑饉二三之際嗟惋易興天道悠長宜養時晦願抑赫斯以待後日詔曰時不自來因人則合今年人事殊非昔歲守株之唱便可停也陽九利涉豈卿所知也

辛雄爲行臺左丞與前軍臨淮王彧討荆州雄在軍上疏曰凡人所以臨堅陣而志身觸白刃而不憚者一則求榮名二則貪重賞三則畏刑罰四則避禍難非此數事雖聖王不能勸其臣慈父不能厲其子明主深知其情故賞必行罰必信使親疎貴賤勇怯賢愚聞鍾鼓之聲見旌旗之列莫不奮激競赴敵場豈厭久生而樂早死也利害懸於前欲罷不能耳自秦隴逆節將歷數年蠻左亂常稍已多載凡在戎役數十萬人三方之師敗多勝少跡其所繇不明賞罰故也陛下欲天下之早平愍征夫之勤瘁乃降明詔賞不移時然兵將之動歷稔不決三軍之卒晏然在家致令節士無所勸慕庸人無所畏懾進而擊賊死交而賞賒退而逃散身全而無罪此其所以望敵奔沮不肯進力者矣若重發明詔更量賞罰則軍威必張賊難可弭臣聞必不得已去食就信以此推之信不可斯須廢也賞罰陛下之所易行不能全而行之攻敵士之所難欲其必死寧可得也臣既庸弱忝當戎使職司所見輒敢上聞惟陛下審其可否

後周于翼爲大將軍先是與齊陳二境各脩邊防雖通聘好而每歲交兵然一彼一此不能有所克獲武帝既親萬機將圖東討詔邊城鎮並益儲峙加戍卒二國聞之亦增脩守禦翼諫曰宇文護專制之日興兵至雒不戰而敗所喪實多數十年委積一朝糜散雖謂護無制勝之策亦繇敵人之有備故也且彊埸

相侵互有勝敗徒損兵儲非策之上者不若觧邊嚴臧戍防継好息民敬待來者彼必喜於通和懈而少備然後出其不意一舉而山東可圖若猶習前蹤恐非蕩定之計帝納之

隋梁士彥仕周爲晉州刺史齊師來伐武帝救之以將士疲倦意欲班師士彥叩馬而諫曰今齊師既遁衆心皆動因其懼也而攻之其勢必舉帝從之大軍遂進帝執其手曰余之有晉州爲平齊之基若不固守則事不諧矣朕無前慮惟恐後變善爲我守之及齊平封郕國公進位上柱國

郭榮爲左侯衛大將軍遼東之役以功進位左光祿大夫明年帝復事遼東榮以爲中國疲弊萬乘不宜屢動乃言於帝曰戎狄失禮臣下之事臣聞千鈞之弩不爲鼷鼠發機豈有親辱大駕以臨小寇帝不納

樊子蓋爲兵部尚書將兵大業十一年從駕汾陽宮至于鴈門車駕爲突厥所圍頻戰不利帝欲以精騎潰圍而出子蓋諫曰陛下萬乘之主豈有輕脫一朝狼狽雖悔不追未若守城以挫其鋭四面徵兵可立而待陛下亦何所慮乃欲身自突圍因嗚泣願暫停遼東之役以慰衆望聖躬親出慰撫厚爲勳格人必自奮不足爲憂帝從之其後援兵稍至虜乃引去

來護兒爲右翊衛大將軍煬帝於鴈門爲突厥所圍將選精騎潰圍而出護兒及樊子蓋並固諫乃止大業十二年駕幸江都護兒諫曰自皇家受命將四十年薄賦輕徭戶口滋殖陛下以高麗逆命稍興軍旅百姓無知易爲咨怨在外群盜往往聚結車駕遊幸深恐非宜伏願駐駕雒陽與時休息出師命將掃清群醜上禀聖算指日尅除今幸江都是臣衣錦之地臣荷恩深重不敢專爲身謀帝聞之厲色而起數日不得見後怒解方被引入謂曰公意乃爾朕復何望

護兒因不敢言

唐執失思力爲左領軍將軍貞觀五年十月太宗將逐兎於後苑思力諫曰天授陛下爲華夷父毋何得自輕脩使萬一馬有蹶將若之何太宗顧而異之又將逐鹿思力乃脫巾帶跪而固請太宗爲之止焉

李大亮爲梁州都督初頡利之敗也其酋豪首領至者皆拜將軍布列朝廷五品以上百餘人殆與朝士相半唯大度設拓設泥熟特勒不至遣招慰之使者相望于道大亮以爲于事無用徒費中國因上疏曰臣聞欲綏遠者必先安近中國百姓天下本根四夷

之人猶於枝葉擾其根本以厚枝附而求久安未之有也自古明王化中國以信馭夷狄以權故春秋云戎狄豺狼不可厭也諸夏親昵不可棄也自陛下君臨宇宙深根固本人逸本強九州殷盛四夷自服今者拓跋突厥雖入提封臣愚稍覺勞費未悟其益也然河西甿庶積禦蕃夷州縣蕭條戶口鮮少加因隋亂減耗尤多突厥未平之前尚不安業匈奴微弱以來始就農畝若即勞役恐致妨損以臣愚見請停招慰且謂之荒服者故臣而不內是以周室愛人攘狄竟延七百齡秦王輕戰事胡四十載而絕滅漢文養

兵靜守天下安豐孝武揚威遠略海內虛耗雖悔輪臺追已不及至於隋室早得伊吾兼統鄯善且既得之後勞費日甚虛內致外竟損無益遠尋秦漢近觀隋室動靜安危昭然備矣伊吾雖已臣附遠在蕃磧人非夏人地多沙鹵其自豎立稱蕃附庸者請羈縻受之使居塞外畏威懷德永爲蕃臣蓋行虛惠而收實福矣近日突厥傾國入朝既不得之江淮以變其俗乃置內地去京不遠雖則寬仁之義亦非久安之計每見一人初降賜物五匹袍一領首帥悉授大官祿厚位尊理多糜費以中國之租賦供積惡之匈奴其衆益多非中國之利也於是言事者甚衆竟分其部置三都督府

竇靜爲夏州都督時擒頡利處其部衆於河南靜以爲不便上封事曰臣聞夷狄者同夫禽獸窮則搏噬群則聚麀不可以刑法繩不可以仁義教衣食仰給不務耕桑徒損有爲之甿以資無知之虜得之則無益於化失之則無損於時然彼首丘之情未易忘也誠恐一旦變生犯我王略愚臣之所深慮如臣計者莫若因其敗亡之後加其無妄之福假以賢王之號妻以宗室之女分其土地析其部落使其權弱勢分

易爲羈制自可永保邊塞代爲蕃臣此實長轡遠御之道於時務在懷輯雖未從之太宗嘉其忠謇答以優詔曰北方之務悉以相委以卿爲寧朔大使撫鎮華戎朕無北顧之憂矣

尉遲敬德爲鄜夏二州都督抗表乞骸授開府儀同三司太宗將征高麗敬德奏言車駕若自往遼左皇太子又在定州東西二京府庫所在雖有鎮守總是空虛遼東路遙恐有玄感之變且邊隅小國不足親勞萬乘伏請委之良將自可應時摧滅太宗不納令以本官行太常卿爲左衛馬軍總管從破高麗於駐

毗山軍還依舊致仕

郭子儀爲朔方等道節度時西蕃入寇詔子儀爲關內副元帥蕃軍退詔子儀權京城留守自西蕃入寇代宗車駕東幸天下皆咎程元振諫官屢論之元振懼又以子儀復立功不欲天子還京勸帝且都雒陽以避蕃寇代宗然之下詔有日子儀聞之因兵部侍郎張重光宣慰廻附章論奏曰臣聞雍州之地古稱天府右控隴蜀左扼崤函前有終南太華之險後有清渭濁河之固神明之奧王者所都地方數千里帶甲十餘萬兵强士勇雄視八方有利則出攻無利則

入守此用武之國非諸夏所同秦漢因之卒成帝業其後或處之而泰去之而亡前史所書不唯一姓及隋氏季末煬帝南遷河雒丘墟兵戈亂起高祖唱義亦先入關惟能剪滅奸雄底定區宇以至於太宗高宗之盛中宗玄宗之明多在秦州鮮居東雒間者羯胡構亂九服分離河北河南盡從逆命然而先帝仗朔方之衆慶緒奔亡陛下藉西土之師朝義就戮豈惟天道助順抑亦地形使然此陛下所知非臣飾說近因吐蕃凌逼鑾駕東巡蓋以六軍之兵素非精練皆市肆屠沽之人務掛虛名苟備征賦及驅以就戰百無一堪亦有前輸貨財因以求免又中官掩蔽庶政多荒遂令陛下振蕩不安退居陝服斯蓋關於委任失所豈可謂秦地非良者哉今道路云云不知信否咸謂陛下已有成命將幸雒都臣熟思其端未見其利夫以東周之地久陷賊中宮室焚燒十不存一百曹荒廢曾無尺椽中間畿內不滿千戶井邑榛棘豺狼所嗥既乏軍儲又鮮人力東至鄭汴達於徐方北自懷衛經於相土人烟斷絕千里蕭條將何以奉萬乘之牲餼供百官之次舍矧其土地狹阨纔數百里間東有成臯南有二室險不足恃適爲戰場陛下

奈何棄久安之勢從至危之策忽社稷之計生天下之心臣雖至愚竊爲陛下不取且聖旨所慮豈不以京畿新遭剽掠田野空虛恐稍食不充國用有闕以臣所見深爲不然昔衛文公小國之君諸侯之主耳遭懿公爲狄所滅始廬於漕衣大布之衣冠大帛之冠元年革車三十乘季年三百乘卒能恢復舊業享無疆之休況明明天子恭儉節用苟能黜素飧之吏去冗食之官抑豎刁易牙之權任蘧瑗史鰌之直薄征弛力卹隱追鰥委諸相以簡賢任能付老臣以練兵禦侮則黎元自理盜賊自平中興之功旬月可冀

卜年之期永永無極矣願特邁順動廻鑾上都再造邦家維新庶政奉宗廟以脩薦享謁陵寢以崇孝思臣雖隕絶死無所恨代宗省表垂泣謂左右曰子儀用心真社稷臣也可亟還京師

韋臯爲西川節度使順宗即位王叔文等專政臯上表曰臣聞上承宗廟下鎮黎元永固無疆亟先儲貳臣伏聞聖躬以山陵未畢哀毁踰禮因乖攝衛至今未安若更憂勞萬幾伏恐旬月之間未得痊復皇太子睿質已長淑問日彰四海之心實所倚賴伏望權令親監庶政事無大小一切諮稟候聖躬痊愈即歸

春宮如此必與聖體速就康寧庶政免令擁滯臣位兼將相受恩最深今之所陳是臣職分特望陛下俯從人望克崇萬代之業又上皇太子牋曰殿下體重離之明當儲貳之重所以克昌九廟式固萬方天下安危係於殿下臯位崇將相志切公忠先聖察知早蒙恩顧人臣之分知無不爲將以上答眷私當思罄竭伏以聖上嗣膺鴻業睿哲英明攀感先皇志存孝理上追殷宗之德諒闇未嘗發言軍國萬機委於臣佐所宜竭誠翊戴以致雍熙但託付未得其人處理多虧公正今則群小得志隳紊紀綱官以勢遷政循情改朋黨交搆熒惑聖朝樹置腹心遍於貴位潜結左右難在蕭墻國賦散於權門王税不入天府褻慢無忌高下在心貨賄旣行遷轉失序先朝屏黜贓犯之類咸擢在省闥府署之間至令忠臣隕涕正士吞聲遐邇痛之謂之不可將恐奸雄乘便因此謀動干戈危殿下之家邦傾太宗之王業伏以櫛風沐雨經營四方列聖兢兢年將二百將欲傳於萬代永保無疆豈可一朝委任王叔文王伾李忠言等三人小藝之臣付以軍國重務恣其贖亂坐收傾危日夜憂危不勝憤激捐軀報國今則其時特望殿下即日奏聞

斥逐群小天下事務出自殿下之心則四方獲安忠臣得以戮力臯受恩兩朝寄任崇重惟知竭節以效懇誠伏惟殿下掃除之臯自以大臣得議國家事且怨叔文不與三川特處斗絶一方度叔文不能摇動又乘其與常執誼間隙故極言中外人情尋裴均嚴綬表牋繼至悉與臯同詞忠正之徒皆倚賴以爲援而邪黨震懼

裴度爲河東節度使會幽州朱克融鎮州王廷湊作亂詔度充鎮州四面行營招討使屠城斬將屢以捷聞穆宗深嘉其忠款時翰林學士元稹交結內官求

爲宰相與知樞密魏弘簡爲刎頸之交穊雖與度無憾然頗忌前達加於巳上度方用兵山東處置軍事有所論奏多爲穊輩所持天下皆言穊恃寵熒惑上聽度在軍上疏論之曰臣聞主聖臣直今旣遇聖主輙爲直臣上答殊私下塞群謗誓除國蠹無以家爲苟獻替之可行何性命之足惜伏惟皇帝陛下恭承丕業光啓雄圖方於頑人之風以立太平之事而逆豎搆亂震驚山東姦臣作朋撓亂國政陛下欲掃蕩幽鎮宜肅清朝廷何者爲行有大小議事有先後河朔逆賊只亂山東禁闈姦臣必亂天下是則河朔患

小禁闈患大小者臣等與諸戎臣必能剪滅大者非陛下制斷非陛下覺悟無計驅除今文武百寮中外萬品有心者無不憤忿有口者無不咨嗟直以威權方重獎用方深無所畏避不敢抵觸恐事未行而禍巳及不爲國計且爲身謀臣比者猶畏隱忍不願發明一則以罪惡如山怨謗如雷伏料聖明必自誅殛一則以四方無事萬樞且過雖紀綱潛壞賄賂公行俟其貫盈必自顛覆今屬兇徒擾攘宸衷憂軫凡有制命計於安危痛此姦邪恣行欺罔干亂聖略非止一途又翰苑舊臣結爲朋黨陛下聽其所說更訪於近臣私相計會更唱迭和蔽惑聰明所以臣自兵興以來所陳章疏事皆要切所奉書詔多有參差蒙陛下委付之意不輕被姦臣抑損之事不少臣素知佞倖亦無伉嫌只是昨者臣請乘傳詣闕面陳戎事姦臣之徒最所畏懼知臣若到御坐之前必能悉數其過以此百計止臣此行臣又請領兵齊進遂便討賊姦臣之黨尤加阻礙恐臣統率諸道或有成功進退皆受羈牽意見悉遭蔽塞後共一二節較同詞合力或兩道招撫逗留旬時或遣荆州行營拖曳日月但欲令臣失所使臣無成則天下理亂山東勝負悉不

顧矣爲臣事君一至於此且陛下左右前後忠良至多亦有熟會典章亦有飽諳師旅足以任使何獨斯人以臣愚見若朝中姦臣盡去則河朔逆賊不討而自平若朝中姦臣尚在則逆賊縱平無益臣讀國史知代宗朝蕃戎侵軼直犯都城代宗不知蓋被程元振蒙蔽幾危社稷當時柳伉乃太常一博士耳猶能抗表歸罪爲國除害今臣所處兼總將相豈宜坐觀凶邪有噎日月不勝感憤嫉惡之至謹附中使趙奉國以聞倘陛下未信忠言猶惑姦黨伏乞出臣此表令三事大夫與百寮集議彼不受責臣合伏辜天鑒

孔明照臣肝血得天下之人知臣不負陛下則雖死之日猶生之年繼上三章辭情激切穆宗雖不悦然懼大臣正議乃以魏弘簡爲弓箭庫使罷元稹内職然寵稹之意未衰俄拜稹平章事尋罷度兵權守司徒平章事充東都留守諫官相率伏閤詣延英門者日有二三帝知其諫不即被召皆上疏言時未偃兵度有將相全才不宜置之散地帝以章疏旁午無如之何知人情在度遂詔度自太原繇京師赴雒及元稹爲相請帝罷兵洗雪廷湊克融解深州之圍蓋欲罷度兵柄故也二年三月度至京師既見先敘克融

廷湊暴亂河朔受命討賊無功次陳除職東都許令入覲辭和氣勁感動左右度伏奏龍墀涕泗嗚咽帝爲之動容口自諭之曰所謝知朕於延英待卿務人以度無左右之助爲姦邪排擯雖度勳德恐不足感動人主及度奏河北事慷慨之切揚於殿庭在位者無不聳動雖武夫貴介亦有咨嗟流涕者

梁韓建唐末爲鎮國軍節度使昭宗乾寧中逼王滋請故宰臣孔緯宅爲營建奏曰孔緯以直道爲宰相今其身殁未久朝廷撫凌統之孤恭蕭何之墓奈何奪其故居使其妻子奉几筵無所非君臣始終之道也帝從之

後唐蓋寓初爲武皇后右都押牙領容管經略使武皇平王行瑜旋師渭北暴雨六十日諸將或請入覲且云天顏咫尺安得不行覲禮武皇意未決寓白曰車駕自石門還京寢未安席比爲行瑜驚駭乘輿今京師未寧奸兇流議大王移兵渡渭必恐復動宸情君臣始終不在朝覲但歸藩守姑務勤王是忠臣之道也武皇笑曰蓋寓尚阻吾入覲况天下人哉即日班師

符存審爲魏博馬步軍都指揮使領横海軍節度使

莊宗勇於征戰每以輕騎當之遇窘者數四存審每俟其入必叩馬流諫曰王將復唐宗宜爲天下自愛搴旗挑戰一劍之任無益聖德請責效於臣古人不以賊遺君父臣雖不武敢不代君之憂莊宗即時回駕

册府元龜

巡按福建監察御史臣李嗣京　訂正

知閩縣事臣曹冎臣叅閲

知建陽縣事臣黄國琦較釋

將帥部　六十九

退讓

書曰讓受益傳曰上讓下兢蓋先王之重知退而貴崇讓也其德之盛歟乃有掌握兵要典司戎重膺九帥之寄受汪意之任寵名斯集爵賞既渥而能違倚

伏之理節過亢之分深畏盛滿推避榮數稱引俊傑罄盡忠亮乃至求解祿秩願就休致懇辭政柄思去權位靡矜勳績不受封邑精意懇到孤風聳激老子曰知止不殆易曰卑而不可踰皆是之謂也故歷代之爲將者能以功名始終進退而不失其正者何莫繇斯道也已

漢張安世宣帝初爲車騎將軍光祿勳時大將軍霍光薨御史大夫魏相上封事言安世與大將軍定策天下受其福宜尊其位以爲大將軍帝亦欲用之安世聞指懼不敢當請間求見免冠頓首曰老臣耳妄聞言之爲先事不言情不達事未施行而遽言之故曰爲先事也誠自諒不足以居大位繼大將軍後唯天子財哀以全老臣之命財與裁同帝笑曰君言太謙君而不可尚誰可者言君尚不可誰更可也安世深辭弗能得後數日竟拜大司馬車騎將軍領尚書事初宣帝以皇曾孫收養掖庭安世兄掖庭令賀侍養拊循恩甚密焉及帝即位而賀已死帝追思賀恩欲封其家爲恩德侯置守冢二百家賀有一子蚤死無子子安世小兒彭祖言養以彭祖爲子祖又小與帝同席研書指欲封之先賜爵關內侯安世深辭賀封又求損守冢戶稍減至三十帝曰吾自

爲掖庭令非爲將軍也安世乃不敢復言安世以父子封侯在位太盛乃辭祿詔都內別藏張氏無名錢以百萬數元康四年春安世病上疏歸侯乞骸骨天子報曰將軍年老被病朕甚閔之雖不能視事折衝萬里君先帝大臣明於治亂朕所不及得數問焉言意所不及者即以問君何感而上書歸衛將軍富平侯印薄朕忘故薄猶嫌也君意嫌朕遺忘故舊而求去也非所望也願將軍強飡食近醫藥專精神以輔天年安世復強起視事

後漢馬武初爲更始振武將軍後降光武復使將其部曲至鄴武叩頭辭以不願世祖愈美其意

李通爲前將軍以天下畧定通思欲避榮寵以病上書乞身詔下公卿群臣議大司徒侯霸等曰王莽篡漢傾亂天下通懷伊呂蕭曹之謀建造大策扶助神靈輔成聖德破家爲國忘身奉主有扶危存亡之義功德最高海內所聞通以天下平定謙讓辭位夫安不忘危宜令通居職療疾欲就諸侯不可聽於是詔通勉致醫藥以時視事

丁綝字幼春潁川定陵人光武因畧地潁陽以爲偏將軍建武元年拜河南太守及封功臣帝令各言所樂諸將皆占豐邑美縣唯綝願封本鄉或謂綝曰人

皆欲縣子獨求鄉何也綝曰昔孫叔敖勑其子受封必求墝埆之地今綝能薄功微得鄉亭厚矣帝從之封定陵新安鄉侯

朱祐爲建義大將軍建武中封鬲侯邑七千三百戶祐自陳功薄而國大願受南陽五百戶足矣不許

竇憲和帝時爲車騎將軍與北單于戰於稽落山大破之詔使中郎將持節即五原拜大將軍封武陽侯食邑三萬戶憲固辭封賜策許焉

馮緄桓帝時爲車騎將軍擊武陵蠻夷荊州平定詔賜錢十億固讓不受振旅還京師推功於從事

吳張昭大帝時爲綏遠將軍以老病上還官位及所統領更拜輔吳將軍班亞三司改封婁侯食邑萬戶

是儀爲裨將軍守侍中欲復授兵儀自以非材固辭不受

嚴畯爲騎都尉橫江將軍魯肅卒權以畯代肅畯前後固辭曰僕素書生不閑軍事非才而據殃咎必至發言慷慨至於流涕大帝乃聽焉嘉其能以實讓

晉賈充爲車騎將軍時吳將孫秀降拜爲驃騎大將軍武帝以充舊臣欲改班使車騎居驃騎之右充固讓見聽

魯芝爲鎮東將軍青州刺史芝以年及懸車告老遜位章表十餘上武帝於是徵爲光祿大夫位特進給吏卒門施行馬

羊祜泰始初爲都督荊州諸軍事後加車騎將軍開府如三司之儀祜上表固讓曰臣伏聞恩詔拔臣使同台司臣自出身以來適十數年受任外內每極顯重之任常以智力不可頓進恩寵不可久謬夙夜戰慄以榮爲憂臣聞古人之言德未爲人所服而受高爵則使才臣不進功未爲人所歸而荷厚祿則使勞臣不勸今臣身托外戚事連運會誠在過寵不患見

遺而猥降發中之詔加非次之榮臣有何功可以堪之何心可以安之身辱高位傾覆尋至願守先人弊廬豈可得哉違命誠忤天威曲從即後若此蓋聞古人申於見知大臣之節不可則止臣雖小人敢緣所蒙念存斯義今天下自服化以來方漸八年雖側席求賢不遺幽賤然臣不能推有德達有功使聖聽知勝臣者多未達者不少假令有遺德於版築之下有隱才於屠釣之間而朝議用臣不以爲非臣處之不以爲愧所失豈不大哉臣忝竊雖久未若今日兼文武之極寵等宰輔之高位也且臣雖所見者狹據今

光祿大夫李憙執節高亮在公正色光祿大夫魯芝潔身寡欲和而不同光祿大夫李胤清亮簡素立身在朝皆服事華髮以禮終始雖歷位內外之寵不異寒賤之家而猶未蒙此選臣更越之何以塞天下之望少益日月是以誓心守節無苟進之志今道路行通方隅多事乞留前恩使臣得速還屯不爾留連必於外虞有闕匹夫之志有不可奪不聽其後詔以泰山之南武陽牟南城梁父平陽五縣爲南城郡封祜爲南城侯置相與郡公同祜讓曰昔張良請受留萬戶漢祖不奪其志臣受鉅平於先帝敢辱重爵以速官謗固執不拜帝許之祜每被登進常守冲退至心素著故特見申於分列之外是以名德遠播朝野具瞻縉紳僉議當居台輔帝方有兼并之志仗祜以東南之任故寢之

杜預爲鎮南將軍都督荆州諸軍事預既平吳後還鎮累陳家世吏職武非其功請退不許

劉弘惠帝時爲鎮南將軍都督荆州諸軍事以平張昌功應封次子一人縣侯弘上疏固辭許之

王導懷帝永嘉末遷丹陽太守加輔國將軍導上元帝牋曰昔魏武達政之主也荀文若功臣之最也封

不過亭侯倉舒愛子之寵贈不過別部司馬以此格方物得不局迹乎今者臨郡不問賢愚豪賤皆加重號輒有鼓蓋動見相準時有不得者或爲恥辱天官混雜朝望頹毀導忝荷重任不能崇浚山海而開創亂源饕竊名位取紊彝典謹送鼓蓋加崇之物請從導始庶令雅俗區別群望無惑帝下令曰導德重勳高孤所深倚誠宜表章殊禮而更約己冲心進思盡誠以身率衆宜順其雅志式允開塞之機拜寧遠將軍尋加振威將軍愍帝即位徵吏部郎不拜導後又拜右將軍揚州刺史監江南諸軍事遷驃騎將軍加

散騎常侍都督中外諸軍領中書監錄尚書事假節刺史如故導以王敦統六州固辭中外都督

劉琨愍帝時爲大將軍都督并州諸軍事帝遣大鴻臚趙廉持節拜琨爲司空都督并冀幽三州諸軍事琨上表讓司空受都督尅期與猗盧討劉聰

王敦元帝建武初爲征南大將軍中興建拜侍中大將軍江州牧遣部將朱軌趙誘伐杜曾爲曾所殺敦自貶免侍中辭牧不拜尋加荊州牧敦上疏曰昔漢祖以神武革命開建帝業繼以文帝之賢纂承洪緒清虛玄默擬迹成康賈誼歎息以爲天下倒懸雖言

有抑揚不失事體今聖朝肇建漸振宏綱往段匹磾遣使求効忠節尚未有勞便以方州與之今斬明等爲國雪耻欲除大逆此之志望皆欲附翼天飛雖功大宜報亦宜有以裁之當杜漸防萌愼之在始中間不逞互生事變皆非忠義率以一朝之榮天下漸弊實繇於此春秋之時天子微弱諸侯奢侈晉文思崇周室至有求隧之請襄王讓之以禮聞義而服自爾諸侯莫敢越度臣謂前者冦賊未殄苟以濟事朝廷諸所加授頗多爵位兼重今自臣以下宜皆除之且以塞群小矜功之望夷狄無厭之求若復遷延顧望流俗使奸狡生心遂相怨謗指摘朝廷讒諛蜂起臣有以知陛下無以正之此安危之機天下之望臣門戶特受榮任備兼權重渥恩偏隆寵過公族行路斷賤猶謂不可臣獨何心可以安之臣一宗誤陛下傾覆亦將尋至雖復灰身剖心陛下追悔將何所及伏願諒臣至款及今際會小鮮散之並授賢儁少慰有識各得盡其所懷則人思競勸矣州牧之號所不敢當輒送所假侍中貂蟬又宜并官省職以塞群小覬覦之望帝優詔不許又固辭州牧聽爲刺史

紀瞻爲領軍王敦之逆元帝使謂瞻曰卿雖病但爲

朕臥護六軍賊平自表還家帝不許固辭不起詔曰瞻忠亮雅正識局經濟屢以年耆病久逡巡告誠朕深明此操重違高志今聽所執其以爲驃騎將軍常侍如故服物制度一按舊典遣使就拜止家爲府

陶侃鎮武昌元帝以侃破新野平襄陽功拜大將軍劒履上殿入朝不趨讚拜不名上表固讓曰臣非貪榮於疇昔而虛讓於今日事有合於時宜臣豈敢與陛下有違理有益於聖世臣豈敢與朝廷作異臣嘗欲除諸浮長之事遣諸虛假之用非獨臣身而已若臣仗國威靈梟雄斬勒則又何以加成帝咸和七年

侃疾篤上表遜位曰臣少長孤寒始願有限過蒙聖朝歷世殊恩陛下膚鑒寵靈彌泰有始必終自古而然臣年垂八十位極人臣啟手啟足當復何恨但以陛下春秋尚富餘寇不誅山陵未反所以憤慨兼懷不能已已臣雖不知命年時已邁國恩殊特賜封長沙隕越之日當歸骨國土臣父母舊葬今在尋陽緣存處亡無心分違已勤國臣脩遷改之事刻以來秋奉迎窀穸葬事訖乃告老下藩不圖所患遂爾縣篤伏枕感結情不自勝臣間者猶謂犬馬之齒尚可小延欲爲陛下西平李雄北吞石季龍是以遣毋丘奧

於巴東授桓宣於襄陽良圖未敘於此長乖此方之任內外之要願陛下速選臣代使必得良才奉宣王猷遵成臣志則臣死之日猶生之年陛下雖聖姿天縱英奇日新方事之殷當賴群儁司徒導鑒識經遠光輔三世司空鑒簡素貞正內外惟允平西將軍亮雅量詳明器用周時即陛下之周召也獻替疇咨敷融政道地平天成四海幸賴謹遣左長史殷羨奉送所假節麾幢曲蓋侍中貂蟬太尉章荊江州刺史印傳棨戟仰戀天恩悲酸感結以後事付右司馬王愆期加督護統領文武侃輿車出臨津就船明日薨于樊谿時年七十有六

郗鑒爲司空鎮京口以寢疾上疏遜位曰臣疾彌留遂至沉篤自忖氣力差理難冀有生有死自然之分但忝位過才曾無以報上慚先帝下愧日月伏枕哀嘆抱恨黃泉臣今虛乏救命朝夕輒以府事付長史劉遐乞骸骨歸丘園惟願陛下崇山海之量弘濟大猷任賢使能事從簡易使康哉之歌復興於今則臣雖死猶生之日耳臣所統錯雜率多北人或逼遷徙或是新附百姓懷土皆有歸本之心臣宣國恩示以好惡處與田宅漸得少安聞臣疾篤衆情駭動若當

北渡必啟寇心太常臣謨平簡貞正素望所歸謂可以爲都督徐州刺史臣亡兄息晉陵內史邁謙愛養士甚爲流亡所宗又是臣門戶子弟堪任兗州刺史公家之事知無不爲是以敢希祁奚之舉疏奏元帝以蔡謨爲鑒軍司

應詹爲都督前鋒軍事護軍將軍假節都督時以王敦作逆朱雀橋南賊從竹格渡江詹與建威將軍趙胤等擊敗之斬賊率杜發梟首數千級賊平封觀陽縣侯食邑一千六百戶賜絹五千匹上疏讓曰臣聞開國承家光啟土宇唯令德元功乃宜封錫臣雖忝

官一隊策無微略勞不汗馬猥以疏賤倫亞親密暫
厠被練列勤司勳乞廻謬恩聽其所守元帝不許
庾亮爲左衛將軍時王敦舉兵亮與諸將拒錢鳳及
沈充之走吳興也元帝又假亮節都督東征諸軍事
追充事平以功封永昌縣開國公賜絹五千四百疋
固讓不受後亮鎮蕪湖時後將軍郭默據湓口以叛
亮表求親征於是以本官加征討都督率將軍路永
毛寶劉仕等步騎二萬會太尉陶侃討之亮還蕪湖
不受爵賞侃移書曰夫賞罰黜陟國之大信竊怪矯
情獨爲君子亮曰元帥指撝武臣效命亮何功之有

遂苦辭不受進號鎮西將軍又固讓初以誅王敦功
封永昌縣公亮比陳讓疏數十上至是許之
温嶠爲江州刺史持節都督平南將軍鎮武昌先是
王導與嶠皆受元帝顧命及平蘇峻後朝議將留嶠
輔政嶠以導先帝所任固辭還藩復以京邑荒殘資
用不給嶠借資蓄具器用而後旋于武昌
毛穆之穆帝時爲右將軍宣城内史假節鎮姑孰穆
之以爲戍在近畿無復軍警不宜加節上疏辭讓許
之
郗愔簡文初爲輔國將軍會稽内史時大司馬桓温
以愔與徐兗有故義乃遷愔都督徐兗青幽揚州之
晉陵諸軍事領徐兗二州刺史假節雖居藩鎮非其
好也俄屬桓温北伐愔請督所部出河上用子超計
以己非將帥才不堪軍旅又固辭解職勸温并領己
所統轉冠軍將軍會稽内史及簡文踐祚就加鎮軍
都督浙江東五郡軍事久之以年老乞骸骨因居會
稽徵拜司空詔書優美敦獎殷勤固辭不起
謝玄孝武時爲都督徐兗青司冀幽并七州軍事移
鎮東陽城玄即路於道疾篤上疏曰臣以常人才不
佐世忽蒙殊遇不復自量遂從戎政驅馳十載不辭

鳴鏑之險每有征事輒請爲軍鋒繇恩厚忘軀甘死
若生也豈有毫釐上報榮寵天祚大晉王威屢舉實
繇陛下神武英斷無思不服亡叔臣安協贊雍熙以
成天工而雰霧尚翳六合未朗遺黎塗炭巢窟宜除
復命臣荷戈前驅董司戎首冀仰憑皇威宇宙寧一
陛下致太平之化庸臣以塵露報恩然後從亡叔臣
安退身東山以道養壽此誠以形于文旨達於聖聽
臣所以區區家國實在於此不謂臣愆咎夙積罪鍾
中年上延亡叔臣安亡兄臣靖數月之間相繼殂背
下逮稚子尋復夭昏哀毒兼纏痛百常情臣不勝禍

酷罹集毎一慟殆斃所以含哀忍悲期之必存者雖哲輔傾落聖明方融伊周嗣作人懷自厲猶欲申臣本志隆國保家故能豁其情滯同之無心耳去冬奉司徒道子告括囊遠圖逮問臣進止之宜臣進不達事機以蹙境爲恥退不自揆故欲順其宿心豈謂經畧不振自貽斯戾是以奉送章節待罪有司執循常儀實有婉心而聖恩赦過黷法垂宥使抱罪之臣復得更鳴於所司木石猶感而況臣乎顧將身不良動與釁會諡德不著害盈是荷先疾旣動便至委篤陛下體臣疾重使還藩淮側甫欲休兵靜衆綏懷善撫

兼苦自療與日月漸瘳繕甲俟會思更奮迅而所患沉頓有增無損今者惙惙救命朝夕臣之平日率其長短加以匪懈猶不能令政理弘宜況今內外天隔永不復接寧可卧居重任以招患慮追尋前事可爲寒心臣之微身復何足惜區區血誠憂國實深謹遣兼長史劉濟重奉送節蓋章傳伏願陛下垂天地之仁拯將絶之氣特遣軍司鎭慰荒雜聽臣所乞盡醫藥消息歸誠道門冀神祇之祐若此而不差脩短命也使臣得及視息瞻覲墳柏以此之盡公私眞無恨矣伏枕悲慨不覺流涕詔遣高手醫一人令自消息又使還京口療疾玄奉詔便還病又不差又上疏曰臣同生七人凋落相繼唯臣一己孑然獨存在生荼酷無如臣比所以含哀忍痛希延視息者欲報之德實懷罔極庶蒙一瘳申其此志且臣孤遺滿目顧之惻然爲欲極其求生之心未能自分於灰土慺慺之情可哀可愍伏願陛下矜其所訴霈然垂恕不令微臣銜恨泉壤表寢不報前後疏十餘上久之乃轉授散騎常侍左將軍會稽內史

桓豁爲征西將軍進督交廣州軍事太元初遷征西大將軍開府豁上疏固讓曰臣聞三台麗天辰極以

之增耀論道作弼王猷以之時雝必將仰參神契對揚成務弘易簡以冀化暢玄風於宗極故宜明揚側陋登庸賢儁使寂寞有冲天之舉渭濱無垂竿之逸用乃功濟蒼生道光千載是以德非時望成典所不虛授功微賞厚賢達不以擬心臣實凡人量無遠致階籍門寵遂叨非據進不能闡揚皇風贊明政道退不能宣力所蒞混一華戎尸素積載庸績莫紀是以敢冒成命歸陳丹款伏願陛下迴神玄覽追收謬眷則具瞻革望臣知所免竟不許

宋劉敬宣初自晉安帝元興中爲輔國將軍旣破桓

歆遷建威將軍江州刺史敬宣固辭言於高祖曰雖恥既雪四海清蕩所願反身草澤以終餘年愚過不遺遂復僶俛即目所忝已為優渥且盤龍劉毅小字無忌何無忌也猶未過寵賢如二弟位任尚卑一朝先之必貽朝野之責不許

王弘太祖即位初以佐命功遷衛將軍初少帝景平二年徐羨之等謀廢立召弘入朝太祖即位以定策安社稷進位司空封建安郡公食邑千戶弘上表固辭曰臣聞趙武稱隨會天子之家事治言於晉國無隱情臣千載幸會謬荷榮遇雖以智能虛薄政績蔑

冊府元龜　將帥部　退讓　卷之四百八　十五

聞而言無隱情竊所庶幾向令天啟其心豫定大策而名編司勳功不見紀固將請不賞之罪懸龍蛇之書豈當稽遺成命苟修小節但功勤暴之四海進關君子勞心之謀退徵小人勞力之効而聖朝懵賞於上愚臣苟忝於下則為厚誣當時永貽山寶竊財之誚比此為輕唯塵盛猷虧玷為大微躬所惜一朝亦盡非惟仰塵國紀實亦俯畏友朋憂心彌疚䩄顏靡託且凡人之交尚申知己況在明主可用理干所以敢遂愚狷守之以死乃見許加使持節侍中改監為都督進號車騎大將軍

沈慶之孝武初以討魯爽功進號鎮北大將軍後還開府儀同三司辭改封始興郡公戶邑如故慶之以年滿七十固請辭事帝嘉其意許之以為侍中左光祿大夫開府儀同三司又固讓帝不許表疏數十上又面陳曰張良名賢漢高猶許其退臣有何用必為聖朝所須乃至稽顙自陳言輒涕泣帝不能奪聽以郡公罷就第月給錢十萬米百斛衛史五人慶之於是又申前命復固辭

南齊劉善明齊臺初建為右衛將軍辭疾不拜司空褚淵謂善明曰高尚之事乃卿從來素意今朝廷方

冊府元龜　將帥部　退讓　卷之四百八　十六

相委待詎得便學松喬耶善明曰我本無宦情既逢知己所以戮力驅馳願在申志今天地廓清朝廷濟濟鄙懷既申不敢昧於富貴矣

劉懷珍宋明帝太始初為寧朔將軍遣王敬則破殷琰將劉從等四壘於橫塘等處懷珍乘勝逐北頓壽春遷門宋明帝嘉其功除羽林監屯騎較尉將軍如故懷珍請先平賊辭讓不受後仕齊太祖為左衛將軍散騎常侍魏軍寇淮肥以本官加平西將軍屯濠湖為壽春勢援軍退懷珍既老以禁旅辛勤求為閒官轉光祿大夫常侍如故

周盤龍爲持節都督兗州沿淮諸軍事以擊虜無功白衣領職八座尋奏復位加東平太守盤龍表年老才弱不可鎮邊求解職見許

王奂太祖建元初爲征虜將軍南郡内史領南蠻校尉上表固讓南蠻曰今天地初闢萬物載新荆蠻來威巳濮不擾但使邊民樂業有司循務本府舊州日就殷阜昔游西土較見盈虛兼日者戎燼之後爽毀難復雖復緝以善政未及來蘇今復割撤大府制置偏較崇望不足以助強語實安能以相奬且資力旣分職司增廣衆勞務倍文案滋煩非獨臣見其難竊

以爲國計非允見許於是罷南蠻校尉官進號前將軍

梁蔡道恭爲右衛將軍時高祖舉義師于雍州道恭以破虜休烈之功遷中領軍固辭不受出爲使持節右將軍司州刺史

王國珍爲右衛將軍辭不拜又授徐州刺史固乞留京師復賜金帛國珍又固讓高祖勅答曰昔田子泰固辭絹穀卿體國情深良在可嘉尋詔徵爲護軍將軍

夏侯詳初仕齊爲中領軍從高祖舉義師時高祖弟始興王憺留守襄陽詳乃遣使迎憺共參軍國齊和帝加詳禁兵出入殿省固辭不受遷侍中尚書右僕射尋授使持節撫軍荆州刺史詳又固讓于憺

韋叡以天監十四年出爲平北將軍寧蠻校尉十五年拜表致仕優詔不許

劉之亨大通六年出師南鄭之亨摠督衆軍杖節西土而致尅後後封臨江子固辭不拜初之亨之立功也軍士有功皆録唯之亨爲蕭欽所訟執政因而陷之故封賞不行但復本位而已久之帝讀陳湯傳恨其立功絶域而爲文吏所詆宦者張增徹曰外間論

者切謂劉之亨似之帝感悟乃封

巡按福建監察御史臣李嗣京訂正
知甌寧縣事臣孫以敬叅閱
知建陽縣事臣黄國琦較釋

將帥部 七十

退讓第二

後魏陸麗爲南部尚書文成興安初封平原王頻讓不聽乃啓以讓父文成曰朕爲天下主豈不能二王封卿父子也以其父俟爲東平王麗尋遷侍中撫軍

大將軍賜妻妃號麗以術寵既頻固辭不受帝益重之

王肅爲豫州刺史以破齊將裴叔業進號鎮南將軍加都督四州諸軍事封汝陽縣子肅頻表固辭不許

劉昶爲開府儀同三司中書監除使持節都督吳越楚彭城諸軍大將軍開府鎮徐州昶頻表辭大將軍詔不許

于忠宣武時爲侍中領軍將軍忠面陳讓云臣無學識不堪兼文武之任宣武曰當今學識有文者不少但心直不如卿欲使卿劬勞於下我當無憂於上

淳于誕宣武末伐蜀以誕爲驍騎將軍假冠軍將軍都督別部司馬領鄉導統軍誕不願先受榮爵乃固讓實官止叅戎號

楊津爲衛將軍孝莊永安初詔津爲荊州都督津以前在中山陷寇詣闕固辭竟不之任

楊侃爲右將軍孝莊徙御河北侃固求陪從至建州敘行從功臣自城陽王徽已下凡十人並增三階以侃河梁之誠特加四階侃固辭乞同諸人久乃見許

爾朱兆榮之從子節閔帝以兆爲天柱大將軍兆謂人曰此是叔父終官我何敢受遂固辭不拜尋加都

督十州諸軍事世襲并州刺史

北齊斛律羡後主武平初爲驃騎大將軍兄子武都爲兗州刺史羡歷事數帝以謹直見稱雖極榮寵不自矜尚至是以合門貴盛深以爲憂乃上書推讓乞解所職優詔不許

後周泉企初仕後魏以功累遷爲車騎大將軍西魏文帝大統初加開府儀同三司兼尚書右僕射進爵上雒郡公增邑通前一千戶企志尚廉慎每除一官憂見顏色至是頻讓文帝手詔不許

王思政爲都督荊州刺史侯景叛東魏請援乞師思

政率步騎萬餘從魯陽圖向陽翟景送欵於梁思政分布諸軍據景七州十二鎮太祖乃以所授景使持節太傅大將軍兼尚書令河南大行臺河南諸軍事廻授思政並讓不受

于謹爲柱國大將軍開府自以久當權望階位重功名既立願保優閒乃上先所乘駿馬及所著鎧甲等太祖識其意乃曰今巨猾未平公豈得便爾獨善遂不受

達奚武受驃騎大將軍累立大功朝議初欲以爲柱國武謂人曰我作柱國不應在元子孝前固辭不受

以大將軍出鎮玉壁　王欽若等曰元子孝後魏宗族義陽王爲柱國大將軍

竇熾爲柱國大將軍明帝以熾前朝舊臣勳望兼重欲獨爲造第熾辭以天下未平干戈未偃不宜輙發徒役明帝不許

隋李穆初仕周爲武衛大將軍擊曲沔蠻破之授原州刺史拜世子惇爲儀同三司穆以二兄賢遠並爲佐命功臣子弟布列清顯穆深懼盈滿辭不受拜太祖不許俄遷雍州刺史兼小冢宰增邑三千戸通前三千七百戸又劃封一子爲計邉伯穆讓兄子孝軏許之

元孝矩爲壽州總管屯兵於江上後數歲自以年老筋力漸衰不堪軍旅上表乞骸骨轉涇州刺史高祖下書曰知執謙撝請歸初服恭膺寶命實賴元功方欲委裘寄以分陝何容便請高蹈獨爲君子者乎若以邉境務煩即宜徙從涇部養德卧治也

梁睿開皇初爲益州總管自以周代舊臣久居重鎮内不自安屢請入朝於是徵還京師及引見高祖爲之興命睿上殿握手極歡睿退謂所親曰功遂身退此其時也遂謝病於家闔門自守不交當世帝賜以杖輿每有朝覲必令三衛輿上

令狐熙爲桂州總管在職數年上表曰臣忝寄嶺表四載于茲犬馬之年六十有一才輕任重夙懼兼深嘗願收拙避賢稍免官謗然所管遐曠綏撫尤難未能頓革夷風頗亦漸識皇化但臣宿患消渇比更增甚筋力精神轉就衰邁昔在壯齒猶不如人况今年疾俱侵豈可猶當重寄請解所任高祖優詔不許賜以醫藥

唐張貴高宗永徽中爲左領軍大將軍有目疾抗表辭事授鎮軍大將軍

李光弼爲河南副元帥都知河南淮西山南東道諸

節度行營事代宗廣德二年七月上表陳乞曰臣自
去月十七日舊疾發動有加無瘳至今月五日臣自
量氣力恐至不起謹忍死口占陳露上聞臣受國重
任荷國厚恩自陛下臨御已來方隅多故加以疾病
不任扶持竟未獲趨拜闕庭贍奉宸極忽此危亟氣
候奄然將寘没聖代長辭白日撫心内痛割切五情
且烏之死其聲尤哀况臣繫心聖朝結戀慈毋倚枕
西向覩謁永遥所以循環碁刻心腸斷絶臣以素無
成效累加封邑每經陳讓不蒙允許今臣將死覬目
猶存若使無功之子嗣守素封臣赴下泉亦不瞑目

况生人凋弊國用不充軍興所須實資錢穀謹上前
後所賜實封二千戶請歸之有司庶裨萬一蓋臣宿
恭必守之誠伏惟聖慈特賜臨炤行營兵馬使已下
至將士及資糧營田所孫等並令恭守所職伏聽進
止仰天瀝懇誠切氣微俛首鳴咽申吐不盡不勝哀
迫痛戀之至手詔答曰爵土之封以酬勳德故受之
日適當其分使賞在必行而得之者不讓其餘使人
有可繼國之彝憲在乎至公往者寇逆亂常京闕失
守太尉兼侍中充河南副元帥都知河南淮西山南
東道諸節度行營事上柱國臨淮郡王光弼首奉師

律翊佐先朝克殄氛祲底寧宗社自朕纘承丕緒又
置大功扶顛持危勤恤于外可謂忠存王室道濟生
人則食邑所加抑惟常典小因疾故遽有懇詞不伐
茂勳請歸實食覽其章奏増用惘然且福壽之理期
於勿藥井賦之錫傳於無窮豈宜暫以微痾便思獨
善將使在其下者何顔受封用阻深誠蓋存大體然
謙撝有素志義可嘉足以激厲名節光昭退讓宜示
中外咸使聞知

郭子儀爲關内河東副元帥廣德二年九月加太尉
子儀抗表陳讓太尉不許子儀又上言曰伏以太尉

職雄任重竊憂非據輒敢上聞今日開府敬令琉至
伏奉墨詔不蒙允許仰覩聖旨惶駭失圖臣曏昔之
分早知止足今茲累請竊懼滿盈義實繇衷事非矯
飾志之所至敢不盡言兵亂以來紀綱寖壊時多躁
競俗少廉隅德薄而位尊功微而賞厚實繁有衆不
可殫論臣每見其人深以爲念昔范宣子讓其下皆
讓欒黶爲汰不敢違也臣誠薄劣竊慕古人務欲以
身率先大變浮俗是用勤勤懇懇願罷此官庶禮讓
興行繇臣而致也臣位爲上相爵爲真王參啓沃之
謀受腹心之寄恩榮已極功業已成尋合乞骸保全

餘齒但以寇讎在近家國未安臣子之心不敢寧處苟西戎即叙懷恩詭擒疇昔官爵誓無所受必當追蹤范蠡繼跡留侯臣之鄙懷切在於此伏願察臣愚欵炤臣血誠遠降德音俯停新命上以廣聖明德讓之美下以免微臣無極之災畢力捐軀萬死無恨代宗手詔不允子儀又上表曰累上封章固辭新命未蒙亮察猥見褒崇應繇臣性分愚魯言辭蹇訥不足以遠迴天聽上慼宸衷伏念兢惶心魂若失臣備位將相于今十年嘗願竭力奉公以身格物弘簡退之化移躁競之風不使貪浮於人賞借於德區區之志

實在於斯今臣受命徂征不越幾旬願惟勤效尚未梟夷論功則毫髮未聞議論則丘山已重而舊官秩外更授崇班忝曰秉鈞將何率下實恐浮薄之輩從茲寖甚禮讓之道不復與行在臣微軀胡顏自處臣歷觀古今備見否臧貴而能降者盡獲保全進而忘退者卒遇傾覆臣深知此理安敢貪榮所以抵冒威嚴昧死陳讓陛下雲雨之施旣以光寵其始亭育之恩豈不保持其末所冀免臣橫死錫臣餘年碎首爲請期於必遂手詔答依十二月乙丑加子儀爲尚書令庚寅子儀上表陳讓曰伏奉廣德二年十二月三日制加臣尚書令餘並如故受恩逾量魂守飛越臣聞王政之本繫於中臺天下所宗謂之會府大錄其事自古攸難宣五常之教儀刑百辟揔六聯之務阜成兆人非才則闕不可濫處臣以薄劣素乏行能逢時擾攘猥蒙驅策內參朝政外總兵權上不能翼戴三光下不能糾逖羣慝功微賞厚任重恩深覆餗之憂實盈寤寐臣昨所以固辭太尉乞保餘年殊私曲臨遂見矜許竊謂陛下已知其願深察其心豈意未歷旬時復延寵命以臣福淺又寡智謀安可謬職南宫當茲大任況太宗昔居藩邸嘗踐此官累聖相承

曠而不置皇太子爲雍王之日陛下以其總兵薄伐平定關東飲至策勳再有斯授豈臣末職敢亂大倫德薄位尊難逃天下之責負乘致寇將速神明之誅伏乞天慈俯停新命非唯名器無假實與骸骨獲全在於微誠皇穹所鑒手詔答不允尋戊辰詔子儀於尚書省視事又上表曰伏以尚書令武德之際太宗爲之臣昨瀝懇上陳請罷斯職而陛下不垂亮察務欲褒崇區區微誠盍用惶懼何則太宗立極之主聖德在人自後因廢此官永代作則陛下守文繼體固當奉而行之豈可猥私老臣瘵厥成式上掩陛下之

德下貽萬方之非臣雖至愚安敢輕受況久經兵亂借賞者多一人之身兼官數四朱紫同色清濁不分爛羊之謡復生聖代臣頃覩其弊思革其源以逆寇猶存未敢輕議今元兇沮敗計日成擒中外無虞妖氛漸息此陛下作法之際審官之時固合始於老臣化及班列豈可輕爲此舉以亂國章夫國章亂於上則庶政隳於下海内之政皆亂則國家又安得永代而無患哉陛下苟能從臣之言俯察誠請彼貪榮冒進者亦將各讓其所兼之官自然天下文明百工式叙太平之業可得而復也臣誠蒙鄙識昧古今志之

所切實在於此詔答曰所讓者依宣示中外編諸史冊又以子儀男晞兼御史大夫嘉其父讓也

杜鴻漸爲門下侍郎平章事山劍副元帥大曆三年八月又兼東都留守餘如故鴻漸以病陳乞竟不行四年二月表讓山劍副元帥許之

王縉爲河南副元帥都統河南淮西淮南江南山南諸道節度行營使兼太原河東節度使北郡留守門下侍郎同平章事齊國公大曆四年六月抗表讓副元帥都統行營使許之

李抱玉爲鳳翔節度使府吐蕃每歳犯境代宗以岐下國之西門寄在抱玉恩寵無比遷同中書門下平章事又兼山南西道節度使河西隴右山南西道副元帥判梁州事連統三道節制兼領鳳翔潞梁三大府秩處三公抱玉以任位崇重抗疏懇讓司空及山南西道節度判梁州事乞退授兵部尚書帝嘉其讓讓許之大曆六年抱玉又抗表讓山南西道副元帥及山南節度等使表曰臣志誠有涯寄任過分嘗懼覆敗自貽譴責且授其旄節扞彼蕃戎所掌之兵須自訓練如臂使指若網在綱則人有固心前無彊敵今以臣守在西鄙兼統漢中撫循實難威令不及况

自隴坻達於扶文綿亘邊陲二千餘里雖山谷險阻足爲藩蔽其中賊路不一皆要防虞加之夷狄無厭憑陵滋甚去年既侵右地復擾西山倘至前秋兩道俱下臣若固其汧隴則不救梁岷若進兵扶文恐患逼關輔首尾不應進退無從伏惟陛下居安慮危圖難於易其前件使及梁州刺史伏請別擇能者悉以委之令臣西備隴關竭其誠節國家大計敢不上陳手詔答曰卿位重台衡勳崇師律爰加倚任兼總漢中庶展謀猷遠寧郡邑而卿情殷退讓辭統巴岷志戀闕庭兼鎮河隴高謝圭宇務更分憂言念至忠益

堅大節永懷誠願深用慨然覽卿表章由遂來請

范希朝建中年爲邠州刺史韓遊瓌自奉天歸邠州以希朝得衆忌之希朝懼奔鳳翔德宗聞之趣召至京師寘於左神策軍中遊瓌歿邠軍諸將列名上請希朝爲節度德宗將許之希朝讓於張獻甫曰臣始偪而來終代其任非所以防覬覦安反側也詔嘉之以獻甫統邠寧數日除希朝振武節度使

李勉德宗時爲汴滑宋亳等都統興元初詔勉頻有陳讓懇請休閒其汴滑宋亳等都統永平汴滑陳鄭等節度宜並依簡較司徒平章事如故

李芃德宗時爲河陽節度興元元年芃以疾固讓謂所親曰今年夏蝗旱人主厭兵革然則天下城壘堅厚矣戈鋋銛利矣以力勝之則有得失其可盡乎除弊之急莫先德化循而理之斯易致耳方鎮之戴冀時主宜先退讓貪權持禄吾所不敢也吾既疾病豈能言而不踐乎乃手疏乞罷識者以爲知言

馬燧爲河東節度興元元年加晉慈隰節度初王武俊自魏州還兵雖去僞號而攻逼趙州觀察使康日知窘蹙欲棄趙州德宗用燧計欲令與昭義軍同擊朱滔以深趙隸武俊而改授日知爲晉慈隰節度使日知未授命而三州已降燧則又加燧晉慈隰節度乃復讓三州於日知且言因降而授之有功者踵以爲輩帝嘉而許之燧乃遣使迎日知既至藉府庫而歸之日知喜且過望

王武俊興元初爲成德軍節度兼幽州盧龍兩道節度表讓幽州盧龍一節度帝許之

李自良爲河東軍大將貞元三年從節度使馬燧入朝時罷燧兵權德宗欲以自良代燧自良懇辭事燧久不欲代爲軍帥物議多之

張茂昭爲義武軍節度使貞元二十年十月來朝明

年德宗晏駕順宗聽政加平章事合還鎮錫以女樂二人及門不使下車三表辭讓帝未之許茂昭言於中使曰二女樂成自宮禁非臣下所宜目覩昔汾陽子儀西平李晟北平馬燧咸寧渾城膺此賞不讓爲宜茂昭自省無功勞至如入覲乃臣下常禮柰何受此寵錫以啓倖門後有功高之臣則何以加賞帝聞之曰將來之揩式也乃許之又所賜安仁里第三讓竟不受

韓公武弘之子以討淮西功爲鄜州節度元和十四年弘自汴州入朝公武乞罷節度入爲大金吾將軍旣而弘出鎮河中李父克移鎮宣武公武歎曰二父

嚥居重鎮吾以孺子當執金吾之任家門之盛懼不克勝堅辭宿衛改右驍衛將軍性甚恭遜不以富貴自處

李光顏穆宗時詔兼横海軍節度長慶二年三月光顏表讓節度并封其官誥以進且言已發東光縣欲還陳許從之

李夷簡爲淮南節度稱疾告老朝廷以未及懸車不之許夷簡堅請凡四表乃以右僕射兼太子少師仍許分司東都蓋遂其志

李固言文宗時爲簡較吏部尚書門下侍郎平章事

冊府元龜　將帥部　退讓二　卷之四百九　十三

充西川節度使累讓門下侍郎詔除簡較左僕射平章事

李石爲荆南節度使中書侍郎平章事兼江陵尹開成三年九月加簡較兵部尚書同平章事餘如故以石三上表讓中書侍郎故也

梁張佶唐末爲潭州行軍司馬時劉建峯據湖南獨邵州不賓命都將馬殷統步騎討之期歲未尅而建峯爲其下所殺州既亂隣寇且至時佶爲行軍司馬潭人謀其帥曰張行軍即所奉也衆以柄屬之佶不得已視事揄戮亂首部分軍政旬月閒威世大振寇亦解去乃謂將吏曰佶才能不如馬公况朝廷重藩非其人不可濫取因以牘召殷殷亦不疑禀命馳入壁佶受拜謁禮畢命升階告以大計議未决佶趨下率衆抃賀乃讓殷爲帥自請代赴師以圖攻邵邵既潰振旅而入復爲行軍司馬垂二十年殷果立大勳

後唐郭崇韜爲侍中樞密使兼領鎮州莊宗謂之曰吾欲移卿兼領汴州授總管鎮陽節制總管則明宗也與李紹斌爲聲援庶濟軍機崇韜曰計無便於此者因曰臣内權機務外預平章日侍天顔手持國柄名位亦已極矣恩寵亦已加矣如此富貴何假遥領

冊府元龜　將帥部　退讓　卷之四百九　十四

藩方臣中夜思忖歷數創業功臣有隨陛下出生入死接鋒冒刃而經百餘戰者今位不過典方州恩不過功臣名號臣惟涯分徒以指蹤畫策仰贊虞謨餘無汗馬之勞今日窮榮極盛陛下雖私臣恩倩然萬手所指臣何自安臣舜歷懇披陳聖旨未迴臨炤今陛下議安邊事委任勳賢獲臣初心不勝大願其汴州節制乞陛下擇親王鎮撫臣晝夜思之汴州關東之會府當天下之要衝地富人繁國之根本除命親賢勳德不可輕授於人縱臣領之臣又不歸治所令人攝職何異空城臣與國之情議須及此乞不以臣

爲慝別憔聖懷取臣芻議爲便帝曰卿言忠盡予忍奪卿土宇乎翼日上章辭節鎮批答云豈可朕居億兆之尊俾卿無尺寸之地卿雖堅讓朕意何安崇韜再表懇瀝批答曰朕以卿久司樞要嘗處重難或遲疑未決之機詢諸先見或憂撓不定之事訪自必成至於贊朕丕基登茲大寶衆興異論卿獨堅言天命不可違唐祚必須復請納家族明設誓文及其密取汶陽興師入不測之地潛通河口貢謀占必濟之津人所不知卿唯合意迨中都嘯聚群黨窺凌朕決議平妖兼收浚水雖云先定更審前籌果盡贊成悉諸

沈筭斯即何須冐刃始顯殊庸況嘗山陸梁正虞未復卿能撫衆共定群心惟朕知卿他人寧表所以賞卿之寵實異等倫沃朕之心非虛渥澤今卿再三讓遜重疊退辭始納掌陽請歸上將又稱梁苑不可兼權如此周身貴全名節古人操守未可比方既覽堅辭難阻來表其再讓汴州所宜依允

晉安彥威高祖即位授北京留守太原尹就加使相彥威以位望漸隆心不自安繼上表以眼疾乞從休致不允乃請赴闕自陳詞理激切朝廷惜而縻之授開府儀同三司兼侍中鎮宋城後彥威授鎮軍大將軍北面行營副都統彥威竭家財駝馬戎器以進乞從歸退累批不允以疾還雒陽卒於家

高從誨少帝時爲荆南節度使從誨累表陳讓新命時朝廷遣內班劉從貞傳宣不令表辭從貞馳奏云臣到荆州南具傳聖旨從誨云臣有志不願官崇所奏非矯飾也今再差人固讓必望寢停縱降使臣不敢迎受蓋從誨以術者言數運有灾宜避其尊寵故也

周高行周太祖時爲鄆州節度使以降詔不呼名上章讓曰陛下每降詔書過踰常制耳聞宣讀心不遑

安詔書呼名人臣常分乞不踰聖制者太祖初踐祚志懷謙抑藩岳元老多不呼名與行周詔即呼齊王故有是奏

冊府元龜

巡按福建監察御史臣李嗣京　訂正

新建縣舉人　臣　戴國士參閱

知建陽縣事　臣　黄國琦較釋

將帥部七十一

壁壘

夫石城湯池著於神農之教固圉重閉載乎春秋之訓誡以守禦之設所以保民營屯之利繇是制勝故司戎律遏外侮者莫不務焉三代以來乃有扞戎貊

備鄰敵討疆寇懷新附審其勢勝防其侵軼收合離散繕完守備因地而占其利先人而奪其心築壘以爲固環營而入保繇是軍聲雄震士氣兼倍整武經而推叙圖戰功而允集克寧封守以安生聚斯蓋治戎之要道備豫之善教者歟

周南仲爲將帥宣王之時北有玁狁之難命南仲往築城於朔方爲軍壘以禦北狄之難

晏弱爲齊大夫齊侯召萊子萊子不會故晏弱城東陽以偪之東陽齊境上邑遂圍萊滅之

孟獻子仲孫蔑也爲魯大夫襄公二年七月會晉荀罃宋華元衛孫林父曹人邾人於戚謀鄭故也鄭文叛晉謀討之孟獻子曰請城虎牢以偪鄭虎牢鄭舊邑今屬晉知武子荀罃也曰善冬復會於戚遂城虎牢鄭人乃成如獻子謀

廉頗爲趙將軍秦王齕攻趙使廉頗將趙軍士卒犯秦斥兵秦斥兵斬趙裨將趙軍築壘而守之

趙奢爲趙將秦伐韓軍於閼與趙王令奢將救之軍壘武安西屬魏郡秦軍鼓譟勒兵武安屋瓦盡振趙奢堅留二十八日不行復益增壘秦間來入趙奢善食而遣之間以報秦將秦將大喜曰夫去國三十里而軍不行乃增壘閼與非趙地也趙奢旣已遣秦間乃

卷甲而趨之二日一夜至令善射者去閼與五十里而軍壘成

漢郭蒙高帝初爲城將將築城兵也

公孫敖爲因杅將軍武帝太初元年遣敖築塞外受降城

後漢吳漢爲大司馬建武中率征南大將軍岑彭等伐公孫述光武戒漢曰成都十餘萬衆不可輕也但堅據廣都待其來攻勿與爭鋒若不敢來攻轉營迫之須其力疲乃可擊也漢乘利遂自將步騎二萬人進逼成都去城十里餘阻江北爲營作浮橋使副將

武威將軍劉尚將萬餘人屯於江南相去二十餘里

岑彭爲征南大將軍南擊秦豐豐與其大將蔡宏拒彭彭乃潛兵渡沔水擊其將張楊於阿頭山大破之從川谷間伐木開道直襲黎丘擊破諸屯兵豐聞大驚馳歸救之彭與諸將依東山爲營豐與蔡宏夜攻彭彭預爲之備出兵迎擊之豐敗走

段紀明爲護羌校尉破羌將軍時詔遣謁者馮禪說降漢陽散羌紀明以春農百姓布野羌雖暫降而縣官無廩必當復爲盜賊不如乘虛放兵勢必殄滅夏紀明自進營去羌所屯凡亭山四十五里遣田晏夏

育將五千人據其山上晏等大戰破之紀明不欲令散走乃遣千人於西縣（西縣屬天水郡）結木爲柵廣二十步長四十里遮之分遣晏育等將七千人啣枚夜上西山結營穿塹去虜一里許又遣司馬張愷等將三千人上東山紀明自率步騎進擊水上羌走因與愷等夾東西山縱兵擊破之

虞詡爲武都太守既到郡羌衆萬餘攻圍赤亭數十日（赤亭故城在渭州）羌退因掩擊大破之斬獲甚衆賊繇是敗散南入益州詡乃占相地勢築營壘百八十所招還流亡假賑貧人郡遂以安

魏婁圭字子伯漢末從太祖爲大將建安十六年太祖征馬超於關中軍於渭南賊衝突營不得立地又純沙不勝版築子伯說太祖曰今天寒可起沙爲城以水灌之須臾氷堅如鐵石功不逵曙百堵斯興雖金湯之固未能過也太祖從之比明已就

張遼爲盪寇將軍陳蘭梅成以氐六縣叛太祖遣于禁臧霸等討成遼督張郃朱蓋等討蘭成僞降禁禁還成遂將其衆就蘭轉入灊山灊中有天柱山高峻二十餘里道險狹步徑裁通蘭等壁其上遼欲進諸將曰兵少道險難用深入遼曰此所謂一與一勇者

得其前耳遂進到山下安營攻之斬蘭成首盡虜其衆

于禁爲平虜校尉從至宛降張繡繡復叛太祖與戰不利軍敗還舞陰是時軍亂各間行求太祖禁獨勒所將數百人且戰且引雖有死傷不相離虜追稍緩禁徐整行隊鳴鼓而還未至太祖所道見十餘人被創裸走禁問其故曰爲青州兵所劫初黃巾降號青州兵太祖寬之故敢因緣爲畧禁怒令其衆曰青州兵同屬曹公而還爲賊乎乃討之數之以罪青州兵遽走詣太祖自訴禁既至先立營壘不時謁太祖或

謂禁青州兵已訴君君宜促詣公辯之禁曰今賊在後追至無時不先爲備何以待敵且公聰明譖訴何緣徐鑿塹安營訖乃入謁具陳其狀太祖悅

劉馥爲楊州刺史馥受命單馬造合肥空城建立州治又高爲城壘多積木石編作草苫數千萬枚益貯魚膏數千斛爲戰守備

鄧艾爲征西將軍脩治障塞築起城塢泰始中羌虜大叛頻殺刺史涼州道斷吏民安全者皆保艾所築塢焉

蜀諸葛亮爲丞相建興五年出屯漢中營沔北陽平

石馬七年冬亮遣陳式攻武都陰平遂克定二郡亮徙府營於南山下原上築漢樂二城十二年亮悉大衆繇斜谷出以流馬運據武功五丈原與司馬宣王對於渭南相持百餘日亮疾病卒及軍退宣王案行其營壘處所曰天下奇才

李嚴爲都護建興四年春自永安還駐江州築大城今巴郡故城是

張嶷爲越嶲太守嶷以郡郛宇頹壞更築小塢在官三年徙還故郡繕治城郭夷種男女莫不致力

晉羊祜爲都督荊州諸軍事以孟獻營武牢而鄭人懼晏弱城東陽而萊子服乃進據險要開建五城收膏腴之地奪吳人之資石城以西盡爲晉有

杜預爲鎮南大將軍都督荊州諸軍事孫皓既平預還鎮江漢懷德化被萬里攻破山夷錯置屯營分據要害之地以固維持之勢

祖逖爲鎮西將軍東討石勒乃營繕武牢城城北臨黃河西接成皐四望甚遠逖恐武無堅壘必爲賊所襲乃使從子汝南太守濟汝陽太守張敞新蔡内史周閎率衆築壘

宋毛脩之爲河南河内二郡太守行四州事戍雒陽

脩治城壘高祖既至案行善之

南齊周山圖爲寧朔將軍漣口戍至遏漣水築西城斷魏軍騎路亦以溉田又於石鼇立陽平郡

梁曹景宗爲右衛將軍魏軍攻徐州詔景宗援之頓邵陽洲立壘與魏城相去百餘步魏將楊大眼對橋北岸立城以通糧運每牧人過岸伐芻藁皆爲大眼所略景宗乃募勇敢士千餘人徑渡大眼城南數里築壘親自率築大眼率衆來攻景宗與戰破之因得壘成使別將趙草守之因謂爲趙草城是後恣芻牧焉大眼時遣抄掠輒反爲趙草所獲

常叡爲左將軍南郡太守時會司州刺史馬仙琕北伐還軍爲魏人所躡三關擾動詔叡督衆軍援焉叡至安陸增築城二丈餘更開大塹起高樓衆頗譏其示弱叡曰不然爲將當有怯時不可專勇是時元英復追仙琕將復邵陽之耻聞叡至乃退

陳徐度爲鎮北將軍高祖永定三年率衆城南皖口

後魏于栗磾明元時爲河内鎮將宋高祖之伐姚泓也栗磾慮其北擾遂築壘河上親自守焉禁防嚴密斥堠不通裕甚憚之不敢前進

薛拔父瑾爲安西將軍真君中蓋吳擾動關右薛永

宗屯據河側太武親討之乃詔拔糾合宗鄉壁於河際斷二寇往來之路事平除中散賜爵永康侯

刁雍爲征南大將軍薄骨律鎮將真君九年雍表曰臣聞安不忘危先聖之政也況綏服之外帶接邊城防守不備無以禦敵也臣鎮所綰河西爰在邊表常懼不虞平地積穀實難守護其人散居無所依恃脫有妖姦必致狼狽雖欲自固無以得全今求造城儲穀置兵備守鎮自建立更不煩官又於三時之隙不令廢農一歲不訖三歲必成立城之所必在水陸之次大小高下量力取辦詔許之至十年三月城訖詔曰卿深思遠慮憂勤盡智今城已周訖邊境無不虞之憂千載有永安之固朕甚嘉焉卽名此城爲刁公城以旌爾功也

北齊潘樂文宣時鎮河陽破西魏將楊標等時帝以懷州刺史平監等所築城深入敵境欲棄之樂以軹關要害必須防固乃更脩理增置兵將而還

常山王演天保五年八月奉詔與上黨王渙清河王岳平原王段韶等率衆於洛陽西南築伐惡城新長城嚴城河南城九月文宣親自臨幸欲以致周師

慕容儼天保末爲楊州行臺與王貴顯侯子監將兵衛送蕭莊築郭默若耶二城與陳新蔡太守魯悉達

戰大蛇洞破走之

斛律羡爲幽州道行臺僕射以北虜屢犯邊須備不虞自庫堆戍東距於海隨山屈曲二千餘里其間二百里中凡有險要或斬山築城斷谷起障並置立戍邏五十餘所

段韶爲武衛將軍蒞并州武平二年正月出并州道築威敵平寇二城而還清河王岳之克郢州執司徒陸法和詔亦預行築魯城於新蔡立郭默戍而還

獨孤永業爲洛州刺史宜陽深在敵境周人於黑澗

築城戍以斷糧道永業亦築鎮以抗之治邊甚有威信

王俊爲雒州刺史河南道行臺左丞皇建中詔於雒州西界掘長塹三百里置城戍以防間諜

斛律光爲太子太保河清二年四月光率步騎二萬築勳掌城於軹西仍築長城二百里置十三戍又與周將齊國公宇文憲申國公揄跂顯敬相對一旬光置築統關豐化二城以通宜陽之路其冬光又率步騎五萬於玉壁築華谷龍門二城與顯憲敬等相持憲等不敢動光乃進圖定陽仍築南汾城置州以逼

之

後周達奚武以大將軍鎮玉壁武乃量地形勝立樂昌胡營新城三防齊將高苟子以千騎攻新城武邀擊之悉虜其衆

王思政爲驃騎將軍鎮弘農思政以玉壁地在險要請築城郎自營度移鎮之遷并州刺史仍鎮玉壁於是脩城郭起樓櫓營田農積芻秣凡可以守禦者皆具焉弘農之有備自思政始也後爲荊州刺史自武關以南延袤一千五百里置三十餘城並當衝要之地

韋孝寬爲驃騎大將軍鎮玉壁汾州之北離石以南悉是生胡抄掠居人阻斷河路孝寬深患之而地入於齊無方誅翦欲當其要處置大城乃於河西徵役徒十萬甲士百人遣開府姚岳監築之岳色懼以兵少爲難孝寬曰計成此城十日即畢既去晉州四百餘里一日創手二日僞境始知設令晉州徵兵二日方集謀議之間自稽三日計其軍行二日不到我之城隍足得辦矣乃令築之齊人果至南首疑有大軍乃停留不進其夜又令汾水以南傍介山諸村所在縱火齊人謂軍營遂收兵自固版築克就卒如其言

齊王憲天和四年九月率衆於宜陽築崇德等城一云劉雄爲齊王憲府掾從憲出宜陽築安義等城

宇文盛爲大宗伯與柱國王傑從齊王憲東討時汾州被圍日久憲遣盛運粟以給之仍赴姚襄城受憲節度齊將段孝先率兵大至盛乃力戰拒之孝先退乃築大寧城而還

隋郭榮爲大冢宰宇文護中外府水曹參軍時齊寇屢侵護令榮於汾州觀賊形勢汾州與姚襄鎮相去懸遠榮以爲二城孤迥勢不相救謀於州鎮之間更築一城以相控攝護從之俄而齊將祖孝先攻陥姚

襄汾州二城惟榮所立者獨能自守榮以功授大都督又以稽胡數爲寇亂使榮綏集之榮於上郡延安築周昌弘信廣安招遠咸寧等五城以遏其要道稽胡繇是不能爲寇

李穆仕周爲大司空持節綏集東境築武申旦郭慈澗崇德安民交城鹿廬等諸鎮

郭衍開皇中爲朔州總管築桑乾鎮

唐王方翼爲安西都護高宗朝安撫大食使裴行儉之討遮匐也詔以方翼爲副行儉軍還方翼始築碎葉鎮城立四面十二門皆屈曲作隱伏出沒之狀五

旬而畢西域胡夷競來觀之因獻方物

張仁愿神龍中爲朔方軍總管先是朔方軍與突厥以河爲界河北岸有拂雲神祠突厥將入寇必先詣祠祭酹求福因牧馬料兵而後渡河時突厥默啜盡衆而擊突騎施娑葛仁愿請乘其虛奪取漠南之地於河北築三受降城首尾相應以絕其南寇之路太子少師唐休璟以爲兩漢以來皆守黃河今於寇境築城恐勞人費功終爲賊虜所有建議以爲不便仁愿上請不已中宗竟從之仁愿表留年滿鎮兵以助其功時咸陽兵二百餘人逃歸仁愿盡擒之悉斬于城下軍中股慄役者盡力六旬而三城俱就以拂雲祠爲中城與東西兩城相去各四百餘里皆據津濟遥相應接北拓三百餘里於牛頭朝那山北置烽候一千八百所自是突厥不得度山放牧朔方無復寇掠減鎮兵數萬人仁愿初建三城不置壅門及卻敵戰格之具或問曰此邊城禦賊之所不爲守備何也仁愿曰兵法貴在攻取不宜退守寇若至此即當併力出戰廻顧望城猶須斬之何用守備生其退恧之心也其後常元楷爲朔方軍總管始築壅門以備寇議者以此重仁愿而輕元楷焉

郭元振先天元年爲朔方軍大總管始築定遠城以爲行軍會集之所至今賴之

哥舒翰爲隴右節度築神威城於青海上旋爲吐蕃所破又築城於青海中龍駒島上有白龍見遂名龍應城吐蕃自此遁逃不復近青海

李懷光爲邠寧節度頻歲率師城長武以處軍士城據原首臨涇水俯瞰東道吐蕃自是不敢南侵爲西邊要防矣

馬燧爲河東節度使建中四年涇原軍叛燧以晉陽王業所起度都城東平易受敵時天下騷動北邊數

有警乃西引晉水架汾而城之東瀦以爲池寇至計
省守備者萬人汾水環城多爲池樹柳以固隄城葢
固
李晟爲神策軍使討朱泚始至渭橋以逼泚表築城
以爲固德宗許之
劉昌爲涇原節度使貞元四年築連雲堡七年又城
平凉以扼彈箏峽口命徒庀事旬日而畢詔曰平凉
當四會之衝居北地之要劉昌請城於茲分兵保戍
實以遏其要衝保寧邊鄙平凉固原州屬縣在原州
西一百五十里令昌董率諸軍城之度支饋運浹辰

而畢仍分兵戍之地當走集得守固之要器械糧穀
頗豐而人安焉三月昌新築胡谷堡名曰彰信堡在
平原西三十五里
李元諒爲隴右節度使貞元四年初築良元城距城
築臺上發連弩爲城守而益固無幾又進築新城以
據便地虜每寇掠輒擊却之涇隴繇是乂安虜深憚
之
張獻甫爲邠寧節度使於彭原置義方渠馬嶺等縣
選險要之地以爲烽堡又上疏請復置鹽州及洪門
雒原等鎮各置兵防以備蕃寇朝廷皆從之緣邊軍
州安悅
楊朝晟爲邠寧節度使奏方渠合道木波皆賊路也
請城其地以備之詔問須兵幾何朝晟奏曰部下兵
自可集事不煩外助復問新築鹽州凡興師七萬今
何其易也朝晟曰鹽州之役咸集諸蕃戎盡知之今
臣境近虜若大興兵即蕃戎來寇寇則戰戰則無暇
城矣今請密發軍士不十日至寨下未三旬而功畢
蕃人始知已無可柰何帝從之事畢軍還至馬嶺吐
蕃始乘障數日而退
郝玼爲臨涇鎮將以臨涇地居險要當虜要衝白其

帥曰臨涇草木豐茂宜畜牧西蕃入寇每屯其地請
完壘益軍以折虜之入寇前帥不從及段佑節制涇
原深然其策元和三年佑請築臨涇城朝廷從之仍
以爲行凉州詔玼爲刺史以戍之自是西蕃入寇不
過臨涇初佑請城臨涇詔麟遊靈臺良原崇信歸化
等五鎮並脩整士馬犄角相應臨涇城直涇州西北
九十里實險要之鎮從前因循不脩嘗爲犬戎所保
其界有青石嶺嶺多美土每軍人耕穫屢爲蕃寇掠
奪佑請脩築議者是非相半佑决城之功畢時方以
爲大利扼川口要害塞上至今賴焉

杜佑爲淮南節度使在楊州開設營壘三十餘所士馬脩葺

張弘靖爲河中尹請脩古舜城許之

烏重胤爲淮汝節度使征淮西奉詔脩貫栅堡

李光進爲振武節度使元和八年七月請脩東受降城兼理黄河防堰

李光顔爲邠寧節度使元和十五年奏脩築鹽州城畢

李祐爲夏州節度使長慶四年奏於蘆子關北木瓜嶺剏築堡栅以捍黨項之衝其壁壘屋並出當軍財

力不別請錢祐於塞外凡築五城烏延宥州臨塞陰河洵子而宥州烏延皆方廣數里尤居要害蕃戎畏之遷滄州節度使奏抽管内百姓一萬人於黄河北築城

李元喜爲安南都護寶曆元年上言請移城於江北岸圖其形勢上之制可之

張惟清爲振武軍節度使請户部錢一十四萬貫充脩築東受降城

王承元爲鳳翔節度使於汧陽縣西北八十里築新城一所賜額爲臨汧城鳳翔西接涇原無山谷之險吐蕃繇是往往入寇故承元奏於衝要築壘分兵千人以守之又鳳翔城東商旅所集居人多以烽火相驚承元奏益城以環之

李泳爲振武軍節度使太和四年七月上言先管内脩雲伽關畢功并進畫圖一軸又奏差兵馬一千人赴雲伽關守

牛僧孺爲武昌節度使江夏城客土散惡難立垣墉每年加板築賦菁茅以覆之吏縁爲姦蠹弊綿歲僧孺至計茅苫板築之費歲十餘萬即賦之以塼當苫築之價凡五年墉皆甃葺

李德裕爲西川節度使脩邛崍關城及移嶲州於臺登城

牛藂爲西川節度使咸通六年四月藂奏於蠻界築新安城遏戎州功畢時詔南蠻入寇姚嶲陳許大將顔復戍嶲州奏築二城其年秋六姓蠻攻遏戎州爲復所敗退去

高駢爲西川節度使蜀土散惡成都北無垣墉駢乃計每歲完葺之費甃之以塼雉堞繇是完堅

梁趙珝爲忠武軍節度使陳州土壤卑疎每歲壁壘摧圮工役不逮珝遂營度力用以甓周砌四墉自是

無淋潦之虞
高季興爲荊南節度使荊南舊無外壘季興始城之
楊師厚爲襄州節度使先是漢南無羅城師厚始興版築周十餘里郛郭完壯
後唐李存進初爲建武軍節度使天復十九年王師討張文禮於鎮州閻寶李嗣昭相次不利而歿存進代嗣昭為招討進營東垣度峽滹爲壘沙土散惡垣壁難成存進斬伐林樹板築旬日而就賊不能寇
李存賢權典沁州先是州當賊境不能保守乃南去故州一百五十里據險立柵爲法所以聚州民已歷

十餘年及存賢至郡復繕故州時獨有壞舍三間因召州民鉏草萊除荊棘結茅爲舍漸濬城壕未半年間故州完集
李存審爲蕃漢馬步總管天祐十六年正月城德勝夾河置禦捍之備
馬殷爲湖南節度使同光三年八月奏增築岳州城
趙德鈞爲幽州節度使同光末於閻溝築城以戍兵守之因名良鄉縣自是稍息虜寇自幽州東十里外州人不敢樵牧後德鈞又於州東五十里故潞縣擇潞河築城以兵守之而近州民方敢耕稼自擒破賜隱禿餧之後德鈞又於其東築三河城以遏虜寇三河接薊州有漕運之利初聚工興築虜騎遮我糧舡云此我疆界安得設板築德鈞以禮責之出師將擊虜乃退去故城守堅完到今爲形勝之要
王晏球爲北面招討副使天成二年九月奏准宣差兵士築城於閻溝店初詔城良鄉復設壁於此蓋取幽涿之中塗以備鮮卑之抄掠也
西方鄴爲夔峽節度天成元年十月奏瞿城峽口增脩寨柵
楊漢章爲雲州節度使天成四年奏脩築寰州城池

張廷翰爲冀州刺史廣順元年八月奉詔率白丁脩武疆深州城隍
周李重進爲淮南道行營招討使顯德二年十一月上言淮宣夾淮城正陽下蔡功畢仍以圖上進
楊信爲壽州節度使顯德四年四月奉詔發部內丁夫廣壽州新城

巡按福建監察御史臣李嗣京　訂正
分守建南道左布政使臣胡維霖　參閱
知建陽縣事臣黃國琦　較釋

將帥部七十二

間諜

周禮士師掌士之八成其三曰邦諜蓋反間之作舊矣乃若用兵貴於伐謀臨敵重於制變揣其情狀離其親信多方以誤見機而作計成於詭譎事出於權道此所以未戰而屈人以奇而取勝者也春秋戰國干戈日尋故其縱諜遣覘多尙詐力漢魏而下本兵柄者亦有深衷密畫巧法潛運用能摧勁敵剪大姦夷兇殘樹勳烈非心術之精妙軍志之詳練又曷能因時而合變哉

伯嘉爲羅大夫楚伐絞之役楚師分涉於彭（彭水在新城昌魏縣）羅人欲伐之使伯嘉諜之三黜數之（羅熊姓國在宜城縣西山中復徙南郡枝江縣諜伺也黜偏也）

子元爲楚令尹（子元楚王之弟也）以車六百乘伐鄭入於桔秩之門（桔秩鄭遠郊之門也）諸侯救鄭楚師夜遁鄭人將奔桐丘（許昌東北有桐丘城）諜告曰楚幕有烏乃止（諜間也幕帳也）

子罕爲宋司城（宋以武公諱司空爲司城子罕樂喜也）陽門之介夫死（陽門宋國名介夫甲衛士）子罕入而哭之哀晉人之覘宋者反報於晉侯曰陽門之介夫死而子罕哭之哀而民說殆不可伐也（覘窺視也）孔子聞之曰義哉覘國乎（善知其微）詩云凡民有喪匍匐救之（救猶助也）雖微晉而已天下孰能當之（微猶非也）

田單齊諸田疏屬也燕使樂毅伐破齊齊湣王出奔已而保莒城燕師長驅平齊而單走安平（今之東安平也）令其宗人盡斷其車軸木而傳鐵籠故得脫東保即墨即墨大夫出與戰敗死城中相與推單曰安平之戰田單宗人以鐵籠得全習兵立以爲將軍以即墨距燕頃之燕昭王卒惠王與樂毅有隙單聞之乃縱反間於燕宣言曰齊王已死城之不拔者二耳樂毅畏誅而不敢歸以伐齊爲名實欲連兵南面而王齊齊人未附故且緩攻即墨以待其事齊人所懼唯恐他將之來即墨殘矣燕王以爲然使騎劫代樂毅樂毅因歸趙單又縱反間曰吾懼燕人掘吾城外冢墓僇先人可爲寒心燕軍盡掘壟墓燒死人即墨人從城上望見皆泣涕其欲出戰怒自十倍遂夷殺其將騎劫燕軍擾亂奔走齊人追亡逐北所過城邑皆畔燕

而歸單所亾七十餘城皆復
公子無忌魏安釐王異母弟也與魏王博而北境傳舉烽言趙寇至且入界魏王釋博欲召大臣謀公子止王曰趙王田獵耳非爲寇也復博如故王恐心不在博居頃復從北方來傳言曰趙王田獵耳非爲寇也魏王大驚曰公子何以知之公子曰臣之客有能探得趙王陰事者趙王所爲客輒以報臣臣以知之
趙奢爲趙將秦伐韓軍於閼與趙王令趙奢將救之兵去邯鄲三十里爲令軍中曰有以軍事諫者死秦宜軍武安西（屬魏郡在邯鄲西）秦軍鼓譟勒兵武安屋瓦盡

振軍中候有一人言急救武安趙奢立斬之堅壁留二十八日不行復益增壘秦間來入奢善食而遣之間以報秦將秦將大喜曰夫去國三十里而軍不行乃增壘閼與非趙地也奢旣以遣秦間乃卷甲而趨之大破秦軍秦軍解而走遂解閼與之圍而歸
范雎爲秦昭王相王使左庶長王齕攻韓取上黨上黨民走趙趙軍長平（在泫氏）齕因攻趙趙使廉頗將廉頗堅壁以待秦秦數挑戰趙兵不出趙王數以爲讓而雎使人行千金於趙爲反間曰秦之所惡獨畏馬服子趙括將耳廉頗軍易與且降矣趙王旣怒廉頗軍多失亾軍數敗又反堅壁不敢戰而又聞秦反間之言因使趙括代廉頗將以擊秦秦聞馬服子將乃以武安君白起爲上將軍秦軍射殺趙括括軍敗卒四十萬人降武安君武安君乃挾詐而盡坑殺之
李牧爲趙將嘗居代鴈門備匈奴多間諜
王翦爲秦將攻趙趙使李牧司馬尚御之李牧數破走秦軍殺秦將桓齮翦惡之乃多與趙王寵臣郭開等金使爲反間曰李牧司馬尚欲與秦反趙以多取封於秦趙王疑之使趙葱及顏聚代將斬李牧廢司馬尚後三月翦因急擊趙大破殺趙葱虜王遷及其

將顏聚遂滅趙
漢陳平初爲漢王護軍中尉項羽圍漢王於滎陽城漢王患之請割滎陽以西和項王弗聽平曰顧楚有可亂者彼項王骨鯁之臣亞夫鍾離眛龍且周殷之屬不過數人耳大王能出捐數萬斤金行反間間其君臣以疑其心項王爲人意忌信讒必内相誅漢因舉兵而攻之破楚必矣漢王以爲然乃出黃金四萬斤予平恣所爲不問出入平旣多以金縱反間於楚軍宣言諸將鍾離眛等爲項王將功多矣然終不得裂地而王欲與漢爲一以滅項氏分王其地項王果

疑之使使至漢漢爲太牢之具舉進見楚使（舉鼎俎而來）卽陽驚曰以爲亞夫使乃項王使也復持去以惡草具進楚使（去饌肉更以惡草之具）使歸具以報項王果大疑亞夫亞夫欲急擊下滎陽城項王不信不肯聽亞夫亞夫聞項王疑之乃大怒疽發背而死高帝七年被匈奴冐頓圍於白登平使畫工圖美女間遣人遺閼氏云漢有美女如此今皇帝困危欲獻之閼氏畏其奪已寵因謂單于曰漢天子亦有神靈得其土地非其有也於是匈奴開出一角得突出

後漢馮異爲孟津將軍與河內太守寇恂合勢以拒

更始將李軼朱鮪河南太守武勃等異乃遺李軼書曰愚聞明鏡所以照形往事所以知今昔微子去殷而入周項伯畔楚而歸漢周勃迎代王而黜少帝霍光尊孝宣而廢昌邑彼皆畏天知命覩存亾之符見廢興之事故能成功於一時垂業於萬世也苟令長安尚可扶助延期歲月疏不間親遠不踰近季文豈能居一隅哉（季文軼字）今長安壞亂赤眉臨郊王侯搆難大臣乖離綱紀已絕四方分裂異姓並起是故蕭王首涉霜雪經營河北方今英俊雲集百姓風靡雖邠岐慕周不足以喻季文誠能覺悟成敗亟定大計論功古人轉禍爲福在此時矣如猛將長驅嚴兵圍城雖有悔恨亦無及已初軼與光武首結謀約始相親愛及更始立反共陷光武兄伯升雖知長安已危欲降又不自安乃報異書曰軼本與蕭王首謀造漢結生死之約同榮枯之計今軼守雒陽將軍鎮孟津俱據機軸千載一會思成斷金唯深達蕭王願進愚策以佐國安人軼自通書之後不復與異爭鋒故異因此得北攻天井關拔上黨兩城又南下河南成皐已東十三縣及諸屯聚皆平之降者十餘萬武勃將萬餘人攻諸畔者異引軍渡河與勃戰於士鄉下大破

斬勃獲首五千餘級軼又閉門不救異見其信效具以奏聞光武故宣露軼書令朱鮪知之鮪怒遂使人刺殺軼由是城中乖離多有降者

堅鐔爲揚化將軍與諸將攻雒陽而朱鮪別將守東城者反間私約鐔晨開上東門鐔與建義大將軍朱祐乘朝而入與朱鮪大戰武庫下（建始殿東有太倉倉東有武庫藏兵之所）殺傷甚衆至旦食乃罷朱鮪由是遂降

魏賈詡爲執金吾參太子司空軍事太祖後與韓遂馬超戰於渭南超等索割地以和並求任子詡以爲可偽許之太祖乃用詡謀離間超遂更相猜疑軍以

大敗

蔣濟爲丹陽太守爲太子丞相主簿初蜀將關羽旣降于禁斬龐德威震華夏曹公議徙許都以避其鋭司馬宣王及濟以爲關羽得志孫權必不願也可遣人勸權躡其後許割江南以封權則樊圍自解太祖如其言權聞之卽引兵西襲江陵羽遂見擒

蜀諸葛亮爲丞相益州牧初孟達之降魏也領魏新城太守達連吳固蜀潛結中國亮惡其反覆又慮其爲患達與魏興太守申儀有隙亮欲促其事乃遣郭謨詐降過儀因泄其謀

吳胡綜爲侍中兼左右領軍時魏降人或云魏都督河北振威將軍吳質頗見猜疑綜乃僞爲質作降文三條其一曰天綱弛絶四海分裂群生憔悴士人播越異冦所加邑無居民風塵煙土往往而處自三代以來大亂之極未有若今時者也臣質志薄處時無方繫於土壤不能翻飛遂爲曹氏執事戎役遠處河朔天衢隔絶雖望風慕義思托大命媿無因緣得展其志每往來者竊聽風化伏知陛下齊德乾坤同明日月神武之姿受之自然敷演皇極流化萬里自江以南戶受覆燾英雄俊傑上達之士莫不心歌腹詠樂在歸附者也今年六月末奉聞吉日龍興踐阼恢弘大猷整理天綱將使遺民覩見定主昔武王伐殷殷民倒戈高祖誅項四面楚歌方知今日未足以喻臣質不勝昊天至願謹遣所親同郡黃定恭行奉表及託降叛間關求達其欲所陳載列于左其二曰昔伊尹去夏入商陳平委楚歸漢書功竹帛遺名後世世主不謂之背誕者以爲知天命也臣昔爲曹氏所見交接外託君臣內如骨肉恩義綢繆有合無離遂受偏方之任總河北之軍當此之時志高望大永與曹氏同死俱生惟恐功之不建事之不成耳及曹氏

之亡後嗣繼立幼沖統政讒言彌興同儕者以勢相害異趣者得間其言而臣受性簡略素不下人視彼數子意實迫之此亦臣之過也遂爲邪議所見搆會招致猜疑誣臣欲叛雖識眞者保明其心世亂讒勝餘嫌猶在常懼一旦横受無辜憂心孔疚如履氷炭昔樂毅爲燕昭王立功於齊惠王卽位疑奪其任遂去燕之趙休烈不虧彼豈欲二三其德蓋畏功名不建而懼禍之將及也昔遣魏郡周光以賈販爲名託叛南詣宣達密計時以倉卒未敢便有章表使光口傳而已以爲天下大歸可見天意所在非吳復誰此方

之民思爲臣妾延頸舉踵惟恐兵來之遲耳若使聖思少加信納當以河北承望王師欵心赤實天日是鑒而光去經年不聞咳唾未審此意竟得達否瞻望長嘆日月以幾魯望高子何足以喻又臣今日見待稍薄蒼蠅之聲綿綿不絕必受此禍遲速事耳臣私度陛下未垂明慰者必以臣質貫穿仁義之道不行若此之事謂光所傳多虛少實或謂此中有他消息不知臣質搆讒見疑恐受大害也且臣質若有罪之日自當奔赴鼎鑊束身待罪此蓋人臣之宜也今日無罪橫見譖毀將有商鞅白起之禍尋爲事勢去亦

宜也死而弗義不去何爲樂毅之出吳起之走君子傷其不遇未有非之者也願陛下推古況今不疑惟於臣質也又念人臣獲罪當如伍員奉己自效不敢徼倖因事爲利然今與古厥勢不同南北悠遠江湖隔絕自不舉事何得濟免是以忠志士之節而思立功之義也且臣質又以曹氏之嗣非天命所在政弱刑亂柄奪於臣諸將專威於外各自爲政莫或同心士卒衰耗帑藏虛空綱紀毀廢上下並昏想前後數得降叛具聞此門兼弱攻昧宜應天時此實陛下進取之秋是以區區敢獻其計今若內兵淮泗據有下邳荆揚二州聞聲響應臣從河北席卷而南形勢一連根芽永固關西之兵繫於所衛青徐二州不敢徹守許雒餘兵衆不滿萬誰能來東與陛下爭者此誠千載一會之期可深思而熟計乎及臣所在既自多馬加諸羌胡常以三四月中美草時驅馬來出隱度今者可得三十餘匹陛下出軍當投此時多將騎士來就馬耳此皆先定所一二知凡兩軍不能相容虛實今此間實羸易可先定陛下舉動應者必多丕定洪業使普天一統下令臣質建非常之功此乃天也若不見納此亦天也願陛下思之不復多陳其三曰

昔許子遠舍袁就曹規畫計校應見納受遂破袁軍以定曹業向使曹氏不信子遠懷疑猶豫不决於心則今天下袁氏有也願陛下思之間開界上將閭浮趙揖欲歸大化唱和不速以取破亡今臣款受其命若復懷疑不時舉動令臣孤絕受此厚禍即恐天下雄夫烈士欲立功者不敢復託命陛下矣願陛下思之皇天后土實聞其言此文即流行而質已入爲侍中矣

陸遜爲上大將軍右都護鎮荆州時魏江夏太守逯式兼領兵馬頗作邊害而與北舊將文聘子休宿不

恊遜聞其然即假作荅式書云得報懇惻知與休久
結嫌隙勢不兩存欲來歸附輙以密呈來書表聞撰
衆相近宜潛速嚴更示定期以書置界上式兵得書
以見式式惶懼遂自送妻子還雒由是吏士不復親
附遂以免罷
藩濬字承明爲太常五溪蠻夷叛亂濬督諸軍討之
時濬姨兄零陵蔣琬爲蜀大將軍或有間濬於武陵
太守衛旌者云濬遣密使與琬相聞欲有自託之計
旌以啟大帝大帝曰承明不爲此也即封於表以示
於濬而召旌還免官

周魴爲鄱陽太守加昭義校尉被命密求山中舊族
名帥爲北敵所聞知者令譎挑魏大司馬楊州牧曹
休魴荅恐民帥小醜不足杖任事或漏泄不能致休
乞遣親人齎牋七條以誘休其一曰魴以千載徼幸
得備州民遠隔江川敬恪未顯瞻望雲景天實爲之
精誠微薄名位不昭雖懷焦渴曷緣見明狐死首丘
人情戀本而逼所制奉覲禮違每獨矯首西顧未嘗
不寤寐勞嘆展轉反側也因隙穴之際得陳宿昔之
志非神啟之豈能致此不勝翹企萬里託命謹遣親
人董岑邵南等託叛奉牋時事變欲列於別紙惟明
公君侯垂日月之光照遠民之趣永令歸命者有所
戴賴其二曰魴遠在邊隅江汜分絕恩澤教化未蒙
撫及而於山谷之間遥陳其所懷懼以大義未見信
納夫物有感激計因變生古今同揆魴仕東典郡始
願已獲銘心立報永矣無貳豈圖頃者中被橫讒禍
在漏刻危如投卵進有離合去就之宜退有誣罔枉
死之咎雖志行輕微存没一節顧非其所能不悛然
敢緣古人因知所歸拳拳輸情陳露肝膈乞降春天
之潤哀拯其急不復猜疑絕其委命事之宣泄受罪
不測一則傷慈損計二則杜絕向化者心惟明使君

遠鑒前世矜而愍之留神所質速賜祕報魴當候望
舉動俟須響應其三曰魴所代故太守廣陵王靖往
者亦以郡民爲變以見譴責靖勤自陳釋而終不解
因立密計欲北歸命不幸事露誅及嬰孩魴既目見
靖事且觀東主一所非薄爐不復厚雖或暫舍終見
翦除今又令魴領郡者是欲責後效必殺魴之趣也
雖尚視息憂惕焦灼未知軀命竟在何時人居世間
猶白駒過隙而常抱危怖其可言乎惟當陳愚重自
披盡懼以卑賤未能采納願明使君少垂詳察忖度
其言今此郡民雖外名降首而故在山草看伺空隙

欲復爲亂之日魴命范矣東主頃者潛部分諸將圖欲北進呂範孫韶等入淮全琮朱桓趨合肥諸葛瑾步隲朱然到襄陽陸議潘璋等討梅敷東主中營自掩石陽别遣從弟孫奐治安陸城脩立邸閣輦貲運糧以爲軍儲又命諸葛亮進指關西江邊諸將無復在者方留三千所兵守武昌耳若明使君以萬兵從皖南首江渚魴便從此率屬吏民以爲内應此方諸郡前後舉事垂成而敗者由無外援使其然耳若北軍臨境傳檄蜀城思詠之民誰不企踵顧明使君上觀天時下察人事中參蓍龜則足昭往言之不虛也

其四曰所遣董岑鄱南少長家門親之信之有如兒子是以特令齎牋託叛爲辭目語心計以宣脣齒骨肉至親無有知者又已勅之到州當言往降欲北叛來者得傳之也魴建此計任之於天若其濟也則有生全之福邂逅泄漏則受夷滅之禍嘗中夜仰天告誓星辰精誠之微豈能上感然事急孤窮惟天是訴耳遣使之日載生載死形存氣亡魄爽恍惚私恐使君未深保明岑南二人可留其一以爲後信一齎教還教還故當言悔叛還首東主有賞科悔叛還者皆自原罪如是彼此俱塞永無端原懸命西望涕筆俱下其五曰鄱陽之民實多愚勁帥之赴役未即應人倡之爲變聞聲響抃今雖降首盤節未解山棲草藏亂心猶存而今東主圖與大衆舉國悉出江邊空曠屯塢虛損惟有諸刺姦耳若因是際而騷動此民一旦可得便會然要恃外援表裏機邪不爾以往無所成也今使君臣從皖道進任江上魴當從南對岸歷口爲應若未徑到江岸可任百里上令此間民知北軍在彼即自善也此間民非苦饑寒而甘兵寇苦於征討樂得北屬但窮困舉事不時見應尋受其禍耳如使石陽及青州諸軍首尾相銜牽綴往兵使不得

速退者則善之善也魴生在江淮長於時事見其便利百舉百捷時不再來敢布腹心其六曰東主致恨前者不拔石陽今此後舉大合新兵并使潘濬發夷民人數甚多聞豫設科條當以親羸兵置前好兵在後攻城之日云欲以羸兵塡塹使即時破雖未能然是事大趣也私恐石陽城小不能久留任兵民使君速垂救濟誠宜疾密王靖之變其鑒不遠今魴歸命非復在天正在明使君耳若見救已往則功可必成如見救不時則與靖等同禍前彭綺時聞旌麾在逢龍此郡民大小歡喜並思立效若留一月日間事當

大成悵去電速東得增衆專力討綺綺始敗耳願使君深察此言其七日今舉大事自非爵號無以勸之乞請將軍侯印各五十紐郎將印百紐校尉都尉印各二百紐得以解授諸魁帥獎厲其志并乞請幢麾數十以爲表幟使山兵吏民目瞻見之知去就之分巳決承引所救畫定又彼此降叛日月有人闊狹之間輒得聞知今之大事事宜神密若省魴牋乞加隱秘伏知智度有嘗防慮必深魴懷憂震灼敬事蒸仍乞未罪惟魴因別爲密表日方北有遣冠因阻河雒久稽王誅自擅正朔臣曾不能吐奇舉善上以光賁

洪化下以輪展萬一夏心如擣假寐忘寢聖朝天覆含臣無效很發優命勑臣以前誘致賊休恨不如計令於郡界求山谷魁帥爲北賊所聞知者令與北通臣伏思惟喜怖交集竊恐此人不可卒得假使得之懼不可信不如令臣譎於休爲便此臣得已經年之輿願逢值千載之一會輒自督厲竭書頑蔽撰立牋草以誑誘休者如別紙臣知無古人單復之術加卒奉大畧忪懞狠俱懼以輕愚忝負特施豫懷憂灼臣聞唐堯先天而天弗違博詢芻蕘以成盛勳朝廷神謨欲必致休於步度之中靈贊聖規休自送使六軍囊括虜無孑遺威風電邁天下幸甚謹拜表以聞并呈牋草懼於淺局追用悚息彼報施行休果信魴帥步騎十萬輜重滿道徑來入皖魴亦合衆隨陸遜橫截休休幅裂瓦解斬獲萬計魴初建密計時頻有郎官奉詔詰問諸事魴及詣部郡門下因下髮謝故休聞之不復疑慮事捷軍旋帝大會諸將歡宴酒酣謂曰君下髮載義成孤大事君之功名當書之竹帛加裨將軍賜爵關内侯又賊帥董嗣負阻劫鈔豫章臨川並受其害吳粲唐咨嘗以三千兵攻守連月不能拔魴表乞罷兵得以便宜從事魴遣間諜受以方策誘

狙殺嗣嗣弟怖懼詣武昌降陸遜乞出平地自改爲善由是數郡無復憂惕

丁奉爲右大司馬左軍師寶鼎三年晧命奉與諸葛靚攻合肥奉與晉大將軍石苞書構而間之苞以徵還

晉魏瓘爲征北大將軍都督幽州諸軍事幽州刺史護烏桓校尉於時幽并東有務桓西有力徵並爲邊害瓘離間二虜遂致嫌隙於是務桓降而力徵以憂死朝廷加其功賜一子亭侯

杜預爲鎮南大將軍督荊州既至鎮繕兵甲耀威武

乃簡精銳襲吳西陵督張政大破之政吳之名將也據要害之地恥以無備取敗不以所喪之實告于孫晧預欲間吳邊將乃表還其所獲之衆於晧晧果召政遣武昌監劉憲代之故大軍臨至使其將帥移易以成傾蕩之勢

劉琨爲并州刺史領匈奴中郎將劉元海時在離石相去三百里許琨密遣離間其部雜虜降者萬餘落元海甚懼遂成蒲子而居之

李矩爲冠軍將軍領河東平陽太守劉聰遣從弟暢討矩矩軍夜襲之選勇敢千人夜掩暢營暢僅以身

免先是聰使其將趙固鎮雒陽長史周振與固不協密陳固罪矩之破暢也帳中得聰書勑暢平矩訖過雒陽收固斬之便以振代固矩送以示固固卽斬振父子遂率騎一千來降矩還令守雒

後周楊標爲太祖行臺左丞仍率義徒更爲經略於是遣諜人誘說東魏城堡旬月之閒正平河北南汾絳建三州太寧等諸城並有請爲內應者大軍因攻而拔之標行正平郡事左丞如故

韋孝寬爲宜武將軍南兗州刺史東魏將段琛堯傑復據宜陽遣其楊州刺史牛道常扇誘邊民孝寬深患之遣諜人訪獲道常與孝寬書論歸欵意又爲落燼燒迹若火下書者還令諜人送之琛營琛得書果疑道常其所欲經略皆不見用孝寬知其離阻日出奇兵掩襲擒道常及琛等崤澠遂清後孝寬爲標騎大將軍鎮玉壁孝寬善於撫御能得人心所遣間諜入齊者皆爲盡力亦有齊人得孝寬金貨遙通書疏故齊動靜朝廷皆先知時有王帥許盆孝寬度以心膂令守一戍盆乃以城東入孝寬怒遣諜取之俄而斬首而還其能致物情如此時北齊斛律光在汾北孝寬忌光英勇及作謠言令間諜漏其文於鄴曰百

升飛上天明月照長安光字明月又曰高山不催自推槲樹不扶自竪齊臣祖珽穆提婆與光有隙因續之曰育老公背上下大斧饒舌老母不得語令小兒歌之於路提婆聞之以告後主乳母陸令萱令萱以饒舌斥已也育老翁謂珽也遂相與協謀以謠言啟後主誅光武帝聞之始有滅齊之意竟平其國

達奚武爲東秦州刺史時齊神武趣沙苑太祖遣武覘之武從三騎皆衣敵人衣服至日暮去營數百步下馬潛聽得其軍號因上馬歷營若警夜者有不如法者往往撻之具知敵之情狀以告太祖太祖深嘉

焉遂破之

李達爲都督義州弘農等二十一防諸軍事每厚撫境外之人使爲間諜敵中動靜必先知之至有事泄被誅戮者亦不以爲悔其得人心如此

隋陰壽爲幽州總管寶寧舉兵反壽討之寶寧奔于磧北壽班師留開府成道昂鎮之寶寧遣其子僧伽率輕騎掠城下而去壽引契丹靺鞨之民求攻道昂苦戰連日乃退壽患之於是重購寶寧又遣人陰間其所親任者趙世謨王威等月餘世謨率其衆降寶寧復走契丹爲其麾下趙修羅所殺北邊遂安

長孫晟爲奉車都尉以突厥攝圖玷厥阿波突利等各握强兵上書和同難以力征易可離間因上書陳突厥强弱形勝高祖皆納用焉因遣太僕元暉出伊吾道使詣玷厥賜以狼頭纛謬爲欽敬禮數甚優玷厥使來引居攝圖使上反間既行果相猜貳授軍騎將軍出黄龍道齎幣賜奚霫契丹等遣爲鄉道得至處羅侯所深布心腹誘令內附二年攝圖四十萬騎自蘭州入至于周盤破達奚長儒軍更欲南入玷厥不從引兵而去時晟又說染干詐告攝圖曰鐵勒等反欲襲其牙攝圖乃懼廻兵出塞後數年突厥大入發八道元帥分兵拒之阿波至凉州與竇榮定戰賊帥累北時晟爲偏將使謂之曰攝圖每來戰皆大勝阿波纔入便即致敗此乃突厥之恥豈不內愧于心乎且攝圖之與阿波兵勢本敵今攝圖日勝爲衆所崇阿波不利爲國生辱攝圖必當因以罪歸於阿波成其夙計滅北牙矣願自度量能禦之乎阿波使至晟又謂之曰今達頭與隋連和而攝圖不若喪兵負罪歸咎攝圖與衛王軍遇戰於白道敗走至磧聞阿波懷貳乃掩北牙盡獲其衆而殺其母阿波還無所歸西奔玷厥乞師千餘萬東擊攝圖故地收散卒數

萬與攝圖相反阿波頻勝

賀若弼鎮壽州時江南尙阻江都人來護兒住白土村密邇江岸嘗令護兒爲間諜授大都督平陳之役護兒有功焉

趙仲卿爲朔州總管突厥啓民可汗求婚高祖許之仲卿因是間其骨肉遂相攻擊開元七年啓民窘迫與隋使長孫晟投通漢鎮仲卿率騎千餘援之達頭不敢逼（達頭亦可汗號）潛遣人誘至啓民所部至者二萬餘家

裴矩爲黄門侍郎大業中煬帝遣將築伊吾城令矩

共徃經畧矩又白狀令反間射匱潛交處羅後處羅爲射匱所迫竟隨使者入朝後以本官領武賁郎將詔護北蕃軍事矩以始畢可汗部衆漸盛獻策分其勢將以宗女嫁其弟叱吉設拜爲南面可汗叱吉不敢受始畢聞而漸怨矩又言於帝曰突厥本淳易可離間但由其內多有群胡盡皆桀黠教導之耳臣聞史蜀胡悉尤多姦計幸於始畢請誘殺之帝曰善矩因遣人告胡悉曰天下出珍物今在馬邑欲共蕃內多作交關若前來者即得好物胡悉貪而信之不告始畢率其部落盡驅六畜星馳爭進冀先互市矩伏

兵馬邑下誘而斬之詔報始畢曰史蜀胡悉忽領部落走來至北云背可汗請我容納突厥既是我臣彼有背叛我當共殺今已斬之故令往報

唐李靖爲兵部尚書貞觀中突厥諸部離叛朝廷將圖進取以靖爲代州道行軍總管率驍騎三千自馬邑出其不意直趣惡陽嶺以逼之突利可汗不虞於靖見官軍奄至於是大懼相謂曰唐兵若不傾國而來靖豈敢孤軍而至一日數驚靖候知之潛令間諜離其心腹其所親康蘇密來降四年靖進擊定襄破之獲隋齊王暕之子楊正道及煬帝蕭后送于京師可汗僅以身遁

竇靜貞觀中爲夏州都督値突厥攜貳諸將出征多詣其所靜知虜虛實乃潛令人間其部落郁射所部鬱孤尼等九俟斤並率衆內款

劉師立簡較岐州都督陳代吐谷渾之策朝廷未之許師立又遣使間其部落多其降附裂其地爲開橋二州

蕭嵩開元中爲河西節度判凉州事時悉諾邏恭祿威名甚振嵩乃縱反間於吐蕃言其與中國潛通贊普遂召而誅之

王忠嗣天寶初爲靈州都督是歲北伐與奚戰于桑乾河敗之大虜其衆時突厥葉護新有內難忠嗣盛兵磧口以威懷之烏蘇米施可汗倔强不降忠嗣乃縱反間於拔悉密拔悉密與葛邏祿回紇三部落攻米施可汗走之忠嗣出兵伐之取其石廂而歸其西葉護及毗伽可汗妻可敦勇西殺葛臘哆率其部落千餘帳入朝

曹王皐大曆中鎭江西先是牙將伊愼討崇梁義推鋒陷敵李希烈意欲縻之愼以計遁歸皐始至鍾陵大集將吏得愼而壯之拔爲大將綰理舟師希烈懼

愼爲曹王所任遣愼七曲之甲詐爲愼書行間焉德宗遣中使郎以詰之皐乃抗疏論雪上章未報會賊兵沂江來寇皐乃召愼勉之令戰大破三千餘衆朝廷始信其不二

册府元龜

册府元龜 將帥 間諜 卷之四百一十一 二十三

冊府元龜

巡按福建監察御史臣李嗣京　訂正
知長樂縣事臣夏允彝參閱
知建陽縣事臣黃國琦較釋

將帥部七十三

仁愛　得士心

仁愛

蓋夫德以施惠制勝之攸先仁者佐賢謀師之斯允故慈愛之用著於治戎寬簡之德彰於御衆古之善爲將者何莫由斯也已固有務兼撫納存乎恩信形

惻隱於官次表忠恕於心術解衣推食以卹吏士救寒振餒以濟黎氓給醫藥以赴創病設棺斂以藏暴露至使殊俗歸嚮窮民安集愛之如父母薰之如椒蘭不幸云亡如失所怙追懷遺德久而彌篤自非其中心誠信於士大夫又豈可驅而致哉

漢李廣爲前將軍及自剄百姓聞之知與不知老壯皆爲垂泣（班固曰李將軍恂恂如鄙人口不能出辭及死之日天下知與不知皆爲流涕彼其中心誠信於士大夫也諺曰桃李不言下自成蹊此言雖小可以喻大）

段會宗元帝竟寧中以杜陵令五府舉爲西域都護騎都尉光祿大夫西域敬其威信三歲後爲鴈門太守數年坐法免西域諸國上書願得會宗成帝陽朔中復爲都護後以安輯烏孫病死烏孫中城郭諸國爲發喪立祠

後漢來歙光武時爲中郎將建武中歙率馮異等平隴西既而人饑流者相望歙乃傾倉廩轉運諸縣以賑贍之於是隴西遂安而涼州流通焉

馬成建武中爲揚武將軍屯常山中山以備北邊在事五六年光武以成勤勞徵還京師邊人多上書求請者復遣成還屯

馬援建武中爲伏波將軍討交趾女子徵側及女弟

徵二嶠南悉平所過輒爲郡縣治城郭穿渠灌溉以利其民

竇固明帝永平初爲奉車都尉屯涼州在邊數年羌胡服其恩信有羌胡見客炙肉未熟人人長跪前割之血流指間進之於固固輒爲啗不穢賤之是以愛之如父母

耿秉章帝時爲度遼將軍視事七年匈奴懷其恩信匈奴聞秉卒舉國號泣或至梨面流血（梨即剺字古字通用也剺割也音力私反）

鄧訓爲護羌校尉羌胡俗耻病死每病臨困輒以刀

自剌訓聞有困病者輒拘持縛束不與兵刃使醫藥療之愈者非一小大莫不感悅及訓卒吏人羌胡愛惜旦夕臨者日數千人戎俗父母死耻悲泣皆騎馬歌呼至聞訓卒莫不吼號或以刀自割又刺殺其犬馬牛羊曰鄧使君已死我曹亦俱死耳前烏桓吏士皆奔走道路至空城郭吏執不聽以狀白校尉徐傿傿歎息曰此義也乃釋之遂家家爲訓立祠每有疾病輒就請禱求福

曹褒和帝永元中爲射聲校尉營舍有停棺不葬百餘所褒親自履行問其意故對曰此等多是建武以

來絕無後者褒愴然爲買空地悉葬其無主者設祭以祀之

袁紹爲大將軍督冀青幽并四州牧軍敗後發病嘔血死紹爲人政寬百姓德之河北士女莫不傷悲市巷揮淚如喪其親

魏孫禮齊王時爲伏波將軍楊州刺史時吳大將全琮帥數萬衆來侵寇禮躬勒衛兵禦之賊衆乃退詔書慰勞賜絹七百疋禮爲死事者設祀哭臨哀號發心皆以絹付亡者家無以入身

蜀馬忠爲鎮南大將軍處事能斷威恩並立是以蠻夷畏而愛之及卒莫不自致喪庭流涕盡哀

吳范慎爲武昌左都督慎自恨久爲將遂託老耄軍戀之舉營爲之隕涕

朱桓爲前將軍領青州牧愛養吏士贍護六親俸祿產業皆與共分桓疾困舉營憂戚大帝赤烏元年卒吏士男女無不號慕

晉羊祜爲衛將軍都督中外諸軍事及薨南州人征市日聞祜喪莫不號慟聲相接吳守邊將士亦爲之泣其仁德所感如此

成都王穎爲大將軍都督中外諸軍事既迎天子反

正遂自歸鄴盧志言於穎曰黃橋戰亡者有八千餘人既經夏暑而露骨中野可爲傷惻昔周王葬枯骨故詩云行有死人尚或埋之況此等致死王事乎穎乃造棺八千餘枚以成都國秩爲衣服斂祭葬于黃橋北樹枳籬爲之營域又立都祭堂刊石立碑紀其赴義之功使亡者之家四時祭祀有所乃表其門閭加常戰亡二等又命河內溫縣埋藏趙王倫戰死士卒萬四千餘人穎以前在陽翟與彊賊相持久百姓創痍饑餓凍餒宜急賑救乞差發郡縣車一時運河北邸米十五萬斛以賑陽翟饑人

祖逖爲鎮西將軍領豫州刺史及卒豫州士女若喪考妣

唐彬領護烏丸校尉坐事檻車徵彬付廷尉以事直見釋百姓追慕彬功德生爲立碑作頌

劉弘爲鎮南將軍荆州刺史南蠻校尉弘嘗夜起聞城上持更者歎聲甚苦遂呼省之兵年過六十羸疾無襦弘愍之乃讁罰主者遂給韋袍複帽轉以相付

溫嶠爲江州刺史都督平南將軍及薨於武昌江州士庶聞之莫不相顧而泣

褚裒爲征討大都督徐兖青揚豫五州諸軍事穆帝

永和五年卒遠近嗟悼吏士哀慕之

前燕陽裕爲慕容皝大將軍左司馬士大夫流亡羈絕者莫不經營收葬存恤孤貧

宋劉敬宣爲冠軍伐蜀譙縱送毛璩一門諸喪其妻女并文處茂母及與諸士人喪柩浮之中流敬宣皆拯救之

檀道濟爲高祖北伐前鋒至淮陽凡拔城破壘俘四千餘人議者爲應戮以爲京觀道濟曰伐罪弔民正在今日皆釋而遣之於是戎夷感悅相率歸之者甚衆

劉勔爲寧朔將軍會豫州刺史殷琰反假勔輔國將軍討之及琰開門請降勔約令三軍不得妄動城內士民秋毫無所失百姓感悅咸曰來蘇百姓生爲立碑

王玄謨爲平北將軍都督徐州刺史時北土饑饉乃散私穀十萬斛牛千頭以賑之

衡陽王義季爲荆州刺史都督荆湘八州諸軍事隊主續豐母老家貧無以充養遂斷不食肉義季哀其志給豐母白米二斛錢一千并制豐噉肉

南齊曹虎爲右衛將軍形幹甚毅善於誘納日食荒

客常數百人

梁裴邃爲將少言笑沈深有思略爲政寬明能得士居身方正有威重將吏憚之少敢犯法及其卒也淮淝間莫不流涕以爲邃不死魏陽不足拔

韋叡京兆杜陵人爲冠軍將軍江南太守行郢府事初郢城之拒守也男女口垂十萬閉壘經年疾疫死者十七八皆積屍於牀下而生者寢處其上每屋輒盈滿叡料簡隱卹咸爲營理於是死者得埋葬生者反居業百姓賴之後爲平北將軍寧蠻校尉雍州刺史初叡起兵鄉中客陰雙光泣止之及叡還爲州雙

光遣候叡笑謂之曰若從公言乞食於路矣餉耕牛十頭叡於故舊無所遺惜士大夫年七十以上多與假板縣令鄉里甚懷之

陳荀朗初仕梁爲豫州刺史以侯景之亂入援臺城據山寨自守景開府宋子仙不能尅時京師大饑百姓皆於江外就食朗更招致部曲解衣推食以相賑衆至數萬人

華皎爲文帝都尉及帝平杜龕仍配以人馬甲仗猶爲都護御下分明善於撫養時兵荒之後百姓饑饉皎解衣推食多少必均

後魏李神儁爲前將軍荆州刺史時寇賊之後城外多有露骸神儁教令收瘗之

崔巨倫莊帝時爲假節中堅將軍領東濮陽太守假征虜將軍別將時河北紛梗人士避賊多任郡界歲儉饑乏巨倫傾資贍恤務相全濟時類高之

北齊婁昭從神武入雒兗州刺史樊子鵠反以昭爲東道大都督討之子鵠旣死諸將勸昭盡誅其黨昭曰此州無狀横被殘賊其君是怨其人何罪遂皆捨焉

魏郡王叡爲定州刺史文帝詔令領山東兵築長城先是役徒罷作任其自返丁壯之輩各自先歸羸弱之徒棄在山北加以饑病多致僵殞叡於是親帥所部與之俱還配合州鄉部分營伍督帥監領強弱相持遇善水草卽爲停頓分有餘贍不足賴以全者十三四焉

趙彥深爲東南道行臺尚書徐州刺史爲政尚恩信爲吏人所懷多所降下所營軍處士庶追思號趙行臺頓

後周張軌魏末爲鎭遠將軍時穀糴踊貴或有請貸官倉者軌曰以私害公非吾宿志濟人之難詎得相

違乃賣所賜衣物糴粟以賑之

王傑武帝建德初除江州總管傑少從軍旅雖不習吏事所歷州府咸以忠恕爲心以是頗爲百姓所慕

丁翼自陝入九曲攻拔造簡等諸城徑到雒陽齊雒州刺史獨孤永業開門出降河南九州三十鎭一時俱下襄陽民庶等喜復見翼並壺漿塞道尋卽除雒懐等九州諸軍事河陽總管尋徙豫州總管陳將魯天念又圍光州聞翼到汝南望風退散霍州蠻首田元顯負險不賓於是送質請附陳將任蠻奴悉衆攻顯立栅拒戰莫有離心及翼還朝元顯便叛其得殊

俗物情皆此類也

唐瑾從于謹平江陵衣冠士伍並沒爲僕隸瑾察其才行片善者輒議免之賴瑾獲濟者甚衆時論多焉

隋劉方高祖仁壽中爲交州道行軍總管討交州李佛子之亂時長史敬德亮從軍尹州疾甚不能進留之州館分別之際方哀其危篤流涕嗚咽感動行路其威惠如此論者稱爲良將

李景爲右武衛將軍煬帝使營建遼東戰其於北平遇賊見害契丹靺鞨素感其恩聞之莫不流涕幽燕人士于今傷惜之

唐程名振高祖武德初遙授永年令率兵經畧河北名振夜襲鄴俘其男女千餘人去鄴八十里閱婦人有乳汁者九十餘人悉放遣之鄴感其仁

劉仁軌爲帶方州刺史鎮守百濟經福信之亂合境凋殘僵屍相屬仁軌始令收斂骸骨瘞埋弔祭賑貸貧乏存問孤老條錄戶口

郭子儀玄宗天寶末爲朔方節度使討安祿山援趙郡生擒四千人皆捨之

李復德宗貞元初爲容管招討使先時西京叛亂前後經畧使征討反者獲其人皆沒官爲奴婢配作坊重役復乃令訪其親屬悉歸還之

高崇文憲宗元和初統神策軍牙劉闢于西川衣冠隱者皆匍匐衙門請命重文條奏全宥之

朱忠亮元和中爲涇原節度使涇上舊俗多賣子忠亮以俸錢贖而還其親者約三百人

晉趙杜禮爲晉昌節度使或賑人之急時論賞之

周趙暉爲鳳翔節度使太祖廣順二年上言王景崇叛亂時殺戮饑死骸骨除先有使臣埋瘞外令坊曲坑井聚十八車埋瘞祭奠

得士心

傳曰師克在和又云德以施惠戰所由克古之良將率由茲道以至身犯寒暑不敢先衆蓋衆未食飲不敢言饑渴周旋撫馭甘苦同之孜孜焉唯恐乎徇已之私而失人之心也用能親若父兄隨如臂指始乃欣然景附願屬麾下終亦爭先爲用奮不顧死繇是推堅却敵每多成績其或投於亡地固守心誠結義寖深卒無離叛迨夫兵盡勢窘不忍捨去肝腦塗地靡有悔恨又復過更增戀遺愛難忘尊奉感涕發於誠欵至有新兵甫集同人烏合激厲忠憤開示恩信折服英毅樂爲我使斯又智畧之速達也

吳起爲魏將與士卒分勞苦卒有病疽者起爲吮之卒母聞而哭之人曰子卒也而將軍自吮其疽何哭爲母曰非然也往年起嘗吮其父父戰不旋踵遂死於敵吳公今又吮其子妾不知其死所矣是以哭之文侯以起盡能得士心以爲西河守拒秦韓

秦末田横爲齊王漢韓信灌嬰平齊地横亡走梁歸彭越漢滅項籍後横與其徒屬五百餘人入居海島中高帝使使赦横罪而召之横既至尸鄉廐置遂自剄高帝以王者禮葬横既葬其客二人穿其冢旁皆自剄餘尚五百人在海中聞横死亦皆自殺於是乃

知田横能得士也

漢袁盎爲隴西都尉仁而愛士士卒皆爲致死

李廣歷北平太守前後四十餘年得賞賜輒分其麾下飲食與士卒共之將兵之處見水士卒不盡飲不近水士卒不盡飡不嘗食士以此愛樂爲用

李陵爲騎都尉將步卒五千人出居延至浚稽使麾下騎陳步樂還以聞步樂召見道陵將率得士死力帝甚喜

韓威延壽之孫仕至將軍亦多恩信能拊衆得士死力

蓋寬饒宣帝時爲衛司馬寬饒初拜未出殿門斷其禪衣令短離地冠大冠帶長劍躬案行士卒廬室視其飲食居處有病疾者身自撫循臨問加致醫藥遇之甚有恩及歲盡交代帝臨饗罷衛卒（得代當歸者也）衛卒數千人皆叩頭自請願復留共更一年（更猶今言上番也）以報寬饒厚德帝嘉之

後漢馮異初隨光武爲偏將軍及破邯鄲乃更部分諸將各有配隷軍士皆言願屬大樹將軍光武以此多之

耿秉爲征西將軍擊匈奴秉休止不結營部然遠斥

候明要誓軍陳立成士卒樂爲死

鄧訓章帝時將黎陽營兵屯狐奴建初六年遷護烏桓挍尉黎陽故人多攜將老幼樂隨訓徙邊（訓故吏最貧羸者舉國念訓嘗所服藥此州少乏又知訓好青泥封書從黎陽步推鹿車於雒陽市藥還過趙國易陽並載青泥一車上至黎陽訓其得人心如是）

段紀明爲破羌將軍征羌每行軍仁愛士卒疾者親自瞻省手爲裹瘡在邊十餘年未嘗一日蓐寢與將士同勤苦故皆樂爲死戰

皇甫嵩爲右中郎將平黄巾卹士卒甚得衆情

臧洪爲東郡太守治東武陽太祖圍張超於雍丘超

言惟恃臧洪當來救洪聞之徒跣號泣並勒所領兵又從袁紹請兵馬求欲救超而紹終不聽許超遂族滅洪由是怨紹絶不相通紹興兵圍洪於東武陽城中糧盡外無援救自度不免呼吏士謂曰袁紹無道所圖不軌且不救洪郡將洪於大義不得不死念諸君無事空與此禍可先城未破將妻子出將吏皆垂泣曰明府之於袁氏本無怨隙今爲郡將之故自致危困吏人何忍當捨明府去也初尚掘鼠煮筋角後無所復食主簿啓内厨米三㪷請稍爲饘粥饘糜也洪日何能獨甘此邪使爲薄糜徧班士衆又殺其愛妾

以食兵將兵將咸流涕無能仰視男女七八千人相枕而死莫有離叛

魏曹眞爲大將軍眞每征行與將士同勞苦軍賞不足輒以家財班賜士卒皆願爲用

張耽爲中郎將性勇鋭而善撫士卒軍中皆爲用命

鮑信爲破虜將軍厚養將士居無餘財士以此歸之

夏侯霸爲右將軍屯隴西其養士和戎並得其歡心

諸葛誕爲征東大將軍既死麾下坐不降皆爲司馬文王所戮數百人拱手爲列每斬一人輒降之竟不變皆曰爲諸葛公死不恨其得人心如此時人比之田橫

吳孫瑜字仲異堅弟靜之子以恭義校尉始領兵衆是時兵客諸將多江西人瑜虚心綏撫得其歡心建安末領丹陽太守爲衆所附至萬餘人加綏遠將軍

孫歆爲邊將數十年養士卒得死力

凌統爲偏將軍統以山中人尚多壯悍可以威信誘也帝令東占且討之統素愛士士亦慕焉得精兵萬餘人

陳修爲別部司馬授兵五百人時將新兵多有逃叛而撫循得意不失一人大帝奇之拜爲校尉

黃蓋爲丹陽都尉姿貌嚴毅善於養衆每所征討士卒皆爭爲先

陸抗爲大將軍既誅步闡東還樂鄉貌無矜色謙冲如常故得將士歡心

陳表父武從擊合肥戰死表以父死敵場求用爲領兵五百人表欲得戰士之力傾意接待士皆愛附樂爲用命而有盜官物者疑無難士施明明素壯悍收考極毒雖死無辭廷尉以聞大帝以表能得健兒之心詔以明付表使自以意求其情實表便破械沐浴易其衣服厚設酒食歡以誘之明乃首服具列支黨

表以狀聞帝奇之欲全其名特爲赦明誅戮其黨遷表爲無難右部督

徐平字伯先遷武昌左部督傾心接物士卒爲盡力甘寧爲折衝將軍開爽有計畧能厚養徤兒士亦樂爲用命

晉王濬爲巴郡太守郡邊吳境兵士苦役生男多不舉濬乃嚴其科條寬其徭課其產育者皆與休復所全活者數千人及伐吳先在巴郡之所全育者皆堪徭役供軍其父母戒之曰王府君生爾爾必勉之無愛死也

嵇紹爲侍中河澗王顒成都王穎擧兵向京都以討長沙王乂大駕次于城東乂宣言於衆以討曰今日西討欲誰爲都督乎六軍之士皆曰願嵇侍中戮力前驅死猶生也遂拜紹使持節平西將軍

劉群字公度琨之子少拜廣武侯世子隨父入晉陽遭逢冦亂數領偏軍征討性清愼有裁斷得士類歡心

郗鑒爲龍驤將軍兖州刺史鎭鄒山時荀藩用李述劉琨用兄子演並爲兖州各屯一郡以力相傾闔州編戶莫知所適又徐龕石勒左右交侵日尋干戈外無救援百姓饑饉或掘野鼠蟄燕而食之終無叛者二年衆至數萬元帝就加輔國將軍都督兖州諸軍事

賈疋字彥度愍帝時爲驃騎大將軍少有志畧器望甚偉見之者莫不悅附特爲武夫之所瞻傾願爲致命

周訪爲安南將軍善於撫納士衆皆爲致死桓宣監沔中軍事南中郎將江夏相鎭襄陽十餘年間石季龍再造騎攻之宣能得衆心每以寡弱距守論者以爲次於祖逖周訪

韓璞爲張寔司馬寔知劉曜逼遷天子遣璞等赴國難及璞次南安諸羌斷軍路相持百餘日糧竭矢盡璞殺駕牛饗軍泣謂衆曰汝曹念父母乎曰念念妻子乎曰念欲生還乎曰欲從我令乎曰諾乃鼓譟進戰會張閬率金城軍繼至夾擊大敗之斬級數千

慕容翰廆庶長子也作鎭遼東高句麗不敢爲寇善撫接愛儒學自士大夫至于卒伍莫不樂而從之

宋沈文秀爲青州刺史魏軍圍城文秀善於撫御將士咸爲盡力每與虜賊戰輙摧破之掩擊營砦往無不捷明帝進文秀號輔國將軍被圍三年外無援軍

士卒爲之用命無離叛者日夜戰鬬甲胄生蟣蝨遂爲虜所陷

卜天與領東掖防閤隊從臧質救懸瓠劉興祖守白石並率所領隨之魏兵退還領輦後第一隊撫卹士卒甚得衆心

朱修之孝武初爲寧蠻校尉雍州刺史加都督修之在政寬簡士衆悅附

梁鄧元起爲平南中兵參軍每戰必捷勇冠當時敢死之士樂爲用命者萬有餘人

陳慶之爲南北司豫州都督射不穿札馬非所便而

善撫軍士能得其死力

馬僊琕爲將與士卒同勞逸戰多剋捷士卒亦甘心爲之用

向僧祐爲車騎將軍時西魏寇至以僧祐爲都督城東諸軍魏軍四面起攻百道齊舉僧祐親當矢石晝夜督戰獎厲將士明於賞罰衆皆感之咸爲致死所向摧殄賊莫敢前

王操爲大將軍時明帝出頓紀南操撫循將士莫不用命

昌義之爲護軍將軍性寬厚爲將能得人死力及居藩任吏人安之

陳魯悉達梁元帝時爲仁威將軍江州刺史及敬帝卽位王琳據有上流留異余孝頃周廸等所在蠭起悉達撫綏晉熙等五郡甚得民和士卒皆樂爲之用

後魏遼西公意烈子道武以宗親委之心腹明元踐祚除渤海太守吏人樂之轉平原鎮將得將士心

崔寬爲鎮西將軍拜陝城鎮將二崤地險民多寇刼寬性滑稽誘接豪右宿盜魁帥與相交結傾衿待遇不逆細微是以能得民庶歡心莫不感其意氣

周幾爲宋兵將軍率雒州刺史于栗磾以萬人襲陝

城卒于軍軍人無不惜之

源子雍爲夏州刺史時沃野鎮人破雒汗拔陵首爲反亂所在蠭起紀萬逆胡與相應接子雍嬰城自守城中糧盡煑馬皮而食之子雍善綏撫得士之心人人戮力無有離貳

卒纂爲輔國將軍善撫將士人多用命

房士達爲濟南太守永安末爾朱兆入雒刺史蕭贊爲城民趙雒周所逐城內無主雒周等以士達鄉情所歸乃就郡請之命攝州事

劉藻爲雍城鎮將雍州人王叔保等三百人表乞藻

誘駿奴戍主詔曰遐曹邑用人藻有惠政自宜他敘在任八年遷離城鎮將北齊慕容儼爲開府鎮郢州梁大都督侯瑱任約等率水陸軍來攻城中食少糧運阻絶無以爲計唯煮槐楮桑葉并紵根水芒葛艾等草及帶觔角等物而食之人有死者卽取其肉火別分噉唯留骸骨儼猶申令將士信賞必罰分甘同苦死生以之自正月至於六月人無異志

宋顯爲西兗州刺史勇决有氣幹簡御左右咸能得共心力

段韶爲武衛將軍長於計畧善於御衆得將士之心

臨敵之日人人爭奮

王琳在梁爲湘州刺史琳果勁絶人又能傾身下士所得賞物不以入家麾下萬人多是江淮群盜平侯景之勳與杜龕俱爲第一恃寵縱暴於建業王僧辯禁之不可懼將爲亂啟請誅之琳亦疑禍令長史陸納率部曲前赴湘州身輕上江陵將行謂納等曰吾若不反子將安之咸曰請死相報泣而別及至元帝以下吏而使廷尉卿黄羅漢大府卿張載宣諭琳軍陸納等及軍人並哭對使者莫肯受命乃縶黄羅漢殺張載載性深刻爲帝所信荆州疾之如讎故納等因人之欲抽其腸繫馬腳使繞而走腸盡氣絶又臠割備五刑而斬之元帝遣王僧辯討納納等敗走長沙是時湘州未平武陵王兵又甚盛江陵公私恐懼人有異圖納啟申琳罪請復本位求爲奴婢元帝乃鏁琳送長沙時納兵方出戰會琳至僧辯升諸樓車以示之納等投戈俱拜舉軍皆哭曰乞王郎入卽出及放琳入納等乃降湘州平仍復本位陳霸先殺僧辯琳車敗降齊爲驃騎大將軍揚州刺史陳將吳明徹來寇與戰大敗單馬突圍僅而獲免還至彭城魏帝令便赴壽陽并許召募又進封琳巴陵郡王明徹

進兵圍之堰淝水灌城而皮景和等屯於淮西竟不赴救明徹晝夜攻擊城內水氣轉侵人皆患腫死病相枕從七月至十月城陷被執百姓泣而從之吳明徹恐其爲變殺之城東北二十里時年四十八哭者聲如雷有一叟以酒脯至酹哭盡哀收其血懷之而去傳首建康懸之於市初明徹欲全之而其下將領多琳故吏爭來致請并相資給明徹由此忌之故及於難當時田夫野老知與不知莫不爲之歔欷流泣觀其誠信感物雖李將軍之恂恂善誘殆無以加焉

斛律光爲左丞相光自結髮從戎未嘗失律行兵用

匈奴法吉凶無不中軍營未定終不入幕或竟日不坐身不介胄嘗為士卒先有罪者唯大杖撾背未嘗妄殺衆皆爭為之死

盧文偉為常景行臺郎中後為杜維周所虜維周敗復入葛榮榮敗歸家時韓樓據薊城文偉率鄉閭屯守范陽與樓相抗共推文偉行范陽郡事防守二年與士卒同勞苦分散家財救貧乏莫不人人感悅爾朱榮遣將侯深討樓平之文偉以功封大夏縣男

後周李遠都督義州弘農等二十一防諸軍事善撫綏有幹略守戰之備無不精銳每厚撫境外人使為

間諜敵中動靜必先知之至有事泄被誅戮者亦不以為悔其得人心如此

梁椿為大將軍性果毅善於撫納所獲賞物分賜麾下故每踐敵場咸得其力

崔猷為梁州都督閔帝即位始利沙興等諸道阻兵為逆信合開楚四州亦叛唯梁州境內人無二心

若干惠為右衛將軍善於撫御將士莫不懷恩

王思政持節河南諸軍事守潁川城為齊文襄所攻陷思政初入潁川士卒八千人城無外援亦無叛者

齊王憲從武帝東伐為前鋒憲善兵謀多筭略尤長於撫御達於任使摧鋒陷陣為士卒先群下感悅咸為之用

閻慶為撫軍將軍善於撫綏士卒故盡得其死力

陳忻為驃騎大將軍散財施惠得士衆心身死之日將吏荷其恩德莫不感慟焉朝廷以忻雅得士心還令其子萬敵領其部曲

李遷哲為驃騎大將軍兵士有疾親加醫藥軍中感之人思効命

寇儁為左將軍梁州刺史屬魏末多故州又僻遠梁人知無外援遂遣大兵頓魏興志圖攻取儁撫厲將

士人思効命梁人知其得衆心弗之敢逼

寇雄與賀拔岳同鄉里募從入關以功封安鄉縣子及岳為大行臺以雄為右都督侯莫陳悅既害岳欲并其衆時初喪元帥雄於諸將中最為舊齒素為衆信乃收集將士志在復讎既至原州衆推雄為盟主

宇文虬為驃騎大將軍每經行陣必身先卒伍故上下同心戰無不克

隋張須陁大業中為齊郡丞勇決善戰又善於撫馭得士卒心論者號為名將後為河南道十二郡討捕使擊東郡賊翟讓戰死其所部兵晝夜號哭數日不

止
唐李勣爲司空勣每行軍用師人皆用命所向尅捷洎乎死日聞者莫不悽惋
哥舒翰初爲河西節度王忠嗣衙將踈財重氣士多歸之
高僊芝爲副元帥拒祿山軍敗玄宗命監軍邊令誠齎勅誅之僊芝曰我退罪也死不敢辭然以我爲減截兵糧及賜物等則誣我也謂令誠曰上是天下是地兵士皆在足下豈不知乎其召募兵排列在外素愛僊芝僊芝呼謂之曰我於京中召兒郎輩雖得少

許物裝束亦未能足方與君輩破賊然後取高官重賞不謂賊勢憑陵引軍至此亦欲固守潼關故也我若實有此君輩即言實我若實無之君輩當言枉兵士齊呼曰枉其聲動地
裴冕爲劍南節度使冕遣流謗朝廷將遣使推按兵馬使崔寧部下截耳稱寃中使奏之
郭子儀性忠信事上誠蓋臨下寬厚每降城下邑所至之處必能得士衆心與李光弼齊名雖威畧不逮而寬厚得人過之
張獻甫爲金吾將軍時李懷光未平砂吐蕃又侵擾西邊獻甫領禁軍出鎮咸陽凡累年軍人百姓悅之
張伾建中初以澤潞將守洺州田悅攻之城守累月攻益急士死傷多而食少救兵未至伾知事不濟無以勸士乃悉召將卒命其女出拜之謂曰將士辛苦戰征惜家無尺寸物與公等爲賞獨有此女幸未嫁人願出賣之爲將士一日之費衆皆大哭曰今日爲將軍出死命戰且守日夜不解會馬燧以大原之師至與衆軍合擊悅於城下大敗之伾乘勢出戰士一當百圍解以功累遷洺州刺史
李晟爲神策行營節度使討朱泚宿兵東渭橋時轉

輸不至盛夏軍士或衣裘褐晟必同勞苦每以大義奮激士皆流涕感悅卒無離叛者
任廸簡初爲天德軍使李景略判官及景略卒衆以廸簡長者私議請爲帥監軍使聞之拘廸簡於別室軍衆連呼而至發戶簒取之及表聞德宗使察焉具以軍情奏因除豐州刺史天德軍使自殿中侍御史授兼御史大夫
劉澭爲隴右經畧使輕財愛士得人之死力
烏重胤爲河陽節度淮西吳元濟軍人李湍者過溵水來降其妻爲賊束縛於樹臠肉食至死叫其夫而

言曰善事烏僕射觀者義之重裔出自行間及爲長帥赤心奉上能與下同甘苦所至周密由盡禮敬故當時名士咸願依焉長慶三年再鎮天平及病子將王贇饋以股肉歿後數日有軍士二十餘人皆割股肉以祭之古之良將無以加也

閻巨源爲邠寧節度使無他智能然以寬厚爲將卒所懷

殷侑爲滄景節度觀察使與士卒之下者同甘苦故滄人大悅上請立碑

田布魏博節度使弘正之子爲軍將討淮西弘正愛

之慮有罪不能行法俾以他使代焉其士卒皆愛布乞留監軍使以聞詔復從之

李光顏鎮邠寧吐蕃入寇光顏發邠師師人皆曰人給五千而不識戰鬭彼何人也當額衣資不得而前蹈白刃此何人也憤聲洶洶不可止光顏素得士心爲陳大義言發涕下衆皆感之久而發焉

韓克弘之弟少居東郡以舅劉玄佐得爲河陽昭義牙門將及弘節度宣武召歸主親兵軍中奏官累至御史大夫弘虐用其衆人人皆不自保克獨謙下執禮未嘗稍怠由是頗得衆意然以親逼權重嘗不自安元和六年因獵近郊單騎走至鎗下時朝廷方姑息弘亦憐克無異志擢拜右金吾將軍長慶元年爲滑州節度是歲汴州節度使李愿爲帳下所逐賊黨領兵立都將李夵爲留後朝廷以克久在汴州衆心悅附命克爲宣武軍節度使兼統義成軍往征之會李夵疽發腦屬兵於牙門將李質以計誅首亂者送夵歸京師克遂不戰而入時陳許李光顏亦奉詔討夵軍在尉氏意欲必先入汴因大肆俘掠汴州監軍使姚文壽亦欲招許下之師先入不以變告克時克在中牟聞之即時率衆直入汴人素懷克來皆踴躍

相賀無復疑貳詔遂加司空克宣武軍節度使

高瑀爲陳許節度使性寬和有體量爲官雖無赫赫之善所至皆理尤能得士心論者以是推之

張璠爲易定節度使易定兩州土地寡狹璠在鎮甚得士卒心兵乘整齊嘗爲幽鎮所忌

梁時溥徐州人初爲州之驍將唐中和初秦宗權據蔡州侵寇鄰藩節度使支詳命溥率師以討之徐軍屢捷軍情歸溥詳以旌節授之

牛存節唐天復元年授潞州馬步都指揮使發令嚴整士庶安之及追赴行在士卒泣送者不絕於道

王重師知平盧軍留後加簡較司徒其後北伐幽滄鎭定晏與晉軍接戰頗得士心故多勝捷

郭言廣明中從太祖赴汴初爲騎軍繼有戰功後擢爲裨校言性剛直有權畧勤于戎事或以家財分給將士之貧者由是頗得士心

楊師厚爲魏博節度使性寛簡無威儀善撫士衆初爲太祖部曲頗得士心累爲刺史遷襄陵滑等州節度使有戰功

册府元龜

冊府元龜

巡按福建監察御史臣李嗣京　訂正
知閩縣事臣曹咼臣叅閱
知建陽縣事臣黃國琦較釋

將帥部七十四

禮賢　薦賢　召募　訓練

禮賢

夫受閫寄身師律明七德之要居萬夫之長而能忘公侯之勢下蓬蓽之賤謙謙以自牧孳孳如不及斯乃見義之勇道存其間耳矧夫倜儻奇士智慮輻湊

德服鄉人名動肉食固宜傾心折節改容倒屣或優以賓客之禮或尊於師友之位欣慕景仰每先置幣勤接推奉乃至解驂周爰諮詢以圖遠馭登止下辟氣豊肴醴以邀一時之譽者乎

皇瑗宋大夫也取師於雍丘使有能者無死借其能也以郲張與鄭羅歸鄭之有能者

漢韓信為左丞相漢王與兵萬人擊趙信知成安君不用廣武君李左車策遂擊破趙擒趙王歇信乃令軍毋斬廣武軍有生得之者購千金頃之有縛而至麾下者信解其縛東鄉坐西鄉對而師事之

衛青為大將軍既益尊姊為皇后然汲黯與亢禮或說黯曰自天子欲令羣臣下大將軍下音胡家反大將軍尊貴誠重君不可以不拜黯曰夫以大將軍有揖客反不重邪言能降貴以禮最為重也大將軍聞愈賢黯請以問朝廷去疑遇黯加於平日

霍光為大司馬大將軍時楊敞給事幕府為軍司馬光愛厚之

後漢竇融為河西大將軍班彪避地河西融以為從事深敬待之接以師友之道彪乃為融畫策事漢總西河以拒隗囂

袁紹總兵冀州遣使要鄭玄大會賓客玄最後至乃延升上坐玄身長八尺飲酒一斛秀眉明目容儀溫偉紹客多豪俊並有才說見玄儒者未以通人許之競設異端百家互起玄依方辯對咸出問表皆得所未聞莫不嗟服時臧洪與張超起義尊王室及泉散召遣洪詣大司馬劉虞謀值公孫瓚之難至河間遇幽冀二州交兵使命不達而紹見洪又奇重之與結分合好會青州刺史焦和卒紹使洪領青州以撫其泉

魏鍾會為大將軍伐蜀蜀蔣琬子斌為綏武將軍漢

城護軍會至漢城與斌書曰巴蜀賢智文武之士多
矣至於足下諸葛思遠譬諸草木吾氣類也桑梓之
敬古今所敦西到欲奉瞻尊大君公侯墓當灑埽墳
塋奉祀致敬願告其所在斌荅書曰知惟臭味意眷
之隆雅托通流未拒來謂也亡考昔遭疾疢亡於涪
縣卜云其吉遂安厝之知君西邁乃欲屈駕修敬墳
墓視予猶父顏子之仁也聞命感愴以增情思會得
斌書報加歎意義及至涪如其書云後主既降鄧艾
斌詣會於涪待以交友之禮
蜀董允爲侍中領虎賁中郎將統宿人允嘗與尚書

令下之中典軍胡濟等共期游宴嚴駕巳辦而郎中
襄陽董恢詣允修敬恢年少官微見允停出逡巡求
去允不許曰本所以出者欲與同好游談也今君巳
自屈方展闊積捨此之談就彼之宴非所謂也乃命
解驂禕等罷駕不行其守正下士凡此類也
晉周浚爲折衝將軍楊州刺史隨王渾伐吳吳平賓
禮故老搜求俊乂吳人悅服初吳之未下也浚在弋
陽吳將蔡敏守于沔中其兄珪爲將在秣陵與敏書
曰古者兵交使在其間而聞疆埸之上往往有襲奪
之而甚不可行弟愼無爲小利而忘大備也候者得
珪書以呈浚浚曰君子也及渡江求珪得之問其本
曰汝南人也浚戲之曰吾固疑吳無君子而卿果吾
鄉人
庾亮爲平西將軍以范汪博學多通善談名理命爲
叅軍汪復叅亮征西將軍轉州別駕爲亮佐使十有
餘年甚相欽待
桓溫爲征西大將軍辟謝安爲司馬安既到溫甚喜
言生平歡笑竟日既出溫問左右頗嘗見我有如此
客不溫後詣安值其理髮安性遲緩久而方罷使取
幘溫見留之曰令司馬著幘進其見重如此又溫爲

大司馬時瞿硎先生者不得姓名亦不知何許人也
太和末嘗居宣城郡界文脊山中山有瞿硎因以爲
名焉溫嘗徃造之既至見先生被鹿裘坐於石室神
無忤色溫及僚佐數十人皆莫測之乃命伏滔爲之
銘贊竟卒於山中滔爲溫叅軍溫深加禮接每宴集
之處必命滔同游
桓冲爲車騎將軍聞南陽人劉驎之名請爲長史驎
之固辭不受冲嘗到其家驎之於樹條桑使者致命
驎之曰使君師枉駕光臨宜先詣家君冲聞大媿於
是乃造其父父命驎之然後方還拂短褐與冲言話

父使驊之於內自持濁酒蔬菜共賓冲勑人代驊之酌酒父辭曰若使從者非野人之意也冲慨然至昏乃退

王敦爲大將軍荆州牧以郭舒爲參軍轉從事中郎敦重舒公亮給賜轉豐數詣其家表爲梁州刺史又謝鯤爲敦長史每與畢卓王尼阮放羊曼桓彝阮孚等縱酒敦以其名高雅相賓禮

謝鯤爲領軍將軍時羊欣爲會稽王世子元顯後軍府舍人此職本用寒人欣意貌恬然不以高卑見色論者稱之欣嘗詣鯤鯤拂席改服然後見之時鯤族

子霽運在坐退告族兄瞻曰望蔡（臣欽若等曰鯤襲封望蔡公）見羊欣遂易衣改席欣由此益知名

梁沈約爲鎮軍時有彭城人劉孺美風彩性通和雖家人不見其喜慍本州召迎主簿起家爲中軍法曹行參軍約聞其名引爲主簿嘗與遊宴賦詩大爲約所嗟賞

曹景宗爲鎮軍將軍爲人自恃尚勝雖公卿無所推稱唯甞敘年長且州里勝流特相敬重同讌御筵亦曲躬謙遜

陳王僧辯爲征東將軍時許亨爲從事中郎時晉安王承制授給事黃門侍郎亨奉諜辭府僧辯荅曰省告承有朝授良爲德舉卿志操惇深文藝該洽學優而官自致青紫况久覊駿足將成頓轡禪輔虛暗期寄實深既欣游處用忘勞屆而枳棘栖鵷嘗以增嘆夕郎之選雖爲清顯位以才升固無自媿且卿始云知命萬騁康衢未有執戟之疲便深夜行之慨循復來翰殊用憮然古人相思千里命駕素心不昧寧陷城闉存顧之深荒慙無已又沈禮明爲吳興令侯景將宋子僊據吳興使召禮明委以書記之任禮明固辭子僊怒命斬之或救獲免子僊愛其才終逼之令

掌書記及子僊爲僧辯所敗僧辯素聞其名於軍中購得之酬所獲者鐵錢十萬自是羽檄軍書皆出於禮明又張種有孝行侯景之亂奉其母東奔久之得達鄉里俄而母卒種時年五十而毀瘠過甚又迫以內荒未獲時葬服制雖畢而居處飲食常若在衰及景平僧辯以狀奏聞起爲貞威將軍治中從事史并爲具葬訖種方即吉僧辯又以種年老傍無嗣息賜之以妾及居處之具又徐陵爲通直散騎常侍奉使於齊齊拘留不遣齊送貞陽侯蕭淵明乃遣陵隨還僧辯初拒境不納淵明復致書皆陵詞也又淵明之

入僧辯得淩大喜接待饋遺其禮甚優

後魏爾朱榮爲車騎將軍時尖山人侯淵機警有膽略孝明末年六鎮饑亂淵隨杜雒周南寇後與妻兄念賢背雒周歸榮路中遇寇身披苦褐榮賜其衣帽厚待之以淵爲中軍副都督嘗從征伐虜有戰功又賀拔允亦尖山人也初爲積射將軍歸榮允父子兄弟並以武藝知名榮素聞之見允待之甚厚

後周李遠初仕魏爲武騎常侍及爾朱天光西伐乃配遠精兵使爲鄉導天光欽遠才望特相引接除伏波將軍長城郡守原州大中正

宇文神舉爲司武大夫時幽州人盧昌期等反神舉討之齊黃門侍郎盧思道亦在反中賊平見獲解衣將伏法神舉素欽其才名乃釋而禮之即令草露布其待士禮賢如此

于謹爲柱國時王褒仕梁元帝爲左僕射文學優贍當時已被推挹及王師圍江陵褒都督城西諸軍事及城陷褒從元帝入子城猶欲固守俄而元帝出降褒遂與衆俱出見謹謹甚禮之

韋孝寬爲總管絳州刺史裴文舉以廉約自守孝寬特相欽重每以談論不覺膝前於席

隋賀若弼平陳之役與蕭摩訶戰大破之麾下開府員明擒摩訶至弼命左右牽斬之摩訶顏色自若弼釋而禮之

唐李勣貞觀初爲并州長史時張文瓘舉明經補并州參軍勣深禮之又李義琰弱冠舉進士累補太原尉勣深禮之

宇文士及爲涼州都督折節禮士涼士服其威惠

郭子儀爲關中副元帥乾元中蔣沇爲陸渾盩厔咸陽高陵四令當軍旅之後瘡痍未平沇竭心撫綏所至安輯子儀每統兵由其縣必戒軍吏曰蔣令清嚴

幹辯供億固當有素士衆得蔬飯見饋則已無撓清政

呂崇賁爲河西節度時楊炎釋褐掌書記先時神烏縣令李大簡因酒辱炎至是與大簡同在使府炎執縛大簡以鐵鞭鞭之血流于地幾死崇賁愛其才不之問

李勉歷嶺南滑亳汴宋節度使禮賢下士終始盡心以以名士李巡張恭爲判官卒於幕三歲之內每遇宴飲必設虛位於筵次陳膳執爵辭色悽愴論者美之

李抱眞爲昭義軍節度使欲招致天下賢儁聞人之

才善必令持貨幣千里邀致之至與語無可采者漸退之

鄭餘慶爲山南西道節度使辟崔咸於幕中奉如師友

烏重胤官至横海軍節度使善待僚佐禮分周密曲盡禮敬故當時名士咸願依焉

令狐楚爲河陽懷孟節度使李商隱以所業文干之年纔及冠楚以其少俊深禮之令與諸子游楚鎮天平汴州從爲廵官歲給資裝令隨計上都

牛僧孺爲山南東道節度使以劉賁爲從事待如師

友

梁羅紹威爲魏博節度使紹威本雖將家貴居烈士雅好儒術善爲七言詩重宗人隱隱時爲錢塘賓介遺使以叔事之有所編目曰偸江東集竟薦隱除給事中不赴議者美之

後唐王思同明宗時爲同州節度使未幾移鎮隴右思同好文士無賢不肖必館接賄遺歲費數十萬在秦州累年邊民懷惠華戎寧息

晉張廷蘊後唐莊宗時爲帳前步軍都虞侯諸軍濠寨使而性重文士下汝陽日首獲鄆帥戴思遠判官趙鳳許之曰爾狀貌必儒人也勿隱其情鳳且言之壽引薦於明宗明宗令送付行臺除鳳翰林學士

趙在禮爲晉昌節度使好延士大夫

周王饒爲相州節度使每接賓佐必怡聲緩氣恂恂如也故士君子亦以此多之

薦賢

周書曰舉能其官惟爾之能叁夫稱善以益國推賢以成務者良臣之業也而况居將帥之任當倚注之重出征入輔安危之所寄干城宿衛心膂之攸託而能博訪遺逸咨求髦彦薦之天子揚於王庭使其飛

聲垂光經物集事成賓門穆穆之美致思皇濟濟之盛此其佐佑王室丹青神化不亦多乎哉漢氏而下比比而有皆足以激昂風烈聳勸來者自非同聲之相應善人之舉類亦安能及是哉

漢夏侯嬰封滕公高祖十一年七月淮南王黥布反帝問諸將滕公言故楚令尹薛公有籌策帝召見薛公言布形勢帝善之封薛公千戸

衛青爲大將軍減宣以佐史給事河東守青使買馬河東（有克使而於河東買馬也）見宣無害言於武帝徵爲廐丞官事辦

張世安爲衛將軍蘇武以故二千石與計謀立宣帝（與音豫）賜爵關内侯食邑三百戸久之安世薦武明習故事奉使不辱命先帝以爲遺言宣帝即時召武待詔官者署（少府屬官有官者令丞以其署親近故令於此待詔也）數進見復爲右曹典屬國

蕭望之爲前將軍周堪爲諸吏光祿大夫領尚書事時劉更生年少於望之堪然二人重之薦更生宗室忠直明經有待擢爲散騎宗正給事中與侍中金敞拾遺於左右四人同心輔政

王鳳爲大將軍元帝時陳咸爲石顯奏髡爲城旦成

帝初即位鳳以咸前指言石顯短有忠直節奏請咸補長史又薛宣爲宛句令鳳聞其能薦宣爲長安令治果有名

後漢鄧禹爲大將軍時吳漢歸光武於廣河拜偏將軍漢爲人質厚少文造次不能以辭自達禹及諸將多知之數相薦舉及得召見遂相親信嘗居門下光武將發幽州兵夜召禹問可使行者禹曰間數與吳漢言其人勇鷙有智謀諸將鮮能及者即拜漢大將軍持節北發十郡突騎光武行至信都以銚期爲裨將與傅寬呂宴俱屬禹徇傍縣禹以期爲能獨拜偏將軍授兵二千人寬宴各數百人還言其將光武甚善之使期别徇真定宋子攻拔樂陽稾肥（樂陽縣名屬常山郡今鎮州稾城縣故城在縣西肥纍故肥子國也漢以爲縣故縣在今稾城縣西南並屬真定國）及禹西征關中定河東張宗詣禹自歸禹聞宗素多權謀乃表爲偏將軍後光武南定河内而更始大司馬朱鮪等盛兵據雒陽又并州未安光武難其守問於鄧禹曰諸將誰可使守河内者鄧禹曰昔高祖任蕭何於關中無復西顧之憂所以得專精山東終成大業今河内帶河爲固戸口殷實北通上黨南迫雒陽寇恂文武備足有牧人御衆之才此非予莫可使也

乃拜恂河内太守行大將軍事

亐里戍光武時爲騎都尉將兵平定北州到太原歷訪英俊大人問以策謀時溫序仕州從事戍見奇之上疏薦焉徵爲侍御史

鄧騭爲大將軍時詔公卿舉儒術篤學者騭舉前侍中魯丕再遷復爲侍中左中郎將再爲三老

梁商爲大將軍疾篤順帝親臨幸問以遺言對曰人之將死其言也善臣從事中郎周舉清高忠正可重任也由是拜舉諫議大夫

何進爲大將軍廣漢董扶少游太學學圖讖還家講

授進表薦扶曰資游夏之德述孔氏之風內懷焦董消復之術方今并涼騷擾西戎蠢叛宜勑公車特召待以異禮諮謀奇策於是靈帝徵扶即拜侍中在朝稱爲儒宗甚見器而重之又公車徵荀爽爲進從事中郎進恐其不至迎薦爲侍中及進敗而詔命中絕

段熲爲破羌將軍表言樊志張既有梓慎焦董之識宜翼聖朝咨詢奇異於是有詔特徵會病終

皇甫規爲度遼將軍至營數月上書薦中郎將張奐以自代曰臣聞人無常俗而政有治亂兵無強弱而將有能否伏見中郎將張奐才略兼優宜正元帥以

十三

從衆望若猶謂愚臣宜充軍事者願乞冗官以爲奐副朝廷從之以奐代爲度遼將軍規爲使匈奴中郎將及奐遷大司農規復代爲度遼將軍

魏王朗爲將軍時黃巾起鮑信招合徒衆于禁附從焉及太祖領兗州禁與其黨俱詣爲都伯屬朗朗異之薦禁才任大將軍太祖召見與語拜軍司馬

張郃河間鄚人也太祖時爲征西車騎將軍雖武將而愛樂儒士嘗薦同鄉卑湛明經行修詔曰昔祭遵爲將奏置五經大夫居軍中諸生雅歌投壺今將軍外勤戎旅內存國朝朕嘉將軍之意今擢湛爲博士

夏侯獻爲中領軍時公孫淵斬孫權使復歸魏帝將遣使獻表曰公孫淵昔年敢違王命廢絕計貢者實挾兩端既恃險阻又怙孫權故敢跋扈恣睢海外宿舒親見賊權軍衆府庫知其弱少不足憑恃是以決計斬賊之使又高句麗濊貊與淵爲仇並爲寇鈔今外失吳援內有胡寇心知國家能從陸道勢不得不懷惶懼之心因斯之時宜遣使示以禍福奉車都尉鄜弘武皇帝時始奉使命開通道路文皇帝即位欲通使命遣弘將妻子還歸鄉里賜其車牛絹五百疋弘以受恩歸死國朝無有還意乞留妻子身奉使命

十四

公孫康遂稱臣妾以弘奉使稱意賜爵關內侯弘性果烈乃心於國夙夜拳拳念自竭効冠族子孫少好學問博通書記多所關涉口論速捷辯而不俗附依典誥若出胸臆加仕本郡嘗在人右彼方士人素所敬服若當遣使以爲可使弘行弘乃自舊土習其國俗爲說利害辯足以動其意明足以見其事才足以行之辭足以見信若其計從雖酈生之降齊王陸賈之說尉佗亦無以遠過也若進遠路不宜釋騏驥將已篤疾不宜廢扁鵲願察愚言

桓範爲中領軍表薦尚書徐宣曰臣聞帝王用人度

世授才爭奪之時以策畧爲先分定之後以忠義爲首故晉文行舅犯之計而賞雍季之言高祖用陳平之智而托後於周勃也竊見尚書徐宣體忠厚之行秉直亮之性清雅特立不拘世俗確然難動有社稷之節歷位州郡所在稱職今僕射缺宣行掌後事腹心任重莫宜宣者帝遂以宣爲左僕射

趙儼爲驃騎將軍正始中胡昭養志不仕以經籍自娛儼與尚書黃休郭彝散騎常侍荀顗鍾毓太僕庾嶷弘農太守何楨等遞薦昭曰天真高潔老而彌篤玄虛靜素有夷皓之節宜蒙徵命以勵風俗

蜀諸葛亮後主建興初封武鄉侯三年春率衆南征其秋乃治戎講武以俟大舉五年率諸軍北駐漢中臨發上疏曰先帝創業未半中道而終今天下三分益州疲弊此誠危急存亡之秋也然侍衛之臣不懈於內忠志之士忘身於外者蓋追先帝之殊遇欲報之於陛下也誠宜開張聖聽以光先帝遺德恢弘志士之氣不宜妄自菲薄引喻失義以塞忠諫之路也宮中府中俱爲一體陟罰臧否不宜異同若有作姦犯科及爲忠善者宜付有司論其刑賞以昭陛下平明之治不宜偏私使內外異法也侍中侍郎郭攸之費禕董允等此皆良實志慮忠純是以先帝簡拔以遺陛下愚以爲宮中之事事無大小悉以諮之然後施行必能裨補闕漏有所廣益將軍向寵性行淑均曉暢軍事試用於昔日先帝稱之曰能是以衆議舉寵爲督愚以爲營中之事悉以諮之必能使行陣和睦優劣得所親賢臣遠小人此先漢所以興隆也親小人遠賢臣此後漢所以傾頹也先帝在時每與臣論此事未嘗不歎息痛恨桓靈也侍中尚書長史參軍此悉貞良死節之士願陛下親之信之則漢室之隆可計日而待也臣本布衣躬耕於南陽苟全性命

於亂世不求聞達於諸侯先帝不以臣卑鄙猥自枉屈三顧臣於草廬之中諮臣以當世之事由是感激遂許先帝以驅馳後值傾覆受任於敗軍之際奉命於危難之間爾來二十有一年矣先帝知臣謹慎故臨終寄臣以大事也受命以來夙夜憂慮恐付托不效以傷先帝之明故五月渡瀘深入不毛今南方已定兵甲已足當獎率三軍北定中原庶竭駑鈍攘除姦凶興復漢室還於舊都此臣所以報先帝而忠陛下職分也至於斟酌損益進盡忠言則攸之禕允之任也願陛下託臣以討賊興復之效不效則治臣之

罪以告先帝之靈責攸之禕允等之慢以彰其咎陛
下亦宜自謀以諮諏善道察納雅言深追先帝遺詔
臣不勝受恩感激今當遠離臨表涕泣不知所言
吳周瑜爲偏將軍還江陵病困上疏曰當今天下方
有事役是瑜乃心夙夜所憂願至尊先慮未然然後
康樂今既與曹操爲敵劉備近在公安邊境密邇百
姓未附宜得良將以鎮撫之魯肅智畧足任乞以代
瑜瑜隕踣之日所懷盡矣江表傳載初瑜病困與大帝牋曰瑜以凡才昔受討
逆殊特之遇委以腹心遂荷榮任統御兵馬志執鞭策自效戎行規定巴蜀次取襄陽恩賴威靈謂若在
握至以不謹道遇暴疾昨日醫療日加無損人生有死脩短命矣誠不足惜但恨微志未展不復奉教命

矣方今曹公在北疆埸未靜劉備寄寓有似養虎天下之事而未知終始此朝士旰食之秋至尊垂慮之
日也魯肅忠烈臨事不苟可以代瑜人之將死其言也善儻或可采瑜死不朽矣案此牋與本傳所載音
旨雖同其辭微異耳即拜肅奮武校尉代瑜領兵瑜士衆四千
餘人奉邑四縣皆屬焉
呂蒙爲左護軍虎威將軍屯陸口將圖關羽稱疾詣
建業陸遜屯蕪湖往見蒙曰關羽接境如何遠下後
不當可憂也蒙曰誠如來言然我病篤遜曰羽矜其
驍氣陵轢於人始有大功意驕志逸但務北進未嫌
於我有相聞病必益無備今出其不意自可禽制下
見至尊宜好爲計蒙曰羽素勇猛既難爲敵且已據
荊州恩信大行兼始有功膽勢益盛未易圖也蒙至
都大帝問誰可代卿者蒙對曰陸遜意思深長才堪
負重觀其規慮終可大任而未有遠名非羽所忌無
復是過若用之當令外自韜隱內察形便然後可克
大帝乃召遜拜偏將軍右都督代蒙
全琮爲衛將軍陳熾少有志操能計筭琮表稱熾任
大將軍赴召道卒
晉羅憲仕蜀爲巴東太守劉禪降入朝進位冠軍將
軍假節從帝宴于華林園詔問蜀大臣子弟後問先
輩宜時敘用者憲薦蜀郡常忌杜軫壽良巴西陳壽

南郡高軌南陽呂雅許國江夏費恭琅琊諸葛京汝
南陳裕即皆敘用咸顯於世
王胡之爲北平將軍司州刺史初任吳興郡州郡人
沈勁父充與王敦構逆爲部曲將吳儒所殺勁少有
節操哀父死於非義志欲立勳以雪先耻年三十餘
以刑家不得仕進胡之深異之及遷將軍將鎮雒陽
上疏曰臣當藩衛山陵式遏戎狄雖義督群心人思
自百然方翦荊棘奉宣國恩艱難多病非才不濟吳
興男子沈勁清操著於鄉邦貞固足以幹事且臣今
西支武義故吳興人最多若令勁黍臣脩事者見人

既悅義附亦衆勁㐲克皆雖得罪先朝然其門戶累
業曠蕩不審可得特垂沛然許臣所上否詔聽之
庾亮爲征西將軍秘書郎王羲之爲叅軍累遷長史
亮臨薨上疏稱羲之清貴有鑒裁遷寧遠將軍江州
刺史
宋檀道濟爲征南大將軍白太祖稱沈慶之忠謹曉
兵帝使領隊防東掖門稍得引接出入禁省
吳喜爲輔國將軍劉休爲其府錄事叅軍喜稱休才
進之明帝得在左右
後魏穆亮爲仇池鎭將氐豪楊卜自延興以來從軍

征伐二十一戰前來鎭將抑而不聞亮表卜爲廣業
太守豪右咸悅境內大安後爲侍中尚書左僕射
慕容白曜爲征南將軍叅軍韓麒麟美姿容善騎射
白曜進攻外城師人多傷及城潰白曜將坑之麒麟
諫從之皆令復業齊人大悅後白曜表麒麟爲寇軍
將軍與房法壽爲冀州刺史
元乂爲領軍李志爲輔國將軍志博學有才幹所在
著績桓叔興外叛南荆荒毀乂舉志才任撫綏擢爲
南荆州刺史
蕭寶寅爲開府西道行臺權景宣天水顯親人也少
聰悟有氣俠宗黨皆歎異之年十七寶寅見而奇之
表爲輕車將軍
北齊趙郡公琛爲大將時崔季舒年十七爲州主簿
琛所器重言之於神武親簡丞郎補季舒大行臺都
官郎吏
後周獨孤信爲驃騎大將軍於維陽被圍賀若敦彎
弓三石箭不虛發信大奇之乃言於太祖太祖異之
引置麾下授都督
王思政爲并州刺史鎭王壁太祖命舉代已者思政
乃進所部都督韋孝寬其後東魏來寇孝寬卒能全

城時論稱其知人
唐李勣武德初爲武侯大將軍後遷左監門大將軍
時張亮爲簡較定州別駕勣數薦亮於太宗房玄齡
亦言之如是引爲車騎將軍漸蒙顧遇委以心膂
劉仁願爲熊津都督既破百濟餘衆仁願至京師高
宗謂曰卿在海東前後請奏皆合事宜而雅有文理
卿本武將何得然也對曰皆是劉仁軌之詞非臣所
及也帝深歎賞之因超加仁軌六階正授帶方州刺
史并賜京城宅一區厚賚其妻子遣使璽書勉之初
仁軌坐事除名配軍效力至是復用上官儀謂人曰

劉仁軌雖遭徊黜而能盡其忠劉仁願秉節制而能推其賢可謂皆君子也

令狐彰爲義成軍節度使臨終舉能自代表曰伏見吏部尚書劉宴工部尚書李勉智識忠貞堪委大事伏願陛下速令簡較上副聖心以勉代之

李晟爲河中尹河中晉絳慈隰節度使京畿渭北鄜坊商華兵馬副元帥旣平朱泚表舉守節不爲泚所迫脅者程鎭之劉廼蔣沇趙驊薛岌等數十人

李峴爲江陵節度使監察御史嚴郢坐按甲泰芝事貶建州後徵復舊官道由江陵峴乃署奏行軍司馬

兼領留府

劉總爲幽州節度使頻獻表章請出家爲僧分割當管土地又以張弘靖嘗節制河東以和易爲理河東與幽州接壤素聞其風河朔之人久苦暴虐總思有以寬濟之遂舉弘靖自代詔從之

梁張漢傑爲控鶴指揮使劇門人陳乂少好學善屬文因避亂客於浮陽轉移於大梁漢傑延於私邸表授太子舍人

後唐郭崇韜爲樞密使會魏王征蜀崇韜爲副將發上疏曰陛下委臣以戎事仗將士之忠孝憑陛下之威靈鼓行而西庶幾集事如蜀川平定陛下擇帥撫臨以臣料之信厚善謀事君有禮則北京副留守孟知祥有焉願陛下使之爲帥如臣出征之後宰輔闕人則鄴都副留守張憲有披荆草昧之勞爲人謹重而多識其次則吏部尚書李琪御史中丞崔居儉皆中朝士族富有文學陛下擇才相之臣亦無敢謬舉餘則臣所不知

召募

昔周作井田兵賦是出甲卒之數備存等威蓋天子有六軍諸侯大國三軍次國二軍小國一軍乃其制

也其後齊之技擊魏之武卒秦之銳士亦皆出於簡練焉經界旣壞兵農異制尺籍伍符非用古道故漢氏而下或召募壯勇以備戎行至乃乘四方之艱難因羣寇之充斥或整旅以拒敵或交兵而決勝繇是選求驍果申之勸賞以至取束落之義從收山澤之亡命備諸牙爪克乎伍列推誠信以深結勵精悍而無前咸可以供時使而盡其死力者矣

漢陳立爲牂牁太守夜郎王興妻父翁指興子邪務反立奏募諸夷與都尉長史分將攻之

後漢岑彭爲征南大將軍公孫述遣其將任滿田戎

程泯將兵據荆門虎牙橫江水起浮橋關樓立攢柱絕水道結營山上以拒漢兵彭數攻不利彭乃令軍中募攻浮橋先登者上賞於是偏將軍魯奇應募而前時太風狂急彭奇船逆流而上直衝浮橋而攢柱鈎不得去奇等乘勢殊死戰因飛炬焚之風怒火盛橋樓摧燒彭復悉軍順風並進所向無前蜀兵大亂溺死者數千人斬任滿生獲程泯而田戎亡保江州

何進爲大將軍遣張遼詣河北募兵得千餘人還又遣上軍校尉蹇碩司馬張楊歸本州募兵得千餘人因留上黨擊山賊

魏程昱漢末爲振威將軍太祖討袁氏昱乃收山澤亡命得精兵數千人乃引軍與太祖會黎陽討袁譚袁尚譚尚破走拜昱奮武將軍封安國亭侯

曹洪從太祖討董卓爲卓將徐榮所敗還奔譙洪與楊州刺史陳溫善洪將家兵千餘人就溫募兵得廬江上甲二千人東到丹陽復與數千人與太祖會龍亢

蜀呂乂爲巴西太守丞相諸葛亮連年出軍調發諸郡多不相救乂募取兵五千人詣亮慰喻檢制無逃竄者

吳凌統爲偏將軍統以山中人尚多壯悍可以威恩誘也太帝令東占且討之命勑屬城凡統所求皆先給後聞統素愛士士亦慕焉得精兵萬餘人

全琮爲奮威校尉授兵數千人使討山越因開募召得精兵萬餘人出牛渚

晉馬隆泰始中爲司馬督時梁州爲虜所沒武帝曰誰能爲我討此虜乎隆曰臣能平之臣請募勇士三千人鼓行而西虜何足滅哉帝許之隆募限腰引弩三十六鈞立標簡試自旦至中得三千五百人隆曰足矣

祖逖元帝爲晉王時自軍諮祭酒拜奮威將軍豫州刺史給千人廩布三千疋不給鎧仗使自招募仍將本流徙部曲百餘家渡江屯于淮陰起冶鑄兵器得二千餘人而後進

桓宣爲都督沔北前鋒征討軍事平北將軍司州刺史假節鎮襄陽石季龍使騎七千渡沔攻之庾亮鎮荆州遣司馬王衍期輔國將軍毛寶救宣賊三面爲地窟攻城宣募精勇出其不意殺傷數百多獲鎧車馬賊解圍退走

謝玄爲前將軍鎮廣陵符堅方盛玄多募勁勇劉牢

之與東海何謙瑯琊諸葛偘樂安高衡東平劉軌西河田雒晉陵孫無終等以驍猛應選

南齊劉道隆爲梁州刺史與義陽王征北𠫵軍垣祟祖同行使還下邳召募

後魏王肅初自齊歸於道武爲輔國將軍長史時詔討齊於義陽聽招募壯勇以爲爪牙其募士有功賞加當募一等其從肅行者六品已下聽先擬用然後表聞若投化之人聽五品已下即優授於是假肅節行平南將軍

蕭寶寅爲鎮東將軍配兵一萬據東城又任其募天

下壯勇得數千人

唐景宜初爲東郡太守建義元年爲持節都督於東郡召募僑奮之民三千人渡河隨便爲柵雀塁臺軍

李瑒爲伏波將軍隨蕭寶寅西征以瑒爲統軍假寧遠將軍瑒德洽鄉閭招募雄勇其樂從者數百騎瑒傾家賑恤率之西討

楊椿爲左衛將軍兼尚書右僕射馳驛詣并肆賫絹三萬疋募召常朔流民揀充軍士後爲雍州刺史於時蕭寶寅等兵敗涇岐及豳悉已陷賊扶風以西非復國有椿乃鳩募内外得七十餘人遣兄子錄事𠫵軍偘率以防禦

爾朱榮爲直寢遊擊將軍正光中四方兵起遂散畜牧招合義勇給其衣馬

薛循義初爲北海王顥統軍時有詔能募得二千人者用爲別將於是循義還河東仍歷平陽弘農諸郡合得七十餘人即假安北將軍西道別將

北齊高昂初仕魏爲直閤將軍昂以寇難尚繁非一夫所任義勇競來投赴尋值京師不守遂與父兄據信都起義

隋崔弘度初仕周爲上大將軍及尉迥作亂以弘度

爲行軍總管從韋孝寬討之弘度募長安驍雄數百人爲別隊所當無不披靡

李子雄爲廣州刺史煬帝時漢王諒作亂帝疑幽州總管竇抗有貳乃遣子雄馳至幽州止傳舍召募得千人

唐王長諧隋末從太宗舉義平西河郡遂爲太守召募得數千人與大軍西會以爲右一統軍從破宋老生進授光祿大夫

封常清爲伊西節度使天寶末入朝會安祿山反常清奏曰祿山領兇徒十萬徑犯中原太平斯久民不

知戰然事有逆順勢有奇變臣請走馬赴東京開府庫募驍勇挑馬箠渡河計日取逆胡之首懸闕下玄宗方憂壯其言翌日以常清爲范陽節度使俾募兵東討其日常清乘驛赴東京召募旬日得六萬傭保市井之流

李抱眞大曆末爲澤潞留後密揣山東當有變上黨且當兵衝是時乘戰餘之地土瘠賦重人益困無以養軍士乃集戶丁男三選其一有才力者免其租徭給弓矢令之曰農之隙則分曹角射歲終吾當會試及期按籍而徵之都試以示賞罰復命之如初比三

年則皆善射抱眞曰軍可用矣於是舉部内之鄉兵得成卒二萬既不廩費府庫益實乃繕兵甲爲戰具遂雄視山東是時稱昭義步兵冠諸軍

白志貞建中末爲神策軍使德宗將討李希烈乃募兵京師以志貞爲之使於是郭子儀壻端王傅吳仲孺家財累巨萬以召募有急懼不自安乃上表請遣其子率奴馬以應募德宗善從之超授其子五品官由是志貞請令故節度都團練觀察使并嘗爲是官者家出男子馬奴備戎裝以討希烈各與其勇官豪家不肖子幸之貧而有知者苦之由是京師人心震搖不保家室

嚴礪元和初爲山南西道節度使奏當軍將士請共置一萬二千其數内二千三百八十六人新加從之

呂元膺元和中爲東都防禦使請募置山河子弟以衛宮城東畿西南瀕鄧虢山谷曠而多麋及猛獸人人習射獵而不利耕蠶春夏以其族黨遷徙無常處俗呼爲山棚前留守權德輿知其可虞而用將請之會詔徵還故元膺繼請焉

李聽長慶初爲靈鹽節度使奏請於淮南忠武武寧軍防秋兵中取三千人衣賜月糧等於當道自召一

千五百人馬軍驍勇者以備戎秋每五千人爲一社每一馬死共補之使其永無缺减從之

王承元太和中爲鳳翔節度使奏當軍應管兵三萬人内軍一千五百騎今更添置一千五百騎請度支給衣糧草料

王智興太和中爲徐州節度使奏請新招子弟一千八百人衣糧

崔鄲天復中同平章事奏六軍十二衛名額空存實無兵士京師侍衛亦籍親軍請每軍重召募一千五百人共置六千六百人從之乃令六軍諸衛副使京

兆尹鄭元規立格招收於市

朱瑾爲兗州節度使募驍勇數百人黥雙鴈於其頰立爲鴈子都

後唐安重榮爲鄭州延簡清泰元年上言召募騎軍五千人自出鎧馬從之

漢孫方諫爲定州節度使上言所部屯兵數少欲召募牙兵千人乞度支給衣糧

訓練

禮曰孟秋天子命將帥選士厲兵簡練俊傑以申嚴武備之謂也必在蒐乘補卒鞠旅陳師既節制之有

聞故號令而無失握兵之要厲衆之權何莫由斯道者也

子文楚大夫也魯僖二十七年楚子將圍宋使子文治兵於睽（子文時不爲令尹故云使治兵習號令睽楚邑）終朝而畢不戮一人（終朝自旦及食時也子文欲委重於子玉故畧其事）子玉復治兵於蔿（子玉爲令尹蔿楚故邑）終日而畢鞭七人貫三人耳

漢李陵爲騎都尉將勇敢五千人教射酒泉張掖以備胡

蜀諸葛亮爲丞相後主建興十年亮教兵講武

吳呂蒙爲別部司馬大帝料諸少將兵少而用薄者欲并合之蒙陰賒貰爲兵作絳衣行縢及簡日陳列赫然兵人練習大帝見之大悅增其兵

晉周訪爲安南將軍梁州刺史屯襄陽訪練兵簡卒欲宣力中原與李矩郭默相結慨然有平河雒之志

梁夏侯夔爲持節督南豫州諸軍事有部曲萬人馬二千匹並服習精強爲當時之盛

北齊唐邕爲護軍邕以軍民教習田獵依令十一月月別三圍以爲人馬疲弊奏請每月兩圍武成從之

唐馬燧代宗大曆末爲河東節度使是時鮑訪自百井敗軍之後兵馬寡弱騎士少燧乃悉召將吏牧馬

厮役得數千人悉補騎卒教之數月皆爲精騎造甲者必令長短三等稱其所衣以便進趨又造戰車以狻猊象刺戟於後行則載兵甲止則爲軍陣或塞險阨以遏奔衝器械無不犀利居一年陳兵三萬開廣場以習戰陳教其進退

李觀爲四鎮北廷行營涇原節度使在鎮四年雖有拓境之績訓卒儲糧亦稱寧輯

段佐爲涇原節度使練兵保邊亦爲西蕃畏憚

高崇文爲長武軍使積穀練兵軍聲大振順宗永貞元年冬劍南劉闢阻兵詔崇文爲左神策行營節度

使統諸鎮兵以討之崇文在長武訓卒五千常若寇至及至中使長武卵時宣命辰時出師器用無闕

王鍔爲太原節度使時方討鎮州輯綏訓練軍府稱治

崔孔禮爲河陽節度時整練戈矛頗修戎備

後唐康義誠爲襄州節度使明宗長興二年五月上言敎閱棹船修戰備也

册府元龜　補　卷之四百一十三　三十一

第三十頁十五行後脱一條

李抱真領澤潞觀察留後籍户丁男三選其一有材力者免其租傜給弓矢令之曰農之隙則分曹角射歲終吾當會試及期按簿而徵之都試以示賞罰復命之如初比三年則皆善射抱真曰軍可用矣於是舉部内之鄉兵得成卒二萬

冊府元龜

巡按福建監察御史臣李嗣京訂正
知甌寧縣事臣孫以敬叅閱
知建陽縣事臣黄國琦較釋

將帥部

赴援

兵者所以拯衰弱遏強暴本於仁義濟以威武者也至若同盟相恤善鄰爲寶救災而赴其急哀敗而圖其存蓋春秋之善志也若夫締搆之始艱虞之會豪傑競起雄雌未分干戈日尋急難必赴其或勤王之舉戮力而同濟至乃專征之重整旅而相應咸能釋其倒懸之望援其累卵之危摧猛敵以遏寇虐驅黠虜以寧疆場戎昭克振戰功以成斯古人所謂輔車之形犄角之勢腹背爲助表裏胥協畏簡書而一志力可以決勝者哉

郤克晉大夫也魯成公二年春齊侯伐魯北鄙夏四月丙戌衛孫良夫帥師及齊師戰於新築衛師敗績新築衛地郤克將中軍士燮佐上軍欒書將下軍韓厥爲司馬以救魯衛臧宣叔逆晉軍且道之季文子帥師會之及衛地

孟獻子魯大夫也成公十八年十一月楚子重伐宋宋華元如晉告急晉士魴來乞師十二月孟獻子會于虛朾謀救宋也

陳成子齊大夫也魯哀公二十七年晉伐鄭次于桐丘鄭駟弘請救於齊成子乃救鄭及留舒齊地

魏公子無忌封信陵君安釐王二十年秦昭王已破趙長平軍又進兵圍邯鄲公子姊爲趙惠文王弟平原君夫人數遺魏王及公子書請救於魏魏王使晉鄙將十萬衆救趙秦王使使者告魏王曰敢救者已拔趙必移兵先擊之魏王恐使人止晉鄙留軍壁鄴名爲救趙實持兩端無忌用侯嬴計奪晉鄙兵符及朱亥椎殺晉鄙公子遂將晉鄙兵下令軍中選兵八萬人進兵擊秦軍秦軍解去遂救邯鄲存趙

宋義楚懷王時爲上將秦將王離之圍趙數請救懷王以義及次將項羽末將范增北救趙

田都齊將也秦二世三年十月秦將章邯圍趙於鉅鹿都從項羽共救趙

田安齊王建之孫也秦二世三年十二月從項羽救趙

漢韓信爲大將軍既定趙因請立張耳王趙以撫其國楚數使奇兵渡河擊趙王耳信往來救趙

後漢鄭衆明帝時爲軍司馬使與虎賁中郎將馬廖擊車師至燉煌拜爲中郎將使護西域會匈奴脅車師圍戊巳校尉衆發兵救之遷武威太守

牽招明帝時爲鴈門太守護烏丸校尉田豫出塞爲軻比能所圍於故馬邑城移招求救招即整勒兵馬欲赴救豫并州以常憲禁招招以爲節將見圍不可拘於吏議自表輙行又並馳布羽檄稱陳形勢云當西北掩取虜家然後東行會誅虜檄到豫軍踊躍又

遺一通於虜蹊要虜即恐怖種類離散軍到故平城便皆潰走

耿恭爲戊巳校尉北匈奴圍恭於疏勒城關寵於柳中城章帝遣征西將軍耿秉屯酒泉行太守事遣秦彭與謁者王蒙皇甫援發張掖酒泉燉煌三郡及鄯善兵合七千餘人建初元年正月會柳中擊車師攻交河城斬首三千八百級獲生口三千餘人駝驢馬牛羊三萬七千頭北虜驚走車師復降會關寵巳歿蒙等聞之便欲引兵還先是恭遣軍吏范羌至燉煌迎兵士寒服羌因隨王蒙軍俱出塞羌固請迎恭諸將不敢前乃分兵二千人與羌從山北迎恭遇大雪丈餘軍僅能至城中夜聞兵馬聲以爲虜來大驚羌乃遥呼曰我范羌也漢遣軍迎校尉耳城中皆稱萬歲開門共相持涕泣明日遂相隨俱歸

耿夔安帝延光中爲度遼將軍時鮮卑攻殺雲中太守成嚴圍烏桓校尉徐常於馬城夔與幽州刺史龐參救之追虜出塞而還

蓋勳爲漢長史靈帝中平元年北地羌胡與邊章等寇亂隴右攻金城殺郡守陳懿勳勸凉州刺史左昌救之不從邊章等進圍昌於冀昌懼而召勳勳初與

從事辛曾孔常俱屯阿陽及昌檄到曾等疑不肯赴勳怒曰昔莊賈後期穰苴奮劍今之從事豈重於古之監軍哉曾等懼而從之勳即率兵救昌到乃誚讓章等責以背叛之罪皆曰左使君若早從君言以兵臨我庶可自改今罪巳重不得降也乃解圍而去

呂布爲徐州刺史遣劉備屯小沛時袁術遣將紀靈等步騎二萬攻劉備求救於布布諸將謂布曰將軍常欲殺備今可假手於術布曰不然術若破備則北連太山諸將吾爲在術圍中不得不救也便嚴步兵千騎二百馳往赴備靈等聞布至皆斂兵不敢復攻

布於沛西南一里安屯遣鈴下請靈等靈等亦請布共飲食布請靈等曰玄德布弟也弟爲諸君所困故來救之布性不喜合鬭但喜解鬭耳布令門候於營門中舉一隻戟布言諸君觀布射戟小支一發中者諸軍當解去不中可留決鬭布舉弓射戟正中小支諸將皆驚言將軍天威也明日復歡會然後各罷

劉表漢末爲荊州牧時曹公征張繡荀攸言於曹公曰繡與劉表相恃爲強然繡以遠軍仰食於表表不能供勢必離不如緩軍以待之可誘而致也若急之其勢必相救曹公不從遂進軍至穰繡戰急表果救

之軍不利曹公謂攸曰不用君言至是矣

袁術初爲左將軍術求婚於呂布布不從術怒之及曹公圍布於下邳布遣許汜王楷告急於術術曰布不與我女理當自敗何爲復來相聞耶汜楷曰明上今不救布爲自敗耳布破明上亦破也術時僭號故爲明上術乃嚴兵爲布作聲援布恐術爲女不至故不遣兵救也以緜纏女身縛着馬上夜自送女出與術與曹公守兵相觸格射不得過復還城

李通爲振威將軍曹公討張繡劉表遣兵助繡曹公軍不利通將兵夜詣曹公曹公得以復戰通爲先登大破繡軍

吳周瑜大帝時爲前部大督敗曹公於赤壁曹公留曹仁守江陵城瑜與程普又進南郡與仁相對各隔大江兵未交鋒瑜卽遣甘寧前據夷陵仁分兵騎別攻圍寧寧告急於瑜瑜用呂蒙計留凌統以守其後身與蒙上救寧寧圍旣解乃渡屯北岸克期大戰瑜親跨馬櫟陣會流矢中右脇瘡甚便還後仁聞瑜臥未起勒兵就陣瑜乃自輿按行軍營激揚吏士仁繇是遂退

諸葛瑾爲左將軍督公安時魏曹真夏侯尚等圍朱

然於江陵又分據中州瑾以大兵爲之救援瑾性弘緩推道里任計畫無應卒倚伏之術兵久不解大帝以此望之及春水生潘璋等作水城於上流瑾進攻浮橋真等退走雖無大勳亦以全師保境爲功

魏胡質太祖時爲荊州刺史振威將軍吳將朱然圍樊城質輕軍赴之議者皆以爲賊盛不可迫質曰樊城卑下兵少故當進軍爲之外援不然危矣遂勒兵臨圍城中乃安

夏侯儒爲征南將軍吳將朱然圍樊城城中守將乙修等求救甚急儒進屯鄧塞以兵少不敢進但作鼓

吹鼓導從去然六七里翺翔而還使修等遥見之數
數如是月餘司馬宣王到乃俱進然等走時謂儒爲
快或以爲曉以少疑衆得聲救之宜儒猶以此召還
爲太僕
張既爲雍州刺史是時不置凉州自三輔拒西域皆
屬雍州司馬文王初置凉州以安定太守鄒岐爲刺
史張掖張進執郡守舉兵拒岐酒泉黄華西平麴演
各逐故太守舉兵以應之既進兵爲護羌較尉蘇則
聲勢故則得以有功既進爵都鄉侯
賈逵爲建威將軍太和二年吴將張嬰王崇率衆降

詔逵督前將軍滿寵東莞太守胡質等四軍從西陽
直向東關大司馬曹休從皖司馬宣王從江陵逵至
五將山休便表集有請降者求深入應之詔逵與休
合進逵度賊竝軍皖城休深入必敗乃部署諸將水
陸竝進行二百里知休戰敗吳大帝遣兵斷夾石諸
將不知所出或欲待後軍逵曰休兵敗於外路絕於
內進不能戰退不得還安危之機不及終日賊以軍
無後繼故至此今疾進出其不意此所謂先人以奪
其心也賊見吾兵必走若待後軍賊已斷險雖兵多
何益乃兼道進軍多設旗鼓爲疑兵賊見逵軍遂退

逵據夾石以兵糧給休休軍乃振
陳泰爲齊王嘉平中爲征西將軍都督雍梁諸軍事雍
州刺史王經與蜀將姜維戰大敗還保狄道城維乘
勝圍狄道泰進軍度高城嶺潛行夜至狄道與維交
戰維退城中將士得出初泰聞經見圍以州軍將士
素皆一心加得保城非維所能卒傾表上進軍晨夜
速到還衆議以經奔北城不足自固維若斷凉州之
道兼四郡民夷據關隴之險敢能沒經軍而屠隴右
宜須大兵四集乃致攻討大將軍司馬文王曰昔諸
葛亮嘗有此志卒亦不能事大謀遠非維所任也且
城非倉卒所拔而糧少爲急征西速救得上策矣

朱異爲前部督廢帝太平二年魏將諸葛誕歸命六
月使文欽唐咨全等步騎三萬救誕朱異自虎林率
衆襲夏口夏口督孫壹奔魏秋七月孫綝率衆救壽
春次于鑊里異至自夏口綝與丁奉等將介士五萬
解圍
晉安平王獻王孚初仕魏爲太尉吳將諸葛恪圍合
肥新城鎮東都督毋丘儉與文欽禦之孚督中軍東
解圍恪退還
丁紹爲廣平太守南陽王模爲中郎將鎮鄴惠帝永

興初成都王頴故帳下督公師藩樓權郝昌等攻鄴模左右謀應之紹率衆救模范陽王虓又遣兗州刺史茍晞援之藩等散走又云紹初爲廣平太守及臨漳被圍南陽王模窘急紹率郡兵赴之模賴以獲全模感紹恩生爲立碑

王浚懷帝永嘉中爲大司馬石勒陷襄城遂至宛浚遣鮮卑文鴦帥騎救宛勒退

陳川爲蓬陂塢主元帝時祖逖以奮威將軍北討屯兵太丘樊雅遣衆夜襲逖遂入壘抜戟大呼直趣逖幕軍士大亂逖命左右距之督護董昭與賊戰走之逖率衆追討而張平餘衆助雅攻逖川自號寧朔將

軍陳留太守逖遣使求救於川川遣將李頭率衆援之逖遂克譙城初樊雅之據譙也逖以力弱求助於南中郎將王含含遣桓宣領兵助逖逖既克譙宣等乃去石季龍聞而引衆圍譙含又遣宣救逖季龍聞宣至而退宣遂留逖討諸屯塢未附者

李矩爲冠軍將軍令趙固守雒後數月劉聰遣其太子粲率劉雅生等步騎十萬屯孟津北岸分遣雅生攻趙固於雒固奔陽城山遣弟告急矩遣郭誦屯雒口以救之誦使將張皮簡精卒千人夜渡河粲候者告有兵至粲恃其衆不以爲虞既而誦等奄至十道俱攻粲衆驚擾一時奔敗殺傷大半因據其營獲其器械軍資不可勝數及旦粲見皮等人少更與雅生悉餘衆攻之苦戰二十餘日不能下矩進救之使壯士三千泛船迎皮賊臨河列陣作長鉤以鉤船連戰數日不得渡矩夜遣步將格增潛濟入皮壘與皮選精騎千餘而殺所獲牛馬焚燒器械夜突圍而出奔武牢聰追之不及而退聰因憤恚發病而死

毛寶明帝時爲廬江太守祖約遣祖煥桓撫襲湓口陶侃使寶拒之先是桓宣背約南屯馬頭山爲煥撫所攻求救於寶寶衆以宣本是約黨疑之宣遣子戎

重請寶即隨戎赴之未至而賊已與宣戰寶軍懸兵少器械濫惡大爲煥撫所破寶中箭貫髀徹鞍使人蹋鞍拔箭血流滿鞾夜奔船所百餘里望星而行到先哭戰亡將士洗瘡訖夜還救宣寶至宣營而煥撫亦退

朱序孝武時爲征虜將軍督司雍梁秦四州軍事鎮襄陽東羌較尉竇衡欲入漢川安定人皇甫釗京兆人周勲等謀納之梁州刺史周瓊失巴西三郡衆寡力弱告急於序遣將軍皇甫貞率衆赴之衡據長安東釗勲散走

桓豁爲荆州刺史符堅將王猛楊安攻南鄉豁救之師次新野而猛安退

郗恢爲雍州刺史鎮襄陽以𨻳郡太守夏侯宗之爲河南太守戍雒陽姚萇遣其子畧攻胡城及上雒又使其將楊佛嵩圍雒陽恢遣建武將軍率恭靜救雒陽梁州刺史五正喬率衆出子午谷以爲聲援畧懼而退恢以功進征虜將軍

石元艮爲西安太守時呂纂討郭麐纂大敗元艮率步騎五千赴難與纂擊麐軍破之遂入于姑臧

宋申恬文帝元嘉中爲通直散騎時魏軍南寇青州

遣恬援東陽因與輔國司馬齊郡太守龐秀之保城固守蕭斌遣青州别駕解榮之率垣護之還援恬等仍傍南山得入賊朝來脅城日晚輙退城内乃出車北門外環塹爲營欲挑戰賊不敢逼停五日東過抄略清河郡從東安東莞出下邳下邳太守垣閬閉城拒守保全二千餘家虜退以恬爲寧朔將軍山陽太守

垣護之爲宣威將軍鍾離太守隨王玄謨入河玄謨攻滑臺護之百舸爲前鋒進據石濟石濟在滑臺西南百二十里及魏軍救至玄謨敗退不暇報護之護之聞知而魏軍悉已牽之玄謨水軍大艑連以鐵鏁三重斷河欲以絶護之還路河水迅急護之中流而下每至鐵鏁以長柯斧斷之魏軍不能禁止失一舸餘舸並全

南齊崔慧景爲輔國將軍南郡内史太祖建元元年元魏南侵豫章王遣慧景三千人頓方城爲司州聲援

蕭宏爲太子舍人時蕭懿鎮梁州爲魏所圍明帝給宏精兵千人遣爲援未至魏軍退

梁曹景宗爲右衛將軍天監五年魏中山王英寇鍾

離圍徐州刺史昌義之高祖詔景宗率衆赴援豫州刺史韋叡亦援焉而受景宗節度六年春大破魏軍

安成康王秀天監七年爲荆州刺史號安西將軍是歲魏懸瓠城民反殺豫州刺史司馬悅引司州刺史馬僊琕時琕徙荆州求應赴衆咸謂宜待臺報秀曰彼待我而爲援援貴急速待勑雖舊非應急也即遣兵赴之

始興忠武王憺天監九年爲鎮西將軍益州刺史時魏襲巴西圍南安太守嘗季珪堅固守憺遣軍救之魏人退軍所收器械甚衆

蕭欽爲南梁北秦沙四州都督移衙州刺史未及赴職魏遣都督董紹張獻攻圍南鄭梁州刺史杜懷瑤請救欽率所領援之大破紹獻於高城斬首三十餘紹獻奔追入斜谷斬獲略盡西魏相宇文黑泰致馬二千匹請結鄰好詔加散騎常侍進號仁威將軍增封五百戶仍令赴職

裴之高爲雄信將軍侯景之亂南豫州刺史鄱陽嗣王範命之高總督江右援軍諸軍事頓于張公洲栁仲禮至橫江之高遣船舸二百餘艘迎致仲禮與韋粲等俱會青塘立營據建興苑及城陷之高還合肥

與鄱陽王範西上稍至新蔡衆將一萬未有所屬元帝遣蕭惠正召之以爲侍中護軍將軍

陳黃法𣰰爲信武將軍高州刺史高祖永定二年王琳遣李孝欽樊猛余孝頃攻周迪具謀取法𣰰法𣰰率兵援迪擒孝頃等三將

熊曇朗爲宜新豫章太守時王琳遣李孝欽余孝頃於臨川攻周迪曇朗率所領赴援

陸子隆爲明威將軍廬陵太守周迪引陳寶應復出臨川子隆隨都督章昭達討迪迪退走子隆隨昭達踰東興嶺討寶應軍至建安以子隆監郡寶應據建安之湖際以拒官軍子隆與昭達各據一營昭達先與賊戰不利亡其鼓角子隆聞之率兵來救大破賊徒盡獲昭達所亡羽儀甲仗

後魏許謙初爲左司馬與張袞等參贊初基慕容寶來寇也道武使謙生難於姚興興遣將楊佛嵩率衆來援道武命謙爲書以遺佛嵩曰夫杖順以剪逆乘義而攻昧有非其運而顯功無其時而著業慕容無道侵我疆埸師老兵疲誅亡期至是以遣使命軍必望尅赴將軍據方召之任總羆虎之師事與機會今其時也今此而舉役不載駕千載之勳一朝可立然

後高會雲中進師三魏舉觴稱壽不亦緯乎佛嵩乃倍道兼行道武大悅賜謙爵關內侯

來大千爲常侍從大武討赫連昌共長孫道生與賊交戰道生馬倒爲賊所擊大千馳救賊衆散走大千扶道生上馬遂得免尋遷征北大將軍

尉元爲冠軍將軍薛安都以徐州内附請師救援獻文以元爲都督東道諸軍事鎮南大將軍博陵公與城陽公孔伯恭赴之宋遣將張永沈攸之等率衆討安都屯于下磕永乃分遣羽林監王穆之領率五千守輜重於武原龍驤將軍謝善居領卒三千據呂梁

散騎郎張弘領卒二千守鉷黄督上租糧供其軍實安都出城見元元依朝旨授其徐州刺史遣中書侍郎高閭李粲等與安都俱還入城別令孔伯恭精甲二千撫安内外然後元入彭城

孔伯恭爲散騎常侍宋徐州刺史薛安都以彭城内附宋遣將張永沈攸之等擊安都上表請援高祖進伯恭號鎮東將軍副尚書尉元救之軍次下邳賊將周凱聞伯恭等攻而克之永計無所出引師而退

慕容白曜爲征南大將軍宋遣其將吳憘公率衆數萬欲寇彭城尉元表請濟師獻文詔白曜赴之白曜

到瑕丘遇患時泗水暴竭船不得進憘公退白曜因停瑕丘

奚康生爲中堅將軍時南齊將裴叔業率衆圍渦陽詔遣高聰等四軍往援之後遣都督廣陵侯元衍並皆敗退時刺史孟表頻啟告孝文勑遣康生馳往赴援一戰大破之

傅永爲揚武將軍汝陰鎮將宣武景明初齊將陳伯之侵逼壽春沿淮爲寇司徒彭城王勰廣陵侯元衍同鎮壽春以九江初附人情未洽兼臺援不至深以爲憂詔遣永爲統軍領汝陰之兵三千人先援永總勒士卒水陸俱下而淮水口伯之防之甚固永去二千餘里牽船上汝南岸以水牛挽之直南趣陰下船便渡適上南岸賊軍亦及會時已夜永乃潛進曉達壽春城下勰衍聞外有軍共上門樓觀望然不意永至永免冑乃信之遂引永上勰謂永曰比望已久恐雒陽難復可見不意卿能至也勰令永引軍入城永曰執兵被甲固敵是求若如教旨便共殿下同被圍守豈是救援之意遂孤軍城外與勰並勢以擊伯之頻有尅捷

宇文福景明中爲太僕少卿梁將寇邊假節征虜將

軍領兵出三關討之又詔福行豫州事豫州刺史田益宗共相影援綏遏蠻楚

張普惠孝明時爲尚書左丞明梁義州刺史文僧明舉城歸順揚州刺史長孫稚遣別駕封壽入城固守梁人率衆攻逼詔普惠爲持節東道行臺攝軍司赴援之軍始渡淮而封壽已棄城單馬而退軍罷還朝

辛纂爲諫議大夫兼尚書左丞南道行臺時梁遣將曹義宗攻新野詔纂率衆赴援至便破之義宗等以其勁速不敢復進於時海内多虞京師更無繼援唯以二千餘兵捍禦疆場

淳于誕爲羽林監梁將張齊攻圍益州詔誕爲統軍與刺史傅豎眼赴援事寧還朝

崔孝芬爲安南將軍光祿大夫兼尚書爲徐兗行臺莊帝建義初太山大守羊侃據郡反達引梁兵圍逼兗州徐孝芬散騎常侍鎮東將軍金紫光祿大夫仍兼尚書東道行臺大都督刁宣馳往救援與行臺于暉援至便圍之侃突圍奔梁餘悉平定

北齊司馬子如爲高祖大行臺郎中郭榮之亂相州孤危爾朱榮遣子如間行入鄴助加防守

叱列平爲開府儁人攻圍廣陵詔平統河南諸軍赴

援陳人退乃還

後周韋祐字法保初仕魏孝武爲右將軍及廣寧刺史李長壽被侯景所害其子延孫收長壽餘衆守禦東境朝廷恐延孫兵少不能自固乃除法保東雒州刺史配兵數百人以援延孫法保至潼關弘農郡守韋孝寬謂法保曰恐子此役難以吉還也法保曰古人稱不入獸穴不得獸子安危之事未可預量縱爲國殞身亦無所恨也遂倍道兼行東魏陝州刺史劉貴以步騎千餘邀法保法保命所部爲圓陣且戰且前數日得與延孫合兵乃并勢置柵於伏流未幾太祖遣法保與延孫率衆入朝賞勞甚厚

崔猷閔帝時爲梁州都督時利州刺史崔士謙被寇請援猷遣兵六千赴之信州糧盡猷爲送米四千斛於是二鎮獲全

趙昶爲武州刺史明帝初鳳州人仇周貢魏興等反自號周公破廣化郡攻没諸縣分兵西入圍廣業修城二郡廣業郡守薛爽修城郡守杜果等請昶爲援遣使報果爲周貢黨樊復興等知昶將至解修城圍據泥功嶺設六伏以待昶昶至遂過其伏合戰破之廣業之圍亦解昶追之至泥陽川而還

扶猛爲羅州刺史武成中陳將侯瑱等逼湘州猛從賀若敦赴救除武州刺史後隨敦自拔還復爲羅州刺史

王軌高祖時爲上大將軍陳將吳明徹入寇呂梁徐州總管梁士彥頻與戰不利乃退保州城不敢復出明徹遂堰清水以灌之列船艦於城下以圖攻取詔以軌爲行軍總管率諸軍赴救軌潛於清水入淮口多豎大木以鐵鎖貫車輪橫截水流以斷其船路方欲密決其堰以斃之明徹知之大懼乃破堰而退舆乘決水之勢以得入淮比至清口川流已闊水勢亦

衆船艦並礙於車輪不復得過軌因率兵圖而蹙之唯有驍將蕭摩訶以二千騎先走得免明徹及將士三萬餘人并器械輜重並被俘獲陳之銳卒於是殲焉

李遷哲天和三年爲大將軍率兵鎭襄陽陳將章昭達攻逼江陵梁王蕭巋告急於襄州衛公直令遷哲往救焉遷哲率其所部守江陵外城與陳將程文季交戰兵稍相及遷哲親自陷陣手殺數人會江陵總管陸騰出兵助之陳人又因水泛長壞龍州寧朔堤引水灌城城中驚擾遷哲乃先塞止北水又募驍勇

出擊之頻有斬獲衆心稍定俄而敵入郭內焚民家遷哲自率騎出南門又令步兵自北門出兩軍合勢首尾邀之陳人復敗多投水而死是夜陳人又竊于城西堞以登梯者巳百數人遷哲又率驍勇扞之陳人復潰俄而大風暴起遷哲乘闇出兵擊其營陳人大亂殺傷甚衆陸騰復破之於西堤陳人乃遁

隋李徹高祖時爲衛王長史與李元討突厥沙鉢畧畧遂降以功加上大將軍未幾沙鉢畧又爲阿拔所侵上疏請援以徹爲行軍總管率精騎一萬赴之阿拔聞而遁去及軍還復領行軍總管屯平凉以備明

宼封安道郡公

衛玄爲刑部尚書煬帝幸遼東玄與代王留守京師會楊玄感圍逼東都玄率步騎七萬援之至華陰掘楊素冢焚其骸骨夷其塋域示士卒以必死既出潼關議者恐崤函有伏兵請於陝縣沿流東下直趨河陽以攻其背玄曰以吾度此計豎子所及於是鼓行而進既度函谷卒如所量時衆寡不敵與賊頻戰不利死傷大半玄感盡銳來攻玄苦戰賊稍却進屯北邙會宇文述來護兒等援兵至玄感懼而西遁玄遣通議大夫斛斯萬善監門直閤龐玉先鋒追之及于

閿鄉與宇文述等合擊破之

張須陁大業中爲齊郡丞時賊帥秦弘郭方預等合軍圍北海兵鋒甚銳須陁謂官屬曰賊自恃强謂我不能救吾今速去破之必矣於是簡精兵倍道而進賊果無備擊之大破斬數萬級獲輜重三千兩

唐劉弘基爲右驍衛大將軍高祖武德二年五月王世克侵西濟州遣弘基援之

契苾何力爲左領軍將軍太宗貞觀中與凉州都督李大亮將軍薛萬鈞同征吐谷渾軍次赤水川萬鈞率驍先行爲賊所攻兄弟皆中鎗墜馬徒步而鬬兵

士死者十六七何力將數百騎馳往突圍而前縱橫奮擊賊兵披靡萬均兄弟繇是獲免

高賢爲安西都護行軍總管高宗龍朔中率兵救援于闐

李勣爲司空乾封中伐高麗裨將郭待封以水軍別道赴平壤城又遣別帥馮師本齎軍糧舟行以爲之援師本中路船破失期待封欲作書與勣恐高麗知其救兵不至乘危迫之乃作離合詩以遺勣勣不達其意怒曰軍機急切何用詩爲必斬以徇行軍管記通事舍人元萬頃白勣曰此離合文也勣始悟即日

遣偏軍持糧伏以援之待封遂濟海

王方翼爲安西都護永隆中突厥車薄反叛圍弓月城方翼引兵救之至伊麗河而賊衆來拒縱擊大破之斬首千餘級

崔光遠爲河南節度使肅宗乾元元年冬司徒郭子儀與賊戰於汲郡光遠以千人渡河援之

李晟爲都知兵馬使代宗大曆五年涇原節度使馬璘與吐蕃戰於鹽倉兵敗晟率所部橫擊之拔璘出於亂兵後德宗即位吐蕃寇劍南時節度使崔寧在京師三川皆恐詔晟將神策軍五百救援晟乃踰漏天攻拔飛越廓清肅寧三城絶大渡河獲虜首千餘級虜乃引去

張孝忠爲易定節度時朱滔侵逼詔神策行營兵馬使李晟中官竇文場以衆援之孝忠與晟戮力同心竟全易定二州

李納爲淄青節度使建中四年李希烈攻圍陳州納遣大將軍李克信李欽遙將兵救之與諸軍奮擊大破之因解陳州之圍加簡較司空實封五百戶

李觀爲四鎮北廷行營節度使貞元初平涼之會渾瑊既無戎備觀伺知彼謀潛擇精兵五千要伏險道

及瑊遁歸賴觀游軍及李元諒之師表裏以免

王鍔爲河東節度使憲宗元和九年振武軍衆逐節度使李進賢以張煦代之鍔遣兵五千會煦於善羊栅謀入煦也

李光顔爲忠武軍節度使元和十二年討淮西時裴度計築赫連城於沱口未畢役度帥賓從往觀之導騎將及城門左右曰五溝賊至言未訖賊已突來哮虓爭進城震壞者十餘板注弩挺刃勢將及度賴光顔決戰於前以却之時光顔先慮其來使田布以騎二百伏於溝中出賊不意交擊之方得入城布又先

扼其消歸路賊多棄騎越溝相牽墮壓而死者千餘人是日非光顏之救度幾陷

李聽爲滑州節度使文宗太和三年討滄州李同捷魏博行營都將并志沼潛結滄鎭回軍攻魏博節度使史憲誠以急上聞詔聽以兵援之遂大破志沼志沼奔鎭州聽遂凱旋

田布弘正之子統魏之偏師會諸軍討淮西裴度嘗觀諸軍城沱口賊將董重質領驍騎突至度甚危蹙布領騎三百馳救之俄而諸軍繼至獲免

李繼密知興元軍府事昭宗景福二年正月鳳翔李

茂貞奏以繼密率本軍赴援梓州

梁張存敬爲右騎都將唐光啟中李罕之會晉軍圍張宗奭於盟津太祖遣丁會葛從周存敬同往馳救存敬引騎軍先犯虜騎諸軍翼之虜騎大敗乃解河橋之圍

牛存節爲宣義軍小將唐文德元年夏李罕之以并軍圍張宗奭於河陽太祖遣存節率軍赴之屬歲歉饑饉不至村民有儲乾椹者存節以器用錢帛易之以給軍食大破賊於沮河罕之引衆北走存節後爲宿州刺史淮賊大至彭城存節乃以部下兵夜發直趣彭門淮人許其神速震恐而退諸將服其智識開平二年王師敗於上黨晉人乘勝迫澤州城將陷河南留守張全義召存節謀遂以本軍及右龍武羽林等軍往應援上黨師至天井關存節謂諸將曰是行也雖不奉詔旨然要害之地不可致失時晉人新勝其鋒甚盛存節引衆而前御枚夜至澤州晉軍焚營而退

葛從周爲兗州留後唐光化元年正月淮南楊行密舉奉天之師寇徐州幽州劉仁恭又舉十萬衆攻陷貝郡從周自山東馳救魏壁入上萬歲亭下遲明燕

人突上水關攻館陶門從周與賀德綸李暉馬言騎五六百人出壁外謂門者曰前有大敵不可返顧命下柵闔焉與德綸等殊死戰燕人大衂擒其將薛突厥王鄶郎等翌日乘勢統諸將張存敬齊奉國程暉等連破八寨襲至臨清擁其師于御河溺死甚衆恭走滄州

范居實爲左神勇軍使開平元年命居實統軍以解澤州之圍

楊師厚爲潞州營都招討使時晉王與周德威丁會符存審等以大衆攻晉州甚急太祖遣師厚帥兵援

之軍至絳州晉軍扼蒙坑之險師厚鼙衆而前晉人乃徹圍而遁

康懷英開平三年爲陝州節度使西路行營副招討使逆將劉知俊叛入鳳翔朱文通地福不能容遂藉兵知俊以窺靈武且圖牧擾之利韓遜馳驛告急乃命懷英率諸軍逼邠寧以緩朔方之寇知俊不果入懷英使奏十二月二十八日逆賊劉知俊自靈武抽回取涇州路入鳳翔

王檀爲潞州東北面行營招討使乾化元年正月上景仁與晉人戰於栢鄉王師敗績河朔大震景仁餘

衆爲虜騎所追檀戒嚴設備應接敗軍助以資裝獲濟者甚衆

李振爲天雄軍節度副使乾化元年二月戊午晉軍圍魏州軍於南門庚申振與杜廷隱等自楊劉口倫路夜入鄴城晉軍乃解圍而退

寇彥卿末帝貞明初授鄧州節度使會淮人圍安陸彥卿奉詔領兵解圍大破淮賊而回

後唐李嗣昭少從武皇征伐精練軍機唐乾寧初王珂王珙爭帥河中珙引陝州之軍攻珂珂求救於宣皇乃令嗣昭將兵援之敗珙軍於猗氏獲賊將李璠等四年改衙内都將復援河中敗汴軍於胡壁堡擒汴將滑禮

史儼爲武皇帳中親將乾寧中與李承嗣率騎渡河援兗鄆時汴軍雄盛自青徐兗鄆栅壘相望儼與騎將安福順等每以数十騎直犯營壘左俘右斬汴軍爲之披靡

周德威爲晉陽衙將天祐三年幽州求援德威與李嗣昭合燕軍五萬攻潞州降丁會明年正月授德威簡較太保代州刺史督内外衙蕃漢馬步諸軍六月梁將李思安寇潞州下夾城以絶援軍武皇以德威

爲行營都指揮使應援潞州二年之間大小百戰五年四月二十四日從莊宗再援潞州二十九日德威前軍營横碾距潞州四十五里五月朔晨霧晦暝王師伏於三垂岡翌日直趨夾城斬関破壘梁人大敗解潞州之圍莊宗南伐德威聞劉鄩西寇晉陽自幽州帥騎千人赴援至土門関聞賊東下信宿至南營知劉鄩在京城其夜選十餘騎逼賊營擒賊斥候者詰其軍所向因斷其腕令還賊見之大駭遲明德威署賊營而過至於臨清劉鄩起軍駐貝州德威帥前鋒設伏於河上詰旦獲十餘騎而還時帝出師屯下

博州劉鄩軍營堂邑德威自臨清率騎五百人赴堂邑賊聞德威之來乃伏兵桑下德威不之察摩壘挑戰俘斬百餘級而還賊自桑間鎩起衆軍大駭德威控弦接戰數十合既而賊軍大至德威稍却且戰且行與賊轉鬭五十餘里會日暮兵解

李嗣本唐光化中累歷右職天祐四年李思安寇潞州築夾城從周德威將兵赴援擒生斬將歲中數千討五年破夾城

張承業爲莊宗監軍天祐五年六月鳳翔李茂貞邠州楊崇本會西川王建之師五萬攻長安祚將同州

刺史劉知俊僞西京尹王重師以兵逆戰於漢谷邠岐不利而退時岐州會兵於我莊宗及承業會之

李嗣肱爲三城廵撿知衙門內事天祐七年周德威援霊夏党項阻道音驛不通嗣肱奉命自麟州渡河應援德威與党項轉戰千里合德威軍

李存審爲蕃漢總管副使天祐八年存審以三千騎屯趙州九年梁人攻蓨縣又與史建塘赴援下博梁人驚亂燒營而去

李紹衡爲周德威騎將天祐十年正月乙巳梁將楊師厚劉守奇率邢洺魏博徐兖汴滑之衆十萬大掠鎭冀師厚自邢州栢鄉攻王門逼趙州庚戌至鎭州營於南門外燔其關城士子史建瑭自趙州領騎五百入鎭州是日王德明亦自西山入師厚知其有備自九門軍於下博劉守奇以一軍自貝州入掠冀州衡水阜城與師厚會所在焚蕩廬舍驅虜人物陷下博城我趙州戍將李存審史建瑭兵寡不敵周德威令紹衡會存審徵鎭州大將王德明兵同襲賊乙丑王鎔遣使告急於德威分兵赴援師厚守奇自弓高渡御河而東寇滄州張方進懼請歸河南師厚表爲青州節度使以劉守奇代之而旋

右嘉才爲李嗣昭騎將天祐十三年梁將劉鄩既敗據滑州梁主召之不至是月梁遣別將王檀率衆五萬自河中入陰地寇我晉陽昭義李嗣昭遣嘉才率騎二百赴援賊方至營壘未成城中有故將安金全率驍騎夜出薄之賊衆大潰俘斬而還賊人自是膽破

李建及爲魏博內外衙都將天祐十六年汴將賀懷攻德勝南城以戰船十餘艘竹笮維之扼斷津路師不得渡城中矢石將盡守城將氏延賞危急莊宗令積帛軍門召能破賊船者津人有馬破龍者能水游

乃令徃覘延賞延賞言危窘極矣所爭晷刻時棹船滿河流矢雨集建極披重鎧執矟呼曰豈有限一衣帶水縱賊如此乃以二船實甲士皆短兵持斧徑抵梁之戰艦斧其筰又令上流具甕積薪其上順流縱火以攻其艦須臾煙熖騰熾梁軍斷纜而遁建及入南城賀懷解圍而去

李存賢爲慈州刺史天祐十八年河中朱友謙來求援命存賢率師赴之十九年汴將段凝軍五萬營臨晉蒲人大恐咸欲歸汴或間於存賢曰河中將士欲拘公降於汴存賢曰吾奉命援河中死王事固其所

也汴軍退以功加簡較司空

李嗣恩年十五能騎射事武皇帳下以戰功爲馬軍都尉救應河府賊出不備彎弧還寇應弦斃者甚衆矟中其口酣戰未解及退莊宗親撫其傷深加慰勉

石君立爲李嗣昭前鋒敵人畏之王檀之逼晉陽也城中無備安金全驅市人以登陴保守不完時莊宗在魏博救應不暇人心危懼嗣昭遣君立率五百騎自上黨朝發暮至王檀游軍扼汾橋君立一戰敗之徑至城下馳突斬擊出入如神大呼曰昭義侍中大軍至矣是夜入城與安金全等分出諸門擊殺於外遲明梁軍敗走

晉張彥珂爲副都指揮使高祖天德七年二月同州奏鄜延州書報勾抽兵士同共殺戮逆黨已差彥珂部領兵士八百人赴之

周廣友爲鄜州衙内都指揮使天福七年二月鄜州周密奏差男廣友部領馬步兵士二百人往延州救應殺戮逆黨却回到州

漢史弘肇爲許州節度使兼侍衛步軍都指揮使會王守恩以上黨來附虜主命大將耿崇美率衆登大行欲取上黨高祖命弘肇以軍應援軍至潞州契丹

退去

李彥從爲左飛龍使鎮州逐虜之際請兵于朝廷高祖令彥從率軍赴之

郭瓊爲沂州刺史隱帝乾祐三年密州刺史王萬敢奏奉詔領兵入海州界至秋水鎮俘掠焚蕩更請益兵詔瓊率禁軍赴之

陳思讓爲淄州刺史乾祐末湖南上言朗州馬希蕚引五谿蠻及淮南洪州軍來攻當道望量差兵士於淮境牽引帝遣思讓令領軍入淮南界以便益進用

冊府元龜　卷終

巡按福建監察御史臣李嗣京　訂正
新建縣舉人臣戴國士条閱
知建陽縣事臣黄國琦較釋

將帥部　七十六

傳檄一

三代而上重乎文告春秋之際尚乎辭令其後司戎旅而專討伐者乃有馳檄版飛羽書以暴揚其過惡張皇其威武使忠義奮發而邪謀沮壞亦乃諭以去

就之理陳夫逆順之狀俾之改圖易轍轉禍爲福開其自新之路成乎不戰之績蓋以傳布遐邇誕告士民使知其不獲已而用兵非無名而黷武者矣

魯仲連齊人也好奇偉俶儻之畫策燕將攻下聊城聊城人或讒之燕燕將懼誅因保守聊城不敢歸齊田單攻聊城（田單攻聊城在長平後十餘年也）歲餘士卒多死而聊城不下魯連乃爲書約之矢以射城中遺燕將書曰吾聞之智者不背時而棄利勇士不怯死而滅名忠臣不先身而後君今公行一朝之忿不顧燕王之無臣非忠也殺身亡聊城而威不信於齊非勇也功敗名滅後世無稱焉非智也三者世主不臣說士不載故智者不再計勇士不怯死今死生榮辱貴賤尊卑此時不再至願公詳計而無與俗同且楚攻齊之南陽魏攻平陸而齊無南面之心以爲亡南陽之害小不如得濟北之利大故定計審處之今秦人下兵魏不敢東面衡秦之勢成楚國之形危齊棄南陽斷右壤定濟北計猶且爲之也且夫齊之必決於聊城公勿再計今楚魏交退於齊而燕救不至以全齊之兵無天下之規與聊城共據期年之敝則臣見公之不能得也且燕國大亂君臣失計上下迷惑栗腹以十

萬之衆五折於外（此事去長平十年）以萬乘之國被圍於趙壤削主困爲天下僇笑國敝而禍多民無所歸心今公又以敝聊之民距全齊之兵是墨翟之守也食人炊骨士無反外之心是孫臏之兵也能已見於天下矣雖然爲公計者不如全車甲以報於燕車甲全而歸燕燕王必喜身全而歸於國士民如見父母交游攘臂而議於世功業可明上輔孤主以制羣臣下養百姓以資說士矯國更俗功名可立也亡意亦捐燕棄世東游於齊乎裂地定封富比乎陶衛世世稱孤與齊久存又一計也此兩計者顯名厚實也願公詳

計而審處一焉且吾聞之規小節者不能成榮名惡小恥者不能立大功昔者管夷吾射桓公中其鉤篡也遺公子糾不能死怯也束縛桎梏辱也若此三行者世主不臣鄉里不道鄉使管子幽囚而不出身死而不反於齊則亦名不免爲辱人賤行矣臧獲且羞與同名矣（方言曰荊淮海岱燕齊間罵奴曰臧罵婢曰獲）況世俗乎故管子不恥身在縲紲之中而恥天下之不治不恥不死公子糾而恥威之不信於諸侯故兼三行之過而爲五霸首名高天下而光燭鄰國曹子爲魯將三戰三北而亡地五百里鄉使曹子計不反顧議不還踵刎頸

而死則亦名不免爲敗軍擒將矣曹子棄三北之恥而退與魯君計桓公朝天下會諸侯曹子以一劍之任劫桓公於壇坫之上顏色不變辭氣不悖三戰之所亡一朝而復之天下震動諸侯驚駭威加吳越若此二士者非不能成小廉而行小節也以爲殺身亡軀絕世滅後功名不立非智也故去感忿之恐立終身之名棄忿悁之節定累世之功是以業與三王爭流而名與天壤相敝也願公擇一而行之燕將見魯連書泣三日猶豫不能自決欲歸燕已有隙恐誅欲降齊所殺虜於齊甚衆恐已降而後見辱喟然嘆曰與人刃我寧自刃乃自殺聊城亂田單遂屠聊城

漢翟義爲東郡太守王莽居攝義心惡之乃立東平王子嚴鄉侯信爲天子義自號大司馬柱天大將軍移檄郡國言莽鴆殺孝平皇帝矯攝尊號今天子已立共行天罰郡國皆震

後漢隗囂字季孟王莽末季父崔聞更始立而莽兵連敗乃與兄義及上邽人楊廣冀人周宗謀起兵應漢推囂爲上將軍立廟祀高祖太宗世宗割牲而盟移檄告郡國曰漢復元年七月己酉朔己巳上將軍隗囂白虎將軍隗崔左將軍隗義右將軍楊廣明威

將軍王遵雲旗將軍周宗等告州牧部監郡卒正連率大尹尹尉隊大夫屬正屬令（莽以周官王制之文置卒正連率大尹大尹職如太守屬令屬長職如都尉置州牧部監二十五人見禮如三公監位上大夫各主五郡公氏作牧侯氏卒正伯氏連率子氏屬令男氏屬長皆代其官其無爵者爲尹又置六隊部置大夫職如太守）故新都侯王莽慢侮天地悖道逆理鴆殺孝平皇帝篡奪其位矯託天命僞作符書（莽遣五威將軍王琦等班符命四十二篇於天下言當代漢之意）欺惑衆庶震怒上帝反戾飾文以爲祥瑞（大風毀莽王路堂又拔其昭寧堂池東榆樹大十圍王莽乃日念紫閣仙圖天意立太子正其名乃立其子臨爲太子以爲祥應也）戲弄神祇歌頌禍殃楚越之竹不足以書其惡（前書朱安世曰南山之竹不足以盡伐隗囂以楚越多竹故引以爲言也）天下昭

然所共聞見今畧舉大端以喻吏民蓋天爲父地爲母尚書曰惟天地萬物父母禍福之應各以事降莽明知之而冥昧觸冒不顧大忌詭亂天術援引史傳王莽每有災禍皆引史傳以文飾之前書鋭符候崔發言於莽曰周禮及春秋左氏國有大災則哭以厭之故周易稱先號咷而後笑宜呼嗟告天以求救乃率羣臣至南郊陳其符命因搏心大哭昔秦始皇毀壞謚法以一二數欲至萬世秦始皇初并天下制曰太古有號無謚中古有號死而以行爲謚如此則子議父臣議君自今以來除謚法而朕爲始皇帝後世以計數至於萬世傳之無窮莽下三萬六千歲之歷言身當盡此度莽令太史推三萬六千歲歷紀六歲一改元布告天下循亡秦之軌推無窮之數是其逆天之大罪也分裂郡國斷截路絡絡猶經絡也謂莽分斥郡縣斷割彊界也

田爲王田賣買不得莽更名天下田曰王田不得買賣規錮山澤奪民本業莽制名山大澤不得採取造起九廟窮極工作莽九廟一曰黄帝大初祖廟二曰虞帝始祖昭廟三曰陳胡王統祖穆廟四曰齊敬王代祖昭廟五曰濟北愍王王祖穆廟六曰濟南伯王尊禰昭廟七曰元城孺子王尊禰穆廟八曰陽平頃王昭廟九曰新都顯王穆廟殿皆重屋太祖廟東西南北各四十丈高七十丈飾以金銅琱文窮極百工之巧工費數百鉅萬卒徒死者萬數也發塚河東攻劫丘壟此其逆地之大罪也尊任殘賊信用姦佞誅戮忠正覆按口語赤車奔馳續漢志曰吏車赤轂白蓋赤帷從騶騎四十人也法冠晨夜宂繫無辜續漢志曰法冠一曰柱後高五寸侍御史服之妄族衆庶行炮烙之刑除順時之法莽作焚如之刑燒殺陳良終帶等二十七人莽又作刑順時之令春夏斬人此爲不順時之法灌以醇醯列以五毒莽以董忠反收忠宗族以醇醯毒藥白刃叢并一坎而薶之政令日變官名月易莽州郡官名改無常制乃至歲復變更一郡至五易名而還復其故吏人不能紀也貨幣歲改莽百姓便安漢五銖錢以莽錢大小兩行難知告私以五銖錢市買莽患之下書諸挾五銖錢者比非井田制投四裔吏臣昏亂不知所從商旅窮窘號泣市道設爲六管管主也莽設六管之令謂酤酒賣鹽鐵器鑄錢名川大澤此謂六也皆令縣官主稅收其利增重賦斂刻剥百姓厚自奉養苞苴流行財入公輔禮記曰苞苴以苛問人者莽令七公六卿兼號將軍分鎮大郡皆使爲姦於外貨賂爲市浸漁百姓上下貪賄莫相簡考民坐挾銅炭沒入鍾官莽時關東大饑蝗人犯鑄錢五人相坐沒入爲官奴婢其男子檻車兒女子步以鐵鎖其頸傳詣鍾官八十萬數到者易其夫婦愁苦死者什六七鍾官主鑄錢之官也徒隸殷積數十萬人

工匠饑死長安皆臭旣亂諸夏狂心益悖北攻强胡南擾勁越莽令十二部將同時分道並出大擊匈奴莽改句町王爲侯其王邯怨怒不附莽諷牂柯大尹周歆詐殺邯邯弟承起兵攻殺歆西侵羌戎東摘濊貊摘擾也西羌麗恬傳播等怨莽奪其地爲西海郡遂反攻西海太守程永莽又發高句麗兵伐胡不欲行郡彊迫之皆亡出塞爲冦使四境之外並入爲害緣邊之郡江海之瀕滌地無類瀕涯也滌蕩也蕩地無遺類也故攻戰之所敗苛法之所陷饑饉之所失疾疫之所及以萬萬計其死者則露尸不掩生者則奔亡流散幼孤婦女流離繫虜此其逆人之大罪也是故上帝哀矜降罰于莽妻子顛殞還自誅刈顛蹢也殞絶也莽殺其子宇臨等妻王氏以莽數殺其子涕泣失明病卒大臣反

據亡形已成大司馬董忠國師劉歆衛將軍王涉（涉曲陽侯根之子也）皆結謀內潰司命孔仁納言嚴尤秩宗陳茂舉衆外降（莽置五威司命孔仁敗降更始）今山東之兵二百餘萬已平齊楚下蜀漢定宛雒據敖倉守函谷威命四布宣風中岳（中岳嵩高也謂更始至雒陽）興滅繼絕封定萬國遵高祖之舊制修孝文之遺德有不從命武軍平之馳使四夷復其爵號（莽貶句町王爲侯西域盡改其王爲侯單于曰服于高句麗曰下句麗今皆復其爵號）然後還師振旅櫜弓臥鼓（周禮日出日理兵入日振旅詩周頌日載戢干戈載櫜弓矢櫜韜也臥猶息也）申命百姓各安其所庶無負子之責（百姓負子流亡責在君上既安其業則無責也）囂乃勒兵十萬擊殺雍州牧陳慶將攻安定安定大尹王向莽從弟平阿侯譚之子也威風獨能行其邦內屬縣皆無叛者囂乃移書于向諭以天命反覆誨示終不從於是進兵虜之以徇百姓然後行戮安定悉降而長安中亦起兵誅王莽囂遂分遣諸將徇隴西武都金城武威張掖酒泉敦煌皆下之

丁綝爲偏將軍從光武征伐綝將兵先渡河移檄郡國攻營略地下河南陳留潁川二十一縣

岑彭爲征南大將軍伐蜀漢而夾川穀少水險難漕運留威虜將軍馮駿軍江州（江州縣名今渝州巴縣也長沙中尉馮駿將名諸彭望書拜駿爲威虜將軍）都尉田鴻軍夷陵領軍李玄軍夷道自引兵還屯津鄉當荊州要會（津鄉縣名所謂江津當荊陽之喉舌）諭告諸蠻夷降者奏封其君長初彭與交阯牧鄧讓厚善與讓書陳國家威德又遣偏將軍屈充移檄江南班行詔命於是讓與江夏太守侯登武陵太守王堂長沙相韓福桂陽太守張隆零陵太守田翕蒼梧太守杜穆交阯太守錫光等相率遣使貢獻悉封爲列侯或遣子將兵助彭征伐（張隆遣子畢將兵詣彭助征伐光武以畢爲率義侯）於是江南之珍始流通焉

耿恭爲戊已校尉屯軍師後王城恭至部移檄烏孫示漢威德大昆彌已下皆歡喜遣使獻名馬及奉宣帝時所賜公主博具願遣子入侍恭乃發使齎金帛迎其侍子

袁紹爲冀州牧遣鞠義及劉虞子和與虞故從事鮮于輔等合兵擊公孫瓚瓚固守易京攻之連年不能拔紹乃與瓚書曰孤與足下既有前盟舊要申之以討亂之誓愛過夷叔分著丹青謂爲旅力同仇足躡齊晉故解印釋紱以北帶南分割膏腴以奉執事此非孤赤情之明驗耶豈悟足下棄烈士之高義尋禍亡之險蹤輒而改慮以好易怨盜遣士馬犯暴豫州

始聞甲卒在南親臨戰陣懼於飛矢迸流狂刃横集以重足下之禍徒增孤子之咎舋也故爲薦書懇惻莫可改悔而足下超然自逸矜其威詐謂天罔可吞雄豪可滅果令貴弟殞於鋒刃之端斯言猶在於耳而足下曾不尋討禍源克心罪己苟欲逞其無疆之怒不顧逆順之津匪恣害民遑於余躬遂躍馬控弦處我疆土毒徧生民辜延白骨孤辭不獲已下登界橋之役是時足下兵氣霆震駿馬雹發僕師徒肇合機械不嚴强弱殊科衆寡異論假天之助小戰大克逆陵躡奔背因壘館穀此非天威棐諶福豐有禮之

符表乎足下志猶未厭乃復糾合餘燼率我蟊賊以焚爇勃海孤又不獲寧用及龍河之師羸兵前誘大軍未濟而足下膽破衆散不鼓而敗兵衆擾亂君臣並奔此又足下之爲非孤之咎也自此以後禍隙彌深孤之師旅不勝其忿遂至積尸爲京頭顱滿野感彼無辜未嘗不慨然失涕也後比得足下書辭意婉約有改往修來之言僕既欣于舊好克復且愍兆民之不寧每輒引師南駕以順簡書弗盈一時而北邊羽檄之文未嘗不至孤是用痛心疾首靡所錯情夫處三軍之帥當列將之任宜令怒如嚴霜喜如時雨臧否好惡坦然可觀而足下二三其德强弱易謀急則曲躬緩則放逸行無定端言無質要爲壯士者固若此乎既乃殘殺老弱幽土憤怨衆叛親離孑然無黨又烏丸濊貊皆足下同州僕與之殊俗各奮迅激怒爭爲鋒銳又東西鮮卑舉踵來附此非孤德所能招乃足下驅而致之也夫當荒危之世處干戈之險內違同盟之誓外失戎狄之心兵興州壤禍發蕭墻將以定霸不亦難乎前以西山陸梁出兵平討會麴義餘殘畏誅逃命故遂任大軍分兵撲蕩此孤兵之前行及界橋搴旗拔壘先登制敵者也始聞足下鐫

金紆紫命以元帥謂當因茲奮發以報孟明之恥是故戰夫引領竦望旌旆佐遂含光匿影寂爾無聞卒臻屠滅相爲惜之夫有平天下之怒希長世之功權御師徒帶養戎馬叛者無討服者不收威德並喪何以立名今舊京克復天綱云補罪人斯亡忠幹翼化華夏儼然望於穆之作將戢干戈放散牛馬足下獨何守區區之士保軍內之廣甘惡名以速朽亡令德之久長壯而籌之非良策也宜釋憾除嫌敦我舊好若斯言之玷皇天是聞瓚不答及紹擊破瓚定幽土每得詔患有不便於己乃欲移天子自近使說曹公

從鄴城曹公拒之紹乃簡精兵十萬攻許宣檄州郡曰蓋聞明主圖危以制變忠臣慮難以立權曩者強秦弱主趙高執柄專制朝命威福繇已終有望夷之禍汚辱至今及臻呂后祿產專政擅斷萬機決事省禁下陵上替海內寒心於是絳侯朱虛興威奮怒誅夷逆亂尊立大宗故能道化興隆光明顯融此則大臣立權之明表也司空曹操祖父騰故中常侍與左悺徐璜並作妖孽饕餮放橫傷化虐民父嵩乞丐攜養因贓假位輿金輦璧輸貨權門竊盜鼎司傾覆重器操贅閹遺醜本無令德僄狡鋒俠好亂樂禍幕

府昔統鷹揚掃夷凶逆續遇董卓侵官暴骨於是提劍揮鼓發命東夏方收羅英雄棄瑕錄用故遂與操參咨策畧謂其鷹犬之才爪牙可任至乃愚佻短慮輕進易退傷夷折衂數喪師徒幕府輙復分兵命銳修完補輯表行東郡太守兖州刺史被以虎文授以偏師奬蹴威柄冀獲秦師一克之報而操遂乘資跋扈肆行酷烈割剝元元殘賢害善故九江太守邊讓英才俊逸天下知名以直言正色論不阿諂身被梟懸之戮妻孥受灰滅之咎自是士林憤痛民怨彌重一夫奮臂舉州同聲故躬破於徐方地奪於呂布彷徨東裔蹈據無所幕府惟彊幹弱枝之義且不登叛人之黨故復援旌擐甲席卷赴征金鼓響震布衆破沮拯其死亡之患復其方伯之任是則幕府無德於兖土之民而有大造於操也後會鑾駕東反群虜亂政時冀州方有北鄙之警匪遑離局故使從事中郎徐勛就發遣操使繕修郊廟翼衛幼主而便放志專行脅遷省禁卑侮王宮敗法亂紀坐召三臺專制朝政爵賞繇心刑戮在口所愛光五宗所惡滅三族羣談者被顯誅腹議者蒙隱戮道路以目百寮鉗口尚書記朝會公卿充員品而已故太尉楊彪歷典二司

享國極位操因睚眦被以非罪榜楚并兼五毒具至觸情放慝不顧憲章又議郎趙彥忠諫直言議有可納故聖朝含聽改容加錫操欲迷奪時權杜絶言路擅收立殺不俟報聞又梁孝王先帝母弟墳陵尊顯松柏桑梓猶宜恭肅而操率將校吏士親臨發掘破棺裸尸畧取金寶至令聖朝流涕士民傷懷又署發丘中郎將摸金校尉所過隳突無骸不露身處三公之官而行桀虜之態殄國虐民毒流人鬼加以細政苛慘科防互設繒繳充蹊坑空塞路舉手挂網羅動足蹈機阱是以兖豫有無聊之民帝都有吁嗟之怨

歷觀古今書籍所載貪殘虐烈無道之臣於操為甚幕府方詰外姦未及整訓加意含覆冀可彌縫而操豺狼野心潛包禍謀乃欲撓折棟梁孤弱漢室除滅中正專為梟雄往歲伐鼓北征討公孫瓚強禦桀逆拒圍一年操因其未破陰交書命欲託助王師以相掩襲故引兵造河方舟北濟會其行人發露瓚亦梟夷故使鋒芒挫縮厥圖不果屯據敖倉阻河為固乃欲以螳螂之斧禦隆車之隧幕府奉漢威靈折衝宇宙長戟百萬胡騎千羣奮中黃育獲之才騁良弓勁弩之勢并州越太行青州涉濟漯大軍汎黃河以角

其前荊州下宛葉而掎其後雷震虎步並集虜庭若舉炎火以焫飛蓬覆滄海而沃熛炭有何不消滅者哉當今漢道陵遲綱弛紀絕操以精兵七百圍守宮闕外稱陪衛內實拘執懼其篡逆之禍因斯而作乃忠臣肝腦塗地之秋烈士立功之會也可不勗哉

馮異為偏將軍從光武平河北更始遣舞陰王李軼廩丘王田立大司馬朱鮪白虎公陳僑（東觀記僑字作矯）將兵號三十萬與河南太守武勃共守雒陽光武將北徇燕趙以魏郡河內獨不逢兵而城邑完全倉廩實乃拜寇恂為河內太守異為孟津將軍（孟地名古今以為津）統二郡軍河上與恂合勢以拒朱鮪等異乃遺李軼書曰愚聞明鏡所以照形往事所以知今昔微子去殷而入周項伯畔楚而歸漢周勃迎代王而出少帝霍光尊孝宣而廢昌邑彼皆畏天知命覩存亡之符見廢興之事故能成功於一時垂業於萬世也苟令長安尚可扶助延期歲月疏不間親遠不踰近季文能居一隅哉（長安謂更始季文李軼字言軼與更始疏遠獨居一隅理難支久欲其早圖去就）今長安壞亂赤眉臨郊王侯搆難大臣乖離綱紀已絕（時更始大臣張卬申屠建隗囂等以赤眉入關劫更始歸南陽是大臣乖離故也）四方分離異姓並起是故蕭王跋涉霜雪經營河北方今英

俊雲集百姓風靡雖邠岐慕周不足以喻季文誠能覺悟成敗亟定大計論功古人轉禍為福在此時矣如猛將長驅嚴兵圍城雖有悔恨亦無及已初軼與光武首結謀約加相親愛及更始立反共陷伯升雖知長安已危欲降又不安乃報異書曰軼本與蕭王首謀造漢結死生之約同榮枯之計今軼守雒陽將軍鎮孟津俱據機軸（機弩牙也軸車軸也皆在物之要故取諭焉）千載一會思成斷金唯深達蕭王願進愚策以佐國安人軼自通書之後不復與異爭鋒故異因此得北攻天井關拔上黨兩城（天井關在大行山下）又南下河南成皋已東十

三縣及諸屯聚皆平之降者十餘萬武勃將萬餘人攻諸畔者異引軍渡河與勃戰於士鄉下（續漢書曰士鄉亭名屬河郡）大破斬勃獲首五千餘級軼又閉門不救異見其信效具以奏聞

魏張既為凉州刺史西平麴光殺其郡守既乃檄告諭諸羌為光等所詿誤者原之能斬賊帥送首者當加封賞於是光部黨斬送光首其餘咸安堵如故

鍾會為鎮西將軍討蜀再破蜀軍蜀將皆退守劒閣會乃移檄蜀將吏士民曰往者漢祚衰微率土分離生民之命幾於泯滅太祖武皇帝神武聖哲撥亂反

正拯其將墜造我區夏高祖文皇帝應天順民受命踐祚烈祖明皇帝奕世重光恢拓洪業然江山之外異政殊俗率土齊民未蒙王化此三祖所以顧懷遺恨也今主上聖德欽明紹隆前緒宰輔忠肅明允劬勞王室布政垂惠而萬邦協和施德百蠻而肅慎致貢悼彼巴蜀獨為匪民愍此百姓勞役未已是以命授六師龔行天罰征西雍州鎮西將軍五道並進古之行軍以仁為本以義治之王者之師有征無戰故虞舜舞干戚而服有苗周武有散財發廪表閭之義今鎮西奉辭銜命攝統戎重庶弘文告之訓以濟元元之命非欲窮武極戰以快一朝之政故畧陳安危之要其敬聽話言益州先主以命世英才興兵朔野困躓冀徐之郊制命紹布之手太祖拯而濟之興隆大好中更背違棄同即異諸葛孔明仍規秦川姜伯約屢出隴右勞動我邊境侵擾我氐羌方國家多故未遑修九伐之征也今邊境又清方內無事蓄力待時并兵一向而巴蜀一州之衆分張守備難以敵堂堂之陣比年以來曾無寧歲征夫勤瘁難以當子來之民此皆諸葛相壯（一作狀）見禽於秦公孫述授首於漢九州之險是非一姓此皆諸賢所備聞也明者見

危於無形智者窺禍於未萌是以微子去商長為周賓陳平背項立功於漢豈宴安酖毒懷散而不變哉今國朝隆天覆之恩宰輔弘寬恕之德先惠後誅好生惡死往者吳將孫壹舉衆內附位為上司寵秩殊異文欽唐咨為國大害叛主讎賊還為戎首咨困逼擒獲欽二子還降皆將軍封侯咨預聞國事壹等窮蹙歸命猶加盛寵况巴蜀賢豪見幾而作者哉誠能深鑒成敗邈然高蹈投跡微子之蹤錯身陳平之軌則福同古人慶流來裔百姓士民安堵舊業農不易畝市不回肆去累卵之危就永安之福豈不美歟若

偷安旦夕迯而不及大兵一發玉石皆碎雖欲悔之亦無及已其詳擇利害自求多福各具宣布咸使聞知

孟達爲蜀宜都太守與先主養子劉封忿爭不和達懼罪忿怨率所領降魏文帝遣夏侯尚徐晃與達共襲封達與封書曰古人有言疏不間親新不加舊此謂上明下直讒慝不行也若乃權君譎主賢父慈親猶有忠臣蹈功以罹禍孝子抱仁以陷難種商白起孝已伯奇皆其類也其所以然非骨肉好離親親樂患也或有恩移愛易亦有讒間其間雖忠臣不能移

之於君孝子不能變之於父也勢利所知改親爲讎況非親親乎故申生衛伋禦寇楚建禀受形之氣當嗣立之正而猶如此今足下與漢中王道路之人耳親非骨血而據勢權義非君臣而處上位征則有偏任之威居則有副軍之號遠近所聞也自立阿斗爲太子已來有識之人相爲寒心如使申生從子輿之言必爲太伯衛伋聽其弟之謀無彰父之譏也且小白出奔入而爲伯重耳踰垣卒以克復自古有之非獨今也夫智貴免禍明尚夙達僕揆漢中王慮定於內疑生於外矣慮定則心懼亂禍之興作未曾不繇廢立之間也私怨人情不能不見恐左右必有以間於漢中王矣然則疑成怨聞其發若踐機耳今足下在遠尚可假息一時若大軍遂進足下失據而還竊相爲危之昔微子去殷智果別族違難背禍猶皆如斯今足下棄父母而爲人後非禮也知禍將至而留之非智也見正不從而疑之非義也自號爲丈夫爲此三者何所貴乎以足下之才棄身來東繼嗣羅侯不爲背親也北面事君以正綱紀不爲棄舊也怒不致亂以免危亡不爲徒行也加陛下新受禪命虛心側席以德懷遠若足下翻然內向非但與僕爲倫受

三百戶封繼統羅國而已當更剖符大邦爲始封之君陛下大軍金鼓以震當轉都宛鄧若二敵不平軍無還期足下宜因此時早定良計易有利見大人詩有自求多福行矣今足下勉之無使狐突閉門不出封不從達言

晉石苞都督揚州諸軍事司馬文王遣符劭孫郁使吳苞令參軍事孫楚作書遺孫皓曰蓋見幾而作周易所貴小不事大春秋所誅此乃吉凶之萌兆榮辱所繇生也是故許鄭以銜璧全國曹譚以無禮取滅載籍既記其成敗古今又著其愚智不復廣引譬類

崇飾浮辭苟以夸大爲名更喪忠告之實今粗論事要以相覺悟昔炎精幽昧歷數將終桓靈失德災釁並興豺狼抗爪牙之毒生靈罹塗炭之難繇是九州絶貫王綱解紐四海蕭條非復漢有太祖承運神武應期征討暴亂尅寧區夏協建靈符大命旣集遂廓洪基奄有魏域土則神州中岳器則九鼎猶存世載淑美重光相襲故知四輿之攸同帝者之壯觀也昔公孫氏承籍父兄世居東裔擁帶燕胡憑陵險遠講武游盤不供職貢內傲帝命外通南國乘桴滄海交酬貨賄葛越布於朔土貂馬延於吳會自以控弦十

萬奔走之力信能右折燕齊左震扶桑轢轢沙漠南面稱王宣王薄伐猛銳長驅師次遼陽而城池不守枹鼓暫鳴而元凶折首於是遠近疆埸列郡大荒收離聚散大安其居衆庶悅服殊俗欵附自此以降九野淸泰東夷獻其樂器肅愼貢其楛矢曠世不羈應化而至巍巍蕩蕩想所具聞也吳之先祖起自荆楚遭時擾攘潛播江表劉備震懼亦逃巴岷遂因山陵積石之固三江五湖浩汗無涯假氣遊魂迄兹四紀兩邦合從東西唱和互相扇動距捍中國自謂三分鼎足之勢可與泰山共相終始也相國晉王輔相帝室文武桓桓志厲秋霜廟勝之筭應變無窮獨見之鑒與衆絶慮主上欽明委以萬機長轡遠御妙略神授偏師同心上下用力凌威奮伐深入其阻并敵一向奪其膽氣小戰江油則成都自潰曜兵劒閣則姜維面縛開地六千領郡三十兵不踰時梁益肅淸使竊號之雄稽顙降闕球琳重錦克於府庫韓并魏徙虢滅虞亡此皆前鑒後事之表又南中呂興深覩天命蟬蛻內附願爲臣妾外失輔車脣齒之援內有羽毛零落之漸而徘徊危國冀延日月此猶魏武侯卻指山河自以爲彊殊不知物有興亡則所美非其地

也方今百僚濟濟儁乂盈朝武臣猛將折衝萬里國富兵強六軍精練思復翰飛飲馬南海自頃國家整修器械興造舟楫簡習水戰樓船萬艘千里相望刳木已來舟車之用未有如今之殷盛者也驍勇百萬畜力待時役不再舉今日之師也然主相眷眷未便電發者猶以爲愛人治國道家所尚崇城遂卑文王退舍故先開大信諭以存亡殷勤之指往使所究也若審識安危自求多福蹶然改容祗承往錫追慕南越嬰齊入侍北面稱臣伏聽告策則世祚江表永爲魏藩方功顯報隆於日矣若猶侮慢未順王命然後

謀力雲會揺麾從風雍梁二州順流而東青徐戰士列江而西荆楊兖豫爭驅八衢征東甲卒武步秣陵爾乃王輿整駕六戎徐征羽較燭日旌旗流星龍舟躍路歌吹盈耳士卒奔邁其會如林煙塵俱起震天駭地渦賞之士鋒鏑爭先忽然一旦身首橫分宗祠淪覆取戒萬世引領南望良助寒心夫療膏盲之疾者必進苦口之藥決狐疑之慮者亦告逆耳之言如其猶豫迷而不反恐僉附見其已死扁鵲知其無功矣勉思良圖惟所去就劭等至吳不敢爲通

華譚爲東海王軍諮祭酒會陳敏據江東命僚佐以

巳爲大司馬楚公稱自江入河奉迎鑾駕華譚聞敏自相署置而顧榮等並江東首望悉受敏官爵乃遺榮等書曰石氷之亂朝廷錄敏微功故加越次之禮授以上將之任庶有韓盧一噬之効而本性凶狡素有識達貪榮于運逆天而動阻兵作威盜據吳會內用凶弟外素軍吏上負朝廷寵授之榮下孤宰輔過禮之惠天道伐惡人神所不佑雖阻長江命危朝露忠節令圖君子高行屈節附逆義士所恥王蠋匹夫志不可屈於期慕義隕首燕庭況吳會仁人並受國寵或剖符名郡或列爲近臣而使辱身姦人之朝降節逆叛之黨稽顙屈膝不亦羞乎昔龔勝絶粒不食莽朝魯連赴海恥爲秦臣君子義行同符千載遥度雅量豈獨是安昔吳之武烈稱美一代雖奮奇宛葉亦受折襄陽討逆雄氣志存中夏臨江發怒命訖丹徒賴先主承運雄謀天挺尚內倚慈母仁明之教外仗子布廷爭之忠又有諸葛顧步張朱陸全之族故能鞭笞百越稱制南山然兵家之興不出三世運未盈百歸命入臣今以陳敏倉部令史七弟頑冗六品下才欲躡桓王之高蹤蹈大皇之絶軌遠度諸賢猶當未許也諸君垂頭不能建翟義之謀而顧坐俛首

巳受羈絆之辱皇輿東軒行即紫館百寮垂纓雲翔鳳闕廟勝之謀潛運幃幄然後發荆州武旅順流東下徐州銳鋒南據堂邑征東勁卒耀威歷陽飛橋越橫江之津汎舟涉步瓜之渚威震丹陽擒寇建業而諸賢何顔見中州之士耶小寇隔津音符道瀾引領南望情存舊懷忠義之人何世蔑有夫危而不能存將何貴乎永長宿德情所素重彥先垂髮分著金石公冑早交恩紀特隆令伯義聲親好密結上欲與諸賢效翼紫宸建功帝籍如其不爾亦可汎舟渭汭擊楫清歌何爲辱身小寇之手以蹈逆亂之禍乎昔爲

同志今已殊域徃爲一體今成異身南瞻長江非子
誰思願圖良策以存嘉謀也榮等得書密報征東大
將軍劉準遣兵臨江竟破斂斬之
荀晞爲鎮東大將軍領青州時懷帝怒東海王越專
權乃詔晞日朕以不德戎車屢興上懼宗廟之累下
愍兆庶之困當賴方嶽爲國藩翰公威震赫然梟斬
藩（公師藩）桑（汲桑）走降橋朗魏植之徒復以誅除豈非高
識明斷朕用委成加以王彌石勒爲社稷之憂故有
詔委統六州而公謙介小節稽遲天命非所謂與國
同憂也今復遣詔便施檄六州協同大舉剪除國難

稱朕意焉晞復移諸征鎮州郡日天步艱險禍難殷
流劉元海造逆於汾陰石世龍階亂於三魏薦食幾
甸覆喪鄴都結壘近郊仍震兗豫害三刺史殺二都
督郡守官長湮没數十百姓流離肝腦塗地晞以虛
薄負荷國重是以弭節海隅援枹普衛猥被中詔委
以關東督統諸軍欽承詔命尅今月二日當西經濟
黎陽卽日得榮陽太守丁嶷白事李惲陳午等救護
諸軍州與羯大戰皆見破散懷城已陷河内太守裴
整爲賊所執宿衛鈌乏天子蒙難宗廟之危甚於累
卵承問之日憂歎累息晞以爲先王選建明德庸以

服章所以藩固王室無俾城壞是以舟楫不固齊桓
責楚襄公逼狄晉文致討夫翼奬皇家宣力本朝雖
陷湯火大義所甘加諸方牧俱受榮寵義同畢力以
報國恩晞雖不武首啓戎行秣馬裹粮以俟方鎮凡
我同盟宜同赴救顯立名節在此行矣會王彌遣曹
嶷破瑯琊北攻齊地苟純城守嶷衆轉盛連營數十
里晞還登城望之有懼色與賊連戰輙破之後簡精
鋭與賊大戰會大風揚塵晞遂敗績棄城夜走嶷追
至東山部衆皆降嶷晞單騎奔高平
温嶠爲平南將軍江州刺史鎮武昌祖約蘇峻反京

師傾覆嶠自武昌推征西將軍陶侃爲盟主赴難列
上書陳約峻罪狀移檄四方征鎮日賊臣祖約蘇峻
同惡相濟用生邪心天奪其魄死期將至譴負天地
自絶人倫寇不可縱宜增軍討僕輙屯次湓口卽日
護軍庾亮至宣太后詔寇逼宮城王旅撓敗出告藩
臣謀寧社稷後將軍趙胤奮武將軍龔保與嶠督護
王愆期西陽太守鄧嶽鄱陽内史紀瞻率其所領相
尋而至逆賊肆凶陵蹈宗廟火延宮掖矢流太極二
御幽逼宰相困迫殘虐朝士刼辱子女承問悲惶精
魂飛散嶠闇弱不能殉難哀恨自咎五精摧隕慚負

先帝託寄之重義在畢力死而後已今躬率所統爲士卒先催進諸軍一時電擊西陽太守鄧嶽尋陽太守褚延壽連旗相繼宣城内史桓彝已勒所屬屯濱江之要江夏相周撫乃心求征軍已向路昔包胥楚國之微臣重趼致誠義感諸侯藺相如趙邦之陪隷恥君之辱按劒秦庭皇漢之季董卓作亂劫遷獻帝虐害忠良關東州郡相率同盟廣陵功曹臧洪郡之小吏耳登壇揮血涕淚橫流慷慨之節實厲羣后況今居台鼎據方州列名邦受國恩者哉不期而會不謀而同不亦宜乎二賊合衆不盈五千且外畏胡寇

城内饑之後將軍郭默卽於戰陣俘殺羣賊今雖殘破都邑有宿衛兵人卽時出散不爲賊用祖約情性褊阨忌尅不仁蘇峻小子惟利是視殘酷驕猜權相假合江表興義以抗其前彊胡外寇以躡其後運漕隔絶資食空懸内乏外孤勢何得久羣公征鎮職在禦侮征西陶公國之耆德忠肅義正勳庸弘著諸方鎮州郡咸齊斷金同稟規略以雪國恥苟利社稷死生以之嶠雖怯劣忝據一方賴忠賢之規文武之助君子竭誠小人盡力高標之士被褐而從戎負薪之徒匍匐而赴命率其私僕致其私仗人士之誠竹帛不能載也豈無德而致之哉士稟義風人感皇澤且護軍庾公帝之元舅德望隆重率郭後軍趙龔三將與嶠戮力得有資憑且悲且慶若朝廷之不泯也其各明率所統無後事機賞募之信明如日月有能斬約峻者封五等侯賞布萬疋忠爲令德爲仁繇己萬里一契義在不言也時陶侃雖許自下而未發復追其督護龔登嶠重與侃書曰僕與軍有進而無退宜增而不可減近已移檄遠近言於盟府尅後月半大舉留康建安晉安三郡軍並在路次同赴此會惟須仁公所統至便齊進耳仁公今召軍還疑惑遠近成

敗之繇將在於此僕才輕任重實憑仁公篤愛遠稟成規至於首啓戎行不敢有辭僕於仁公當如常山之蛇首尾相衛又脣齒之喻也恐或者不達高旨將謂仁公緩於討賊此聲難追僕與仁公並受方嶽之任安危休戚理旣同之且自頃之顧綢繆往來情深義重著於人士之口一旦有急亦望仁公悉衆見救况社稷之難惟僕偏當一州州之文武莫不翹企假令此州不守約峻樹置官長於此荆楚西逼彊胡東接逆賊因之以饑饉將來之危乃當甚於此州之今日也以大義言之則社稷顛覆主辱臣死公進當爲

大晉之忠臣參桓文之義開國承家銘之天府退當以慈父雪愛子之痛約峻凶逆無道囚制人士裸其五形近日來者不可忍見骨肉生離痛感天地人心齊一咸皆切齒今之進討若以石投卵耳今出軍既緩復召兵還人心乖離是爲敗於幾成也願深察所陳以副三軍之望

孔坦爲侍中成帝咸康元年石聰寇歷陽王導爲大司馬討之請坦爲司馬會石勒新死季龍專恣石聰及譙郡大守彭彪等各遣使請降坦與聰書曰華戎道乖南北迥邈瞻河企宋每懷饑渴數會陽九天禍

晉國姦凶猾夏乘釁肆虐我德雖衰天命未改乾符啓再集之慶中典應靈期之會百六之艱既過惟新之美日隆而神州振蕩遺氓波散誓命戎狄之穴朝廷每假寐永歎痛心疾首天罰既集罪人斯隕王旅未加自相魚肉豈非人怨神怒天降其災蘭艾同焚賢愚所歎哀矜勿喜我后之仁大赦曠廓惟季龍是討彭譙使至粗具動靜知將軍念疾醜類翻然同舉承問欣豫慶若在巳何知幾之先覺介石之易悟哉引領來儀怪無聲息將軍出自名族誕育洪胄遭世多故國傾家覆生離親屬假養異類雖逼偽寵將亦何賴聞之者猶或有悼況身嬰之人能不憤慨哉非我族類其心必異誠反族歸正之秋圖義建功之日也若將軍喻納往言宜之同盟率關右之衆輔河內之卒申威趙魏爲國前驅雖竇融之保河西黥布之去項羽比諸古今未足爲喻聖上寬明宰輔弘納雖射鉤之隙賞之故行雍齒之恨侯之列國況二三子無釁人之嫌而遇天啓之會當如影響有何遲疑今六軍戒嚴水陸齊舉熊羆踊躍龕嗌爭先鋒鏑一交玉石同碎雖復後悔何嗟及矣僕以不才世荷國寵雖實不敏誠爲行李之主區區之情還信所具夫機

事不先鮮不後恨自求多福惟將軍圖之朝廷遂不果北伐人皆懷恨

冊府元龜

巡按福建監察御史臣李嗣京　訂正
分守建南道左布政使臣胡維霖　參閱
知建陽縣事臣黃國琦　較釋

將帥部七十七

傳檄

宋袁豹爲高祖太尉長史高祖遣益州刺史朱齡石伐蜀使豹爲檄文曰夫順德者昌逆德者亡失仁與義難以求安憑阻負險鮮克有成詳觀自古隆替有數故成都不世祀華陽無興國日者王室多故夷狄

遘紛波振塵駭覃及遐裔蕞爾譙縱編戶黔首同惡相求是崇是長肆反噬於州相播毒害於民黎俾我西服隔閡皇澤自義風雷靡天光輝及昭晰舊物烟熅區宇以庶務草創未遑九伐自是以來奄延十載而野心不革游魂伺隙招聚逋叛共相封殖侵擾我蠻獠搖蕩我疆陲我是以有洛州之役醜類盡殪匹馬無遺桓謙折首譙福烏逝奔伏窠穴引頸待戮當今北狄露晞南寇埃掃朝風載遷庶績其凝康哉之歌日熙比屋之隆可詠孤職是經略思一九有眷彼禹跡顧言載懷奉命西行途戾荆郢瞻望巴濮憤慨交泙清江原於濫觴澄氛祲於井絡誅叛柔遠今也其時卽命河間太守蒯思下邳太守劉鍾精勇二萬直指成都龍驤將軍臧喜戎卒二萬進自墊江益州刺史朱齡石舟師三萬電曜外水遣輔國將軍索懇總漢中之衆濟自劍道振威將軍朱容子提寧州之銳渡瀘而入神兵四臨大網宏掩衝翼千里金鼓萬張組甲貝冑景渙波燭華夷百蠻雲會霧臻以此攻戰誰與爲敵況又奉義而行以順而動者哉今三硤之隘在我境內非有岑彭荆門之險彌入其阻平衢四達實無鄧艾綿竹之難山川之形抑非曩日攻守

難易居然百倍當全蜀之強士民之富子陽不能自安於庸蜀劉禪不敢窺命於南中荆邯折謀伯約挫銳故知成敗有數非可智延此皆益土之前事當今之元龜也盛如盧循強如容超陵威南海跨制北岱樓船萬艘掩江蓋汜鐵馬千群充原塞隰然廣固之攻陸無完雉右里之戰水靡全舟或顯戮京畿或傳首萬里故知逆順有勢難以力抗斯又目前殷鑒深切著明者也梁益人士焉明王化雖驅迫于時本非與主從其淫虐日月增播刑殺非罪死以澤量而將命忽讎之戮崎嶇豺狼之吻豈不翹誠南凱延首東

雲普天有來蘇之望而一方懷後予之怨王者之師以仁爲本捨逆取順爰自三驅齊斧所加縱身而已其有矜甲反接自投軍門者一無所問士子百姓列肆安堵審擇吉凶自求多福大信之明皦若朝日如有迷復姦邪守愚不改火燎孟諸芝艾同爛河决金隄淵丘同體雖欲悔之亦將何及

巴東王休若爲鎮東將軍明帝即位召行會稽郡事孔覬爲太子詹事以平西司馬庾業代之覬與吳郡太守顧琛據郡同反吳興太守王曇生義興太守劉延熙晉陵太守袁標一時響應帝以庾業代延熙爲

義興加建威將軍以延熙爲休若鎮東長史業至長塘湖即與延熙合帝遣建威將軍沈懷明東討尚書張永係進休若董統東討軍事移檄東土曰蓋聞釁集有兆禍至無門倚伏之來實惟人致故嚚迹貪亂終殄宗祀昌憲搆象旋罹斧鉞斯則昭章記牒鑒戒今古者也自國步時艱三綱道盡神歆靈繹瓚粲綴旒皇上二雄集瑞應歒還歷鳳儀煌昇龍輝電舉盪殲紫樞不俟條牧之誓寘政中寓不肆漂杵之威是以墜維再造虧天重搆幽明栽紀摽配斯光而群凶恣虐協扇童孺蕞爾東陲復淪醜跡即回從愿軫動蟻附聖圖霆發神威四臨羽驛所屆義旅雲屬傀鉞所麾逆徒氷泮勝負之効皎然已顯司徒建安王英猷冠世董率元戎驃騎山陽王風略夙昭撫莅中陳或飛霜江蠡或騰焱荆河金甲燭大庭嚚聲震海浦前將軍吳興太守張永東南標秀協贊戎機建威將軍沈懷明鎮東中兵參軍劉亮武衛將軍壽寂之霜鋭五千熊行虎步龍驤將軍王牧之龍驤將軍傾生鐵騎連群風驅電邁右軍將軍齊王射聲校尉姚道和樓艦千艘覆川畚汜左軍將軍垣恭祖步兵校尉杜幼文穴從僕射全景文員外散騎侍郎孫超之薳

率虎旅駱驛雲赴殿中將軍杜敬貞殿中將軍陸攸之建武將軍吳喜甲楯二萬分趣義興很承人乏總司戎統聳翎東雲馳檟海曲歎氣則白日晝晦刷馬則清江倒流以此伐叛何前不勦以此柔服何順不懷愍彼群迷弗辨堯桀拒轍之臂擬雷霆之衝已枯之葉當霜飈之墜咫尺監所謂寒心匹婦所爲歎息夫因禍致慶實敗爲成前監不忘後事明筮若能相率歸順投兵救款則福鍾年祉慶單來裔孰知身輒宗屠鬼餒魂泣者哉詳鏡安危自求多福購生禽頭食邑千五百戶開國縣侯生擒顧琛千戶開國縣侯斬

送者半賞時將士多是東人父兄子弟皆已附逆帝因送軍普加宣示曰朕方務德簡刑使四罪不相及助順同逆者一以所從爲斷卿等當深達此懷勿以親戚爲慮也衆於是大悦帝又以吳喜爲建武將軍東討至永世得庾業劉延熙書送同逆尋陽王子房檄文與喜曰知統戎旅已次近路卿所在著名今日何爲立忠於彼耶想便倒戈共受河山之賞喜報書曰前驅之人忽奉來翰搜尋狂惑良浮悵念聖主以神武撥亂德盛勳高群逆彼扇滅此晷刻君等勳義之烈世荷國恩事愧鳴鶚不懷食甚今練勒所部星

言進邁相見在近不復多陳

山陽王休祐爲都督豫江司三州豫州刺史商琰反休祐出鎮歷陽督護國將軍劉勔討之琰軍累敗休祐與琰書曰君本文弱素無武幹是遠近所悉且名器清顯不應復有分外希覬近者之事當是劫於凶豎不能守節今大軍長驅已造城下勢孤援絶禍敗交至顧昔情款猶有惻然聖上垂天地之仁開不世之澤好生惡殺遐邇所聞顧琛王曇生等皆軍敗逆走彼早乞活尚蒙恩恕宴處私門今神鋒所臨前無横陣況窮城弱衆殘傷之餘而欲自固乎若開門歸順自可不失富貴將佐大小並保榮爵何故苟困士民自求壟膽身膏斧鑊妻息並盡老兄垂白東市受刑耶幸自思之信言不爽有如皎日太宗又遣王道隆齎詔宥琰罪勔又與琰書曰昔景和凶悖行絶人倫昏虐險穢諫諍杜塞遂殘毀陵廟芟刈百寮繼毒窮凶靡有紀極于時人神迴遑莫能自保中外士庶咸願一統予職在直衛目所備覩主上神機天發指麾尅定横流塗炭一朝太平扶危拯急實冠終古而四方持疑成此乖逆資斧所臨每從偃簡足下以衣冠華胄信縣夙昭附炎從違猶見容養賢兄長史階

升清列賢子參軍亦秉國綱聞者進軍宛唐計孫劉順退衆閉城當是未了過蒙朝恩謬充將帥早承風素備有依然今皇威遠申三方甕弱勝敗之勢皎然可覽王御史昨至主上勑驃騎教賢兄賢子書今悉遣送百代以來未見弘恩曲宥乃至於此且朝廷方宣示大義惟新王道何容標虛亂於士女失國信於一州以足下明識陳見想必不俟終日如有孤背亭毒弗忘屠陷者便當窮兵肆武究法極刑將恐貴門無復祭祀之主墳隴乏掃灑之望進謝忠臣退慚孝子名實兩喪沒有餘責扶力略白幸加研覽琰本無

反心事餘力屈叔寶等有降意前後屢遣送誠欵而衆心持疑莫能相一故歸順之計每慾塞嬰城愈固其後琰將皇甫道烈栢倫等二十一人開門出降勔因此又與琰書曰栢倫來奔具相申述方承足下跡纏穢亂心秉忠誠惆然窮愁不親戎政去冬歸天之始愚迷者多如足下流比進非社稷宗臣退無顧命寄托朝廷旣不偏相嫌責足下亦復無所獨愧程天祚已舉城歸順龐孟虬亦繼迹奔亡劉胡困於殘溪袁顗欲戰不得推理揆勢亦安能久且南方初起連州十六擁徒百萬仲春以來無戰不北摧陷殄滅十

無一二南憑袁顗弱卒北恃足下孤城以玆定業恐萬無一理方今國網疎畧示舉宏維此日相白想亦已具矣且倫等皆是足下腹心牙爪所以携手相捨非有怨恨也亦知事不可濟禍害已及故耳夫擁數千烏合抗天下之兵傾覆之狀豈不易曉假令六蔽之人猶當不爲其事況復足下少祖名教疾沒世無稱者耶所以復有此白者實惜華州重鎮鞠爲茂草蒹傷貴門一日屠滅足下若能封府庫開四門宣語文武示以禍福先遣咫尺之書表達誠欵然後素車白馬來詣轅門若令足下髮膚不全兒姪凋耗者皇天后土實聞此言至辭不華寧復多白

南齊張欣泰爲軍主明帝建武二年圍鍾離城欣泰隨崔惠景赴救移魏廣陵侯曰聞攻鍾離是子之浮慓可無謬哉兵法云城有所不爭豈聞之乎我國家舟舸百萬覆江橫海所以按甲于今不至欲以邊城疲魏士卒我且千里運糧行留俱弊一時霖雨川谷涌溢然後乘帆渡海百萬齊進子復奚以禦之乃今魏主以萬乘之重攻此小城是何謂歟攻而不拔誰之恥耶假令能拔子守之我將連舟千里舳艫相屬西過壽陽東接滄海伏不再請糧不更取士卒偃卧

起而接戰乃魚鼈不通飛鳥斷絕偏師淮左其不能守皎可知矣如其不拔吾將假法于魏之有司以請子之過若挫兵夷衆攻不卒下驅土填隍拔而不能守則魏朝名士其當别有浮致乎吾所未能量昔魏之大武佛狸傾一國之衆攻十雉之城死亡大半僅以身逸旣智屈于金墉亦雖拔而不守皆昨昔所爲至今爲笑前鑒未遠已忘之乎和門邑邑戲載往意

豫章王嶷爲荆州刺史會梁州刺史范栢年被誅其親將李烏奴恐懼叛入氐中仇池楊文弘納之烏奴率亡命千餘人攻梁州爲刺史王玄邈所破復走還

氐中歳遣兵討烏奴田宅事業悉賜之又與氐族平羌較尉沙州刺史楊廣香書曰夫廢興無謬逆順有孱古今共貫賢愚同察梁州刺史范栢年懷挾詭態首鼠兩端旣巳被伐盤桓稽命遂潛遣李烏奴叛楊文弘扇誘邊疆荒離栢年今巳梟擒烏奴頻被摧破計其餘燼行自消夷今遣參軍行晉壽太守王道寶參軍事行北巴西新巴二郡太守任湜之行宕渠太守王安會領鋭卒三千巡塗風邁浮川電掩又命輔國將軍王抱較尉明惠昭巴郡太守魯休烈南巴西太守栁弘稱益州刺史傳琰竝簡徒競鶩選甲爭馳

雍州水步行次魏興弁山東僑舊會于南鄭或抗舟埜江或飛旍劍道㕼背飋騰表裏震擊文弘容納叛戾專爲淵藪外侮皇威內凌同族君奕世忠款浮識理順想卽起義應接大軍以爲掎角討滅烏奴剋建勳勞茂立誠節沇攸之資十年之積擁百旅之衆師出境而城潰兵未戰而自屠朝廷無遺鏃之費士民靡傷痍之弊況蕞爾小監方之蔑如其取殲殄豈延漏刻忝以寡昧分陝司蕃清氛蕩穢諒惟任職此府器械山積戈旗林聳士卒剽勁蓄鋭權威除南勳怨豈俟徵習但以剪伐萌苗弗勞洪斧撲彼蚊蚋無假多力皇上聖哲應期恩澤廣被罪止首惡餘無所問賞罰之科具寫如別使道寶步出魏興分軍泝墊江俱會晉壽

蕭頴胄爲冠軍將軍西中郎將東昏侯誅戮群公雍州刺史蕭衍奉南康王卽帝位於江陵遂廢東昏侯爲涪陵王使蕭頴胄夏侯詳移檄告京師百官曰西中郎府長史都督行留諸軍事右軍南郡太守南豐縣開國侯蕭頴胄司馬征虜將軍新興太守夏侯詳告京邑百官諸州郡牧守夫運不常夷有時而陂數無當剝否極則亨昔商邑中微彭韋救扶漢室方昏

虛牟効節故風聲永樹卜世長久者也昔我太祖高皇帝德範生民功格天地仰緯彤雲俯臨紫極世祖嗣興克光前業雲雨之所沾被日月之所出入莫不舉踵來王交臂納貢鬱林昏迷顛覆厥序俾我大齊之祚翦焉將墜高祖明皇帝建道德之盛軌垂仁義之至蹤紹二祖之鴻基繼三五之絕業昧旦丕顯未明求衣故奇士盈朝異人輻輳若迺經禮緯樂之文定鼎作維之制非雲如醴之祥白質黑章之瑞諒以則天比大無得稱焉而嗣主失綱窮肆凌暴十愆畢行三風咸襲居喪而無哀貌在慼而有喜容酣酒嗜

音罔懲其侮讒賊狂邪是與比周遂令親賢攖荼毒之誅宰輔受葅醢之戮江僕射蕭領軍徐司空沈僕射曹右衛或外戚懿親或皇室令德或時之宗望或國之虎臣並勳彰中興功比申邵秉鈞贊契受遺先朝咸以名重見疑正直貽斃害加黨族虐及嬰孺曾無渭陽追遠之情不顧本支殲落之痛信心見疑忠而獲罪者百姓業業罔知攸暨崔惠景內逼淫刑外不堪命驅亡命之民爲免死之計倒戈迴刃還指宮闕城無完守人有異圖蕭令君勳濟宗祀業極蒼珉四海蒙太平之德億兆憑再造之基江夏王拘迫威

強牽制巨力迹屈當時迺心可亮竟不能內恕浮情顯加鴆毒蕭令君自以親惟族長任實宗臣至誠苦言朝夕獻入讒醜交搆漸見疏虞浸潤成災奄離怨酷用人之功以寧社稷刈人之身以騁淫濫台輔既誅姦小競用梅蟲兒茹法珍妖忍愚戾窮凶醜惡販鬻王威以爲家勢熒惑嗣主恣其妖虐宮女千餘騶服宣婬孽臣數十袒裼相逐帳飲褻肆之間宵游街陌之上提挈群臣以爲歡笑劉山陽借受凶旨規肆狂逆天誘其衷即就梟翦夫天生蒸民樹之以君使司牧之勿使失性豈有尊臨寓縣毒遍黔首絕親戚之恩無君臣之義功重者先誅勳高者速斃九族內離四夷外叛封境日蹙戎馬交馳帑藏既空百姓已竭不卹不憂慢游是好民怨於下天懲於上故熒惑襲月孽火燒宮妖水表災震蝕告沴七廟阽危三才莫紀大懼我四海之命永淪於地南康殿下體自高宗大挺英睿食葉之徵著於弱年當璧之祥兆乎綺歲億兆顒顒咸思戴奉且勢居上游任總連帥家國之否寧濟是當幕府身備皇宗情荷顧託憂深責重誓濟時難今命冠軍將軍西中郎諮議領中直兵參軍軍主楊公則寧朔將軍領中參軍軍主王法冠軍

將軍諮議參軍軍主龐翽輔國將軍諮議參軍領別駕軍主宗史輔國將軍諮議參軍樂藹等領勁卒三萬凌波電邁逕造秣陵冠軍將軍領諮議中直兵參軍軍主蔡道恭輔國將軍中直兵參軍右軍府司馬軍主席闡右輔國將軍中兵參軍軍主汪潫之寧朔將軍中兵參軍軍主朱斌中直兵參軍軍主宗冰之建威將軍中直兵參軍軍主朱景舒寧朔將軍中直兵參軍軍主庾域寧遠將軍軍主庾略等破甲二萬直指建業輔國將軍武寧太守將軍軍主鄧元起輔國將軍前軍將軍軍主王世興等鐵騎一萬分趣白

下征虜將軍領司馬新興太守夏侯詳寧朔將軍諮議參軍軍主沈恍寧朔將軍領中軍參軍軍主劉孝慶建威將軍軍主江陵令江詮等帥組甲萬騎駱驛繼發雄劍高麾則五星從流長戟遠指則雲虹變色天地爲之裔皇山淵以之奔沸幕府親貫甲冑授律中權董帥熊羆之士十有五萬鉦鼓紛紜雷動荆南寧朔將軍南康王友蕭頴達領虎旅三萬抗威後拒蕭雍州勲業蓋世謀猷淵肅旣痛家禍兼憤國難泣血枕戈誓雪怨酷精卒十萬巳出漢川張郢州節義慷慨悉力齊奮江州邵陵王湘州張行事王司州皆

遠近懸契不謀而同並勤驍猛指景風驅舟艦魚離萬里蓋水車騎雲屯平原霧塞以同心之士伐倒戈之衆盛德之師救危亡之國何征而不服何誅而不克哉今兵之所指惟在梅蟲兒茹法珍二人而巳諸君德載累世勲著先朝屬無妄之時居道消之運受迫群監念有危懼大軍近次當各思拔迹來赴軍門檄到之日有能斬送蟲兒法珍首者封二千戸開國縣侯若迷惑凶黨敢拒軍鋒刑玆無赦戮及宗族賞罰之信有如皦日江水在此余不食言

梁丘遲爲太尉臨川王宏記室高祖天監中安東將軍江州刺史陳伯之叛入魏魏以爲平南將軍都督淮南諸軍事詔宏北討宏命遲私與之書曰陳將軍足下無恙幸甚將軍勇冠三軍才爲世出棄燕雀之小志慕鴻鵠以高翔昔因機變化遭逢明主立功立事開國承家朱輪華轂擁旄萬里何其壯也如何一旦爲奔亡之虜聞鳴鏑而股戰對穹廬以屈膝又何劣耶尋君去就之際非有他故直以不能內審諸巳外受流言沈迷猖獗以至於此聖朝赦罪論功棄瑕錄用推赤心於天下安反側於萬物將軍之所知非假僕一二談也朱鮪涉血於友于張繡剚刃於愛子

漢主不以爲疑魏君待之若舊况將軍無昔人之罪而勲重於當代夫迷塗知反往哲是與不遠而復先典攸高主上屈法申恩吞舟是漏將軍松栢不翦親戚安居高臺未傾愛妾尚在悠悠爾心亦何可述今功臣名將鴈行有序懷黃佩紫贊帷幄之謀乘軺建節奉疆埸之任並刑馬作誓傳之子孫將軍獨靦顏借命驅馳異域寧不哀哉夫以慕容超之強身送東市姚泓之盛面縛西都故知霜露所均不棄異類姬漢舊邦無取雜種北虜僭盜中原多歷年所惡積禍盈理至燋爛况僞孽昏狡自相夷戮部落攜離酋豪

猜貳方當繫頸釁邸懸首藁街而將軍魚游於沸鼎之中燕巢於飛幕之上不亦惑乎莫春三月江南草長雜花生樹群鶯亂飛見故國之旗鼓感生平於疇日撫弦登陴豈不愴悢所以廉公之思趙將吳子之泣西河人情之自然也將軍獨無情哉想早勵良圖自求多福伯之乃於壽陽擁衆八千歸國

後魏慕容白曜爲征南將軍自瑕丘進攻宋歷城乃爲書以諭之曰天棄劉彧禍難滋甚骨肉兄弟自相誅戮君臣上下無復紀綱薛安都甞珎奇畢衆敬等浮觀存亡翻然歸義故朝廷納其誠款委以南藩皆

目前之見事東西所備聞也彼無鹽戍主申纂敢縱姦慝劫奪行人官軍始臨一時授首房崇固守斗城尋即潰散自襄陽以東至於淮海莫不風靡服從正化謂東陽歷城有志之士上思安都之榮顯下念申纂之死亡追悔前惑改圖後悟猥總戎旅掃定此方濟黃河知十二之虛說臨齊境想一變之淸風躊躇周覽依然何極故先馳書以喻成敗我皇魏重光累葉德懷無外威武所撫無不披靡固非三吳弱卒所能擬抗況於今者勢以土分劉彧威不制秣陵政不出閫外豈復能浮江越海赴危救急哉

後周賀蘭祥爲大司馬明帝武成初吐谷渾侵涼州詔祥與宇文貴總兵討之祥乃遣其軍司檄吐渾曰夫二氣旣分三才定位樹之以君本爲黔首豈使悖義違道肆於民上昔魏氏不綱群方幅裂豺狼橫噬龜玉巳毀喋喋黔黎咸墜塗炭我先皇神武應期一統天下東龕南剪無思不服天降有周世篤英聖遂廓洪基奄荒萬國固則神皐西岳險則百二猶在鄉士師師群后率職故知三靈之所睠集四隩之所來蘇也彼國世於西陲作藩於魏值中原政亂遂阻皇風首鼠兩端伺我邊隙我先皇含垢藏疾仍存聘享

欲睦之以鄰好申之以婚姻彼國包藏禍心屢違盟約外結仇讐自貽近患是故往年致突厥之師也自爾迄今蜂蠆彌毒入我姑臧俘我河縣芟夷我菽麥虔劉我蒼生我皇武以止戈文以懷遠德覃四海化溢八荒以彼惡稔禍盈故命龔行九伐武臣猛將天張雷動皆六郡良家三秦精銳揮戈擐甲同萃龍沙柱國博陵公祥貴戚重臣乃文乃武受賑廟堂元戎啓行大傳燕國公謹英猷不世應變無窮仗旄指麾爲其謀主柱國化政公貴早播威聲奇正兼設直取龍涸濟自南河突厥與國睦親同恥反道驅引弓之

民總穹廬之衆䍿鞍成山雲蒸霧合往歲王師西伐成都不守桴鼓南臨江陵底定鑿空萬里闢地千都荒服畏威膜拜厥角成敗之機較然可見若能轉禍為福深識事宜君臣相率輿櫬稽顙則爵等優除永藩西服如其徘徊危邦覬延晷漏覆宗湮祀良助寒心幸思嘉謀以圖去就遂與吐渾廣定王鍾留王等戰破之因拔其洮陽洪和二城以其地爲洮州撫安西土振旅而還

齊王憲爲前鋒趨齊鄴城齊任城王湝廣陵王孝珩據信都有衆數萬武帝復詔憲討之湝令間諜二人

覘視形勢候騎執之憲集齊舊將徧示二人又謂曰吾所爭者不在汝等今放汝還可即充我使乃與湝書曰山川有間每深勞佇仲春戒節納履惟宜承茲始居兩河仍圖三魏二者交亂想無虧德昔魏曆云季海內橫流我太祖撫運乘時大庇黔首皇上嗣膺下武式隆景業與稽山之會總盟津之師雷駭唐郊則野無橫陣雲騰晉水則地靡嚴城襲魏之英既奔竄於草澤竊號之長亦委命於旌門德義振於無垠仁風被於有截彼朝宿將舊臣艮家戚里俱升榮寵皆縻好爵是使臨漳之下効死爭驅營丘之前奮身畢命此豈惟人事抑亦天時宜訪之首路無俟傍說吾以不武任總元戎受命安邊路指幽冀列邑名藩莫不屈膝宣風遵禮皆荷來蘇足下高氏令王英風夙著古今成敗備諸懷抱豈不知一木不維大廈三諫可以逃身哉且殷微去商侯服周代項伯背楚賜姓漢朝去此弗圖苟殉亡轍家破身殞爲天下笑又足下諜者爲候騎所拘軍中情實具諸執事知以弱卒瑣甲欲抗堂堂之師縈帶扞城冀保區區之命戰非上計無待卜疑守乃下策或未相許已勒諸軍分道并進相望非遠憑軾有期兵交命使古今通典不

俟終日所望知機也

隋皇甫績爲蘇州刺史高智慧等作亂江南州民顧子元發兵應之因以攻績相持八旬子元素感績恩於冬至日使奉牛酒績遺子元書曰皇帝握符受籙合極通靈受揖讓於唐虞棄干戈於湯武東踰蟠木方朔所未窮西盡流沙張騫所不至玄漠黃龍之外交臂來王葱嶺榆關之表屈膝請吏曩者僞陳獨阻聲教江東士民困於荼毒皇天輔仁假手朝廷聊申薄伐應時瓦解金陵百姓死而復生吳會臣民白骨還肉惟當懷音感德行歌擊壤豈宜自同吠主[illegible][illegible]

反噬卿非吾民何須酒禮吾是隋將何容外交易子析骸未能相告況足食足兵高城浮塹坐待強援綽有餘力何勞踵輕弊之俗作虛僞之辭欲沮臣民之心徒感驍雄之志以此見期必不可得卿宜善思活路曉諭黎元能早改迷失道非遠子元得書於城下頓首陳謝楊素援兵至合擊破之拜信州總管十二州諸軍事

唐王茂元鎮河陽會澤潞劉從諫死子稹拒命武宗遣諸鎮以書告喻以利病禍福之宜茂元與稹書曰前以肺肝布諸簡素仰承復命猶事枝詞夫豈告者

之不忠抑乃聽者而未審擇福莫若重擇禍莫若輕一去不廻者良時一失不復者機事噫嘻執事誰與爲謀延首北風心焉如灼是以再陳禍福用釋危疑言不避煩理在易了丁寧懇切至於再三者誠以僕與先太師相國俱沐天光並爲藩后昔云與國今則親鄰而大年不登同盟未至飯具繐畢襚衣莫陳乃眷後生遽乖先訓遷延朝命迷失臣職不思先榖之忠將覆欒書之族僕隸之所共惜兒女之所同悲況僕擁節臨戎援旗誓衆封疆甚邇音問猶存忍欲齎之以爲已功間之以開戎役將祛未寤欲罷不能顧思苦口之言以定東身之計昔先太尉相國嘗陷亂邦不從逆命翻身歸國全家受封居韓之西爲國屏藩棄代之際人情帖然太師相國以早赴軍牙久從征旆事君之節日著居喪之禮又彰故乃獎其象賢仍以舊服納職修貢十五餘年於唐室爲忠臣於劉氏爲孝子人之不幸天亦難忱加其壯室之年奄有壞梁之歎主上浮固義烈是降絲綸俾足下還朝聽國家後命其義甚著其恩莫偕昨者秘不發喪已當踰月安而拒詔則於忠臣已失失忠於國失孝於家望此用人繇茲保族是亦坐薪言泰巢幙云安智士

之所寒心謀夫之所齚舌竊於僕者得不動心竊計足下之懷執事之論當以趙氏傳于魏氏襲侯欲以逡巡希恩顧望謀立爾夫事殊者趣異勢別者跡睽胡不度其始而議其終搴其華而尋其實願爲足下一二而陳之夫趙魏二侯於其先也親則父子於其人也職則副戎賞罰得以相參恩威得以相抗義顯事順故朝廷推而與之今足下之於太師也地則猶子職非副戎賞罰未嘗相參恩威未嘗相抗稽喪則於義爽拒詔則於事乖比趙魏二侯信事殊而勢別矣此施之於足下則有自立之罪擅命之尤得失之

問其理甚白又詳足下未必不恃太師之好賢下士重義輕財吳國之錢往往而有梁園之客比比而來將倚以爲藩屏託以爲羽翼使以謀取使以數求細而思之此又非計夫山高則羝羊自至泉浮則沉玉自來巳立然後人歸身正然後士附語有之曰政亂則勇者不爲鬬德薄則賢者不爲謀故吳濞有姦而鄒陽去燕惠無德而樂生奔晉寵大夫卒成分國之禍衞多君子孰救渡河之灾此之前車得不爲鏡憲代四祖文明繼興當時燕趙中山淮陽脅晉結連者幾姓旅拒者幾侯咸逆天用人背惠忘德據指掌之

地謂可逃形倚親戚之私謂能取信一旦地空家破首裂支分闇者不能爲謀明者固以先去悔而莫及末如之何先太尉與李洧尚書齊之密戚陽太保與蘇肇給事蔡之懿親並據要地方州領精甲銳卒及其王師萃止我武惟揚則割地驅人以降送款輸誠而入非不念密戚非不念懿親非不知恩非不懷惠直以順逆是迫死生實難能與其同休不能與其共戚故也況足下大未侔齊蔡久未及李吳將以其人動於不義僕恐夙沙之國縛主之卒重生彭寵之家不義之侯更出又計足下當恃大行九折之險部內數州之饒兵士尚強倉儲且足謂得以久謀其更安危哉此心自棄何遠昔者李抱眞相國用彼州之人破朱滔于燕田悅於魏連兵轉戰綿歲經時而潞大夫死不敢悲子死不敢哭何者李相國奉討逆之命爲勤王之師義著而誠順故也及盧從史釋哀就位賣降冀功將乘討伐之時欲肆凶邪之性計未就而人神巳怒事未立而兵衆巳離以萬夫之長困一卒之守驅轞北闕棄屍南荒而潞之人猶老者捫胷少者扼腕謂朝廷不加顯戮浮爲失刑其故何哉以從史不義不聽去安就危衆黜其謀下不爲用故也

二帥去就非因傳聞鳩杖之人躬背之叟知其本末尚能言之則太行之險固不爲悖者之守數州之衆固不爲邪者之徒此又不足恃也由此言之則以何名墮家聲何事稽君命何道求死士何計固人心此僕所以對案忘飡推枕不寐爲足下惜爲足下危而不知其所以然也況太師比者養牛添卒畜馬訓兵旁招武幹之才中舉將軍之令然而聽於遠近頗有是非雖朝廷推赤心弘大度然而不逞者巳有異圖之說橫議者屢興悖惡之疑人之多言亦可畏也誰爲來者猶宜弭之今足下背季父引進之恩失大朝

文誥之令則是寳先太師之浮議彰昭義軍之有謀爲人臣則致叔父於不忠爲人孫則敗乃祖於無後亦何面對燕趙之士見齊魯之人耶又計足下爰自始初造次爲慮今玆追改懼有後艱此左右者不明而咨詢之未盡也乃者李尚書祐董嘗侍賔之輩竝親爲賊將拒我官軍納質於匪人効用於戎首久乃來復尚蒙殊恩皆受圭符咸領旗鼓不能悉數厥徒實繁豈有足下藉兩代之餘資委數萬之舊旅俛首聽命舉宗効誠則朝廷又豈以一日之稽遲片辭之疑異遂致足下於不測阻足下之後圖故事具存可

以明驗幸請自求多福無辱前人護龍旆以歸雒師秉象笏而朝魏闕必當勳庸繼代富貴逼身無爲降道所資使作他人之福儻尚淹歸款未整來轅戎臣賈勇以爭先天子赫斯而降怒金玦一受牙璋四馳魏衛壓其東南晉趙出於西北拔距投石者數踰萬計科頭戟手者動以千群兼馳攫虎之材官仍率射鵰之都督雷電大擊沙石可吞兵用火焚城兼水灌魏趣邢郡趙兼洺州介二大郡之間是古平原之地車甲盡輸於異境糗糧反聚於他人恃河北而河北無儲倚山東而山東不守以兩州之餓殍抗百道之奇兵比累卵而未危寄孤根於何所則老夫不佞亦有志焉願驅敢死之徒以從諸侯之末下飛狐之口入天井之關巨浪難防長飈易扇此際必當驚地底之鼓角解樓上之梯衝喪貝躋陵飛走之期須絕投戈散地灰釘之望斯窮自然麾下平生盡忘舊愛帳中親信即起他謀辱先祖之神靈爲明時之戮笑靜言其漸良以驚魂今故再遣使車重申丹素幸惟鑒前代之成敗訪用事之賓僚思反道敗德之難念順令畏威之易恃以吉日蹈玆坦途勿餒劉氏之魂勿汚潞人之俗封帛增歎含毫益酸延望還章用以上

表成敗之舉慎惟圖之

鄭畋鎮鳳翔黄巢陷長安詔京西諸道行營都統時畿內諸鎮禁軍尚數萬賊巢汚京師後衆無所歸畋承制招諭諸鎮將較皆萃岐陽畋分財以結其心與之盟誓期匡王室又傳檄天下曰鳳翔隴西節度使簡較尚書左僕射同中書門下平章事充京西諸道行營都統上柱國熒陽郡開國公食邑二千戸鄭畋移檄告諸藩鎮郡縣侯伯牧守將吏曰夫屯亨有數否泰相沿如日月之蔽虧似陰陽之愆伏是以漢朝方盛則莽卓肆其姦兇殷道未衰而羿浞騁其殘酷

不無僭越篡棄誅夷即知妖孽之生古今難免代有忠貞之士力爲恢復之謀我國家應五運以乘乾躡三王之垂統綿區飲化匝宇歸仁十八帝之鴻猷銘於神鼎三百年之睿澤播在人謠加以政尚寛弘刑無枉濫翼翼勤行于王道孜孜務恤於生靈足可傳寶祚於無窮而御璿圖於不朽近歲螟蝗作害旱暵延災因令無賴之徒遽起亂嘗之暴雖加討逐猶肆猖狂草賊黃巢奴僕下才豺很醜類寒耕熱耨不勵力於田疇媮食靡衣務偷生於剽奪結連凶黨驅迫平人始擾害於里閭遂侵凌於郡邑屬以藩臣不武

戎士貪財徒加討逐之名貴作遷延之役致令滋蔓累有邀求聖上愛育情深含弘道廣指萬方而罪己用百姓以爲心假以節旄委之藩鎮冀其悛革免困疲羸而殊無犬馬之誠但恣蟲蛇之毒虔劉我征鎮覆没我京都凌辱我衣冠屠殘我士庶視人命有同於草芥謂大寶易取如奕棋而乃竊據宮闈僞稱名號爛羊頭而拜爵續狗尾以命官燕巢幙以誇安魚在鼎而猶戲殊不知五侯扼怒朞分項羽之屍四塚既成待葬蚩尤之骨猶復廣侵田宅濫蓄貨財茫茫赤縣僅同夷貊之鄉惴惴黔黎若在狴犴之內國以人神共怒行路傷心敢謬領藩垣忝兼將相每枕戈而待旦嘗泣血以忘飧誓與義士忠臣共翦孤鳴狗盜近承詔命會合諸軍皇帝親御六師即離三蜀霜戈萬隊鐵馬千群雕虎嘯以風生應龍驤而雲起淮南高相公會關東諸道百萬雄師計以夏初會於闗內敢與涇原節度使程宗楚秦州節度使仇公遇等已驅組練大集闗畿爭麾隴上之蛇矛待掃闗中之蟻聚而吐蕃黨項以久濡皇化深憤國讐願以沙漠之軍共獻盪平之捷此際華戎合勢藩鎮連衡旌旗煥爛於雲霞劍戟晶熒於霜雪莫不持纓待試賈勇

爭先思垂竹帛之功誓雪朝廷之恥剗兹殘孽不足殄滅况諸道世受國恩身塵好爵皆貯興邦之略咸傾致主之誠自函雒構氛鑾輿避狄莫不指銅駝而皆裂望玉壘以魂消聞此勤王固宜投袂更希憤激速殄寇讐永圖社稷之勳以報君親之德迎鑾返正豈不休哉時駕在坤維音驛阻絶以爲朝廷無能復振及敢傳檄而諸藩聳動各治勤王之師巢賊聞之懼自是賊騎不過東西當時非敢扼賊之衝褒蜀危矣

樂彥禎鎮魏博時甚有軍政好延儒術之士有公乘

億李山甫者當時之英彥也皆置於幕下襄王熅僞爲監國大原汴州兩軍方盛處窺伺河朔因欲與幽鎮歃血爲連衡犄角之備乃致書諭兩鎮曰光啓三年正月五日魏博節度使開府儀同三司簡較司空同中書門下平章事樂彥禎謹齋戒三日致書於二鎮足下蓋聞天生蒸民而樹之君以司牧百姓主握二柄禮樂征伐之所興劫寇奸雄之所懼是以大君有率臨之典群后承專制之權内守憲章外憑敎命其或大盜移國黎民塗身居戎閫之榮手綰兵符之重傍觀喪亂坐俟危亡旣虧社稷之謀又失子孫

之計此亦義夫之所慷慨烈士之所咄嗟敢以狂愚伏陳英悟伏以我國家啓運開國承家創基三百春秋億兆臣妾自群兇蟻聚中寓土分乘輿奔走於道途宗廟荒涼於草莽今者監國雖立朝綱已頹皇祚莫知其所安蒼生莫知其所訴天子之威不能加四海諸侯之力不能保一方弱者危而強者吞雄則飛而雌則伏竟亦身殞名滅國家破離咸有其繇取鑒非遠大約以諸藩捨本就末忘義背盟謀不相從言不相信國是以間敵繇此興與其俱亡曷若共霸論桓文之事則人未敢先爲魯衛之邦則誰爲不可是以礪詩典故揆度事機輒敢指陳庶裨權略今者秦宗權起於纖毫漸恣狂鋒南苞荆襄北跨河雒屠城拔邑暴物害人使父子不得相全夫妻不得相保血肉塗地荆榛蔽天不織而衣人之衣不耕而食人之食凶酷之甚古今所無竊據要津下視諸鎮而又河東軍擁旄重地受國深恩慆宴安以未移縱貪婪而不息奄有上黨又吞單懷張皇威聲夌脅藩屏皆蓄併吞之志盡懷僭大之謀非謂未萌已觀成釁況孟津之衆夆驗保姦汝水之戎果明濟惡仍且海内皆困河南盡饑切料凶狂倍生窺覦若不早爲之計必

處悔不可追非空坐以俟危拱而受制或一隅失所則諸鎮可虞唇旣亡而齒必寒皮不存而毛安附而從事始先度禍胎將去本根要傾巢窟況大河之内嘗山之陽東極海隅北亘蕃部輿壤如砥列城似林億萬家之甲兵百千群之鐵馬建牙樹屏仗鉞分麾周封者盡是賢侯漢拜者莫非名將彼唱此和連衡合從豈能西不如大原南不如蔡賊非惟可恥誠亦堪悲蓋繇久屬昇平素無交結慮爲姦人鬭謀或置嚀道猜嫌思我同心共爲永計今請嘗山太尉幽州司空荆州司空滄州留守嘗侍各命至親兒侄或幕

兄二人擇地築壇卜日赴會嚴修齋戒虔告神祇歃
血誓詞藏之盟府然後以茲五鎮共爲一家有事則
同謀有征則同舉扶持王室掃盪賊臣收陷失之土
疆開朝貢之道路其爲大義莫尚于斯謹請當道李
山甫判官奉書陳請呼天告盟指日爲誓虔聽明命
以行壯圖社稷幸甚生靈幸甚時鎮州王鎔復書曰
近承新使伏覩羽書側令討國之規實激懦夫之志
竊自運貽百六禍遍寰區群盜薦興生靈無庇朝章
國典誰爲稟命之人黷武窮兵孰是勤王之旅咸以
乘虛窺伺覬覦憑淩以掠奪爲功以殺傷爲務皇威

所不能制天道所未能誅或徑越大河或竊居方鎮
縱狠貪而未已畜虺性以難馴內雖以効順爲名外
皆以亂常無懼遂至跨州連郡十室九空良繇諸侯
各固一方不思同力自致喪牛之悔久虧刑馬之盟
近則方布腹心冀完虞虢令明公諭之以長策示之
以壯圖結五鎮以齊盟俾一家而不異竊惟高義實
邁前修顧曾衛以同歡誠敦夙契在江黃而列會願
接下風況當道處河朔之中最爲脣齒據親咎之分
寧異金蘭固當顯侯捧盤無渝匪石然以事關久遠
議非一方必決定否臧審其同異待牌藩符會則決

劉相蹤
後唐魏王繼岌莊宗同光三年爲都統西討西川軍
至鳳翔馳檄喻蜀郡曰捨過論功王者示好生之道
轉禍爲福聖人垂善變之文矧彼蜀民代承唐德玄
宗朝以兵興河塞久駐金鑾僖宗時以盜起中原曾
停玉輅蜀之乃祖乃父或士或民而皆內稟忠貞外
資驍果武負關張之氣文傳楊馬之風逖大駕以涉
岷峨合諸軍而定關輔忠義冠乎日月勲業著乎山
河凡在幽遐皆所傳達不幸龜龍忽去蛇豕尋生遇
此匪人據斯重地蜀主先父出身陳許擁衆巴庸接

王室之頻遷保邊隅而自大益屬昭宗皇帝方茲播
越正切撫綏洗彼瑕疵潤之雨露綰紅旆碧幢之貴
兼鳳池鷄樹之榮狂兒逢山漸展橫行之志鳴梟出
穴曾無返哺之聲拔本塞源見利忘義加以結連同
惡聚集群凶當天步多艱莫展扶持之節及坤維暫
絕却爲僭僞之謀烈士聞之撫膺懦夫見之攘臂洎
茲餘孽益奮殘妖閹監擅權而勲賢結舌不稼不穡
奢侈者何啻千門內淫外荒塗炭者已餘萬室而更
納其短見侮我大朝輙橫拒轍之臂擬舉投羅之翼
我皇帝仰膺玄讖再造皇圖四時順而玉燭明萬彙

安而金繩正惟茲蜀土敢隔朝風連營虧恤養之恩比屋困煩苛之政每聞殘酷浮所惻傷是命車徒以申弔伐步卒則矗如山列騎車則迅若雷奔振雄聲而聒動乾坤騰銳氣而動搖河嶽彼若率兵赴死我則無陣不摧彼若據壘偷生我則無城不拔却慮高低士庶遠近封巡不早廻翔中同覆滅故今曉示貴在保全應三川管內有以藩鎮降者即授之節度有以州郡降者即授之刺史有以鎮縣降者即付之主守有能見機知變誅斬偽命將帥以其藩鎮城池降者亦以其官授之如列陣交鋒之際有以萬人已上

降者授之節度五千人已上授之大郡三千人已上授之次郡一千人已上授之主將有蜀城將較誅斬偽主守領降者授以方鎮如蜀主王衍首過自新以三川歸國即授之方面其同謀將較當加列爵有舊在本朝文武官或負罪流落在蜀者苟能率衆歸朝一切不問大軍所行之處不得焚燒廬舍剽掠馬牛所有降人倍加安撫所罪者一人僭偽所救者萬姓瘡痍况蜀主宗枝成都父老較其罪狀良可矜寬只如偽梁挾我皇威窺吾大寶爲四十年之巨寇覆十九葉之丕基昨國家平定中原只誅元惡列藩牧伯咸不替移閭境生靈一無搔擾雖蜀中退僻亦合傳聞各宜審計變通速謀歸向據茲事件得以旌酬勿謂無言竟貽後悔故茲示諭各宜知悉時排陣斬斫使康延孝將勁騎三千步兵萬人爲前鋒招撫使李嚴與延孝同行散人齎檄以喻蜀部

冊府元龜

巡按福建監察御史臣李嗣京　訂正

知長樂縣事臣夏允彝參閱

知建陽縣事臣黄國琦較釋

將帥部七十八

強明　德義　引咎　不顧親

受命忘家

強明

易曰自強不息書曰明作哲蓋強者廓機而有斷明者遭事而不惑况夫折衝邊圉濯清寇戎軍政貴乎

事機尚速故有負英果之畧懷譎發之材㓰知斂情詳辨疑謬俾姦僞之黨畏其聰明貔虎之師伏其雄毅克貞師律用集茂勳者焉

漢項梁舉兵吳中部署豪傑有一人不得官自言梁曰某時喪使公主某事不能辨以故不任公衆乃皆服

吳孫韶字公禮爲廣陵太守遷鎮北將軍在邊數十年自大帝西征還都武昌韶不進見者十餘年大帝還建業乃得朝覲大帝問青徐諸屯要害遠近人馬衆寡魏將帥姓名盡具識之所問咸對身長八尺儀貌都雅大帝歡悅曰吾久不見公禮不圖進益乃爾加領幽州牧假節

顧譚代諸葛恪爲左節度每省簿書未嘗下籌徒屈指心計盡發疑謬下吏以此服之

晉陶侃爲荆州刺史都督七州軍事侃在軍四十一載雄毅有權明悟善决斷自南陵迄於白帝數千里中路不拾遺

後魏賀狄干爲北部大人登國初與長孫嵩爲對明于聽察爲人愛敬

孟表爲南兗州刺史領馬頭太守鎮渦陽齊遣其豫

州刺史裴叔業攻圍城中食盡表勠力固守初有一南人自云姓邊字叔珍攜妻息從壽春投表云慕化歸國未及送闕便值叔業圍城表後察叔珍言色頗疑有異即加推覈乃云是叔業姑兒爲叔業所遣規爲內應所攜妻子並亦假妄表出叔珍於北門外斬之於是人情乃安高祖嘉其誠績封汶陽縣開國伯邑五百戶遷征虜將軍濟州刺史

唐王忠嗣爲河東節度採訪使忠嗣少以勇敢自負及居節制訓練士馬每軍出給士卒軍器必題其姓名於上遺失驗其名以罪之人皆自勸

李晟爲隴右副元帥臨下明察每理軍必曰某有某勞某能某事雖厮養小善必記主名

王鍔爲淮南節度使明習簿領善小數以持下吏或有奸惡鍔必究之嘗聽理有遺匿名書于前者左右取以授鍔鍔內之鞾中先有他書以雜之及吏退鍔探取他書焚之人信其所以匿名者焚也旣歸省所告者異日乃以他事連其所告自因按驗之以諭衆下吏以爲神明

王沛爲海沂密節度使郛實新造人多獷驁沛明法制董師旅軍鎮大理

柳公綽爲邠寧節度使先時神策諸鎮列屯要地未嘗肯受節制每窺間爲患公綽疏上其弊卽詔神策諸鎮在其部者邊上有警盡得聽節度使指揮

梁謝彥章臨敵御衆則肅然有上將之威每敦陣整旅左旋右抽雖風馳雨驟亦無以喻其迅捷也故當時驍騎士咸樂爲用及其遇害衆皆惜之

晉劉處讓授彰德軍節度使處讓勤于公務孜孜求理撫馭吏民不至苛察人甚便之

德義

夫德以施惠義以厲人君子之道也然而膺將兵之任當授鉞之寄甲冑斯擐山立而玉色桴鼓旣急有進而無退必出奇而尚詐亦示威而鬪力乃有器識宏遠性質醇茂動不踰禮言必有信體寬仁之度崇廉讓之風開懷而不疑臨事而必斷用能貞師經武翼主庇民樹厥風聲垂之不朽豈孟子所謂仁義無敵於天下者其是之謂乎

楚大夫司馬子反魯宣公十五年夏五月宋人及楚人平外平不書此何以書據上楚鄭平不書大其平乎巳也巳二大夫何大乎其平乎巳據大夫無遂事莊王圍宋軍有七日之糧爾盡此不勝將去而歸爾于是使司馬子反乘

堙而闚宋城宋華元亦乘堙而出見之堙距堙上下城具司馬子反曰子之國何如華元曰憊矣曰何如問憊意也曰易子而食之析骸而炊之析破人骸骨也司馬子反曰嘻甚矣憊雖然雖如所言吾聞之也圍者占有見圍者柑馬而秣之秣者以粟置馬口中柑者以木御其口不使令食粟示有積畜使肥者應客亦飽足也是何子之情也猶曰何大露情華元曰吾聞之君子見人之厄則矜之矜閔也小人見人之厄則幸之幸僥也吾見子之君子也是以告情于子也司馬子反曰諾諾者受語辭勉之矣勉猶努力使努力堅守之吾軍亦有七日之糧爾盡此不勝將去而歸爾揖而去之反於莊王反報於莊王莊王曰何

如司馬子反曰憊矣曰如何曰易子而食之析骸而炊之莊王曰噫甚矣憊雖然（雖已憊）吾今取此然後而歸爾（意未足也）司馬子反曰不可臣巳告之矣軍有七日之糧爾莊王怒曰吾使子往視之子曷爲告之司馬子反曰以區區之宋（區區小貌）猶有不欺人之臣可以楚而無乎是以告之也莊王曰諾（先以諾受絶子反語）舍而止（更命築舍而止示無去計）雖然（雖宋已知我粮短）吾猶取此然後歸爾（欲徵粮待勝也）司馬子反曰然則君請處于此臣請歸爾莊王曰子去我而歸吾孰與處于此吾亦從子而歸爾引師而去之故君子大其平乎巳也

晉大夫郤獻子將中軍督成公二年春晉伐齊及衛地韓獻子將斬郤獻子馳將救之旣至則斬之矣郤子使速以徇告其僕曰吾以分謗也六月獻子追及齊君逢丑父使公下如華泉取飲鄭周父御左車宛茂爲右載齊侯以免（左軍副車）韓厥獻丑父郤獻子將戮之呼曰自今無有代其君任患者有一人于此將爲戮乎郤子曰人不難以死免其君我戮之不祥赦之以勸事君者乃免之

荀吳帥師伐鮮虞圍鼓（荀吳穆子也鼓白狄之別鉅鹿下曲陽縣有鼓聚）鼓人或請以城叛穆子弗許左右曰師徒不勤而可以獲城何故不爲穆子曰吾聞諸叔向曰好惡不愆民知所適事無不濟（愆過也適歸也）或以吾城叛吾所甚惡也人以城來吾獨何好焉賞所甚惡若所好何（無以復如所好）若其弗賞是失信也何以庇民力能則進否則退量力而行吾不可以郤城而邇姦所喪滋多使鼓人殺叛人而繕守備圍鼓三月鼓人或請降使其民見曰猶有食邑故脩而城軍吏曰獲城而弗取勤民而頓兵何以事君穆子曰吾以事君也獲一邑而教民怠將焉用邑邑以賈怠不如完舊（安猶保守）賈怠無卒（卒盡也）棄舊不祥鼓人能事其君我亦能事吾君率義不爽

（爽差也）好惡不愆城不獲而民知義（所知義所在也荀吳心其能獲故因以示義）有死命而無二心不亦可乎鼓人告食竭力盡而後取之克鼓而反不戮一人以鼓子鳶鞮歸（鳶鞮鼓君名也）

趙襄子率師伐中牟圍未合而城自壞者十堵襄子擊金而退士軍吏曰君誅中牟之罪而城自壞者是天助也君曷爲去之襄子曰吾聞之於叔向曰君子乘人於利不迫人於險使之城成而後攻中牟聞其義乃請降

後漢馮異爲偏將軍每勑力士非交戰受敵常行諸

營之後相逢引車避由是無爭道變鬬
馬騰為前將軍北備胡寇東備白騎待士進賢矜救
民命三輔甚安愛之
蜀諸葛亮為丞相出師祁山隴西南安二郡應時降
圍天水拔冀城虜姜維驅略士女數千人還蜀人皆
賀亮顔色愀然有慼容謝曰普天之下莫非漢民國
家威力未舉使百姓困于豺狼之吻一夫有死皆亮
之罪以此相賀能不為愧
趙雲為偏將軍領桂陽太守代趙範範寡嫂曰樊氏
有國色範欲以配雲雲辭曰相與同姓卿兄猶我兄

固辭不許時有人勸雲納之雲曰範迫降耳心未可
測天下女不少遂不取範果逃走雲無纖介
吳陸抗為立節中郎將與諸葛恪換屯柴桑抗臨去
皆更繕完城圍葺其墻屋居廬桑果不得妄敗恪入
屯儼然若新而恪柴桑故屯頗有毁壞深以為慚抗
後為大將軍領益州牧都督信陵西陵夷道樂鄉公
安諸軍事與晉羊祜推僑札之好抗嘗遺祜酒祜飲
之不疑抗有疾祜饋之藥抗亦推心服之于時以為
華元子反復見于今一日羊祜既歸增修德信以懷吳人抗每告其邊戍日彼專為德我專為暴是不戰而自服也各保分界無求細益而已于是吳晉之間餘糧棲畝而不犯牛馬逸而入境可宣告而取也沔上獵吳獲晉人先傷者皆送而相還抗嘗疾求藥于祜祜以成合與之曰此上藥也近始自作未及服以君疾急故相致抗得而服之諸將或諫抗不答孫皓聞二境交和以詰於抗抗曰夫一邑一鄉不可以無信義之人而況大國乎臣不如是正足以彰其德耳於祜無傷也或以祜抗為失臣節兩譏之
程普為裨將軍先主諸將普最年長時人皆呼程公
性好施與喜士大夫
孫皓為征虜將軍督夏口兵候常獲魏邊將吏美女
以進皓皓更其衣服送還之下令曰今欲所誅者曹
氏其百姓何罪自今以往不得擊其老弱
呂蒙為偏將軍與成當宋定徐顧屯次比近三將死

子弟幼弱大帝悉以兵并蒙固辭陳啓顧等皆勤勞
國事子弟雖小不可廢也書三上帝乃聽蒙於是又
為擇師使輔導之其操心率直如此
吳綦字孔休為參軍校尉黃武元年與呂範賀齊等
俱以舟師拒魏將曹休於洞口值天大風諸船綆紲
斷絶漂没渚岸為魏軍所獲或覆没沉溺其大船尚
存者水中生人皆攀緣號呼他吏士恐船傾没皆以
戈矛撞擊不受綦與黃淵獨令船人以承取之左右
以為船重必敗綦曰船敗當俱死耳人窮奈何棄之
綦淵所活者百餘人

凌統爲偏將軍時有薦同郡盛暹於大帝者以爲梗槩大節有過於統帝曰且令如統足矣後召暹夜至時統已臥聞之攝衣出門執其手以入其愛善不害如此雖在軍旅親賢接士輕財重義有國士之風

晉羊祜爲衛將軍時武帝將有滅吳之志以祜爲都督荆州諸軍事假節散騎常侍衛將軍如故祜率營兵出鎮南夏開設庠序綏懷遠近甚得江漢之心與吳人開布大信降者欲去皆聽之祜以孟獻營武牢而鄭人懼晏嬰城東陽而萊子服乃進據險要開建五城收膏腴之地奪吳人資石城以西盡爲晉有吳

自是前後降者不絕乃增脩德信以懷柔初附慨然有吞吳之心每與吳人交兵尅日方戰不爲掩襲之計將帥有欲進譎詐之策者輙飲以醇酒使不得言人有掠吳二兒爲俘者祜遣送還其家後吳將夏詳邵顗等來降二兒之父亦率其屬與俱吳將陳尚潘景來寇祜追斬之美其死節而厚加殯斂景尚子弟迎喪祜以禮遣還吳將鄧香掠夏口祜募生縛香既至宥之香感其恩率部曲而降祜出軍行吳郡刈穀爲糧皆計所侵送絹償之每會衆江沔遊獵常止晉地若禽獸先爲吳人所傷而爲晉兵所得者皆封還之于是吳人翕然悅服稱爲羊公不之名也祜與陸抗相對使命交通抗稱祜之德量雖樂毅諸葛孔明不能過也

杜預爲鎮南大將軍身不跨馬射不穿札而每在大事輙居將率之列結交接物恭而有禮問無所隱誨人不倦敏于事而愼于言

劉弘爲鎮南大將軍荆州刺史時天下大亂弘專督江漢河間王顒使張光爲順陽太守衛展說弘曰彭城王前東奔有不善之言張光太宰腹心宜斬光以明向背弘曰宰輔得失豈張光之罪危人自安君子

弗爲也展深恨之

陶侃爲都督荆江雍梁交廣益寧八州諸軍事荆州刺史季年懷止足之分不與朝權未亡一年欲遜位歸國佐吏等苦留之及疾篤將歸長沙軍資器仗牛馬舟船皆有定簿封印倉庫自加管鑰以付王愆期然後登舟朝野以爲美談將出府門顧謂愆期曰老子婆娑正坐諸君輩

宋蒯恩行參軍龍驤將軍時高祖北伐留恩侍衛世子命朝士與之交恩益自謙損與人語常呼位官而自稱爲鄙人撫待士卒甚有紀綱衆咸親附之

劉懷愼爲中領軍征虜將軍雖名位轉優而恭恪愈至每所之造位任不踰已者皆束帶門外下車其謹退類如此

黃回爲龍驤將軍後廢帝元徽初桂陽王休範爲逆回以屯騎校尉領軍隷蕭道成於新亭創詐降之計回見休範可乘謂王敬兒曰卿可取之我誓不殺諸王敬兒即日斬休範事平轉回驍騎將軍加輔師將軍進爵爲侯

梁鄧元起爲左將軍益州刺史時劉季連拒守元起剋之城内財寶無所私勤䘏民事口不論財色性本

能飲酒至一斛不亂及是絶之蜀士翕然稱之

韋叡爲輔國將軍所至頓舍修立館宇籓籬墻壁皆應準繩

陳魯悉達爲安左將軍江州刺史悉達雖仗氣任俠不以富貴驕人

後魏慕容白曜爲南征大將軍攻宋無鹽等戍一旬之内頻拔四城威震齊土斗城不降白曜忿之縱兵凌城殺數百人宋將房崇吉夜遁白曜撫慰其民無所殺戮百姓懷之獲崇吉母妻待之以禮白曜雖在軍旅而接待人物寬和有禮所獲崇吉母妻申纂婦女皆別營安置不令士卒喧雜

張讜爲平遠將軍東徐州刺史讜性通開篤於撫恤青齊之士雖疏族末姻咸相敬視李敷李訢等寵要勢家亦推懷陳款無所顧避畢衆敬等皆敬重之高允之徒亦相器待

陳忻爲驃騎大將軍與韓雄里門姻婭少相親昵俱總兵境上三十餘載每有禦捍二人相赴嘗若影響故得數對勍敵而嘗保功名雖竝有武力至于攙強射中忻不如雄散財施惠得士衆心則雄不如忻

王羆爲驃騎大將軍鎮華州時關中大饑徵稅民間

穀食以供軍費或隱匿者令遞相告多被搒捶以是人有逃散唯羆信著於人莫有隱者得粟不少諸州而無怨讟

唐李靖爲行軍總管既赴江陵降蕭銑時諸軍咸云銑之將帥與官軍拒戰罪狀既重請籍沒其家以賞將士靖曰王者之師義存弔伐百姓既受驅迫拒戰豈有所願且犬吠非其主無容同叛逆之科此蒯通所以免大戮於漢祖也今新定荆郢宜弘寛大以慰遠近之心降而籍之恐非救焚拯溺之義但恐自此以南城鎮各堅守不下非計之善於是遂止江漢之

城聞之莫不爭下

契苾何力太宗征遼時爲前軍總管次白崖城爲賊所圍被䂍中腰瘡重疾甚太宗自爲傅藥及拔賊城勑求傷之者高突勃付何力令自殺之何力奏言犬馬猶爲其主況於人乎彼爲其主致命冒白刃而刺臣者是義勇也本不相識豈是仇讐遂捨之

劉昌爲涇原節度使初至平凉刦盟之所收亡歿將士骸骨令聚而埋瘞之因感夢於昌有媿謝之意

梁劉鄩唐末刺淄州署行軍司馬及韓全誨矯詔徵天下兵鄩以偏師陷兖州一夕而定軍城晏然市民

無擾太祖命大將葛從周攻之時從周爲節度使領兵在外州城爲鄩所據家屬悉在城中鄩善撫其家移就外第供給有禮升堂拜從周之母及從周攻城鄩以板輿請母登城母告從周曰劉將軍待我甚至不異于兒新婦已下並不失所劉將軍與爾各爲其主爾其察之從周歔欷而退

晉張希崇自小校正授節旄官至開府儀同三司檢校太尉素樸厚尤嗜書莅事餘手不釋卷不好酒樂不畜姬僕祁寒盛暑必儼其衣冠厮養之輩未嘗聞褻慢之言

引咎

虎兕出匣守者之過師律或否咎將誰執其有處萬夫之長當閫外之寄失先人之志貽脫輻之凶或督攝過嚴頗致攜畔或號令不振動爲糾紛或固守而靡終或屢動而無狀謀慮非遠悔吝斯至而能露章自劾素服請吏乞還旄節願上印綬不尤人而求免惟責己以負媿復有庭辯主帥之直獨當偏伍之罪不以讒口而怨上不以私慽而害公靡蔓芥於厥心但感歎而內訟至或夙負英畧克集元勳猶恨夫昧過之未能致國之有難非忠義惻怛同體盡節之士疇能議論至此哉

晉大夫荀林父魯宣公十二年夏六月乙卯林父帥師及楚子戰于邲晉師敗績師歸桓子請死（桓子林父謚）晉侯使復其位

秦蒙恬始皇時爲內史始皇使恬將三十萬衆北伐戎狄收河南築長城因地形用制險塞起臨洮（屬隴西）至遼東延袤萬餘里及二世立遣使者令恬曰君之過多矣而卿弟毅有大罪法及內史恬曰自吾先人及至子孫積功信於秦三世矣今臣將兵三十餘萬身雖囚繫其勢足以倍叛能自知必死而守義者不

敢辱先人之教以不忘先王也凡臣之言非以求免于咎也將以諫而死願陛下爲萬民思從道也使者日臣受詔行法于將軍不敢以將軍言聞上也恬喟然大息曰我何罪於天無過而死乎良久徐曰恬罪固當死矣起臨洮屬之遼東城壍萬餘里此其中不能無絕地脉哉此乃恬之罪也

後漢鄧禹光武時爲大司徒與車騎將軍鄧宏擊赤眉遂爲所敗衆皆死散禹獨與二十四騎還詣宜陽謝上大司徒梁侯印綬

魏朱靈字文博太祖旣平冀州遣靈將新兵五千人

騎千匹守許南太祖戒之曰冀州新兵數承寬緩暫見齊整意尚怏怏卿名先有威嚴善以道寬之不然卽有變靈至陽翟中郎將程昂等果反卽斬昂以狀聞太祖手書曰兵中所以爲危險者外對敵國內有奸謀不測之變昔鄧禹中分光武軍西行而有宗歆馮愔之難後將二十四騎還雒陽禹豈以是減損哉來書懇惻多引咎過未必如所云也

鍾繇爲侍中守司隸校尉持節督關中諸軍時詔徵爲東河太守王邑邑以天下未定心不願徵而吏民亦戀邑郡掾衞固及中郎將范先等各詣繇求乞邑而詔已下拜杜畿爲太守畿已入界繇不聽先等促邑交符邑佩印綬徑從河北詣許自歸繇時治在雒陽自以威禁失督司之法乃上書自劾曰臣前上言故鎮北將軍領河東太守安陽亭侯王邑巧辟治官犯突科條事當推劾檢實奸詐被詔書當如所糾以其歸罪故加寬赦又臣上言吏民大小各懷顧望謂邑當還拒太守杜畿今皆反悔共迎畿之官謹按文書臣以空虛被蒙拔擢入充近侍兼典機衡忝膺重任總統偏方旣無德以惠民物又無威刑以檢不恪至使邑違犯詔書郡掾衞固誑迫吏民訴訟之言交

驛道路漸失其禮不虔王命今雖反悔醜聲流聞咎皆由繇威刑不攝今臣疾病前後歷年氣力日微尸素重祿曠廢職任罪明法正謹按侍中守司隸校尉東武亭侯鍾繇幸得蒙恩以斗筲之才仍見拔擢顯從近密銜命督使明知詔書深疾長吏政教寬弱檢下無刑久病淹滯衆職荒頓法令失張邑雖違科當必繩正法旣舉文書操彈失理至乃使邑遠詣闕庭隳忝使命挫傷爪牙而固誑迫吏民拒畿連月今雖反悔犯順失正海內兇赫罪一由繇威刑闇弱又繇久病不任所職非繇大臣所當宜爲繇輕慢憲度不

畏詔令不與國同心爲臣不忠無所畏忌大爲不敬
又不承用詔書奉詔不謹又聰明蔽塞爲下所欺弱
不勝任數罪謹以劾臣請法車徵詣廷尉治絲罪大
鴻臚削爵土臣乂嬰篤疾涉夏盛劇命縣呼吸不任
部官輙以文書付功曹從事馬適議免冠徒跣伏須
罪誅詔不聽

蜀諸葛亮後主時爲丞相率軍出祁山使參軍馬謖
督諸軍在前與魏將張郃戰於街亭謖違亮節度大
爲郃所破亮戮謖以謝衆上疏曰臣以弱才叨竊非
據親秉旄越以厲三軍不能訓章明法臨事而懼至

有街亭違命之闕箕谷不戒之失咎皆在臣授任無
方臣明不知人恤事多闇春秋責帥臣職是當請自
貶三等以督厥咎於是以亮爲右將軍行丞相事所
總統如前是時或勸亮更發兵者亮曰大軍在祁山
箕谷皆多於賊而不能破賊爲賊所破者則此病不
在兵少也在一人耳今欲减兵省將明罰思過挍變
通之道于將來若不能然者雖兵多何益自今已後
請有忠慮于國但勤攻吾之闕則事可定賊可死而
功可蹻足而待矣于是考微勞甄烈壯引咎責躬布
所失于天下厲兵講武以爲後圖戎士練簡民忘其
敗矣

晉虞潭成帝時爲吳興太守蘇峻叛加潭督三吳晉
陵宣城義興五部軍事會王師敗績大駕逼遷潭勢
弱不能獨振乃固守以俟四方之舉會陶侃等下潭
與郄鑒王舒協同義舉侃等假潭節監揚州浙江西
軍事潭率衆與諸軍并勢東西掎角遣督護流伊距
管商于吳縣爲商所敗潭自貶還節尋而峻平

王章爲將軍當蘇峻之役庾亮輕進失利司馬殷融
詣陶侃謝曰將軍爲此非融等所裁章至曰章自爲
之將軍不知也侃曰昔殷融爲君子王章爲小人今

王章爲君子殷融爲小人

庾亮爲中書令蘇峻叛詔假亮節都督征討諸軍事
戰敗乘小船西奔陶侃至尋陽既有憾于亮議者咸
謂侃欲誅執政以謝天下亮甚懼及見侃引咎自責
風止可觀侃不覺釋然峻平成帝幸溫嶠舟亮得進
稽顙鯁噎詔群臣與亮俱外御坐亮明日又泥首謝
罪乞骸骨欲闔門投竄山海帝遣尚書侍中手詔慰
喻曰此社稷之難非舅之責也後爲都督江荆豫益
梁雍六州諸軍事亮以石勒新死有平中原之志乃
上疏請行而便欲遷鎮會寇陷邾城毛寶赴水而死

亮陳謝自貶三等行安西將軍有詔復位

褚裒康帝時爲征討大都督遣徐龕伐沛龕爲石遵將李菟所敗死傷大半裒以春秋責帥授任失所威略虧損上疏自貶以征北將軍行事求留鎮廣陵詔以偏師之責不應引咎逋寇未殄方鎮任重不宜貶降使還鎮京口解征討都督

桓沖孝武時爲車騎將軍鎮江陵時符堅遣其將符融寇樊鄧石越寇魯陽姚萇寇南將韋鍾寇魏興所在陷沒沖遣江夏相劉奭南中郎將朱序擊之而奭畏懦不進序又爲賊所擒沖深自咎責上疏送章節請解職不許

桓豁爲征西大將軍及符堅陷仇池豁以新行魏興太守督護梁州五郡軍事戍梁州堅陷涪城梁州刺史楊亮益州刺史周仲孫並委戍奔潰豁以威略不振所在覆敗上疏陳謝固辭不拜開府

謝玄爲都督徐兗青司冀幽并七州軍事玄破符堅後威振河北所至皆降玄欲令豫州刺史朱序鎮梁國玄住彭城北固河上西援洛陽內藩朝廷朝議以征役既久宜置戍而還使玄還鎮淮陰序鎮壽陽會翟遼據黎陽叛執滕恬之又太守張願舉郡叛河北騷動玄自以處分失所上疏送節盡求解所職詔慰勞令且還鎮淮陰以朱序代鎮彭城玄既還遇疾上疏解職詔書不許玄又自陳既不堪攝職慮有曠廢詔又使移鎮東陽軍

宋張永前廢帝時爲都督會稽東陽臨海永嘉新安五郡諸軍事永以北討失律固求自貶降號左將軍

南齊王洪範爲青冀二州刺史啓求侵魏得黃郭鹽倉等數戍後遇敗覆死傷塗地深自咎責乃於謝祿山南除地廣設茵席殺三牲招戰亡者魂祭之人人呼名躬自沃酹仍慟哭不自勝因發病而亡

梁王茂從高祖義師平建康爲領軍將軍群盜之燒神獸門也茂率所領到東掖門應赴爲盜所射茂躍馬而進群盜反走茂以不能式遏奸盜自表解職優詔不許

王國珍爲征虜將軍南秦梁二州刺史會梁州長史夏侯道遷以江州降魏國珍步道出魏興將襲之不果遂留鎮焉以無功累表請解高祖弗許改封宜陽縣侯

後魏江陽王繼爲平北將軍鎮攝舊都高車酋帥樹者擁部民叛詔繼都督北討諸軍事自懷朔已東悉

禀繼節度孝文車駕北巡至鄴而高車悉叛常朔濡定繼以高車擾叛頻表請罪孝文優詔諭之

穆羆為征東將軍時西河胡叛羆欲討之而離石都將郭雒頭拒違不從羆遂上表自劾以威不攝下請就刑戮孝文乃免雒頭官

劉昶為都督吳越楚彭城諸軍事義陽拒守不尅昶乃班師太和九年孝文在彭城昶至入見昶曰臣奉勑專征尅殄凶醜徒勞士馬久淹歲時有損威靈伏聽斧鉞孝文曰朕之此行本無攻守之意正欲伐罪弔民宣威布德二事既暢不失其本朕亦無尅而還

豈但卿也

夏侯道遷初為齊輔國將軍歸國拜驍騎將軍隨王肅至壽春棄戍南叛入梁為征虜將軍莊丘黑長史及黑死陰圖歸順自南鄭來朝京師引見于太極東堂免冠徒跣謝曰臣往日歸城誓盡心力超蒙獎擢灰殞匪報但比在壽春遭韋纘之酷申控無所致此倡狂是以之來希酧昔遇勲微恩重有靦心顏宣武曰卿建為山之功一簣之玷何足謝也

辛纂為荆州軍司馬道行臺孝莊永安二年元顥乗勝卒至城下爾朱世隆很狽退還城內空虛遂為顥擒及莊帝還宮纂謝不守之罪帝曰于時朕亦北巡東中不守豈卿之過

後周于謹初仕後魏為積射將軍隨廣陽王元深征鮮于修禮停軍中山侍中元晏言于靈太后曰廣陽王以宗室之重受律專征今乃盤桓不進坐圖非望又有于謹者智畧過人為其謀主風塵之際恐非陛下純臣矣靈太后詔于尚書省門外立榜募能獲謹者許重賞謹聞之乃謂廣陽王曰今女主臨朝取信讒佞脫不明白殿下素心便恐禍至謹請束身詣闕歸罪有司披露心腹深遂許之謹遂到牓下曰吾知

此人衆共詰之謹曰我即是也有司以聞靈后引見之大怒謹備述廣陽忠款兼陳停軍之狀靈后意解捨之

唐李靖為定襄道行軍總管擒頡利可汗來獻御史大夫溫彥博害其功譖靖軍無紀綱致令虜中奇寶散於亂兵之手太宗大加責讓靖頓首謝久之

李勉德宗時為河南汴宋滑亳河南等道都統鎮汴州李希烈叛悉為寇勉城守累月救援莫至遂潛師潰圍南奔宋州詔以司徒平章事徵之既至朝廷授服請罪優詔復其位勉引過備位而已

李晟爲京畿副元帥平朱泚德宗自興元還宮晟以戎服謁見於三橋帝駐馬勞之晟再拜稽首初賀元惡殄滅宗廟再清宮闈咸肅復跪而言曰臣忝備爪牙之任不能早誅妖逆致鑾輅再遷及師于城隅累月方殄賊寇皆臣庸懦不任職之責敢請死罪伏于路左帝爲之掩涕命給事中齊映宣旨令左右起晟于馬前

渾瑊鎮河中詔授平凉盟會使至盟所吐蕃背盟瑊僞得他馬跨而奔馳副使崔漢衡已下竝爲所執瑊入朝素服待罪詔釋之而後見

梁劉鄩末帝初爲開封尹遂領南軍節度使旋屬晉人攻河朔鄩自華縣引軍襲魏州與晉王戰于故元城王師敗績鄩脫身南奔自黎陽濟河至魏州鄩授滑州節度使詔屯黎陽貞明三年二月晉王悉衆來攻黎陽鄩拒之而退及鄩歸闕再授開封尹領南鎮軍節度使其年河朔失守朝廷歸咎于鄩鄩亦不自安上表避位九月落平章事授亳州團練使

不顧親

威以克愛良將所以有功義以滅親忠臣所以徇節葢夫授鉞而出固敵是求師律尚嚴軍事貴斷故有忘家徇國以義掩恩九族陷于寇讎攻之而弗顧六親干於約束殺之而無赦三軍感義而心奮萬夫畏威而股栗故能排禍難於社稷戮鯨鯢於邊圉宜乎錫以茅土紀之旂常者矣

魏將樂羊攻中山其子在中山中山君烹其子而遺之羊啜之盡一杯

魯將吳起齊人伐魯魯欲將起起取齊女爲妻而魯疑之起遂殺其妻以明不與齊魯乃以爲將而大破齊

後漢李忠字仲都更始立拜爲信都都尉與太守任

光同奉光武以爲右大將軍從至苦陘（苦陘縣名屬中山）王郎遣將攻信都大姓馬寵等開城納之收太守宗廣及忠母妻而令親屬招呼忠先是寵弟從忠爲校尉忠即時召見責數以背恩反城因格殺之諸將皆驚曰家屬在人手中殺其弟何猛忠曰若縱賊不誅則二也光武聞而美之謂忠曰今吾兵已成矣將軍可歸救老母妻子宜自募吏民能得家屬者賜錢千萬來從我取忠曰蒙明公大恩思得報效誠不敢内顧宗親會更始遣將攻破信都忠家屬得全

邳彤爲後大將軍從光武於河北時王郎所置信都

王捕繫彤父弟及妻子使爲手書呼彤曰降者封爵不降者族滅彤涕泣報曰事君者不得顧家彤親屬所以至今得于信都者劉公之恩也公方爭國事彤不得復念私也會更始所遣將攻拔信都郎兵敗走彤家屬得免

趙苞字威豪爲遼西太守遣使迎母及妻子垂當到郡道經柳城值鮮卑萬餘人入塞寇鈔苞母妻子遂爲所刼質載以擊郡苞率騎二萬與賊對陣賊出母示苞苞悲號謂母曰爲子無狀欲以微祿奉養朝夕不圖爲母作禍昔爲母子今爲王臣義不得顧私恩

毀忠節惟當萬死無以塞罪母遙謂曰威豪人各有命何得相顧以虧忠義昔王陵母對漢使伏劍以固其志爾其勉之苞卽進戰賊摧敗其母妻皆爲所害苞殯斂母畢自上歸葬靈帝遣策弔慰封鄃侯苞葬訖謂鄉人曰食祿而避難非忠也殺母以全義非孝也如是有何面目立天下遂歐血而死

朱靈爲袁紹將清河季雍以鄃叛紹而降公孫瓚瓚遣兵衞之紹遣靈攻之靈家在城中瓚將靈母弟置城上誘呼靈靈望城涕泣曰丈夫一出身與人豈復顧家遂力戰拔之生擒雍而靈家皆死

魏陳登淳夫爲廣陵太守時太守討呂布軍到下邳登率郡兵爲軍先驅時登諸弟在下邳城中布乃質執登三弟欲求和同登執意不撓進圍日急布刺奸張弘懼于後累夜將登三弟就登布既伏誅登以功加拜伏波將軍

鍾繇爲司隸校尉時袁譚遣郭援略取河東太祖使繇率諸將討之龐德爲軍鋒德手斬一級不知是援戰罷之後衆人皆言援死而不得其首援繇之甥也德晚後於鞬中出一頭繇見之而哭德謝繇繇曰援雖我甥乃國賊也卿何謝之

晉郭默河內人事太守裴整爲督將永嘉之亂默率遺衆自爲塢主撫循將士甚得歡心默婦兄同郡陸嘉取官米數石餉妹默以爲違制將殺嘉嘉懼奔石勒默乃自射殺婦以明無私

宋劉粹爲征虜將軍初與謝晦厚善晦以粹子曠之爲參軍晦叛粹受命南討一無所顧太祖以此嘉之晦遣送還粹亦不害也

蔡那爲建安王休仁司徒中兵參軍明帝卽位四方叛亂那受任南討那子弟皆在襄陽爲劉胡所執胡每戰輒懸之城外那進戰愈猛

梁羊侃爲督官尚書侯景叛逼城侃長子鷟爲景所獲執來城下示侃侃曰我傾宗報主猶恨不足豈復計此一子幸汝早能殺之數日復持來侃謂鷟曰久以汝爲死猶復在邪吾以身許國誓死行之終不以爾而生進退因引弓射之賊感其忠義亦弗之害也

隋崔弘度仕周爲上大將軍尉遲迥作亂以弘度爲行軍總管從韋孝寬討之弘度妹先適迥子爲妻及破鄴城迥窘迫昇樓弘度直上龍尾追之迥彎弓將射弘度弘度脫兜鍪謂迥曰相識不今日各圖國事不得顧私以親戚之情謹遏亂兵不許侵辱事勢如

冊府元龜　將帥部　不顧親　卷之四百一十七　二十七

此早爲身計何所待也迥擲弓於地罵大丞相極口而自殺弘度顧其弟弘昇曰汝可取迥頭弘昇遂斬之

堯君素煬帝大業末爲河東通守唐公義兵攻之不尅仍賜金小幼待以不死君素卒無降心其妻又至城下謂之曰隋室已亡天命有屬君何自苦身取禍敗君素曰天下事非婦人所知引弓射之應弦而倒

唐屈突通隋末爲左驍騎大將軍煬帝幸江都令通鎮長安義師起大王遣通屯河東高祖遣其家僮召之通遽命斬之後聞京師平家屬盡沒率兵東下將如雒陽劉文靜遣竇琮段志玄等追之琮縱通子壽令往諭之通大呼曰昔與汝爲父子今與汝爲仇讐命左右射之衆知京師陷皆釋仗通乃降後爲兵部尚書判東道行營僕射從太宗下王世充時通有二子竝在雒陽高祖謂通曰東征之事今以相屬其如兩子何通對曰臣以朽老誠不足以當重任但自惟疇昔執就軍門至尊釋其纍囚加之恩禮旣不能死實荷再生當自此之時心口相視暗以身命奉許國家久矣今此行也臣願先驅兩兒若死自是其命終不以私害義高祖歎息曰徇義之夫一至於此

冊府元龜　將帥部　不顧親　卷之四百一十七　二十八

僕固懷恩爲金微都督肅宗即位于靈武懷恩從郭子儀赴行在時同羅部落自西京叛賊北寇朔方子儀與懷恩擊之懷恩子玢領徒擊賊兵敗而降尋又自拔而歸懷恩叱而斬之將士慴駭無不一當百遂破同羅千餘騎于河上

李晟爲神策軍使討朱泚屯兵渭橋神策軍家族多陷于泚晟家亦百口在城中左右或有言及家者晟泣下曰乘輿何在而敢恤家乎泚又使晟小吏王無忌之壻詣晟軍且曰公家無恙城中有書問晟曰爾敢與賊爲間遽命斬之

梁王彥章太祖開平中爲先鋒馬軍使澶州刺史晉人攻陷澶州彥章舉家陷沒晉王遷其家於晉陽待之甚厚遣細人間行誘之彥章卽斬其使以絕之後數年其家被害

周劉仁贍仕江南爲壽州節度使法令嚴肅世宗顯德中征淮南重圍之中其子崇讓犯軍禁卽令斬之故能以一成之衆連年拒守

受命忘家

傳曰將受命之日則忘其家臨軍約束則忘其親捨軍旅之事安危攸司將帥之任社稷是毗固當以孝

而資忠以義而割愛受詔引道初無辨嚴憂國忘身靡顧私室聳英烈之風槩爲忠毅之模楷空乎錫以土宇紀之旂常者哉

漢霍去病武帝時爲驃騎將軍帝爲治第令視之對日匈奴不滅無以家爲也由此益重愛之

後漢吳漢爲大司馬每出師朝受詔夕卽引道初無辨嚴之日

南齊呂僧珍爲太祖領軍主簿秋賊唐㝢寇東陽太祖率衆東討使僧珍知行軍衆局事僧珍宅在建陽門東自受命當行每日由建陽門道不過私室太祖益以此知之

梁胡僧祐事元帝爲鎭西錄事參軍因諫忤旨下獄大寶二年侯景寇荆峽圍王僧辯于巴陵帝乃引僧祐於獄拜爲假節武猛將軍封新市縣侯令赴援僧祐軍發謂其子曰汝可開朱白二門吾不捷則死吉則由朱凶則由白也帝聞而壯之

北齊庫狄干爲太傅及高仲斌以武城叛神武討之以干爲大都督前驅干上道不過家見侯景不遑食景使騎追饋之

後周李弼初仕後魏爲柱國大將軍弼每率兵征討

朝受命夕便引路略不問私事亦未嘗宿於家其憂國忘身類如此

唐李光弼爲大原尹肅宗至德二年史思明蔡希德高秀巖牛庭玠四僞帥衆十餘萬來寇大原圍城三月光弼自賊圍城城中遷一小幕止宿有急卽往救之行至府門未嘗回頭不復省視妻子賊退後收拾器械處置公事經三日然後歸家

高崇文憲宗元和初以長武城使統神策兵討劉闢崇文在長武練卒五千常若寇至及是中使至長武卯時宣命而辰出師

冊府元龜

廵按福建監察御史臣李嗣京 訂正
知閩縣事臣曹𦍒臣叅閱
知建陽縣事臣黄國琦較釋

將帥部 七十九

嚴整

古之論將者旣兼有智信仁勇而後加之以嚴其故何哉蓋夫推轂受命成師以出非威克則失政非衆整則裒列故善用兵者未嘗不以嚴整而制勝焉乃有正身以表率齊衆以進退出令必信行罰必當紀

律素足恩威靡瀆戰或不利而軍無亂行居嘗戒嚴而出必致捷以至長驅敵境路不拾遺克平城壘而靡攺肆蓋武之有七德其戢兵禁暴之爲急矣

陳成子齊大夫也帥師救鄭及留舒違穀七里穀人不知 言其整也留舒齊地違去也

漢周亞夫爲河內太守文帝六年匈奴大入邊以宗正劉禮爲將軍軍霸上祝兹侯徐厲爲將軍軍棘門又以亞夫爲將軍軍細柳以備胡帝自勞至霸上及棘門軍直馳入將以下騎出入送迎已而之細柳軍軍士吏被甲鋭兵刃彀弓弩持滿 彀張也 天子先驅至不得入 先驅導駕者也 先驅曰天子且至軍門都尉曰軍中聞將軍之令不聞天子之詔有頃上至又不得入於是帝使使持節詔將軍曰吾欲勞軍亞夫乃傳言開壁門壁門士請車騎曰將軍約軍中不得馳驅于是天子乃按轡徐行至中營將軍亞夫揖曰介胄之士不拜請以軍禮見 禮介者不拜 天子爲動改容式車 古者立乘凡言式車者謂俛身視式以禮敬人式車前横木者也 使人稱謝皇帝敬勞將軍成禮而去旣出軍門群臣皆驚帝曰嗟乎此眞將軍矣鄉者霸上棘門如兒戲耳其將固可襲而虜也至于亞夫可得而犯耶稱善者久之月餘三軍皆罷

廼拜亞夫爲中尉

程不識爲長樂衛尉武帝時以邊太守將屯正部曲行伍營陳擊刁斗吏治軍簿虜不得犯

後漢鄧禹爲大司徒征關中是時三輔連覆敗赤眉所過殘賊百姓不知所歸聞禹乘勝獨尅而師行有紀 綱紀也言有條貫而不下失 皆望風相携負以迎軍降者以千數

銚期重於信義自爲將有所降下未嘗虜掠

陳俊爲琅邪太守行大將軍事得專征青徐俊撫貧弱表有義撿制軍吏不得與郡縣相干百姓歌之

岑彭爲征南大將軍與蓋延耿弇圍隗囂於西城彭壅谷水灌西城城未沒丈餘囂將巡行周宗將蜀兵救到囂得出還冀漢軍食盡燒輜重引兵下隴延弇亦相隨而退囂出兵尾首諸營彭殿爲後拒尾謂尋其後而不知先軍在前曰啓在後曰殿東觀記曰彭東入弘農界百姓持酒肉迎軍曰蒙將軍爲後拒全子弟得生還也故諸將能全師東歸又與諸將伐公孫述彭首破荆門長驅武陽持軍整齊秋毫無犯

朱祐爲建義大將軍將兵率衆多受降以克定城邑爲本不存首級之功禁制士卒不得虜掠百姓軍人樂放縱多以此怨之

馮異爲掾史光武使異別收河間兵還拜偏將軍從破王郎封應侯異爲人謙退不伐行與諸將相逢輙引車避道進止皆有表識軍中號爲整齊

高順爲呂布督將清白有威嚴少言辭將衆整齊每戰必尅

魏于禁爲平虜校尉從至宛降張繡繡與角復叛太祖與戰不利軍敗還舞陰是時軍亂各間行求太祖禁獨勒所將數百人且戰且引雖有死傷不相離虜追稍緩禁徐整行隊鳴鼓而還未至太祖所道見十餘人被創裸走禁問其故曰爲青州兵所刼初黃巾降號青州兵太祖寬之故敢因緣爲略禁怒令其衆曰青州兵同屬曹公而還爲賊乎乃討之數之以罪青州兵遽走詣太祖自訴禁既至先立營壘未謁太祖或謂禁青州兵已訴公是宜促詣公辨之禁曰今賊在後追至無時不先爲備何以待敵且公聰明譖訴何緣徐鑿塹安營訖乃入謁且陳其狀太祖悅謂禁曰淯水之難吾其急也將軍在亂能整討暴堅壘有不可動之節雖名將將何以加之時于禁與張遼樂進張郃徐晃俱爲名將太祖每征伐咸遞行爲軍鋒還爲後拒而禁持軍嚴整

徐晃爲平寇將軍既破關羽時諸將皆集太祖按行諸營士卒咸離陣觀而晃軍營整齊將士駐陣不動太祖歎曰徐將軍可謂有周亞夫之風矣

曹仁爲征南將軍仁少不修行撿及長爲將嚴整奉法令常置科於左右案

裴潛爲兗州刺史太祖次摩陂歎其軍陣齊整特加賞賜

蜀諸葛亮悉大衆據武功五丈原分兵屯田爲久駐之基耕者雜於渭濱居民之間而百姓安堵軍無私焉

趙雲爲偏將軍從先主鎮荆州先主入益州雲領留營司馬此時孫夫人以權妹驕豪多將吳吏兵從橫不發先主以雲嚴重必能整齊特任掌內事權聞先主西征大遣舟船迎妹而夫人內欲將後主還吳雲與張飛勒兵截江乃得後主還雲後與鄧芝馬謖將兵拒魏軍謖敗於街亭雲芝之敗於箕谷諸葛亮曰街亭軍退兵將不復相錄箕谷軍退兵將初不相失何故芝答曰雲身自斷後軍資什物略無所棄兵將無緣相失

王平爲裨將軍屬馬謖先鋒謖大敗於街亭衆盡星

散惟平所領千人鳴鼓自持魏將張郃疑其伏兵不往逼也於是平徐徐收合諸營遺卒率將士而還丞相亮既誅馬謖及將軍黃襲等兵平特見崇顯

吳魯肅爲人方嚴治軍整頓禁令必行肅遺腹子淑永安中爲武昌督假節還夏口督所在嚴整有方幹

賀齊爲將黃武初魏使曹休來伐齊以道遠後至因住新市爲拒會洞口諸軍遭風流溺所亡中分將士失色賴齊未濟偏軍獨全諸將倚以爲勢齊性奢綺尤好軍事兵甲器械極爲精好所乘船彫刻丹鏤青蓋絳襜干櫓戈矛葩爪文畫弓弩矢箭咸取上材蒙衝鬭止之屬望之若山休等憚之遂引軍還遷後將軍假節爲徐州牧

步騭爲驃騎將軍領冀州牧都督西陵十二年鄰敵敬其威信惟寬弘得衆喜怒不形于聲色而外內肅然

潘璋爲右將軍爲人麤猛禁令肅然好立功名所領兵馬不過數千而其所在常如萬人征伐每止頓立軍市他軍所無皆仰取足

朱然爲左司馬右軍師雖世無事每朝夕嚴鼓兵在營者咸行裝就隊以此玩敵使不知所備故出互有

功

孫奐爲揚武中郎將領江夏太守黃武中大帝攻石陽奐以地主使所部將軍鮮于丹帥五千人先斷淮道自帥吳碩張梁五千人爲軍前鋒降高城得三將大軍引還帝詔使在前住駕過其軍見奐軍隊整齊帝歎曰初吾憂其遲鈍今治軍諸將少能及者吾無憂矣

賀景爲滅賊校尉御衆嚴而有恩兵器精飾爲當時冠絕

晉薛珝爲將軍持節南征軍容甚盛

劉毅為冠軍將軍持節兗州節度使號令嚴整行經墟邑百姓安悅

前秦王猛為輔國將軍率諸軍討慕容暐軍禁嚴明師無私犯猛未至鄴刼盜公行及猛之至遠近怡然燕人安之

後秦姚碩德為振西將軍率兵伐呂隆法令齊整秋毫無犯祭先賢禮儒哲西土悅之

宋蒯恩為龍驤將軍高祖伐魯宗之恩與建威將軍徐逵之前進逵之敗沒恩陳於堤下宗之子軌乘勝擊恩矢下如雨呼聲震地恩整厲將士置陣堅嚴軌

屢衝之不動知不可攻乃退高祖善其能將

王鎮惡隨高祖北伐既入長安姚泓率妻子歸降城内夷晉六萬餘戶鎮惡宣揚國恩撫慰初附號令嚴肅百姓安堵

劉勔為寧朔將軍會豫州刺史殷琰反假勔輔國將軍討之及琰開門請降勔約令三軍不得妄動城內士民秋毫無所失百姓感悅咸曰來蘇

沈攸之為冠軍將軍雍州刺史破薛常寶劉胡于赭圻濃湖賊軍委棄資財珍貨殷積諸軍各競收斂以強弱為多少惟攸之張興世約勒所部不犯秋毫諸將以此多之

蕭惠開為桂陽王征北長史南東海太守惠開先與會稽太守蔡興宗名位略同又結情款自以負釁推屈慮興宗不能詣己戒勒自下曰蔡會稽部伍若借問慎不得答惠開素嚴部下莫敢違犯興宗見惠開舟力甚盛不知為誰遣人歷船訊惠開有舫十餘事幹力二三百人皆低頭直去無一人荅者

梁柳慶遠為征東長史高祖義兵起雍州慶遠從軍下身先士卒高祖行營壘見慶遠頓舍嚴整每歎曰人人若是吾又何憂

楊公則為左衞將軍高祖起義下郢州定江州號令嚴明秋毫不犯所在莫不賴焉及平建康城內出者或被剝奪公則親率麾下列陣東掖門衞送公卿士庶故出者多趨公則營焉

裴邃為宣義將軍鎮合肥居身方正有威重將吏憚之少敢犯法

張弘策為輔國將軍從高祖義師平建康弘策與呂僧珍先入清宮禁封驗府庫時城內珍寶委積弘策申勒部曲秋毫無犯

後魏樂平王丕為車騎大將軍督河西高平諸軍南

討秦王楊難當軍至雒陽禁令齊肅所過無私百姓
爭致牛酒
安定王休領大司馬孝文車駕南伐親行諸軍遇休
以三盜入徇於六軍將斬之有詔赦之休執曰陛下
將遠清衡霍故親御六師跋涉野次軍行始再巳有
姦竊如其不斬何以息盜請必行刑以肅姦慝詔曰
大司馬執憲誠應如是但因緣會朕聞王者之體亦
時有非常之澤雖違軍法可特原之休乃奉詔孝文
謂司徒馮誕曰大司馬嚴而秉法諸軍不可不慎於
是六軍肅然

來大千爲內幢將典宿衞禁旅大千用法嚴明上下
齊肅
叔孫建爲平原鎮大將封丹陽王加征南大將軍都
督冀青徐濟四州軍事建沈敏多智東征西伐嘗爲
諸王治軍淸整號令嚴明
宇文福爲武衞將軍從孝文征南陽與右衞將軍楊
播爲前軍至鄧城福選兵簡將爲攻圍之勢帝望福
兵軍法齊整將士閑習大被褒歎
元英爲南安將軍領護西戎校尉孝文南伐爲梁漢
別道都將圍南鄭禁止三軍一無所犯遠近皆供租
運
劉潔以數從征討有功進爵會稽公與樂平王丕督
諸軍取上邽軍至啓陽百姓爭致牛酒潔至上邽諸
將咸欲斬其豪帥以示王威潔不聽撫慰秦隴秋毫
無犯人皆安業
源子恭爲尚書主客郎中攝南主客事時河州羌却
鐵忽反殺害長吏詔子恭持節爲行臺率諸將討之
子恭嚴勒州郡及諸軍不得犯民一物
北齊斛律羨爲幽安平南北營東燕六州都督突厥
衆十餘萬來寇州境羨總率諸將禦之突厥望見軍

威甚整遂不敢戰卽遣使求欵附
後周李賢爲大將軍魏帝西遷太祖令賢率騎兵迎
衞將山東之衆多欲逃歸帝乃令賢以精騎三百爲
殿衆皆憚之莫敢亡叛
權景宣爲大都督豫州刺史鎭樂口時東魏來寇潁
川陷後太祖以樂口等諸城道路阻截悉令援還襄
州刺史范秀以狼狽得罪景宣號令嚴明戎旅整肅
所部全濟獨被優賞
齊王憲爲大司馬遷上柱國武帝東伐爲前鋒齊人
夙聞威聲無不憚其勇略及并州之捷長驅敵境芻

牧不擾兵無私焉
尉遲迥爲大將軍平蜀蜀王蕭紀子宜都王肅與其文武官屬詣軍門請見迥以禮接之其吏人合營等各令復業惟收僮隷及儲積以賞將士號令嚴肅軍無私焉
扶猛爲汝州刺史從衞公直援陳將華皎時大軍不利惟猛所部獨全
隋李雄仕周爲驃騎大將軍遷小賓部從達奚武與齊人戰于芒山諸軍大敗雄所領獨全
賀若弼爲吳郡總管開皇九年大舉伐陳弼襲陳南

徐州拔之執其刺史黄恪軍令嚴肅秋毫不犯有軍士于民間酤酒者弼立斬之
楊素爲靈州道行軍總管討突厥大破之素馭戎嚴整有犯軍令者立斬之無所寬貸由是戰無不勝稱爲名將
宇文忻爲右領軍大將軍馭戎整齊
閻毗爲車騎宿衞東宮高祖嘗遣高頻大閱于龍臺澤諸軍部伍多不齊整惟毗一軍法制肅然頻言之于帝特蒙賜帛
劉方爲交州道總管法令嚴肅軍容齊整有犯禁者造次斬之
薛世雄爲右監門郎將從煬帝征吐谷渾進位通議大夫世雄性廉謹凡所行軍破敵之處秋毫無犯帝繇是嘉之
衞玄爲刑部尚書遼東之役簡軟右禦衞大將軍率師出僧地道時諸軍多不利玄獨全衆而還
堯君素爲鷹揚郎將大業之末盜賊蜂起人多流亡君素所部獨全
唐闞稜爲越州都督時杜伏威據有江淮之地其部皆出自群賊頗多放縱有相侵奪者稜必殺之雖親

故無捨令行禁止路不拾遺
李靖武德中爲行軍總管征荊州降蕭銑入據其城號令嚴肅軍無私焉
獨孤開遠貞觀初詔典屯兵突厥初降諸蕃遠至太宗按纛于昆明池以示威武令開遠總統左廂六衞兵馬軍令嚴肅太宗大悅賜雜綵二百段後出爲蒲州刺史
薛訥爲左衞大將軍玄宗即位于新豐講武以訥爲左軍節度時元帥與禮官得罪諸部領亦失序惟訥及解琬之軍中不動令輕騎詔訥至軍門皆不得入

禮畢帝甚加慰勞
王思禮爲河東節度使善於支計拙於征伐然用法嚴整士卒不敢犯時議稱之
長孫全緒爲右羽林大將軍吐蕃犯長安既平中書令郭子儀率六軍將士自商州旋師長安命全緒爲先鋒全緒既進隊伍嚴整京城士庶迎拜歡呼
令狐彰爲滑亳等六州節度時犬戎犯邊徵兵防秋彰遣屬吏部統營伍自滑至京之西郊向一千餘里甲士三千人率自齎糧所過州縣路次供億皆辭而不受所經閭里不犯秋毫議者稱之

尚可孤爲神策大將軍魚朝恩之統禁軍愛其勇力甚委遇之俾爲養子奏改姓魚氏名智德以禁兵三千鎮于扶風縣後徙武功可孤在扶風武功凡十餘年士伍整肅郡縣安之興元初與李晟同收京城賊平之後營于白華亭統衆公平號令嚴整時人稱爲
李晟甚親重之
段秀實爲涇州刺史邠寧節度白孝德奏秀實試太常卿支度營田二副使大軍西遷所過掠奪又以邠境乏食難于饋運乃請軍于奉天是時公廩亦竭縣吏憂恐多逃匿群行剽盜孝德不能禁秀實私曰使我爲軍候當不如此軍司馬言之遂以秀實爲都虞候權知奉天行營事號令嚴一軍府安泰代宗聞而嗟賞久之兵還于邠寧復爲都虞候
張忠孝爲高陽軍使統易州田承嗣之寇冀州成德軍節度李寶臣使以精騎四千禦之承嗣覩其嚴肅歎曰張阿勞在焉冀州未易圖也乃焚營宵遁阿勞忠孝小字也
李懷光爲朔方節度郭子儀軍都虞候性情勤嚴猛而敢誅殺雖親戚犯法皆不撓避子儀性寬厚不親軍事紀綱任懷光軍中尤畏之亦稱爲理

李觀爲右龍武大將軍涇帥叛觀時上直領衞兵千餘人扈從奉天詔都巡警訓練諸軍成師三數日間加召五千餘兵列之通衢整肅聲震城內因之增氣
辛雲京爲太原節度使質性沉毅部下有犯令者不貸絲毫其賞功効亦如之故三軍整肅
李晟興元初爲神策行營節度使與李懷光同討朱泚晟軍舍於朔方軍之北每晟軍與懷光軍同至城下懷光軍輒虜掠驅牛馬百姓苦之晟軍無所侵犯懷光軍惡其獨善乃分所虜獲與之晟軍不敢受晟又收復京城遣京兆尹李齊運告諭於衆百姓安堵

秋毫無犯初勒兵屯於含光殿前舍於右金吾仗號令三軍曰晟不佞上憑睿算次順人心今得尅滅兇渠肅清天禁皆三軍之力也長安士庶久陷賊庭若小有震驚則非伐罪弔人之義晟與公等各有家累離別數年今已咸事相見非晚五日內不得輒通家信違命者斬

嗣曹王皐爲相州節度而廻紇馬以益騎兵每大畋儀以教士卒軍令嚴肅路無拾遺

唐高崇文元和初爲左神策行營節度使統兵討劉闢于西川軍至興元軍中有折逆旅之匕箸者斬之

以徇王師既入成都介士屯于大逵軍令嚴肅珍貨山積市井不移無秋毫之犯

李愬爲夏州節度使威令簡肅甚得綏懷之術客有亡馬者投狀告愬愬以狀牓于路懸金以購之不二日所亡馬并一良馬竝繫於牓下而置書一緘曰馬逸及鄴不時告罪當死敢以良馬一贖罪并亡馬謹納於路愬付客亡馬而解良馬以放之境內嚴肅多如此類

李抱玉爲山南西道副元帥鎮鳳翔十餘年雖無破虜之功而禁暴安人頗爲時所稱

劉濟盧龍軍節度使怦之次子怦卒子濟代任濟表爲瀛州刺史澭性輕財愛士得人之死力濟疑忌頗甚人多間之因召澭不至發兵攻之澭嬰城自守以事上聞城數月不拔濟令引滹沱水灌之城中益急會有詔許澭朝京師澭乃拔瀛州軍士及男女萬餘口歷鎮魏數軍直趨京師人無離叛者澭號令嚴肅所過芻蕘無所犯其諸軍雖甚惡之卒不能阻敗

李愬爲唐鄧節度使平蔡州初愬父晟尅復京城市不改肆而愬平淮蔡復踵其美

梁牛存節爲遏後都指揮使唐乾寧四年秋大舉以

伐淮南至濠州東閭前軍失利于青口諸軍退至渒河無復隊伍存節尾其後與諸軍釋騎步鬬諸軍退得濟衆合所部并敗兵共八千餘人至於淮浚時不食已四日矣存節訓勵部分以禦追兇得旋歸

黃文靖初爲太祖牙職遷諸軍指揮使唐大順中佐葛從周送朱崇節入潞會晉軍十餘萬附外垣寨焉文靖慮諸軍難守乃與葛從周啓閫出師文靖爲殿命矢刃皆外向持重而還晉人不敢逼

後唐王瓚初仕梁諸衛大將軍貞明五年代賀瓌統軍駐于河上時李存審築壘於德勝渡秋八月瓚率

汴軍五萬自黎陽渡河將掩擊魏州明宗出師拒之瓚至頓丘而旋於楊村夾河築壘架浮航自滑餽運相繼瓚嚴於軍法令行禁止

李存璋為河東馬步都虞候初武皇稍寵軍士蕃部人多干擾廛市肆其侵奪法司不能禁莊宗初嗣位銳於求理存璋得行其志抑強扶弱誅其豪首朞月之間紀綱大振群盜務耕稼姦宄息倖門當時稱其材幹

李存進為沁州刺史天祐十三年從定魏州授天雄軍都部署時鄴初歸我人情離貳銀鎗效節諸軍強

桀難制訛言竊議搖扇群情存進沉厚果斷犯令者梟首于市強右豪奪暴掠人物者必磔裂曝屍于路鄴人視之無不惕息由是軍民靡然從化

郭崇韜為樞密使從魏王平蜀大軍入西川城戒諸軍剽掠法令嚴峻軍士強估一錢必論之法市不改肆

晉史翰為義成軍節度使性剛毅有謀略御軍嚴整

漢史弘肇為侍衛使嚴毅寡言部轄軍衆有過無捨兵士所至秋毫不犯部下有指揮使嘗因指使少不從命弘肇立過殺之將吏股慄至平定兩京無敢干忤

周安審琦為中書令鎮襄江僅餘一紀嚴明御下政不暴俗而南邦之民甚懷其惠

韓令坤為侍御馬軍都指揮使顯德三年領兵襲揚州揚州將吏聞王師至開門以迎之令坤整衆而入市不易肆人甚悦之

冊府元龜

冊府元龜

巡按福建監察御史臣李嗣京訂正

知甌寧縣事臣孫以敬叅閱

知建陽縣事臣黃國琦較釋

將帥部八十

持重　以少擊衆

持重

蘇秦有言曰任大功不輕敵葢兵者凶器將者人之司命雖軍師彊禦卒乘競勸未有輕易而能成功者焉是以楚衆輕佻欒書識其可追趙括易言馬服知

其必敗全軍保勝其惟持重乎自秦漢以還將之良者乃有深溝高壘以待敵人之勞安坐堅臥以制麾下之亂居嘗休士以養勇臨敵整衆而戒嚴故能進必克勝退無負衂斯所謂十全之舉節制之師與夫致之死地而後生投之亡地而後存徼天幸圖拙速者異矣

秦王翦將兵十萬人代李信擊荆荆聞王翦益軍而來乃悉國中兵以拒秦王翦至堅壁而守之不肯戰荆兵數出挑戰終不出王翦日休士洗沐而善飲食循撫之親與士卒同食久之王翦使人問軍中戲乎對曰方投石超距（漢書云甘延壽投石拔距絶於等倫張晏曰范蠡兵法飛石重二十斤爲機發行三百步延壽有力能以手投之拔距超距也）於是王翦曰士卒可用矣荆數挑戰而秦不出乃引而東翦因舉兵追之令壯士擊大破荆軍

漢周亞夫爲中尉吳楚反以太尉東擊吳楚會兵滎陽吳方攻梁梁急請救亞夫引兵東北走昌邑深壁而守梁王使使請亞夫亞夫守便宜不往梁上書言景帝帝詔使救梁亞夫不奉詔堅壁不出而使輕騎兵弓高侯等絶吳楚兵後食道吳楚兵乏糧饑欲退數挑戰終不出夜軍中驚内相攻擊擾亂至于帳下

亞夫堅臥不起頃之復定吳奔壁東南陬亞夫使備西北已而其精兵果奔西北不得入吳楚既饑乃引兵去

韓安國字長孺梁成安人也事梁孝王爲中大夫吳楚反時孝王使安國及張羽爲將扞吳兵于東界張羽力戰安國持重以故吳不能過梁

趙充國爲後將軍擊先零諸羌充國嘗以遠斥候爲務行必爲戰備止必堅營壁尤能持重愛士卒先計而後戰

後漢吳漢爲大司馬建武四年冬率建威大將軍耿

弇漢中將軍王常等擊富平獲索二賊於平原明年春賊率五萬餘人夜攻漢營中驚亂漢堅臥不動有頃乃定

王霸爲偏將軍建武四年與捕虜將軍馬武討周建于垂惠蘇茂來救建霸擊敗之霸武各歸營賊復聚挑戰堅臥不出方享士作倡樂茂雨射營中中霸前酒尊安坐不動軍吏皆曰茂前日已破今易擊也霸曰不然蘇茂客兵遠來糧食不足故數挑戰以徼一切之勝今閉營休士所謂不戰而屈人之兵善之善者也茂建既不得戰乃引還營其夜建兄子誦反閉

城拒之茂建遁去誦以城降

馬成建武四年拜揚武將軍督誅虜將軍劉隆等擊李憲進圍于舒令諸軍各深溝高壘憲數挑戰成堅壁不出守之歲餘至六年春城中食盡乃攻之遂屠舒李憲追擊其黨與盡平江淮地

祭遵爲征虜將軍建武八年從車駕上隴及隗囂破帝東歸令遵進屯隴下及公孫述遣兵救囂吳漢耿弇等悉奔還遵獨留不卻

馮異守征虜將軍行天水太守事時隗囂死子純循總兵據冀諸將共攻冀不能拔欲且還休兵異固持不動嘗爲衆軍先鋒

張奐爲安定屬國都尉遷使匈奴中郎將時休屠各及朔方烏桓並同反叛燒度遼將軍門引屯赤阬煙火相望兵衆大恐各欲亡去奐安坐帷中與弟子講誦自若軍士稍安乃潛誘烏桓陰與和通遂使斬屠各渠帥襲破其衆諸胡悉降

袁紹領冀州牧獻帝初平四年三月上巳大會兵徒於薄落津聞魏郡兵反與黑山賊于毒等數萬人共覆鄴城殺郡守坐中客家在鄴者皆憂怖失色或起而涕泣紹容貌自若不改常度獻帝春秋曰紹勸督引滿投壺言笑容貌

自若

魏張遼爲盪寇將軍時荊州未定遣遼屯長社臨發軍中有謀反者夜驚亂起火一軍盡擾遼謂左右曰勿動是不一營盡反必有造變者欲以動亂人耳乃令軍中其不反者安坐遼將親兵數十人中陣而立有頃定卽得首謀者殺之

田豫爲汝南太守加殄夷將軍吳人來寇豫往拒之賊卽退諸軍夜驚云賊復來豫臥不起令衆敢動者斬有頃竟無賊

司馬孚爲侍中與將諸葛恪圍新城以孚督諸軍二

十萬防禦之乎次于壽春遣毌丘儉文欽等進討諸將欲速擊之乎日夫攻者借人之力以爲功且當詐巧不可爭力也故稽留月餘乃進軍吳師望風而退

吳朱寧守夷陵手下有數百兵并所新得僅滿千人魏將曹仁令五六千人圍寧寧受攻累日敵設高樓雨射城中士衆皆懼惟寧談笑自若

朱然鎮江陵黃武六年大帝自率衆攻石陽及至旋師潘璋斷後夜出錯亂敵追擊璋璋不能禁然即還住拒敵使前船得引極遠徐乃後發

全琮爲將甚勇決當敵臨難奮不顧身及作督帥養

威持重每御軍當任計策不營小利

朱異爲揚武將軍赤烏十三年十月魏將文欽爲叛以誘異大帝遣呂據就異以迎欽異等持重欽不敢進

晉周訪爲豫章太守時荊州賊杜曾逐刺史王廙徑造沔口大爲寇害威震江沔元帝命訪擊之訪有衆八千進至沌陽曾等銳氣甚盛訪曰先人有奪人之心軍之善謀者也使將軍李宵督左甄許朝督右甄訪自領中軍高張旗幟曾果畏訪先攻左右甄曾勇冠三軍訪甚惡之自於陣後射雉以安衆心令其衆日一甄敗鳴三鼓兩甄敗鳴六鼓趙胤領其父餘兵屬左甄力戰敗而復合胤馳馬告訪訪怒叱令更進胤號哭還戰自旦至申兩甄皆敗訪聞鼓音選精銳八百人自行酒飲之勑不得妄動聞鼓音乃進賊未至三十步訪親鳴鼓將士皆騰躍奔赴曾遂大潰殺千餘人

宋劉恩爲龍驤將軍行參軍高祖伐魯宗之恩與建威將軍徐逵之前進逵之敗沒恩陳于堤下宗之子軌乘勝擊恩矢下如雨呼聲震地恩整厲將士置陣整嚴軌屢衝之不動知不可攻乃退高祖善其能將

持重

巴陵王休若文帝子也會稽太守孔顗反遣尚書張永建威將軍沈懷明及休若董統諸軍討之顗所遣孫曇瓘等軍頓晉陵九里部陳甚盛懷明至奔牛所領寡弱乃築壘自固張永至曲阿未知懷明安否乃自驚擾將帥咸勸退保破岡其日大寒風雪甚猛塘埭決壞衆無固心休若宣令敢有言退者斬衆少定乃築壘息中尋得懷明書則定恭遣軍主劉亮又至兵力轉加人情乃安

劉義欣爲後將軍南兗州刺史元嘉七年到彥之率

大衆入河義欣進彭城爲衆軍齊援彦之退敗青齊搔擾將佐虜寇大至勸義欣委鎮還都義欣堅志不動還鎮壽陽

南齊蕭穎胄爲冠軍將軍廬陵王後軍長史廣陵太守行南兗州府事是年虜揚聲當飲馬長江帝懼勑穎胄移居民入城百姓驚恐席卷欲南渡穎胄以賊勢尚遠不卽施行虜亦尋退

梁楊公則爲左衞將軍高祖義師東下至新林公則自越城移屯領軍府壘北樓與南掖門相對嘗登樓望戰城中遥見麾蓋縱神鋒弩射之矢貫胡床左

右皆失色公則曰幾中吾脚談笑如初東昏夜選勇士攻公則柵軍中驚擾公則堅臥不起徐命擊之東昏軍乃退

蕭藻爲益州刺史焦僧護作亂掩據郫繁衆有數萬藻年未弱冠肩輿行賊城流矢雨下從者舉楯以蔽藻命去之因是物情大安賊遂退去

韋叡爲輔國將軍討合肥初肥水堰立使軍主王懷靜築城于岸守之魏攻陷懷靜城千餘人皆沒魏人乘勝至叡隄下其勢甚盛軍監潘靈祐勸叡退還巢湖諸將又請走保三叉叡怒曰寧有此邪將軍死綏有前無却因令取繖扇麾幢樹之隄下示無動志叡素羸每戰不嘗騎馬以版輿自載督厲衆軍合肥旣平高祖詔班師去賊旣近悉爲所躡叡悉遣輜重居前身乘小輿殿後魏人服叡威名望之不敢逼全軍而還

王珍國爲游擊將軍父憂去職建武末魏軍圍司州明帝使徐州刺史裴叔業攻拔渦陽以爲聲援起珍國爲輔國將軍率兵助焉魏將楊大眼大衆奄至叔業懼棄軍走珍國率其衆殿故不至大敗

王僧辯爲鎮軍將軍司徒尚書令討湘州賊陸納賊

敗步走歸保長沙驅逼居民入城拒守僧辯追躡乃命築壘圍之悉令諸軍廣延圍柵僧辯出坐壟上而自臨視賊望識僧辯知不設備賊黨吳藏李賢明等乃率鋭卒千人開門掩出蒙楯竝進徑趨僧辯時杜崱杜龕竝侍左右帶甲衞者止百餘人因與賊交戰賢明乘鎧馬從者十騎大呼衝突僧辯尚據胡床不爲之動于是指揮勇敢遂獲賢明因卽斬之賊乃退

後魏李平爲鎮北將軍討京兆王愉于冀州平旣次經縣諸軍大集夜有蠻兵數千斫平前壘矢及平帳平堅臥不動俄而乃定

北齊爾朱渾元累有戰功遷大師善于御衆行軍用兵務在持重前後出征未嘗負敗

唐魏元忠爲弁州副元帥時突厥與吐蕃數犯塞元忠皆爲大總管拒之元忠在軍惟持重自守竟無所尅獲然亦未嘗敗失

後唐李嗣昭守潞州嘗享諸將登城張樂爲梁軍矢中其足嗣昭密拔之坐客不之覺酣飲如故以安士心

以少擊衆

軍志曰以一擊十莫善於阨以十擊百莫善於險以

千擊萬莫善於阻用衆者務易用少者務阨也若乃勵敢死之士乘戰勝之威揀練卒伍服習器用冒利刃以不顧臨大敵而賈勇斯固制勝而必克遇戰而皆獲者焉至於勢有彊弱技有長短盖亦由夫將有勇怯而制有巧拙也及夫客主之勢懸絶格闘之志奮勵士樂用命人百其勇又何嘗不收奇功哉然而嘗勝之家難與慮敵爲將之道出於萬全故兵法有必勝之將無必勝之兵若狃挾以輕敵深入以邀幸雖曰奉勇亦所慎焉

漢黥布初爲項籍將籍使布先涉河（涉謂無舟楫而渡也）擊軍數有利籍乃悉引兵從之遂破秦軍降秦將章邯等楚兵嘗勝功冠諸侯諸侯兵皆以服屬楚者以布數以少敗衆也

李廣爲郎中令將四千騎出右北平行數百里匈奴將四萬騎圍廣廣爲圜陣外向胡急擊之矢下如雨漢兵死者過半漢矢且盡廣乃令士持滿毋發而廣身自以大黄射其裨將（大黄弩名亦曰黄弩）殺數人胡虜益解

李陵爲騎都尉天漢二年將步卒五千至浚稽山與單于相値騎可三萬圍陵軍虜見漢軍少直前就營陵搏戰攻之（手對戰也）千弩俱發應弦而倒虜還走上山

漢軍追擊殺數千人單于大驚召左右地兵八萬餘騎攻陵陵且戰且引南行數日抵山谷中（抵當也）單于在南山上使其子將騎擊陵陵軍步闘樹木間復殺數千人因發連弩射單于（三十拳共一臂也拳音眷又去權切）單于下走是時陵軍益擊匈奴騎多戰一日數十合復傷殺虜二千餘人（陵與蘇武書曰以五千之衆對十萬之軍）

後漢馬防爲城門校尉建初二年金城隴西保塞羌皆反（羌東吳燒當之後也以其父獼吾降漢乃入居塞內故稱保塞）拜防行車騎將軍事軍到冀而羌豪布橋等圍南部都尉于臨洮防欲殺之臨洮道險車騎不得方駕防乃別使兩司馬

將數百騎分爲前後軍去臨洮十餘里明旦遂鼓譟而前羌虜驚走因追擊破之斬首虜四千餘人遂解臨洮圍

耿夔爲大將軍尉永元三年車騎將軍竇憲出河西以夔爲大將軍左挍尉將精騎八百出居延塞直奔北單于廷于金微山斬閼氏名王巳下五千餘級單于與數騎脫亡盡獲其匈奴珍寶財畜去塞五千餘里而還

魏張遼爲盪寇將軍與李典將七千餘人屯合肥吳孫權率十萬衆圍合肥遼夜募敢從之士得八千人

明日自旦戰至日中吳人奪氣還修守備權守合肥十餘日乃引退遼率諸軍追擊幾復獲權太祖大壯遼拜征東將軍黃初中卒文帝追念遼典在合肥之功詔曰合肥之役遼典以步卒八百破賊十萬自古用兵未之有也使賊至今奪氣可謂國之爪牙矣其分遼典邑各百戶賜一子爵關內侯

吳徐盛爲大帝別部司馬授兵五百人守柴桑長拒劉表將江夏太守黃祖祖子射嘗率數千人下攻盛盛時吏士不滿二百與相拒擊傷射吏卒千餘人已乃開門出戰大破之射遂絕迹不復爲寇大帝以爲挍尉後爲建武將軍魏將曹休出洞口盛與呂範全琮渡江拒守遭大風船人多喪盛收餘兵與休夾江休使兵將就船攻盛盛以少禦多敵不能克各引軍退

朱然爲車騎將軍右護軍赤烏五年征柤中魏將蒲忠胡質各將數千人忠要遮險隘圖斷然後質爲忠繼援時然所督兵將先四出聞問不暇收合便將帳下見兵八百人逆掩忠戰不利質等皆退

晉王渾爲征虜將軍假節領豫州刺史與吳接境吳將薛瑩魯淑衆號十萬淑向弋陽瑩向新息時州兵

竝放休息衆裁一旅浮淮潛濟出其不意瑩等不虞晉師之至渾擊破之遷爲安東將軍

周處爲御史中丞隸夏侯駿西征時賊屯梁山有衆七萬而駿遣處以五千兵擊之自旦及暮斬首萬計

劉演爲陽平太守石勒之亂演奔劉琨琨以爲輔國將軍魏郡太守琨將討勒以演領勇士千人行北中郎將兗州刺史鎮廩丘斬王桑走趙固得衆七千人爲勒所攻演拒戰勒退元帝拜爲都督後將軍假節

謝玄爲冠軍將軍領徐州刺史苻堅自率兵次于項城衆號百萬詔玄爲前鋒都督拒之衆凡八萬玄與

從弟輔國將軍琰西中郎將桓伊等以精銳八千涉淮水堅衆奔潰死者不可勝計

王猛爲苻堅將與鄧羌等將步騎六萬伐慕容暐旣陷晉陽暐遣慕容評率衆四十萬救之陣于渭源猛羌與張蚝徐成等跨馬運矛馳入評軍出入數四傍若無人搴旗斬將殺傷甚衆戰及日中評衆大敗俘斬五萬有餘乘勝追擊又降斬十萬

宋臨川王道規隨高祖起義爲振武將軍義興太守與晉將劉毅何無忌追桓玄遇玄于崢嶸洲道規等兵不滿萬人而玄戰士數萬衆並憚之欲退還尋陽

道規曰不可彼衆我寡強弱異勢今若畏懦不進必爲所乘雖至尋陽豈能自固玄雖竊名雄豪内實畏怯加已經奔敗衆無固心決機兩陣將雄者克昔光武昆陽之戰曹操官渡之師皆以少制多共所聞也今雖才謝古人豈可先爲之弱因麾衆而進毅等從之大破玄軍

沈叔任爲梓潼太守戍涪城東軍旣反二郡強宗侯勵羅與豚衆作亂四面雲合遂至萬餘人攻城甚急叔任東兵不滿五百推布腹心衆莫不爲用出擊大破之逆黨皆平

梁馬仙琕仕宋爲龍驤將軍汝南陰譙二郡太守會壽陽陷魏將王肅侵邊仙琕力戰以寡抗衆魏人甚憚之

韋放爲明威將軍會領軍曹仲宗攻渦陽魏大將軍費穆帥衆奄至放軍營未立麾下止有二百餘人放免胄下馬據胡床處分士卒皆殊死戰莫不一當百

杜懷瑤爲梁秦二州刺史魏軍圍南鄭懷瑤第三子膂力絶人便馬善射同心敢死士一百七十人每出殺傷數百人敵人憚之號爲杜彪位至西荆州刺史

陳蕭摩訶爲譙州刺史周武帝遣將宇文欣將精騎

數千爭呂梁摩訶領十二騎深入周軍從橫奮擊

後魏庾岳爲安遠將軍嘗以少擊多士衆服其智勇

後周竇熾初仕後魏爲衞將軍河橋之戰諸將退走熾時獨從兩騎爲敵人所追至邙山熾乃下馬背山抗之俄而敵衆漸多三面攻圍矢下如雨熾騎士所執弓並爲敵人所射破熾乃總收其箭以射之所中人馬皆應弦而倒敵以殺傷旣多乃相謂曰得此人未足爲功乃稍引退熾因其怠遂突圍得出

李弼爲泰州刺史從太祖平弘農與齊神武戰于沙苑左將軍爲敵所乘弼將六十騎身先士卒橫截之

賊分爲二遂大破之

析檜爲平東將軍河湟郡守吐谷渾入寇郡境時檜兵少人懷憂懼檜撫而勉之衆心乃安因率數十人先擊之渾人潰亂餘衆乘之遂大敗而走

權景宣爲大都督豫州刺史鎮樂口東魏亦遣張伯德爲刺史伯德令其將劉貴平率其戍卒及山蠻屢來攻逼景宣兵不滿千人隨機奮擊前後擒斬三千餘級貴平乃退走

宇文貴爲右衞將軍時東魏潁川長史賀若統以潁川來降東魏遣將堯雄趙育是雲寶（姓是雲名寶）率衆二

萬攻潁川貴自雒陽率步騎二千救之東魏行臺任祥又率衆四萬攻潁川方與雄合諸將咸以彼衆我寡不可爭鋒貴曰兵機倚伏固不可以常理論古人能以寡制衆者皆由豫覩成敗決必然之策耳吾雖闇於成事進與賀若合勢爲計之上者遂入潁川雄等乃前貴率千人背城爲陣與雄合戰大破雄育於陣降俘萬人貴乘勝逼任祥祥大敗是雲寶亦降

魏玄爲驃騎大將軍陝州總管尉遲綱遣玄率儀同宇文能趙乾等步騎五百於鹿盧交南邀擊東魏雒州刺史獨孤永業有衆二千餘人玄輕將五騎行前覘之卒與之遇便卽交戰殺十數人獲馬并甲矟等永業遂退

隋周羅睺爲幽州刺史開皇末突厥達頭可汗犯塞從楊素擊之虜衆甚盛羅睺白素曰賊陣未整請擊之素許焉與輕勇二十騎直衝虜陣從申至酉短兵屢接大破之進位大將軍

王仁恭爲光祿大夫領馬邑太守始畢可汗率騎數萬來寇馬邑復令二特勤將兵南過時兵不滿三千仁恭精銳逆擊破之其二特勤兵潰仁恭縱兵乘之斬獲千級斬二特勤

唐王君廓爲上柱國武德初統兵經略東都王充將郭士衡許羅漢前後入掠廓轉擊退之拜右武衞將軍詔勞之曰卿以三千人破賊一萬自古以少制衆未之前聞非惟驍勇絶人亦足顯卿忠節也

程知節爲秦王府護軍武德三年以百餘騎擊王世充賊數千人破之

馬三寶爲太子監門率領平道將軍突厥之寇渭川也三寶以數百騎卒與虜遇接戰虜寇敗之

段德操爲左武衞將軍領延州道行軍總管以鎮北境梁師都與突厥之衆數千騎來寇延州安營于野

猪嶺德操以衆寡不敵按甲以挫其鋭後伺賊稍怠遣副總管梁禮率衆擊之德操以輕騎出其不意賊與禮酣戰久之德操多張旗幟掩至其賊大潰逐北二百餘里尅其魏州虜男女二千餘口經數月師都又以歩騎五千來寇德操擊之俘斬略盡師都與百餘騎而遁

黑齒常之爲左武衛大將軍仍簡較左羽林軍垂拱二年突厥犯邊命常之率兵拒之躡至兩井忽逢賊三千餘衆常之見賊徒爭下馬著甲遂領二百餘騎身當先鋒直衝賊遂棄甲而散俄項賊衆大至及日

將暮常之令伐木營中燃火狀如烽燧時東南忽有大風起賊疑有救兵相應遂狠狽夜遁以功進封爲燕國公

馬璘爲安西裨較從副元帥李光弼攻史朝義於雒陽朝義自領精卒拒王師於北卬營壘如山旌甲燿日諸將愕眙不敢動璘獨率所部横戈而出入賊陣者數四賊因披靡潰敗李光弼壯之曰吾用兵三十年未見以少擊衆有雄捷如馬將軍者

衞伯玉爲神策將軍乾元二年十一月逆賊史思明遣魏將李歸仁鐵騎五千將犯陝州伯玉以數百騎擊破之於礓子坂獲屍滿野虜馬六百疋歸仁與其黨東走

陳泊爲鎮静軍使劍南節度使韋臯遣泊等進兵攻吐蕃維州北蕃遣内大相論莽熱率雜虜十萬而來蜀師萬人據險設伏以行先出千人挑戰莽熱見我師之少悉衆追之發伏掩擊生擒論莽熱虜衆十萬殲夷者半

梁牛存節初爲宣武軍小將討河北存節前鋒下黎陽收臨河至内黄西以兵千餘人當魏人萬二千衆大破其陣殭仆蔽野太祖深所歎激謂有神兵之助

郭言從太祖赴汴爲裨較屢將兵與蔡賊秦宗權戰于後郊每以少擊衆出必勝歸太祖嘉其勇果謂賓佐曰言乃吾之虎侯也

晉郭海金爲護聖都指揮使領黄州刺史天福二年襄州安從進謀犯闕海金爲行營先鋒都指揮使與李建崇等同於唐州湖陽遇從進軍萬餘人海金以一旅之衆突擊大敗之策勳授簡較太保商州刺史

冊府元龜

巡按福建監察御史臣李嗣京訂正
新建縣舉人臣戴國士參閱
知建陽縣事臣黃國琦較釋

將帥部八十一

掩襲

古之用人也謀於廟定於社推轂以命將秉旄而誓衆鳴鼓以啓行赴日以告戰是謂節制之師仁義之舉也及乎俎詐云盛智巧相圖故老氏言乎用奇孫

子謂之詭道乃有人啣枚馬纏勒夜行晝伏掩其不備之事與焉春秋以來司戎重者或斷之以深謀濟之以銳氣鋒鏑靡接俘馘坐獲誠決勝之奇策走敵之良術也與夫戎容暨暨所以宣武威天陣堂堂所以襲姦逆不鼓不成列臨大事而不忘大禮古人以爲文王之戰者殊哉

公子橐師楚大夫也魯成公十七年舒庸人以楚師之敗也(敗於鄢陵舒庸東夷國)道吳人圍巢伐駕圍釐虺(巢駕釐虺乃楚四邑)遂恃吳而不設備公子橐師襲舒庸滅之

叔弓魯大夫也昭公五年夏莒牟夷以牟婁及防茲來奔(城陽平昌縣西南有防亭姑幕縣東北有茲亭)秋七月公至自晉莒人來討(討受牟夷)不設備戊辰叔弓敗諸蚡泉莒未陳也

荀吳晉大夫也魯昭公十三年鮮虞人聞晉師之悉起也(五年傳曰遷守四千今甲車四千乘故爲悉起)而不警邊且不脩備(言夷狄無謀)荀吳自著雍以上軍侵鮮虞及中人驅衝競(中山望都縣西北有中人城驅衝車與狄爭逐)大獲而歸

左司馬眅楚大夫也魯哀公四年夏楚人旣克夷虎(夷虎蠻夷叛楚者)乃謀北方眅及申公壽餘葉公諸梁致蔡於負函(三子楚大夫也此蔡之故地人民楚因以爲邑致之者會其衆也)致方城之外於繒關(負函繒關皆楚地)曰吳將泝江入郢(逆流日泝)將奔命

焉爲一昔之期襲梁及霍(僞亂當備吳夜結期明日使襲梁霍使不知之梁霍河南縣西南故城也梁南有霍陽山皆蠻子之邑也)

漢韓信爲左丞相擊魏王豹魏盛兵蒲坂塞臨晉信乃益爲疑兵陳欲渡臨晉而伏兵從夏陽以木罌渡軍襲安邑魏王豹驚引兵迎信信遂虜豹信又發趙兵未發者擊齊(謂趙人未嘗見發者)信引兵東未渡平原聞漢王使酈食其巳說下齊信欲止蒯通說令擊齊信然其計遂渡河襲歷下軍至臨淄齊王走高密

後漢岑彭爲廷尉行大將軍事彭鎮河內馮異先攻朱鮪於雒陽鮪大出軍欲擊彭恃天霧鮪以爲彭巳

去令其兵皆獲悉彭乃進擊大破之

來歙爲中郎將時隗囂據隴右歙與征虜將軍祭遵襲略陽遵道病還遣精兵隨歙合二千餘人伐山開道從番須回中番須回中並地名徑至略陽斬囂守將金梁因保其城囂大驚曰何其神也

王霸爲偏將軍光武幸譙使霸與捕虜將軍馬武東討周建於垂惠蘇茂將五校兵四千餘人救建武爲茂建所敗霸閉營堅壁軍吏皆爭之霸曰今閉營固守示不相援賊必乘勝輕進捕虜無救其戰自倍如此茂衆疲勞吾承其弊乃可尅也茂建果悉出攻武

合戰良久霸軍中壯士路潤等數十人斷髮請戰霸知士心銳乃開營後出精騎襲其背茂建前後受敵驚亂敗走

鄧訓爲張掖太守時盧水胡反叛訓因發湟中秦胡羌兵四千人出塞掩擊迷唐於寫谷斬首六百餘人得牛馬羊萬餘頭迷唐乃去大小榆兩谷名居頗巖谷衆悉破散其春後欲歸故地就田業訓乃發湟中六千人令長其任尚將之縫革爲船置於箄上以渡河箄木筏也音步佳切掩擊迷唐落大豪多所斬獲

馬援爲隴西太守援與揚武將軍馬成擊先零諸羌因將其妻子輜重移阻於允吾谷中援乃潛行閒道兵聚北山上援陣軍向山而分遣數百騎繞襲其後乘夜放火擊鼓叫譟虜遂大潰

魏滿寵爲征東將軍青龍三年春吳主遣兵數千家佃於江北至八月寵以爲田向收熟男女布野其屯衛兵去城遠者數百里可掩擊也遣長史督二軍循江東下摧破諸屯焚燒穀物而還詔美之因以所獲盡爲將士賞

鄧艾爲鎮西將軍伐蜀蜀將姜維守劍閣鍾會攻維未能克艾上言今賊摧折宜遂乘之從陰平繇邪徑

經漢德陽亭趣涪出劍閣四百里去成都三百餘里奇兵衝其腹心劍閣之守必還赴涪則會方軌而進劍閣之兵不還則應涪之兵寡矣軍志有之曰攻其無備出其不意今掩其空虛破之必矣冬十月艾自陰平道行無人之地七百餘里鑿山通道造作橋閣山高谷深至爲艱險又糧運將匱頻於危殆艾以氈自裹推轉而下將士皆攀木緣崖魚貫而進先登至江油蜀守將馬邈降蜀衛將軍諸葛瞻自涪還綿竹列陳待艾艾遣子惠唐亭侯忠等出其右司馬師纂等出其左忠纂戰不利並退還曰賊未可擊艾怒曰

存亡之分在此一舉何不可之有乃叱忠纂等將斬之纂馳還更戰大破之斬瞻及尚書張遵等首進到雒後主遣使奉皇帝璽綬爲箋詣艾請降

胡烈爲泰山太守司馬文王爲大將軍甘露三年討諸葛誕於淮南吳將朱異帥兵萬餘人留輜重於都陸輕兵至黎漿監軍石苞兖州刺史陳泰禦之異退烈以奇兵襲破都陸焚其糧運苞泰復進擊異大破之異之餘卒餒甚食葛葉而遁

吳呂蒙爲左護軍虎威將軍西屯陸口與關羽結好羽討樊留兵將備公安南郡蒙上疏曰羽討樊而多

留備兵必恐蒙圖其後故也蒙嘗有病乞分士衆還建業以治病爲名羽聞之必撤備兵而赴襄陽大軍浮江晝夜馳上襲其空虛則南郡可下而羽可擒也遂稱病篤大帝乃露檄召蒙還陰與圖計羽果信之撤備兵以赴樊魏使于禁救樊羽盡擒禁等人馬數萬託以糧乏擅取湘關米帝聞之遂行先遣蒙在前蒙至尋陽盡伏其精兵𦪇𦨣中使白衣搖櫓作商賈人服晝夜兼行至羽所置江邊屯候盡收縛之是故羽不聞知遂到南郡士仁糜芳皆降

陸遜爲鎮西將軍嘉禾五年攻襄陽還到白圍託言住獵潛遣將軍周峻張梁等擊江夏新市安陸石陽石陽市盛峻等奄至人皆捐物入城城門噎不得關敵乃自斫殺已民然後得闔斬首凡千餘人

孫韶爲鎮北將軍黃武四年魏文帝至廣陵臨江觀兵帝見波濤洶湧歎曰嗟乎固天所以隔南北也遂歸乃詔遣將高壽等率敢死之士五百人於徑路夜要之帝大驚壽等獲副車羽葢以還

朱然爲車騎將軍右護軍赤烏九年征沮中魏將李興等聞然深入率步騎六千斷然後道然復出逆之軍以勝反

朱異爲偏將軍時魏廬江太守文欽營住六安多設屯砦置諸道要以招誘亡叛爲邊寇害異身率其部下二千人掩破欽七屯斬首數百遷揚武將軍

胡綜爲右都督時將軍晉宗叛歸魏魏以宗爲蘄春太守去江數百里數爲寇害大帝使綜與賀齊輕行掩襲生虜得宗加建武中郎將

晉祖逖爲豫州刺史陳川遣將魏碩掠豫州郡大獲子女車馬逖遣將軍衛策邀擊於谷水盡獲所掠者皆令歸本軍無私焉

朱伺爲威遠將軍依陶侃於夏口建興中陳聲率諸

無賴二千餘家斷江抄掠侃遣爲都護討聲聲衆雖少侃容之不擊求遣弟詣侃降侃外許之及聲去侃乃遣勁勇要聲弟斬之潛軍襲聲聲正旦並出祭祀飲食侃軍入其門方覺聲將關普鄭進皆死戰侃軍人多傷乃還營聲東走保董城

宋王鎮惡爲鎮武將軍率龍驤將軍蒯恩討劉毅晝夜兼行於鵲州尋陽江口巴陵守風凡四日十月二十二日至豫章口去江陵城二十里鎮惡進路揚聲劉兖州上毅謂爲信然不知見襲鎮惡自豫章口捨船步上蒯恩軍在前鎮惡次之舸留一二人對舸岸

上豎立七旗下輒安一鼓語所留人計我將至城便長嚴如後有大軍狀又分隊在後令燒江津船艦鎮惡徑前襲城語前軍若有問者但云劉兖州至津戍及百姓皆言劉藩實上晏然不疑未至城五六里逢毅要將朱顯之與十許騎步從者數十欲出江津問是何人答云劉兖州至顯之馳前問藩在所答云在後顯之旣見軍不見藩而見軍人擔鼓排戰具望見江津船艦已被燒烟漲天而鼓鞞之聲甚盛知非藩上便躍馬馳去劉毅外有大軍已從下上乘已至城江津船悉被火燒矣行令閉諸城門鎮惡亦馳進軍人緣城得入門猶未下關因得開入城東門大城內毅凡有八隊帶甲千餘人已得戒嚴蒯恩入東門便北迴擊射堂前攻金城東門鎮惡入東門便直擊金城西門軍分攻金城內東從舊將猶有六隊千餘人西將金能綱直吏快手復有二千餘人食時就攻至中晡西人退散及歸降略盡鎮惡入城便因風放火燒大城南門及東門又遣人以詔及赦文并高祖手書凡三函示毅毅皆燒不視金城內亦未信高祖自來有王桓者家在江陵昔手斬桓謙爲高祖所賞拔會在左右求還西迎家至是率十餘人助鎮惡戰

下晡間於金城東門北三十步鑿城作一穴桓便先衆入穴鎮惡自後繼之隨者稍多因短兵接戰鎮惡軍人與毅將或有是父兄子弟中表親戚者鎮惡令且鬭且共語衆竝知高祖自來人情離懈一更許聽事前陣散潰斬毅勇將趙蔡毅左右兵猶閉東西閤拒戰鎮惡慮闇夜自傷犯乃引軍出繞金城開其南面以爲退路毅慮南面有伏兵三更中率左右三百許人開北門突出初毅常所乘馬在城外不得入倉卒無馬毅便就子肅民取馬肅民不與朱顯之謂曰人取汝父而惜馬不與汝今自走欲何之奪馬以授

毅初出正值鎮惡軍銜之不得去迴衝蒯恩軍軍人鬬已一日疲倦毅得從大城東門出奔牛牧佛寺自縊死鎮惡身被五箭射鎮惡手所執矟於手中破折江陵平後二十日大軍方至署中兵出爲安遠護軍武陵內史以討劉毅功封漢壽縣子食邑五百戶

沈林子參高祖征西軍事署三府中兵前鋒與官軍檀道濟同攻潼關姚紹退走留將軍姚鸞精兵守險林子銜枚夜襲即屠其城劓鸞而抗其衆高祖賜書日頻再破賊慶快無譬暨屢摧破想不復久耳

馮景祖爲晉熈王爕中兵參軍爕爲郢州刺史元徽二年太尉江州刺史桂陽王休範舉兵逼朝廷爕遣景祖襲尋休範留中兵參軍毛慧連州別駕程罕之居守開門詣景祖降進爕號安西將軍加督江州諸軍事

南齊陳顯達爲益州刺史武帝即位進號鎮西益部山險多不賓服大度村獠前後刺史不能制顯達遣使責其租賧獠帥曰兩眼刺史尚不敢調我遂殺其使顯達分部將吏聲言出獵夜往襲之男女無少長皆斬此後山夷震服

劉懷珍宋世爲寧朔將軍東安東莞二郡太守率總驃將軍王敬則姜產步騎五千討壽陽廬江太守王仲子南奔賊遣僞廬江太守劉道蔚五千人頓建武間築三城懷珍遣軍主段僧愛等馬步三百餘人掩襲斬之引軍至晉熈僞太守閻湛拒守劉子勛遣將王仲虯步卒萬人救之懷珍遣馬步三千人襲擊仲虯大破之於莫耶山遂進壽陽

李安民爲鎮東將軍屯壽春後魏南侵詔安民持節屢行緣淮清泗諸戍屯軍安民引水步軍入清於淮陽與魏戰破之旣退安民知有伏兵乃遣族弟馬軍主長文三百騎爲前驅自與軍副周盤龍崔文仲孫

其後分軍隱林中及長文至宿豫魏軍見衆少數千騎遮之長文且退且戰引賊向大軍安民率盤龍等超兵至合戰於孫溪渚戰父灣側魏軍大敗赴淸水死不可勝數

陳侯安都初爲梁將太平元年屯梁山以輕兵襲齊行臺司恭於歷陽大破之俘斬萬計後隨高祖鎮京口除蘭陵太守高祖謀襲王僧辯諸將莫知者唯與安都定計仍使安都率水軍自京口趨石頭高祖自率馬步從江乘羅落會之安都至石頭北棄舟登岸僧辯弗之覺也石頭城北接嶺阜雉堞不甚危峻安

都被甲帶長刀軍人捧之投於女垣内衆隨而入進逼僧辯臥室高祖大軍亦至與僧辯戰於廳事前安都自内閤出腹背擊之遂擒僧辯

程文季爲豫章内史隨都督章昭達率軍往荆州征蕭巋巋與周軍多造舟艦置于靑泥水中時水長漂疾昭達乃遣文季共錢道戢輕舟襲之盡焚其舟艦昭達因蕭巋等兵稍怠又遣文季夜入其外城殺傷衆甚

陳詳爲仁威將軍吳州刺史天嘉二年周廸據臨川舉兵反詳等從他道襲廸於濡城別營獲其妻子廸

敗走詳復本鎮

陸子隆爲智武將軍時華皎據湘州反以子隆居其心腹深患之頻遣使招誘子隆不從皎因遣兵攻之又不能尅及皎敗於郢州子隆出兵以襲其後因與王師相會授持節通直散騎常侍都督武州諸軍進爵爲侯增邑并前七百戸

魯廣達爲智武將軍巴州刺史太建初與儀同章昭達入峽口拓定安蜀等州鎮時周氏將圖江左大造舟艦於蜀并運糧靑泥廣達與錢道戢等兵掩襲縱火焚之以功增封并前二千戸仍還本鎮

後魏晉王伏羅太武之子督高平源州諸軍討吐谷渾慕利延軍至樂都謂諸將曰若從大道恐軍聲先振必當遠遁若潛軍出其非意此鄧艾擒蜀之計也諸將咸難之伏羅曰夫將軍制勝萬里擇利專之可也遂間道行至大毋橋利延衆驚奔白蘭慕利延兄子拾寅走河曲降其一萬餘落

陸俟爲内都大官長安盧永劉超等聚黨以叛太武詔俟鎮長安使以方略定之於是俟單馬之鎮超聞之忻然以爲無能爲也既至申揚威信示以成敗誘納超女外若姻親超猶自警初無降意俟乃率其帳

下往見超觀其舉動超使人逆曰三百人以外適當以弓馬相待三百人以内當以酒食相供乃將二百騎詣超超設備甚嚴俟遂縱酒盡醉而退俟謂將士曰超可取乃密還精兵五百人激厲之言至懇切士卒各曰以死從公必無二也遂僞獵詣超與士卒約曰今會發機以當醉爲限俟於是詐醉上馬大呼手斬超首將士皆應聲縱擊遂平之太武大悦徵還轉外都大官

蕭寶寅爲鎮東將軍討梁梁浮山旣成堰淮水盪溢將爲揚徐之患寅於堰上流更鑿新渠引汪淮澤水

乃小滅乃遣輕車將軍劉智文虎威將軍劉延宗率壯士千餘夜渡淮燒其竹木營聚破賊三壘殺獲數千人斬其將軍王升明而還火數日不滅

鄭範爲寧遠將軍副慕容白曜南征宋師次無鹽宋將申纂憑城拒守議者僉以攻具未周不宜便進範曰今輕軍遠襲深入敵境無宜淹留久稽機候且纂必以我軍來速不在攻守謂方城可憑弱卒可恃今若外潛威形内整戎旅密厲將士出其不意可一攻而尅之白曜遂潛軍僞退示以不攻纂果不設備於是即夜部分晨便騰城崇朝而尅

于栗磾爲黑矟將軍新安侯太武征赫連昌勑栗磾與宋兵將攻侯周幾襲陜城昌弘農太守曹達不戰而走乘勝長驅仍至三輔進爵爲公加安南將軍

北齊潘樂爲司徒文宣時周文帝東至崤陜遣其行臺侯莫陳崇從齊子嶺趣軹關儀同楊標從鼓鐘道出建州陷孤公戍詔樂總大衆禦之樂晝夜兼行至長子遣儀同韓永興從建州西趣崇崇遂遁

後周賀拔岳爲衞將軍副爾朱天光討万俟醜奴醜奴走安定平亭天光與岳軍於汧渭之間宣言遠近曰今氣候漸熱非征討之時待至秋凉更圖進取醜奴聞之遂以爲實分遣諸軍散營農於岐州之北岳與天光諸軍晝發掩之醜奴乃棄平亭而走岳輕騎急追明日及醜奴於平凉之長坑一戰擒之

劉亮爲大都督從文帝平侯莫陳悅悅黨幽州刺史孫定兒據州不下涇秦諸州悉與相應衆至數萬推定兒爲王帝令亮襲之定兒以義兵猶遠未爲之備亮輕以二十騎先樹一纛懸於近城高嶺即馳入城中定兒方致酒高會卒見亮衆皆駭愕莫知所爲亮乃麾兵斬定兒懸首號令賊黨仍遙指城外纛命二騎曰出追大軍賊黨大懼一時降附於是諸州皆歸

欵伏

裴寬爲車騎大將軍鎮弘城時北齊伊川郡守梁鮮嘗在境首抄掠文帝患之命寬徑略焉後鮮行過妻家推牛宴飲既醉然後不復自防寬密知之遣兵往襲遂斬之帝嘉焉賜奴婢金帶粟帛等

李遠爲都督義州弘農等二十一防諸軍事時東魏將段孝先率步騎二萬趣宜陽以送糧爲名然實有窺窬之意遠密知其計追兵襲破之獲其輜重器械孝先遁走文帝乃賜所乘馬及金帶牀帳衣被等并雜綵二千疋拜大將軍

史寧爲驃騎大將軍宕昌羌獠甘作亂逐其王彌定而自立朝廷遣寧討破之獠甘將百騎走投生羌鞏廉王彌定遂得復位寧以未獲獠甘密欲圖之乃揚聲欲還獠甘聞之復招引叛羌依山起栅欲攻彌定寧謂諸將曰此羌入吾術中當造兵擒之耳諸將思歸咸曰羌之聚散無嘗依據山谷今若遣討恐引日無成且彌定還得守蕃將軍功已立矣獠甘勢弱彌定足能制之以此還師策之上者寧曰一日縱敵數世之患豈可舍垂滅之寇更煩再舉人臣之禮知無不爲以此觀諸君不足與計事也如更沮衆寧豈不

能斬諸君邪遂進軍獠甘衆亦至與戰大破之生擒獠甘徇而斬之并執鞏廉王遂赴

獨孤信爲岷州刺史赤水蕃王梁企定舉兵反詔信討之企定尋爲其部下所殺而企定子萬收其餘衆信乃勒兵向萬年頓三交谷中賊併力拒守信因詭道趣稠松嶺賊不虞信兵之至望風奔潰乘勝逐北徑至城下賊並出降

隋楊素爲信州總管及大舉伐陳以素爲行軍元帥引舟師趣三硤軍至流頭灘陳將戚欣以青龍百餘艘屯兵數千人守狼尾灘以遏軍路其地險峭諸將患之素曰勝負大計在此一舉若晝日下船彼則見我灘流迅激制不繇人則吾失其便以夜掩之素親率黃龍數千艘銜枚而下遣開府王長襲引步卒從南岸擊欣别栅令大將軍劉仁恩率甲騎趣白沙北岸遲大貽切明而至擊之欣大敗走悉虜其衆勞之秋毫不犯陳人大悦

李安爲黃門侍郎平陳之役爲楊素司馬仍領行軍總管率蜀兵順流東下時陳人屯白沙安謂諸將曰水戰非北人所長今陳人依險泊船必輕我而無備以夜襲之賊可破也諸將以爲然安帥先鋒大破陳

師高祖嘉之詔書曰陳賊之意自言水戰爲險隘益之間彌謂官軍所憚慕府親將所部夜動舟師摧陷破賊徒生擒虜衆益官軍之氣破賊人之膽副朕所委聞以欣然進位上大將軍除郢州刺史

周法尚爲桂州總管桂州人李光仕舉兵作亂令法尚討之光仕帥勁兵保白石洞法尚遣兵列陣以當光仕親率奇兵蔽林設伏兩陣始交法尚馳擊其栅栅中人皆走散光仕大潰追斬之後遂州獠反又命法尚以行軍總管討之軍將至賊散走山谷間法尚捕不能得於人慰諭假以官號僞班師日行二十里

軍再舍潛遣人覘之知其首領盡歸柵聚相賀法尚遣步騎數千擊襲破之

李充爲行軍總管從元帥衛王爽擊突厥言於爽曰突厥每侵邊諸將輒以全軍爲討莫能死戰繇是突厥勝多敗少所以每輕中國之師今者沙鉢略悉國内之衆屯據要險必輕我而無備精兵襲之可破也爽從之諸將多以爲疑唯李徹奬成其計請與同行遂與充率精騎五千出其不意掩擊大破之沙鉢畧棄所服金甲潛草中而遁

楊武通歷岷蘭二州總管與周法尚討嘉州叛獠法

尚軍初不利武通爲賊斷歸路於是東馬懸車出賊不意頻戰破之

唐劉文靖初爲唐公府司馬率兵禦屈突通於潼關通遣虎牙郎將桑顯和率勁兵來擊文靖苦戰者半日死者數千人文靖度顯和軍稍息潛遣奇兵掩其衆通尚擁兵數萬將遣歸東都遣所部將追而執之畧定新安以西之地

李靖字藥師武德二年爲開府時蕭銑據荆州高祖遣靖安輯之會開州首領冉肇則反招集蠻左凶威甚盛趙郡王孝恭與戰不利靖率羸兵八百襲之破其城後又要險設伏大破賊軍貞觀三年以靖爲代州道行軍總領四年擊定襄大破之頡利可汗大懼退保鐵山遣使入朝謝罪請舉國内附又以靖爲定襄道行軍總管往迎頡利頡利雖外請朝謁而潛懷猶豫其年二月太宗遣鴻臚卿唐儉將軍安脩仁慰諭靖揣知其意謂副將張公謹曰詔使到彼虜必自寛遂選精騎一萬齎二十日糧引兵自白道襲之公謹曰詔許其降行人在彼未宜討擊靖曰此兵機也時不可失韓信所以破齊也如唐儉等輩安足可惜督軍疾進師至陰山遇其斥堠千餘帳皆俘以隨軍

頡利見使者大悅不虞官兵至也靖軍將過其牙十五里虜使覺頡利畏威先走部衆因而潰散靖斬萬餘級俘男女十餘萬殺其妻隋義城公主初頡利乘千里馬將走投吐谷渾西道行軍總管張寶相擒之以獻俄而突利可汗來奔遂復定襄常安之地斥土界自陰北至于大漠

張孝岷爲偏將軍武德二年閏二月以勁卒百人襲王世充汜水城入其郛郭沉其米船一百五十艘

劉弘基爲行軍總管武德二年七月遣仲如願襲王世充於河陽城斬首數百級毀其河橋而還

李厚德爲涉州刺史武德三年七月襲武昌拔之獲
王世充總管章瑗
王君廓爲左將軍時王世充鄭州司馬沈悅遣使詣
左武大將軍李世勣請以城降君廓夜襲武牢悅爲
内應遂拔之獲其荆王行本長史戴胄武德四年四
月襲竇建德糧艘大破之斬首三百級五月又襲破
之獲其將張特虜六百餘人斬首三百級
江夏王道宗與侯君集副李靖爲崑丘道行軍大總
管以討吐谷渾時賊鬪兵至走入幛山已行數千里
諸將議欲息兵道宗固請追討李靖然之而君集不

從道宗遂率偏師倍道徑往去大軍十日追擊之賊
據險苦戰道宗潛遣千餘騎踰山襲其後表裏受敵
一時奔潰
張亮爲滄海道行軍大總管從太祖征高麗與亞將
程名振拔卑沙城其城四面懸絶惟西門有攻取之
勢名振督軍夜襲之副總管王文度先登士卒繼進
城中潰散虜其男女八千口
牛進達貞觀中爲鄯善行軍副總管後吐蕃入寇進
達鎮於松州吐蕃攻城十餘日進達掩其不備夜出
兵襲破之吐蕃乃退

蘇定方貞觀初爲康道府折衝隨李靖襲突厥頡利
於磧口靖遣定方率二百騎爲前鋒乘霧而行走去
賊一里許忽然霧歇望見其牙帳馳掩殺數十百人
頡利及隋公主狼狽散走餘衆俯伏靖軍旣至遂悉
降之高祖時爲左驍騎大將軍旣平賀魯思結闕俟
斤都曼分鎮其地以彌射步真不綏御之遂率疎勒
朱俱般硊三國復叛擊破于闐定方受詔討之兵至
葉水而賊保馬頭川於是選精兵萬人騎三千掩襲
之一日一夜行三百里詰朝而到其城都曼大驚拒
戰於城門之外賊師敗績

契苾何力貞觀中爲左領軍將軍與薛萬均征吐谷
渾萬均爲賊所攻何力救之獲吐谷渾王在突倫川
何力復欲擊之萬均懲其前敗固言不可何力曰賊
非有城郭逐草木以爲生若不襲其不虞便恐鳥驚
魚散一失機會安可傾其巢穴邪乃自領驍兵千餘
騎直入突倫川襲破吐谷渾牙帳斬首數千級獲駝
馬牛羊四十餘萬頭渾王脱身以免俘其妻子而還
龍朔初何力爲遼東道行軍大總管率兵征遼次于
鴨緑水其地卽高麗之險防莫離支男生以精兵數
萬守之衆莫能濟何力始至會層冰大合趣卽渡水

兵鼓譟而進賊遂大潰追奔數十里斬首三萬級餘衆盡降男生僅以身免會有詔班師乃還

黑齒常之爲河源軍副使吐蕃賛婆及素和貴等率衆數萬屯聚於非良川常之以精騎三千夜襲賊營斬首二千餘級獲羊馬數萬計賛婆等单馬而遁賞帛三千段以爲河源軍大使

張仁愿爲鄜州刺史府突厥入寇朔方軍總管沙吒忠義爲賊所敗仁愿攝御史大夫代忠義統衆仁愿軍至而賊衆已退乃躡其後夜掩大破之

崔光遠爲御史大夫兼京兆尹天寶末祿山陷西京

光遠於渭北召集人吏之歸順者嘗有賊剽掠涇陽縣界于僧寺中椎牛享之連夜酣飲去光遠營四十里光遠悉而知之率馬步二千人往乙夜及之賊徒多醉不以爲虞光遠領百餘騎持滿扼其要路分曉勇以陌刀呼而斬之賊徒二千餘人皆殲虜其馬千餘疋賊中以光遠勇勁嘗避其鋒

侯希逸爲平盧軍節度使肅宗元年建丑月率衆襲范陽擊敗偽將李懷光引衆而南

李重倩善騎射臨事勇果爲淮西節度李忠臣偏裨忠臣討李靈耀於汴州時田承嗣遣侄悦率精兵數萬援靈耀屯於州郭威聲頗盛重倩以騎數百乘夜掩襲貫穿賊營殺數十人而旋賊軍大駭田悦单騎突走士卒相枕藉死者不可勝紀靈耀因是開城潛遁餘卒奔潰遲明汴州平皆重倩之力也

田頵爲忠武軍大將軍從李光顏討淮西時諸軍使齊力攻討賊嘗徑攻烏重胤之壘亘繒絮之中數捨馳請救於光顏光顏以小殷橋賊之保也乘其無備使頵及宋朝隱襲而取之遂平其城壘

梁雷彥恭爲朗州節度使時周汭在荆南暴很與鄰境皆構讐怨蜀淮賊圍迫杜洪於鄂州洪求救於汭

汭乃悉境内兵登舟從江而下彥恭嘗有窺圖意聞汭東去喜甚卽率兵上襲荆人拱手而歸之於是廩藏金帛市里人民悉爲彥恭舟徙而去

後唐李嗣恩天祐十二年爲天雄軍馬步軍都指揮使梁將劉鄩之北趣樂平也嗣恩襲之倍程先入北京時城中無備得嗣恩兵至人百其勇鄩聞其先遁雨中宵遁

晉康福拜朔方河西等軍節度使明宗遣齊軍牛知柔領兵送赴鎮行次靑岡峡會大雪令人登山望之見川下烟火吐蕃數千帳在焉寇不之覺因分軍爲

三道以掩之番衆大駭棄帳幙而走殺之殆盡獲玉璞羊馬甚多

周馮暉善戰有勇後唐明宗朝領盧州刺史典禁兵長興初董璋據東蜀叛攻陷閬州其年秋晉祖將兵繇大散關討之川賊守劍門暉與趙在禮各領部下兵踰陷阻他道出於劍門之左掩襲之殺守兵殆盡

折從阮爲勝等州觀察處置等使廣順三年三月率軍至葉落鎮掩襲蕃部孳却至慶州折德扆爲府州團練使廣順三年十二月太原賊將喬贇引兵犯州界孳出軍掩襲敗走之

册府元龜　將帥部　掩襲　　卷之四百二十　　二十三

册府元龜

冊府元龜

巡按福建監察御史臣李嗣京　訂正
分守建南道左布政使臣胡維霖　參閱
知建陽縣事臣黃國琦　較釋

將帥部

任謀

夫經武之畧在於貴謀濟衆之方本乎從善蓋所以詢能者之策慮應一時之權變決機制勝以懋厥功故自春秋以來本兵柄者當夫鞠旅撫征之際交刃致志之始有能咨於幙府訪於麾下揣摩周悉計畫

先定言之可用舍巳而從人智之可師屈身而服義用能剖分猶豫之惑圖建克獲之庸無失相時之機以保出奇之勝者也漢高所謂運籌於帷幄之中魏武亦云任天下之智力足以知善計任謀之爲上矣

欒書晉大夫也魯成公六年冬欒書救鄭與楚師遇於繞角（繞角鄭地）楚師還晉師遂侵蔡楚公子申公子成以申息之師救蔡（申息楚二縣）禦諸桑隧（汝南郎縣東有桑里在上蔡西）趙同趙括欲戰請於武子將許之（武子欒書）知莊子（荀首中軍佐）范文子（士燮上軍佐）韓文子（韓厥新中軍將）諫曰不可吾來救鄭楚師去我吾遂至於此是遷戮也戮而不已又怒楚師戰必不克不令成師以出而敗楚之二縣何榮之有焉（六軍悉出故曰成師以大勝小不足爲榮）若不能敗爲辱已甚不如還也乃遂還於是軍師之欲戰者衆或謂欒武子曰聖人與衆同欲是以濟事子盍從衆（盍何不也）子爲大政（中軍元帥）將酌於民者也（酌取民心以爲政）子之佐十一人（六軍之卿佐）其不欲戰者三人而已（知范韓也）欲戰者可謂衆矣商書曰三人占則從二人衆故也（商書洪範）武子曰善鈞從衆（鈞等也）夫善衆之主也三卿爲主可謂衆矣（三卿皆晉之賢人）從之不亦可乎

晉析公楚大夫也楚子儀之亂析公奔晉（在文十四年）晉

人寘諸戎軍之殿以爲謀主（殿後軍）繞角之役晉將遁矣析公曰楚師輕窕易震蕩也若多鼓鈞聲以夜軍之（鈞同其聲）楚師必遁晉人從之楚師宵潰

趙奢爲趙將時秦伐韓軍於閼與趙遣奢救之兵去邯鄲三十里而令軍中曰有以軍事諫者死秦軍武安西（屬魏郡在邯鄲西也）秦軍鼓譟勒兵武安屋瓦盡振軍守候有一人言急救武安趙奢立斬之堅壁留二十八日不行復益增壘秦間來入趙奢善食而遣之間以報秦秦將大喜曰夫去國三十而軍不行乃增壘閼與非趙地也趙奢既巳遣秦間乃卷甲而趨之二日

一夜至令善射者去閼與五十里而軍壘成秦人聞之悉甲而至軍士許歷請以軍事諫趙奢曰內之許歷曰秦人不意趙師至此其來氣盛將軍必厚集其陣以待之不然必敗趙奢曰請受令許歷曰請就鈇鑕之誅趙奢胥後令至邯鄲許歷復請諫曰先據北山上者勝後至者敗趙奢許諾即發萬人趨之秦兵後至爭山不得上趙奢縱兵擊之大破秦軍解而走遂解閼與之圍而歸趙惠文王賜奢號爲馬服君以許歷爲國尉

田忌爲齊威王將魏伐趙趙急請救於齊威王欲將

孫臏臏辭謝曰刑餘之人不可於是乃以田忌爲將而孫子爲師居輕車坐爲計謀田忌欲引兵之趙孫子曰夫解雜亂紛糾者不控捲救鬭者不搏撠音戟批亢擣虛刑格執禁則自爲解耳今梁趙相攻輕兵銳卒必竭於外老弱罷於內君不若引兵疾走大梁據其街路衝其方虛彼必釋趙而自救是我一舉解趙之圍而收弊於魏也田忌從之魏果去邯鄲與齊戰於桂陵大破梁軍

漢韓信爲丞相破趙乃令軍中毋斬廣武軍有生得之者購千金頃之有縛而至戲下者信解其縛東鄉坐西鄉對而師事之於是問廣武君曰僕欲北攻燕東伐齊何若有功何若猶言何如也廣武君辭曰臣聞之亡國之大夫不可以圖存圖謀也敗軍之將不可以語勇若臣者何足以權大事乎信曰僕聞之百里奚居虞而虞亡之秦而秦伯百里奚本虞臣也後仕于秦遂爲大夫穆公用其言以取霸伯讀曰霸非愚於虞而智於秦也用與不用聽與不聽耳向使成安君聽子計僕亦擒矣僕委心歸計願子勿辭廣武君曰臣聞智者千慮必有一失愚者千慮必有一得故曰狂夫之言聖人擇焉顧恐臣計未足用顧念也願效愚忠故成安君有百戰百勝之計一日而

而失之軍敗鄗下鄗常山縣也光武即位于此鄗故葛邑身死泜水上今足下虜魏王禽夏說不旬朝破趙二十萬衆誅成安君名聞海內威震諸侯衆庶莫不輟作怠惰靡衣媮食傾耳以待命者輟止也靡輕麗也媮與偷字同苟且也言爲美麗之衣苟且而食恐懼之甚不爲長久之計也然而衆勞卒罷其實難用也今足下舉勌敝之兵頓之燕堅城之下情見力屈見顯露也屈盡也欲戰不拔曠日持久糧食殫竭殫亦盡也若燕不破齊必距境而以自彊二國相持則劉項之權未有所分也臣愚竊以爲過矣信曰然則何繇繇從也言當從何計也廣武君對曰當今之計不如按甲休兵百里之內牛酒日

至以享士大夫北首燕路（首謂嚮也）然後發一乘之使奉咫尺之書（八寸曰咫咫尺者其簡牘或長咫或長尺喻輕率也今俗言尺書或言尺牘蓋其遺語耳）以使燕燕必不敢不聽從燕而東臨齊雖有智者亦不知爲齊計矣信曰善敬奉教於是用廣武君策發使燕燕從風而靡

周亞夫爲車騎將軍景帝二年七國反亞夫將兵東擊吳楚因自請帝曰楚兵剽輕難與爭鋒（剽音匹妙反）願以梁委之絕其道乃可制也帝許之（按吳王傳云亞夫至淮陽問鄧都尉爲畫此策亞夫乃從之今此云亞夫自請而後行二傳不同未知孰是）亞夫旣發至霸上趙涉遮說亞夫曰將軍東討吳楚勝則宗廟安不

勝則天下危能用臣之言乎亞夫下車禮而問之涉曰吳王素富懷輯死士久矣此知將軍且行必置間人於殽黽阸陿之間且兵事上神密將軍何不從此右去走藍田（右謂少西也走音奏）出武關低雒陽（抵至也）間不過差一二日（右去行遲止一二日）直入武庫擊鳴鼓諸侯聞之以爲將軍從天而下也（不意其猝也）大尉如其計至雒陽使吏搜殽黽間果得吳伏兵迺請涉爲護軍亞夫乘六傳會兵滎陽至雒陽問故父絳侯客鄧都尉曰策安出客曰吳楚兵銳甚難與爭鋒楚兵輕不能久方今爲將軍計莫引兵東北壁昌邑以梁委吳必盡銳攻之將軍深溝高壘使輕兵絕淮泗口塞吳饟道（饟古餉字）使吳梁相弊而糧食竭反以全制其極破吳必矣條侯曰善從其策遂堅昌南輕兵絕吳饟道竟破吳楚

後漢傅俊爲積弩將軍光武建武三年俊東徇揚州俊素聞汝南鄧惲名乃禮請之上爲將兵長史授以軍政惲乃誓衆曰無掩人不備窮人於厄不得斷人支體裸人形體放淫婦女俊軍士猶發塚陳尸掠奪百姓惲諫俊曰昔文王不忍露白骨武王不以天下易一人之命故能獲天地之應克商如林之旅將軍

如何不師法文王而犯逆天地之禁多傷人害物虐及枯尸取罪神明今不謝天改政無以全命願將軍親率士卒收傷葬死哭所殘暴以明非將軍本意也俊從之百姓悅服所向皆下

任尚安帝時爲中郎將羽林緹騎五營子弟三千五百人代班雄屯三輔尚臨行懷令虞詡說尚曰使君頻奉國命討逐寇賊三州屯兵二十餘萬人棄農桑疲若徭役而未有功効勞費日滋若此出不克誠爲使君危之尚曰憂惶久矣不知所如詡曰兵法弱不攻彊走不逐飛自然之勢也今虜皆馬騎日行數百

來如風雨去如絶弦以步追之勢不相及所以曠而無功也爲使君計者莫如罷諸郡兵各令出錢數千二十人共市一馬如此可捨甲冑馳輕兵以萬騎之衆逐數千之虜追尾掩截其道自窮便人利事大功立矣尚大喜即上言用其計乃遣輕騎欽擊杜季貢於丁奚城斬首四百餘騎獲牛馬羊數千頭

公孫瓚爲奮武將軍禽劉虞盡有幽州之地獻帝興平二年爲袁紹所破於鮑丘瓚遂守易京袁紹悉軍圍之瓚遣子求救於黑山賊復欲自將突騎直出傍西南擁黑山之衆陸梁冀州横斷紹後長史官請説

瓚曰今將軍將士皆已土分瓦解其所以能相守持者顧戀其居處老小以將軍爲主耳將軍堅守曠日袁紹要當自退自退之後四方之衆必復可合也若將軍舍之而去軍無鎮重易京之危可立待也將軍失本孤在草野何所成耶瓚遂止不出

袁紹領冀州牧引沮授爲别駕因謂授曰今賊臣作亂朝廷遷移吾歷世受寵志竭力命興漢室然齊桓非夷吾不能成伯勾踐非范蠡無以存國今欲與卿戮力同心共安社稷將何以拯濟之乎授進曰將軍弱冠登朝播名海内值廢立之際忠義奮發單騎出奔董卓懷懼濟河而北勃海稽服擁一郡之卒撮冀州之衆威陵河朔名重天下若舉軍東向則黄巾可埽還討黑山則張燕可滅回師北首則公孫必禽振脅戎狄則匈奴立定横大河之北合四州之地收英雄之士擁百萬之衆迎大駕於長安復宗廟於雒邑號令天下誅討未服以此爭鋒誰能禦之比及數年其功不難紹喜曰此吾心也即表授爲奮武將軍使監諸將魏郡審配鉅鹿田豐並以正直不得志於韓馥紹乃以豐爲别駕配爲治中甚見器任

魏曹洪大祖時爲厲鋒將軍劉備遣吳蘭屯下辯大

祖遣洪征之以曹休爲騎都尉參洪軍事大祖謂休曰汝雖參軍其實帥也洪聞此令亦委事於休備遣張飛屯固山欲斷軍後衆議狐疑休曰賊實斷道者當伏兵前行今乃先張聲勢此其不能也宜及其未集促擊蘭蘭破則飛自走矣洪從之進兵擊蘭大破之飛果走

吳呂蒙爲左護軍漢昌太守討關羽騎都尉虞翻從蒙舉軍西上南郡太守麋芳開城出降蒙未據郡城而作樂沙上翻謂蒙曰今區區一心者麋將軍也城中之人豈可盡信何不急入城持其管籥乎蒙即從

之時城中有伏計賴翻謀不行
魯肅爲奮武較尉代周瑜領兵時呂蒙爲偏將軍領
尋陽令肅過蒙屯下肅意尚輕蒙或說肅曰呂將軍
功名日顯不可以故意待也君宜顧之遂往詣蒙酒
酣蒙問肅曰君受重任與關羽爲鄰將何計畧以備
不虞肅造次應曰臨時施宜蒙曰今東西雖爲一家
而關羽實熊虎也計安可不豫定因爲肅畫五策肅
於是越席就之拊其背曰呂子明吾不知卿才畧所
及乃至是也遂拜蒙母結交而别
晋陶侃爲征西大將軍征蘇峻累戰無功諸將請於

察浦築壘監軍部將李根建議請立白石壘侃不從
曰若壘不成卿當坐之根曰察浦地下又在水南惟
白石峻極險固可容數千人賊來攻不便滅賊之術
也侃笑曰卿良將也乃從根謀夜修曉訖賊見壘大
驚賊攻大業壘侃將救之長史殷羨曰若遣救大業
步戰不如峻賊大事去矣但當悉攻石頭峻必救之
而大業自解侃又從羨言峻果棄大業而救石頭
宋朱齡石爲寧朔將軍與下邳大宗劉鍾等同討譙
縱師次平模去成都二百里縱遣其大將軍侯暉尚
書僕射譙悦屯平模夾岸連城層數重柵衆未能攻
齡石謂劉鍾曰天方暑熱賊今固險攻之難拔祇困
我師吾欲蓄鋭息兵伺隙而進卿以爲何如鍾曰不
然前揚聲言大將繇内水故譙道福不敢捨涪今重
軍逼之出其不意侯暉之徒已破膽矣正可因其克
而攻之勢當必尅平模之後自可鼓行而前成都必
不能守若緩兵相持虛實相見涪軍復來難爲敵也
進無能戰退無所資二萬餘人因爲蜀子虜耳從之
翌日進攻皆尅斬侯暉等於是遂進縱之城守者相
次解散縱乃出奔
柳元景爲領軍將軍孝武孝建元年正月魯爽反遣

左衛將軍王玄謨討之加元景撫軍假節置佐係玄
謨復以爲都督雍梁南北秦四州荆州之境隨二
郡諸軍事撫軍將軍領寧蠻校尉雍州刺史持節如
故臧質義軍並反玄謨南據梁山夾江爲壘垣護之
薛安都渡據歷陽元景出屯采石玄謨聞賊盛遣
司馬管法濟求益兵帝使元景進屯姑熟元景使將
武念前進質遣將龐法起襲姑熟偵念至擊破之法
起單船走質攻陷玄謨西壘玄謨使垣護之告元景
曰今餘東卒萬人賊軍數倍强弱不敵謂宜還就節
下協力當之元景謂護之曰師有常刑不可先退賊

衆雖多情而不整今當卷甲赴之護之曰逆徒皆云
南州有三萬人而麾下裁十分之二若往造賊敵虛
實立見則賊氣成矣元景納其言悉遣精兵助玄謨
以羸弱居守所遣軍多張旗幟梁山望之如數萬人
皆曰京師兵悉至於是衆心乃安繇是尅捷帝遣丹
陽尹顔峻宣旨慰勞與沈慶之俱以本號開府儀同
三司封晉安郡公邑如故
南齊崔惠景爲徐州刺史明帝建武二年虜圍鍾離
時張欣泰爲將主隨惠景救虜既爲徐州軍所挫更
欲於邵陽州築城惠景慮爲久患欣泰曰虜所以築

城者外示誇大實懼我躡其後耳今若說之以彼此
各願罷兵則其運自息惠景從之遣欣泰至虜城下
具述此意及虜引退而洲上餘兵萬人求輸五百匹
馬假道惠景欲斷路攻之欣泰說惠景曰歸師勿遏
古人畏之死地之兵不可輕也勝之既不足爲武敗
徒喪前功不如許之惠景乃聽虜過
梁鄧元起爲左將軍益州刺史時劉季連發兵拒守
元起在道久軍糧乏絶或說之曰蜀土政慢民多詐
疾若檢巴西一郡籍注因而罰之所獲必厚元起然
之涪令李膺諫曰使軍前慓嚴敵後無繼援山民始
附於我觀德若亂以刻薄民必不堪衆心一離雖悔
無及何必起疾可以濟師膺請出圖之不患資糧不
足也元起曰善一以委卿膺退率富民上軍資米幾
得三萬斛王僧辯爲領軍將軍大都督時司馬申爲
鎮西外兵記室參軍及侯景寇郢州申隨僧辯據巴
陵每進籌策皆見行用
後魏樂平王丕爲車騎大將軍督河西高平諸軍討
南秦王楊難當難當懼還仇池而諸將議曰若不誅
豪帥軍還之後必聚而爲寇又以大衆遠出不有所
掠則無以克軍實賞將士將從之時中書侍郎高元

參丕軍事諫曰今若誅之是傷其向化之心恐大軍
一還爲亂必速丕以爲然於是綏懷初附秋毫無犯
皮豹子拜仇池鎮將與古弼等討仇池楊難當平之
未幾諸氏復反楊文德爲主以圖仇池古弼率諸軍
討平之時豹子次子下辨聞圍解欲還弼遣使謂豹
子曰賊恥其負敗必求報復發舉爲難不如陳兵以
待之豹子以爲然尋除秦雍荊梁益五州諸軍事開
府仇池鎮將
長孫稚爲尚書僕射雍州刺史蕭寶寅據雍州反詔
稚討之軍次弘農副將楊侃曰昔魏武與韓遂馬超

挾關爲壘勝負之理久而無决豈才雄相類筭畧抗衡當以河山險阻難用智力今賊守潼關全據形勝縱曹操更出亦無所逞奇必須北取蒲坂飛棹西岸置兵死地人有闘心潼關之賊必覘風而散諸處既平長安自尅稚曰賊黨薛循義已圍河東薛鳳賢又保安邑都督宗正珍孫停虞坂久不能進雖有此計猶足爲疑侃曰珍孫本行陣一夫因緣進達可以爲人使未可以使人一旦受元帥之任處分三軍精神亂矣寧堪圍賊河東理在蒲坂西帶河渭所部之人多在東境循義驅率壯勇西圍郡邑父老妻弱尚保

舊村若卒一臨方寸各亂人人思歸則郡圍自解不戰而勝昭然在目稚從之令其子彦等領騎與侃於弘農北渡所統悉是其騎士習於野戰未可攻城便據石鎮壁侃乃班告曰今且停車於此以待歩卒兼觀人情向背然後行若送降名者各自還村候臺軍舉烽火亦應之以明降欵其無應烽者即是不降之村理須殄戮賞賚軍士民遂相告報未實降者亦詐舉烽一宿之間火遍數百里内寶寅將時圍河東不測所以各自散歸長安賊平侃頗有力

爾朱榮爲柱國大將軍録尚書事黄門郎楊侃爲北中郎將時梁人送元顥入雒侃從孝莊帝幸河北及車駕南還顥令陳慶之守北中城自據南岸有夏州義士爲顥守河中渚乃密信通欵求破橋立效榮率軍赴之及橋破應接不果皆爲顥所屠戮榮因悵然將爲還計欲更圖後舉侃曰未審明大王發并州之日已知有夏州義士指來相應爲欲廣申經畧寧復帝基乎夫兵敗而更合瘡愈而更戰持此收功自古不少豈可以一圖不全而衆慮頓廢今事不果乃是兩賊相殺則大王之利矣若今即還民情失望去就之心何繇可保未若召發民材唯多縛筏間以舟檝

沿河廣布令數百里中皆爲渡勢首尾既遠顥復知防何處一旦得渡必立大功榮大笑曰黄門即奏行此計於是爾朱兆與侃等遂與馬渚楊南渡破顥子領軍將軍冠受禽之顥便南走

後周王思政魏孝武時爲武衛將軍裴俠爲東郡太守及孝武與齊神武有隙徵兵俠率所部赴雒州思政謂曰當今權臣擅命王室日卑若何俠曰宇文泰爲三軍所推居百二之地所謂已操矛戈寧肯受人以柄雖欲撫之恐是據於蒺藜也思政曰柰何俠曰圖歡有立至之憂西巡有將來之慮且至關右日愼

一日徐思其宜耳思政然之乃進依於帝授左中郎將思政爲驃騎大將軍鎮弘農郡賢爲伏波將軍從思政行弘農郡事賢質直有筭畧思政甚重之禦邊之謀多與賢參決

隋李景簡較代州總管漢王諒作亂遣兵攻之景戰士不過數千加以城池不固爲賊衝擊推毀相繼司馬馮孝慈司法參軍呂玉並驍勇善戰儀同三司侯莫陳乂多謀畫上拒守之術景推誠於此三人無所關預惟在閤持重時出撫循而已月餘援兵至合擊大破之

唐李孝逸爲左屯鈐衛大將軍時徐敬業據楊州作亂孝逸督軍討之則天詔殿下侍御史魏元忠監其軍事孝逸至臨晉而偏將雷仁智爲敬業先鋒所敗敬業又攻陷潤州回兵以拒孝逸孝逸懼其鋒按兵不敢進元忠謂孝逸曰朝廷以公王室懿親故委以閫外之事天下安危實資一決且海內承平日久忽聞狂狡莫不注心傾耳以候其誅今大軍留而不進則解遠近之望萬一朝廷更命他將代公其將何辭以逃逗遛之罪幸速進兵以立大效不然則禍難至矣孝逸然其言乃部勒士卒以圖進發時敬業屯於下阿谿敬業弟敬猷率偏將以遏淮陰元忠請先擊敬猷諸將咸曰不如先攻敬業敬業敗則敬猷不戰而擒矣若擊敬猷則敬業引兵救之是腹背受敵也元忠曰不然賊之勁兵精卒盡在下阿蟻聚而來利在一決萬一不捷則大事去矣敬猷本出博徒不習戰鬭其衆寡弱人情易搖大軍臨之其勢必尅旣尅敬猷我軍乘勝而進彼若引救淮陰計程則不及又恐我之進掩江都必邀我於中路彼則勞倦我則以逸待之破之必矣譬之逐獸弱者先擒豈可捨必擒之弱獸趨勢敵之强兵恐未可也孝逸從之乃引

兵擊敬猷戰而破之敬猷脫身而遁先是敬業方南攻潤州其弟敬猷屯兵淮陰僞將連超據都梁山以拒孝逸裨將馬敬臣擊斬賊之別率尉遲昭夏侯瓚等超乃擁衆憑山以自固攻之則士無所施其力騎無所騁其足窮寇殊死殺傷必衆不若分兵守之大軍直趨楊州未數日其勢必降也支度使薛克構曰超雖憑險其卒非多今逢小寇不擊何以示武若加兵以守則有闕前機捨之而前則終爲後患不如擊之尅超則淮陰自懾淮陰破則楚州諸縣必開門而候官軍然後進兵高郵直趨江都逆豎之首可指掌

而懸也孝逸從其言進兵擊超賊衆壓伏官軍登山
懸擊之殺數百人日暮圍解超銜枚夜遁孝逸引兵
擊隹陰又破敬猷之衆時敬業過軍屯於下阿谿以
拒官軍有流星隊其營孝逸引兵渡溪以擊之敬業
初勝後敗孝逸乘勝追奔數十里敬業窘廹與其黨
携妻子逃入海曲孝逸進據揚州盡捕斬敬業等振
旅而還以功進授鎮軍大將軍
封嘗清爲安南節度封大勃律時次賀薩勞城一戰
兩勝嘗清逐之判官段秀實曰賊兵羸餌我也請備
左右搜其山林遂殲其覆

李岑爲宋州刺史史朝儀遣將圍之連月不解城中
食盡賊垂將陷之岑計蹙別駕劉昌爲謀曰今河陽
有李光弼制勝且江淮足兵此廩中有數千斤麪可
以稍食計援兵不二十日當至東南隅之敵衆以爲
危昌請守之昌被鎧持循而登之陳逆順以告諭賊
衆後十五日副元帥李光弼救軍至賊乃宵潰
李僧惠爲宋州刺史李靈曜據汴州叛僧惠將受靈
曜牽制別駕劉昌密遣僧神表潛説僧惠惠召昌問
計昌泣陳逆順僧惠感之乃使神表詣闕請討靈曜
遂剪靈曜左翼

邢君牙爲李晟都虞候屬駕幸奉天晟率君牙統所
部兵倍道兼程來赴國難及駐軍咸陽移營渭橋軍
中之事晟唯與君牙商量之他人莫可得而聞也

册府元龜

巡按福建監察御史臣李嗣京　訂正
知甌寧縣事臣孫以敬叅閲
知建陽縣事臣黄國琦較釋

將帥部

推誠　任能

推誠

夫誠之至者金石爲開信之篤者豚魚咸及况於人乎乃有居師帥之重當金鼓之任因叛臣之猶豫乘麾下之疑間或廹近强寇部曲懷於反側或招降壯

士指顧定其向背於是精懇内激勇節兼厲冒不測之險而敵人推服絶持疑之意而偏裨效命坦懷以御下而羣心以安至誠以任人而奇功乃集自非明識邁衆周物而不殆宏量超世獨見而無惑脱畧常瑣之態逈臻幾槩之表者豈足與議哉

魏張遼爲裨將軍太祖遣與夏侯淵圍昌豨於東海數月糧盡議引軍還遼謂淵曰數月已來每行諸圍豨輒屬目視遼又其射矢更稀此必豨計猶豫故不力戰遼欲挑與語儻可誘也乃使謂豨曰公有命使遼傳之豨果下與遼語遼爲説太祖神武方以德綏四方先附者受大賞豨乃許降遼遂單身上三公山入豨家拜妻子豨乃歡喜隨詣太祖太祖遣豨還責遼曰此非大將法也遼謝曰以明公威信著於四海遼奉聖旨豨必不敢害故也

晉李矩永嘉初爲汝陰太守時大尉荀藩承制建行臺假矩榮陽太守尋表元帝加矩冠軍將軍領河東平陽太守時劉琨承制假揚威將軍魏浚河南尹時藩行臺在密縣浚詣藩諮謀軍事藩甚悦要矩同會矩將夜赴之矩客屬以浚不可信不宜夜往矩曰忠臣同心將何疑乎及會客主盡歡浚因與矩相結而去

劉弘爲南蠻校尉荆州刺史鎮南大將軍會陳敏寇揚州引兵欲西上弘乃解南蠻以授前北軍中侯蔣超統江夏太守陶侃武陵太守苗光以大衆屯於夏口侃與敏同郡又同歲舉吏或有間侃者弘不疑之乃以侃爲前鋒督護委以討敏之任侃遣子及兄子爲質弘遣之曰賢叔征行君祖母年高便可歸也匹夫之交尚不負心何况大丈夫乎陳敏竟不闚境

謝尚爲豫州刺史都督江西淮南諸軍事時後秦姚襄初爲石祗驃騎將軍與高昌李歷戰於麻田馬中

流矢頼其弟萇以免晉處襄於譙城遣其弟爲佐單騎虔淮見尚於壽春尚命去仗衛幅巾以待之一面交款便若平生

宋劉道規爲荊州刺史桓玄餘黨荀林屯江津桓謙軍屯枝江二寇交逼乂絶都邑之間荊楚既桓氏義舊並懷異心道規乃會將士告之曰桓謙今在近畿聞諸君頗有去就之計吾東來文武足以濟事若欲去者本不相禁因夜開城門達曉不閉衆咸憚服莫有去者盧循逼京邑循黨荀林伐江陵桓謙自蜀寇江陵雍州刺史魯宗之率衆數千自襄陽來赴或謂

宗之未可測道規乃單馬迎之宗之感悦

王景文爲江州刺史晉安王子勛起兵以夾轂隊主焦度爲先鋒及事敗逃宮亭湖中爲寇賊朝廷聞其勇甚憂患之使景文誘降度等度將部曲出首景文以爲己鎭南參軍尋領中直兵厚待之

梁尋陽王大心爲江州刺史進號平南將軍侯景寇京邑大心招集士卒遠近歸之初歷陽太守莊鐵以城降侯景既而又奉其母來奔大心以鐵舊將厚爲其禮軍旅之事悉以委之仍以爲豫章内史侯景數遣軍西上寇洑大心輙令鐵擊破之賊不能進

王僧辯爲左衛將軍將兵討河東王譽譽將周鐵虎有膂力譽委遇甚重僧辯於陣擒獲命烹之鐵虎呼曰侯景未滅何以殺壯士僧辯奇其言乃宥之還其麾下及侯景西上鐵虎從僧辯尅任約獲宋子仙每戰皆有功

後魏王羆爲大都督鎭華州西魏師與東魏師戰河橋不利東魏降卒趙青雀據長安城所在莫有固志羆乃大開州門召城中軍民謂之曰如聞朝廷敗績不知吉凶諸人相驚咸有異心王羆受委於此以死報恩諸人若有異圖可來見殺必恐諸城陷没者亦

任出城如有忠誠能與王羆同心者可共固守軍民見其誠信皆無異志

後周趙昶爲大都督行南秦州事又加驃騎大將軍開府儀同三司昶自以被拔擢居將帥之任傾心下士虜獲氐羌撫而使之皆爲昶盡力文帝曰不煩國家士馬而能威服氐羌者趙昶有之矣

隋李景爲代州總管時漢王諒作亂景發兵拒之司馬馮孝慈司法參軍呂玉並驍勇善戰儀同三司侯莫陳乂多謀畫上拒守之術景知將士可用其後推誠於此三人無所關預唯在持重時出撫循而已月

餘朔州摠管楊義臣以兵來援合擊大破之

唐田留安武德中爲魏州摠管劉黑闥之亂也來攻州城於時山東豪猾多殺長吏以應賊百姓洶洶人懷異志凡諸守將以腹心自衛多所猜防繇是上下情隔怨叛者多留安獨撫結所部示無疑阻但有白事者無問疎遠皆至卧内每謂人曰吾與卿輩同爲國守自宜一心無爲疑貳也欲棄同即與背順歸逆亦任卿輩斬吾頭而去矣城中父老遞相戒勵子弟曰公以赤心相付何得負之繇是人情遂固

郭子儀鎮河中永泰元年僕固懷恩復率蕃虜來寇

子儀使喻廻紇曰公等頃年遠涉萬里翦除兇逆恢復二京是時子儀與公等周旋艱難何日可忘今忽棄舊好助一叛臣何其謬也且僕固懷恩棄君忘親於公等何有廻紇曰謂令公殁矣不然何以及此令公誠在安得而見之子儀將出諸將皆曰戎狄不可信也請無往子儀曰虜有數十倍之衆今力不可敵柰何且至誠感神況虜輩乎諸將請選鐵騎五百爲從子儀曰此適足爲害也乃傳呼令公來虜初疑皆持滿注目以持之子儀乃以十數騎徐出免冑而勞之曰安乎久同忠義何至於是廻紇皆捨兵降馬拜曰是我父也子儀招首領等各飲以酒與之重錦歡言如初

李抱眞興元初爲昭義軍節度使與李懷光同討田悦時朱滔王武俊皆反朱泚既汙宮闕李希烈陷大梁朱滔悉幽薊軍借兵廻鶻擁衆五萬南向以應泚攻圍貝州初羣賊附於希烈無何希烈僭僞有臣屬羣賊心稍離帝自奉天下罪己之詔悉赦群賊抱眞乃遣門客賈林以大義説武俊合從擊朱滔武俊許之時兩軍尚相疑抱眞乃以數騎徑入武俊營其將去也賓客皆止之抱眞遺軍司馬盧玄卿勒軍部分

曰僕今日此舉天下安危僕死不還領軍士以聽朝命亦惟子奮勵士馬東嚮雪僕之恥亦唯子言訖而去武俊設備甚嚴抱眞曰朱泚希烈僭竊大位朱滔攻圍貝州此輩皆欲凌駕吾屬足下既不能自振數賊之間舍九葉天子而北面反虜乎聖上奉天下罪已之詔可謂禹湯之主也因言及播越持武俊哭涕泗交下武俊亦哭感動左右因退卧武俊帳中甘寢久之武俊感其不疑待之益恭指心仰天曰此身已許公死敵矣飯訖結爲兄弟而别約明日合戰擊破朱滔於經城以功加簡較司空實封五百户

馬燧爲河陽節度與成德軍節度王武俊澤潞節度李抱眞同討田悅時抱眞欲殺懷州刺史楊鉥楊鉥奔燧燧納之且奏其無罪抱眞不勝其怒及王武俊逼趙州抱眞分麾下二千人戍邢州燧大怒曰殘賊未除降宜戮力剪撲令分兵歸守本地我寧能獨戰死耶引歸李晟諭燧曰初奉詔北討三師齊進李尚書以邢州與趙接壤分兵守之誠未有害且其精卒驍騎盡在於此矣今公遽自引去柰衆議何燧乃疋馬詣抱眞壘與之交歡請釋舊憾時洛州刺史闕昂請入朝燧因奏以洛州隷抱眞請盧玄卿爲刺史兼

充魏博招討之副李晟所將神策兵馬前時隷抱眞又請兼隷燧以示叶同詔並從之興元初詔燧及渾瑊駱元光同討李懷光於河中燧與渾瑊駱元光韓遊瓌合軍次於長春宮懷光遣驍將徐廷光以精卒六千守城兵械甚嚴燧度長春不下則懷光自固攻之則曠日持久死傷必甚乃挺身至城下呼廷光廷光素懼燧威名則拜於城上燧度廷光心已屈乃謂之曰我來自朝廷可西面受命廷光復西拜又曰公等皆朔方將士祿山已來首立大勲四十餘年功伐最高柰何棄祖父之勲力爲戚族之計耶從吾言非止免罪富貴可圖也賊徒皆不對燧又曰爾以吾言不誠今相去數步爾當射我乃披襟示之廷光感泣俯伏軍士亦泣先一日賊將尉珪率兵二千以焦離堡降燧廷光道既絕乃因率其下出降燧乃以數騎徑入城處之不疑莫不畏服衆大呼曰吾復得爲王人矣

路恕嗣恭子也嗣恭爲江南西道都團練觀察使大曆中領南衙將哥舒晃叛詔嗣恭致討授恕簡較工部員外郎得以軍前便宜從事俄而降者繼路於是擢降將伊愼敬晃推心用之賊平恕功居多年纔三

十爲懷州刺史

柳公綽爲北都留守河東節度使北虜遣梅祿將軍李暢以馬萬匹來市託云入貢所經州府守帥假之禮分嚴其兵備留館則戒卒於外懼有襲奪大原故事出兵迎之暢及界上公綽使牙將祖孝恭單馬勞問待以修好之意暢感義出涕徐驅道中不妄馳獵及闕牙門令譯引謁宴以常禮及市馬而還不敢侵犯陘北有沙陀部落自九姓六州皆畏避之公綽至鎭召其酋朱耶執宜直抵雲朔塞下治廢柵十一所募兵三千付之留屯塞上以禦匈奴其妻母來太原

者請毋梁國夫人對酒食問遺之泌陀感之泝得其
效
李愬爲唐鄧節度討淮西吳元濟擒賊將丁士良召
入與語詞氣不撓愬異之因釋其縛置爲促生將士
良感之乃曰賊將吳秀琳擁衆數萬不可遽破者用
陳光洽之謀也其能擒光洽後以降秀琳愬然之典
兵果擒光洽後五日秀琳與其衆五千人來降愬令
其降卒有父母者及孤兒未葬悉給財帛以歸之衆
皆號泣願爲愬死連下城柵擒賊將柳野矛李賞奏
張希岸梁希果愬每怡其氣色親加撫循故山川之

險易城鎭之遠邇盡知一旦召諸將曰賊之興橋柵
鎭將李祐者奇士我能取之獲祐則元濟爲擒必矣
乃命部將史用誠馬少良親指教以遣之未幾果擒
祐祐氣略兼人前後累殺傷王師衆怒請烹之愬不
許愬乘間嘗召祐及李忠義屏人而語或至夜分忠
義亦降將也本名憲愬改之軍中多以諫愬愬益親
祐始募敢死者三千以爲突將愬自教習之將襲元
濟會雨水自五月至十月所在陂澤潰溢不可行行
營諸軍皆以愬不殺祐爲言慮其誘覆官車簡牒日
至且言得賊諜具其事云云愬無以止之乃持祐泣
曰豈天不欲平此賊何爾我一身而見奪於衆口愬
亦慮諸軍先以謗聞則不能全之矣乃械祐以送京
師先表請釋且言必殺祐則無與成功者比祐至京
師詔釋以還愬愬喜甚署爲散兵馬使授刀使佩之
夜則倚以爲警或夜入愬帳中言事愬因留對舉酒
往往達旦聽者時聞祐涕泣聲尋署六院兵馬使時
又舊令有舍賊諜者屠其家愬除其令因使厚之諜
反以情告愬益知其虛實是時陳許節度使李光顏
勇冠諸軍賊悉其衆出當光顏之師繇是愬乘其無
備以十月將襲蔡州先七日使判官鄭澥告師期於

裴度乃以李祐帥突將三千爲先鋒李忠義副之愬
自帥中軍三千人田進誠以後軍三千殿而行初出
文成柵衆請所向愬曰東六十里而止至賊境曰張
柴圍入之而盡殺其衆令軍士少息分食繕羈勒甲
冑發刃彀弓復建旆而出是夜陰晦雪雨大風裂旗
旆馬慓而不能躍士卒苦寒抱戈僵仆者道路相望
其川澤梁徑險夷張柴已東帥人未嘗蹈其境皆謂
投身不測初出張柴諸將請所止愬曰入蔡州取元
濟也諸將失色監軍使駐馬哭曰果落祐計中矣愬
不聽促進師其下皆謂必不還然以愬之令無敢爲

身計者愬道分五百人斷洄曲路橋其夜凍死者十二三又分五百人斷郎山路自張柴行七十里比至懸弧城夜半雪愈甚城傍有鵞鴨池愬令驚擊之以雜其聲賊恃吳房郎山之固然無一人知者李祐李忠義持钁坎城而先登敢銳者從之盡殺守門卒而發其門留擊柝者以安之及雞鳴雪亦止愬以衆入止元濟外宅田進誠續至乃合衆攻其子城子城防卒及雜役者尚千餘人乘城拒戰初有告元濟元濟不信又告曰城陷矣元濟曰是洄曲子弟歸求寒衣耳及出聽聞號令云常侍傳語乃曰是何常侍乃得

至此遂操弓挾刃麾其左右奴僕盡乘城而自督戰愬計元濟猶望董重質來救乃訪重質家安鄴之使其子持書禮召重質重質見子言城已陷及元濟孤窘之狀又見李祐輩恕死已立奇功乃慨然單騎歸愬白衣叩伏愬前愬前揖登堦待以賓禮與之食時田進誠既毀其城外門得甲仗庫易其器甲明日復薄城焚其城南門百姓爭負薪藁以委之元濟城上請罪進誠授梯而下之愬得元濟檻送京師不戮一人其爲元濟執事帳下及厨廐之間盡復其職使之不疑乃屯軍鞠場以俟裴度

裴度爲彰義節度招撫等使既平淮陽蔡人大悅舊令途無偶語夜不燃燭人或以酒食相過從者以軍法論度乃約法唯盜鬬殺外餘盡除之其往來者不復以晝夜爲限於是蔡之遺黎始知有生人之樂度以蔡卒爲牙兵或以爲反側之子其心未安不可自去其備度笑而荅曰吾受命爲彰義軍節度使元惡就擒蔡人卽吾人也蔡之父老無不感泣申光之民卽時平定

賈耽爲義成軍節度使是時淄青李納雖去僞王號外奉朝旨而心嘗蓄併吞之謀納兵士數千人自行

營歸路繇滑州大將請城外館之耽曰與人鄰道奈何野處其兵士因館之城内淄青將士皆心服之

令狐楚爲河陽三城節度時烏重胤移鎮滄景以河陽銳卒三千爲紀綱之僕士卒不願去土中路潰散復不敢歸屯於境上時楚未至聞之卽疾驅赴鎮潰卒亦已次城北將大寇掠楚軍楚單車出迎諭以逆順兵士遂弛弓釋甲用之先驅以歸憲宗素嘉其功旋急詔徵拜中書侍郎同平章事

梁李茂貞爲鳳翔節度性至寬有部將符昭者人或告其謀變茂貞親至其家去爪牙熟寢經宿而還

任能

夫良將之爲政也豈特專握旄節獨運智力故必虛懷容衆推巳及物不憑勢以自大不固祿而忌進思得能者引以共濟則有取於鄉閭拔自卒乘隨其指顧備用非一或采幕府之後委以經畧或選偏裨之傑置諸顏行或聽僉議之攸歸或敦素志之所慕大者列奏以請小者便文自命至有釋去前憾待如親友捨諸過咎聽效謀勇輪轅之用各適宜稱務取奇勝曷嘗廢人故雖盜之穿窬亦無棄其蛛蝥之巧耳

子發爲楚將好求技道之士楚有善爲偷者往見曰

聞君求技道之士臣偷也願以技賫一卒（賫備也 足也）子發聞之衣不給帶冠不暇正出見而禮之左右諫曰偷者天下之大盜也何以禮之君曰此非左右之所得與無幾何齊興兵伐楚子發將師以當之兵三却楚賢良大夫皆盡其計而悉其誠齊師愈強於是市偷進請曰臣有薄技願爲君行之子發曰諾不問其辭而遣之偷則夜解將軍之帷帳而獻之子發因使人歸之曰卒有出薪者得將軍之帷使使歸之於執事明日又復往取其枕子發又使人歸之明日又復往取其簪子發又使人歸之齊師聞之大駭將軍與軍吏謀曰今日不去楚軍恐取吾頭則還師而去

漢李廣利爲貳師將軍伐大宛分較尉王申生等軍別至郁成郁成城守不肯給食攻殺申生等（郁成國名）貳師令搜粟都尉上官桀往攻破郁成郁成降其王亡走康居桀追至康居康居乃出郁成王與桀

後漢祭遵爲征虜將軍屯良鄉拒漁陽太守彭寵因遣護軍傅玄擊破寵將李豪於潞

馬防行車騎將軍事建初二年擊金城隴西保塞羌軍到冀而羌豪布橋等圍南部都尉於臨洮道愉防乃別使兩司馬將數百騎分爲前後軍擊之羌又敗

戊巳較尉耿恭司馬及隴西長史於帝羅谷防遣司馬夏駿將五千人從大道又潛遣司馬馬彭將五千人從間道冲其心腹又令將兵長史李調等將四千人從西道三道俱擊破之

竇憲爲大將軍永元二年將兵鎮武威憲以護羌較尉鄧訓曉羌胡方畧上來俱行

魏鍾繇爲司隷較尉鎮關中袁尚拒太祖於黎陽遣所置河東太守郭援并州刺史高幹及匈奴單于取平陽發使西與關中諸將合從繇遣新豐令張旣說將馬騰等旣爲言利害騰等從之遣子超將兵萬餘

人與蹤會擊幹援大破之斬援首幹及單于皆降

蜀諸葛亮爲丞相大將軍率諸軍北駐漢中以魏延爲督前部領丞相司馬以楊儀爲長史延善養士卒勇猛過人又性矜高當時皆避下之唯儀不假借延延以爲至忿有如水火儀嘗規畫分部籌度糧穀不稽思慮斯須便了軍戎節度取辦於儀亮深惜儀之才幹憑魏延之驍勇嘗恨二人之不平不忍有所偏廢也

吳孫皎爲征虜將軍督夏口委廬江劉靖以得失江夏李允以衆事廣陵吳碩河南張梁以軍旅而傾心親待莫不自盡

孫瑜爲奮威將軍領丹陽太守自溧陽徙屯牛渚瑜以永安人饒初爲襄安長無錫人顏連爲居巢長使招納廬江二郡各得降附

晉羊祜爲征南大將軍開府時王濬參祜征南軍事祜深知之祜兄子暨白祜曰濬爲人志大奢侈不節不可專任宜有以裁之祜曰濬有大才將欲濟其所欲必可用也轉車騎從事中郎識者謂能舉善焉後濬爲益州刺史徵拜右衛將軍祜雅知濬有奇略乃密表留濬於是重拜益州刺史

庾翼爲安西將軍鎮武昌時將兵都尉錢碩陳事合旨翼拔爲五品將軍

宋宗慤爲廣州刺史時始興王征北長流參軍沈懷遠坐納王鸚鵡爲妾徙廣州慤欲殺之會南郡王義宣反懷遠頗閑文筆慤欲義使造檄書并銜命至始興與始興相沈法系論起義軍事平慤且爲陳請蹤此見原

南齊沈文季爲僕射建武二年魏軍寇壽春詔文季領兵鎮壽春以寧朔將軍張稷爲副魏衆稱百萬圍城累日經略處分文季悉委稷焉

張冲以郢州刺史督河北軍事時武寧太守鄧元起戍三關累與冲書求旋軍冲報書曰足下在彼吾在此表裏之勢所謂金城湯池一旦捨去則荆棘生焉乃表元起爲平南中兵參軍事

蕭穎胄爲和帝相國左長史號鎮軍將軍義師起穎胄引樂藹及宗夬劉坦任以經略

後魏李崇爲都督孝明時六鎮反叛詔輔國將軍費穆爲別將隸崇北伐都督崔暹失利崇將班師會諸將議曰朔州是北道之衝賊之咽喉若此處不全則并肆危矣今欲選諸將一人留以鎮守不知誰堪此

任僉曰無過穆者崇乃請爲朔州刺史

李平孝明時以鎮軍大將軍爲行臺拒梁師於硤石詔陽固爲行臺七兵郎平奇固勇敢軍中大事悉與謀之又命固節度水軍固設奇計先期乘賊獲其外城

蕭寶夤爲車騎大將軍開府西道行臺啟統軍李瑒爲左丞仍爲别將軍機戎政皆與參決

上黨王天穆録尚書事主客郎中溫子昇嘗一日不直天穆撾撻之子昇遂逃遁及天穆將討邢杲召子昇同行子昇未敢應天穆謂人曰吾欲收其才用豈

懷前忿也今復不來便須南走越北走胡耳子昇不得巳而見之加伏波將軍爲行臺郎中天穆深知賞之

安樂王鑒爲北道大行臺至鄴以賊衆強未得前遣使徵趙郡人武愍表授武騎常侍假節别將鎮鄴城東郭葛榮之圍信都餘黨南抄陽平以北皆爲賊有鑒命愍爲前驅别討之頗有斬獲

北齊清河王岳率師南伐至於江上梁司徒陸法和儀同宋莅等率其部下以郢州城内附岳乃集諸軍議曰城在江外人情尚梗必須才畧兼濟志勇過人方可受此寄耳衆咸共推開府慕容儼岳以爲然遂遣鎮城

後周齊王憲初封齊公與晉公護東征北齊欲以隆州刺史陸騰爲副趙王招在蜀復留之晉公護與招書曰今朝廷令齊公掃蕩河雒欲與此人同行汝彼無事且宜借吾也於是命騰馳傳入朝副憲東討

隋楊素爲内史令未幾吳郡沈玄懀浙江賊帥高智惠等作亂以素爲行軍總管討之素以開府魚俱羅壯勇請與同行每戰有功加俱羅上開府

李景爲代州總管時漢王諒作亂景發兵拒之司馬

馮孝慈司法參軍呂玉並驍勇善戰儀同三司侯莫陳乂多謀畫上拒守之術景知將士可用其後推誠於此三人無所關預唯在閤持重時出撫循而巳月餘朔州總管楊義臣以兵來援合擊大破之

唐河間王孝恭武德中爲信夔二州總管時李靖亦奉使江南以策干孝恭孝恭善之委以軍事於是繕器械悉召犍牂巴渝首領子弟量才授職典左右兵

杜希望爲河西節度使時王忠嗣從軍河西以功檢較代州刺史坐法貶東陽府左果毅會希望謀取新城或言忠嗣之才足以輯事希望奏聞詔追忠嗣赴

河西隴下新城忠嗣之功居多授左威衛郎將專知行軍兵馬

張守珪爲幽州大都督兼范陽節度使安祿山盜羊事發守珪怒追捕至欲擊殺之祿山大呼曰大夫不欲滅奚契丹兩蕃耶而殺壯士守珪奇其貌壯其言遂釋之令與兩蕃將史思明捉生祿山素習山川井泉嘗以擊賊領麾下十數騎出卽生擒奚契丹數十人守珪轉奇之每加兵令往必倍擒賊而還後爲守珪偏將隨征戰所向皆摧靡守珪遂養爲己子

哥舒翰爲隴西節度使以王思禮爲押衙天寶二三

載吐谷渾蘇毗王有誠欵翰至磨環川應接之思禮墜馬損脚翰謂中使李大宜曰思禮既損脚更欲何處去十四載安祿山反翰奏思禮爲開府儀同三司兼大常卿同正員充元帥兵馬都使軍事每獨與思禮決之

呂諲上元初爲荆南節度使諲初爲隴右判官素諳諸將及赴任又奏數十人爲押衙兵馬使自隨皆使其威惠

郭子儀爲東都及山南東道河南諸道行營元帥時史思明判官邵説歷事思明朝義掌兵事朝義之敗設降於軍前子儀愛其才留於幕

嚴武初爲劒南西川節度使薦崔寧爲利州刺史及武再任過利州心欲輕侮寧自籌寧曰節度使張獻誠見忌耳又好利誠皆重賄之寧可以從大夫矣武至劒南遣獻誠奇錦珍貝價兼百金獻誠大悅武又有書欲召寧獻誠然之寧卽日稱疾棄官之劒南武奏爲漢州刺史

路嗣恭爲江南西道都團練觀察使大曆八年嶺南將哥舒晃殺節度使呂崇賁反五嶺擾擾詔加嗣恭兼嶺南節度觀察使嗣恭擢流人孟瑶敬晃使分其

務瑶主大軍當其衝晃自間道輕入招集勇敢得八千人以撓其後二人皆有全策詭計出其不意遂斬晃及誅其同惡萬餘人等爲京觀俚洞之宿惡者皆族誅之五嶺削平

李寶臣爲成德軍節度使與朱滔戰於瓦橋嘗慮滔來攻故乃以飛狐城高陽軍使張孝忠爲易州刺史選精卒七千配焉前後十年威惠甚著

李希烈爲淮西節度使時吳少誠爲荆南節度使庾準衙門將准入覲從至襄漢見梁崇義不恭憲度知有異志少誠密計有成擒之略將自陳於闕下屬希

烈初授節度銳意立功見少誠深與計慮乃以少誠
所見錄奏有詔慰餙不次封通義郡王未幾崇義違
命希烈受制專征以少誠爲前鋒遂平崇義
劉玄佐建中初爲宋亳節度使召平盧軍使劉政臣
子全諒入軍中爲將以勇果騎射聞玄佐以宗姓厚
遇之累署都知兵馬使
嗣曹王臯爲湖南都團練觀察使擢團練營將王鍔
使招邵州武崗叛將王國良有功表爲邵州刺史及
臯改江南西道節度至州乃大集將吏令日嘗有功
而未申者可別爲行有策謀及能爲器械可以佐軍

者亦別爲行於是神將伊愼李伯潛劉昊皆自占臯
察愼等詞氣甚壯又知其前功乃悉補大將又擢王
鍔委之中軍以馬彝許孟容爲之賔介繕甲兵具戰
艦得軍三萬餘李希烈南侵臯請鍔屬以勁兵三千
鈔尋陽臯自以全軍歸九江既襲得蘄州盡以衆渡
乃表鍔爲江州刺史充都虞侯先是伊愼將江西兵
從李希烈平襄州及希烈反懼臯任之乃陰遣遺之
鎧甲又詐爲愼書往復置於境德宗聞郎遣中使至
臯表蕭捨愼令自效會與賊夾江爲軍中使又至臯
乃勉之令以功自贖賜之以所乘馬及器甲令將前
鋒而率軍繼之貴其有功果大破之斬首數百愼方
得免罪及臯爲荊南節度使表鍔爲江陵少尹兼御
史中丞欲列於賔佐馬彝裴泰鄙鍔請去乃復以爲
都虞侯
馬燧爲河東節度署奏李自良爲代州刺史兼御史
大夫仍爲軍侯自良勤恪有義燧深委信之魏博田
悅叛燧與李抱眞同討自良嘗爲河東軍大將摧鋒
陷陣遂破田悅及討李懷光於河中自良專爲都將
前後戰功居多燧之立功名蹤自良叶輔之力也
李晟建中末爲副元帥討朱泚時諫議大夫鄭雲逵

自奉天來奔京兆司錄李敬仲持府印攝節度判官
又以懷光舊將唐朝臣保潼關請以河中五州節度
授朝臣戴休顏唱義以奉天從順請以鄜坊四州節
度受休顏德宗皆從之
韓全義貞元末爲神策行營節度長武城使時兵馬
使高崇文隨全義鎭長武理軍有聲全義入覲委崇
文掌行營節度留務長武城使積粟練兵軍聲入城
嚴礪元和初爲山南西道節度時西川劉闢阻兵礪
儲備有素校嚴秦爲都將累獻俘馘蹤是加簡較左
僕射

柳公綽元和中爲鄂岳都團練觀察使吳元濟據蔡州叛王師討伐詔公綽以鄂岳兵五千隸安州刺史李聽率赴行營公綽曰朝廷以吾儒生不知兵耶卽日上奏願自征行許之公綽自鄂濟湞江直抵安州李聽以廉使之禮事之公綽謂之曰公望以屬鞬負弩者豈非爲兵事耶若去戎容被公服兩郡守耳何所統攝乎以公名家曉兵若吾不足以指揮則當赴闕不然吾且署職名以兵法從事矣聽曰唯公所命卽署聽爲鄂岳都知兵馬使中軍先鋒行營馬步軍都虞候三牒授之乃選卒六千屬聽戒其部較曰行

營之事一決都將聽感恩畏威如出麾下

裴度以丞相東征淮蔡奏高崇文子嘉王傅承簡以本官兼御史中丞爲其軍都押衙淮西平詔以郾城上蔡遂平三縣爲殷州治郾城用承簡爲刺史

李愬爲唐鄧節度討淮西擒吳元濟將李祐祐有膽畧愬釋其死厚遇之而衆情歸怨愬因送祐京師且上表救之而朝廷遣祐還愬大喜卽以三千精兵屬之祐所言無有疑者故破蔡之謀臨日多出於祐淄青李師道再叛乃移愬爲武寧軍節度使愬至徐方理兵有方略時蔡將董重質貶秦州司戶愬上表請恕重質於軍前驅使卽詔徵還送武寧軍愬乃署牙將

烏重裔爲河陽三城節度使討吳元濟於淮西請寧州刺史曹華爲懷汝節度行營副使華前後數十戰大破賊於青陵城賊平授棣州刺史封陳留郡王

册府元龜

冊府元龜

巡按福建監察御史臣李嗣京　訂正

知閩縣事臣曹凸臣參閱

知建陽縣事臣黃國琦較釋

將帥部八十四

討逆

夫武過亂略詰誅暴慢者將帥之任也昔人有言不以賊遺君父盖謂是矣乃有受任閫外典司戎重當專征之寄以經武爲職其或凶德嘯聚奸黨竊發殺掠吏士跨據城堡睢盱倔強滋蔓充斥繇是率厲有

衆奮揚威怒罔繇申覆亟往殄滅允所謂疾雷之作非掩耳所及破竹之勢乃迎刃自解耳夫如是乃可以副推轂之選增守方之氣矣

後漢堅鐔爲揚化將軍建武二年爲右將軍萬修徇南陽而堵鄉人董訢反宛城獲南陽太守劉驎鐔乃引軍赴宛選敢死士夜自鄧城斬關而入訢遂棄城走還堵鄉

劉尚爲武威將軍建武十九年西南夷冠益州郡遣尚討之時越巂太守任貴謀叛尚襲貴誅之

魏鍾繇漢建安中以司隸校尉持節督關中諸軍會河東衛固作亂與張晟張琰及高幹等並爲冦繇率諸將討破之

趙儼爲關中護軍盡統諸軍屯田客呂並自稱將軍聚黨據陳倉儼率平難將軍殷署等攻之賊即破滅

蜀鄧芝爲督江州延熙十一年涪陵國人殺都尉反叛芝率軍征討卽梟其渠帥百姓安堵

吳陸遜爲輔國將軍領荊州牧嘉禾五年范陽賊彭旦等爲亂六年二月遜討旦等其年皆破之

晉吳彥武帝時代陶璜爲南中都督領交州刺史初璜之死也九眞戍兵作亂逐其太守九眞賊帥趙祉

圍郡城彥悉討平之

王浚爲驃騎將軍都督東夷河北諸軍事領幽州刺史惠帝光熙元年東萊掖令劉柏根反自稱掖公襲臨淄高密王簡奔聊城浚遣將討柏根斬之

山簡爲征南將軍懷帝永嘉四年雍州人王如舉兵反於宛殺害令長自號大將軍司雍二州牧大掠漢沔新平人龐寔馮翊人嚴嶷京兆人侯脫等各起兵應之簡與荊州刺史王澄南中郎將杜蕤並遣兵援京師及如戰於宛

陶侃爲廣州刺史平越中郎將侃進至始興先是廣

州人背刺史郭訥迎長沙人王機爲刺史機復遣使詣王敦乞爲交州敦從之而機未發會杜弘據臨賀因機乞降勸弘取廣州弘遂與温邵及交州秀才劉沈俱謀反或勸侃且任始興觀察形勢侃不聽直至廣州弘遣使僞降侃知其詐先於封口起發石車俄而弘率輕兵而至知侃有備乃退侃追擊破之執劉沈於小桂又遣部將許高討機斬之傳首京都進號平南將軍轉都督湘州刺史時交州刺史王諒爲賊梁碩所陷侃遣將高寶進擊平之以侃領交州刺史

桓豁爲右將軍監荆揚雍州軍事南陽督護趙億等

冊府元龜　將帥部　討逆　卷之四百二十三　三

逐太守桓淡據宛城以叛豁與竟陵太守羅崇討破之

劉毅以冠軍將軍督豫州諸軍事梁州刺史劉雅反毅遣將討擒之

宋杜慧度晉末爲廣州將軍持節督交州諸軍事會賊帥盧循襲破合浦徑向交州慧度乃率文武六千人拒循於石碕交戰禽循長史孫建之循雖敗餘黨猶有二千人皆習練兵事李子孫李弈等奔竄石碕盤結俚獠各有部曲循知弈等與杜氏有怨遣使招之弈等引俚率衆五六千人受循節度六月庚子循晨造南津命三軍入城乃食慧度悉出宗族私財以充勸賞弟交阯太守慧期九真太守章民並督率水步軍慧度自登高艦合戰放火箭雉尾炬步軍夾兩岸射之循衆艦俱然一時散潰循中箭赴水死斬循及父嘏并循二子親屬録事參軍阮靜中兵參軍羅農夫李脱等傳首京邑

沈慶之以太子步兵校尉爲王玄謨軍副屯碻磝元嘉二十九年亡命司馬黑石盧江叛吏夏侯方進在西陽五水誑動群蠻自淮汝至於江沔咸罹其患慶之督諸將討之

冊府元龜　將帥部　討逆　卷之四百二十三　四

羊希爲寧朔將軍初李萬周劉嗣祖籍畧廣州明帝以萬周爲步兵校尉權行廣州事希既至而萬周等並有異圖希誅之

南齊李安民爲領軍將軍屯壽春先是宋世亡命王元初聚黨六合山僭號自云垂手過膝州郡討之不獲積十餘年安民遣軍偵候生擒元初斬建康市

陳顯達爲鎮西將軍都督益寧二州諸軍事廣漢賊司馬龍駒據郡反顯達討平之

蕭懿爲豫州刺史永元二年四月平西將軍崔慧景舉兵襲京師江夏王寶玄納之據城拒守懿起義援

救慧景棄衆走
陳陳景許爲豐州義軍王至德三年前豐州刺史章
文寶舉兵反景許斬文寶傳首京師
後魏南安公順道武皇始二年賀蘭部帥附力眷紇
突鄰部帥匿物尼紇奚部帥叱奴根聚黨反於陰館
順率衆討之
略陽公元遵爲大將軍鎮渤海之合口天興元年博
陵渤海章武群盜並起元遵討平之
長孫嵩爲安南將軍鎮冀州天興元年道武將北還
都布將軍尹國先督租冀州聞帝將還謀反欲襲信

都嵩執送斬之
元城侯屈率衆鎮并州明元永興都年六月濩澤劉
逸自號征東將軍三巴王王紹爲都署官屬攻逼建
興郡屈討平之
奚斤爲鄭州將軍循行州郡章武民劉牙聚黨爲亂
斤討平之明元幸雲中斤留守京師昌黎王慕容伯
兒收合輕俠失志之徒李沉等三百餘人謀反斤聞
召伯兒入天安殿東廡下窮問款引悉收其黨誅之
公孫軌大武時爲平南將軍時宋將到彦之遣其部
將姚縱夫濟河攻冶坂慮更北入遣軌屯壺關會上
黨丁零叛軌討平之
陸眞文成時爲安西將軍長安鎮將棫陽民趙昌受
宋明帝署龍驤將軍扇動鄠盩厔二縣聚黨數百人
據赤谷以叛眞與雍州刺史劉邈討平之昌單騎走
免後鄠縣民王雅兄弟聚二千餘人招引趙昌始平
石安池陽靈武四縣人皆應之衆至五千據冶容堡
時詔南郡王李惠等領步騎六千討昌眞以大軍未
至慮昌滋蔓與雍州刺史劉邈討昌昌出營拒戰眞
擊破之斬昌及賊首三千餘級傳首京師并誅其黨
與七百餘人獲男女一千餘口雍州民夷莫不震伏

唐玄達獻文時爲安西將軍華州刺史時杏城民蓋
平定聚衆爲逆帝遣給事楊鍾葵擊之不尅而還詔
玄達討平之杏城民成赤李又聚黨自號爲王逼掠
郡縣殘害百姓玄達率騎二百邀其狹路擊破之叛
民曹平原復聚爲亂玄達追擊悉平之
尉撥爲平南將軍北豫州刺史後雒州民田智度聚
黨謀逆詔撥乘傳發豫州兵與雒州刺史兵頻擊之
獲智度送京師
張赦提爲虎賁郎京畿盜魁自稱虎子豹子以赦提
爲逐賊將軍未幾而獲虎子豹子及其黨與盡送京

師斬於闕下自是清靜其靈丘羅思祖宗門豪俠家處隘險多止亡命與之爲刼獻文怒之拏戮其家而思祖家黨相率寇盜敕提售求捕逐乃以敕提爲遊徼將軍前後禽獲殺之畧盡

韓務爲太子翊軍較尉時孝文南征行梁州刺史楊靈珍謀叛以務爲統軍受都督李崇節度以討靈珍有功授後軍長史

薛虎子孝文時爲平南將軍徐州民桓和等叛逆屯於五固詔虎子爲南征都副將與尉元等討平之

李煥宣武時爲輔國將軍梁州刺史時武興氐楊集

起舉兵作逆煥督別將爲長樂統軍正祐等與軍司苟金養俱討之大破集起軍會秦州民呂苟兒反煥仍令長樂等赴援秦州屬都督元麗遂共平之

李韶爲將作大匠呂苟兒反於秦州除撫軍西道都督行秦州事與右衛將軍元麗率衆討之

元譚孝明時爲宗正少卿加寇軍元法僧外叛詔譚爲持節假左將軍別將以討之徐州平遷光祿少卿行南兗州事

裴衍爲北道都督鎮鄴之武城時相州刺史安樂王鑒潛圖叛逆衍覺其有異密表陳之尋而鑒所部别將嵇崇馳驛告變乃詔衍與都督源子邕李神軌等討鑒平之

李神軌爲征東將軍時相州刺史安樂王鑒據州反詔神軌與都督源子邕等討平之武泰元年正月群盜燒刼鞏縣以西關口以東公路澗以南詔神軌爲都督討平之

鄭先護莊帝時爲前將軍廣州刺史假平南將軍當州都督時妖賊劉舉於濮陽起逆詔先護以本官爲東道都督討舉平之還鎮

谷楷爲奉車都督時沙門法慶反於冀州雖大軍討

破而妖帥尚未梟除詔楷冀州追捕皆擒獲之

北齊王則初仕後魏爲東徐州防城都督爾朱榮之死也東徐州刺史斛斯椿是其枝黨内懷憂怖時梁立魏汝南王悅爲魏主資其士馬送境上椿遂翻城降悅則與蘭陵太守李義擊其偏師破之魏因以則行北徐州事

堯雄爲二豫楊郢四州都督時元洪威據頴州叛民趙繼宗殺頴川太守邵招據樂口自稱豫州刺史北應洪威雄率衆討之繼宗敗走民因雄之出遂推城人王長爲刺史據州引西魏雄復與行臺侯景討平

之
宋顯爲西兗州刺史時梁州刺史鹿永吉據州外叛西魏遣傅陵王約趙郡王景神率衆迎接顯勒當州士馬邀破之斬約等

李侃鎮魯山城天保六年四月梁反人李山花自號天子逼魯山城侃擊斬之

皮景和爲領軍大將軍河南道行臺武平中軍至相口中值士人陳暀等作亂景和平之又有陽平人鄭子饒詐依佛道設齋會用米麪不多供贍甚廣密從地藏漸出餅飯愚人以爲神力見信於魏衞之間將

爲逆亂謀泄掩討漏逸乃濳度河表聚千人自號長樂王巳破乘氏縣又欲襲西兗州城景和自南兗州遣數百騎擊破之斬首千餘級生擒子饒京師烹之

後周泉仚初仕西魏雒州都督上雒人泉岳其弟猛畧與順陽人杜窋等謀翻雒州以應東魏仚知之殺岳及猛畧等傳首詣闕而窋没東魏

令狐整字延保西魏末爲瓜州刺史東陽王元榮主簿加盪寇將軍大祖表爲都督城人張保殺刺史成慶與凉州刺史宇文仲和搆逆規據河西晉昌人呂興等復害郡守郭肆以郡應保初保等將圖爲亂慮整守義不從旣殺成慶因欲及整然以整人之望復恐其下叛之遂不敢害雖外加禮敬内甚忌整整亦僞若親附而密欲圖之陰令所親說保曰君與仲和結爲脣齒今東軍漸逼凉州彼勢孤危恐不能敵若或摧衂則禍及此土宜分遣銳師星言救援二州合勢則東軍可圖然後保境息人計之上者保然之而未知所任整又令說保曰歷觀成敗在於任使所擇不善旋致傾危令狐延保兼資文武才堪統帥若使爲將蔑不濟矣保納其計且以整父兄等並在城中弗之疑也遂令整至玉門郡召集豪傑整說保罪逆

馳還襲之先定晉昌斬呂興進軍擊保衆人素服整威名並棄保來附保遂奔吐谷渾

宇文貴爲大將軍代尉遲迥鎮蜀時隆州人開府李光易反於鹽亭攻圍隆州而隆州人李柹亦聚衆反開府張道應之貴乃命開府叱奴興攻隆州又令開府成亞擊柹及道降之並送京師除益州刺史未就拜小司徒

陸騰爲隆州總管資州石槃民反殺郡守據險自守州軍不能制騰率軍討擊破斬之鐵山獠抄斷内江路騰擊之應時奔潰一日下其三城斬其魁帥俘獲

三千兵招納降附者三萬戶

隋源雄初仕後周武帝時爲簡較徐州總管東潼州刺史曹孝達據州作亂雄遣兵襲擊斬之進位上大將軍

觀德王雄仕周武帝時爲太子司掖下大夫武帝幸雲陽宮衛王直作亂以其徒襲肅章門雄逆拒破之

董純大業中爲彭城留守東海賊彭孝才衆數千掠懷仁縣轉入沂水保五不及山純以精兵擊之擒孝才於陣車裂之餘黨各散

唐王栖曜爲浙西都知兵馬使代宗廣德中江左兵

荒詔內甞侍馬日新領汴滑軍五千人鎮之日新貪暴賊蕭庭蘭乘人怨訴逐之而御其衆時栖曜遊奕遠郊遂爲賊所脅進圍蘇州栖曜因其懈怠挺身登城率城中出攻賊衆大潰

段秀實爲涇州兵馬使代宗永泰三年邠寧節度使馬璘移鎮涇州其邠寧隸朔方軍邠州將吏以郡隸燒馬坊爲亂秀實斬其凶首八人方定

李勉爲嶺南節度使代宗大歷四年番禺賊帥馬崇道桂州叛將朱濟時等阻洞爲亂前後累歲陷沒十餘州勉至遣將李觀與容州刺史王栩併力招討悉斬之

劉海濱爲涇州別將德宗建中初李懷光爲邠寧節度兼領涇原代段秀實懷光新臨濫殺朔方大將數人法令嚴峻別駕劉文喜等懼且因人之怨拒不受命上疏復求段秀實否則朱泚於是以朱泚代懷光又不奉詔有勁兵二萬人閉城拒守使其子入質吐蕃以請救德宗命朱泚李懷光并巨濟攻之於是泚屯其南懷光屯其東巨濟屯其西周築大城以守之閉壁不與戰時帝倫初復命西戎方守約而賊勢窘廹海賓與其子國光率侯蘭程俊仁等殺文喜傳首

闕下

張延賞爲西川節度使建中四年十一月部將西山兵馬使張朏以兵入成都爲亂延賞奔漢州鹿頭戍遣將叱千遂等討之其日斬朏及同惡者復歸成都

李泌爲潼關防禦使貞元二年陳許戍邊卒三千人自京西逃歸至陝州境泌發防禦兵潛師險隘左右攻之盡誅叛卒

楊朝晟爲邠寧節度都虞侯貞元四年七月授張獻甫邠寧慶節度使代韓遊瓌癸丑寧州戍卒叛初遊瓌以吐蕃犯塞自將衆戍寧州及遊瓌受代以是月

壬子夜輕騎潛遁歸嗣其將卒素驕怠畏猷甫之嚴既因遊環夜出衙内千餘人遂叛大縱掠且囚監軍楊朝義邀奏以出奔之將請范希朝爲節度朝晟初逃於郊外翌日聞請希朝乃來紿其衆曰所請甚愜我來賀也繇是叛卒稍安朝晟乃與諸管將密謀反乙卯晨率諸軍以告曰前請者不獲張尚書㸃日已入邠州汝等皆當死吾不能盡殺誰爲戎首各言之以歸罪焉餘無所問於是衆中唱二百餘人立斬之乃定

徐誠爲山西東道都將貞元八年二月節度使嗣曹

王皐卒其判官李實知留後事實深刻軍士素不悦之又取皐之私馬官責之軍士皆怒時府藏羨溢或稱皐有遺令以官財分賞軍士是夜城中皷角將楊清潭焚積草刼庫兵軍士皆亂遂縱掠府庫獨不犯皐之家李實縋城夜濟漢北走卝明誠縋城而入號令止遏兵士方解甲衆歸罪於楊清潭等六人誠與監軍計議皆斬之乃以公財分賞府帑殆盡皷角將三百人分徙諸州

王虔休爲昭義軍節度留後貞元十年七月昭義行軍司馬元誼據洺州以謀亂八月虔休統兵赴臨洺以攻元誼是月誼除饒州刺史不行故虔休率兵攻之誼又上疏請率洺州軍士防秋於京西德宗許之而未敢出虔休以大兵臨城城中出師禦之頗相殺傷虔休又引洺水以灌城分兵收雞澤九月虔休遣將李庭芝破元誼兵將李同悦於長橋殘殺居人男女數百口同悦走魏州庭芝進收雞澤又殺居人男女數百口雞澤守將官吏悉走魏州自是平息洺水等數縣將吏居人聞虔休兵至悉走魏州十二月虔休以洺州壍濠氷合發卒數千人踰濠搏城悉攻之元誼自城上督戰矢石亂下又出兵拒鬬虔休軍稍

却會日暮氷解渡濠者多沉溺大將張沛來滔皆中流矢士卒死傷大半自是虔休引漳洺二水以灌之

李復貞元中爲嶺南節度使會安南經略使高正平張應相次卒官其下參佐偏裨李元度胡懷義等阻兵驕亂州縣姦贓狠籍復誘懷義杖殺之奏元度流於荒裔

薛平爲平盧軍節度使穆宗長慶元年幽鎮叛棣州爲賊所寇平卽遣將李叔佐以兵五百救之屬數月刺史王稷餽給稍薄兵士怨怒叔佐不能戢宵潰而歸仍推突將馬狙爲帥行及青城鎮劫鎮將李自勸

并其衆次至博昌鎮刼其鎮兵復共得七十餘人徑至青州城城中兵少力士不敢平悉府庫并家財厚賞二千精卒逆擊之仍先以騎兵掩其家屬輜重賊衆惶惑反顧因大敗狠兒與其同惡十數輩脫身竄匿餘黨降稍後者猶斬於鞠場其明日狠兒亦就擒戮繇是遠近畏伏平之威畧又牙將馬廷鑾謀逆平覺其謀而誅之

李質爲汴州都知兵馬使長慶二年七月節度使李愿爲亂軍逐出都將李㝏爲三軍所推權知留後㝏遣兵收宋州朝廷除鄭滑節度韓充兼宣武節度陳

許節度李光顔自領全軍赴汴州屯於尉氏縣八月質與監軍使姚文壽計會擒斬李㝏及其黨薛志忠秦鄰李臣則等

曹華爲武寧軍節度使李㝏叛於大梁華不俟命赴討之㝏方遣兵三千人取宋州華逆擊敗之繇是宋亳不從㝏亂

韓約爲安南都護文宗太和二年峯州刺史王升朝背叛約發兵二千人討逐收峯州升朝及所結聚黨並各處置

陳君賞爲易定節度使開成五年易定軍亂逐君賞君賞鳩合豪傑數百人復入城盡誅謀亂兵士軍城復安

張仲武爲幽州雄武軍使武宗會昌元年幽州偏將陳行泰權主留後三軍表請符節朝廷未允至是次將張絳殺行泰三軍復上表請絳符節仲武遣軍吏吳仲舒上表從雄武領兵請伐叛黨帝允之

鄭畋爲鳳翔府節度使僖宗中和元年黄巢入京城車駕在興元以畋充京西諸道行營都統與涇原節度使程宗楚秦州經略使仇公遇鄜延節度使李孝恭夏州節度使拓拔思恭等同盟起兵傳檄天下黄

巢遣上將林言尚讓率衆數萬寇鳳翔畋率師逆擊大破賊衆於龍尾陂

王景崇爲成德軍節度使中和二年四月景崇奏當道慈谷靈壽兩鎮報尉州刺史蘇祐擅駈兵騎侵突臣管界及謀逆亂事尋已處置訖者蘇祐本自微人謬承聖奬自拋離郡邑竄保山巖臣亦慜以困窮累曾救䘏慮其猖獗每使慰安豈期無惡不爲有兇皆納狐鳴鼠伏曾不悛心擐甲弄兵嘗思怒目況朝廷道全姑息恩務含弘加騎省之榮資除濮陽之望郡而又拒違明勑侮易天朝擅割屬城背雲中而納欵

潛將逆黨附并部以揚威賊者初犯中山尚浮疑貳謂其舉衆將議朝天或捨逆以自新或樹功而遷善殊不知終懷熗毒竟務鴟張刼石臼之倉儲逼目零之鎮戍旋則亂驅虵豕入臣封疆陰蓄姦欺伺臣勇怯臣此時未窮來意詎恐加兵尋令問以行藏兼遣倒其戈甲然終無一字以述端倪累有元隨自陳狀跡云本擬脅臣優給刼臣村廬奪戰馬而以利犬羊招亡命而別謀吞併臣尚觀舋變待以膳羞苟尚可以恩懷且欲候其勑命其賊緣已擬發露自致蒼黃乃與後來敗卒合謀便擬據城作梗臣旣優饒稍過

傾覆是虞囙難使四郡軍民噬臍貽悔一城生牲束手受誅其蘇祐一行徒黨除殁告軍將人數外今月七日並已分兵誅戮訖此皆皇帝陛下雷霆振響宗社垂靈將復致於中興故先除其小醜况此賊逋藏藪澤招聚兇豪締結厲階爰輕數度包含怨府不啻十年其寨卽在中山一隅去大同咫尺彼兩鎮不能覆巢破卵蕩葉夷根者盖以其兎狡難蹄獸窮則搏顧兹疾疢實謂腹心苟非天静寰中曷使魚遊釜內今則攙搶一掃噍類無遺凡在邊藩孰不鼓躍

梁楊師厚為滑州節度使屯魏州魏州衙內都指揮使潘晏與大將臧延範趙訓謀變有密告者師厚布兵擒捕斬之越二日又有指揮使趙賓夜率部軍擐甲俟旦為亂師厚以衙兵圍捕賓不能起乃越城而遁師厚遣騎追至肥鄉擒其黨百餘人歸斬於府門卽以師厚為魏博節度使

後唐劉玘初事梁為襄州都指揮使開平初襄師王班為帳下所害亂軍聚謀推玘為留後玘不能遏詭從之翌日受賀衙庭享士伏兵幕下中筵盡斬其亂將以聞

孔勍為昭義節度使莊宗同光中監軍楊繼源與都

將謀據潞州事泄勍誅之

任圜為工部尚書同光末從魏王繼岌伐蜀蜀平魏王班師及利州先鋒使康延孝叛以勁兵欲回刼西川繼岌遣人馳書諭之夜半令中使李延安召圜因署為副招討使令圜率兵七千餘騎與都指揮使梁漢顒監軍李延安討之圜先令都將何建宗擊劒門下之圜以大軍至漢州延孝來逆戰圜命董璋以東川懦卒當其鋒伏精兵於其後延孝擊退東川之軍懸追之遇伏兵起延孝敗馳入漢州閉壁不出西州孟知祥以兵二萬與圜令合勢攻之漢州四面樹竹

木爲柵圍陣於金鳳橋即率諸軍鼓譟而進四面縱火風焰亘空延孝危急引騎出戰遇陣於金鳳橋又敗之延孝以十數騎奔綿州何建崇追及擒之圍命載以檻車至鳳翔詔誅之

符彦超爲汾州刺史同光末魏州軍亂天下騷動詔彦超北京巡簡朝廷先令内養呂鄭二人一監兵一監倉庫留守張憲與彦超承應不暇及蕭墻變起明宗入雒皇弟存詔單騎入河東與二寺人謀殺彦超張憲據城自衞彦超預知其謀夜密謂憲曰總管入雒存詔此來無善意擠之以呂鄭吾徒禍不旋踵矣

宜出機先無落腐人之手憲儒者又以莊宗故吏不忍背之猶豫未决是日彦超部下大譟趨紙橋至暝牢城兵軍集憲出奔殺呂鄭存詔於衙城詰旦號令諸軍三城晏然

符彦饒爲汴州馬步軍都指揮使明宗天成元年詔發汴軍三千人戍瓦橋令控鶴指揮使張諫部率既出城軍衆大譟回戈攻門剽刼坊市殺權州知州推官高逖仍刼彦饒爲節度使彦饒喻之曰公等以離家遠戍不顧進程吾可爲爾奏聞明天子在上安得自擇主帥行如此事未見其禍亂兵不避彦饒懼及禍曰爾輩欲吾爲帥當宜便止焚刼一從吾命軍衆曰然即分命撫遏斬其暴者是日安靜彦饒曰翌日吾於南衙領事當以軍禮見彦饒密與拱衛指揮使龐超謀伏甲於室詰朝諸將入賀陳列彦饒曰昨日暴亂者數人而已將立法令無宜長惡即命斬張諫及同惡三人諫黨張審瓊召其衆大譟於建國門彦饒乃率軍攻擊遂入張諫營殺其謀亂者四百人

霍彦威明宗天成初爲鄆州節度使值青州王公儼拒命改平盧軍節度至鎮擒公儼斬之

沙彦珣爲雲州節度使末帝清泰三年七月步軍指

揮使桑遷謀應太原引戍兵圍子城時無兵甲彦珣突圍出城就西山據雷公口二日招集兵士入城剪伐亂軍桑遷戰敗不知存亡是日應州尹暉復部送桑遷與同謀叛太原人李元信至鞫訊伏罪並尸於市

晉盧順密爲右廂都指揮使天福初高祖幸夷門范延光據鄴城叛高祖命諸將相次領軍討之順密亦預其行會騎將奉進屯於滑州尋爲滑率符彦饒所殺軍衆大亂爭荷戈扱劍嘯呼於外時馬萬爲步軍都較不爲遏之順密未明其心乃率部曲數百趨詣

諸將及萬曰滑臺去行闕二百里我等家屬悉在闕下爾輩如此不思血屬乎奉進見殺過在彥饒擒送天子必立大功順我者賞之不順我者殺之萬曰善諸軍遂不敢動乃引軍北攻牙城執彥饒於樓上使裨將方太押送赴闕滑城遂定朝廷即以馬萬爲滑州節度使時飛奏皆以萬爲首故也後數日高祖知功繇順密尋以順密爲涇州留後

册府元龜

冊府元龜

巡按福建監察御史臣李嗣京　訂正
知甌寧縣事臣　孫以敬　參閱
知建陽縣事臣　黃國琦　較釋

將帥部　八十五

死事

古之謂死有重於泰山有輕於鴻毛者蓋慮乎不得其所也若乃委質以事君陳力而就列有死無貳乃其分焉矧夫處分閫之任總貞師之寄所以式遏寇虐作固垣翰夾輔宗社保郛黎元誠安危之注意而

委賴之尤重者也乃有遘難虞之會當討擊之際純心內激拳勇外發執金鼓而作氣冒矢石而無憚奮不顧身淪於鋒刃其或失先聲後寔之效當彼衆我寡之勢戰則奔潰守則淪覆而能執心不撓握節自誓捐軀死難沒而益榮此所謂執戈衛社隕首無悔者矣

晉狼瞫為戎右魯文公二年秦師伐晉晉侯禦之及秦師戰于彭衙秦師敗績初戰於殽也晉梁弘御戎萊駒為右戰之明日晉襄公縛秦囚使萊駒以戈斬之囚呼萊駒失戈狼瞫取戈以斬囚禽之以從公乘遂以為右箕之役（在僖公三十三年）先軫黜之而立續簡伯狼瞫怒其友曰盍死之瞫曰吾未獲死所其友曰吾與女為難（欲共殺先軫）瞫曰周志有之勇則害上不登於明堂死而不義非勇也共用之謂勇吾以勇求右無勇而黜亦其所也謂上不我知黜而宜乃知我矣子姑待之及彭衙既陳以其屬馳秦師死焉晉師從之大敗秦師君子謂狼瞫於是乎君子詩曰君子如怒亂庶遄沮又曰王赫斯怒爰整其旅怒不作亂而以從師可謂君子矣

欒鍼為戎右荀偃將中軍襄十四年夏諸侯之大夫

從晉侯伐秦鄭司馬子蟜帥鄭師以進師皆從之至於棫林（棫林秦地）不獲成焉（秦不服）荀偃令曰鷄鳴而駕塞井夷竈（示不及）唯余馬首是瞻（言進退從已）欒黶曰晉國之命未是有也余馬首欲東乃歸（黶惡偃自專故棄之）下軍從之左史謂莊子曰不待中行伯乎（中行伯荀偃也莊子魏絳也左史晉太史）莊子曰夫子命從師（夫子謂荀偃）欒伯吾師也吾將從之從師所以待夫子也（以從命為待也欒黶下軍師莊子為左故曰吾師）伯游曰吾令寔過悔之何及多遺秦禽（軍師不知恐多為秦師所禽獲）乃命大還晉人謂之遷延之役（遷延郤退）欒鍼曰此役也報櫟之敗也役取無功晉之恥也吾有二位於戎路（欒鍼）

欒黶弟也二位謂黶將下軍鍼爲戎右敢以辱恥乎與士鞅馳秦師死焉

魯公叔禺人昭公子也魯與齊戰于郎郎魯近邑也哀十二年齊國書帥師伐我是也公叔禺人遇負杖入保者息遇見也見走辟齊師將入保罷倦放其杖頭上兩手掖至休息者保縣邑小城禺人昭公之子春秋傳曰公叔務人曰使之雖病也謂時徭役任之雖重也謂寇賊殺君子不能爲謀也士弗能死也不可君子謂卿大夫也魯攻敗惡役無謀臣士又不能死難禺人恥之我則既言矣欲敵齊師踐其言與其鄰重汪踦皆往死焉奔敵死齊冠隣里也重皆當爲童未冠者之稱姓汪名踦鄰或爲談春秋傳曰童汪踦魯人勿欲殤重汪踦見其死君事有士行欲以成人之喪言之言魯人者死君事國爲欲葬問于仲

尼仲尼曰能執干戈以衛社稷雖欲勿殤也不亦可乎善之

齊國魯哀公十一年公會吳伐齊齊國書將中軍高無本將上軍宗樓將下軍陳僖子謂其弟書爾死我必得志書子占也欲獲死事之功宗子陽與閭丘明相厲也相勸厲致死子陽宗樓桑掩胥御國子國子國書公孫夏曰二子必死亦勸人勉將戰公孫夏命其徒歌虞殯虞殯送葬歌曲示必死陳子行命其徒日人尋約吳髮短約繩也八尺爲尋吳髮短欲以繩貫其肅東郭書曰三戰必死于此三矣三戰夷儀五氏與今使問弦多以琴弦多齊人六年奔魯問遺曰吾不復見子矣言將戰死陳書曰此行也吾聞鼓聲巳矣不聞金矣鼓以進軍金以退軍不聞金言將死戰于艾陵大敗齊師獲國書公孫夏閭丘明陳書東郭書

楚大夫史皇吳伐楚楚師亂吳師大敗子常奔鄭史皇以其乘廣死以戰死

漢周苛爲御史太史高祖令與樅公守滎陽三年項羽引兵西拔滎陽城生得周苛羽亨周苛亨謂煮而殺之并殺樅公

紀城以將軍從高祖擊破秦人漢守三秦戰好畤死事封子通爲襄平侯

漢孟吳楚反時潁陰侯灌嬰爲將軍屬太尉時潁陰侯是灌

嬰之子名何轉寫誤爲嬰耳孟爲較尉戰嘗陷堅遂死吳軍中

韓千秋故濟北相武帝元鼎四年南粵相呂嘉爲亂天子遣千秋往入粵境破數小邑未至番禺四十里粵以兵擊千秋等滅之於是天子曰韓千秋雖亡成功亦軍鋒之冠封其子延年爲成安侯

後漢叔壽爲破虜大將軍光武建武元年擊五校賊於曲梁戰歿曲梁屬廣平國今雒州縣也

劉植爲驍騎將軍建武二年更封植爲昌城侯討密縣賊戰歿溫序爲護羌校尉行部至襄武爲隗囂別將苟宇所拘刼宇謂序曰子若與我并威同力天下

可圖也序曰受國重任分當致死義不貪生苟背恩懷宇等復曉譬之序素有氣力大怒叱宇等曰虜何敢迫脅漢將因以節撾殺數人賊衆爭欲殺之宇止之曰此義士守節可賜以劒序受劒銜鬚於口顧左右曰旣爲賊所迫殺無令鬚汙土遂伏劒而死

劉尚爲武威將軍擊武陵五溪蠻夷深入軍沒

傅育爲護羌校尉章帝元和三年胡羌叛出塞更依迷吾章和元年育上請發隴西張掖酒泉各五千人諸郡太守將之育自領漢陽金城五千人合二萬兵與諸郡尅期擊之令隴西兵據河南張掖酒泉兵遮

其西並未及會育軍獨進迷吾聞之徙廬落去育選精騎三千窮追之夜至建威南三兜谷去虜數十里須旦擊之不設備迷吾乃伏兵三百人夜突育營中驚擾壞散走育下馬手戰殺十人而死

張顯爲漁陽太守殤帝延平元年鮮卑復寇漁陽顯數百人率出追之兵馬掾嚴授諫曰前道險阻賊勢難量宜自結營必先輕騎偵視之顯意甚銳怒欲斬之因復進兵遇虜伏發士卒悉走唯授力戰身被十創手殺數人而死顯中流矢主簿衛福功曹徐咸皆自投赴顯俱歿於陣鄧太后策書襃歎賜顯錢六十萬以家二人爲郎授福咸各錢十萬除一子爲郎

仲光爲右扶風安帝元初二年與安定太守杜恢京兆虎牙都尉耿溥與先零羌戰於丁奚城光等大敗並沒

蔡諷爲遼東太守建光元年四月濊貊復與鮮卑寇遼東諷追擊戰歿

成嚴爲雲中太守建光元年秋鮮卑其至鞬復畔寇居庸關嚴擊之兵敗功曹陽穆以身捍嚴與俱戰歿

李超爲代郡太守順帝永建元年八月鮮卑寇代郡超戰歿

馬賢爲征西將軍陽嘉五年且凍傳難種羌反叛以騎都尉耿叔副賢將兵十萬屯漢陽羌寇武都燒隴關掠苑馬六年春賢將五六千騎擊之到射谷山賢軍敗賢及二子皆戰歿順帝愍之賜布三千疋穀千斛封賢孫光爲武陽亭侯租入歲百萬

趙冲爲武威太守督河西四郡兵馬建康元年追叛羌到建威鸇陰河軍度竟所將降胡六百餘人叛走冲將數百人追之遇羌伏兵與戰歿冲雖身死而前後多所斬獲羌繇是衰耗

尹耀爲揚州刺史建康元年八月揚徐盜賊范容周

生等冦掠城邑九月燿與九江太守鄧顯討范容等於歷陽軍敗燿顯爲賊所没

倪式爲九眞太守桓帝永壽三年居風令貪暴無度縣人朱達等及蠻夷相聚攻殺縣令衆至四五千人進攻九眞式討之戰死詔賜錢六十萬拜子二人爲郎

劉岱爲兖州刺史獻帝初平三年青州黄巾衆百萬入兖州岱戰死

鮑信爲濟北相迎曹公領兖州牧會黄巾大衆入州界曹公以賊將勝而驕故設奇兵挑擊於壽張先與

信出行戰地後歩軍未至而卒與遇遂接戰信殊死戰以救曹公信得潰圍出然信遂没時年四十一僅賊退走購求信喪不得衆乃刻木如信形狀祭而哭焉

張濟爲驃騎將軍討吕布屯兵弘農士卒饑餓南攻穰爲流矢所中死

魏夏侯淵爲征西將軍守漢中漢建安二十三年劉備軍陽平關淵率諸將拒之相守連年二十四年正月備夜燒圍鹿角淵使張郃護東圍自將輕兵護南圍備挑郃戰郃軍不利淵分所將兵半助郃爲備所襲淵遂戰死諡曰愍侯初淵雖數戰勝太祖常戒曰爲將當有怯弱時不可但恃勇也將以勇爲本行之以智計但知任勇一匹夫敵耳

衛兹陳留人也太祖至陳留始與兹相見遂同盟計興武事令兵三千人從太祖入滎陽力戰終日失利身没

龐德爲立義將軍討關羽戰没被殺後鍾會平蜀前後皷吹迎德尸喪還鄴冢中身首如生

趙昱爲廣陵太守賊笮融從臨淮見討進入郡界昱將兵拒戰敗績見害

韋康爲涼州刺史爲馬超所圍堅守歷時救軍不至遂爲超所殺

孫覩爲青州刺史從征孫權於濡須口爲流矢所中穿左足力戰不顧武帝勞之曰將軍被瘡深重而猛風益奮及瘡甚遂卒

曹攄爲襄陽太守征南司馬值天下亂攄討賊何吳戰敗死

蘇尚爲將軍隸并州刺史畢軌明帝青龍元年鮮卑軻比能誘納歩度根使叛并州與結和親自勒萬騎迎其累重於陘北軌遣尚及將軍董弼等擊之比能

遣子將騎與尚等會戰於樓煩臨陣害尚弼

張郃爲左將軍加特進諸葛亮出祁山詔郃督諸將西至雒陽城亮還保祁山郃追至木門與亮軍交戰飛矢中郃右膝薨謚曰壯侯（亮軍退司馬宣王使郃追之郃曰軍法圍城必開出路歸軍勿追宣王不聽郃不得逐追蜀軍乘高布伏弓弩亂發矢中郃髀）

弓遵爲帶方郡太守景初中樂浪部從事吳林以樂浪本統韓國分割辰韓八國以與樂浪吏譯轉有異同臣智激韓忿攻帶方郡崎離營遵與樂浪太守劉茂興兵伐之遵戰死二郡遂滅韓

蜀龐統爲軍師中郎將從先主入蜀進圍雒縣統率

衆攻城爲流矢所中卒時年三十六

關羽爲前將軍率衆攻曹仁於樊孫權先遣使爲子索羽女羽罵辱其使不許婚權大怒又南郡太守麋芳在江陵將軍傅士仁屯公安素皆嫌羽自輕己羽之出軍芳仁供給軍資不悉相救羽言還當治之芳仁咸懼不安於是權陰誘芳仁芳仁使人迎權而曹公遣徐晃救曹仁羽不能克引軍退還權已據江陵盡虜羽士衆妻子羽軍遂散權遣將逆擊羽斬羽及子平于臨沮（權遣將軍擊羽獲羽及子平權欲活羽以敵劉曹左右曰狼子不可養爲害曹公不即除之自取大禍乃議徙都今豈可生乃斬之）

張南爲將軍從先主征吳與馮習俱死

龔祿字德緒爲越嶲太守隨丞相亮南征爲蠻夷所害時年三十一

王士字義彊丞相亮南征蠻爲益州太守將南行爲蠻夷所害

趙廣爲牙門將隨姜維沓中臨陣戰死

張嶷爲盪寇將軍魏狄道長李簡密書請降衛將軍姜維率嶷等因簡之資以出隴西既到狄道簡悉率城中吏民出迎軍軍前與魏將徐質交鋒嶷臨陣殞身然其所殺傷亦過倍既亡封長子瑛西鄉侯次子

護雄襲爵

向朗爲中領軍後主延熙三年征漢蠻夷被害

諸葛瞻爲行都護衛將軍景耀六年魏征西將軍鄧艾伐蜀自陰平繇景谷道旁入瞻督諸軍至涪停住前鋒破退還住綿竹艾遣書誘瞻曰若降者必表爲瑯邪王瞻怒斬艾使遂戰大敗臨陣死時年三十七衆皆離散艾長驅至成都瞻長子尚與瞻俱沒

李球爲羽林右部從諸葛瞻拒鄧艾臨陣授命死于綿

吳陳武字子烈從孫策征討有功策破劉勳多得廬

江人料其精鋭乃以武爲督所向無前尤爲大帝所親愛數至其家累有功勞進位偏將軍建安二十年從擊合肥奮命戰死大帝哀之自臨其葬
蔣欽領兵拒劉備有功還赴南郡與魏交戰臨陣卒
徐琨爲平虜將軍後從討黃祖中流矢卒
張悌與諸葛靚之衆晋兵也吳師大敗諸葛靚與五六百人退走使過迎悌悌不肯去靚自往牽之謂曰且夫天下存亡有大數豈卿一人所知如何故自取死爲悌垂涕曰仲恩今日是我死日也且我作兒童時便爲卿家丞相所拔常恐不得其死負名賢知顧

今以身徇社稷復何遁邪莫牽曳之始如是靚流涙放之去百餘步已見爲晋軍所殺
留贊爲左將軍孫峻征淮南授贊節拜左護軍未至壽春道路病發峻令贊將軍重先還樂渚戰敗澄策死之
楊欣爲涼州刺史咸寧四年與虜若羅拔能等戰于武威敗績死之
周處爲建武將軍惠帝永平六年氐帥萬年僭號稱帝遣處與安西將軍夏侯俊等討之處及萬年戰於六陌王師敗績處死之時衆寡不敵臨陣慷慨奮不顧命以力徇國力戰而歿贈平西將軍
索靖爲始平內史及趙王倫簒位靖應三王義舉以左衛將軍討孫秀有功加散騎常侍遷後將軍大安末河間王顒舉兵向雒陽拜靖使持節監雒城諸軍事游擊將軍領雍秦涼義兵與賊戰大破之靖亦被傷而卒追贈大常
曹攄爲襄城太守懷帝永嘉二年爲高密王簡征南司馬其年流人王道等聚衆屯冠軍寇掠城邑簡遣參軍崔曠討之令攄督護曠曠姦兇人也譎攄前戰期爲後繼遁而不至攄獨與道戰于酈縣軍敗死之

路述爲河東太守永嘉二年七月劉元海寇平陽太守宋抽奔京師述力戰死之
王粹爲鄴郡太守永嘉二年十一月石勒寇鄴郡粹戰敗死之
王賦爲安北將軍永嘉二年石勒寇鄴樂賦遇害
王堪爲車騎將軍石勒襲白馬堪死之
宋抽爲征虜將軍永嘉四年七月劉總從弟曜及其將石勒圍懷詔抽救之爲曜所敗抽死之
崔曠爲襄城太守永嘉四年十月石勒陷襄城曠遇害

郭察為安城太守永嘉五年五月益州流人汝班梁
州流人蹇撫作亂於湘州虜刺史荀眺南破零桂諸
郡東掠武昌安城察與邵陵太守鄭融充陽内史滕
育並遇害
郝詵為平北將軍劉琨部將永嘉五年七月石勒寇
冀州劉粲寇晉陽詵帥衆禦粲詵敗績死之
李惲為龍驤將軍愍帝建興元年四月石勒寇冀州
上白惲死之
賈匹愍帝時為驃騎將軍雍州刺史封酒泉公時諸
邦百姓饑饉白骨蔽野百無一存匹帥戎馬二萬餘

人將伐長安平西太守竺恢亦固守劉粲聞之使劉
曜劉雅及趙染距匹先攻恢不尅匹邀擊大敗曜中
流矢退走匹追之至于甘泉旋自渭橋襲盧水胡彭
蕩仲殺之遂迎秦王奉為皇太子後蕩仲子夫護帥
群胡攻之匹敗走夜墮于澗為夫護所害匹勇略有
志節以興復晉室為己任不幸顛墜時人咸痛惜之
魏浚為揚威將軍河南尹劉曜忌浚得衆率衆軍圍
之劉演郭默遣軍來救曜分兵逆於河北乃伏兵浮
隱處以邀演默軍大破之盡虜演等騎浚夜遁走為
曜所得遂死之追贈平西將軍

華化字長風為征虜將軍討汲桑戰没
陶侃之子輿果烈善戰為武威將軍後與杜弢戰輿
被重創卒侃哭之慟曰喪吾家寶三軍皆為之垂泣
詔贈長沙太守
趙誘為王敦參軍加廣武將軍與甘卓周訪共討華
軼破之又擊杜弢於西湘元帝大興初復與卓攻弢
滅之為武昌太守時杜曾迎第五琦於荊州作亂敦
遣誘與襄陽太守朱軌陵江將軍黃峻共拒之琦既
愍帝所遣加有時望為楚所歸誘等苦戰皆死之敦
甚悼惜之表贈征虜將軍秦州刺史子龔與誘俱死

陳超為平北將軍祖逖督護大興二年冬十月逖遣
起襲石勒將桃豹超敗没於陣
司馬玖為將軍明帝大寧元年春李雄使其將李驤
任回寇臺登玖死之
羊曼為前軍蘇峻之亂曼率文武守雲龍門王師不
振或勸曼避峻曼曰朝廷破敗吾安所求生勒衆不
動為峻所害年五十五峻平追贈太師
楊術為朱提太守成帝咸和二年正月寧州秀才龐
遣起義兵攻李雄將任回李謙等雄遣其將羅恒費
黑之寧州刺史尹奉遣裨將姚岳與術援遣戰于臺

登岳等敗績銜死之
孟彥爲丹川守將康寧六年三月李壽陷丹川彥與劉齊李秋皆死之
毛寶爲征虜將軍咸康中石季龍將夔安李農陷沔南張貉陷邾城因寇江義夏陽寶及西陽太守樊俊義陽太守鄭進並死之
沈勁少有志節穆帝升平中慕容恪侵逼山陵時冠軍將軍陳祐守雒陽衆不過二千勁自表求配祐效力因以勁補冠軍長史令自募壯士得千餘人以助祐擊賊頻以寡制衆而糧盡援絶祐懼不能保全會

賊寇許昌祐因以救許昌爲名興寧三年留勁以五百人守城祐率衆而東會許昌已没祐因奔崔墕勁志欲致命欣獲死所尋爲恪所攻城陷被執神氣自若恪奇而將宥之其中軍將軍慕容虔曰勁雖奇士觀其志度終不爲人用今若赦之必爲後患遂遇害恪還從容言於慕容暐曰前平廣固不能濟辟閭今定雒陽而殺沈勁寔有愧於四海朝廷聞而嘉之贈東陽太守
李福爲潁川太守興寧二年春慕容暐將慕容評襲許昌福死之

吉挹字沖祖孝武初爲魏興太守輕車將軍以拒苻堅堅將韋鍾攻魏興挹遣衆拒之斬七百餘級加督五部軍事鍾率衆欲趣襄陽挹又邀擊斬五千餘級鍾怒廻軍圍之挹又屢挫其鋭其後賊衆繼至挹力不能抗城將陷引刀欲自殺其友止之曰且苟存以屬他計爲計不立死未晚也挹不從友人逼奪其刀衆賊執之挹閉口不言不食而死
韋簡爲東平太守太元十九年十月慕容垂遣其子惡奴寇廩丘簡及垂將尹國戰于平陸簡死之
袁山松爲吳郡太守孫恩作亂山松守滬瀆城陷

被害
謝琰爲會稽内史時孫恩作亂琰不設備恩奄至山陰北三十五里琰遣參軍劉宣之拒破恩旣而上黨太守張虔碩戰敗羣賊鋭進人情震駭咸以宜持重嚴備且列水軍於南湖分兵設伏以待之琰不聽旣至尚未食琰曰要當先滅此寇而後食耳跨馬而出廣武將軍桓寶爲前鋒摧鋒陷陣殺賊甚多而塘路迮狹琰軍魚貫而前賊於艦中傍射之前後斷絶琰至千秋亭敗績琰帳下都督張猛於後斫琰馬琰墮地與二子肇峻俱被害寶亦死之

周搃字孟威寧康中鎮于巴西爲苻堅所獲守節不屈堅使者清道搃躬洽逵陌謂使者云煩君語氐賊苻堅何至取國士如此堅聞之曰豨子正欲覔死殺之適足成其名耳乃苦加拷㯉不食而食

檀斌爲兖州刺史石勒將嶠攻陷鄒山斌死之

前趙韋忠爲劉聰鎮西大將軍平羌較尉討叛羌矢盡不屈節而死

前燕呂護爲慕容暐將奔于晉尋復叛歸于暐待之如初因遣傅顏與護率衆據河陰顏北襲勑勒大獲而還護攻雒陽中流矢而死

後秦楊佛嵩姚興時爲都督嶺北討虜諸軍安遠將軍雍州刺史率嶺北見兵以討赫連勃勃嵩發數日興謂羣臣曰佛嵩驍猛果鋭每臨敵對寇不可制抑吾嘗節之配兵不過五千今衆旅既多遇賊必敗今去遠追之無及吾深憂之其下咸謂不然佛嵩果爲勃勃所執絶吭而死

姚平爲姚泓後將軍時仇池公楊盛攻陷祁山執建節王總遂逼秦川泓遣平救之盛引退姚嵩與平退之及于竹嶺姚贊率隴西太守姚泰都雒陽太守王煥以禁兵赴之贊至清水嵩爲盛所敗嵩父泰都王煥皆戰死

趙玄爲姚泓征南姚洸部將洸鎮雒陽時宋高祖爲晉太尉總大軍伐泓檀道濟次成臯玄謂洸曰玄受三帝重恩所守正死耳但明公不用忠臣之言爲姦孽所誤後必悔之但無及耳會陽城成臯滎陽武牢諸城悉降道濟等長驅而至玄與晉將毛德祖戰于栢谷以衆寡不敵而敗被創十餘攄地大呼玄司馬蹇鑒冒刃抱玄而泣玄曰吾瘡已重君宜速去鑒曰若將軍不濟當與俱死去將何之皆死於陣

姚洽爲姚紹左長史時晉軍伐泓紹率姚鸞等步騎

五萬距王師于潼關檀道濟固壘不戰紹分道置諸軍爲犄角之勢遣輔國胡翼度據東京武衛姚鸞營于大路與晉軍相接沈林子簡精鋭銜枚夜襲之鸞衆潰戰死士卒死者九千餘人紹遣洽及姚墨蠡等騎三千屯于河之九原欲絶道濟諸縣租遣輸洽辭曰夫小敵之堅大敵之擒今兵衆單弱而遠在河外雖明公神武然鞭短勢殊恐無所及紹不聽沈林子率衆八千要洽於河上洽戰死衆皆沒

後梁壘澄仕呂光爲酒泉太守時沮渠蒙遜叛蒙遜從兄男成先爲將軍守晉昌聞蒙遜起兵逃奔貲虜

虜劫諸夷衆至數千進攻禄福建安寧戎護軍趙策擊敗之男成退屯樂涫澄率將軍趙策趙陵步騎萬餘討男成于樂涫戰敗澄策死之

宋孟龍符爲龍驤將軍廣川太守高祖伐慕容超令龍符統步騎爲前鋒軍達臨朐與賊爭水龍符單騎衝突應手破散即據水源賊遂退走龍符乘勝奔之後騎不及賊數千騎圍繞攻之龍符奮稍接戰每一合輒殺數人衆寡不敵遂見害

劉虔之爲江夏相高祖西征司馬休之魯宗之等遣參軍檀道濟朱超石步騎出襄陽虔之率州郡兵力

出鄖城屯三連立木橋聚糧以待道濟等積日不至爲宗之子軌所襲衆寡不敵參軍孫長庸流涕勸退軍虔之厲色曰我仗順伐罪理無不克如其不幸命也敗戰見殺追贈梁秦二州刺史

徐逵之尚高祖長女爲振威將軍前司馬休之使統軍爲前鋒配以精兵利器事赴當即授荊州休之遣魯宗之子軌擊破之於陣見害追贈中書侍郎

孟條祖爲殿中將軍大明二年後魏侵青冀孝武遣軍援之條祖自戈行戰於杜梁挺身入陣所殺狼藉遂見殺詔書追贈郡太守

桓詢爲積弩將軍梁山之役力戰爲流矢所中死追贈冀州刺史

鄭墨淮西人泰始元年晉安王子勛與豫州刺史殷琰同逆墨以前奉朝請率子弟部曲及淮右諸部起義於陳郡城有衆一萬明帝以爲司州刺史後虜寇淮戰敗見殺追贈冠軍將軍

韋山松爲益州刺史劉秀之中兵參軍南譙王義宣據荊江爲逆發兵于秀之秀之遣山松萬人襲江陵出峽竺超民遣將席天生逆之山松一戰即梟其首進至江陵爲魯爽所敗山松見殺

劉勔爲尚書右僕射中領軍桂陽王休範爲亂奄至京邑加勔使持節領軍署佐吏鎮扞石頭既而賊衆屯朱雀航南右軍王道隆率宿衛向朱雀航聞賊已至急信召勔勔至命閉航道隆不聽促勔渡航進戰率所領于桁南戰敗臨陣死之時年五十七事平贈散騎常侍司空本官如故

卜伯宗爲殿中將軍泰始初領僮擊南賊于赭圻戰沒

劉康祖爲佐將軍聞魏軍寇壽陽自虎牢率七千人來赴魏軍至者八萬騎康祖令軍曰顧望者斬首轉

歿者斬尺士皆用命賊歿者萬餘血流沒踝流矢貫
頸墮馬死

冊府元龜

巡按福建監察御史臣李嗣京 訂正
新建縣舉人臣戴國士參閱
知建陽縣事臣黄國琦較釋

將帥部 八十六

死事第二

南齊戍買爲軍主戍角城太祖建元三年魏寇淮陽圍角城買謂人曰我今作角城戍我兒當得一子或問其故買曰角城與虜同岸危險具多我豈能使虜敢南向我若不沒虜則應破虜兒不作孝子便當作

世子也至是魏圍買數重帝遣領軍將軍李安民爲都督救之勑周盤龍曰角城漣口賊始復進西道便是無賊卿可率馬步下淮陰就李領軍鍾離船少正可致依仗數日糧軍人挾淮步下也買與魏拒戰手所傷殺無數晨朝早起手中忽有數升血其日遂戰死

張佛護爲驍騎將軍崔惠景舉兵奉江夏王寶玄向闕臺遣佛護及直閤將軍徐元稱屯騎校尉姚景珍西中郎將軍徐景知遊盪主重伯珍騎官桓靈福等據竹里爲數城寶玄遣信謂佛護曰身自還朝君何意苦相斷遏佛護荅曰小人荷國重恩使於此創立小戍殿下還朝但自直過豈敢干斷遂射惠景軍因戰惠景子覺及崔恭祖領前鋒皆傖楚善戰又輕行不爨食以數舫沿江載酒空爲軍糧每見臺軍城中煙火起輒盡力攻擊臺軍不復得食以此饑困元稱等議欲降佛護不許十二日恭祖等復攻之城陷佛護單馬走追得斬首

尹略爲遊擊將軍武帝永明八年討巴東王子響見害贈輔國將軍梁州刺史

席謙父恭穆任鎮西司馬爲魚復侯所害及謙爲新

蔡太守鎮盆城聞梁王義師東下曰我家世忠貞殞死不二爲陳伯之所殺

梁韋粲爲衡州刺史武帝太清三年侯景反至京師與司州刺史柳仲禮高州刺史李遷仕帥軍入援粲仲禮分據南岸正月丁巳賊濟軍於青塘襲破粲營粲拒戰而死戊辰李遷仕天門太守樊文皎進軍青谿東爲賊所破文皎死之

杜岸爲平北將軍北梁州刺史請襲襄陽元帝許之岸乃晝夜兼行先往攻其城不剋岳陽王至遂走保其兄巘於南陽巘時爲南陽太守岳陽王尋遣攻陷

其城岸及獻俱遇害

胡僧祐爲車騎將軍西魏寇至元帝以僧祐爲都督城東諸軍事魏軍四面起攻百道齊舉僧祐親當矢石晝夜督戰奬勵將士明於賞罰衆皆感之咸爲致死所向摧殄賊莫敢前俄而中流矢卒

裴之横爲吳興太守江陵旣陷北齊遣上黨王高渙挾貞陽侯明攻東関安王承制以之横爲使持節鎭北將軍徐州刺史都督衆軍給鼓吹一部出守蘄城之横營壘未周而魏軍大至兵盡矢窮遂於陣没贈侍中司空

裴畿爲太子右衛率巂州刺史西魏攻陷江陵畿力戰死之

陳馬明字世朗梁元帝時爲散騎常侍北兗州刺史領盧江太守荊州陷没歸於高祖紹泰中復官位封西華縣侯隨周文育督征王琳於沌口軍敗明力戰死之贈使持節征西將軍郢州刺史

周鐵虎爲嚴威將軍初自梁歸於陳尋隨周文育於江南拒蕭勃嘗爲前軍文育又命鐵虎偏軍於苦竹灘襲勃前軍歐陽頠又隨文育西征王琳於沌口敗績鐵虎與文育安侯都並爲琳所擒琳引見諸軍將與之語唯鐵虎辭氣不屈故琳盡宥文育之徒獨鐵虎見害

陳詳爲神威將軍吳州刺史天嘉五年周迪復出臨川乃以詳爲都督率水部討迪軍至南城與賊相遇戰敗死之

始興昭烈王道談高祖兄也仕於梁世爲東宮直後王師侯景之亂領弩手三千援臺城中流矢卒

後魏魏勤封永安侯明元永興五年與將軍元屈會稽公劉潔等擊吐京叛胡失利潔被傷勤死之

司馬天助晉驃騎將軍元顯之子歸魏拜青徐二州

刺史太武眞君三年從駕北征在陣歿

羅雲獻文時爲給事中西征勑勤爲賊所襲殺

章武王融弟武爲光祿大夫賊帥鮮於修禮寇暴瀛定二州長孫雅等討之失利除融車騎將軍爲前驅左軍都督與廣陽王淵等共討修禮師渡津葛榮殺修禮而自立轉營至白牛邏輕騎擊融融苦戰終日更無外援遂大奔敗於陣見殺

崔延伯爲右衛將軍討万俟醜奴爲其所敗復收兵襲賊大破之賊皆退而兵人採掠散亂不整還來衝突遂大奔敗延伯中流矢爲賊所害士卒死者萬餘

八

李龍環以勇壯爲將孝明正光中北征戰死白道

裴衍爲北道大都督與源子邕北討葛榮軍次陽平之東北陽曲賊來拒戰衍軍敗見害朝野人情莫不駭惋

崔楷爲殷州刺史孝昌三年葛榮陷殷州楷固節死之

酈惲爲征虜將軍與唐州刺史崔元珍固守平陽武大中爾朱榮稱兵赴雒惲與珍不從其命爲榮行臺郎中樊子鵠所攻城陷被害崔元珍爲唐州刺史爾

朱榮之趣雒也遣其都督樊子鵠取唐州元珍與行臺酈惲拒守不從爲子鵠所害

裴約爲別將行渤海郡事時冀州大乘賊起約爲賊所敗遂圍郡城城陷見害

元志爲雍州刺史時莫折念生反詔志爲西征都督討之念生遣其弟天生屯隴口與志相持爲賊所乘遂棄大衆奔還岐州賊遂攻岐州刺史裴芬之疑城人與賊潛通將盡出之志不聽城人果開門引賊鎖志及芬之送念生見害節閔初贈尚書僕射

奚文爲散騎常侍從征蠕蠕戰沒

尉豹行潁州事與梁將裴禮戰沒

丘跋爲安遠將軍征蓋吳戰沒

高徽孝明時使嚈噠廻至河州前刺史息景進等招引莫折念生攻河州長史元永等推徽行州事别舊乞伏世則潛通景進徽殺之徵兵于吐谷渾吐谷渾率衆救之景進敗退走奔秦州景進尋率羌夷復來攻逼徽遣統軍六景相馳表請師詔徽仍行河州事久無援救力屈城陷爲賊所害

李喬爲使持節大將軍陝州刺史宇文黑獺攻陷州城被執見害

崔伯鳳爲前將軍孝莊永安末與都督源子恭守丹父戰沒

崔伯麟爲中堅將軍冀州長史大乘賊起伯麟率州軍討之於煑棗城爲賊所殺贈龍驤將軍雒州刺史

李苗爲寇軍將軍討爾朱世隆於河南橋兵盡浮河而没苗死之日朝野悲壯之及世隆入雒主者追苗贈封白世隆世隆曰吾爾時群議更一二日便欲大縱兵士焚燒都邑任其採掠賴苗京師獲全天下之善一也宜追之

薛長瑜爲征東將軍雒州刺史擊賊没于陣贈都督

冀定泰三州諸軍事車騎將軍冀州刺史
寇治爲前將軍時蠻反於三鵶治爲都督追討戰没
贈持節都督雍華岐三州諸軍事
鄭模爲征東將軍行岐州事未幾擊賊深入没於陣
贈撫軍將軍相州刺史
裴仲規以司徒王簿免乆之中山王英征義陽引爲
統軍奏復本職規陣戰殁贈河東太守謚曰貞
孫瓚爲姚泓安定護軍時赫連屈子來侵人懷危懼
亡奔者相屬瓚獨率衆拒守見殺
李長壽爲華州刺史孝武西遷長壽率勵義士拒諫

魏孝武嘉之復授潁州郡守遷廣州刺史東魏遣行
臺侯景率兵攻之長壽衆少城陷遂遇害
崔仲哲爲別將初父康爲燕州刺史時天下多事遂
爲杜雒周攻圍康堅守歷年朝廷遣都督元譚與仲
哲赴救到下口遇賊仲哲戰没
北齊尉興敬爲神武帳内都督高祖敗周文帝於邙
山興敬因戰爲流矢所中卒贈涇岐豳三州軍事
尉興慶爲神武親信都督帝與西魏戰退走從者六
七人追騎至興慶日王去矣興慶腰邊百箭足殺百
人神武勉之日事濟以爾爲懷州若死則用爾子興
慶日兒小願用兒許之興慶鬬矢盡而死
高昂爲軍司大都督與侯景等同攻獨孤如願于金
墉城周文帝率衆救之戰於邙陰昂所部失利左右
分散單騎東出欲趨河梁南城門閉不得入遂爲西
軍所害
劉豐自左將軍除殷州時西魏大將王思政據長社
文襄命豐與清河王岳攻之豐建水攻之策遂遏洧
水以灌之水長魚鱉皆遊焉九月至四月城將陷豐
與行臺慕容紹宗見北有白氣同入船忽有暴風從
東北來正晝昏暗飛沙走礫船纜忽絶漂至城下豐

遊水向土山爲浪所激不時至西人鉤之並爲敵人
所害豐壯勇善爲諸將所推死之日朝野駭惋
王琳爲特進侍中時陳將吳明徹來寇秦州琳與戰
大敗單馬突圍僅而獲免明徹進圍之堰淝水灌城
而皮景和等屯於淮西竟不赴救明徹晝夜攻擊城
内水氣轉侵人皆患腫死病相枕從七月至十月城
陷被執百姓泣而從之明徹恐其爲變遂殺之
慕容紹宗爲河南道行臺拒西魏大將王思政兵敗
投水而死三軍將士莫不悲惋
元景安天統中爲領軍大將軍入周以大將軍義寧

郡開國公率衆討稽胡戰没
後周王勵爲千牛直長沙苑之役勵以都督領兵從太祖勵居左翼與帳下十數人用短兵接戰當其前者死傷甚衆勵以被傷重遂卒于行間太祖深悼焉
楊檦爲少師武帝保定四年十月詔晉公護率軍伐齊出潼關大將軍權景宣出豫州檦出軹關蜀國公尉遲迥率師圍雒陽景宣攻齊豫州護次陝州十二月齊師渡河晨至雒陽諸軍驚散尉遲迥率麾下數十騎扞敵得却至夜引還柱國庸國公王雄力戰死之遂班師楊檦於軹關戰没權景宣亦棄豫州而還

韋祐字法保爲驃騎大將軍東魏遣軍送糧饋宜陽法保潛邀之轉戰數十里兵少不敵爲流矢所中卒於陣
韋總從武帝東征總每率麾下先驅陷敵遂於并州戰没
王雄從晉公護東征至邙山與齊將斛律明月接戰雄馳殺三人明月退走雄追之明月左右皆散矢又盡唯餘一奴一矢雄案矟不及明月者丈餘曰惜爾不殺但生將爾見天子明月反射雄中額馬退走至營而薨

劉雄爲上大將軍出鎮幽州宣政元年四月突厥寇幽州掠略居民雄出戰爲突厥所圍臨陣戰没贈亳州總管十州諸軍事亳州刺史
楊祥爲建武將軍討鮮于修禮遂死之
隋權武父襲慶爲周開府從武元皇帝戰於并州被圍百餘里襲慶力戰矢盡短兵接殺傷甚衆於是刀矟皆折脫冑擲地向賊大罵曰何不來斫頭賊遂殺之
柳雄亮父檜爲周華陽太守遇黃寶作亂攻陷華陽檜爲賊所害

皮子信爲旭州刺史開皇初吐谷渾來寇邊子信出兵拒戰爲賊所敗子信死之
趙世模爲上開府開皇初嘗典宿衞後從晉王伐陳先鋒遇賊力戰而死
韋洸開皇中爲廣州總管歲餘番禺夷王仲宣聚衆爲亂以兵圍洸洸勒兵拒之中流矢而卒贈上柱國
劉弘開皇中爲泉州刺史會高智慧作亂以兵攻州弘城中守百餘日救兵不至前後出戰死亡大半糧盡糇食與士卒數百人煑犀甲腰帶及剝樹皮而食一無離叛賊知其饑餓欲降之弘抗節彌厲賊悉衆

來攻城陷爲所害

楊武通爲左武衛將軍歷岷蕳二州總管與周法尚討嘉州叛獠法尚軍初不利武通率數千人爲賊斷其歸路武通於是東馬懸車出賊不意頻戰破之賊知其孤軍無援傾部落而至武通轉鬬數百里爲賊所拒四面路絶武通輕騎挼戰墜馬爲賊所執殺而噉之

李崇爲幽州總管開皇中突厥大爲寇掠崇率步騎三千拒之轉戰十餘日師人多死遂保於砂城突厥圍之城本荒廢不可守禦曉夕力戰又無所食每夜

出掠賊營復得六畜以繼軍糧突厥畏之厚其倫每夜中結陣以待之崇軍苦饑出輙遇敵死亡畧盡遲明奔還城者尚且百許人然多傷重不堪更戰突厥意降之遣使謂崇曰若來降者封爲特勤崇知必不免命其士卒曰崇喪師徒罪當死今日效命以謝國家待看吾死且可降賊方便散走努力還鄉若見至尊道崇此意乃挺刃突賊復殺二人賊亂射之卒於陣

楊崇封秦興縣公從行軍總管達奚長儒擊突厥於周槃力戰而死贈大將軍豫州刺史以子義臣襲崇官爵

楊思恩爲車騎將軍煬帝嗣位漢王諒作亂并州時代州總管李景爲漢王將喬鍾葵圍之詔朔州總管楊義臣救之義臣率馬步二萬夜出西陘遲明行數十里鍾葵覘見義臣兵少悉衆拒之鍾葵亞將王拔驍勇善用矟射者不能中每以數射陷陣義臣患之募能當矟者思恩請當之義臣見思恩氣貎雄勇顧之曰壯士也賜以巵酒思恩望見拔立於陣後投觴於地策馬赴之再往不尅義臣復選騎士千餘人從之思恩遂突擊殺數人直至拔麾下短兵方接所從

騎士退思恩爲拔所殺拔遂乘之義臣軍北者十餘里於是購得思恩屍義臣哭之甚慟三軍莫不流所從騎士皆腰斬

周羅睺爲右武侯大將軍漢王諒餘黨楊晉絳等三州未下詔羅睺行絳晉呂三州諸軍事進兵圍之爲流矢所中卒於師

張定和爲右屯衛大將軍從煬帝征吐谷渾至覆袁州時吐谷渾主與數騎而遁其名王詐爲渾主保車我眞山帝命定和率衆擊之既與賊相遇輕其衆少呼之令降賊不肯下定和不被甲挺身登山賊伏兵

於巖石之下發矢中之而斃其亞將柳武建擊賊悉斬之帝爲其流涕

梁默爲柱國行軍總管大業五年從煬帝征吐谷渾遇賊力戰而死

李瓊爲右翊衛將軍大業五年吐谷渾王率衆保覆袁州帝遣左光祿大夫梁默與瓊追渾王皆遇賊死之

馮孝慈爲右武候衛將軍大業九年清河賊張金稱衆數萬孝慈討金稱於清河反爲所敗孝慈死之

楊達煬帝遼東之役領右武衛將軍進位左光祿大

夫卒於師煬帝歎息久之贈吏部尚書始安侯謚曰恭贈物三百五十段

麥鐵杖爲右屯衛大將軍煬帝待之逾密鐵杖自以荷恩深重每懷竭命之志及遼東之役請爲前鋒顧謂醫者吳景賢曰大丈夫性命自有所在豈能艾炷灸頞瓜蔕歕鼻療黃不差而卧死兒女手中乎將渡遼謂其三子曰阿奴當備淺色黃衫吾荷國恩今是死日我旣被殺爾當富貴唯誠與孝爾其勉之及濟橋未成去東岸尚數丈賊大至鐵杖跳上岸與賊戰死武賁郎將錢士雄孟金叉亦死之左右更無及者帝爲之流涕

梁文謙大業中爲鷹揚將軍從衛玄擊楊玄感於東都力戰而死贈通議大夫

張須陁大業中爲齊郡通守領河南道十二郡黜陟討捕大使將兵拒東郡賊翟讓前後三十餘戰每破走之轉榮陽通守時李密說讓取雒口倉讓憚須陁不敢進密勸之讓遂與密率兵逼榮陽須陁拒之讓懼而退須陁乘之逐北十餘里時李密先伏數千人於林間邀擊須陁軍遂敗績密與讓合軍圍之須陁潰圍輒出左右不能盡出復躍馬入救之往來數四

衆敗散乃仰天曰兵敗如此何面見天子乎乃下馬戰死

郭絢大業末爲涿郡通守將兵擊竇建德於河間戰死人吏哭之數月不息

源崇嗣大業中自上黨贊治入爲尚書虞部郎及天下盜起將兵討北海賊與賊力戰而死贈正議大夫

王辯爲武賁郎將與王世充討李密於雒口官軍大潰辯至雒水橋已壞不得渡遂涉水至中流爲溺人所引墜馬辯時身被重甲敗兵前後相陷藉不能復上馬竟溺死三軍莫不痛惜之

陰世師大業末爲左翊衛將軍與代王侑守京師及唐公義軍至世師自以世荷隋恩又藩邸之舊遂勒兵拒守月餘城陷與京兆郡丞骨儀等見誅

孟善誼爲河内通守恭帝義興二年王世充爲李密所敗善誼與武賁郎將王辯楊威劉長恭梁德董知通皆死之

唐孫華馮翊人義師起歸於高祖與劉弘基等破隋將桑顯和於餘馬泉拜爲馮翊太守封武鄉公從圍京師爲流矢所中卒

劉感武德初以驃騎將軍鎮涇州薛仁杲率衆圍之

感嬰城拒守城中糧盡遂殺所乘之馬以分將士感一無所噉唯煑馬骨取汁和木屑食之城垂陷者數矣長平王叔良援兵至仁杲解圍而去感與良出戰爲賊所擒仁杲復圍涇州令感語城中云援軍已敗徒守孤城何益也宜早出降以全家室感許之及至城下大呼曰逆賊饑餓亡在朝夕秦王率數十萬衆四面俱集城中勿憂各自勉以全忠節仁杲大怒執感於城邊馳騎射殺之至死聲色逾厲賊平高祖購得其屍祭以少牢

羅士信爲絳州總管郯國公從太宗擊黑闥於河北有雒水人以城來降遣士信入城據守賊悉衆攻之甚急遇雨雪大軍不得救經數日城陷爲賊所擒黑闥聞其勇意欲活之士信辭色不屈遂遇害

呂子臧武德初爲鄧州刺史與馬元規擊山南賊帥朱粲遇霖雨城壞賊攻之急所親者知城必陷或勸其降子臧曰安有天子刺史降賊者乎於是率左右數百人赴敵而死俄而城陷元規亦遇害

李育德爲陟州刺史其兄厚德時陷王世充逃歸渡河爲寇所執世充囚之於獲嘉使其作書召育德育德陽許之故其兄擊獄久不死世充殷州刺史段大

師遣小師趙君頴以兵守之厚德陰結於君頴及城中人賈慈行謀翻獲嘉以將且待慈行與子弟奴客十餘人大呼於上云李家兵悉登城矣君頴於獄中以馬載厚德擁獄囚及援兵數十人呼譟而出至衙門門外逢僞長史趙景休斬之以徇衆皆僵伏至廳前後者數百大師踰城而遁遂尅殷州拜厚德爲刺史厚德歸省親疾遣育德居守世充怒悉衆擊之數日城陷育德力戰於中門之外及弟三人皆死之

趙景慈爲華州刺史領行軍總管擊堯君素於蒲州被瘡墮馬爲賊所執君素囚之十餘日景慈憤恚飲

衆水數升受風而死君素斬之梟首於城外贈泰州刺史謚曰忠

何潘仁右屯衛將軍武德二年討山賊張子惠於絲竹園輕敵遇害

梁禮爲鄜州刺史封鄜城郡公武德二年梁師都侵延州禮力戰没於陣

曹四郎爲鄧州總管武德三年九月王世充陷鄧州四郎因戰死之

張孝珉爲驃騎將軍驍勇善戰初爲王世充將軍後以衆歸國高祖令督本兵經畧世充武德三年六月

爲世充所圍衆寡不敵力屈就擒見世充辭色不撓遂爲所殺

盧君諤爲行軍總管武德四年隨齊王元吉擊王世充世充驍將楊公信犯官軍元吉拏之反爲所敗君諤死之

權威爲魏州刺史武德四年八月劉黑闥陷鄃縣威與貝州刺史戴元祥討之反爲所敗威及元祥皆死之

長平王叔良高祖從父弟鎮涇州武德四年胡賊入寇召叔良等五將帥師北代爲流矢所中師旋道薨

盧士叡爲瀛州刺史武德四年劉黑闥陷瀛州士叡死之先是黑闥之亂士叡勒兵拒守黑闥遣輕騎襲之破其羅城士叡據子城拒戰經半月士卒並河間人見羅郭已陷親屬爲虜莫有鬭志皆踰城而出士叡爲賊所擒遣人執之出說諸城堡士叡不從爲賊所殺

李大恩爲代州總管上表言馬邑可圖高祖令內殿少監獨孤晟卒兵與其合勢大恩率所部直趣馬邑晟軍不至大恩頓於新城突厥與劉黑闥合圍之高祖聞之遽令將軍李高遷爲援未至大恩糧盡夜遁

爲賊所邀軍遂大潰大恩爲虜所敗死之高祖聞之傷惜久之

張德政爲鄆州都督武德八年八月及并州道行軍總管督兵張公瑾與虜戰於大谷我師敗績德政死之

姜確爲左屯衛將軍貞觀十九年從大宗征遼東以行軍總管督兵攻盖牟城中流矢而卒

王君諤爲左武衛將軍從太宗征遼東兼領左屯營兵與高麗戰於駐驆山君諤先鋒陷陣遂與賊短兵相接賊以鉞斧擊之墜馬左右不繼以至於難還卒

於營大祖深痛惜之左右坐誅者數人子及善嗣拜
朝散大夫
謝萬歲爲梓州都督高宗永徽元年與兗州刺史謝
法興黔州都督李孟嘗討琰州獠賊萬歲法興入洞
招慰爲賊所殺
來濟顯慶中爲中書令左遷台州二年徙庭州刺史
俄有突厥入寇濟總兵拒之謂其衆曰吾嘗挂刑網
業赦性命當以身塞責特報國恩不擐甲冑赴賊没
於陣
蘇孝祥爲右監門衛將軍則天文明元年徐敬業據

揚州與其將李導會於高郵之下阿谿列營拒守孝
祥爲後軍總管率兵五千人夜用小舡先渡水擊之
反爲所敗孝祥臨陣見殺兵士溺死者過半
許欽明爲凉州都督萬歲通天元年九月吐蕃寇凉
州欽明嘗出按行有吐蕃數萬奄至城下欽明拒戰
久之力屈被執賊將欽明至靈州城下欽明大呼曰
賊中都無飲食城中有美醬乞二升粱米乞二㪷墨
乞一挺是時賊營處四面阻湼河唯有一路得入欽
明詐乞此物以喻城中冀其揀兵練將候夜掩襲城
中無悟其旨尋遇害

王孝傑爲清邊道行軍總管萬歲通天二年孝傑與
蘇宏暉等率兵十七萬與孫萬傑戰於東硤石谷官
軍敗績盡陷於賊孝傑死之
牛師奬爲安西都護軍中宗景龍二年十一月與娑
葛戰于火燒城師奬敗績没於陣
王海賓爲太子右衛率豐安軍使以驍勇聞玄宗開
元二年七月吐蕃入寇朝廷以薛訥攝左羽林將軍
爲隴右防禦使禦之以海賓爲先鋒及賊至渭川西
界武階驛苦戰勝之殺獲甚衆諸將嫉其功按兵不
救海賓没於陣大軍乘其勢擊而敗之斬首一萬七

千級獲馬七萬五千匹牛羊十四萬頭帝聞而憐之
詔贈左金吾大將軍
郭英傑爲幽州道副總管開元二十一年討契丹於
都山爲賊所敗英傑死之
褚詡爲隴右副將時皇甫惟明爲隴右節度使天寶
四年奚及契丹酋長各殺公主舉部落以叛惟明與
吐蕃戰於石堡官軍不利詡死之
王伯倫爲御史大夫崔光遠行軍司馬肅宗至德二
年八月光遠於駱谷破賊千餘人賊寇鳳翔伯倫與
光遠判官李椿領兵二千人自中渭橋攻殺守橋賊

一千人伯倫等乘勝至苑門賊先有本軍屯武功閙官軍入苑燒營幕而退走伯倫遇賊於苑伯倫死於陣前李椿爲賊所得

李元忠爲涇原兩州團練兵馬使上元元年死王事

呂希倩爲左龍武大將軍德宗建中四年十月德宗避難於奉天朱泚之賊於城東西南三面偪城渾瑊率招召突將三百人分道連戰翌日辰時殺傷太甚力屈而退希倩死之贈太尉賜實封三百戸

高重傑爲將軍奉天之難泚賊攻城重傑力戰而死贈司空實封三百戸

酈定進爲左神策軍大將軍封陽山郡王定進時號爲勇將嘗征蜀有功憲宗元和五年討王承宗力戰陣敗馳歸馬倒賊識曰酈王也遂爲所害官軍爲之喪氣繇是贈兵部尚書賻布帛米有差

田布弘正子也元和十五年弘正移鎭冀布爲河陽節度長慶元年春移鎭涇原其秋鎭州軍亂弘正被殺朝廷以李愬疾不能軍無以扞廷湊之亂且以魏州田氏舊衆乃疾徵布使起復爲之節度仍還檢校工部尚書詔布乘遞傳之鎭布喪服居堊室去節旄導從之飾及入魏州處喪親事動皆得禮其祿俸月入百萬一無所取又籍魏中家之舊產無巨細計錢十餘萬貫皆出之以頒軍士乃選其將史憲誠爲先鋒兵馬使以憲誠前出已麾下必能輸竭故盡以精銳付爲是時屢有中使齎遞詔促其進兵至十月布遂以全軍三萬七千出抵賊於冀州南宮縣十二月進軍下賊二柵而魏人怯於格戰且以寒雪餽餉不給寢無鬬志憲誠因從而間之俄有詔分布軍與李光顏合勢東救深州其衆因大潰多爲憲誠所有布提兵八千以是月十日還魏州十一日會諸將復議興師而將卒益驕惰皆曰尚書能行河朔舊事則死

生行之若使戰皆不能也布自度其衆終不爲用歎曰功無成矣即日密表陳軍情且稱遺表曰臣觀衆意終負國恩臣既無功敢忘即死伏願陛下速救光顏元翼不然者義士忠臣皆爲河朔屠害奉表號哭授其從事李石乃入啓父靈抽刃刺心曰上以謝君父下以示三軍言訖而絕時議以布才雖不足能以謝國家心志決烈得燕趙之古風

梁翟存初爲太祖諸軍都指揮使唐昭宗大順二年正月令丁會下黎陽龐師古與存西路下淇門衛縣自是常爲先鋒雄猛善戰士皆伏之爲氣大破朱瑾

衆於埔下督戰晝夜不懈勒戰卒閣礟倚立修竿忽爲飛矢所中卒大祖深傷惜之

朱友寧太祖仲兄之子也領嶺南西道節度使天復三年四月率師破青州之博昌臨淄二邑殺戮五千餘衆暨北海焉六月丙子友寧復進逼青州及石樓與賊相遇決戰我師未振友寧馳騎督軍斃於陣

牛裕爲桐虛鎮使乾元二年淮人寇桐墟殺畧吏民裕死之

郭言爲宿州刺史於時徐宿兵鋒日夕相接控扼偵邏以言爲首景福初時溥大舉來攻宿州言勇於野

戰喜逢大敵自引銳兵擊溥殺傷甚衆徐戎立退爲流矢所中一夕而卒

王彥章爲滑州節度使晉師陷鄆州代戴思遠爲北面招討使彥章渡汶以畧鄆境至遞坊鎮爲晉人所襲彥章退保中都兵敗爲晉將夏魯奇所擒晉王素聞其勇悍欲全活之令中使慰撫以誘其意彥章曰此是匹夫本朝擢居方面與皇帝十五年抗衡今日兵敗力窮死有當分皇帝縱垂矜宥何面目見人豈有爲臣爲將朝事梁而暮事晉乎得死爲幸遂遇害

符道昭爲秦州節度使與康懷英等攻潞州以蚰蜒壍繚之飛鳥不度既踰歲晉人援至王師大敗道昭爲晉軍所殺

後唐朱元禮始爲郡將梁太祖聞其名擢爲軍較從龐師古渡淮戰沒於淮南

安福遷與其兄福慶俱驍勇爲武皇親較景福末汴人急攻兗鄆朱瑄求援於武皇乃令福順等三將率騎軍以赴之福順與汴人戰沒福慶從史儼奔淮南朱瑄之敗福遷亦遇害

周德威爲幽州節度使天祐十五年下揚劉城莊宗大閱諸軍渡河趨汴徵德威進討師之將起威以爲

不利深入是夜彗星犯文昌上將臨戰德威軍爲輜重所擾父子躍馬出之與賊數百騎血戰而死

史建塘爲相州刺史張文禮叛總北面行營兵馬攻趙州進攻鎮州營於西南隅日以輕騎逼門爲伏弩所中歸管而卒

李嗣昭權幽州軍府事會閻寶爲鎮州張處瑾所敗莊宗以嗣昭代之嗣昭爲流矢所中毒卒於師

孫重進爲大將性嚴重立法士卒畏憚天祐末張文禮據鎮州重進攻之戰沒於東垣渡

李存進爲魏博馬步都將會王師討張文禮於鎮州

招討李嗣昭不利而殁以存進代之遂討鎮州王處球盡率其衆乘其無備奄至壘門存進聞之得部下數人出鬭驅賊於橋下俄而賊大至後軍不繼血戰而死

夏魯奇明宗時爲遂州節度使劉訓討荆南魯奇爲副招討使移鎮遂州時孟知祥董璋據有兩川魯奇僻居南鄙董璋之叛與知祥攻遂州旬日援路斷絶兵盡食乏勢知必屈乃自刎而卒

安審通爲横海軍節度觀察等使兼北面行營諸道馬軍都指揮使圍中山躬冒矢石以先士卒志平氛

祲爲飛矢所中卒

朱建豐爲趙州刺史王師討定州爲北面行營右廂步軍都指揮使張延朗以偏師先圍新樂卒於王事詔贈太傅

晉郭璘爲易州刺史契丹攻其郡璘率勵士衆同其甘苦虜不能克復以州兵擊賊數獲其利朝廷嘉之就加簡較太保虜主嘗謂左右吾不畏一天下乃爲北人所抑挫會杜重威降虜使通事耿崇美誘其民梟璘不能制爲崇美所殺

宋廷浩爲房州刺史汜水關巡簡使天福二年爲賊軍所害

梁漢璋爲永清軍節度使天福八年詔領千騎戍冀州尋以杜重威北討詔以漢璋充北面軍馬都排陣使戍游口關與虜騎五千相遇於浮陽之北界苦戰竟日以衆寡不侔爲流矢所中没於陣

王清爲奉國都虞候谿州刺史少帝開運二年從杜重威北征解陽城之圍清苦戰爲步軍之最加檢較司空及從杜重威收瀛州聞契丹大至重威率諸軍沿滹水而將保常山及至中渡橋虜已屯於北岸且扼歸路清知勢蹙請於重威曰軍去常山五里守株

於此營孤食盡將若之何請以步軍二千爲其前鋒奪橋開路公可率諸軍繼之期入常山必矣重威可之遣宋彥筠俱行清一擊獲其橋虜爲之小却重威猶豫不進客已貳於國矣彥筠尋退走清列陣北岸嚴戒部曲日暮酣戰不息虜以生軍繼至我無寸刃益之清與其下俱没焉

吳巒爲復州防禦使開運中權知貝州虜復南牧擾我河塞巒以城無戍兵爲虜所陷遂死之

沈斌爲祁州刺史趙延壽知其無備與蕃賊急攻之仍呼謂斌曰沈使君我故人也擇禍莫若輕早以城

降無自辱也斌登城呼曰侍中父子誤計陷於腥膻恐以犬羊之衆殘害父母之邦不自羞慙反有德色沈斌寧爲國家死必不效所爲也翌日城陷而卒

漢史萬山爲深州刺史乾祐三年春虜大入寇萬山城守有功虜退周太祖遣索方進率騎七百屯深州一日虜數十騎侵周東門萬山父子以虜不多乃率牙兵百餘人襲虜虜僞退十餘里而兵發萬山血戰急請救於方進方進勒兵不出萬山死之

禹洪遷爲夏州節度使會趙思綰據永興叛從郭從義進討之戰傷卒於陣

安文祐潞人也初孟方立據邢洺率兵攻上黨朝廷授文祐昭義節度使令討方立自蜀至澤州與方立戰敗歿於陣

李瓊爲威州刺史行及鄭遇群盜攻郡瓊禦賊中流矢而卒

周蕭處仁爲右金吾衛將軍世宗率兵渡淮以先鋒兵馬都監攻陷滁州爲流矢所中而卒

白延遇爲濠州刺史帥衆從侍衛使李重進攻圍濠州力戰爲賊所傷數日而卒